D1614136

L'Art de l'ingénieur

Antoine Picon, directeur d'ouvrage

Coordination du service éditorial
Françoise Marquet

Chargées d'édition
Marie-Claire Llopès, Françoise Marquet
avec Anne Feffer
et la collaboration de Françoise Avril

Recherche iconographique
Dominique Alfonsi, Marie-France Naslednikov

Traducteurs
Carlo Aslan
Guy Ballangé
Marc Bourdier
Pierre Camus
Konstantin Cheptitski
Marc Genevrier
Jean Gauthier
Michèle Grenier
Liguria Traduce
Isabelle Nodar
Yuka Yamashiro

Secrétariat technique
Maud Lépine

Conception graphique et mise en page
Pierre Dusser

Couverture
Laurent Ungerer, C-album

Photographes
Jean-Claude Planchet
Georges Meguerditchian

Éditions et action commerciale
Philippe Bidaine

Gestion des droits
Claudine Guillon

Administration
Nicole Parmentier

Relations presse
Danièle Alers

Fabrication
Patrice Henry

ISBN : 2-85850-911-5
N ° d'éditeur : 1049
Dépôt légal : juin 1997

Couverture
Tour Eiffel : demande d'un brevet d'invention par G. Eiffel, E. Nouguier, et M. Koechlin, 18 sept. 1884 ; élévation d'un pylône.
Fonds Eiffel © Musées Nationaux, Paris

Tour d'émission radio de Chabolovka, Moscou, 1922, V. Choukhov, ing.
© Académie des Sciences de Russie, Moscou

Voiture Dymaxion, 1933, R. Buckminster Fuller, ing.
Courtesy Buckminster Fuller Institute, Santa Barbara, Ca, États-Unis

Pont Albert-Louppe, Plougastel, 1924, E. Freyssinet, ing.
Coll. particulière

Hangar d'aviation d'Orbetello, 1940, P. L. Nervi ing.
© Université de Parme

Hangars d'Orly, 1924, E. Freyssinet ing.
© F. Gadmer, Musée Albert Kahn, Boulogne-Billancourt

Plan du Pavillon de la RFA à l'Exposition universelle de Montréal, 1967, Frei Otto arch.
© Deutsches Architektur Museum, Francfort

Étude 3D du vent sur une colline réalisée dans les laboratoires du CSTB à Nantes.
© Ph. Plailly, EURELIOS, Paris

L'Art de l'ingénieur

constructeur, entrepreneur, inventeur

sous la direction d'Antoine Picon

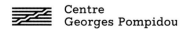 Centre Georges Pompidou

L'**A**rt de l'ingénieur
**Constructeur,
entrepreneur,
inventeur**

Centre national d'art et de culture
Georges Pompidou

Galerie Nord **Fer**
Galerie Sud **Béton**
Forum haut **Structures légères**
Forum bas **Recherches contemporaines**

25 juin-29 septembre 1997

Jean-Jacques Aillagon
Président du Centre national d'art
et de culture Georges Pompidou

Guillaume Cerutti
Directeur général
du Centre Georges Pompidou

Werner Spies
Directeur du Musée national d'art moderne-
Centre de création industrielle

Daniel Soutif
Directeur du Département
du développement culturel

Commissariat

Raymond Guidot,
Alain Guiheux,
commissaires
avec José A. Fernández Ordóñez

Fer
Barbara Shapiro Comte,
architecte, chargée d'études au Mnam-Cci

Béton
Concetta Collura,
chargée d'études au Mnam-Cci

Structures légères
Caroline Maniaque,
architecte, maître-assistant à l'École
d'architecture de Lille

Recherches contemporaines
Rémi Rouyer,
architecte, chargé d'études au Mnam-Cci

Conseil scientifique

Bill Addis
Gerhard Auer
Walter Bird
Gwenaël Delhumeau
David G. Emmerich
Peter McCleary
Michel Malinovski
Bernard Marrey
René Motro
Frank Newby
Nori Okabe
Antoine Picon
Mario Salvadori
Robert-Jan Van Santen
Jörg Schlaich
Cyrille Simonnet
Bernard Vaudeville
Michel Virlogeux
Guillermo Wieland

Exposition

Sophie Aurand, directeur de la production

Martine Silie, chef du service
des manifestations

Conception architecturale
Alain Guiheux

Réalisation et coordination
Marthe Ridart avec Louisa Yahiaoui
et la collaboration de Cathy Gicquel

Architecture et réalisations muséographiques
Katia Lafitte, chef de service
Michel Antonpietri, Nathalie Crinière,
architectes d'opération
avec la collaboration de Nathalie Ciprian

Régie des œuvres
Annie Boucher, chef de service
Bruno Véret, régisseur de l'exposition
assisté de Gaëlle Beaujean, Hervé Ingrassia

Ateliers et moyens techniques
Gérard Herbaux, chef de service

Régie d'espace
Claude Baleur (Forum haut)
Francis Boisnard (Forum bas)
André Toutcheff (Galerie Nord)
Noël Viard (Galerie Sud)
et l'équipe des ateliers et moyens techniques
du Mnam-Cci

Service de l'audiovisuel
Harouth Bezdjian, directeur

Conception
Bernard Clerc-Renaud

Réalisation
Patrick Arnold, Benoît Berry
assistés de Julie Lahmani, Jean-Gabriel Périot

Graphisme multimédia
Julien Gille, Christophe Hocquaux,
Romain Rossander, Sonny Sorensen

Photographies
Georges Meguerditchian

REMERCIEMENTS

Environnement sonore
Gérard Chiron assisté de Carl Goetgheluck
avec les voix d'Emmanuelle Bondeville,
François Barbin

Musique originale
Robert Benzrihem

Montage vidéo
Christian Bahier, Didier Coudray

Numérisation
Guy Carrard, Pierre-Henri Carteron

Chargée de production
Murielle Dos Santos

Exploitation
Vahid Hamidi, Eric Hagopian,
Yann Bellet, Jacques-Yves Renaud

Recherche films et vidéos
Odile Vaillant, assistée de Cendrine Robert

Service éducatif
Véronique Hahn, chef de service
Yves Clerget, Yari Vaniscotte

Documentation du Mnam-Cci
Madeleine Moreau

Communication
Jean-Pierre Biron, directeur
Emmanuelle Toubiana, Pôle Presse
Clarence Jaccard, Pôle Mécénat
Anne de Nesle, relations publiques
Christian Beneyton, Pôle Image

avec
Laurent Ungerer, C-album
pour la création de l'image graphique

Nous remercions également pour leur aide :
Charles Carcopino, Valérie Châtelet,
Claire Legros, Cédric Martenot,
Delphine Miège, Yves de Pomereau,
Jean-Luc Reynier, Christine Wamsler

Que les musées, institutions, entreprises, ingénieurs et bureaux d'études mentionnés dans la liste des œuvres, qui ont contribué par leurs prêts à la réalisation de cette exposition, trouvent ici l'expression de notre profonde gratitude.

Nous tenons également à remercier pour leur aide précieuse toutes les personnes et institutions dont les noms suivent :

Agence Roger Taillibert, Paris
Boric Androic, université de Zagreb
Takayuki Aoki, Tokyo Institute of Technology, Tokyo
Jean-François Archieri
Archives Slhada, Bron
Archives de la Ville de Venise
Archives SNCF, direction de Reims
Archives SNCF, Gare de l'Est, Paris
M. Armillon, Fédération compagnonique des métiers du bâtiment, Grenoble
Art Institute of Chicago
Mme Badia, Écomusée du Creusot
William F. Baker, Chicago
Guy Ballangé, Paris
Banque de Chine, Hong Kong et Paris
Tom Barker, Londres
Michael Barnes, School of Architecture and Civil Engineering, Bath
Battle & McCarthy, Londres
Pierre Bauda, direction de la Voirie, Paris
Philippe Baur, RATP, département de la communication publique, Paris
Horst Berger, Hastings
Mary Beth Betts, New York Historical Society
Walter Bird, Sarasota
John Blanchard
Pierre Bourrier, Usinor-Sacilor, Paris
Marie-Ange Brayer, Frac Centre, Orléans
Brown Beech and Associates, Londres
Berthold Burkhardt, Braunschweig
Patrick Caddell
Robertina Calatrava, Paris
David Campbell, Geiger Engineers, Suffern
Canton du Valais, Suisse
Anne-Laure Carré, Paris
Alberto Castellani, Politecnico di Milano
Cesar Pelli & Associates, New Haven
Gilles Chanvillard, Lyon
Alain Chassagnoux, École d'architecture de Nantes
Chicago Architecture Foundation
Michael M. Chrimes, Londres
CN Tower, Toronto
Edward Cohen, Ammann and Whitney Consulting Engineers, New York
Valerie Collins, musée national des Sciences et de la Technologie, Ottawa
Madame Constans, Archives SNCF, Paris
Robert Copé, Centre scientifique et technique du bâtiment, Grenoble
Council on Tall Buildings and Urban Habitat, Bethlehem
Kay Crooks, Imperial College of Science, Londres
John Cryan, Severud Associates, New York
Edward Cullinan & Associates, Londres
Ian Cunningham, National Library of Scotland, Edimbourg
Danish Maritime Institute, Lyngby
Robert David, Golden Gate Bridge Highway & Transportation District, San Francisco

P. Decreuse, RATP, centre documentaire et médiathèque, Paris
De Dietrich Ferroviaire
Philippe Deloffre, Renault Véhicule Industriel
Eric DeLony, Historic American Engineering Record, Washington, D.C.
Département de Hyogo-Japon, Bureau de représentation à Paris
Robert Desaulniers, Centre canadien de l'architecture, Montréal
Michael Dickson, Buro Happold, Bath
Eladio Dieste y Montanez
Serge Diet, Mecalog
Doris Engineering, Paris
Gregory Dreicer, National Building Museum, Washington, D.C.
Robert Duchesnay, Montréal
Maurice Dudon, École d'architecture de Nantes
Eiffel Construction Métallique, Division ouvrages spéciaux, Nanterre
Helen Ellias, Buro Happold, Bath
Mme David Emmerich, Paris
Alain Enard, Paris
EPAD, Paris-la Défense
Felix Escrig, Escuela Tecnica Superior di Arquitectura, Séville
M. Favre, École polytechnique fédérale de Lausanne
Hervé Ferquel, Institut français d'architecture, Paris
Sylvia M. D.Fitzgerald, Royal Botanic Gardens, Kew
Michael Flach, Pesey-Nancroix
Julie Flohr, Paris
Brian Forster, Ove Arup & Partners, Londres
Framatome, Paris-la Défense
Pierre Frey Stucky, École polytechnique fédérale de Lausanne
Famille Eugène Freyssinet, Brest
Françoise Fromonot, Paris
Galerie Eureka, Chiron Frères, Chambéry
Alain Gamond, gare de la Voûlte
Julia Gast, American Society of Civil Engineers, New York
George Gesner, Steinman, New York
Dominique Gil, Institut français d'architecture, Paris
Beat Glaus, Bibliothèque de l'ETH, Zurich
Tammy Gobert, Folsom Library, Rensselaer Polytechnic Institute, Troy
Bruno Godart, Laboratoire central des ponts et chaussées, Paris
Jola Gola, Academia Sztuk Pieknych, Varsovie
Mme Myron Goldsmith, Wilmette
Rainer Graefe, Innsbrück
Nick Green, YRM, Paris
J. Grotte
Michael Grüning, Francfort-sur-l'Oder
Jacques Gubler, Lausanne
David de Haan, The Ironbridge Gorge Museum, Telford
Nora Hague, Musée McCord, Montréal
Albert Hahling
Jurgen Hennicke, Institut für Leichte Flächentragwerke, université de Stuttgart
Peter Heppol, Paris
Sheila Hicks, Paris
Katherine E. Hill, New York
HOK, Saint-Louis
Houillères du Bassin de Lorraine, Freyming-Merlebach
Pierre Humbert, Laboratoire central des ponts et chaussées, Paris

Fritz Hunkeler, TFB
Anthony Hunt and Associates, Cirencester
Jerzy Ilkosz, Archiwum Budowlane, Wroclaw
David Jackson, North Carolina State University, Raleigh
Catherine Jarrige, Noisiel
M. Jartou, Paris
Richard Jeandelle, Lagny-sur-Marne
Leonard Joseph, Thornton-Tomasetti, New York
Jura-Ciment-Fabriken, Wildegg
Dany R. Kany, Avery Library, Columbia University, New York
Jean Kerisel, Paris
Richard Klein
Klcc (Holdings) Sdn Bhd, Kuala Lumpur
Gretchen Koerpel, Folsom Library, Renssaeler Polytechnic Institute, Troy
M. Fritz, EMPA, Dubendorf
R. Lacher, EMPA, Dubendorf
Gilbert Lacombe, Paris
Haresh Lalvani, New York
Susan Lambert, Victoria & Albert Museum, Londres
Landschaftsverband Rheinland, Cologne
Robert Lang
Patrick Larribe, Vidéothèque de l'EDF, Boulogne-sur-Seine
Allan Larsen, COWI Consulting Engineers & Planners AS, Lyngby
Le Messurier Consultants, Cambridge, Massachusetts
Nick Lee, University Library, University of Bristol
Bertrand Lemoine, Paris
Matthys Levy, Weidlinger Associates, New York
Francis Lhebrard, Otis France
Rosine Lhevreux, Archives nationales, Paris
Ian Liddell, Buro Happold, Bath
Dr. Litzner, Deutscher Beton Verein E. V., Wiesbaden
L. P. Arts
M. Luce, Brignoles
Galerie MA, Tokyo
Peter MacCleary, University of Pennsylvania, Philadelphie
Yukio Maeda, Tokyo
Mairie de Claix
Zygmunt Stanislaw Makowski, Space Structures Research Centre, University of Surrey, Guildford
Marc Malinowsky, Paris
Bonita C. Mall, Chicago
Marie-Claude de Maneville
Carol A. Marsh, Naval Facilities Engineering Command, Port Huemene
J.O Marsh, Historic Structures Project Group, University of Manchester
Xavier Martin, École supérieure du bois, Nantes
Susan Mastro, Chicago
Armelle Mathieu, Spie-Batignolles
Caroline Mathieu, Fonds Eiffel, musée d'Orsay, Paris
Jacques Mathivat, Paris
Anette McConnell, Musée McCord, Montréal
Robert McWilliam, National Museum of Science & Industry, Londres
Dr Wolfgang Meighörner, Zeppelin Museum Friedrichshafen
Michael Baker Corporation, Pittsburgh
Caroline Mierop, Bruxelles
Philomena Miller-Chagas, Strasbourg
Gernot Minke, Planungsbüro für Ökologisches Bauen, Kassel
Claire Montémont, Le Havre
Julia Moore Converse, Architectural Archives, University of Pennsylvania
Kunihisa Mori, Honshu-Shikoku Bridge Authority, Tokyo
Morse Diesel International, Chicago

William Mouton, Tulane University, New Orleans
Sylviane Mullemberg, Vélizy
Jean Muller, Suresnes
Ettore Muneratti, Venise
Musée des Télécommunications de Pleumeur Bodou
Musée historique de Lausanne
U. Müther, Rüggen
Julius Natterer, École polytechnique fédérale de Lausanne
Dietrich C. Neumann, Brown University, Providence
Frank Newby, Londres
Stéphane Nicolaou, musée de l'Air et de l'Espace, Le Bourget
Nicolet Chartrand Knoll Limitée, Montréal
Nicolas Nogue, Paris
Dr. Hoshyar Nooshin, Space Structures Research Centre, University of Surrey, Guildford
Winfried Nordinger
Frei Otto
Kevin Pace, Navy Lakehurst Historical Society
Peter C. Papademetriou, New York
Janet Parks, Avery Library, Columbia University, New York
Valérie Patrimonio, Londres
Paola Pagliari, Parme
Peter Jon Pearce, Studio City, CA
C. Ford Peatross, Library of Congress, Washington, D.C.
Pei Cobb Freed & Partners Architects, New York
Emilio Perez Belda, Madrid
René Perzo, Association des amis de Nicolas Esquillan
Tom F. Peters, Lehigh University, Bethlehem, PA
Thierry Pin, Archives nationales, Paris
Marie-Noëlle Polineau, Association pour l'histoire des chemins de fer en France
Stefan Polonyi, Cologne
Patrick Ponthier, Association pour la mémoire et le rayonnement des travaux d'Eugène Freyssinet
Roger Preston and Partners, Maidenhead
Dominique Ragain, Institut français d'architecture, Paris
Bodo Rasch, Stuttgart
Peter Reed, Museum of Modern Art, New York
Renault SA, service étude amont et structure
Felicia Reverdito, Montevideo
Pierre Richard, Bouygues, Saint-Quentin-en-Yvelines
The Richard Rogers Partnership, Londres
Olivier Rigaud, direction de l'Urbanisme de la ville de Reims
H. Rigendinger, Chur
Bernard Rignault, musée de l'Air et de l'Espace, Le Bourget
Kevin Roche, John Dinkeloo & Associates, Fonds Saarinen, New Haven
Mme Carmen Rodriguez Ciutat
Laura Rosen, Metropolitan Transit Authority, New York
Pierre Rossi, Laboratoire central des Ponts et Chaussées, Paris
Shoji Sadao, New York
Yukata Saïto, Tokyo
Mario Salvadori, New York
Pascale Santhi, Vidéothèque de l'EDF, Boulogne-sur-Seine
Sasaki Structural Consultants, Tokyo
Christian Schädlich
Tom Schollar, F. J. Samuely and Partners, Londres
Alan Schwartzman, Paris
Andrew Sedgwick, Ove Arup & Partners, Londres
Stanislas Seguin
James Shock
Victor D. Simmons, Chicago
Janet Skidmore, Victoria & Albert Museum, Londres

Skidmore Owings & Merrill LLP, Chicago
Edward Skipworth, University Archives, Rutgers University, New Brunswick
Paul Smith, Paris
Werner Sobek, Stuttgart
Société hydro-électrique du Midi, Toulouse
Stanko Sram, Zagreb
Stadt Köln, Amt für Brücken und Stadtbahnbau
Adolf Stiller, bibliothèque du Polytechnikum de Vienne
Jeffrey Stine, National Museum of American History, Smithsonian Institution, Washington, D.C.
Studio Janvier, Tréguier
Sylviane Suball, Paris
Susan Subtle Dintenfass
Koichi Takanashi, Tokyo
The Stubbins Associates, Cambridge, Massachusetts
Maurice L. Thomas
Robert Thorne
Charles Thornton, Lev Zetlin Associates, New York
Total, Paris-la Défense
Tuyaux Bonna, Paris
Yasuo Uesaka
Lise Uldal, COWI Consulting Engineers & Planners AS, Lyngby
Rick Vantreuren
Axel Venasque
Vicat, Paris
Marc Vigier, Groupe Moniteur
Michel Virlogeux, Bonnelles
Robert Vogel
Armin Waberseck, Mero-Raum Struktur GmbH, Würzburg
K.J . Wallace, The British Museum, Londres
René Walther, Bâle
Marilyn J. Ward, Royal Botanic Gardens, Kew
Sandra Weigand, Eiffel construction métallique, Nanterre
West Virginia Department of Transportation, États-Unis
Henry Wilks, Hulton Getty Picture Library, Londres
Gérard Winter, Paris
Raymond A.Worley, Chicago
Peter Wurm, Dyckerhoff & Widmann, Munich
Takashi Yabe, Tokyo Institute of Technology, Tokyo
Kenneth Yeang, Kuala Lumpur
Rudolf Ziebler, Thuringisches Landesamt für Denkmalpflege, Erfurt

ainsi que tous ceux qui ont souhaité garder l'anonymat.

Nous sommes particulièrement reconnaissants à Marie-Claire Llopès du soin et de l'attention qu'elle a apportés à la réalisation du présent ouvrage. Grâce à elle, ce dictionnaire, particuliè-rement complexe, a été mené à son terme dans un grand souci de qualité. Qu'elle en soit ici vivement remerciée, ainsi que l'équipe éditoriale qui l'a accompagnée avec efficacité et dévouement : Dominique Alfonsi, Françoise Avril, Françoise Buisson, Pierre Dusser, Anne Feffer, Marion de Gournay, Maud Lépine, Françoise Marquet.

Le directeur de l'ouvrage adresse ses chaleureux remerciements à tous ceux qui lui ont apporté leur précieuse collaboration :
Bill Addis ; David P. Billington ; Michael Chrimes ; Concetta Collura ; Gwenaël Delhumeau ; Eric DeLony ; Julia Elton ; José A. Fernández Ordóñez ; Jean Kerisel ; Caroline Maniaque ; Bernard Marrey ; Peter McCleary ; Guillemette Morel Journel ; René Motro ; Franck Newby ; Tom F. Peters ; Rémi Rouyer ; Barbara Shapiro Comte ; Cyrille Simonnet ; Alec Westley Skempton ; Bernard Vaudeville ; Michel Virlogeux.

L'exposition
L'Art de l'ingénieur
a été réalisée
grâce au soutien de

OTIS

 PHILIPS

et a reçu l'appui de
Kajima Corporation
Obayashi Corporation
Taiyo Kogyo Corporation
et Takenaka Corporation

TABLE DES MATIÈRES

A

B

C

Avis au lecteur

L'Art de l'ingénieur comporte un ensemble d'articles – ouvrages, biographies, matériaux, concepts, etc. – présentés dans l'ordre alphabétique.

Les losanges (♦) dans le texte signalent les personnes ou les ouvrages qui font l'objet d'un article. Dans le cas d'un mot composé, le losange est placé après le premier terme ; exemple : Le♦ Ricolais (Robert), traité à L et non à R.

Pour les références bibliographiques fournies *in texto*, sont donnés :

— en italiques et entre parenthèses, les titres d'imprimés qui ont fait l'objet d'une traduction française ;

— à titre indicatif, en romain et entre parenthèses, la traduction d'écrits non traduits en français.

Une bibliographie et un index figurent en fin d'ouvrage.

LISTE DES AUTEURS

A. C. Alain Chassagnoux, *professeur,*
École d'architecture de Nantes-Atlantique
A. C. W. Anthony C. Webster, *professeur,*
Graduate School of Architecture, Planning
and Preservation, Columbia University
A. F. Axel Föhl, *chargé de recherches,*
Rheinisches Amt für Denkmalpflege
A. G. Alain Guiheux, *architecte, Centre*
Georges Pompidou
A. G. D. Alan G. Davenport, *directeur,*
Boundary Layer Wind Tunnel Laboratory,
University of Western Ontario, London,
Canada
A. L. C. Anne-Laure Carré, *ingénieur d'études,*
musée national des Techniques
A. P. Antoine Picon, *professeur, École*
nationale des ponts et chaussées
A. Q. Alain Quénelle, *directeur de la division*
technologies, Total Exploration Production
A. S. Amy Slaton, *professeur, Department*
of History, Drexel University, Philadelphie
A. W. S. Alec Westley Skempton, *directeur*
de recherche, Imperial College, University
of London

B. A. Bill Addis, *maître de conférences,*
University of Reading, Royaume-Uni
B. B. Berthold Burkhardt, *professeur,*
université de Braunschweig, Allemagne
B. F. Brian Forster, *ingénieur, Ove Arup*
& Partners, Londres
B. L. Bertrand Lemoine, *directeur de*
recherche, CNRS
B. L. H. B. Lawrance Hurst, *associé principal,*
Hurst Peirce & Malcolm, Londres
B. M. Bernard Marrey, *historien*
B. S. C. Barbara Shapiro Comte, *maître*
de conférences, Stanford University
Programme in Paris
B. V. Bernard Vaudeville, *ingénieur,*
RFR, Paris

C. A. J. Caroline A. Jones, *professeur,*
Boston University
C. J. Claude Journet, *professeur, CNED-CNAM*
C. M. Caroline Maniaque, *maître-assistant,*
École d'architecture de Lille
C. R. B. Colin R. Blackwell, *ingénieur-conseil,*
Hyder Consulting Ltd, Royaume-Uni
C. S. Christian Schädlich, *professeur*
C. Si. Cyrille Simonnet, *enseignant,*
École d'architecture de Grenoble
C. W. Christine Wamsler, *étudiante en*
architecture, université de Stuttgart

D. B. Daniel Bernstein, *enseignant, École*
d'architecture de Paris-Belleville
D. d. H. David de Haan, *conservateur en chef,*
Ironbridge Gorge Museum Trust, Telford
D. P. B. David P. Billington, *professeur,*
Princeton University
D. R. Darl Rastorfer, *architecte*
D. Ro. Dominique Rouillard, *professeur,*
École d'architecture de Paris-Tolbiac
D. S. Derek Sugden, *ingénieur-conseil,*
ARUP Acoustics, Londres
D. V. Z. David Van Zanten, *professeur,*
Northwestern University, États-Unis

E. B. Edoardo Benvenuto, *président,*
faculté d'Architecture, université de Gênes
E. C. Élisabeth Campagnac, *chercheur,*
École nationale des ponts et chaussées
E. C. E. Elizabeth C. English, *doctorante en*
architecture, University of Pennsylvania
E. G. Emmanuelle Gallo, *chargée de cours,*
Institut d'art, université de Paris I
E. K. Eda Kranakis, *professeur, University*
of Ottawa
E. L. K. Emory L. Kemp, *directeur, Institute*
for the History of Technology and Industrial
Archaeology, West Virginia University
E. N. D. Eric N. DeLony, *architecte en chef,*
Historic American Engineering Record,
US National Park Service
E. P. B. Emilio Perez Belda, *directeur,*
Fondation Emilio Pérez Piñero, Espagne

F. F. Françoise Fromonot, *maître-assistant,*
École d'architecture de Lille
F. N. Frank Newby, *ingénieur-conseil*
F. O. Frei Otto, *architecte, Atelier Frei Otto*
Warmbronn, Allemagne
F. P. Frédéric Périé, *ingénieur*
F. S. Frédéric Seitz, *chercheur, École*
des hautes études en sciences sociales

G. A. Gerhard Auer, *professeur, université*
de Braunschweig, Allemagne
G. C. Gilles Chanvillard, *enseignant-chercheur,*
École nationale des travaux publics de l'État
G. D. Gwenaël Delhumeau, *enseignant,*
École d'architecture de Bretagne
G. F. Gail Fenske, *professeur, School of*
Architecture, Roger Williams University,
États-Unis
G. K. D. Gregory K. Dreicer, *conservateur,*
National Building Museum, Washington, DC
G. M. J. Guillemette Morel Journel, *architecte,*
Groupe Moniteur, Paris

G. R. Georges Ribeill, *directeur de recherche, École nationale des ponts et chaussées*
G. R. L. Gerald R. Larson, *professeur, School of Architecture and interior Design, University of Cincinnati*

H. V. Hélène Vérin, *chercheur, IHPST, CNRS*

J. A. F. O. José A. Fernández Ordóñez, *professeur, université polytechnique de Madrid*
J. D. Jean Delannoy, *astronome honoraire, IRAM, Grenoble*
J. E. Julia Elton, *propriétaire, Elton Engineering Books, Londres*
J. F. B. Jean-François Blassel, *directeur, RFR, Paris*
J. J. A. P. Juan J. Arenas de Pablo, *professeur, université de Cantabria*
J. K. Jean Kerisel, *professeur honoraire, École nationale des ponts et chaussées*
J. M. D. Jean-Marie Delarue, *professeur, École d'architecture de Paris-Villemin*
J. N. Julius Natterer, *professeur, École polytechnique fédérale de Lausanne*
J. R. N. V. José Ramón Navarro Vera, *professeur, université d'Alicante*
J. S. Jörg Schlaich, *ingénieur-conseil, Schlaich Bergermann und Partner, Stuttgart*

K. B. Karen Bowie, *maître-assistant, École d'architecture de Paris-Val-de-Marne*
K. C. Konstantinos Chatzis, *chargé de recherches, École nationale des ponts et chaussées*
K. I. Kazuo Ishii, *professeur, Yokohama National University*

L. B. Ludovic Bruneel, *étudiant en histoire de l'architecture, université de Paris I*

M. C. Maristella Casciato, *professeur, université de Rome Tor Vergata*
M. Ch. Michael Chrimes, *directeur, Library and Information Services, Institution of Civil Engineers, Londres*
M. Co. Michel Cotte, *chercheur, centre Pierre-Léon, université Lumière Lyon 2*
M. E. P. Martin Edward Pawley, *directeur, MEP Consultants, Royaume-Uni*
M. F. Max Fordham, *associé principal, Max Fordham & Partners, Londres*
M. K. Mathias Kutterer, *ingénieur, Institut für Leichte Flächentragwerke, Stuttgart*
M. K. D. Mark K. Deming, *maître-assistant, École d'architecture de Paris-Belleville*

M. L. Matthys Levy, *vice-président, Weidlinger Associates, New York*
M. M. Michele Melaragno, *professeur, University of North Carolina, Charlotte*
M. N. B. Michael Norman Bussell, *associé, Ove Arup & Partners, Londres*
M. S. B. Miguel Segui Buenaventura, *professeur, ETSAM, université polytechnique de Madrid*
M. T. Marida Talamona, *architecte, université de Rome*
M. V. Michel Virlogeux, *ingénieur-conseil*

N. M. Nathalie Montel, *ingénieur, secrétariat du Comité d'histoire, ministère de l'Équipement*
N. N. Nicolas Nogue, *historien, université de Paris I*
N. O. Noriaki Okabe, *architecte, Noritake Okabe Architecture Network, Tôkyô*

O. C. Olivier Cinqualbre, *conservateur, Mnam-Cci, Centre Georges Pompidou.*

P. C. P. Peter C. Papademetriou, *architecte*
P. McC. Peter McCleary, *professeur, University of Pennsylvania, Philadelphie*
P. P. Pierre Pinon, *professeur, École d'architecture de Paris-la Défense*
Ph. P. Philippe Potié, *maître-assistant, École d'architecture de Grenoble*

R. A. P. Roland A. Paxton, *professeur, Heriot-Watt University, Édimbourg*
R. G. Rainer Graefe, *professeur, université d'Innsbruck*
R. Gu. Raymond Guidot, *chef de projet, Centre Georges Pompidou*
R. J. M. S. Robert James Mackay Sutherland, *ingénieur-conseil, Harris & Sutherland, Londres*
R. L. Réjean Legault, *responsable du centre d'étude, Centre canadien d'architecture, Montréal*
R. M. René Motro, *professeur, université de Montpellier II*
R. M. V. Robert M. Vogel, *conservateur honoraire, National Museum of American History, Smithsonian Institution, Washington, DC*
R. N. D. Roger N. Dent, *architecte, Building Design Partnership, Manchester, Royaume-Uni.*
R. R. Rémi Rouyer, *enseignant, École d'architecture de Versailles*

R. T. Robert Thorne, *associé principal, Alan Baxter and Associates, Londres*

S. E. W. Sara E. Wermiel, *chercheur invité, Massachusetts Institute of Technology*
S. G. C. Solange Gaspérini-Coiffet, *étudiante en histoire de l'art, université de Paris I*
S. G. F. Sergej G. Fedorov, *chercheur associé, Institut d'histoire de l'architecture, université de Karlsruhe*
S. W. K. Sarah Williams Ksiazek, *professeur, Graduate School of Design, Harvard University*

T. D. Thomas Day, *maître de conférences, Robert Gordon University, Aberdeen*
T. F. P. Tom F. Peters, *professeur, Lehigh University, Bethlehem, PA*
T. R. Ted Ruddock, *ingénieur-historien*

V. L. R. Verne L. Roberts, *directeur, Institute for Product Safety, Durham, États-Unis*
V. P. L. Virginie Picon-Lefebvre, *maître-assistant, École d'architecture de Versailles*

W. C. B. William C. Brown, *ingénieur-conseil, Brown Beech & Associates Ltd, Londres*
W. I. L. W. Ian Liddell, *associé, Buro Happold, Bath, Royaume-Uni*
W. M. Wolfgang Meighörner, *directeur, Zeppelin Museum Friedrichshafen*

Z. S. M. Zygmunt Stanislaw Makowski, *professeur honoraire, Space Structures Research Centre, University of Surrey, Guildford*

Dans le monde des bâtisseurs, une mauvaise habitude simplificatrice — hélas encore trop répandue aujourd'hui — consiste à distinguer les *artistes* des *savants*. Sous-entendu, bien sûr : les artistes sont les architectes, et les savants les ingénieurs.

La propension très ancienne à vouloir enfermer dans des catégories bien étiquetées des métiers par nature complexes, et ô combien complémentaires, est regrettable. Non que l'une de ces appellations soit plus prestigieuse ou plus infamante que l'autre. Mais, aux uns comme aux autres, elle nuit sur le plan même de leur éthique professionnelle ; pire encore, elle ne favorise dans l'environnement bâti ni l'inventivité technique, ni l'émergence d'une esthétique accomplie.

À l'opposé de cette dichotomie statique, Mies van der Rohe, professant l'intime liaison entre architecture et technique, ne nourrissait-il pas l'espoir que l'une serait un jour l'expression de l'autre ? « Alors seulement, affirmait-il, nous aurons une architecture digne de son nom : une architecture symbole véritable de notre temps. »

Voilà pourquoi l'initiative du Centre Georges Pompidou de consacrer, à l'approche de la fin du XXe siècle, une grande exposition à l'art de l'ingénieur vient à point nommé. Elle renouvelle le débat sans attiser le feu. Elle met en exergue de saines vertus conciliatrices qui ont émergé peu à peu de l'élaboration patiente d'un travail remarquable, dont ce dictionnaire encyclopédique est le prolongement naturel, constituant de plus, par son approche et sa forme, une référence indispensable à tous ceux que la construction passionne.

Pour cette première raison, le Groupe Moniteur, dont l'une des principales vocations est d'être au service des professionnels de la construction et de l'aménagement du cadre de vie, se devait de s'y associer.

Mais plus encore que de nourrir un débat exigeant et salutaire, plus encore que d'apporter une pierre fondamentale à l'édifice de la connaissance moderne en matière de construction, cette exposition et ce livre, *L'Art de l'ingénieur*, ont l'ambition de participer à la vaste action qui s'impose pour développer le goût et la sensibilité à l'architecture. Susciter l'appétit en cette matière trop délaissée exige des efforts de formation, d'information et de promotion.

Par ses publications et les événements qu'il organise dans ce domaine, le Groupe Moniteur entend y contribuer le plus possible. Car des prises de conscience induites dépendent largement l'avenir radieux de la cité, un urbanisme conciliant développement économique et qualité de la vie, un environnement préservé…

L'Art de l'ingénieur fait enfin partager de manière éclatante cette notion maintenant assez largement reconnue que le champ de l'architecture ne se limite pas à quelques bâtiments de prestige. Il englobe aussi des constructions plus modestes, et bien sûr les ponts, tunnels, viaducs… pour lesquels l'appellation d'*ouvrages d'art* est loin d'être usurpée.

Voici quelques-unes des raisons qui nous ont conduits à nous associer au Centre Georges Pompidou pour célébrer les constructeurs, les entrepreneurs et les inventeurs, dont le nom figure en sous-titre de l'exposition et du livre, comme pour bien préciser tout ce que nous devons à leurs talents multiples d'ingénieurs-bâtisseurs.

Marc Vigier
Président du Groupe Moniteur

Le Centre Georges Pompidou est, rappelons-le, un centre d'art et de culture. Le premier de ces deux termes lui fixe un domaine d'intervention dont les frontières sont assez clairement discernables, même si le siècle qui s'achève en a, comme jamais auparavant, bouleversé les repères.

Au concept de culture, et à la pratique institutionnelle ou politique qui s'y attache, correspond en revanche un territoire plus complexe, circonscrit différemment selon qu'on se trouve en Italie, en Allemagne, en Angleterre ou aux États-Unis. La France occupe, à cet égard, une position à la fois caractéristique et paradoxale.

Caractéristique, parce que la reconnaissance du secteur culturel comme champ privilégié de l'action de l'État constitue un élément fort du « modèle français », qu'aucune critique de fond ne vient plus, dans notre pays du moins, sérieusement remettre en cause. Paradoxale, parce que ce mouvement de reconnaissance s'est accompagné d'un phénomène inverse de réduction du champ culturel à celui de l'action d'un département ministériel, qui conduit, par une étrange pétition de principe, à ne considérer comme culturel que ce qui relève de « services culturels »…

Cette situation traduit l'existence d'une réelle fracture entre la culture au sens « départemental » du terme – le domaine convenu des beaux-arts et des belles-lettres – et les vastes champs de la culture universitaire, scientifique, technique… du *savoir*. Ces territoires sont organisés en sociétés distinctes, peu curieuses les unes des autres – à quelques exceptions près, d'autant plus remarquables qu'elles sont rares –, disposant d'institutions spécifiques et de leurs propres réseaux de diffusion auprès du public.

Le fait que cette fracture ait été contemporaine d'un siècle profondément marqué par un mouvement sans précédent de mixité des disciplines artistiques entre elles, de perméabilité de la création dans son ensemble à la diversité des influences exogènes, est plus paradoxal encore. Ces contradictions soulèvent, en fait, l'un des enjeux majeurs de politique culturelle à l'approche d'un nouveau millénaire : la nécessité d'une vaste remise en perspective et en relation – sinon d'une véritable réconciliation – de toutes les dimensions de la culture.

Le Centre national d'art et de culture Georges Pompidou a pour mission d'y contribuer, en permettant au plus grand nombre de disposer des références, des clés, qu'elles soient esthétiques, philosophiques, anthropologiques, historiques, scientifiques ou techniques, d'une culture moderne, c'est-à-dire multidimensionnelle, ouverte, et généreuse.

L'exposition que le Centre consacre aujourd'hui à l'art de l'ingénieur participe de cette entreprise. Elle vise à montrer de quelle manière fondamentale la dimension technique a contribué au renouvellement des formes, à l'enrichissement du langage plastique, à l'écriture du paysage de notre temps. Hommage rendu aux entrepreneurs, aux constructeurs, aux inventeurs, elle se veut, à leur égard, l'expression de la reconnaissance d'un centre qui leur doit beaucoup, et notamment l'un des éléments le plus fortement constitutif de son identité : son bâtiment. Reconnaissance, cela veut dire légitimation, affirmation de la place des hommes de l'art dans la culture du XXᵉ siècle. Cela veut dire aussi, gratitude.

Jean-Jacques Aillagon
Président du Centre national d'art et de culture Georges Pompidou

Les constructeurs

La programmation du Mnam-Cci au Centre Georges Pompidou procède, depuis quelques années, par saisons thématiques, et construit une pédagogie à long terme avec ses complémentarités pluridisciplinaires. C'est ainsi que les années 1994, 1995 et 1996 regroupèrent un grand nombre de manifestations autour de cette révolution de l'informe qui se développe à la fin des années trente, à partir de données dadaïstes et surréalistes antérieures, et dont on perçoit les effets multiples jusqu'à l'art le plus contemporain [1]. L'exercice était d'autant plus nécessaire que ces tendances s'étaient trouvées depuis toujours étrangement oblitérées sur la scène des musées français.

Il est un autre pan de l'histoire de l'art et des formes qui s'est toujours heurté à une certaine réticence française, c'est celui que Serge Lemoine avait étudié, à ma demande, sous le titre d'*Art constructif* [2] en analysant l'état des collections du Musée national d'art moderne dans ce domaine. Réticence qui résulte d'une véritable ignorance, malgré l'effort récent, incontestable mais manifestement encore insuffisant, des musées pour faire connaître l'art des avant-gardes russes, du Bauhaus ou du constructivisme international. Les expositions « Paris-New York », « Paris-Moscou » et « Paris-Berlin » en apportèrent ici même des exemples marquants. Il s'agit là de l'un des développements les plus remarquables de l'abstraction, mais évidemment aussi d'une adhésion aux nouvelles formes du concret. Bien qu'il constitue une sorte de fiction, le *Monument à la IIIe Internationale* de Vladimir Tatline (1917-1919), dont les collections du Mnam-Cci conservent une reconstitution, est le symbole impressionnant du désir de grands artistes de ce siècle de se mesurer aux rêves les plus fous des ingénieurs. Au même moment, marqué par l'expérience de la guerre, Fernand Léger avait reconnu dans la machine des géométries dynamiques et des rythmes formels qui expriment l'énergie de la vie. « Le vrai créateur », pour Léger, c'est désormais l'« artisan » qui résume « ce monde immense d'ingénieurs, d'ouvriers, de commerçants, d'étalagistes ». Dans une synthèse de l'« esprit moderne », artistes et architectes doivent s'unir pour participer pleinement aux déclinaisons du siècle et dépasser tous les académismes. Charles-Édouard Jeanneret (Le Corbusier) et Amédée Ozenfant le déclarent au lendemain de la Première Guerre mondiale : « L'architecture serait morte (car l'École l'a tuée) si, par un détour heureux, elle n'avait retrouvé sa voie : l'architecture n'est pas morte, car les ingénieurs, les constructeurs, ont repris avec une ampleur rassurante sa destinée grave [3]. » La même année, Blaise Cendrars, illustré par Fernand Léger, constate l'ampleur de la révolution globale qui entraîne le monde moderne : « L'eau, l'air, le feu, l'électricité, la radiographie, l'acoustique, la balistique, les mathématiques, la métallurgie, la mode, les arts, les superstitions, la lampe, les voyages, la table, la famille, l'histoire universelle sont cet uniforme que je porte. Des paquebots franchissent les océans. Les sous-marins plongent. Les trains roulent. Des files de camions trépident. Des usines explosent [4]. »

Cette fascination, si forte déjà à la fin du XIXe siècle, des artistes pour les innovations de la technologie moderne, et particulièrement pour « l'art de l'ingénieur » dans ses diverses applications, n'a plus jamais cessé. Elle rebondit de génération en génération. Elle va de la représentation puis de la citation au mimétisme et manifeste l'admiration, l'envie, la dérision et la contestation. Elle débouche sur l'emprunt formel, le simulacre technique ou la mise en œuvre de nouveaux comportements esthétiques. Les réalisations de l'ingénieur deviennent pour certains comme un prolongement de la « merveille » des *naturalia* du XVIe siècle. Elles rivalisent avec la nature, et, pour beaucoup d'entre elles, signent le nouveau paysage. Mais elles suscitent aussi, accompagnent ou précèdent toutes les mutations de la création dans ses nouveaux supports. Elles provoquent l'initiative de collaborations systématiquement organisées, comme celles de Billy Klüver pour « Experiment in Art and Technology » [5], ou bien des bilans sous forme d'expositions, générateurs de réalisations nouvelles, comme ceux de Pontus Hulten sur le mouvement ou la machine [6], ou de Frank Popper autour des utilisations nouvelles de la lumière [7].

Assez étrangement, l'histoire internationale des conquêtes techniques (et sans doute esthétiques) de l'ingénieur n'a jamais été exposée à grande échelle et de façon globale et sélective, en dehors des grands musées techniques, dont l'organisation est, le plus souvent, à dominante nationale, ou spécialisée. Un tel projet s'inscrivait pourtant naturellement dans les bilans en forme d'interrogation que François Barré souhaitait proposer pour saluer le « passage du siècle ». En concluant les activités du versant Cci de notre musée, et en confirmant la compétence du tandem Raymond Guidot-Alain Guiheux, assisté par de très nombreux experts, ce large panorama vient occuper tous les espaces du forum et des mezzanines du niveau rue. Il s'appuie sur les documents, les maquettes, l'audiovisuel, mais il donne aussi la part belle à des objets à dimension définitive qui puissent affirmer l'invention et la beauté. Il nous permet également de rendre hommage à l'ingénieur Peter Rice, hélas récemment disparu, qui contribua si fortement au caractère révolutionnaire du bâtiment de Renzo Piano et Richard Rogers. Il témoigne donc, une nouvelle fois, des synergies originales de notre institution, et de son inscription unique dans un édifice exceptionnel dans sa forme et sa philosophie. Faut-il souligner que sa coïncidence avec une importante rétrospective de Fernand Léger n'est pas plus fortuite que celles qui ont, jusqu'à présent, marqué notre programmation ? Léger en aurait été enchanté, lui qui évoquait ainsi le voisinage du Salon d'automne, où il accrochait ses toiles, et du Salon de l'aviation : « J'entendais à travers les cloisons les marteaux et les chansons des hommes de la machine. Je franchis la frontière, et jamais, malgré mon habitude de ces spectacles, je ne fus autant impressionné. Jamais pareil contraste brutal n'avait frappé mes yeux. Je quittais d'énormes surfaces mornes et grises, prétentieuses dans leur cadre, pour les beaux objets métalliques durs, fixes et utiles, aux couleurs locales et pures, l'acier aux infinies variétés jouant à côté des vermillons et des bleus. La puissance géométrique des formes dominait tout cela. »

Germain Viatte,
directeur du Musée national d'art moderne-Centre de création industrielle
du 13 mars 1992 au 14 mai 1997

1. *Cf.* les catalogues d'exposition : *Hors Limites, l'art et la vie, 1952-1994* ; *Erik Dietman* ; *Joseph Beuys* ; *Kurt Schwitters* ; *Robert Morris* ; *Gaetano Pesce, le temps des questions* ; *Frédérick Kiesler* ; *L'Informe : mode d'emploi.*
2. Serge LEMOINE, *Art constructif*, éd. du Centre Georges Pompidou, coll. « Jalons », Paris, 1992.
3. « L'Esprit moderne », in *Après le cubisme*, Éditions des commentaires, 1918.
4. Blaise CENDRARS, *J'ai tué*, À la belle édition, 1918, repris dans *Der Sturm*, n° 7, 1919, cité in *Fernand Léger et l'esprit moderne, une alternative d'avant-garde à l'art non objectif (1918-1931)*, Musée d'art moderne de la Ville de Paris, Paris, 1982, pp. 262-266.
5. Elles se développèrent très largement après la collaboration de cet ingénieur des laboratoires Bell avec Jean Tinguely pour l'*Hommage à New York* du Museum of Modern Art, en mars 1960.
6. « Le Mouvement », Galerie Denise René, 1955 ; « Bewogen Beweging » (le mouvement dans l'art), Stedelijk Museum, Amsterdam, 1961 ; « Rörelse i konsten », Moderna Museet, Stockholm, 1961 ; « The Machine as Seen at the End of the Mechanical Age », Museum of Modern Art, New York (itinérante à Houston et San Francisco), 1968-1969.
7. « Kunst-Licht-Kunst », Stedelijk van Abbemuseum, Eindhoven, 1966 ; « Lumière et mouvement », Musée d'art moderne de la Ville de Paris, 1967 ; « Electra », Musée d'art moderne de la Ville de Paris, 1983-1984.

Des constructeurs qui inventent l'époque

Notre perception a été programmée par les œuvres des ingénieurs des grandes structures qui donneront au siècle ses références esthétiques – les grandes serres, gares, halles d'exposition, viaducs, silos, ponts, hangars de dirigeables, plates-formes offshore. Chacune de ces productions élues se révélera un puissant vecteur d'émotions nouvelles, reléguant toutes les autres. La prouesse constructive, l'économie de matière et de moyens, la légèreté ou l'intelligence des inventions et solutions techniques ont fait des ingénieurs les véritables possesseurs de la création architecturale depuis la révolution industrielle. Ces ouvrages, installés dans la ville ou le paysage, ont inventé les images du monde contemporain et le regard que nous lui portons. Merveilles, spectacle équivalent à celui de la nature, ou esthétique de l'intelligence de la technique, n'avaient que peu de rapport avec les modes d'édification passés. Les sensations créées par les constructions d'ingénieurs depuis le début du XIXe siècle, parmi lesquelles le sentiment de l'espace et de la transparence, sont toujours les nôtres. Le regard que portait Le Corbusier sur l'ensemble des objets et des formes des années vingt plaçait au premier plan ceux de l'ingénieur, parce qu'ils définissaient l'époque, mais aussi parce que l'architecte ambitionnait de capter ces objets miraculeux pour tenter d'en reproduire la signification. Un travail du même ordre conduirait aujourd'hui à ajouter les objets s'originant dans une sphère absente des choix corbuséens : celle de la communication, et d'abord de l'image fixe et du cinéma. Mais l'intérêt de l'approche était la mise à plat de l'ensemble des formes produites – toutes les formes : architecture, design, art ou art des ingénieurs. Quels sont aujourd'hui les objets qui inventent et décrivent l'époque ?

Si l'on peut souhaiter que les distinctions concrètes s'estompent au profit tout simplement du constructeur, l'architecte et l'ingénieur procèdent, en tant que figures idéales, de deux logiques opposées. L'architecte se consacre à la détermination d'un objet déjà terminé, fini, visible, et par-dessus tout signifiant, dont il anticipe l'apparence, quand l'ingénieur est préoccupé par sa fabrication, en fonction de sa résistance structurelle et des techniques nécessaires à sa mise en œuvre. Confrontés à un même objet, ils le regardent l'un en tant qu'élément visuel et au bout du compte message, l'autre comme modèle abstrait et objet à fabriquer. La raison de l'architecte est celle de la communication (de l'usage, de la fonction), la raison de l'ingénieur est celle de la construction, donc du chantier.

Les ingénieurs se sont cependant constamment posé des questions esthétiques et formelles (les propos de John Roebling, d'Othmar Ammann, d'André Coyne sont parmi beaucoup d'autres significatifs). Ils ont été amenés de fait à donner forme au monde visible. Parce qu'ils ont réalisé tous les grands projets héroïques depuis le XIXe siècle, sans volonté de forme, et par la simple utilisation de leur science, ils sont parvenus à formuler l'idée que l'on peut se passer d'une démarche formelle, ou encore que la méthode de l'ingénieur est aussi la plus simple manière de régler la question de la forme. Eugène Freyssinet en avait fait une véritable méthode de conception, résolvant ainsi – et par la négation – la question de la forme et de l'apparence. L'absence d'intention artistique, qu'il opposait à l'importance des effets pourtant produits par ses œuvres, était une de ses revendications. Cette méthode de l'ingénieur a constitué une démarche complète, solutionnant à la fois la stabilité structurelle, la mise en œuvre et l'apparence formelle. La création formelle avait ainsi trouvé un guide, perçu comme plus rationnel et efficace que les cultures antérieures, en particulier celles qui étaient liées à la tradition des manières de bâtir ou aux théories architecturales redonnées de traité en traité. Le monde des objets a semblé alors pouvoir être produit et jugé selon des critères ne laissant plus de place à l'histoire ou au goût.

Ce langage formel de l'ingénieur, fondé sur l'hypothèse de sa transparence, demeure une attitude de conception particulièrement exacte, adaptée à la période contemporaine. C'est celle qui autorise à continuer de construire sans doctrine, mais dans la conscience de cette annulation, quête encore contemporaine de volonté d'absence de forme. Débarrassée de ce qui sera de temps à autre un positivisme ou un exhibitionnisme constructif, la méthode formelle de l'ingénieur fait toujours autorité.

Ces méthodes d'approche de la forme, bien ancrées dans chacune de ces professions, l'une comme l'autre valides ou objectives (quoique souvent associées à d'indécentes « morales constructives » renvoyant l'architecte du côté de l'ornement et du mensonge, l'ingénieur occupant la place de l'honnêteté), s'opposent moins entre elles qu'à un troisième terme qui les supplante, celui d'action. Construire ou permettre des actions. Si la méthode de l'ingénieur demeure si juste, c'est qu'il travaille sur des faits, qu'ils soient de construction ou d'usage.

Le chantier des hangars d'Orly, démolis lors des bombardements de 1940, redécouverts grâce à un film 35 mm, ainsi que les films de la fabrication des premiers ponts précontraints sur la Marne de Freyssinet possèdent ce caractère de fait. C'est la magie de ces faits qui compte, et pas seulement lorsqu'il s'agit de prouesses. Les toits mobiles parfois mis en œuvre pour les installations de loisirs, s'ouvrant sur le ciel ou les étoiles, les toits gonflables et flottants, les grandes halles vitrées sont des faits.

La prédétermination structurale ou constructive fondée sur des modèles précis a longtemps tenu la place essentielle. Mais, depuis plus de trente ans, les ordinateurs ont rendu toute forme calculable, et les efforts n'ont plus à se transmettre par des formes et des chemins simplifiés pour se calculer. Ainsi la forme n'est plus « automatiquement », fût-ce illusoirement, produite par l'ingénieur. La méthode de l'ingénieur est alors devenue une méthode parmi d'autres, perdant – du fait de ses propres progrès – cette façon d'universalité simple qui la caractérisait. Qu'en est-il, désormais, de l'ambition créatrice des ingénieurs et de leur capacité à nous enchanter, dès lors que l'exploration scientifique des structures constructives est terminée ?

Avec la tradition des architectures conçues sur des thèmes structuraux, comme les projets de structures tendues des constructivistes russes ou les architectures industrielles de Iakov Tchernikhov, et l'apparition après la Seconde Guerre mondiale d'édifices tels que le Skylon de Felix Samuely, des images avancées d'Archigram ou de Cedric Price, puis du Centre Georges Pompidou, la technique est devenue langage.

Parallèlement, le savoir de l'ingénieur-constructeur semble avoir atteint un palier : aucune révolution ne s'annonce, du type de celle introduite dans le domaine du béton par la précontrainte ou les voiles minces. Il en va de même pour la recherche, par exemple sur les matériaux (les nouveaux bétons, les composites), qui, si elle est bien continue, s'est aussi déplacée vers d'autres domaines (l'aéronautique). On dira également que l'informatique ou la biologie résonnent beaucoup plus comme des sciences contemporaines, quand l'art de l'ingénieur-constructeur nous apparaît lié à un monde issu du XIXe siècle. Notre environnement est toujours dominé par la présence des routes et des ponts, mais les divers mobiliers urbains et les équipements (stations-service, péages, panneaux publicitaires…) les ont supplantés, envahissant notre champ de vision depuis les années soixante.

Les structures contemporaines qui nous sidèrent sont toujours légères, plus translucides que transparentes, et tentent d'approcher des nids-d'abeilles de carton et d'aluminium des avions et des voiliers. Elles s'arrangent pour être solides, reprennent ici ou là par des câbles ou des renforts en fibre de verre les efforts ; souples, elles acceptent des déformations très importantes. Elles sont hybrides, mélangeant des matériaux et des modèles structuraux différents. Hyperstatiques, elles tendent à cacher la manière dont elles fonctionnent, voire s'effacent.

Loin des thèmes de la grande portée et de la hauteur, l'ensemble de l'œuvre de Jean Prouvé, le pavillon IBM de Renzo Piano et Peter Rice, les serres de la Villette de Peter Rice, le pavillon des Orchidées de Mamoru Kawaguchi, les dômes en câble de David Geiger et Mathys Levy, les résilles sous-tendues et précontraintes de Vladimir Choukhov, les lentilles gonflables de Jörg Schlaich et Werner Saubek ne font pas vibrer une esthétique herculéenne. L'intelligence savante (et souvent coûteuse) de la conception et de la fabrication les caractérise. Des principes tels que la tenségrité, inventée par Kenneth Snelson, reprise par Richard Buckminster Fuller en 1947, ne se développent pleinement que depuis quelques années. La précontrainte dans les structures en résilles ouvre de nouveaux horizons. Nous sommes sensibles à des ingénieurs autrefois marginaux. L'ensemble du travail si mystérieux de Robert Le Ricolais nous nourrit très fortement, comme les hangars en résilles ou en câbles de Konrad Wachsmann, ou encore les résilles et dômes sous-tendus de Vladimir Choukhov, que reprennent aujourd'hui Toyo Ito et Mutsurô Sasaki. La circulation de l'air de Tom Barker, les ailes des catamarans de Duncan Mac Lane construisent un nouveau temps des ingénieurs.

Les grands franchissements et les gratte-ciel en projet prolongeront des exemples qui nous sont connus et dont nous avons expérimenté la perception. L'esthétique de la prouesse opère moins, comme transférée dans des opérations invisibles, tel le travail du tunnelier, machine solitaire d'extrême sophistication. Tout en restant proche du domaine qui nous occupe, rappelons que l'urbanisation se développe moins par des manifestations extérieures que par une activité souterraine. L'économie et ses profits, la gestion des flux routiers, les souterrains et les parkings, les grands réseaux de distribution d'eau, d'électricité, de téléphone, d'informations par câbles, des égouts ont pris le dessus sur des activités plus visibles.

De démonstrative, l'œuvre d'ingénieur devient invisible quand son but est celui de l'économie d'énergie – le minimum d'énergie consommée dans la production et la fabrication de l'ouvrage, autant que dans son usage. Ingénieur thermicien ou ingénieur façade voient leur rôle réévalué. Le second œuvre, tout comme la conduite du chantier, sont d'une complexité désormais plus grande que la structure. Les émotions que les ingénieurs nous réservent tiennent aux domaines qu'ils investissent. Le savoir ancien de la construction fait place à de nouvelles interrogations, qui tiennent plus aux services et aux réseaux sillonnant édifices et métropoles. Le confort thermique et acoustique, le contrôle de l'ensoleillement, le sentiment de confort dans les immeubles de grande hauteur sont des contraintes plus sévères que ne l'est la stabilité constructive.

À l'image de l'émerveillement ressenti par les visiteurs du Crystal Palace, nous sommes dans l'attente des effets que produiront les utilisations des sandwichs de verre de plus en plus complexes. La féerie qui s'ébauche est celle des lumières, des souffles et des climats. Le projet de Buckminster Fuller pour couvrir Manhattan revit avec le projet de Richard Rogers pour la South Bank ou celui de Nicholas Grimshaw et Anthony Hunt pour la couverture d'une carrière d'un mile de long.

Habitué à dessiner les grands réseaux de voiries sur le territoire, la végétation et la géologie, l'ingénieur a été un aménageur ; il devient conscience humaniste des sites. L'intervention de l'ingénieur dans le paysage ne doit plus être un aménagement du territoire, un urbanisme de la conquête. L'aménagement du territoire se meut en aménagement du paysage, du territoire définitivement urbanisé, un espace public qui s'étend à l'ensemble des espaces occupés. Ove Arup avait très tôt décrit cette situation : la conquête est terminée, il faut dessiner ou redessiner la Terre. « La bataille de l'homme avec la nature a été gagnée. Qu'on le veuille ou non, nous sommes maintenant chargés de l'administration du territoire conquis. Les réserves naturelles, les paysages naturels et urbains : ils seront tous détruits sans motifs, jusqu'à la ruine ultime de l'homme, ou devront être délibérément planifiés pour servir ses besoins. Tout ce qui est fait pour l'homme doit être dessiné. »

Notre aménagement – pour ne rien dire de notre urbanisme – a le plus souvent méprisé la qualité des territoires. Invitation à relire notre action sur l'environnement, cette exposition ne s'occupe que d'exceptions, d'un pont merveilleux sur cent autres, sinistres (indigence qui s'est accélérée durant les trente glorieuses, jusqu'à nos dérisoires péages et murs antibruit). Les grands constructeurs, par le soin et l'intelligence, la somptuosité des œuvres, honorent le paysage.

Si certaines dimensions traditionnelles du constructeur perdurent, tel le rapport au site, l'accent s'est déplacé. La conception sera davantage de nature écologique que conquérante, et lutte moins avec la nature qu'elle ne la commente. Ainsi, le projet du viaduc de Millau aurait pu être un essai magistral sur ce thème. L'ingénieur est cet homme public qui saura que la qualité de l'air et de l'écosystème artificialisé a plus grande valeur que la forme des édifices. Parce que sa méthode semble plus directe, l'ingénieur-bâtisseur est à nouveau parmi les mieux armés pour aborder les questions du devenir de notre environnement. S'il y a une actualité de l'ingénieur, c'est aussi sous cette forme d'implication et d'authenticité.

Raymond Guidot, Alain Guiheux

Introduction

Un art limite

« L'art de l'ingénieur » : le rapprochement de l'art et de l'ingénierie peut paraître évident au premier abord. Depuis le XIXᵉ siècle, de nombreux auteurs ont célébré la beauté des machines et des ouvrages d'art, la poésie qui naît des formes et des ambiances technologiques. Mais à se centrer uniquement sur le thème de la beauté machinique ou structurale, le risque est grand de tomber dans une certaine facilité. Car il y a de la beauté partout : dans les vêtements, dans la cuisine et jusque dans certaines séquences publicitaires. À trop confondre les genres, on risque de les affadir. Parler d'art de l'ingénieur sans autre précaution peut conduire à banaliser ce que la technologie contemporaine possède d'irréductible à d'autres domaines de la pensée et de l'action. C'est oublier de surcroît que, si l'on s'écarte des objets techniques qui fascinent – automobiles, avions, grands ouvrages de génie civil et satellites de télécommunication –, le monde des ingénieurs dérange au moins autant qu'il séduit. On le rend volontiers responsable d'une laideur qui semble prendre aujourd'hui toutes les apparences du chaos, avec la multiplication des infrastructures et leur enchevêtrement. Obéissant à des préoccupations d'efficacité qui lui appartiennent en propre, il apparaît bien différent de l'univers de l'artiste, tel du moins que se le représente le grand public. « Art de l'ingénieur » doit donc s'entendre en tenant compte de cette ambiguïté fondamentale d'une technique tour à tour désirable et repoussante, source féconde d'inspiration et objet de rejet.

Une telle ambiguïté n'était pas de mise autrefois. Les ingénieurs étaient proches des architectes ; leurs moyens techniques limités les rendaient naturellement respectueux des sites sur lesquels ils s'implantaient [1]. De la Renaissance au XVIIIᵉ siècle, parler d'un art de l'ingénieur allait de soi. Le terme d'art possédait d'ailleurs un caractère générique qu'il a perdu depuis. Jusqu'à la première révolution industrielle, un horloger ou un fontainier faisaient figure d'artistes, des artistes certes différents des peintres, des sculpteurs ou des musiciens, mais qui partageaient avec ces derniers un certain nombre de qualités essentielles, à commencer par un métier, une sûreté d'exécution renvoyant à la fois à la maîtrise d'un savoir et à l'apprentissage patient de ses modalités de mise en œuvre. Les arts mécaniques avaient beau être considérés comme inférieurs aux arts libéraux, une certaine continuité subsistait entre eux. Il y avait en outre des arts frontières, relevant de l'un et l'autre de ces registres. L'ingénierie en faisait partie au même titre que l'architecture.

C'est avec l'effondrement de ce monde des arts à l'ancienne, à la charnière des XVIIIᵉ et XIXᵉ siècles, que s'ouvre l'ère de l'ingénierie contemporaine, celle-là même à laquelle l'ouvrage qu'on va lire se trouve consacré pour l'essentiel. L'art devient alors synonyme de spiritualité, une spiritualité à laquelle s'oppose une technique d'essence plus matérialiste, centrée sur la recherche du bien-être et du profit. Si l'ingénieur provoque désormais l'admiration en raison du caractère spectaculaire de ses réalisations, si certains voient déjà dans sa démarche le prototype de l'activité créatrice des temps nouveaux de l'industrie, nombreux sont ceux qui lui reprochent de ne pas assez sacrifier à ces valeurs essentielles que constituent le beau et le vrai entendus en un sens distinct de ce qui plaît immédiatement et de ce qui tombe sous le sens. Des architectes comme César Daly ou Charles Garnier se montrent particulièrement sévères. Tout en reconnaissant l'apport des ingénieurs, le premier voit dans l'ascendant qu'ils ont pris une étape provisoire dans la définition d'un nouvel art qu'il qualifie d'« organique » et qui serait enfin capable de remettre la technique à sa juste place, celle d'une servante de l'inspiration artistique [2]. Adversaire résolu de la tour Eiffel, bien qu'il ait collaboré avec son promoteur lors de la construction de l'observatoire de Nice, Garnier témoigne quant à lui de l'hostilité que suscitent certaines œuvres d'ingénieur, même si elles ont été plébiscitées par le grand public [3].

Siècle de tensions entre art et technique, art et ingénierie, le XIXᵉ siècle voit toutefois la naissance d'une idée permettant d'amorcer leur réconciliation, une idée quelque peu paradoxale

1. *Cf.* A. PICON, *Architectes et ingénieurs au siècle des Lumières*, Marseille, Parenthèses, 1988.
2. Voir par exemple C. DALY, « De l'architecture de l'avenir. À propos de la Renaissance française », in *Revue générale de l'architecture et des travaux publics*, 1869, vol. 27, col. 10-71.
3. *Cf.* F. LOYER, « Les ambiguïtés de Charles Garnier », introduction à Ch. GARNIER, *À travers les Arts*, Paris, Picard, 1985, pp. 5-43, pp. 33-35 en particulier.

puisqu'elle consiste à postuler que les réalisations des ingénieurs ne sont jamais aussi abouties artistiquement que lorsqu'elles ne cherchent pas à faire de l'art. S'il y a une beauté d'essence machinique, celle-ci doit être nécessairement involontaire, ou du moins procéder d'une recherche fondamentalement différente de celle des arts plastiques. Les avant-gardes du premier XXᵉ siècle vont s'emparer de cette idée, jouer avec elle pour en tirer des leçons concernant le domaine artistique proprement dit. Dans *Vers une architecture* de Le Corbusier, la beauté machinique des avions, des automobiles ou des paquebots, qui naît de la façon qu'ont les ingénieurs de bien poser les problèmes, sert de contrepoint à la dénonciation de l'enseignement des beaux-arts et de ses afféteries stylistiques.

Parlant volontiers de la nature et de ses lois, d'une intuition de bâtisseur plus profonde que le désir de faire œuvre au sens académique du terme, d'une beauté qui émanerait de la structure sans avoir été recherchée pour elle-même, de nombreux ingénieurs du siècle vont contribuer à renforcer cet étrange statut d'une pratique qui serait presque involontairement artistique. Eugène Freyssinet ou Jean Prouvé font souvent appel à ce registre que l'on retrouve aujourd'hui encore sous la plume de certains de leurs héritiers. Dans une de ses conférences, Freyssinet se décrit ainsi comme « un pur sauvage, dominé par ses instincts et conduit par ses intuitions », ajoutant que c'est « cette constante domination de l'instinct et du subconscient » qui permet de comprendre son itinéraire [4]. Outre sa séduction intrinsèque, un tel registre a pour mérite de rendre plus compréhensible le mélange de splendeur et de laideur du monde des techniques, puisque la beauté ne serait jamais recherchée en tant que telle par les grands prêtres de ce monde.

L'art de l'ingénieur constituerait-il alors une sorte de subconscient de la pratique artistique ? L'attitude de suprême détachement qu'on lui prête volontiers à l'égard du désir de faire œuvre ou de la recherche du beau ne manquera pas de fasciner des artistes contemporains hantés par des thèmes comme la mort de l'art ou son intégration au sein d'un champ d'expérimentation plus vaste, plus ouvert au monde de l'industrie et de la consommation de masse qui l'entoure. La référence à la technique et à l'ingénierie est par exemple explicite dans la démarche de Andy Warhol qui ouvre une « usine » destinée à produire des objets d'art en série, comme l'on produit des automobiles [5].

Mais ce statut artistique pour le moins ambigu n'a pas empêché de nombreux ingénieurs, et non des moindres, de s'exprimer sur le genre de beauté dont témoignent leurs ouvrages, voire sur la signification qu'ils leur prêtent par-delà leur fonction immédiate. Au début de ce siècle, Paul Séjourné disserte ainsi sur l'esthétique des grandes arches en maçonnerie [6]. On retrouve des réflexions du même genre sous la plume d'ingénieurs comme Fritz Leonhardt ou Peter Rice [7]. Tout se passe comme si les ingénieurs tentaient en réalité de négocier un compromis entre le refus d'une démarche artistique conventionnelle et le désir de faire tout de même œuvre. La tension qui s'établit de la sorte pourrait bien être constitutive de l'art de l'ingénieur contemporain, un art dont l'ambiguïté trouve fréquemment sa contrepartie dans l'évidence de l'objet, du système ou de la performance technique réalisés, un art limite parce que ses productions les plus réussies se situent toujours à la frontière de deux mondes que les catégories de pensée de l'ère industrielle nous ont accoutumés à séparer.

Les derniers auteurs

En dépit de ce que son titre, *L'Art de l'ingénieur*, pourrait laisser supposer, cet ouvrage n'embrasse pas la totalité, loin s'en faut, des réalisations technologiques à propos desquelles se posent des questions d'ordre esthétique. Centré sur la conception des structures, il n'accorde qu'une place marginale aux machines et aux réseaux sur lesquels travaillent pourtant la plupart des ingénieurs contemporains.

4. E. FREYSSINET, « Constructeur, pas professeur », in *Un amour sans limite*, Paris, Éditions du Linteau, 1993, pp. 125-145, p. 128 en particulier.

5. *Cf.* C. A. JONES, *The Machine in the Studio. Constructing the Postwar American Artist*, Chicago, University of Chicago Press, 1996.

6. P. SÉJOURNÉ, *Grandes Voûtes*, Bourges, Veuve Tardy-Pigelet et fils, 1913-1916.

7. F. LEONHARDT, *Ponts. L'esthétique des ponts*, Lausanne, Presses polytechniques romandes, 1982 ; P. RICE, *An Engineer Imagines*, Londres, Artemis, 1994.

24

Les limites du propos auraient été beaucoup moins sensibles autrefois. Jusque dans les premières décennies du XIXᵉ siècle, la construction et le génie civil représentent en effet le principal domaine d'activité des ingénieurs. C'est la construction de la coupole de Florence qui fait de Filippo Brunelleschi l'une des figures fondatrices du métier d'ingénieur. Au siècle des Lumières, John Smeaton en Angleterre ou Jean-Rodolphe Perronet en France accèdent au statut de modèles pour une profession en plein renouvellement, grâce à la notoriété que leur valent leurs grands ouvrages de génie civil. Des *Discours et démonstrations mathématiques concernant deux sciences nouvelles* publiés en 1638 par Galilée, dans lesquels on trouve l'étude systématique de problèmes comme la rupture des colonnes ou la flexion des poutres, aux mémoires sur la théorie mathématique de l'élasticité et la résistance des matériaux publiés dans les années 1820-1830 par Henri Navier, Augustin Cauchy ou Jean-Victor Poncelet, la construction et le génie civil constituent en outre un terrain fécond d'interrogations scientifiques, l'un des premiers domaines concrets dans lequel les mathématiques et la mécanique se révèlent opérantes [8].

Mais, en dépit de son importance historique et de la fascination qu'exercent encore nombre de ses réalisations, l'art de l'ingénieur-constructeur incarne-t-il ce que la technologie contemporaine peut offrir de plus propice à l'émotion esthétique ? Les nouvelles technologies de la communication et les univers virtuels chatoyants qu'elles laissent entrevoir ne seraient-ils pas plus représentatifs de la manière dont se pose aujourd'hui la question de l'art de l'ingénieur que la conception et la réalisation des structures, même les plus sophistiquées ? Force est de constater que, après avoir incarné les promesses les plus spectaculaires de l'ère industrielle naissante, la construction et le génie civil se situent aujourd'hui quelque peu en retrait d'une technique de pointe davantage tournée vers la maîtrise des temps de circulation et d'échange des informations que vers les assemblages de formes et de matériaux.

D'où vient cependant l'étrange capacité des grandes structures d'ingénieur à nous toucher encore, en un âge apparemment épris d'immatérialité ? Faut-il y voir, à la suite de Schopenhauer, en transposant à l'ingénierie ce qu'il écrit de l'architecture dans *Le Monde comme volonté et comme représentation* [9], l'effet que produit immanquablement la lutte de ces principes opposés que constituent la pesanteur et la résistance ? Nos corps portant l'empreinte de cette lutte, il nous est impossible de demeurer indifférents à des objets qui la mettent en scène. Les porte-à-faux, les arches, les coques et les treillis les plus audacieux peuvent susciter ainsi des sensations assez comparables par leur vivacité à celles que produisent certains gestes. Un ingénieur comme Eduardo Torroja éprouvait sans doute cette sorte d'empathie lorsqu'il affirmait que « vaine serait l'entreprise de celui qui prétendrait réussir le tracé d'une structure sans avoir assimilé *jusque dans la moelle de ses os*, les principes de mécanique qui régissent tous les phénomènes d'équilibre interne [10] ».

Il y a quelque chose de primitif, il ne faut pas se le dissimuler, dans ce registre de la lutte contre la pesanteur. Des voûtes en berceau romaines aux structures tendues d'aujourd'hui, l'art de l'ingénieur-constructeur fait parfois songer à ce « langage d'action », à base de cris et de mouvements violents du corps, qu'un philosophe comme Condillac prêtait aux peuples dans l'enfance. Sous ses formes les plus frappantes, l'art des structures possède une immédiateté comparable à celle des mouvements corporels, comme une sorte de danse immobile de la matière et du vide. Mais la séduction qu'il exerce ne se limite pas à ce registre. Car cet art ancien semble simultanément capable d'exprimer les caractéristiques essentielles de l'univers technologique qui l'entoure, alors même que la structure la plus compliquée ne saurait égaler la complexité de la moindre unité centrale d'ordinateur. Une sorte d'alchimie paraît s'opérer ainsi entre un domaine que l'on pourrait croire singulièrement limité, voire archaïque, et un ensemble de technologies auxquelles on prête beaucoup plus volontiers un caractère de pointe.

La rencontre n'est pas fortuite. Car les techniques sont rarement isolées les unes des autres, comme le seraient des îles. Des passerelles nombreuses relient des objets, des dispositifs et

8. *Cf.* E. Benvenuto, *La Scienza delle costruzioni e il suo sviluppo storico*, Florence, Sansoni, 1981.
9. A. Schopenhauer, *Le Monde comme volonté et comme représentation*, 1819, trad. fr. Paris, PUF, 1975, p. 275.
10. E. Torroja, *Les Structures architecturales. Leur conception, leur réalisation*, Burgos, Madrid, 1960, trad. fr. Paris, Eyrolles, 1971, p. 28.

des procédés que tout sépare en apparence. De Lewis Mumford à Bertrand Gille ou Thomas Hughes, de nombreux historiens ont tenté de rendre compte de ces liens parfois invisibles au profane. Dans son *Histoire des techniques*, Bertrand Gille faisait par exemple appel à la notion de système pour les caractériser. Adopter cette perspective, écrivait-il, « c'est dire aussi, à la limite, qu'en règle très générale toutes les techniques sont, à des degrés divers, dépendantes les unes des autres, et qu'il faut nécessairement entre elles une certaine cohérence : cet ensemble de cohérences aux différents niveaux de toutes les structures, de tous les ensembles et de toutes les filières compose ce que l'on peut appeler un système technique [11] ». Bien que le monde foisonnant des technologies contemporaines ne possède peut-être plus le caractère étroitement systémique que Gille prêtait aux techniques de l'âge classique ou de la première révolution industrielle, bien qu'il soit parfois plus proche d'un continuum, d'une sorte de paysage, que d'un ensemble discret de domaines et de relations entre ces domaines, des cohérences n'en subsistent pas moins entre les divers types d'ingénierie. L'art de l'ingénieur-constructeur en est la preuve, avec son recours désormais obligé à la modélisation informatique, avec l'usage qu'il fait des nouveaux matériaux composites ou « intelligents », avec son ouverture aux problématiques environnementales.

Faisant usage de techniques que l'on associe souvent à l'idée d'immatérialité, l'art des structures apporte aussi sa contribution au monde de l'information qui nous entoure. Car ce monde, est-il besoin de le rappeler, demeure par bien des aspects tributaire de la matière et de ses lois. L'exemple des radiotélescopes est à cet égard éclairant. Quoi de plus éloigné en apparence de la conception des structures que la réception d'ondes électromagnétiques provenant du cosmos ? Afin de s'effectuer dans de bonnes conditions, cette réception passe toutefois par la résolution de problèmes structurels complexes où trouve à s'employer l'imagination des constructeurs.

Ce type de lien ne saurait épuiser la question de l'actualité de l'art de l'ingénieur-constructeur, encore moins celle de l'émotion qu'il provoque. Le pont de Normandie a beau avoir été conçu en utilisant des ordinateurs et en faisant appel à des essais en soufflerie sophistiqués, sa puissance symbolique tient davantage à la réinterprétation qu'il propose de l'image ancienne, voire immémoriale, du pont. Dans cette réinterprétation, l'ancien et le nouveau, le primitif et le contemporain se mêlent inextricablement. À côté de la cabane primitive chère à des théoriciens de l'architecture comme Marc-Antoine Laugier ou Gottfried Semper [12], le pont fait probablement partie des archétypes de l'art de bâtir. La force expressive de l'ingénierie des structures tient sans doute à sa fidélité à ces archétypes, de l'abri au franchissement, ainsi qu'à la relecture incessante qu'elle en propose. Dans cette relecture, il n'est pas seulement question de raffinement technique, de l'apport de la modélisation informatique, des performances croissantes des matériaux ou de la prolifération des systèmes de second œuvre. Une telle relecture met aussi en jeu de l'invention, invention d'autant plus surprenante qu'il semblerait que l'on ait épuisé depuis longtemps le catalogue des formes et des principes structurels disponibles. À côté des ponts ou des grandes halles, les dômes du XXᵉ siècle témoignent de cette capacité de renouvellement de types que l'on aurait pu croire immuables. Les sphères géodésiques de Buckminster Fuller comme les dômes gonflables ou autotendus de David Geiger sont à la fois les héritiers des grandes coupoles classiques et des inventions à part entière, tant par leur géométrie que par les principes mécaniques auxquels ils font appel.

Constructeur et entrepreneur, en un sens plus ou moins étendu selon les individus, l'ingénieur structures est aussi un inventeur qui ne se contente pas de résoudre les problèmes, mais qui peut les déplacer, les reformuler le cas échéant pour aboutir à des formes et à des ambiances inédites. C'est de ce déplacement où se conjuguent, on l'a dit, l'ancien et le nouveau, le primitif et le contemporain, que procèdent sans doute les effets visuels les plus saisissants de l'ingénierie des structures. On comprend mieux alors que le livre récent de l'ingénieur Horst

11. B. GILLE, « Prolégomènes à une histoire des techniques », in B. GILLE (dir.), *Histoire des techniques*, Paris, Gallimard, 1978, pp. 1-118, p. 19 en particulier. Voir aussi sur cette question de la cohérence des techniques L. MUMFORD, *Technique et civilisation*, 1934, trad. fr. Paris, Le Seuil, 1950 ; T. P. HUGHES, « The evolution of large technological systems », in W. E. BIJKER, T. P. HUGHES, T. PINCH (dir.), *The Social Construction of Technological Systems*, Cambridge, Massachusetts, 1987, new edition Cambridge, Massachusetts, The MIT Press, 1990, pp. 51-83.
12. Sur la cabane primitive, lire J. RYKWERT, *La Maison d'Adam au paradis*, New York, 1972, trad. fr. Paris, Le Seuil, 1976.

Berger, consacré aux structures légères, s'ouvre par une évocation des tentes bédouines et des huttes africaines, avant de passer en revue certaines de ses réalisations récentes comme le terminal Haj Pilgrim de Djeddah ou le stade du roi Fahd à Riyad [13]. Plus généralement, l'intérêt que vouent souvent les ingénieurs structures à l'anthropologie et à l'histoire de la construction prend tout son relief. Le regard anthropologique ou historique permet précisément de mesurer ce que l'art de l'ingénieur-constructeur contemporain doit au passé, en même temps que ce qui l'en sépare.

Cette anthropologie ou cette histoire présentent cependant la caractéristique singulière de rapprocher les créations de l'homme de certains objets naturels, pétales de fleurs, branchages, coquilles de nautiles ou squelettes de mammifères, qui constituent depuis longtemps une source d'inspiration des ingénieurs-constructeurs. « La magie de ces derniers édifices consiste principalement à les avoir construits en quelque sorte à l'imitation de la structure des animaux ; les colonnes élevées et faibles, les nervures avec leurs doubleaux, les ogives et tiercerons pourraient être comparés à leurs os, et les petites pierres et voussures de quatre à cinq pouces seulement d'épaisseur et de coupe à la chair des mêmes animaux [14] », écrivait Jean-Rodolphe Perronet à propos des églises gothiques dont le XVIIIe siècle était en train de redécouvrir les qualités structurelles généralement dédaignées à l'âge classique. Certains textes de Frei Otto semblent lui faire écho à deux siècles de distance, même si ce dernier prend soin de préciser : « L'idée largement répandue que tous les objets de la nature vivante sont optimaux est une demi-vérité qui a fait beaucoup de mal. La tendance à considérer la nature comme une invention technique dont on attend seulement des réponses toutes prêtes a conduit à une impasse [15]. »
Les références à la nature ne règnent pas sans partage dans les écrits d'ingénieurs. Les machines, les vues d'ateliers et d'usines y ont aussi leur place. C'est que, à côté de la tension entre primitivisme et sophistication dont il porte la marque, l'art de l'ingénieur-constructeur se caractérise aussi par des allers-retours constants entre les registres du naturel et de l'artifice. De même qu'elles renvoient inlassablement à quelque hypothétique abri ou franchissement primitif, tout en prenant leurs distances à l'égard de celui-ci, les structures conçues par l'homme oscillent souvent entre les modèles de l'organisme et de la machine. L'ingénieur est-il le metteur en œuvre de la nature, celui dont le génie consiste à se mettre à l'écoute de ses lois les plus profondes, ou le créateur d'un monde d'artifices capables de triompher des contraintes naturelles ? Redoublant l'opposition entre l'immémorial et le contemporain, l'ancien et le nouveau, cette seconde alternative en prolonge les effets. De la mise en scène d'une anthropologie et d'une histoire à la fois continues et traversées par des moments de novation radicale à celle d'une ligne de partage entre le naturel et l'artifice, plus poreuse qu'il pourrait y paraître au premier abord, l'art de l'ingénieur-constructeur renvoie à un ensemble complexe de significations qui contribuent à le rendre expressif.

Au sein d'un univers technologique où les réseaux et les terminaux semblent triompher sans partage, cet art possède une dernière particularité : celle de continuer à produire des objets pleinement identifiables en tant que tels, des objets souvent héroïques, alors même que de nombreuses performances techniques, celles de l'informatique en particulier, tendent à se voiler désormais derrière des interfaces conviviales. Les grandes portées du génie civil contemporain persistent à nous parler d'une technologie aux effets visuellement saisissants. Leurs concepteurs seraient-ils les derniers héros d'une histoire des techniques de plus en plus anonyme ? Quelque chose de l'idéal renaissant d'une technique qui serait en même temps un humanisme se trouve encore à l'œuvre au sein du génie civil et de la construction. Art limite, situé aux confins des mondes où trouvent à s'exprimer l'identité individuelle et la subjectivité singulière, l'art des structures est aussi, simultanément, l'une des branches de l'ingénierie

13. H. Berger, *Light Structures, Structures of Light. The Art and Engineering of Tensile Architecture*, Bâle, Boston, Berlin, Birkhäuser, 1996.
14. J.-R. Perronet, lettre à Soufflot du 26 janvier 1770, reproduite dans M. Mathieu, *Pierre Patte, sa vie et son œuvre*, Paris, F. Alcan, 1940, pp. 400-401.
15. F. Otto, *Architecture et bionique. Constructions naturelles*, trad. fr. Denges, Delta et Spes, 1985, p. 8.

contemporaine où la notion d'auteur conserve tout son sens, même si les grands ponts sont presque toujours des œuvres collectives et si le grand public oublie généralement les noms des ingénieurs pour ne retenir que ceux des ouvrages qu'ils ont réalisés.

Cet art, produisant des objets presque toujours signés, semble à présent bien étroit au regard des grands défis que doit relever la technologie d'aujourd'hui, à commencer par la globalisation de l'économie et la maîtrise de l'environnement. Mais cette disproportion entre l'ampleur des problèmes et le caractère partiel des réponses qu'il est possible d'apporter pourrait bien revêtir un caractère exemplaire. Car, loin d'appartenir en propre à l'ingénierie des structures, une telle disproportion caractérise en réalité de nombreux domaines de la pensée et de l'action technique en cette fin de XXe siècle. Mesurant la distance qui sépare désormais les outils de planification de la réalité du développement des métropoles, l'urbanisme en porte la marque, tout comme le génie industriel lorsqu'il confronte ses méthodes d'optimisation locale aux logiques induites par l'internationalisation des firmes et des marchés [16]. Dans un tel contexte, l'attitude modeste de concepteurs comme Frei Otto ou Jörg Schlaich, qui se montrent à la fois préoccupés par les questions environnementales et conscients du caractère limité de leurs réponses, pourrait bien constituer une leçon transposable à d'autres secteurs. Elle constitue en tout cas un utile contrepoint aux utopies globalisantes qui continuent à se faire jour, se réclamant de phénomènes comme le développement de l'Internet [17], alors même que les rêves de villages planétaires se voient démentis par la réalité des intérêts économiques et la balkanisation de certaines régions du monde.

En retrait du front technologique qu'occupent bruyamment les techniques de l'information et les manipulations biologiques, l'art de l'ingénieur-constructeur d'aujourd'hui évoque en définitive la possibilité d'un autre rapport au progrès que celui, d'essence quasi religieuse, qu'avait cherché à promouvoir la société industrielle naissante. Après avoir longtemps adhéré à ce credo de la marche en avant à tout prix, l'art des structures pourrait bien nous parler à présent, non pas systématiquement mais de temps à autre – c'est déjà beaucoup – d'une façon d'être contemporain sans être forcément « moderne ».

Un dictionnaire encyclopédique

Si restreint soit-il au regard de l'univers des techniques d'aujourd'hui, le champ couvert par l'ingénierie des structures n'en constitue pas moins un véritable continent, peuplé d'objets de toutes sortes – ponts, viaducs, dômes, gares, tours et gratte-ciel –, de types de structures très différents les uns des autres – des coques en béton travaillant en compression pure aux structures gonflables tendues et autotendantes –, de savoirs et de pratiques là encore extrêmement divers – de ceux de l'ingénieur théoricien de la résistance des matériaux à ceux de l'entrepreneur en construction. Généralement appréhendé à travers quelques œuvres phares, comme la tour Eiffel ou le pont de Brooklyn, ce continent est assez mal connu en dehors des cercles de spécialistes. Le caractère archétypique des objets qu'il produit tend en outre à masquer son ampleur et sa diversité. Quoi de plus semblable à un pont qu'un autre pont ? C'est cette ampleur et cette diversité que l'on a voulu rendre sensibles à travers ce dictionnaire encyclopédique.

Pourquoi un dictionnaire plutôt qu'une suite d'essais s'ordonnant autour d'un nombre limité de thèmes, comme une sorte de traité à plusieurs voix ? À côté de la diversité qu'autorise l'ordre alphabétique, on serait tenté d'invoquer l'absence de parti pris qu'il tend à promouvoir. Mais l'argument d'une plus grande objectivité du propos se révèle plus fragile qu'il pourrait y paraître, dans la mesure où un dictionnaire est susceptible de biais théoriques ou doctrinaux aussi prononcés que ceux du recueil d'essais ou du traité. Ainsi que le faisait remarquer Hubert Damisch à propos du *Dictionnaire raisonné de l'architecture française* de Viollet-le-Duc, le classement par ordre alphabétique ne renvoie pas forcément à une mise à plat du

16. Voir sur ces questions P. VELTZ, *Mondialisation, villes et territoires. L'économie d'archipel*, Paris, PUF, 1996.

17. On trouvera un bon exemple de ce genre d'utopie appliqué à l'architecture dans W. J. MITCHELL, *City of Bits. Space, Place and the Infobahn*, Cambridge, Massachusetts, The MIT Press, 1995.

savoir dépourvue d'ambition [18]. Selon Hubert Damisch, la forme choisie par Viollet-le-Duc pour exposer les principes de l'architecture médiévale procédait au contraire d'une volonté de théorisation encore plus poussée que celle qu'aurait permise un traité. L'absence apparente de hiérarchie entre les rubriques peut en effet servir à exprimer une cohérence structurale profonde, en ramenant invinciblement le lecteur aux mêmes évidences, à la même hiérarchie sous-jacente des matières, quelle que soit l'entrée choisie. Avant Viollet-le-Duc, cette capacité du dictionnaire à rendre compte, plus profondément que ne peut le faire un traité, de la cohérence d'une théorie ou d'une doctrine, avait déjà été exploitée par des auteurs comme André Félibien ou Charles d'Aviler dans leurs ouvrages sur les beaux-arts et l'architecture.

Avouons-le, notre objectif se situe très en retrait de cet idéal de cohérence systémique ou structurale. On ne trouvera pas dans les pages qui vont suivre, même exposée en filigrane, une théorie unifiée de l'ingénierie, ni même un seul point de vue la concernant, mais bien plutôt un ensemble d'informations relatives à sa pratique, à ses hommes et à ses productions, aux problèmes et aux thèmes qu'elle aborde ainsi qu'aux diverses constructions intellectuelles qui ont été élaborées afin de rendre compte de ses multiples dimensions. Si elle se présentait encore comme un corps de doctrine unifié au début du XVIIIe siècle, comme une discipline parente de l'architecture, souvent tenue pour l'une des ses branches puisqu'elle se réclamait elle aussi de l'enseignement de Vitruve, l'ingénierie des structures a perdu depuis ce caractère unitaire. L'*Architecture hydraulique* publiée entre 1737 et 1753 par Bernard Forest de Bélidor constitue à cet égard le dernier grand traité fondé sur l'hypothèse d'une unité organique des différentes branches de l'art de l'ingénieur-constructeur.

Pour autant, l'ingénierie des structures contemporaine ne nous apparaît pas comme un ensemble disparate d'objets, de savoirs et de représentations. Son hétérogénéité superficielle pourrait bien renvoyer en effet à la difficulté qu'il y a, depuis le XIXe siècle au moins, à rendre compte de la cohérence de champs fondés sur une pratique, sur des intuitions et des savoir-faire, au moins autant que sur un corpus de connaissances formalisées. La théorie vitruvienne prétendait fournir un cadre commun aux savoirs et à la pratique de l'architecture et de l'ingénierie. Une telle ambition n'est plus de mise au sein d'un monde industriel marqué à la fois par l'explosion du volume des connaissances techniques et par une diversification sans précédent des pratiques techniciennes, explosion et diversification dont s'alarme déjà le sous-directeur de l'École des ponts et chaussées, Charles-Joseph Minard, autour de 1830.

« La masse des connaissances s'augmente chaque jour des théories et des faits découverts la veille, chaque division de la science devient elle-même une science particulière qui demande les forces intellectuelles de l'homme. C'est ainsi qu'aujourd'hui en mécanique les machines à vapeur forment presque exclusivement l'occupation d'une classe nombreuse de personnes instruites. Que doit-on donc penser d'une profession où la connaissance de ces machines ne serait qu'une subdivision ; tel est cependant l'art de l'ingénieur des ponts et chaussées tel que le veulent les ordonnances actuelles. Depuis peu d'années cet art s'est compliqué par les applications de la fonte aux voûtes et aux canaux, et plus récemment encore par les ponts suspendus et les chemins de fer qui à eux seuls peuvent absorber la capacité de l'ingénieur. [...] L'art est dans un moment de turgescence qui rend l'enseignement bien difficile, puisque les préceptes sont incertains. Qui oserait aujourd'hui donner des règles pour établir un chemin de fer ou une machine à vapeur [19] ? »

Depuis la première révolution industrielle, cette « turgescence » a trouvé toutefois sa contrepartie dans une circulation accrue des savoirs et des modèles d'un domaine à un autre, dans des mécanismes de transposition, de traduction et d'adaptation qui viennent contrebalancer l'éclatement des compétences et la spécialisation des individus. L'évolution de l'ingénierie des structures aux XIXe et XXe siècles se révèle inséparable de ces phénomènes de circulation et d'emprunts. La construction métallique naissante emprunte par exemple aux modèles de la construction en charpente ; elle servira à son tour de source d'inspiration pour les premières

18. H. DAMISCH, introduction à E.-E. VIOLLET-LE-DUC, *L'Architecture raisonnée. Extraits du* Dictionnaire de l'architecture française, Paris, Hermann, 1978, pp. 7-29.
19. Ch.-J. MINARD, *De quelques améliorations dans l'enseignement de l'École des ponts et chaussées,* 17 juillet 1831, A.N. F14 11057.

ossatures en béton, même si leurs promoteurs insistent, à l'instar de François Hennebique, sur les qualités spécifiques du matériau qu'ils emploient. En amont de la pratique des constructions, l'intuition structurelle se nourrit aussi d'analogies et d'emprunts aux disciplines les plus diverses. C'est cette cohérence un peu lâche, faite d'embranchements et de ramifications multiples, de passerelles parfois inattendues, que l'on a cherché à rendre dans ce dictionnaire.

Entre l'arbitraire de l'ordre alphabétique et le caractère raisonné du dictionnaire de Viollet-le-Duc, la forme encyclopédique fournit un modèle assez bien adapté à cette démarche. En contrepoint de l'ordre rigoureux proposé par le célèbre « Système figuré des connaissances humaines » de d'Alembert, qui figure à la suite de son « Discours préliminaire », l'*Encyclopédie* offre l'exemple d'un genre d'exposition à la fois nourri par le sentiment de la cohérence des différents sujets abordés, et quelque peu vagabond dans son organisation apparente. Présentant davantage de diversité que le recueil d'essais, le dictionnaire encyclopédique permet d'échapper au systématisme. Plus qu'à un système ou à une structure, on a voulu renvoyer dans cet ouvrage à un territoire que l'on peut parcourir en tous sens ; un territoire avec ses terres fertiles et ses zones arides, ses lieux fréquentés et ses chemins de traverse inconnus du plus grand nombre.

Concrètement, ce dictionnaire mêle trois grandes séries d'articles. Une première série se compose de biographies d'ingénieurs et de monographies d'ouvrages plus ou moins connus. On trouve ensuite des articles à vocation plus technique, présentant l'émergence et l'évolution de certains programmes (comme les gares ou les gratte-ciel), des types de structures, des matériaux ou des techniques de gros et second œuvre. Une dernière série d'articles offre enfin des points de vue souvent personnels sur telle ou telle dimension de l'ingénierie des structures, du thème de la responsabilité de l'ingénieur à celui de son rapport à la nature ou au caractère utopique que revêt parfois son action. Ces trois séries entretiennent bien entendu de multiples liens les unes avec les autres. La frontière entre la deuxième et la troisième se révèle en particulier difficile à tracer dans de nombreux cas. Peut-on en effet chercher à définir ce qu'est une structure, ou encore présenter les apports récents de la conception assistée par ordinateur, sans donner implicitement ou explicitement son point de vue sur l'ingénierie ? Loin de nuire à la clarté du propos, ces recouvrements participent à notre sens de la cohérence vagabonde que nous évoquions précédemment.

Les choix qui sont à l'origine de chacune de ces trois grandes séries de rubriques nécessitent à présent quelques éclaircissements. Tout d'abord, les quelque cent cinquante biographies d'ingénieurs réunies dans ce dictionnaire n'épuisent pas, loin s'en faut, la liste de ceux qui ont contribué de manière notable aux progrès de l'ingénierie des structures. Un dictionnaire en dix volumes y parviendrait difficilement. Depuis la fin du XVIIIᵉ siècle, de l'Europe à l'Amérique, les effectifs de la profession d'ingénieur ont connu un accroissement exceptionnel. La sélection proposée ici se veut un échantillon représentatif de la diversité des profils d'ingénieurs plutôt qu'un panthéon exhaustif. Les effets de panthéonisation sont bien sûr inévitables dans un tel ouvrage. Il eût été de toute manière impensable de ne pas voir figurer des personnalités de tout premier plan comme Isambard Kingdom Brunel, Gustave Eiffel, Eugène Freyssinet, Frantz Dischinger ou encore Othmar Ammann. La liste retenue dans ce dictionnaire n'en porte pas moins la marque d'autres préoccupations que celle d'établir un classement par ordre de mérite, à commencer par le souci de ne pas rester enfermé dans le cadre d'une nation ou d'une tradition technique, mais d'essayer de brosser un panorama aussi international que possible. Si l'ingénierie russe se trouve sous-représentée, c'est pour des raisons tenant essentiellement aux difficultés à trouver les auteurs des notices. La France, l'Angleterre, l'Allemagne, les États-Unis et le Japon sont en revanche beaucoup mieux traités, au même titre que les principaux noms de l'ingénierie italienne ou espagnole.

À côté des monographies d'ingénieurs proprement dites, le lecteur trouvera un certain nombre d'articles consacrés à des bureaux d'études et à des entreprises. Comment évoquer l'ingénierie allemande sans parler par exemple d'une entreprise comme Dyckerhoff & Widmann, pour laquelle ont travaillé successivement Franz Dischinger et Ulrich Finsterwalder, et à laquelle on doit tant de réalisations remarquables, du planétarium d'Iéna à la halle de la Forêt-Noire de Karlsruhe ? Des raisons comparables expliquent la présence d'articles sur des bureaux d'études comme Ove Arup ou des entreprises comme Campenon-Bernard.

On pourra s'étonner en revanche de ne voir figurer que très peu de ces grands architectes constructeurs qui ont contribué eux aussi à l'évolution de l'art des structures. Antonio Gaudí, Auguste Perret ou Renzo Piano auraient parfaitement pu se trouver aux côtés d'Eugène Freyssinet, de Jean Prouvé ou de Fazlur Khan. La principale raison de ce choix – qui n'a pas toujours été suivi rigoureusement, ainsi qu'en témoigne la présence d'une notice sur Eero Saarinen – tient à l'abondance des ouvrages consacrés à l'histoire de l'architecture, comparativement à ceux qui traitent de l'évolution de l'ingénierie. Il n'est pas besoin de consulter un dictionnaire spécialisé pour tout apprendre sur l'œuvre d'Auguste Perret. Il nous a semblé du même coup préférable de privilégier des ingénieurs sur lesquels il est souvent plus difficile de réunir des informations. Ce parti pris s'est accompagné, on l'a dit, d'exceptions liées tantôt au positionnement professionnel de tel ou tel personnage, tantôt à des questions de cohérence interne de l'ouvrage. Quoique ayant fait des études d'architecture, Frei Otto est par exemple généralement classé parmi les ingénieurs. Il aurait été d'autre part difficile de passer sous silence la carrière d'Eero Saarinen alors que trois de ses œuvres figurent parmi les monographies d'ouvrages retenues dans ce dictionnaire.

Les architectes sont de toute manière très présents, ne fût-ce qu'à travers la question toujours pendante de leurs rapports avec les ingénieurs. « Depuis le commencement du siècle, architectes et ingénieurs se regardent chez nous avec plus d'étonnement que de bienveillance. On croirait le dieu $a + b$ et la déesse *Fantaisie* en train de se dévisager réciproquement[20] », déclarait déjà César Daly à l'occasion d'un toast porté devant la Société des ingénieurs civils de France, en 1877. Si César Daly exagérait largement ce phénomène d'incompréhension mutuelle, afin de souligner les défauts dont souffrait à ses yeux l'architecture de son temps, l'opposition entre architecture et ingénierie, architectes et ingénieurs, allait connaître une nouvelle vigueur grâce au Mouvement moderne et aux voix de Le Corbusier ou de Siegfried Giedion. Que ce soit dans *Vers une architecture* ou dans *Espace, temps, architecture*, cette opposition acquiert la force d'une exhortation faite aux architectes de dépasser leurs limites, de renouer avec les forces vives de leur temps, forces industrielles pour l'essentiel, sans pour autant renoncer à leur identité.

L'essoufflement du Mouvement moderne n'a pas entamé, semble-t-il, l'intérêt de la question, alors même qu'en pratique, pour des raisons d'efficacité aisément compréhensibles, la coopération a presque toujours prévalu sur les logiques d'affrontement. Outre l'article qui lui est spécifiquement consacré, on trouvera donc dans ce dictionnaire de fréquentes références au problème des relations entre architectes et ingénieurs, à la nature de leurs différences réelles ou supposées, au caractère souhaitable ou non de leurs retrouvailles. C'est que ces relations mettent en jeu bien autre chose que de simples enjeux de reconnaissance économique et sociale, pour des professions si longtemps confondues. Quelque chose de l'ordre du rapport à l'origine semble se jouer au travers du retour périodique du thème de la dissociation entre architecture et ingénierie. Car si dissociation il y a eu, la question devient alors de savoir ce qui était au fond premier, de l'architecture ou de l'ingénierie, au sein de leur apparente indistinction originelle. De César Daly à Siegfried Giedion, la réponse des théoriciens et des historiens engagés dans le débat architectural a consisté généralement à placer l'architecture en premier, à interpréter l'art de l'ingénieur comme une pousse qui se serait progressivement

20. C. DALY, *Ingénieurs et architectes (un toast et son commentaire)*, extrait de la *Revue générale de l'architecture et des travaux publics*, Paris, Ducher et Cⁱᵉ, 1877, p. 4. Sur l'arrière-plan doctrinal des prises de position de Daly, lire H. LIPSTADT, *Architecte et ingénieur dans la presse : polémique, débat, conflit*, rapport de recherche dactylographié, Paris, IERAU, 1980 ; M. SABOYA, *Presse et architecture au XIXᵉ siècle. César Daly et la* Revue générale de l'architecture et des travaux publics, Paris, Picard, 1991.

émancipée du tronc de la discipline fondatrice, acquérant une vigueur singulière avec l'industrialisation. Dans cette perspective, la réunification de l'architecture et de l'ingénierie ne pouvait apparaître que comme la réaffirmation d'une antériorité indiscutable, comme la restauration d'un droit d'aînesse. Placée avant l'ingénierie, l'architecture devait aussi s'affirmer comme son après ou son dépassement.

Mais cette conception était par essence instable, voire contradictoire. Car, ainsi qu'on l'a rappelé au début de cette introduction, l'art de l'ingénieur était en même temps censé constituer une sorte de subconscient de la pratique artistique et donc de l'architecture. Il se révélait du même coup délicat de le situer après ou en aval de celle-ci. Une telle conception ne pouvait en outre que se heurter aux prétentions des ingénieurs, à leur désir d'occuper à leur tour le site originel de l'art de bâtir. Architecture et ingénierie, architectes et ingénieurs – comme toutes les querelles visant à l'antériorité, la question ne sera sans doute jamais tranchée. On la retrouvera ici, on l'a dit, à travers des articles thématiques comme « Architectes et ingénieurs », « Esthétique de l'ingénieur », « Pensée technique », mais aussi dans des biographies consacrées à des figures d'architectes-ingénieurs comme Santiago Calatrava.

À côté des biographies, la première série d'articles de ce dictionnaire se compose également de monographies d'ouvrages. Des choix ont été, là encore, nécessaires. Outre le souci d'évoquer les principaux types de structures conçues par les ingénieurs ainsi que les programmes qui leur sont familiers, et ce à l'échelle internationale, la sélection proposée a aussi été guidée par la volonté de mettre en évidence les multiples critères selon lesquels peut être jugée une œuvre d'ingénieur. Ces critères sont tout aussi divers que ceux qui ont cours dans le champ architectural. On peut tout d'abord privilégier la première application d'un nouveau principe structurel ou d'une innovation technique décisive. Telle est par exemple la raison qui nous a fait préférer le pont suspendu sur la Severn au pont sur le Humber, qui reprend à plus grande échelle le principe de son tablier aérodynamique. Dans de nombreux cas, la considération de l'échelle, de la performance, l'emporte toutefois sur les questions de chronologie de l'innovation. Sans que leurs principes structurels soient radicalement neufs à l'époque de leur construction, la Galerie des machines de l'Exposition universelle de 1889 ou le Cnit constituent des monuments phares de l'histoire de l'art de l'ingénieur. On peut aussi mettre en avant la perfection formelle du résultat obtenu. Les ouvrages de Robert Maillart, les ponts de Salginatobel et de Schwandbach notamment, entrent dans cette catégorie, alors même qu'ils se situent techniquement très en retrait des portées en béton qu'atteint vers la même époque Eugène Freyssinet. Il faut enfin tenir compte de l'importance symbolique de certaines réalisations, par-delà toute considération d'ordre technique ou esthétique. Peut-on imaginer Vienne sans la grande roue du Prater ?

La détermination des rubriques composant la deuxième série d'articles du dictionnaire n'a guère été plus simple. Elle s'est faite elle aussi en fonction de multiples critères, du souci de retracer les grandes étapes de l'évolution de l'ingénierie des structures à celui de faire comprendre les différentes méthodes de conception d'aujourd'hui. À côté de l'évocation des matériaux, des types de structures et d'ouvrages, des techniques de gros et de second œuvre, cette rubrique comporte un ensemble d'articles consacrés à des sciences comme la résistance des matériaux ou à des outils comme la méthode des éléments finis. L'histoire de la profession d'ingénieur et de ses institutions clefs – écoles, associations – n'a pas non plus été oubliée. À ces diverses contributions centrées sur l'ingénierie des structures s'ajoutent des articles d'ouverture sur des réalités techniques entretenant des liens avec l'art de l'ingénieur-constructeur. Depuis le XIXe siècle, cet art a par exemple contribué de manière notable à la mise en place des réseaux de transports. Pour cette raison, à côté d'une entrée « Réseaux », figurent des développements sur les canaux, les chemins de fer, le métropolitain ou les autoroutes. La même logique d'ouverture sur d'autres champs de la pensée et de l'action technique explique la présence d'articles consacrés à ces objets emblématiques de l'ingénierie que constituent l'avion, l'automobile ou le paquebot – objets que Le Corbusier donnait en exemple aux architectes, dans ses articles de l'*Esprit nouveau* et dans *Vers une architecture*.

Réflexions sur la spécificité de l'art de l'ingénieur-constructeur et préoccupations d'ouverture sur d'autres domaines techniques se révèlent indissociables dans la plupart des articles qui composent la dernière série de contributions de ce dictionnaire. Comment évoquer, par exemple, l'importance que revêt le thème du mouvement dans l'ingénierie des structures contemporaine, sans évoquer ses principales sources d'inspiration – l'avion, l'automobile –, mais aussi la chaîne d'assemblage fordienne ou encore les satellites de télécommunication ? Comprendre la nature des diverses traditions nationales qui se sont développées en matière de génie civil et de construction, ou encore les liens entre ingénierie et utopie, requiert de la même manière un élargissement du regard.

Cet élargissement nous semble d'autant plus nécessaire que les techniques ne sont pas, on l'a dit, isolées les unes des autres, et qu'elles renvoient, de surcroît, à un ensemble de pratiques et de représentations sociales autrement plus vaste que celui qu'on leur associe ordinairement. Trop de discours fonctionnent encore sur une opposition tranchée entre la technique et l'humain, le règne de la raison machinique et ce qui relèverait de la sphère du sens, comme si la technique n'était pas une création humaine, comme si les objets qu'elle produit n'étaient pas dépositaires d'une forme de signification au même titre que les livres ou les tableaux. Dans *Du mode d'existence des objets techniques*, Gilbert Simondon déplorait autrefois que les moteurs ou les diodes se trouvent rejetés dans le monde « de ce qui ne possède pas de significations, mais seulement un usage, une fonction utile [21] ». Plus modéré dans le cas de l'ingénierie des structures et de ses productions, ce rejet n'en subsiste pas moins à l'arrière-plan de bien des analyses. Dans un tel contexte, parler d'un art de l'ingénieur-constructeur revêt un caractère inévitablement polémique.

L'attention portée aux objets techniques, ainsi que la conviction qu'ils expriment quelque chose d'essentiel concernant l'homme, nous ramènent encore une fois à l'*Encyclopédie* et à l'intérêt manifesté par Diderot à l'égard de machines comme le célèbre métier à tricoter des bas qu'il décrit au tome second de l'ouvrage. Ainsi que le notait Jacques Proust dans l'article qu'il avait consacré à la description donnée par Diderot, une telle machine n'était pas seulement le symbole d'une intelligence mécanique trop longtemps dédaignée que les encyclopédistes se proposaient de réhabiliter [22]. Par-delà cette fonction militante, l'étude de Diderot renvoyait aussi à une interrogation beaucoup plus générale concernant ce qu'il pouvait y avoir de machinique dans l'esprit humain. Parce qu'ils sont dépositaires d'une forme de pensée qui nous est si proche qu'elle en devient déconcertante, les ponts et les dômes, les treillis et les coques des ingénieurs-constructeurs pourraient bien conduire au même genre d'interrogation.

Deux siècles d'évolution

Si elle n'est pas forcément synonyme de mise à plat du savoir, la forme du dictionnaire n'en présente pas moins l'inconvénient de donner une image plus synchronique que diachronique des sujets abordés. Les nombreuses évolutions qu'a connues l'art de l'ingénieur-constructeur au cours des deux derniers siècles se trouvent bien entendu évoquées dans beaucoup d'articles, à commencer par ceux qui traitent des matériaux, des différents types de structures et des techniques de mise en œuvre. Il n'est pas inutile d'insister toutefois sur les plus importantes d'entre elles, en préalable à la lecture de ce dictionnaire.

Une première évolution tient, on l'a vu, à l'importance moindre de la construction et du génie civil au sein du monde des techniques. Autrefois placé en position centrale, l'art de l'ingénieur-constructeur n'est plus aujourd'hui qu'une branche parmi d'autres de l'ingénierie. Les concep-

21. G. Simondon, *Du mode d'existence des objets techniques*, Paris, Aubier, 1969, p. 10.
22. J. Proust, « L'article "Bas" de Diderot », in M. Duchet, M. Jalley (éd.), *Langue et langages, de Leibniz à l'Encyclopédie*, Paris, 10/18, 1977, pp. 245-271. Voir aussi du même auteur *Diderot et l'Encyclopédie*, Paris, Armand Colin, 1962.

teurs de structures et d'ouvrages ont perdu du même coup le caractère d'universalité qui distinguait les pères fondateurs de la profession, de Filippo Brunelleschi à John Smeaton et Jean-Rodolphe Perronet. Tandis que ces derniers s'occupaient indifféremment de constructions et de machines, leurs successeurs règnent sur un domaine plus étroit. Cependant, l'étroitesse de ce domaine se révèle toute relative, car le phénomène de « turgescence » évoqué par Charles-Joseph Minard dès les années 1830 est venu amplement compenser la spécialisation des ingénieurs-constructeurs.

La multiplication des matériaux constitue à coup sûr l'une des manifestations les plus frappantes de ce phénomène. À la fonte et au fer de la première révolution industrielle sont venus s'ajouter par la suite l'acier et le béton armé, tandis que des matériaux traditionnels comme le verre ou la brique s'industrialisaient progressivement, donnant naissance à des produits de plus en plus nombreux [23]. À l'inverse de ce que l'on entend parfois affirmer, l'industrialisation et la standardisation, qui constitue son corollaire, n'impliquent pas forcément un appauvrissement de la gamme des éléments constructifs disponibles, bien au contraire. Si les dimensions des briques ont été par exemple standardisées dans de nombreux pays vers la fin du XIXe siècle, toute une série de produits dérivés, comme les briques émaillées, est apparue au même moment. À la variabilité des produits traditionnels s'est substitué un ensemble de variations à partir d'une même production de base.

Cette évolution n'était pas passée inaperçue au siècle dernier et n'avait pas toujours fait l'unanimité, en dépit des promesses dont elle était porteuse. Tranchant avec les comptes-rendus enthousiastes suscités par les nouveautés présentées à chacune des grandes expositions universelles, un John Ruskin avait déploré par exemple le passage de la variabilité à la variation, qui était à ses yeux synonyme de déshumanisation, puisque la main de l'homme devenait de plus en plus accessoire dans la production des matériaux et dans leur mise en œuvre. Hostile à l'utilisation massive du métal et du verre, qui tendait selon lui à transformer, au détriment de leur qualité d'œuvre architecturale, certains bâtiments en catalogues des produits de l'industrie, l'auteur des *Pierres de Venise* et des *Sept Lampes de l'architecture* inaugurait le malaise à l'égard des matériaux industriels qui constitue aujourd'hui encore l'une des caractéristiques les plus frappantes de nos sociétés [24]. Qui n'a pas entendu déplorer l'apparence de tel ou tel béton ou les piètres qualités des plastiques, alors même que bien des réalisations seraient impensables sans eux ? L'un des paradoxes de l'industrialisation est de s'être accompagnée du regret lancinant des matériaux traditionnels, auxquels venaient se substituer des créations pourtant fécondes.

La diversification des matériaux de construction s'est encore accentuée au XXe siècle, avec l'apparition d'alliages métalliques et de bétons en nombre sans cesse croissant, le développement de techniques comme le verre flotté qui ont ouvert de nouvelles perspectives à l'industrie du vitrage, la mise au point des plastiques, des matériaux composites et intelligents. Alors que l'ingénieur-constructeur ne disposait guère que de quelques dizaines de matériaux au début du siècle dernier, il lui faut aujourd'hui effectuer des choix au sein d'une gamme quasi illimitée.

Cette diversification sans précédent s'est accompagnée d'une sorte d'oscillation entre deux interprétations contradictoires de la notion de matériau. Tandis que de nombreux matériaux traditionnels, souvent d'origine organique – que l'on songe à ces os de bœuf en usage comme crampons dans la région nantaise aux XVIIe et XVIIIe siècles [25], ou plus simplement au bois –, faisaient figure de structures autant que de matières, au sens le plus immédiat du terme, la diffusion du fer et du verre a conduit à séparer nettement matériau et structure. Le fer et le verre semblaient fondamentalement homogènes et par là même inassimilables à des structures.

La généralisation de l'emploi du béton armé, à la charnière des XIXe et XXe siècles, aurait pu se traduire par le retour en force d'une vision plus structurelle du matériau, puisque ses propriétés dépendaient au premier chef de la disposition des armatures. Grâce aux efforts de ses

23. Voir C. D. ELLIOT, *Technics and Architecture. The Development of Materials and Systems for Buildings*, Cambridge, Massachusetts, Londres, The MIT Press, 1992 ; A. GUILLERME, *Bâtir la ville. Révolutions industrielles dans les matériaux de construction. France-Grande-Bretagne (1760-1840)*, Paris, Champ Vallon, 1995.
24. *Cf.* Ph. JAUDEL, *La Pensée sociale de John Ruskin*, Paris, Marcel Didier, 1973 ; M. W. BROOKS, *John Ruskin and Victorian Architecture*, Londres, Thames and Hudson, 1989.
25. G. BIENVENU, *L'Affaire de la plate-bande du grand escalier du palais de la Chambre des comptes de Bretagne. Expertise et pratique de chantier à Nantes au XVIIIe siècle*, mémoire de DEA dactylographié, Paris, université de Paris I-Sorbonne, 1996.

principaux promoteurs, le béton armé a pu néanmoins acquérir une image comparable à celle du fer, le paradoxe s'expliquant en partie par l'apparence monolithique des ouvrages qu'il permettait de réaliser, ainsi que par un important travail de normalisation banalisant progressivement la présence d'une ossature interne [26].

C'est au retour en force de l'interprétation du matériau comme structure que l'on assiste aujourd'hui à travers la diffusion des matériaux composites et intelligents, que ces derniers se présentent comme des mélanges de fibres, des juxtapositions de couches, ou de véritables systèmes dotés de capteurs et d'une électronique de commande [27]. En retrait de ces produits de pointe, le béton ou le verre se parent également d'une sophistication nouvelle, bien différente de leur image traditionnelle.

Le brouillage résultant de ces allers-retours entre matière et structure pourrait bien contribuer au malaise à l'égard des matériaux. Ces derniers ont perdu en effet la simplicité rassurante que leur avait conférée la première révolution industrielle, sans pour autant renouer avec le caractère artisanal des matériaux d'antan. Leur diversité ainsi que leur vieillissement parfois accéléré jouent toutefois un rôle beaucoup plus déterminant – que l'on songe à l'impression d'hétérogénéité que donnent certains espaces contemporains mêlant bétons, éléments métalliques, briques, verres et plastiques aux textures et aux teintes les plus diverses, ou encore à l'obsolescence rapide de nombreux produits industriels, des emballages aux ordinateurs en passant par les automobiles et les téléviseurs.

Plus encore que l'architecte, l'ingénieur-constructeur se trouve confronté à l'univers déroutant des matériaux d'aujourd'hui, avec ses promesses et ses surprises, bonnes ou mauvaises. Longtemps cantonné aux terres remuées, à la pierre et au bois, metteur en œuvre de la nature plus que démiurge jouant avec ses lois, l'ingénieur est devenu pour le meilleur et pour le pire l'homme du béton, du métal et du verre, l'homme des plastiques et des composites, des panneaux sandwich et des textiles dont la complexité tend à concurrencer désormais celle des tissus organiques.

Depuis le début du XIXe siècle, la diversification des matériaux et des éléments constructifs s'est opérée en liaison étroite avec l'invention de types de structures inédits. Des poutres-treillis aux couvertures des grandes halles d'expositions universelles, le développement de la construction métallique a entraîné une première vague d'inventions. À cette architecture des temps nouveaux de l'industrie se sont ensuite ajoutées les ossatures en béton, puis les coques et les voiles minces à partir de l'entre-deux-guerres. Vers la même époque, les premières structures spatiales voyaient le jour en Europe et aux États-Unis. À partir des années 1940-1950, les structures tendues, autotendues et gonflables ont fait à leur tour leur apparition. Constructions métalliques, constructions en béton armé, structures spatiales, structures tendues, structures gonflables : cette série permet de mesurer le chemin qui a été parcouru depuis la première révolution industrielle.

Mais il est d'autres façons de décrire cette évolution. On peut par exemple se montrer sensible à la recherche permanente de l'efficacité structurelle, une efficacité de nature plus dynamique que statique, qui la sous-tend. La construction métallique représente à cet égard une étape décisive. À l'exception des structures en bois, la plupart des ouvrages conçus par les architectes et les ingénieurs de l'âge classique n'avaient à résister en effet qu'à leur poids propre, les sollicitations extérieures se révélant négligeables par rapport aux efforts de compression auxquels se trouvaient soumis les massifs de maçonnerie. Il en va différemment des structures métalliques, beaucoup plus légères, qui doivent impérativement tenir compte des surcharges et des effets du vent. En termes purement mécaniques, la construction métallique voit l'irruption en force des problèmes de tension et de flexion, à côté des logiques de compression traditionnelles. Plus généralement, tant les surcharges liées à l'usage que les effets du vent ou de la neige induisent une approche plus dynamique des structures. Il est à cet égard significatif

26. Voir C. Simonnet, *Matériau et architecture. Le béton armé : origine, invention, esthétique*, thèse de doctorat dactylographiée, Paris, École des hautes études en sciences sociales, 1994 ; G. Delhumeau, *Hennebique et la construction en béton armé, 1892-1914*, thèse de doctorat dactylographiée, Paris, université de Paris IV-Sorbonne, 1995.

27. Lire à ce propos E. Manzini, *The Material of Invention*, Milan, 1986, trad. fr. Paris, Éditions du Centre Georges Pompidou, 1989. Voir aussi P.-F Gobin, Cl. Weisbuch, « Les matériaux intelligents », in *Annales des Ponts et Chaussées*, n° 71, 1994, pp. 13-23.

de voir le XIXe siècle se passionner pour l'architecture gothique dont la nature profonde lui semble à l'unisson de sa propre quête de la légèreté.

Cette quête de la légèreté constitue à coup sûr l'un des fils conducteurs de l'histoire de la construction et du génie civil au cours des deux siècles qui viennent de s'écouler. Elle permet de mieux comprendre l'intérêt voué par les ingénieurs du XXe siècle aux structures en tension, qui n'ont pas à faire face aux risques de flambement et aux surdimensionnements qu'ils entraînent. Fondée, on l'a dit, sur une approche dynamique des problèmes structurels, une telle quête s'est appuyée constamment sur les progrès des sciences de l'ingénieur afin de valider ses performances. L'histoire des structures est aussi celle des théories et des calculs successifs auxquels elles ont donné naissance, même si les ingénieurs-constructeurs ont toujours gardé leurs distances à l'égard d'une définition purement calculatoire de leur art. « Les connaissances spéculatives, même celles qui sont fondées sur des observations faites dans la solitude, peuvent induire à beaucoup d'erreurs lorsqu'elles ne sont pas enchaînées avec des expériences prises dans les opérations de la nature même [28] », écrivait l'ingénieur Nicolas Aubry à la fin du XVIIIe siècle. Son contemporain, Gaspard Riche de Prony surenchérissait en précisant qu'on ne saurait « entreprendre un ouvrage important sur la simple foi d'une formule [29] ». Eugène Freyssinet leur emboîte le pas lorsqu'il oppose son instinct d'artisan à la culture mathématicienne, avant d'ajouter que « privée de l'appui de l'expérience, la déduction mathématique n'est qu'une source d'erreurs [30] ». « Je ne nie pas la grandeur et la beauté des mathématiques [31] », précise toutefois Freyssinet. Au-delà de cette grandeur et de cette beauté, par-delà même l'apport de la modélisation à la conception de structures complexes comme les coques ou les treillis, il y aurait une histoire à écrire à propos de l'influence des théories mathématiques sur les représentations intuitives de la matière véhiculées par les ingénieurs. On ne saurait comprendre par exemple la généralisation d'emploi des articulations dans le domaine de la construction en maçonnerie à la fin du XIXe siècle, sans tenir compte de l'hégémonie qu'exerce à l'époque la théorie de l'élasticité. C'est parce qu'on se représente les arches comme des structures dotées d'une certaine élasticité que l'on n'hésite pas à transposer le principe des articulations du métal à la pierre [32].

L'un des motifs qui explique peut-être les réticences de nombreux ingénieurs-constructeurs à l'égard du calcul pourrait bien résider dans son caractère analytique, qui contraste avec la nature souvent synthétique de l'intuition structurelle. Si l'ingénieur est l'homme du découpage des problèmes en sous-questions ordonnées méthodiquement, ce n'est certes pas ce découpage qui en fait un créateur, mais bien la vision globale qui le sous-tend. L'histoire de l'ingénierie contemporaine recouvre une suite ininterrompue de compromis entre analyse et synthèse, déduction et induction. Dans l'acception qu'elle revêt depuis la fin du XVIIIe siècle au moins, la notion de structure porte en elle ce conflit entre analyse et synthèse, puisqu'une structure est à la fois un ensemble de parties et le système des relations qui les transforment en un tout organisé.

L'assimilation du calcul à la décomposition analytique des problèmes structurels pourrait bien aujourd'hui se vider progressivement de son sens avec le développement d'outils de simulation permettant de travailler directement sur des systèmes et des formes complexes. Gageons toutefois que l'opposition entre analyse et synthèse ne disparaîtra jamais complètement dans la mesure où elle correspond à l'une des dynamiques essentielles de l'ingénierie. Ne donne-t-elle pas tout son relief à certaines réussites ainsi qu'en témoigne un Konrad Wachsmann à propos de son projet de hangar pour l'armée américaine en 1951, lorsqu'il évoque la façon dont « indirectement, comme un produit dérivé », se fit jour une structure capable « d'exprimer les idéaux de légèreté et de dynamisme de l'espace », à partir de l'analyse rigoureuse du problème posé [33] ?

Produits dérivés, les formes créées par les ingénieurs le sont parfois, surtout lorsqu'elles procèdent de cette démarche qu'un Buckminster Fuller qualifiait de *from the inside-out* [34], de l'intérieur vers l'extérieur, consistant à générer l'enveloppe à partir d'un noyau fonctionnel,

28. N. AUBRY, *Mémoires sur différentes questions de la science des constructions publiques et économiques*, Lyon, 1790, p. I.
29. G. RICHE DE PRONY, dissertation d'élève pour le concours de style de 1779, cartons concours de style, Archives de l'École nationale des ponts et chaussées.
30. E. FREYSSINET, *Un amour sans limite, op. cit.*, p. 23.
31. *ID, Ibid.*, p. 22.
32. *Cf.* J.-M. DELBECQ, « Analyse de la stabilité des voûtes en maçonnerie, de Charles Augustin Coulomb à nos jours », in *Annales des Ponts et Chaussées*, n° 19, 1981, pp. 36-43.
33. K. WACHSMANN, *The Turning Point of Building. Structure and Design*, Wiesbaden, 1959, trad. angl. New York, Reinhold, 1961, p. 186.
34. R. BUCKMINSTER FULLER, *4D Time Lock*, Chicago, 1928, rééd. Albuquerque, N.M. Lama Foundation, 1972, p. 15.

36

comme par exemple le bloc cuisine-salle de bains dans le cas de la maison Dymaxion. Dans d'autres cas, tels les dômes géodésiques conçus par le même Fuller au sortir de la Seconde Guerre mondiale, c'est à partir de la forme générale, de l'enveloppe, que se déploie la démarche de projet. À l'opposition entre analyse et synthèse se superpose ainsi une tension entre intériorité et extériorité.

Contrairement à l'opposition entre analyse et synthèse, que les outils de simulation numérique tendent à estomper quelque peu, la question de la priorité à accorder ou non aux éléments fonctionnels sur la détermination de l'enveloppe a pris un nouveau relief avec le développement spectaculaire à partir du XIXe siècle des techniques de second œuvre, éclairage, chauffage, sanitaires, ventilation, circulations mécaniques, qui constituent à présent une dimension essentielle des projets de bâtiment [35]. L'évolution de l'ingénierie des structures porte également la marque de cette véritable explosion des techniques de second œuvre. Par leur complexité et leur coût, ces dernières revêtent souvent un caractère plus stratégique que le gros œuvre.

À l'instar de cette « architecture de l'environnement bien tempéré » à laquelle l'historien et critique Reyner Banham avait consacré l'un de ses livres [36], tout un pan de l'ingénierie contemporaine peut être décrit à partir du souci d'assurer une définition optimale des paramètres d'ambiance. L'œuvre d'un Buckminster Fuller ou celle d'un Jean Prouvé portaient déjà la marque de cette préoccupation, que semblent prolonger les réflexions actuelles sur les usages possibles de l'informatique en matière d'habitation et d'équipement. Discipline récente, la domotique s'enracine ainsi dans un terreau déjà ancien de recherches et d'expérimentations. Depuis quelques années, l'idéal de la « maison intelligente » se conjugue fréquemment avec une approche dynamique des normes de sécurité. L'ingénierie anglo-saxonne du feu ou l'apparition de dispositifs parasismiques innovants, comme ces masses mobiles destinées à contrebalancer en temps réel les secousses telluriques, testées par l'entreprise japonaise Kajima, sont à cet égard révélatrices.

L'importance prise par le second œuvre, le contrôle des paramètres d'ambiance et la maîtrise dynamique des risques pourraient bien conduire à l'assimilation des prestations fournies par l'ingénieur à un service s'étalant dans le temps, au lieu de se borner à la fourniture d'un objet achevé une fois pour toutes. Cette assimilation répondrait enfin au vœu exprimé par Buckminster Fuller à travers son concept d'*ephemeralization*. L'une des définitions de ce concept, ou plutôt du mouvement qu'il était censé désigner, résidait précisément dans la transformation du logement en un ensemble de services, sur le modèle de l'abonnement téléphonique ou de la location de véhicule [37].

Au cours des deux derniers siècles, l'art de l'ingénieur-constructeur a évolué en fonction de bien d'autres tensions et conflits que ceux que l'on vient de passer en revue, tension entre une approche privilégiant la géométrie structurelle et une démarche centrée sur une utilisation optimale du matériau, par exemple, ou encore conflit toujours possible entre perfection technique et rentabilité des investissements consentis. La soumission de l'art de l'ingénieur-constructeur aux contraintes économiques, en particulier, ne s'est pas faite sans difficultés, même si l'on compte de nombreux ingénieurs parmi les pionniers du calcul économique [38]. Elle a conduit à redéfinir des notions comme celle de solidité, à laquelle la théorie vitruvienne prêtait un caractère absolu [39]. On sait bien aujourd'hui que la solidité d'une réalisation doit être rapportée à sa valeur d'usage et à son coût. Une tente en toile est de ce point de vue tout aussi solide qu'un pont en pierre. Au début du XIXe siècle, un ingénieur des Ponts et Chaussées encore tout imprégné des idéaux vitruviens, Jean Lapeyre, révèle l'ampleur de la mutation qui s'amorce lorsqu'il s'indigne que l'on cherche à soumettre les grands ouvrages de génie civil aux impératifs de rentabilité économique. Défendant une conception encore très monumentale du génie civil et de la construction, Lapeyre distingue la véritable économie d'un ouvrage,

35. *Cf.* C. D. ELLIOT, *Technics and Architecture. The Development of Materials and Sytems for Buildings*, *op. cit.*
36. R. BANHAM, *The Architecture of the Well-Tempered Environment*, Londres, 1969, rééd. Chicago, University of Chicago Press, 1984.
37. Voir notamment R. BUCKMINSTER FULLER, *Nine Chains to the Moon*, Philadelphia, 1938, new edition New York, Anchor Books, 1971. On trouvera une discussion approfondie du concept d'*ephemeralization* dans M. PAWLEY, *Buckminster Fuller*, Londres, Trefoil, 1990, pp. 171-176 en particulier.
38. *Cf.* F. ETNER, *Histoire du calcul économique en France*, Paris, Economica, 1987.
39. Sur la conception vitruvienne de la solidité, voir A. PICON, « Solidité et construction. Quelques aspects de la pensée constructive des Lumières », in *L'Idée constructive en architecture*, Paris, Picard, 1987, pp. 73-106.

qui est « en raison inverse du prix divisé par le temps de sa durée [40] », de la moindre dépense, dont l'évaluation est toujours sujette à caution. « Si Rome et Athènes n'eussent considéré que la moindre dépense dans leurs ouvrages, il ne nous resterait pas aujourd'hui des preuves de leur puissance », déclare-t-il avant d'ajouter : « Tâchons de faire un pont, une écluse, etc., d'un seul bloc de granit, qui durerait autant que le monde : et d'après le principe que nous avons établi, telle que fût la dépense, étant divisée par l'éternité, la fraction serait infiniment petite ; par conséquent l'économie la plus grande possible [41]. » À l'époque de Lapeyre les ponts en charpente et les premières structures métalliques représentaient encore le comble du périssable. On n'ose imaginer sa réaction devant les câbles et les membranes d'aujourd'hui.

Le couplage de plus en plus étroit qui s'est opéré, au cours des XIXᵉ et XXᵉ siècles, entre ingénierie et contraintes économiques a accentué dans un premier temps le caractère conquérant du génie civil et de la construction. Au service d'un capitalisme exploitant sans cesse plus avant les ressources de la planète, l'ingénieur a construit, aménagé, jetant des ponts au-dessus d'abîmes réputés jusque-là infranchissables, quadrillant les contrées les plus diverses au moyen de routes et de voies de chemins de fer, sans toujours se soucier des conséquences à long terme de son action. Certes, en héritier de la pensée des Lumières, pour laquelle le génie humain, même dans ses entreprises les plus audacieuses, n'exprimait jamais que des tendances à l'œuvre au sein de la nature elle-même, l'ingénieur croyait perfectionner le monde au moyen de ses infrastructures. L'ingénierie n'en était pas moins synonyme de violence exercée sur la nature. Le caractère sublime de ses productions provenait précisément de cette violence se présentant volontiers comme un parachèvement [42].

L'une des conséquences de l'évolution économique récente pourrait bien résider dans la conscience de plus en plus aiguë du caractère limité des ressources naturelles et de la nécessité de les préserver autant que faire se peut. Se conjuguant avec la montée en puissance des préoccupations environnementales, un tel contexte semble conduire à l'abandon de la posture conquérante d'antan au profit d'une attitude plus respectueuse de la nature. À l'audace presque sans limites de l'ingénieur du XIXᵉ siècle faisant usage de tous les moyens à sa disposition pour vaincre les éléments se substitue parfois une attitude plus mesurée consistant à savoir renoncer à l'utilisation de certains de ces moyens.

Du pont de Normandie aux projets de franchissement du détroit de Gibraltar, les lecteurs de ce dictionnaire resteront sans doute davantage sensibles aux exploits de l'ingénierie contemporaine qu'à ses ménagements. À côté du langage héroïque des grands ponts, des gratte-ciel et des tours, la multiplicité des échelles d'intervention des ingénieurs se révèle toutefois frappante. Elle se conjugue avec une impressionnante diversité de formes et d'ambiances, des constructions métalliques aux membranes, diversité qui devrait là encore retenir l'attention, ne fût-ce même qu'en raison du caractère presque surréaliste que revêt leur présentation suivant l'ordre alphabétique. L'impression de fantastique, que donnent certaines pages de l'ouvrage, ne tient pas cependant qu'aux hasards de l'alphabet. Comment ne pas songer à ces rapprochements qu'affectionnait André Breton, au métal qui avait « enfin secoué sa coque », ou encore à ces « coquillages des systèmes tout érigés qui se présentent en coupe irrégulière dans la campagne [43] », à la vue de réalisations dont aucune association de mots conventionnelle ne semble à même d'épuiser la teneur ? Constructeur, entrepreneur et inventeur, l'ingénieur structures s'avère aussi poète en bien des occasions.

Un imaginaire social

Depuis le XVIIIᵉ siècle au moins, l'invention structurelle s'est fréquemment conjuguée avec un désir de transformation sociale. Ce désir a pris parfois une coloration quelque peu utopique, comme chez ces ingénieurs saint-simoniens qui voyaient dans le chemin de fer « le symbole le plus parfait de l'association universelle [44] ». Dans son livre *The Tower and the Bridge* ainsi que

40. J. LAPEYRE, *Réflexions sur les grands ouvrages en général, et particulièrement sur les travaux maritimes qui sont confiés aux ingénieurs des Ponts et Chaussées*, Le Havre, 1810, p. 11.

41. *ID, Ibid.*, p. 12.

42. Sur la notion de sublime technologique, voir par exemple A. PICON, *Architectes et ingénieurs au siècle des Lumières, op. cit.* ; D. E. NYE, *American Technological Sublime*, Cambridge, Massachusetts, The MIT Press, 1994.

43. A. BRETON, « Au beau demi-jour… », « Pleine marge », in J.-L. Bédouin (éd.), *La Poésie surréaliste*, Paris, 1964, rééd. Paris, Seghers, 1973, pp. 86-87, 87-91, pp. 87 et 89 en particulier.

44. M. CHEVALIER, *Religion saint-simonienne. Politique économique. Système de la Méditerranée*, Paris, Bureaux du Globe, 1832, p. 36.

dans l'article « Esthétique de l'ingénieur » de ce dictionnaire, l'historien de l'ingénierie David Billington y voit l'une des expressions de l'aspiration démocratique née des révolutions française et américaine [45]. En s'adressant aux foules plutôt qu'à un public d'amateurs triés sur le volet, des réalisations comme la tour Eiffel ou le pont de Brooklyn participent à coup sûr de l'émergence d'une forme de sociabilité bien différente de celle de la « société de cour » analysée autrefois par Norbert Elias [46]. Pour autant, le qualificatif de « démocratique » accolé à l'art de l'ingénieur structures ne va pas entièrement de soi. Outre le fait que certaines de ses œuvres les plus marquantes ont été réalisées dans des contextes et avec des intentions politiques parfois fort éloignés de la tradition démocratique, cet art porte aussi l'empreinte des ambiguïtés qui caractérisent plus généralement l'attitude des ingénieurs au sein de la société. Certes, ces derniers se définissent volontiers comme les agents d'un progrès d'essence collective. C'est dans cette perspective que l'on demandait déjà aux élèves de l'École des ponts et chaussées de disserter en 1784 sur les avantages « de l'égalité des conditions d'une grande société telle qu'une nation entière [47] », cependant qu'un Thomas Paine faisait alterner projets d'ouvrages en fer et libelles réclamant davantage de liberté politique. Au début du siècle suivant, les membres de l'Institution of Civil Engineers n'hésitaient pas quant à eux à se comparer au Parlement britannique, par leurs compétences comme par leur souci du bien public [48]. Tandis que la révolution industrielle naissante allait bientôt précipiter les sociétés européennes dans une ère de changements ininterrompus, l'ingénieur cessait de se référer à une légitimité de type monarchique pour se réclamer, dans de nombreux cas, des idéaux démocratiques.

L'accent qui a toujours été mis depuis sur la mission sociale de l'ingénierie ne doit pas faire oublier toutefois ses tentations technocratiques et ses dérives autoritaires, tentations et dérives dont on ne serait pas en peine de multiplier les exemples. Des saint-simoniens aux systémistes américains des années soixante, le projet de substituer aux pouvoirs politiques traditionnels une élite gouvernant au nom de la rationalité scientifique et technique s'est exprimé chez de nombreux ingénieurs [49]. À la célèbre « parabole » de Saint-Simon faisant observer que la disparition du roi et du personnel politique de la Restauration serait moins préjudiciable à la France que la perte d'un seul de ses industriels semble faire écho l'affirmation de Buckminster Fuller selon laquelle les réseaux de distribution de l'énergie et les infrastructures industrielles sont infiniment plus importants que tous les politiciens du monde [50]. En aval de ces formes paroxystiques du discours technocratique, de nombreuses réalisations d'ingénieurs portent la marque d'une ambition de contrôle excluant tout dialogue avec certains de leurs partenaires, les ouvriers en particulier, ainsi que l'a montré l'historien américain David Noble à propos de la mise au point de la machine-outil à commandes numériques [51].

Cohabitant avec des prises de position plus respectueuses de l'ordre existant et d'un minimum de dialogue social, ces tentations technocratiques et ces dérives autoritaires renvoient à une tension constante au sein du monde des ingénieurs entre deux définitions possibles de la profession et de son statut : celle de serviteur du plus grand nombre, ou du moins de ceux que la politique a désignés comme leurs représentants, et celle de prophète d'une ère nouvelle marquée par une organisation enfin rationnelle de la société. Bien sûr, les serviteurs de l'ordre existant ont toujours été beaucoup plus nombreux que les prophètes, ne fût-ce même qu'au nom du réalisme dont se réclament les ingénieurs. Le rêve d'organiser la société comme une grande machine exempte de frottements n'en est pas moins récurrent dans leur pensée comme dans leur pratique.

L'art de l'ingénieur structures porte lui aussi la marque de cette tension. Celle-ci se trouve inscrite dans son fonctionnement même, si l'on veut bien songer que le caractère parlant d'un grand ouvrage de génie civil va généralement de pair avec l'ignorance du public concernant ses modalités de conception. Chacun peut admirer la hauteur ou la portée, la modernité des maté-

45. D. P. Billington, *The Tower and the Bridge. The New Art of Structural Engineering*, 1983, rééd. Princeton, Princeton University Press, 1985.

46. N. Elias, *La Société de cour*, Newied et Berlin, 1969, trad. fr. Paris, Flammarion, 1985.

47. Sujet pour le concours de style de 1784, cartons concours de style, Archives de l'École nationale des ponts et chaussées.

48. *Institution of Civil Engineers. Minute Book 1826 to 1836*, vol. 2, séance du 20 janvier 1829, Archives de l'Institution of Civil Engineers, MS 93.

49. Sur la pensée politique saint-simonienne, voir S. Charléty, *Histoire du saint-simonisme (1825-1864)*, Paris, P. Hartmann, 1931 ; H.-R. d'Allemagne, *Les Saint-Simoniens 1827-1837*, Paris, Gründ, 1930. Sur les aspirations technocratiques des ingénieurs américains on pourra consulter E. Layton, *The Revolt of Engineers. Social Responsibility and the American Engineering Profession*, Cleveland, 1971, rééd. Baltimore, John Hopkins University Press, 1986 ; D. F. Noble, *America by Design. Science, Technology, and the Rise of Corporate Capitalism*, New York, Alfred A. Knopf, 1977.

50. R. Buckminster Fuller, *Utopia or Oblivion : The Prospects for Humanity*, Toronto, New York, Londres, Bantam Books, 1969, p. 5.

51. D. F. Noble, *Forces of Production. A Social History of Industrial Automation*, New York, Alfred A. Knopf, 1984.

riaux et la qualité des finitions, mais les décisions essentielles et les calculs restent généralement voilés. Dans une tour ou un pont, l'évidence de l'objet final se voit ainsi contrebalancée par l'obscurité qui entoure les déterminations techniques. En forçant un peu l'argument, on pourrait voir dans cette dialectique du révélé et du caché le fondement même d'un art de la manipulation. L'intérêt porté par les régimes autoritaires les plus divers, du national-socialisme au communisme, aux grands travaux pourrait bien procéder en tout cas de l'analogie qui semble se faire jour entre leur caractère à la fois spectaculaire et opaque et une pratique politique ayant recours à des signes visibles de tous et investis d'une forte connotation idéologique, en même temps qu'à une dissimulation systématique des vrais mécanismes du pouvoir.

Il serait tout de même exagéré d'interpréter l'art de l'ingénieur structures à la seule lumière de ses ambiguïtés. David Billington a raison de souligner l'inspiration sociale d'ouvrages comme la tour Eiffel ou le pont de Brooklyn. Encore convient-il de préciser l'ambition qui est la leur. Il est à cet égard révélateur de constater que tous deux se proposent de susciter des sentiments d'essence collective, une stupeur et une admiration partagées, bientôt suivies par la fierté d'être français ou américain, comme s'il s'agissait de lutter contre les divisions sociales entraînées par la politisation des esprits et l'industrialisation. Une telle ambition pourrait bien renvoyer à la hantise de l'éclatement caractéristique de nos sociétés contemporaines, nées des Lumières et des mutations techniques qui leur font suite presque immédiatement. Dans les premières décennies du XIXe siècle déjà, cette hantise de l'éclatement se fait jour chez des auteurs aussi différents qu'Henri de Saint-Simon, Alexis de Tocqueville ou Karl Marx. On la retrouve un peu plus tard dans les textes fondateurs de la sociologie moderne, chez Émile Durkheim ou Max Weber. Le diagnostic d'une crise du lien social ne date pas d'hier. À travers la montée en régime de l'individualisme et des antagonismes de classes, les sociétés développées semblent avoir perdu le caractère organique que possédaient d'autres formes plus anciennes, ou prétendument plus « primitives », de sociabilité. C'est ce caractère organique qu'Henri de Saint-Simon et beaucoup d'autres à sa suite croient découvrir dans le Moyen Âge, qu'Alexis de Tocqueville prête à l'Ancien Régime, avant que l'anthropologie, l'ethnologie et la sociologie naissantes ne partent à la recherche de références encore plus anciennes ou plus éloignées géographiquement.

Comment recréer un sentiment profond de communauté au sein d'un monde de plus en plus divisé ? Cette préoccupation, qui s'exprime avec une netteté particulière dans les grandes utopies sociales du siècle dernier, chez les saint-simoniens et les fouriéristes notamment, pourrait bien figurer à l'arrière-plan de nombreuses manifestations techniques qui leur sont contemporaines, à commencer par les grandes expositions universelles qui se proposent de rassembler les individus et de faire communier la foule dans un même culte du progrès. Ainsi s'expliquerait mieux la séduction exercée par ces utopies sur les ingénieurs [52], en même temps que l'ambition sociale qui anime certaines de leurs réalisations.

Le projet d'un usage des techniques qui, après avoir contribué à diviser les hommes, en faisant émerger des classes sociales définies par rapport à la propriété des moyens de production, les rassemblerait à nouveau autour d'un idéal commun de prospérité et d'échange n'a pas fini de séduire, comme en témoignent de nombreux discours actuels sur les perspectives ouvertes par les nouveaux réseaux de communication, par l'Internet en particulier. Facteur essentiel de l'individualisation, ne fût-ce même qu'en raison des conduites singulières qu'elle autorise et des intérêts divergents qu'elle révèle [53], la technique pourrait bien conduire à une sorte de rédemption se traduisant par le retour en force du collectif, de la communauté. Tel est en tout cas le rêve secret de nombreux ingénieurs.

Par son caractère spectaculaire, en prise sur des émotions de nature suffisamment primitive pour être partagées par le plus grand nombre, en même temps qu'il conserve l'attrait du nouveau et de la sophistication technique, l'art de l'ingénieur structures ainsi que l'architecture qui

52. Sur l'impact du saint-simonisme sur les ingénieurs, voir par exemple A. PICON, *Les Polytechniciens saint-simoniens au XIXe siècle*, note de la Fondation Saint-Simon, Paris, Fondation Saint-Simon, 1994.

53. Pour une approche plus philosophique de la question des rapports entre technique et phénomène d'individualisation, voir G. SIMONDON, *Du mode d'existence des objets techniques, op. cit.*, et surtout *L'Individuation psychique et collective, à la lumière des notions des forme, information, potentiel et métastabilité*, Paris, Aubier, 1989.

fait appel à lui semblent mieux armés que d'autres pour relever le défi. Ponts, halles, gares ou aéroports, les réalisations d'ingénieurs ne sont-elles pas de surcroît fréquemment destinées à relier ou à rassembler en un sens très littéral ? Certes, Marc Augé n'a pas tort de voir dans certains des espaces produits par la technique des « non-lieux » où se fait jour une forme exacerbée de solitude, à peine compensée par l'affichage de messages et de publicités [54]. Mais que ce soit dans les gares ou les aéroports, cette solitude s'accompagne du sentiment d'une profonde communauté de destin avec les autres voyageurs. Plus généralement, de nombreuses réalisations d'ingénieurs ou d'architectes donnent, lorsqu'on les parcourt, l'impression que l'on s'embarque pour une aventure à la fois individuelle et collective. C'est cette impression diffuse et tenace, à tout instant menacée et sans cesse renaissante, qu'ont fréquemment cherché à cultiver les concepteurs de structures. Du Crystal Palace au Centre Georges Pompidou, en passant, on l'a dit, par la tour Eiffel ou le pont de Brooklyn, les exemples de réussites ne manquent pas.

Des zones d'ombre subsistent bien sûr au sein des réussites même les plus éclatantes. À l'instar de l'architecture du Mouvement moderne, avec laquelle il a longtemps partagé nombre d'aspirations, l'art de l'ingénieur structures n'a jamais totalement résolu certaines de ses contradictions. Parmi celles-ci figure par exemple un désir de légèreté, de mobilité, voire de provisoire, qui s'est souvent soldé par son contraire. Il suffit de songer, pour s'en convaincre, aux itinéraires de Jean Prouvé et de Buckminster Fuller, à leur refus obstiné de toute monumentalité et aux ouvrages que l'un et l'autre ont fini par léguer à la postérité. Tandis que Prouvé collaborait à des projets de monuments contemporains et non des moindres, comme le Cnit, le siège de l'Unesco ou celui du Parti communiste français, Fuller concevait des coupoles et des sphères géodésiques de plus en plus grandioses, à commencer par le pavillon des États-Unis pour l'Exposition universelle de Montréal. Une autre contradiction de l'art de l'ingénieur structures, qu'illustrent là encore les destins de Prouvé et de Fuller, tient aux relations entretenues par cet art avec une industrie dont il a constamment souhaité exploiter les potentialités, tout en refusant certaines de ses contraintes comme la répétitivité. La volonté de préserver un état d'esprit artisanal au sein du monde industriel caractérise aujourd'hui encore nombre d'ingénieurs structures. Des entreprises avortées, comme la production en série de la maison Wichita de Fuller, ou des expériences ayant tourné court, comme les ateliers de Maxéville de Prouvé, conduisent toutefois à s'interroger sur le réalisme d'une telle attitude [55]. Ces contradictions sont à coup sûr négligeables au regard des échecs innombrables qui ont également jalonné l'histoire du génie civil et de la construction depuis près de deux siècles, que ces échecs soient dus à l'absence de talent, à l'indifférence ou à l'existence de contraintes économiques qui n'ont pas pu être surmontées. Le monde des techniques, qui nous entoure et qu'ont contribué à forger les ingénieurs, présente bien des aspects repoussants. Au sein de ce monde contrasté, certaines œuvres demeurent comme des vestiges d'un avenir différent qui ne s'est finalement pas réalisé. Ces œuvres sont parfois de simples édifices, parfois des séries énigmatiques de dessins et d'objets de tailles et de formes différentes, croquis, poignées de portes et stations-service de Prouvé, maison, voiture et salle de bains Dymaxion de Fuller. Comme la Rome baroque, le monde des ingénieurs-constructeurs a aussi ses ruines, même si les empires dont elles rappellent le souvenir n'ont en fait jamais vu le jour. Comme la Rome baroque dont Piranèse célébrait les qualités oniriques, le monde des ingénieurs est fait de splendeur et de pauvreté, de hasards et de rencontres. Nous aimerions que ce dictionnaire constitue une invitation à le parcourir jusque dans ses ruelles et ses impasses, là où se dressent souvent certains de ses monuments les plus saisissants.

Antoine Picon

54. M. AUGÉ, *Non-Lieux. Introduction à une anthropologie de la surmodernité*, Paris, Le Seuil, 1992.
55. *Cf.* M. PAWLEY, *Buckminster Fuller, op. cit.* ; *Jean Prouvé « constructeur »,* Paris, Éditions du Centre Georges Pompidou, 1990.

VOILÀ LA FILLE NÈE SANS MÈRE

Picabia

A cier voir **Fer, fonte, acier**

Acoustique

Les plus anciens postulats et expériences sur les sons remontent aux Grecs, à Vitruve – avec le cinquième des dix livres composant son *De architectura* –, à Galilée dans ses *Discours*, aux mesures, par Marin Mersenne, de la vitesse du son, de sa hauteur et de sa fréquence, et aux lois de l'audition découvertes par Savant et Georg Ohm. Le postulat d'Ohm suscita de nombreuses recherches en acoustique physiologique. Les plus importantes furent sans conteste celles de Hermann Helmholtz (1821-1894), dont le traité, paru en 1862, *Die Lehre von den Tonempfindungen als physiologische Grundlage von der Theorie der Musik* (publié en français sous le titre *Théorie physiologique de la musique*) a sa place parmi les grands chefs-d'œuvre de l'acoustique. Les travaux d'Helmholtz incitèrent lord Rayleigh à entreprendre ses premières recherches et à publier un premier article consacré à la hauteur de note des résonateurs, recherches qu'il exposera dans un célèbre ouvrage en deux volumes,

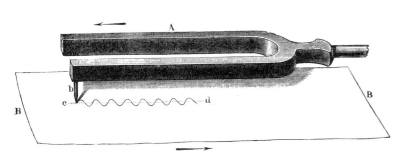

Forme des vibrations. Étude des sensations auditives de Hermann Helmholtz (ci-dessus).

Simulation de bruit d'une autoroute. Étude du CSTB de Grenoble (ci-contre, en haut).

La salle des concerts de la Cité de la Musique, 1995, Christian de Portzamparc, arch. (ci-contre, en bas).

Artistes et ingénieurs. Francis Picabia, *Voilà la fille née sans mère*, 1916-1917 (page de gauche).

The Theory of Sound (la théorie du son), édité en 1877.

Malgré les remarquables travaux de Helmholtz et de Rayleigh, personne ne s'était attelé à ce qui apparaissait comme le problème insoluble de l'acoustique : déterminer ou calculer les qualités acoustiques d'un local fermé. En 1895, le président Eliot demande à Wallace Sabine, professeur de physique assistant à Harvard, de formuler des propositions visant à résoudre les problèmes acoustiques posés par la salle de conférence du Fogg Art Museum (connue aujourd'hui sous le nom de Hunt Hall). Ses collègues voient en cette mission une sinistre plaisanterie, et son supérieur le met même en garde : à ses yeux, il aborde là un « problème littéralement hérissé de difficultés, et dont l'extrême complexité semble indiquer qu'une solution globale est hors d'atteinte ». Après deux années d'expériences *in situ* suivies de trois années de recherche, Sabine offre à l'acoustique la célèbre formule de la réverbération.

Les vingt-cinq dernières années sont marquées par un développement rapide des techniques de mesure, des méthodes de modélisation et des programmes informatiques destinés à l'analyse de l'acoustique des pièces fermées, ou, d'une manière générale, à l'acoustique environnementale, domaine qui englobe tous les aspects de l'atténuation du bruit et des vibrations, depuis l'ultrasensibilité des laboratoires « hors vibration » jusqu'aux infrastructures de l'environnement bâti.

Bien que l'acoustique ait une vieille réputation de science occulte, ces dernières années ont apporté des améliorations sensibles, par exemple dans la conception des auditoriums, où la corrélation entre critères objectifs et subjectifs a désormais été établie pour aboutir à un certain consensus en faveur d'une acoustique se prêtant à une grande variété d'applications. Ces critères comprennent notamment le temps de réverbération, le temps de réverbération précoce (critère EDT), la puissance sonore, la clarté, l'intimité, l'enveloppement, et même la diffusion. Des questions de goût et de mode sont également à prendre en compte, notamment lorsqu'il s'agit d'une salle de concert, de récital ou d'opéra.

Si les acousticiens et les utilisateurs, notamment les musiciens, peuvent se mettre d'accord sur la qualité d'un son, il leur faut des outils d'analyse et de prévision qui leur permettent ensuite de trouver l'acoustique appropriée. **D. S.**

Aéroport

En 1962, alors que les voiles en béton du terminal TWA♦ conçu par Eero Saarinen♦ s'achèvent, le critique anglais Reyner Banham affirme, dans *Architectural Review*, que les équipements aéroportuaires sont voués à une obsolescence permanente : la configuration des aéroports ne peut suivre l'évolution technique très rapide des avions de ligne, qui exige un renouvellement constant des installations.

Trente-cinq ans plus tard, au moment où la capacité annuelle d'accueil des aéroports les plus importants dépasse les cinquante millions de voyageurs, peut-on mettre en évidence une transformation typologique de ces équipements ? Force est de constater que le développement futur des aéroports et leur impact sur le territoire n'ont cessé, au cours du siècle, d'alimenter recherches et fantasmes. Encore en 1971, l'architecte en chef de l'Aéroport de Paris ne prévoyait-il pas d'innerver les métropoles de pistes d'atterrissage, retrouvant ainsi les propositions d'Eugène Hénard ou des futuristes italiens ?

Pourtant, avant même l'avènement de l'aviation commerciale, certaines constructions comme les hangars à dirigeables d'Orly♦ d'Eugène Freyssinet♦, ou ceux d'Orvieto♦ conçus par Pier Luigi Nervi♦, semblaient déjà dessiner les contours d'une architecture fonctionnelle, suivant au plus près contingences techniques et économiques. Mais c'est indubitablement aux États-Unis, dès les années cinquante, que la popularisation du transport aérien s'est le plus

rapidement accrue, et que l'organisation de l'équipement aéroportuaire s'affirme : elle intègre en effet aérogares, pistes d'atterrissage, hangars d'entretien, aires de stationnement et autoroutes d'accès, l'ensemble se raccordant au réseau régional des voies rapides. L'aéroport de Dulles, achevé en 1961 pour desservir la capitale fédérale, est probablement un des premiers aéroports dont la conception a rassemblé autour d'Eero Saarinen ingénieurs-conseils, économistes, éclairagistes et paysagistes.

Les années soixante-dix voient émerger nombre d'aérogares totalement refermées sur elles-mêmes, peu évolutives et sans possibilité d'extension – ainsi de la première aérogare de Roissy, si singulière par sa forme circulaire, des nombreux terminaux de Kennedy à New York ou de Heathrow à Londres, si dépourvus de qualité architecturale. Au tournant des années quatre-vingt, la très forte progression du trafic engendre l'apparition d'un nouveau dispositif, marqué par la volonté de faire redécouvrir l'aéroport au travers de vastes halles généreusement éclairées, offrant une vue dégagée sur les mouvements aériens, et de transformer les relations que les passagers entretiennent avec les avions. Cette nouvelle génération d'aérogares suscite le recours aux couvertures légères franchissant de grandes portées et regroupant tous les services liés aux mouvements des passagers et de leurs bagages.

Pensé comme un lieu de transit et d'interconnexions entre transports aérien et terrestre – l'autoroute se glissant sous les pistes et le train sous l'aérogare, comme le module

Aéroport Stansted.

Aéroport Charles-de-Gaulle, Aérogare 1 (ci-contre, en haut).

Aéroport international de Dulles, Chantilly, Virginie
(ci-contre, en bas).

Aéroport de Chep Lap Kok, Hong-Kong, projection en
l'an 2040. Photomontage (ci-dessus).

d'échanges de Roissy◆ ou celui de Lyon-Satolas –, l'aéroport semble de plus en plus tirer parti de cet enchevêtrement de circulations pour rechercher fluidité et clarté. Ainsi de l'aéroport de Stansted, qui dessert Londres, conçu par l'équipe de sir Norman Foster, dont l'architecture affiche une grande lisibilité, absorbant d'un coup un programme pourtant très complexe dans la gestion des flux, des périmètres de sécurité, de l'ambiance contrôlant luminosité, sonorité et conditionnement de l'air.

C'est probablement aujourd'hui, avec l'aéroport du Kansai◆ près d'Ôsaka et celui de Chep Lap Kok à Hong-Kong (sir Norman Foster & Partners, arch.), construits tous deux sur une île artificielle, que s'affiche encore plus clairement cette démarche. À la sophistication technique des précédentes réalisations, concentrée essentiellement sur l'aérogare principale, s'ajoute aujourd'hui un gigantesque déploiement d'infrastructures sur tout le territoire environnant. Ponts suspendus, viaducs d'accès, tunnels reliant ces vastes plates-formes à la terre ferme, sont autant de prouesses techniques. Ces deux aéroports ne se présentent pas seulement comme les lieux de passage obligé vers les deux grandes métropoles qu'ils desservent, mais revêtent les dimensions et l'échelle d'équipements régionaux. L'ordonnancement rigoureux de tout un pan de territoire, dont l'objet est l'organisation méthodique des circulations avec le maximum de sécurité, se substitue à la construction d'un édifice isolé, auquel on attribuait, à l'instar des grandes gares du XIXᵉ siècle, le rôle fortement symbolique de nouvelle porte métropolitaine.

Même si l'aéroport est analysé par certains comme un « non-lieu » – un emboîtement d'espaces entièrement acquis aux échanges, selon l'ethnologue Marc Augé –, il constitue néanmoins aujourd'hui l'une des constructions auxquelles architectes, ingénieurs, entrepreneurs et maîtres d'ouvrage apportent le plus grand soin. Les réflexions sur les réseaux, la technique et l'usage s'y expriment dans des équipements toujours plus monumentaux, dont l'esthétique relève des ouvrages d'art, pour fasciner toujours davantage les prosélytes de la modernité. **R. R.**
VOIR AUSSI **Hangar d'aviation**.

Air conditionné et ventilation

Un système d'air conditionné a pour fonction de contrôler, par des méthodes de réfrigération et d'apport d'une haute énergie, les propriétés de température, d'humidité, de mouvement de l'air, ainsi que la pollution et la composition chimique de l'air à l'intérieur d'un bâtiment.

La température est contrôlée par chauffage lorsqu'il fait froid dehors, et par refroidissement lorsqu'il fait chaud. Une installation de réfrigération peut servir à refroidir un liquide, ou le réfrigérant froid lui-même, qui est mis en circulation dans des échangeurs de chaleur exposés à l'air du bâtiment. La chaleur peut être introduite à l'aide d'échangeurs de chaleur fonctionnant à l'électricité, par combustion directe, ou à l'eau chaude.

Éliminer l'eau présente dans l'air revient à extraire de la chaleur par un procédé de réfrigération afin de faire passer l'eau d'un état libre, la vapeur, à un état lié, le liquide. Généralement, le serpentin de refroidissement utilisé pour abaisser la température fonctionne à une température suffisamment basse pour provoquer la condensation du liquide. L'air est alors porté à la température souhaitée. Par opposition, l'ajout de vapeur d'eau nécessite un apport de chaleur. On injecte généralement de la vapeur ou de fines gouttelettes lorsqu'un chauffage ultérieur est possible.

Le mouvement de l'air dans un local est l'un des facteurs les plus importants en matière de conditionnement d'air. L'uniformité des conditions qui règnent dans le local est contrôlée par introduction d'une certaine quantité de mouvement dans l'air d'admission. Le transfert de chaleur à partir de la peau humaine dépend de courants d'air aléatoires. Un débit réduit peut suffire à extraire la chaleur si l'on introduit de l'air à basse température dans la partie inférieure du local, pour l'évacuer ensuite à haute température au-dessus de la zone de séjour.

La pollution concerne les substances indésirables ou nocives présentes dans l'air. Les polluants particulaires sont éliminés par filtrage du courant d'air. Les polluants moléculaires peuvent être captés par des filtres au charbon actif, ou par lavage en utilisant de l'eau comme solvant, procédé qui comporte cependant un certain risque de contamination.

L'atmosphère possède une masse considérable, et elle est mélangée de manière homogène. Sa composition est plus ou moins stable et appropriée à l'homme. L'oxygène consommé par les êtres vivants doit être renouvelé ; il faut diluer le dioxyde de carbone rejeté et, surtout, l'odeur. Une ventilation minimale est indispensable et sa circulation doit être assurée. La chaleur est transportée par de grandes quantités d'air véhi-

culées par deux séries de conduits. Les conduits sont nécessaires en moins grand nombre, et leur taille peut être réduite, si la chaleur est transportée par des liquides circulant dans des tuyaux qui passent à travers des échangeurs de chaleur situés à l'intérieur du local concerné. Dans l'échangeur de chaleur, l'air de la pièce est mis en écoulement par convection naturelle, ventilation ou induction.

Faute d'air conditionné, un bâtiment peut être conçu de telle sorte qu'une ventilation contrôlée permette de maintenir les niveaux de température et de confort appropriés.

La conception d'un système d'air conditionné implique de prendre en compte la morphologie dendritique des systèmes de circulation, la structure du bâtiment et les déplacements des occupants, le but étant de minimiser l'énergie utilisée et d'assurer un bon contrôle de l'ensemble. **M. F.**

Akashi (pont du détroit d')

Préfecture de Hyogo, Japon, 1997.

Dès la fin des années soixante, les ingénieurs japonais commencent la construction de trois lignes de ponts destinées à relier l'île de Shikoku à l'île principale de leur archipel, Honshû : au sud-ouest, la ligne Onomishi-Imabari, qui comprendra le pont de Tatara (lequel ravira au pont de Normandie◆ le record de portée des ponts à haubans) et une exceptionnelle série de trois ponts suspendus permettant de franchir le détroit de Kurushima ; au centre, la ligne Kojima-Sakaide, mise en service en avril 1988, composée d'une succession d'ouvrages de divers types, ce qui lui donne une hétérogénéité regrettable ; – ces ouvrages ont

Pont du détroit d'Akashi.

en outre un caractère très massif, car ils supportent à la fois une autoroute et une voie ferrée tout en devant résister à des cyclones tropicaux et à des séismes violents, fréquents au Japon. Mais l'ouvrage le plus spectaculaire se trouve sur la ligne du nord-est, de Kôbe à Naruto. Il franchit le détroit d'Akashi, large de 4 km, et qui voit passer des centaines de navires chaque jour.

À cause de l'intensité de cette navigation, mais aussi de la profondeur des fonds marins, on a construit un pont suspendu à 3 travées, dont la principale, avec 1 990 m, vient de pulvériser le record du monde de portée. L'historique de ce record montre qu'il progresse à l'occasion de projets exceptionnels, qui constituent autant de bonds en avant : pont sur le détroit de Menai♦ par Thomas Telford♦ (176 m en 1826), pont de Fribourg par Joseph Chaley (273 m en 1834), pont de Brooklyn♦ par John A. Roebling♦ (487 m en 1883), pont George♦ Washington par Othmar H. Ammann♦ (1 067 m en 1931), pont du Golden♦ Gate de Joseph Baermann Strauss (1 280 m en 1937). Le record actuel n'était qu'à peine supérieur (1 410 m pour le pont sur la Humber en 1981), ce qui rend la performance réalisée par la construction du pont d'Akashi d'autant plus remarquable.

C'est par « modestie » que les ingénieurs japonais ont choisi de ne pas dépasser 2 000 m ; mais le séisme de Kôbe, en janvier 1995, leur a donné un léger coup de pouce : les déplacements imposés aux pylônes, déjà construits, par la secousse tellurique a augmenté en effet la portée de plus d'un mètre !

Sur le plan technique, le pont d'Akashi est d'une inspiration traditionnelle. C'est probablement le dernier grand pont à être doté d'un tablier en treillis : les ponts suspendus conçus par le bureau anglais Freeman♦ Fox & Partners (pont sur la Severn♦ en 1966, premier pont du Bosphore en 1973 et pont sur la Humber) ont en effet consacré les tabliers en caisson profilé. Le principe en est simple : plutôt que de s'opposer à des efforts de plus en plus grands au fur et à mesure que l'on augmente la portée, on choisit de profiler le tablier en lui donnant la forme d'un caisson aplati, rigide en torsion et stable aérodynamiquement, pour réduire les forces exercées par le vent.

Pour une portée aussi exceptionnelle que celle du pont d'Akashi, les ingénieurs japonais n'ont pas osé adopter une solution dont ils n'avaient alors aucune expérience. Et ils ont mené des études à l'échelle du défi qu'ils s'étaient lancé :

ils ont construit à Tsukuba une soufflerie capable de recevoir une maquette au 1/100 de l'ouvrage complet ; la veine de la soufflerie a ainsi une largeur de plus de 40 m ! Les essais ont montré qu'au cours des cyclones les plus violents auxquels le pont devra résister, ses déplacements latéraux seront de l'ordre de 20 à 30 m au milieu de la grande travée !

Tout est à une échelle monumentale : chacun des deux pylônes en acier s'appuie sur un massif de béton de 80 m de hauteur et de 80 m de diamètre ; plus de 300 000 m³ de béton ont été coulés dans un énorme caisson en acier échoué au fond de la mer. Les culées d'ancrage, une sur chaque rive, ont des dimensions comparables.

Compte tenu de l'intensité de la navigation, il a fallu poser le premier câble par hélicoptère ; comme un câble en acier aurait été trop lourd, on a d'abord mis en place un petit câble en Kevlar, qui a lui-même permis d'installer un câble plus gros, en acier ; ce dernier a été utilisé à son tour pour monter le *cat-walk* sur lequel ont été fabriqués les câbles porteurs eux-mêmes. C'est le principe des poupées russes.

Quant au tablier en treillis (plus de 35 m de largeur et 14 m de hauteur), il est constitué d'éléments fabriqués avec des aciers spéciaux à très haute limite élastique – comme la plupart des ponts japonais – assemblés par des boulons à haute résistance.

Le montage du tablier a été particulièrement rapide et s'est achevé en 1996 ; l'ouvrage sera mis en service en 1997 : les Japonais ont mis un point d'honneur à construire le pont d'Akashi plus vite que prévu, empêchant ainsi les Danois de s'intercaler dans la course au record avec le pont du Grand♦ Belt (1 624 m « seulement »). La démonstration sera ainsi faite avec éclat de ce qu'est la construction de leur ouvrage : un pas de géant. **M. V.**

Akita Sky Dome

Préfecture d'Akita, Akita, Japon, 1990.

La salle de sports d'Akita Sky Dome, conçue et réalisée par Kajima Design, est représentative de l'architecture à membrane au Japon. D'une superficie de 12 123 m², cette structure a été conçue pour offrir l'espace intérieur le plus vaste et le plus clair possible, compte tenu des chutes de neige fréquentes au Japon. On a utilisé pour cela une membrane en fibre de verre enduite de PTFE, matériau nouveau, laissant passer la lumière. La couverture est renforcée par des treillis Vierendeel. Elle peut supporter une charge de neige de 450 kgf/m² et un vent de 60 m/s. En hiver, un dispositif spécial empêche la neige de s'y accumuler ; en été, le vent peut y circuler normalement.

Premier stade de ce type au Japon, il est particulièrement réussi, tant du point de vue de sa conception que de sa structure. **K. I.**

Alamillo (pont)

Séville, Andalousie, Espagne, 1992.

Achevé pour l'Exposition universelle de Séville, le pont Alamillo est particulièrement représentatif de la démarche de concepteur d'ouvrage d'art de Santiago Calatrava♦. D'une longueur totale de 4 300 m environ, il comprend deux parties haubanées d'une portée de 250 m, chacune dotée de pylônes de 162 m de hauteur. La structure de ces parties haubanées rappelle celle des ponts à haubans d'un Fritz Leonhardt♦. Mais les pylônes dessinés par Calatrava sont beaucoup plus massifs que ceux de l'ingénieur allemand. Disposés en oblique, ils confèrent à l'ouvrage une expression plastique toute différente ; et surtout, la stabilité de ces pylônes n'est pas assurée par un double système de haubans. Leur

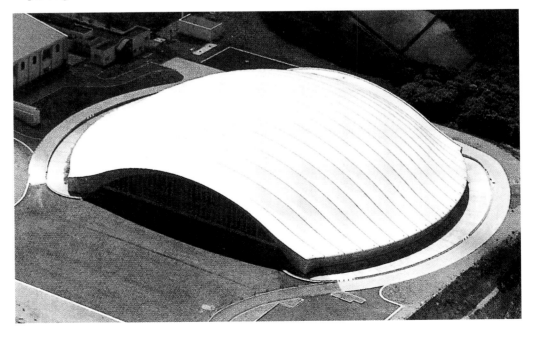

Akita Sky Dome.

poids ainsi que leur inclinaison leur permettent en effet de ne pas être déséquilibrés par les haubans qui soutiennent le tablier. Un tel système n'est pas sans analogie avec les principes de la construction gothique, en raison du rôle joué par le poids des pinacles extérieurs pour contre-balancer la poussée des arcs-boutants, notamment. Chez Calatrava, le type du pont à haubans perd du même coup une partie de sa lisibilité structurelle. Cette perte de lisibilité se trouve toutefois compensée par une attention toute particulière portée aux usages – ce qui l'a conduit par exemple à prévoir un cheminement piétonnier distinct de la chaussée automobile –, ainsi que par une monumentalité d'essence dramatique. **A. P.**

Albert-Louppe (pont)

Plougastel, Finistère, France, 1930.

C'est avec le pont Albert-Louppe, dit aussi pont de Plougastel, qui présente une grande audace technique et un coût réduit au maximum, qu'Eugène Freyssinet♦ commence à construire des portées en béton jusqu'alors irréalisables, et qu'il devient mondialement célèbre.

Inauguré le 9 octobre 1930 par le président de la République, ce pont est la plus belle expression de l'œuvre en béton armé de Freyssinet. Près de Brest, il enjambe l'estuaire de l'Elorn, de 560 m de large, par trois extraordinaires voûtes de 188 m de portée chacune – entre les axes des piles –, qui établissent ainsi un nouveau record mondial.

Le problème technique posé intéressait déjà de nombreux ingénieurs comme Louis Harel♦ de la Noë, Pigeaud et Armand Considère♦ ; ce dernier avait proposé en 1904 une solution résidant dans trois voûtes, deux latérales *bow-strings* et une centrale de type pont-levis. En 1913, Ferdinand Arnodin remportait un premier concours avec une solution à trois voûtes, les deux latérales de type suspendu rigide (système Gisclard) et la voûte centrale levante. En 1922, Freyssinet est lauréat, avec la société Limousin♦, du concours définitif pour le projet et la construction du pont, en proposant un coût deux fois moindre que celui des autres candidats, qui ont recours à des solutions métalliques traditionnelles.

Les voûtes mesurent 9,50 m de largeur sur 5 m de hauteur moyenne. La section est évidée grâce à 3 cellules, une centrale carrée de 4,50 m de côté, et 2 latérales de 1,95 x 4,50 m. Il s'agit d'un tablier double avec la voie ferrée placée

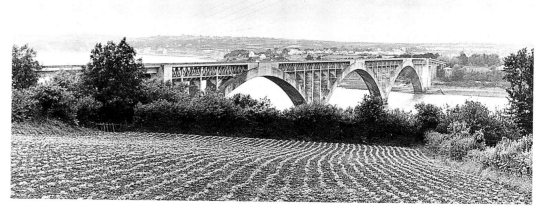

Le pont Albert-Louppe :
construction du tablier rail, 1924 (en haut) ;
étape de la construction (au milieu) ;
l'ouvrage terminé (en bas).

Pont Albert-Louppe, transport du cintre.

sous la route, comportant une section en caisson et des âmes en treillis de béton.

Tandis qu'il n'hésite pas à éliminer, comme il l'a déjà fait à Villeneuve-sur-Lot, les armatures longitudinales de la voûte, dont les contraintes sont parfaitement contrôlées par le tracé et l'inertie de la section, Freyssinet ne lésine pas sur les armatures transversales et le renforcement des zones critiques.

L'outillage et les méthodes de construction employés à Plougastel sont de véritables chefs-d'œuvre de l'ingénierie, qui, depuis, ont fait école.

Le cintre utilisé pour le bétonnage des 3 voûtes et déplacé sur 2 barges de 35 x 8 m, également en béton armé, est la structure en bois la plus grande et la plus audacieuse de l'histoire de la construction. Immense voûte de 170 m de portée et de 10 m de largeur, réglée dans toutes les directions par des centaines de fils d'acier tendus, elle a été réalisée avec de simples madriers de sapin de 4 cm d'épaisseur, assemblés en quinconce deux par deux avec de simples clous.

Les autres appareils conçus avec génie par Freyssinet sont un immense transporteur funiculaire de 800 m de portée entre les appuis – le conducteur se déplaçant dans la cabine en même temps que les matériaux transportés –, et de gigantesques chèvres de 55 m de hauteur, à l'occasion desquelles il invente l'ancrage par adhérence dans le béton. Enfin, c'est à Plougastel qu'il applique pour la première fois au monde la technique des encorbellements successifs en béton, qu'il a la formidable intuition d'une construction mixte acier structurel-béton et bois-béton, et qu'il construit les fondations des deux culées dans des batardeaux cylindriques laminaires en béton armé. Comme le dit Seáilles en 1929, le pont Albert-Louppe marque « un profond changement dans l'équilibre, jusqu'à présent nécessaire, entre les moyens et le résultat ; et si, avec des moyens aussi simples, on peut construire sans difficulté un pont comme celui-ci, l'utilisation de moyens plus puissants donnera lieu à des réalisations étonnantes ».

« Plougastel, dit Freyssinet, est le plus réussi de tous mes ponts. Mais le pont est à l'échelle, non pas des faits humains, mais de la nature. » Le pont Albert-Louppe réalise la consécration définitive du béton armé et, en même temps, il sonne le glas de son utilisation exclusive pour les grands ouvrages de génie civil. Un nouveau matériau, le béton précontraint, inventé et mis en œuvre par Freyssinet, va désormais prendre incontestablement la relève. **J. A. F. O.**

Alexandre III (pont)

Paris, France, 1900.

Pont routier situé sur la Seine au cœur de Paris, le pont Alexandre III est né de l'Exposition universelle de 1900. Son commissaire, Alfred Picard, désire en effet qu'il y ait un « clou » à l'Exposition – comme la tour Eiffel◆ l'avait été en 1889. Mais les grands prix de Rome ne veulent pas d'un « clou industriel ». Picard fait alors ce que l'on fait quand on ne sait pas quoi faire mais qu'il faut le faire : il lance un concours. Le résultat est décevant. Eugène Hénard, architecte de la Ville, propose de créer un axe reliant les Champs-Élysées aux Invalides en détruisant l'ancien palais de l'Industrie. Bien que ce plan paraisse aujourd'hui évident, à l'époque il n'a pas que des partisans. Picard, convaincu de son utilité, l'emporte. La réalisation est confiée à Jean Résal◆, alors ingénieur en chef du service de la navigation de la Seine et professeur à l'École des ponts et chaussées.

La proximité du pont de la Concorde et le coude que forme la Seine à cet endroit interdisent les piles en rivière, mais surtout, le tablier ne doit pas monter à une hauteur telle qu'elle coupe la perspective de l'esplanade des

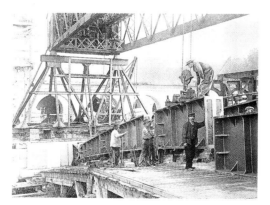

Invalides, tout en étant suffisante pour laisser passer les péniches… Or, les rives de la Seine sont basses.

Il en résulte un pont en arc légèrement biais, 83°, pour rester dans l'axe de l'esplanade ; ses 40 m de largeur reposent sur 15 arcs surbaissés au 1/17. Ils sont constitués de voussoirs en acier moulé, ce qui est alors une nouveauté en France, où ce matériau, coûteux, est réservé à l'armée. Du fait du surbaissement, la poussée sur les culées est très forte, 288 t/m ; aussi a-t-on fondé les culées jusqu'à 33 m du fleuve, sur 8 m de profondeur.

Joseph Cassien-Bernard et Gaston Cousin en ont réalisé la décoration riche et foisonnante. Commencés en mai 1897, les travaux ont été terminés pour l'inauguration de l'Exposition, le 14 avril 1900. **B. M.**

Pont Alexandre III, trois vues de la construction.

Aluminium

Le métal le plus utilisé dans le monde après le fer, l'aluminium, n'a été isolé qu'au XIXᵉ siècle. Il est produit industriellement à partir de 1888 par l'électrolyse de l'alumine, elle-même obtenue par la purification de minerai de bauxite, selon un procédé mis au point par l'autrichien Karl-Joseph Bayer.

Bon conducteur de la chaleur et de l'électricité, l'aluminium (symbole Al ; numéro atomique 13 ; densité 2,7 ; point de fusion 660°) résiste très bien à la corrosion : il se recouvre rapidement, au contact de l'air, d'un film d'oxyde protecteur car insoluble à l'eau, l'alumine. Ce matériau léger est trois fois moins dense que l'acier. Cependant ses propriétés mécaniques, surtout lorsqu'il est pur, sont comparativement médiocres.

L'aluminium est donc presque toujours utilisé allié avec d'autres métaux : cuivre, silicium, magnésium ou zinc. On peut obtenir les caractéristiques souhaitées pour l'alliage final de deux manières : d'abord chimiquement, avec le dosage des divers éléments qu'on ajoute à l'aluminium ; ensuite thermiquement, par les traitements auxquels on peut soumettre le produit lors de son élaboration : trempe, revenu, recuit, stabilisation… L'amélioration des propriétés mécaniques des alliages d'aluminium (dits alliages légers) par ces procédés est spectaculaire : la limite élastique, qui fournit une bonne mesure de la résistance mécanique des matériaux, peut être multipliée par un facteur de 3 à 15, et devenir de ce fait comparable à celle d'aciers ordinaires.

Parmi les compositions d'alliage courantes, on distingue les alliages de fonderie et les alliages corroyés. Les premiers concernent les productions par moulage : au sable, en coquille ou sous pression. Les seconds sont adaptés à des techniques comme le forgeage, le laminage, le filage, l'étirage ou l'emboutissage, toutes techniques auxquelles l'excellente ductilité de l'aluminium confère un intérêt particulier.

Cette facilité de transformation fait que l'aluminium est produit non seulement sous la forme de composants standardisés, mais aussi, et de façon économique, sous celle de profilés spécifiques. Ainsi les profilés obtenus par extrusion au travers d'une filière peuvent adopter des formes complexes et des contours très précis, adaptés aux exigences de chacun des composants d'un assemblage bien particulier. En revanche, ces profils ont une section constante sur toute leur longueur.

La fonte d'aluminium, qui permet pour sa part d'obtenir des pièces moulées de forme beaucoup plus souples, est donc souvent exploitée pour la fabrication de pièces de liaison spécifiques.

Les modes d'assemblage doivent en effet tenir compte de la grande affinité de l'aluminium avec l'oxygène. Aussi, pour prévenir la formation d'une couche d'alumine, le soudage s'opère le plus souvent à l'arc électrique sous une atmosphère d'argon. Dans le bâtiment, les techniques qui permettent de ne pas toucher à la matière même sont préférées : il s'agit de fixations mécaniques comme le vissage, le rivetage,

le verrouillage et le clippage ou, de plus en plus fréquemment, le collage.

Malgré leur bon comportement vis-à-vis de la corrosion atmosphérique, la mise en œuvre de ces alliages s'accompagne de dispositions d'isolation électrique destinées à prévenir la corrosion bimétallique. En outre, l'aluminium exposé aux intempéries prend parfois un aspect terne ou irrégulier peu esthétique. De nombreux traitements de surface peuvent être appliqués aux alliages légers pour résoudre ce problème : l'anodisation, qui peut être colorée, et de nombreux procédés de thermolaquage permettent de donner à l'aluminium une grande variété de finitions et de teintes, ainsi qu'une bonne durabilité.

L'essor de l'aluminium dans le bâtiment – qui est aujourd'hui son premier secteur d'utilisation aux États-Unis et au Japon – est en fait postérieur à la Seconde Guerre mondiale. Ce matériau léger a en effet profité de transferts technologiques depuis les industries de l'armement et de l'aéronautique.

Sa diffusion est très liée à la construction des enveloppes. En effet, la résistance mécanique modeste mais la bonne tenue à la corrosion, l'excellente ouvrabilité et la légèreté de l'aluminium en font le matériau de prédilection pour la construction des façades modernes dites « légères », que ce soit en ossature de mur-rideau, en menuiserie de fenêtres conventionnelles (il représente, en France, le tiers des fenêtres fabriquées chaque année) ou en panneaux de bardage, tandis que les usages structurels restent rares. **G. M. J.**

Profilés d'aluminium sortant de l'usine (ci-dessus).

Pavillon du Centenaire de l'aluminium, Paris, 1954, J. Prouvé, ing. (ci-contre).

Ammann (Othmar H.)

Schaffhouse, canton de Schaffhouse, Suisse,
1879 – Rye, État de New York, États-Unis,
1965.

Othmar H. Ammann reçoit une formation d'ingénieur civil à l'École polytechnique de Zurich et obtient son diplôme en 1902. En 1904, après un bref séjour en internat en Allemagne, Ammann se rend aux États-Unis, pays qui offre de nombreuses possibilités à un jeune ingénieur civil ambitieux en raison de l'essor national du réseau de chemins de fer. Ammann obtient la nationalité américaine en 1924 ; il exercera sa profession aux États-Unis jusqu'à sa mort. Parmi les principaux ouvrages dont il est le concepteur et l'ingénieur en chef, on retiendra les ponts George♦ Washington, de Bayonne♦, de Triborough, de Bronx-Whitestone, de Throgs Neck et de Verrazano♦, tous reliés à la ville de New York et construits pour faciliter l'organisation du réseau de grandes routes inter-États de la région.

La première contribution importante d'Ammann à la construction des ponts de New York est le pont du Hell Gate (Gustav Lindenthal, concepteur), dernière liaison ferroviaire construite dans la métropole. Assistant en chef de Lindenthal, Ammann participe à tous les aspects de la conception et de la construction du pont. Après son inauguration en 1917, il collabore au projet de Lindenthal d'un pont sur l'Hudson pour relier l'île de Manhattan au continent – exploit encore jamais tenté. Le pont proposé par Lindenthal comporte 12 lignes de chemin de fer et 16 voies de circulation auto-

mobile. À juste titre, Ammann est alors sceptique quant à la faisabilité de cet ouvrage. Convaincu en fin de compte que le projet de son mentor ne serait jamais réalisé, Ammann se met à travailler au sien propre. Il passe les trois années suivantes à étudier et à promouvoir un pont routier sur l'Hudson, en choisissant un emplacement situé au nord de celui de Lindenthal. La conception d'Ammann est retenue. En collaboration avec la Port Authority de New York qui vient de se créer, Ammann construit le pont George Washington, le premier à franchir l'Hudson.

D'une forme élancée et d'une simplicité éloquente, ce pont, ouvert en 1931, porte Ammann sur le devant de la scène internationale. Ses portes d'accès témoignent de l'importance qu'Ammann accorde à ces éléments ayant fonction d'accueil des usagers. L'ouvrage marque également une étape pivot dans l'histoire de l'ingénierie des structures.

Avant qu'Ammann construise le pont George Washington, la pratique classique des ingénieurs faisait valoir que tous les ponts suspendus présentaient une faiblesse due au fait que les tabliers routiers suspendus résistaient difficilement aux vents forts. Les ingénieurs ont commencé alors d'envisager des tabliers routiers suspendus dotés de structures raidisseuses en treillis, fixées sur les côtés des chaussées. Au fur et à mesure de l'allongement des portées, on a eu recours à des poutres-treillis de plus en plus épaisses – ce qui augmentait le poids et le coût des ouvrages. Le génie d'Ammann est d'avoir su anticiper, en s'appuyant sur une théorie originale, le compor-

tement des structures suspendues de longue portée. Sa théorie est que, s'il est correctement configuré, le poids mort du tablier routier et des câbles d'un pont suspendu de grande portée doit être à lui seul suffisant pour résister même à la force d'un ouragan. L'absence de poutres-treillis raidisseuses se traduit par un pont plus léger et d'un moindre coût, et dégage la visibilité le long du tablier routier, permettant d'offrir une vue sans obstacle aux usagers.

Testée pour la première fois et avec succès lors de la conception du pont George Washington, cette théorie a modifié fondamentalement la façon dont les ingénieurs pensaient les structures de longue portée. Cela a donné naissance à une nouvelle famille de ponts, remarquables par leur élégance et leur grâce, dues en partie à la finesse de leur tablier.

Au moment de la construction du pont George Washington, Ammann travaille déjà à la conception du magnifique pont à arche de la Port Authority, le pont de Bayonne♦ (1931) ; il supervise également la construction de l'Outerbridge Crossing et celle du pont Goethals de la Port Authority. En 1937, est inauguré le tunnel Lincoln de la Port Authority, reliant le New Jersey à Manhattan, également conçu par Ammann.

Celui-ci poursuit ses réalisations new-yorkaises en collaboration avec le célèbre administrateur public Robert Moses, nommé directeur de la Triborough Bridge Authority en 1933. Moses tient absolument à ce qu'Ammann soit chargé du projet de pont Triborough ; il concevra trois des quatre structures constituant cet ouvrage : un pont suspendu, un pont levant et un viaduc, tous ouverts en 1936. En tant qu'ingénieur en chef de la Triborough Bridge Authority, Ammann enchaîne sur l'étude du pont de Bronx-Whitestone (1939). Avec ce pont suspendu, son insatiable quête de solutions toujours plus économiques et d'une plus grande simplicité formelle aboutit à une autre innovation importante dans la conception, à savoir un procédé de construction des pylônes de pont suspendu en épaisses tôles d'acier. Cette technique confère une plus grande résistance aux pylônes tout en nécessitant moins de matériau. Elle permet aussi de réduire l'épaisseur du profil des pylônes. Ceux du Bronx-Whitestone, alliés à un long et mince tablier routier, font de ce pont le plus élancé, le plus pur et le plus aérien de l'œuvre d'Ammann.

Ce dernier abandonne ses charges officielles pour fonder en 1946 son entreprise, en parte-

Othmar H. Ammann pendant la construction du pont George Washington.

nariat avec Charles S. Whitney. Sous la bannière de la société Ammann & Whitney, ingénieurs consultants, l'ingénieur dessinera les ponts de Throgs Neck (1961) et de Verrazano (1963) – ce dernier pour la Triborough Bridge and Tunnel Authority –, tandis que Moses poursuit son plan directeur pour le réseau régional d'autoroutes périphériques de New York.

Ammann meurt à l'âge de quatre-vingt-six ans, moins d'un an après l'ouverture du pont de Verrazano. Aucun pont de grande portée ni tunnel n'ont été depuis construits dans la zone métropolitaine de New York.

Ammann doit sa stature de concepteur de premier plan du XXe siècle autant à sa sensibilité architecturale qu'aux percées technologiques qu'il a réalisées. Ne se contentant jamais d'adopter la solution technique la plus économique, il a conçu ses structures de manière à leur conférer une dignité, une puissance et une grâce appropriées à leur site et à leur fonction. Comme il le disait vers la fin de sa vie, « dans la conception

d'un pont, l'esthétique est tout aussi importante que les détails techniques. C'est un crime que de construire un pont qui soit laid ». **D. R.**

Antoinette (pont)

Près de Vielmur, Tarn, France, 1884.

La construction du pont Antoinette, pont de chemin de fer sur l'Agout, près de Vielmur dans le Tarn, a été projetée par Paul Séjourné♦. Il en a dirigé la réalisation, assurée par l'entreprise Naboudet en 1883 et 1884. Avec ses 50 m de portée, ce pont ne constitue pas un record, pas plus que celui de Lavaur, que Séjourné a édifié peu avant pour la même ligne de chemin de fer Montauban – Castres, mais ce sont deux beaux ouvrages.

Séjourné a choisi une grande voûte, parce que « pour fonder en rivière, il aurait fallu descendre à 8 m sous l'eau. Les berges sont imperméables ; on y a fondé, sans épuisements, les culées perdues d'une grande voûte ». Mais, à

Lavaur, il dit avoir fait une grande voûte, bien que « les fondations en rivière [soient] faciles, parce qu'au XVIIIe siècle, on a construit, à 200 m en amont, un très beau pont d'une seule arche ». Séjourné aimait les grandes voûtes en maçonnerie.

Le pont Antoinette est construit sur un cintre en trois rouleaux, afin qu'il y ait répartition des charges. Au décintrement, le tassement à la clef a été de 0,6 mm. L'arc, en pierre, ne porte aucun motif décoratif, de façon à mettre en valeur l'étirement ; les tympans en brique sont aérés par de petites voûtes. La finesse de l'ouvrage est encore soulignée par les jours du parapet.

On l'aura compris, pour Séjourné, « l'utile n'était pas tout » – les calculs non plus. « Le projet fait, on s'assure qu'il tient : la science doit aider l'art, mais non pas l'étouffer. »

Marié le 8 mai 1881 à Antoinette Lesueur de Pérès, sa réputation est déjà telle qu'en dépit de sa jeunesse, on l'autorise à dédier le pont à sa femme. **B. M.**

Antonelli (Alessandro)

Ghemme, près de Novare, Piémont, Italie, 1798 – Turin, Piémont, 1888.

C'est à Turin qu'Alessandro Antonelli réalisera les bâtiments les plus significatifs de son architecture. Il obtient son diplôme d'ingénieur en 1824 et, après avoir travaillé quatre ans comme projeteur dans les services techniques des Domaines, il complète sa formation par un séjour à Rome. De retour à Turin en 1831, il commence une brillante carrière de projeteur, fonction qu'il cumule, pour la période 1836-1857, avec celle de professeur à l'Académie albertinienne. Il s'occupe également activement de politique. Il sera député au parlement subalpin, conseiller municipal à Turin et conseiller départemental à Novare.

La caractéristique la plus remarquable de l'ingénieur Antonelli réside dans sa capacité à mettre au point des structures complexes et hardies, à concevoir des coupoles qui lui donnent l'occasion d'appliquer les lois de la statique pour expérimenter de nouvelles techniques de construction. Il est probable qu'il a observé avec une attention particulière les structures métalliques transalpines et qu'il a eu connaissance des études et des œuvres d'Anatole de Baudot. À cet intérêt fortement technique, s'ajoute l'inclination naturelle d'Antonelli pour l'étude expérimentale de grandes structures verticales.

Pont Antoinette, deux vues de la construction.

La coupole de San Gaudenzio à Novare (1838-1878) est une structure très singulière : un corps cylindrique à l'extérieur, en forme de bulbe à l'intérieur, formant à partir d'une certaine hauteur une coupole surmontée d'une lanterne très élevée.

La Mole de Turin, chef-d'œuvre d'Antonelli, est une commande de synagogue faite en 1863 par la communauté israélite de la ville. La construction est arrêtée en 1869 en raison des difficultés financières des commanditaires, et des doutes sérieux portant sur la stabilité de l'ouvrage. Elle reprend en 1878 grâce à l'intervention de la municipalité, qui prend à sa charge la suite des travaux et rachète l'édifice, pour en faire le musée du Risorgimento. Sur un plan carré d'environ 40 m de côté, se dresse un solide parallélépipède qui abrite, à partir du troisième niveau, une grande salle de réunion entourée par plusieurs rangées de galeries. L'édifice est soutenu par 68 pilastres, contre lesquels sont accolés les arcs surbaissés qui portent les planchers. À partir de l'imposte des pavillons de la coupole, on passe du système pilastres-arcs au développement des grandes nervures paraboliques des voiles de la couverture. La coupole est construite sur une double calotte pas plus épaisse qu'une brique, rigidifiée par un système de tirants métalliques. Au moment de la reprise des travaux, Antonelli parachève son œuvre en réalisant un projet très élaboré de lanterne, qui porte la hauteur globale de la Mole à 168 m. **M. C.**

Architectes et ingénieurs

Le maître bâtisseur du Moyen Âge était expert dans l'utilisation des matériaux et des techniques de construction : il maîtrisait l'art de construire. Son rôle s'est progressivement scindé en deux, avec l'attribution des fonctions respectives de l'architecte et de l'ingénieur. Plus tard, on attendra des ingénieurs du XVIIIᵉ siècle qu'ils améliorent les conditions de navigation, qu'ils assèchent les marais et qu'ils construisent des routes et des ponts, tout cela au bénéfice de la société.

En France, le génie militaire devient au cours du XVIIᵉ siècle une profession à part entière, comme le sera plus tard le génie civil, avec la fondation en 1691 du corps des ingénieurs du roi. Jean-Rodolphe Perronet♦, considéré quant à lui comme le père du génie civil, est le premier directeur de l'École des ponts et chaussées, ouverte en 1747 ; il est à l'origine de progrès

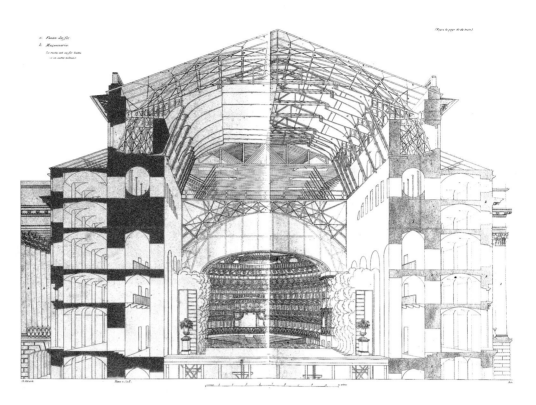

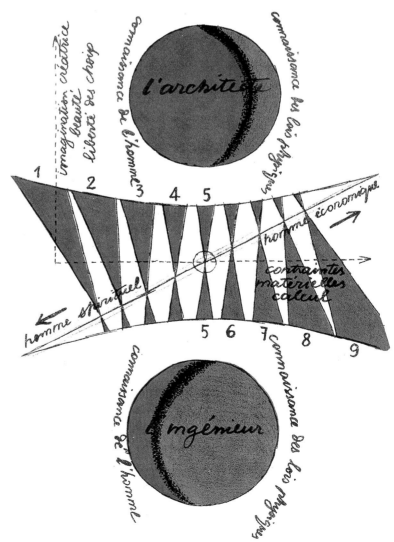

Architectes et ingénieurs.

Charles Eck, *Traité de l'application du fer*, 1841 (ci-dessus).

Partage de la maîtrise d'œuvre entre architecte et ingénieur. Schéma synthétique de Le Corbusier (ci-contre).

Architectes et ingénieurs.

Bassin des pingouins du zoo de Londres
(ci-dessus).

Garage du 51 rue de Ponthieu, Paris, 1905,
Auguste Perret, arch. (ci-contre).

majeurs réalisés dans la construction des ponts, leur économie et leur aspect extérieur. Vers la fin du XVIIIe siècle, les propriétés des matériaux commencent à faire l'objet d'études, d'essais et de théories structurelles, poursuivis notamment à l'École polytechnique.

En Grande-Bretagne, John Smeaton♦, qui se considère lui-même comme un ingénieur civil, a pour premier projet la construction du phare d'Eddystone♦ (terminé en 1759), pour lequel il utilise du ciment à la pouzzolane. Les expériences auxquelles il procède pour en vérifier la prise à l'eau se traduiront par la fabrication du ciment artificiel Portland, devenu aujourd'hui l'une des composantes essentielles des bâtiments du monde entier.

Si l'industrie sidérurgique jouit alors depuis longtemps du statut que lui confère son rôle de fournisseur de canons et de machines – pièces souvent dotées d'une superbe architecture –, la première utilisation de la fonte dans une structure a lieu en 1779 pour l'arche du pont de Coalbrookdale♦, dont la conception fait écho aux constructions traditionnelles en bois. Il faut attendre 1796, avec la construction du pont de Sunderland♦, pour que l'on sache exploiter tout le potentiel de la fonte – cette arche de 72 m enjambant la Wear a été obtenue par l'utilisation répétée, donc économique, de voussoirs. Thomas Telford♦ perfectionnera ce système dans de nombreux ponts en voûte ; en 1801, il est suffisamment sûr de lui pour proposer un pont en voûte d'une portée de 200 m au-dessus de la Tamise, à Londres. La fonte utilisée pour les poutres étant connue pour présenter des risques de rupture sous traction, on soumet généralement les différents éléments à des essais sous charge préalables.

À partir de la fin du XVIIIe siècle, les architectes utilisent les nouveaux matériaux que constituent alors la fonte et le ciment, avec deux objectifs principaux. Le premier est d'obtenir des constructions ignifugées – en particulier les bâtiments publics –, domaine qui relève encore de la responsabilité de l'architecte. Les dépôts de brevets se multiplient ainsi sur des systèmes de planchers ignifugés, qui font souvent appel à du béton non armé. Le deuxième enjeu est lié à l'utilisation de poutres en fonte, puis en fer forgé, pour construire des planchers de longue portée qui donnent à l'architecte une plus grande liberté de conception, mais l'obligent aussi, pour la première fois, à avoir recours à une assistance technique. Pour le British Museum (1824-1825), Sidney Smirke consulte

les forgerons Foster, Rastrick & Co. pour les armatures en fonte des planchers, qui couvrent une portée de 13 m. John Nash doit faire de même pour le palais de Buckingham (1825-1830), avec des solives de 11,50 m de portée. Ce système de consultation et d'échanges avec le fabricant s'est poursuivi jusqu'à ce que la structure évolue, passant de la poutre en appui unique sur des murs porteurs, dont la conception relève encore de l'architecte, à une armature rigide, conçue et dimensionnée cette fois par des ingénieurs.

En France, le fer forgé a toujours été préféré à la fonte pour les structures, et l'architecture française est riche d'innovations concernant des toitures de longue portée et des planchers ignifugés, comme en témoigne le *Traité de l'application du fer* de Charles Eck, publié en 1841. Henri Navier♦ met au point la première théorie exacte de la flexion des poutres en 1820, suivie en 1823 par des travaux sur la théorie et la réalisation des ponts suspendus. Des ingénieurs britanniques comme Isambard Kingdom Brunel♦ se montreront pourtant réticents à l'idée d'appliquer la théorie française à leur système d'essais sous charge.

Pour réaliser les tubes de 142 m qui confèrent au pont Britannia♦, construit en 1845, son immense portée, Robert Stephenson♦ adopte le fer forgé et recourt à des techniques issues de la construction navale et de la fabrication des chaudières. Plutôt qu'à des essais sous charge, il préfère procéder à des essais sur maquette et à des calculs structurels pour valider son étude. Par la suite, le fer forgé remplacera progressivement la fonte dans les structures soumises à des flexions, et un ingénieur spécialisé, seul à même de mener à bien les calculs, se verra confier la responsabilité de la sécurité de l'ouvrage. Les ingénieurs se mettent alors à proposer des structures qui se prêtent mieux au calcul, ce qui s'accompagne malheureusement d'un déclin en termes d'intuition et d'innovation dans les projets.

De nombreux architectes pensent que leur travail de conception se fonde sur les nouveaux matériaux et sur les techniques nouvelles. À peine le béton armé est-il introduit à la fin du XIXe siècle que Frank Lloyd Wright fait appel au béton armé brut pour le Unity Temple de Oak Park à Chicago (1903), tandis qu'à Paris, Auguste Perret apporte dans les toutes premières années du siècle la preuve du vaste potentiel architectural offert par ce matériau. Ce sont pourtant des ingénieurs, Robert

Maillart♦ et Eugène Freyssinet♦, tous deux directeurs d'entreprises sous-traitantes, qui, avec leurs projets de ponts et de bâtiments en béton, auront l'initiative de nouvelles formes structurelles à base de dalles planes et de coques – innovations d'ampleur par rapport à l'armature rigide, et qui élargiront radicalement l'éventail des options disponibles aux architectes. Les travaux de ces remarquables ingénieurs susciteront l'admiration des architectes du Mouvement moderne, tout comme les structures industrielles, silos et entrepôts, construites aux États-Unis.

Dans les années trente, apparaît en Grande-Bretagne une nouvelle génération d'ingénieurs intéressés par l'architecture et par une collaboration avec les architectes. Ove♦ Arup, alors directeur et ingénieur en chef de l'entreprise Kier, travaille avec Berthold Lubetkin sur de nombreux projets, à commencer par la résidence Highpoint à Londres et le bassin des pingouins du zoo de Londres. Felix Samuely♦, ingénieur-conseil et mathématicien brillant, véritable expert des structures en acier soudé, qui avait quitté Berlin pour s'installer à Londres, prend en charge l'analyse structurelle des rampes en forme de spirale du bassin des pingouins ; il est l'ingénieur du pavillon de Bexhill (1934), conçu par Erich Mendelsohn et Serge Chermayeff, premier bâtiment public en acier soudé construit en Grande-Bretagne. Sa vie durant, Samuely sera à l'origine de nombreuses innovations, faisant constamment appel aux technologies les plus récentes ; comme Arup, il encourage son équipe à prendre en considération les aspirations des architectes avec lesquels elle collabore.

Samuely et Arup, désormais ingénieurs-conseils, poursuivent une étroite collaboration avec les architectes pendant la période très stimulante de l'après-guerre. Samuely enseigne alors à la Architectural Association ; des ingénieurs des deux entreprises sont mis à contribution pour aider les étudiants dans leurs projets, ce qui les implique de fait dans des études plus conceptuelles. Dans son livre *Les Structures architecturales*, Eduardo Torroja♦ écrit : « Le processus de visualisation et de conception d'une structure est un art. À l'origine, il trouve sa motivation dans une expérience intérieure, une intuition. Il ne résulte jamais d'un raisonnement logique purement déductif. » La formation des architectes comprend la manière de concevoir les structures : ils étudient d'abord l'évolution des techniques structurelles dans l'histoire de l'architecture, pour se former ensuite aux techniques les plus récentes. L'ingénieur, quant à lui, n'apprend que la logique de l'analyse structurelle, car sa responsabilité vis-à-vis de la société consiste seulement à vérifier qu'une structure se comportera correctement et ne s'effondrera pas. Mais si une structure est conçue par l'ingénieur, comme c'est le cas en génie civil, il est clair qu'à l'instar de l'architecte il lui faut aussi assumer la responsabilité de l'esthétique de l'ouvrage, et donc avoir reçu préalablement une formation adéquate.

Si l'ingénieur étudiait l'histoire des techniques, notamment celles du passé récent, il percevrait clairement la place qu'il occupe dans le processus continu d'évolution des formes structurelles. La connaissance du passé permet de mieux aborder le présent et de prévoir l'avenir, qualités essentielles pour mener à bien une étude conceptuelle. L'ingénieur se persuaderait alors qu'une structure d'un coût minimal est rarement la plus appropriée, qu'une magnifique structure ne produit pas nécessairement une belle architecture, et que la solution la plus satisfaisante ne s'obtient qu'en étroite relation avec un architecte. En Grande-Bretagne, les relations entre artistes et scientifiques sont traditionnellement antagonistes – scission entretenue dès le système scolaire, mais qu'il faudra pourtant bien arriver à surmonter. La nouvelle génération d'ingénieurs engendrée par Arup et Samuely, en établissant des relations étroites et amicales avec les architectes, paraît y être parvenue. Ainsi Peter Rice♦, ingénieur à l'origine, ayant réalisé de très nombreux ouvrages dans le monde entier, a réussi à combler élégamment le fossé, et mérite donc pleinement son titre d'architecte-ingénieur.

L'histoire a connu des architectes-ingénieurs qui ont exercé dans les deux professions, comme Owen Williams♦. Formé initialement chez un entrepreneur pour lequel il travaillait, il devient consultant en béton armé avant de s'inscrire à l'Ordre des architectes pour concevoir librement ses propres projets en béton. L'usine qu'il construit en 1935 pour Boots, à Nottingham, avec ses dalles plates et ses murs-rideaux, suscite encore l'admiration. Pier Luigi Nervi♦ a également réalisé d'élégants dômes et arcs en ferrociment – une construction mince et légère en béton –, Felix Candela♦ a conçu des coques en forme de paraboloïde hyperbolique, Frei Otto♦ a été à l'origine de l'essor des structures tendues, Myron Goldsmith♦ a définiti-

vement marqué la conception des immeubles de grande hauteur, et les formes sculpturales novatrices des ponts de Santiago Calatrava♦ ont été littéralement plébiscitées.

Pourtant, la contribution la plus importante à l'ingénierie et à l'architecture est certainement due à Eugène Freyssinet, lorsqu'il met au point dans les années trente le concept de précontrainte – qui consiste à induire des contraintes dans une structure avant de l'exposer aux charges extérieures. Des câbles précontraints sont ainsi à même de supporter une compression, et le béton précomprimé d'endurer une traction – les structures pneumatiques gonflables ou les toitures haubanées sont fondées sur des précontraintes qui leur confèrent leur stabilité. Les formes structurelles ne sont donc pas tenues de suivre la nature, et l'architecte dispose désormais d'un éventail beaucoup plus large de conceptions possibles, qui sont d'ailleurs loin d'avoir été entièrement exploitées. L'analyse structurelle des formes complexes s'est trouvée grandement facilitée par le développement récent de l'informatique, et les résultats d'une telle analyse sont aujourd'hui obtenus beaucoup plus rapidement. Simple outil de vérification au départ, l'ordinateur est devenu un véritable assistant de conception. Il est désormais possible de développer des concepts structurels en obtenant immédiatement sur l'écran les schémas des contraintes et des déformations. On peut alors renforcer la structure là où c'est nécessaire, ou soulager des contraintes trop intenses. Pour l'architecte également, l'ordinateur est devenu un outil de

recherche conceptuelle, en particulier grâce à la large palette d'applications graphiques existantes et à l'imagerie virtuelle. L'établissement d'une relation spatiale entre des zones fonctionnelles et la possibilité de changer de couleurs ne sont que deux exemples du riche potentiel qu'offre l'informatique.

En conséquence, l'architecte et l'ingénieur ont aujourd'hui à collaborer au même programme informatique – ainsi que d'autres professionnels impliqués dans le processus de construction, comme l'ingénieur chargé des équipements mécaniques, l'acousticien, l'économiste et le maître d'ouvrage. Le travail de groupe abat les barrières intellectuelles et établit un respect mutuel qui ne peut que bénéficier à l'environnement ainsi instauré. **F. N.**

VOIR AUSSI **Bureaux d'études** ; **Esthétique de l'ingénieur** ; **Intuition structurelle** ; **Pensée technique** ; **Profession d'ingénieur**.

Artistes et ingénieurs

En 1921, Marcel Duchamp déclare qu'il n'est pas un artiste, mais un ingénieur – il révèle alors une ambition qui ne sera concrétisée que quatre décennies plus tard. Sa conversion commence dès 1912 au Salon de la locomotion aérienne de Paris, où il annonce, dit-on, à ses amis Constantin Brancusi et Fernand Léger : « C'est fini la peinture – qui fera mieux que cette hélice ? »

Ce n'est pas la première fois qu'un artiste se laisse séduire par le pouvoir de réalisation détenu par l'ingénieur. Bien avant Piranèse, les

Artistes et ingénieurs.
Claude Monet, *La Gare Saint-Lazare*, 1877.

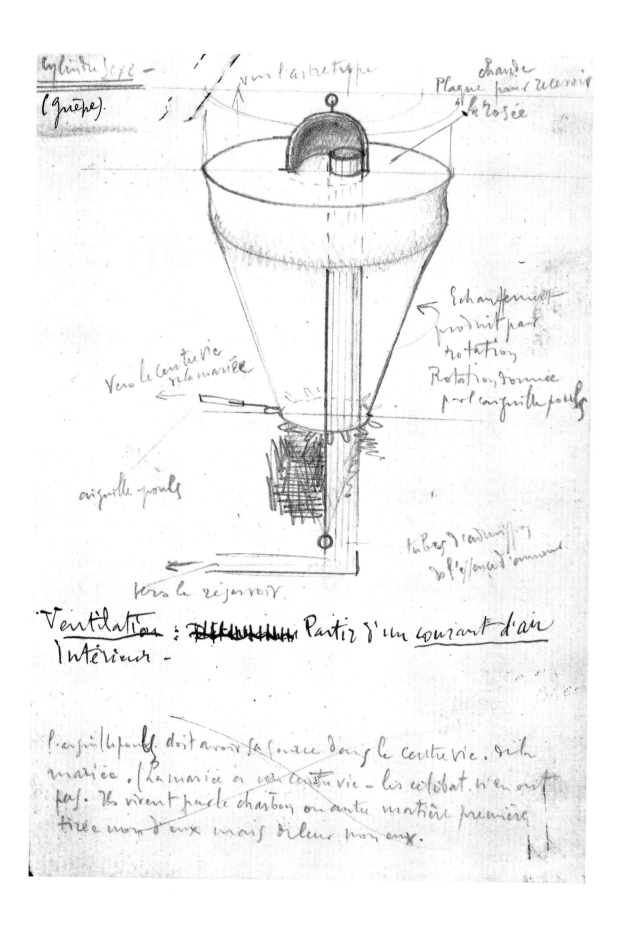

Marcel Duchamp, *La Mariée mise à nu par ses célibataires, même*, 1915-1923. Détail.

Robert Rauschenberg, *Oracle*, 1965.

artistes faisaient déjà référence au sublime des créations des ingénieurs. Mais vers la fin du XIXᵉ siècle, l'art des ingénieurs exerce sur les peintres une séduction sans appel, reflet à la fois de l'expansion de la révolution industrielle et des changements politiques et sociaux en cours. La série de tableaux de Monet qui représentent la gare Saint-Lazare♦ (1877), et les peintures de Turner *Rain, Steam and Speed* ou *The Great Western Railway* (1844) sont des chefs-d'œuvre dans le genre des paysages industriels, genre qui naît en Allemagne, aux États-Unis, en France et en Grande-Bretagne dans la seconde moitié du XIXᵉ siècle.

Ces peintures tendent à transposer en « icônes » le sublime de la technique, non à le célébrer – elles sont des illustrations, et non des représentations fonctionnelles du monde des ingénieurs. En ce premier âge de la Machine, les cheminées d'usines et les machines rutilantes d'acier constituent les plus forts symboles de l'impact croissant des ingénieurs sur la nature. Cependant, avec les orphistes, les cubofuturistes et les dadaïstes, le décor naturel disparaît de la peinture de cet univers mécanisé, engendrant une angoissante ambivalence. Robert Delaunay, dans ses nombreux tableaux de la tour Eiffel♦, ne la montre pas comme une élégante flèche s'élevant au-dessus des toits, mais plutôt comme une présence dominatrice, accablante même. Il ne met pas en évidence la stabilité ou la grâce de cette structure ; il la corrode de traits de lumière, de vibrantes couleurs et d'intenses prémonitions d'effondrement. Les dadaïstes de New York, parmi lesquels Duchamp et Francis Picabia, craignent et recherchent tout à la fois l'irruption de la machine dans le corps, créant des accouplements métalliques stériles (le *Grand Verre* de Duchamp, 1915-1923) ou des machines hermaphrodites inquiètes (les nombreuses *Voilà la fille née sans mère* de Picabia, à partir de 1917). Même si certains érudits ont tendance à minimiser le versant négatif du culte voué à la mécanisation par les futuristes italiens, le premier *Manifesto* de Filippo Marinetti témoigne cependant de ce malaise : le corps est dans l'automobile « comme un cadavre dans un cercueil », le volant « placé comme la lame d'une guillotine devant l'estomac », et le véhicule parcourt des ponts « qui brillent comme des lames de couteaux au soleil ». Il n'y a qu'un petit pas à franchir pour passer de cette peur évidente de démembrement à son contraire prophylactique, la complète mécanisation du corps humain que le fascisme semble promettre.

Fernand Léger, *Élément mécanique*, 1924.

En Allemagne aussi, les artistes hésitent entre ces deux pôles. Il y a des corrélations entre les images d'usines vides à donner le frisson de la nouvelle objectivité (*Neue Sachlichkeit*) et le productivisme optimiste du Bauhaus. Des individualistes tels que Hannah Höch intègrent les deux tendances, comme Duchamp et Picabia l'avaient fait (voir sa *Schöne Mädchen*, 1920), considérant le corps et son environnement comme un érotique agencement mécanique de pistons, d'ampoules, de chair, d'acier et de poil.

Apparemment épargnés par ces rêves et ces cauchemars, les États-Unis sont perçus comme une nation pragmatique à la pointe de l'ingénierie moderne – image que les Français Duchamp et Picabia ont d'ailleurs largement contribué à développer (voir la bougie dénudée de Picabia, la *Jeune Fille américaine* de 1915). En général, les peintres et les poètes américains éprouvent moins de gêne que les Européens vis-à-vis de leur « technophilie ». En 1868, Walt Whitman célébrait déjà « les ouvrages légers et robustes des ingénieurs » (*the strong light works of engineers*) ; vers les années 1920, les artistes américains comme immigrés semblent éprouver une véritable admiration pour l'environnement modelé par la technologie, comme en témoigne l'hommage à peine ironique rendu par Charles Demuth au silo à grain américain dans *My Egypt* (1927).

Il faut admettre que cette « séduction par l'acier » n'apporte guère de reconnaissance aux agents de ces systèmes et de ces structures – c'est-à-dire aux ingénieurs. Cependant, les années trente voient l'émergence de fortes et théâtrales personnalités, tels l'ancien ingénieur Raymond Loewy et le publiciste Norman Bel Geddes, qui affirment pouvoir « guérir » le malaise industriel de la grande dépression en attisant le désir du consommateur. S'auto-proclamant « ingénieurs en design », ils élaborent des prototypes et des critères à appliquer à la conception des bâtiments, des véhicules, des meubles, à la décoration, à l'électroménager, et même à la silhouette du corps humain, tous profilés dans le but de profiter d'un « effet Bernoulli » plutôt illusoire.

Après la Seconde Guerre mondiale, le tropisme des intellectuels à l'égard de l'ingénierie industrielle revêt une tout autre forme. Le taylorisme s'est certes préoccupé, plusieurs décennies auparavant, d'augmenter la productivité de l'homme, mais les années cinquante connaissent une accélération et une dispersion des techniques de management dans toute l'économie. Alors que l'art relevait jusqu'alors d'une conception purement iconique du monde de la machine, les créateurs se mettent à rechercher le « performant » (*performative*), ce que résume parfaitement la célèbre déclaration d'Andy Warhol, qui annonce en 1963 : « Je veux être machine », ouvrant de facto, avec ses collaborateurs, une *Factory* (usine), et produisant des séries d'objets identiques sur une véritable chaîne de montage. Ce nouvel accent mis sur le « performant » donne lieu à divers scénarios dont les protagonistes sont des personnages de l'entre-deux-guerres – Richard Buckminster Fuller♦, par exemple, dont la présence au collège expérimental de Black Mountain en Caroline du Nord amène le compositeur John Cage à modifier radicalement ses conceptions, ou des artistes tels que Robert Rauschenberg, Jasper Johns et Allan Kaprow, qui se mettent à penser l'espace, le temps et l'énergie selon une approche globale tout à fait inédite. Ces artistes, en retour, admirent l'« ingénieur » Duchamp (toujours présent quoiqu'ayant à peu près cessé toute activité), dont l'approche systématique des mécanismes du monde de l'art servira d'exemple ironique au groupe international Fluxus, initié en 1962 par George Macunias.

Si l'on excepte le pionnier vidéaste Nam June Paik, Fluxus entretient avec l'ingénierie des relations qui relèvent totalement du domaine de la performance : par la mise en application de procédures qui régentent de façon systématique l'activité humaine. Mais, plutôt que de porter sur des études du temps et du mouvement, sur des organigrammes d'usines ou sur des analyses de résistance des matériaux, l'« enregistrement » présente dans les événements (*events*) de Fluxus ne répond qu'à une intention minimale (selon John Cage) : faire le relevé des défauts présentés par des feuilles de papier ou des suites de chiffres figurant sur des rouleaux usagés de caisse enregistreuse.

Parallèlement à l'approche internationale (mais peut-être dépourvue de sens) des systèmes d'ingénierie faite par Fluxus, quelques artistes américains des années soixante font de sérieux efforts pour se mettre en prise plus étroite avec l'élite naissante des ingénieurs. De nombreux « ingénieurs » autodidactes, tels que Dan Flavin, Donald Judd, Robert Morris ou Robert Smithson, se sont appliqués individuellement à faire réaliser leurs projets de design par des sous-traitants du monde industriel. Sur la côte Est comme sur la côte Ouest, on assiste à la naissance d'initiatives plus organisées : les Experiments in Art and Technology (EAT) à New York et, un peu plus tard, le Art and Technology Project de Los Angeles. Utilisant la généreuse manne de profits engendrés par la *pax americana*, certaines compagnies se mettent à financer des visionnaires comme Rauschenberg, Billy Klüver (ingénieur des Bell Labs), Lucinda Childs (danseuse), Yvonne Rainer (réalisatrice) et John Cage, à qui ils procurent ingénieurs, usines et équipements. À son apogée, l'EAT compte 6 000 membres – autant d'artistes que d'ingénieurs – ; nombre de ses événements éphémères ont constitué de réelles innovations dans le domaine technique – pas toujours dans celui de l'esthétique.

Sur la côte Ouest, les relations de séduction qu'entretiennent l'art et la technologie industrielle aboutissent à la création d'objets plutôt qu'à des performances, en grande partie parce que cette union s'est faite à l'instigation du Los Angeles County Museum, qui souhaitait exposer les produits de cette rencontre. Les artistes de Los Angeles avaient déjà travaillé au Centre de l'industrie aérospatiale des États-Unis avec des industriels du plastique et des revêtements vitrifiés, produisant une forme spécifique de minimalisme, le *Fetish Finish* ; la collaboration avec les ingénieurs donne lieu à des résultats plus spectaculaires du côté des New-Yorkais : production de sacs à glace dansants (Claes Oldenburg/Disney), de scories en ébullition issues de l'industrie minière (Rauschenberg/ Teledyne), de fleurs imprimées en trois dimensions apparaissant entre des rideaux de pluie (Warhol/Cowles Communication). Aucun de ces travaux n'est conforme à l'image que donnent de la technologie les œuvres produites dans la première partie du XXᵉ siècle. Pour la première fois existe, de la part des artistes, une volonté générale d'*agir* comme des ingénieurs au lieu de se borner à décrire le monde qui est le leur.

En cette fin de millénaire, il est toujours des artistes qui convoitent le domaine de l'ingénieur ; parmi eux, le peintre Frank Stella, qui désire ardemment mettre en œuvre les projets qu'il a élaborés avec l'ingénieur structures Peter Rice♦. Les plus jeunes d'entre eux sont plutôt attirés par le *cyberspace*, et conçoivent des systèmes et des structures qui questionnent les limites de la technologie tout en les repoussant. Des personnalités telles que Laurie Anderson ou Perry Hoberman ne seront peut-être plus indiscutablement des « artistes », mais seront considérées comme les « ingénieurs » d'un nouvel environnement virtuel. Dans la mesure où leurs travaux questionnent le genre et la sexualité (Anderson), ou les fonctions sociales de la technique (Hoberman), ils se trouvent particulièrement habilités à reprendre le rôle que Duchamp avait créé au début de ce siècle. **C. A. J.**

VOIR AUSSI **Esthétique de l'ingénieur**.

Arts (pont des)

Paris, France, 1803.

Le pont des Arts, ainsi nommé en raison de sa position entre le Louvre et l'Institut, est le premier pont entièrement métallique construit en France, même si des projets ont déjà été dressés en ce sens au XVIIIᵉ siècle. L'usage de la fonte a été expérimenté dès 1779 au pont de Coalbrookdale◆ en Angleterre, et il s'est répandu rapidement en Grande-Bretagne, où ce matériau est produit à bon marché. Une trentaine d'ouvrages en fonte seront ainsi construits dans ce pays avant 1830, alors qu'en France on reste beaucoup plus circonspect.

Trois nouveaux ponts sur la Seine ont été concédés en 1801 à une compagnie privée, les travaux devant s'effectuer sous la direction des ingénieurs des Ponts et Chaussées. La compagnie retenue réalise comme prévu le premier ouvrage en bois. Mais, vraisemblablement sous l'impulsion de l'inspecteur général des Ponts et Chaussées Emiland Gauthey, qui a produit en 1800 un mémoire concluant à la compétitivité du fer face à la pierre, les deux ouvrages suivants seront construits en métal. En contrepartie, la compagnie obtient un prolongement de son droit d'exploitation de vingt-cinq à soixante ans. Il est également vraisemblable que Napoléon Bonaparte souhaite faire dans ce lieu prestigieux une démonstration de la capacité de l'industrie française à produire un ouvrage d'avant-garde.

La conception de l'ouvrage est confiée à Louis-Alexandre de Cessart◆, alors âgé de quatre-vingt-deux ans et doyen des inspecteurs généraux des Ponts et Chaussées, assisté de son élève Jacques Dillon. Le projet original comporte 11 arches en fer reposant sur des palées en charpente protégées par des brise-glaces. Chaque travée est composée de fers cintrés en arc de cercle, articulés à la clef sur des tourillons faisant office d'entretoises. Des arcs de recoupement assurent la liaison entre les arches successives. Les assemblages sont réalisés à base de queues d'aronde, de moises et de clavettes pour éviter tout percement dans le métal. La conception est simple et économique, proche de la technique de la charpente, bien appropriée à cette passerelle légère portant un tablier en bois horizontal. À la suite des observations du conseil des Ponts et Chaussées qui souhaite un projet « plus homogène », Cessart et Dillon remplacent les palées en bois par des colonnes en fonte, tout en réduisant le nombre d'arches à 9. Pour plus de sécurité, les piles sont finalement construites en pierre pour mieux résister aux glaces charriées en hiver par la Seine — ce qui quadruple le devis initial.

Le succès du pont des Arts est immédiat : soixante-quatre mille personnes l'empruntent le jour de son ouverture. Mais le parti architectural et l'usage du fer est critiqué, en particulier par Charles Percier et Pierre Fontaine, les architectes de confiance de Napoléon, si bien que celui-ci aurait déclaré en 1810 à propos du pont : « Je conçois qu'en Angleterre, où la pierre est rare, on emploie le fer pour les ponts d'une grande dimension… mais en France où tout abonde ! »

Le pont des Arts a été entièrement démoli en 1980 et reconstruit en acier, sensiblement à l'identique, mais avec une travée de moins. Le respect des formes initiales conserve cependant la mémoire de ce qui, sans être un véritable exploit technique, fut l'une des premières manifestations d'un nouvel art pontife. Deux arches témoins ont été démontées et préservées, dont l'une est exposée à Nogent-sur-Marne. **B. L.**

Le pont des Arts, dessin : élévation, plan et coupe (ci-contre) ; vue vers le palais de l'Institut (ci-dessus).

Ascenseur

Depuis les pyramides, et peut-être même avant, le transport vertical n'a cessé de stimuler l'imagination ; la chaise volante installée à Versailles pour la duchesse de Bourbon-Condé, fille de Louis XIV, en est l'un des exemples les plus célèbres.

L'ancêtre de l'ascenseur à proprement parler est un moyen de levage muni d'un parachute. L'inventeur de ce mode de transport est Elisha Graves Otis (1811-1861), mécanicien dans une usine de lits ; pour monter ceux-ci au premier étage, il imagine une plate-forme munie d'un dispositif de sécurité la bloquant sur les guides au cas où la corde viendrait à casser. Cela se passe au début des années 1850, à Yonkers, non loin de New York.

À l'Exposition universelle de 1853 à New York, Otis présente son invention de manière spectaculaire : s'installant lui-même sur la plate-forme, il donne l'ordre de couper la corde pendant la descente ; devant le public alarmé, les cliquets bloquent alors la plate-forme sur les crémaillères, et Otis salue : « Tout est en sécurité, messieurs. » Quelques années plus tard, il construira son premier ascenseur à vapeur, hissé par une corde enroulée autour d'un treuil mû par une machine à vapeur.

En 1858, en France, à la gare de Paris-Bercy, la compagnie du PLM a construit un monte-wagon à vapeur. Mais c'est l'« élévateur hydrostatique » de Félix Léon Edoux♦ qui fait sensation à Paris, lors de l'Exposition universelle de 1867 ; il y est baptisé « ascenseur ». La cabine, accueillant dix personnes, est propulsée au moyen d'un piston chassé de son cylindre par la pression de l'eau. Le système est simple, mais nécessite le forage d'un puits d'une profondeur égale à la hauteur que l'on veut atteindre.

En 1886, Victor Popp imagine de remplacer l'eau par de l'air comprimé insufflé dans le cylindre, ce qui permet de supprimer les puits. Il est lui-même producteur d'air comprimé, qu'il facture 0,09 F le m³ alors que le m³ d'eau coûte 0,32 F.

La tour Eiffel♦ a été l'occasion d'un bel exercice de levage ; les entreprises françaises, ne trouvant pas le moyen de monter les cabines du rez-de-chaussée au deuxième étage selon un plan incliné, laissent la place à la société Otis. Edoux met au point un système économique de cabines-contrepoids entre le deuxième et le troisième étage.

Mais déjà en 1880, les frères Siemens ont réalisé un ascenseur électrique dont le mécanisme se trouve sous la plate-forme, système bientôt abandonné. En 1889, la société Otis installe le premier ascenseur électrique américain chez Desmarest à New York, muni d'un treuil fixe, tel qu'on le fait depuis. Reste qu'en 1904 les magasins Vanamacker de New York commandent encore cent dix ascenseurs hydrauliques…

Après vingt ans de lutte, l'ascenseur électrique a conquis le marché, grâce aussi à trois inventions qui l'ont perfectionné : le système à voltage variable (1892), toujours utilisé pour amortir les démarrages et les arrêts, le moteur de traction à vitesse lente, dit sans engrenages, et la traction par adhérence, supprimant les tambours pour l'enroulement des câbles.

L'ascenseur aura modifié la hiérarchie des étages dans les immeubles, et surtout permis l'édification des tours et gratte-ciel. Les deux tours du World♦ Trade Center, construites en 1974 à New York, ont chacune 95 ascenseurs pour desservir leurs 110 étages… **B. M.**

Assainissement

L'assainissement constitue aujourd'hui l'un des domaines clés de l'ingénierie urbaine. Il ne s'est toutefois structuré que très progressivement sous sa forme moderne. Au début du XIXᵉ siècle encore, le terme d'assainissement renvoie avant tout à des préoccupations relatives à des terres humides situées dans les campagnes. Par la suite, le mot va s'appliquer à un ensemble de techniques concernant au premier chef la ville. On assiste, en effet, au milieu du XIXᵉ siècle, dans la plupart des grandes villes de l'Europe industrielle, à une refonte radicale des systèmes et des pratiques d'assainissement. Ce profond bouleversement est à mettre en relation avec l'évolution des mentalités et le développement, depuis la fin du XVIIIᵉ siècle, des principes hygiénistes. La nécessité d'assainir la ville, c'est-à-dire de la laver en profondeur, de la nettoyer dans ses moindres recoins, se fait plus impérieuse. Dans un premier temps, les espaces publics, notamment les rues et les centres des villes, sont particulièrement visés. Les effets dévastateurs des épidémies de choléra en milieu urbain viennent conforter les discours et accélérer la mise en place des nouveaux dispositifs d'assainissement. Les efforts faits, d'une part pour assurer la distribution de l'eau dans tous les quartiers et le nettoyage des rues, et

Ascenseur. E. G. Otis présente son invention au Crystal Palace en 1853 (ci-contre).

Assainissement. Les égouts de Paris. Photo de Nadar (ci-dessus).

d'autre part pour favoriser l'écoulement des eaux usées, rencontrent le souci d'améliorer la circulation des véhicules dans la ville.

Mais l'idée nouvelle qui remet véritablement en cause les pratiques anciennes et qui va guider le choix des techniques à adopter consiste à envisager la question de l'assainissement dans un dispositif général, planifié à l'échelle de la ville, dans lequel sont associées la distribution des eaux salubres et l'évacuation des eaux usées, pluviales et ménagères. Elle s'inscrit dans un contexte plus général de tentative d'organisation globale de la ville. Vont alors être confondus trois objets donnant lieu à des pratiques autrefois distinctes. En effet, jusqu'alors, l'approvisionnement de la ville en eau se fait par l'intermédiaire de bornes-fontaines et de porteurs d'eau. Les eaux de pluie, quant à elles, sont recueillies dans des canalisations souterraines anciennes, à moins qu'elles ne s'écoulent superficiellement, selon les pentes, jusqu'au fleuve ou autre réceptacle. Enfin, pour les excréments, des fosses d'aisance, régulièrement vidangées, sont aménagées sous les maisons. Parmi les différentes solutions techniques en concurrence, c'est la conception du réseau qui s'impose – c'est-à-dire celle d'un tuyau principal, auquel sont raccordés des tuyaux secondaires – pour la distribution comme pour l'évacuation des eaux. En 1857, des abaques indiquant les dimensions à donner aux tuyaux sont mises au point par l'ingénieur français Henri Darcy. Triomphe également le principe de l'adoption de galeries souterraines, cette mise en terre correspondant à la volonté d'enfouir ce que Victor Hugo appelle les intestins de la ville. Sous le Second Empire, les galeries souterraines parisiennes s'étendent à presque toutes les rues et se prolongent jusque sous les maisons. L'idée d'admettre à l'égout non seulement des liquides domestiques et pluviaux, mais aussi l'intégralité des rejets des fosses d'aisance, déjà mise en pratique à Londres, à Berlin ou à Bruxelles, est adoptée à Paris sur proposition de l'ingénieur Alfred Durand Claye à la fin du XIXᵉ siècle.

Pour épurer les eaux usées collectées par le réseau d'égouts, on a recours à l'épandage agricole, réalisé sur des terrains sableux convenablement drainés. Pour la ville de Paris, la surface des champs d'épandage s'étend dans les années 1910 sur près de 5 000 ha. On utilise également la solution des épurateurs chimiques, produisant d'un côté un liquide limpide et stérile, et de l'autre une boue, rejetée dans la mer, ou séchée et vendue comme engrais. Sur la suggestion du chimiste londonien William Dibben, des bactéries sont employées à partir de 1890. La première usine d'épuration entièrement biologique s'ouvre en 1914 à Manchester, et ce procédé gagne tous les pays occidentaux à compter de 1920. En France, le modèle parisien du « tout-à-l'égout » se diffuse dans les autres villes à la fin du XIXᵉ siècle, et son extension aux zones rurales se fait par l'application d'une circulaire établie sous l'autorité d'Albert Caquot♦ en 1949, qui en normalise les procédures de calcul et de construction. Avec le développement de l'urbanisation au début de notre siècle, c'est à l'échelle des agglomérations que les questions d'assainissement se règlent désormais. **N. M.**

VOIR AUSSI **Réseaux**.

Associations d'ingénieurs

Les premières associations d'ingénieurs sont anglaises. À la différence d'un pays comme la France, l'Angleterre du XVIIIᵉ siècle ne possède ni corps techniques de l'État, ni écoles spécialisées assurant la formation des futurs ingénieurs. En l'absence de ce type d'institutions, la profession d'ingénieur reste longtemps mal définie, composée d'individualités ayant peu de relations les unes avec les autres. C'est pour pallier les inconvénients engendrés par cette situation que certains de ses membres les plus en vue, à commencer par John Smeaton♦ et Robert Mylne, se réunissent pour la première fois en 1771 afin d'échanger des idées et des informations. La Society of Civil Engineers est née ; tout en conservant un caractère d'académie ou de club relativement élitiste, elle va contribuer à la définition du métier d'ingénieur à l'anglaise.

La fondation de l'Institution of Civil Engineers, en 1818, se révèle encore plus décisive. Plus ouverte que sa devancière immédiate, elle se veut un lieu de débat entre tous les ingénieurs, un lieu où s'élabore également une déontologie sans laquelle il ne saurait y avoir de profession, au sens anglo-saxon du terme. Présidée par Thomas Telford♦ de 1820 à 1834, reconnue rapidement d'utilité publique, elle comptera par la suite dans ses rangs la plupart des grands ingénieurs constructeurs anglais du XIXᵉ siècle.

Au cours de ses premières décennies d'existence, l'Institution of Civil Engineers couvre la plupart des domaines où trouvent à s'exercer des ingénieurs, du génie civil à la construction des machines. Avec la spécialisation croissante induite par la première révolution industrielle, la construction mécanique s'émancipe progressivement de la tutelle du génie civil. La fondation, en 1847, d'une Institution of Mechanical Engineers sur le modèle de l'Institution of Civil Engineers reflète cette évolution. D'autres associations professionnelles verront par la suite le jour, toujours sur le même modèle.

En France, où les corps de l'État dominent le paysage institutionnel jusque dans les années 1820-1830, le modèle associatif ne se diffuse véritablement qu'avec la multiplication des ingénieurs civils et la création des premières écoles s'adressant spécifiquement à eux, comme l'École centrale des arts et manufactures. En 1848, des centraliens fondent notamment la Société des ingénieurs civils de France, qui se veut la digne émule de l'Institution of Civil Engineers. Malgré un remarquable travail d'animation de la profession, la société ne parviendra jamais au même degré de reconnaissance que son homologue anglaise. Comme le confirmera la loi de 1934 sur la délivrance du titre d'ingénieur, la qualité d'ingénieur s'acquiert en France par la formation scolaire plutôt que par l'appartenance à des structures professionnelles, fussent-elles reconnues par l'État.

Aux États-Unis, le modèle associatif triomphe en revanche avec la création de l'American Society of Civil Engineers en 1852, qui sera suivie par la fondation de toute une série d'autres associations comme l'American Institute of Mining Engineers en 1871, l'American Society of Mechanical Engineering en 1880, l'American Institute of Electrical Engineers en 1884. Bien d'autres institutions du même genre vont apparaître par la suite, comme l'American Institute of Chemical Engineers, ou encore l'Institute of Radio Engineers. À ces associations regroupant des ingénieurs appartenant à un même secteur d'activité, s'ajoutent des organisations à vocation plus transversale, à l'instar de la Society for the Promotion of Engineering Education, fondée au début des années 1890, qui deviendra par la suite l'American Society for Engineering Education.

À côté de ces sociétés nationales, le XXᵉ siècle a vu la création de nombreuses associations internationales d'ingénieurs. Dans de nombreux pays, la vitalité des pratiques associatives contraste avec le faible taux de syndicalisation de la profession d'ingénieur. Ces pratiques, ainsi que l'absence de solidarités de type syndi-

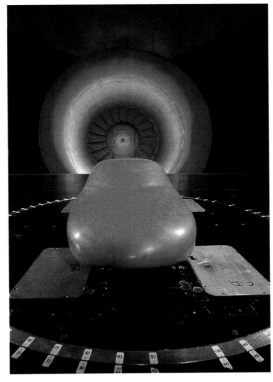

cal qu'elles viennent pallier, pourraient bien renvoyer au désir de la profession d'échapper au face-à-face entre capital et travail, patrons et employés, et de se définir par une compétence et une éthique comparables à celles des médecins ou des juristes plutôt que par une situation généralement salariée. Pour être utopique, fréquemment bafoué par les contraintes du marché de l'emploi, un tel désir n'en est pas moins constitutif de l'idéologie véhiculée par de nombreux ingénieurs. **A. P.**
VOIR AUSSI **Profession d'ingénieur.**

Automobile

Peu d'objets techniques auront autant marqué leur siècle que l'automobile. C'est qu'elle se situe au carrefour de tendances et d'aspirations souvent contradictoires. Produite en série, au cœur de dispositifs techniques tentaculaires – usines des constructeurs et des sous-traitants, réseaux d'approvisionnement en carburants, autoroutes –, elle incarne en même temps un désir de libération individuelle dont la littérature, le cinéma et la publicité du XXᵉ siècle se sont faits maintes fois l'écho. Pour peu qu'il échappe un moment aux embouteillages de la circulation, l'automobiliste redevient l'héritier du pèlerin médiéval ou du promeneur du XIXᵉ siècle, que leurs pas menaient à leur guise. Les ambiguïtés de l'automobile ne s'arrêtent pas là. Objet de réprobation pour les uns, qui lui reprochent pêle-mêle de gaspiller les ressources énergétiques de la planète et de mettre en péril l'environnement, de détruire les villes au nom de leur adaptation aux nécessités de la circulation, de favoriser enfin des comportements irresponsables et agressifs, elle suscite chez d'autres des défenses passionnées au nom de la liberté de déplacement, mais aussi de la technicité et du progrès. Une chose est sûre en tout cas : l'automobile est bien l'un des symboles clés du XXᵉ siècle. « Je crois que l'automobile est aujourd'hui l'équivalent assez exact des grandes cathédrales gothiques : je veux dire une grande création d'époque, conçue passionnément par des artistes inconnus, consommée dans son image, sinon dans son usage, par un peuple entier qui s'approprie en elle un objet parfaitement magique », écrivait Roland Barthes dans *Mythologies*. Si la magie a quelque peu souffert depuis des attaques répétées des environnementalistes et des défenseurs de la ville, de l'augmentation du prix des carburants et de la

congestion croissante des grands axes de circulation, l'engouement populaire ne s'est, quant à lui, pas encore démenti.

Issue de toute une série de réflexions et de réalisations menées dans les dernières décennies du XIXᵉ siècle – de l'invention du cycle à quatre temps par le Français Alphonse Beau de Rochas en 1862 au moteur léger à deux cylindres en V de l'Allemand Gottlieb Daimler en 1899 –, l'automobile demeure pourtant un objet rare et confidentiel au tournant du siècle. On ne dénombre guère qu'une voiture et demie pour mille habitants aux États-Unis, et une pour mille en France en 1902. À l'époque, les États-Unis et la France comptent pourtant parmi les principaux constructeurs automobiles. Produit cher, encore très artisanal, produit réservé à une élite, l'automobile n'en

contribue pas moins à l'essor de nouvelles pratiques comme le tourisme.

En Amérique puis en Europe, son industrialisation et sa diffusion à large échelle vont mettre en jeu des innovations qui ne seront plus seulement techniques mais aussi organisationnelles. C'est ainsi que le secteur automobile constitue l'un des premiers terrains d'application du taylorisme, tandis qu'Henry Ford en fait le paradigme de la production de masse avec son célèbre modèle T, construit à partir de 1908. Aujourd'hui encore, ce secteur joue un rôle crucial en matière d'organisation industrielle, qu'il s'agisse d'utiliser des techniques de flux tendus ou de réfléchir aux moyens de réinstaurer une certaine flexibilité des tâches.

Dans les années 1920-1930, l'automobile touche déjà de larges couches de la population en Amérique. Apparaissant progressivement comme une composante essentielle de la vie moderne, elle constitue l'un des éléments d'inspiration de Richard Buckminster Fuller♦. Avec ses lignes aérodynamiques en avance sur leur temps, la voiture Dymaxion♦ dessinée par ce dernier participe de ce projet de fluidifier la société, « *to streamline society* », qu'il expose dans ses premiers livres. Vers la même époque, un architecte comme Le Corbusier se montre sensible à la rigueur technique et organisationnelle dont elle est le fruit. Au nom de l'avènement du « standart », cette « nécessité d'ordre apporté dans le travail humain », une planche célèbre de *Vers une architecture* n'hésite pas à rapprocher le Parthénon de la Delage « Grand Sport ». À quelques exceptions près, les ingénieurs-constructeurs et les architectes n'entretiennent pourtant que peu de rapports directs

Automobile.
Villa Stein, 1926-1928, Le Corbusier, arch.

avec l'industrie automobile. La diffusion du nouveau moyen de transport génère toutefois des contraintes et des programmes inédits – contraintes liées à la vitesse et à l'importance des efforts tangentiels exercés sur les chaussées, qui vont conduire aux revêtements d'asphalte, programmes comme le garage ou la station-service. Les années 1920-1930 sont aussi marquées par la naissance des premières autoroutes, comme l'HAFRABA allemande reliant Hambourg, Francfort et Bâle ou la liaison Pittsburgh-Carlile aux États-Unis.

Après la Seconde Guerre mondiale, l'Europe rattrape assez rapidement le retard qu'elle avait pris sur les États-Unis en matière de diffusion de l'automobile. En France, par exemple, le nombre de voitures pour mille habitants est multiplié par six entre 1950 et 1970. La fascination exercée par le secteur automobile atteint alors son paroxysme. L'automobile constitue notamment la principale source d'inspiration des tentatives d'industrialisation de la construction qui battent leur plein. C'est dans cette perspective que Jean Prouvé♦ lui-même n'hésite pas à déclarer en 1971 : « un bâtiment est un objet à construire comme un autre ; il est seulement plus grand. […] Pourquoi alors ne pas le considérer comme un article totalement élaboré, fabriqué et mis en vente par d'importantes industries qui sont à créer ? » En retrait de ce genre de programme, les emprunts de Prouvé au monde de l'automobile se révéleront plus ponctuels et nuancés. Ce seront parfois des techniques comme la découpe et l'emboutissage des tôles, parfois des formes ou des ambiances. Jusqu'à aujourd'hui, rares auront été, en définitive, les collaborations directes entre ingénieurs spécialistes de génie civil et de construction et ingénieurs de l'automobile. Certaines d'entre elles, comme l'étude effectuée par Renzo Piano et Peter Rice♦ pour le compte de Fiat à la fin des années soixante-dix, se seront d'ailleurs soldées par des échecs.

Devenue un peu moins fascinante avec la remise en cause des schémas de pensée tayloriens, l'automobile continue néanmoins à évoluer, au croisement du progrès technique et de l'évolution des usages. Si les structures autoportantes des carrosseries ne constituent pas toujours des modèles transposables à la conception des ouvrages d'art et des bâtiments, l'automobile continue à faire partie intégrante du paysage de la technologie contemporaine. **A. P.**

VOIR AUSSI **Autoroute** ; **Industrialisation**.

Autoroute construite avant 1938, entre Mannheim et Sarrebruck, Allemagne (en haut).

Autoroute A40, viaduc de Sylans (en bas).

Autoroute

L'autoroute, « inventée » en 1909 (par un consortium allemand, l'Automobile Verkehrs und Ubungs Strasse), « expérimentée » peu d'années après (à Long Island, aux États-Unis), « caractérisée » en 1926 (à Milan, en Italie, lors du 5e Congrès de la route), est une fierté nationale dans bien des pays. Elle est autant un indice de santé économique que de compétence technique. C'est normal : à 25 millions de francs le kilomètre, et à raison d'un ouvrage d'art en moyenne par kilomètre, le phénomène autoroutier mobilise une formidable énergie – politique, financière, mécanique. La collectivité, qui associe croissance et mobilité, y trouve son bonheur. Car l'autoroute, c'est du travail pour les entreprises, de la fluidité pour le commerce et un espoir de désenclavement pour de nombreuses régions.

L'autoroute est-elle œuvre d'ingénieur ? Cela dépend. L'ingénieur déploie toute sa compétence dans un intervalle borné par la décision administrative (largement informée, il est vrai, par ses calculs et son diagnostic) et par l'activité de construction proprement dite – elle aussi mise en mouvement par l'autorité de l'ingénieur. Mettons entre parenthèses la maturation décisionnelle et la chorégraphie des bulldozers. L'autoroute, dans cet intervalle, se ramène essentiellement à la mise en œuvre du projet. C'est à ce moment, effectivement, qu'on la trace, qu'on la profile et qu'on la prescrit.

Tracé tout d'abord. Affaire de géographie humaine et de géographie physique, le facteur géologique demeure néanmoins prépondérant. La nature des sols commande celle des ouvrages d'art, alors que la variété des parcelles traversées (agricoles, urbanisées, paysagères) ne connaît qu'une loi : celle de l'expropriation. Première niveleuse en somme, la déclaration d'utilité publique (la DUP, coûteuse cependant : en France, la superficie autoroutière couvre en moyenne 8 ha/km, ce qui représente 30 à 40 parcelles appartenant à une vingtaine de propriétaires environ). La procédure dégage un sol qui s'offre désormais nu à la sagacité de l'ingénieur, lequel peut dessiner ses ponts, ses chaussées, ses accès, ses aires.

Seconde étape alors : le profil. On distingue le profil en long et le profil en travers. Là encore, tout est affaire d'économie. Sur le seul terrain, on recherchera par exemple l'équilibre entre le volume des déblais réutilisables et le volume des remblais nécessaires (la France, qui s'y exerce depuis l'époque de Vauban, préfère encore déplacer les terres que percer les collines ou planter des pilotis comme en Italie). On évalue les types d'ouvrage d'art, on optimise les pentes, les courbes (c'est le « guidage » paysager : de longues courbes sont préférées aux lignes droites pour éviter la monotonie et l'éblouissement la nuit). Au profil en long, spécialité ponts, s'oppose le profil en travers, spécialité chaussée. C'est en quelque sorte la substance de l'autoroute. Le problème clé est celui de la portance (aptitude à supporter les charges de la chaussée) et la méthode est celle des couches. Une coupe sur une chaussée d'autoroute ressemble à un millefeuille. Les couches alternent (variétés de sables, de graves, de liants), nappées par une pellicule de surface, objet de tous les soins de la recherche scientifique (objectif : un enrobé drainant, absorbant, insonore, clair, non réfléchissant, antidérapant).

Troisième moment, la prescription. En réalité, c'est la phase délicate et passionnante des passations de marché, des négociations, de l'organisation du travail. Le calcul se frotte aux méthodes. L'ingénieur passe la main à l'entrepreneur. C'est l'heure des bravoures, des performances. Un seul exemple, celui de l'autoroute A40, Mâcon-Genève, la passe de Sylans. Au sortir du tunnel de Chamoise, un viaduc spectaculaire porte la chaussée sur l'avers de la cluse de Nantua. Problème : le sol, trop fragile, refuse la tranchée à flanc. Au soutènement, on préfère l'ouvrage de versant qui épousera la motte, sans la déflorer. La difficulté est de réduire à la fois la fréquence des piles et la charge pesant sur leur fondation. La réponse est une innovation technique. Un système, dit à treillis tridimensionnel, allège le dispositif des voussoirs qui semblent alors faire flotter la chaussée, matérialisant une courbe de niveau délicatement décalée par rapport au mamelon. À 130 km/h, l'automobiliste perçoit-il la performance humaine et matérielle que représente la traînée de ce long ruban de 1 300 m qui se joue des reliefs et des sols ? Peu importe au fond, son ivresse et sa sécurité sont la récompense de ces labeurs. **C. S.**

VOIR AUSSI **Réseaux**.

Avignon (rotonde SNCF d')

Avignon, Vaucluse, France, 1946.

Conçue par Bernard Laffaille[♦], en collaboration avec le service des bâtiments de la SNCF dirigé par Paul Peirani, la rotonde pour locomotives à vapeur d'Avignon constitue la première réalisation d'une série de dix-neuf remises, bâties entre 1946 et 1952 selon les plans d'un prototype. Pour Laffaille, ces réalisations sont l'occasion d'appliquer à grande échelle ses idées en matière d'économie de la construction, de préfabrication lourde et de mécanisation des chantiers.

La configuration annulaire de l'édifice est dictée par le pont tournant occupant son centre.

Rotonde SNCF d'Avignon.

Exécutée en béton armé, la rotonde est couverte d'un voile mince supporté par trois séries concentriques de poteaux. Les trumeaux placés sur la haute façade extérieure présentent une section en V conférant à ces structures une grande résistance au flambement pour un faible cube de matière utilisé. Préfabriqués au sol, ils sont facilement mis en œuvre par des engins de levage. Outre ces « V Laffaille », la façade est constituée d'éléments standard préfabriqués : allèges, châssis de vitres, linteau et corniche.

Les performances fonctionnelles de la rotonde ont fait l'objet d'une attention particulière. L'étude scientifique de l'éclairage intérieur a déterminé la hauteur des façades et l'espacement des V. L'évacuation des fumées corrosives est assurée par des hottes suspendues au-dessus des cheminées des locomotives et débouchant au sommet de la façade extérieure par l'intermédiaire d'un « déflecteur statique » formant corniche. Sous l'action du vent, le déflecteur crée une zone de dépression qui permet l'aspiration naturelle des fumées. Des gaines placées à l'extrados de la voûte et connectées au déflecteur favorisent en outre l'évacuation des fumées résiduelles.

Conduite en un temps record (entre avril et décembre 1946), la réalisation de la rotonde d'Avignon se révélera particulièrement économique grâce à sa conception novatrice et aux méthodes les plus modernes déployées pour son exécution. Mais, plus que la performance économique et fonctionnelle du projet de Laffaille, c'est la pureté et l'harmonie de ses lignes qui en font l'une des plus belles réussites architecturales de la reconstruction française. **N. N.**

Avion

« L'avion est certainement, dans l'industrie moderne, un des produits de plus haute sélection. [...] Je me place, au point de vue de l'architecture, dans l'état d'esprit de l'inventeur d'avions », écrivait Le Corbusier dans *Vers une architecture*, avant d'ajouter que « la leçon de l'avion n'est pas tant dans les formes créées », un correctif qu'oublient parfois certains architectes contemporains, amateurs jusqu'à l'excès de formes profilées à la manière de fuselages ou d'ailes.

En amont de ces emprunts stylistiques plus ou moins heureux, l'aéronautique a pourtant constitué depuis ses origines une source féconde d'innovations structurelles. Les sollici-

Rotonde SNCF d'Avignon, détail de la couverture (en haut) ; l'intérieur en construction (en bas).

tations extrêmes auxquelles se trouvent soumis
les fuselages et les ailes d'avion ont fait par
exemple progresser l'étude des phénomènes de
torsion et de cisaillement. L'aéronautique a bien
sûr joué un rôle déterminant dans le développement des études de portance, de traînée et de
turbulence. De telles études ont influencé la
conception d'ouvrages contemporains comme
le pont suspendu sur la Severn♦, le Lien fixe du
Grand♦ Belt au Danemark ou des immeubles de
très grande hauteur comme ceux de Fazlur
Rahman Khan♦. Outre les leçons que l'on peut
retirer des contraintes auxquelles ils répondent,
les avions offrent enfin l'exemple de structures
à la fois complexes, résistantes et légères,
autant de qualités que recherchent assez systématiquement les ingénieurs d'aujourd'hui. En
matière d'aéronautique, cette quête simultanée
de la complexité, de la résistance et de la légèreté est toujours passée par l'expérimentation
sur les matériaux. C'est ainsi qu'après avoir
constitué l'un des domaines d'emploi privilégié
de l'aluminium, les avions font de plus en plus
appel aux matériaux composites, ces mêmes
matériaux dont les concepteurs de structures
commencent à explorer les possibilités.

L'ingénieur-constructeur ou l'architecte peuvent-
ils pour autant se couler « dans l'état d'esprit de
l'inventeur d'avions » ? Pour certains d'entre
eux, formés à l'école de l'aéronautique, tel
Vladimir Bodiansky♦, la réponse est sans
conteste positive. En règle générale, l'influence
de l'aéronautique pourrait bien emprunter
plutôt la voie de l'imaginaire. L'avion et les
vues qu'il autorise ont contribué, on le sait, au
processus d'autonomisation de la forme architecturale qui constitue l'un des traits saillants
du Mouvement moderne. N'en déplaise à
Le Corbusier, les lignes aérodynamiques qui
caractérisent les avions à partir des années
1920-1930 ont également constitué une source
d'inspiration pour les architectes en quête de
combinaisons géométriques neuves. De l'explosion des formes structurelles à la prolifération
des coques et des fuselages, les mêmes effets
pourraient bien s'être exercés sur l'ingénierie
du XXe siècle. Par dessus tout, l'avion demeure
un symbole de mobilité, cette mobilité qui ne
cesse de hanter les ingénieurs bâtisseurs, alors
même que leur métier consiste pour l'essentiel
à concevoir et à réaliser des installations
fixes. **A. P.**

Avion Concorde (en haut).

Avion hydrotricellulaire Caproni cité par Le Corbusier
dans *Vers une architecture* (en bas).

Béton armé. Salle des machines du journal *L'Intransigeant*, 1934-1935.

Bailey (pont)

1936.

La Jeep américaine et le pont Bailey constituent deux éléments majeurs de la victoire des Alliés dans la guerre au sol en Europe et en Extrême-Orient (1939-1945). Dès 1936, sir Donald Coleman Bailey (1901-1984) élabore les principes généraux de son pont, mais ne reçoit aucun soutien officiel. Le ministère anglais de la Guerre finance plusieurs types de ponts temporaires, jetant son dévolu sur une conception à base d'éléments tubulaires séparés, assemblés sur place par des broches. Après l'échec du pont tubulaire aux essais, le ministère de la Guerre commande une expérimentation en vraie grandeur du pont de Bailey dans les trois mois. Les essais donnant entière satisfaction, la production en série commence immédiatement. Utilisé pour la première fois en Tunisie, puis dans la campagne d'Italie, le pont servira sur tous les fronts au cours de la guerre. Comme toutes les bonnes inventions, il est simple dans son principe et se compose de panneaux rectangulaires en treillis d'acier soudé, de 3 m de long sur 1,50 m de large, facilement manipulables par six soldats. Avançant en porte-à-faux au-dessus d'une rivière ou d'un gouffre, le pont peut franchir 73 m sans pilier ni ponton. Quand l'armée allemande se retire en remontant la botte italienne et en faisant sauter les ponts, le pont Bailey permet aux forces alliées de la poursuivre de près. En 1947, près de 2 000 ponts Bailey ont été construits. Aujourd'hui, le pont Bailey continue à être utilisé comme échafaudage pour les réparations ou lorsque l'on a besoin d'un ouvrage temporaire en secours d'urgence. Faisant autorité pour ce qui concerne les alliages légers, l'acier soudé et l'impact des contraintes sur les structures, Bailey est nommé officier de l'Empire britannique en 1944 et anobli en 1946. **E. N. D.**

Montage d'un pont Bailey sur le Roer en Allemagne, 1945.

Voies express de Bangkok.

Ban (Shigeru)

Fukuoka, préfecture de Fukuoka, Japon, 1938.
L'ingénieur Shigeru Ban conçoit des structures
originales pour le compte d'une grande entreprise de construction japonaise. Travaillant de
manière créative avec des centres de recherche
de haut niveau équipés de puissants ordinateurs, il a obtenu des résultats particulièrement
probants dans le domaine des structures spatiales et des constructions de très grande hauteur. En matière de structure à membrane, il a
réalisé une structure à couverture hybride
composée de membranes tendues et d'arches
avec âme en tubes d'acier pour le Sky Dome
d'Akita♦, situé dans une région à fortes chutes
de neige. Pour ce dôme, il a utilisé des éléments
en tubes d'acier comme conduits, faisant de l'ensemble un système de circulation d'air chaud
efficace contre la neige. Le dôme d'Izumo
(Kajima Design, architecte, Masao Saitô♦, collaborateur pour la structure, 1992), dôme hybride
de 143 m de longueur et de 48 m de hauteur, est
composé de câbles en anneaux et de 36 arches
en rayons fabriquées en bois lamellé-collé. Les
36 arches ont été assemblées au sol et montées
par glissement en exerçant une pression vers un
même point central.

La conception de structures en bois pour de
grands espaces est également au centre des
intérêts de Ban depuis ces dernières années ;
son œuvre la plus réussie dans ce domaine est
sans nul doute la patinoire de Nagano, qui
accueillera les compétitions de patinage de
vitesse lors des prochains Jeux olympiques
d'hiver, en 1998. Couvrant un espace de
80 × 216 m, la structure, composée d'un assemblage de deux couches de bois lamellé-collé et
d'une plaque de métal de 12 mm, est continue,
suspendue et semi-flexible. 7 000 éléments
courbes en bois lamellé-collé, de 162,50 m de
rayon de courbure et de 10 m de longueur, ont
été fabriqués pour cette toiture. **N. O.**

Bangkok (voies express de)

Bangkok, Thaïlande, 1992 et 1995.
Pour faire passer Bangkok de son réseau
de chemins et de canaux à un maillage de
transport moderne et rapide, les autorités
thaïlandaises ont décidé de construire « sur »
la ville un réseau autoroutier à péage de
66 km. La réalisation est confiée à Kumagai
Gumi Ltd, et Jean Muller♦ International est
chargé de l'étude d'exécution et de l'assistance
technique.

L'exploit ici ne réside pas dans les portées, de
42 m en moyenne, mais dans la méthode de
construction qui a permis de réaliser 47 km
d'autoroute en ville entre juin 1990 et octobre
1992, suivis de 19 km livrés en février 1995. La
plus grande partie (1 575 travées, 770 000 km²)
a été édifiée avec des voussoirs préfabriqués.
Les travées sont isostatiques, donc aptes à supporter d'éventuels tassements, mais « attelées »
par une dalle offrant une surface continue. À
l'extrémité de chaque travée, des diaphragmes
reçoivent les ancrages des câbles de précontrainte placés dans le vide intérieur des
voussoirs. Ces voussoirs ont été mis en place
par des portiques de lancement, puis solidarisés
à joints secs, travée par travée.
20 500 voussoirs ont été nécessaires, chacun
d'eux ayant une hauteur de 2,40 m, une longueur moyenne de 3,40 m, et une largeur de
12,20 m à 15,60 m selon les sections. Pour pouvoir les fabriquer avec les courbes variables en
plan et en élévation, on a préféré la méthode

Bank of China Building : vue de la construction (ci-contre) ; l'ouvrage achevé (ci-dessus).

dite « en cellule », le chantier disponible étant en outre relativement restreint (200 000 m²). On a installé 32 moules pour les voussoirs courants et 14 pour les voussoirs de pile, alimentés par des tapis convoyeurs depuis deux centrales à béton d'une capacité de 80 m³/h, la production mensuelle atteignant 750 voussoirs.

La préfabrication de ces voussoirs a permis la réalisation du réseau dans un délai record et sans trop de gêne pour la circulation, un bon contrôle de la qualité, et une ligne visuellement agréable. **B. M.**

Bank of China Building

Hong-Kong, auj. République populaire de Chine, 1988.

La Bank of China de Hong-Kong, conçue par Ieoh Ming Pei Assoc., architectes, et LERA (Leslie E. Robertson Assoc.), ingénieurs, est à la date de sa construction le plus haut immeuble existant, exception faite de ceux qui ont été construits aux États-Unis. Elle comprend 70 niveaux (314 m) avec une surface de plancher de 133 800 m². La structure tridimensionnelle novatrice, dans laquelle tous les éléments, y compris les éléments obliques, supportent à la fois les charges du vent et de la gravité, a coûté 130 millions de dollars. Cette structure n'a requis que 13 800 t d'acier, soit 40 % de la quantité utilisée habituellement dans les structures de grande hauteur pour accepter 615 kg/m³ (soit deux fois la charge au sol et deux fois la charge de vent requises par les normes américaines, et quatre fois la charge sismique requise pour les immeubles de Los Angeles). Les charges sont transmises au sol par 4 colonnes d'angle composites en acier et béton, distantes de 52 m l'une de l'autre. De plus, deux caissons en tôle d'acier, revêtus à l'extérieur de béton armé, dépassent en porte-à-faux des fondations pour reprendre les surcharges de vent. Les planchers sont également de construction composite – planchers de béton armé sur poutres d'acier, d'une portée maximale de 17,80 m, soit une augmentation de 50 % par rapport à la pratique en vigueur aux États-Unis dans les bâtiments de grande hauteur. Les fondations reposent sur des caissons ancrés dans la roche. Les murs du sous-sol, de 11 m de profondeur, ont été réalisés en utilisant la méthode du coulis de ciment en tranchée. 40 900 m³ de béton ont été utilisés pour l'ensemble de la construction. **T. F. P.**

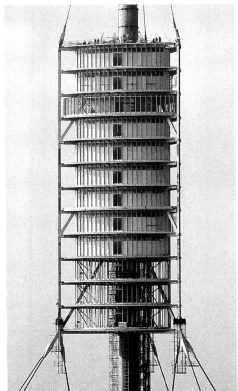

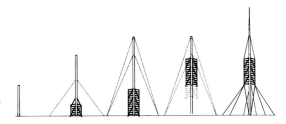

Tour de Barcelone, détails de structure et principe de montage.

Barcelone (tour de)

Barcelone, Catalogne, Espagne, 1992.

Accrochée comme un insecte à la côte barcelonaise de Collserola, cette tour constitue un repère important et établit un lien visuel entre le centre traditionnel de la ville et sa ceinture septentrionale montagneuse. Norman Foster & Partners, architectes, en collaboration avec Ove♦ Arup & Partners, ingénieurs, sont chargés de sa conception après le lancement par le maire, Pasqual Maragall, d'un concours restreint pour un « élément technologique ». L'édifice imaginé par Foster et Arup est une structure sobre et élégante de 205 m de haut, soutenue par une tige tubulaire de 4 m de diamètre formée en béton à coffrage glissant, et renforcée par 3 treillis d'acier fixés par des câbles d'acier tendus depuis le mât. Les treillis contreventent les 13 plates-formes de la tour, qui sont suspendues par groupes depuis la tige. Les 12 plates-formes inférieures abritent des équipements hyperfréquence et des installations de transmission radio, tandis que la treizième offre une vue panoramique. Les plates-formes, assemblées à partir de composants modulaires préfabriqués, ont la forme de triangles équilatéraux à côtés incurvés afin de minimiser la résistance au vent. La tour est conçue pour trouver une implantation naturelle et ne touche son site qu'en un nombre minimal de points. Des haubans en acier haute résistance prétendu, fixés aux angles des treillis par groupes de 3 et joints en tension à des ancrages fixés dans la roche, garantissent sa stabilité contre les fortes rafales de vent. La tour en acier et béton imaginée par Forster et Arup représente la contrepartie high-tech des tours de pierre réalisées de main d'homme pour la Sagrada Familia d'Antoni Gaudí (commencée en 1884). Elle constitue un superbe symbole de la deuxième renaissance de Barcelone et de sa foi dans l'avenir. **G. F.**

Barlow (William Henry)

Londres, Grande-Bretagne, 1812 – *id.*, 1902.

William Barlow est le fils de l'ingénieur et mathématicien Peter Barlow. Il reçoit une première formation professionnelle en travaillant sur le chantier naval d'État de Woolwich, formation qu'il complète aux Docks de Londres, sous la direction de l'ingénieur Henry Palmer. Il occupe son premier poste en Turquie, où il construit et équipe des bâtiments pour le service du matériel et des dépôts du gouvernement.

De retour en Angleterre en 1838, il embrasse une carrière d'ingénieur des chemins de fer, et travaille pour la compagnie du Midland Railway. En 1857, il s'établit à son compte à Londres, tout en continuant à offrir ses services à la même compagnie en tant que consultant. Sa réalisation de la ligne de chemin de fer du Midland, reliant Bedford à Londres, et sa conception de la gare Saint-Pancras♦ constituent ses œuvres les plus célèbres. L'importance significative que revêt Saint-Pancras n'est pas seulement due à son toit, d'une taille sans précédent, et réalisé en une seule portée, mais aussi à l'ingénierie d'ensemble d'une gare construite sur un emplacement aussi complexe.

Au cours de ses travaux sur les chemins de fer, Barlow fait la connaissance de Joseph Paxton♦, qu'il assistera pour les premières études du Crystal♦ Palace. En 1860, il participe à l'achèvement du pont suspendu de Clifton d'Isambard Kingdom Brunel♦, à Bristol. Après un voyage aux États-Unis en 1876, il devient un fervent partisan de l'utilisation de l'acier, et il contribue à l'instauration de normes destinées à l'ingénierie ferroviaire. Son intérêt pour l'ingénierie est vaste : il va de la théorie électronique à la conservation des cathédrales gothiques – celles de Lincoln et d'Ely notamment. Il est président de l'Institution of Civil Engineers de 1879 à 1880. **R. T.**

Barrages

En 1988, on recensait 36 226 barrages de plus de 15 m de hauteur dans le monde, dont près de 19 000 en Chine ; avant 1900, on n'en comptait que 1 000. Sans doute existaient-ils depuis très longtemps ; avec de la main-d'œuvre corvéable à merci, dresser d'épaisses murailles n'est pas très difficile. Il semble cependant que les Romains aient bâti des barrages en forme de voûte : les fondations du barrage de la vallée de la Baume, près de Saint-Rémy-de-Provence, en témoignent, de même que celles de plusieurs ouvrages en Turquie.

Cette technique se perd avec l'effondrement de l'Empire romain, tout du moins en Occident, car, au Japon, aux Indes, en Perse, on continue d'en édifier. Après les ravages de Gengis Khan au XIIe siècle, la dynastie mongole Ilkhan reconstruit la Perse : c'est ainsi que le plus ancien barrage actuellement connu est celui de

Kebar, à 160 km de Téhéran. Construit au XIIIe siècle, c'est un barrage-poids fait de pierres maçonnées au mortier de chaux, qui s'élève à 26 m sur une ligne légèrement incurvée.

Du monde arabe, la technique passe en Europe par l'Espagne, où plusieurs barrages sont érigés à partir du XIVe siècle (barrage d'Almansa en 1384). Il existe même un barrage-voûte de 23 m de hauteur à 20 km à l'ouest d'Alicante, construit en 1632. Il s'en trouve également un, de hauteur plus modeste, 5 m, à Ponte Alto près de Trente, dans le nord de l'Italie, datant de 1611. Cette région étant alors sous domination autrichienne, il est probable qu'il a été construit par des ingénieurs espagnols.

De l'Italie et de l'Autriche, la technique arrive en France grâce à François Zola, père du célèbre écrivain, injustement méconnu. Né à Venise en 1795, il est issu d'une famille d'officiers. À dix-neuf ans, il est lieutenant d'artillerie dans l'armée française – ce qui n'a pas dû lui faciliter l'obtention, en 1821, de la concession du premier chemin de fer européen, qu'il construit entre Lindz et Gmunden. Ensuite il voyage, s'installe à Marseille, fait un projet d'agrandissement du port, et devient le conseiller de Thiers pour les fortifications de Paris ; il imagine aussi une pelle à vapeur, ancêtre de notre pelle mécanique.

Lorsqu'en 1836 la ville d'Aix ouvre un concours pour des travaux destinés à augmenter les réserves d'eau de la cité, Zola est déjà un ingénieur réputé. Les Ponts et Chaussées de la circonscription proposent, à travers leur ingénieur, un canal dérivé du Verdon, long d'une centaine de kilomètres. Le projet de François Zola consiste en la construction de trois barrages dans les gorges de l'Infernet, à 7 km seulement de la ville, pouvant accumuler 35 millions de m³ d'eau.

Malgré l'appui du maire, le docteur Aude, il faudra près de sept ans pour que le projet de l'Administration soit éliminé. Le contrat est enfin signé le 19 avril 1843 : Zola cède la propriété du projet à la Ville, qui lui donne l'usufruit des ouvrages pour soixante-dix ans et en garde la nue-propriété. Reste à obtenir l'ordonnance royale et la déclaration d'utilité publique ; en dépit du soutien de Thiers, la mauvaise volonté de l'Administration fera traîner l'autorisation encore trois ans. La société enfin constituée, le premier coup de pioche est donné en janvier 1847. Mais toutes ces démarches ont usé Zola : à la suite d'un refroidissement sur le chantier, il meurt le 27 mars 1847 d'une pneumonie.

Zola mort, la société se désagrège et doit être mise en faillite. Mignon et Brunton rachètent les droits, fondent une nouvelle société en 1853, qui reprend et termine en 1854 les travaux du premier barrage : il sera le seul construit.

Bâti en maçonnerie ordinaire, ce barrage s'appuie sur les terrains calcaires durs des deux rives. La hauteur maximale de la retenue est de 36 m au-dessus du talweg. La longueur en crête est de 66 m. L'arc de courbure de la voûte est de 80 °, l'épaisseur en crête de 6 m, à la base de 10 m. C'est non seulement un bel ouvrage, toujours en excellent état, mais aussi le premier barrage conçu à partir d'une analyse des efforts qu'il doit supporter.

Il restera néanmoins ignoré des Ponts et Chaussées, qui persévèrent dans leur voie comme si le barrage Zola n'existait pas. Dix ans après celui-ci, le barrage du Gouffre d'Enfer, édifié près de Saint-Étienne par Émile Delocre, fera date, bien que sa base soit cinq fois plus épaisse. Ce type de barrage, à profil triangulaire, demeure classique pendant plus d'un demi-siècle, non seulement en France, mais aussi à l'étranger, où on le dénomme « barrage français ».

En Amérique, le barrage-voûte Jones Falls construit au Canada en 1831 n'aura, semble-t-il, aucune postérité. Mais les quarante années qui suivent l'édification, en 1901, du barrage d'Upper Otay (Californie) verront la réalisation d'une vingtaine de barrages.

En France, le premier barrage-voûte est construit à Brommat sur la Bromme, en 1932, par la Société générale d'entreprises pour la Société des forces motrices de la Truyère ; de hauteur modeste, 37 m, il a une longueur en crête de 106 m, et une épaisseur de 2 m en crête pour 8 m à la base. Il est suivi des premières réalisations d'André Coyne♦, qui deviendra l'un des spécialistes mondiaux en la matière.

On distingue deux grandes familles de barrages : les barrages souples, c'est-à-dire en remblai, qui peuvent être en terre, en enrochement, en gravier… (environ 30 000 dans le monde) ; les barrages rigides, autrefois en maçonnerie, aujourd'hui en béton (environ 6 000 dans le monde).

En grande partie pour des raisons qui tiennent au relief, les barrages construits en France sont plutôt rigides (145 en béton contre 80 en remblai), alors qu'aux États-Unis, par exemple, la tendance est inverse (240 en béton contre 4 215 en remblai).

Parmi les barrages rigides, on distingue : les

Barrage de Coolidge, Phoenix, Arizona, États-Unis, 1930.

barrages-poids, à profil triangulaire, dits aussi « français », tel Génissiat ; les barrages-voûtes, c'est-à-dire arc-boutés sur les flancs de la vallée pour leur transmettre les efforts provenant de la poussée de l'eau. Ce dernier type comprend diverses catégories : les barrages à voûtes minces (La Palisse, Tignes sur l'Isère [Savoie], Vouglans sur l'Ain [Jura], etc.), à voûtes épaisses, à paroi amont verticale (Grangent sur la Loire [Loire], Saint-Pierre Cognet sur le Drac [Isère], etc.), à contreforts, telle une partie de Roselend♦, à voûtes multiples (Grandval sur la Truyère, ou Daniel Johnson au Canada).

Mais, quel que soit leur type, on rappellera la réflexion d'André Coyne : « Un cadre vierge, souvent grandiose, une échelle vraiment monumentale, un parti que par la force des choses on ne peut s'empêcher d'affirmer. Là plus qu'ailleurs commande le vrai, et faute d'entrer humblement dans le jeu de la nature, de ses lois, de ses préférences parfois secrètes, voire de ses humeurs, faute pour tout dire de la comprendre et de l'aimer, le but immédiat, le simple objectif technique est déjà manqué. » **B. M.**

Baudin (Basile)

Châteauneuf-sur-Loire, Loiret, France, 1876 – id., 1948.

En 1905, Basile Baudin, dont le père était chef de travaux des Éts Arnodin, quitte son emploi de contremaître dans cette même entreprise pour prendre la direction de la construction de la modeste centrale électrique de Châteauneuf-sur-Loire, dont il assurera le fonctionnement jusqu'à sa mobilisation, en 1914.

À son retour, il fonde en 1919 la société des Éts Baudin & Cie avec Georges Imbault, Georges Arnodin et Étienne Thuillier. Il construit alors toutes sortes de bâtiments métalliques, notamment des hangars agricoles, avant de revenir sur le marché des ponts suspendus.

En 1932, une hémorragie cérébrale le contraint à céder la présidence de la société à Georges Imbault. **B. M.**

Bayonne (pont de)

Bayonne, New Jersey, États-Unis, 1931.

Le pont de Bayonne, autrefois appelé Kill van Kull, est une arche à tympan rigide, à double articulation, qui relie Bayonne, dans le New Jersey, à Staten Island, dans l'État de New York. Son tablier routier est suspendu à l'arche par

des suspentes en câble métallique. La puissante poussée de l'arche est absorbée par des culées de maçonnerie en béton massif et granit à demi enfouies dans le sol. Le pont comporte environ 2 000 m de viaducs d'accès.

Le pont de Bayonne est le seul des six grands ponts de l'agglomération new-yorkaise conçus par Othmar H. Ammann♦ à n'être pas suspendu ; à l'origine, un pont suspendu et un pont cantilever sont envisagés ; mais un pont cantilever aurait été trop coûteux et peu esthétique, et les conditions pédologiques du site ne permettent pas de supporter les fondations d'un pont suspendu ; elles se prêtent bien, en revanche, à un pont en arche. Ce dernier type a en outre l'avantage d'offrir une forme esthétique plus adaptée au paysage industriel environnant. Ammann conçoit donc un pont à arche d'une portée record, qui enjambe le canal séparant Staten Island du New Jersey en une courbe simple et harmonieuse.

Ammann avait collaboré avec Gustav Lindenthal à la conception d'un autre pont à arche marquant de New York, le pont du Hell Gate (1917). Il cherchera à adapter le caractère monumental du Hell Gate au pont de Bayonne, plus long et plus léger. Alors que l'arche en acier du Hell Gate repose sur des fondations massives en pierre qui surélèvent le pont tout en en absorbant la poussée, l'arche du pont de Bayonne repose presque au niveau du sol. Pour lui donner un aspect plus monumental, Ammann et l'architecte Cass Gilbert prévoient une culée de pierres ornementale, destinée à s'élever du sol jusqu'au tablier routier. Mais cette culée ne sera jamais réalisée, de même que la maçonnerie prévue pour les pylônes du pont George♦ Washington. Les pylônes de béton jumelés qui supportent le pont illustrent le parti, souhaité par Ammann, d'une maçonnerie massive et bien proportionnée. Ces pylônes ont un noyau creux qui les élargit et les fait paraître plus robustes – Ammann estime qu'un pont ne doit pas seulement être solide, mais qu'il doit aussi le paraître.

On construit habituellement un pont à arche au moyen d'un coffrage autoporteur, qui supporte toute la travée pendant la durée des travaux. Il n'était pas question, en l'occurrence, d'empêcher le trafic du canal navigable franchi par le pont de Bayonne – ce qu'aurait fait un coffrage. On choisit donc de construire l'arche au moyen de segments préfabriqués montés en porte-à-faux, un segment après l'autre, jusqu'à la fermeture de l'arche à mi-portée. **D. R.**

Bell (Alexander Graham)

Édimbourg, Écosse, Grande-Bretagne, 1847 – Baddeck, Canada, 1922.

Connu comme l'inventeur du téléphone en 1877, le physicien Alexander Graham Bell conçoit dès 1902 une poutre tridimensionnelle composée d'éléments tétraédriques – alors qu'aux structures spatiales l'on associe généralement les recherches menées dans les années trente et quarante par Konrad Wachsmann♦ ou Richard Buckminster Fuller♦. L'utilisation de la structure tétraédrique est issue des expérimentations que Bell a effectuées sur les machines volantes. Conscient que son invention peut s'appliquer à l'architecture, il la met surtout, dans un premier temps, au service de la fabrication de cerfs-volants géants, à la fois légers et résistants au vent. Il comprend d'abord l'intérêt et l'efficacité que présentent des structures triangulaires assemblées, prismes constitués de deux faces triangulaires et de trois faces rectangulaires ; puis il cherche à obtenir une plus grande envergure alliant force et légèreté. Pour améliorer le rapport entre poids et surface, Bell adopte alors le tétraèdre, solide constitué de quatre faces triangulaires susceptibles d'être adaptées à la construction modulaire. Il dépose en 1904 un brevet d'invention pour le principe de la construction tétraédrique et pour les nœuds d'assemblage.

En 1906, aidé du jeune ingénieur-inventeur Casey Baldwin, il construit une tour d'observation en treillis d'une vingtaine de mètres de haut à partir d'éléments tétraédriques réalisés en tube de métal galvanisé, entièrement montée avant son érection. Inaugurée en 1907, elle fait l'objet d'articles scientifiques dans la revue *The Scientific American* et de photographies publiées dans *The National Geographic*. **C. M.**

Bercy-Arrivages (halles de)

Paris, France, 1910.

Les halles de Bercy-Arrivages ont été construites par Simon Boussiron♦ en 1910 à l'emplacement actuel des messageries (rue du Charolais, à Paris, dans le XIIe arrondissement). Ce sont les premières voûtes en voile mince réalisées en France et, probablement, dans le monde. À l'époque, elles sont passées inaperçues car, contrairement aux autres réalisations importantes de Boussiron, elles n'ont pas fait l'objet d'une publication.

Ces voûtes participent de la logique construc-

Pont de Bayonne : deux vues du chantier (en haut) ; l'ouvrage terminé (en bas).

Halles de Bercy-Arrivages.

tive de la couverture du canal Saint-Martin, dont Boussiron avait gagné le concours, lancé par Augustin Mesnager, en octobre 1906 ; pour couvrir les 28 m de la tranchée, il avait proposé une voûte à 3 articulations en béton armé, dont il venait de déposer le brevet. Les travaux avaient été exécutés d'avril 1907 à décembre 1908 sur une longueur de 250 m, avec 3 cintres métalliques démontables.

À Bercy, les 5 halles n'ont que 10 m de portée ; pour leur donner de la clarté, Boussiron a l'idée de couper les voûtes aux deux tiers de leur longueur pour y placer un lanterneau vitré de 4 m de largeur. Les deux segments des voûtes, portées par une file de poteaux, sont reliés ponctuellement par des bandeaux qui passent sous le lanterneau et le supportent. Au droit des bandeaux, des tirants placés à l'extérieur, sur le toit, tiennent, sur toute la longueur des halles, un auvent extérieur en porte-à-faux et de même épaisseur que les voiles paraboliques : 8 cm.

Peu après la date d'achèvement de l'ouvrage, en 1912, Boussiron construira sur le même dessin des halles à La Garenne-Bezons, de 30 m de portée. **B. M.**

Berger (Horst)

> Heidelberg, auj. dans le Bade Wurtemberg, Allemagne, 1928.

Horst Berger est connu pour l'esprit d'innovation qui caractérise ses structures tendues. On lui doit plus de quarante réalisations marquantes, parmi lesquelles figurent notamment les toitures réalisées pour l'aéroport international de Denver (1994), le Convention Center de San Diego (1989), la place du Canada à Vancouver (1985), le Mitchell Performing Arts Center près de Houston (1990), le stade du roi Fahd à Riyad (1985), record mondial de portée, et le terminal Haj de l'aéroport de Djeddah♦ (1981), la plus grande toiture au monde.

Né en Allemagne, c'est dans son pays et aux États-Unis qu'il étudie l'ingénierie, l'architecture et les sciences sociales pour obtenir un diplôme d'ingénieur en génie civil de l'université de Stuttgart. D'abord employé par Wayss♦ & Freytag AG à Francfort, il conçoit des ponts et des coques en béton. Après deux années en Iran, il s'installe à New York et rejoint Severud Associates, les pionniers des toitures tendues. C'est avec eux qu'il participe à la conception de l'Arche de Saint Louis et du Madison Square Garden alors qu'il est chargé, au sein du bureau, des dômes en béton, des toitures haubanées et de toutes les autres structures de longue portée et de grande élévation.

Cofondateur en 1968 de Geiger Berger Associates, qui introduiront les structures en tissu dans la construction d'édifices permanents, il forme ensuite Horst Berger & Partners en 1983. Il est aujourd'hui affilié à Light Structures/Horst Berger, où il se consacre à de grands projets en structures tendues. Il est depuis 1990 professeur à l'École d'architecture de New York.

En tant que concepteur et enseignant, son principal objectif est d'intégrer l'art et la technique, afin d'offrir un espace aux activités humaines, sans pour autant violer l'environnement naturel et piller ses ressources. **C. M.**

Berwick (pont de)
voir **Union Bridge**

Béton (origines du)

Selon le point de vue choisi – historique, physique, technologique – le béton connaît plusieurs « origines ». Historiquement (chronologiquement), son apparition est indatable. D'où les Romains le tenaient-ils ? Les Phéniciens leur auraient transmis l'idée de calciner la pierre calcaire pour obtenir de la chaux (« calciner », « calcaire », « chaux » : une même étymologie, une même origine ?). Le produit obtenu au terme de la calcination, une pâte blanche foisonnante, une fois « éteint » (noyé d'eau), puis mélangé avec la cendre volcanique de Pozzuoli, un village près de Naples, donnait alors les meilleurs ciments. La qualité de la pouzzolane ne se dément d'ailleurs pas jusqu'au XIXe siècle, où on l'utilise encore en masse. Le mélange, augmenté de sable et de recoupe de caillasse, dosé d'eau, donne le béton. Historiquement donc, le béton est d'abord romain.

Voici également son origine physique : une composition de ciment, de sable, de cailloux, durcie par un bienfait chimique que l'on ne décrira véritablement qu'à la fin du XIXe siècle. La cause du durcissement est en effet demeurée mystérieuse jusqu'à ce que l'on soit capable de modéliser une réaction complexe faisant intervenir un principe de carbonatation (décrit par Alphonse-Victor Collet-Descotils en 1813) et un principe de microcristallisation (observé par Henry Le Chatelier en 1884).

Quant à l'origine « technologique », que signifie-t-elle ? C'est l'histoire de l'idée – ou du besoin – de construire en béton. Dans ce sens de manipulation technique, le béton traverse plusieurs périodes significatives. Les Romains, avons-nous dit, exploitent massivement cette technique qui s'accorde si bien avec leur art de bâtir : ouvrages épais, architecture d'importation et d'exportation réalisée par des armées de manœuvres. Puis l'Occident oubliera le procédé, trouvant dans la taille de la pierre – la stéréotomie – une judicieuse compensation constructive. La solidité alors se passe de ciment. Sa (re)découverte, au milieu du XVIIIe siècle, s'inscrit dans un cadre productif assez particulier. La dureté du béton romain est assimilée à un « secret » que l'on tente de percer. Aiguisant d'abord la curiosité des premiers archéologues, il fait bientôt office de modèle tout au long du siècle des Lumières. Il devient étalon dans l'appréciation de la ténacité des mortiers, et les « mécaniciens » de l'époque expérimentent toutes sortes de méthodes convenant à son imitation. Ils sont un peu chimistes, un peu ingénieurs, un peu constructeurs ; ils se nomment Antoine Joseph Loriot, Jean-Élie Lériget de la Faye, Louis-Bernard Guyton de Morveau, Fleuret. Les techniques concernent essentiellement les méthodes d'extinction. On pense en effet que la qualité de la

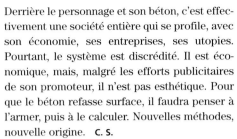

Béton (origines du). Hangars à Trieste, intérieur, Wayss & Freitag AG, constructeur.

chaux (notamment son hydraulicité, c'est-à-dire sa faculté à faire durcir les mortiers sous l'eau), variable selon les qualités de pierre, est compensable par une manipulation adéquate au moment de la métamorphose de la pâte. Ce qui motive ces recettes, jusqu'à ce que Louis-Joseph Vicat♦ produise enfin une formule vérifiable (en 1818), c'est initialement le désir de fabriquer de la « pierre factice », autrement dit de s'affranchir de corporations exigeantes : carriers, tailleurs de pierre, appareilleurs. Mais les métiers résistent longtemps, et le béton ne sert guère qu'à fonder les piles de pont ou à tapisser les canaux. Ce qui, quantitativement, n'est quand même pas négligeable. On l'oublierait presque, et il faudra qu'un troisième moment justifie d'un renouveau dans son appellation d'origine. C'est la période récente des années cinquante, alors que le terme même de béton devient synonyme d'outrance constructive. On « bétonne » à tout-va : la banlieue, la côte, la montagne. L'innovation touche alors essentiellement les méthodes de chantier. Les architectes, les promoteurs, les pouvoirs publics, les ingénieurs ont, semble-t-il, redécouvert cette manne particulière. La cimenterie devient l'un des fleurons de l'industrie moderne.

À présent, observons le béton du point de vue de son développement constructif. Ce matériau, trois ou quatre fois réinventé, convient-il à une architecture particulière ou à un style constructif identifiable ? Les Romains l'utilisent dans la masse, dans l'épaisseur de leurs murs ou de leurs voûtes ; les ingénieurs du XIXᵉ siècle s'en servent essentiellement pour fonder leurs ouvrages ou pour créer des jetées portuaires ; les constructeurs du XXᵉ siècle en font le matériau quasi incontournable de leurs œuvres. Pour mieux comprendre ce destin constructif en dents de scie, il faut évidemment corréler matériau, technique, et production. Car le béton n'est jamais que cette conjonction d'un substrat physique, d'un savoir-faire et d'un environnement économique qui le commande. Le béton est un artifice. Peu sophistiqué en réalité (au départ : de la chaux, du sable, des cailloux), c'est dans sa manipulation et son efficacité économique qu'il trouve une originalité constructive. Son histoire se confond avec celle des sociétés qui en font la promotion.

Observons à ce titre le parcours de François Coignet♦. Il « invente » un béton, dit « aggloméré », breveté en 1855. Le matériau, un mortier mélangé de cendre de houille, emprunte sa technologie à la construction en terre (le pisé). Le manufacturier préconise un pilonnage quasiment à sec, gage, selon lui, de la ténacité du produit. Il déploie en réalité toute son énergie dans une infatigable offensive commerciale. Le problème est en effet de créer le débouché de son béton, en d'autres termes d'assurer l'originalité de son usage. Il se disperse sur tous les fronts : traverses de chemin de fer, jetées portuaires, aqueducs, constructions diverses, équipements de jardin, éléments décoratifs. Il dépose brevet sur brevet, édite des plaquettes, rédige un traité, invite Napoléon III à ses expériences.

Derrière le personnage et son béton, c'est effectivement une société entière qui se profile, avec son économie, ses entreprises, ses utopies. Pourtant, le système est discrédité. Il est économique, mais, malgré les efforts publicitaires de son promoteur, il n'est pas esthétique. Pour que le béton refasse surface, il faudra penser à l'armer, puis à le calculer. Nouvelles méthodes, nouvelle origine. **C. S.**

VOIR AUSSI **Béton armé** ; **Ciment** ; **Coffrage** ; **Construction en béton armé.**

Béton armé

Un bloc de béton est assimilable à une pierre. Comme elle, il est capable de supporter de très fortes charges. Mais s'il possède cette remarquable aptitude à résister aux efforts de compression, sa résistance à la traction, comme celle de la pierre, est très limitée.

La valeur et les directions des tensions de rupture sont prévisibles par le dessin et par le calcul ; il est possible de compenser les efforts destructeurs de ces tensions en installant, là où il le faut dans la matière, des pièces réalisées dans un matériau résistant bien à la traction. C'est le cas du fer et de l'acier qui servent depuis longtemps (coques byzantines, architecture gothique) dans les constructions en maçonnerie à la réalisation d'éléments de liaison (chaînage et ancrage des édifices, tirants de voûtes). L'union du béton et de l'acier, outre qu'elle permet la mise en commun des caractéristiques spécifiques des deux matériaux, bénéficie des avantages liés à leurs propriétés physiques respectives. Béton et acier ont des coefficients de dilatation équivalents à des températures d'utilisation normales. De plus, le béton adhère remarquablement bien à l'acier et protège efficacement l'armature contre l'oxydation.

Le béton armé a permis des constructions d'autant plus audacieuses qu'au fil des années les méthodes de calcul et les techniques de mise en œuvre se sont considérablement améliorées. Le principe de l'armature en barres d'acier a néanmoins été utilisé dès l'origine : Joseph-Louis Lambot réalise en 1848 une barque devenue fameuse ; en 1849, Joseph Monier♦ construit ses premiers bacs à fleurs (utilisant comme la barque de Lambot une armature en grillage) ; en 1852, François Coignet♦ édifie le premier immeuble à structure en fers profilés noyée dans du béton. Ces innovations reposent certes sur beaucoup d'empirisme, mais aussi sur une croyance certaine en l'avenir du « fer et

Béton (origines du). Four à chaux en Autriche.

Béton armé. Banque de France, plancher de la salle des machines, Paris, 1920.

ciment ». Preuve en est le dépôt par tous ces pionniers, Lambot en tête, des brevets qui vont fonder l'ère du béton armé.

Poussant jusqu'au bout sa réflexion (jalonnée entre 1867 et 1880 par des dépôts successifs de brevets – en particulier celui de 1873 sur les ponts et passerelles et celui de 1878 sur les poutres), Monier parvient à préciser le rôle joué par les « fers » et la manière de les placer dans la masse de béton.

Une poutre armée de barres longitudinales dans la partie soumise à la traction peut résister à des efforts de flexion, mais résiste mal aux efforts tranchants qui se manifestent aux points d'appui ou aux encastrements. Elle résistera mal également aux surpressions auxquelles peuvent être soumises les zones comprimées. Il convient donc de donner aux barres longitudinales des formes tenant compte des directions des efforts, mais également de leur adjoindre des armatures transversales sous forme de cadres, d'étriers ou d'épingles. En ce qui concerne les poteaux, les charges déséquilibrées provoquent des efforts de flexion qui nécessitent la présence d'armatures longitudinales. Mais la compression qui entraîne leur flambement ainsi que le gonflement et l'éclatement du béton exige là encore des armatures transversales qui tiennent lieu de frettes.

François Hennebique♦ qui, en 1880, a construit la première dalle armée de fers ronds, dépose en 1892 le brevet d'une poutre comportant des étriers. À la fois ingénieur et entrepreneur créant des filiales dans de nombreux pays, Hennebique est indiscutablement celui qui a donné au béton armé son véritable essor. Simultanément, des chercheurs tels les Français Armand Considère♦ et Charles Rabut♦, le Belge Paul Christophe, le Suisse Wilhelm Ritter, mettent au point les méthodes de calcul qui assurent une véritable maîtrise du matériau.

Pouvant être moulé in situ dans des coffrages en bois ou en métal – dans lesquels ont été préalablement installés les ferraillages –, le béton armé nécessite la mise en œuvre d'éléments de coffrage de charpentes en bois ou en acier parfois très sophistiqués, constituant à eux seuls de véritables ouvrages d'art provisoires. C'est en particulier le cas des cintres permettant le moulage des arcs de grande portée. Certains systèmes d'échafaudages démontables, conçus à partir d'éléments tubulaires et de nœuds d'assemblage, ont été étudiés pour se prêter à tous les types de construction.

Dans le domaine du bâtiment, l'utilisation des banches (panneaux de coffrage permettant des montages et démontages successifs) et du chemin de grue conduit à la systématisation et, par voie de conséquence, à la monotonie des « barres » de logements dont la justification tient à l'obligation, après la Seconde Guerre mondiale, de construire rapidement dans les pays sinistrés. On retrouvera dans la prolifération des tours qui marque les années soixante cette monotonie et cette systématisation, prolifération rendue possible par l'emploi de systèmes de coffrage coulissant verticalement. Simultanément, les procédés de préfabrication en usine – déjà exploités par Edmond Coignet♦ en 1891 – connaissent un remarquable essor. De la « préfabrication lourde » répétitive et massive de la fin des années quarante, on passe dans les années soixante-dix aux « systèmes constructifs » qui deviennent de véritables jeux de construction.

Parallèlement, se posent avec une acuité accrue les questions d'efficacité et de coût d'installation des armatures. Concernant l'efficacité, il est bien évident que les déformations élastiques auxquelles l'acier peut se prêter ne sont guère compatibles avec l'indéformabilité et la faible résistance à la traction du béton, ce qui entraîne des fissurations. La précontrainte des éléments d'acier apporte une solution. Imaginée en 1888 par C.E.W. Doehring, elle trouve en 1928 son théoricien et applicateur en la personne d'Eugène Freyssinet♦. En ce qui concerne l'économie, les recherches qui sont poursuivies depuis les dernières décennies tendent à la suppression du ferraillage au bénéfice d'une résistance à la traction du béton lui-même. On imagine ainsi, faisant écho au renforcement des matériaux de synthèse, d'incorporer dans la masse du béton des fibres à haute résistance mécanique (fibre de verre en particulier). Dernièrement, les établissements Bouygues ont

Béton armé. Pont du Veurdre, ferraillage et triangulation, 1910, E. Freyssinet, ing. (en haut).

Pont de Wildegg, Suisse (système Monier), 1890 (en bas).

mis au point un « béton de poudres réactives » (BPR) contenant des microfibres métalliques. Ses caractéristiques mécaniques exceptionnelles doivent permettre l'élimination de toute armature. **R. Gu.**

VOIR AUSSI **Béton (origine du)** ; **Ciment** ; **Coffrage** ; **Construction en béton armé** ; **Coques et voiles minces** ; **Précontrainte**.

Béton précontraint
voir **Précontrainte**

Bétons nouveaux

La réalisation d'une structure durable nécessite le recours à un béton performant, et ce, dès la définition du cahier des charges, jusqu'au contrôle de qualité. Développer de nouveaux bétons aux performances spécifiques permet alors de concevoir des structures originales valorisant ces propriétés. Ainsi, les recherches menées sur le béton hydraulique depuis quelques dizaines d'années concernent quatre axes : les constituants, les connaissances fondamentales, la technologie, le contrôle de qualité.

— Les constituants : un béton est à la base un mélange de granulats (gravillon, sable), de liant (ciment et éventuellement matériaux cimentaires complémentaires), d'eau et souvent d'adjuvants. Dans une démarche de formulation, les constituants doivent être rigoureusement sélectionnés, notamment les liants, aux compositions minéralogiques variées, ou les granulats, aux performances potentielles variables.

— Les connaissances fondamentales : le béton est un matériau qui vit (il suffit pour s'en convaincre de constater que les structures « vieillissent »). Ainsi, une identification précise des mécanismes physico-chimiques inhérents au béton peut seule permettre de formuler de nouveaux bétons plus durables au regard de la structure. En particulier, la diversité croissante des constituants et l'évolution des structures (sollicitations mécaniques et environnementales de plus en plus sévères) nécessitent une validation permanente des acquis.

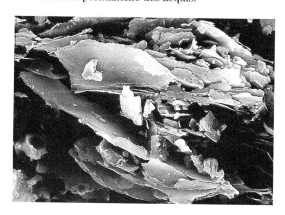

Bétons nouveaux. Étude du comportement et de la résistance d'un béton « haute performance » (BHP).

— La technologie : ce domaine est également en constante évolution. Moyens de malaxage, de transport (pompage, etc.), de mise en œuvre (vibrocompactage, etc.) sont autant de facteurs qui interagissent sur les performances du béton.

— Le contrôle de qualité : la mise en œuvre de plans d'assurance qualité permet de garantir une certaine pérennité à la structure. À ce titre, même un béton ordinaire, pour ce qui relève de la mise en œuvre des matériaux et des savoir-faire immédiatement disponibles, acquiert de nouvelles lettres de noblesse.

La diversité des bétons est grande, et les bétons spéciaux, qui développent des performances particulières (ductilité, perméabilité, propriétés thermiques, résistance aux attaques chimiques, résistance mécanique hors normes, etc.), ne tardent pas à entrer dans la grande famille des bétons ordinaires par diffusion des connaissances.

Citons quelques exemples de bétons particuliers. Le cas des bétons à très hautes performances est révélateur du caractère inévitable de l'évolution des études menées sur ce matériau. La recherche d'une compacité optimale guide le formulateur de ces bétons. Ainsi, en limitant le dosage en eau, et en recourant à des adjuvants fluidifiants, il est possible d'atteindre des résistances de l'ordre de 60 à 70 MPa, soit deux fois la résistance d'un béton ordinaire de bâtiment. Des granulats de qualité et le recours à des matériaux cimentaires complémentaires permettent d'atteindre une résistance de 100 à 150 MPa, mise à profit dans les gratte-ciel, les ouvrages d'art de grande portée ou les structures offshore. Notons enfin que même si la résistance demeure le premier paramètre qui doit être pris en compte par le concepteur d'une structure, l'optimisation de la compacité conduit généralement à une meilleure durabilité du béton.

Autre cas spécifique : les bétons renforcés de fibres métalliques. L'incorporation, lors du malaxage du béton, de fibres métalliques (d'une

Bétons nouveaux. Mica exfolié. Le mica présenté ici est en cours d'altération.

longueur maximale de quelques centimètres) permet de développer un renfort de la matrice uniformément répartie dans le volume. Le béton possède alors des propriétés de ductilité (possibilité de soutenir des charges après fissurations), particulièrement intéressantes lorsqu'il constitue des éléments (dallage, éléments préfabriqués, réparations d'ouvrages, etc.) susceptibles d'être l'objet de sollicitations dont on n'a pas une totale maîtrise.

Un béton particulier, au carrefour de deux domaines du génie civil : le béton compacté au rouleau. Peu dosé en liant, contenant des granulats pouvant atteindre 150 mm de diamètre, et de la consistance de la terre humide, ce béton est mis en œuvre avec les technologies propres au terrassement (transport en camion et compactage au rouleau compresseur). Cette technique permet d'ores et déjà de réaliser de façon économique des barrages gravitaires ; elle s'ouvrira peut-être au domaine des chaussées.

Enfin, une dernière catégorie de béton mérite d'être mentionnée, qui associe les matériaux minéraux et les matériaux organiques (polymères, latex, agents colloïdaux). Déjà, la plupart des bétons incluent des adjuvants qui confèrent au béton des propriétés particulières. Le recours à ces produits organiques permet en outre d'obtenir, selon les cas, des matériaux de haute durabilité, de haute adhérence, résistant au délavage ou autonivellants, par exemple. Bien qu'encore onéreux, ces produits peuvent être en partie issus du recyclage de déchets plastiques, ce qui constitue une piste économique.

Ces quelques exemples de nouveaux bétons montrent combien ce matériau peut encore évoluer. Souvent considéré comme nécessaire, il n'est pas pour autant particulièrement prisé. Les nouveaux bétons ne changeront pas radicalement cette image. Cependant, une meilleure durabilité, associée à des structures performantes et esthétiques, peut y contribuer. **G. C.**
VOIR AUSSI **Ciment**.

Biomécanique

La biomécanique est issue de l'application des lois de la mécanique à l'étude des systèmes biologiques. C'est l'étude du mouvement et de la réaction de l'être humain, et d'autres espèces, aux forces d'inertie et de réaction interne, c'est-à-dire aux efforts musculaires. Des liens nombreux se sont tissés à toutes les époques entre cette étude et les recherches structurelles des concepteurs.

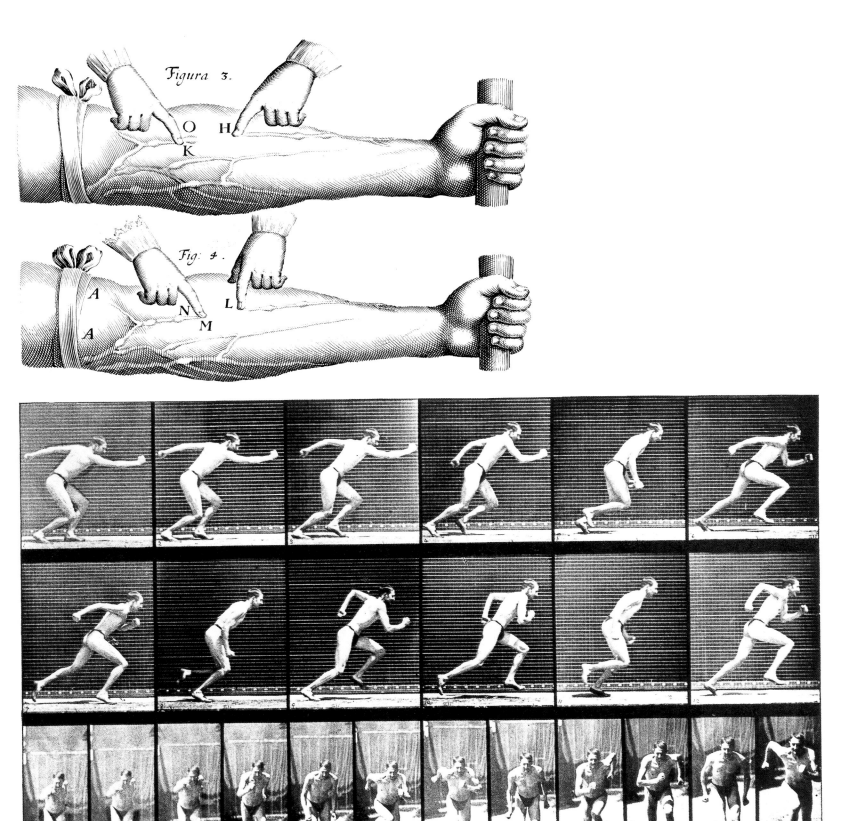

Biomécanique. William Harvey, planche indicative pour la saignée.

Eadweard Muybridge, *The Human Figure in Motion*.

Comme pour de nombreux autres domaines des sciences physiques, les fondements de la bio-mécanique remontent au XVIIᵉ siècle. Les quatre noms qui sont à l'origine de son étude sont ceux de Galilée, Giovanni Borelli, Giorgio Baglivi et William Harvey. Galilée est le premier à avoir analysé le corps humain (dans son dernier ouvrage, les *Discours*, publié en 1638); Borelli est l'auteur du premier recueil véritablement consacré à ce sujet, publié en 1680-1681. Baglivi est celui qui a poussé le plus loin l'analyse de la locomotion humaine; Harvey a exposé les mécanismes de la circulation sanguine dans son célèbre traité de 1628.

L'une des plus anciennes tentatives visant à déterminer les propriétés mécaniques des matériaux biologiques remonte aux travaux de Stephen Hales. Celui-ci annonce dans son ouvrage d'hémostatique avoir étudié dès 1723 les propriétés physiques des vaisseaux san-guins et des os. Hales cite également l'expéri-mentateur hollandais Petrus Musschenbroek, dont les résultats sur les propriétés des tissus sont publiés en 1762. Clifton Wintringham, dans un ouvrage publié en 1840, *An Experimental Enquiry Concerning Some Parts of the Animal Structure* (étude expérimentale de cer-taines parties de la structure animale), décrit les propriétés physiques des vaisseaux san-guins, du cœur et de la pie-mère du cerveau. Benjamin Bevan publie en 1826 les valeurs du module de compression et de la résistance à la rupture des os. Wilhelm Wertheim étudie les propriétés physiques des tissus et présente ses résultats à l'Académie des sciences en 1846.

Les propriétés d'os entiers ont été d'abord ana-lysées par Galilée, lequel a attribué le fait que la taille humaine est limitée aux caractéristiques des os. Borelli tentera ensuite de quantifier les forces agissant sur les os et les articulations pendant un effort ou un mouvement. Les tra-vaux anatomiques de Carl von Meyer sur le développement de la structure des os, et l'inter-prétation mécanique de leur constitution par Culmann conduisent en 1892 à la formulation de la loi de Wolff, qui relie la forme d'un os à sa fonction anatomique.

Les aspects mécaniques de la locomotion humaine et animale sont étudiés par Edward et Wilhelm Weber, qui publient en 1836 leur importante étude sur la mécanique de la marche. Ils sont suivis en 1873 par Samuel Haughton, et en 1895 par Braun et Fischer. Étienne-Jules Marey imagine et développe ensuite de nombreux outils expérimentaux critiques, destinés à analyser le mouvement et les forces qui l'accompagnent.

Marey apporte des contributions importantes à plusieurs domaines de la biomécanique. Il met au point des techniques qui permettent l'ana-lyse de la marche humaine, du déplacement des insectes et du vol des oiseaux. Les techniques de mesure dynamométrique qu'il a mises au point permettent une étude quantitative de la marche; Marey conçoit également le premier sphygmographe enregistreur jamais construit. Son étude photographique des mouvements de l'homme et des animaux est menée pour partie en parallèle avec les travaux d'Eadweard Muybridge aux États-Unis.

La circulation des fluides dans le corps humain occupe une place importante dans l'histoire de la biomécanique. Après Harvey, Hales analyse les fluides biologiques d'un point de vue sta-tique. Il est suivi par Gulielmini, qui tente d'étendre ses travaux d'hydraulique au corps humain.

Johann et Daniel Bernoulli, dotés tous deux d'une formation de physicien, écrivent leurs thèses de doctorat sur l'analyse de la circula-tion sanguine. Les célèbres études de Jean Poiseuille sur l'écoulement capillaire sont publiées, quant à elles, en 1840.

Les recherches, tant analytiques qu'expérimen-tales, se poursuivent encore à l'heure actuelle. Et elles ne pourraient exister si les travaux des bio-ingénieurs du passé n'avaient fourni une base à notre compréhension moderne.   **V. L. R.**

VOIR AUSSI **Morphologie structurale** ; **Nature (d'après la)**.

Bird (Walter)

Oak Park, Illinois, États-Unis, 1912.

Walter Bird, spécialiste des structures pneuma-tiques, commence ses recherches dans les ser-vices techniques de l'armée américaine pendant la Seconde Guerre mondiale. En 1946, alors ingénieur dans les laboratoires aéronautiques Cornell, il dépose un brevet pour son invention de structures en caoutchouc gonflables, desti-nées à protéger les antennes-radars disposées le long des frontières américaines dans l'Arctique – soumises à un climat difficile et à des vents violents – qui permettent d'éviter l'uti-lisation du métal, qui gêne les transmissions. Le succès de ces radômes permet à Bird de créer en 1955 sa propre entreprise, Birdair, et de commercialiser les structures gonflables pour couvrir courts de tennis, piscines, et pavillons d'exposition tel le pavillon d'exposition de l'USAEC◆, réalisé en 1960 par l'architecte Victor Lundy et par l'ingénieur Fred Severud◆. Au fil des années, différentes fibres synthétiques seront utilisées : Nylon, rayonne, tissu de poly-ester enduit de PVC, Dacron, fibre de verre, etc. En 1962, le radôme de Pleumeur-Bodou est érigé selon le procédé mis au point par Bird. Ce dôme gonflé, de 60 m de diamètre, installé pour protéger l'antenne-cornet, est constitué d'une enveloppe légère et souple, dressée par la mise en pression de l'air intérieur et formant une enceinte étanche. L'enveloppe est faite de deux couches croisées de fil Dacron enrobées d'un caoutchouc synthétique blanc, l'Hypalon, sous forme de bandes étroites, collées et conver-geant au sommet.

Aux États-Unis, Birdair Structures participe au développement des couvertures pneumatiques destinées à couvrir les grands stades (stade Silverdome réalisé à Pontiac◆ en 1975) en met-tant en œuvre des matériaux de plus en plus performants.   **C. M.**

Bodiansky (Vladimir)

Kharkov, auj. en Ukraine, 1894 – Paris, France, 1966.

Diplômé en 1914 de l'Institut des ponts et chaussées de Moscou, Vladimir Bodiansky commence la guerre en tant qu'officier de cava-lerie du tsar et la finit comme pilote d'avion dans la Légion étrangère. Il sort diplômé de l'École nationale supérieure d'aéronautique de Paris en 1920.

Après quelques expériences d'aménagement de lignes de chemin de fer en Afghanistan (1914-1915) et au Congo (1921-1923), Bodiansky est constructeur d'aéroplanes de 1924 à 1931 pour la firme Caudron, puis pour François Villiers, et enfin à son compte. Sa carrière connaît alors un nouveau tournant. Il collabore avec Eugène Beaudouin et Marcel Lods comme ingénieur au sein de leur agence, ou comme directeur technique associé de la société Mopin et Cie. Les deux architectes font moins appel à lui pour sa compétence de constructeur ou d'inventeur que pour ses qualités d'organisateur scientifique. Préfabri-cation industrielle des éléments de construc-tion et rationalisation du chantier prévalent lors de l'édification de la cité du Champ-des-Oiseaux à Bagneux (1930-1939) et de celle de la Muette à Drancy (1931-1934). Dans le projet de la Maison◆ du peuple de Clichy, subsiste une interrogation quant aux rôles respectifs dévolus à Jean Prouvé♦ et à Bodiansky. En revanche, ce dernier prouve à deux reprises son inventivité : lors du concours pour un nouveau grand palais des Expositions organisé en 1934 par l'OTUA (Office technique pour l'utilisation de l'acier), et à l'occasion des brevets de hangars circulaires pour avions qu'il dépose en 1936. D'échelles fort différentes, ces deux projets reposent sur des principes identiques : répartition des forces dans une ceinture circulaire, nappes tendues en toiture, mobilité des parois comme de la couverture.

Après la guerre, Bodianky intervient comme consultant auprès de Paul Nelson pour la construction de l'hôpital de Saint-Lô (1947-1949), fonde l'ATBAT (Atelier des bâtisseurs) et travaille avec Le Corbusier à la conception de l'Unité d'habitation de Marseille (1946-1949). Il imagine les constructions des expéditions polaires de Paul-Émile Victor (1954-1959) et collabore jusqu'en 1963 à de nombreux projets d'architecture et d'urbanisme en Afrique du Nord, au Cambodge et en France, en particulier avec Georges Candilis et ses associés. **O. C.**

Bodin (Paul)

Saumur, Maine-et-Loire, France, 1847 – Paris, 1926.

Né dans une famille angevine, Paul Bodin passe son enfance à Albi, où son père, architecte et archéologue, collabore avec César Daly à la restauration de la cathédrale.

Élève à l'École centrale lorsque la guerre de 1870 éclate, il s'engage dans l'armée et revient capitaine quelques mois plus tard. À sa sortie de l'École en 1871, il entre à la Société de construction des Batignolles comme ingénieur au service des ponts et travaux métalliques. Il en dirige bientôt le bureau d'études, puis le service ; il devient ensuite administrateur de la société et son ingénieur-conseil, concevant et dirigeant la construction de nombreux ouvrages, dont le plus connu est le viaduc du Viaur♦ – qui lui vaut le prix Montyon en 1903. Citons aussi le pont Troïtzki (de la Trinité) à Saint-Pétersbourg (1903), le viaduc de l'Assopos sur la ligne du Pirée à Demirly, en Grèce (1906), le viaduc sur le Faux Nam-Ti, en Chine, etc.

À partir de 1884, il est répétiteur à l'École centrale, où il enseigne les éléments de machine à partir de 1893 et, de 1896 à 1919, la construction des machines. **B. M.**

Bogardus (James)

Catskill, État de New York, États-Unis, 1800 – New York, 1874.

Fabricant dynamique d'articles en fonte et inventeur prolifique, James Bogardus est généralement considéré aux États-Unis comme un pionnier dans le domaine des ossatures et des éléments préfabriqués en fonte utilisés à des fins architecturales. Il n'est pourtant à proprement parler à l'origine ni des façades en fer, ni des techniques de construction mécanisées (attribuées respectivement à John Haviland, 1830, et à William Fairbairn♦, 1839).

Après une formation d'horloger à Catskill, et un périple à travers l'Europe de 1836 à 1840 pour étudier la construction en fer, Bogardus s'installe à New York, où il crée en 1847 sa propre fonderie. Il y fabrique d'abord des éléments de fonte destinés à sa sucrerie (jamais construite) et au magasin John Millau, qui présente la première façade en fonte construite à New York (1848). Il dépose en 1850 un brevet pour un système de construction entièrement en fonte, qui utilise des panneaux assemblés par rainure et languette, des solives renforcées par des tirants en fer forgé, et des poutrelles en I, omniprésentes depuis dans les constructions américaines. Véritables précurseurs des armatures squelettes de Chicago, ses édifices new-yorkais les plus réussis sont l'imprimerie de Harper & Brothers (1854), avec son armature métallique encadrant de larges baies, ou la tour effilée de la société McCullough Shot & Lead (1855), qui recourt à une construction en forme de cage en fonte remplie de panneaux de briques non portants. Il a également contribué au développement des premières structures tendues. Le Crystal Palace, qu'il propose pour l'Exposition universelle de New York en 1852, comprend une tour centrale en fonte de 90 m, de laquelle dépassent des haubans caténaires auxquels est suspendue une toiture en tôles d'acier. Dans son ouvrage *Cast Iron Buildings, Their Construction and Advantages* (ouvrages en fonte, construction et avantages) publié en 1856, Bogardus présente plus de trente de ses réalisations, de Philadelphie à La Havane, affirmant ainsi la supériorité de ses structures métalliques par rapport aux constructions traditionnelles en bois et maçonnerie. **B. S. C.**

Bois

Dans l'histoire de la construction, le bois apparaît comme le premier matériau – et pendant longtemps le principal – à être utilisé pour des structures porteuses. Si l'on a commencé à utiliser le bois parce qu'il se travaillait bien et que l'on pouvait aisément le combiner avec des peaux pour réaliser des constructions légères (des tentes, notamment), le choix du bois se justifie aujourd'hui par toute une série de caractéristiques et de propriétés physiques du matériau : sa production a lieu dans des conditions respectant l'environnement ; sa récolte et sa transformation font peu appel aux énergies fossiles ; son rapport poids/résistance (capacité portante) est très favorable ; son spectre de valeurs, pour la masse volumique et la résistance, est large ; son inertie thermique est élevée en même temps que sa capacité calorique est bonne ; chacune des essences présente des caractéristiques propres ; ses moyens et ses techniques d'assemblage sont nombreux, sûrs et polyvalents ; ses produits semi-finis, massifs

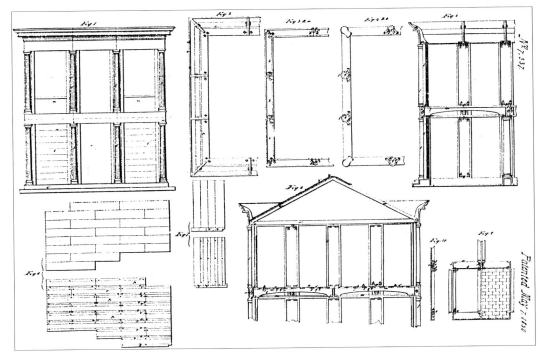

Brevet Bogardus, 7 mai 1850.
Dessin de la structure en fer.

ou en matériaux dérivés du bois, offrent de multiples possibilités d'utilisation.

Compte tenu de l'étendue de ces critères, l'architecte ou l'ingénieur peut choisir le matériau dont il a besoin et le définir avec précision dans son projet et dans son appel d'offres, en spécifiant non seulement les dimensions et les moyens d'assemblage, mais aussi l'essence choisie et la qualité désirée.

La première utilisation possible du bois en construction est le bois rond. Ce dernier peut être mis en œuvre dans les structures les plus diverses. Dans les constructions agricoles (construction à poteaux-pieux), les ponts et les tours, dans les jeux d'extérieur pour enfants, pour les murs anti-bruit, les murs de soutènement, les poteaux de ligne, le bois rond est un matériau bon marché et facile à protéger, lorsqu'il doit être exposé aux intempéries, par imprégnation en autoclave.

Un autre avantage du bois rond est sa résistance élevée, puisque le fil du bois n'a pas été coupé. Son inconvénient principal tient à sa propension à se fendre ; on peut l'éviter en pratiquant des gorges de décharge ou des profils, qui favorisent l'imprégnation et un séchage rapide. On compense d'autre part une conicité, qui peut être gênante, en choisissant du bois rond scié sur deux faces pour offrir des surfaces d'assemblage planes, ou en écorçant cylindriquement les troncs – en particulier pour les bois de faible diamètre, normalement utilisés comme bois de feu. On peut enfin assembler les unes aux autres des sections profilées pour former des sections composées, et augmenter ainsi le moment d'inertie des poteaux ou des poutres. Les moyens d'assemblage peuvent être des clous ou des broches. En flexion, la contre-flèche permet d'éliminer le jeu initial des systèmes d'assemblage, et donc d'accroître l'efficacité de la liaison. Pour des poteaux, des faisceaux de barres et d'autres éléments composés sollicités en compression, les sections composées se révèlent extrêmement avantageuses. Cependant, étant donné les dimensions maximales des bois, les sections cylindriques en bois rond ne peuvent être utilisées pour une portée supérieure à 12 m.

Dérivant du bois rond, la section équarrie est l'une des sections les plus courantes en construction bois. À cause de ses dimensions et de celles des grumes, on ne dépasse pas des longueurs de 8 m. En pratiquant des gorges de décharge, on limite les problèmes de fissuration, ou les déformations dues au retrait naturel, qui se produisent surtout dans les fortes sections avec du bois de cœur. Rainures et profilés réalisés en suivant la croissance naturelle coupent le fil oblique, ce qui limite les déformations lors du séchage, tout en l'accélérant. En outre, ils diminuent le risque d'une rupture de la section dans les joints soumis au cisaillement. À partir de différents profils, on peut proposer une grande diversité de sections composées, destinées à des poteaux ou à des poutres. De la section en croix en passant par la section en équerre, ce profilage offre de bonnes possibilités d'assemblage pour les façades, les portes et les fenêtres. Dans les moises, on tiendra compte du positionnement des cernes annuels, afin d'éviter les déformations pouvant nuire au comportement des assemblages. En usinant le bois équarri, on veillera à ce que son taux d'humidité ne dépasse pas 16 à 18 %, et 15 % au collage.

À l'instar des bois ronds, les madriers, les bastaings ou les planches peuvent être composés pour offrir une grande diversité de sections profilées, en T ou en I, par exemple. D'autre part, l'assemblage se fait par clous, vis, ou collés-cloués. La juxtaposition de sections en bois rond, en bois équarri, ou en planches autorise la réalisation d'éléments à l'image de dalles ou de parois en bois massif. Cette méthode permet la maîtrise de critères comme l'inertie thermique, la protection acoustique ou la résistance au feu.

Ces techniques peuvent être associées à d'autres matériaux que le bois – le béton, par exemple : on obtient ainsi des systèmes mixtes. Au-delà du choix du matériau, l'optimisation de la structure, qui nécessite une planification rigoureuse, suppose la réduction des contraintes de flexion au profit des contraintes normales. Cet objectif est atteint par le choix du positionnement des articulations, et par l'adjonction de jambes de force et de sous-tirants. On obtient ainsi des structures en bois dont se dégage une impression de légèreté. Le recours aux éléments sollicités en compression, qui a pour corollaire la possibilité de réaliser des joints par simple contact entre les pièces, conduit à une réduction de la quantité de bois mis en œuvre. Le principe de la structure en béquille autorise de nombreuses variantes de structures. Une telle construction, tout en définissant l'espace intérieur, permet en outre de s'affranchir d'un faux plafond.

Le choix de systèmes statiques indéterminés, tels que plaques, grilles de poutres, coques et coques suspendues constitue une étape vers l'optimisation et la rationalisation de la mise en œuvre des matériaux. Les nouvelles technologies s'orientent vers ces systèmes, dans lesquels la variation des propriétés mécaniques du bois est compensée par l'hyperstaticité du système. Les systèmes orthotropes en bois rond, bois équarri ou en madrier, ou encore en bois

Bois. Piscine couverte, Sète, 1993, ICS Bois, J. Natterer, M. Flach ing.

lamellé-cloué ou en planches clouées – éventuellement en association avec d'autres matériaux tels que le béton – sont autant de systèmes compétitifs.

Le rôle protecteur des forêts contre les avalanches, les glissements de terrain, l'érosion, etc., ainsi que l'espace vital qu'elles constituent pour la flore et la faune doivent être pris en compte. Leur pouvoir de résistance au vent, à la neige, à la pollution ne saurait être maintenu uniquement par des subventions. Les défis écologiques ne peuvent être relevés sans débouchés économiques pour l'industrie forestière. Le recours au bois en tant qu'énergie ou pour la production de cellulose ne permettant pas, à lui seul, de remplir cet objectif, son utilisation dans la construction apparaît comme l'unique chance de sauver les forêts du monde. Elle permet la valorisation des produits nobles de ces forêts, et assure ainsi leur financement, gage de leur conservation et de leur repeuplement.

Le choix du bois n'est pas un sauf-conduit pour une architecture de qualité, c'est une contribution constructive à l'entretien de l'environnement. **J. N.**

VOIR AUSSI **Ponts en charpente**.

Bois lamellé-collé

Avec le bois lamellé-collé (BLC), l'ingénieur dispose de sections plus importantes que celles qu'offre le bois massif. Les contraintes admissibles, grâce à une dispersion plus faible des valeurs caractéristiques, s'en trouvent augmentées, et les portées ne sont plus limitées par le format des billons. En revanche, les coûts de production du bois lamellé-collé sont plus importants que ceux du bois massif.

En règle générale, le lamellé-collé se fabrique à partir de résineux, faciles à travailler, résistants et durables. L'essence la plus couramment utilisée est l'épicéa. Les colles que l'on emploie aujourd'hui sont des résines urée-formaldéhyde (UF), des colles résorcines (RF) et des résines époxy. Dans un climat intérieur normal, les colles UF sont suffisantes, alors que pour des éléments exposés aux intempéries, on préfère les colles résorcines, reconnaissables à la couleur brune qu'elles donnent aux joints.

Les entreprises qui fabriquent du lamellé-collé, soumises à des obligations de garantie, sont tenues de fournir des produits fiables résistant à de fortes sollicitations. Elles doivent notamment utiliser des lamelles sèches, dont l'humidité, lors de la mise en œuvre, ne doit pas

s'écarter de plus de 3% de l'équilibre hygroscopique prévisible. Pendant la fabrication, l'humidité et la température ambiantes sont contrôlées en permanence. La qualité des joints entre les planches (entures), dont dépend en grande partie la qualité du produit fini, fait également l'objet d'un soin attentif. Le lamellé-collé apparent ne nécessite pas, dans des espaces fermés, de préservation chimique. En revanche, en cas d'exposition directe aux intempéries, il est préférable de prévoir, outre une préservation chimique, une protection constructive.

Dans le lamellé-collé, la largeur et la hauteur des sections sont limitées par la dimension des raboteuses. Quant à la longueur des poutres, elle est fonction des possibilités de transport : si le gabarit de la route est suffisant, on peut transporter des poutres droites atteignant 60 m. Avec des arcs, les possibilités de transport dépendent de la flèche. Celle-ci sera limitée par la largeur de la route ou la hauteur sous passage, qui n'excède pas 4,20 m pour les transports normaux. Les poutres ne devraient pas dépasser 2 m de haut pour éviter des pointes de contraintes élevées dans la zone de traction. Enfin, on ne doit pas excéder la limite de b/h = 1:10 pour l'élancement.

Les sections sont le plus souvent carrées ou rectangulaires, parfois rondes. On peut fabriquer des sections composées par collage ou par

collage-clouage des différents éléments. On recourt parfois également à des éléments d'assemblage mécanique pour obtenir des poteaux composés. Dans ce cas, la liaison entre les éléments n'est pas parfaite, et le jeu qui se produit dans l'assemblage diminue alors la rigidité de l'ensemble.

Les éléments en BLC permettent de s'adapter à la courbe des moments et aux exigences statiques. Avec des arcs, il est tenu compte des contraintes de traction perpendiculaire aux fibres. On réduit la traction transversale dans les bords entaillés par l'ajout d'une lamelle continue. Grâce aux multiples possibilités offertes par ce matériau, les systèmes porteurs peuvent être conçus comme des portiques, des systèmes articulés ou des poutres suspendues, aux formes droites, brisées, ou courbes. Les dimensions doivent être prises en compte dès les premiers stades d'élaboration d'un projet, de manière à prévoir le mode de transport adéquat.

La valorisation des produits forestiers en matériau de construction constitue l'un des meilleurs débouchés économiques pour l'industrie forestière ; elle est une composante essentielle de l'avenir écologique et économique de nos sociétés. À cette justification s'ajoutent les caractéristiques propres au BLC, matériau stable, disponible dans une large gamme de dimensions et présentant d'intéressantes

Bois lamellé-collé. Patinoire de Burgkirchen, Allemagne, 1978, J. Natterer, ing.

UPPER CHORD LATERAL STRUT

CAST-IRON OCTAGONAL
UPPER CHORD MEMBER

POST BASE

CAST-IRON PORTAL BRACING

MAIN DIAGONALS

TOP PIN

MAIN DIAGONALS

4 LINKS

BOTTOM PIN

DIAGONAL PANEL
BRACING

END ANCHOR CASTING

THREADED EYE BOLTS

DIAGONAL TENSION
MEMBER RETAINERS

BUILT UP FLOOR BEAM, 18"×12"
CAST-IRON CHANNELS AT TOP
AND BOTTOM, WROUGHT-IRON
SIDE PLATES RIVETED TOGETHER

1 FT   30 CM
30   30
30   30
SCALE 1½"=1'-0"

WINCHESTER SPAN ISOMETRIC
ANCHOR CASTING AND POST 1½ HEAD

WINCHESTER SPAN
EXPLODED ISOMETRIC
TYPICAL POST BASE AND FLOORBEAM

propriétés mécaniques, toutes qualités qui en font un matériau d'ingénierie complément idéal du bois massif. **J. N.**

Bollman (pont)

Savage, Maryland, États-Unis, 1869.

Ce pont suspendu en treillis constitue, avec les treillis de Fink, Haupt et Rider, un groupe réunissant les tout premiers types de ponts en fer utilisés par les chemins de fer américains vers le milieu du XIX⁰ siècle. Breveté par Wendel Bollman en 1852, alors que ce dernier est employé par la compagnie Baltimore & Ohio Railroad, il est conçu, à l'origine, pour mettre simultanément en œuvre le bois et le fer, combinaison courante à l'époque. Rapidement adapté à la construction entièrement métallique, composite de fonte et de fer forgé, il contribue à engager cette compagnie dans l'utilisation exclusive du fer pour la réalisation de ses grands ponts. Le principe de Bollman est destiné à augmenter la résistance du treillis Pratt♦ en y ajoutant un système de barreaux à œil obliques, en fer forgé, rayonnant depuis les deux extrémités de la membrure supérieure en direction de chacun des points de jonction des travées du treillis sur la membrure inférieure. Les poutres du plancher sont suspendues en ces points au moyen de goupilles et de liaisons ressemblant à des chaînes. Les charges de chaque panneau sont transmises par les barreaux à œil rayonnants aux montants d'extrémité, comme dans un treillis raidisseur. Le portique ou l'ensemble formé par les montants d'extrémité et la corde supérieure travaillent en compression, tandis que la membrure inférieure est presque exempte de contrainte, servant surtout d'entretoise pour empêcher les poutres de plancher d'osciller. Bollman a mis au point ce système afin que son pont présente une redondance structurelle prononcée. Si l'un des montants verticaux ou des barreaux à œil obliques vient à se rompre, le pont ne s'effondre pas totalement, puisque ses éléments sont supportés de façon indépendante. La forme de treillis articulé par des broches et l'utilisation structurelle du fer par la plus éminente compagnie de chemins de fer américaine susciteront un très vif intérêt de la part des ingénieurs européens venus sur place. Des dessins du treillis Bollman paraîtront dans nombre de revues techniques en Angleterre, en Allemagne et en France ; rien ne permet cependant d'affirmer que l'on en ait construit en Europe. **E. N. D.**

Pont Bollman : détail de structure (en haut) ; vue isométrique du portique en fonte et de la pièce d'ancrage d'extrémité en fonte (en bas).

Bonna (Aimé)

Anor, Nord, France, 1855 – Achères, auj. dans les Yvelines, 1930.

Le nom d'Aimé Bonna est attaché à l'industrie du tuyau en béton armé, et principalement de la conduite d'eau sous pression, dont il est, avec Bordenave, l'introducteur en France. Dès 1894 (travaux de l'aqueduc d'Achères, Bechmann et Launay, ingénieurs), il se spécialise dans la fabrication et la pose de tuyaux en acier profilé et ciment, dont il a fait breveter le système un an auparavant. Adapté au bâtiment, ce procédé se révèle peu compétitif. En 1900, après quelques tentatives peu concluantes, Bonna est contraint d'abandonner ce secteur. Il ne cesse alors d'améliorer, dans son usine de Conflans, les procédés de fabrication de ses produits, tout en développant ses activités à l'exportation. Il cède, en 1925, l'exploitation commerciale et industrielle de ses brevets à la Société des tuyaux Bonna, avec laquelle il collaborera quelques années en tant qu'ingénieur-conseil. **G. D.**

Boussiron (Simon)

Perpignan, Pyrénées-Orientales, France, 1873 – Paris, 1958.

Simon Boussiron est orphelin de mère ; son père est le principal collaborateur de la propriétaire d'une banque locale. Après une année d'apprentissage à la fin de ses études primaires, il entre à quinze ans à l'école des arts et métiers d'Aix-en-Provence, où sa scolarité est moyenne. À sa sortie, il travaille au bureau d'études des Éts Eiffel♦, puis en 1898, à la Société pour travaux de béton armé.

Pressentant l'avenir du béton armé, il fonde en 1899 sa propre société. L'année suivante, il construit 28 000 m² de plancher pour la caserne Niel à Toulouse. En 1906, il fait breveter et réalise une couverture en voile mince à trois articulations pour le canal Saint-Martin à Paris. De 1909 à 1912, il construit les ponts d'Amélie-les-Bains et de Sapiac♦, qu'il dote du même type d'articulations.

Il est le premier à concevoir et à réaliser des voûtes minces en béton percées de lanterneaux : halles de Bercy-Arrivages♦ (1910) – 8 cm d'épaisseur pour 10 m de portée –, dépôts des Batignolles (1911), de La Garenne-Bezons (1913), de Roanne et de Nevers (pendant la guerre) ; il parvient ensuite à obtenir des portées croissantes pour des hangars d'avions, tel celui de Bizerte, de 65 m (1932).

Avec les ponts, cette compétence devient la spécialité de l'entreprise – entreprise dont il assumera la direction générale, ainsi que celle du bureau d'études, jusqu'à sa retraite, en 1936. Cette même année, il passe les commandes à son gendre, Jacques Fougerolle, qui s'appuiera sur Nicolas Esquillan♦, engagé en 1923. Boussiron continuera néanmoins à suivre de près les activités de l'entreprise, qui sera dirigée par Jacques Fougerolle jusqu'à sa mort, en 1965. En 1969, l'entreprise est absorbée par la CFE (Compagnie française d'électricité), elle-même rachetée, en 1974, par l'entreprise Bouygues. **B. M.**

Boutiron (pont de)

Près de Vichy, Allier, France, 1912.

Le pont de Boutiron, près de Vichy, est le seul à être encore debout des trois superbes ponts en béton armé sur l'Allier conçus par Eugène Freyssinet♦. Ces ponts ont été proposés en 1907 par le constructeur François Mercier et acceptés par l'Administration à la seule condition qu'ils soient réalisés sous la direction et suivant le projet d'Eugène Freyssinet.

Le pont de Boutiron est constitué de trois voûtes triangulaires, d'une portée de 72,50 m pour celle du milieu et de 67,50 m pour les latérales, caractérisées par de très forts surbaissements de 1/15 et 1/16. La dalle du tablier, évidée par des caissons en arc de cloître, est unie aux voûtes par des tympans triangulaires. Les piles, très légères, ont été calculées pour résister uniquement aux poussées dues aux surcharges. Le poids total, y compris les garde-corps, est de 1 200 kg/m², et la quantité d'acier de 30 kg/m³, chiffres incroyablement bas pour de telles portées – et qu'on ne pourra jamais plus égaler, étant donné le caractère de plus en plus conservateur des règlements.

Avec ces trois ponts, Freyssinet, qui était alors un ingénieur de province inconnu, se retrouve tout à coup lauréat du prix Caméré, l'un des

Pont de Boutiron : vue générale (en haut) ; calage du cintre (en bas).

Dépôt de locomotives de la gare de Brasov.

plus importants en France. Les célèbres ingénieurs Charles Rabut♦ et Augustin Mesnager, accompagnés d'étudiants de l'École des ponts et chaussées, assistent pour la première fois au décintrement réalisé au moyen de vérins, et à l'ajustement final des voûtes, effectué d'une manière encore jamais vue.

Le pont du Veurdre, comme celui de Boutiron, sont pour le jeune Freyssinet la « preuve d'une audace poussée à l'extrême, jusqu'au mépris des risques les plus grands ». Celui-ci ajoutera dans sa vieillesse : « De 1907 à 1911, le pont du Veurdre avait occupé ma pensée à peu près continuellement. Je l'ai toujours aimé plus qu'aucun autre de mes ponts et, de tous ceux que la guerre a détruits, c'est le seul dont la ruine m'ait causé un réel chagrin. » **J. A. F. O.**

Bouygues (Francis)

Paris, France, 1922 – *id.*, 1993.

Fils d'un ingénieur centralien, officier d'armée, Francis Bouygues entre à son tour à l'École centrale en 1944. Il suit aussi une formation de dirigeant d'entreprise au Centre de perfectionnement aux affaires, ce qui lui permet d'établir ses premiers contacts avec le Crédit lyonnais, à la veille de créer son entreprise, en 1952.

Le développement rapide de sa société s'appuie d'abord sur la commande publique en logements, sur les grands équipements (Parc♦ des Princes), puis sur l'exportation de travaux au Moyen-Orient (université de Riyad). L'emploi important d'ingénieurs lui permet de doter ses chantiers de méthodes néotayloriennes. Pour fidéliser un noyau d'ouvriers, l'entrepreneur fonde en 1963, sur le modèle paternaliste, l'Ordre des compagnons du Minorange.

Face à la crise des années quatre-vingt, Bouygues mise sur la croissance externe, par prises de participation et fusions-acquisitions, ainsi que sur la diversification des activités vers les services urbains et la communication. En 1987, il devient le premier actionnaire de TF1 privatisée – concession dont le renouvellement est obtenu en 1996.

En quarante ans, il hisse son entreprise au premier rang des majors de la construction, plus au prix d'une agressivité commerciale et d'un contrôle organisationnel rigoureux que d'innovations techniques, malgré la réalisation de grands ouvrages d'art prestigieux tels que le pont de Bubiyan (Koweit), le pont de l'île de Ré, la Grande Arche de la Défense. **E. C.**

Brasov (dépôt de locomotives de la gare de)

Brasov, Roumanie, 1947.

Le dépôt de locomotives de la gare de Brasov est l'une des toutes premières réalisations de Mircea Mihailescu♦. La couverture est constituée de 40 voûtes reposant sur 3 appuis appartenant à un maillage rectangulaire de 16,50 × 12,50 m. Chacune d'elles a la forme d'une surface réglée à double courbure. L'arc directeur est une chaînette. L'épaisseur de ces coques est de l'ordre de 7 cm. La partie centrale de la construction est couverte par 5 voûtes à double courbure de 16,50 × 27 m, générées par la translation d'une courbe sur une directrice. Ces voûtes en béton armé ont été réalisées selon une technique de coffrages glissants. À l'époque de sa réalisation, cet ouvrage était l'un des plus importants de ce type en termes de surface couverte. **R. M.**

Breslau (halle du centenaire de)

Breslau (auj. Wroclaw), Pologne, 1912.

C'est à l'occasion du centenaire, en 1913, du soulèvement de la Prusse contre Napoléon qu'est décidée la construction, sur le terrain de la foire de la ville de Breslau, d'une salle pouvant accueillir des réunions et des expositions. Le projet est confié à Max Berg, architecte, et Willi Gehler, ingénieur.

L'enceinte, recouverte d'une coupole, s'élargit sur les quatre côtés par des absides, devant lesquelles se trouvent les entrées. À l'unique étage du déambulatoire sont prévus le vestiaire, les sanitaires et les locaux de service. L'espace central circulaire a un diamètre de 65 m ; la longueur totale du bâtiment est de 95 m, selon les deux axes principaux. Près de 10 000 personnes peuvent trouver place à l'intérieur du bâtiment. La halle, entièrement réalisée en béton armé, représente un sommet de ce mode de construction, encore récent à l'époque.

Coupole et substructure forment deux édifices autonomes, chacun fermé sur lui-même. La coupole, d'une portée de 67 m, présente une hauteur sous clé de 15 m. Elle se compose de 32 demi-poutres maîtresses incurvées, qui montent depuis l'anneau inférieur de traction et s'appuient à leur sommet contre un anneau de compression. Pour immobiliser ce dernier contre toute rotation, les membrures sont munies de voûtes latérales, et des inserts en fer sont introduits dans l'anneau, à la manière de tiroirs. L'imposant anneau inférieur, qui se trouve en traction, est armé par 2 poutres-treillis couchées, aux membrures espacées de 2,40 m. La rigidité transversale de la structure est assurée par les toits de ceinture horizontaux et les linteaux des fenêtres. La coupole repose, par l'intermédiaire de 32 appuis à rouleaux, sur la substructure cylindrique de 65 m de diamètre. Celle-ci s'ouvre sur les absides par

4 arcs, larges de 41 m et hauts de 17 m. Ces arcs, qui portent véritablement la coupole, épousent la courbe circulaire de l'enceinte, et sont donc incurvés en direction de l'extérieur. Pour évacuer les énormes charges horizontales qui en résultent, l'arc est épaissi à sa base, et 4 jambes de force sont disposées extérieurement, qui supportent également la toiture des absides. Munies aux deux extrémités d'articulations à rotule d'acier, ces jambes de force s'appuient en haut contre l'arc, et en bas sur des contre-boutants qui sont reliés aux poteaux principaux, à la hauteur de la galerie de promenade, par l'intermédiaire d'un bandeau de traction. La rigidité transversale est assurée de nouveau par les toits et les linteaux de fenêtre. Coupole et arcs sont fabriqués sur un cintre de bétonnage. Le béton est amené par des nacelles suspendues à des câbles, lesquels sont tendus entre une tour de 52 m, située au centre, et deux tours de 14 m qui se déplacent sur des rails, le long d'un cercle de 100 m de rayon autour du bâtiment. Le premier coup de bêche est donné le 31 août 1911, et le 20 décembre 1912,

l'entrepreneur peut remettre l'édifice à la ville. La halle du centenaire est la plus grande couverture jamais construite à l'époque en béton massif et sans aucun pilier. Édifice remarquable autant par sa construction que par son architecture, elle démontre avec brio toutes les possibilités du béton armé. La coupole pèse 6 340 t – ce qui ne représente, pour une portée une fois et demie supérieure, que 63 % du poids de la coupole de Saint-Pierre de Rome. Le parti architectural retenu vise à la plus grande sobriété en matière de décoration, ne recourant aux ornements qu'avec une extrême parcimonie. Visuellement, l'accent est mis sur la forme générale de la structure et sur l'effet de surface du béton brut de coffrage. **C. S.**

Britannia et Conway (ponts)

Détroit de Menai, Grande-Bretagne, 1850 et 1848.

La construction du pont Britannia, enjambant le détroit de Menai pour relier par voie ferroviaire Chester à Holyhead, est le plus grand succès de

Robert Stephenson♦ ; c'est aussi un événement marquant dans l'histoire du génie civil britannique. Un seul site se prête en effet au placement d'une pile intermédiaire, ce qui impose des travées largement supérieures à 100 m, chose inimaginable à l'époque. Des arches, envisageables, auraient gêné le trafic fluvial ; par ailleurs, les ponts suspendus construits jusqu'alors se sont révélés trop flexibles pour supporter un trafic ferroviaire.

Au début de l'année 1845, Stephenson suggère de faire circuler les trains dans deux tubes en fer forgé soutenus par des câbles. Il consulte William Fairbairn♦, expert dans le domaine des bateaux rivetés, qui lui fait rencontrer Eaton Hodgkinson, théoricien et expérimentateur émérite. Les trois hommes mettent alors ensemble sur pied un vaste programme de tests des matériaux et des formes structurelles.

Dans le rapport qu'ils font de ces études à la compagnie des chemins de fer en février 1846, Stephenson émet des doutes sur la nécessité de faire appel à des câbles de support et Fairbairn se déclare fermement contre cette idée ;

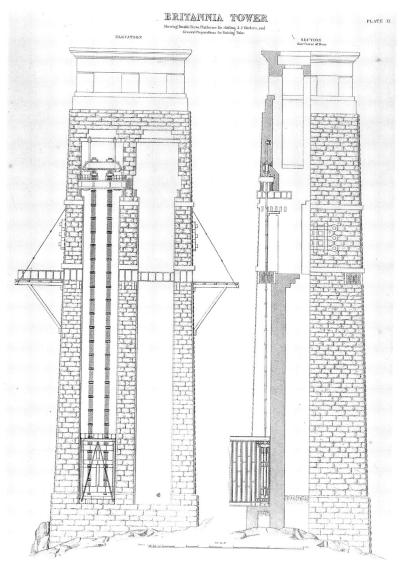

Hodgkinson estime en revanche qu'ils constitueraient de bons auxiliaires. Une brouille survient alors entre Stephenson et Fairbairn. Quoi qu'il en soit, l'idée des câbles est abandonnée ; les expériences réalisées sur des maquettes conduisent à remplacer les tubes de section circulaire ou elliptique par des tubes de section rectangulaire ; le problème d'un éventuel flambement est écarté, en raison de l'opinion de l'époque selon laquelle le fer forgé résiste moins à la compression qu'à la tension. Tout ceci aboutit à l'adoption de poutrelles tubulaires dotées de rebords cellulaires et de côtés renforcés.

Le pont à travée unique de Conway, composé de deux tubes de 122 m, qui fait partie du même projet, est ouvert en avril 1848 ; cependant, le franchissement du détroit de Menai se révélant plus ardu – le fleuve est ici quatre fois plus large –, les travaux du Britannia ne s'achèvent qu'en mars 1850. Des tubes de 140 m de long sont acheminés par flottage et hissés hors de l'eau pour constituer les travées centrales de l'ouvrage ; les travées des extrémités sont

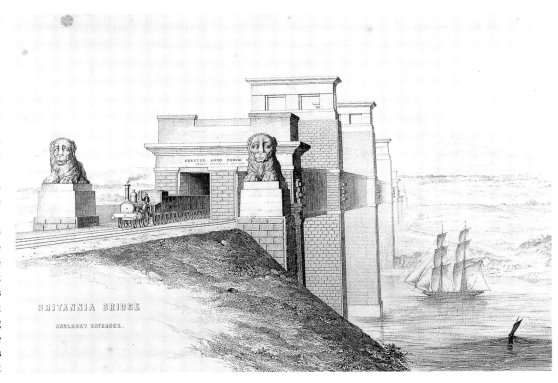

BRITANNIA BRIDGE

ANGLESEY ENTRANCE.

Pont Britannia, pilier. Élévation et coupe (page de gauche, à gauche) ; vue isométrique du tube (page de gauche, à droite) ; entrée d'Anglesy (en haut) ; vue générale, gravure (en bas).

fabriquées sur place. Une fois installées, les quatre travées de chacun des tubes sont assemblées structurellement de façon à répartir les charges et les tensions, puis fixées au centre et montées sur des galets aux extrémités.

L'esthétique des ouvrages n'est pas négligée. L'architecte Francis Thompson conçoit pour le Conway une maçonnerie de type médiéval évoquant le château local ; il dote les pylônes monumentaux qui donnent accès au Britannia de gigantesques lions de pierre montant la garde.

Le pont Britannia sera détruit en 1970 par un incendie. Curieusement, celui-ci est dû au fait qu'un léger toit de protection a pris feu, ce qui a causé l'affaissement des tubes, lesquels ont perdu leur cohésion et se sont fendus en refroidissant. Le chef-d'œuvre de Stephenson est aujourd'hui remplacé par un pont routier et ferroviaire reposant sur des arches métalliques – qui ne sont plus considérées comme des entraves au trafic fluvial. En revanche, les tubes qui constituent le pont de Conway sont toujours utilisés, après avoir été légèrement renforcés.

Ces deux ponts témoignent d'une audace remarquable dans la conception et dans la réalisation ; ils sont aussi significatifs en raison des recherches dont ils ont fait l'objet, qui ont démontré la fiabilité du fer forgé et riveté, sortant ainsi la création industrielle anglaise de l'ère empirique. **R. J. M. S.**

Brooklyn (pont de)

New York, États-Unis, 1883.

Peu de structures dans le monde ont suscité autant d'attention et d'admiration que le pont de Brooklyn, conçu par John A. Roebling♦ et construit par son fils Washington Augustus.

Bien qu'il ait été pensé comme un moyen purement utilitaire de relier deux très grandes villes américaines, il est, dès son époque – et est resté depuis lors – un symbole de maîtrise architecturale, de réalisation technologique et de l'aptitude de l'homme à domestiquer les lois de la nature.

Roebling est à peine connu lorsque, en 1847, il propose pour la première fois d'édifier un pont franchissant l'East River entre New York et Brooklyn, pour remplacer les bacs, qui ne suffisent plus à assurer le transport. La technologie de l'époque ne permet probablement pas de franchir d'une seule volée les quelque 460 m nécessaires pour ne pas perturber le trafic fluvial, et la proposition de Roebling est

Pont de Brooklyn, deux vues de la construction : pose des câbles à l'aide du *cat-walk* (chemin de câbles).

Pont de Brooklyn.

abandonnée. Mais en 1860, auréolé du succès de son pont ferroviaire sur le Niagara◆, il élabore un projet de pont parfaitement réaliste, reliant les hôtels de ville des deux agglomérations (alors distinctes) – proposition qui, à son tour, est abandonnée.

Toutefois, en 1867, la nécessité d'un pont est devenue impérieuse, et la réputation de Roebling s'est encore accrue, grâce au succès de son pont sur l'Ohio à Cincinnati. Il présente donc un nouveau projet. Le moment est opportun, la proposition est acceptée, et il est nommé ingénieur en chef de la New York Bridge Company, nouvellement créée.

Le pont est appelé à être colossal à tous égards. La travée principale, de 487 m, doit mesurer presque le double de celle du pont sur le Niagara et être moitié plus longue que celle du pont de Cincinnati (sa longueur ne sera pratiquement pas dépassée pendant près de cinquante ans). Les deux pylônes de granit – dont chacun est traversé, pour le passage des chaussées, par une double arche gothique, remarquable – doivent dominer tous les clochers des deux villes – à l'exception du plus haut –, c'est-à-dire s'élever à 84,40 m au-dessus des hautes eaux.

Au cours de l'été 1869, lors des études préliminaires, Roebling a un pied broyé et meurt du tétanos. Son fils et principal assistant, Washington Augustus, est immédiatement nommé ingénieur en chef à sa place, et les travaux se poursuivent sans interruption.

Les pylônes sont fondés sur des caissons massifs en bois d'œuvre. Il s'agit de caissons sans fond de 31×52 m, enfoncés dans le limon du fleuve jusqu'à la roche en place, et à l'intérieur desquels on injecte de l'air comprimé pour excaver le sol et empêcher la pénétration de l'eau fluviale. La fondation des piles de pont en eau profonde par la méthode du caisson pneumatique est alors déjà utilisée depuis près de vingt ans, surtout en Europe, mais elle n'a jamais été appliquée à cette échelle. Une fois que les caissons ont atteint la roche en place, les chambres de travail sont remplies de béton, puis la maçonnerie des pylônes est réalisée.

Comme pour le pont sur le Niagara, on a utilisé 4 câbles de suspension construits sur place, selon le « système Roebling » consistant à amener les fils du câble par paires, d'ancrage à ancrage, au moyen d'une roue mobile. Chaque câble a une longueur de 1 089 m, un diamètre de 40 cm et est composé de 5 434 fils métalliques. Pour la première fois, on a recours à du fil d'acier galvanisé – sa résistance, supérieure à celle des fils de fer forgé classiques, permet de réduire considérablement l'épaisseur des câbles.

Une autre innovation consistera à adopter l'acier pour le tablier suspendu, modification qui est apportée par Washington Roebling alors que la confection des câbles tire à sa fin, en 1879. C'est vers cette époque que les aciéries américaines ont commencé à laminer des profilés structuraux dans ce matériau plus résistant, progrès qui rend possible la modification envisagée. Comme c'est le cas pour les câbles, cela permet de réduire le poids mort du pont et d'augmenter en conséquence sa capacité de charge utile.

L'un des éléments qui caractérisent visuellement ce pont est le réseau de haubans, rayonnant depuis le haut des tours jusqu'au tablier et coupant la ligne des suspentes verticales. Cette technique, marque distinctive de Roebling, est destinée à accroître la rigidité du tablier et à éviter qu'il ne prenne une flèche excessive sous une charge fortement concentrée.

Dès sa toute première proposition, Roebling prévoyait d'assurer la circulation des passagers sur le pont au moyen de voitures tractées par un câble sans fin, entraîné par une machine à vapeur fixe. Ce principe novateur sera expérimenté lors de la mise en service du pont, et les voitures à câble transporteront des millions de passagers.

Le pont est toujours en service, bien qu'il ait subi une assez importante modification de la structure du tablier dans les années cinquante. **R. M. V.**

Brotonne (pont de)

Caudebec-en-Caux, Seine-Maritime, France, 1977.

Le pont de Brotonne est situé sur la Seine, à 35 km en aval de Rouen. Afin de ne pas entraver l'activité du port de Rouen, le projet devait répondre à deux exigences : laisser un passage de 50 m sous le tablier ; implanter les piles sur les rives pour éviter qu'un cargo ne les heurte – ce qui requérait une portée de 320 m, et, par conséquent, imposait le choix d'un pont à haubans.

Un concours international est lancé en 1973 sur deux avant-projets, en acier et en béton, à trois voies et quatre mâts ; il est remporté de très loin par Campenon-Bernard et le SETRA (Service d'études techniques des routes et autoroutes), avec une variante de 15 % moins chère que le moins-disant. Sous la direction de Jean Muller◆ et de Jacques Mathivat◆, les ingénieurs cherchent à alléger le tablier. Ils découvrent que la composante horizontale de la tension des haubans apporte une contrainte importante au tablier, ce qui permet de diminuer le nombre des câbles. Pour économiser les fondations, ils réduisent les mâts à deux, les plaçant dans l'axe, et offrant du même coup une quatrième voie au client. Cependant, l'ancrage et le maillage des câbles transversaux et longitudinaux se sont révélés complexes, en raison des faibles épaisseurs de béton.

Pour la première fois, les mâts sont aussi en béton ; ils ont la capacité de supporter des charges verticales de l'ordre de 10 000 t, et de résister à des vents de 320 km/h, vitesse double de la vitesse maximale dans le site. Armés de barres de 56 mm de diamètre, ils sont encastrés à 50 m de hauteur dans le tablier, qu'ils dépassent de 70 m. Chaque mât porte 21 haubans de 39 à 60 torons, protégés par des gaines dans lesquelles a été injecté un coulis de mortier. Le tablier a une hauteur de 4 m, une largeur de 19 m et une longueur de 1 280 m ; il a été dessiné, de même que les mâts, avec la collaboration d'Auguste Arsac. L'ouvrage a été mis en service le 9 juillet 1977, trente-neuf mois après

l'ordre de commencement des travaux. La portée centrale de 320 m du pont de Brotonne a constitué un record mondial dans cette catégorie de pont en béton précontraint. **B. M.**

Brunel (Isambard Kingdom)

Portsea, Hampshire, Grande-Bretagne, 1806 – Londres, 1859.

Isambard Kingdom Brunel est le fils unique de Marc Isambard Brunel♦, célèbre ingénieur et inventeur français installé en Angleterre en 1799. Le jeune Brunel qui, à l'école, excelle en mathématiques et en dessin, est envoyé en France en 1820 pour y poursuivre sa formation. À son retour, il travaille avec son père au projet de tunnel sous la Tamise, dès ses débuts en 1824. Deux ans plus tard, il est nommé ingénieur-résident chargé du chantier. Blessé en 1828, il passe sa convalescence à Bristol.

Alors qu'il séjourne dans cette ville, un concours est lancé pour la construction d'un pont destiné à enjamber les gorges de l'Avon. Brunel présente quatre projets de pont suspendu, d'une portée variant de 232 à 354 m. Il préfère ces longues portées, sans précédent à l'époque, car elles lui permettent d'ancrer les chaînes de suspension directement dans la roche, sans recourir à l'utilisation de pylônes

porteurs, alors que la voie surgit d'un tunnel avant de se poursuivre sur le pont. Dans la présentation de ses projets, il argue du fait que les ingénieurs doivent exploiter les technologies les plus récentes, et qu'interrompre la vue sur les gorges par des piles de pont nuirait à la splendeur du site – ce qui démontre à la fois un talent d'ingénieur et un sens artistique peu communs. Il est en définitive nommé architecte du pont ; mais la conception de l'ouvrage sera grandement modifiée, comportant dès lors des pylônes de style égyptien, et une massive culée

en briques destinée à réduire la portée. Le chantier n'ira pas très loin, faute de moyens financiers, et le pont ne sera finalement terminé que vers 1860-1864, après la mort de Brunel.

Lorsqu'il est nommé ingénieur du Great Western Railway (GWR) en 1834, il préfère remonter aux meilleurs principes de chemin de fer plutôt que de s'inspirer, en dépit du succès qu'elle a obtenu, de la Liverpool & Manchester Railway, ouverte en 1830. Pour obtenir les tracés les plus doux et les plus rapides, il s'efforce de conserver une pente minimale et choisit un écartement large : 2,10 m au lieu des 1,45 m habituellement en vigueur. Soucieux du confort des passagers, il préconise l'emploi de roues de grand diamètre sur les voitures. Il conçoit également des locomotives, qui n'ont pas connu de succès.

Son détour par la construction navale sera plus fructueux : il persuade en effet la compagnie GWR de se lancer dans les liaisons maritimes entre Bristol et New York, et construit en 1837 le *SS Great Western*, navire en bois entraîné par des roues à aubes et des voiles. Six ans plus tard, il sera suivi par le *SS Great Britain*, de 3 675 t et à coque en acier, qui est propulsé par une hélice, toute dernière évolution à l'époque en matière de propulsion navale.

Pour des structures ferroviaires, Brunel reprend à plus grande échelle les principes des

ponts en maçonnerie, mais il fait également appel au bois d'une manière tout à fait novatrice pour une série de viaducs entretoisés, très spectaculaires. Pourtant, il se montrera toujours méfiant vis-à-vis de la fonte ; à la suite de ses expériences en construction navale, il adopte des plaques en fer forgé pour la fabrication de poutres composées, avec des éléments incurvés tubulaires ou renforcés pour former les membrures en compression. Il soumet toutes les poutres et les barres de treillis à des charges d'épreuve et essaie régulièrement de nouvelles méthodes. Le pont de Chepstow, terminé en 1852, a une portée de 90 m et une membrure de compression en fer forgé tubulaire ; pour concevoir les poutres continues de ses travées d'accès, Brunel a mis à profit les résultats d'essais réalisés sur des maquettes. Ce travail sera consacré par sa plus grande et sa plus belle réalisation : le pont Royal◆ Albert de Saltash, d'une portée de 135 m.

À cette époque, soit juste avant sa mort, on vient de lancer le *Great Eastern*, gigantesque navire en fer, doté d'une manière inédite d'une double coque, qu'il a construit. Avec un déplacement de 27 380 t, il est six fois plus gros que tout autre navire existant. Il est destiné à servir aux liaisons avec l'Australie, mais, trop en avance sur son temps, ne connaîtra pas de succès commercial.

Brunel a été respecté et honoré par ses contemporains, et ses idées ont été acceptées – même celles qui ne seront jamais concrétisées, comme le chemin de fer atmosphérique –, car sa recherche permanente de l'innovation et de la perfection est à l'image du dynamisme et de l'essor économique que connaît alors le pays. Surtout, il a légué un riche répertoire de structures et une superbe collection d'articles et de documents – parmi lesquels des carnets de croquis, des journaux personnels et un recueil de lettres – qui témoignent de ses remarquables dons de concepteur et d'artiste. **F. N.**

Brunel (Marc Isambard)

Hacqueville, Eure, France, 1769 – Londres, Grande-Bretagne, 1849.

Dès son plus jeune âge, Marc Isambard Brunel fait preuve de dons exceptionnels pour tout ce qui concerne la mécanique. En 1786, il s'engage dans la Marine nationale puis, en 1793, part pour l'Amérique ; il y fait des relevés destinés à l'étude de la navigation fluviale, et c'est alors que se révèle sa vocation d'ingénieur.

En 1799, il se rend en Angleterre et, entre 1802 et 1803, fait breveter des machines installées dans les chantiers navals de Portsmouth, destinées à la fabrication de poulies mouflées pour la construction des bateaux. Pour chaque nouveau navire de guerre, près de 1 000 poulies mouflées sont nécessaires et, en dépit de certains efforts de mécanisation de la production, ces travaux continuent d'exiger beaucoup de temps et de main-d'œuvre. Brunel conçoit alors de merveilleuses machines de précision utilisant la puissance de la vapeur, capables d'assurer la fabrication de poulies d'une qualité constante ; c'est sans doute le premier exemple au monde de production de masse.

La plupart des brevets qu'il dépose par la suite concerneront des machines actionnées au moyen de la vapeur et destinées aux scieries, notamment des scies à cadres ou des scies circulaires, dont la vitesse et la précision ont radicalement transformé l'industrie du bois. Il obtient aussi d'autres brevets pour des machines destinées à la fabrication de bottes ou de chaussures – inventions brillantes à cette époque, car il importe de fournir l'armée en grandes quantités. Il participe également à des projets de génie civil concernant des ponts, des canaux ou des docks.

Pendant les vingt dernières années de sa vie, s'est surtout consacré à la réalisation du tunnel sous la Tamise, son chef-d'œuvre, le premier tunnel subaquatique au monde. Ce projet s'est révélé d'une difficulté quasi insurmontable, et n'a pu être réalisé qu'avec le dispositif innovant d'un bouclier protecteur, sous lequel les travaux de creusement ont alors pu être exécutés. Ce tunnel, d'une longueur de 400 m, entamé en 1825, n'a en effet été achevé qu'en 1843. **J. E.**

Bruxelles (pavillon de la France à l'Exposition universelle de)

Bruxelles, Belgique, 1958.

Le projet de l'architecte Guillaume Gillet et des ingénieurs René Sarger◆ et Jean Prouvé◆ se présente comme un vaste hall de 12 000 m². Sa structure repose principalement sur un point d'appui périphérique, vers lequel convergent trois grandes poutres métalliques qui forment un trépied inversé et soutiennent la couverture. Dessinant un plan un Y, le trépied présente deux fuseaux diagonaux, longs de 80 m, équilibrés par le troisième bras oblique, qui, haut de 65 m, émerge largement de l'édifice en guise de signal. À l'extrémité de chaque poutre diagonale, un bipode métallique reprend le solde des

Pavillon de la France à l'Exposition universelle de Bruxelles, vue de la construction.

Pavillon de la France à l'Exposition universelle de Bruxelles, détail d'un support.

charges et assure le contreventement général de l'ouvrage, dont la clôture est, par ailleurs, constituée de façades en tube d'acier, glaces trempées et polyester ondulé.

La couverture se présente sous la forme de deux vastes paraboloïdes hyperboliques, d'une portée diagonale de 102 m, engendrés par deux nappes de câbles prétendus sur lesquels on a fixé un revêtement en tôle et une étanchéité. Incroyablement légères – elles ne pèsent que 8 kg le m² couvert –, les résilles de câbles sont stabilisées grâce à la prétension, c'est-à-dire à la précontrainte de tension appliquée aux câbles convexes et concaves.

Malgré les modifications de structure apportées lors de son exécution, le pavillon de la France marque un jalon important dans l'histoire de la construction. Il fonde en effet la technique des couvertures en résilles de câbles prétendus, couvertures extrêmement légères qui permettent de franchir économiquement des portées de plusieurs centaines de mètres. Développée par Sarger, la nouvelle technique s'inscrit dans la lignée des travaux initiés par Bernard Laffaille◆ (projets du Centre des industries mécaniques et du centre émetteur d'Europe

N° 1) et Matthew Nowicki (arènes de Raleigh◆). Elle inaugure en outre une nouvelle esthétique architecturale qui exalte la légèreté et la géométrie inhabituelle des résilles présentant, par nécessité structurelle, une double courbure inverse. **N. N.**

Bureaux d'études

Les professions d'architecte et d'ingénieur sont, en France, traditionnellement complémentaires, mais concurrentes. Selon un usage établi depuis le XIXe siècle, aux architectes, produits de l'École des beaux-arts ou des écoles d'architecture qui en sont les héritières actuelles, revient le rôle créatif de composition des espaces et des volumes, et aux ingénieurs, produits de grandes écoles qui se veulent porteuses des forces et des valeurs du progrès, est reconnue la compétence technique. Selon le même usage, pour la conception et la réalisation des projets de bâtiments, les ingénieurs apportent habituellement assistance et conseil aux architectes dans les domaines techniques qui sont de leur(s) compétence(s), alors que pour les ouvrages d'art – ponts ou bâtiments

industriels – le processus est généralement inverse, l'ingénieur assurant la maîtrise d'œuvre de l'opération avec, parfois, mais pas systématiquement, les conseils d'un architecte. Pendant longtemps, les ingénieurs indépendants ont exercé leurs missions exclusivement sous forme libérale et sous l'appellation d'ingénieurs-conseils. L'évolution du marché de la construction, l'importance et la complexité grandissantes des opérations d'architecture et de travaux publics, notamment depuis la période de la reconstruction qui a suivi la fin de la Seconde Guerre mondiale, ont contribué à l'apparition de structures nouvelles, de type commercial, soutenues par des groupes financiers importants : les bureaux d'études techniques. Regroupant des ingénieurs et des techniciens dans toutes les spécialités, ils fournissent une assistance technique aux maîtres d'ouvrage et/ou aux maîtres d'œuvre dans les domaines de la programmation, du projet et du chantier. Les bureaux d'études disposent, selon une organisation interne propre à chacun d'entre eux, de moyens techniques puissants, généralement composés de multiples départements spécialisés et fortement coordonnés,

contrairement aux bureaux d'études de type anglo-saxon qui fonctionnent sur la base d'unités responsables de projets entiers. Ces moyens techniques leur permettent de proposer – comme les ingénieurs-conseils, mais avec une efficacité accrue par l'étendue de leurs compétences – des interventions qui évitent que les études complémentaires à celles des architectes soient confiées aux entreprises.

Les bureaux d'études ont été un moyen d'accroître la puissance des ingénieurs dans le secteur du bâtiment et des travaux publics, et ont servi les tentatives de certains d'entre eux, visant à limiter l'intervention des architectes dans ce secteur d'activités. Dans les années soixante-dix, les dirigeants des structures professionnelles, divisant les opérations en plusieurs grandes catégories, considéraient que seules les études concernant les bâtiments d'habitation pouvaient supposer la présence d'un architecte secondé par un bureau d'études, sans que ce dernier se substitue à lui. Les mêmes responsables estimaient que pour les autres types d'études – les études d'ensemble et d'équipements industriels, d'infrastructure et d'ouvrages de génie civil (y compris hôpitaux, établissements industriels, immeubles administratifs et commerciaux, laboratoires, etc.), les études de béton armé pour bâtiments et ouvrages d'art, etc. –, les missions normales des bureaux d'études devaient inclure les études préalables, l'établissement des projets, des devis et des dossiers de consultation des marchés, ainsi que la direction des travaux d'exécution. Les structures professionnelles représentatives des bureaux d'études souhaitaient en réalité exclure les architectes de toute intervention de maîtrise d'œuvre, hormis le secteur du logement.

Au-delà de ce conflit, d'autres acteurs de l'architecture et de la construction ont tenté d'aborder d'une manière nouvelle la question de la place des ingénieurs dans le processus d'élaboration et de réalisation du projet architectural. À titre d'exemples, on peut citer Fernand Pouillon, qui a créé la Société d'études techniques (SET), véritable bureau d'études dont il assurait l'entière direction, l'ingénieur Jean-Louis Sarf – collaborateur de longue date de l'architecte Édouard Albert – qui prônait, dans les années soixante, la constitution d'équipes où architecte et ingénieur devaient « s'atteler à un même ouvrage », ou encore Paul Chaslin – ingénieur, fondateur et dirigeant du groupe GEEP Industrie, qui, à ses débuts, a été

un bureau d'études –, lequel préconisait, au cours des années soixante-dix, de créer les conditions d'une alliance de l'esprit créatif, de l'esprit analytique et de l'esprit pratique par l'intégration d'architectes-bâtisseurs, véritables chefs d'entreprises, dans des équipes élargies de constructeurs.

La loi du 3 janvier 1977 sur l'architecture a partiellement – et provisoirement ? – apporté une réponse aux conflits de compétence entre architectes et bureaux d'études, notamment en rendant obligatoire le recours à un architecte pour toute opération soumise à une autorisation de construire. La vocation de l'architecte de participer à tout ce qui concerne l'acte de bâtir et l'aménagement de l'espace et, d'une manière générale, d'exercer la fonction de maître d'œuvre, est ainsi affirmée. Elle n'exclut, naturellement, ni l'appel à des qualifications extérieures lorsqu'elles sont nécessaires à l'exercice de cette fonction, ni une intervention prononcée des ingénieurs dans les opérations à caractère très technique.

Les ingénieurs-conseils sont regroupés au sein de la chambre syndicale des ingénieurs-conseils de France (CICF), fédération de syndicats dont l'origine remonte au début du XXe siècle. Les bureaux d'études techniques ont, quant à eux, fondé une chambre syndicale des sociétés d'études et de conseils (SYNTEC). Un organisme professionnel de qualification des ingénieurs-conseils et bureaux d'études techniques du bâtiment et des infrastructures (OPQIBI) a été créé en 1968, à l'image de l'organisme professionnel de qualification et de certification du bâtiment (OPQCB) qui a été mis en place pour les entreprises. **F. S.**

VOIR AUSSI **Entreprises** ; **Profession d'ingénieur** ; **Responsabilité de l'ingénieur**.

Bürgi (Garden Center de) voir Wyss et Bürgi (Garden Centers de)

Bylander (Sven)

?, Suède, 1876 – Londres, Grande-Bretagne, 1943.

Au cours de la première décennie du XXe siècle, Sven Bylander a joué un rôle clé dans l'introduction en Angleterre des techniques américaines de construction de charpentes métalliques.

Bylander naît et fait ses études en Suède. Il tra-

vaille dans un chantier naval de Göteborg, puis part aux États-Unis, où il se familiarise avec la conception et la construction d'ossatures métalliques ; il se forme aussi aux techniques de dessin industriel standardisées, qui permettent un gain de temps appréciable, tant de conception que de fabrication.

C'est en tant qu'ingénieur, employé par la succursale britannique de J. G. White, entrepreneur américain (1861-1942), que Bylander arrive à Londres en 1900. Parmi d'autres contrats, on lui confie la réalisation de l'hôtel Ritz de Piccadilly, premier bâtiment à Londres à être doté d'une ossature métallique en acier. Bylander se fait l'avocat de ces ossatures et des installations à l'américaine, notamment l'usage des grues, qu'il fait alors découvrir.

Selfridges (1907-1909) sera la plus importante de ses premières réalisations. Conçu selon le dernier modèle américain, ce grand magasin exploite au maximum le potentiel des ossatures métalliques, de façon à obtenir le plus vaste espace au sol possible. Ce chantier met alors en évidence les contraintes dues à la réglementation londonienne en matière de bâtiment et précipite l'adoption d'arrêtés dans le domaine de la construction (1909). À la suite de ces mesures, les bâtiments à ossature métallique dépourvus de revêtement en maçonnerie deviennent une caractéristique générale du paysage urbain de Londres.

Peu après, Bylander s'installe dans cette ville en tant qu'ingénieur-conseil, spécialiste des ossatures métalliques et de la construction en béton armé. En 1919, à Garston, près de Liverpool, il a utilisé pour la première fois en Angleterre la forme de construction appelée « *flat slab* » ou « *mushroom floor* ». **M. Ch.**

Calatrava (Santiago)

Benimamet, Espagne, 1951.

Après des études d'architecte et d'ingénieur à Valence en Espagne, puis à l'École polytechnique de Zurich, Santiago Calatrava s'est rapidement imposé sur la scène internationale au travers d'une série de projets situés à la frontière de l'architecture et de l'ingénierie. Ses réalisations comprennent aussi bien des équipements publics et privés que des ouvrages d'art. En matière d'équipements publics, on lui doit notamment la gare de chemin de fer de Stadelhofen♦ à Zurich, achevée en 1990, la tour de télécommunications de Montjuic à Barcelone, terminée en 1992, la gare de Lyon-Satolas, construite de 1989 à 1994. Parmi ses ouvrages d'art, réalisés pour la plupart en Espagne, figurent le pont Bach de Roda de Barcelone, édifié de 1984 à 1987, le pont Lusitania de Merida de 1991, le pont Alamillo♦ de Séville de 1992.

Cette œuvre déjà considérable procède d'une démarche originale. Celle-ci fait appel à la notion de jeu, un jeu sur les formes et les figures de l'équilibre et du mouvement qui trouve bien souvent sa première matérialisation sous forme de sculptures, comme cette colonne inclinée formée de 7 octaèdres en béton retenus par des câbles en tension, avec laquelle Calatrava illustre volontiers certaines de ses idées. La séparation des tensions et des compressions et leur mise en évidence à des fins d'expressivité fait partie de ces idées, au même titre que l'exploration des frontières entre équilibre statique et mouvement. À l'instar de nombreux concepteurs de structures contemporains, Calatrava se montre fasciné par le thème de la mobilité, auquel nombre de ses réalisations font référence, parfois littéralement. Pour l'usine Ernsting de Coesfeld en Westphalie, réalisée en collaboration avec Bruno Reichlin et Fabio Reinhard, l'architecte-ingénieur a par exemple imaginé des portes qui se déforment et créent des sortes d'auvents lorsqu'on les ouvre. On retrouve le thème de la mobilité dans le pavillon du Koweït pour l'Exposition universelle de Séville.

La pensée structurelle de Calatrava s'inspire assez systématiquement des formes vivantes, dans lesquelles aspects statiques et aspects dynamiques sont précisément indissociables. Cet organicisme trouve sa traduction visuelle dans des structures faisant ouvertement référence à l'univers végétal ou au squelette animal.

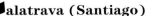

Chantier. Piscine olympique, Berlin, v. 1996, Dominique Perrault, arch.

Avec sa toiture nervurée reposant sur de minces colonnes obliques, la galerie commerciale qu'il a réalisée en 1993 à Toronto fait ainsi songer à une allée d'arbres géants, tandis que la halle de la gare de Lyon-Satolas évoque plutôt une cage thoracique de dinosaure. Ces emprunts au monde organique se voient toutefois tempérés par le souci d'inscrire le projet dans son contexte, presque toujours urbain, et de tenir compte de la complexité des programmes et des usages. Que ce soit à Zurich, où la gare de Stadelhofen vient s'inscrire dans une topographie mouvementée, à l'articulation des quartiers des XIXᵉ et XXᵉ siècles de la ville, ou à Valence, pour laquelle il conçoit un ouvrage d'art destiné à prolonger un boulevard urbain existant, Calatrava se joue souvent avec bonheur des contraintes que lui imposent le site et l'histoire.

Généralement considérée comme une contribution majeure à l'architecture et à l'ingénierie, ainsi qu'en témoigne le nombre élevé de publications qui lui sont consacrées, cette œuvre n'en suscite pas moins certaines réticences en raison de son caractère inclassable. Bien qu'elle fascine de nombreux architectes, elle occupe une position somme toute marginale dans le panorama architectural contemporain. Ses formes organiques ne font pas l'unanimité, loin s'en faut, chez les architectes. Par-dessus tout, la place privilégiée qu'accorde Calatrava à la structure en fait plutôt le représentant d'une rencontre exceptionnelle entre ingénierie et architecture que le chef de file d'une tendance largement représentée. À l'inverse, de nombreux ingénieurs lui reprochent le manque de franchise structurelle de ses projets et de ses réalisations, à commencer par ses ouvrages d'art. Pourtant Calatrava ne « triche » pas avec la matière. Mais sa recherche de l'expressivité l'amène à transgresser les règles de l'esthétique minimaliste à laquelle adhèrent la plupart des ingénieurs lorsqu'ils se contentent de souligner avec sobriété les lignes de force d'une structure. Conséquence d'une exigence plastique qui fait pratiquement jeu égal avec l'intuition constructive, cette recherche peut paraître trop architecturale aux yeux de certains. La référence à l'univers du jeu, l'utilisation de modèles à petite échelle qui semblent investis d'une étrange valeur pédagogique, comme ces dispositifs en usage dans les lycées pour enseigner une science déjà ancienne, semblent enfin partir de l'hypothèse implicite qu'il n'y aurait plus rien de fondamentalement neuf à découvrir en

matière de mécanique, de résistance des matériaux et de conception des structures. Calatrava annoncerait-il dans ce cas le passage d'une ingénierie du défi à un art de l'ingénieur ouvert, comme l'architecture, sur une richesse sémantique bien différente de la recherche de la pure performance ? La richesse de sa production, l'usage qu'elle fait des ressources technologiques les plus récentes, à commencer par les programmes de calcul sur ordinateur, constituent toutefois la meilleure des réponses à de telles critiques. En une fin de siècle placée sous le signe de la spécialisation, qu'elle soit scientifique, technique, voire artistique, Calatrava semble renouer avec l'audace des premiers architectes-ingénieurs de la Renaissance ainsi qu'avec leur caractère quelque peu sulfureux. À coup sûr, il y a quelque chose d'hérétique à jouer constamment comme il le fait aux frontières des valeurs et des croyances respectives de l'architecte et de l'ingénieur. **A. P.**

Campenon (Edme)

Tonnerre, Yonne, France, 1872 – Neuilly-sur-Seine, auj. dans les Hauts-de-Seine, 1962.

Le père d'Edme Campenon est officier de marine ; son oncle, général, a été ministre de la Guerre des cabinets Gambetta, Ferry et Brisson. Edme fait des études brillantes, y compris de piano, prépare mathématiques spéciales, puis bifurque vers le droit et les langues orientales avant de faire son service comme simple soldat. Il court ensuite le monde (Espagne, Autriche, Amérique, Chine, Japon), se livrant à des activités diverses : prospections minières, concessions de chemins de fer, entreprises portuaires. Il se marie.

À près de quarante ans, il s'associe avec un entrepreneur autodidacte, Thévenot, aménage des chutes d'eau, et construit des voies ferrées dans les Pyrénées et en Normandie. En 1920, il fonde à Albi sa propre entreprise, en association avec André Bernard, jeune ingénieur des Arts et Métiers, et participe à la reconstruction des régions dévastées. En 1928, tous deux remportent le concours pour la construction du barrage du Chambon, premier grand barrage électrique alpin ; quelques mois plus tard, Bernard meurt, emporté par une embolie. Campenon fait front, charge Albert Collange, également ancien des Arts et Métiers, de la direction générale du projet ; avec l'appui de la banque de l'Union parisienne, Campenon absorbe alors les entreprises Dufour et Hesbert.

En 1935, à l'occasion du sauvetage de la gare maritime du Havre par Eugène Freyssinet♦, il est le premier à s'intéresser à la précontrainte, ce dont l'inventeur lui sera toujours reconnaissant : « Il a été pour moi l'ami et l'allié qui, au plus dur d'une bataille incertaine, est venu me soutenir et combattre avec moi jusqu'à la victoire. » Dès 1936, Campenon et Freyssinet abordent la construction des 44 kilomètres de conduite du barrage de l'oued Fodda, en Algérie, puis la surélévation du barrage de Beni-Badhel, les quais du port de Brest, etc.

L'entreprise traverse l'Occupation en fonctionnant au ralenti. Campenon en profite néanmoins pour créer, en 1943, la Société technique pour l'utilisation de la précontrainte, entourant Freyssinet d'« une équipe de collaborateurs animés de notre foi commune ». La réalisation, en 1946, du pont de Luzancy♦, puis de cinq autres ponts sur la Marne, donne de cette nouvelle technique une éclatante démonstration.

Dès lors, l'entreprise Campenon-Bernard conservera une place de tête parmi les entreprises de travaux publics. En 1951, nommé commandeur de la Légion d'honneur, Campenon reconnaîtra, un peu comme Freyssinet : « Mon seul mérite, si c'en est un, est d'avoir passionnément aimé la profession que j'exerce et l'œuvre que j'ai entreprise. » Il décline ensuite les postes importants qu'on lui propose dans les organes syndicaux ou le monde des affaires, préférant consacrer son temps à son entreprise, qu'il préside jusqu'à l'âge de quatre-vingt-six ans.

S'il est venu sur le tard à l'entreprise, il y a épanoui son goût de la liberté, de la création, de l'initiative. « Rien de grand ne se fait dans le monde, aimait-il à dire, que les travaux publics n'y prennent part de quelque manière. » **B. M.**

Canaux

L'histoire des canaux se concentre en quelques siècles, si l'on excepte les ouvrages de l'Antiquité, qui ne sont que des canaux de dérivation. Du XIVᵉ au début du XVIIᵉ siècle sont expérimentés, en Italie puis en France, les deux systèmes qui font du canal une machine hydraulique autonome, indépendante des rivières qu'il relie : celui de l'écluse qui permet le passage entre deux biefs sans autre perte d'eau que celle contenue dans le sas, et celui du canal à point de partage, à deux versants, franchissant un col entre deux bassins fluviaux, alimenté en son seuil (par des captages de sources, par des

Canal Erié au moment de sa construction, Lockport, 1825 (en haut).

Canal de Panama, percement (en bas).

rigoles, des réservoirs…). Grâce à l'écluse à sas, un bateau peut remonter une pente (et non pas seulement descendre un canal de dérivation) ; grâce au canal à point de partage, le bateau peut rejoindre une rivière séparée d'une autre par une hauteur.

Le XVIIIe siècle voit se multiplier les réalisations (en Angleterre notamment, mais aussi en France, en Allemagne, en Espagne) et surtout les projets, en particulier des propositions de systèmes généraux de navigation intérieure.

Le XIXe siècle représente l'âge de l'apogée des canaux, mais aussi la fin de leur construction. Si l'ouverture de nouveaux canaux (ou la mise à des gabarits plus importants des anciens) se poursuit en France et en Europe jusqu'à la fin du siècle, en Grande-Bretagne leur usage est déjà abandonné, au fur et à mesure que se développent les chemins de fer et la concurrence qui en découle. Avec le XXe siècle on assiste non seulement à l'arrêt presque total de nouvelles réalisations – hormis la canalisation de grandes rivières –, mais aussi à la chute progressive, et même définitive en Grande-Bretagne, de la navigation commerciale, sauf lorsqu'il s'agit de grands axes permettant des navigations à forts tonnages.

La France a développé et achevé son réseau de canaux au cours du XIXe siècle, en plusieurs étapes : relance des réalisations sous la Restauration, déplacement du réseau vers l'Est industriel sous le Second Empire et la IIIe République. Mais la modernisation consécutive à la loi Freycinet (1879) n'ayant pas été totale et n'ayant pas été suivie de l'ouverture de nouvelles voies (exception faite du canal du Nord, 1908-1965), la navigation commerciale, après avoir atteint sa crête dans les années cinquante, tend à disparaître, bien qu'elle se maintienne sur les fleuves canalisés.

Quant à l'idée de canal maritime, elle est loin d'être récente, puisque l'Égypte ancienne et la Grèce antique l'avaient déjà adoptée, et que le canal du Languedoc, ou canal du Midi (XVIIe siècle), portait initialement le nom de canal des Deux-Mers. Mais c'est seulement au XIXe siècle qu'ont été réalisés les deux principaux d'entre eux : le canal de Suez et le canal de Panama. Dans les deux cas il s'agit, en coupant des isthmes, de raccourcir des voies maritimes contournant l'Afrique ou l'Amérique du Sud, et de s'éviter le franchissement de caps (cap de Bonne-Espérance ou détroit de Magellan). Dans les deux cas, les obstacles financiers ont été plus importants que les problèmes techniques.

Étudié par Jean-Baptiste Lepère (1808), puis par Adolphe Linant de Bellefonds, le passage entre la Méditerranée et la mer Rouge est repris à son compte par l'ancien vice-consul de France Ferdinand de Lesseps, qui obtient la concession du canal de Suez en 1854. Les travaux seront achevés en 1869, au prix de grandes difficultés politiques.

Le même Lesseps échoue (1879-1893) dans l'ouverture du canal de Panama, à cause d'un devis sous-estimé et de gros ennuis financiers (le « scandale de Panama »). Le projet français est repris par les États-Unis, directement intéressés, qui achèvent les travaux en 1914.

Pour ce qui concerne les canaux de navigation intérieure en Europe, en Asie et en Amérique, il convient de distinguer entre canaux artificiels et rivières canalisées. Des contrées comme le Milanais et les Pays-Bas ont développé très tôt des réseaux de rivières canalisées. Dans d'autres pays, il s'est agi au contraire de constituer des réseaux entièrement artificiels, notamment en France, où un seul grand fleuve dessert la capitale, et où Paris a centralisé un système convergent à partir des bassins de la Loire, du Rhône ou des rivières du Nord.

Les pays à forte tradition de navigation intérieure ont poursuivi leur effort de construction de canaux ou de canalisation de rivières jusqu'au XXe siècle. La Belgique, par exemple, a entrepris dans l'entre-deux-guerres le canal Albert (de Liège à Anvers) et l'aménagement de l'Escaut, après avoir réalisé le canal du Centre. Les Pays-Bas ont prolongé le canal Albert par le canal Juliana, lui aussi ouvert à des chalands de 2 000 t. L'Allemagne a ouvert à la même époque le Mittelland-Kanal qui, du Rhin, communique avec l'Ems, le Weser, l'Elbe et l'Oder.

À la fin du XIXe et au XXe siècle s'imposent donc les grandes liaisons fluviales, canalisations de fleuves et canaux de jonction : Rhin-Main-Danube (Ludwig Kanal) permettant de passer de la mer du Nord à la mer Noire, Volga-Moskova (canal de la Volga) entre la mer Caspienne et la mer Baltique.

Il en est de même aux États-Unis entre les fleuves et les Grands Lacs. Un canal latéral à l'Illinois relie Mississippi au lac Michigan, le New York State Barge l'Hudson au lac Erié, ce réseau assurant l'essentiel du trafic fluvial nord-américain.

Les progrès techniques réalisés ne sont pas particulièrement spectaculaires : les principes permettant au canal de fonctionner étant bien élaborés dès le XVIIIe siècle, il ne s'est agi que de

perfectionner les techniques. L'alimentation en eau s'est enrichie d'usines élévatoires ou de chaînes de pompages. Les échelles d'écluses ont été remplacées par des élévateurs à bateaux (les Fontinettes•, près de Saint-Omer), puis par des ascenseurs inclinés (Arzviller sur le canal de la Marne au Rhin) ou des pentes d'eau. Mais pour le reste, hormis l'importance des moyens d'actionnement, le principe de l'écluse, par exemple, n'a pas fondamentalement changé.

En France comme ailleurs, la navigation commerciale a abandonné les canaux artificiels (légitimement voués au tourisme grâce à leur valeur patrimoniale) au profit des fleuves canalisés. Les forts tonnages (jusqu'à 5 000 t), seuls rentables, ne conviennent qu'à ces derniers, étant donné l'impossibilité d'alimenter en eau des canaux à grand gabarit. Mais l'achèvement de jonctions de voies fluviales, comme celle du Rhône au Rhin, par exemple, viendrait sans doute trop tard, car les circuits commerciaux ne se déplacent guère de manière volontariste et parce que les mentalités évoluent, notamment en matière d'écologie. **P. P.**

VOIR AUSSI **Réseaux**.

Candela (Felix)

Madrid, Espagne, 1910.

Felix Candela est l'auteur de près de cinq cents ouvrages, parmi lesquels plus de quatre cents constructions réalisées avec des voiles minces en béton, conçues pour la plupart à partir de combinaisons de paraboloïdes hyperboliques (Hypar).

Candela a étudié l'architecture à la Escuela Técnica Superior de Arquitectura de Madrid (1927-1935). En 1936, il obtient une bourse d'études de troisième cycle, dont il ne pourra profiter en raison de la guerre civile, à laquelle il participe en qualité de capitaine du corps d'ingénieurs de l'armée républicaine. À la fin de la guerre, il quitte l'Espagne et s'exile au Mexique (1939-1971) où il réalise la plus grande partie de son œuvre à la tête de l'entreprise de construction Cubiertas Ala S.A. (1950-1971), qu'il a lui-même fondée. Il exerce son métier de concepteur et de constructeur en alternance avec celui de professeur et de conférencier. Très vite, ses réalisations sont présentées dans des revues spécialisées et obtiennent une reconnaissance mondiale. En 1971, il émigre aux États-Unis où il se consacre à l'enseignement et à l'exercice de la profession de consultant pour diverses sociétés internationales, ce qui le conduira à résider dans différents pays. Il vit actuellement à Raleigh, en Caroline du Nord. Bien qu'il n'ait pas inventé formellement les structures qui l'ont rendu célèbre, personne n'a construit autant de voiles minces en béton armé et avec une telle variété. Aujourd'hui encore, on ne peut parler de paraboloïdes hyperboliques ni de coques de béton sans mentionner Felix Candela.

Pour comprendre le phénomène Felix Candela, il faut prendre en compte les circonstances et les facteurs qui ont présidé à l'émergence de cette personnalité.

Tout d'abord, rappelons sa solide formation théorique de base, marquée par sa passion et par ses dispositions pour la géométrie descriptive et la résistance des matériaux. Son talent pour « voir dans l'espace » et son intérêt pour le travail des structures l'amènent à se consacrer aux aspects les plus techniques de la construction plutôt qu'à ses aspects artistiques, pour lesquels il était, selon lui, moins doué. Une fois ses études achevées, il s'intéresse aux constructions d'Eduardo Torroja◆ en Espagne (1935) et aux travaux théoriques sur les voiles minces alors en cours en Allemagne. La guerre civile espagnole l'empêche de bénéficier de l'enseignement de Franz Dischinger◆ et d'Ulrich Finsterwalder◆, mais il poursuit sa formation en autodidacte au Mexique, où il compile tous les articles consacrés aux voiles minces. Se fiant à son bon sens, Candela simplifie les méthodes de calcul compliquées qui abondaient dans la bibliographie structurelle de l'époque, en recherchant une compréhension plus directe, plus concrète et plus empirique de la construction de structures en béton.

L'exil de Candela lui sera favorable. Il se trouve soudain au Mexique, pays où tout est à faire, dénué de réglementation stricte et offrant une main-d'œuvre peu coûteuse. Ce marché porteur lui permet de se lancer dans l'expérimentation des structures qui l'intéressent par-dessus tout : les coques de béton armé.

À cela, il faut ajouter sa personnalité et son honnêteté intellectuelle qui le conduisent à adopter une attitude positive face à la vie, et à considérer les circonstances comme autant de défis à relever. Candela envisage sa carrière d'entrepreneur de la sorte, prêt à démontrer la compétitivité des voiles minces en béton armé vis-à-vis d'autres solutions, en vendant directement des édifices terminés plutôt que des projets à réaliser. Candela projette, calcule et construit tout à la fois, renouant avec la tradi-

tion perdue du *magister operi* médiéval. Cette position lui permet de maîtriser tous les facteurs qui entrent dans la conception de ses édifices, et d'harmoniser le désirable avec ce qui est techniquement et économiquement possible. Cela conduit à une philosophie personnelle, un mode d'activité intellectuelle où concevoir et exécuter, penser et faire, sont intimement liés et relèvent du même processus.

Pour pouvoir agir de cette manière, « il faut un certain degré de rébellion », nous dit Candela, qui n'admet pas l'autorité du système et fait résider toute la valeur d'une œuvre dans la méthodologie de sa réalisation. Cette critique du système implique la recherche de l'expérimentation directe et, par conséquent, de se doter d'une méthode d'expérimentation. Nous disions que Candela n'invente rien formellement, et de fait, l'art de l'invention formelle est l'art consacré par le système – tandis que ceux qui ont profondément rénové les valeurs spatiales ne se sont jamais attardés à des questions superficielles. Ainsi trouvons-nous chez Candela une recherche constante de la transformation des valeurs de l'espace, recherche directement liée à son activité, puisqu'il n'oppose jamais la conception et l'œuvre achevée. La création réside dans la réalisation de chaque œuvre et dans l'œuvre totale. La construction est le moyen et la mesure de chaque édifice, et le principal référent imaginaire de son processus générateur.

En dernier ressort, on juge les œuvres par leur impact social ou culturel, dans un contexte historique et géographique donné.

La plupart des ingénieurs et des architectes partent de conceptions directement tirées du champ de la théorie, de la technique ou de la spéculation formelle. Ils recourent à l'industrie et à la technologie pour configurer des œuvres suffisamment représentatives, et pour les ériger en symboles sociaux, justifiant ainsi l'énorme effort humain et économique qu'elles représentent.

Candela, en revanche, agit comme un artisan, construisant directement à partir de la matière qu'il manipule. Il réduit les formes à des géométries précises, et la connaissance théorique, parfaitement assimilée, sert de modulateur à un processus empirique dans lequel l'expérience de la construction détermine ses propres possibilités.

Dans le domaine du génie civil de ce siècle, Candela est un cas à part, tant du point de vue de son activité créatrice que de sa façon

d'utiliser l'espace. Il représente une sorte de contrepoint critique qui complète et met en valeur l'œuvre des grands ingénieurs. Investi de ce rôle, Candela prend toute son importance dans le panorama de l'architecture et du génie civil contemporains, et mérite une place parmi les plus grands. **M. S. B.**

CAO (conception assistée par ordinateur)

Dit-on du marteau qu'il « assiste » l'enfonceur de clous ? En le présentant comme l'« assistant » du concepteur, suggère-t-on que l'ordinateur est autre chose qu'un simple outil, et qu'il puisse même prendre part à l'acte créatif ? Une telle personnification de l'ordinateur risque de ranimer un débat quelque peu stérile, qui met en concurrence la machine et l'homme, et entretient la crainte qu'un jour celui-ci se voie détrôner par le fidèle et infatigable « assistant ». On préférera éviter ici ce débat pour montrer plutôt en quoi la CAO transforme le travail de l'ingénieur, sans trop se demander si, à terme, celui-ci est condamné par les nouvelles technologies informatiques mises à sa disposition.

La CAO utilise l'ordinateur sous plusieurs de ses facettes, qui correspondent aussi à différents stades de son développement technologique : le super-outil de calcul ou de dessin ; le simulateur/sensibilisateur ; le synthétiseur. C'est d'ailleurs la combinaison de ces trois fonctions en une seule machine qui lui confère sa puissance et son attrait incomparables.

Le super-outil

Les ingénieurs ont d'abord utilisé l'ordinateur comme un super-calculateur, capable d'enchaîner les opérations à une vitesse frénétique, et d'effectuer ainsi des calculs d'une complexité jusque-là inabordable, même par les pools d'arithméticiens les plus disciplinés. Ce calcul hypertrophié se concrétisait sous la forme de « listings », constitués de pages et de pages de chiffres obscurs, difficiles à décrypter. Car en contrepartie de sa rapidité et de sa mémoire, l'ordinateur, comme toute machine, ne pouvait échanger des informations avec l'extérieur qu'au travers de procédures rigides et contraignantes.

Un peu plus tard, l'ordinateur est aussi devenu un outil de dessin, permettant de construire et représenter des objets, structures, bâtiments en deux ou en trois dimensions (2D ou 3D).

L'ère des listings pléthoriques est depuis quelques années révolue, les procédures se sont assouplies et le dialogue avec la machine est devenu « convivial ». Mais jusqu'à ce tournant capital, on peut dire que l'ordinateur demeurait avant tout un instrument de calcul ou de dessin, un outil certes sophistiqué, mais pas fondamentalement différent de la règle à calcul ou de la planche à dessiner.

Le sensibilisateur

La convivialité des logiciels récents ne relève pas seulement de la cosmétique ou de l'ergonomie. En permettant de visualiser les données et les résultats d'un calcul, elle induit une manière toute différente d'utiliser l'ordinateur, qui dès lors n'est plus seulement un outil, mais devient un espace sensible renfermant des objets virtuels.

La CAO rend immédiatement sensible le phénomène simulé (par exemple les déformées d'une structure, l'écoulement d'un fluide, etc.). Elle permet non seulement de pré-voir la réalité encore en projet, mais aussi de voir et de sentir ce qui ne serait pas décelable en réalité. L'objet ainsi simulé par l'ordinateur en dit plus sur son fonctionnement interne que l'objet réel. Paradoxalement, la transparence de cet objet virtuel n'est possible qu'à condition que le calcul devienne lui-même opaque, qu'il soit remisé dans le tréfonds du microprocesseur : pour parler aux sens, la CAO doit procéder au blanchiment du calcul.

Le jugement de l'ingénieur cesse ainsi de reposer sur la manipulation de chiffres, comme c'était le cas depuis le XVIIIᵉ siècle, pour s'appuyer principalement sur l'observation, l'écoute, et bientôt la palpation d'objets virtuels.

Le synthétiseur

Enfin, et c'est le troisième stade du développement de la CAO, l'ordinateur permet de rassembler une expérience foisonnante et complexe, et de s'y retrouver en en structurant les données. Cette expérience est stockée sous forme de logiciels, d'algorithmes, de bases de données, de systèmes experts. Par exemple, tout logiciel de structure contient implicitement les lois de la statique. L'objet virtuel n'est plus dès lors isolé, mais plongé dans un environnement virtuel avec lequel il interagit.

Le cadre de travail de l'ingénieur, jadis très rudimentaire et principalement mental, s'est considérablement transformé et élargi avec

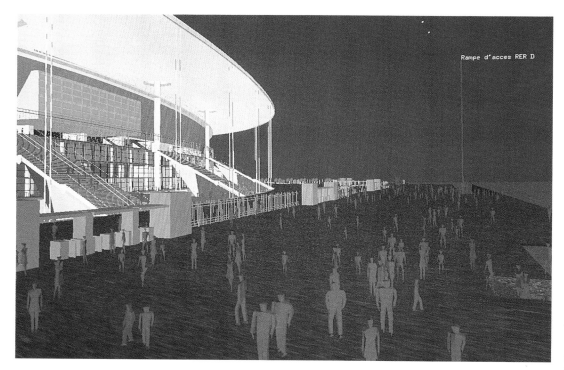

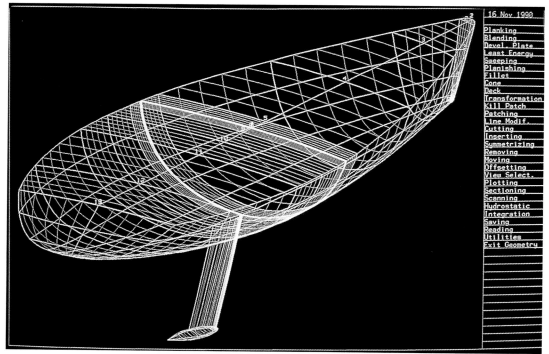

CAO (conception assistée par ordinateur).
Stade de France (Macary, Zublena, Regembal, Constantini, arch.), simulation du flux des spectateurs (en haut).

Image de synthèse d'un bateau en 3 D (en bas).

l'irruption de l'ordinateur. Le bureau s'est équipé de machines, comme l'atelier, et l'ingénieur s'est d'abord vu absorbé par des tâches de machiniste, c'est-à-dire d'entretien et de perfectionnement de son nouvel outil (notamment par l'écriture de programmes et logiciels).

La CAO moderne a depuis peu permis de dépasser ce stade. Que l'on se rassure, elle est incapable d'inventer par elle-même, mais elle modifie profondément la façon de concevoir les objets techniques. Ce n'est plus une âpre réflexion mentale, mais plutôt un cheminement dans l'univers sensible recréé par l'ordinateur. Comme cependant l'ingénieur, dynamique par tradition, n'est pas prêt à ce que son labeur soit réduit à une simple promenade d'agrément, le développement de la CAO conduit non pas à raccourcir les études, mais au contraire à les complexifier par la généralisation de la simulation virtuelle.

La recherche de formes ou de mécanismes, la mise à l'épreuve des matériaux, qui se pratiquaient jadis sur pièce, par l'expérimentation ou en pliant des tôles comme le faisait Jean Prouvé♦, sont maintenant transposées dans le nouvel univers virtuel. Les objets techniques sont ainsi élaborés en trois mouvements : ils sont d'abord construits virtuellement dans l'ordinateur, où ils peuvent être soumis sans dommage aux manipulations les plus extrêmes ; puis ils sont décomposés, toujours dans l'ordinateur, afin de les encoder méthodiquement, élément par élément ; ils sont enfin reconstruits dans la réalité par des moyens très précis et codifiés.

En fin de compte, la CAO a pour effet d'amplifier énormément le travail de conception, au profit des ingénieurs, et au contraire d'assécher le travail de réalisation, en le codifiant à l'extrême. **B. V.**

VOIR AUSSI **Modélisation** ; **Structures (calcul des)**.

Caquot (Albert)

Vouziers, Ardennes, France, 1881 – Paris, 1976.

Fils de cultivateurs, Albert Caquot passe son enfance aux confins de la forêt de l'Argonne. Après une seule année de préparation, il entre à l'École polytechnique et en sort dans le corps des Ponts, la même année qu'Eugène Freyssinet♦. Il fait son service militaire dans une arme nouvelle, celle des aérostiers. Ingénieur ordinaire à Troyes, il y réalise d'importants travaux d'assainissement et des canali-

sations qui permettront de limiter les dégâts de la crue de 1910. Mais, passé les premiers temps, le travail administratif l'ennuie, et c'est avec joie qu'il accepte la proposition d'engagement qu'Armand Considère♦ lui fait en 1912, sur la recommandation de son ancien professeur, Jean Résal♦.

Leur collaboration ne durera que deux ans à peine, en raison de la mort de Considère en août 1914. Caquot travaillera alors avec le gendre de ce dernier, Louis Pelnard-Considère, le cabinet prenant le nom de Pelnard-Considère & Caquot. Il étudie avec Considère le premier barrage sur la Sélune, au lieudit La Roche-qui-Boit, près d'Avranches, qui ne sera mis en service qu'en 1920, et construit un des premiers ponts en *bow-string* à Aulnoye et un pont en console à Nantes.

Lieutenant d'aérostier en 1914, il apporte divers perfectionnements aux ballons d'observation, avant de dessiner un ballon en L, dit « saucisse », qu'il aura beaucoup de mal à faire admettre à l'état-major ; l'avantage principal de ce ballon consistait dans une plus grande stabilité au vent, ce qui limitait le « mal de mer » des observateurs et leur permettait de mieux effectuer leur travail.

Revenu à la vie civile, Caquot réalise un grand nombre d'ouvrages – dont plusieurs ont détenu des records du monde de portée (pont des Usses : 138 m, en 1928) – qui témoignent d'une connaissance des matériaux (théorie de l'adaptation) et d'un esprit d'invention (mise en place des cintres par rabattage) étonnants. En 1935, il construit la plus grande forme existante de radoub (325 × 135 m) pour le cuirassé *Jean Bart*, à Saint-Nazaire.

Entre-temps, il est nommé directeur général du nouveau ministère de l'Air ; il en crée et organise les services, puis démissionne en 1933 à la suite d'une réduction de son budget. Rappelé en 1938, il se heurte au même immobilisme de l'état-major.

Après la guerre, il construit le barrage de la Girotte♦ en béton non armé, le premier pont à haubans à Pierrelatte (1952) et l'écluse la plus haute du monde – sur le même canal latéral du Rhône –, le pont levant de Martrou (1966), des ballons sphériques pour le stockage du gaz à Audun-le-Tiche, en participation, l'usine marémotrice de la Rance (1966), etc.

Génie protéiforme, il est peu de domaines du génie civil et de l'aéronautique qu'il n'ait abordés et perfectionnés, voire radicalement transformés. On ne peut citer ici la longue liste des chaires dont il a été titulaire, des académies auxquelles il a appartenu et des décorations qu'il a reçues. La plupart de ces distinctions proviennent des armées alliées auxquelles il avait fait don de ses inventions ; en France, il est décoré de la grand-croix de la Légion d'honneur, et élu en 1936 à l'Académie des sciences, qu'il préside en 1952. **B. M.**

Carrousel (pont du)

Paris, France, 1834.

L'un des ouvrages métalliques les plus significatifs construits en France dans la première moitié du XIXe siècle est sans doute le pont des Saints-Pères, dit encore pont du Carrousel, érigé en face des guichets du Louvre à Paris par Antoine Rémy Polonceau♦. Ce brillant ingénieur a déjà dressé, fin 1829, un projet très

Pont du Carrousel. Photographie de Blancard, prise vers 1890.

original, à construire vis-à-vis de la rue de Bellechasse, comportant un tablier en partie suspendu à une arche en fer forgé d'une seule portée. Le pont des Saints-Pères est également étudié la même année par Polonceau, suivant un système de construction inédit : des arcs formés de planches cintrées sont enserrés dans des tubes en fonte de section elliptique. Le tablier est porté par des cercles métalliques de diamètres décroissants, suivant le modèle inauguré au pont de Sunderland♦ en 1796.

Mais un pont suspendu est mis en adjudication en 1831 sur l'initiative des frères Seguin, constructeurs de nombreux ouvrages de ce type. Elle échoue, et, sur l'insistance de Polonceau, le ministre du Commerce et des Travaux publics consent à mettre au concours le pont suspendu et le pont en fonte, à condition qu'il n'ait que deux piles, qu'on ne relève pas les quais aux abords et que la durée de la concession n'excède pas quarante ans. Après de longs débats qui vont jusqu'au Conseil d'État, le pont en fonte est approuvé par ordonnance du 11 octobre 1831. Un an est perdu à la suite du procès intenté par la Société du pont des Arts, inquiète du préjudice qu'elle pourrait subir, bien que Polonceau lui ait proposé de prendre en charge la construction du nouveau pont. L'ultime péripétie n'est pas la moins surprenante. Un autre concepteur ayant fait des offres pour un pont à meilleur marché, Polonceau rachète la concession à ses risques et périls et commence les travaux de fondation en octobre 1832. Contraint de les suspendre après y avoir englouti sa modeste fortune, il trouve in extremis les soutiens financiers nécessaires. Le succès couronne effectivement l'entreprise.

Achevé en 1834, le pont montre brillamment les possibilités structurelles du métal, et reste en service jusqu'en 1935, date à laquelle il est

remplacé par un ouvrage en béton. Mais son principe constructif ne connaîtra qu'une descendance limitée, tel le pont de la Mulatière à Lyon en 1843, aujourd'hui détruit, un pont à Séville en Espagne, et un petit ouvrage sur la Lanterne à Conflans-les-Bourguignon en Haute-Saône, récemment restauré. Comme l'a pourtant souligné Polonceau en 1839 : « Quand on réfléchit aux avantages que présentent les ponts en fonte, on est porté à s'étonner de ce que l'on en ait exécuté si peu en France et même en Angleterre, où l'on a une si grande habitude de l'emploi de la fonte et où elle est si bon marché. » Il voyait trois explications à ce phénomène : le prix excessif de la fonte, « ainsi que le peu de facilité et de sûreté que l'on trouvait alors dans nos fonderies pour les applications de ce genre » ; le coût des deux seuls ponts en fonte existant alors en France, qui avait presque atteint celui d'un pont en pierre ; enfin, les inquiétudes qu'avaient fait naître les fissures et les déboires constatés dans ces deux ouvrages. **B. L.**

Catastrophes

Massivement construits, les traditionnels ponts de pierre ont cependant un point faible : les pieds immergés de leurs piles, qui sont exposés aux affouillements, particulièrement en période de crue. Si, au XIXe siècle, les nouvelles techniques constructives des ponts bénéficient des garanties offertes par le calcul de la résistance mécanique des ouvrages d'art, la complexité dynamique des forces en jeu, plus nombreuses et intenses qu'auparavant, n'exclut pas pour autant certains vices de conception ou divers risques de rupture.

Certes les ponts, moins monumentaux, font désormais appel à des matériaux inédits tels que la brique, la fonte ou le fer, et les ponts suspendus connaissent une extension rapide ; toutefois, l'avènement du chemin de fer provoque une éclosion de nouveaux types de ponts et de viaducs soumis à des charges dynamiques sans comparaison avec celles d'autrefois, qui étaient induites par un simple trafic routier de piétons, d'attelages et de charrois. Il s'ensuit une morphologie renouvelée des catastrophes résultant de la chute des ponts.

Les ponts métalliques affectés au trafic routier sont assez bien préservés de l'accident imprévisible, en raison des charges faibles et de la détection possible des déformations des structures, de l'érosion des pièces sensibles ou

d'éventuelles fissures. En revanche, l'extension des ponts à péage concédés à des constructeurs-exploitants stimule le recours aux ponts suspendus, qui conjuguent célérité et économie de construction. Si leur conception légère témoigne d'une certaine hardiesse technologique, ils souffrent assurément de pathologies spécifiques : vulnérabilité dynamique au vent, à divers phénomènes de résonance, corrosion des câbles ou des chaînes de suspension. Bon nombre d'entre eux, trop rapidement ruinés, ont dû être préventivement détruits ! La chute du pont suspendu de Broughton, près de Manchester, survenue le 12 avril 1831, au moment où un détachement d'artilleurs le franchit au pas cadencé, celle, similaire, du pont de la Basse-Chaîne, à Angers, le 16 avril 1850, lors de la traversée d'un bataillon d'infanterie, ont révélé les dangers résultant d'une potentielle résonance dynamique.

De promptes réglementations vont proscrire le franchissement de tels ponts par des troupes marchant au pas cadencé, mais nul ne peut rien contre les intempéries, qui demeurent sources de danger. Ainsi, le 26 octobre 1852, le tablier du pont suspendu de La Roche-Bernard, sur la Vilaine, exposé deux jours durant à la tempête, se détache sous le simple effet d'un fort coup de vent. Un siècle plus tard, dans l'État de Washington, le pont suspendu de Tacoma, d'une portée de 840 m, achevé en juillet 1940, s'écroule peu après, le 7 novembre : un vent moyen de 70 km/h a entraîné la mise en résonance du tablier, qui, trop léger et pas assez rigide, s'est déchiré en quelques heures.

Autre facteur de catastrophes : la glace. Le 27 janvier 1938, le pont routier construit sur le Niagara par L.-L. et R.-S. Buck en 1895-1898 – dont l'arche en acier à deux articulations est inspirée du viaduc de Garabit♦ – ne résistera pas à la pression de la glace sur ses pieds, pris dans la rivière gelée : les articulations cèdent, provoquant la chute du tablier.

Pour les ponts de chemins de fer, il convient de distinguer les catastrophes survenues à vide, et qui résultent donc d'un grave défaut de conception, de celles survenues lors du passage d'un train.

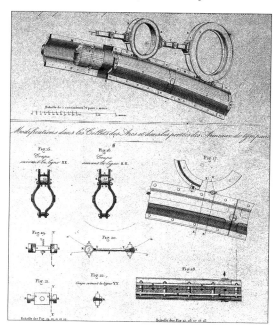

Carrousel (pont du). Nouveau système de pont en fonte d'Antoine Rémy Polonceau.

Effondrement d'un pont de chemin de fer sur la Maine, Angers, 1907 (ci-contre).

Effondrement du pont Songsu, Séoul, 1994 (ci-dessous).

Parmi les premières, citons l'effondrement, le 10 janvier 1846, du viaduc de Barentin, long de 480 m, édifié sur la ligne inachevée Rouen-Le Havre. Construites de manière économique – en briques – par les entrepreneurs anglais William Mackenzie et Thomas Brassey pour le compte d'une compagnie où dominent les capitaux anglais, ses 28 piles légères, hautes de 32 m et distantes de 17 m, s'écroulent comme un château de cartes. L'échec de cette réalisation, qui rompt avec la tradition française des ouvrages massifs et coûteux, déclenche alors une polémique opposant le « sûr » génie français au génie « aventurier » d'outre-Manche. Mais l'Administration française n'est pas vraiment en mesure d'accuser le concepteur de l'ouvrage, l'ingénieur anglais John Locke, le projet de celui-ci ayant reçu, comme tous les autres ouvrages d'art ferroviaires, l'agrément technique préalable du conseil général des Ponts et Chaussées…

Durant les opérations de lancement du viaduc métallique de Douarnenez, sur le Pouldavid, l'une des trois travées s'effondre le 9 décembre 1883, par pliure de ses semelles inférieures. En cours de montage, le viaduc métallique d'Évaux, sur la Tardes (ligne de Montluçon à Eygurande), construit par Gustave Eiffel♦, voit son tablier en porte-à-faux arraché par un ouragan dans la nuit du 26 au 27 janvier 1884.

Les catastrophes qui se produisent lors du franchissement du pont par un train sont naturellement plus graves. La vogue des matériaux nouveaux, telle la fonte, ou des procédés novateurs, tels les ponts métalliques à treillis, ne va pas sans réserver quelques mauvaises surprises, avant qu'on les maîtrise parfaitement. Construit en 1846 par Robert Stephenson♦, le pont en fonte de Chester s'effondre le 24 mai 1847 au passage d'un train. Le 29 décembre 1876, provoquant la mort de plus de quatre-vingts personnes, la rupture du pont d'Ashtabula sur l'Ohio (ligne du Lake Shore and Michigan Southern) – l'un des premiers ponts métalliques à treillis, édifié en 1865 selon le système Jones, variante du fameux système Howe♦ – illustre la complexité de la causalité en jeu : un mode d'assemblage défectueux des croix de Saint-André, les semelles supérieures n'assurant pas une égale répartition des efforts subis ; une tourmente de neige infligeant à l'ouvrage un surplus d'efforts ; enfin un grand froid rendant la fonte plus cassante. En mars 1868, en Galicie, la rupture similaire des pièces de fonte du pont de Czernowitz sur le Pruth, construit

selon le système Schikforn (autre variante du type Howe), est à l'origine de l'interdiction de l'emploi de la fonte dans les fermes de pont. En Écosse, le pont de Dundee, long de 3 155 m et franchissant l'estuaire de la Tay, construit en 1870-1878 en treillis de type Warren et reposant sur des tubes de fonte remplis de béton, ne résiste pas, le 28 décembre 1879, aux effets conjugués du passage d'un train et d'une tempête qui secoue les deux parties, aérienne et immergée, de l'ouvrage ; sa chute cause la disparition de quatre-vingts personnes.

En France, la ligne d'Angers à Poitiers sera le théâtre de deux catastrophes successives. Le 4 août 1907, aux Ponts-de-Cé, la faiblesse constitutive d'un pont métallique sur la Loire et son mauvais entretien provoquent à son entrée le déraillement de la locomotive ; percuté par un train entier de voyageurs, le tablier s'effondre, entraînant dans sa chute la tête du train ; vingt-sept personnes trouvent ainsi la mort. L'usage, vite généralisé, des contre-rails à l'endroit du franchissement des ouvrages d'art va atténuer la gravité de ce genre d'accidents en évitant le chavirement du matériel déraillé. Mais à Montreuil-Bellay, le 23 novembre 1911, ce sont les deux travées métalliques du pont sur le Thouet qui s'effondrent au passage d'un train ; il y a vingt-deux morts : si l'on a reconnu la fragilité de la construction de l'ouvrage, il n'en reste pas moins vrai que le haut niveau des crues et la force des courants ont joué un rôle non négligeable.

Au XIXᵉ siècle, les catastrophes ont donc été nombreuses et spectaculaires ; on a tenté alors de les enrayer par une réglementation plus sévère qui permette à court terme de parer à certains types de dangers bien identifiés. Au

siècle suivant, leur moindre fréquence témoigne d'une meilleure maîtrise sécuritaire des risques technologiques, à laquelle ont contribué à la fois de nouveaux procédés constructifs et la promotion de nouveaux matériaux, tel le béton armé précontraint – le tout appuyé par les progrès scientifiques accomplis en matière de calcul de résistance des matériaux et des ouvrages d'art. **G. R.**

VOIR AUSSI **Sécurité**.

Centrales nucléaires

Des protocoles humains et des systèmes de protection très poussés entourent le fonctionnement du cœur des réacteurs nucléaires. En revanche, la conception technique des centrales nucléaires relève d'un génie civil très proche de celui des centrales thermiques classiques.

Ainsi, les centrales nucléaires comportent, à l'instar des autres unités de production électrique, un organe de production d'énergie thermique – en l'occurrence, le réacteur nucléaire –, un groupe turbo-alternateur (où l'énergie thermique est transformée en énergie mécanique, puis électrique) et des installations auxiliaires, parmi lesquelles figurent les réfrigérants atmosphériques, aux formes hyperboliques caractéristiques. Si, en France, le béton domine dans ces derniers ouvrages, la tour de réfrigération à sec de la centrale allemande de Schmehausen♦ (1974) est constituée par une résille de câbles, capotée de métal et suspendue à un mât central en béton de 180 m de hauteur.

L'édifice spécifique aux centrales nucléaires, quelle qu'en soit la filière de production, est celui qui abrite le réacteur lui-même ; il est constitué de deux éléments : la cuve et l'en-

Centrale nucléaire Gundremmingen, Allemagne.

ceinte de confinement. Dans le cas d'un système à eau pressurisée (qui produit 60 % de l'énergie nucléaire mondiale, et sa quasi-totalité en France), la cuve cylindrique, qui peut atteindre 13 m de hauteur sur 4 m de diamètre, est remplie d'eau et réalisée en acier de 20 cm d'épaisseur. Dans le cas des réacteurs surgénérateurs de type Phénix, la cuve est réalisée en tôles d'acier inoxydable moins épaisses (moins de 5 cm), puisque l'absence de pression le permet. Dès lors, le risque de flambement augmentant, la cuve est suspendue à une dalle transmettant les efforts à un appui en béton. L'étanchéité du circuit primaire, de la cuve et des diverses pompes qu'il abrite étant primordiale, leur réalisation fait appel à des techniques et à des spécifications de soudure très exigeantes.

Le bâtiment du réacteur constitue l'enceinte de confinement autour du cœur. Généralement doublée, elle représente la dernière barrière entre les produits de fission et l'environnement, et était inexistante dans la centrale de Tchernobyl.

À l'origine, la forme choisie pour exprimer le mieux la présence du cœur nucléaire a été la sphère. Ainsi l'architecte Jean Desmarets a-t-il logé en 1956 le réacteur graphite-gaz EDF 1 de la centrale de Chinon – qui abrite aujourd'hui le musée de l'Énergie nucléaire –, dans une sphère en acier de 55 m de diamètre, dont la peau est formée par des tôles de 2 et 3 cm d'épaisseur soudées entre elles.

Depuis, cet expressionnisme a laissé place à un rationalisme plus strict. Ainsi, des années cinquante, pionnières dans la réalisation des centrales, aux années soixante-dix, qui ont vu la réalisation de nombreuses constructions, souvent standardisées en France – et malgré le travail esthétique mené dès 1974 pour EDF par un collège de neuf architectes sous la houlette de Claude Parent –, on est passé de la sphère au cylindre, et de l'acier soudé aux caissons de béton précontraint. **G. M. J.**

Centre Georges Pompidou

Paris, France, 1977.

Inauguré en 1977, le Centre Georges Pompidou, conçu par Renzo Piano et Richard Rogers, architectes, et Ove◆ Arup & Partners, ingénieur, a connu un succès durable en dépit d'un parti architectural longtemps jugé agressif par les adeptes d'une urbanité d'essence plus traditionnelle. Répondant à un programme ambitieux

cumulant toutes sortes de fonctions, musée, bibliothèque, soutien à la création, expositions, le projet remis par Piano et Rogers à l'occasion de la consultation internationale (lancée en décembre 1970 et jugée en juillet 1971) devait beaucoup aux idées développées par le mouvement anglais Archigram dans les années soixante, ainsi qu'aux exemples donnés par Jean Prouvé◆ ou Richard Buckminster Fuller◆, ces tenants d'une modernité résolument non académique, tournée vers les techniques contemporaines et l'usage innovant du métal. En dépit de négociations souvent complexes avec les autorités françaises, la fidélité du bâtiment réalisé à l'inspiration qui animait au départ ses auteurs se révèle remarquable.

L'accent mis sur la flexibilité des espaces ainsi que la volonté de créer deux zones de circulation, l'une pour les services, l'autre pour les visiteurs, de part et d'autre du bâtiment, ont toutefois conduit à une modification profonde de l'ossature conçue en 1970-1971 par les architectes, en collaboration avec l'équipe d'ingénieurs d'Ove Arup, placée sous la direction d'Edmund Happold◆. Le refus de tout point d'appui intermédiaire, qui aurait nui à la flexibilité des espaces intérieurs, entraînait en effet des portées de près de 45 m. À cela s'ajoutait la nécessité de supporter les circulations prévues en façade. Compte tenu de ces exigences, l'ossature de poteaux et de poutres simples prévue dans le premier projet devenait beaucoup trop massive et coûteuse. Élaborée après bien des

tâtonnements, la structure définitive doit beaucoup à Peter Rice◆, qui faisait partie de l'équipe d'Ove Arup. Son principe consiste à faire porter les grandes poutres de l'édifice par des éléments à bascule saillants, dénommés « gerberettes » en référence au type de pont cantilever élaboré par l'ingénieur allemand Heinrich Gerber◆ au XIXᵉ siècle. Supportées par les poteaux, les gerberettes permettent de décomposer la charge des poutres en un effort de compression et un effort de traction. L'effort de compression se transmet aux poteaux, de 85 cm de diamètre et de 42 m de hauteur, tandis que l'effort de traction se trouve repris au moyen de tirants. Cette structure dynamique confère aux façades du Centre une épaisseur qui n'était pas prévue dans le projet initial, épaisseur mise à profit pour les circulations. L'emploi d'acier moulé pour les gerberettes leur donne d'autre part une apparence quelque peu différente des autres pièces de la construction, ce qui contribue à l'effet de complexité produit par le bâtiment.

Par son souci de contrôle des paramètres d'ambiance, le Centre Georges Pompidou participe de cette « architecture de l'environnement bien tempéré » décrite par Reyner Banham dans l'un de ses livres. Dans un contexte français marqué par une nette séparation entre le travail architectural et la mise au point technique des projets confiée aux bureaux d'étude, la volonté des architectes de maîtriser jusqu'aux moindres détails du bâtiment au moyen d'un dialogue permanent avec les ingénieurs a constitué une référence pour envisager un élargissement des compétences architecturales. Conçu au départ comme une sorte d'hymne à la flexibilité et au provisoire, le Centre s'est progressivement transformé en une institution beaucoup plus

difficile à faire évoluer que prévu. Cela ne l'empêche pas de continuer à incarner, pour le grand public comme pour les professionnels de l'architecture, des valeurs d'optimisme technologique et de liberté. **A. P.**

Cessart (Louis-Alexandre de)

Paris, France, 1719 – *id.*, 1806.

D'abord promis à une carrière militaire, Louis-Alexandre de Cessart doit y renoncer à la suite d'ennuis de santé. En 1751, il est nommé ingénieur de la généralité de Tours, où il construit en 1756 le pont de Saumur, dont les piles sont fondées par caissons. Ingénieur en chef de la généralité de Rouen en 1775, il réalise un certain nombre de travaux maritimes tels que les écluses de chasse du Tréport et de Dieppe. Il prend en charge en 1781 la direction des travaux du port de Cherbourg, vaste entreprise stratégique qui nécessite la création ex nihilo d'une immense rade destinée à abriter la flotte française. La grande digue devant protéger cette rade doit être assise sur 80 cônes en charpente remplis de pierres. On en met 18 en place, mais l'entreprise échoue, faute de moyens suffisants. Cessart achève sa carrière par la construction du pont des Arts♦, premier pont métallique construit en France. **B. L.**

Chantier

Le chantier est l'affaire des entrepreneurs. Pour évidente qu'elle paraisse, cette situation n'est pas sans poser quelques problèmes théoriques. Tout d'abord, le chantier de construction constitue un moment de la production dont la détermination concrète est soumise aux différentes prescriptions qui le commandent. En cela, celles qui émanent de l'ingénieur (du bureau d'études) ou de l'agence d'architecte demeurent primordiales, au moins formellement. Ensuite, l'organisation du chantier, effectivement affaire des entreprises de construction, échappe bien souvent à l'autorité de production elle-même : ni l'entreprise « générale », ni le bureau de méthode, lorsqu'il est mandaté, ne sont à même d'objectiver dans une forme quelconque la constellation et le déroulement des tâches de production, elles-mêmes découpées et activées à partir de moteurs extrêmement variables, dans leur puissance comme dans leur opérationalité. On reviendra sur l'image de ce mécanisme déroutant, apparemment contraire aux exigences de rationalité et de productivité que réclame ce secteur de la production. Auparavant, essayons de spécifier à grands traits les caractéristiques de ce lieu et de ce moment de la production que l'on appelle chantier.

Lieu et moment : le chantier se caractérise effectivement autant par la position qu'il occupe dans l'espace que par son déroulement dans un continuum marqué par une ouverture et par une fin, la réception des travaux. Ces deux aspects sont évidemment corrélés : à chaque déplacement correspond un renouvellement, impliquant réinstallation, réorganisation. Les économistes et les spécialistes de l'organisation du travail ont toujours souligné le caractère forain de ce secteur de la production, reconnaissant comme savoir-faire à part entière des entreprises leur capacité d'adaptation à des situations nécessairement changeantes (et économiquement très fluctuantes). On peut même dire que ce qui rapproche in fine les nombreux acteurs de la production en chantier, c'est leur pouvoir de mobilisation, indépendamment des spécialités techniques qu'ils développent et de leur capacité à se lier occasionnellement sur le même objet. Retenons ainsi cette première spécification du chantier, qui contient certainement tous les germes de son identité en tant que dispositif productif particulier : un mode de production caractérisé par la mobilité du producteur et par l'hétérogénéité des tâches de production.

On conçoit que le chantier puisse être l'objet de grands exploits. Exploit technique, exploit

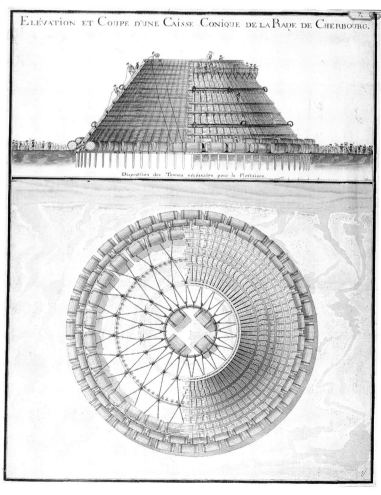

Chantier. Rotonde SNCF, Avignon, 1946, Bernard Laffaille, ing. (ci-dessus).

Cessart (Louis-Alexandre de). Cônes de Cherbourg (ci-contre).

ouvrier. Tout projet est par lui-même une sorte d'optimisation, souvent complexe, des contraintes avec lesquelles il lui faut jouer (mécaniques, fonctionnelles, financières, maintenance…). Il tend à modéliser in situ l'exceptionnel : c'est la part technique de l'exploit. L'ouvrier, quant à lui, représente en réalité une entité plurielle, hétérogène. Le chantier est théoriquement la manifestation de sa propre optimisation (en temps de travail, en matériel). En cela, il constitue une sorte de performance : gestualité hétéronome mais réglée, intégrant cependant une certaine puissance d'improvisation (outre une compétence technique, ce que l'on demande à l'entrepreneur, c'est une compétence tactique pour s'adapter à l'imprévisible). Cette figure de la performance n'est pas une figure économique pour autant. En effet, les métiers engagés sur un chantier apparaissent doublement coordonnés : par la forme du projet d'une part, par leur capacité opératoire d'autre part (la tradition de métier, très ancrée dans le secteur, même chez les majors). Rarement, pourtant, les logiques du projet se superposent aux logiques de l'action. Un processus double, en permanent décalage, où les exigences du plan entrent fréquemment en conflit avec les exigences du geste, tel se présente le chantier de construction aujourd'hui.

D'un autre point de vue, le chantier se reconnaît par ce qu'il est : un ouvrage en cours d'érection, faisant à la fois office de poste de travail et d'objet de travail, et autour duquel s'agite toute une population ouvrière. Et par ce qu'il n'est pas : une industrie. Voilà sans doute le point le plus sensible de sa caractérisation en tant que forme de production. Le produit qui résulte des multiples travaux rassemblés en ce lieu singulier ne procède pas de l'industrie, au sens que l'économie politique donne à ce terme. Alors à quel modèle productif le chantier obéit-il ? Plusieurs auteurs s'accordent à reconnaître en lui une sorte de manufacture, effectivement caractérisée par une division et une organisation du travail où le travail manuel, non objectivé par un quelconque processus mécanique, a une part prépondérante dans la production. Corollairement, c'est le plan de l'ouvrage, traduit en organigramme de tâches, qui fait office d'organe régulateur de l'ensemble du dispositif de production. Le dessin dit « d'exécution » constitue la principale interface dans ce dispositif : sous un signe, une tâche. Et si le chantier trouve effectivement dans la masse documentaire graphique et écrite issue des bureaux

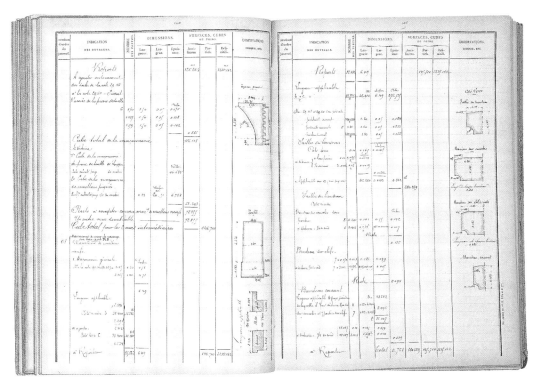

Chantier. Pont Alexandre III, Paris, 1900, Jean Résal, ing. Cahier avec croquis (en haut).

Immeubles en construction sur la place Potsdamer, Berlin, v. 1996, Renzo Piano, arch. (en bas).

d'études la raison de sa conduite, inversement, c'est cette puissance de travail, mobilisable et agençable au gré des besoins de la construction, qui commande une forme spécifique de régulation, dans les conditions qu'elle dicte en tant que puissance de travail. Cette apparente inversion dans l'ordre des déterminations n'est qu'une façon de dresser autrement la perspective économique dans laquelle on cherche à cadrer le phénomène du chantier. En réalité, il ne s'agit pas de désigner une locomotive (le projet ? le travail ?), mais de rendre compte d'un processus disséminé, souvent irrationnel, particulièrement archaïque dans ses méthodes, et difficile à cerner dans la mesure où son caractère éphémère fondamental (un chantier naît et meurt pour renaître autrement, ailleurs) lui ôte la faculté de mémoire nécessaire à sa reconnaissance (à son identité économique). Cette part d'amnésie est inscrite dans les gènes de ce segment de la production, que seule l'œuvre cristallise par devers elle, et qui contribue peut-être à sa qualité esthétique. **C. S.**
VOIR AUSSI **Coffrage** ; **Échafaudage** ; **Grue**.

Chatsworth (grande serre de)

Chatsworth, Derbyshire, Grande-Bretagne, 1840.

La grande serre de Chatsworth est la construction de jardin en bois et en verre la plus importante du début du XIXe siècle. Réalisée de 1836 à 1840 pour le sixième duc du Devonshire, elle survit jusqu'en 1920, date à laquelle elle est démolie. Bien des techniques utilisées par Joseph Paxton♦ dans sa construction annoncent celles qui seront mises en œuvre dans le Crystal♦ Palace.

Le bâtiment est conçu de manière à fournir les conditions requises pour cultiver des plantes de climat tempéré. C'est une structure rectangulaire de 84,50 m de long, comprenant une section centrale haute, flanquée de deux nefs latérales plus basses. La toiture tout entière est en bois et en verre : le vitrage plissé, soutenu par des nervures formées d'un assemblage de lamelles en bois, est constitué de panneaux de verre d'une longueur de 1,20 m – dimension sans précédent à l'époque. Les nervures sont supportées par des colonnes en fonte reliées par des poutres en fer. Le bâtiment est ceint à hauteur de colonne par une galerie qui permet aux visiteurs de se promener dans les feuillages des plantes exotiques.

Pour construire cette immense structure,

Paxton a mis au point des méthodes de production en préfabriqué, utilisant des pièces normalisées qui facilitent l'assemblage sur le chantier. Il n'a alors que trente-quatre ans, et le duc décide de prendre un autre avis sur le projet en s'adressant à l'architecte Decimus Burton. Malgré cette consultation, il ne fait aucun doute que la paternité du projet revient à Paxton ; les projets majeurs qu'il réalisera ultérieurement en portent d'ailleurs manifestement la trace. **R. T.**

Chauffage

Les premières techniques de chauffage remontent à la préhistoire. Les foyers ouverts en position centrale (– 400 000 ans), puis les braseros

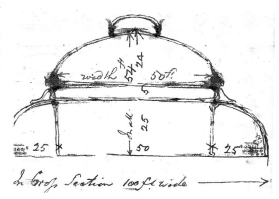

mobiles sont les moyens utilisés à l'origine. En 80 av. J.-C., Caius Sergius Orata, pisciculteur, invente l'hypocauste, un système de chauffage à rayonnement des thermes. Les fumées du foyer souterrain à combustion lente circulent sous la dalle et dans l'épaisseur des murs. Cette invention, qui ne survivra pas à l'effondrement du monde romain, fascinera les ingénieurs du XIXe siècle qui en étudieront les vestiges.

L'étape suivante est l'apparition de la hotte au-dessus du foyer, d'abord central, puis adossé au mur à partir du XIIe siècle (dans les donjons des châteaux, ensuite dans les habitations bourgeoises). Dans les régions alémaniques naissent les poêles de céramique au XIIIe siècle et les poêles métalliques à la fin du XVe siècle, systèmes à alimentation arrière avec des labyrinthes à fumées. Peu à peu, les foyers des cheminées voient leur volume se réduire, comme ceux des pièces à chauffer. C'est au XVIIe siècle que les ouvrages de « caminologie », ou traités des cheminées, fleurissent : il s'agit d'améliorer le tirage, le rendement et l'économie du combustible. Parallèlement à ces approches théoriques souvent peu convaincantes, les inventions se multiplient avec les cheminées de Benjamin Franklin, Désarnod, Curaudau, Benjamin Thomson, comte de Rumford, etc. Au cours du XVIIIe siècle, le désir de « confort » s'accroît et le nombre des chemi-

Grande serre de Chatsworth. Dessin en coupe de la serre par Decimus Burton et Richard Turner, 1844 (en haut) ; vue générale (en bas).

nées augmente : jusqu'à une par pièce principale. Mais c'est incontestablement au XIXe siècle que les méthodes vont se diversifier, tout comme les énergies. Les petits poêles en tôle pliée et rivetée vont céder la place à des produits de plus en plus industrialisés comme les poêles en fonte moulée de Jean-Baptiste André Godin, qui commence sa production à Guise en 1846. Leur nombre augmente durant la deuxième moitié du siècle avec d'autres fabricants.

Le XIXe est le siècle de l'émergence du chauffage central : en 1802, Mathew Boulton et James Watt installent un système à circulation de vapeur dans une filature. Plus que d'une invention, il s'agit d'un transfert de technologie, car il existe depuis 1770 un incubateur (à œufs) chauffé à l'eau conçu par M. Bonnemain, et bien des serres sont chauffées avec des canalisations d'eau depuis le XVIIIe siècle. Les premiers vrais développements concernent surtout des bâtiments publics : prisons, hôpitaux, théâtres et bibliothèques, par souci d'économie ou de sécurité contre l'incendie. Les expériences se multiplient : circuits à eau chaude (thermosiphon) ou à vapeur, système à convection ou à rayonnement. Les chaudières et les tuyauteries se perfectionnent avec les progrès du secteur industriel. Citons les innovations des ingénieurs Jacob Perkins et Thomas Tredgold, et les traités de E. Peclet, L. Ser, H. Rietschel, Rinaldo Ferrini et M. Hottinger. Au XIXe siècle, les combustibles se diversifient : au bois et charbon de bois s'ajoute dans un premier temps le charbon, importé, puis produit en France. Dès 1880 apparaissent les réseaux de gaz de houille et d'électricité, surtout utilisés pour l'éclairage, même si les premiers appareils de chauffage sont créés. C'est aussi en 1877 que le premier réseau de chauffage urbain est installé à Lockport, au nord de l'État de New York, par Birdsill Holly.

Le XXe siècle se caractérise par le développement quantitatif et l'amélioration des systèmes mis au point au siècle précédent et, avant guerre, par des expériences nouvelles dont les effets sont plus tardifs. Les progrès concernent la régulation (comptage, horloge, mesures diverses) et la généralisation de l'usage de pompes pour le chauffage central et le conditionnement d'air. Des études précises sur la physiologie humaine permettent de définir la notion de confort. Les nouveaux systèmes sont le chauffage à air chaud pulsé et le chauffage à rayonnement des planchers et plafonds.

Le chauffage urbain fait son apparition en France à Paris et à Villeurbanne ; son expansion date des années soixante. L'amélioration réelle du confort thermique de l'ensemble de la population se réalise dans les vingt années qui suivent la dernière guerre, avec la diversification des énergies. Depuis le choc pétrolier de 1973, les progrès se sont concentrés sur la réduction des déperditions thermiques des bâtiments, sur la régulation et les commandes électroniques, sur l'accroissement des performances et de la sécurité des chaudières. Les axes économiques et écologiques seront certainement au centre des futurs développements. **E. G.**

Chemins de fer

Symboles puissants et exemplaires de la révolution industrielle, liés aux inventions conjointes de la machine à vapeur et de la chaudière tubulaire – inventions dont les auteurs sont l'Anglais George Stephenson et le Français Marc Seguin♦ –, les chemins de fer incarneront l'une des technologies les plus avancées du XIXe siècle. Aux ingénieurs civils, bâtisseurs de ponts et de tunnels, entrepreneurs de docks et de canaux, ils offriront un nouveau et durable débouché. Mais, tributaire des données de la géographie physique et humaine, lourd d'enjeux stratégiques, mobilisant d'énormes capitaux publics ou privés, le développement des chemins de fer connaîtra des rythmes et une extension très variables d'un pays à l'autre, empruntant souvent les voies d'un modèle spécifique tant aux plans juridique et politique que technologique.

Ainsi en Grande-Bretagne, berceau des chemins de fer, l'esprit de libre entreprise, le faible interventionnisme de l'État, la tradition industrielle orientent le régime ferroviaire vers la libre concurrence et une forte émulation économique, qui donneront naissance à une multitude de petites compagnies se partageant le territoire et dont la gestion souple recherche le profit de capitaux privés mobilisés. Un tel système offre à de très nombreux ingénieurs civils l'occasion de s'assurer une renommée précoce et internationale de pionniers en tant que constructeurs de lignes, concepteurs de matériel roulant ou managers-exploitants de réseau. Ce modèle libéral sera encore plus prononcé aux États-Unis : la libre entreprise ferroviaire signifie la concurrence frontale entre les compagnies concentrées simultanément dans les contrées et autour des mêmes axes réputés

rentables, la rentabilité à court terme des capitaux engagés étant une priorité. En France, au contraire, l'emportant sur les vues libérales des ingénieurs saint-simoniens, la tradition étatiste en matière de travaux publics et de voies de communication, soutenue par l'administration des Ponts et Chaussées, induit un régime accusé d'économie mixte ferroviaire, où l'Administration et ses ingénieurs fonctionnaires d'État conserveront longtemps un fort rôle tutélaire, tant technique que commercial, sur des compagnies concessionnaires assujetties à un pesant cahier des charges : à travers ses exigences de régularité, de sécurité et de continuité, une culture de service public imprègne profondément en France la conception et l'exploitation des chemins de fer, dont l'État entend irriguer tout le territoire ; en contrepartie, excluant toute concurrence, les exploitants concessionnaires bénéficient d'un confortable monopole. Dans d'autres pays, comme la Belgique ou la Prusse, le chemin de fer, plutôt conçu comme le moyen d'asseoir, puis d'affirmer sur le territoire l'identité nationale ou l'autorité gouvernementale, demeure une affaire d'État, construit puis exploité avec une grande largesse de vue par des ingénieurs fonctionnaires.

En regard de contextes nationaux aussi variés, l'on trouve une grande diversité de profils et de carrières d'ingénieurs du rail – comme autant d'enjeux qui stimulent leurs pratiques ou imprègnent leurs œuvres.

En Grande-Bretagne, la réputation des ingénieurs civils, souvent très polyvalents, se fonde sur un savoir-faire technologique, qui cumule chez les entrepreneurs de lignes et d'ouvrages d'art l'expérience renouvelée des chantiers de construction, et chez les mécaniciens constructeurs de locomotives les références en matière de commandes passées à leurs ateliers. En France, le diplôme de l'ingénieur, qu'il soit civil (École centrale des arts et manufactures) ou d'État (ingénieurs des Mines, des Ponts et Chaussées), régit rapidement les carrières et l'accès éventuel aux postes de direction des compagnies. Très vite se dessinent des profils contrastés : d'un côté des innovateurs spécialistes de la traction ou des ouvrages d'art, de l'autre des carrières plus administratives, standardisées. Ainsi, l'ingénieur des Ponts et Chaussées passera tout tranquillement de la construction des lignes à la tête du service de l'entretien des voies, ce qui constituera pour lui un tremplin vers le service de l'exploitation,

Affichette de Hugo d'Alesi, Bordeaux, 1902 (ci-contre).

Viaduc de Lethbridge, Alberta, Canada, v. 1890 (ci-dessous).

puis vers la direction générale, où il sera alors chargé de conduire les négociations stratégiques avec une administration de tutelle qu'il connaît bien. Au technologue pragmatique anglais, au théoricien scientifique français, tous deux stimulés par une certaine émulation technicienne, ou au fonctionnaire administratif prussien soucieux de normalisation technique, on peut opposer le responsable stratège américain, obnubilé par le profit immédiat, plus porté à innover en matière de structures efficaces de gestion que de technologies sophistiquées : pour l'historien Alfred D. Chandler, les compagnies américaines de chemin de fer sont le berceau du management moderne de la grande entreprise.

D'un pays à l'autre, les différentes normes, pratiques et cultures des ingénieurs s'inscriront durablement dans des paysages ferroviaires variés. Ainsi en France, le long de lignes tracées aussi droit que possible, s'égrènent de multiples ouvrages d'art souvent singuliers, tunnels, tranchées, remblais, ponts et viaducs, qui mettent en valeur le travail de leurs ingénieurs-concepteurs ; comme la plupart des ouvrages réalisés par l'État, ils seront longtemps construits selon des procédés éprouvés, massifs et sûrs, fussent-ils d'un coût élevé. Sécurité de l'exploitation oblige, la norme est celle de deux voies par ligne. À l'opposé, aux États-Unis, les tracés sont conçus à l'économie : surélevée, la voie permet d'éviter de trop coûteux tunnels, au prix de nombreux ponts initialement édifiés sur des pilotis en bois, dont l'aspect précaire et fragile choque l'ingénieur français en visite ; contournant les obstacles naturels grâce à de faibles rayons de courbure, elle va favoriser le développement pionnier des bogies ; unique, elle est simplement entrecoupée de garages permettant le croisement des trains. Tant pis si cette exploitation ferroviaire très libérale se révèle en fin de compte bien moins sûre que sur le vieux continent européen !

La conception fonctionnelle des gares révèle les mêmes enjeux sous-jacents, variables d'un pays à l'autre – tout comme celle des locomotives : en France, où le charbon coûte cher, leurs concepteurs rechercheront la performance thermodynamicienne au prix d'une sophistication technologique continue. Construites en petites séries, ajustées à tel trafic ou telle desserte, les locomotives sont confiées à un mécanicien et à un chauffeur titulaires, chargés, moyennant primes, d'en tirer le meilleur rendement. Au contraire, aux États-Unis, c'est le rendement kilométrique qui l'emporte, ce qui implique de préférence des locomotives faciles de conduite et d'entretien, exploitées en banalité, construites en grande série et vendues sur catalogue par des entreprises de construction spécialisées.

Autrement dit, dans les compagnies qui bénéficient d'un monopole de droit ou de fait et qui sont plus ou moins régies par des contraintes de service public, les ingénieurs se consacrent notamment à perfectionner sans cesse l'exploitation technique des chemins de fer et ses dispositifs de sécurité. À l'inverse, là où joue une très forte concurrence, ils sont incités à développer tout ce qui peut contribuer à l'amélioration du confort du voyageur : bogies, suspensions, chauffage et éclairage, voitures à intercirculation ou équipées de couchettes et de salles à manger – toutes ces innovations participant d'un effort commercial permanent.

Ainsi le poids relatif du marché ou du service public dans chacune des compagnies a inégalement stimulé, puis durablement affecté les penchants de la culture des ingénieurs, culture partagée entre ses deux composantes, commerciale et technique.   G. R.

VOIR AUSSI **Gares** ; **Réseaux**.

Chestnut-DeWitt (immeuble résidentiel)

Chicago, Illinois, États-Unis, 1965.

Les 43 étages de la résidence Chestnut-DeWitt représentent la première de toute la série d'expériences structurelles sur les systèmes tubulaires appliqués aux immeubles de grande hauteur qu'entreprend Fazlur Rahman Khan♦, ingénieur de la société SOM, en collaboration avec Myron Goldsmith♦.

Habillée de marbre travertin, cette tour en béton armé, coulé sur place, tire la sveltesse de son profil de ses colonnes extérieures resserrées (1,70 m de centre à centre) et reliées par des poutres-cloisons (de 60 cm) servant d'allèges pour produire une coque de contreventement continue (configuration en « tube à armature ») qui s'étend sur chaque façade et autour des angles du bâtiment. Les piliers carrés et massifs forment une colonnade continue au niveau du sol ; la façade monolithique en réseau est percée de fenêtres correspondant aux espaces laissés vacants entre les colonnes et le tube à armature.

Si des projets similaires ont déjà été construits, l'innovation majeure introduite par Fazlur R. Khan réside dans son appréciation de l'action tridimensionnelle des sections tubulaires, ainsi que dans la façon dont des montants aussi proches les uns des autres, placés le long du pourtour, parviennent à créer la résistance structurelle principale du bâtiment vis-à-vis des efforts latéraux. En concentrant ainsi la résistance latérale, Khan améliore nettement la rigidité – sans augmenter les coûts –, protégeant la dalle des effets éventuels d'une forte charge latérale. En réalité, il a fallu attendre que Khan

Chemins de fer. Le TGV Atlantique.

Immeuble résidentiel Chestnut-DeWitt.

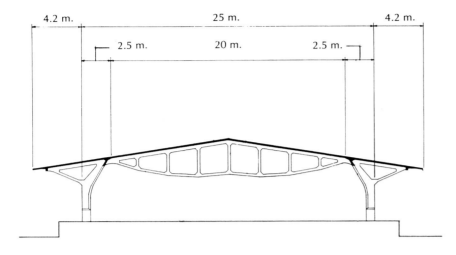

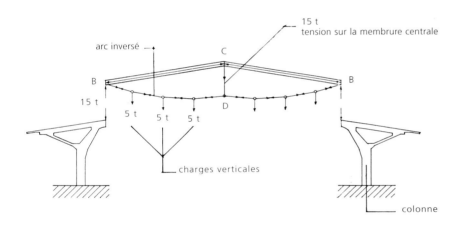

Hangar des Magazzini Generali de Chiasso, schémas :
principes structurels d'après David P. Billington (en haut, au milieu) ;
l'ouvrage terminé (en bas).

conceptualise le système de tube à ossature structurelle entièrement tridimensionnelle, dans lequel toute l'inertie du bâtiment est prise en compte pour s'opposer aux efforts latéraux, pour que les structures en béton soient capables d'atteindre des hauteurs de plus de 15 étages. **B. S. C.**

Chiasso (hangar des Magazzini Generali de)

Chiasso, canton du Tessin, Suisse, 1924.
Robert Maillart♦ conçoit en 1924 cette structure unique en son genre, dont les fermes rappellent les poutres-treillis, en imaginant un câble fixé à chacune de ses extrémités à deux colonnes incurvées vers l'intérieur, et soutenu à mi-portée par une suspente fixée au faîtage. Il crée ainsi une série d'arcs renversés en béton armé, avec une inflexion en leur milieu, arcs chargés par de minces éléments verticaux qui les relient aux arbalétriers. Les treillis qui en résultent reposent sur des colonnes dont la largeur augmente progressivement pour former des cadres, qui assurent le contreventement dans la direction perpendiculaire aux treillis tout en réduisant la concentration des charges exercées par ces derniers. Maillart conçoit les arbalétriers de manière à ce qu'ils soient rigidifiés par la toiture en béton coulé, et que les flexions s'exerçant sur les arcs renversés soient négligeables.
Cette structure très typée, incluant les consoles extérieures qui jouent le rôle de contrepoids, illustre la vision d'un concepteur en pleine maturité – forme nouvelle dans laquelle toutes les parties ont une fonction déterminante, techniquement et esthétiquement, qui fait de ce bâtiment une œuvre de l'art des structures de tout premier ordre. **D. P. B.**

Choisy (pont de)

Choisy-le-Roi, Val-de-Marne, France, 1965.
Le pont de Choisy franchit la Seine à 7 km au sud de Paris. Pont de moyenne portée, mesurant 131 m de longueur (38 m + 55 m + 38 m), il est constitué de deux demi-ponts identiques de 14 m de largeur, accolés entre eux. Il a fait l'objet de deux innovations majeures, qui ont permis de réduire d'un facteur 10 la durée nécessaire à la construction des tabliers.
Le principe découle de celui des ponts sur la Marne construits par Eugène Freyssinet♦ ; cependant, pour ces derniers, l'ingénieur, qui

ne disposait que de mortier pour les joints, avait préfabriqué les voussoirs les plus longs possibles, alors qu'à Choisy ils ne mesurent que 2,50 m, et sont collés par un film de résine époxy. Ils ont été préfabriqués « à joints conjugués », c'est-à-dire que la face avant du premier voussoir sert de coffrage au voussoir suivant, de façon à obtenir une adhésion parfaite. Cette technique permet dès lors de préfabriquer les voussoirs en continu, indépendamment de la pose, puis de les mettre en place sans perdre le temps du séchage.

L'usine de préfabrication étant située le long de la Seine, à proximité de l'emplacement du pont, ces voussoirs de 20 t ont été amenés à pied d'œuvre par bateaux, puis hissés en place au moyen d'une grue flottante. Leurs faces comportent des tenons et des mortaises qui, en s'emboîtant, supportent les efforts tangentiels pendant le durcissement de la colle. Autre avantage, l'ouvrage est continu, sans articulation d'effort tranchant en travée, ce qui réduit les déformations différées.

L'étude du pont de Choisy a été faite par Jean Muller♦ et Jacques Mathivat♦, sous la direction de Jean Chaudesaigues – tous ingénieurs de l'entreprise Campenon-Bernard♦. Sa réalisation s'est effectuée entre août 1962 et août 1965. C'est cependant lors de la construction du viaduc d'Oléron♦ que les gains de temps obtenus ici vont se révéler les plus importants. **B. M.**

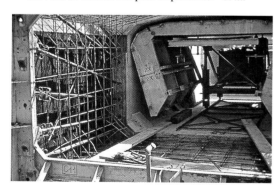

Choukhov (Vladimir)

Grajvoron, Belgorod, Russie, 1853 – Moscou, 1939.

Vladimir Choukhov étudie entre 1871 et 1876 à l'École polytechnique de Moscou et y acquiert une formation d'« ingénieur mécanicien » ; il accepte rapidement un poste au sein de l'entreprise de construction moscovite Bari, où il exercera pendant toute sa carrière la fonction d'ingénieur en chef. L'étendue et la variété de ses activités sont impressionnantes. Outre des travaux scientifiques d'une portée fondamentale, son œuvre comprend de nombreuses innovations et inventions techniques, notamment des pompes, des pipelines, des chaudières à vapeur, et les premiers pétroliers russes. C'est lui qui invente le procédé de craquage des hydrocarbures – la fission du pétrole brut pour fabriquer l'essence. Le principe de conception qu'il imagine pour ses réservoirs de pétrole cylindriques – plus de 20 000 seront construits avant 1917 – est encore appliqué aujourd'hui. C'est aussi un pionnier dans le domaine des techniques de fabrication à la chaîne.

Choukhov s'est également rendu célèbre pour ses structures. On lui doit les ponts de lignes ferroviaires entières, des usines, des halles d'exposition et des gares, des châteaux d'eau, des phares, des pylônes électriques ou télégraphiques. Il a collaboré avec les plus grands architectes russes à la construction de nombreux édifices moscovites.

Il excelle dans l'art de construire économiquement – à peu de frais, et avec peu de matière. Ses toitures suspendues, ses structures en arc, ses coques en treillis et ses tours en forme d'hyperboloïde de révolution sont autant de solutions nouvelles qui suscitent l'admiration, qu'il s'agisse de leur légèreté, inenvisageable jusqu'alors, de la simplicité et de l'élégance de la construction, et de leur forme, d'une audace inédite. À la fois aboutissement et

sommet des constructions métalliques du XIXᵉ siècle, tous ces édifices anticipent déjà sur des évolutions futures.

C'est à partir des années 1890 environ que Choukhov commence à s'intéresser au bâtiment, sans négliger pour autant ses nombreuses autres activités. Cet intérêt trouve sa source dans les recherches fondamentales qu'il mène pour trouver des solutions théoriquement possibles. En quelques années seulement, il parvient à inventer et à construire différentes structures de toit, si radicalement nouvelles que cette seule contribution suffirait à le placer d'emblée au premier rang des ingénieurs et des constructeurs de son temps.

Avant 1890, il avait déjà conçu des structures ultralégères en arc, dotées de frêles éléments de traction diagonaux. L'effet de portance de ces fermes en arc se distingue fondamentalement des structures employées jusqu'alors, inversant littéralement le principe de construction en usage à l'époque. En effet, ce n'est plus la partie de la voûte sous charge que l'on soutient, mais l'écartement de la partie de voûte voisine que l'on évite à l'aide des éléments de traction (effet réalisé dans le grand magasin Goum et dans le passage Petrovskij à Moscou). En 1895, Choukhov dépose un brevet pour son système de toit en réseau. Il s'agit de réseaux et de grillages à mailles rhombiques formés de bandes et de cornières métalliques, qui permettent de réaliser des toitures suspendues et des coques en treillis de faible poids et de grande portée. Ces structures autoporteuses, d'un type entièrement nouveau par rapport aux ossatures spatiales traditionnelles – composées d'éléments principaux et secondaires –, sont constituées d'un réseau plat d'éléments de construction de même valeur.

En 1896, Choukhov présente pour la première fois ses nouvelles toitures au public, à l'occasion de l'exposition panrusse de Nijni-Novgorod♦. La société Bari construit pour cette manifestation huit halles d'exposition aux dimensions imposantes (la plus grande occupe 10 000 m²). Une halle ronde, deux rectangulaires et une ovale sont recouvertes de toitures suspendues formées de bandes de fer rivetées en un réseau revêtu ensuite de tôles. Les bandes de fer sont découpées sur le chantier, puis montées selon des procédures simplifiées et répétitives (la construction durera trois mois). Quatre autres halles sont équipées de coques en treillis à voûte en berceau (dont la plus grande portée est de 32 m). Leurs treillis

Le pont de Choisy : vue intérieure d'un voussoir (en haut) ; l'ouvrage terminé (en bas).

sont assemblés par vissage de cornières entrecroisées à cintre elliptique. Des éléments de traction rigidifient les surfaces du treillis.

Jusqu'en 1904, Choukhov ne recouvrira pas moins de trente bâtiments avec de telles coques en treillis. Pour une halle à Vyksa (Russie), il franchit en 1897 un pas décisif en concevant un voile autoporteur à double courbure, appliqué à cette variante cintrée et au mode de compression de ses toitures en treillis. Les 5 cintres transversaux (chacun de $38,50 \times 14,50$ m) en berceau sont des coques à symétrie de translation.

À Nijni-Novgorod, Choukhov édifie également en 1896 un château d'eau, dont le treillis est adapté à une structure verticale en forme d'hyperboloïde de révolution. C'est la première fois que cette surface de révolution est employée pour un bâtiment. Elle permet de produire une surface de treillis à double courbure à partir de barres simplement disposées à l'oblique. Il en

résulte une structure de tour à la fois rigide et légère, dont le calcul et la fabrication peuvent s'effectuer avec simplicité et élégance. De nombreux châteaux d'eau et deux phares adopteront cette même forme.

L'étape suivante de l'évolution du procédé conduit, en 1919-1922, à la tour d'émission radio Chabolovka à Moscou♦, l'une des plus importantes réalisations de Choukhov. 6 hyperboloïdes de révolution superposés composent une structure conique en treillis à la silhouette fine, d'une hauteur de 150 m. Cette façon de procéder par empilement de segments distincts pour construire la tour ouvre la voie à un procédé de montage d'une simplicité confondante, inventé par Choukhov lui-même. Pourtant, les pylônes haute tension de 60 et 120 m qu'il construira sur l'Oka (Russie) en 1927-1929 lui donneront l'occasion d'améliorer encore la légèreté et la finesse de ses réalisations. **R. G.**

Christiani (Fritz Rudolf)

Salskobing, Danemark, 1870 – ?, 1960.

Fils de pasteur, Fritz Christiani suit les cours de l'École polytechnique de Copenhague, dont il sort diplômé en 1900. Il entre alors comme ingénieur aux chantiers navals Burmeister & Wain, qu'il quitte en 1902 pour suivre en auditeur libre les cours de l'École des ponts et chaussées à Paris, tout en travaillant chez François Hennebique♦. L'année suivante, il travaille chez Karl Brandt à Düsseldorf. De retour au Danemark, il s'associe à Aage Nielsen, fils du directeur des chantiers navals Burmeister & Wain et lieutenant de la Marine royale, pour créer son entreprise.

Cette entreprise sera l'une des premières, dans le nord de l'Europe, à utiliser le béton armé. En 1919, attirée par le marché qu'offre la reconstruction, elle fonde en France une

Choukhov (Vladimir). *Grand magasin Goum, Moscou.*

Ciment. Cristaux hexagonaux de portlandite, l'un
des constituants principaux de la pâte de ciment.

agence qui se transformera en société anonyme en 1921, ouvrant son conseil d'administration à Augustin Mesnager et à Charles Rabut♦. **B. M.**

Ciment

Le ciment, né de la terre et du feu, est le produit le plus fabriqué sur notre planète – près d'un milliard de tonnes par an. Le mot « ciment » provient du latin *cœmentum*, qui désigne un agglomérat de moellons et de pierres utilisé en maçonnerie avec des mortiers de chaux et de pouzzolane.

L'industrie cimentière est jeune : la production du ciment naturel date de 1830, et c'est seulement vers 1856 que naît en France l'activité du ciment artificiel.

Le produit de base, dénommé par le mot anglais *clinker*, s'obtient par transformation physico-chimique d'un mélange de calcaire (80 %) et d'argile (20 %). Les opérations de concassage des matières premières extraites, de préhomogénéisation fournissant le cru, de broyage, d'homogénéisation du cru, de cuisson, le refroidissement du *clinker* obtenu, l'opération de broyage du cuit et les additions d'ajouts interviennent successivement dans la fabrication du ciment artificiel.

On doit à l'Anglais Joseph Apsdin d'avoir remarqué que, porté au voisinage du début de la fusion (1 450 °), le mélange calcaire-argile débouchait sur la « clinkérisation » (ou vitrification du ciment). Il dénomma ce *clinker* – masse solide qu'il n'était plus nécessaire d'éteindre et qui devait être réduite en poudre pour pouvoir faire prise après gâchage avec l'eau – ciment de Portland (du nom de l'île de Portland, en Angleterre). Ce terme est synonyme depuis de

ciment fabriqué par voie artificielle. En fait, l'origine du Portland reviendrait à l'ingénieur anglais John Smeaton♦, mais il n'a pris de brevet ni pour la matière, ni pour le nom.

La fabrication du liant peut s'opérer de diverses manières. Elle peut se faire selon les voies sèche ou semi-sèche, humide ou semi-humide. Alors que le procédé voie humide était autrefois le plus usité (75 % en 1960) parce qu'il permettait une meilleure facilité de broyage et de mélange des matières premières en présence d'eau, c'est aujourd'hui la voie sèche (ou semi-sèche) qui prédomine (90 % en 1980), et ce pour des raisons énergétiques. Dans le procédé voie humide, on travaille une pâte, alors que c'est à l'état de poussière que l'on opère dans le processus voie sèche.

Parmi les étapes de la fabrication intervient une phase essentielle, la cuisson, d'abord réalisée dans des fours verticaux puis dans des fours rotatifs. Imaginé par Thomas Russell Crampton, constructeur de locomotives, le four rotatif est construit et utilisé pour la première fois par Fred Ransome (son brevet anglais est daté du 2 mai 1885).

Le temps où le cuiseur, seul détenteur du savoir-faire, était le maître d'œuvre est révolu. Aujourd'hui, l'automatisation du circuit de production est totale, de la carrière à l'expédition.

À l'origine industrie de main-d'œuvre, puis de capital, l'industrie cimentière peut être consi-

dérée comme l'archétype de l'industrie de *process* ou de procédé, celle qui a pour objet la première transformation d'une matière première. Elle a pour vocation de produire en masse, par un processus intégré, continu, consommateur d'énergie, un matériau pondéreux ou de faible valeur marchande par rapport à son poids et à son coût de transport.

La production cimentière française, après avoir connu une période d'euphorie durant laquelle on enregistre un doublement de décennie en décennie depuis 1948, avec un niveau record en 1974, en vient alors à s'essouffler. À la nécessaire reconstruction de l'après-guerre fait suite une crise qui touche aussi les secteurs du bâtiment et des travaux publics. La profession connaît une profonde dépression durant les années 1991-1993, au cours desquelles la consommation cimentière diminue du quart pour amorcer finalement en 1994 une reprise (avec 20 221 000 t tous liants et 163 000 t de *clinker*, soit + 3,4 % par rapport à 1993).

L'industrie française des liants hydrauliques a exporté 2 437 000 t en 1994. Dans cet ensemble, les tonnages de ciments ont fortement augmenté (de 30 % sur l'exercice précédent), atteignant 1 274 000 t. L'exportation française en matière de ciment représente quelque 6 % de la production nationale. Les importations de ciment et de *clinker* sont, elles, estimées à 1 529 000 t en 1994. La France occupe en 1994 le 16e rang au classement des producteurs mondiaux et se situe à la 4e place au sein de l'Europe.

La structure moyenne du prix de revient du ciment peut être estimée de la façon suivante : charges d'investissement, 21 % ; énergie, 33 % ; main-d'œuvre, 17 % ; autres coûts, 29 %.

Trois contraintes majeures pèsent sur le cimentier. C'est, d'une part, l'intensité en énergie du processus faisant appel aux usages mécaniques et thermiques de l'énergie. Longtemps utilisatrice de charbon, l'industrie s'était convertie au fuel, avant de revenir en 1979 au charbon. Ce sont, d'autre part, les nuisances environnementales, et la lourdeur des coûts fixes. L'investissement industriel, en baisse constante (582 millions de francs en 1994), s'élève à près de 6 % du chiffre d'affaires de la profession.

Ces problèmes sont à l'origine du mouvement de concentration des producteurs et de centralisation des capitaux. D'où des usines moins disséminées sur le territoire national, regroupées en un petit nombre de sociétés (une douzaine en 1981, cinq d'entre elles représentant à

Ciment. Usine des Ciments Lafarge,
Saint-Pierre-la-Cour.

elles seules plus de 90 % de la production). Après une période faste, l'industrie cimentière, ensuite durement touchée par la crise de la construction, a su résister et peut désormais envisager sereinement son avenir, puisque le matériau qu'elle produit et son dérivé – le béton – sont indispensables. **C. J.**

VOIR AUSSI **Béton (origines du)** ; **Béton armé** ; **Précontrainte** ; **Bétons nouveaux** ; **Construction en béton armé**.

Climatron

Saint Louis, Missouri, États-Unis, 1954.
Construit pour servir de pavillon lors de la foire du Golden Jubilee de la ville de Saint Louis en 1954, le Climatron est un dôme géodésique en treillis aluminium de 30 m de diamètre, dont le principe est similaire à celui qu'avait acheté à Fuller Domes l'United States Information Service pour ses expositions à l'étranger. Destinés à être recouverts de 1 000 m² de tissu, les dômes de Richard Buckminster Fuller♦ peuvent être transportés par voie aérienne – avec tous les échafaudages et outils nécessaires au montage – dans les avions-cargos à fuselage étroit en service dans les années cinquante.

Le dôme de Saint Louis, recouvert de nylon néoprène translucide, sera la principale attraction de l'exposition botanique de la Foire en raison du climat tempéré qu'il permet toute l'année, et qui en fait un jardin d'hiver idéal. Bien que de taille réduite par rapport aux autres dômes géodésiques construits dans les années cinquante, le Climatron jouera un rôle précurseur de première importance. La réussite qu'il présente dans l'utilisation de l'énergie solaire et du refroidissement par convection à effet Bernoulli contribuent à convaincre Fuller de la faisabilité d'un autre projet, beaucoup plus ambitieux : il s'agit d'un vaste dôme de 3,2 km de diamètre, destiné à coiffer les cinquante blocs d'immeubles de Manhattan pour en faire une zone protégée de la pollution et au climat contrôlé. Ce projet restera une utopie. Le collaborateur de Fuller, l'architecte anglais Norman Foster, reprendra en 1971 les principes du Climatron dans son projet, plus modeste que celui du dôme de Manhattan, de Climatroffice, ample coupole recouvrant des immeubles de bureaux. Le premier Climatron sera démonté à la fin de la foire du Golden Jubilee, puis réinstallé comme attraction dans un centre commercial de Detroit. **M. E. P.**

Climatron. Projet de dôme recouvrant une partie de Manhattan.

Cnit, Centre des nouvelles industries et technologies (halle d'exposition du)

Paris-la Défense, Hauts-de-Seine, France, 1958.

Halle d'exposition située dans le quartier de la Défense, à Courbevoie, le Cnit détient toujours les deux records établis en 1958 : celui de la portée (206 m en façade, 238 m sous les arêtes de noue), et celui de la surface portée par point d'appui (7 500 m²).

En 1950, le président du Syndicat des constructeurs français de machines-outils, Emmanuel Pouvreau, désireux de construire un bâtiment susceptible d'accueillir des manifestations internationales, trouve pour ce faire un terrain à la Défense, et engage alors les architectes du ministère de la Reconstruction chargés de ce secteur, à savoir Robert Camelot, Jean de Mailly et Bernard Zehrfuss. Il leur demande d'occuper au maximum le terrain, triangulaire, avec le minimum de supports. Le 28 mars 1954, Mailly présente le dessin d'une voûte reposant sur trois points. Reste à savoir si elle est constructible.

Zehrfuss pose cette question à Pier Luigi Nervi♦, avec qui il travaille alors à la construction du palais de l'Unesco. La réponse de Nervi étant affirmative, Pouvreau en vient à l'idée de consulter des constructeurs (plutôt que de lancer un concours), en s'appuyant sur l'avis des architectes. C'est ainsi qu'il prend conseil auprès d'Eugène Freyssinet♦ et de plusieurs entreprises de charpente métallique ; Simon

Boussiron♦ s'associe avec Balency & Schuhl et avec l'entreprise Coignet♦ pour constituer une équipe placée sous la direction de Nicolas Esquillan♦.

Nervi et Freyssinet s'éliminent réciproquement, en septembre 1955, sur des projets insuffisamment mûris mais qui, surtout, ne sont pas soutenus par des entreprises. Le projet d'Esquillan consiste en une couverture autoportante à double coque dont les fuseaux rayonnent à partir des points d'appui. Comme dans toutes ses œuvres, Esquillan s'est attaché à trouver une structure qui permette de conduire les efforts aux appuis par le chemin le plus court. Néanmoins, à ce stade, pour des raisons d'économie, les deux coques sont inversées, ce qui produit un effet désagréable de ballon ; et si les entreprises sont prêtes à l'adopter, les architectes sont plutôt sensibles aux projets avancés par les entreprises métalliques, malgré des inconvénients évidents et une faiblesse certaine de conception. C'est alors qu'Esquillan décide de placer les courbures des deux coques dans le même sens, ce qui finit par emporter l'adhésion le 2 janvier 1956.

Encore faut-il exécuter ce projet. La démarche d'Esquillan et des onze ingénieurs de son équipe sera d'autant plus circonspecte qu'ils ne sont soumis à aucun contrôle extérieur, les trois entreprises prenant l'entière responsabilité de l'exécution.

Pierre Faessel et René Perzo font de nombreuses études et essais pour mettre la voûte au point. Pour la réaliser, la préfabrication est utilisée au maximum, avec une usine située sur les

bords de la Seine, à 3 km du chantier. Les planchers et escaliers, étudiés par Gilbert Lacombe, sont ainsi tous moulés, et les premiers à être posés pour diminuer la hauteur de l'échafaudage nécessaire.

La voûte est conçue en trois phases, d'abord les trois premières ondes, de part et d'autre de l'arête de noue, puis les ondes 4 à 6, enfin les ondes 7 à 9, aux bords des façades.

Le forage des puits des poteaux supportant les planchers commence en septembre 1956. En juillet 1957, la première grue est hissée sur le 4e plancher situé à 22 m de hauteur, ce qui permet d'atteindre la clé de voûte à 50 m. On construit la couverture sur un « cintre-coffrage » réutilisable, en commençant à chaque fois par la mise en place du coffrage de la coque inférieure, suivi de son coulage, de la mise en place des âmes et des tympans préfabriqués, du coffrage de la coque supérieure, de son coulage, puis du décintrement. L'épaisseur de la coque est de 65 mm, avec une tolérance de 3 mm, les fers ayant 5 mm de diamètre dans le sens de la courbure, et 4 mm dans le sens des fuseaux.

Le décintrement du premier fuseau est effectué avec 10 vérins de 300 t, placés entre les faces de contact des deux coques, à 11 m des naissances ; pour ne pas déstabiliser les culées, la poussée est suivie par la mise en tension progressive des tirants (44 câbles de 24 fils de 7 mm) reliant les culées sous le niveau du sol. L'opération a duré cinq jours et s'est terminée le 6 mars 1958. Les 2e et 3e fuseaux ont été décintrés de la même manière ; le décintrement du dernier a été effectué le 25 septembre 1958,

Cnit, vue générale peu après sa construction, v. 1958 (ci-dessus, à gauche) ; montage du cintre (ci-dessus, à droite) ; déplacement du cintre et vue d'un faisceau terminé (page de droite).

treize jours après l'inauguration du bâtiment par le président René Coty.

Les panneaux vitrés, conçus par Jean Prouvé♦, seront posés ultérieurement, le palais du Cnit et ses abords étant fin prêts pour les Floralies, en avril 1959.

Après avoir lancé la Défense, le Cnit a été étouffé par elle. La dalle-piétons a enterré ses naissances, puis un promoteur l'a racheté et l'a transformé en 1989 en « centre d'affaires ». **B. M.**

Coalbrookdale (pont de)

Coalbrookdale, Shropshire, Grande-Bretagne, 1779.

Abraham Darby I (1678-1717) est le fondateur d'une dynastie de maîtres de forges quakers qui ont exercé leur art à Coalbrookdale, et dont les inventions ont permis à la révolution industrielle de se mettre en marche. En 1709, Abraham Darby I produit les premiers récipients en fonte bon marché en remplaçant le charbon, alors utilisé dans les hauts-fourneaux, par du coke. Ses descendants fabriqueront les premiers cylindres en fer des machines à vapeur (1723), les premières roues en fer (1729), les premiers rails en fer (1767), les premiers pont (1779) et aqueduc (1796) métalliques, le premier bâtiment doté d'une ossature en fer (1796) et la première locomotive (1802).

Si Abraham Darby III (1750-1789) a la responsabilité de la construction du pont de Coalbrookdale (également appelé Iron Bridge), l'idée en revient à l'architecte de Shrewsbury, Thomas Farnolls Pritchard (1723-1777), qui en dessine les plans en 1775. Le projet, encouragé par le maître de forges John Wilkinson, est alors élaboré, et le financement obtenu grâce à l'émission d'actions ; cependant, le coût final de l'opération se montera au double du montant estimé de 3 200 livres de l'époque. Pritchard meurt peu après le début des travaux ; c'est pourquoi on attribue la forme définitive du pont à Darby.

Bien que fabriqué en fonte, ce pont est constitué de multiples pièces assemblées selon des techniques propres au charpentier – queues d'aronde, tenons et mortaises, cales –, types de joints utilisés par des concepteurs qui n'ont jamais jusqu'alors construit de pont métallique. Les pièces de fonte moulées sont montées pendant l'été 1779 ; les routes d'accès au pont ne sont achevées que l'année suivante. Le pont résiste à une crue dévastatrice en 1795 ; dès lors, il sera considéré comme le symbole suprême de l'ère nouvelle : il fait la renommée des métallurgistes du Shropshire et fournit la démonstration de l'efficacité d'un matériau de construction idéal pour des ponts. Dans le but de promouvoir la fonte, Darby demande à des artistes d'exécuter des tableaux du pont, en fait tirer des gravures, et les met en circulation. Thomas Jefferson, alors à Paris, prie son agent de Londres d'acquérir des copies de ces gravures ; il les accrochera à son domicile à Monticello, en Virginie.

Les touristes commencent à venir voir le pont dès le début des années 1780 ; on construit sur la rive nord une ville à laquelle on donne son nom, Ironbridge. Le pont, semi-circulaire, d'une travée d'environ 30 m, est ouvert à la circulation le 1er janvier 1781 ; jusqu'en 1934, date à laquelle il est classé monument historique et interdit aux véhicules, il demeure un pont à péage. Jusqu'en 1950, les piétons doivent payer un droit pour le traverser ; il est maintenant gratuit, et se trouve sous la protection du patrimoine britannique.

Il est restauré entre 1972 et 1974, soutenu au moyen d'un étançon de béton placé sous le niveau du fleuve ; la charpente métallique est repeinte en 1980-1981. La ville d'Ironbridge est réhabilitée à la fin des années soixante-dix et les gorges d'Ironbridge sont classées site du patrimoine mondial en 1986. Le poste de péage d'origine est encore intact ; il abrite une exposition permanente sur le pont, lequel n'est qu'un des nombreux sites de cette vallée, protégés et connus grâce au musée des gorges d'Ironbridge. **D. d H.**

Coffrage

L'emploi généralisé du béton a conféré au coffrage une certaine importance, surtout depuis que le béton « brut de décoffrage » a acquis le rang de matériau esthétique. Pour autant, la technicité du coffrage ne satisfait pas seulement à l'exigence qualitative du parement. Formant en quelque sorte le moule de l'ouvrage, le coffrage répond à un ensemble de nécessités touchant à sa manipulation, à sa surface, à son remploi, à sa résistance, à sa combinabilité. Sur un chantier, il est, avec l'échafaudage, la bétonnière et la grue, l'un des outils majeurs de la construction. Outil fruste sans doute, mais outil quand même. De nombreux brevets tentent régulièrement de l'améliorer. Dans les gros chantiers par exemple, depuis les années soixante, il est devenu « glissant ». Depuis, on lui adjoint toute une quincaillerie qui le rend manipulable, qui intègre le poste de travail ou certains systèmes de sécurité. Depuis peu, on cherche même à le robotiser.

Le nom générique du coffrage est la « banche ». La technique remonte loin – la construction en terre en a expérimenté de nombreuses variantes. Aujourd'hui, on s'ingénie à en raffiner les surfaces. Du plancher de pin brûlé puis huilé (Suisse) aux plaques de métal couvertes de six couches de laque (Japon), la surface de contact fait l'objet de soins attentifs. C'est désormais un facteur de surcoût important. Cela peut paraître paradoxal si l'on se souvient que la technique du béton « apparent » est une innovation des chantiers de travaux publics dans les années cinquante, liée à la maîtrise mécanique de la vibration et au contrôle des granulats, qui permettait surtout d'économiser le poste enduits, dévoreur de crédits. **C. S.**

VOIR AUSSI **Béton armé** ; **Construction en béton armé**.

Pont de Coalbrookdale. William Williams, *The Cast Iron Bridge near Coalbrookdale*, huile sur toile, 1780.

Coignet (entreprise)

Le nom de François Coignet (1814-1888), « inventeur » du béton aggloméré, est associé à la naissance du béton armé ; celui de son fils, Edmond (1857-1915), à son essor technique et commercial. L'un, manufacturier, expérimente et préconise, dans les années 1850, le principe du béton renforcé de métal, sans pour autant songer à en protéger les applications. L'autre, constructeur formé à Centrale, pose dès 1889 les principes théoriques à suivre pour l'étude du ciment armé, matériau qu'il introduit trois ans plus tard dans les travaux publics (aqueduc d'Achères, Bechmann et Launay, ingénieurs).

François Coignet fabrique divers produits chimiques dans la région lyonnaise lorsque, attiré par le marché parisien, il fonde en 1851 une usine à Saint-Denis. Rapprochant, pour édifier ses nouvelles installations, la méthode du pisé et l'utilisation d'un mortier de cendre de houille, et concevant, pour agglomérer le tout, une machine spéciale, Coignet, en industriel, décèle dans cette association matière à exploitation commerciale. Entre 1854 et 1861, il multiplie brevets et additifs, verrouillant peu à peu l'accès à des pratiques en elles-mêmes traditionnelles ; par procédés d'abord (« béton économique », « béton hydraulique », « béton plastique »...) puis par types d'ouvrages (silos, conduits, quais...). Parallèlement aux activités de la manufacture familiale, qui se lance dans la fabrication d'allumettes, il crée une filiale exclusivement consacrée à l'exploitation de ses bétons agglomérés et réalise de nombreux ouvrages dans le domaine des travaux publics. Plus de 300 km d'égouts sont ainsi construits en France (Paris, Mulhouse, Bordeaux) et en Russie (Odessa). On lui confie l'exécution des quatrième et cinquième lots (60 km) de l'aqueduc de la Vanne♦ (dont 8 km en arches de grande portée) ainsi que celle de divers murs de soutènement (cimetière de Passy) – autant d'ouvrages où il peut faire valoir la continuité « monolithique » du procédé qu'il promeut. Il en souligne également le potentiel architectural en construisant sa propre maison (1852) et celle de la rue des Poissonniers (1856) à Saint-Denis, l'immeuble de la rue Miromesnil à Paris (1867) où encore l'église Sainte-Marguerite-du-Vésinet♦. Le phare de Port-Saïd (1869, haut de 55 m) est l'un de ses derniers grands ouvrages. Coignet se replie en effet sur la production d'éléments architectoniques en pierre factice et

Coffrage. Viaduc de Rogerville, 1995, Fressynet & Lacroix, arch.

autres moulages artistiques, mettant ainsi la *Vénus de Milo* à la portée de toutes les bourses… Il n'aura cessé, au fond, de hisser le béton au rang de projet industriel.

Son fils Edmond reprend le flambeau et, dès 1890, spécialise son entreprise dans la construction en ciment armé. Il s'oriente tout d'abord vers les tuyaux, conduits et tunnels, puis, sur la base d'un brevet déposé en décembre 1892, élargit ses activités et affronte bientôt la concurrence de la maison Hennebique♦. Praticien, il développe également dans le champ de la théorie une offensive qui, avec sa communication en 1894 devant la Société des ingénieurs civils sur le calcul des ouvrages en ciment armé, contribue à lancer efficacement son système. Contrairement à son concurrent, il exploite le plus souvent ses brevets directement, concédant cependant quelques rares licences à mesure que ses travaux s'étendent à l'étranger ; en Belgique, où il construit le dôme de la gare d'Anvers, en Angleterre, où il cherche à développer l'usage des pieux, en Afrique du Nord, etc. La souplesse de son système – où les poutres (armées symétriquement) peuvent être exécutées à l'avance (casino de Biarritz, tablier du pont du Luxembourg) –, la vingtaine de brevets et additifs qui balisent son évolution, et le champ de ses applications placent Coignet dans le peloton de tête des compétiteurs qui luttent en ce début de siècle pour s'emparer d'un marché en pleine définition. Mais il est aussi l'un des principaux animateurs de la Chambre syndicale des constructeurs en ciment armé, qui contribuera, sous sa présidence, à structurer ce milieu qui émerge. **G. D.**

Considère (Armand)

Port-sur-Saône, Haute-Saône, France, 1841 –
Paris, 1914.

L'œuvre de cet ingénieur, sorti de l'École des ponts et chaussées en 1865, imbrique de façon complexe les notions de service public et d'industrie privée, celles de théorie et de pratique. Autorité reconnue dans le domaine de la recherche appliquée au béton armé, Armand Considère est l'un des principaux animateurs de la commission instituée en 1900 par le ministère des Travaux publics afin d'établir des instructions officielles sur l'emploi, le calcul et les essais du ciment armé. Parallèlement à ces travaux, il effectue une plongée dans le milieu actif des constructeurs. Il prépare ainsi sa

reconversion dans le privé et multiplie auprès de ces derniers (Viennot, Piketty, Wayss♦ & Freytag…) les négociations, dans le but d'exploiter le système de construction, breveté en 1901, qu'il achève de mettre au point (pont expérimental d'Ivry♦, immeuble du 7, rue de Paradis, à Paris, passerelle et moulin Menier♦ de Noisiel). Ce procédé destiné à augmenter, au moyen d'un dispositif d'armatures transversales, la résistance des pièces comprimées – pieux et poteaux dans un premier temps – est officiellement avalisé par la circulaire ministérielle de 1906 qui encourage cet « emploi judicieux du métal ». Le « béton fretté » ainsi introduit constitue l'un des aspects les plus innovants de cette réglementation, qui constitue l'aboutissement des travaux de la commission du ciment armé et contribue largement au lancement du « système Considère », ainsi qu'à son essor dans les travaux publics. Au moment où elle entre en vigueur, l'ingénieur, associé à l'un de ses gendres, Louis Pelnard – ainsi que, pour un temps, à Henry Lossier♦ –, ouvre son bureau d'études. Il développera rapidement ses activités, figurant au premier rang dans le domaine de la conception des ouvrages en béton armé. Le bureau bénéficiera, dans les années vingt, du renom de l'ingénieur Albert Caquot♦, qui y travaille dès 1912. **G. D.**

Construction en béton armé

« Pendant que les ingénieurs doutaient et que les savants calculaient, constate en 1902 l'auteur de l'un des tout premiers manuels de construction en béton armé, les inventeurs ont appliqué et perfectionné. » De fait, les travaux des premiers théoriciens du béton armé, qui visent, à la fin du siècle dernier, à modéliser son comportement mécanique, n'interfèrent visiblement pas sur le développement même du béton armé, comme si les deux univers, évoluant séparément, devaient être considérés de façon distincte. Or c'est manifestement au niveau d'une interpénétration des savoirs théorique et pratique que se situe l'innovation en matière de construction en béton armé.

Le développement assez soudain de ce mode de construction, dans les années 1890, est dominé par la notion de système. Architectes, ingénieurs et maîtres d'ouvrage appréhendent ainsi l'existence du matériau par l'intermédiaire des procédés brevetés qui s'affrontent sur le marché. La dimension commerciale, à laquelle l'essor premier du béton armé est irréductiblement lié, détermine dans une large mesure la façon dont les prescripteurs s'adaptent à cette nouvelle technologie.

La construction en fer et béton combinés est, à

Construction en béton armé. Pont de la Roche-Guyon, 1932-1934, Nicolas Esquillan, ing., ferraillage de l'arc.

l'origine, étroitement associée à la question des planchers *fireproof*. La demande, identifiable, en planchers économiques et incombustibles apparaît en effet comme un puissant facteur d'innovation. Si elle ne détermine pas à elle seule l'essor du béton armé, du moins favorisera-t-elle l'un des principaux marchés de cette industrie naissante. Réservoirs et tuyaux constituent un autre pan de cette histoire – le béton armé, matériau de paroi, se développant parallèlement au béton armé, matériau de charpente. Dans le cas des planchers, de multiples systèmes convergent dans une même recherche d'économie vers un type de combinaison associant de façon rationnelle les propriétés des deux matériaux sollicités.

Un système comme celui que François Hennebique◆ élabore au cours des années 1880 se pose, dans une logique d'entreprise, comme une alternative économiquement viable à la construction des planchers métalliques. D'une façon générale, l'éloignement des centres de production métallurgique favorise – comme en Suisse par exemple – l'introduction et l'essor du béton armé. La position acquise par ce pays dans la fabrication du ciment Portland y aura tout autant contribué. Ainsi, les spécifications normatives qui y sont établies en fonction des progrès de cette industrie auront-elles fourni

une base très solide à la construction en béton armé. Le niveau et la qualité de production auxquels, globalement, l'industrie cimentière est parvenue à la fin des années 1880 explique en grande partie l'accélération très soudaine avec laquelle, en France, dès 1889, les systèmes de construction en béton armé apparaissent sur le marché. Un savoir-faire, commun à toutes les entreprises de travaux en ciment, conditionne en outre l'exploitation de ces systèmes. S'il préexiste aux procédés dont l'usage se répand sur les chantiers, ce savoir-faire n'en implique pas moins la mise en place d'une organisation nouvelle du travail, dont les constructeurs, Hennebique, Coignet◆ ou Cottancin◆, définissent précisément le découpage. Ils déterminent l'activité d'une main-d'œuvre dont ils s'emploient à réduire le coût de revient, facteur décisif pour l'avenir de leur procédé. La question du pilonnage, par exemple, apparaît essentielle. Du soin apporté à cette opération dépendent en effet la dureté et la résistance du béton après la prise. Cette étape, durant laquelle on dame énergiquement le béton qui enserre les armatures métalliques, est assurément la plus astreignante et la plus coûteuse pour les entrepreneurs. La qualité d'un ouvrage en béton armé s'évalue ainsi, au tournant du siècle, à la somme d'énergie déployée durant

cette phase. Assez tôt cependant, les impératifs économiques poussent la plupart des constructeurs à limiter le travail de pilonnage en employant un béton plus liquide. C'est à cette seule condition que les firmes peuvent faire face à la concurrence et étendre l'usage des systèmes qu'elles exploitent.

La compétition à laquelle se livrent les constructeurs, notamment Hennebique et Coignet, constitue l'un des éléments les plus stimulants du point de vue de l'innovation. La rivalité entre les deux maisons s'exerce notamment dans le domaine de la recherche où, d'une manière générale, l'initiative privée joue avant 1900 un rôle déterminant. Les vues expansionnistes d'un Hennebique se heurtent rapidement à la forteresse allemande, et principalement à la firme Wayss◆ & Freytag, qui contribue par ses recherches au développement du béton armé en Allemagne et en Autriche. Deux stratégies se font face et s'opposent ; elles vont dominer le marché du béton armé durant la première décennie du XXᵉ siècle. Rivalités et luttes d'influence entre constructeurs s'étendent très tôt hors du chantier pour s'exercer dans le domaine de la diffusion du savoir, sur le papier. *Le Ciment*, organe diffusé à partir de 1896 par les fabricants de ciment, joue un rôle moteur dans l'essor du béton armé en France. À Vienne,

Construction en béton armé. Hangar d'aviation, Reims, 1931-1932, Bernard Laffaille, ing. Levage d'une onde formant l'arc central.

le périodique international *Beton und Eisen* développe une culture constructive commune à tous ceux, savants ou constructeurs, qui étudient ou exploitent le nouveau matériau.

Sur le chantier de l'Exposition universelle de 1900, l'Administration recourt largement à l'emploi du béton armé (plus de 54 000 m² en surface horizontale et verticale) et confronte les principaux systèmes employés par les constructeurs, qui, rivaux, ne s'organisent pas moins face à cette dernière et revendiquent un statut professionnel à part entière. Dans le même temps, commence à Châtellerault l'exécution par Hennebique du premier grand pont en béton armé (3 arcs surbaissés de 50 et 40 m). L'aval accordé à ce projet par les Ponts et Chaussées n'est pas la moindre des performances réalisées par le constructeur.

Au lendemain de l'Exposition universelle de 1900, le ministère des Travaux publics crée une commission chargée d'élaborer « les règles susceptibles d'être admises pour l'emploi de ce mode de construction ». Par-delà une reconnaissance officielle du béton armé, admis à figurer dans la société des matériaux classiques de construction, il s'agit de concevoir un outil capable de donner à tout ingénieur les moyens de négocier avec les constructeurs, qui, jusqu'alors, conservent la maîtrise de cette technologie. L'histoire de cette procédure de normalisation est au fond celle d'un déplacement du champ de la pratique à celui de la science, qui s'impose comme le cadre institutionnel du débat. Le développement du béton armé est dorénavant étroitement associé à celui du laboratoire. L'équipement de celui des Ponts et Chaussées où, sous la direction d'Augustin Mesnager, s'effectuent les expériences de la commission, bénéficie dans ce domaine de l'avancée des recherches menées sur les chaux et ciments. L'innovation, avec l'inauguration en 1903 du nouveau laboratoire d'essais du Conservatoire national des arts et métiers, s'inscrit également dans le cadre d'une coopération entre l'État et l'entreprise. Il faut ici mentionner le rôle des Rabut♦, Harel♦ de la Noë, Considère♦, Mesnager, et l'étroite imbrication qu'ils opèrent entre théorie et pratique. Membres influents de la commission, ils auront su ne pas brider dans un cadre réglementaire trop étroit l'essor du nouveau matériau. Celui-ci connaît alors une phase d'accélération sans précédent et un net développement dans le domaine des travaux publics. On constate parallèlement une évolution du milieu de la

construction en béton armé, qui se restructure en fonction d'une redistribution des rôles entre ingénieurs – X, Ponts ou centraliens – et entrepreneurs.

La production et la diffusion d'éléments préfabriqués se généralisent en outre dans le secteur du bâtiment, où quelques firmes multinationales (Vinsintini, Siegwart) adaptent leurs produits aux normes en vigueur à travers l'Europe. L'idée d'industrialisation trouvera dans l'immédiat avant-guerre de 1914-1918 sa forme peut-être la plus impressionnante avec les « maisons moulées », procédé de l'inventeur américain Thomas A. Edison.

Plus que la technique du béton armé, la guerre de 1914-1918 aura profondément modifié les pratiques qui sont liées à sa mise en œuvre. La hausse des prix du fer, plus rapide que ceux des ciments, conduit les constructeurs à diminuer la proportion de métal ; elle entraîne également, en termes de conception, un développement des couvertures de grande portée, et en particulier des voûtes minces, où les armatures jouent un rôle secondaire – nouvelle typologie fonctionnelle adaptée aux hangars d'aviation (les premiers sont construits à Bourges par l'entreprise Limousin♦ en 1915-1916) et aux bâtiments industriels qui leur sont commandés.

À l'extension croissante du rôle des entrepreneurs qui caractérise l'entre-deux-guerres, répond l'imbrication de plus en plus grande des problèmes concernant la conception et l'exécution des ouvrages. Avant 1914 dominait (outre la figure de l'entrepreneur-inventeur) le type de l'entrepreneur-innovateur, dont Simon Boussiron♦ pourrait être l'un des représentants. L'innovation est désormais bien souvent le fait d'une association entre un ingénieur et une entreprise du type Fourré-Rhodes et Henry Lossier♦ (pont sur l'oued Méllègue, Tunisie, 1927, record de portées des *bowstrings* avec 92 m) ou, dès 1916, Limousin et Freyssinet♦, (hangars d'Orly♦, 1921-1923 ; pont Albert-Louppe♦, 1924-1930). Le cas d'Eugène Freyssinet ou d'Albert Caquot♦ illustre bien le mouvement qu'opèrent de nombreux ingénieurs vers le privé, grâce auquel se constitue une culture technique commune aux ingénieurs de l'Administration et à ceux de l'entreprise – culture assurément favorable à la réalisation d'ouvrages comme le pont Lafayette♦ à Paris ou celui des Usses en Haute-Savoie, que Caquot étudie à la fin des années vingt.

Les processus de recherche qui se développent notamment dans le domaine de la conception et

du calcul des voiles minces impliquent autant les concepteurs que les techniques de réalisation. Outre l'ingéniosité des dispositifs de cintrage et de coffrage, le remplacement du damage par le serrage mécanique (vibration ou pervibration) sur le chantier des hangars d'Orly aura très largement contribué au succès de ce dernier. Les moyens mécaniques de mise en œuvre des bétons, rendus ainsi plus résistants et compacts, les réponses plus exactes de l'industrie cimentière aux divers besoins – « fondus », « superciments », « ciments expansifs » (Lossier), ou simplement laitiers plus fiables –, les recherches engagées sur le retrait et le fluage de bétons mieux connus dans leur structure (Freyssinet, Oscar Faber) élargissent assurément les possibilités des concepteurs, qui sont ici les chercheurs. **G. D.**

VOIR AUSSI **Barrages** ; **Béton (origines du)** ; **Béton armé** ; **Ciment** ; **Coffrage** ; **Coques et voiles minces**.

Construction ignifugée

La présence inévitable de sources de chaleur dans une habitation, que ce soit à des fins d'éclairage, de cuisine ou de chauffage, a rendu nécessaires des modes de construction ignifuges, afin d'éviter tout risque de destruction par le feu. Des antécédents majeurs, comme le grand incendie de Londres en 1666, avaient déjà en leur temps suscité une volonté politique nouvelle de créer des lois imposant l'ignifugation des bâtiments – plus dans le but de sauvegarder la pierre que la vie humaine, d'ailleurs.

Jusqu'à la fin du XIXᵉ siècle, « ignifuge » est synonyme, dans le vocabulaire du bâtiment, de « incombustible », et les premiers entrepôts et usines ignifugés le sont par l'emploi de voûtains en brique ou en pierre. À partir de 1770 environ, ces voûtains s'appuient sur des murs ou sur des piliers en maçonnerie ; environ trente ans plus tard, en Grande-Bretagne, le fer de fonte est utilisé pour les poutrelles et les colonnes qui les soutiennent.

Vers 1780, on construit à Paris des édifices importants (tels le Palais-Royal et la Chambre des députés), équipés pour la première fois de planchers ignifugés constitués de voûtains en blocs creux soutenus par des poutres-treillis en fer forgé. Mais ce mode de construction ne se répandra que beaucoup plus tard. En Angleterre, aux environs de 1810, on remplace les voûtains de certains bâtiments industriels et des entrepôts de la Marine par des dalles en pierre plate. Ces dalles sont portées par une série de poutrelles parallèles en fonte, dont la section est en forme de T renversé.

D'autres techniques d'ignifugation sont aussi utilisées à l'époque. On protège ainsi le matériau inflammable (bois) de la structure par un matériau incombustible. Dans certains entrepôts construits vers 1790, on recouvre des poutres en bois par du plâtre ou par des tôles de fer forgé. Pour certains logements construits dans les années 1780, David Hartley utilise des plaques ignifuges en fer forgé (généralement de $46,5 \times 38,5 \times 0,2$ cm d'épaisseur) qui s'intercalent entre les panneaux de sol et les solives en bois, sur lesquelles elles sont clouées. Cette solution empêche également la propagation du feu d'un étage à l'autre, et permet au foyer de s'éteindre rapidement de lui-même, faute d'oxygène. Le même objectif est atteint en remplissant le vide entre les solives de bois avec du plâtre jusqu'à hauteur des panneaux de sol – solution qui améliore également l'isolation phonique. De nombreuses variantes de ces techniques sont employées jusque vers les années 1850, notamment par Robert Smirke, qui fabrique des plafonds en tôles de fer ou place des voûtains en brique sous les planchers en bois de la London Custom House (vers 1820), ainsi que par Charles Barry pour la reconstruction, après son incendie en 1844, du Parlement de Londres.

Le premier sol véritablement ignifugé est inventé par Henry Fox en 1833 ; breveté en 1843, il prend l'appellation de « système Fox & Barrett » en 1848. Ce système se fonde sur un concept déjà existant de poutrelles en fonte espacées de 45 cm ; mais il utilise, à la place des dalles de pierre, un sol en béton obtenu à partir d'une chaux maigre, dépourvu d'armature et coulé sur un lattis en bois, et il protège avec du plâtre le dessous des poutres en T renversé. Barrett sera le premier à reconnaître l'avantage structurel de ce système, fondé sur l'action combinée des poutres en fer et du béton.

Pendant les décennies suivantes, on continue néanmoins d'employer des ossatures à poutres et colonnes nues. De graves incendies ne cessent de provoquer l'effondrement brutal de nombreux bâtiments, et le concept d'ignifugation se met alors à avoir mauvaise réputation.

Durant la deuxième moitié du XIXᵉ siècle, de nombreux brevets sont déposés sur les sols ignifugés, tant en Europe qu'aux États-Unis. Il s'agit le plus souvent de poutres en acier utilisées en liaison avec du béton et/ou des blocs creux. Le système le plus courant fait appel à des solives en fer forgé, plus tard en acier à section en I, espacées de 60 à 120 cm et noyées dans une dalle de béton massif. À la même époque, le ciment de Portland commence à connaître une large diffusion, on se met à reconnaître la valeur de l'emploi conjugué d'armatures en fer et en acier et du béton, et, avec la disponibilité croissante des profilés en fer laminé, de plus en plus d'édifices sont construits avec une ossature métallique.

Ainsi les procédés de construction ignifugée utilisés aujourd'hui – béton armé et acier structurel enrobé – sont-ils déjà connus au début du siècle. Les principales évolutions qui se sont produites depuis concernent les techniques et les matériaux employés pour enrober et isoler l'acier du feu, ainsi que les caractéristiques du béton armé susceptibles d'améliorer sa résistance aux incendies ; mais les principes généraux demeurent inchangés. Dans le même temps, de nouvelles normes ont été adoptées pour améliorer sous divers aspects la sécurité incendie des bâti-

ments : limitation de la taille du compartiment dans lequel le feu est susceptible de se déclarer, réduction du risque que l'incendie se propage d'un compartiment à un autre, réalisation de voies d'évacuation adéquates, et installation de dispositifs actifs, tels que des *sprinklers* (asperseurs d'eau automatiques).

Notre siècle aura vu une approche plus expérimentale se substituer aux diverses méthodes empiriques de la protection incendie. Thaddeus Hyatt, un Américain qui travaillait à Londres dans les années 1880, a mené des expériences qui ont démontré clairement l'intérêt que représentaient les armatures en fer en tension dans les dalles et les poutres en béton, ainsi que la nécessité d'enrober le fer avec du béton pour le couper des flammes. La première étude comparative du comportement au feu de différents types de construction a été entreprise vers 1900 ; dès les années trente, la plupart des pays se sont dotés de centres de recherche sur les incendies.

De telles expérimentations ont permis de déterminer les températures atteintes lors d'un incendie, grâce à quoi le British Fire Research Station a proposé le concept de charge calorifique qui, à de nombreux points de vue, est comparable à l'application d'une charge de gravité ou de la charge du vent sur un bâtiment. Ce concept de courbe de température structurelle permet aujourd'hui aux ingénieurs de modéliser mathématiquement l'évolution des incendies, et donc de comprendre et de prédire le comportement des bâtiments. La modélisation informatique est également mise à profit pour étudier l'écoulement des gaz chauds générés par le feu, à l'aide de calculs de dynamique des fluides ; elle permet aussi de prendre en compte le flux de personnes s'échappant du bâtiment

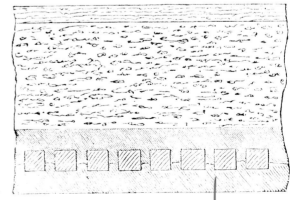

Construction ignifugée. Plancher ignifugé, système « Fox & Barrett ».

en flammes. Ces diverses techniques de modélisation, conjuguées à une analyse approfondie des risques liés à une situation d'incendie, sont désormais qualifiées globalement dans le monde anglo-saxon d'« ingénierie du feu » (*Fire Engineering*) et représentent l'évolution la plus récente de l'approche contemporaine de la résistance au feu. **B. L. H.**

VOIR AUSSI **Sécurité**.

Construction métallique

Si le fer est un matériau ancien, il n'a guère été utilisé de façon significative dans la construction de bâtiments ou d'ouvrages qu'à partir de la fin du XVIIIe siècle. Son introduction progressive dans l'art de bâtir suit étroitement les progrès de la métallurgie et, plus largement, ceux de la révolution industrielle. Car la mise à disposition des constructeurs de ce matériau aux propriétés inédites est allée de pair avec l'émergence de nouveaux besoins d'équipements, nés avec les bouleversements sociaux qui accompagnent l'industrialisation de la production. Ainsi le renouvellement, au XIXe siècle, des typologies architecturales s'est largement fondé sur le recours au métal. Au XXe siècle, l'acier affirme son statut de matériau polyvalent, non seulement indispensable aux armatures du béton armé, mais propre à fournir les structures nécessaires aux besoins du monde industriel aussi bien qu'à ceux de l'univers tertiaire.

Largement présent à la surface du globe sous forme de minerai contenant un pourcentage variable d'oxydes, le fer nécessite une réduction à haute température et une élaboration sophistiquée pour être utilisable sous forme d'éléments constructifs. La production industrielle du fer trouve un point de départ dans les expérimentations de l'Anglais Abraham Darby. Ce forgeron réussit dès 1709 à produire de la fonte en réduisant le minerai de fer avec du coke au lieu de charbon de bois. Ce procédé ouvre la voie à une production industrielle, mais il faut attendre 1776 pour que l'introduction par John Wilkinson de machines soufflantes à vapeur permette à la production de fonte de prendre un véritable essor. La fonte est un matériau intéressant pour les constructeurs, en raison de ses qualités de résistance et d'incombustibilité. On l'utilise pour la première fois en 1779 pour la construction d'un pont de 30 m à Coalbrookdale♦ dans le Shropshire, en Angleterre, où l'on retrouve Wilkinson et Abraham Darby III. On en fait aussi usage dès

1796 dans la structure d'un certain nombre d'usines textiles, où les risques d'incendie sont alors importants. La première est édifiée à Shrewsbury par Charles Bage. Elle comporte 5 étages portés par des poteaux en fonte et des poutres du même métal, dont la section affecte la forme d'un Y renversé. L'usage du métal se justifie ici pour des raisons de sécurité, tout comme dans nombre d'entrepôts, de théâtres, de bâtiments d'archives, de bibliothèques, voire d'églises ou de lieux publics, qui se dotent de semblables charpentes dans les années 1820-1830. Les docks Sainte-Catherine à Londres, conçus en 1826-1828 par Thomas Telford♦, présentent ainsi de massives colonnes doriques en fonte qui soutiennent des entrepôts à plusieurs étages.

La coupole métallique de la Halle♦ au blé, construite à Paris en 1809-1813 à la place d'une charpente en bois détruite par un incendie, marque de façon spectaculaire tout le parti que l'on peut tirer de ce nouveau matériau, associé au verre, pour couvrir de vastes espaces. La relative facilité de moulage de la fonte est également mise à profit dès cette époque pour produire en série du mobilier urbain, des grilles décoratives, voire des charpentes, comme à la bibliothèque Sainte-Geneviève, conçue en 1839-1842 par Henri Labrouste et achevée en 1851. De même, l'église Saint-Eugène, construite en 1854 par Adrien Lusson et Louis-Auguste Boileau, démontre à l'intérieur d'un bâtiment néogothique les nouvelles possibilités structurelles offertes par la fonte, grâce à l'emploi de piliers très élancés libérant l'espace, et d'une charpente permettant de supprimer les contreforts.

Les capacités de résistance de la fonte sont néanmoins limitées : elle résiste bien à la compression, mais mal au fléchissement ou à la traction. C'est le développement de la production industrielle du fer, grâce à la mécanisation du *puddlage* – un procédé qui permet d'épurer la fonte pour la transformer en fer – et au laminage, qui facilite à partir des années 1840 la diffusion des structures métalliques. Les constructeurs disposent alors de gammes de profils – fers plats, cornières, fers en T, en I ou en U – qu'ils peuvent assembler par des rivets posés à chaud, une technologie reprise de la construction de chaudières pour les machines à vapeur. Cette révolution industrielle s'accompagne en outre de grands progrès dans les méthodes de conception et de calcul, intégrant la notion d'élasticité des matériaux et une

meilleure compréhension des formes les mieux adaptées aux diverses contraintes. De nombreux systèmes de poutres et de charpentes sont expérimentés à cette époque, avec parfois un grand succès, comme la ferme inventée par Camille Polonceau♦ en 1836, ou comme les poutres triangulées mises au point par des ingénieurs tels Thomas Willis Pratt♦ ou James Warren. Certaines conceptions n'ont pas de descendance significative, comme les poutres tubulaires inventées par Robert Stephenson♦, expérimentées dans quelques ouvrages d'art – le pont Britannia♦, par exemple, dans le pays de Galles (1850) – ou les structures lenticulaires préconisées par Isambard Kingdom Brunel♦ pour le pont Royal♦ Albert en 1857, et reprises plus tard avec succès par Friedrich August von Pauli♦. Enfin, la préfabrication partielle, sinon totale, des structures en usine devient monnaie courante dans la seconde moitié du siècle. Le Crystal♦ Palace, conçu par Joseph Paxton♦ pour l'Exposition universelle de Londres en 1851, et construit pour partie en métal, marque de façon spectaculaire les possibilités offertes par ces méthodes nouvelles.

Le fer commence à être visible dans les structures des nombreuses serres construites dans les années 1820-1850 en Grande-Bretagne et en France. Celle du Jardin des Plantes, conçue en 1833 par Charles Rohault♦ de Fleury, est l'une des premières à accorder une large part aux profilés métalliques. Dans la palmeraie de Kew♦, le constructeur Richard Turner♦ et l'architecte Decimus Burton emploient pour la première fois en 1844 des profilés de section en forme de I, initialement destinés à assembler des coques de navires. Les gares qui accompagnent le développement rapide des chemins de fer à partir des années 1840 présentent ensuite aux regards de vastes nefs inédites couvertes de métal et de verre. La nef de la gare Saint-Pancras♦ à Londres établit en 1868 un record, avec 73 m de portée et 200 m de longueur sans point d'appui. En France, les potentialités du nouveau matériau sont révélées par la construction, à partir de 1853, des Halles de Paris par Victor Baltard et Félix Callet ; celles-ci marquent la naissance d'une typologie architecturale nouvelle, qui sera diffusée à plusieurs centaines d'exemplaires sur le territoire français et dans de nombreux pays d'Europe. Puis, d'autres typologies originales font à leur tour entrer le métal dans la vie quotidienne, alors même qu'il se banalise dans les planchers des édifices courants : grands magasins, comme le

Construction métallique. Halles de Paris, Paris, 1870.

Construction métallique. Galerie des machines, Exposition universelle, Paris, 1900.

Bon Marché par Louis-Charles Boileau en 1867, bibliothèques, avec la Bibliothèque nationale de Henri Labrouste (1865), bâtiments industriels, avec l'usine Menier♦ à Noisiel par Jules Saulnier (1872). Comme laboratoires des technologies nouvelles, les expositions universelles contribuent à cette diffusion rapide du fer dans les années 1860-1870. L'emploi de la fonte se trouve peu à peu cantonné aux supports verticaux et aux éléments décoratifs, et tend même à disparaître devant la généralisation des fermes triangulées sans tirants, inventées par Henri de Dion en 1878.

La nature linéaire des supports métalliques pose des problèmes différents de ceux de la construction traditionnelle, que ce soit dans la définition formelle des éléments eux-mêmes ou dans la question de la clôture des espaces, même s'ils peuvent former, associés à la brique ou au verre, des façades d'une écriture inédite. Aussi la possibilité de fonder une architecture nouvelle, conforme aux aspirations de l'époque, à partir d'un usage raisonné du métal provoque-t-elle de vives controverses tout au long de la seconde moitié du siècle, recoupant le débat entre éclectiques et rationalistes. Mais la diffusion, massive à cette époque, de bâtiments à structure métallique doit davantage aux progrès techniques qu'aux apports de « théoriciens », tel Viollet-le-Duc. Le savoir-faire technique des « serruriers » hérité des techniques artisanales du siècle précédent laisse progressivement place à des méthodes plus industrielles, développées par des entreprises structurées, bien outillées, et capables de mener de front conception et calcul des projets, fabrication des pièces et montage des structures. Ernest Goüin♦ et Cie, Schneider, Fives-Lille, Cail, Eiffel♦, Joly, Moisant-Laurent-Savey, Joret, sont parmi les entreprises qui s'affirment en France comme les plus en pointe dans ce domaine.

À partir des années 1880, le perfectionnement des méthodes d'élaboration du métal permet de produire industriellement de l'acier, dont les qualités de résistance sont bien supérieures à celles du fer grâce à la présence de carbone et à celle d'impuretés, soigneusement contrôlée. Le convertisseur inventé par l'Anglais Henry Bessemer en 1855, puis les fours Siemens-Martin (1864) et Thomas (1877) facilitent la production à grande échelle de l'acier, d'abord employé dans les armements et dans l'outillage, puis dans la construction. La substitution de l'acier au fer s'opère progressivement dans les

deux dernières décennies du siècle. Ainsi en 1888-1889 la tour Eiffel♦ est-elle réalisée en fer puddlé, tandis que l'immense vaisseau de la Galerie♦ des machines conçu par Ferdinand Dutert et calculé par Victor Contamin est construit en acier. Mais les formes et les principes constructifs ne changent pas radicalement, même si les limites de résistance et de portée des structures peuvent être repoussées. Alors que les plus grands ouvrages d'art construits en fer n'excèdent pas 160 m (viaduc de Porto en 1876 par Théophile Seyrig et Gustave Eiffel), le pont sur le Forth♦ en Écosse, construit en acier en 1882-1890 par Benjamin Baker et John Fowler, présente ainsi deux arches immenses de 521 m de portée. L'acier est aussi mis à profit aux États-Unis, et notamment à Chicago, pour former l'ossature des *skyscrapers*, qui proposent une nouvelle manière de constituer la ville, grâce au développement des ascenseurs à partir de 1870. Le premier gratte-ciel de Chicago, le Home♦ Insurance Building par William Le Baron Jenney♦, inauguré en 1884, ne compte pas plus de vingt étages. Il est rapidement dépassé, notamment par le Masonic Temple de Daniel Burnham et John Root (1892), qui atteint presque 100 m, puis, trois ans plus tard, par le Guaranty Building à Buffalo par Dankmar Adler et Louis Sullivan, entièrement consacré à des bureaux. Le Woolworth Building de New York (1913), conçu par Cass Gilbert, atteint 237 m. L'architecture commerciale exploite aussi les ressources de ce matériau, que ce soit en France avec les vastes coupoles du Printemps ou des Galeries Lafayette, ou aux États-Unis comme les magasins Schlesinger & Mayer à Chicago (aujourd'hui Carson-Pirie-Scott) par Sullivan (1899-1904).

Les ossatures métalliques ne sont pas visibles en façade, car elles sont revêtues de pierre ou de terre cuite ; cette tendance à dissimuler en partie les charpentes ne fait que s'accentuer au tournant du siècle, témoignant du retour en force de l'éclectisme face au caractère jugé trop « industriel » de l'architecture métallique. Pourtant, l'intégration des capacités structurelles de l'acier au service de l'expression architecturale atteint sans doute un sommet dans le bref intermède que constitue l'Art nouveau. Les progrès de la métallurgie mettent alors à la disposition des constructeurs des aciers aux performances doublées par rapport au fer, que l'on employait couramment vingt ans plus tôt. Alors que les charpentes métalliques des années 1860 étaient souvent associées à des éléments déco-

ratifs en fonte, concentrés dans les colonnes ou dans les bielles des fermes, la généralisation de l'acier dans les structures des bâtiments conduit à un abandon des pièces fondues, qu'elles soient structurelles ou rapportées, au profit de structures exclusivement composées de pièces laminées, assemblées par rivetage, voire de volutes en fer forgé faisant corps avec la structure et collaborant même à son efficacité. La fusion entre les éléments porteurs et les parties décoratives est par exemple parfaitement réalisée dans la grandiose voûte métallique du Grand Palais de l'Exposition universelle de 1900. À une échelle moins importante, mais avec beaucoup de raffinement, Victor Horta aboutit à une parfaite maîtrise de la valeur expressive de la structure dans l'hôtel Tassel à Bruxelles (1893) et, surtout, dans la Maison du peuple, construite dans la même ville en 1897. De même, Frantz Jourdain donne avec le grand magasin parisien La Samaritaine, achevé en 1907, une leçon de traitement décoratif d'une charpente entièrement métallique.

Les charpentes sont parfois exposées plus crûment pour créer des effets spatiaux et lumineux spectaculaires, sans souci véritable d'intégration des matériaux. La Bourse d'Amsterdam de Hans Berlage (1897-1903), ou la Caisse d'épargne de Vienne par Otto Wagner (1904-1906) sont des exemples fameux de cette « naturalité » nouvelle donnée au métal par un emploi très dépouillé de la structure, laissée apparente, sans aucun artifice. L'immeuble du *Parisien libéré* du 123, rue Réaumur, achevé en 1903 par Georges Chedanne, fournit aussi un bel exemple de structure apparente, où les éléments tectoniques se déploient sur la façade, agrémentés de motifs art nouveau, bien que le bâtiment ait aujourd'hui perdu tout son décor d'origine. La halle du marché aux bestiaux de la Mouche à Lyon, par Tony Garnier, reprend d'une manière quasi industrielle le principe de la Galerie des machines de 1889 pour former un extraordinaire espace, libre de tout point d'appui.

Au tournant du siècle, l'acier est véritablement le matériau par excellence, utilisé aussi bien dans la construction ordinaire – souvent dissimulé derrière des façades en pierre –, dans les audacieux ouvrages d'art, que dans les corolles des verrières qui fleurissent dans les grands magasins, les banques, les hôtels, les casinos, les établissements thermaux, etc. Cependant, au moment où l'acier semble trouver son épanouissement technique et artistique, la concurrence du béton armé commence à se faire plus

Construction métallique. Minerals and Metals Building, 1943, Ludwig Mies van der Rohe, arch., IIT, Chicago.

vive. La Grande Guerre vient marquer un coup d'arrêt à son usage en Europe, même si le développement de nouvelles formes et de nouveaux usages se poursuit aux États-Unis. Les gratte-ciel s'élancent toujours plus haut, tel l'Empire◆ State Building (1931) dû à Richmond Shreve, William Lamb et Arthur Harmon, qui dépasse de plus de 80 m le record établi quarante ans plus tôt par la tour Eiffel.

Si le Mouvement moderne cherche à réhabiliter une certaine éthique structuraliste et remet à l'honneur les constructions d'ingénieurs – tel Le Corbusier faisant figurer dans *Vers une architecture* (1923) le viaduc de Garabit◆ –, l'architecture de l'entre-deux-guerres ne met guère le métal en vedette. Jean Prouvé◆ tire cependant parti de son savoir-faire de ferronnier pour proposer des solutions très originales, fruits d'une recherche constante de solutions techniques et formelles adaptées au matériau. La Maison◆ du peuple de Clichy (1939) constitue ainsi un véritable manifeste en faveur des possibilités architecturales du métal. Certains pavillons de l'Exposition internationale de 1937 en donnent aussi de beaux exemples, comme ceux de la Tchécoslovaquie ou de la Suède. Des progrès techniques notables sont enregistrés, tels que l'introduction de la soudure. En France, le nouveau pont de Neuilly, achevé en 1939, est le premier ouvrage assemblé suivant cette technique.

L'essor rapide de la construction durant l'après-guerre entraîne une expansion de la charpente métallique, surtout aux États-Unis, où elle s'impose dans la construction de tours de bureaux, mais aussi dans un certain nombre de bâtiments industriels et tertiaires. Le mur-rideau, déjà expérimenté sous diverses formes depuis un demi-siècle, notamment par Prouvé, devient un produit standard.

La Lever House à New York, construite en 1952 par Skidmore◆, Owings & Merrill, se signale paradoxalement par sa banalité, fixant le paradigme d'une architecture anonyme mais parfaitement exécutée. Loin de l'expressionnisme structurel, et pourtant toujours attaché à tirer le meilleur parti des effets tectoniques des structures en acier, Ludwig Mies van der Rohe s'affirme comme le champion incontesté de l'exploitation du métal dans la plastique architecturale. Le traitement des structures poteaux-poutres, aussi clairement lisible en façade qu'à l'intérieur, donne une grande puissance à cette architecture, malgré l'économie apparente de moyens : par exemple dans l'Alumni Memorial

Hall à Chicago (1946) ou dans la maison Farnsworth à Plano (1950). La Nationale Galerie à Berlin montre sur une grande échelle les possibilités expressives d'un matériau pourtant réduit à son économie minimale.

Les possibilités structurelles de l'acier donnent aussi naissance à de grands gestes, tels que toitures suspendues, coques en acier soudé, grandes portées… Les structures tridimensionnelles, dans lesquelles le vocabulaire structurel, réduit à un assemblage de barres et de nœuds, permet de lancer des nappes de grande portée, sont dépourvues de qualités architecturales, malgré les efforts d'un certain nombre de concepteurs comme Konrad Wachsmann◆. Plus intéressants, les dômes réticulés, développés notamment par Richard Buckminster Fuller◆, offrent une alternative à la couverture de vastes espaces. Alors que les ossatures métalliques sont monnaie courante aux États-Unis, elles restent assez rares en France, avec pourtant de belles réussites, comme celle de la Caisse d'allocations familiales de Raymond Lopez (1959) ou la Maison de l'Iran, à la Cité universitaire de Paris, par Claude Parent et André Bloc (1968).

Le Centre◆ Georges Pompidou par Renzo Piano et Richard Rogers (1976) constitue l'apothéose de la structure apparente, dont le maillage, associé aux réseaux de fluides, suffit à définir entièrement l'expression architecturale du bâtiment. Il est suivi par une veine high-tech prolixe, marquée par les architectes anglo-saxons, tel Norman Foster, qui cherchent systématiquement à décomposer les structures en éléments comprimés et tendus pour traduire le jeu des tensions en éléments architectoniques. Ces constructions de tubes et de câbles, souvent associées à des murs-rideaux en verre structurel, sont caractéristiques des années quatre-vingt. Si les charpentes en tubes d'acier jouissent toujours d'une grande faveur, on assiste aujourd'hui à un retour à des solutions plus complexes, tirant parti des progrès réalisés dans les bardages métalliques pour dépasser les simples possibilités structurelles du métal. Le très grand soin désormais apporté aux détails réhabilite également les beaux assemblages, les pièces en acier moulé ou les pièces à inertie variable, plus proches du cheminement des forces. **B. L.**

VOIR AUSSI **Dômes** ; **Fer, fonte, acier** ; **Gares** ; **Gratte-ciel** ; **Métaux ferreux (assemblage des)** ; **Ponts métalliques** ; **Ponts haubanés** ; **Ponts suspendus** ; **Ponts transbordeurs** ; **Poutre-treillis** ; **Serres**.

Conway (pont)
voir **Britannia et Conway (ponts)**

Coques et voiles minces

Indissociable de l'apparition du béton armé, cette nouvelle famille de structures, qui a vu le jour au début du siècle, représente une révolution dans la conception et la construction de voûtes. Les traditions millénaires de construction des voûtes d'appareil ont été soudainement reléguées au second plan par de nouveaux concepts structuraux permettant non seulement de reproduire les formes en maçonnerie, mais encore de tester de nouvelles formes.

On sait bien que les ouvrages en maçonnerie ne peuvent supporter que des contraintes de compression ; grâce à ses armatures en métal, le béton armé peut résister également à des tensions. Les possibilités qu'il offre vont déboucher sur un nouveau concept constructif permettant de réaliser des surfaces complexes et courbes, sans restriction, puisque l'on peut mouler le béton. Ce matériau adopte en effet n'importe quelle forme, à condition d'être coulé dans un moule auquel on a donné celle que l'on désire. D'un point de vue structurel, le béton armé peut être moulé en couches épaisses convenant à la fabrication de murs capables de résister au gauchissement. Mais on a découvert que ce béton armé utilisé avec une faible épaisseur permettait d'obtenir des structures d'un tout autre genre, avec beaucoup plus d'efficacité, en éliminant toutes les contraintes capables de provoquer un gauchissement. Cette technique est donc à l'origine de l'apparition des coques et voiles minces, capables de supporter des contraintes en compression, en tension, de résister au cisaillement (sans pour autant se déformer), susceptibles de couvrir, sans l'aide de piliers, des surfaces

Coques et voiles minces.
Église San José Obrero, Monterrey, Nuevo León, Mexico, 1959, Félix Candela, ing.

inimaginables jusqu'alors, et d'atteindre des portées impossibles à réaliser par la technologie des voûtes en pierre.

Si l'on veut comparer ces structures à d'autres qui nous sont plus familières, on peut dire que les coques et voiles minces sont intermédiaires entre les membranes et les dalles – plus épaisses que les unes, mais plus minces que les autres. Cette épaisseur leur permet de supporter les contraintes en tension à la manière des membranes, mais aussi de résister à la compression. Plus fines que des dalles, elles sont en outre moins sujettes au gauchissement. Le nom que l'on donne à ce type de structure varie d'une langue à l'autre. Les Anglais les appellent *thin shells* ; les Italiens, *volte sottili*. En France, on les désigne sous le terme de « coques et voiles minces » pour indiquer que ces structures sont aussi légères en termes de poids que d'apparence visuelle. La contemplation de telles surfaces, dont les lignes élégantes expriment la pureté d'une géométrie rationnelle, évoque bien des images poétiques, comme celle d'un immense oiseau recouvrant l'édifice de ses ailes déployées. Contrairement à la construction des voûtes en pierre, les coques et voiles minces permettent non seulement de couvrir des espaces beaucoup plus considérables, mais aussi de présenter une courbure moins prononcée, ce qui contribue à l'effet de légèreté du résultat.

Historiquement, ce type de structure s'inspire des coques conçues pour de petits bateaux – comme ceux que Joseph Louis Lambot fit construire en 1848-1849, et que l'on peut voir au musée de Brignoles, dans le Var. Elle se généralise dans les années cinquante avec les coques et voiles en ferrociment de Pier Luigi Nervi♦ – dont le voilier *Irene*, qui avait une coque de 4 cm d'épaisseur seulement, est un exemple en matière de coques flottantes. **M. M.**

VOIR AUSSI **Béton armé**.

Cottancin (Paul)

Reims, Marne, France, 1865 – ?, 1928 ?

« Seul système procurant la souplesse des formes architecturales » précise la réclame d'un des tout premiers constructeurs à employer le ciment armé. Sorti en 1886 de Centrale, Paul Cottancin dépose en mars 1889 un premier brevet portant sur un dispositif d'« ossature métallique sans attache et à réseau continu ». Travaillant à solidariser les éléments fer et ciment, il exclut d'emblée l'adhérence comme force de cohésion, et enchâsse le mortier dans un réseau de mailles métalliques dont les brins, de faible diamètre, sont tissés comme une toile. Les surfaces ainsi configurées sont raidies par des « épines contreforts », fines nervures étroitement reliées à l'armature des dalles, qu'elles renforcent, et sont triangulées de façon à répartir les efforts. Ces dalles de faible épaisseur constituent un système de membranes nervurées, convenant aux planchers aussi bien qu'au développement des voûtes, surfaces prenant appui sur des supports et parois verticales en briques armées selon un principe identique. Une dizaine de brevets et d'additifs balisent l'évolution de ce procédé, très tôt étudié et appliqué par l'architecte Anatole de Baudot et ses proches, regroupés au sein de la mouvance rationaliste. Si, à Paris, le lycée Victor-Hugo ou l'église Saint-Jean-de-Montmartre♦ font partie de ses ouvrages les plus connus, Cottancin n'en a pas moins adapté son système à toutes sortes de programmes – ponts, réservoirs, ateliers, usines, en France, mais aussi à l'étranger (Belgique, Portugal, Angleterre, États-Unis, Chili…). La complexité de son dispositif d'armatures à maillages variables, la difficulté de calculer les structures qu'il conçoit, ses réticences à en modéliser le comportement expliquent en partie le rapide déclin que connaîtront ses procédés. **G. D.**

Coudette (pont de la)

Près de Peyrehorade, Landes, France, 1942.

Le pont routier de la Coudette franchit le gave de Pau à l'est de Peyrehorade, dans les Landes. Le règlement du concours et la configuration des lieux ne permettent guère d'envisager autre chose qu'un *bow-string*. Néanmoins, désireux de ne pas alourdir l'aspect du pont, Nicolas Esquillan♦ place l'ouvrage en travée droite « pour éviter les contreventements obliques, toujours difformes » – et ce, malgré le biais important de la route, qui forme un angle de 42 ° par rapport au fleuve, et le surcoût qui découle de cette solution. Il choisit de relier les arcs aux tirants qui supportent le tablier par des suspentes obliques, afin de ne pas donner « l'impression de barrière et de désordre », et les laisse nues, non enrobées de béton, pour diminuer leur importance visuelle. Les pièces de pont, enfin, sont masquées par les tirants de façon à souligner la ligne légèrement arquée du tablier. Il résulte de ces dispositions un ouvrage qui dégage une grande puissance alliée à une grande légèreté, en dépit du fait que les arcs ont une section constante de 1,25 × 1,10 m et qu'ils montent à 17 m au-dessus d'un tablier de 111 m de portée (record du monde dans sa catégorie). Le pont de la Coudette a pourtant été construit dans des conditions difficiles. Esquillan conçoit un cintre en bois constitué de deux demi-arcs en treillis, reliés au centre par un pylône, également en bois, auquel sont suspendus les palans pour lever les deux demi-arcs en place. Entrepris au début de 1939, les travaux sont interrompus par la guerre. Ils reprennent au printemps 1941, mais lentement, avec un personnel réduit. Les bois ont souffert. Les travaux sont de nouveau interrompus sur ordre de l'occupant pendant l'été 1942, et c'est presque en catastrophe que l'on parvient à commencer le bétonnage des arcs avant les crues d'automne. **B. M**

Coques et voiles minces. Palais de Turin, 1961, Nicolas Esquillan, ing.

Coyne (André)

Paris, France, 1891 – Neuilly-sur-Seine,
auj. dans les Hauts-de-Seine, 1960.

André Coyne est un enfant studieux chez qui
son père, professeur de musique, décèle un
talent pour le violon. Après avoir fait son service militaire, il intègre toutefois l'École polytechnique, puis les Ponts et Chaussées. Il
reprend ses études, interrompues par la guerre,
après l'armistice, et est affecté à Brest en 1920.
Il a notamment la charge de la préparation du
concours du pont sur l'Elorn, puis le contrôle
de son exécution, qui est confiée à Eugène
Freyssinet♦. Au contact de ce dernier, il affine
un empirisme scientifique empreint de circonspection vis-à-vis de la déduction mathématique.
Sur le conseil d'Albert Caquot♦, Coyne accepte
en 1928 le poste d'ingénieur en chef de l'aménagement de la Dordogne. Les ingénieurs français
ne connaissent alors que les barrages-poids.
L'étude des barrages américains persuade
Coyne de la résistance des barrages-voûtes, à la
condition que les rives tiennent. Dès lors
s'affirme sa conviction que « les barrages
doivent être dessinés pour se modeler étroitement au site et [que] chaque ouvrage est un cas
d'espèce ».

Il réalise à Marèges son premier ouvrage (1929-
1935) qui, malgré une hauteur de 90 m et une
longueur en crête de 250 m, n'a que 3 m d'épaisseur. Il présente deux innovations importantes :
le mur à échelle, déjà réalisé à Brest, pour servir
de batardeau, et l'utilisation d'extensomètres à
corde vibrante pour ausculter le béton. La pratique du violon – qu'il poursuivra toute sa vie –
l'amène en effet à imaginer de placer une corde
dans une éprouvette noyée dans le béton, et de
la mettre en vibration avec un générateur électrique pour qu'elle entre en résonance. Cette
technique d'auscultation est toujours utilisée, si
ce n'est qu'on n'« écoute » plus le béton, dont on
se borne à enregistrer les fréquences.

Pour la construction de son deuxième barrage,
à L'Aigle (1935-1946), il juge préférable de
« déverser les crues au-dessus de l'ouvrage,
de manière à ramener, par le chemin le plus
court et le plus direct, la rivière dans son lit
naturel », inventant ainsi l'évacuateur à saut de
ski (néologisme créé par Coyne pour décrire
la ligne de l'évacuateur proche de celle que suit
le skieur avant de sauter dans le vide).

Peu après la guerre, en 1947, il quitte
l'Administration et fonde avec son gendre le
bureau d'études Coyne et Bellier. Pour un

Le pont de la Coudette, de haut en bas : levage du cintre ; vue générale ;
cintre appuyé sur le pylône central ; échafaudage après enlèvement du pylône ;
vue générale.

barrage modeste qu'il construit alors à Bioge, il invente un système de coffrage adapté aux terrains à éboulis, qui reste connu sous le nom de « fouilles Bioge ». Il utilise toutefois plus fréquemment la précontrainte, notamment au barrage de Castillon, où elle permet de réaliser l'économie de 40 000 m³ de béton.

Il construira ou dirigera la construction de 61 barrages en France et de 26 à l'étranger. Lauréat du prix d'architecture en 1953, il remerciera ainsi le Cercle d'études architecturales : « Il me plaît que ce soit vous les premiers, messieurs les architectes, qui ayez distingué dans mon œuvre […] cette ascèse qui est le lien profond entre votre métier et le nôtre, et qui est comme un reflet du mystère qui habite en l'homme. » **B. M.**

Crystal Palace

Londres, Grande-Bretagne, 1851.

La structure audacieuse et prophétique du Crystal Palace a toujours valeur de modèle, malgré sa destruction il y a plus d'un demi-siècle. Le Crystal Palace fait référence auprès des architectes en matière de standardisation ou de préfabrication, chez les partisans comme chez les détracteurs de ces procédés. Il est en outre une source d'inspiration permanente pour tous les concepteurs de bâtiments flexibles et démontables, représentant à leurs yeux la quintessence même de ce concept.

Le Crystal Palace tire sa réputation des circonstances qui ont présidé à sa conception et à sa construction. En effet, à la suite de la décision, prise en 1849, d'organiser à Londres une exposition internationale destinée à célébrer l'unité des nations née du libre-échange, un concours est organisé pour la conception du palais de l'Exposition. Ce concours attire 245 concurrents. Les propositions d'Hector Horeau et de Richard Turner♦ font l'objet d'une extrême attention, mais aucun projet n'est jugé conforme aux exigences du programme ; de ce fait, les membres du comité d'acceptation décident de proposer collectivement leur propre étude pour le palais de l'Exposition. Leur projet présente des insuffisances manifestes, ce qui incite Joseph Paxton♦ à soumettre une idée de dernière minute fondée sur son expérience des grandes serres horticoles. Il confie l'élaboration du concept de son projet à l'entreprise d'ingénierie Fox Henderson, qui réussit à obtenir le contrat pour la construction du bâtiment de l'Exposition.

Fox Henderson joue alors un rôle capital. Non seulement l'entreprise fait les calculs de structure et produit les plans d'exécution, mais elle prend également sous sa responsabilité la fabrication d'une grande partie des éléments du bâtiment et le montage de la structure sur le chantier. Malgré l'amertume manifestée par les architectes, exclus du projet, le fait d'en confier la supervision à une seule et même entreprise permettra l'achèvement du bâtiment dans les délais.

L'étude de Paxton est publiée en juillet 1850. Sept semaines suffisent à produire les plans d'exécution, ce qui permet de poser les premières colonnes à peine deux mois plus tard. L'ensemble du bâtiment est terminé pour l'ouverture de la Grande Exposition, en mai 1851, et il est le véritable point de mire de la manifestation. Bien avant d'être terminé, il est déjà célébré comme un miracle de la construction par les hebdomadaires qui couvrent les étapes successives du chantier. Les tests préalables, l'assemblage et le montage d'un nombre aussi important de composants, ainsi que l'organisation de la main-d'œuvre – en moyenne 1 600 hommes employés pendant toute la durée du chantier – représentent alors le triomphe des méthodes d'industrialisation.

Le Crystal Palace est un bâtiment rectangulaire, composé d'une nef centrale de 22 m de large, flanquée de 5 nefs latérales de chaque côté. Il est divisé en deux parties égales par un transept en arche, qui, outre sa fonction esthétique, constitue un grand joint de dilatation pour l'ensemble de la structure. Il est généralement décrit comme étant un bâtiment de fer et de verre, mais le bois (le matériau que Paxton maîtrise le mieux) joue également un rôle majeur dans sa construction. Si les colonnes et les poutres principales sont en fer, les planchers supérieurs, les principaux toits et les nervures en forme d'arche du transept sont tous en bois. Le dessin du toit, fondé sur les principes de la construction plissée utilisée par Paxton pour ses serres, détermine le module de 7,30 m utilisé pour le reste du bâtiment, ce qui donne l'impression que ce dernier a été conçu « du haut vers le bas ».

Outre le rôle d'avant-garde qu'il a joué dans l'essor de la construction préfabriquée, le Crystal Palace est habituellement cité comme une étape majeure dans l'évolution des bâtiments à ossature complète. Son importance à cet égard est indéniable, bien qu'il doive sa rigidité latérale à bien d'autres éléments que les

connexions des poutres avec les colonnes. Les joints entre les colonnes et les poutres ont été clavetés au lieu d'être boulonnés, à la fois pour faciliter la construction et pour permettre la dilatation thermique. Des entretoisements diagonaux ont été utilisés pour rigidifier l'ossature. À la fermeture de la Grande Exposition, le Crystal Palace est démonté et reconstruit par Fox Henderson à Sydenham, dans le sud de Londres. Sous la forme qu'il revêt après des aménagements réalisés en 1854, il comporte 3 transepts au lieu d'un seul, et tous les transepts, ainsi que la nef, sont voûtés. Le fer est bien plus présent dans la nouvelle structure. Au lieu de l'effet rectiligne que donnait le bâtiment de l'Exposition, les voûtes à grandes arches supportées par des colonnes doubles créent un espace nettement plus architectural. Le bâtiment reste alors pratiquement intact, jusqu'à sa destruction par un incendie en 1936.

La révolution dans la construction, dont le Crystal Palace est censé avoir donné le signal, sera beaucoup plus spectaculaire que de nombreuses personnes, y compris Paxton, ne l'avaient espéré. Il aura une influence immédiatement perceptible dans d'autres bâtiments d'exposition (en particulier le Glaspalast de Munich de 1854), dans des halles de marché et des structures de chantier naval. Pour les bâtiments classiques, malgré l'introduction progressive de certains éléments de préfabrication, il faudra attendre au moins huit ans pour que l'idée d'une construction modulaire réalisée à partir d'éléments fabriqués en usine fasse l'objet d'une adhésion sans réserve. Le sentiment de déception causé par ce manque d'enthousiasme s'explique en partie par le fait que la construction du Crystal Palace a été considérée en son temps comme un épisode magnifique, quoique éphémère. À cela s'ajoute l'opinion, répandue dans les années 1850, que le Crystal Palace faisait la démonstration de l'inadaptation des systèmes répétitifs et modulaires. Lorsqu'il est adopté comme emblème du modernisme dans les années trente, les doutes qu'il suscitait à l'origine sont balayés par la certitude que le temps de la reconnaissance est enfin venu. **R. T.**

Le Crystal Palace : vue du transept sud (en haut, à gauche) ; reconstruction de Sydenham, 1853 (en haut, à droite) ; lithographie de Charles Burton, 1851 (en bas).

144

Dymaxion. Richard Buckminster Fuller et la maquette de la maison 4-D, 1929.

David S. Ingalls (patinoire)

Université de Yale, New Haven, Connecticut,
États-Unis, 1959.

La patinoire de hockey sur glace de l'université de Yale a été conçue et réalisée par les architectes Eero Saarinen♦ & Associates et par les ingénieurs Fred N. Severud♦-Elstad-Krueger Associates ; surnommée la « baleine de Yale » par les étudiants du campus Ivy League de l'université où Eero Saarinen avait été lui-même étudiant, elle suggère l'imagerie biomorphique que l'on voit apparaître pour la première fois au milieu des années cinquante, à la fois dans l'œuvre de Saarinen et dans l'architecture américaine en général. C'est grâce à la patinoire d'Ingalls que la technologie contemporaine de construction est introduite à l'université de Yale. Ingalls est alors la première structure à suspentes tendues créée dans ce contexte.

Patinoire David S. Ingalls.

Sa forme ventrue est due à l'hypothèse, émise par Saarinen, selon laquelle les 3 000 sièges pourraient être « disposés en ovale autour de l'aire de patinage de 61 × 26 m », de sorte qu'il puisse y avoir « davantage de sièges sur la ligne des cinquante yards ». Cette forme se justifie également par le fait qu'elle permet de doubler la capacité du bâtiment en cas de besoin – par exemple pour la transformer en salle de gymnastique, ou en lieu de réunion de l'ensemble des étudiants, car elle offre en outre d'excellentes propriétés acoustiques.

Le bâtiment de 99 × 56 m est contenu par des murs et un toit à courbes inversées ; une arche centrale parabolique en béton armé s'élève à une hauteur de 21 m au-dessus de la patinoire, ce qui a rendu possible l'absence de colonnes intérieures ; elle se prolonge par des porte-à-faux de 12 m soutenant le toit au-dessus des portes d'entrée. Sa construction a été effectuée au moyen d'un échafaudage en tubes de métal ; les formes ont été ajustées au moyen de vérins hydrauliques au-dessus de l'échafaudage pour obtenir la courbure requise. Les murs, fabriqués en béton armé, ont 23 cm d'épaisseur au-dessus du gradin et une pente de 15° vers l'extérieur ; ils sont ainsi à même de résister à la poussée latérale du toit, et jouent le rôle d'une poutre cantilever courbe. Une arche inclinée au sommet des murs d'enceinte tient lieu de raidisseur, supporte la poussée du toit en ces points d'ancrage et la répartit. Vus en plan, les murs sont deux paraboles à courbe inversée reliées par un arc de 49 m de rayon. Les deux murs sont soutenus dans leur partie centrale par trois jambes de force qui vont d'un mur à l'autre, et par un tirant entre deux points opposés sur les fondations. Les murs sont reliés aux deux supports de l'arche par des étaiements horizontaux en treillis d'acier courbés au-dessus des entrées.

Les câbles d'acier qui supportent le toit sont suspendus entre l'arche centrale et les murs extérieurs courbes. Ces câbles du toit, de 2,4 cm de diamètre, sont espacés d'environ 2 m au centre, formant un support maillé horizontal soutenant le toit en bois pour en empêcher le flottement. 9 câbles principaux longitudinaux, de 4,5 cm de diamètre, installés sur chaque moitié du toit, ont été précontraints pour constituer une sorte de jambe de force soutenant le tablier ; ils assurent le préchargement de la construction du toit et résistent aux charges horizontales appliquées sur l'arche centrale.

Bien que le site d'origine fût pratiquement plat, il a été surélevé vers le centre des murs

Patinoire David S. Ingalls.

d'enceinte, notamment pour ajouter du poids et pour empêcher le déplacement des fondations ; cela contribue à donner au bâtiment l'allure d'une « charrue » qui semble « labourer » le site. Un système d'éclairage sculptural en métal, dû à l'artiste californien Oliver Andrews, prolonge la poutre de l'entrée, accentuant l'image dynamique du bâtiment. À propos de cette patinoire, Saarinen aime à citer un hockeyeur de l'équipe de Yale : « *It makes me feel "go, go, go !"* ». **P. C. P.**

Daydé (Henri)

Cenne-Monestiès, Aude, France, 1847 – ?, 1924.

Diplômé de l'école des arts et métiers de Châlons-sur-Marne, Henri Daydé fonde une entreprise de construction et de travaux publics qui fusionne très vite avec les Éts Lebrun, en 1877. Lebrun-Daydé devient Lebrun, Pillé & Daydé en 1880, puis Daydé & Pillé en 1882, pour redevenir Daydé en 1903. L'entreprise sera absorbée en 1964 par la Compagnie française d'entreprise, devenue, depuis, Eiffel-Constructions métalliques.

Quoique spécialisée dans les ponts, elle a néanmoins réalisé le dôme du Grand Palais à Paris (1900). Parmi ses grands ouvrages, citons le pont-canal de Briare (1896), le pont Mirabeau (1896) et le viaduc d'Austerlitz (1904), tous deux à Paris, le pont Paul-Doumer à Hanoï (long de 1 680 m), etc. **B. M.**

Dieste (Eladio)

Artigas, Uruguay, 1917.

L'œuvre d'Eladio Dieste est intimement liée à une utilisation judicieuse de la voûte de brique.

Ingénieur de formation, diplômé, en 1943, de la faculté de génie civil de Montevideo – où il enseigne depuis 1967 –, Dieste, associé à Eugenio Montañez dès 1946, va développer toutes les potentialités mécaniques et plastiques de la brique armée. En 1958, il conçoit l'église d'Atlántida (Uruguay) dont les murs en briques creuses sont en forme de conoïdes. Ils supportent une voûte plate, à double courbure, dont l'épaisseur de 12 cm est constituée de deux couches de briques, dans les joints desquelles est noyée l'armature.

En 1975, Dieste réalise des hangars de stockage dans le port de Montevideo. Les voûtes en brique, entrecoupées de lanternaux, atteignent 50 m de portée. Sur le même principe constructif, il concevra les halles du marché de Porto Alegre (Brésil), ou encore les coques des ateliers de l'usine Massaro à Joánico (Uruguay), dont les voûtes cylindriques, d'une portée de 12,60 m, reposent sur des poteaux en béton, espacés de 32 m, et semblent flotter au-dessus des zones d'activités.

L'association briques-mortier-armature forme une unité structurelle d'une grande rigidité. Le poids des briques produit une compression résistant aux flexions. Aux armatures placées aux creux des joints, s'ajoutent des nappes de ferraillage dont la quantité d'acier n'excède pas 500 g/m². Un mortier léger est ensuite répandu ; sec en quelques heures, il permet un décintrage le lendemain. Les coffrages montés sur échafaudage se déplacent sur rails, l'ajustement s'opérant par vérins. Cette technique, qui s'inspire de celle utilisée par Eugène Freyssinet◆ pour les voûtes en béton armé des hangars d'Orly◆, est néanmoins bien plus rapide. Le principe de construction reste très simple – des ouvriers peu qualifiés peuvent aisément l'appli-

quer. Son faible coût s'adapte très bien aux contingences économiques locales. En outre, la brique en terre cuite, de dimensions standard, peut être sciée si besoin est sur le chantier. Comparées aux coques en béton, celles conçues par Dieste offrent une résistance mécanique équivalente, mais la plus grande légèreté de la brique creuse évite des charges considérables dans les grandes portées. Le module d'élasticité de la brique, inférieur à celui du béton, rend ces constructions moins sujettes aux déformations. Un entretien minimal et un bon comportement aux variations d'amplitude thermique assurent un excellent vieillissement.

Toujours désireux de parvenir à un juste rapport entre forme et matière, Dieste joue avec les potentialités mécaniques de la brique et des armatures, et aboutit à des formes sans cesse renouvelées. Cette idée constructive montre à quel point la construction est pensée intégrale du projet. Elle constitue le commencement de son architecture et révèle l'intelligence de la matière. **R. R.**

Dirigeables

Le dirigeable rigide requiert de la part du constructeur de véritables prouesses techniques. Les ingénieurs doivent déployer des trésors d'invention, et les matériaux utilisés doivent répondre aux exigences les plus poussées. Ce sont certainement les raisons pour lesquelles le premier dirigeable rigide n'a été construit qu'en 1897 par David Schwarz, alors que son principe avait été inventé plus d'un siècle auparavant par Jean-Baptiste Meunier.

Le dirigeable rigide tire sa forme de son ossature d'aluminium ou de bois. Seuls celui de Schwarz et le ZMC 2 américain font exception à cette règle, le revêtement d'aluminium qui couvre leur ossature leur conférant une silhouette particulière.

L'ossature des Zeppelin, pour laquelle Ludwig Dürr◆ fait appel à partir de 1905-1907, avec le LZ 2, à des éléments porteurs triangulaires, est constituée d'anneaux polygonaux reliés entre eux par des longerons. Au fil des années, on distinguera anneaux principaux et anneaux auxiliaires ; à cette époque, des barres de tension confèrent une rigidité optimale aux compartiments constitués par les anneaux principaux, les anneaux auxiliaires et les longerons.

L'intérieur de l'ossature abrite les compartiments à gaz. On résout dans un premier temps

Dieste (Eladio). Hangar du port de Montevideo.

Atterrissage, de retour d'Amérique, du dirigeable LZ 127
« Graf Zeppelin », à Friedrichshafen, près du lac de Constance (en haut).

Dirigeable LZ 126 en cours de construction, 1924 (en bas).

le problème de l'étanchéité en enduisant de caoutchouc un tissu de soie ; cependant, la propension de ce dernier matériau à se charger d'électricité statique le rendait vulnérable au feu, et une simple étincelle pouvait causer une catastrophe. Après une tentative d'utilisation de boyau de bœuf, on aura enfin recours, dans la période de l'entre-deux-guerres, à une membrane – une toile de coton enduite d'une substance imperméable.

Le revêtement extérieur de l'ossature remplit deux fonctions : protéger les compartiments à gaz, extrêmement vulnérables, et améliorer l'aérodynamisme. Ce revêtement est en coton, imprégné afin de le protéger de l'humidité. Pour la construction des cinq derniers dirigeables, on mélangera à la couche protectrice de laque, appelée Cellon, de la poudre d'aluminium pour diminuer l'échauffement du gaz porteur aux heures de trop grand ensoleillement. C'est ce mélange qui donne aux derniers Zeppelin leur couleur argentée caractéristique. À l'ossature elle-même sont fixés les nacelles des moteurs, les nacelles de pilotage et les ailerons de direction. Les derniers dirigeables accueillent dans leurs entrailles une salle pour les passagers. Ces mêmes principes de base seront appliqués à la construction de grands dirigeables aux États-Unis et en Grande-Bretagne.

En revanche, les aérostats construits par Schütte-Lanz à Mannheim diffèrent de leurs concurrents allemands ou étrangers par le matériau et par la structure de l'ossature. Ils sont ainsi les seuls à utiliser des lattes de contreplaqué assemblées en alvéoles géodésiques, spécificité qui leur confère un volume singulier. La grande sensibilité du contreplaqué à l'humidité a pourtant obligé son constructeur à y renoncer, pour tenter d'adopter l'aluminium – tentative qui se soldera par un échec.

Si le souvenir parfois nostalgique qu'on a des géants des airs en embellit l'image, il est souvent la cause d'une méconnaissance profonde des apports qu'ils ont constitués pour d'autres domaines technologiques. Or l'impulsion qu'ils leur ont donnée a été considérable. L'exigence fondamentale à laquelle ils avaient à répondre était d'obtenir la construction la plus légère possible, compte tenu du fait que chaque kilogramme réclamait 1 m³ de gaz porteur. On s'est donc très tôt préoccupé d'optimiser le rapport poids/volume, ce qui a permis d'élaborer des moteurs et des groupes de propulsion ultra-légers, mais surtout, de mettre au point une structure porteuse quasi immatérielle. La

construction aéronautique sera la première à mettre à profit ces recherches et ces résultats. Les moteurs mis au point pour la société en commandite Zeppelin par l'une de ses filiales, la firme Maybach, ont ainsi équipé les avions engagés dans la Première Guerre mondiale ; de même, l'ingénieur Claude Dornier a fait directement profiter son usine de construction aéronautique de son expérience, acquise dans les ateliers de montage Zeppelin.

Les énormes dimensions de ces engins rendaient l'amélioration de leur aérodynamisme indispensable. La société Zeppelin a donc été très rapidement amenée à construire sa propre soufflerie, qu'elle a mise également à la disposition de chercheurs travaillant dans d'autres branches. Automobiles, motocyclettes, locomotives en ont tiré profit : le constructeur BMW y a testé ses voitures et ses motos de course, une firme de construction ferroviaire y a développé un train rapide, le *Hambourgeois volant*.

La récente métallurgie de l'aluminium a connu alors de grands progrès, grâce à l'impulsion donnée à la recherche par la construction des dirigeables. La technique et l'organisation de la production en seront aussi affinées. Cette dernière avancée sera de toute première importance pour la construction aéronautique qui doit, dans le laps de temps le plus bref, savoir maîtriser l'assemblage de millions de pièces différentes : si, durant la Première Guerre mondiale, on a pu fabriquer des avions en moins de quatre semaines, la firme Zeppelin n'y est sans doute pas pour rien.

La fin de cet épisode particulièrement fascinant de la navigation aérienne a permis la transmission du savoir, accumulé durant des années dans les bureaux d'études de la société Zeppelin et dans ses ateliers de montage, dans

d'autres domaines. Pour construire les miroirs des radars, on se servira de la technique de montage sur ossature, et les cabines de téléphérique bénéficieront du système de construction légère promu par le comte Zeppelin. Aujourd'hui encore, des éléments de haute précision sont produits grâce à l'apport constitué par l'aventure spatiale dans des firmes nées avec le siècle, au début de l'épopée des dirigeables rigides. **W. M.**

Dischinger (Franz)

Heidelberg, auj. dans le Bade-Wurtemberg, Allemagne, 1887 – Berlin, 1953.

Franz Dischinger suit entre 1907 et 1911 des études d'ingénieur des Ponts et Chaussées à la Technische Hochschule de Karlsruhe ; il occupe en 1913 un premier poste au sein de l'entreprise Dyckerhoff♦ & Widmann, à Wiesbaden-Biebrich. En charge, à l'origine, de problèmes de génie civil (fondations à l'air comprimé), il se tourne au début des années vingt vers le bâtiment et la construction de ponts. Ingénieur, scientifique et enseignant d'une grande créativité – il assure le cours de béton armé à la Technische Hochschule de Berlin de 1933 à 1951 –, il introduit des innovations qui contribueront de manière décisive au développement des constructions en béton armé – à tel point qu'il sera considéré comme le pionnier de la construction en coque.

Une première étape est franchie avec la mise au point du voile mince de révolution. À l'instigation du Deutsches Museum de Munich, l'ingénieur Walter Bauersfeld a conçu au sein de l'entreprise Carl Zeiss d'Iéna un appareil de projection de la constellation stellaire (destiné à un planétarium). Il fallait pour le tester un local de

Dischinger (Franz).
Test de résistance d'un prototype de dôme.

forme hémisphérique (la « voûte céleste »). Bauersfeld édifie alors sur le toit d'une des usines Zeiss une coupole en treillis d'une portée de 16 m, constituée de barres d'acier longues d'environ 60 cm reliées entre elles par un assemblage de triangles. Pour le traitement de la surface, il demande conseil à Dyckerhoff & Widmann, qui a déjà construit de nombreux bâtiments pour Zeiss. Le procédé retenu est celui du gunitage, inventé peu de temps auparavant : on pulvérise du béton contre un coffrage plaqué à l'intérieur de la coupole, de sorte que le béton enrobe les barres du treillis et le grillage qui le recouvre. Cette première coupole de type coque est achevée en août 1923. Son ossature porteuse est le treillis Zeiss, pour lequel un brevet sera ensuite déposé. L'ensemble de la construction a également fait l'objet d'un brevet sous le nom de « construction en coque *Zeiss-Dywidag* ». Dischinger, qui a participé au chantier à titre de conseiller, perçoit immédiatement toutes les possibilités constructives encore inexplorées que l'on peut tirer du procédé et, dès lors, se consacre entièrement à son développement.

Il l'utilise au cours de l'hiver 1923-1924, en collaboration avec Bauersfeld, pour couvrir, toujours à Iéna, un atelier de fabrication de l'entreprise Schott & Genossen par une coupole plane de 40 m de portée et seulement 6 cm d'épaisseur.

La troisième coque *Zeiss-Dywidag* d'importance, d'une portée de 25 m, est la coupole construite en 1925-1926 pour le planétarium Zeiss d'Iéna♦. Dès le début de ses recherches, Dischinger s'était efforcé d'exploiter les avantages que présentaient les coques pour la couverture de bâtiments de forme rectangulaire. La première solution, imaginée en 1923, consistait en une coque à double courbure épousant une courbe directrice elliptique. En raison de la complexité des calculs, et de la difficulté d'utiliser le treillis Zeiss pour cette forme de coque, il envisage d'abord le voile cylindrique à courbure simple ; il s'aperçoit très vite que ce dernier possède lui aussi une capacité de portance spatiale si on le renforce par des plaques. Après un essai dans l'usine de Dyckerhoff & Widmann, il construit en 1924 avec Bauersfeld la première coque en berceau au-dessus d'un atelier de l'entreprise Zeiss, à Iéna.

Grâce à Ulrich Finsterwalder♦ – qui travaille depuis 1923 chez Dyckerhoff & Widmann sous la direction de Dischinger, et qui a considérablement amélioré la théorie de la coque cylindrique – et à la collaboration des ateliers Dywidag, les premières couvertures de grande surface constituées de coques en berceau juxtaposées vont voir le jour : pour la Gesolei (exposition nationale sur les thèmes de la santé, de l'aide sociale et des exercices corporels), en 1926 à Düsseldorf, puis pour la grande halle du marché de Francfort-sur-le-Main, en 1926-1928 (Martin Elsaesser, architecte). Dans cette dernière, la portée des voûtes atteint 14,10 m et celle des poutres 37,10 m. Il est particulièrement intéressant de noter que, dans les constructions ultérieures, le treillis Zeiss ne sera plus enrobé dans le béton, mais servira, appliqué en double épaisseur, de support à la coque en béton, cette dernière étant armée par des ronds d'acier selon la méthode traditionnelle.

Dischinger lui-même recourra aux coques en berceau pour concevoir des coupoles. Au-dessus de la grande halle du marché de Leipzig♦, construite en 1928-1929 en collaboration avec l'architecte Hubert Ritter, s'étendent ainsi deux énormes coupoles octogonales composées de segments de coques cylindriques, chacune d'une portée de 65,80 m, pour une épaisseur de coque réduite à 10 cm.

La théorie des coupoles polygonales sera abordée par Dischinger dans sa thèse de doctorat, en 1929. Ayant précisé le mode de calcul de la coque à double courbure sur une structure rectangulaire, Dischinger se lance dans sa mise en œuvre. Un premier essai, effectué en 1931 dans l'usine de Wiesbaden, lui permet d'en démontrer les immenses capacités. La coque de translation, construite sur des poteaux au-dessus d'une surface carrée de 7,30 m de côté, présente au sommet une épaisseur de 1,5 cm seulement (l'édifice a été restauré en 1974-1975). En 1933, une coque du même type est construite pour recouvrir l'entrepôt à clinker de l'usine de ciment de Beocin (ex-Yougoslavie). Dans ses différents projets, Dischinger cherche à exploiter toutes les possibilités des coques : ainsi l'étude, en 1928, d'une coupole en double coque d'une portée de 150 m ; puis, en 1942, celle d'une coupole de 250 m, doublée d'une coque anti-bombes de 3,50 m d'épaisseur, pour le centre des Congrès de Berlin, conçu par Albert Speer dans la folie mégalomane de l'époque hitlérienne.

La contribution de Dischinger à la construction des ponts est tout aussi importante, notamment en ce qui concerne l'utilisation du béton précontraint. Après l'obtention en 1928 d'un brevet pour des ponts en arche en béton précontraint avec tirant en acier précontraint, il réalise cette même année un pont de 68 m construit sur ce principe au-dessus de la Saale, près d'Alsleben. Le tirant, constitué de 5 fers plats rivetés les uns aux autres, est placé dans une rainure du tablier et tendu après durcissement du béton, puis de nouveau enrobé de béton (précontrainte à liaison ultérieure). Dans un deuxième brevet déposé en 1934, Dischinger propose de faire passer les tirants en dehors de la section du béton, à la manière de la poutre de soustension. D'après lui, cela présente l'avantage de pouvoir à tout moment retendre les éléments de tension, au cas où la construction connaîtrait des variations de forme par suite du fluage du béton (précontrainte sans liaison). La construction du pont routier au-dessus des installations ferroviaires de Aue-Saxe en 1936-1937 – sa plus longue travée a une portée de 69 m – fera appel à ce procédé (en 1962, le pont sera remis en état, et la précontrainte rétablie). Dischinger s'est efforcé de déterminer par le calcul les variations de forme provoquées par le fluage et la contraction du béton. Ses deux traités, *Untersuchungen über die Knicksicherheit, die elastische Verformung und das Kriechen des Betons bei Bogenbrücken* (étude de la résistance au flambage, de la déformation élastique et du fluage du béton dans les ponts en arc), en 1937, et *Elastische und plastische Verformungen der Eisenbetontragwerke und insbesondere der Bogenbrücken* (déformations élastiques et plastiques des structures porteuses en béton armé, et en particulier des ponts en arc), en 1939, présentent un intérêt capital pour la théorie du béton précontraint.

Les recherches de Dischinger se caractérisent par le fait qu'il ne passe à la mise en pratique de nouvelles idées et de possibilités constructives qu'après avoir établi un modèle de calcul suffisamment fiable, et souvent après l'avoir testé par des essais préalables. **C. S.**

Djeddah, terminal Haj (aéroport de)

Djeddah, Arabie Saoudite, 1981.

Les structures textiles tendues constituent désormais une forme d'architecture moderne reconnue, et les travaux des pionniers dans ce domaine, Frei Otto♦ et Walter Bird♦, connaissent une diffusion dans le monde entier. Ces travaux ont suscité de la part des architectes un vif intérêt pour les membranes et les structures tridimensionnelles suspendues, dont résultent aujourd'hui des systèmes très économiques et capables de couvrir des surfaces importantes.

La mise au point de structures textiles, matériau de construction totalement nouveau, a permis aux concepteurs de créer de nouvelles formes et de nouveaux profils. L'exemple le plus spectaculaire de ce type de structure est le terminal Haj de l'aéroport international de Djeddah, en Arabie Saoudite.

La première utilisation du textile dans la construction de bâtiments permanents est celle des structures pneumatiques de quelques stades (David Geiger◆-Horst Berger◆, 1972-1982). On a ensuite eu recours à des structures en textile tendu, composé principalement de polyester revêtu de chlorure de polyvinyle, et de fibre de verre revêtue de résine fluorocarbonée Téflon.

La fibre de verre revêtue de Téflon convient très bien aux bâtiments industriels, en raison de sa résistance à la chaleur. C'est un matériau chimiquement inerte, hydrophobe et non combustible. Il est également autonettoyant et nécessite donc peu d'entretien.

Un toit en fibre de verre revêtue de Téflon est

supposé durer au moins vingt ans. Sa longévité, sa résistance mécanique et sa résistance au feu en font le matériau idéal pour la structure textile permanente du terminal Haj de Djeddah.

L'aéroport international de Djeddah, le plus grand aéroport du monde, se trouve au bout de l'avenue partant de l'université du roi Abdulaziz.

Chaque année, des musulmans du monde entier font un pèlerinage à Djeddah pendant la période religieuse de l'Haj. Le terminal Haj reçoit ainsi jusqu'à 750 000 pèlerins en route vers La Mecque et les abrite du brûlant soleil du désert. Les architectes et ingénieurs sont Skidmore◆, Owings & Merrill (Chicago et New York) ; l'ingénieur-conseil est Horst Berger de Geiger Berger Associates (New York) ; le toit en textile a été fabriqué par Owens et Birdair Structures, Inc.

La structure, ouverte, sans murs latéraux, est composée de 210 éléments de toiture identiques, constituant chacun une tente de 45 × 45 m, soutenus par des câbles, grâce à des pylônes de 45 m de hauteur. Les éléments de toiture ont une double courbure et sont de type anticlastique. Les bords inférieurs de chaque tente sont fixés aux câbles tendus entre les pylônes-supports, à 20 m de hauteur.

En plaçant les pylônes aux angles de chaque tente, et en arrimant leurs points hauts aux pylônes, on a pu réaliser tous les supports sans utiliser de mât central.

L'ensemble de la toiture couvre 425 000 m². La structure a été érigée en trois ans, de 1978 à 1981. La couverture a été montée en dix parties, chacune comportant 21 éléments.

Le terminal Haj est la plus grande structure de ce type dans le monde. **Z. S. M.**

Dômes

Après dix-sept siècles d'une relative léthargie, l'évolution des dômes de longue portée pouvait difficilement être plus spectaculaire qu'au cours des deux cents dernières années. En termes de portée, de matériaux, de configuration structurelle et de coût, le XVIIe, mais surtout le XIXe siècle, ont connu un nombre extraordinaire d'innovations en matière de coupoles. Le célèbre Panthéon romain, construit en béton au IIe siècle après J.-C., est resté avec ses 44 m de diamètre le plus grand dôme du monde jusqu'à la construction du Royal Albert Hall à Londres, en 1871. La résistance des ossatures en fer (employées au XIXe siècle dans de nombreux dômes) a contribué en grande partie à battre ce record qui aurait dû l'être depuis longtemps. Habillées de verre, ces structures créaient les conditions d'un éclairage quasiment naturel, et ramenaient le poids de l'édifice au dixième de celui du Panthéon.

Au XXe siècle, les aciers à haute résistance et l'aluminium ont été combinés à toute une gamme de nouveaux matériaux de revêtement, comme la fibre de verre enduite d'acrylique ou de Téflon ; ces techniques ont permis de construire des coupoles d'une portée supérieure à 200 m pour couvrir des superstades d'une capacité excédant 70 000 spectateurs. Les dômes modernes les plus efficaces reposent sur des concepts structurels inventés au cours de ce siècle – notamment les dômes géodésiques, les coupoles gonflables raidies par câbles, et les dômes autotendants. Les dômes gonflables raidis par câbles et les dômes autotendants, qui sont employés de nos jours pour couvrir de longues portées, pèsent moins de 20 kg/m² et coûtent moins de la moitié des dômes en acier et béton armé construits dans les années soixante et soixante-dix.

Compte tenu de la grande variété de systèmes structurels existant aujourd'hui, on peut définir un dôme comme une structure de longue portée, soutenue seulement sur ses bords, et présentant une forme à double courbure concave vers le bas. Les dômes géodésiques, gonflables et autotendants, représentent les innovations structurelles les plus marquantes du XXe siècle, période caractérisée par la rapidité de son évolution. Le développement de ces trois systèmes est particulièrement remarquable, puisqu'ils ont été conçus, brevetés et construits sur une période de tout juste trente-neuf ans, et par deux ingénieurs seulement.

Terminal Haj, aéroport de Djeddah.

Les dômes géodésiques sont des structures spatiales sphériques, dont les éléments principaux sont agencés suivant une série de grands cercles dont les intersections, qui correspondent aux joints, définissent une triangulation. (Un grand cercle est un cercle de diamètre maximal pouvant être inscrit dans une sphère.) Dès les années vingt, Walter Bauersfeld, de la société optique Zeiss, conçoit un précurseur des dômes géodésiques contemporains pour la construction d'écrans de projection sphériques dans les planétariums. Le système de Bauersfeld est d'abord adopté comme toiture permanente pour le planétarium de la société Zeiss à Iéna◆ en Allemagne, en 1926 ; mais son concept de dôme n'aura pas d'autre application que celle de la construction des planétariums. C'est en 1949 que Richard Buckminster Fuller◆ construit son premier dôme géodésique à l'échelle d'un bâtiment, destiné à servir de couverture à une « maison autonome ». Fuller, qui sera véritablement obsédé toute sa vie par la

nature éphémère des structures architecturales et par la nécessité de réduire les coûts de construction, s'intéresse aux dômes géodésiques à cause de leur économie structurelle, et parce que le nombre restreint d'éléments qu'ils comportent laisse espérer une réduction de leurs coûts de fabrication et de construction. Son dôme se révèle effectivement très économique ; pendant les vingt années suivantes, le dôme géodésique, sans doute également du fait de son adaptabilité, sera l'un des types de structures du XXᵉ siècle qui connaîtra le plus de succès. Très peu de temps après avoir été breveté, le système de Fuller permet déjà de construire des toitures d'une portée sans précédent, destinées à couvrir des espaces de nature très variable. En 1958, l'Union◆ Tank Car Company construit un dôme géodésique en aluminium de 116 m pour couvrir ses ateliers de réparation ferroviaires de Baton Rouge, en Louisiane : c'est alors la plus longue portée libre du monde. Dans les années cinquante et soixante, des

sociétés se créent pour fabriquer des maisons en kit à base de dômes géodésiques, pendant que Fuller vend à l'armée américaine une variante de son système, destinée aux stations radars et à des hangars provisoires. Le dôme géodésique connaît son heure de gloire en tant que symbole des prouesses des ingénieurs et d'un certain optimisme futuriste à l'occasion de l'Exposition universelle de 1967 à Montréal, où un dôme géodésique en acier habillé d'acrylique, d'un diamètre de 76 m, est édifié pour le pavillon américain.

Le dôme gonflable raidi par câbles est inventé et construit pour la première fois par l'ingénieur David Geiger◆, pour le pavillon des États-Unis de l'Exposition universelle de 1970 à Ôsaka◆. La conception architecturale du pavillon est assurée par Davis et Brody. Son intérieur est gonflé à la manière d'un ballon, mettant ainsi toute la toiture en tension, ce qui permet de n'employer que des tissus et des câbles pour sa fabrication. Le poids du toit terminé, 7,5 kg/m², n'atteint même pas le sixième de celui du premier superstade construit aux États-Unis – l'Astrodome de Houston, en 1965 –, pour lequel on a eu recours à un treillis d'acier à plusieurs couches, plus traditionnel. Le coût du pavillon d'Ôsaka (450 000 dollars) est pratiquement inférieur de moitié à celui du dôme construit par Fuller à Montréal.

Il n'aurait pas été possible de concevoir et de construire le pavillon américain de l'Exposition de 1970, ni les dômes gonflables tendus qui s'ensuivront, si les ingénieurs n'avaient pu tirer profit de plusieurs avancées récentes de la technique. La prévision des performances des structures extrêmement souples que constituent les dômes pneumatiques est liée aux progrès, dus à l'essor de l'informatique et de l'analyse numérique, réalisés au cours des années soixante. Le textile qui recouvre le pavillon américain est formé de fibre de verre translucide revêtue de vinyle ; les dômes ultérieurs ne feront que substituer le Téflon au vinyle. Ces deux matériaux – le Téflon et la fibre de verre employée pour ces toitures – ont été développés pour ou par la NASA dans le cadre du programme spatial américain.

L'économie structurelle et le faible coût des coupoles gonflables a favorisé leur adoption rapide comme principal système de couverture de vastes espaces comme les stades. On ne tarde pas à trouver des toitures conçues selon le système Geiger dans des stades à Tôkyô, Minneapolis (Minnesota), Pontiac (Michigan),

Dômes. Dôme du Coliseum, Charlotte, Caroline du Nord, Severud-Elstad-Krueger, ing.

et Vancouver (Colombie britannique), pour des portées supérieures à 190 m. Des problèmes de résistance au vent et à la neige apparaissent cependant à Pontiac et à Minneapolis, ce qui contraint bientôt Geiger à rechercher de nouveaux types de dômes, dont la stabilité ne serait pas dépendante d'une pression intérieure.

À l'occasion des Jeux olympiques de Séoul, en 1988, Geiger conçoit deux dômes à câbles non gonflables, d'un poids de seulement 14 kg/m², selon le concept de tenségrité précédemment breveté par Fuller. Les dômes autotendants de Fuller, brevetés en 1962, se composent de réseaux continus de câbles séparés par des contrefiches compressées de manière discontinue. Fuller fait remarquer que cette configuration structurelle diminue considérablement la quantité de matériaux nécessaire pour couvrir un espace étendu, et réduit le nombre des différents éléments à utiliser, plus encore que ne l'ont permis ses dômes géodésiques.

Malheureusement, la complexité du système de Fuller interdit sa mise en œuvre à l'échelle d'un bâtiment. Pour les deux stades olympiques de Séoul, d'une portée de 90 et de 120 m, Geiger simplifie le réseau de câbles de Fuller en habillant la toiture avec de la fibre de verre revêtue de Téflon, et en conférant au toit un profil beaucoup plus bas et aérodynamique.

Ces caractéristiques donnent naissance à un système de tenségrité peu coûteux, qui sera rapidement adapté à des toitures de portée supérieure pour couvrir des stades de grande capacité, comme les 210 m du Suncoast♦ Dome de Saint Petersbourg, en Floride (1989), ou encore, après des améliorations notables apportées par Matthys Levy, les 190 m du Georgia♦ Dome à Atlanta, en Géorgie (1992). Levy et d'autres développent aujourd'hui des systèmes de couverture escamotable pour ces extraordinaires structures. **A. C. W.**

VOIR AUSSI **Structures autotendantes** ; **Structures gonflables** ; **Structures légères** ; **Structures spatiales** ; **Structures tendues**.

Donzère-Mondragon (pont de)

Donzère, Drôme, France, 1952.

Emportés par leur intérêt pour le développement grandissant d'un procédé, les ingénieurs en oublient souvent les origines ; ils oublient tout autant le cheminement des idées, les incidents, les polémiques qui ont précédé la naissance de l'invention. Les ponts haubanés constituent un exemple typique de ce phénomène.

Bien que le succès de la technique des ponts haubanés – qui permet de franchir les vallées et les détroits les plus larges – soit aujourd'hui avéré dans tous les pays, il est cependant utile d'en évoquer le prototype.

Il est dû à Albert Caquot♦, et voit le jour au début de l'année 1952 à Donzère-Mondragon, sur un canal de dérivation du Rhône ; il génèrera toute une série d'ouvrages du même type, dont les derniers franchissent des portées réputées infranchissables.

Stabiliser une poutre en porte-à-faux en soutenant son extrémité par une corde ou une chaîne fixée à un pylône est une très vieille idée : le début du XIXe siècle voit la réalisation de ponts s'inspirant de ce principe, mais ces ouvrages prennent de larges ballants au gré des vents latéraux. À la suite de graves accidents, cette idée sera abandonnée, au bénéfice de ponts dans lesquels le tablier est suspendu à des câbles en forme de chaînette : c'est, à l'évidence, tomber de Charybde en Scylla, car ces ponts sont à la fois sensibles aux vents latéraux et aux résonances.

En 1950, le long canal de la Compagnie nationale du Rhône va inspirer à Caquot, en pleine période de créativité, à la fois la grande écluse de Donzère, record du monde pour la différence de hauteur entre biefs, et le premier pont à haubans. Il est profondément convaincu qu'il faut retourner à l'idée première, mais en l'appliquant à un tablier en béton armé et à des câbles en acier fortement tendus, qui développent ainsi une compression longitudinale dans le tablier, l'ensemble présentant alors une grande rigidité transversale. Les calculs seront très

longs – à l'époque, l'informatique n'existe pas encore –, mais ce n'est pas pour effrayer Caquot, lequel passera d'ailleurs davantage de temps à convaincre le service central d'études techniques de la faisabilité de son projet.

La travée centrale de 81 m est encadrée de deux travées de rive de 39 m chacune, soit 159 m entre les culées ; les câbles sont interchangeables et vérifiables en tous leurs éléments. Leur tension est vérifiée par mesures de périodes. **J. K.**

Du Chateau (Stéphane)

Solwyczcqodzk, Sibérie, Russie, 1908.

Stéphane Du Chateau appartient à une famille franco-polonaise ; son attachement à ces deux nations a toujours profondément marqué cet *homo faber*, dont le nom est associé au développement de nombreux procédés constructifs de structures spatiales en acier. Il étudie l'architecture à l'École polytechnique de Lvov, puis, après avoir activement participé à la guerre de 1939-1945, il complète sa formation à l'Institut d'urbanisme de Paris, pour la conclure à la Polish School of Architecture de Londres.

Concepteur né, Stéphane Du Chateau n'oublie jamais que la structure est au service de l'architecture. Sa carrière commence par l'élaboration de projets d'architecture dans le cadre de la reconstruction de la ville de Caen. Il s'intéresse à la construction tubulaire, jusque-là réservée à la confection des échafaudages. Il s'associe alors avec Paul Bandow pour créer la société Tubetal ; projets, études et essais se succèdent

Pont de Donzère-Mondragon.

et finissent par donner sa crédibilité à l'utilisation du tube soudé en construction. Son sens de la géométrie, sa connaissance quasi intuitive du comportement des structures lui permettent dans un premier temps de mettre en évidence le gain de rigidité apporté par une conception spatiale, et non pas plane. L'idée de la « tridirectionnelle » trouve sa concrétisation dans la réalisation de la coupole de Grandval, pour laquelle il met au point un nœud d'assemblage en acier moulé. La « tridirectionnelle SDC » devient le premier système de construction de structures spatiales en acier ; il sera suivi de plusieurs autres : Pyramitec, Tridimatec, Unibat, Sphérobat sont les principaux, le dernier concernant les systèmes en aluminium. Près de 250 projets figurent sur la liste des réalisations de Du Chateau, parmi lesquelles il est difficile d'extraire des œuvres particulières, si ce n'est la piscine du Stade♦ français de Boulogne (1962), celle de Drancy (1968), l'église Saint-Jean-Baptiste à Chartres-Rechèvres (1960-1962), mais aussi la tour du Crédit lyonnais à Lyon (1981), la maison de la culture à Meshed (1978), ou encore l'aéroport de Baltimore (1979) et la mosquée de Casablanca (1991).

Son œuvre porte la marque d'un homme de culture, attentif aux problèmes de réalisation, qui n'a eu de cesse d'améliorer des solutions existantes et d'en proposer de nouvelles. Sa collaboration avec Zygmunt Stanislaw Makowski♦ a été enrichissante pour ces deux ingénieurs ; sa rencontre avec Robert Le♦ Ricolais a été déterminante, tant leurs deux démarches, si différentes, ont trouvé les conditions d'un dialogue fécond. Fondateur de multiples associations, Stéphane Du Chateau a fait œuvre de rassembleur en réunissant les ingénieurs et les architectes français dans son Institut de recherche sur les structures spatiales (IRASS), qui deviendra l'institut Le Ricolais. **R. M.**

Dufour (Guillaume-Henri)

Genève, Suisse, 1787 – *id.*, 1875.

Ingénieur militaire diplômé de l'École polytechnique de Paris et de l'école d'application de Metz, Guillaume-Henri Dufour est officier dans l'armée napoléonienne de 1810 à 1815. La carte qu'il établit de Corfou lui servira de base pour mettre au point la première carte de la Suisse (1833-1864), œuvre clé de la cartographie moderne. Le statut politique particulier de Genève en Europe lui permet de rencontrer les

plus grands ingénieurs de son temps : Alphonse Jean-Claude Bourgnion, dit Duleau, Henri Navier♦, Marc Seguin♦, Thomas Telford♦, notamment.
À partir de 1820, il est de facto ingénieur d'État de Genève. Il conçoit et construit alors de nombreux ouvrages de travaux publics d'avant-garde à Genève, parmi lesquels l'usine hydraulique municipale et le premier pont suspendu permanent à câbles métalliques du monde, le pont Saint-Antoine (1823), qui enjambe les remparts de la cité. Dufour réalise plusieurs autres ponts suspendus, chacun ayant valeur d'expérience novatrice. Il est considéré comme le père fondateur de la Suisse moderne, créateur de la doctrine de la neutralité armée et de l'Académie militaire de Thun – où il rencontre le futur Napoléon III, dont il devient l'ami. Commandant en chef de l'armée suisse dans la « guerre du Sonderbund » (1847-1848) – qui oppose la Suisse à la Prusse au sujet de Neuchâtel en 1856 et à la France au sujet de la Savoie en 1859 –, Dufour joue également un rôle diplomatique important dans la fondation, en 1864, du Comité international de la Croix-Rouge. Il a reçu de nombreux honneurs internationaux

(en particulier du Brésil et de l'Iran) et sa carrière diplomatique a éclipsé son œuvre d'ingénieur, qui n'a été redécouverte que récemment. **T. F. P.**

Dürr (Ludwig)

Stuttgart, auj. dans le Bade-Wurtemberg, Allemagne, 1878 – Friedrichshafen, 1956.

Des 119 dirigeables rigides du type Zeppelin construits, 118 l'ont été sous la responsabilité de Ludwig Dürr, un pionnier auquel aucun biographe ne s'est encore intéressé.
Après une formation d'ingénieur à la haute école technique d'Esslingen, il est engagé le 15 janvier 1899 par la société Zeppelin pour la promotion des aérostats. Il y collabore, au sein du bureau de construction, à la réalisation du LZ 1. Après la cessation des activités de la société, il demeure fidèle aux aérostats et au comte Zeppelin, acceptant à l'occasion de travailler sans salaire. C'est ainsi qu'il participe au démontage du premier Zeppelin. Avant la construction du LZ 2 en 1904, il se consacre à la recherche fondamentale. Ses travaux dans le domaine de la métallurgie aboutissent à la mise au point d'un élément porteur triangulaire en

Vue des trois ponts à Düsseldorf.

aluminium, qui connaîtra un bel avenir. Il construit lui-même une soufflerie et y mesure les effets des ailerons stabilisateurs, déjà utilisés à l'époque par les constructeurs français.

Une fois reprise la production de dirigeables, Dürr accomplit de nombreux vols à bord de ces engins, allant parfois jusqu'à les piloter. Il prend ainsi part à leur succès croissant. Il est nommé en 1913 directeur technique de la Luftschiffbau Zeppelin Gmbh – société de construction de dirigeables fondée en 1908 –, poste qu'il occupera jusqu'à sa mort.

Après la Première Guerre mondiale, qui a pour effet une très importante production de dirigeables, Dürr diversifie son activité à partir de 1918 et développe de nombreux produits, tels que les carrosseries automobiles, les cabines de téléphériques et les conteneurs.

Ce sont pourtant les grands dirigeables construits dans l'entre-deux-guerres – LZ 126, LZ 127 *Graf Zeppelin*, LZ 129 *Hindenburg* et LZ 130 *Graf Zeppelin* – qui lui vaudront la consécration du monde de la technique. **W. M.**

Düsseldorf (ponts à)

Düsseldorf, auj. en Rhénanie-du-Nord-
Westphalie, Allemagne, 1956, 1969, 1973.

Les premiers grands ponts haubanés sont construits à Düsseldorf ; ils vont être à l'origine de l'essor de ce type d'édifices. L'architecte Friedrich Tamms en développe le concept, et a l'idée de faire enjamber le Rhin, en trois endroits différents, par des réalisations similaires afin de constituer une « famille » de ponts harmonieuse. Ces trois ponts portent la marque de ses conceptions techniques – parallélisme des câbles, pylônes étroits et libres au lieu de portiques – comme de ses préoccupations esthétiques.

Le concept structurel fait suite à une proposition de Franz Dischinger♦ (1949) consistant à renforcer les ponts haubanés à l'aide de contraintes intenses transmises par des câbles en acier haute résistance ; il sera mis en œuvre de manière approfondie par Fritz Leonhardt♦, Karl Schaechterle et Louis Wintergerst au cours d'une première phase du projet.

Le Theodor-Heuss-Brücke, appelé aussi pont du Nord (Friedrich Tamms, architecte, Auberlen, Grassl, ingénieurs, achevé en 1956) est construit le premier, sur deux paires de pylônes en acier (hauteur 41 m) auxquels la poutre en acier est suspendue par 3 câbles parallèles pour chaque travée, sur des portées respectives de 108, 260 et 108 m.

La deuxième réalisation, le Kniebrücke (conçu par Friedrich Tamms, réalisé en 1969), frappe avant tout par l'élégance de sa silhouette, dont la dissymétrie – une seule paire de pylônes sur la rive gauche du Rhin – a été imposée par le plan d'urbanisme de la ville. La chaussée enjambe le fleuve sur 320 m. Les pylônes en acier de 114 m de haut, à section en T, sont d'une extraordinaire finesse d'aspect. Ils se dressent librement, dégagés de toute barre transversale, sur des fondations basses à peine visibles. Les 3 câbles obliques sont ancrés à l'extérieur du tablier, de manière à placer les pylônes à l'extérieur des trottoirs.

Pour le Oberkassler Rheinbrücke (Friedrich Tamms, architecte, Erwin Beyer, ingénieur, achevé en 1973), le travail de conception a été particulièrement difficile : il a dû en effet être construit à côté d'un pont de desserte, avant d'être déplacé de 48 m jusqu'à sa position finale. La structure a donc été conçue de façon symétrique, de manière à concentrer les efforts de poussée s'exerçant sur l'unique pylône situé au centre de la poutre, longue de 590 m. Le pylône s'élève jusqu'à 100 m au-dessus du tablier, avec 4 câbles jumeaux qui partent dans les deux directions.

L'impressionnant groupe de ponts de Düsseldorf occupe une place à part dans l'évolution des ponts haubanés. Toutefois, les avantages des ponts à haubans ne sont pas pleinement exploités dans ces trois édifices pionniers, qui comportent de 3 à 4 câbles inclinés et des distances de 37 à 64 m entre les suspensions. Des systèmes à câbles multiples peu espacés permettent aujourd'hui de réaliser des structures encore plus élancées et simplifient considérablement le montage en porte-à-faux. **R. G.**

Dyckerhoff & Widmann

Wilhelm Gustav Dyckerhoff acquiert en 1864 la cimenterie Amöneburg, et l'exploite sous le nom de Dyckerhoff & Söhne (aujourd'hui Dyckerhoff Zementwerk AG). L'un de ses trois fils, Eugen Dyckerhoff (1844-1924), doté d'une formation commerciale, reprend en 1866 la direction d'une fabrique d'articles en ciment à Karlsruhe, société qui sera rebaptisée Dyckerhoff & Widmann, en 1869, au moment de l'entrée dans le capital du négociant Gottlieb Widmann. L'entreprise fabrique différents éléments en béton : dalles, marches d'escaliers, ornements de construction, canalisations, etc.

En l'espace de quelques années, s'ajoutent à ce catalogue des édifices, notamment des gazomètres et des ponts – qui sont encore réalisés en béton damé, un mode de construction porté à un très haut niveau technique, comme en témoignent les ponts construits entre 1904 et 1906 sur l'Iller, près de Kempten.

Le passage au béton armé n'intervient qu'en 1903, lorsque Eugen Dyckerhoff cesse de douter de la résistance à la corrosion des fers d'armature. De nombreux édifices, ponts et ouvrages de génie civil construits dès lors en Allemagne et à l'étranger, contribuent grandement à la mise au point et à l'extension des techniques de construction en béton armé. Citons notamment le quai transversal de la gare principale de Leipzig en 1909, la halle du centenaire de Breslau♦ en 1911-1912, des caissons pour fondation à air comprimé en 1911. L'entreprise peut s'enorgueillir d'avoir contribué de manière importante aux progrès les plus significatifs accomplis en matière de béton armé depuis la fin de la Première Guerre mondiale – notamment grâce à l'originalité de deux ingénieurs qui occuperont des postes de direction au sein de son bureau d'études : Franz Dischinger♦ (de 1913 à 1932), et Ulrich Finsterwalder♦ (de 1923 à 1974).

Le procédé *Zeiss-Dywidag* de construction des coques ouvre un nouveau chapitre dans la construction des toitures massives (avec Walter Bauersfeld, Dischinger, Finsterwalder, Hubert Rüsch). Coupole de révolution, coque cylindrique à renforts transversaux, coque à double courbure et toiture à redans sont développées et appliquées dans de nombreuses variantes : planétarium Zeiss à Iéna♦ (1925-1926), grandes halles des marchés de Francfort-sur-le-Main (1926-1928), Leipzig♦ (1928-1929), Cologne (1937-1940) et Hambourg (1958-1962), entrepôt à clinker de l'usine de ciment de Beocin (ex-Yougoslavie, 1933).

À partir de la deuxième moitié du siècle, les toitures suspendues s'ajoutent à cette liste : la Schwarzwaldhalle de Karlsruhe♦ (1953) et la Stadthalle de Brême (entre 1961 et 1964) font déjà appel au béton précontraint, dont le développement a bénéficié en grande partie des efforts de l'entreprise. Les premières tentatives réalisées en 1928 (pont en arc à tirant précontraint noyé ultérieurement dans le béton, à Alsleben, par Dischinger) sont suivies de la mise au point de la précontrainte sans liaison (pont de Aue, 1936-1937, d'après un brevet de Dischinger) et du procédé de précontrainte par le poids propre, en 1938, principe appliqué notamment à des poutres-treillis de grande portée (par Finsterwalder et Rüsch). Le procédé *Dywidag* de précontrainte avec liaison ultérieure, développé au milieu des années quarante par Finsterwalder, est mis en œuvre pour le pont routier de Percha, près de Starnberg (1949), et pour le pont ferroviaire sur l'Eder, près de Grifte (1950-1951). Fondement de la fabrication en porte-à-faux des structures de grande portée (Finsterwalder), il constitue une véritable révolution dans le domaine des ponts en béton armé : pont sur la Lahn, à proximité de Balduinstein (1950, premier exemple), pont des Nibelungen sur le Rhin, près de Worms (1952), pont sur le Rhin, à proximité de Bendorf (1962-1964), remarquable par sa portée, qui atteint 208 m. Entre autres innovations introduites par l'entreprise, on compte également le pont à poteau évasé réalisé en béton précontraint (pont autoroutier au-dessus de la vallée de l'Elzbach, 1964-1965 ; même technique pour les voies surélevées). **C. S.**

Dymaxion
(projets de Buckminster Fuller)
1928-1945.

Le terme « Dymaxion » est employé par Richard Buckminster Fuller♦ pour désigner nombre de ses projets conçus entre 1928 et 1945, tant pour des habitations que pour un système de projection cartographique. Le terme lui-même a été inventé par Waldo Warren, un publicitaire de Chicago, attentif aux discours de Fuller ; il est formé de la contraction des trois mots dont ce dernier fait le plus fréquemment usage : DYNAmisme, MAXImum et ION.

Le premier projet Dymaxion concerne une habitation légère soutenue par un mât central, pour laquelle Fuller dépose un brevet en 1928. Sa structure est destinée à reposer sur deux plates-formes octogonales, maintenues par des câbles de traction ancrés dans un mât tubulaire. Le rez-de-chaussée, sous l'habitation, doit servir de parking pour une voiture ou un petit avion. Le projet inclut de nombreuses innovations tout à fait révolutionnaires, notamment l'utilisation de plastiques, de pneumatiques, de meubles intégrés, d'équipements environnementaux et de dispositifs électroniques perfectionnés. Fuller propose même alors des appartements Dymaxion à plusieurs étages. Pourtant, aucune habitation Dymaxion n'a jamais été construite.

Fuller présente en 1928 un autre projet, l'*Auto-Airplane*, véhicule susceptible aussi bien de rouler que de voler. Cinq ans plus tard, cet engin devient sous une forme simplifiée la voiture Dymaxion. Développée en association avec le dessinateur de yachts de course Starling Burgess, il s'agit d'une limousine à 3 roues et 10 sièges, à la ligne superbe, qui combine traction avant, moteur en position arrière, et direction sur l'essieu arrière. Des trois exemplaires construits, l'un a survécu ; il appartient aujourd'hui à la collection Harrah, à Reno, dans le Nevada.

L'unité de salle de bains Dymaxion, partie intégrante du projet original de maison Dymaxion, est un module complet – incluant même les installations de plomberie –, prêt à être posé dans une habitation. Ce prototype débouche sur une fabrication industrielle, réalisée par la Phelps-Dodge Corporation ; plusieurs unités sont installées dans des villas entre 1936 et 1938. Par la suite, Fuller conçoit une *Mechanical Wing Dymaxion* (aile mécanique), qui comporte une salle de bains, une cuisine et un générateur installés dans une remorque tractée par une voiture. L'unité de déploiement Dymaxion, ou DDU (*Dymaxion Deployment Unit*), qui date également-

ment de 1940, est une version habitable à toit conique, avec porte et fenêtre, du classique silo agricole à grain. Fabriquée en tôle galvanisée, la DDU est facile à transporter et peut être montée par deux personnes. De nombreuses DDU sont fabriquées pendant la Seconde Guerre mondiale pour les Signal Corps (éclaireurs) de l'armée américaine.

Les derniers projets Dymaxion de Buckminster Fuller sont, en 1944, sa Carte du monde (*Dymaxion World Map*) et, en 1945, une nouvelle version de la maison à mât de 1928, plus connue sous le nom de *Wichita House*. Destinée à être produite en série dans les usines aéronautiques, dont l'activité a cessé à la fin de la Seconde Guerre mondiale, cette résidence circulaire légère de 85 m², préfabriquée en acier, aluminium et plastique, ne pèse que 2 700 kg entièrement équipée : elle comporte une isolation complète, des doubles vitrages et l'air conditionné, à quoi s'ajoutent tous les équipements usuels. Démontée, elle se loge dans un conteneur d'expédition cylindrique de 8,3 m³ et peut ainsi être livrée par camion ou par avion. Le Smithsonian Museum de Washington a conservé le prototype de cette maison, qui n'a jamais été construite. **M. E. P.**

Salle de bains Dymaxion, 1936-1938.

Plan - ISOMETRIC - AND - ELEVATION OF A MINIMUM DYMAXION HOME

Voiture Dymaxion 2, 1933 (en haut et ci-dessus).

Maison Minimum Dymaxion, 1928, plan et élévation (ci-contre).

E̲ads Bridge

Saint Louis, Missouri, États-Unis, 1874.

L'histoire de l'Eads Bridge est inextricablement liée à la carrière de celui qui lui a donné son nom, James Buchanan Eads (1820-1887). Né à Lawrenceburg dans l'Indiana, il est baptisé ainsi en l'honneur de son cousin James Buchanan, quinzième président des États-Unis (1857-1861). Eads reçoit une formation sommaire et travaille dès l'âge de treize ans à des menues besognes. Son attachement au fleuve

Empire State Building (page de gauche).

Eads Bridge, deux vues de la construction (ci-contre).

Mississippi, qu'il va conserver sa vie durant, est né en 1838 alors qu'il travaille comme major-dome sur un navire fluvial. Il fabrique alors une cloche de plongée qui s'inspire d'une invention de Marc Seguin♦ ; il crée une entreprise de sauvetage fluvial, et devient un véritable expert des courants et des particularités du lit du fleuve en fonction de son débit.

Il construit également une série de canonnières qui serviront sur le Mississippi pendant la guerre de Sécession. L'avènement du chemin de fer après la guerre impose de construire un pont qui traverse le fleuve à Saint Louis, et qui supporte à la fois une voie ferrée et une route. Dès 1839, des ingénieurs renommés proposent différents types de ponts, mais tous ces projets se révèlent irréalistes.

Héros de la guerre de Sécession, homme d'affaires accompli et expert reconnu pour sa connaissance du Mississippi, Eads est nommé en 1867 ingénieur en chef chargé de la construction du pont. L'aspect le plus audacieux du projet consiste dans l'édification de deux piles au milieu du fleuve, et de deux culées sur les rives. Après consultation de l'ingénieur français Félix Moreaux, qui construit alors un pont sur l'Allier à l'aide de caissons pneumatiques d'un type nouveau, Eads adapte cette nouvelle technique, enfouissant les piles et les culées jusqu'à la roche. Les travaux, menés à une profondeur de près de 40 m, causent de nombreux accidents de décompression chez les ouvriers. L'ouvrage est terminé après trois ans et demi d'efforts. La superstructure se compose d'un pont à 3 arches en acier tubulaire. Les tubes d'acier, technique employée pour la première fois aux États-Unis, ont été fabriqués par la Keystone Bridge Company d'Andrew Carnegie. Les arcs, de 153 m, 158,50 m et 153 m, sont soutenus en porte-à-faux par un système de câbles. Malgré une attention de tous les instants, le contrôle de tous les éléments et l'assistance experte d'ingénieurs qualifiés, quelques difficultés sont apparues lors de la fermeture des arcs, empêchant Eads d'honorer en totalité l'engagement qu'il avait contracté auprès des mécènes financiers du projet. L'insertion de tubes réglables a cependant permis de résoudre le problème et de parachever l'ouvrage.

Des écoinçons en fer forgé supportent un système de double tablier, le tablier inférieur supportant la voie ferrée et le tablier supérieur le trafic routier. Le pont est terminé et ouvert à la circulation en 1874. Le Eads Bridge, avec sa structure en arc encastré, est une merveille de

l'art de la construction des ponts et une réalisation architecturale exceptionnelle. C'est aussi l'un des plus grands ponts construits au XIXᵉ siècle. **E. L. K.**

Échafaudage

Le terme « échafaudage » partage son étymologie avec ceux d'« échelle » et de « catafalque ». De près ou de loin, l'échafaudage assure cette fonction de transition (entre le haut et le bas, le début et la fin, le travail et l'œuvre) qui permet à la construction de s'ériger. Tout le monde sait ce qu'est un échafaudage : assemblage de bois ou de tubes portant des planchers sur lesquels travaillent les ouvriers du bâtiment. L'échafaudage est donc un poste de travail qui a la parti-cularité d'être mobile, démontable, adaptable en fonction de la nature de l'objet du travail qui, lui, est fixe. La spécificité productive du bâtiment réclame effectivement des modalités particulières pour une mise en œuvre caractérisée par son aspect forain, sa faible mécanisation et sa structure manufacturière. L'échafaudage, charpente provisoire, compose ainsi une partie du chantier de construction, dont il assure matériellement – en partie – le bon déroulement.

L'échafaudage combine plusieurs fonctions. C'est une sorte d'outil, c'est un poste de travail, c'est parfois un étai, il sert à profiler des cintres, un treuil et des poulies le transforment en grue. Bref, l'échafaudage a des vertus nombreuses, combinées, providentielles. Pourtant,

ces vertus sont les mêmes qu'au Moyen Âge, les mêmes qu'au XIXᵉ siècle. N'y a-t-il pas eu évolution de l'outil ? Les statistiques montrent que 20 % des accidents de chantier sont dus à l'échafaudage (chutes, décrochages, vent, etc.). L'échafaudage pourrait devenir un outil sophistiqué, sûr, mécanisé, productif. En fait, il témoigne de l'archaïsme technique du bâtiment. **C. S.**

VOIR AUSSI **Chantier**.

Eddystone (phare d')

Près de Plymouth, Devon, Grande-Bretagne, 1759.

Les récifs d'Eddystone, à 14 miles au sud de Plymouth, représentent un risque sérieux pour la navigation dans la Manche. Entre 1696 et 1699, Henry Winstanley y construit un premier phare, structure de bois fantaisiste tout à fait inadaptée à ce lieu, et qui sera d'ailleurs complètement détruite par la tempête de 1703. Ce phare sera remplacé par un autre, un ouvrage de John Rudyerd, réalisé entre 1707 et 1709, et qui se révélera beaucoup plus sérieux : quoique toujours en bois, il est « lesté » par une

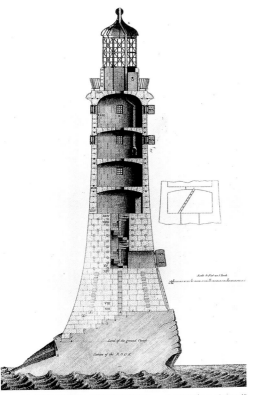

construction en pierre dans sa partie inférieure. Au prix de soins constants, il résiste jusqu'en 1755, quand un incendie l'emporte.

L'ingénieur John Smeaton♦ est chargé de sa reconstruction en janvier 1756. Il décide d'ériger une tour entièrement en maçonnerie, au profil convexe. Il prend Josias Jessop comme assistant et charge Thomas Richardson de la maçonnerie. Après établissement d'un planning détaillé des travaux, ceux-ci commencent en août 1756 ; la lumière du phare (située à 27 m au-dessus du niveau moyen de la surface) est mise en activité en octobre 1759. La tour est constituée de gros blocs de pierre imbriqués les uns dans les autres et reliés à des fondations creusées dans le rocher ; tout glissement éventuel est rendu impossible par des joints à goujons posés dans la partie inférieure, et par des happes métalliques dans la partie supérieure du phare ; le mortier est composé de chaux et de pouzzolane.

Cette structure, novatrice dans sa conception comme dans sa mise en œuvre, sera le prototype de tous les phares ultérieurement construits au large. L'érosion de la roche sur laquelle il est construit justifiera son déplacement, entre 1878 et 1882, sur un récif proche, moins élevé. En hommage à Smeaton, il sera ensuite reconstruit à Plymouth Hoe. **A. W. S.**

Edoux (Félix Léon)

Saint-Savin-sur-Gartampe, Vienne, France, 1827 – Paris, 1910.

Ingénieur de l'École centrale des arts et manufactures, employé aux chemins de fer de la Compagnie d'Orléans, Félix Edoux imagine et réalise le premier monte-charge hydraulique utilisant comme source énergétique de l'eau sous pression, et lui donne le nom d'« ascenseur ». Adaptant son invention au transport des personnes, il crée un système double, qu'il présente à l'Exposition universelle de Paris en 1867. Cette construction sera l'une des plus admirées de l'Exposition, dont elle devient une sorte de symbole. Visitant l'Exposition, l'empereur Napoléon III en passe commande pour équiper le palais de Saint-Cloud. En 1868, Edoux, encouragé par ce succès, fonde d'importants ateliers de construction mécanique à Vaugirard en vue de commercialiser son invention. En 1878, il installe au palais du Trocadéro un ascenseur, qui fonctionnait encore lorsque l'on détruisit l'édifice en 1936, pour les besoins de l'Exposition internationale de 1937.

Sur le marché international, Edoux devra affronter de très sérieux concurrents. En particulier Elisha Graves Otis, dont on a inauguré le 23 mars 1857 les premiers monte-charge à treuil mus par la vapeur et dotés d'un système « parachute » de sécurité, conçus pour le déplacement des personnes et installés à Broadway (New York) dans le grand magasin de cinq étages E. V. Haughtwout & Co. Le grand avantage de l'ascenseur à piston hydraulique d'Edoux sur celui d'Otis tient alors à sa rapidité, vingt fois supérieure. En 1880, Werner von Siemens présente à l'exposition de Mannheim un ascenseur mû par un moteur électrique. Son emploi se généralisera à partir des années 1890 pour l'équipement des immeubles de grande hauteur, dont l'usage est d'ailleurs rendu possible par l'existence de l'ascenseur. À l'Exposition universelle de 1889, à la Galerie♦ des machines, un ascenseur électrique mû par un moteur Gramme permet le déplacement vertical des visiteurs, alors que Gustave Eiffel♦ utilise pour sa tour trois systèmes d'ascenseur hydraulique : du sol au premier étage, un ascenseur Combaluzier, Lepape et Roux avec piston plongeur articulé permettant de se déplacer en suivant la courbe de la tour ; du sol au deuxième étage, un ascenseur conçu par Otis avec un piston actionnant des poulies mouflées ; enfin, un ascenseur Edoux à piston plongeur permettait à 150 personnes de se rendre du deuxième au troisième étage à une vitesse de un mètre par seconde. **R. Gu.**

Eiffel (Gustave)

Dijon, Côte-d'Or, France, 1832 – Paris, 1923.

Gustave Eiffel n'a pas seulement été un grand ingénieur, un inventeur de formes, dont la tour qui porte son nom serait l'éclatant chef-d'œuvre. Son parcours est d'abord celui d'un entrepreneur, qui allie réussite technique et réussite commerciale, grâce à sa capacité d'innovation et à un sens évident des affaires, servis par un contexte économique particulièrement favorable marqué par le développement des chemins de fer et l'essor de la construction métallique. Fondateur de sa propre entreprise à l'âge de trente-deux ans, Eiffel la développe rapidement pour la porter au sixième ou huitième rang des entreprises françaises de construction métallique, abstraction faite du « coup » que constitue sa participation à l'aventure du canal de Panama.

Formé à l'École centrale de Paris en 1855, Eiffel

Phare d'Eddystone, coupe.

choisit de se spécialiser en chimie, parce qu'il espère prendre la succession de son oncle maternel à la tête d'une fabrique de peinture. La famille se brouille avec l'oncle, et Eiffel entre au service de Charles Nepveu, un ingénieur-constructeur inventif qui dispose d'un atelier de mécanique à Clichy. Eiffel devient rapidement son homme de confiance, et lorsque Nepveu cède en 1856 son affaire à la Compagnie belge de matériels de chemins de fer, dirigée par Pauwels, Eiffel reste dans la place comme « chef d'études des travaux de l'usine » de la nouvelle succursale française de la compagnie. Il est chargé en 1858 de la mise au point des plans d'exécution et des commandes de fournitures du pont de Bordeaux, avant de partir en diriger les travaux. Long de 500 m, cet ouvrage est l'un des plus importants alors construits en France. Eiffel révèle sur ce difficile chantier ses capacités de technicien, d'organisateur et de meneur d'hommes.

Après quelques travaux dans le Sud-Ouest pour la Compagnie des chemins de fer du Midi, il se voit confier la réalisation de plusieurs ponts sur la ligne de Périgueux, notamment à Capdenac et à Floirac. Il devient directeur de l'usine de Clichy en octobre 1862, mais après la faillite de l'entreprise Pauwels, il s'établit en 1864 comme ingénieur-conseil. Il obtient deux ans plus tard un premier contrat important, celui de la partie centrale de la grande galerie de l'Exposition universelle de 1867. Pour assumer cette commande, il reprend des ateliers de chaudronnerie installés à La Villette, puis s'installe à Levallois-Perret, avec la nouvelle raison sociale de « constructeur ». Après la réalisation de diverses charpentes métalliques à Paris – synagogue de la rue des Tournelles, églises Notre-Dame-des-Champs et Saint-Joseph, plusieurs usines à gaz –, et une série de 42 petits ponts pour la Compagnie du chemin de fer du Grand Central, c'est l'adjudication, en 1867, de deux viaducs ferroviaires de grandes dimensions à Rouzat♦ et Neuvial sur la Sioule qui lance véritablement l'entreprise.

Dès lors, il en affirme la compétence en s'associant en octobre 1868 avec Théophile Seyrig, sorti trois ans plus tôt major de l'École centrale, et la développe sur les marchés français, notamment grâce au viaduc de Thouars, et à l'exportation – en Roumanie, en Espagne et au Portugal, et, pour un temps, au Pérou et en Bolivie. Eiffel marque un nouveau point dans l'accroissement et la diversification de ses activités en construisant en 1875-1877 la gare de

l'Ouest à Pest, en Hongrie. En mai 1875, il remporte un concours international pour la construction d'un important viaduc de chemin de fer à Porto. Conçu par Seyrig, le pont affecte la forme d'un arc de 160 m d'ouverture, articulé aux naissances, portant un tablier droit, prolongé vers les rives par un viaduc sur piles métalliques. Ce succès assoit définitivement la notoriété de l'entreprise. Eiffel peut s'implanter durablement dans la péninsule ibérique, où il construit de nombreux ponts à la fin des années 1870, dont celui de Vianna do Castelo, où le

tablier, long de 563 m, est lancé à partir des rives – un nouvel exploit technique.

Après la réalisation du grand vestibule d'accueil de l'Exposition universelle de 1878, les années 1880 sont pour l'entreprise une période d'intense activité, marquée par de spectaculaires réalisations comme les viaducs de la Tardes, le pont routier de Cubzac sur la Dordogne, l'agrandissement des magasins du Bon Marché, le siège du Crédit lyonnais à Paris, la coupole de l'observatoire de Nice, la structure de la statue de la Liberté. Le viaduc de Garabit♦, achevé en

Gustave Eiffel dans son laboratoire (en haut).

Pont Maria Pia sur le Douro, Porto, 1877 (ci-contre).

1884, confirme la capacité de l'entreprise à construire de très grands ouvrages d'art. Frère jumeau du pont sur le Douro, il reste aujourd'hui l'une des plus belles réalisations sur le territoire français. Seyrig est à cette occasion remplacé par Maurice Koechlin♦, un jeune ingénieur frais émoulu de l'École polytechnique de Zurich. L'entreprise réalise aussi de gros bénéfices avec la mise au point d'un système de « ponts portatifs », c'est-à-dire vendus en pièces détachées pour l'exportation.

Reprenant à son compte l'idée de ses deux principaux ingénieurs, Koechlin et Émile Nouguier, Eiffel couronne sa carrière de constructeur par la tour qui porte son nom, extrapolation hardie de la technologie des piles de pont, et clou de l'Exposition universelle de 1889. Lorsqu'il reçoit cette année-là les dividendes de la gloire, il est aussi engagé dans l'aventure du canal de Panama, qui aboutit au plus grand scandale financier du siècle. Sollicité à prix d'or comme entrepreneur, car il a proposé de substituer un canal à écluses au canal à niveau initialement projeté, il accepte, le 10 décembre 1887, de signer le contrat de construction des écluses, enfin reconnues nécessaires pour le canal. Le montant total est fabuleux : 125 millions de francs, soit plus de quinze fois le prix de la tour. Eiffel s'engage à livrer dix écluses dans un délai de trente mois. Mais à la suite de l'échec d'une ultime souscription à l'emprunt, l'énorme faillite de la Compagnie de Panama le met au banc des accusés, aux côtés de Lesseps père et fils. Il démissionne de sa présidence de l'entreprise le jour même de l'ouverture de son procès, le 19 janvier 1893. Celle-ci prend alors le nom de Société de construction de Levallois-Perret.

Bien que son injuste condamnation à une peine de prison ait été cassée, Eiffel reste désormais à l'écart du monde des affaires, pour se consacrer à une nouvelle carrière tournée vers les expérimentations scientifiques. Il se passionne pendant les vingt-huit dernières années de sa vie pour trois domaines d'avant-garde, tous trois liés à l'usage possible de la tour, son « œuvre principale » dont il lui faut démontrer l'utilité, car sa durée de vie n'a été fixée qu'à vingt ans : la météorologie, l'aérodynamique et la radiotélégraphie. La tour est ainsi le support des premières émissions de radio en France. Pour pousser plus loin ses expériences d'aérodynamique, il fait construire en 1911 à Auteuil une soufflerie, où passeront tous les pionniers de l'aviation naissante, et qui est encore aujourd'hui en activité.

Eiffel meurt le 27 décembre 1923, onze ans trop tôt pour assister à la première émission de télévision, lancée du haut de la tour qui l'immortalise. **B. L.**

Eiffel (tour)

Paris, France, 1889.

Monument à la gloire du métal, chef-d'œuvre de l'art des ingénieurs, totem de Paris, la tour Eiffel est tout cela à la fois. Elle incarne le triomphe du calcul dans la construction et l'irruption dans le paysage architectural moderne de cette transparence presque dématérialisée que permet le métal. C'est aussi un symbole de la foi dans le progrès scientifique et technique qui animait le XIXᵉ siècle, dont les expositions universelles ont été les grandes célébrations.

Elle naît dans le contexte de la préparation de l'Exposition universelle de 1889, projetée dans un contexte de crise économique pour commémorer le centenaire de la Révolution française. Les ingénieurs Émile Nouguier et Maurice Koechlin♦, respectivement responsables du bureau des méthodes et du bureau d'études de l'entreprise Eiffel, ont l'idée, en juin 1884, de proposer une tour de grande hauteur pour « donner de l'attrait à cette exposition ». Koechlin fait l'esquisse d'un grand pylône formé de quatre piliers en treillis écartés à la base et se rejoignant au sommet, liés entre eux par des poutrelles métalliques disposées à intervalles réguliers. La forme, courbe, suit celle des moments de flexion dus à l'action horizontale du vent. C'est une extrapolation hardie à la hauteur de 300 m – soit l'équivalent du chiffre symbolique de 1 000 pieds – du principe des piles de ponts, que l'entreprise maîtrise parfaitement, alors qu'elle vient d'achever le viaduc de Garabit♦.

Nouguier et Koechlin s'adjoignent l'architecte Stephen Sauvestre pour mettre en forme le projet : ce dernier relie les quatre montants et le premier étage par des arcs monumentaux, destinés à la fois à accroître l'impression de stabilité que doit donner la tour et à figurer une éventuelle porte d'entrée de l'Exposition, place aux étages de grandes salles vitrées, agrémente l'ensemble de divers ornements. À la vue du projet ainsi « décoré » et rendu habitable, Eiffel reprend l'idée à son compte et dépose même un brevet. Le génie d'Eiffel n'est donc pas d'avoir inventé la tour : c'est de l'avoir réalisée et de lui avoir donné son nom. Alors qu'Eiffel s'efforce de discréditer un projet rival de tour en maçonnerie proposé par l'architecte Jules Bourdais, un concours d'idées ouvert aux architectes et aux ingénieurs français sur l'ensemble

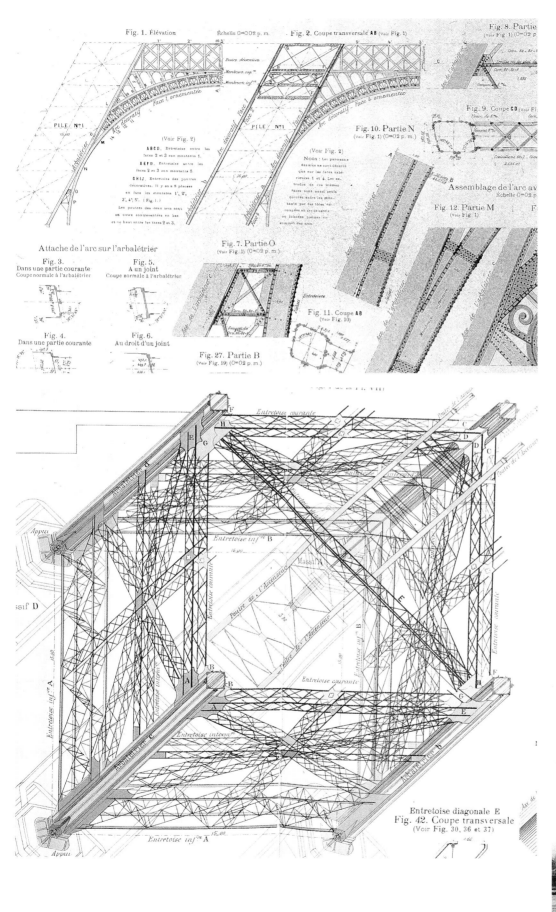

La tour Eiffel, ensemble et détail des arcs (en haut) ; détail de structure (en bas) ;
vue de la construction (page précédente et ci-contre).

Gustave Eiffel et M. Salles, son gendre (et collaborateur),
au sommet de la tour Eiffel en 1889.

E iffel (tour)
165

de l'Exposition est lancé en mai 1886. Le programme inclut « une tour en fer à base carrée, de 125 mètres de côté à la base et de 300 mètres de hauteur », une référence quasi explicite au projet d'Eiffel, qui a d'ores et déjà convaincu les autorités du bien-fondé de sa conception. Eiffel reçoit bien entendu l'un des quatre prix accordés.

Le projet est alors une nouvelle fois redéfini dans sa conception architecturale. La décoration est simplifiée, l'ampleur des arches limitée, la dimension des salles couvertes réduite. Par contraste, la structure s'affirme comme l'élément prépondérant de la composition.

Une convention entre Eiffel, l'État et la Ville de Paris est signée en janvier 1887, octroyant à Eiffel en son nom propre une concession d'exploitation de vingt ans et une subvention d'un montant d'un million cinq cent mille francs, couvrant à peine le quart du coût de la construction. Soucieux de protéger son entreprise mais aussi de se réserver l'entière paternité et les bénéfices du projet, Eiffel crée le 31 décembre 1888 une société anonyme au capital de cinq millions destinée à réunir le reste du financement nécessaire. Une moitié des fonds est apportée par un consortium de trois banques, l'autre par Eiffel lui-même, sur sa fortune personnelle. Le coût des ascenseurs fera cependant encore augmenter le budget d'un million.

Les travaux ont à peine commencé que paraît dans le numéro du 14 février 1887 du journal *Le Temps* la fameuse « Protestation des artistes contre la Tour de M. Eiffel », signée de grands noms de l'establishment artistique tels que Guy de Maupassant, Charles Gounod ou Charles Garnier. La tour y est qualifiée de « tour vertigineusement ridicule, gigantesque et noire cheminée d'usine, odieuse colonne de tôle boulonnée » et autres qualificatifs. Eiffel y répond en faisant valoir la beauté intrinsèque de la tour : « Parce que nous sommes des ingénieurs, croit-on donc que la beauté ne nous préoccupe

pas dans nos constructions et qu'en même temps que nous faisons solide et durable, nous ne nous efforçons pas de faire élégant ? Est-ce que les véritables fonctions de la force ne sont pas toujours conformes aux conditions secrètes de l'harmonie ? »

Les critiques ne tardent pas diminuer à mesure qu'avance le montage de la tour, qui est une merveille de précision. Deux des piles reposent sur des fondations situées en dessous du lit de la Seine. Il faut recourir à des caissons métalliques étanches, où l'injection d'air comprimé permet aux ouvriers de travailler sous le niveau de l'eau. Le montage des piles commence le 1er juillet 1887. Toutes les pièces tracées au dixième de millimètre arrivent de l'usine de Levallois-Perret déjà pré-assemblées par éléments de 4 m environ. Si elles présentent un défaut quelconque, elles sont aussitôt renvoyées à l'usine, jamais retouchées sur le chantier. Les deux tiers des 2 500 000 rivets que comprend la tour sont posés en usine, le reste l'est sur le site par une équipe d'environ 150 ouvriers, très bien encadrés par des vétérans des grands viaducs métalliques.

Douze échafaudages provisoires en bois, de 30 m de hauteur, étayent les piles du premier étage, puis de nouveaux échafaudages de 45 m sont nécessaires pour soutenir les grandes poutres du premier étage. Au-delà, les pièces sont montées par des grues à vapeur qui grimpent en même temps que la tour. La partie la plus délicate du chantier sera la jonction, le 7 décembre 1887, des quatre grandes poutres du premier étage. Eiffel a prévu des « boîtes à sable » et des vérins hydrauliques permettant de régler la position de la charpente métallique au millimètre près. La tour est achevée quinze mois plus tard. Les ascenseurs de conception nouvelle, fournis par Otis, Roux et Combaluzier et Félix Léon Edoux♦, sont montés au cours de l'année 1889. La tour Eiffel ne sera pas seulement un exploit technique, mais aussi un succès populaire. Elle n'est pas encore achevée que déjà on la reconnaît comme une extraordinaire réussite, non seulement digne de figurer comme l'entrée monumentale de l'Exposition, mais aussi comme le symbole même de la puissance de l'industrie. Elle recevra deux millions de visiteurs pendant l'Exposition de 1889.

Le terrain du Champ-de-Mars n'a été concédé à Eiffel que pour vingt ans. Aussi s'emploie-t-il à démontrer que la tour n'est pas seulement une attraction de foire, mais peut aussi avoir une utilité scientifique. Après y avoir installé une station météo, et y avoir conduit des expériences d'aérodynamique, Eiffel s'intéresse aux progrès de la radiotélégraphie naissante. Des communications militaires sont établies en 1903 avec les forts des environs de Paris, et, un an plus tard, avec l'Est de la France. Une station radio permanente est installée sur la tour en 1906, ce qui assure définitivement sa pérennité. La concession en est prolongée pour soixante-dix ans.

Si la tour ne remporte qu'un succès mitigé à l'Exposition universelle de 1900, elle devient entre les deux guerres l'objet d'un regard nouveau, célébrée par les peintres et les poètes, au moment où Paris s'affirme comme la capitale mondiale de l'art contemporain. La construction d'un nouveau palais de Chaillot et l'élargissement du pont d'Iéna l'installent en 1937 dans une perspective grandiose. Paris a définitivement trouvé son emblème. À l'expiration de la concession, la Ville de Paris fait procéder à une importante restauration. La tour est allégée de 1 350 tonnes, de très nombreuses pièces sont changées, les ascenseurs refaits, un nouvel et spectaculaire éclairage installé. Plus de cinq millions de visiteurs en font aujourd'hui chaque année l'ascension. Elle est un des monuments les plus visités du monde, symbole paradoxal de la ville qui l'a accueillie. **B. L.**

Éléments finis (méthode des)

Jusqu'au milieu du XXᵉ siècle, l'analyse numérique se résumait à rechercher des solutions algébriques ou des formules. La mécanique des milieux continus était approchée par le calcul de contraintes et de déformations moyennes sur une géométrie simplifiée, les structures complexes étant assimilées à des assemblages de barres – c'est d'ailleurs pourquoi la structure a longtemps été considérée comme un squelette.

L'analyse numérique a été radicalement transformée par l'apparition des calculateurs programmables. Il ne s'agissait plus de résoudre des problèmes types, mais de constituer des méthodes plus générales, pouvant s'appliquer à une très grande variété formelle, incluant notamment surfaces et volumes. Diverses techniques numériques furent alors développées : différences finies, volumes finis, équations intégrales, etc., mais celle qui a connu le plus grand essor est certainement la méthode des éléments finis.

Élaborée dès les années cinquante, notamment par O. C. Zienkewicz, elle est couramment mise en œuvre pour simuler aussi bien le crash d'une voiture TGV, l'impact d'une micrométéorite sur une station orbitale, que la couverture du stade olympique de Munich.

En pratique, on constitue d'abord ce que l'on nomme le « maillage », c'est-à-dire une maquette informatique de la géométrie de la structure, que l'on découpe en petits morceaux de formes simples, appelés « éléments ». On décompose ainsi les poutres en segments, les coques en triangles et en quadrilatères, les massifs solides en tétraèdres et hexaèdres. Ce processus préliminaire de « discrétisation » est désormais effectué de façon de plus en plus automatisée, souvent à partir de données issues de la CAO◆. Il requiert néanmoins une vigilance particulière, car la précision des résultats dépend de la qualité du maillage : nombre suffisant d'éléments et distorsion limitée de leurs formes.

Nous décrivons ici de façon très sommaire la théorie mathématique qui sous-tend la méthode des éléments finis.

On fait d'abord l'hypothèse que les éléments sont suffisamment petits et qu'à l'intérieur de ceux-ci, une inconnue, variant peu, peut être exprimée simplement, par interpolation de ses valeurs aux sommets (ou « nœuds ») de l'élément. Ainsi, si les déplacements des nœuds sont connus, on peut déduire les déformations en tout point interne à l'élément, et, partant, les contraintes en ces mêmes points, compte tenu des lois rhéologiques du matériau. La méthode repose donc sur une approche dite « semi discrète » : la continuité de l'objet ou de la structure est bien modélisée, mais par le biais de sa discrétisation.

Les équations de la mécanique, ne pouvant être résolues en tout point de la structure (continuum infini de points), vont être réécrites sous la forme d'une somme d'intégrales sur chacun des éléments constitutifs de la discrétisation. Chaque « intégrale » est le cumul mathématique effectué sur l'élément de la variable mécanique considérée.

Il s'agit alors de résoudre un système d'équations, dont le nombre est grand mais fini. La résolution de ce problème, s'il est bien posé, est assez simple en principe, et en pratique simplement limité par les capacités de l'ordinateur.

En bref, par cet ensemble d'artifices mathématiques, on substitue à la continuité de la structure un ensemble fini de « briques » sans joints, la rigidité de chacune d'elles ayant été rendue relativement simple à calculer.

L'infinie qualité des éléments finis réside dans leur souplesse. Ils permettent d'assembler des composants de natures et de formes très variées, apportant à l'ingénieur une vaste liberté de création formelle et d'invention technique.

Cependant, ces programmes informatiques très puissants se présentent de plus en plus comme des « boîtes noires » donnant à l'utilisateur l'illusion de pouvoir tout calculer, sans avoir à maîtriser des théories mécaniques et mathématiques complexes. Il serait très dangereux de croire que ces facilités de calcul permettent de s'épargner l'analyse à priori de la structure.

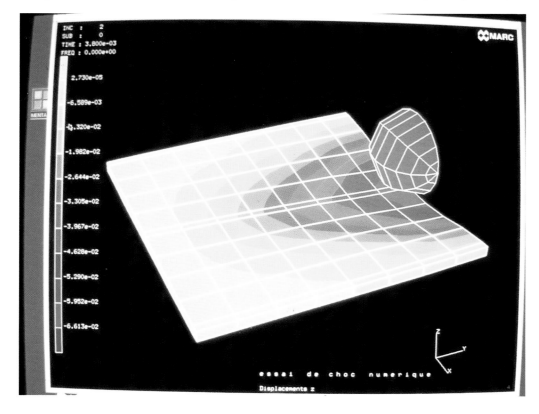

Modélisation numérique d'un choc par la méthode des éléments finis.

Ce travail de dissection et d'investigation, essentiel pour la compréhension d'une structure, devrait même être appliqué aux méthodes de calcul proprement dites. C'est pourquoi l'ingénieur devrait aujourd'hui posséder une double expertise, celle de mécanicien et celle de « numéricien ». **F. P. et B. V.**

VOIR AUSSI **CAO** ; **Structures (calcul des)**.

Ellet Jr. (Charles)

Penn's Manor, près de Philadelphie, Pennsylvanie, États-Unis, 1810 – Cairo, Illinois, 1862.

Charles Ellet Jr. reçoit sa formation initiale d'ingénieur à l'occasion de projets de navigation intérieure. Dès l'âge de dix-sept ans, il participe en effet au relevé du Susquehanna Canal, avant de rejoindre un an plus tard l'équipe du Chesapeake and Ohio Canal. Quittant les États-Unis pour la France en 1830, il est admis à l'École des ponts et chaussées en novembre de la même année, avant de la quitter l'été suivant pour effectuer une tournée des ouvrages de tout le pays, qui sera à l'origine de sa fascination pour les ponts suspendus.

Son premier projet concerne un pont suspendu à câbles destiné à traverser la rivière Potomac, près de Washington. Vient ensuite un ouvrage à 3 travées, d'une longueur totale de 915 m, destiné à traverser le Mississippi à Saint Louis. Engagé sur ce projet, Ellet se voit attribuer entre-temps la première commande de construction d'un pont suspendu aux États-Unis, le pont des Schuylkill Falls, à Philadelphie, pont qui sera inauguré en 1842 et qui couvre une portée de 109 m. En 1847, Ellet obtient des commandes pour des ponts suspendus aux chutes du Niagara, et à Wheeling, en Virginie. À la suite d'un conflit avec la Niagara Bridge Company, il est cependant relevé de ses fonctions ; le pont du Niagara♦ sera finalement construit par John A. Roebling♦. Le pont sur l'Ohio, à Wheeling, est en revanche inauguré et acclamé par le public en 1849. Cependant, en 1854, une tempête d'une rare violence endommage sérieusement l'ouvrage, et Ellet se trouve contraint de procéder à des réparations. Il s'intéresse alors à l'hydraulique des cours d'eau ; il se consacre également à la construction d'une flotte de bateaux munis d'éperons qui contribuera à la victoire des forces de l'Union à Memphis, au cours de la guerre de Sécession. Blessé au cours de cette bataille, Ellet décédera des suites de ses blessures. **E. L. K.**

Emmerich (David Georges)

Debrecen, Hongrie, 1925 – Paris, France, 1996.

David Georges Emmerich, architecte-ingénieur, professeur, chercheur, inventeur de nouvelles structures, essayiste, polémiste…, est né en Hongrie en 1925. Sa jeunesse est marquée par les événements tragiques de la fin de la guerre : la déportation, puis le changement de régime dans son pays l'amènent à quitter définitivement la Hongrie en 1948, et à poursuivre des études d'architecte-ingénieur en Israël, aux États-Unis, puis, à partir de 1953, à l'École nationale supérieure des beaux-arts (ENSBA) de Paris, où il est l'élève de Bernard Laffaille♦.

Portant un regard épistémologique sur les techniques architecturales et sur les contraintes économiques en cours, au nom desquelles on justifie une pauvreté et une pénurie des espaces, il préconise des techniques de construction légères et faisant appel à des composants industrialisés assemblés à sec, qui permettent aisément une autoconstruction. Tout en exerçant comme architecte, il mène des recherches scientifiques sur les formes et devient un des fondateurs du Groupe d'études d'architecture mobile (GEAM), mouvement fondé en 1957 par une quinzaine de jeunes architectes pour confronter régulièrement leurs réflexions et leurs travaux. Son apport majeur a trait aux structures autotendantes, pour lesquelles il obtient plusieurs brevets d'invention à partir de 1958.

En 1965, Emmerich devient professeur à l'ENSBA, pour créer avec Robert Le♦ Ricolais un atelier de recherche structurale. Son enseignement de morphologie-géométrie constructive – formalisé dans un cours publié dès 1967 – a profondément marqué plusieurs générations d'étudiants, tant à Paris que dans de nombreuses autres villes universitaires, où il a animé des séminaires. Il s'est efforcé de doter les architectes d'un répertoire de formes dûment classées, répertoriées, hiérarchisées, utilisables dans l'établissement de projets et appelées à se substituer à la pédagogie du mimétisme.

Homme de conviction, Emmerich a présenté ses travaux et défendu ses idées dans plusieurs ouvrages et de nombreux articles publiés dans les revues professionnelles. **A. C.**

Emperger (Fritz Edler von)

Beroun, auj. en République tchèque, 1862 – Vienne, Autriche, 1942.

Savant, constructeur et publiciste technique influent, Fritz Edler von Emperger est, dans les premières années du siècle, l'un des plus actifs propagandistes du béton armé, matériau dont il s'emploiera à suivre le développement dans sa dimension internationale.

Formé à l'École polytechnique de Prague et à celle de Vienne, il s'établit en 1890 comme ingénieur-conseil à New York, où, ainsi qu'à Boston, il participe à la construction du métro. Entre 1893 et 1897, il représente le système Melan, qu'il s'efforce d'introduire aux États-Unis, étudiant et réalisant sur place de nombreux ponts. Retourné en Autriche – où il collabore aux travaux de la commission des voûtes de l'Association des ingénieurs et architectes autrichiens, et enseigne à l'École polytechnique de Vienne –, il fonde en 1901 la revue *Beton und Eisen*. Outre les questions pratiques, Emperger y accumule des contributions scientifiques venues de toutes parts, les confronte et stimule ainsi, en l'alimentant, la recherche. Conçu sur une base rigoureusement scientifique, le manuel de construction en béton armé qui paraît sous sa direction en 1909 est la première somme d'envergure réalisée dans ce domaine. Les recherches de ce vulgarisateur, qui publie chaque année, à l'usage des entrepreneurs et ingénieurs, le *Beton-Kalender*, et la valeur de son bureau d'études sont alors reconnues dans le monde entier. Les titres et les honneurs dont il est couvert, les fonctions – officielles ou professionnelles – qu'il accumule font du personnage et de sa revue une véritable institution. **G. D.**

Empire State Building

New York, États-Unis, 1931.

Construit à New York en 1929-1931, l'Empire State Building représente la quintessence du gratte-ciel américain. Ses architectes sont Richmond H. Shreve, William F. Lamb et Arthur Loomis Harmon et son ingénieur structures Homer G. Balcom, que l'on connaît également pour le Park-Lexington Building à New York (1922-1923) et pour le Rockefeller Center (1932-1933). D'une hauteur de 378 m, l'Empire State comprend un bâtiment principal de 85 étages, auquel s'ajoute un mât de 17 étages, conçu pour l'amarrage d'un dirigeable. L'édifice est porté par une ossature en acier traditionnelle, même si sa structure est plus perfectionnée en termes de raffinement et de standardisation.

Cette ossature résiste au vent grâce à des contreventements formés par des contrefiches diagonales placées au centre du bâtiment, en plus d'un contreventement plus classique réalisé à l'aide de portiques. Des colonnes décalées, qui confèrent au gratte-ciel son élégante forme en échelons, s'appuient au niveau des 6e et 72e étages sur de larges poutres de répartition.

L'élément le plus nouveau de la réalisation du bâtiment sera en réalité la rapidité avec laquelle il sera construit. Starrett Brothers & Eken édifient son ossature en acier en un temps record, à la vitesse moyenne de 3 étages et demi par semaine. Pour eux, construire est une forme de fabrication en série ; ils dressent donc des plannings quotidiens détaillés, orchestrent les livraisons des camions et installent autour de chaque étage des voies ferrées étroites, reliées à des treuils verticaux – tout cela afin de minimiser les efforts de la main-d'œuvre et d'optimiser le flux des matériaux. Grande réussite constructive, l'Empire State Building est aussi l'emblème de New York, indissociable de l'image de la métropole – concentrant les notions de pouvoir, d'activité économique intense et de modernité. **G. F.**

Entreprises

Liées par contrat directement au maître d'ouvrage pour le compte duquel elles travaillent, les entreprises françaises du bâtiment occupent une place essentielle dans le processus de production du cadre bâti. Par leur structuration interne, et grâce à leur regroupement au sein d'organismes professionnels puissants, les plus grandes d'entre elles ont acquis un pouvoir technique et institutionnel fort.

Les entreprises du bâtiment se distinguent des métiers de l'Ancien Régime regroupés en corporations, non seulement par un savoir-faire et des pratiques techniques plus étendus, mais aussi par leur capacité à gérer et à organiser les chantiers qui leur sont confiés. Pour assurer les missions qui sont aujourd'hui les leurs, les entrepreneurs se sont généralement dotés, dans les domaines des études, de la fabrication et du chantier, de trois types de structures dont la taille varie en fonction de la nature et de l'importance des activités de l'entreprise :

— les bureaux de projets et d'ingénierie qui assurent les études d'ensemble, et les bureaux intégrés aux usines qui réalisent les études et les dessins d'exécution destinés aux fabrications, suivent ces dernières et surveillent leur bonne exécution ;

— les usines de fabrication, les ateliers de véri-

fication et de contrôle, et, dans certains cas – notamment celui de la construction industrialisée –, les ateliers de préassemblage des pièces usinées avant leur expédition sur les chantiers ;

— les équipes spécialisées, dotées d'un matériel parfois important, qui assurent l'exécution des chantiers.

Chacune de ces structures est dirigée par un ou plusieurs ingénieur(s), dont l'origine varie suivant l'activité de l'entreprise : majoritaires au sein du secteur de la construction métallique jusqu'à la Première Guerre mondiale, les centraliens y sont aujourd'hui souvent remplacés par des ingénieurs des Arts et Métiers, les ingénieurs issus de l'École des ponts et chaussées ayant fait, quant à eux, dès le début du XXe siècle, le choix du béton armé.

Du point de vue de la stricte rentabilité économique immédiate de l'entreprise, une telle organisation est très lourde, dans la mesure où les activités de chacune de ces structures ne sont assurées ni régulièrement ni de manière continue. Des baisses d'activité affectant alternativement l'une ou l'autre génèrent des frais généraux. En outre, leur juxtaposition a des effets induits internes : malgré les contrôles et les vérifications, les erreurs commises dès la phase des études ont des conséquences néfastes évidentes sur les productions des ateliers, et, dans le pire des cas, sur la conduite des

chantiers – des erreurs d'origines différentes pouvant d'ailleurs se cumuler. Certains responsables d'entreprises préfèrent ainsi que les activités des bureaux d'études, des ateliers et des services de montage soient séparées, comme elles le sont aux États-Unis, au sein d'entités de production autonomes et indépendantes. Une telle organisation – source potentielle de conflits graves entre partenaires – présente une rationalité qui n'est pas contestable, mais qui est difficilement applicable au cas français pour des raisons liées à la culture d'entreprise dominante dans notre pays.

Du point de vue d'une politique entrepreneuriale à long terme, le regroupement et la concentration, au sein d'une même entreprise, des études, de la fabrication et du montage, et par là même, la constitution d'un fort pouvoir de contrôle sur toutes les phases d'édification d'un ensemble bâti sont la force principale des entreprises françaises de construction. Celles-ci sont, à tous les stades du projet, en situation de présenter des offres spécifiques aux maîtres d'ouvrage ou aux maîtres d'œuvre, voire de leur proposer des variantes par rapport au projet d'architecture ou d'ingénierie originel. Le pouvoir de conception technique dont disposent les entreprises peut, dans certains cas – lorsque des relations de confiance s'établissent entre l'architecte et l'entrepreneur –, constituer une aide à la conception architecturale. Mais ce pouvoir peut être aussi une arme redoutable utilisée par les ingénieurs

pour favoriser des procédés de mise en œuvre, même s'ils sont en contradiction avec le projet de l'architecte.

Ce type d'organisation tripartite a également des incidences directes sur l'organisation de la maîtrise d'œuvre : les constructeurs disposant de bureaux d'études intégrés, les bureaux d'études indépendants interviennent – en plus de missions de maîtrise d'œuvre particulière, comme les usines – pour des missions d'assistance et de conseil auprès des architectes, qui se tournent vers eux lorsqu'ils ne souhaitent pas se lier à une entreprise particulière dès le stade de la conception des ouvrages.

Ce pouvoir conceptuel et technique a été doublé d'un pouvoir institutionnel à partir du milieu du XIXe siècle, lorsque les entreprises se sont regroupées en chambres syndicales destinées à assurer la défense de leurs membres, tant du point de vue technique et réglementaire qu'économique et social.

Ces chambres syndicales ont été renforcées après 1884, lorsqu'a été votée la loi sur les syndicats professionnels qui a abrogé les dispositions de la loi Le Chapelier de 1791, laquelle avait proscrit les associations à caractère professionnel afin d'interdire la reconstitution des corporations de métier. Tous les corps d'état sont aujourd'hui représentés par une chambre syndicale ou une union professionnelle.

Depuis 1949, l'Organisme professionnel de qualification et de certification du bâtiment-Qualité bâtiment (OPQCB-QUALIBAT) assure, sous le

contrôle des pouvoirs publics, la mission de qualifier les entreprises du bâtiment – c'est-à-dire d'attester leur savoir-faire dans une activité donnée – ainsi que de les classer d'après l'importance de leur effectif et de leur chiffre d'affaires, et en fonction de leur activité. Actuellement, 50 000 entreprises du bâtiment de toutes tailles sont titulaires d'un certificat délivré par l'OPQCB. **F. S.**

VOIR AUSSI **Bureaux d'études** ; **Profession d'ingénieur**.

Esquillan (Nicolas)

Fontainebleau, Seine-et-Marne, France, 1902 – Neuilly-sur-Seine, Hauts-de-Seine, 1989.

Le père de Nicolas Esquillan est artisan carrossier ; de sa mère il tiendra son amour de la musique. Il est élève à l'école des arts et métiers de Châlons-sur-Marne de 1919 à 1922. À la fin de son service militaire, il entre en 1923 chez Simon Boussiron♦ qui, avec Roger Vallette, sera son véritable maître. Engagé au bureau d'études, il est nommé chef d'études des ouvrages d'art en 1936, sous-directeur en 1939, et directeur technique en 1941.

Dès 1934, il remporte le record mondial des ponts en béton armé à tablier suspendu à La Roche-Guyon, avec une portée de 161 m. Ce record sera suivi de six autres, avec les ponts de la Coudette♦ (1942), Givors (1950), la Voulte (1953), celui de Tancarville♦ pour la hauteur des piles (1959), et les hangars de Marignane (1951) – dont les 100 m de portée seront bientôt détrônés par la voûte du Cnit♦, qui détient toujours les records mondiaux de portée (avec 206 m de longueur en façade et 238 m sous les arêtes de noue), et de la plus grande surface portée par point d'appui (avec 7 500 m^2).

Fidèle à l'« esprit » Boussiron, Esquillan a toujours publié largement ses travaux ; il a notamment participé à la commission chargée de la réglementation en matière d'action de la neige et du vent sur les constructions ; il a aussi été l'un des animateurs du Comité européen du béton et le rapporteur des *Recommandations internationales*, en 1966 et en 1970.

Pour lui, « l'art de construire [était] celui de créer des ouvrages en combinant l'art de l'architecte, la science de l'ingénieur et le métier du constructeur, qui permettent respectivement de déterminer le parti architectural, le parti constructif et les conditions de réalisation ». **B. M.**

Empire State Building (page de gauche).

Esquillan (Nicolas). Pont de La Roche-Guyon, 1934 (en haut).

E_{st} (gare de l')

Paris, France, 1849.

La création de la gare de l'Est à Paris, ouverte au public en 1849 et inaugurée en 1850, fournit un cas d'étude riche en enseignements sur l'évolution de la profession d'ingénieur en France. Comme tous les ingénieurs des chemins de fer au siècle dernier, les responsables de la création de cette gare sont soit des polytechniciens « ingénieurs civils » ayant choisi une spécialisation non militaire au service de l'État, soit des ingénieurs civils indépendants, autodidactes ou issus de cours ou d'écoles spécialisés.

P. Cognasson a décrit Auguste Perdonnet (1801-1867), qui siège à la fois au conseil d'administration et au comité de direction de la Compagnie du chemin de fer de Paris à Strasbourg, comme « le véritable chef d'orchestre de la Compagnie, le médiateur entre la finance et les techniciens ferroviaires ». Polytechnicien exclu de l'École en 1822 pour ses activités antiroyalistes, Perdonnet joue un rôle de premier ordre dans la promotion des ingénieurs civils indépendants, à la fois en tant que professeur, puis directeur, à l'École centrale des arts et manufactures, et comme président honoraire de la Société des ingénieurs civils en France. Son rôle dans la conception de la gare de l'Est est cependant difficile à déterminer. Ses fonctions laissent supposer qu'il participe aux discussions sur l'organisation et la disposition des services de la gare. En revanche, nul doute que Perdonnet n'ait fortement contribué à la fortune critique de la gare en en publiant des gravures assorties de commentaires particulièrement élogieux dans son influent *Traité élémentaire des chemins de fer*, conférant ainsi à la gare de l'Est à Paris valeur de modèle typologique : « Les gares de chemins de fer ont aussi leur architecture spéciale. Ce qui caractérise surtout la façade principale, c'est une horloge monumentale, et un grand arc ou un immense fronton qui accuse la forme du comble recouvrant la halle des voyageurs. La gare terminale des chemins de l'Est à Paris offre l'exemple le plus saillant de cette architecture des chemins de fer. »

La remarquable halle métallique en plein cintre est attribuée au polytechnicien Pierre-Alexandre Cabanel de Sermet (1801-1875), chargé par l'État de la construction de la ligne entre Paris et Meaux. Cabanel de Sermet a surtout su mener avec habileté un projet dont le contrôle a été partagé, non sans tensions, entre la Compagnie et l'État, en collaborant étroitement avec Marie-Émile Vuigner (1798-1865), ingénieur civil autodidacte chargé du service de la voie, et en coordonnant les travaux des deux architectes de la gare, l'un mandaté par l'État (François Duquesney), l'autre choisi par la Compagnie (Honoré Bellanger). **K. B.**

E_{sthétique de l'ingénieur}

L'esthétique de l'ingénieur résulte d'un choix formel délibéré recherchant l'expression de la structure. Ce n'est ni la conséquence d'une préoccupation inconsciente d'économie, ni le produit de prétendus calculs d'optimisation. Parmi les meilleurs ingénieurs structures, nombreux sont ceux qui conçoivent leur pratique comme une forme d'art parallèle, indépendante de l'architecture. Au cours des deux derniers siècles, ils ont défini une nouvelle tradition, l'« art des structures », que nous considérerons ici comme étant l'idéal d'une esthétique de l'ingénieur.

L'esthétique moderne en matière d'ingénierie est née avec la révolution industrielle, en réponse au défi que représentait l'arrivée d'un nouveau matériau, le fer industriel. Pour la première fois dans l'Histoire, le fer était produit de manière suffisamment économique pour être utilisé dans des structures : ce fut le cas, en premier lieu, pour la construction, en 1779, du pont de Coalbrookdale♦ en Angleterre. Ce grand monument n'est cependant pas une œuvre exemplaire d'art des structures, en raison de sa forme semi-circulaire, qui dénote l'imitation, de ses arches discontinues, et de sa décoration en fer, trop chargée.

L'art des structures voit ses premières réalisations importantes dans les ponts en arche en fonte de Thomas Telford♦. En 1812, ce dernier définit l'art des structures comme étant l'expression personnelle de la structure, sans pour autant déroger aux règles nécessaires d'efficacité et d'économie. Efficacité signifie alors, en l'occurrence, performance sans faille, obtenue avec un minimum de matériaux, et économie implique que la construction soit réalisée à des coûts compétitifs et avec des frais d'entretien réduits. Tout en respectant ces contraintes, les « artistes structuraux » se donnent les moyens de choisir les formes et les détails qui expriment leur propre vision.

Artistes structuraux

Ces ingénieurs, les plus conscients de l'importance capitale de l'esthétique dans la structure, sont aussi les meilleurs au sens purement

GARE DE PARIS.

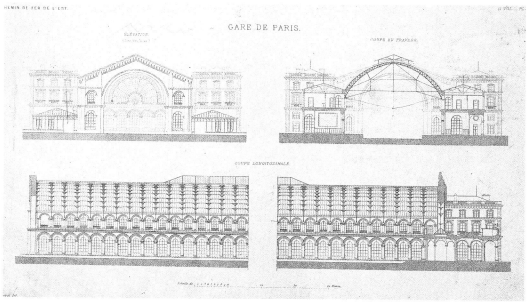

Gare de l'Est, vue panoramique (en haut) ; élévation et coupe (en bas).

Esthétique de l'ingénieur. Autoroute A40, viaduc de Charix, les voussoirs et le tablier (page de droite).

technique du terme : Thomas Telford et, chefs de file incontestés du XIXᵉ siècle dans leur domaine, Gustave Eiffel♦ et John A. Roebling♦. Ils concevront les ouvrages les plus importants et les plus hardis techniquement. Telford est le premier président de la première société d'ingénierie officiellement constituée, l'Institution of Civil Engineers ; cette présidence dure quatorze ans, jusqu'à sa mort. Eiffel dirige sa propre entreprise de conception, de construction et de fabrication ; il conçoit des arches ayant la plus longue portée jamais atteinte et la tour la plus haute que l'on ait jamais vue ; Roebling fonde une importante usine de fabrication de câbles d'acier et construit les ponts ayant les plus longues portées du monde.

Au milieu du XXᵉ siècle, les ingénieurs ont célébré Othmar H. Ammann♦ parmi tous les concepteurs de ponts en acier, en considération de ses nombreux ponts suspendus et de ses arches à longue portée. Il écrit, lui aussi, sur l'esthétique de la structure. Ses réalisations traduisent l'évolution d'un style très personnel – qui s'impose avec une évidence indiscutable dans sa conception des pylônes de ponts suspendus. Ces structures contrastent fortement avec les projets plus chargés de son grand rival, David Steinman (1887-1960), lui aussi concepteur de tout premier plan de ponts en acier.

Dans le domaine du béton armé, Robert Maillart♦ est le principal représentant de l'art des structures du début du XXᵉ siècle. Il imagine une nouvelle forme d'arche à trois articulations, pour laquelle il met en application sa propre invention du caisson creux en béton armé (pont de Tavanasa, 1905, pont de Salginatobel♦, 1930, pont de Vessy, 1936). En 1923, il est le pionnier de l'arche en béton rigidifiée par le tablier, principe qu'il met en œuvre en 1925 dans sa première grande réalisation, le pont de Valtschielbach, et, en 1933, dans le pont de Schwandbach♦ ; la remarquable intégration des courbes horizontales et verticales que présente ce dernier ouvrage en fait un chef-d'œuvre. Maillart inaugure à partir de 1910 une conception inédite de bâtiments en forme de chapiteaux, dont les colonnes délicatement incurvées reposent sur des dalles plates. Il crée ensuite un treillis à pignon vrillé, de conception totalement originale (Magazzini Generali de Chiasso♦, 1924) et une coque en ciment étonnamment mince pour un bâtiment à l'exposition nationale de Zurich (1939).

Eugène Freyssinet♦, l'inventeur du béton précontraint, réalise d'abord en béton des ponts à fine arche et quelques bâtiments remarquables, puis, en béton précontraint, une série de ponts élancés sur la Marne. Suivant l'exemple de ces deux maîtres, Eduardo Torroja♦ en Espagne, et Pier Luigi Nervi♦ en Italie créent chacun des bâtiments exceptionnels en béton ; le premier s'intéresse particulièrement aux coques fines sans nervures, notamment pour le toit cantilever réalisé en 1935 pour l'hippodrome de la Zarzuela♦, le second à des coupoles à nervures entrelacées, comme dans le petit palais des Sports de Rome♦, et aux coques en berceau du palais des Expositions de Turin♦.

En Allemagne, Ulrich Finsterwalder♦, alors qu'il travaille pour un constructeur-concepteur, inaugure les coques minces dans les années trente ; il met ensuite au point la méthode du cantilever pour des ponts en béton précontraint. Fritz Leonhardt♦ conçoit de nombreux bâtiments et ponts, dont l'élégant pont à haubans de Helgeland en Norvège, et, en collaboration avec Arvid Grant, à East Huntington, sur l'Ohio, un pont à haubans doté, de manière étonnante, d'un seul pylône.

La fin du XXᵉ siècle connaît des innovations en matière de ponts, d'immeubles de grande hauteur, de toits à coque mince, réalisés par un jeune groupe d'artistes structuraux, qui tirent parti de l'essor de la construction dans les années qui suivent la Seconde Guerre mondiale. Felix Candela♦ conçoit et construit un grand nombre de toits en béton à coque mince s'inscrivant dans une forme géométrique – l'hyperbole parabolique – dont le restaurant de Xochimilco♦ donne un exemple d'une beauté remarquable. Heinz Isler♦ franchit une étape supplémentaire en définissant une gamme de formes à fine coque, réalisées selon le principe de la membrane renversée en suspension. Cette technique lui permet alors de réaliser la couverture d'espaces très divers (bâtiment de la Sicli♦ Company à Genève, 1969 ; courts de tennis à Heinberg, 1979). Ces couvertures ne nécessitent pas de nervures de renforcement, ne présentent pas de forme géométrique, et sont érigées quasiment par compression pure, ce qui évite les problèmes d'étanchéité.

L'artiste structural Fazlur R. Khan♦, en collaboration avec l'ingénieur-architecte Myron Goldsmith♦ et avec l'architecte Bruce Graham, crée une série de structures en acier pour des immeubles de grande hauteur comme le John♦ Hancock Center (1970), et la tour Sears♦ (1974), tous deux à Chicago. Il réalise également d'autres ouvrages en béton (la Marine Midland Bank à Rochester et deux coques pour une place de Houston, au milieu des années soixante) – autant de preuves que l'expression structurale peut aller de pair avec la performance fonctionnelle et les coûts compétitifs.

Dans le domaine de la construction de ponts, l'ingénieur suisse Christian Menn♦ réalise, grâce à une connaissance approfondie des arches, de la précontrainte et des formes à haubans, des structures qui pourraient avoir leur place dans un musée d'art contemporain. Mentionnons, en particulier, l'arche de Reichenau (1964), le surplomb en précontraint de Felsenau (1974), et le pont du Ganter♦ (1980). À cette même époque, l'ingénieur allemand Jörg Schlaich♦ imagine des structures légères qui font souvent appel à des câbles – ainsi une remarquable série de passerelles dans la ville et dans les environs de Stuttgart.

Ces artistes structuraux, et bien d'autres, ont prouvé la vitalité d'une tradition vieille de deux siècles, mais que l'on vient seulement de définir. Cette définition passe par une étude sélective des œuvres individuelles et par leur analyse comparative critique. Cette analyse se fonde sur un ensemble d'idéaux qui doivent guider aussi bien les concepteurs que les critiques de cette nouvelle forme d'art.

Les idéaux de l'art des structures

Bien que l'art des structures soit éminemment moderne, il n'est pas pour autant une simple tendance de l'art moderne. Tout d'abord, ses formes et ses idéaux ont peu changé depuis qu'ils ont été exprimés par Thomas Telford en 1812. Ce n'est pas un hasard si ces idéaux sont apparus dans des sociétés qui luttaient pour faire face aux conséquences de la révolution industrielle, mais aussi pour garder les acquis de liberté politique hérités du XVIIIᵉ siècle. La tradition de l'art des structures est profondément démocratique.

À notre époque, où les idées démocratiques sont en permanence défiées par les prétentions des sociétés totalitaires, qu'elles soient fascistes ou communistes, les réalisations de l'art des structures contribuent, en alliant liberté et discipline, à un épanouissement de la vie quotidienne. Si l'art des structures doit composer avec des contraintes d'efficacité et d'économie, il offre par ailleurs toute liberté aux concepteurs d'exprimer un style personnel fondé sur la recherche de l'élégance. Tels sont les trois principaux idéaux de l'art des structures : efficacité, économie et élégance.

Pont de la Coudette, sur le gave de Pau, Peyrehorade, 1942, Nicolas Esquillan, ing.

Esthétique de l'ingénieur. *Life*, n° 1,
23 novembre 1936, couverture.

Le coût élevé du fer, matériau nouveau dans les ponts et les bâtiments, a obligé les ingénieurs du XIXᵉ siècle à l'utiliser de la manière la plus efficace possible. Il leur a ainsi fallu trouver pour les ponts des formes pouvant supporter des charges aussi lourdes qu'une locomotive, en utilisant le minimum de métal. Ces mêmes ingénieurs ont dû ensuite construire des structures de plus en plus grandes – des ponts de plus longue portée, des pylônes plus hauts et des couvertures plus vastes. Il se sont alors efforcés de trouver les limites de la structure en créant de nouvelles formes faisant appel à des matériaux plus légers, et en recherchant un effet de légèreté. Ils ont appris à tirer le meilleur parti du fer, de l'acier, puis du béton armé, tout comme au Moyen Âge les bâtisseurs de cathédrales gothiques l'avaient fait avec la pierre.

Après la préservation des ressources naturelles comme le fer, il s'est agi de préserver les ressources publiques. En Grande-Bretagne, centre précurseur de l'art des structures, les travaux publics étaient soumis au contrôle du Parlement, et la plupart des chantiers privés à celui des actionnaires et des industriels. L'ingénieur était donc toujours tenu à des contraintes d'efficacité et d'économie. Pour satisfaire la demande du public d'une plus grande utilité pour une dépense moindre, on a imposé des restrictions dans le but de préserver les fonds publics.

Les plus grandes réalisations dans l'art des structures n'ont alors pu voir le jour que grâce à l'habileté de leurs concepteurs, qui ont su les construire de manière économique. En outre, les relations de travail avec des leaders politiques et des chefs d'entreprises étaient partie intégrante de l'activité de ces artistes. Ils ne créaient pas seulement dans leur atelier ou dans une mansarde, mais aussi sous la férule économique du chantier de construction.

Aussi étrange que cela puisse paraître, à chaque fois que des officiels ou des industriels ont pris alors la décision de construire des monuments de prestige, pour lesquels les considérations financières étaient secondaires, cette forme d'art n'a pas su s'y épanouir. L'économie a toujours été une condition préalable à la créativité en matière d'art des structures. Les meilleurs concepteurs se sont formés à sa dure école. Et si, en fin de carrière, alors qu'ils maîtrisaient la structure au point d'en approcher les limites, ils rencontraient parfois des difficultés imprévues, génératrices des dépassements budgétaires, il n'en reste pas moins que leurs idées et leurs styles se sont développés dans le cadre de la compétitivité des coûts. L'économie est une incitation, et non pas un obstacle à la créativité dans l'art des structures.

Il est certes nécessaire d'utiliser les matériaux de la manière la plus économique possible et de réduire au maximum les dépenses, mais ce n'est évidemment pas suffisant. Trop de structures hideuses sont le résultat d'un travail de conception minimal pour être justifiées par quelque formule simple consistant à lier l'efficacité et l'économie à l'élégance. Un troisième idéal doit régir la conception finale : la motivation esthétique de l'ingénieur. À commencer par l'essai de Telford en 1812 sur les ponts, les artistes structuraux modernes ont été pénétrés de la nécessité d'être guidés par un idéal esthétique, et ils l'ont écrit. La tradition de l'art des structures s'est ainsi forgée aussi bien dans la théorie que dans la pratique.

La vie civique, la vie urbaine sont des données de notre civilisation ; la vie urbaine passe par des travaux d'intérêt général : pour l'eau, le transport, le logement. La qualité de la vie dans les villes dépend donc de la qualité des travaux d'intérêt général : réalisation d'aqueducs, de ponts, de tours, de gares, de lieux de rencontre, dont la conception devrait être pertinente, la construction économique et l'esthétique accomplie. Ces réalisations d'intérêt général remplissent alors leur rôle de manière fonctionnelle, coûtent au public aussi peu que possible, et, lorsqu'elles sont conçues avec sensibilité, elles deviennent des œuvres d'art.

Art des structures et enseignement

Lorsqu'en 1550, Giorgio Vasari écrit son traité sur la *Vie des peintres, des sculpteurs et des architectes*, il contribue à fonder une tradition de l'histoire de l'art qui fait encore référence dans l'enseignement contemporain des arts visuels. Lorsque le musée d'Art moderne de New York, en 1937, est le premier à offrir au public une exposition sur la photographie, et, en 1947, une autre sur la structure (notamment Maillart), il participe également à la définition de ces deux nouvelles formes artistiques d'après la révolution industrielle, qui peuvent être comparées aux disciplines plus anciennes que sont la peinture et l'architecture. Ce n'est cependant qu'à la fin du XXᵉ siècle que l'enseignement artistique supérieur commence à prendre sérieusement en considération la photographie et la structure, et à en dater les origines au XIXᵉ siècle.

De nos jours, la seule façon d'enseigner l'art des structures ou sa forme d'art parallèle, l'architecture, c'est la photographie. Elle met en effet clairement en évidence pour les étudiants et le grand public le fort potentiel visuel détenu par l'ingénierie des structures, potentiel qui permet aux concepteurs de véritables choix esthétiques. Les futurs ingénieurs ont besoin d'exemples visuels de la beauté de leurs traditions, tout comme les architectes. Ces élèves ingénieurs doivent connaître les contraintes avec lesquelles les ingénieurs ont à composer, ainsi que les potentialités existantes en termes d'expression structurale. Cet enseignement suppose une approche historique qui mette l'accent sur les personnes, leurs idées et leurs œuvres. Les étudiants comprendront ainsi en quoi les formulations mathématiques et les observations physiques sont nécessaires à leur discipline ; ils seront aussi à même de s'ouvrir à toutes les possibilités qu'offre le monde contemporain dans le domaine de la création de structures nouvelles, et d'apporter à leur tour leur contribution à l'esthétique de l'ingénieur. **D. P. B.**

VOIR AUSSI **Architectes et ingénieurs** ; **Artistes et ingénieurs**.

Étanchéité

Un bâtiment est d'abord un abri qui crée les conditions physiques et psychologiques adaptées aux activités qu'il héberge : il fabrique un climat interne, un mésoclimat, qui diffère du macroclimat du site. Il peut ainsi modifier la température et protéger de l'éblouissement, du bruit, du vent, de la pluie et de toutes sortes d'intrusions physiques ou visuelles.

Deux grandes stratégies, la plupart du temps combinées, permettent de créer et d'entretenir cette bulle microclimatique. D'une part, on peut modifier certains paramètres micro-environnementaux de façon directe, par exemple par l'éclairage électrique, la ventilation mécanique ou la climatisation artificielle. D'autre part, la réalisation d'une enveloppe permet de séparer sélectivement l'intérieur de l'extérieur. Cette seconde stratégie, passive, de filtrage est préférée aujourd'hui à celle, active et perçue – souvent à juste titre – comme consommatrice d'énergie, de modification artificielle du microclimat intérieur.

Sauf cas extrêmes de milieux franchement hostiles, l'enveloppe est bien plus qu'une simple membrane totalement étanche qui isolerait deux ambiances. Ses caractéristiques vis-à-vis des flux de matière, d'énergie ou d'informations peuvent ainsi relever de la connexion (tous les flux circulent librement), du filtrage (le passage sélectif de certains flux seulement), de la barrière (l'interdiction de tout passage), ou enfin du commutateur (dans lequel les transferts sont contrôlables).

En cela, l'étanchéité des bâtiments est une notion relative. La capacité accrue des enveloppes contemporaines à s'opposer au passage de fluides peut ainsi avoir des conséquences négatives. Du fait du développement de l'isolation thermique et de la généralisation des membranes pare-vapeur, l'atmosphère intérieure de certaines constructions économes en énergie ne se renouvelle qu'une fois toutes les cinq ou six heures – alors que dans une maison ancienne ce taux était plus proche d'une fois par heure –, augmentant ainsi la concentration de composés nocifs à l'intérieur des bâtiments. Cette notion d'étanchéité sélective se distingue de celle d'imperméabilité : l'eau doit être rejetée vers l'extérieur par l'enveloppe. C'est d'ailleurs l'acception courante du terme d'étanchéité dans l'industrie du bâtiment, pour laquelle on peut distinguer trois grandes familles de méthodes.

— La première consiste à employer, comme dans les murs traditionnels en maçonnerie, un matériau perméable dans des épaisseurs très fortes.

— La deuxième fait appel à des matériaux étanches comme le verre, le métal ou les matériaux de synthèse, employés en masse ou en revêtement pelliculaire. Cette solution très efficace réduit le problème de l'étanchéité à celui des discontinuités, qu'elles soient involontaires

(fissuration et rupture, que les progrès réalisés par l'amélioration de la résistance et de la souplesse des matériaux permet de prévenir) ou construites (assemblages). Ces raccords concentrent alors l'essentiel de l'attention, tant du point de vue de leur conception que de celui de leur réalisation.

— La troisième est fondée sur la mise en œuvre d'une rupture de capillarité par le biais d'un vide d'air continu au sein même de l'enveloppe. Cette méthode, courante dans les constructions en maçonnerie ou pour contrôler les venues d'eau par le sol, est à l'origine des stratégies d'écran pare-pluie, d'égalisation de pression et de joints drainants auxquelles les enveloppes contemporaines doivent leur grande fiabilité. **J. F. B.**

Euston (gare de)

Londres, Grande-Bretagne, 1838.

Après considération de différents sites d'implantation s'échelonnant le long de la Tamise jusqu'à Chalk Farm au nord, la décision est prise en 1834 d'installer à Euston Square le terminus londonien de la ligne de chemin de fer de Robert Stephenson♦ reliant Birmingham à Londres. L'idée d'un terminus commun avec le Great Western Railway (encore en projet) est envisagée, mais non retenue.

Malgré ses dimensions modestes, le dépôt des machines de Euston connaît à l'époque un grand succès – succès dû à son toit, élégant et novateur. Son concepteur est Charles Fox, l'un des assistants de Stephenson, qui deviendra

célèbre pour sa contribution à la Grande Exposition de 1851. Ce toit est constitué de deux verrières, supportées par de légères fermes de fer forgé qui enjambent une distance de 12 m et reposent sur une rangée d'étroites colonnes de fonte. Cet ouvrage sobre contraste avec l'entrée grandiose de la gare, due à l'architecte Philip Hardwick : célèbre propylée (l'« Arche » de Euston) entouré de quatre pavillons et doté de grandes portes de fonte, réalisées par la compagnie Bramah.

En 1838, lors de la mise en service de la ligne, les trains doivent, en raison de la forte déclivité du terrain, être hissés depuis le nouveau terminus au moyen d'une amarre de 3 km de long, fixée à des machines installées à Chalk Farm. À partir de juillet 1844, les trains rouleront par leurs propres moyens.

Au fur et à mesure de l'augmentation du trafic, la gare de Euston fera l'objet de modifications. La plus importante sera l'ajout, en 1849, du Great Hall de Hardwick. Tous les bâtiments d'origine seront malheureusement démolis à la suite du grand mouvement de reconstruction des années soixante. **R. J. M. S.**

Évian-les-Bains (buvette de la source Cachat d')

Évian-les-Bains, Haute-Savoie, France, 1956.

En 1947, la construction de l'Institut de recherche de la sidérurgie (IRSID) à Saint-Germain-en-Laye (René André Coulon, architecte) donne à Jean Prouvé♦ l'occasion de reprendre le principe d'une structure qu'il a

Gare de Euston.

étudié en 1933, à la demande des établissements Citroën, pour l'édification d'une gare routière à La Villette.

Ce principe se caractérise en particulier par l'existence d'une solution de continuité entre arbalétrier et poteau de fond, sous la forme d'une seule pièce creuse en tôle d'acier pliée et soudée, servant à réunir les deux éléments. Dans la construction de l'IRSID, les parties arbalétrier et poteau, adoptant des formes d'égale résistance, s'affinent aux extrémités. Apparaît aussi la « béquille », composant constitué d'un poteau et de deux arbalétriers symétriques. Ces éléments porteurs sont encastrés dans le sol et réunis deux par deux à une poutre faîtière. L'ensemble du système est hyperstatique. Tel n'est plus le cas lorsque la béquille réapparaît dans les études préparatoires que Prouvé effectue pour le pavillon du Centenaire de l'aluminium (1954) : des articulations sont ici introduites à l'endroit où la béquille repose au

sol (comme dans certains ponts cantilever ou dans la Galerie♦ des machines de l'Exposition universelle de 1889).

Dans la buvette d'Évian, conçue en collaboration avec l'architecte Maurice Novarina et l'ingénieur Serge Ketoff, comme dans l'école de Villejuif (1957), c'est tout le système qui devient isostatique. L'équilibre des béquilles dissymétriques, espacées de 6 m et articulées à leur base, est assuré par des tirants de façade, reliant le sol aux extrémités des éléments de toiture et servant de raidisseurs aux panneaux de verre. Les éléments de toiture sont des panneaux-sandwichs constitués de contreplaqué, de tôle d'aluminium, de tasseaux de bois (pour la structure) et de laine de verre (pour l'isolation). Leur mode de fixation aux béquilles permet de les mettre en flexion, ce qui augmente leur rigidité, donne les pentes du toit et affirme l'esthétique très particulière de la construction. **R. Gu.**

Expérimentation

La conception d'une structure, d'un objet technique, ne relève en rien d'une génération intellectuelle spontanée.

Certes, le travail d'invention et d'élaboration ne peut se passer d'une pensée abstraite et autonome. Mais la structure ou l'objet nouveau, comme toute création, surgissent aussi du tissu complexe de l'expérience, façonnée par mille essais et échecs, composée de ce qui s'est révélé possible. L'acte créateur n'est pas endogène ; il se construit une logique qui lui est propre, et dans le même temps il s'inscrit dans un héritage, dans une lignée de développements techniques plus large, qui établit un lien de dépendance étroit entre l'objet à venir et ses antécédents.

Prenons le cas exemplaire du développement de l'avion à ses débuts. Chaque machine volante se démarquait très fortement de ses contemporaines, car elle était le fait d'une intention singulière, en la personne d'un concepteur souvent isolé et parfois farfelu. Avec le recul, on s'aperçoit néanmoins que chacune de ces inventions a participé à l'évolution plus générale de l'objet « avion », dont elle était l'un des soubresauts et qui, après d'innombrables prototypes, contre-projets, culs-de-sac et reprises, a abouti à l'avion moderne, simplifié, régularisé que nous connaissons.

Tous les objets techniques complexes, tous les nouveaux types de structures ou de construction se développent ainsi par tâtonnements, par l'interaction entre le particulier et le général, entre les modèles abstraits et le réel qui révèle par petites touches le champ des possibles.

Il est intéressant de noter que cette évolution technique cahotante est comparable au processus de développement des espèces dans la Nature, qui lui non plus n'est pas linéaire, mais caractérisé par une profusion de tentatives menées dans toutes sortes de directions et s'étendant sur des milliers d'années. Ce parallélisme permet d'ailleurs d'élargir l'expérience technique car il permet, par l'usage de l'analogie, de l'imitation ou de l'intuition, d'y incorporer le vaste champ des phénomènes naturels.

Expérimentation : un saut dans l'expérience

L'expérimentation est le moyen de couper court au tâtonnement, dans le but d'amplifier et de renouveler l'expérience. L'avancée soudaine qu'elle permet est rendue possible par un travail

Buvette de la source Cachat, Évian-les-Bains.

méthodique et concerté ; plutôt que d'attendre l'effondrement de la structure, la panne ou l'usure de la machine, pour en tirer quelque enseignement, on les provoque artificiellement et méthodiquement, dans le but d'en comprendre les raisons et de les quantifier.

Les techniques expérimentales sont relativement récentes. Dans le domaine des structures, la première expérimentation d'importance date de l'étude par Robert Stephenson♦ du flambement des ponts ferroviaires tubulaires Britannia♦ et Conway, en Angleterre. Cette apparition si tardive s'explique par le fait que l'approche expérimentale ne se cantonne pas au constat, mais qu'elle s'accompagne nécessairement d'une modélisation et d'une quantification des phénomènes. L'expérimentation relève d'une approche scientifique rigoureuse, appuyée sur des instruments de mesure précis et sur des bases théoriques permettant le calcul, qui ne furent véritablement disponibles qu'au cours du XIXᵉ siècle.

L'une des difficultés majeures de toute expérimentation réside dans le brouillage du phénomène que l'on cherche à observer par une multitude de phénomènes parasites. Plus on réussira à isoler le phénomène étudié, plus l'expérimentation sera probante. Mais c'est là son paradoxe : ainsi dénudée, elle tend à s'abstraire du réel, elle perd sa capacité à remettre en cause les idées préconçues et à faire découvrir des phénomènes insoupçonnés.

Expérimentation structurelle

L'expérimentation en matière de structure s'applique à trois domaines, qui font appel à des méthodologies très différentes :
— les matériaux, les composants, les assemblages, c'est-à-dire les constituants de la structure ;
— les actions sollicitant la structure, comme la neige et le vent ;
— le comportement d'ensemble de la structure, c'est-à-dire sa rigidité et sa stabilité.

Ce dernier type d'expérimentation a permis l'apparition et le développement de nouveaux types de structures, notamment grâce aux travaux d'ingénieurs comme Robert Le♦ Ricolais, Richard Buckminster Fuller♦, Frei Otto♦. Ces inventeurs se sont servi de maquettes de structures entières à échelle réduite, toute la difficulté résidant dans ce passage d'une échelle à l'autre.

La toiture tendue du stade olympique de Munich (Frei Otto) constitue le point culminant de cette démarche expérimentale appliquée aux structures. L'expérimentation a joué un rôle majeur à toutes les étapes de sa conception et de sa justification. La structure fut d'abord mise en forme par analogie avec les surfaces minimales de bulles de savon. La géométrie ainsi établie fut ensuite reportée sur une maquette complexe, simulant la rigidité des éléments, et permettant de mesurer les efforts dans les câbles et les mâts. Les charges de vent furent étudiées à l'aide d'une maquette différente, rigide et spécialement équipée.

Expérimentation virtuelle

Cette réalisation grandiose fut aussi l'une des premières structures complexes à faire l'objet, en parallèle, d'une justification par l'ordinateur. Les modèles informatiques ont depuis définitivement pris le relais des tests sur maquettes, car ils permettent de prévoir la stabilité et la rigidité d'une structure avec autant de précision et pour nettement moins cher.

Cependant, on ne devrait pas en déduire qu'il s'agit là du succès définitif de l'approche mathématique et théorique. L'informatique relègue au contraire le calcul dans l'opacité du microprocesseur et du logiciel et, paradoxalement, favorise une démarche qui s'apparente fortement à l'approche expérimentale. L'objet technique ou la structure sont transposés dans l'espace virtuel sous forme de « maquettes » informatiques, et sont ainsi soumis à toutes sortes de manipulations ou tests divers.

Cette « expérimentation » virtuelle que permet maintenant l'ordinateur élargit considérablement la recherche structurelle, à condition qu'elle ne soit pas l'unique moyen de prévision, mais qu'elle soit associée, d'une part, à l'expérimentation réelle (déterminante notamment pour la connaissance des matériaux), et d'autre part, à une réflexion abstraite et schématique. À défaut de quoi, nous risquons de voir s'installer une forme d'empirisme débridé, et l'imagination technique s'en trouvera grandement diminuée. **B. V. et M. K.**

VOIR AUSSI **CAO** ; **Laboratoires d'essais** ; **Maquette**.

Expositions universelles

Agent privilégié du progrès de l'humanité, l'ingénieur définit le programme de l'exposition universelle et réalise ses bâtiments. La Société des arts, créée en 1753 à Londres, organise trois ans plus tard une « exposition industrielle »

Expérimentation. Institut für Leichte Flächentragwerke, (Institut sur les voiles légers autoporteurs), Stuttgart, 1966, Frei Otto, ing.

d'un type nouveau visant à primer, à côté des œuvres d'artistes, les inventions ou les perfectionnements techniques apportés par un concepteur de machines ou d'outils. L'initiative, de portée nationale, est reprise par la France – onze expositions entre 1798 et 1849 (pour cette dernière manifestation, l'ingénieur Léonce Reynaud♦ proposera le projet d'un édifice monumental à gradins) – puis par l'Irlande et l'Allemagne. C'est encore dans le cadre de ce programme – exposer la nation elle-même comme force économique – que Robert Stephenson♦ entreprend en 1845, parallèlement à son engagement dans la société d'études du canal de Suez, une collecte de fonds pour l'organisation d'une exposition des produits de l'industrie nationale.

L'Exposition londonienne de 1851 introduit une dimension internationale et un gigantisme qui resteront attachés au genre. Le Crystal♦ Palace réunit sous une même enveloppe les fabricants et les industriels des pays étrangers, cette union momentanée imposant aux constructeurs des contraintes de volume et d'éclairement inédites, rendant encore plus nécessaire la rapidité d'exécution et de démontage, et la minimisation des coûts. L'ingénieur-expert en horticulture Joseph Paxton♦ n'a pas effectué de véritable exploit technique – si l'on excepte la performance que représente la préfabrication des éléments métalliques modulaires, la construction était celle d'une serre traditionnelle aux proportions démesurées –, mais il a réalisé quelque chose qui s'apparente à une construction hors limite, allant jusqu'à intégrer la nature elle-même (les arbres du parc ont été préservés et intégrés dans la nef centrale).

Ces ambitions programmatiques et constructives seront maintenues et défendues à l'échelle « universelle » par des ingénieurs français aussi engagés dans la réforme sociale que Michel Chevalier et Frédéric Le Play. L'ingénieur découvre dans l'exposition universelle un lieu tout à la fois d'expression – une tribune pour ses idées progressistes, sa philosophie de l'industrie – et d'expérimentation de structures ou de techniques. En 1855, pour la première des expositions parisiennes, Chevalier et Le Play contrôlent l'essentiel du programme des exposants, l'architecte Jean-Marie-Victor Vieil pour la façade et l'ingénieur Alexis Barrault pour la charpente métallique la plus vaste de l'époque réalisent l'édifice ; onze ans plus tard, Jean-Baptiste Krantz, polytechnicien, conçoit avec l'aide du jeune Gustave Eiffel♦ (chargé du calcul et d'une partie de la fabrication des armatures métalliques) le bâtiment ellipsoïdal imaginé par Le Play pour symboliser l'union universelle de pays représentés par leurs produits et distribués selon un classement à double entrée. En 1878, c'est au tour de Krantz, devenu sénateur, de diriger la première exposition républicaine, laissant à l'ingénieur Henri de Dion la réalisation de la structure métallique sans tirants du palais de l'Industrie ; Alfred Picard, polytechnicien ayant participé à la mission du canal de Suez et futur ministre, décidera des Expositions de 1889 et de 1900, livrant la dernière figure de l'ingénieur omniscient et omniprésent sur la scène sociale, technique et économique que l'exposition universelle aura présenté en réduction.

Sur le Champ-de-Mars, en 1889, l'ingénieur impose ses registres constructifs propres, la tour (Eiffel♦) et l'arche (la Galerie♦ des machines de Victor Contamin), deux ouvrages qui détiennent alors des records de hauteur (300 m) et de portée de voûte (115 m). En offrant la vue – depuis la tour ou depuis les deux ponts roulants circulant le long de la galerie pour permettre d'observer les machines en mouvement –, l'ingénieur apparaît tout à la fois comme le premier des artisans du progrès et le magicien de la foire universelle.

Son rôle de constructeur-programmateur va s'effacer à partir de la fin du XIXe siècle, non pas tant à cause du déclin de la « mode structurale » fer et verre qui identifiait alors l'architecture d'exposition – elle sera de retour dans les années cinquante –, que de l'évolution du concept même d'exposition universelle. Quand en 1851 à Londres, ou à Paris en 1855, elle est logée dans une grande halle – le palais des temps modernes –, en 1867 elle commence à déborder l'ellipse à la gloire du travail imaginée par Le Play, et occupe divers « pavillons », plus ludiques qu'industriels, disséminés dans un parc. Au volume monumental, travaillé autant dans son enveloppe extérieure globale que dans le détail de son organisation intérieure, dictée par la pédagogie, succèdent, de façon systématique à partir de l'Exposition parisienne de 1900, le dispersement et le polycentrisme de pavillons nationaux.

L'Exposition de Bruxelles♦ en 1958, avec le symbole de l'Atomium – modèle moléculaire du fer grossi 150 milliards de fois –, affiche l'éclectisme technologique qui caractérisera les réalisations suivantes : structure en acier, toiture de câbles aux surfaces gauches et bras cantilever pour le pavillon de la France (René Sarger♦ et Jean Prouvé♦) ; hyperboloïdes en voiles de béton pour le pavillon Philips (Le Corbusier et l'ingénieur-constructeur Duyster). Le pavillon est une enseigne, un signe qui peut dès lors être conçu sans même que l'on sache ce qu'il contiendra – une structure « ouverte ». Avec son dôme colossal (Richard Buckminster Fuller♦, pavillon des États-Unis), ses tentes de toile tendue (Frei Otto♦, pavillon de la RFA) ou son monorail suspendu, c'est l'utopie de « l'homme partout où il veut » que construit Montréal♦ 1967.

Signe des temps, c'est un designer industriel, Norman Bel Geddes, qui remplace l'ingénieur et est choisi comme consultant de la commission architecturale de l'Exposition de New York en 1939. Les pavillons de firmes privées, qui prennent à Ôsaka♦ 1970 une importance égale à celle des pavillons nationaux, conduisent au dôme de Pepsi, à la « soucoupe » de Mitsubishi et aux 16 saucisses gonflées d'air du pavillon Fuji, qui rivalisent avec ces autres défis constructifs que sont le toit pneumatique d'un hectare du pavillon des États-Unis, le plus vaste et le plus léger jamais réalisé (David Geiger♦, ingénieur) ou le ciel en plastique et acier de 400 t au-dessus du Festival Plaza (Mamoru Kawaguchi♦, ingénieur, Kenzô Tange, architecte). À l'ère de la micro-informatique, c'est tout à l'inverse l'effacement de la structure et le camouflage de la technologie qu'annonce l'Exposition de Séville en 1992. **D. R.**

Exposition universelle, Séville, 1992 (en haut).

Exposition universelle, Paris, 1867 (en bas).

Forth (pont sur le). Modèle vivant illustrant le principe de construction du pont sur le Forth.

Fairbairn (William)

Kelso, Écosse, Grande-Bretagne, 1789 –
Surrey, 1874.

William Fairbairn est certainement la personnalité qui exerce l'influence la plus significative sur l'industrie sidérurgique britannique au cours de la première moitié du XIXᵉ siècle. Il achève, en 1810, son apprentissage de constructeur de moulins dans le Northumberland, où il rencontre George Stephenson (alors âgé de vingt-neuf ans), qui restera son ami sa vie durant. Fairbairn s'installe ensuite à Manchester et fonde, en 1817, son propre atelier de construction, spécialisé dans les machines et les mécanismes en fonte et en fer forgé pour les moulins et les usines. L'entreprise compte 300 personnes en 1827, et fabrique des roues hydrauliques de grand diamètre et des machines à vapeur. Elle se diversifie dans les années 1830 et s'oriente alors vers la production de navires à vapeur en fer, de chaudières et de locomotives, mettant à profit la riveteuse à vapeur pour laquelle Fairbairn a déposé un brevet, ce qui lui permet d'accroître sensiblement qualité et productivité. Parmi les nombreuses usines à ossature en fer qu'il construira, celle de Saltaire Mill (1851-1854) est la plus grande : quelque 25 000 m².

Pendant les années 1840, la firme emploie au moins 1 000 personnes à Manchester et à Londres, fabrique plus de 2 000 locomotives et exporte un nombre considérable de ponts, de machines et d'usines entières dans le monde entier. Fairbairn ayant pris sa retraite en 1853, l'entreprise poursuit ses activités pendant encore vingt ans, et réalise par exemple la couverture du Albert Hall (1868) et la gare de Liverpool Street (1874), toutes deux à Londres. L'apport majeur de Fairbairn, sa contribution au pont Britannia♦, témoigne brillamment de sa maîtrise du fer et de son approche indiscutablement moderne de l'ingénierie. Son succès se fonde sur une compréhension totale de ce métal, à savoir de ses propriétés et de ses performances en service, de la manière de le façonner, de l'usiner et de l'assembler, et des études et essais permettant son utilisation dans des applications nouvelles, encore peu familières aux ingénieurs. **B. A.**

Fer, fonte, acier

Le fer est l'élément chimique dont le symbole est Fe et le numéro atomique 26. De couleur gris bleuâtre, sa densité est de 7,86 ; il fond à 1 500 °C après être passé par un état pâteux qui facilite son forgeage et permet son soudage. Si l'usage du fer est très ancien, c'est seulement vers 1940 que l'on a réussi, en laboratoire, à obtenir un métal « pur » dont le taux en fer est de 99,99 %. Pratiquement, on admet que le « fer » est un métal contenant, en l'absence de toute autre impureté, une quantité de carbone inférieure à 0,05 % (entre 0,05 % et 1,9 % se situent les aciers et, au-delà, les fontes).

Le premier âge du fer

Les matériaux ferreux, appelés d'une manière générique « fer », sont connus depuis la plus haute antiquité. L'âge du fer, qui suit celui de la pierre puis du bronze, marque un tournant décisif dans l'histoire de l'humanité. Les plus anciens objets en fer que l'on ait trouvés sont ceux du XXVIIIᵉ siècle avant notre ère. Découverts à Sumer ou dans les tombes égyptiennes, ils ont vraisemblablement été forgés à partir de météorites constituées de fer pur et d'un peu de nickel. La paternité de la métallurgie du fer – c'est-à-dire le passage du minerai extrait du sol au métal pouvant permettre la fabrication d'objets utiles – revient sans doute aux Chalybes, habitants de la Paphlagonie (sur les bords de la mer Noire) ; le processus en sera perfectionné par les Hittites, leurs voisins d'Anatolie, vers 1400.

En Grèce, la métallurgie sera toujours rudimentaire, et le « fer » servira surtout à solidariser les pierres des monuments (goujons pour assembler les éléments soumis à la compression, crampons pour ceux soumis à la flexion). On notera peu de progrès sous l'Empire romain, tandis que, dans le monde barbare (Gaule), ainsi qu'en Asie (Chine, Inde), la « sidérurgie » va se développer de manière spectaculaire.

Jusqu'au Moyen Âge, le fer est obtenu à l'état pâteux dans des « bas fourneaux », par réduction directe du minerai (où le métal se trouve à l'état d'oxyde) sous l'action du carbone contenu dans le combustible. La localisation géographique des lieux où s'épanouit l'art de produire et d'utiliser le fer s'explique pour une très large part par la présence de forêts fournissant les grandes quantités de bois nécessaires à la combustion dans les fours. Dans ces fours, au départ simples foyers creusés dans le sol, où sont mélangés minerai et bois (ou charbon de bois), la combustion est activée par des systèmes de soufflerie (chalumeaux ou soufflets actionnés à la main ou au pied). Cela permet d'obtenir de petites quantités d'un métal mêlé de scories et autres impuretés, qu'il faut ensuite affiner par martelage à chaud. La température n'étant pas suffisante pour obtenir la fusion du fer, celui-ci se présente sous la forme d'une masse pâteuse.

Au Moyen Âge, en Occident, les moines bénédictins apportent, avec la technique du bas-foyer, des améliorations qui vont permettre une évolution. La principale consiste en l'utilisation de l'énergie hydraulique pour actionner les soufflets. Les fours augmentent alors de volume et s'élèvent au-dessus du sol. Plus grosses, les masses de fer obtenues dans les fourneaux peuvent être battues par de lourds marteaux mécaniques (martinets), eux aussi mus par des systèmes hydrauliques.

Le temps de la fonte

L'augmentation du débit d'air, canalisé par l'intermédiaire de tuyères dans les fourneaux dont la hauteur augmente, va se traduire par une élévation importante de la chaleur, permettant enfin de fondre le fer. Conséquence imprévue : le métal qui s'écoule au XIIIᵉ siècle à la base des fourneaux n'est plus du fer, mais un mélange de fer (provenant du minerai) et de carbone (provenant du combustible). Ce métal, la fonte (que quelques Chinois connurent 800 ans avant J.-C.), très facilement moulable et remarquablement résistant aux efforts de compression, se révèle en revanche cassant et inapte au forgeage. Le jeu consistera désormais à exploiter les qualités propres de la fonte et, pour obtenir un métal forgeable, à en extraire le carbone par oxydation. On parlera alors d'affinage, obtenu par l'action des scories produites par les fourneaux, ou par celle d'un courant d'air passant à travers la fonte liquide ; la révolution industrielle permettra d'exploiter cette dernière solution. Reste alors à résoudre les problèmes posés par le combustible. Le déboisement intempestif des forêts conduit à l'exploitation du charbon de terre. Il n'en demeure pas moins que bois, charbon de bois, et charbon de terre perdant leur résistance mécanique lors de leur combustion, cela limite les charges de minerai et donc la hauteur des fourneaux. L'utilisation par Abraham Darby, en Grande-Bretagne au début du XVIIIᵉ siècle, du coke obtenu par distillation de certaines houilles grasses ou demi-grasses va apporter la solution. Le coke est en effet un combustible plus résistant à la compression que ceux qu'il va remplacer. Il garde ses propriétés mécaniques jusqu'à un stade de combustion avancé. De plus, il est

poreux, ce qui favorise le passage de l'air. Il est aussi plus « réactif » que la houille, ce qui se révélera particulièrement intéressant lorsque, plus tard, on traitera le minerai dans des fours à cuve.

Commence alors réellement le temps des hauts-fourneaux, symboles, avec la machine à vapeur, de la révolution industrielle. Les grandes quantités de métal produites à chaque coulée permettent d'envisager l'édification d'ouvrages en fonte, sorte de super-pierre qui permet de gagner en audace et en légèreté physique et visuelle sur les prestigieux exemples du passé. Les voussoirs des arches de ponts deviennent des motifs de fines dentelles.

L'âge du fer

La fonte étant produite en masse, il convient désormais de tirer d'elle, par une opération de décarburation, de grandes quantités de fer. C'est ce qui va permettre la technique du *pudd-lage*, mise au point par l'Anglais Henry Cort en 1784, qui utilise des « fours à réverbère » dans lesquels une masse de fonte en fusion,

mélangée à des scories oxydantes, subit une opération de brassage. La température mise en jeu ne permettant pas la fusion du fer, c'est encore une masse pâteuse de métal que l'on obtient et que l'on traite à chaud en la frappant pour en extraire les scories.

Ainsi le XVIIIᵉ siècle s'achève avec la mise à disposition des « constructeurs » de deux matériaux ferreux aux propriétés complémentaires : la fonte de première fusion et le fer puddlé. La fonte de première fusion qui sort du haut-fourneau est un composé chimique ($C Fe 3$) où le carbone est entièrement combiné au fer. Très fragile, sa dureté le rend inusinable. Vers 1810, tirant parti des travaux de René Antoine Ferchault de Réaumur (cf. *L'Art d'adoucir le fer fondu ou l'Art de faire des ouvrages de fer fondu aussi fini que le fer forgé*, 1722), les Anglais mettent au point la technique de la fonte de deuxième fusion (« fonte grise mal-léable ») facile à usiner et moins cassante, obtenue à l'aide d'un cubilot.

L'association du fer (résistant à la traction) et de la fonte (résistant à la compression) va

Fer, fonte, acier. René Antoine Ferchault de Réaumur, *L'Art d'adoucir le fer fondu…* Gravure du XVIIIᵉ siècle.

Ouvriers métallurgistes en 1895 (ci-contre).

Forgeage d'une virole, usine Creusot-Loire, Le Creusot (ci-dessous).

donner naissance à des constructions d'une incroyable audace (ponts suspendus de grande portée, couverture de vastes espaces).

Au service de la vapeur

L'utilisation d'une source énergétique naturelle (énergie hydraulique) exige l'implantation des fabriques dans des sites privilégiés (présence de cours d'eau). La machine à vapeur, qui s'impose dans tous les secteurs de la production mécanisée, permet au début du XIXe siècle de s'affranchir de cette contrainte. De plus, elle donne naissance à la locomotive, machine à vapeur montée sur roues et se déplaçant sur une voie ferrée dont les rails (profilés à section constante) en fer puddlé sont obtenus à l'aide de laminoirs. Outre les rails de chemins de fer, ces laminoirs mus par la vapeur vont permettre la production à très grande échelle de profilés de tout type (aptes à tout faire) qui induisent dans les bureaux d'études une nouvelle manière de construire et de prévoir par le calcul et le dessin.

Conséquence de l'installation des voies ferrées, les ouvrages d'art (utilisant des tôles et profilés laminés) deviennent gigantesques, lorsqu'il s'agit pour les trains, lancés à toute vitesse, de franchir des vallées, des détroits… Le chemin de fer donne également naissance à un autre type de construction, les halles de gare, qui, à leur tour, pour les besoins d'un trafic croissant, vont rivaliser de gigantisme.

L'heure de l'acier

Un peu de carbone entrant dans la composition du fer puddlé, on a affaire à un acier, mais un acier très « doux ». Depuis très longtemps, on sait néanmoins fabriquer, à partir du fer obtenu dans les fourneaux (puis dans les fours à puddler), de l'acier résistant susceptible de durcir à la trempe. Il est obtenu, et ce jusqu'à la moitié du XIXe siècle, par « cémentation », opération consistant à mettre dans des fours le fer au contact de matières organiques (issues d'êtres vivants, charbon pilé) capables de l'enrichir en carbone. Outre que l'on obtient de faibles quantités d'acier (non homogène) à chaque opération, la qualité du métal qui en résulte est très aléatoire. Les années 1740 marquent un progrès sensible lorsque Benjamin Huntsman, horloger à Sheffield, parvient à fondre des barreaux d'acier, préalablement cémentés, dans des creusets noyés dans le combustible d'un four. On parle alors d'acier fondu. Mais c'est en 1855 qu'un pas décisif est franchi. Cette année-là,

l'Anglais Henry Bessemer obtient de l'acier par décarburation incomplète d'une masse de fonte, maintenue à l'état liquide dans une cornue métallique (le convertisseur) tapissée de briques réfractaires, dans laquelle on insuffle à travers la fonte un courant d'air sous pression. L'acier peut désormais être produit en grande quantité.

Le Français Pierre-Émile Martin, dix ans plus tard, invente un autre procédé d'affinage. Il utilise un four à sole de type Siemens, dans lequel la fonte à convertir est mélangée à de la ferraille, ce qui permet un contrôle très précis de l'opération. En 1876, les Anglais Sidney Thomas et Percy Gilchrist améliorent le procédé Bessemer en dotant le convertisseur d'un revêtement basique et en ajoutant de la chaux à la fonte liquide, ce qui permet le traitement des fontes phosphoreuses. La sidérurgie moderne est née. Sous forme de profilés laminés et autres demi-produits, l'acier permet en particulier d'alléger considérablement les structures des ouvrages et des bâtiments et d'accroître les performances (toujours plus long, toujours plus haut, toujours moins de matière).

Les aciers spéciaux

L'intérêt du four Martin et de ses futurs concurrents (convertisseurs à oxygène pur, tel le four OLP ou le four Caldo, dérivés du procédé Bessemer) tient à ce qu'ils permettent d'obtenir des aciers spéciaux. Ces aciers, dont les premiers contiennent du tungstène et du chrome, ont d'abord été des aciers à outils, mis au point par Robert Forester Mushet vers 1870. En 1886, interviennent les premiers aciers au nickel. Ils opposent une remarquable résistance aux efforts de traction et annoncent un acier à haute teneur en manganèse (12 à 14 %), dont la résistance à la rupture est de l'ordre de 100 hbar/mm^2, résultat obtenu par Robert Abbott en 1888. C'est également aux environs de 1890 qu'un peu partout dans les grands pays industrialisés se généralise l'introduction du nickel dans des aciers d'usage relativement courant, ce qui confère aux pièces produites un accroissement de résistance (traction) et fait reculer leur limite de fatigue. Quant aux aciers nickel-chrome, ils se révéleront de précieux auxiliaires pour le développement des industries automobile et aéronautique.

La mise au point des aciers spéciaux, dont les variétés ne vont cesser de se multiplier (parmi lesquelles les aciers inoxydables, qui contiennent 11,5 % de chrome, auxquels s'ajoutent de

faibles pourcentages de nickel, de molybdène…), va largement bénéficier de l'invention du four électrique – pressentie par William Siemens, qui avait utilisé dès 1879 l'arc électrique pour obtenir de hautes températures. En 1892, le chimiste français Henri Moissan invente un four à arc à deux électrodes, que Chaplet, métallurgiste français, utilisera en 1893 pour obtenir des alliages métalliques. Mais c'est finalement Paul Héroult, autre métallurgiste français, qui trouvera la solution quasi définitive à l'élaboration des ferro-alliages, puis à celle de l'acier, par l'adaptation, en 1900, du four qu'il a déjà mis au point pour l'électrométallurgie de l'aluminium. Le four électrique a la particularité de procéder à un affinage préalable non pas à partir de la fonte, mais de ferraille (riblons) de récupération.

À côté des fours à arc, il existe aujourd'hui des fours à induction. La fusion sous vide par électrode consommable permet également d'obtenir les aciers ultraspéciaux (dont la teneur en azote, oxygène et gaz carbonique est pratiquement nulle) que requièrent désormais les industries nucléaire, aéronautique et les engins de la conquête spatiale.

Appelés à être plus performants dans des créneaux de plus en plus précis, les aciers spéciaux d'aujourd'hui sont des aciers à haute limite élastique permettant d'abaisser considérablement le poids des structures, des aciers cryogéniques qui conservent leurs caractéristiques mécaniques à des températures voisines de − 200 °C, etc.

Une fonte de notre époque

Face à l'évolution des produits exceptionnels proposés par les aciéries, la fonte, au lendemain de la Seconde Guerre mondiale, est encore un matériau sensible à la violence d'un choc, et on ne peut ni la tordre, ni la plier. L'élaboration de la fonte à graphite sphéroïdal qu'Henry Morrogh, en Grande-Bretagne, et Albert Paul Gagnebin, aux États-Unis, mettent simultanément au point en 1947 va mettre fin à cette fatalité. Une fonte non sensible aux chocs, ductile et malléable au point qu'on peut la cintrer à chaud, est née. Ses caractéristiques mécaniques (résistance à la traction, limite d'élasticité) sont respectivement comparables à celles de l'acier au carbone, vis-à-vis duquel elle fait désormais figure de sérieuse concurrente. **R. Gu.**

VOIR AUSSI **Construction métallique** ;
Métaux ferreux (assemblages des) ;
Métaux ferreux (protection des).

Finley (James)

?, comté d'Antrim, Irlande, 1756 – Uniontown,
Pennsylvanie, États-Unis, 1828.

On sait très peu de choses sur la vie de James
Finley, sur sa formation ou sur ce qui a pu
l'amener à concevoir et à construire des ponts
suspendus. Difficile en effet d'imaginer dans
une telle activité ce magistrat, juge pendant de
nombreuses années à la cour du plaid commun
d'Uniontown et membre du corps législatif de
Pennsylvanie. Il est l'ami d'Albert Gallatin,
secrétaire d'État américain au Trésor, qui mentionne, dans un rapport sur les équipements
intérieurs soumis au Congrès américain en
1808, son ingénieuse technique de construction
des ponts.

Finley est l'inventeur d'un pont suspendu à
chaînes en fer, qui intègre déjà tous les éléments des ponts suspendus modernes : chaînes
de suspension et suspentes en fer, tablier en
bois horizontal raidi par des poutres-treillis,
une conception donnant aux câbles le même
angle de part et d'autre des pylônes pour ne pas
les soumettre à un moment, et, enfin, un système d'ancrage destiné à soutenir la chaîne. À
l'aide d'un modèle réduit et de poids, il met au
point une méthode de détermination de la
courbe des chaînes et des efforts auxquels elles
sont assujetties, pour différents rapports entre
le fléchissement et la portée. Cette découverte
fera date dans les annales de la construction.

Pendant sa carrière de concepteur de ponts et
de titulaire de brevets (de 1801 à sa mort),
Finley voit la réalisation de nombreux ponts
suspendus à chaîne conçus selon les principes
de son brevet.

L'ingénieux système qu'il a imaginé suscite un
intérêt général aux États-Unis, mais aussi en
France et en Grande-Bretagne, à la suite de sa
publication dans *Portfolio*, en 1810, et dans le
Treatise on Bridge Architecture (traité d'architecture des ponts) de Thomas Pope, paru en
1811.

Pour des raisons économiques, de nombreux
ponts sont alors construits sans poutres raidisseuses, contrairement à ses recommandations.
Tel est le cas, par exemple, du pont de Lehigh
Gap, d'une portée totale de 48,80 m, terminé en
1826 et qui survivra pourtant jusqu'en 1933.
Mais tous les ponts de Finley n'auront pas cette
chance. Les chaînes utilisées dans la construction sont alors forgées artisanalement à partir
de fer de fabrication locale, et présentent ainsi
une résistance très variable. Par ailleurs, on n'a

aujourd'hui aucune preuve qu'une telle structure forgée ait été testée avant d'être mise en
place dans l'ouvrage. Il n'est donc pas surprenant que plusieurs de ces ponts n'aient pas
résisté aux fortes charges en service ou à des
températures basses extrêmes.

Cette nouvelle application du fer forgé aux
structures des ponts a cependant ouvert d'intéressantes perspectives aux ouvrages de longue
portée, alors délicats à construire selon
d'autres techniques. **E. L. K.**

Finsterwalder (Ulrich)

. Munich, Bavière, Allemagne, 1897 – *id.*, 1988.

Ulrich Finsterwalder étudie le génie civil de
1920 à 1923 à la Technische Hochschule de
Munich, et accepte un premier poste chez
Dyckerhoff◆ & Widmann. Il travaille tout
d'abord sous la direction de Franz Dischinger◆
puis, après le retrait de celui-ci en 1932, devient
constructeur en chef et, en 1941, membre de la
direction de l'entreprise (il sera même plus tard
sociétaire à responsabilité personnelle).

Finsterwalder va contribuer de manière décisive au développement du béton armé. Ses premières années dans le métier sont entièrement
consacrées au procédé *Zeiss-Dywidag* de
construction des coques, utilisé depuis 1923 à

Iéna. Collaborateur dont le génie peut rivaliser
avec celui de Dischinger, il participe notam-
ment à la mise au point de la coque cylindrique
à renfort transversal et à la réalisation des premiers bâtiments édifiés sur ce principe : la halle
Dywidag pour l'exposition Gesolei, en 1926 à
Düsseldorf, la grande halle du marché de
Francfort-sur-le-Main en 1926-1928 (Martin
Elsaesser, architecte), l'usine électrique de
Francfort-sur-le-Main en 1927 (Adolf Meyer,
architecte), et la grande halle du marché de
Budapest en 1930 (Aladar Münnich, architecte).
La section elliptique d'abord employée pour ce
type de coques, avec des tangentes verticales
aux extrémités, présente cependant quelques
inconvénients en termes de construction (formation de profondes rainures en cas de juxtaposition de plusieurs coques). Pour l'usine
électrique de Francfort, Finsterwalder préfère
donc une coque en arc de cercle surbaissé.
Dans ce cas, cependant, des contraintes de
flexion apparaissent dans la section de la voûte,
de sorte que la théorie des membranes
employée jusque-là – Finsterwalder lui-même y
a contribué avec son mémoire de fin d'études –
se révèle insuffisante. Finsterwalder établit
alors la théorie de la flexion des coques cylindriques à renforts transversaux (thèse de doctorat, 1930 ; présentée également dans *Theorie*

Finsterwalder (Ulrich). Grande halle du marché, Cologne, 1940.

der zylindrischen Schalengewölbe System Zeiss-Dywidag und ihre Anwendung auf die Großmarkthalle in Budapest [théorie de la voûte en coque cylindrique selon le système *Zeiss-Dywidag* et son application à la grande halle du marché de Budapest], 1932). Partant de la coque cylindrique, Finsterwalder développe ensuite le toit en encorbellement monomât (couvertures des quais de la gare de l'Est, à Munich, 1928) et, en collaboration avec Hubert Rüsch, le toit à redans en coque (premières réalisations en 1933-1934). Il effectue le calcul complet de la coque en berceau de 57 m de largeur destinée à couvrir la grande halle du marché de Cologne en 1937-1940 (Theodor Teichen, architecte). Pendant la guerre, il applique le principe des coques à la construction de navires en béton armé. Ses réalisations comprennent enfin le premier toit suspendu construit en Allemagne pour la Schwarzwaldhalle de Karlsruhe♦, en 1953, où il exploite déjà les avantages du béton armé précontraint.

Finsterwalder compte sans conteste parmi les pionniers du béton précontraint. Il s'intéresse en premier lieu au procédé de précontrainte automatique (*Eisenbetonträger mit Vorspannung durch die Wirkung des Eigengewichtes* [éléments porteurs en béton armé à précontrainte induite par le poids propre], 1938). Ce système servira de base aux poutres-treillis en béton armé développées ensuite en collaboration avec Hubert Rüsch. Son principe consiste à ne fabriquer que les éléments de compression (membrure supérieure et poteaux) en béton armé, et les éléments de traction (contrefiches et membrure inférieure) sous forme de faisceaux de barres d'acier rondes. Une fois retiré le cintre de bétonnage, le poids propre de la structure met en tension les éléments de traction, état dans lequel ils sont alors noyés dans le béton. Les toitures de l'aéroport de Berlin Tempelhof, en 1938 (32 m), et de la salle des fêtes de Weimar, en 1939 (54,50 m), ne sont que deux exemples parmi les nombreux édifices réalisés.

Ce n'est qu'après la Seconde Guerre mondiale que les constructions en béton précontraint commencent à s'imposer plus largement. De nombreux systèmes de précontrainte à liaison ultérieure apparaissent. S'inspirant d'un principe imaginé par Werner Karig pour des traverses de chemin de fer en béton armé précontraint, principe déjà repris par Dyckerhoff♦ & Widmann, Finsterwalder développe en 1949 le procédé de béton précontraint *Dywidag*. Il se distingue des autres procédés par l'utilisation de ronds d'acier de 26 mm (puis de 32 mm) présentant une résistance moyenne, au lieu de fils d'acier à haute résistance (comme, par exemple, chez Eugène Freyssinet♦). Les tirants sont filetés à leurs extrémités et sont introduits dans des gaines métalliques, tendus après le durcissement du béton, puis ancrés par des écrous prenant appui contre des plaques en acier. Dans les interstices des gaines est ensuite injecté du mortier au ciment. Les écrous d'assemblage permettent de modifier à volonté la longueur des tirants, ce qui autorise également la fabrication de structures en béton précontraint à partir de segments séparés. Finsterwalder exploite cette possibilité pour la construction en porte-à-faux d'éléments de pont de grande portée sans échafaudage de soutien. Le premier essai pour le pont sur la Lahn (62 m), près de Balduinstein, aura lieu en 1950 et sera suivi en 1952, toujours selon le même principe, par les ponts sur le Rhin près de Worms (pont des Nibelungen, 114 m) et sur la Moselle près de Coblence (123 m), tous deux d'une portée largement plus grande, puis, en 1962, par le pont sur le Rhin près de Bendorf, avec une travée centrale de 208 m – à l'époque, le plus grand pont à poutres en béton armé précontraint au monde. Dans tous les cas, le principe de construction est le même : un encorbellement relié à la pile est fabriqué par sections de 3 à 4 m à l'aide d'un fléau, selon un mode autoporteur. Il se compose d'éléments en caisson, dont la paroi inférieure est légèrement incurvée (« éléments voûtés »). La méthode de l'encorbellement est l'une des importantes contributions de Finsterwalder au développement des ponts en béton armé. **C. S.**

First Leiter Building

Chicago, Illinois, États-Unis, 1879.

Le First Leiter Building de Chicago est conçu par William Le Baron Jenney♦ en 1879. Les deux élévations sur rue sont constituées de piliers en calcaire qui supportent les quatre étages supérieurs de piliers de briques et de murs d'allège. Les allèges en maçonnerie qui relient les piliers sont construites sur l'assemblage formé par une traverse en fonte boulonnée sur deux profilés en I de 178 mm. Ces allèges sont supportées par les piliers à leurs extrémités et par des meneaux continus en fonte en leur milieu. Des colonnes de fonte parallèles à la façade sud supportent les poutres de plancher en bois ; les piliers de l'élévation ouest auraient donc normalement dû être utilisés pour supporter l'extrémité des poutres. Mais ce détail aurait obligé à augmenter

First Leiter Building.

la section droite des piliers afin de supporter la charge supplémentaire des poutres. Pour éviter cette situation, qui aurait réduit la pénétration de la lumière à l'intérieur du bâtiment, Jenney place un pilastre de fonte de 203×305 mm sur la face intérieure des piliers ouest, afin de soutenir les poutres. Curieusement, les pilastres de fonte ne sont pas physiquement liés à la charpente métallique entre les piliers de brique extérieurs qui soutiennent les allèges. En résumé, la structure conçue par Jenney est un étrange amalgame de poutres de bois, supporté par des colonnes de fonte à l'intérieur et par un curieux hybride de fonte et de maçonnerie à l'extérieur. **G. R. L.**

Flachat (Eugène)

Nîmes, Gard, France, 1802 – Arcachon, Gironde, 1873.

Eugène Flachat est issu d'une famille de négociants. Sa carrière devra beaucoup à son frère utérin, Stéphane Mony, son aîné de deux ans ; en effet, une fois ses études secondaires achevées, il étudie avec ce frère, pour le ministère Villèle, le projet d'un canal de Paris au Havre. Après la révolution de 1830, il part en Grande-Bretagne, y étudie les docks, les chemins de fer et la métallurgie.

Rentré en France en 1832, il installe des usines métallurgiques dans l'Est, puis entre en contact, par l'intermédiaire de son frère, avec les milieux saint-simoniens et avec Émile Pereire.

Il devient ingénieur en chef de la première compagnie de chemin de fer, créée par les frères Pereire avec les capitaux de James de Rothschild en 1835. Il continue de collaborer avec les frères Pereire, construisant avec eux les premières locomotives puissantes (1847, Antée), les premiers grands combles (1848, Saint-Lazare), les premiers ponts en tôle (1853, Asnières). Il forme ainsi toute une génération d'ingénieurs, la première, pour laquelle il écrit de nombreux ouvrages, dont chacun est « un progrès pour l'art de l'ingénieur, un modèle et un enseignement ». En 1848, il crée avec un groupe de centraliens la Société des ingénieurs civils, dont il est le premier président.

Doté d'une vive imagination et d'un esprit prompt, il reprend en sous-œuvre la tour de la cathédrale de Bayeux, que tout le monde condamne alors, et propose pour les Halles centrales de Paris un projet dont Napoléon III, par l'entremise d'Haussmann, imposera le principe à Victor Baltard. **B. M.**

Foeppl (August)

Großumstadt, auj. dans la Hesse, Allemagne, 1854 – Ammerland, auj. en Bavière, 1924.

August Foeppl suit, de 1869 à 1874, des études de génie civil à la Technische Hochschule de Stuttgart, puis à celle de Karlsruhe. Entre 1894 et 1921, il sera professeur de mécanique à Technische Hochschule de Munich. Il publie en 1891 – en s'inspirant de la coupole Schwedler♦ – le schéma d'un treillis en forme de tonneau sur fondations rectangulaires, qu'il recommande également pour une coupole sur plan carré. L'ossature spatiale qualifiée de « treillis » par Foeppl repose sur un système de barres assemblées en triangles, qui comprend des chevrons, des pannes et des contrefiches. Il s'agit en fait du précurseur du véritable treillis qui sera développé ultérieurement, en particulier par Walter Bauersfeld, comme ossature porteuse pour la coque *Zeiss-Dywidag* du planétarium d'Iéna♦, en 1923. **C. S.**

Fondations

Dès l'époque romaine, des fondations importantes sont réalisées pour la construction des piles et des culées des ponts de pierre. Elles sont généralement construites à l'abri de batardeaux, au moyen de pieux en chêne, disposés en rangs serrés, battus à la sonnette, puis recoupés pour constituer une arase de hauteur uniforme. Au cours du XVIIIe siècle, on va s'assurer, avant tout, de la nature du sol sur lequel on se propose de bâtir. On distingue alors radicalement les sables des argiles et l'on propose de premiers classements des terres, en évaluant leur résistance à la compression. Sur les terrains incompressibles, il est possible d'établir immédiatement les fondations ; ailleurs, l'expérience montre que des opérations de consolidation sont indispensables si l'on veut éviter des tassements ultérieurs préjudiciables à la construction.

Dans la première moitié du XIXe siècle, une panoplie de procédés existe déjà. Pour rendre incompressible un terrain qui ne l'est pas naturellement, on recourt parfois à la percussion du sol. Dans les villes, où le sol s'est constamment élevé depuis des siècles, ou bien encore sur l'emplacement d'anciennes carrières, on creuse des puits de forme carrée ou rectangulaire que l'on remplit de maçonnerie ou de béton de sable avant de les relier par des voûtes qui doivent supporter l'édifice. On établit pour les murs et les piliers isolés des constructions des empattements destinés à répartir la charge sur une plus grande surface. Pour les terrains très compressibles, on établit des plates-formes en charpente, puis en béton. C'est également à cette époque qu'apparaît une technique nouvelle importée des colonies : les pieux de sable, particulièrement utiles dans les terrains marécageux. Mais c'est le système plus ancien des fondations sur pilotis de bois, que l'on arme désormais de sabots métalliques, qui reste encore le plus usité dans les terrains difficiles. Dans les années 1850, un système employé en Angleterre pour enfoncer les pilots dans le sol, imaginé par l'Irlandais Alexander Mitchell, se répand en France : les pieux à vis.

Fondations d'un des piliers sud de la tour Eiffel.

L'air comprimé et les progrès de la métallurgie vont sensiblement modifier les techniques de fondation hydraulique. En 1852, le pont anglais de Rochester (Kent) est le premier ouvrage fondé à l'aide d'air comprimé. Des tubes sans fond en fonte ou en tôle de fer sont posés verticalement sur le lit du fleuve. De l'air comprimé est envoyé à l'intérieur pour refouler l'eau afin que le travail puisse s'effectuer à sec. Le procédé est ensuite adopté en France. Par ailleurs, appliqué pour la première fois en 1858 aux États-Unis, pour la construction des piles d'un pont en arc à Saint Louis sur le Mississippi par le colonel Eads, l'usage des caissons pneumatiques métalliques rectangulaires se généralise aussi en Europe. Après la Première Guerre mondiale, les accidents survenus avec l'air comprimé incitent à revenir à la méthode de l'enceinte, ou batardeau, à l'intérieur duquel on épuise l'eau pour travailler à sec. À la fin du siècle dernier, la métallurgie fournit des pieux tubulaires et des palplanches pour les batardeaux en fer ou en acier, puis, à partir de 1900, ce sont les pieux en béton qui font leur apparition et connaissent un succès qui ne se démentira pas par la suite.

Sur le plan théorique, la question des fondations est liée à la connaissance du comportement des sols. Ce sujet est d'abord étudié par Vauban, puis par Bernard Forest de Bélidor et Charles Coulomb, qui énonce en 1773 la théorie du prisme de plus grande poussée, et introduit la notion de cohésion d'un sol. La théorie est perfectionnée par les méthodes graphiques de Jean Poncelet en 1840. C'est ensuite au tour de l'Anglais William Rankine (1857), puis de Maurice Lévy (1867) et d'Armand Considère♦ (1870) de faire progresser les connaissances, avant que Joseph Boussinesq (1882) ne pose les équations définitives du problème. La résolution de ces équations est donnée par Albert Caquot♦ (1934). Du côté des expérimentations, c'est Alexandre Collin qui, par ses observations sur la stabilité des argiles (1846), ouvre la voie de la mécanique des sols moderne, marquée au XXᵉ siècle par les travaux de Karl Terzaghi. À partir notamment d'essais en laboratoire et de l'analyse de sondages, celui-ci édicte de nombreuses règles pratiques relatives aux techniques de fondation, appliquées dans plusieurs pays d'Europe. En particulier, dans les années trente, il fixe des marges de tolérance qui guident le constructeur face au délicat problème des tassements différentiels. Il propose également des consignes à suivre pour éviter l'épi-

Élévateur à bateaux des Fontinettes.

neux problème des affouillements des fondations des ponts, ou pour fonder en mer des ouvrages tels les phares.

Tout au long du siècle, différents systèmes de pieux sont brevetés – en bois, en acier, en béton armé ou précontraint. Cependant, depuis les années soixante, plutôt que de faire porter l'ouvrage projeté sur des pieux, on privilégie des solutions qui visent à consolider le sol situé sous cet ouvrage. L'idée n'est pas récente, et les méthodes les plus anciennes sont de nature mécanique. L'une d'entre elles, le « préchargement », consiste à provoquer au préalable les tassements que l'on prévoit sous l'effet de l'ouvrage. Le procédé le plus économique consiste à pratiquer un apport temporaire de remblai. Il a été utilisé depuis des siècles. Ainsi, la Mosquée bleue d'Istanbul a été fondée sur un ancien marais remblayé et préchargé. Au XIXe siècle, de nombreux ouvrages maritimes ont été réalisés en France en ayant recours à cette technique. Par un autre procédé, on cherche à abaisser la nappe phréatique et à s'affranchir de la présence de l'eau dans le sol, si nuisible aux fondations. Il existe également des techniques, plus récentes, d'amélioration des terrains, par lesquelles on injecte dans le sol des coulis à base de ciment, de silicate de soude, mais aussi de bitume, de latex, de polyesters, de résines ou de silicones. **N. M.**

VOIR AUSSI **Mécanique des sols**.

Fonte
voir **Fer, fonte, acier**

Fontinettes (élévateur à bateaux des)
Sur le canal de Neuffossé, Arques, Pas-de-Calais, France, 1888.

Le canal de Neuffossé (entre l'Aa et la Lys, dans le Pas-de-Calais) relie les ports de Dunkerque et de Calais à Lille, aux houillères et à Paris. En 1754, le génie militaire avait construit cinq écluses permettant de franchir une dénivellation de 13 m. Au XIXe siècle, ces écluses ne suffisent plus à l'écoulement du trafic et ne sont pas aux nouvelles normes de gabarit édictées par le plan Freycinet de 1879.

L'idée des ascenseurs est dans l'air de l'époque ; on songe au canal de Panama bien sûr, mais les Britanniques avaient réalisé, dès 1838, un ascenseur à chaînes à Taunton. Surtout, Edwin Clark a construit à Anderton, près de Manchester, en 1874, un élévateur sur le principe des presses hydrauliques : deux presses semblables supportent chacune un sas métallique dans lequel flotte le bateau à élever ou à abaisser. Une petite surcharge d'eau dans l'un des sas provoque la descente de l'embarcation. Pour l'élévateur à bateaux des Fontinettes sur le canal de Neuffossé, à Arques (près de Saint-Omer), Clark présente un projet semblable, mais l'élévateur comporte des sas de 38 m de longueur (tandis qu'à Anderton, ils étaient de 23 m) ; surtout, ces sas pourront contenir trois bateaux dans le sens de la largeur, ce qui permettra d'écluser six bateaux à l'heure.

Les terrassements et les travaux de maçonnerie sont exécutés sous la direction de l'ingénieur en chef Henri Gruson à partir de septembre 1883 ; le montage de la partie métallique est réalisé par la société Cail, sous la direction de Clark, à partir d'août 1885 ; l'élévateur sera ouvert à la navigation le 20 avril 1888. Il sera à son tour désaffecté, remplacé par une écluse à grand gabarit au cours de l'été 1967. **B. M.**

Forêt-Noire (halle de la)
voir **Karlsruhe (Schwarzwaldhalle, halle de la Forêt-Noire de)**

Formation des ingénieurs
Jusqu'au XVIIIe siècle, la formation des ingénieurs s'effectue la plupart du temps sur le tas, en apprenant le métier auprès d'un homme de l'art confirmé ou en s'initiant à une activité présentant quelque affinité avec l'ingénierie. Dans l'Italie de la Renaissance, l'architecture, la sculpture et la peinture font partie de ces activités propres à former de futurs ingénieurs ; la construction d'instruments scientifiques, vers laquelle s'orientent aussi bien John Smeaton◆ que James Watt au début de leur carrière, joue un rôle similaire dans l'Angleterre des Lumières.

Dans la plupart des pays européens, de l'Espagne à l'Empire ottoman, la création des premiers établissements d'enseignement technique supérieur au cours du XVIIIe siècle répond à des besoins militaires. Ce sont généralement des écoles d'artillerie et du génie qui voient le jour. La France constitue à cet égard une exception notable avec la mise sur pied en 1747 de l'École des ponts et chaussées , destinée à former les ingénieurs d'État responsables de la construction et de l'entretien des infrastructures de transport. Cette création est immédiatement suivie, il est vrai, par celle d'une École du génie, établie à Mézières en 1748. Reposant sur une pratique intensive du projet, les formations que dispensent ces écoles présentent de fortes analogies avec les études effectuées par les architectes dans des établissements comme l'École de l'académie d'architecture, organisée à Paris dans les dernières décennies du XVIIe siècle, ou l'École des arts, fondée par l'architecte Jacques-François Blondel vers le milieu du siècle suivant pour rivaliser avec cette dernière. Quoique faisant appel à des connaissances plus éloignées de l'architecture, les premières écoles des mines, la Bergakademie de Freiberg, créée en 1765, ou l'École des mines de Paris, qui voit le jour en 1783, possèdent un caractère tout aussi empirique.

Cette première vague de créations doit beaucoup à l'intérêt porté par la culture des Lumières aux questions d'enseignement, ainsi qu'à son utilitarisme, qui conduit les élites politiques et administratives à se préoccuper du perfectionnement des techniques. Si la France joue un rôle pionnier dans la naissance de l'enseignement destiné aux ingénieurs, l'Angleterre, pourtant plus avancée technologiquement, reste en marge de ce mouvement. Jusqu'au milieu du XIXe siècle, les ingénieurs anglais continueront à se former par l'apprentissage. Ces trajectoires contrastées renvoient à des modèles professionnels différents. À la figure de l'ingénieur d'État français, qui tire une partie de sa légitimité de la scolarité qu'il a suivie, s'oppose déjà celle de l'ingénieur civil anglais, formé sur le tas et travaillant dans un cadre privé.

La création de l'École polytechnique en 1794 vient parachever le modèle français. L'établissement doit en effet dispenser un tronc commun de connaissances à tous les ingénieurs d'État, préalablement à leur spécialisation. Fondée à l'instigation de savants qui, comme Gaspard Monge, avaient su gagner la confiance des élites révolutionnaires, l'École marque un tournant par le caractère hautement scientifique de son enseignement. Professées par des personnalités de tout premier plan comme Joseph Louis de Lagrange, l'analyse mathématique et la mécanique font leur entrée dans la formation d'ingénieur. Plus généralement, un esprit de rigueur scientifique imprègne l'ensemble du cursus polytechnicien. Dans les premières décennies de son existence, l'École formera d'ailleurs de nombreux savants.

Au cours de la première moitié du XIXe siècle, les deux principales puissances européennes, l'Angleterre et la France, vont exporter leurs modèles d'ingénieur respectifs dans leurs zones d'influence. Là où se fait sentir l'influence française, des écoles voient le jour ou sont réorganisées. En s'inspirant de la formation dispensée à l'École polytechnique et à l'École des ponts et chaussées, des ingénieurs d'État français contribuent par exemple à la mise sur pied de l'Institut des voies de communication de Saint-Pétersbourg en 1809-1810. Le polytechnicien saint-simonien Charles Lambert dote quant à lui l'Égypte de Méhémet Ali de sa première école d'ingénieurs moderne au milieu des années 1830. Soumis à la fois aux influences anglaise et française, les États-Unis d'Amérique présentent une sorte de compromis. Tandis que le modèle anglais prévaut chez les premiers ingénieurs civils américains, formés généralement sur le tas en dépit de l'existence d'établissements comme la Rensselaer School, fondée en 1824, le modèle français s'impose aux ingénieurs militaires qu'accueille West Point.

Avec la première révolution industrielle, l'écart qui sépare ces deux modèles va s'atténuer quelque peu. Côté français, des ingénieurs civils s'inspirant de l'exemple anglais vont côtoyer des ingénieurs d'État. Ces ingénieurs se forment dans des établissements comme les écoles d'arts et métiers, apparues à la charnière des XVIIIe et XIXe siècles, ou l'École centrale des arts et manufactures, fondée en 1829, dont les programmes prennent leurs distances à l'égard du cursus polytechnicien, jugé beaucoup trop théorique pour répondre aux besoins des industriels. En Angleterre, l'apprentissage cède progressivement du terrain au profit de formations dispensées par des établissements comme l'University College ou le King's College de Londres. De nombreuses écoles vont être créées par la suite outre-Manche, à commencer par le Royal College of Chemistry et la Royal School of Mines en 1845 et 1851.

La sophistication croissante des techniques rend ce processus de scolarisation inéluctable. De la Russie aux États-Unis d'Amérique, les établissements d'enseignement destinés aux ingénieurs se multiplient. On assiste parallèlement à une diversification des matières enseignées, rendue nécessaire par le développement de nouveaux domaines comme la construction

mécanique ou la chimie. Cette diversification est particulièrement sensible dans les programmes de l'École polytechnique de Zurich, fondée en 1855, ou dans ceux du Massachusetts Institute of Technology, ouvert en 1865 à Boston. Dans les dernières décennies du XIXe siècle, la cascade d'innovations qui précèdent la seconde révolution industrielle, et qui vont conduire à l'utilisation massive de l'électricité et à la diffusion des moteurs thermiques, entraîne une nouvelle vague de créations, encore plus importantes que les précédentes. À côté d'établissements généralistes, on voit apparaître toute une série d'établissements spécialisés, à l'instar de l'École supérieure d'électricité de Malakoff, qui est fondée en 1894. Particulièrement nombreuses dans des secteurs comme le génie mécanique, le génie électrique ou le génie chimique, ces créations témoignent du déclin relatif du génie civil et de la construction au sein du monde des ingénieurs.

Après s'être progressivement constitué, un nouveau modèle de formation se diffuse vers la même époque : celui des Technische Hochschulen allemandes. Aux yeux de ses promoteurs, ce système permet de dépasser le clivage entre formation universitaire et formation à finalité professionnelle, qui avait constitué jusque-là un frein au développement de l'enseignement technique supérieur dans de nombreux pays. Cherchant à concilier les exigences de la théorie avec les besoins de la pratique, jouant assez systématiquement la carte de la recherche, le modèle allemand exerce une forte influence un peu partout en Europe et en Amérique du Nord. Cette influence est évidente dans le cas de la Suisse et d'établissements comme l'École polytechnique de Zurich, mais aussi en Belgique, en Hollande ou en Suède. Quoique plus diffuse aux États-Unis, elle va jouer notamment un rôle dans la création de nombreux départements d'ingénierie au sein des universités, ainsi que dans la stratégie de recherche mise sur pied par certains établissements.

Le XXe siècle enregistre une croissance sans précédent du nombre des ingénieurs et de celui des formations qui leur sont proposées. Tandis que l'on recensait par exemple 45 000 ingénieurs aux États-Unis en 1900, leur nombre s'élève déjà à 230 000 en 1930. Cette explosion démographique voit les différences entre systèmes d'enseignement nationaux s'estomper progressivement, même si la part des mathématiques

demeure plus importante dans un pays comme la France qu'en Angleterre ou aux États-Unis. Les mêmes problèmes se posent désormais d'un continent à l'autre. Certains d'entre eux sont anciens, comme la difficulté de concilier l'apprentissage des sciences avec le maintien d'une pratique de projet indispensable dans des domaines comme le génie civil et la construction. D'autres sont apparus plus récemment, comme la nécessité d'accorder une place grandissante aux humanités, aux sciences sociales et au droit, afin de préparer les futurs ingénieurs à des situations de plus en plus complexes. Jusqu'à quel stade peut-on spécialiser les études ? Où passe la ligne de partage entre têtes bien faites et têtes bien pleines ? Comment associer véritablement recherche et enseignement ? Toutes ces questions n'ont pas fini de hanter ceux qui ont pour mission de former des ingénieurs, ces hybrides de science et d'action qu'aucune formule ne permet de définir en toute généralité. **A. P.**

VOIR AUSSI **Architectes et ingénieurs** ; **Profession d'ingénieur**.

Forth (pont sur le)

Près d'Édimbourg, Écosse, Grande-Bretagne, 1890.

Le pont de chemin de fer du Forth est le premier grand pont d'acier du monde. La portée gigantesque de ses poutres de 521 m, supérieure à celle des plus grands ponts suspendus de l'époque, en fait un exploit technique. Situé à 14 km au sud-ouest d'Édimbourg, le pont franchit le Forth entre les Queensferry nord et sud, et constitue une artère vitale du réseau ferré de la côte est. Il est officiellement ouvert le 4 mars 1890 avec la pose d'un « rivet d'or » par le prince de Galles.

Cet ouvrage de 2,5 km de long a été conçu par sir John Fowler et sir Benjamin Baker et construit par Tancred, Arrol & Co. Sir Thomas Bouch avait déjà projeté un pont suspendu sur le Forth, dont les travaux avaient commencé puis été abandonnés à la suite de l'effondrement du pont de Tay. Fowler et Baker, estimant que ce projet n'était pas approprié à l'usage ferroviaire réservé au pont, en proposant alors un autre. Ils conçoivent, pour un coût estimé au double de celui du pont de Bouch, une structure rigide très résistante, constituée de tubes rivetés et de nœuds, et comportant 3 éléments en porte-à-faux équilibrés et 2 travées suspendues, avec 2 travées d'accès en poutres-treillis.

Pont sur le Forth, vue de la construction.

L'ouvrage, d'un coût global de plus de 3 millions de livres sterling, a nécessité une main-d'œuvre considérable, requérant parfois jusqu'à 400 ouvriers. Des bateaux de sauvetage étaient stationnés sous chaque porte-à-faux, pour parer aux accidents, ce qui a permis de sauver 8 personnes. En dépit de cela, 57 hommes ont péri au cours de la construction.

Chaque élément en console, ou cantilever, repose sur 4 piliers circulaires de maçonnerie à parement en granit d'Aberdeen recouvrant une maçonnerie de béton et de moellons ; ces piliers ont été construits à l'intérieur de caissons en fonte fondés dans l'argile à blocaux ou sur la roche basaltique. Les éléments en double porte-à-faux qui constituent l'ossature principale du pont sont connus sous les noms de cantilevers Queensferry, Inchgarvie et Fife. Les extrémités des cantilevers Queensferry et Fife vers les rives ne reposent pas sur les viaducs d'accès et n'y sont pas non plus fixées. Ces cantilevers portent des contrepoids de 1 016 t chacun, qui équilibrent la moitié du poids d'une des travées centrales suspendues (de 105 m) et de leur charge dynamique. La hauteur du pont, du niveau de l'eau à la partie supérieure des cantilevers, est de 110 m – la voie ferrée passant à 48 m, afin de laisser une hauteur libre de 46 m pour la navigation. On peut se faire une idée de l'échelle de masse de l'ouvrage à partir des quantités de matériaux employées : 6 500 000 rivets à pause hydraulique ; 55 000 t d'acier ; 20 950 m³ de maçonnerie de granit ; 36 780 m³ de pierre ordinaire ; 49 200 m³ de béton ; plus de 21 350 t de ciment.

Les travaux de peinture des 58 ha de superficie du pont, auxquels il est nécessaire de procéder tous les vingt-cinq ans, représentent un défi auquel doit continuellement faire face le propriétaire actuel, Railtrack Plc. **R. A. P.**

Fortifications

« Ingénieur : officier qui sert à la guerre pour les attaques, défenses et fortifications des places. » Ainsi s'ouvre la définition du terme « ingénieur » donnée par le *Dictionnaire* de Furetière en 1727. Quoique réductrice, puisque qu'il existe déjà de nombreux ingénieurs civils au moment où paraît l'ouvrage, cette définition n'en est pas moins révélatrice du rôle essentiel joué par la fortification dans la genèse et le développement de la profession d'ingénieur.

La fortification moderne ou « bastionnée » naît en Italie au XVIᵉ siècle, avant de se répandre dans le reste de l'Europe. Conséquence des progrès de l'artillerie, elle se caractérise par l'emploi de massifs de terre qui viennent remplacer les enceintes de pierre du Moyen Âge afin d'amortir l'impact des projectiles, ainsi que par des avancées pentagonales, les bastions, qui permettent un meilleur flanquement des parties d'ouvrages. En 1600, ses principes sont déjà suffisamment formalisés pour qu'un Jean Errard de Bar-le-Duc puisse leur consacrer sa *Fortification démonstrée et réduicte en art*. Grâce aux perfectionnements notables que vont lui apporter de grands ingénieurs comme Sébastien Le Prestre (1633-1707), plus connu sous le nom de Vauban, le système bastionné va se maintenir jusque dans la première moitié du XIXᵉ siècle.

C'est ce système qui permet à des États comme la France de contenir des menaces tant extérieures qu'intérieures au moyen d'un réseau de places fortes et de citadelles, véritable armature territoriale dont sont bientôt chargés des ingénieurs recrutés pour le compte du roi. En France, ces ingénieurs sont les premiers à se voir conférer un statut clairement défini ;

ancêtre de tous les corps techniques de l'État, le corps des ingénieurs des fortifications reçoit sa première organisation en 1691. Dans de nombreux autres pays européens, de l'Espagne à la Russie, les ingénieurs du génie militaire précèdent également les ingénieurs civils.

Véritable matrice de la profession d'ingénieur, la fortification bastionnée fait aussi figure de laboratoire de la pensée rationnelle. En effet, le dimensionnement des différentes parties d'ouvrages s'opère au croisement de la géométrie et de considérations mécaniques et balistiques qui font du génie militaire l'un des premiers domaines techniques ayant systématiquement recours à la science et au calcul. De nombreux ingénieurs militaires vont d'ailleurs laisser un nom dans les annales des sciences pures et appliquées. Si la contribution de Vauban à l'étude de la poussée des terres demeure modeste, celle d'un Charles-Augustin Coulomb (1736-1806) se révèle en revanche décisive. À côté de son analyse de la poussée des terres, Coulomb renouvelle la théorie des voûtes avant de se consacrer à l'étude des phénomènes électriques. À la veille de la Révolution, qui lui permettra de démontrer ses talents d'organisateur, Lazare Carnot (1753-1823) compte quant à lui parmi les pionniers de la science des machines. Cette brillante tradition se perpétuera au siècle suivant grâce à des savants de premier plan comme Sadi Carnot (1796-1832), l'un des fils de Lazare, ou Jean-Victor Poncelet (1788-1867).

Avec le développement de l'ingénierie civile et les progrès accélérés enregistrés par l'artillerie au cours de la seconde moitié du XIXᵉ siècle, l'importance de la fortification décline cependant. Mais ce déclin s'avère relatif puisqu'un pays comme la France continue de consacrer des sommes importantes à la construction d'enceintes urbaines et de forts. L'abandon progressif du système bastionné a toutefois pour conséquence de rendre les principes de l'art plus incertains. Aux considérations géométriques d'antan, se substituent des expériences sur la résistance des bétons et des blindages qui contribuent aux progrès des sciences de l'ingénieur, sans toutefois déboucher sur des systèmes durables. Avec l'âge industriel, la fortification entre dans une ère d'expérimentations incessantes et d'échecs cuisants, comme le contournement de la ligne Maginot, qui la feront souvent critiquer, voire taxer d'impuissance, par les stratèges. Bien qu'elle incarne surtout les origines de l'ingénierie moderne et contemporaine, la fortification conserve

Pont sur le Forth.

Errard de Bar Le Duc, *Traité de fortification* (en haut, à gauche).

Galerie de la ligne Maginot, guerre de 1939-1945 (en haut, à droite).

Un ouvrage de la ligne Maginot, octobre 1939 (en bas).

toutefois une certaine actualité, où se mêlent indissociablement facteurs politiques et déterminations techniques, ainsi qu'en témoigne la fascination exercée sur les médias par le fameux bunker qui met Saddam Hussein à l'abri des attaques aériennes américaines. **A. P.**

Freeman Fox & Partners

Fondée à Londres en 1857 sous le nom de Sir Charles Fox & Son, cette firme devient en 1901 Sir Douglas Fox & Partners, puis, en 1938, Freeman Fox & Partners ; elle fusionne en 1988 avec John Taylor & Sons pour constituer l'Acer Group, devenu maintenant Hyder Consulting Limited.

De réputation internationale pour ses travaux dans tous les domaines de l'ingénierie, en particulier le transport, cette entreprise a longtemps été à la pointe de la conception des structures et des ponts. Son fondateur, sir Charles Fox, qui a acquis la célébrité en tant que constructeur du Crystal♦ Palace pour l'Exposition universelle de 1851, est un ingénieur de chemins de fer de renom. L'entreprise obtient bientôt des contrats en Afrique et dans les Amériques. Les projets réalisés en Angleterre comprennent la ligne Londres-Rugby, le pont Grosvenor et le tunnel Mersey, pour lequel Douglas Fox (fils aîné de Charles) est anobli en 1886.

Son activité en matière de tunnels se poursuit avec les travaux réalisés pour le métro de Londres, et un rôle de conseil pour la Channel Tunnel Company (1905-1939). Francis Fox (le plus jeune fils de Charles) est anobli en 1912 pour son travail sur les fondations de la cathédrale de Winchester.

Le pont des chutes Victoria sur le Zambèze marque l'arrivée du premier Ralph Freeman, qui devient associé principal en 1921. Ses ponts de très longue portée, notamment celui de Sydney Harbour, en Australie, ainsi que son pont à arche de Birchenough et son pont suspendu Otto Beit, en Afrique, le mettent au nombre des plus grands ingénieurs-constructeurs de ponts de son temps. Anobli en 1947, sir Ralph voit son entreprise désignée pour assurer l'ingénierie de l'exposition de la South Bank (1951), dont le Dome of Discovery, marquant le centenaire de son fondateur, constitue l'élément central. Son fils, le deuxième Ralph Freeman, assume la responsabilité de ce projet et continue à diriger l'entreprise, qui connaît une période d'évolution et d'expansion considérables.

Avec Gilbert Roberts et Oleg Kerensky, l'entreprise conservera le leadership mondial en matière de ponts de très longue portée. Le pont du port d'Auckland, de très grands ponts de chemin de fer en Inde, les grands ponts sur les estuaires du Forth, de la Severn♦ et de la Humber, et les deux ponts sur le Bosphore couronnent la liste des réalisations qui vaudront à l'entreprise son immense réputation. Roberts est anobli en 1965.

L'entreprise s'oriente ensuite vers l'ingénierie des autoroutes, qui devient alors une activité majeure. La M2, la M5 et d'autres en Grande-Bretagne sont suivies par des projets en Malaisie, en Thaïlande, au Koweït et dans d'autres pays du Moyen-Orient.

À l'actif de la firme s'ajoutent des centrales hydroélectriques et à vapeur, des radiotélescopes et des télescopes optiques novateurs, et de grandes grues d'un type particulier. Des innovations sont réalisées dans tous les domaines. À Hong-Kong, le premier tunnel sous le port aboutit au projet de métro d'un coût de 500 millions de livres sterling, la plus importante réalisation de l'entreprise.

Anobli en 1970, sir Ralph Freeman se retire en 1979 après seize années en tant qu'associé principal. À cette date, l'entreprise a multiplié par six ses effectifs, qui atteignent 600 personnes. Entre 1945 et 1988, elle conçoit et dirige des travaux d'un montant global de 1 500 millions de livres sterling.

Cette brève notice ne peut évidemment pas faire état de tous les projets de l'entreprise, ni des nombreux ingénieurs, associés et cadres sur lesquels reposent ses réalisations. **C. R. B.**

Freyssinet (Eugène)

Objat, Corrèze, France, 1879 – Saint-Martin-Vésubie, Alpes-Maritimes, 1962.

D'origine paysanne, Eugène Freyssinet est né dans le Bas-Limousin. C'est le dernier des pionniers en matière de génie civil, capable aussi bien d'étudier, comme un vrai scientifique, les mystères du béton, que de résoudre, comme un vieil artisan, les problèmes de construction les plus divers, en apportant des solutions définitives encore valables quatre-vingts ans plus tard.

Sa remarquable invention de la précontrainte le hisse au premier rang dans l'histoire de la construction. Seule l'apparition de l'arc est d'une importance comparable à celle de l'invention de Freyssinet, et lui est semblable en quelque sorte, car toutes deux offrent des moyens grâce auxquels la matière se vainc elle-même (*Ars ubi materia vincitur ipsa sua*).

Élève des célèbres ingénieurs Paul Séjourné♦, Jean Résal♦ et Charles Rabut♦, qu'il considérait comme ses guides et ses amis, il obtient le diplôme d'ingénieur des Ponts et Chaussées en 1905.

En 1907, il construit le pont de Praireal-sur-Berbre, découvre les déformations différées du béton, invente le décintrement de voûtes par la pose de vérins à la clé, révolutionnant ainsi une technique millénaire. Pour la première fois, il parvient à contrôler, avant les surcharges, le retrait et les déformations, ce qui lui permet d'en éliminer les nocives. Entre 1910 et 1912, il construit trois ponts sur l'Allier (Veurdre, Châtel-de-Neuvre et Boutiron♦), aux voûtes très surbaissées (1/15) de 72,50 m de portée, et d'un poids total de 1 200 kg/m², revêtement et garde-corps compris. Auparavant, il a construit à Moulins une arche d'essai de 50 m de portée et de 2 m de flèche, dont il a uni les culées avec un tirant en béton précontraint. Cette arche possède une force permanente de 2 500 t, fournie par plusieurs centaines de fils de 8 mm, tendus par paires et fixés par des clavettes. Conçu en 1907 et construit pendant l'été 1908, ce tirant est l'ancêtre de tous les ouvrages en béton précontraint.

En 1915, il construit à Avord (près de Bourges) les premiers hangars à avions en béton, pourvus de voûtes en berceau de 46 m de portée, battant ainsi le record bimillénaire de voûtes en maçonnerie que détenait encore le Panthéon d'Hadrien à Rome. Les hangars jumeaux d'Orly♦ (88 m de portée, 50 m de largeur et 300 m de longueur) représentent en 1923 un saut qualitatif dans l'histoire des couvertures en béton, en raison non seulement de leurs énormes dimensions, qui leur valent alors un record mondial incontesté, mais aussi de la quantité minimale de béton employée : personne n'a égalé Freyssinet dans l'art de faire le plus avec le moins, de remplacer la quantité par la qualité. Entre 1919 et 1925, il construit les hangars de Villacoublay, aux voûtes pliées en voile mince, de 55 m de portée, et d'une épaisseur variant entre 4 et 6 cm. Freyssinet résout les problèmes de résistance de la couverture de façon purement formelle, en lui donnant une rigidité lui permettant de résister aux charges variables, et en manipulant les contraintes avant l'apparition des surcharges, ce qui lui permet d'équilibrer contraintes et déformations, et de contribuer à augmenter la sveltesse des

Freyssinet (Eugène). Basilique Saint Pie X, Lourdes, 1958, portiques rayonnants en béton précontraint.

voûtes. En outre, dans tous ses ouvrages, mais en particulier dans les hangars d'Orly, Freyssinet parvient à une parfaite adéquation entre les formes et les moyens d'exécution dont il dispose. Ceci explique les liens étroits qu'il entretient avec ses amis et partenaires industriels, les deux grands constructeurs François Mercier, de 1907 à 1914, et Claude Limousin◆, de 1914 à 1929. Bénéficiant du respect et de la confiance de l'Administration, Freyssinet est le dernier ingénieur de l'histoire à avoir contrôlé à lui seul l'exécution intégrale des grands ouvrages, depuis la conception du projet jusqu'à l'achèvement de la construction, avec une liberté absolue et en assumant toute la responsabilité technique et économique. Il considère un ouvrage comme une unité indestructible, et voue la même passion au concept général du projet qu'à la construction minutieuse d'un petit culot d'ancrage.

En 1919, il bat le record du monde de voûtes en béton massif en achevant un pont de 100 m de portée à Villeneuve-sur-Lot. Puis, en 1923, avec son pont de Saint-Pierre-du-Vauvray, de 132 m de portée, il établit le record mondial de voûtes en béton armé, qu'il améliorera encore en 1930 par son pont Albert-Louppe◆, à Plougastel.

En 1917, il conçoit et applique pour la première fois ce qui allait devenir une invention capitale : la vibration du béton. Dans son brevet, il écrit que son intention est « d'utiliser des mortiers très fluides pour le bétonnage entre armatures compliquées, en éliminant par vibration l'excès d'eau ». Son invention de la vibration, qui fait maintenant partie du patrimoine de tous les ingénieurs civils, est le fruit de longues études théoriques et d'expériences rigoureuses, de multiples essais sur les procédés de centrifugation, sur les tables vibrantes et enfin sur la vibration pneumatique ou électrique.

Freyssinet a apporté d'autres contributions essentielles : le durcissement rapide des bétons, qui, dans les années trente, atteint 1 000 kg/cm² au bout de 28 jours et 500 kg/cm² au bout de 48 heures ; le ripage de cintres de voûtes par l'introduction de nervures de rigidité ; l'application de la préfabrication associée à la précontrainte ; la mise en tension de tirants en les déformant transversalement ; les articulations de type plastique (employées pour la première fois en 1911 sur le pont de Boutiron et appelées depuis lors « articulations Freyssinet ») ; le travail du béton à 2 000 kg/cm², qui ne peut pas se rompre puisqu'il est fortement fretté ; le vérin plat, simple enveloppe plate de tôle, légère et d'une

puissance statique illimitée, à coût très faible, qui permet d'utiliser des forces d'une grandeur incomparablement supérieure à celles employées dans toute l'histoire de l'humanité ; la découverte que le module d'élasticité varie selon les charges, la température ou l'humidité – car Freyssinet refuse déjà, en 1910, d'admettre la théorie d'un module de Young constant, théorie recueillie dans la *Norme officielle* de 1906.

En raison de la pénurie de fer des années 1914 à 1919, Freyssinet peut démontrer les qualités universelles du béton armé. Outre les grandes couvertures et les ponts, il projette et construit en béton des usines et des hangars de toute sorte, des châteaux d'eau, des silos, des garages, des usines à laver le charbon, des bateaux, gouvernail compris, des affûts de canons, et tout autre ouvrage concevable. Il invente également des typologies et des procédés qui seront utilisés pendant des dizaines d'années. Après la précontrainte, la diffusion du béton à l'échelle internationale est le plus grand héritage transmis par Freyssinet aux constructeurs du XXᵉ siècle.

Mais les grands ouvrages ne peuvent cacher que le béton armé est un « *very tricky material* » (matériau très délicat à manier) – Ove◆ Arup –, « *una extraña coyunda* » (un étrange ménage) – Eduardo Torroja◆ – et que cette association inusitée de matériaux, le béton et l'acier, présente de graves défauts inhérents à sa formation, tels que des fissurations et une corrosion inévitables.

La précontrainte sera la conséquence finale et inéluctable d'un projet rigoureux que Freyssinet mène jusqu'au bout dans son activité professionnelle. En 1903, il envisage pour la première fois la possibilité de créer des contraintes préalables. Le 2 octobre 1928, il fait breveter la précontrainte. En 1929, à cinquante ans, il abandonne une situation financière et professionnelle mondialement enviée et se retire dans la solitude, avec pour seul objectif de développer le principe de la précontrainte dans la théorie et dans la pratique. Cela le mène au bord de la ruine et du suicide.

Mais en 1934, il sauve la gigantesque gare mari-

Eugène Freyssinet lors d'une visite de chantier.

time du Havre (port d'attache du célèbre *Normandie*), qui s'affaisse irrémédiablement, obtenant ainsi la reconnaissance mondiale de la précontrainte. Il peut alors sortir du cercle infernal où se trouvent enfermés tous les innovateurs, à qui l'on demande des références forcément inexistantes. En 1939, il invente l'ancrage et le vérin de précontrainte, petit, économique et sûr : une merveille d'ingénierie. En 1946, il achève la construction du pont de Luzancy◆, et en 1950, celle de cinq autres ponts sur la Marne. Ainsi met-il au point tous les moyens et les détails nécessaires à la mise en œuvre de la précontrainte, créant ex nihilo des précédents et des modèles pour tous les domaines structurels. Le béton armé, dit Freyssinet, est « le triomphe de l'absurde ». La précontrainte sera le triomphe de la raison.

Le béton armé est un matériau anisotrope, composé de deux matériaux sans véritable lien entre eux. Mais avec la précontrainte, le couple béton-acier est remplacé par le couple béton-béton. Le béton devient alors un solide homo-

gène, isotrope, aussi noble que les textiles, les verres et les métaux. Ainsi coexistent deux forces qui s'équilibrent et qui ne se manifestent pas à l'extérieur : une contrainte pratiquement constante dans les armatures, et une compression variable dans le béton, qui n'entre jamais en traction. Freyssinet utilise la force de chacun de ces deux matériaux en les opposant. Léonard de Vinci définissait l'arc comme « *due deboleze* » (deux faiblesses) qui s'opposent « *alla ruina l'uno del altro* » (à la ruine l'une de l'autre) et qui « *se convertano in unica forteza* » (se convertissent en une force unique). C'est pourquoi le concept de l'arc et celui de la précontrainte reposent sur des principes similaires.

Freyssinet crée un nouveau mode de fonctionnement pour l'association acier-béton, grâce auquel les déformations du béton toujours comprimé sont indépendantes de celles de l'acier. Dans le cas du béton armé, on pallie les insuffisances du béton par des armatures qui résistent directement aux sollicitations. Mais Freyssinet

fait en sorte que le béton puisse les supporter tout seul, en créant, avant que ces sollicitations interviennent, des contraintes dans le sens inverse mais de la même intensité.

Grâce à la précontrainte, Freyssinet convertit en constructions élastiques non fissurables des constructions constituées de matériaux fissurables comme la pierre ou le béton.

L'apparition de la précontrainte en tant que vaste concept structurel permet à l'ingénieur, pour la première fois dans l'Histoire, de modifier à son gré les états élastiques initiaux de la structure, comme s'il s'agissait d'une donnée de plus. Il peut ainsi manipuler des forces qu'il choisit, et qui ne sont pas imposées par la nature comme l'est la pesanteur. Ces forces lui permettent de créer à sa convenance des contraintes et des déformations, en utilisant des réactions élastiques permanentes, indépendamment des solutions d'utilisation futures. Comme le dit Freyssinet : « Désormais, au lieu d'attribuer la valeur zéro aux contraintes avant mise en charge dans toute construction, on leur donnera la valeur qui sera jugée la plus favorable à la résistance de cette construction. »

Dès 1939, Freyssinet sait que son œuvre lui survivra, que la précontrainte est immortelle, que le terme « précontraint » appartient déjà à toutes les langues. À quatre-vingts ans, il conçoit son œuvre posthume, le pont de Saint-Michel à Toulouse, où apparaît la nostalgie du pont de Tonneins, un de ses ouvrages préférés, également construit sur la Garonne, en 1919. **J. A. F. O.**

Friedrich-Ebert (pont)

Bonn, Rhénanie-du-Nord-Westphalie, Allemagne, 1967.

La structure de base de ce pont routier franchissant le Rhin, conçu par Hellmut Homberg◆, est celle d'un pont à suspentes obliques, composé d'une poutre centrale en acier, suspendue par des haubans à deux pylônes de 49 m placés près des rives. Les trois travées du pont ont des portées de 120 m, 280 m et 120 m. La section de l'édifice se compose de caissons creux en acier (12,60 × 4,20 m), qui forment de chaque côté un porte-à-faux de 11,85 m. Les câbles, disposés à la manière d'une harpe et assemblés selon un système breveté, ont un diamètre compris entre 91 et 123 mm, et sont espacés verticalement de 1 m au niveau du pylône, et de 4,50 m au niveau de la fixation des éléments porteurs du tablier. **B. B.**

Pont Friedrich-Ebert.

Richard Buckminster Fuller, devant un modèle de dôme géodésique en verre conçu pour le pavillon américain de l'Exposition universelle de Montréal.

Fuller (Richard Buckminster)

Milton, Massachusetts, États-Unis, 1895 –
Los Angeles, Californie, 1983.

Richard Buckminster Fuller est certainement l'un des grands penseurs et inventeurs du XXᵉ siècle, à la fois le père d'une approche scientifique des projets et l'apôtre d'une nouvelle conscience de l'environnement. Son père est un prospère négociant en thé et en cuir, et sa grand-tante n'est autre que la célèbre féministe du XIXᵉ siècle Margaret Fuller, auteur de *Woman in the 19ᵗʰ Century*. Richard Buckminster Fuller, en échouant à son diplôme de l'université d'Harvard, rompt pourtant avec une tradition familiale vieille de cinq générations.

La pensée structurelle et l'inventivité de Fuller commencent à se développer alors qu'il est encore jeune officier de la Marine américaine, pendant la Première Guerre mondiale. « Tout concepteur de navire sait comment tirer parti des vents, des marées, des tensions et des compressions au bénéfice des hommes », expliquera-t-il plus tard. Son goût pour la mer et la navigation, l'étude des machines et une passion omnivore pour la lecture constituent l'essentiel de sa formation. Après avoir quitté la Navy, il travaille comme directeur des exportations d'une entreprise de conditionnement de la viande, puis comme directeur commercial d'une entreprise de transport routier et, enfin, comme directeur des ventes de Stockade Build Systems, société qu'il a fondée avec son beau-père, l'architecte James Monroe Hewlett. Stockade commercialise alors des blocs de maçonnerie brevetés, fabriqués à partir de ciment et de copeaux de bois. Si les efforts déployés pour imposer ce nouveau produit aboutissent à un échec, cette expérience en apprend suffisamment à Fuller sur le conservatisme des architectes, des concepteurs, des fabricants de matériaux et celui des règlements de construction pour qu'il en garde la mémoire jusqu'à la fin de ses jours. Ainsi, il déclare un jour à son collaborateur Robert Marks : « Stockade m'a démontré que la construction artisanale – dans laquelle chaque bâtiment est considéré comme le modèle pilote d'un mode de conception qui n'atteindra jamais le stade de la production industrielle – est un art qui appartient au Moyen Âge. Ainsi, j'ai toujours su que toutes les décisions prises dans les entreprises de construction artisanale se fondent sur une méthodique ignorance. »

Fuller est, parmi les pionniers en matière d'habitations préfabriquées, le premier à comprendre qu'il y a deux préalables nécessaires à la construction industrielle des bâtiments : la réduction considérable de leur poids et le recours à de gros investissements. Pourtant, si son projet de maison Dymaxion♦ en plastique, duralumin et acier léger (1928) fait l'objet de nombreux articles et débats dans les journaux et les magazines, qui la présentent alors comme le prototype même de la résidence de série du futur, aucun exemplaire n'en a jamais été pour autant construit.

La première invention de Fuller à atteindre le stade de la production est la voiture Dymaxion, conçue en association avec le dessinateur de yachts de course Starling Burgess. Trois Dymaxion à moteur arrière et traction avant sont même construites, avant que l'usine ferme ses portes, en 1934.

Fuller publie en 1943 une Carte du monde Dymaxion (*Dymaxion World Map*), qui constitue une véritable révolution : elle se fonde sur un nouveau mode de projection géographique, qu'il fait breveter.

À la même époque, la ténacité dont il fait preuve dans son engagement en faveur des structures légères réussit à convaincre le gouvernement des États-Unis. Des milliers de magasins à blé, entièrement redessinés par lui, et baptisés du nom d'unités de déploiement Dymaxion, serviront à loger le personnel de l'armée de l'air au Moyen-Orient. À la fin de la guerre, sa *Wichita House*, bâtiment ultra-perfectionné en acier et duralumin, sorte de maison Dymaxion améliorée et adaptée pour être fabriquée sur les lignes de construction aéronautique, désormais inutiles, lui fait espérer en l'avènement d'une industrie mondiale du bâtiment ; mais le projet ne parvient pas davantage à attirer les investisseurs.

La seule réussite commerciale notable de Fuller, et son invention la plus connue, est le dôme géodésique, technique de confinement de l'espace capable de coiffer des distances importantes, tout en présentant un poids structurel limité. Breveté en 1954, ce système donne naissance à quelque 300 000 dômes géodésiques au cours des trente années qui suivent, pour diverses utilisations : stades de sport de grande capacité, bâtiments d'urgence, foires internationales, construction d'une base américaine permanente au pôle Sud. Le plus grand dôme géodésique construit sur les propres instructions de Fuller et de son vivant est l'atelier de réparation de la Union♦ Tank Car Company à Baton Rouge, d'un diamètre de 118 m et achevé en 1958. Le plus prestigieux est sans conteste le pavillon des États-Unis à l'Exposition universelle de Montréal♦ en 1967, d'un diamètre de 76 m.

À partir de 1960 environ, Fuller est de plus en plus étroitement associé à de grands projets d'architecture ou d'infrastructure. Parmi les projets de dômes qui n'ont jamais vu le jour, citons une coupole de 3 km de diamètre destinée à coiffer cinquante blocs d'immeubles à Manhattan, ainsi que le projet des Cloud Structures, structures nuageuses sphériques flottantes de 1,6 km de diamètre qui auraient tourné en orbite autour de la Terre, maintenues en l'air par le seul effet du rayonnement solaire. Outre les dômes géodésiques et les structures autotendues, il conçoit une tour de télévision de 12 km de haut, et travaille sur plusieurs projets de villes flottantes pour le Japon. Fuller projette également un réseau intercontinental d'alimentation électrique, capable de doubler la puissance générée en reliant entre eux les différents fuseaux horaires.

Non content d'être un concepteur prophétique, Fuller a également été auteur, coauteur et rédacteur principal de plus de cinquante ouvrages. Dans chacun d'eux, il a souligné avec force la nécessité d'une approche internationale des projets, seule capable, à ses yeux, d'éviter la catastrophe écologique et de favoriser la préservation des ressources – notions en avance d'une génération sur leur temps. **M. E. P.**

Grande Arche (Nuage de la). Nuage de la Grande Arche, Paris-la Défense.

alerie des machines

Paris, France, 1889.

La Galerie des machines de l'Exposition universelle de 1889 est sans doute l'un des plus grands édifices jamais construits. Longue de 420 m, large de 115 m entre la base de ses piliers, sans compter les bas-côtés, elle pouvait contenir l'équivalent de sept ou huit terrains de football. Chef-d'œuvre de l'Exposition, à proximité de la tour Eiffel◆ située à l'autre extrémité du Champ-de-Mars, elle aurait mérité de subsister comme témoignage de l'audace dont le XIXᵉ siècle était capable.

Comme il est de tradition dans les Expositions universelles, une importante galerie doit abriter les machines et les produits de l'industrie présentés dans ces grandes messes – et kermesses – internationales du progrès.

À l'issue du concours d'idées lancé en mai 1886 pour choisir les principaux architectes, Ferdinand Dutert est désigné pour construire ce bâtiment. La direction des travaux, placée sous l'autorité d'Adolphe Alphand, résout de couvrir l'édifice par des fermes « d'une seule envolée », à la fois pour obtenir un effet grandiose, pour « offrir un cadre admirable aux merveilles de la mécanique moderne » et « pour mettre en évidence les ressources et les moyens d'action de la métallurgie française », mais aussi pour réduire l'importance des fondations et pour faciliter l'installation des machines et la circulation des visiteurs. Dutert établit le projet d'un bâtiment exceptionnel par ses dimensions, jamais vues, qui se présente comme une sorte d'énorme hangar barrant tout le fond du

Galerie des machines.

Champ-de-Mars. Les pignons sont clos par de grands rideaux de verre, tandis que les façades latérales présentent une série d'arcatures métalliques, également vitrées. La nef intérieure, haute de 43,50 m à la clef, est contrebutée par des bas-côtés latéraux. Les fermes articulées à la base et à la clef couvrent le volume d'une seule portée, créant un effet d'espace extraordinaire. Le choix de fermes articulées a permis de faciliter les calculs, effectués par Victor Contamin, ingénieur en chef de l'Exposition, ainsi que le montage. Le recours à l'acier (et non au fer puddlé) a également permis de pousser plus loin les limites de la résistance du matériau.

La construction est menée à bien en six mois seulement, par deux entreprises travaillant en parallèle mais avec des procédés de montage différents. Fives-Lille assemble les fermes à terre en 4 tronçons, puis les met en place à l'aide de 3 échafaudages mobiles. Cail les monte en petits morceaux de 3 t, ajustés sur place à l'aide d'une grande plate-forme horizontale en bois, également mobile. Les bas-côtés et les pignons sont exécutés par cinq autres entreprises.

L'écrivain Joris-Karl Huysmans, qui avait en horreur la tour Eiffel, « pylône à grilles qui ferait prendre en haine le métal », voyait en 1890 « dans ce prodigieux vaisseau la preuve de son incomparable puissance. [...] Imaginez une galerie colossale, large comme on n'en vit jamais, plus haute que la plus élevée des nefs, une galerie s'élançant sur des jets d'arceaux, décrivant comme un plein cintre brisé, comme une exorbitante ogive qui rejoint sous le ciel infini des vitres ses vertigineuses pointes, et, dans cet espace formidable, dans tout ce vide, rapetissées, devenues quasi naines, les énormes machines malheureusement trop banales, dont les pistons semblent paillarder, dont les roues volent. La forme de cette salle est empruntée à l'art gothique, mais elle est éclatée, agrandie, folle, impossible à réaliser avec la pierre, originale avec les pieds en calice de ses grands arcs. [...] L'on reconnaît qu'au point de vue de l'art, cette galerie constitue le plus admirable effort que la métallurgie ait jamais tenté ».

La galerie servira encore pour l'Exposition de 1900, puis sera utilisée pour des concours hippiques et comme hangar à dirigeables. Mais, faute de crédits pour l'entretenir et ne sachant trop quel usage lui trouver, la Ville de Paris, propriétaire du terrain, la fera démolir en 1909. **B. L.**

Galerie des machines, deux vues de la construction, vers 1888.

Ganter (pont du)

Col du Simplon, vallée du Ganter, Suisse, 1980.
D'une forme unique en son genre, le pont du Ganter, conçu par Christian Menn♦, supporte l'autoroute à deux voies du col du Simplon et franchit la vallée du Ganter, profonde de 150 m. Sa portée principale est de 174 m, encadrée par des portées de 127 m ; le pont est soutenu par des haubans entourés de béton. Menn aurait pu appuyer les portées sur une poutre-caisson à goussets légèrement incurvée, mais, estimant que le raccord entre les poutres et la colonne, haute de 150 m, serait peu esthétique, il jugea préférable d'élargir la colonne au-dessus de la chaussée.

La forme générée par l'inclusion des haubans dans le béton donne une vue de profil étonnante et protège les câbles de la corrosion, tout en réduisant considérablement les efforts de fatigue en surcharge. La portée principale de 174 m, la plus longue de toute la Suisse, s'amincit dans la portion du quart central, puis se scinde visuellement en deux parties au point de rencontre avec le sommet de la colonne élargie ; cela accentue la légèreté sans que l'on doute un instant que la construction soit tout entière en béton. Ce pont est l'une des plus belles réalisations de l'art des structures de la fin du XXᵉ siècle. **D. P. B.**

Garabit (viaduc de)

Cantal, France, 1884.
Le viaduc de Garabit est encore aujourd'hui l'un des plus remarquables ouvrages d'art jamais construits – témoignage de l'audace des constructeurs du XIXᵉ siècle et magnifique exemple de la technologie des structures métalliques assemblées par rivets, symbole de rationalité clairement lisible, et geste quasiment lyrique proclamé dans l'isolement de la vallée de la Truyère, au cœur du Massif central.

Jalon décisif dans la carrière de Gustave Eiffel♦, le viaduc de Garabit est le frère jumeau, à quelques différences près, du viaduc sur le Douro à Porto, construit en 1875-1877. Le succès de ce dernier ouvrage, conçu par son associé Théophile Seyrig, apporte à Eiffel la commande directe d'un ouvrage semblable sur la ligne Marvejols-Neussargues, dans le Cantal. L'avant-projet est dressé par le jeune ingénieur des Ponts et Chaussées chargé de la ligne, Léon Boyer, avec l'idée d'économiser le détour de quelques kilomètres de voie ferrée, et surtout

de coûteuses rampes à flancs de coteau pour franchir les gorges de la Truyère. L'économie réalisée s'élèverait à trois millions de francs, à condition que puisse être construit un ouvrage de plus de 160 m de portée. Eiffel est directement sollicité pour cette réalisation, et une décision ministérielle du 14 juin 1879 lui confie l'exécution du marché de gré à gré, y compris les maçonneries. L'Administration justifie cette procédure par la perte de temps qu'occasionnerait un appel d'offres et par les garanties que donne l'exemple du Douro. Seule ombre au tableau, Eiffel se brouille avec son associé Seyrig, et décide brutalement, le 30 juin 1879, de rompre le contrat qui les associe, alors qu'il reste neuf ans à courir. Seyrig est remplacé quatre mois plus tard par Maurice Koechlin, un jeune ingénieur des Chemins de fer de l'Est, diplômé de l'École polytechnique de Zurich. Sa première tâche est de mener à bien les calculs de Garabit ; il assurera ensuite la direction du bureau d'études de l'entreprise.

La conception du viaduc de Garabit s'inspire de celui de Porto, dont il diffère cependant par quelques détails. Un grand arc en treillis de 165 m de portée, articulé aux naissances, supporte, par l'intermédiaire de palées, un tablier horizontal, composé d'une poutre droite également en treillis, qui se prolonge sur des pylônes métalliques puis sur des arches en maçonnerie. La longueur totale de l'ouvrage atteint ainsi 565 m. L'arc est articulé aux naissances et s'épaissit à la clef, ce qui lui confère une excellente résistance aux efforts dissymétriques occasionnés par le passage des trains. Les faces externes de l'arc sont situées dans un plan oblique, de manière à s'opposer à l'effort de

Viaduc de Garabit, vue de la construction.

renversement dû au vent. À la différence du pont sur le Douro, la forme de l'arc n'est pas circulaire mais parabolique, le tablier est visuellement disjoint de l'arc, les supports du tablier sont plus rapprochés du sommet de l'arc et les arbalétriers des piles sont transformés en caisson à claire-voie, ce qui facilite l'entretien de l'ouvrage.

Le chantier durera quatre ans, rendu difficile par l'éloignement de cette région reculée. Le montage de l'arc, commencé en juin 1883, est achevé moins d'un an plus tard. Il sera construit sans échafaudages, si ce n'est un léger pont de service au-dessus de la gorge. Les deux moitiés de l'arc seront montées en porte-à-faux, et clavetées à leur jonction au centre. Comme le soulignera Eiffel, ce principe de construction demandait une très grande précision de fabrication, de mise en place et de calculs : « Il fallait en effet que les trous de jonction vinssent se correspondre pour permettre le clavetage. Nous y sommes arrivés avec une précision presque mathématique », raconte-t-il dans une conférence sur « Les grandes constructions métalliques », donnée à l'Association française pour l'avancement des sciences en 1888. La moitié seulement des 500 000 rivets que compte le viaduc est posée sur place. Ce succès ouvrira la voie à la tour de 300 m, qui sera conçue et réalisée avec les mêmes méthodes de calcul et d'exécution, et, qui plus est, par la même équipe d'ingénieurs et de techniciens.

Le résultat est un magnifique ouvrage, qui franchit la vallée à 122 m d'altitude, avec une légèreté incomparable. L'élégance de l'arc se retrouve dans tous les détails, impeccablement réalisés. La contradiction entre la légèreté apparente de l'ouvrage et son énorme masse est admirablement résolue par le dynamisme de son équilibre, que conforte encore la concentration des poussées sur les 4 rotules articulées. Le site a été modifié depuis par la création du lac du barrage de Grandval, qui substitue au vertige d'une gorge profonde l'harmonie d'un reflet sur l'étendue aquatique. Un pont autoroutier à béquille a été construit à proximité, suffisamment loin cependant pour ne pas perturber ce site unique. **B. L.**

Gares

Dans le sillage de la révolution industrielle, la révolution ferroviaire a ouvert un vaste champ à l'innovation technique et architecturale. La créativité des ingénieurs n'a pas seulement été

Viaduc de Garabit, vue générale (en haut) ;
détails de la retombée de l'arc (en bas).

stimulée par la locomotive à vapeur et par de nouveaux ouvrages d'art tels que tunnels et viaducs ; on doit aussi construire les gares, qui constituent un type inédit, hybride, de bâtiment public, et qui vont cumuler de multiples fonctions, tant techniques que commerciales. Leurs concepteurs doivent en effet canaliser, dans un espace resserré, les flux de voyageurs et de bagages (cours de départ et d'arrivée, guichets et salles d'attente, consignes, quais d'accès aux trains), tout en organisant de manière rationnelle les mouvements et les stationnements des trains (voies principales et de service, aiguilles et plaques tournantes, etc.) ; ils doivent en outre prévoir d'abriter l'ensemble des voyageurs et du matériel roulant par des halles ou des marquises. Pour résoudre un tel puzzle fonctionnel que ne cessera de complexifier l'évolution des techniques et des besoins commerciaux, de multiples options concurrentes verront le jour, telles celles qui régissent la spécialisation des accès (cour d'entrée, cour de sortie), des quais ou des voies.

Antichambres du réseau, ouvertes sur la ville, les gares doivent symboliser par la monumentalité de leur façade la puissance conquérante des compagnies : côté façade, elles ont donc beaucoup emprunté aux canons classiques et éprouvés de l'édifice somptuaire – qu'il soit palais (gares d'Orléans et Saint-Lazare♦, à Paris), temple antique (gare de Euston♦, à Londres et de Pennsylvania, à New York), ou église (gare de l'Union, à Providence). Côté voies, en revanche, c'est la modernité technologique du chemin de fer que l'on va affirmer, en mobilisant et en stimulant les formes et procédés constructifs les plus récents, telles les voûtes et charpentes métalliques (système Warren en Angleterre, système Polonceau en France) supportant d'immenses verrières.

C'est pourquoi ce nouvel objet technique qu'est la gare aura constamment un aspect hybride : mélange des interventions respectives – et confuses, si ce n'est concurrentes – de l'architecte et de l'ingénieur, chaque compagnie pouvant privilégier plus ou moins la part d'autonomie et d'initiative conceptuelles revenant à chacun d'eux. Objet dual, riche en variations dans l'espace et le temps, la gare, sans cesse transformée, adaptée, tiraillée entre tradition et innovation, entre beaux-arts et technologie, reflétera continûment cette tension entre les préoccupations esthétiques des architectes et le fonctionnalisme de l'exploitation technique, cher aux ingénieurs…

Une distinction s'impose entre les gares – têtes ou terminus de ligne – implantées dans les grandes villes et les capitales, en forme de U enserrant les voies, et les stations intermédiaires de passage, égrenées le long des lignes que jouxtent leurs bâtiments linéaires. Selon leur trafic, et donc leur classement en stations de première, deuxième ou troisième classe, l'architecture de ces gares intermédiaires a très souvent fait appel, pour des raisons économiques, à des variations fonctionnelles autour de modèles types.

En revanche, les grandes gares terminus ont bénéficié d'une conception architecturale exceptionnelle. Le régime usuel de concession des grandes lignes radiales à des compagnies distinctes a contribué à leur multiplication en milieu urbain – à la fin du siècle, on en compte une dizaine à Londres et six à Paris –, où on les trouve généralement à la périphérie des métropoles.

Empruntant très souvent au classicisme, leur architecture cherche à symboliser la toute nouvelle puissance et grandeur des compagnies. Le large fronton de la gare est ainsi fréquemment orné de statues allégoriques ou d'écussons qui, représentant les villes desservies, évoquent le rayonnement du réseau. La façade prend parfois l'allure d'un arc de triomphe, d'une porte majestueuse (à Londres, gare de Euston♦, construite en 1838 par Philip Hardwick, ou gare de King's Cross en 1851-1852 par Lewis Cubitt ; à Budapest, Ostbahnhof, réalisée en 1881 par Julius Rochlitz, et, à New York, Grand Central Station, conçue en 1913 par l'ingénieur William Wilgus et les architectes Warren et Wetmore) ;

elle peut aussi être mise en valeur par une grande percée (comme la gare de l'Est♦, à Paris, édifiée en 1852 par l'ingénieur Pierre-Alexandre Cabanel de Sermet et les architectes François Duquesney et Honoré Bellanger, gare dont les qualités architecturales et techniques feront référence).

Derrière la façade en maçonnerie de style classique, se déploie de préférence une architecture métallique moderne qui met à profit les progrès les plus récents, et les plus populaires, effectués en ce domaine : les gares londoniennes de Paddington♦ (1854) et de King's Cross (1850-1852) sont les héritières directes du Crystal♦ Palace, leurs concepteurs respectifs (Isambard Kingdom Brunel♦ et Lewis Cubitt) ayant concouru aux préparatifs de l'Exposition universelle de Londres de 1851.

Conçues pour un trafic initial limité à la première grande ligne dont la compagnie a obtenu la concession, les gares de la première génération vont vite se révéler exiguës : l'absorption progressive des compagnies périphériques et de leurs lignes, embranchées sur les artères maîtresses, ainsi que la ramification de ces artères contribueront à augmenter de plus en plus le trafic terminal, la saturation des gares appelant donc, tout au long de la seconde moitié du XIXᵉ siècle, l'extension de leurs emprises ou leur démultiplication : toutes occasions de repenser leur architecture en introduisant les derniers principes esthétiques en vogue, ou de renouveler leur conception fonctionnelle. Citons la gare Saint-Pancras♦, à Londres, reconstruite en 1863-1869, dont la façade de style néo-gothique victorien est due à

Grand Central Station, New York.

Gare de Toulon (en haut).

Pennsylvania Station, New York (en bas).

Gare Euralille, Lille, 1994, Duthilleul, arch.

l'architecte George Gilbert Scott, et la halle, édifiée selon le système *low-tied-arch*, aux ingénieurs William Henry Barlow♦ et Rowland Mason Ordish♦ ; ou encore la gare du Nord à Paris, agrandie en 1861-1865, dont l'ample façade, signée par l'architecte Jacques Ignace Hittorff, épouse un style classique.

Au début de ce siècle, celui de l'âge d'or d'un chemin de fer assuré de son monopole, la grande gare s'enrichit de fonctions accessoires, hôtels et buffets, salles de réception, réservés à la clientèle aisée. C'est le cas de deux gares parisiennes, stimulées par l'Exposition universelle de 1900 : la gare de Lyon, avec ses fameux buffet et campanile (Marius Toudoire), et celle, toute nouvelle, d'Orsay (Victor Laloux), véritable palace.

Dès l'entre-deux-guerres, un nouveau type de trafic, qui ne cessera d'augmenter, requiert pour la grande gare d'autres métamorphoses. Il s'agit des flux massifs de migrants quotidiens, flux pendulaires, pressés, et chaque jour déferlant brutalement à des moments précis, qui s'accommodent mal d'une architecture fonctionnelle traditionnelle privilégiant, par exemple, des salles d'attente devenues superflues. Accompagnant la spécialisation des guichets et l'extension des quais et voies affectés à la banlieue, le temps est venu des couloirs souterrains qui assurent l'interconnexion avec les stations de métro voisines. Si la traction électrique a été promue en premier lieu en vue de l'exploitation économique des lignes de banlieue, elle permettra ensuite l'avènement des lignes et gares souterraines qu'aurait polluées la traction à vapeur.

Mais, concurrencés par de nouveaux modes de transport très compétitifs, les chemins de fer et leurs gares, en vieillissant, perdront de leur superbe… Les gares connaissent parfois des avatars : reconversion de certaines d'entre elles en musée d'art, telles les gares d'Orsay à Paris ou de Mount Royal à Baltimore, ou en siège de banque (gare de Brunswick, en Allemagne) ; d'autres sont détruites (telle la monumentale gare de Pennsylvania de New York, construite en 1902-1910 par l'agence de McKim, Mead et White), ou réaménagées ; dans ce cas, on leur annexe des activités non ferroviaires, de grands centres commerciaux par exemple – comme à Ôsaka, dans la gare de Hankyu Umeda, à New York, au Grand Central, coiffé par le Pan Am Building, très discuté, des architectes Walter Gropius et Pietro Belluschi – ou des immeubles résidentiels, comme ceux qui sont attenants à la

nouvelle gare de Maine-Montparnasse, à Paris. En France, l'avènement d'un nouveau réseau de lignes à très grande vitesse offrira du moins l'occasion de moderniser partiellement les gares parisiennes de Montparnasse et du Nord, ou de concevoir une nouvelle génération de gares intermédiaires (Roissy, Satolas, Lille-Europe, Chessy-Marne-la-Vallée), dont l'architecture très futuriste, inspirée des aérogares, se doit d'être au diapason des symboles d'évasion et de légèreté qu'évoque désormais le mode aérien, rival. **G. R.**

VOIR AUSSI **Chemins de fer** ; **Construction métallique** ; **Réseaux**.

Gaveau (salle)

Paris, France, 1907.

Autour de la construction, en 1906-1907, de cette salle d'audition parisienne s'articulent, dans le champ de la construction en béton armé, les notions de réglementation et d'innovation.

L'adoption par l'architecte Jacques Hermant de ce matériau, dont l'usage est désormais codifié par la circulaire ministérielle de 1906, n'offre, en soi, rien d'exceptionnel. Elle est essentiellement commandée par les dimensions de l'espace à édifier (22,50 m de long, 17,50 m de large et 14 m de hauteur), enchâssé dans un immeuble de cinq étages, dont une partie est affectée à l'exposition et à la vente des fameux pianos Gaveau. La structure étudiée et exécutée par Edmond Coignet♦ constitue, en revanche, l'une des toutes premières applications du nouveau système que le constructeur élabore dans son bureau d'études. Le procédé, dit « d'égale résistance »,

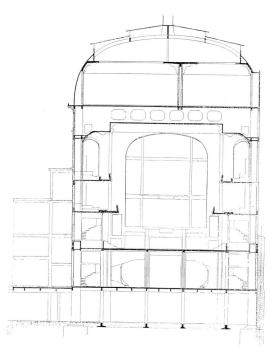

Salle Gaveau. Coupe.

y est introduit dans les immenses poutres ajourées de 2 m de hauteur et 17,50 m de portée, auxquelles le plafond en béton armé de la grande salle vient se suspendre. Ces poutres matérialisent en somme la stratégie de l'un des ténors de la construction en béton armé, face aux bouleversements créés dans ce domaine par le début des processus de normalisation. Il s'agit, pour Coignet, de rester maître de l'innovation à l'intérieur même des nouvelles contraintes réglementaires, et de lutter ainsi contre la concurrence. Aussi, plus que de performances constructives, est-il question avec la salle Gaveau de ces événements par lesquels le béton armé accède à sa maturité. **G. D.**

Geiger (David)

Philadelphie, Pennsylvanie, États-Unis, 1935 – Séoul, Corée du Sud, 1989.

David Geiger fait ses études d'ingénieur en génie civil à l'université Drexel de Philadelphie, sa ville natale. Il achève sa maîtrise à l'université du Wisconsin, puis rentre à l'université de Columbia à New York, où il obtient plusieurs doctorats (techniques de l'architecture, génie civil, mécanique appliquée et mathématiques appliquées). Il enseignera à l'université de New York et à celle de Columbia jusqu'à sa mort. Il accomplit la majeure partie de sa carrière avec Horst Berger♦ pour associé, au sein de Geiger Berger Associates. Il abandonne ce partenariat en 1983 pour fonder Geiger Engineering.

De 1969 à sa mort – à cinquante-quatre ans seulement –, Geiger conçoit les deux types les plus significatifs de toits permanents en textile tendu, qui couvrent aujourd'hui la plupart des superstades américains. À l'occasion de l'Exposition universelle d'Ôsaka♦ en 1970, il met au point pour le pavillon des États-Unis le premier toit textile constitué de boudins pneumatiques, rigidifiés à l'aide de câbles ; il parvient ainsi, en concevant un toit cinq fois moins lourd que ceux qui étaient alors construits de façon traditionnelle à une telle échelle, à diminuer considérablement le prix de revient de la couverture de grandes surfaces. Pour ce même ouvrage, Geiger a su utiliser des innovations technologiques provenant d'autres domaines, en les adaptant aux besoins de l'ingénierie. Il s'est ainsi servi d'un tout nouvel ordinateur, l'IBM 1130, pour faire les calculs ; il a employé un tissu de fibre de verre léger et résistant, mis au point par la National Aeronautic and Space Administration (NASA) pour les vêtements des cosmonautes, dans le cadre du projet d'envoi d'un homme sur la Lune décidé par le gouvernement américain. Geiger applique le principe du pavillon d'Ôsaka à la couverture d'immenses stades américains tels que le Silverdome de Pontiac♦, dans le Michigan (1975). Cependant, après quelques effondrements de ces structures pneumatiques (Pontiac Silverdome en 1985, et Hubert H. Humphrey Metrodome de Minneapolis, en 1981), dus non à des défauts de conception du système, mais à des erreurs dans le contrôle des machines pneumatiques, Geiger recherche des systèmes plus fiables de couverture textile autoportante. Il trouve la solution en revenant à la théorie de la tenségrité, développée par Richard Buckminster Fuller♦ dans les années soixante, en l'adaptant à une forme constructible. Le principe de la tenségrité consiste à positionner de relativement petits éléments de compression en position verticale et à les relier au moyen de câbles : ce principe de base est appliqué par Geiger à la conception du pavillon olympique américain de l'escrime et de la gymnastique à Séoul en Corée. Il trouve la mort pendant ce chantier. **S. W. K.**

George Washington (pont)

New York, États-Unis, 1931.

Le pont George Washington est une structure suspendue en acier au-dessus de l'Hudson, qui relie la 179e rue de New York à Ft. Lee, dans le New Jersey. Conçu de manière à pouvoir être agrandi, il se présente au moment de son inauguration sous la forme d'un pont routier à 6 voies, doté d'un tablier unique. En 1949, 2 voies supplémentaires sont ajoutées sur le tablier d'origine. Douze ans plus tard environ, on entreprend la construction du tablier inférieur, dont les 6 voies sont mises en circulation en 1962. C'est alors le seul pont du monde à 14 voies, et celui qui présente le plus important trafic routier. Conçue par Othmar H. Ammann♦, cette structure est incontestablement le pont suspendu de grande longueur le plus remarquable du XXe siècle. Sa portée record défie les conventions, en faisant l'économie des épaisses poutres-treillis habituellement fixées sur les côtés du tablier routier pour en assurer la rigidité. Ammann calcule que le poids mort de cette travée massive est suffisant pour en assurer à lui seul la rigidité, dans la mesure où les travées latérales menant aux pylônes sont relativement courtes. En mettant en pratique cette théorie dans le pont George Washington, Ammann a changé radicalement la façon dont les ingénieurs abordaient l'étude des longues portées ; il a également conçu pour ce pont une forme très novatrice, et d'une élégance remarquable en raison de la légèreté de son tablier.

Les pylônes du pont doivent à l'origine être recouverts de maçonnerie, selon le projet de l'architecte-conseil Cass Gilbert, et comme le souhaite aussi Ammann. L'idée en est abandonnée au cours de la construction pour des raisons d'économie. **D. R.**

Georgia Dome, vue générale (en haut),
détail de structure (en bas).

Georgia Dome

Atlanta, Géorgie, États-Unis, 1992.

Le Georgia Dome a été conçu et réalisé par Heery International, Rosser Fabrap International Inc., Thompson Ventulett, Stainback & Associates, Williams-Russell and Johnson Inc. Les ingénieurs chargés de la couverture sont Weidlinger & Associates. Ce stade polyvalent de 227×185 m, construit à l'occasion des Jeux olympiques d'été de 1996 à Atlanta, est couvert par le plus grand toit textile au monde, réalisé selon la théorie de la tenségrité. Il bat un record détenu depuis 1989 par le Suncoast♦ Dome de Saint Petersburg en Floride. D'un coût de 210 millions de dollars, il fait partie de la nouvelle génération des grands superstades américains ; sa conception s'est révélée l'une des plus complexes. Contrairement au dôme du Suncoast, circulaire, les ingénieurs adoptent pour le Georgia Dome une forme elliptique, qui convient mieux au football américain – le Georgia Dome abrite les Atlanta Falcons. Mais ce choix d'une forme elliptique se traduit par des tensions variables impliquant un calcul des forces à équilibrer infiniment plus complexe. La configuration du Georgia Dome est la même que celle que David Geiger♦, inventeur des dômes « tenségrité » de longue portée, a conçue pour le Suncoast Dome : elle consiste, de la base au sommet, en trois cercles concentriques. L'édification du Georgia Dome s'est déroulée avec une efficacité exemplaire, grâce aux nombreuses techniques de construction permettant de réduire les coûts par un assemblage rapide des diverses pièces, dès leur livraison sur le chantier. Tous les éléments composant le toit étaient ainsi préfabriqués, et les câbles de tension coupés et préformés avant d'être livrés. **S. W. K.**

Gerber (Heinrich)

Hof, auj. en Bavière, Allemagne, 1832 –
Munich, 1912.

Heinrich Gerber a notablement contribué, aussi bien en théorie qu'en pratique, au développement des constructions en fer au cours de la deuxième moitié du XIXᵉ siècle. Après une formation à l'école professionnelle de Hof, il entreprend en 1847 des études à l'École polytechnique de Nuremberg, études qu'il poursuivra et terminera à Munich de 1849 à 1852. Il entre alors dans les services de l'État bavarois. Son domaine d'activité est celui des constructions ferroviaires. La construction du pont sur l'Isar♦ près de Großhesselohe, en 1857, est la première réalisation du jeune ingénieur. En collaboration avec Friedrich August von Pauli♦, qui conçoit les poutres, et Ludwig Werder, directeur de l'entreprise de mécanique Klett & Co. de Nuremberg, qui réalisera les travaux, Gerber participe activement au dimensionnement et au calcul de l'ouvrage, ainsi qu'à sa construction.

Il quitte le service public en 1858 pour rejoindre la société Klett & Co., où il prend le poste de directeur de la division structures en fer. Il construit le pont ferroviaire sur le Rhin, près de Mayence, premier jalon d'une longue série, qui sera d'abord réalisé à une seule voie (1860-1862), puis complété par une deuxième en 1868-1871, là encore sous la responsabilité de Gerber. Les 4 travées principales sont enjambées par des poutres, contrefichées selon le système Pauli, auxquelles est suspendue la voie ferrée. Pour la fabrication des structures en acier, un nouvel atelier a été installé à proximité du chantier, qui sera conservé après les travaux pour servir d'annexe à la société Nürnberger Maschinenfabrik (sous le nom de Brückenbauanstalt Gustavsburg). De 1873 à 1884, il sera dirigé par Gerber, en tant que filiale provisoirement indépendante, sous le nom de Süddeutsche Brückenbau AG.

En décembre 1866, Gerber se voit accorder un brevet bavarois pour une « poutre à points d'appui libres ». Les avantages économiques de la poutre à plusieurs appuis étaient déjà connus depuis le début du siècle, et on s'était déjà efforcé, en insérant des articulations, d'éviter de possibles affaissements des piliers. Gerber résout ce problème de façon optimale : il place des articulations dans une travée sur deux, là où le moment de flexion est nul. La preuve de la faisabilité, nécessaire à l'obtention du brevet, est apportée par Gerber avec la construction du pont routier sur le Main à Haßfurt, en 1867. Dans cet ouvrage, les poutres-treillis de résistance égale (d'où leur forme peu commune) forment console de part et d'autre de la travée qui enjambe le fleuve. La partie centrale restante est fermée par une poutre Pauli. Le système de Gerber ouvre la voie au pont cantilever.

Parmi ses autres réalisations, on retiendra plus particulièrement les ponts ferroviaires en poutres-treillis à membrures parallèles sur le Danube près d'Ingolstadt (1869), et près de Poikam (1873), sur la vallée de Laber près de Bratz (1872), et sur le Main près de Wörth (1876) ; les halles des gares de Zurich (1867-1868), Munich (1879-1882) et Mayence (1883). **C. S.**

Gibraltar (projets de franchissement du détroit de)

En cours d'étude.

Franchir le détroit de Gibraltar constitue probablement en cette fin de siècle, avec le projet pour le détroit de Messine, un des plus audacieux défis qui se soient posés à un ingénieur. Deux cas de figure sont aujourd'hui à l'étude. Le premier consiste en la construction d'un tunnel, dont le principe reposerait sur la technique utilisée pour la réalisation du tunnel sous la Manche : un « engin tunnelier » fore et installe progressivement les voussoirs préfabriqués qui formeront la coque.

Le second est le franchissement du détroit par une succession de très grands ponts suspendus, pour lequel le bureau d'ingénieurs danois COWI Consult a fait deux propositions.

Gerber (Heinrich). Pont sur le Main à Haßfurt, 1867.

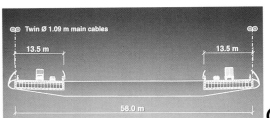

Twin Ø 1.09 m main cables

13.5 m   13.5 m

58.0 m

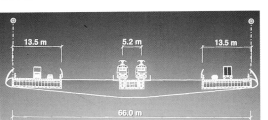

13.5 m   5.2 m   13.5 m

66.0 m

Projets de franchissement du détroit de Gibraltar, Dissing & Weitling arch. a/s, COWI Consulting Engineers and Planners AS. Coupes transversales.

L'une prévoit d'enjamber le détroit dans sa partie la plus étroite (14 km) grâce à deux ponts suspendus, de 5 km de portée chacun. Trois gigantesques pylônes sont nécessaires pour tenir l'ensemble. Sur ce parcours, où les profondeurs marines atteignent 500 m, l'ancrage des pylônes constitue un problème majeur et nécessite l'apport des techniques utilisées pour certaines plates-formes offshore.

L'autre solution consiste à opter pour un parcours plus long (27 km), situé plus à l'ouest, afin d'ancrer les pylônes dans des profondeurs ne dépassant pas 300 m. L'ensemble, plus complexe, se décompose en deux viaducs d'accès de 8 km situés de part et d'autre du détroit, et une mégastructure composée d'une enfilade de trois ponts suspendus, de 3,55 km de portée chacun. Quelle que soit la solution adoptée, le tablier est séparé en deux parties, écartées d'environ 30 m, et renforcées par des poutres transversales afin d'améliorer l'amortissement aérodynamique d'une portée encore jamais atteinte. **R. R.**

Girotte (barrage de la)

Près de Beaufort, Savoie, France, 1948.

Situé à 13 km au nord-est de Beaufort, le barrage de la Girotte a été construit de 1946 à 1948 par l'entreprise EMC sur les plans d'Albert Caquot♦, pour Électricité de France.

Au lendemain de la guerre, on procède à l'électrification du pays, électrification dont Caquot est un ardent promoteur. La capacité du lac de la Girotte, déjà exploité depuis 1923 par sept usines situées le long des deux torrents qui en descendent, peut être doublée si l'on construit un barrage. Du fait de l'absence de gorge, il ne peut s'agir que d'un barrage-poids ou d'un barrage à voûtes multiples : on opte pour la seconde solution, plus économique en ciment. Le barrage s'élève à 48 m de hauteur sur une longueur de 500 m en crête, ce qui permet de faire passer la capacité de la retenue de 25 000 000 à 50 000 000 m³.

17 piles de 7 m de largeur sont dressées à 17 m d'intervalle. Leur forme est étudiée de façon à faire concourir la poussée hydrostatique à la stabilité de l'ouvrage en charge sans employer d'armatures métalliques, qui font alors défaut ; on en utilise seulement là où le terrain est défavorable. Les voûtes sont toutes en béton massif ; leur construction intervient après celle des piles, sur lesquelles elles sont simplement appuyées.

De ces contraintes est née une forme architecturale nouvelle.

En l'absence de route, on a approvisionné le chantier, situé à 1 800 m d'altitude, au moyen de deux téléphériques. Un béton spécialement étudié pour résister au gel a été utilisé. Ultérieurement, le barrage de la Girotte a été surélevé de 10 m afin d'augmenter sa capacité. **B. M.**

Golden Gate (pont du)

San Francisco, Californie, États-Unis, 1937.

Souvent cité dans le même contexte que le pont de Brooklyn♦, le pont du Golden Gate est l'un des très grands ponts du monde. Malgré les remarquables progrès techniques accomplis au XIXᵉ et au début du XXᵉ siècle, l'idée de construire un pont franchissant le Golden Gate semble, dans les années vingt, davantage relever du rêve que de la réalité. Une étendue d'eau de cette largeur (1 966 m) n'ayant encore jamais été franchie par un pont d'une seule volée, il s'agit alors de « la plus grande entreprise de construction de ponts du monde », admet Joseph Strauss♦, ingénieur chargé de réaliser l'ouvrage.

Dès l'origine, la réussite du projet dépend de la possibilité d'ancrer les piles en pleine mer. Malgré les quatre marées quotidiennes, qui peuvent atteindre une vitesse de 7,5 nœuds, et les rafales de vent qui soufflent depuis le Pacifique, la réalisation de la pile nord ne pose pas de difficulté particulière. La pile sud, en revanche, édifiée à 343 m de la rive, devra être construite dans un batardeau. La conception parasismique de l'ouvrage déclenche l'un des débats techniques classiques du XXᵉ siècle, entre Andrew Larson, le géologue de Strauss, et Bailey Willis, professeur de géologie à l'université de Californie, à Berkeley. La controverse porte sur l'emplacement de la pile sud. Si l'on veut vraiment construire le pont, la seule solution consiste à ancrer la pile sur un socle de serpentinite, roche dure et glissante, généralement associée aux failles sismiques. Même si, depuis 1906, aucune secousse suffisamment intense n'est venue alimenter la discussion, le Golden Gate n'en fait pas moins l'objet, aujourd'hui, de travaux de modernisation destinés à assurer son intégrité en cas de tremblement de terre d'une magnitude de 8,3 sur l'échelle de Richter. Les pylônes de suspension de style Art déco, de construction cellulaire gainée de panneaux rivetés, constituent les éléments les plus marquants de l'ouvrage : en s'élevant à plus de 227 m, ils lui confèrent une majesté aussi bien

Barrage de la Girotte.

structurelle qu'architecturale. Ces pylônes, peints en rouge orangé, sont des poutres-treillis Vierendeel verticales, sortes de cadres rectangulaires dont les diagonales ont été éliminées, au profit de contreventements horizontaux fixés rigidement aux jambes du pylône.

Pour cet ouvrage d'une échelle sans précédent, l'ingénieur en chef Joseph Strauss réunit une équipe composée des ingénieurs et des conseillers les plus renommés. Leon Solomon Moiseiff, lituanien de naissance, mais formé aux États-Unis (université de Columbia), est à l'époque le théoricien le plus éminent en matière de ponts suspendus. Othmar H. Ammann♦ est, en matière de techniques de construction, l'équivalent de Moiseiff pour la théorie. Né en Suisse, cet ingénieur a à son actif toute une série de ponts reliant l'île de Manhattan aux autres quartiers de New York, en particulier le pont George♦ Washington, le plus long du monde à l'époque. Sans avoir la stature d'Ammann ou de Moiseiff, Charles

Derleth, doyen du département d'ingénierie de l'université de Berkeley, représente la corporation des ingénieurs locaux. Charles Elton Ellis, professeur de génie civil à l'université de l'Illinois, pressenti par Strauss, quitte l'Académie pour devenir son ingénieur d'études. Il est souvent considéré comme le concepteur du pont. Cependant, alors que la conception de l'ouvrage approche de son but, Ellis est renvoyé, Strauss ne supportant plus le retard que prend la finalisation du projet. Il est possible aussi que Strauss n'ait pas souhaité partager les lauriers avec un autre ingénieur, ou qu'un conflit ait opposé les personnalités des deux hommes. On nomme à sa place Clifford Paine, alors ingénieur de projet de Strauss à son bureau de Chicago, pour terminer les calculs, les plans et les spécifications.

À son achèvement en 1937, le Golden Gate est, avec ses 1 280 m, le plus long pont suspendu au monde. Il reste aujourd'hui le symbole d'une ville. **E. N. D.**

Pont du Golden Gate, construction des pylônes (en haut) ; installation des câbles (en bas).

Goldsmith (Myron)

Chicago, Illinois, États-Unis, 1918 – *id.*, 1996.

L'architecte et ingénieur Myron Goldsmith bénéficie d'une audience internationale dans le domaine des mégastructures en béton et acier. Boursier Fulbright, il travaille à Rome avec Pier Luigi Nervi◆ de 1953 à 1955. De 1955 à 1983, il est ingénieur en chef chargé des structures et principal associé du bureau d'études Skidmore◆, Owings & Merrill, à San Francisco et à Chicago. Il travaille en collaboration permanente avec Fazlur Rahman Khan◆. À partir de 1961, il enseigne à l'IIT (Illinois Institute of Technology). Sa thèse sur *The Tall Building : The Effects of Scale* (immeubles de grande hauteur : les effets d'échelle), soutenue en 1953 à l'IIT et dirigée par Mies van der Rohe (rééditée en 1977 et 1987), est considérée comme fondatrice d'une terminologie théorique, esthétique et structurelle des projets à grande échelle. Fondées à la fois sur des études analogiques et analytiques de la croissance et de la structure des substances organiques et inorganiques, et sur l'étude des effets de taille, ses propositions visionnaires d'une tour de 80 étages en béton précontraint (la plus haute n'avait à l'époque que 34 étages) et de gratte-ciel en acier à contreventements diagonaux ont servi de source d'inspiration à de nombreux ouvrages majeurs. **B. S. C.**

Goüin (Ernest)

Tours, Indre-et-Loire, France, 1815 – Paris, 1885.

En 1846, Ernest Goüin, polytechnicien, fonde la société Ernest Goüin et Cie, qui prendra le nom de Société de construction des Batignolles en 1871. Consacrée initialement à la construction de locomotives, l'entreprise se diversifie rapidement. La réalisation, en 1853, du premier pont en fer à Asnières lance un nouveau secteur d'activités, qui sera marqué par la réalisation du viaduc de Viaur◆. La construction de ponts pour la Hongrie et la Russie amène ensuite l'entreprise à prendre en charge la construction de lignes de chemin de fer. Cette nouvelle compétence lui permet notamment de réaliser de nombreuses opérations en Afrique et en Asie. Un même mouvement de diversification verra l'entreprise se charger de travaux portuaires en Europe et en Afrique. **Ph. P.**

Grand Belt (franchissement du détroit du)

Danemark, en cours de réalisation.

La réalisation du Lien fixe, qui s'achèvera courant 1998, s'intègre dans l'un des projets infrastructuraux les plus ambitieux d'Europe : relier la Suède et l'archipel danois au continent par un ensemble de ponts, de viaducs et de tunnels. Le Lien fixe, qui franchit le détroit du Grand Belt, doit relier la presqu'île de Fionie à l'île de Zélande. Il consiste, sur sa partie ouest, en un viaduc mixte, autoroutier et ferroviaire, long de 6,6 km, qui se dédouble à l'est, sur l'île de Sprogø, en un tunnel ferroviaire et un pont

autoroutier. Ce dernier, d'une longueur totale de 6,8 km, comprend dans sa partie principale un pont suspendu dont la portée centrale atteint 1 624 m.

La conception de ce pont, menée par le bureau d'études danois COWI Consult, a porté notamment sur le comportement aérodynamique de la structure principale, dont les données ont été définies après essais en soufflerie sur une maquette de 13,50 m de long. Les viaducs d'accès sont équipés d'un système d'amortissement par masses accordées, diminuant les vibrations dues aux vents trop importants. La solution retenue pour la partie suspendue est celle d'un tablier à caissons profilés en métal. L'étude des voussoirs a permis, d'une part, de réduire considérablement leur poids, en remplaçant les membrures intérieures, habituellement pleines, par des renforts en treillis, et d'autre part, d'uniformiser les composants afin de simplifier la fabrication en Italie et le préassemblage au Portugal. C'est sur le chantier même que le montage a été achevé, avant le transport par barges des portions de tablier, de 193 m chacune. **R. R.**

Grande Arche (Nuage de la)

Paris-la Défense, Hauts-de-Seine, France, 1989.

Objet d'une polémique entre l'ingénieur danois Erik Reitzel, associé à l'architecte lauréat du concours, puis évincé, et la maîtrise d'ouvrage de la Grande Arche, le Nuage demeure la partie la plus critiquée d'un projet qui a pourtant suscité une quasi-unanimité, au sein de la profession comme dans le grand public.

Dans le projet rendu pour le concours de 1982 par l'architecte danois Johan-Otto von Spreckelsen, on pouvait voir, tracée à grand coups de crayon, une sorte de ligne brisée située au centre de l'Arche et qui se prolongeait en formant le toit des bâtiments voisins. Cette structure devait permettre de protéger des intempéries les différents kiosques situés en haut de l'escalier monumental. Au cours des études de définition, cette ligne brisée a été envisagée comme une série de plans vitrés inclinés, dont le vitrage est supporté par une structure métallique posée sur des poteaux. Ce dessin semble ne pas avoir satisfait l'architecte. Sa démission, puis sa disparition en 1987, laissent le projet en suspens. Peter Rice◆ est alors mandaté pour l'étude et la réalisation d'un Nuage en toile, plus léger et moins coûteux,

Franchissement du détroit du Grand Belt, construction du viaduc d'accès (en haut) ; vue du *cat-walk* (chemin de câbles) (en bas).

Coupole de la centrale électrique de Grandval.

alors qu'Erik Reitzel crie à la trahison des intentions initiales. La structure de Rice est formée d'un réseau de biellettes, de câbles et de toiles tendues. La toile en fibre de verre est accrochée à des câbles mis en tension, et soulevée par des bielles aux sommets desquels se trouvent des hublots en Plexiglas. L'ensemble est accroché à des poutres et des bielles suspendues à 8 m des façades. **V. P. L.**

Grandval (coupole de la centrale électrique de)

Grandval, Cantal, France, 1957.

La coupole de la centrale électrique de l'EDF à Grandval (Henri Martin, architecte) a été conçue par Stéphane Du◆ Chateau. La proposition faite est celle d'une calotte sphérique de 42 m de diamètre, avec une flèche centrale de 6 m réalisée en tubes de 14 cm de diamètre. Elle représente une étape décisive dans la conception spatiale des structures : utilisant un modèle réduit réalisé en plâtre, Du Chateau le couvre avec un réseau de tubes à maille tridirectionnelle, rompant ainsi avec la conception bidirectionnelle, qui privilégie des plans radiaux. Ce modèle atteste le gain de rigidité de la conception tridirectionnelle. Du Chateau se rapproche de l'ingénieur Zygmunt Stanislaw Makowski◆

pour effectuer les calculs de résistance. Une étude théorique de type voile mince, assortie d'un modèle expérimental, confirme la validité de la solution. Le nœud d'assemblage constitue une deuxième caractéristique innovante : composé de 2 coquilles en acier moulé, il reçoit 6 barres. Sa conception rend possible l'absorption des variations dimensionnelles et angulaires nécessaires à la réalisation de la géométrie. 313 nœuds permettent ainsi d'assembler 2 136 m de tubes. La coupole est réalisée par assemblage de 7 sous-parties, construites sur site selon un principe associant des losanges préfabriqués en usine : 6 de forme trapézoïdale et une, centrale, de forme hexagonale. Cette coupole marque la naissance du système de « tridirectionnelle SDC » que son auteur appliquera ultérieurement à d'autres projets. **R. M.**

Gratte-ciel

Les premiers gratte-ciel, qu'on appelait aussi « immeubles à ascenseurs », s'élèvent deux fois

plus haut que les constructions avoisinantes du Lower Manhattan des années 1870. Les ascenseurs à arrêt de sûreté conçus par Elisha Graves Otis (1851) rendent leurs étages supérieurs attrayants pour les locataires, et donc économiquement viables. Mais c'est à Chicago que s'affirme le plus nettement l'innovation technologique consistant en une ossature entièrement métallique, dont le principe va servir de base à tous les développements ultérieurs en matière d'immeubles de grande hauteur.

L'idée d'un squelette métallique revient à William Le Baron Jenney◆, ingénieur de l'École centrale des arts et manufactures de Paris, qui la met en application pour l'immeuble de la Home◆ Insurance (1884-1885). Le bâtiment est édifié sur des piliers en granit et un radier de fondation, avec des assemblages primitifs boulonnés et sans aucun contreventement. Son ossature métallique lui permet cependant de se passer de murs porteurs et de disposer de vitrages illimités ; il apporte ainsi une réponse novatrice à la nouvelle demande qui apparaît alors à Chicago, celle d'espaces de bureaux modulables et éclairés par la lumière naturelle. L'idée d'un squelette entièrement métallique se fonde sur les connaissances acquises par Jenney sur le First◆ Leiter Building (1879), qui comprenait des colonnes périphériques en fer,

Nuage de la Grande Arche, en cours de montage (à gauche) ; vue générale (à droite).

New York, Manhattan avec les tours jumelles du World Trade Center.

insérées dans des piliers de mur en maçonnerie. Mais elle profite également des expériences antérieures d'autres ingénieurs. Citons, notamment, le système en fonte de James Bogardus♦, employé pour l'imprimerie de Harper & Brothers à New York (1854), le Crystal♦ Palace de Joseph Paxton♦ à Londres (1851), et, peut-être, les docks de Saint-Ouen, à Paris (Hippolyte Fontaine, architecte, 1864-1865). Jenney a vraisemblablement entendu parler du système en fonte de Bogardus par l'entrepreneur George H. Johnson, qui a déposé en 1871 un brevet sur un procédé de construction ignifuge, en collaboration avec Balthazar Kreischer. Pour l'immeuble Fair (1890-1891, en collaboration avec Louis E. Ritter, ingénieur), le concept de squelette métallique proposé par Jenney s'étend bientôt à l'ensemble du système de construction, avec des éléments d'ossature ignifuge en acier conçus sous forme de poteaux creux, une poutraison et des profilés en I rivetés plutôt que boulonnés, et avec un contreventement réalisé par des portiques – technique de renforcement de l'ossature destinée à lui conférer une meilleure résistance aux charges dues au vent, développée antérieurement par Godfrey T. Greene pour l'arsenal de la Royal Navy à Sheerness♦, en Angleterre (1858-1860).
Les innovations de Chicago seront pleinement intégrées aux pratiques new-yorkaises par Bruce Price pour l'immeuble de l'American Security, construit en 1894-1896. D'une hauteur de 92 m pour 20 étages, il repose entièrement sur une ossature en acier riveté, contreventée par des portiques et portée par des caissons en béton posés sur la roche. En l'espace d'une décennie, toutes les entreprises situées à New York vont faire construire pour leur siège social des tours plus voyantes les unes que les autres, et d'une hauteur désormais doublée – qui culminera avec les 55 étages et les 241 m de l'immeuble Woolworth (Cass Gilbert, architecte, Gunwald Aus Company, ingénieur, 1910-1913). L'ossature contreventée en acier riveté atteint ici son plus haut niveau de complexité et de sophistication, malgré une conception plutôt conservatrice par ailleurs, puisqu'elle comporte par exemple des arches en portique très semblables à celles qui ont servi à l'origine pour l'immeuble de la Corydon Pudry's Old Colony, à Chicago (1893-1894).
Les années vingt marquent aux États-Unis une période d'intense construction de gratte-ciel, mais les ingénieurs responsables des structures introduisent peu d'innovations marquantes

dans les nouvelles ossatures en acier. Les techniques entrent alors dans une phase prolongée de simplification et de raffinement, qui concourt en fin de compte aux mêmes objectifs que la période précédente, mais y parvient avec une plus grande économie de moyens – moins de pièces, assemblées avec une rigidité accrue. Avec ses 85 étages et ses 378 m, l'Empire♦ State Building établit certes un nouveau record (1929-1931) ; son ossature structurelle contreventée par des portiques et des contrefiches reste cependant entièrement conventionnelle.
Les gratte-ciel des années cinquante, construits après le hiatus créé par la grande crise des années trente et par la Seconde Guerre mondiale, adoptent des solutions structurelles dictées par la nouvelle demande en faveur d'environnements de travail ouverts, avec des intérieurs sans pilier ni cloisonnement. Les techniques d'ossature conventionnelles, en dépit du fait que les assemblages sont désormais renforcés par soudure, produisent des systèmes structurels d'une complexité telle qu'elles en deviennent alors irréalisables économiquement. Ainsi la Chase Manhattan Bank à New York (Skidmore♦, Owings & Merrill, architectes, Weikopf & Pickworth, ingénieurs, 1957-1961) nécessite, pour 60 étages et 244 m, pas moins de 3 000 éléments de contreventement et des millions de rivets pour résister aux efforts de traction, de compression et de cisaillement induits par le vent.
Dans les années soixante, Fazlur R. Khan♦ et Myron Goldsmith♦, du bureau Skidmore, Owings & Merrill de Chicago, développent avec d'autres ingénieurs le modèle conceptuel du « tube creux », destiné à pallier les inefficacités structurelles générées par la nécessité de construire des intérieurs dépourvus de tout poteau dans des gratte-ciel de grande hauteur. Avec des murs extérieurs continus d'une grande intégrité structurelle, un gratte-ciel se comporterait en effet comme une console rigide face aux charges dues au vent. La première structure en tube creux conçue par Khan est l'immeuble résidentiel Chestnut-DeWitt♦, à ossature monolithique en béton, construit à Chicago (1963-1965). Cette réalisation est suivie des deux tours de 110 étages du World♦ Trade Center à New York (1966-1974), dont les 415 et 417 m établissent alors un nouveau record de hauteur. La résistance aux efforts de flexion latérale et de cisaillement y est apportée par des murs extérieurs conçus selon le principe des treillis Vierendeel. Khan imagine des

variantes entièrement nouvelles du concept du tube creux pour les 100 étages et les 344 m du John♦ Hancock Center de Chicago (1965-1970), qui possède une « super armature » tubulaire contreventée à profil effilé, encore plus économique, ou pour la tour Sears♦, également à Chicago (1968-1974), composée d'un faisceau de 9 tubes dont le nombre diminue progressivement avec la hauteur du bâtiment. Avec 110 étages et 443 m, la tour Sears bat de nouveau le record de hauteur, et rend à Chicago son statut d'authentique pôle de l'innovation en matière de gratte-ciel.
Les immeubles construits récemment, qui atteignent des hauteurs extrêmes, reposent sur un large éventail d'expérimentations structurelles. La tour de la Bank♦ of China à Hong-Kong, 70 étages et 314 m (1985-1988), conçue pour résister à des efforts d'une intensité extraordinaire, qu'ils soient sismiques ou dus au vent, utilise une ossature tridimensionnelle soutenue par des piliers massifs logés dans les angles. Les tours jumelles qui forment le Umeda Sky Building (Hiroshi Hara, architecte, Atelier 0 et Takenaka Corporation, ingénieurs, 1988-1993) sont renforcées contre les charges latérales par un « jardin aérien » qui les relie horizontalement. Dans la poétique Tour♦ sans fins, à Paris-la Défense (non construite), formée d'un « tube percé » de 100 étages composé de deux demi-cylindres en béton, la rigidité est apportée par des contreventements situés dans des « fenêtres urbaines » d'une hauteur de 12 étages. Cette tour vise l'infini, mais refuse de se livrer à la sempiternelle course à la hauteur. G. F.

VOIR AUSSI **Ascenseur** ; **Construction métallique** ; **Tour**.

Grubenmann (Johann Ulrich)

Teufen, Appenzell, Suisse, 1709 – *id.*, 1783.
Issu d'une grande famille de constructeurs et de charpentiers suisses, Johann Ulrich Grubenmann s'illustre en construisant essentiellement de grands ponts en bois, comme le pont de Schaffhouse (1757) ou encore le pont de Wettingen (1764), d'une portée de 61 m, le plus grand d'Europe. Une telle réussite s'explique par un remarquable savoir-faire artisanal, allié à une grande connaissance du matériau – les réactions mécaniques et statiques de la structure et les détails d'assemblage, notamment. Grubenmann a optimisé les structures en poutres et les structures suspendues connues,

créant des constructions nouvelles composées de voûtes et de barres – y compris le contreventement –, assemblées selon un motif polygonal et comportant une chaussée suspendue. Ces ouvrages, développés partiellement à partir de maquettes, représentent un véritable sommet de la construction artisanale des ponts. **B. B.**

Grue

La grue est un gros outil : une machine « simple », dont les mouvements (translation, rotation) et le mécanisme d'élévation permettent d'acheminer les matériaux de construction à pied d'œuvre sur le chantier. La construction des cathédrales, au Moyen Âge, a développé une certaine ingéniosité dans la conception de cet instrument. On peut en voir une forme quasi aboutie dans le *Codex atlanticus* de Léonard de Vinci, dans lequel il décrit l'appareil mis au point par Brunelleschi pour la construction de la lanterne de Sainte-Marie-des-Fleurs, à Florence, vers 1430. La grue « moderne » était née : une tour pivotante coiffée d'une flèche munie d'un contrepoids et d'un chariot mobiles, capable d'élever et de transporter des blocs de plusieurs centaines de kilos.

Jusqu'au XIXe siècle, les grues sont mues par l'énergie musculaire, animale ou humaine (cages d'écureuil, cabestans). Puis viendra la machine à vapeur. Dans les ports, le transit à quai va générer la silhouette menaçante de ces grues géantes montées sur échasses. La capacité de charge progresse. En 1884, à Hambourg, une grue peut soulever les canons de 120 t sortant de chez Krupp. Sur les chantiers forains, l'outil reste modeste. Plus tard, le moteur électrique et l'usage de la poutre-treillis profileront la familière « grue tour », qui se répand après la Seconde Guerre mondiale. La conception de la grue répond à des exigences relevant de la statique et de la mécanique. L'ennemi, c'est le vent. L'ami, c'est le grutier. Il fait onduler ses câbles dans un balancement contrôlé de la charge, alimentant les multiples postes de travail du chantier : désormais, l'économie de la construction repose en partie sur le plan de charge de la grue. **C. S.**

VOIR AUSSI **Chantier**.

Grubenmann (Johann Ulrich). Pont de Wettingen. Élévation (en haut).

Grue. Chantier de la Bibliothèque de France, Paris, 1989, Dominique Perrault, arch. (en bas).

H alle au blé (coupole de la)

Paris, France, 1813.

Élevée de 1809 à 1813, la coupole métallique de la Halle au blé de Paris, dont les dimensions rivalisent avec celles du Panthéon de Rome, se distingue comme l'une des toutes premières charpentes de ce type conçue à une telle échelle. Mieux qu'aucun autre ouvrage, elle témoigne du rapide essor des nouvelles techniques de construction à l'aube du « siècle de l'industrie », qui devait consacrer l'usage du fer. Elle est la dernière réalisation majeure de l'un

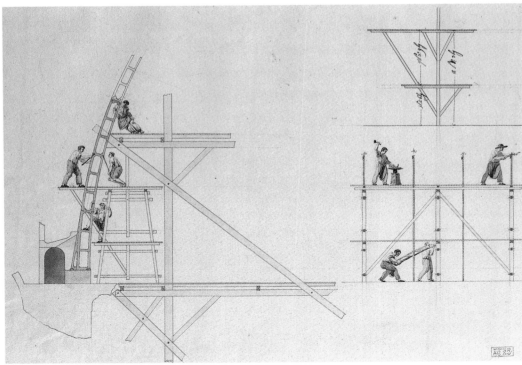

Hangar d'aviation pour l'armée de l'air américaine, nœud d'assemblage, Konrad Wachsmann, ing. (page de gauche).

Halle au blé. Vue d'intérieur (en haut).

Coupole de la halle au blé. Ouvriers pendant la construction, dessin de J.-I. Hittorff (en bas).

Hangar d'avions en voile mince, système Zeiss-Dywidag.

des architectes des Lumières les plus réputés : François-Joseph Bélanger (1744-1818), artiste anglophile gagné à un palladianisme élégant, à qui l'on doit plusieurs « folies » célèbres (Bagatelle, Saint-James) et des jardins paysagers (Méréville). Il est assisté dans sa tâche par Jean-Baptiste Rondelet, inspecteur des travaux, et surtout par l'ingénieur François Brunet, contrôleur, qui se charge de tous les calculs au point que – ceci est bien révélateur de l'ambiguïté des rapports architecte-ingénieur – la rumeur lui attribuera la paternité de l'ouvrage. En fait, Bélanger tient là sa revanche. Le problème de la couverture de l'ample cour centrale de la Halle au blé, singulier édifice annulaire datant de 1767, ne se pose pas pour la première fois : dès 1782, il a présenté un projet révolutionnaire de coupole en fer forgé. On lui préfère alors une charpente de bois courts, plus économique, qu'érigent Jacques-Guillaume Legrand et Jacques Molinos, d'après un ancien procédé élaboré par Philibert de l'Orme. Mais elle brûle en 1802 et, pour le rétablissement d'une couverture, le recours au fer – fer de fonte du Creusot – ne s'impose qu'au terme de longs atermoiements dus à la résistance des partisans d'une solution en maçonnerie, plus conventionnelle.

La coupole de Bélanger repose directement sur le mur intérieur de la Halle. Elle se compose de 51 fermes réunies au châssis de la lanterne et entretenues par 14 ceintures horizontales. S'expose ainsi à la vue, sous la lumière zénithale de l'oculus central, un impressionnant squelette de 765 caissons, dont la diminution progressive a été soigneusement établie par Brunet. Le revêtement extérieur consiste en feuilles de cuivre. Grâce à un système de boulons à tête pyramidale, tout cet assemblage bénéficie d'un jeu propre à lui permettre de « suivre les impulsions atmosphériques ». Lors de la transformation de la Halle en bourse de commerce (1889), l'« antiquité » de Bélanger, que le public redécouvre à cette occasion, est préservée et reçoit dans sa partie inférieure un plafond décoratif. **M. K. D**

Hangar d'aviation

Les premiers hangars d'aviation sont en bois, comme les avions. Puis apparaissent des hangars métalliques, surtout dans les pays anglo-saxons, et, dès la fin de la Première Guerre mondiale, l'on utilise – du moins en France – le béton armé.

Henry Lossier◆ réalise ainsi à Montebourg, vers 1918, un hangar à dirigeables de 18 m de hauteur et de 25 m de largeur au sommet, qui présente la particularité d'être couvert par des « tuiles à emboîtement » en béton armé, de $2,10 \times 1,65$ m. Cet ouvrage est éclipsé par le hangar double qu'Eugène Freyssinet◆ construit en 1923, à Orly◆ : 60 m de hauteur, 75 m d'ouverture, 300 m de longueur.

Bien que les avions aient alors des dimensions beaucoup plus réduites que celles des dirigeables, et, bien sûr, que celles des avions actuels, la réalisation des hangars constitue un champ de compétition pour les différentes techniques de couverture à grande portée : en 1924, Simon Boussiron◆ réussit une portée de 40 m au Bourget ; en 1932, les Éts Limousin◆ construisent, sur une idée d'Albert Caquot◆, des porte-à-faux de 20 m à Lyon-Bron ; en 1934, Bernard Laffaille◆ fait porter deux voiles minces de 50×50 m sur des poteaux creux plissés à Metz-Frescaty, et, l'année suivante, à

Cazaux, il édifie un hangar de 67×67 m, dont la couverture, constituée de demi-cylindres en tôle de 3 mm, repose sur des poteaux extérieurs et une seule béquille centrale. La même année 1935, Pier Luigi Nervi◆ inaugure sa structure réticulée à Orvieto◆, avec une ouverture de 110 m portée par un seul poteau central.

En 1951, Nicolas Esquillan◆ est le premier à réaliser des voûtes qui dépassent les 100 m de portée, celles de deux hangars à Marseille-Marignane ; coulées au sol, les voûtes ont ensuite été montées par des vérins. Au cours des années soixante, l'arrivée des avions à réaction Boeing 707 puis 747 requiert la construction de nouveaux hangars, dont les dimensions ne sont pas remarquables au point de susciter l'intérêt qu'ont soulevé leurs aînés. Le rêve, quelque peu mythique, que la course aux grandes portées a fait naître semble s'effacer derrière la banale réalité d'un espace à couvrir au moindre coût. Il y a encore quelques belles réalisations, comme les hangars de Francfort construits par Ulrich Finsterwalder◆, pour la Lufthansa, ou ceux de Rome-Fiumicino par Riccardo Morandi◆, pour les Boeing 747 d'Alitalia (80×75 m), la même année 1970.

Mais, malgré des dimensions impressionnantes, les trois halles de montage des

Hangars de Marseille-Marignane, N. Esquillan, ing., 1951.

Airbus 340 édifiées en 1989-1990 à Colomiers, près de Toulouse, par Claude et Luc Tran Van, Francis Cardete et Gérard Huet, Jacques Calvo et le bureau d'études SETEC ne soulèvent plus l'enthousiasme en dehors de la profession, même si la plus grande des halles couvre 346 × 80 m, laissant 30 m de hauteur libre sous comble. **B. M.**

VOIR AUSSI **Aéroport**.

Hangar d'aviation pour l'armée de l'air américaine

1951.

C'est l'armée de l'air américaine qui, à l'origine, charge Konrad Wachsmann♦ de concevoir un système de hangars de très grande taille basé sur des éléments standardisés permettant n'importe quelle combinaison de structures, adapté à toutes les formes et types de bâtiments et autorisant n'importe quelle portée – il s'agit donc d'un mode de construction indifférencié parfaitement modulable.

Le système standard se compose d'éléments porteurs principaux dépourvus d'appui sur les murs extérieurs du bâtiment. La longueur des consoles est fixée à environ 50 m. La construction doit pouvoir être démontée à tout moment, et les éléments être réutilisables selon n'importe quelle combinaison. Pour des raisons de transport, chaque élément doit peser moins de 5 t et ne pas dépasser 1 × 3 × 1 m.

Au terme de près de deux années d'études, la solution commence à apparaître avec la conception d'un nœud qui se referme en anneau autour d'un tube principal ; à partir de cet anneau, jusqu'à 20 tubes secondaires peuvent rayonner selon n'importe quelle combinaison et n'importe quel angle – d'où une adaptabilité quasi illimitée à toutes les formes géométriques imaginables. Dans le cas du hangar pour avions, les barres se regroupent en tétraèdre autour des nœuds, ceux-ci étant distants de 3,30 m les uns des autres. Toutefois, les importants porte-à-faux seront à l'origine de contraintes excessives dans les différents panneaux et éléments, ce qui obligera à les renforcer par des câbles supplémentaires et à concevoir des tubes de deux épaisseurs différentes. **B. B.**

Happold (Edmund)

Leeds, West Yorkshire, Grande-Bretagne, 1930 – Bath, Avon, 1996.

Edmund Happold a été anobli en reconnaissance des services qu'il a rendus à l'architecture et à l'ingénierie. S'il reconnaît les valeurs et les procédés de l'architecture, c'est de son activité d'ingénieur qu'il tire sa véritable fierté.

À l'instar de l'un de ses modèles, l'ingénieur du XVIIIe siècle John Smeaton♦, Happold considère que sa vie comporte trois volets : recherche et expérimentation, enseignement, et ingénierie. L'ingénierie, dit-il, est son passe-temps et occupe ses soirées. Professeur de construction et d'ingénierie à l'école d'architecture et de génie civil de l'université de Bath, il encourage la formation conjointe des architectes et des ingénieurs. Il fonde également un groupe de recherches consacré à l'étude des bâtiments à structure gonflable, le type par excellence des structures légères. Parmi les retombées de ces études, il faut citer le projet de couverture d'une cité dans l'Arctique, comprenant une toiture gonflable transparente de 16 ha. De nombreux

membres du groupe contribueront aux progrès décisifs qui seront réalisés dans le développement et l'utilisation des tissus et des membranes en génie civil. Parmi d'autres recherches qu'il mène à Bath, on trouve notamment une étude sur la pratique des coupes en milieu forestier, et l'installation du Center for Windows and Cladding (Centre d'études sur l'enveloppe du bâtiment et ses ouvertures).

Après près de vingt ans passés chez Ove♦ Arup & Partners, il quitte ce bureau pour assurer la direction de l'université de Bath, et fonde son entreprise, Buro Happold. La firme aura bientôt vingt années d'existence, ce qui témoigne de la faculté d'Happold à rassembler des individus autour d'un objectif commun. Il a souhaité que les partenaires de l'entreprise en fussent membres associés, dans un esprit qui rappelle celui des Quakers. Les décisions doivent ainsi être prises à l'unanimité, sans aucun vote. Son désir est que l'expérience acquise soit transmise aux générations futures travaillant dans l'entreprise, pour qu'elles puissent continuer à œuvrer pour le bien du public, et à aimer leur travail, même dans un secteur aussi mouvementé que celui du génie civil.

Si l'ingénierie est pour Happold un passe-temps, c'est aussi l'activité la plus importante de sa vie, et il y consacre énormément d'énergie. Dans un chapitre de son ouvrage *Great Engineers*, il écrit : « Je suis un ingénieur structures intéressé par la physique des bâtiments. L'étude des structures réside principalement dans le choix d'une forme ; les forces qui agissent sur celle-ci et l'analyse de son comportement découlent de ce choix. L'ensemble de ce processus est régi par des impératifs de faisabilité, et sa réussite est attestée par la praticabilité. »

Ses contributions ont été considérables dans un très grand nombre d'édifices remarquables ; il a montré une prédilection pour les concours, dans lesquels « on a entièrement le droit de défendre ses propres idées ». Ses succès ont souvent été pour lui l'occasion de rencontres et d'opportunités nouvelles.

Les réalisations qui ont le plus compté à ses yeux sont sans doute les suivantes : la patinoire de hockey sur glace David♦ S. Ingalls de l'université de Yale, pour laquelle il a travaillé avec Severud♦, Elstadt et Krueger à New York, la cathédrale de Coventry et l'ambassade britannique à Rome, toutes deux conçues par l'architecte Basil Spence, le Bootham School Hall avec Rolf Gutbrod et Frei Otto♦, le concours pour le Centre♦ Georges Pompidou à Paris avec

Richard Rogers et Renzo Piano, la multihalle pour l'exposition botanique de Mannheim en 1974 avec Frei Otto, le Diplomatic Club de Riyad avec Omrania et Frei Otto, le concours de Vauxhall Cross avec Sebire et Allsop, et la Commerzbank de Francfort, pour laquelle son projet avec Christof Ingenhoven a obtenu la deuxième place. La volière en fils métalliques du zoo de Munich, avec Jörg Gribl et Frei Otto, et les études qu'il a menées sur l'utilisation de jeunes arbres pour le Hooke Park sont également liées à ses recherches. Pendant les toutes dernières semaines de sa vie, il travaillait encore sur un concours pour le Prado avec Matthew Preistman, Felix Candela♦ et l'artiste David Watkins.

Dans cette extraordinaire liste de projets et d'édifices, il aurait certainement souhaité que l'on se souvienne de l'étude qu'il a présentée pour le concours du Centre Georges Pompidou, et de l'équipe qu'il a mise sur pied pour en assurer l'exécution. **W. I. L.**

Harel de la Noë (Louis)

Saint-Brieuc, auj. dans les Côtes-d'Armor,
France, 1852 – Landerneau, Finistère, 1931.

Fils de notaire, Louis Harel de la Noë est élève à l'École polytechnique quand il s'engage dans l'armée en 1870. Après la guerre, il réintègre l'École et devient élève-ingénieur des Ponts et Chaussées en 1872. Après avoir occupé quelques postes dans le sud de la France, il est nommé à Quimper en 1878. Il entreprend le développement des chemins de fer bretons – domaine qui deviendra sa spécialité – après un séjour de sept ans au Mans, où il construit halles, gares et ponts, dont le célèbre pont en X (1898). Il termine sa carrière dans les Côtes-du-Nord, où il est nommé ingénieur en chef en 1901.

Très attaché à sa Bretagne, il se fait un devoir d'en développer les communications au moindre coût pour la sortir de l'isolement et de la pauvreté. Il sait que le chemin de fer à voie étroite va être bientôt supplanté par la route et que ses ouvrages seront rapidement obsolètes, mais, fait rare dans la profession, il préfère l'utilité immédiate à la gloire que confère la réalisation de monuments coûteux. Il est aussi l'un des premiers ingénieurs des Ponts et Chaussées à s'intéresser au béton armé, et réalise la plupart de ses ouvrages en utilisant au mieux de leurs possibilités maçonnerie, fer et béton armé, ce qui leur donne un aspect composite tout à fait particulier. **B. M.**

Harris (sir Alan James)

Plymouth, Devon, Grande-Bretagne, 1916.

Alan James Harris termine ses études d'ingénieur en 1936 et travaille pour des autorités locales jusqu'en 1940. Après une brillante carrière menée dans les Royal Engineers pendant la guerre, il travaille avec Eugène Freyssinet♦ à Paris pendant trois ans, de 1946 à 1949, notamment sur la conception de structures en béton précontraint. Il passe beaucoup de temps sur les chantiers et se rend régulièrement aux États-Unis pour promouvoir et distribuer le système de précontrainte conçu par Freyssinet. En 1949, à la mort du représentant de Freyssinet au Royaume-Uni, il le remplace en tant qu'ingénieur en chef de la société The Prestressed Concrete Co. Ltd, et collabore avec des consultants et des entrepreneurs sur les tout premiers projets d'application de ce système au Royaume-Uni. Son projet le plus novateur concerne le hangar des British European Airways de l'aéroport de Londres, en 1951, qui présente des poutres secondaires de 33,50 m appuyées sur des poutres principales d'une portée de 45,70 m. Pour la construction d'établissements scolaires, il développe un système modulaire à entrecroisement, très largement employé depuis et formé d'une construction bidirectionnelle nervurée à base d'éléments de poutre en béton postcontraint.

En 1955, il fonde la société Harris & Sutherland, à qui l'on doit d'autres structures en béton précontraint particulièrement novatrices (notamment des enceintes nucléaires sous pression), ainsi que des travaux de génie civil pour lesquels il recevra la médaille d'or de l'Institute for Structural Engineering. À partir de 1973, il occupe aussi la chaire de professeur en structures béton à l'Imperial College. Il prend sa retraite en 1981, mais poursuit son activité de consultant auprès de Harris & Sutherland, et consacre du temps à ses étudiants et à la profession. **F. N.**

Heathrow (hangar des Boeing 747 de)

Aéroport de Londres, Grande-Bretagne, 1970.

La construction du hangar de maintenance des Boeing 747 à Heathrow marque une étape décisive dans l'utilisation des structures spatiales à barres. Cet ouvrage de plus de 14 000 m² doit répondre à de nombreux impératifs : conditionnements acoustique et thermique, possibilité de suspendre des charges importantes, contraintes relatives aux dimensions des avions et à leur maintenance, et possibilités d'extension ultérieure, aussi bien dans le plan horizontal que vertical.

Le projet comporte 4 éléments principaux : une grille rectangulaire à double nappe horizontale « *diagrid* » préfabriquée, de 170 × 63 m (épaisseur 3,70 m), appuyée selon 3 de ses côtés et liée sur le 4ᵉ à la poutre maîtresse (hauteur 14,60 m) qui reçoit une 2ᵉ grille de 170 × 24 m, elle-même appuyée sur une poutre de façade de 188 m de long (hauteur 8 m). L'ouverture sous cette poutre est de 138 m de long et de 23 m de haut.

L'ensemble a été assemblé par soudage de tubes en acier à haute limite élastique (avec un maximum de 46 cm de diamètre). Le levage de la structure, réalisé dans des conditions climatiques extrêmes, a été effectué à l'aide de 12 vérins. Des essais de chargement de plus de 1 000 t, appliqués sur les poutres principales, confirment la validité des calculs réalisés à l'université de Surrey par le professeur Zygmunt Stanislaw Makowski◆. Parmi les ingénieurs associés à ce projet, il faut citer Hoshyar Nooshin, Daniel Robak, Ron Taylor et Frank West. **R. M.**

Hennebique (François)

Neuville-Saint-Vaast, Pas-de-Calais, France, 1842 – Paris, 1921.

François Hennebique fait partie de ces quelques ingénieurs et constructeurs clairvoyants qui, autour des années 1890, se lancent dans l'exploitation du béton armé, matériau qu'ils contribuent à imposer en force dans le bâtiment et les travaux publics.

Fondée en 1892, la maison Hennebique connaît très vite une formidable expansion. Elle occupe en 1900 une position dominante dans le domaine de la conception des ouvrages en béton armé. L'étendue de son réseau d'entreprises lui confère d'autre part une capacité de production au moins égale à celle totalisée par l'ensemble de ses concurrents – il est vrai encore peu nombreux. Hennebique se distingue assurément de ses rivaux par l'ampleur « industrielle » de l'organisation qu'il met en place afin de diffuser ses brevets. Mieux, cette vaste « association de concours » lui permet de faire du béton armé un véritable « article de série », là où l'activité de ses concurrents – quelle que soit la valeur de leur bureau d'études – demeure enracinée à la seule dimension du chantier. En 1905, face à une concurrence autrement nombreuse et acharnée, Hennebique détient environ un cinquième du marché mondial de la construction en béton armé. L'effectif de ses quelque cinquante bureaux d'études atteint près de 380 personnes. Le constructeur peut en outre affirmer employer chaque jour plus de 10 000 ouvriers à travers le monde entier.

Dès les années 1880, Hennebique spécialise son entreprise dans la construction *fireproof* en fer et béton combinés. Élaborant son propre procédé, il s'affranchit, au fond, d'un système de production lié à l'usage du métal dans la construction, pour en substituer un autre, qu'il contrôlerait. Le marché visé est celui du plancher, le créneau, celui de l'incombustibilité. Du plancher – où le béton opère comme une combinaison de substitution – à la poutre, élément premier d'un dispositif structurel et architectonique qui fonde son usage (l'ossature en béton armé), dix, voire quinze années sont nécessaires à la mise au point du système, que Hennebique fait breveter en France en août 1892. Le titre sous lequel est enregistrée l'invention met en avant la *Combinaison particulière du métal et du ciment en vue de la création de poutraisons très légères et de haute résistance*, privilégiant le principe technique sur les applications qu'il permet, en l'occurrence les planchers à nervures.

Dans l'additif qu'il dépose en 1893, il insiste sur le rôle primordial joué par les entretoises en fer feuillard qui relient les barres de traction à la partie supérieure du béton afin d'« amortir » les effets de l'effort tranchant s'exerçant lors de la flexion des poutres. De mise en œuvre facile, contrôlable, sans exigence de qualification particulière, cette pièce symbolisera très vite, sous le nom d'« étrier », aussi bien la simplicité et l'efficience du système Hennebique que la réussite industrielle de son promoteur. L'additif que ce dernier dépose en 1897 constitue une étape déterminante dans l'évolution du système. Hennebique y décrit son dispositif de poutre continue sur plusieurs appuis, préconisant l'usage des barres incurvées de façon à combattre efficacement les effets d'encastrement. Ce certificat d'addition enregistre officiellement une pratique largement éprouvée

Hangar des Boeing 747 de l'aéroport de Heathrow.

par le constructeur, et que l'on peut associer à la hardiesse de ses premiers grands ouvrages, expérimentations qu'il hisse au rang de prototypes, et qu'il sait, mieux que ses concurrents peut-être, mettre en scène.

Depuis 1892, l'évolution du système Hennebique, sa constitution même, est donc fonction de son exploitation et de l'extension progressive de ses applications, et ce dans le cadre d'une interaction entre bureau d'études et chantier. La région du nord de la France, à laquelle s'attaque en premier Hennebique, est industrielle, le textile y est très fortement implanté; aussi les qualités du système – celles du moins qu'il lui attribue dans ses brochures (moments saillants d'un dispositif argumentaire qu'il ne cesse de perfectionner), à savoir résistance, facilité de construction, économie, incombustibilité – apparaissent-elles comme de puissants facteurs de réussite. C'est là où le constructeur démontre tout son savoir-faire en matière de structure,

c'est-à-dire toutes les possibilités de la trilogie poutre-poteau-plancher, configuration où son système s'avère techniquement le plus opératoire. L'ossature de la raffinerie Bernard à Lille, qu'il reconstruit en 1894, constitue la toute première structure de ce type. Elle sera suivie dans ce domaine de nombreuses commandes, parmi lesquelles de grands « morceaux » (minoterie des Grands Moulins de Nantes, raffinerie parisienne de Saint-Ouen, 1895, filature Barrois-frères à Lille, 1896) qui lui apportent la notoriété.

Le brevet ainsi « revisité » en 1893 et 1897 constitue la base du lien contractuel qui unit Hennebique à ses agents et concessionnaires. C'est l'armature principale de son organisation. L'efficacité du dispositif qu'il met en place, et sur lequel repose indéniablement l'essor de sa firme, pourrait se mesurer en fonction de « l'écartèlement » de deux activités : construire et concevoir. Hennebique dissocie en effet ces

deux fonctions pour explorer les ressources d'un échange de compétences (entrepreneur-ingénieur) dont il s'emploie à maîtriser le développement. Concrètement, devis et avant-projets sont établis au sein des bureaux techniques régionaux et étrangers, dont le nombre ne cesse de croître jusque vers 1909; puis ils sont transmis au bureau central, à Paris, où sont théoriquement dressés tous les plans d'exécution. Les concessionnaires sondent, quant à eux, les marchés locaux et, moyennant redevance, mettent en œuvre le système sous le contrôle des agences. La division du travail à laquelle Hennebique a recours pour diffuser son procédé lui permet d'étendre rapidement son rayon d'action. Il lui reste à définir les termes conventionnels du rapport original (l'organisation proprement dite), qu'à travers l'activité de sa firme il établit entre bureau d'études et chantier. La production Hennebique se caractérise par le savoir-calculer de ses bureaux techniques

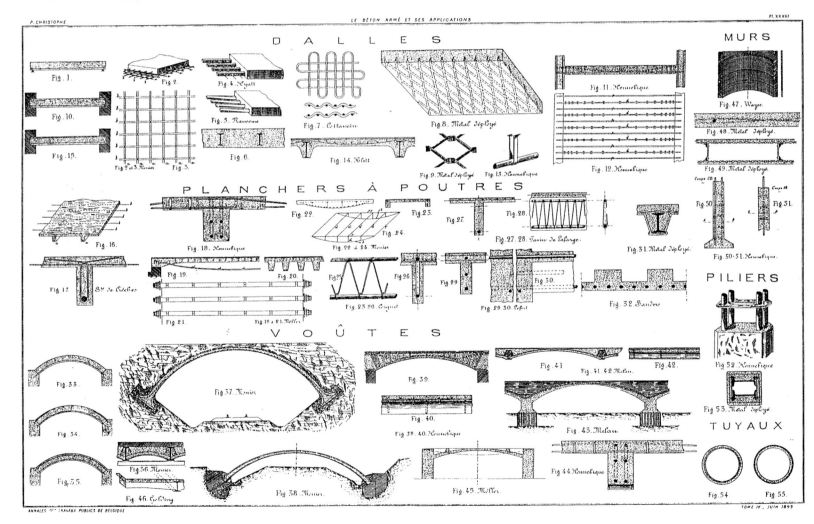

Hennebique (François). Comparaison de divers systèmes brevetés de béton armé, gravure, 1902.

et le savoir-faire des entreprises avec lesquelles elle est liée, et la spécificité de son organisation réside dans le dispositif de transmission que cette construction bipolaire implique. La fluidité de l'échange technique entre agents, bureau central et concessionnaires conditionne l'essor de l'entreprise, et par là même tout le dispositif offensif imaginé par Hennebique.

Si, dans les faits, la distance s'accroît entre étude et exécution, le statut, l'originalité de la maison Hennebique, jusqu'en 1914 du moins, se trouvent dans le lien que le constructeur entend maintenir entre ces deux termes. Il renvoie ainsi de sa firme, par un constant effort de valorisation, dont la revue *Le Béton armé* est le fer de lance, l'image d'une entité forte. Sans doute le slogan « Hennebique n'est pas entrepreneur », vigoureuse dénégation diffusée dans les années trente, aura-t-il contribué à semer le trouble dans les esprits. La firme n'est alors plus qu'un bureau d'études comme les autres. **G. D.**

Hershey (palais des sports de)

Hershey, Pennsylvanie, États-Unis, 1936.

Le palais des sports de Hershey est à l'époque de sa réalisation la plus grande couverture en une seule portée et la plus grande structure de coque mince en béton armé des États-Unis. Conçue et réalisée par Anton Tedesko♦, elle couvre une surface de 70×104 m au moyen d'une mince coque en béton, d'une épaisseur de 9 cm, rigidifiée par des arches à double articulation en béton, d'une portée de 78 m, d'une élévation de 25 m, et espacées de 12 m.

Destiné à accueillir l'équipe de hockey sur glace de Hershey, le bâtiment est prévu pour 7 200 spectateurs assis, mais il peut, si besoin, en recevoir 2 800 de plus. La Hershey Chocolate Company en est propriétaire ; les ouvriers de la chocolaterie et ceux de la localité ont construit le bâtiment sous le contrôle de Tedesko et selon ses conceptions. Voici la description que fera de

cette expérience Tedesko, des années plus tard : « Il n'y avait alors ni règles ni traités concernant la construction de structures de ce genre, mais l'on connaissait les lois de la mécanique ; en outre, des ingénieurs européens avaient l'expérience de conceptions similaires. La stabilité de ce type de construction dépendant directement de sa rigidité, j'étais surtout préoccupé par la nécessité de conférer à ma coque de béton des propriétés élastiques permettant à la structure d'être sûre, et ce dès le début du montage. Pendant la construction, j'ai eu à régler des problèmes pratiques, à décider de la forme de la construction, à recruter la main-d'œuvre, à veiller à la fabrication du béton et à sa mise en œuvre, tout en veillant à la stabilité et à la conformité aux plans. Tout cela m'a fait connaître bien des nuits blanches, mais cette réalisation a constitué une étape essentielle dans mon parcours d'ingénieur. »

La coque est un berceau court, ce qui signifie que le rapport r/l est supérieur à 0,6. Dans cette équation, r est le rayon minimal de la courbure (environ 40 m) ; l est la portée de la coque entre deux arches (environ 12 m), ce qui donne un rapport r/l = 3,4. Dans un cas semblable, la coque transmet les charges à la manière d'une arche jusqu'à sa partie basse, la plus pentue, où elle répercute les efforts sur les arches comme une poutre d'une hauteur de l'ordre de 7,60 m. Tedesko s'est beaucoup préoccupé du comportement de la structure pendant sa construction, ce qui l'a conduit à concevoir un système précis d'étayage et d'étalonnage permettant d'assurer des déplacements réguliers une fois les échafaudages retirés de la structure, devenue alors

Palais des sports de Hershey, construction de la voûte (à gauche) ; vue intérieure (à droite).

autoporteuse. Cet échafaudage, monté sur des rails, circulait perpendiculairement aux arches de façon que l'on puisse l'utiliser sans avoir à le modifier pour construire successivement les 5 travées de la couverture. Les coffrages en bois ont été recouverts de panneaux en liège adhérant au béton pour assurer l'isolation acoustique. Le béton a été revêtu d'une seconde couche d'isolant thermique avant la mise en place de la toiture.

La construction de cet édifice a apporté à Tedesko, du point de vue de la conception et de la réalisation, une expérience originale ; cet acquis va lui assurer, après la Seconde Guerre mondiale, une place prépondérante dans le domaine des coques et voiles minces appliquées aux bâtiments sportifs : il construira ainsi celles de Denver et de Québec. **D. P. B.**

Hobermann (Chuck)

Cambridge, Massachusetts, États-Unis, 1956.

Chuck Hobermann, sculpteur et ingénieur spécialisé en mécanique des formes, travaille sur les notions d'expansion et de rétraction, de pliage et de dépliage, et étudie les effets de ces processus sur la forme des structures. Chacun des éléments de ses structures dépliables remplit une double fonction. Ils forment, en premier lieu, un réseau structural propre à couvrir un espace et à supporter des charges. Ils participent également d'un mécanisme qui, sous la pression d'une force, se met en mouvement. Hobermann dépose en 1992 un brevet d'invention pour le projet d'une structure dépliable, l'*Iris Dome*, demi-sphère en treillis d'aluminium qui a pour particularité un sommet qui se dilate et se contracte à la manière de la pupille de l'œil. Ce dôme, modèle réduit d'un projet de toit rétractable, peut s'adapter à la couverture de grands espaces publics (stades ou théâtres). Qu'il se rétracte ou se développe, son périmètre reste identique. Développé, il forme un dôme constitué de lamelles, dont les segments de base dessinent un réseau de spirales entrecroisées. Les segments qui composent la structure du dôme supportent des panneaux de couverture qui glissent les uns sur les autres. Un système de ciseaux permet de réduire la structure du toit, une fois totalement rétracté, à un anneau épais.

La plupart des structures d'Hobermann sont des démonstrations artistiques purement formelles commandées par des musées ; elles n'ont pas, jusqu'ici, trouvé d'application réelle. **C. M.**

Homberg (Hellmut)

Barmen, auj. Wuppertal, Rhénanie du Nord Westphalie, Allemagne, 1909 – *id.*, 1990.

Doué pour les mathématiques et les sciences physiques, Hellmut Homberg étudie le bâtiment et le génie civil à Darmstadt, à Hanovre et à Vienne, et prépare un doctorat à Berlin. Il ouvre son bureau d'études à vingt-huit ans et construit principalement des ponts en acier, en composite acier-béton et en béton précontraint. Il conçoit des ponts haubanés d'une portée pouvant atteindre 500 m, par exemple le pont sur le Rhin de Bonn-Nord (1967), le pont Masséna à Paris (1969) ou le pont sur la Tamise à Dartfort (1989).

Ses réalisations ont inspiré et considérablement enrichi ses importants travaux théoriques sur l'extrême complexité de calcul des systèmes statiques indéterminés. Il a ouvert ainsi la voie au calcul des grils de poutres et des plaques isotropes et anisotropes. On lui doit également des études sur des dalles en béton précontraint de grande dimension dépourvues de support transversal. **B. B.**

Home Insurance Building

Chicago, Illinois, États-Unis, 1884.

Le Home Insurance Building, de 10 étages, a été conçu par William Le Baron Jenney◆ en 1884. Jusqu'à ce que des recherches récentes aient prouvé le contraire, il a été considéré soit comme le premier « gratte-ciel », soit comme le premier exemple d'utilisation d'une ossature en fer aux États-Unis. Il suffit de lire les publications de l'époque ou d'examiner la structure du bâtiment pour se rendre compte que le Home Insurance Building n'est pas le premier immeuble à avoir été appelé gratte-ciel, et que Jenney n'en a pas conçu la structure comme une ossature en fer indépendante.

La seule dérogation commise aux pratiques de construction standard à Chicago au début des années 1880 réside dans les deux façades sur rue. Les deux murs porteurs arrière en maçonnerie, qui s'élèvent sur toute la hauteur du bâtiment, ainsi que la cage de fer intérieure, sont caractéristiques de l'époque. Même les deux premiers étages des élévations sur la rue sont constitués de piliers de granit. Sur ces derniers, sont installées des colonnes rectangulaires creuses en fonte, d'une hauteur d'un étage, qui supportent les 7 étages supérieurs et le toit. Ces colonnes sont remplies de béton et entourées

de briques, qui, à l'époque, n'ont pas moins de 305 mm d'épaisseur, ce qui donne aux piliers extérieurs du bâtiment une section massive. Plutôt que de décrire cette technique comme une colonne de fer entourée ou enveloppée d'un revêtement de maçonnerie, Jenney explique alors qu'il noie la colonne dans le pilier de maçonnerie. Cette différence conceptuelle par rapport à l'ossature métallique moderne est plus manifeste encore dans la façon dont Jenney a utilisé la maçonnerie extérieure pour assurer la rigidité de l'assemblage des colonnes de fer, des meneaux et des murs d'appui.

Les colonnes sont moulées avec des consoles en saillie pour recevoir les éléments de charpente horizontaux correspondants. Deux poutres de plancher en I, en fer forgé, et d'une section de 305 mm reposent sur le rebord de la face interne de la colonne, de part et d'autre d'une séparation verticale également moulée avec la colonne. Un boulon simple traverse chacune des poutres et la séparation verticale, assurant ainsi la liaison entre les poutres et la colonne. Compte tenu de la tolérance importante nécessaire pour le montage sur le chantier, et les trous étant plus grands que les boulons, un jeu considérable subsiste alors dans la liaison. C'est pourquoi Jenney a ajouté une bride constituée d'une tige de fer forgé de 25,4 mm de diamètre, recourbée à une extrémité et montée dans une encoche découpée dans l'aile supérieure des deux poutres. À l'autre extrémité, la bride est boulonnée à la colonne par un écrou placé à l'intérieur de celle-ci, plaquant ainsi étroitement les poutres contre la face de la colonne.

Pour supporter les fenêtres et les murs d'appui en maçonnerie entre les piliers, des linteaux de fonte en forme d'auge creuse de 102 mm de profondeur, également remplis de béton comme les colonnes, relient la console d'une colonne à un meneau de fonte intermédiaire. Les linteaux ne sont pas d'une seule pièce d'une colonne à l'autre, mais constitués de deux moitiés assemblées au niveau des meneaux. Ils ne sont pas boulonnés sur les consoles des colonnes ou sur les meneaux, mais reposent simplement sur les surfaces d'appui, le maintien en place de l'armature dans le sens latéral étant apparemment assuré par le mur raidisseur en maçonnerie supporté, qui est lié aux piliers de maçonnerie. Il est possible que Jenney ait décidé de ne pas utiliser de boulons pour conférer une certaine liberté de rotation au niveau de la liaison entre colonne et mur d'appui, afin d'accompagner le

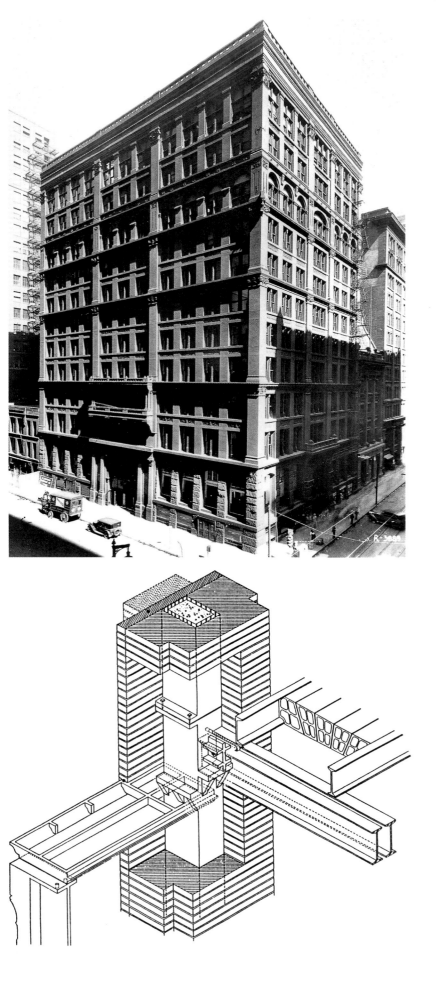

Home Insurance Building, vue générale (en haut) ; interprétation de la structure (en bas).

tassement différentiel des piliers. Ce joint souple est complété par une encoche à l'avant du linteau de fer, sur 102 mm, encoche qui permet à la brique de la face extérieure du pilier de recouvrir l'extrémité du linteau, sans réellement reposer dessus, ce qui minimise ainsi le risque de fissuration du briquetage de revêtement en cas de rotation d'un élément d'appui en fer à la suite du tassement d'un pilier adjacent. Le revêtement des briques des colonnes est donc totalement autoporteur à partir des piliers de granit du troisième étage et n'est pas supporté par les colonnes de fer à chaque étage. Alors que les linteaux de fer transmettent le poids des allèges en maçonnerie aux meneaux et aux colonnes de fer, la structure non boulonnée créée par les linteaux, les meneaux et les colonnes est loin de constituer une ossature en fer autoporteuse rigide soutenant son enveloppe de maçonnerie au niveau de chaque étage, selon la description qui sera faite à tort du Home Insurance Building quelques années plus tard. **G. R. L.**

Hoover (barrage)

Près de Las Vegas, Nevada, États-Unis, 1935.
Le barrage Hoover est situé sur le Colorado, à 45 km au sud de Las Vegas, dans le Nevada. S'il est devenu le symbole de la politique du New Deal du président Franklin D. Roosevelt, le projet n'en existait pas moins à l'état de gestation depuis plusieurs années ; cette réalisation était en effet demandée par les fermiers de l'Imperial Valley et par les compagnies d'électricité, auxquels s'étaient jointes Los Angeles et d'autres villes qui manquaient d'eau et d'électricité. C'est le président Coolidge qui, en 1928, signa le projet.

L'ouvrage s'élève à 220 m au-dessus des fondations, avec une épaisseur de 200 m à la base et une longueur en crête de 365 m. Bien qu'il ait la forme d'une voûte, son épaisseur est telle qu'il aurait pu être rectiligne. Ses dimensions dépassant de très loin tout ce qui s'était fait auparavant, les responsables du projet n'ont pris aucun risque dans sa conception. Elle est due au service de l'Équipement, qui charge Frank T. Crowe de diriger la construction, confiée à six compagnies, Gordon Kaufmann étant l'architecte-conseil. Le contrat est le plus gros jamais signé alors aux États-Unis : 31 millions de dollars.

Les fondations ont été réalisées à sec derrière deux batardeaux temporaires, le fleuve étant canalisé dans deux conduites creusées dans les parois de la gorge, qui ont ensuite servi de déversoirs. Construit en quatre ans, l'ouvrage est achevé en mai 1935. Sa retenue est de 45 milliards de m³. Cependant, avant même sa livraison, le barrage Hoover sera dépassé par les trente barrages construits sur le Tennessee par la Tennessee Valley Authority. **B. M.**

Howe (William)

Spencer, Massachusetts, États-Unis, 1803 –
Springfield, Massachusetts, 1852.

William Howe est l'un de ces nombreux constructeurs de l'Amérique du début du XIXᵉ siècle, qui, en raison du contexte de l'époque – les États-Unis sont alors une toute jeune nation –, n'ont reçu aucune formation officielle en matière d'ingénierie. Chacun est obligé de trouver des solutions aux problèmes pratiques, solutions souvent étranges ou quasiment impossibles à mettre en œuvre, mais qui vont se révéler parfois ingénieuses. Tel est le cas du treillis Howe, élaboré pour le chemin de fer Boston & Albany Railroad en 1838, dont la conception aura une influence déterminante sur la construction des ponts en bois pendant tout le reste du siècle. Il s'agit d'un cadre rectangulaire se divisant en une série de travées raidies par des diagonales de bois. Ces diagonales sont reliées aux angles des travées par des tiges ver-

ticales de fer forgé, filetées aux extrémités de manière à pouvoir être précontraintes. Un système presque identique sera mis au point par les frères Seguin♦ pour leur célèbre pont suspendu à câbles métalliques sur le Rhône, à Tournon♦ (1825). Howe fera valoir plusieurs brevets pour des variantes de ce principe en 1840, en particulier pour un arc en bois allant d'une culée à l'autre, qui raidit considérablement le cadre en treillis breveté en 1846. Son pont le plus connu est un pont à plusieurs travées sur la rivière Connecticut, à Springfield, dans le Massachusetts, achevé en 1842. Le principe de cet ouvrage sera adapté à des toitures, appelées à devenir des standards en matière de structures de grande longueur, telles les gares ferroviaires et les halles de marché. Les droits d'utilisation de ses inventions permettront à Howe de constituer une respectable fortune. **E. N. D.**

Hübsch (Heinrich)

Weinheim an der Bergstraße, auj. dans le
Bade-Wurtemberg, Allemagne, 1795 –
Karlsruhe, 1863.

De 1815 à 1817, Heinrich Hübsch est l'élève de Friedrich Weinbrenner à la Bauakademie de Karlsruhe. Ses nombreux édifices témoignent de sa prédilection pour les formes en plein cintre, ce que confirme son ouvrage paru en

1828, *In welchem Style sollen wir bauen ?* (dans quel style devons-nous construire ?).
Hübsch enrichira la technique de nombreuses propositions et réflexions théoriques. Ses deux innovations les plus importantes dans le domaine de la construction sont un projet de toiture en métal pour un théâtre et l'invention d'un nouveau procédé de détermination de la forme des voûtes.
Le projet de toiture (1825) ne contient pas moins de trois inventions : la surface est constituée d'une grille mise en tension. Ce toit suspendu est porté par des poutres sous-tendues (il s'agit sans doute de leur plus ancienne application) grâce à des haubans latéraux, et par des fermes en arcs tendus au moyen de câbles, par l'intermédiaire du hauban principal, ce qui constitue déjà une sorte de système de tenségrité.
Hübsch sera le premier à employer des modèles à base de suspension pour les voûtes afin de n'obtenir par inversion que des contraintes de compression dans la structure (méthode mise en pratique pour la première fois dans l'église de Karlsruhe-Bulach, en 1835). **R. G.**

Hunt (Anthony)

Londres, Grande-Bretagne, 1932.

Anthony Hunt Associates, société fondée en 1962, collaborera en tant que bureau d'études structures à de nombreux projets architecturaux primés. Le terminal ferroviaire international de la gare de Waterloo à Londres, en collaboration avec Nicholas Grimshaw & Partners, et la nouvelle bibliothèque de la faculté de droit de l'université de Cambridge, avec sir Norman Foster & Partners, représentent les plus récents des nombreux projets que la société a réalisés avec ces architectes, ou avec d'autres non moins renommés. De 1953 à 1960, Hunt travaille pour Felix Samuely♦ & Partners sur de nombreuses structures légères à ossature acier et assure les fonctions d'ingénieur d'études pour la superstructure en béton préfabriqué de l'ambassade américaine à Londres, en collaboration avec l'architecte Eero Saarinen♦. Avant de créer sa propre entreprise, il se consacre principalement pendant deux ans à l'étude des structures en bois, pour les architectes Hancock Associates. Parmi les influences qui ont marqué son travail de concepteur, figurent sans conteste les travaux de Konrad Wachsmann♦, Jean Prouvé♦, Pier Luigi Nervi♦ et Charles Eames.

Barrage Hoover.

À ses débuts, le bureau d'études de Hunt travaille régulièrement avec Richard Rogers et Norman Foster, à une époque où tous deux sont encore associés au sein de Team 4 – collaboration qui se poursuivra après que chacun eut fondé sa propre agence. Mais il a également collaboré avec Neave Brown, Nicholas Grimshaw, Eldred Evans et David Shalev, et Michael Hopkins. Depuis une trentaine d'années, Anthony Hunt Associates jouit d'une grande réputation, justifiée par l'élégance des éléments structurels apparents et par la variété des matériaux employés. De nombreux projets témoignent du talent particulier dont fait preuve Hunt pour utiliser l'acier et inventer de nouveaux types d'assemblage ; citons notamment l'usine Reliance Controls, avec Norman Foster et Richard Rogers (1965), le Sainsbury Centre for the Visual Arts, avec Foster Associates (1978), l'usine Inmos, avec Richard Rogers Partnership (1982). Hunt a également été un pionnier de l'utilisation du verre structurel pour la réalisation de façades, par exemple celle de l'immeuble Willis Faber, avec Foster Associates (1975). **B. A.**

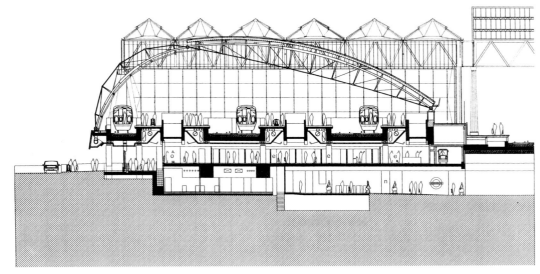

Hunt (Anthony). Gare de Waterloo, coupe transversale (en haut) ; vue d'intérieur (en bas).

éna (planétarium Zeiss d')

Iéna, Thuringe, Allemagne, 1926.

Dû aux architectes Johannes Schreiter et Hans Schlag et à l'ingénieur Franz Dischinger♦, ce bâtiment abrite des équipements de projection optique qui permettent de simuler des phénomènes célestes. L'appareil de projection d'un type nouveau, conçu à cet effet en 1923 par la société Carl Zeiss de Iéna, est situé au centre de l'enceinte, qui a la forme d'une coupole hémisphérique. Tout autour se trouve un espace destiné à 500 spectateurs environ. Le préau d'entrée, similaire à un portique, abrite la caisse et les locaux annexes. Le bâtiment est ceinturé par une promenade ouverte sur l'extérieur.

L'intérêt pour les coques en béton armé naît précisément de la nécessité de trouver un mode de construction adapté aux planétariums. La construction d'un planétarium d'essai dans l'usine Zeiss amène d'abord Walter Bauersfeld et Franz Dischinger à développer la coque

Planétarium Zeiss d'Iéna, vue d'intérieur (page de gauche) ;
deux vues de la construction (ci-dessus).

Zeiss-Dywidag, qui sera brevetée ultérieurement, et employée d'ailleurs pour le planétarium d'Iéna.

La structure porteuse de ce bâtiment se compose d'un treillis en barres d'acier assemblées en triangle, que l'on noie ensuite dans du béton. On procède donc en partant du sommier, par projection du béton dans plusieurs zones (procédé de gunitage) sur une coque mobile placée à l'intérieur. La coupole de 25 m de portée et de seulement 6 cm d'épaisseur repose sur un anneau de traction large de 40 cm et haut de 80 cm. Elle est portée par 20 piliers, dont les interstices sont remplis de maçonnerie. À l'intérieur est prévue, sous la coupole en béton, une deuxième coupole en treillis. Recouverte de toile, elle sert de surface de projection.

Le planétarium Zeiss d'Iéna compte parmi les plus anciennes coques en béton armé encore existantes. Premier dans son genre, il a servi de prototype et fourni une solution tridimensionnelle appropriée pour les planétariums construits ensuite dans de nombreuses autres villes. **C. S.**

Industrialisation

« La préfabrication est une technique. Elle consiste en une rationalisation des méthodes de construction, nécessaire pour satisfaire à diverses conditions préalables, et dont le but est de contourner les difficultés physiques liées à la construction sur site – c'est un nouveau maillon d'une évolution qui se poursuit depuis 2 000 ans » (Anthony Hugh in *Houses, Permanence and Prefabrication*, Londres, 1945). Cette citation atteste qu'on a commencé à utiliser des procédés de standardisation et de normalisation, puis eu recours à la préfabrication, bien avant l'application des méthodes industrielles, apparues précisément avec l'industrialisation. La standardisation est certainement le procédé le plus ancien : dès l'époque romaine, la fabrication des briques de terre cuite était normalisée, alors que tous les autres composants du futur édifice étaient fabriqués spécialement et sur mesure. La construction ignifugée des usines textiles anglaises (Milford Warehouse, 1792-1793), rendue possible par l'introduction de la fonte à la fin du XVIIIᵉ siècle dans ce pays, sera réalisée sans aucune normalisation. Les 10 demi-arches qui composent le pont de Coalbrookdale♦, édifié en 1779, sont des éléments distincts coulés spécialement pour cet ouvrage. Après la construction de

nombreux bâtiments industriels et de quelques églises à aménagement intérieur en fonte (l'église Saint-George de Liverpool, 1814, par exemple), il faut attendre 1848 pour qu'une nouvelle étape soit franchie par James Bogardus♦, à l'occasion de la réalisation de ses usines en fonte. Il remplace en effet les maçonneries extérieures par des systèmes de piliers et de poutres en fonte, et édifie dans tous les États-Unis sur ce modèle de nombreux bâtiments préfabriqués et standardisés : magasins, entrepôts et immeubles de bureau, notamment. Pendant tout le XIXᵉ siècle, l'expansion coloniale aura favorisé la production et l'exportation d'habitations standard préfabriquées en bois et en fer. En 1820, John Manning conçoit ainsi son *cottage*, « demeure coloniale portable », fabriquée industriellement. Des églises en fonte sont à la même époque expédiées d'Angleterre dans les colonies sous forme d'éléments en fer à assembler sur place, système adopté également pour les précaires habitations préfabriquées des soldats français et anglais pendant la guerre de Crimée. Comme pour les baraquements militaires prussiens de 1807, on retrouve ici le lien entre les périodes de guerre et de pénurie et le développement forcé de la construction industrialisée. Les Première et Seconde Guerres mondiales en donneront d'autres exemples.

Ce n'est qu'avec la première exposition industrielle internationale et sa plus grande réalisation, le Crystal♦ Palace, édifié par Joseph Paxton♦ en 1851, que commence à se répandre la nouvelle technique de l'industrialisation, avec son lot d'innovations et de promesses. Ce

bâtiment de plus de 92 000 m², construit en fonte et fer laminés, en verre et en bois, inaugure véritablement l'ère d'une technique et d'un mode de construction qui ne cherchent plus désormais à se cacher. Il fait ainsi son entrée dans la « belle architecture », même s'il le doit essentiellement au contexte et aux difficultés de son époque. Ce premier édifice témoigne aussi d'une « flexibilité de conception » dont son transfert à Sydenham en 1854 fera la preuve. Il démontre en outre à quel point on peut améliorer la rapidité et gagner en facilité dans l'édification en utilisant des éléments standardisés fabriqués en grande série. Cet édifice marque également un tournant par son module de base, dont la configuration est entièrement dictée par la hauteur (124 cm) de grandes baies vitrées, de sorte que l'ensemble de la structure découle de ce module, déterminé par des considérations d'ordre à la fois technique et économique. Cet édifice, qui aura ensuite valeur de symbole, réunit à la fois des innovations structurelles et techniques dans le procédé de construction, des développements réellement révolutionnaires au niveau de ses matériaux, et une nouvelle dimension esthétique dans l'art de construire.

À la fin du XIXᵉ siècle s'amorce une autre révolution dans l'usage des matériaux de construction, lorsque Joseph Monier♦ et François Hennebique♦ combinent le béton le plus classique à des armatures de renfort en acier. L'ingénieur de la ville de Liverpool, J. A. Brodie, construit en 1905 des immeubles d'habitation à trois étages sur Eldon Street ; chaque pièce se

Industrialisation. Projet d'industrialisation de maison, la *Wichita House* de Richard Buckminster Fuller.

compose d'un caisson en béton préfabriqué dans lequel ont été coulés des tourillons qui en permettent le montage sur site. Suivant l'exemple de Brodie, Grosvenor Atterbury met ensuite au point en 1908 à New York des plaques de béton creuses et des panneaux de la hauteur d'un étage. Dès son origine, la nouvelle technique, baptisée « construction en panneaux préfabriqués », résulte de la volonté d'apporter une réponse aux problèmes sociaux de l'époque, en réduisant à la fois le coût et la durée des travaux, afin de loger le plus de personnes possible, plus rapidement et à moindres frais. C'est là que réside l'origine de l'essor soudain des constructions en panneaux préfabriqués.

S'il est vrai qu'on trouve à Paris, dès les années 1860, des immeubles construits entièrement en béton préfabriqué (société Lippmann, Schneckenburger & Cie), c'est la situation d'urgence que connaîtra l'Allemagne en matière de logement après la Première Guerre mondiale qui justifiera le large recours alors fait aux techniques de préfabrication pour faire face à la pénurie. S'inspirant des concepts de taylorisme et de fordisme provenant des États-Unis, des architectes comme Walter Gropius projettent avant la Première Guerre mondiale des logements populaires dont le prix de revient est très bas, grâce à une stricte rationalisation de la production (*Programm zur Gründung einer allgemeinen Hausbaugesellschaft*). Les premiers projets de « Ford de l'habitation » (Giedion) voient le jour à la suite d'un voyage d'études effectué aux États-Unis par Martin Wagner – futur responsable du département de la construction à Berlin –, qui visite alors le quartier d'habitations préfabriquées de Long Island, conçues par Atterbury en 1918. Assisté de Ernst May, de Gropius et de Bruno Taut, Wagner réalise en 1924-1926, pour le compte de l'Union impériale des invalides de guerre, le projet pilote de Berlin-Friedrichsfelde qui existe encore aujourd'hui. Conçu selon le système de panneaux préfabriqués Occident, le projet se heurte cependant à des résistances et ne se révèle pas rentable. Tel sera du reste le destin de nombreux projets pilotes : le seul immeuble de facture industrielle de la *Werkbundsiedlung* de Stuttgart, édifié en 1927 par Gropius selon un mode de construction sèche, est ainsi qualifié d'« immeuble le plus cher de tout le quartier », en raison du coût de sa construction. Même pour des projets portant sur une échelle plus importante – comme celui du quartier d'ha-

bitations préfabriquées System May, commencé en 1926 par Ernst May, et qui prévoyait jusqu'en 1930 la construction de plus de 1 000 logements individuels sortis d'usine –, l'analyse des coûts ne permet pas de dégager un bénéfice net en faveur du nouveau système. De même, le projet d'un ensemble de 130 habitations, conçu en 1924-1926 à Pessac par Le Corbusier pour l'industriel Henri Frugès, et qui fait appel à un module de 5 × 5 m destiné à être réalisé selon la technique d'injection du béton, ne verra jamais le jour.

Dans l'ensemble, la période de l'entre-deux-guerres parvient mal à démontrer l'intérêt économique de la construction industrialisée, dont la vocation, sociale à l'origine, évoluera à la fin des années vingt vers un simple souci de rationalisation technique. Ces diverses tentatives auront toutefois permis à l'esthétique nouvelle représentée par la facture industrielle des immeubles d'être mieux acceptée.

Comme la Première, la Seconde Guerre mondiale aura des conséquences d'importance primordiale : si la proportion des habitations de fabrication industrielle aux États-Unis est encore inférieure à 1 % au début de la guerre, plus de 200 000 unités d'habitation voient le jour avant 1945, à l'initiative de l'État ou de sociétés privées. On comprend aujourd'hui clairement comment la période, liée, de la guerre et de l'après-guerre a permis aux méthodes de construction industrialisées de se développer, pour répondre en tout premier lieu à des besoins de logement. En Allemagne, l'expansion qui accompagne la guerre, suivie de

la destruction des villes, contribuent à opérer une distanciation vis-à-vis de la construction individuelle réalisée artisanalement, dont l'idéologie était tant prônée auparavant. La « machine à construire des habitations » de Hans Neufert, théoriquement capable de produire des rangées d'immeubles infinies au moyen d'une sorte de chaîne de fabrication sur rails placée sur le chantier, représente un exemple extrême de ce changement des mentalités – mais sa mise en pratique ne se révélera pas concluante. En France, la situation d'urgence des années d'après-guerre fournit à Jean Prouvé♦ l'occasion de développer et d'affiner des techniques relatives à ses structures en acier, selon une approche fortement influencée par le machinisme.

Vers la fin des années cinquante, une fois couverts les besoins les plus urgents de la population, la demande d'une plus grande surface habitable devient croissante, alors même que la main-d'œuvre commence à manquer. Cela explique également la tendance de l'époque aux projets de grande échelle et aux constructions en préfabriqué qui s'élèvent désormais dans les quartiers périphériques des grandes villes européennes, en France, en Grande-Bretagne, en Allemagne fédérale, en Scandinavie, mais également en République démocratique allemande et en Europe de l'Est. Les principes à l'œuvre dans les années soixante et soixante-dix sont en réalité très comparables à l'Est et à l'Ouest : la taille des entreprises de bâtiment à l'Ouest, l'unification imposée par des raisons économiques à l'Est obligent de part et d'autre à une

Industrialisation. Chantier du Grand Littoral, quartier Nord, Marseille.

simplification extrême des moyens conceptuels, du Bijlmermeer d'Amsterdam aux Minguettes de Lyon en passant par les innombrables banlieues est-allemandes, édifiées selon le système WBS 70 (procédé de construction d'habitations 70). Les procédés de construction français de Raymond Camus et de l'entreprise Coignet◆ sont appliqués en République démocratique allemande et leur influence s'étendra au monde entier. Suivant l'exemple de l'Union soviétique, qui revient après la mort de Staline à une longue tradition de systématisation menée à partir d'analyses fonctionnelles scientifiques, les pays de l'Est, et notamment la République démocratique allemande, développent encore après les années soixante-dix – contrairement à ceux de l'Ouest, où ils sont devenus rarissimes – des procédés de construction en blocs et panneaux préfabriqués ; en 1980, 15 grandes entreprises les fabriquent industriellement en Allemagne de l'Est. L'objectif est de construire, avant 1990, près de trois millions de logements individuels à « palette d'éléments minimale ». Si la construction préfabriquée amorce un déclin considérable en Allemagne de l'Ouest à partir de 1980 (contre 700 000 logements individuels construits en 1973), causant du même coup la ruine du concept même de vastes zones résidentielles, en Allemagne de l'Est en revanche, et pour la même année 1980, le préfabriqué représente encore 60 % de la construction. À la même époque, la moitié des habitations construites en Finlande font également appel à la préfabrication, avec cependant une qualité de construction supérieure. Par le procédé Ingebäk, la Suède réussit à multiplier par sept la production moyenne d'un ouvrier. Dans les années quatre-vingt, la France se montre encore fidèle à sa longue tradition de quartiers en préfabriqué. Des réalisations comme les Espaces d'Abraxas, 1978-1983, ou Antigone, 1985, toutes deux conçues par Ricardo Bofill, combinent des éléments extérieurs monumentaux en béton préfabriqué pour former des ensembles gigantesques « où la banalité commence au premier étage ».

Ainsi se conclut, dans la monotonie et la démesure, une expérience commencée avec la révolution industrielle et qui aura connu des débuts prometteurs, notamment dans les années vingt. Une foi aveugle dans le progrès et la technique n'aura en fin de compte produit, avant et après la Seconde Guerre mondiale, qu'une autonomisation des procédés de fabrication, et le concept d'industrialisation termine son

Industrialisation. Immeuble en construction à Londres.

parcours dans une impasse, asservi aux contraintes inhérentes au contexte socio-économique de notre époque.

Bruno Taut, qui en son temps a proposé des solutions progressistes, faisait déjà en 1927 cette mise en garde : « Mal compris, le concept d'industrialisation conduit en fin de compte à l'abrutissement fait maison. » Et la réduction du nombre d'ouvriers à deux ou trois sur un chantier-robot commandé par ordinateur, au Japon, ne retire rien à l'acuité de l'avertissement que nous ont adressé les années soixante-dix. **A. F.**

VOIR AUSSI **Préfabrication** ; **Standardisation**.

Ingalls

voir **David S. Ingalls (patinoire)**

Ingénieur (définition de l')

« Ingénieur » : du latin *ingenium*. Si cette étymologie fait l'unanimité des dictionnaires, son interprétation a suscité bien des débats. C'est que l'*ingenium* latin (anc. fr. : *engin*) a deux sens : « disposition naturelle de l'esprit, génie » ; et « invention ». À ces deux sens, le latin médiéval en ajoute un troisième : « chose inventée ». Ainsi, au Moyen Âge, l'ingénieur (*engignour*, *enghinart*) est celui qui dispose d'*engin* : d'intelligence inventive ; celui qui exerce son *engin* : son invention pratique ; celui qui produit des *engins* : machines et instruments de guerre. Le soupçon que font naître ces ruses inventives et leurs effets déconcertants – Enghinart est l'un des noms du diable – trouve une parade dans l'affirmation qu'il ne s'agit en l'occurrence que de « ruses de la géométrie ». Sur un plan plus théorique, l'on voit apparaître dans les classifications des sciences médiévales les sciences mathématiques de l'*ingenium* : celles de l'invention technique. Elles sont déjà associées aux pouvoirs particuliers de l'algèbre.

L'étymologie revendiquée à la Renaissance : « ingénieur », du latin *ingenium*, au sens de « pouvoir d'invention », est un coup de force pour faire entrer l'art de l'ingénieur parmi ceux qui, selon la tradition humaniste, impliquent de l'*ingenium*, soit l'art oratoire, la poésie, puis l'architecture. C'est par le biais de l'architecture militaire que les ingénieurs, devenus inventeurs de la fortification nouvelle, revendiquent leur place. Dans la même période se multiplient les commentaires sur les rapports entre art et mathématiques. La quête de la divine proportion atteint les fortificateurs.

À la fin du XVIe siècle, au moment même où s'accroît le prestige des ingénieurs – férus de mathématiques –, s'ouvre un grand débat sur l'œuvre d'art comme expression de l'*ingenium* de l'artiste. Autour de cette question de l'*ingenium*, d'autres approches convergent. En particulier, les progrès de l'algèbre et de la géométrie renouvellent la tradition médiévale d'une science de l'invention mathématique étendue aux arts de l'ingénieur. Les *Regulae ad directionem ingenii* de Descartes sont une tentative – inaboutie – pour la fonder.

Jusqu'au XVIIIe siècle, les définitions du mot « ingénieur » sanctionnent ce choix et cet échec : si les ingénieurs sont d'abord des « mathématiciens », pour l'*Encyclopédie* de Diderot, « le nom d'ingénieur marque l'adresse, l'habileté et le talent que ces officiers doivent avoir pour inventer ». L'art de l'ingénieur déborde la science.

Cependant, les progrès de l'analyse font naître de nouveaux espoirs : le pouvoir d'inventer serait transmissible, puisque l'analyse en donne les clés et une discursivité qui le rend enseignable. Cet espoir qui anime, en 1794, les créateurs de l'École centrale des travaux publics, se perd très vite dans le sérieux du positivisme. Il a fallu, au XXe siècle, les travaux des cybernéticiens, l'apparition de l'intelligence artificielle, mais aussi le renouveau de la rhétorique, pour que la question de la science de l'invention se fraie de nouvelles voies, que l'étymologie latine du terme « ingénieur » – *ingenium* – redevienne un thème de réflexion. **H. V.**

VOIR AUSSI **Profession d'ingénieur** ; **Sciences de l'ingénieur**.

Intuition structurelle

Nous construisons beaucoup, le plus souvent trop. Nous gâchons des matériaux et de l'énergie à construire des choses laides et inutiles. Pourtant la question reste ouverte : comment améliorer vraiment les constructions en utilisant moins de matériaux ? Construire léger, cela demande de gros efforts de recherche et cela suppose une grande capacité d'innovation. Une Terre surpeuplée a certes besoin de logements pour ses habitants, mais ces logements dégradent l'environnement et affectent l'équilibre écologique.

Il n'y a à vrai dire ni construction d'architecte, ni construction d'ingénieur. Seul compte l'art de construire, qu'il soit représenté par un ingénieur, un architecte ou par un autodidacte.

Forme architecturale et forme constructive se sont toujours confondues. Aujourd'hui, architectes et ingénieurs cherchent à séparer les deux, pas toujours pour le meilleur. Les architectes recherchent de plus en plus des formes difficiles à construire, nécessitant un surcroît d'efforts de la part des ingénieurs à qui l'impossible est demandé. Ceux-ci cherchent à se défaire entièrement de l'architecte, à reprendre son travail à leur compte, allant jusqu'à revendiquer l'entière responsabilité du projet lorsqu'il s'agit d'un pont, d'une tour, d'une coque ou d'une tente.

On pourrait qualifier l'architecte d'arrangeur, puisqu'il combine les inventions des autres pour créer un tout original. L'ingénieur exploite, lui aussi, les découvertes faites par d'autres. Mais chacun d'eux fait appel à une créativité qui lui est propre. Il arrive aussi aux architectes de concevoir des formes entièrement nouvelles, et aux ingénieurs de trouver des solutions techniques inédites.

En simplifiant, on pourrait dire que l'architecte synthétise, et que l'ingénieur analyse. Pourtant, les choses ne sont pas aussi simples. Tous deux travaillent à un même objet et avec un même objectif : créer par des moyens acceptables, au bon moment et au bon endroit, un bâtiment qui soit réussi, beau et adapté.

Les temps sont loin où l'architecte projetait et l'ingénieur calculait. Aujourd'hui, tous deux se consacrent à la même tâche, jusqu'aux détails de finition. Tout comme l'architecte, l'ingénieur se préoccupe de plus en plus des fenêtres, de l'épaisseur du verre, des rideaux, des sols, de la protection anticorrosion, et de beaucoup d'autres choses encore.

Pourtant, leurs méthodes de travail diffèrent fondamentalement : l'architecte tente de façonner des objets, alors que l'ingénieur cherche à les appréhender scientifiquement. Il existe bien un vaste champ commun à ces deux disciplines, auquel appartiennent notamment les constructions portantes, et qui intègre d'autres sciences, comme l'écologie ; mais être ingénieur requiert une formation et des talents différents de ceux qu'il faut pour être architecte. Pourtant, il est impossible de dissocier nettement les deux métiers : tous deux sont « ouverts vers le haut ». Celui qui a eu la chance de collaborer étroitement avec de grands ingénieurs, tels Fritz Leonhardt♦, Edmund (Ted) Happold♦, Ove♦ Arup, Peter Rice♦, Felix Candela♦ et Heinz Isler♦, découvre à chaque fois une conception très différente de ce métier. Ted Happold était un connaisseur des arts sachant avec une extrême sensibilité trouver la voie qui mène à l'art de construire ; celui qui gagne les architectes avec lesquels il travaille à ses idées propres, au service de la plus grande qualité esthétique.

Il arrive fréquemment qu'un architecte indépendant fasse appel à des amis ingénieurs. De même qu'ils sollicitent souvent le soutien d'un architecte, rôle qui constitue toujours un défi particulier, accepté d'autant plus volontiers que la partie de l'architecte est pleinement tenue, c'est-à-dire par un architecte particulièrement talentueux. La place qu'occupe alors cet architecte indépendant est normalement superflue. Mais pris entre l'architecte et l'ingénieur, il peut alors exercer en toute liberté sa pensée, dissiper les malentendus en se faisant l'interprète des ingénieurs auprès des architectes, tout en ayant la possibilité de faire état de sa propre conception artistique et du résultat de ses recherches personnelles. Il est ainsi à même d'inventer, dans le vrai sens du terme. Il peut donc œuvrer au « petit plus » qui fait d'un bâtiment une œuvre d'art. Un tel travail a toujours été très gratifiant. C'est précisément cette approche qui a permis de réaliser des structures économiques, légères et esthétiques couvrant n'importe quelle surface – même des villes entières si cela devait se révéler nécessaire un jour –, et d'imaginer des empilements de maisons individuelles, chacune avec son terrain, au moyen de mégastructures, afin de promouvoir jusqu'au cœur des villes une meilleure qualité d'habitat.

Les efforts conjugués des uns et des autres ont permis sur cette lancée non seulement de mettre en œuvre des techniques de construction à la fois légères et économiques, mais aussi de découvrir sans contrainte tout un monde de formes nouvelles, nouveau jalon posé sur la voie si convoitée de l'architecture du minimal. **F. O.**

VOIR AUSSI **Architectes et ingénieurs**.

Intze (Otto)

Laage, auj. dans le Meeklembourg-Poméranie intérieure, Allemagne, 1843 – Aix-la-Chapelle, auj. en Rhénanie du Nord-Westphalie, 1904.

Otto Intze étudie à Hanovre la construction mécanique, le bâtiment et l'architecture. Il concevra des installations portuaires, des écluses et des ponts, situés principalement à Hambourg. Il n'a que vingt-six ans lorsque la

Technische Hochschule d'Aix-la-Chapelle lui confie la chaire de construction, de science des matériaux et de génie industriel et hydraulique. Il met au point des réservoirs à gaz et à eau de grandes dimensions – son premier réservoir breveté, qui équipe en 1883 un château d'eau édifié à Remscheid, inaugure une série de plus de 460 ouvrages. Ses barrages, qui adoptent de nouveaux profils de retenue, et les nouvelles techniques de mesure des précipitations et des débits d'écoulement qu'il développe lui vaudront la reconnaissance. C'est à lui que l'on doit l'idée d'utiliser les barrages fluviaux pour la production d'électricité. **B. B.**

Invention

On croit souvent qu'inventer consiste à avoir soudain l'idée de quelque chose de nouveau, comme une bicyclette. Dans le domaine de la conception de structures, il existe très peu d'inventions de ce genre ; le béton précontraint et la coque en forme de paraboloïde hyperbolique en sont deux exemples. Les brevets, eux aussi, sont rares. Le seul matériau qui ait été développé spécialement pour le bâtiment est le béton armé, et les brevets sur le sujet concernent essentiellement la taille, la forme et le mode d'ancrage des armatures en acier – restrictions, somme toute, faciles à contourner.

Dans la plupart des cas, inventer, c'est adapter des connaissances ou une expérience existante : concevoir de nouvelles combinaisons à partir d'éléments structurels ou de matériaux déjà familiers ; remplacer un matériau ou un type de structure par un autre ; adapter des techniques d'assemblage connues à de nouvelles situations ; utiliser une procédure de conception ou un modèle mathématique appliqués à un matériau ou à une structure dans différentes situations ; s'inspirer de la façon dont la nature utilise les matériaux pour réaliser ses structures.

En ingénierie des structures, les avancées les plus significatives sont dues à des découvertes d'ordre intellectuel, qui ont permis ensuite des inventions matérielles, autrement dit, la faculté d'appréhender les questions techniques dans l'abstrait puis de les communiquer aux autres. Pour développer une forme de poutre plus efficace, par exemple, il est essentiel de savoir précisément ce que l'on entend par « plus efficace », afin d'être à même de proposer des moyens d'atteindre cet objectif. Selon que l'on entend par « plus efficace » qu'une poutre doit

être plus résistante, ou plus rigide, ou plus longue, ou moins profonde, ou plus légère, ou moins coûteuse, ou plus facile à fabriquer, etc., les solutions à mettre en œuvre diffèrent.

La plupart des outils abstraits dont nous disposons ont été conçus par les mathématiciens et les scientifiques, sans même qu'ils sachent, le plus souvent, en quoi ils pourraient être utiles. Leur maniement par les ingénieurs a favorisé la croyance répandue selon laquelle une invention technique est toujours la conséquence d'avancées de la science ou des mathématiques. En réalité, il n'existe dans la construction qu'un seul exemple d'une telle relation de cause à effet : le paraboloïde hyperbolique. Toutes les autres idées en matière de structures sont sorties des esprits des constructeurs et des ingénieurs d'études, à la recherche de solutions techniques aux problèmes qu'ils rencontraient tous les jours : l'arche de maçonnerie, le dôme et la voûte quadripartite, la section en I pour les poutres, la charpente en treillis (y compris le treillis déterminé par sa statique), le béton armé, les matériaux renforcés par des fibres, les structures tendues, le renforcement des plaques et des coques par des nervures, la précontrainte, pour n'en citer que quelques-unes.

Les relations entre mathématiciens et scientifiques, d'une part, ingénieurs d'études et constructeurs, d'autre part, ont toujours été difficiles, dès le début de leur collaboration : les scientifiques pensent que la technique n'est qu'une affaire d'application de leurs théories ; les ingénieurs considèrent que les travaux des théoriciens sont inapplicables à leurs problèmes réels. Ces deux points de vue extrêmes sont bien sûr exagérés, et il existe de nombreux exemples de collaboration fructueuse – notamment celle dont a fait l'objet le pont Britannia♦ (1849). Seule une étroite collaboration entre l'ingénieur d'études (Robert Stephenson♦), le mathématicien (Eaton Hodgkinson) et le fabricant de fer (William Fairbairn♦) a en effet rendu possible la construction de ce pont, six fois plus long que les ponts à poutres construits jusqu'alors.

En matière de conception technique, c'est au cœur de la pensée abstraite que réside la faculté de modéliser les matériaux et les structures, ainsi que les charges qui s'exercent sur eux, et, partant, celle de prévoir le comportement d'une structure qui n'existe pas encore.

Jusqu'au début du XVIe siècle, l'homme concevait l'univers entièrement en termes de géométrie euclidienne, non seulement à des fins de description, mais aussi d'explication – d'une manière comparable à la façon dont nous utilisons la mécanique et la physique. Les projets de bâtiments étaient conçus au moyen de calculs géométriques, avec deux objectifs distincts : faciliter la fabrication des éléments et leur bon assemblage, et, notamment dans le cas d'édifices sans précédent comme les premières cathédrales, fournir une justification théorique au bâtiment proposé et gagner la confiance du concepteur, du constructeur et de l'abbé : l'édifice tiendrait. Ces anciennes méthodes de conception et ces modèles abstraits n'établissaient pour autant aucune distinction entre architecture, structure, matériaux, charges, ou environnement du bâtiment.

Au milieu du XVIe siècle, les procédures de conception des cathédrales ont commencé à prendre en compte les charges que les colonnes et les arcs-boutants auraient à porter. Leurs dimensions ont alors été déterminées en fonction de la surface des voûtes, et donc du poids propre qu'ils auraient à soutenir. En réalité, ces procédures nous apparaissent aujourd'hui fort peu convaincantes, susceptibles qu'elles étaient, dans leur principe même, de générer des résultats ne présentant aucune garantie de sécurité. De telles méthodes de conception intellectuelles étaient heureusement tempérées par l'expérience des praticiens, comme c'est encore le cas de nos jours. Et quelle que soit la pertinence de ces méthodes, c'est d'elles que date l'image mentale que nous nous faisons d'un bâtiment, désormais scindée en plusieurs modèles à la fois indépendants et étroitement liés.

C'est Galilée qui, en 1638, a introduit une rupture en distinguant pour la première fois les propriétés de résistance d'un matériau (en général) de celles d'une structure (constituée d'une certaine quantité d'un matériau sous une certaine forme). Il faudra pourtant attendre près de cent cinquante ans pour que les concepts modernes de rigidité (module de Young) et de rigidité unitaire (T, le deuxième moment d'inertie) soient compris de manière suffisamment claire par les ingénieurs pour qu'ils soient à même de concevoir aisément des structures simples à partir de modèles mathématiques abstraits.

L'impulsion qui a suscité cette révolution dans la conception a été l'utilisation croissante de la fonte et du fer forgé à la fin du XVIIIe et au début du XIXe siècle. Fabriquer des éléments de structure en fer différait fondamentalement de l'utili-

sation de matériaux traditionnels. Maçonnerie et bois devaient être découpés ou réduits à la taille requise pour constituer les éléments du bâtiment. Ainsi, pour la plupart des applications, il n'y a aucun intérêt particulier à fabriquer un élément plus petit que la plus grande taille utilisable ; au contraire, cela demanderait plus de travail, prendrait plus de temps et coûterait plus cher. Le fer se comporte différemment : comme c'est un matériau fabriqué par l'homme, moins on en utilise, mieux cela vaut. Les éléments en fer résultent donc d'une conception différente de celle adoptée pour la pierre et le bois : on les porte à la taille requise, et la moindre taille est la plus économique. C'est la recherche de solutions utilisant une quantité minimale de matériau qui a motivé les forgerons de la fin du XVIIIe siècle. On a commencé pour cela à tester les composants existants, en grandeur nature ou en modèle réduit. L'assistance des mathématiciens et des scientifiques a ensuite été peu à peu requise pour découvrir des lois générales et formuler une justification et une interprétation mathématiques aux observations réalisées.

Rétrospectivement, on peut mettre en évidence des schémas de développement historique, pour les méthodes d'étude des structures comme pour les sciences pures. Des révolutions majeures se sont produites, qui ont débouché sur de tout nouveaux modes de pensée en matière de conception des structures : le développement de la statique graphique dans les années 1850, la conception plastique des structures en acier dans les années 1950, et les nouvelles techniques mathématiques permettant de modéliser les structures tendues dans les années 1970. Entre des périodes marquées par des progrès majeurs, l'invention se traduit de manière progressive par le développement de techniques au jour le jour – ce qui implique de savoir ce qu'il est possible de réaliser ou non à ce moment-là. Et il est tout aussi important de savoir ce qui est irréalisable, parce qu'impossible ou irréaliste, et ce qu'une réflexion et des expériences plus poussées permettraient de faire.

En matière de construction, les principales difficultés résident dans l'échelle à adopter, et dans le coût de la réalisation. Concevoir un treillis de toiture couvrant une portée de 5 m est une chose ; c'en est une autre de concevoir et de construire une telle toiture au-dessus d'une gare ferroviaire de 50 m de large. De même, le coût d'une portée de 50 m

devra être évalué en fonction des avantages qu'elle présente et en regard d'autres solutions envisageables.

Dans l'exécution d'une structure, la première invention consiste à concevoir une procédure – approche de la solution du problème –, dont l'issue sera la nouvelle toiture. Mais il ne peut s'agir de n'importe quelle procédure. Si l'on peut obtenir une telle toiture en procédant à des essais successifs, d'une taille progressivement croissante, et qui seraient réparés après chaque rupture, son coût n'en serait pas moins absolument prohibitif. Une procédure satisfaisante doit également permettre de réaliser la nouvelle structure au moindre coût. Cette approche économique doit englober le matériau et le savoir-faire requis dans la construction finale, mais également le savoir-faire et les efforts appliqués à la conception du projet, qui doit présenter suffisamment de garanties pour que les constructeurs soient satisfaits de commencer les travaux.

Au stade des études d'une structure de portée importante, comme une toiture de grande surface, différentes approches ont été adoptées selon les époques pour éviter la coûteuse méthode d'approximation successive mentionnée plus haut. Les quelques exemples qui suivent relèvent tous de l'invention d'une nouvelle procédure d'étude structurelle :

— augmenter toutes les dimensions d'une petite toiture par le même facteur multiplicatif (cela suppose qu'il existe une relation linéaire entre les tailles et les résistances – quoique pas toujours fiable, la méthode aurait été applicable à de faibles augmentations de la portée) ;

— fabriquer une série de maquettes de différentes tailles en partant du principe qu'il existe une telle relation linéaire, et leur appliquer une charge croissante jusqu'à créer la rupture (ce qui révélerait l'inadéquation de la relation linéaire) ; essayer alors de trouver des formules plus efficaces permettant, à partir des valeurs de la capacité de charge et des différentes dimensions des maquettes, de les extrapoler à celles de la structure grandeur nature ;

— fabriquer une toiture modèle, dans laquelle les forces réelles auxquelles sont soumis différents éléments structurels peuvent être mesurées et servir de base au dimensionnement des divers composants ;

— créer un modèle mathématique de l'ossature qui justifie logiquement les prévisions des forces en œuvre dans une structure réelle de taille quelconque ;

— créer des modèles mathématiques de l'ossature, des matériaux qui la composent et des charges qu'elle doit supporter ; utiliser ces modèles pour prévoir le comportement de toute la structure, à la taille requise et en tenant compte des circonstances particulières de son utilisation future.

La sophistication et le niveau d'abstraction croissants de ces procédures de conception constituent autant d'inventions intellectuelles successives. Au total, elles ont permis les progrès accomplis au cours des siècles en matière d'étude des structures, en parallèle avec les inventions et les progrès réalisés dans les matériaux, les techniques de fabrication, les mathématiques et les sciences techniques.

Il n'existe pas de meilleur exemple d'une révolution dans la conception que celle qui est intervenue ces dernières années dans le domaine des structures tendues. Il a été facile de concevoir et de fabriquer des structures de ce type à l'échelle de quelques centimètres, mais il n'existait aucun moyen (dans les années soixante) d'établir un modèle analytique du matériau tendu et de la structure, alors qu'on en aurait eu besoin pour prévoir le comportement d'une construction grandeur nature d'une portée de 50 m ou plus. L'architecte Frei Otto♦ a conçu, en collaboration avec des collègues ingénieurs, des méthodes qui permettent de créer des modèles extrêmement précis, dérivés d'observations réalisées sur des réseaux, des bulles de savon et des chaînettes suspendues à l'échelle d'environ 1/100. Des mesures précises ont ainsi été établies avant de passer à l'échelle supérieure. Si l'idée n'est pas neuve en soi (elle a servi pour les cathédrales gothiques), la précision requise pour ces modèles était sans précédent. Il a fallu faire preuve d'une ingéniosité considérable pour fabriquer des bulles de savon d'un mètre de diamètre et pour les mesurer avec une précision inférieure à un millimètre. Ces travaux de pionnier ont permis le développement de logiciels qui sont désormais capables de modéliser le comportement des bulles et des réseaux, et d'afficher les résultats sur un écran d'ordinateur ; ces outils seront bientôt à la disposition non seulement des ingénieurs, mais aussi des architectes. **B. A.**

VOIR AUSSI **Modélisation** ; **Pensée technique** ; **Sciences de l'ingénieur** ; **Structures (calcul des)**.

Iroise (pont de l')

Finistère, France, 1994.

Situé à l'embouchure de l'Elorn, dans la rade de Brest, le pont de l'Iroise – SOGELERG, Alain Chauvin, ingénieur concepteur, René Terzian, René Le Friant, architectes – présente la particularité d'avoir été implanté à environ 150 m de distance du pont Albert-Louppe♦ d'Eugène Freyssinet♦, pont qui se révélait incapable de faire face à des pointes de trafic atteignant quelque 35 000 véhicules par jour. Ouvrage autoroutier de 800 m de long avec une travée centrale atteignant 400 m, le pont de l'Iroise détient aujourd'hui encore le record de portée des ponts en béton à nappe axiale de haubans. Sa conception et sa réalisation se sont accompagnées de nombreuses innovations, de la nature des essais effectués en soufflerie au calcul du comportement des bétons à hautes performances utilisés pour les pylônes. La principale difficulté résidait dans les turbulences aérodynamiques générées par le pont Albert-Louppe ; elle a fini par être résolue au prix de quelques modifications apportées à ce dernier. En dépit des critiques suscitées par ces transformations touchant l'une des œuvres d'ingénierie les plus célèbres du XXᵉ siècle, le public s'est montré généralement sensible à l'élégance des lignes du nouveau pont et à l'effet de contraste qu'il présente avec les arches de Freyssinet. **A. P.**

Iron Bridge
voir **Coabrookdale (pont de)**

Isar (pont sur l')

Près de Großhesselohe, aujourd'hui en Bavière, Allemagne, 1857.

Ce pont, dû aux ingénieurs Friedrich August von Pauli♦, Heinrich Gerber♦ et Ludwig Werder, est un ouvrage de 31 m de haut, composé de 4 travées. La portée des poutres atteint 55,40 m au-dessus des deux travées

Pont de l'Iroise, construction d'une pile (en haut) ; vue générale (en bas).

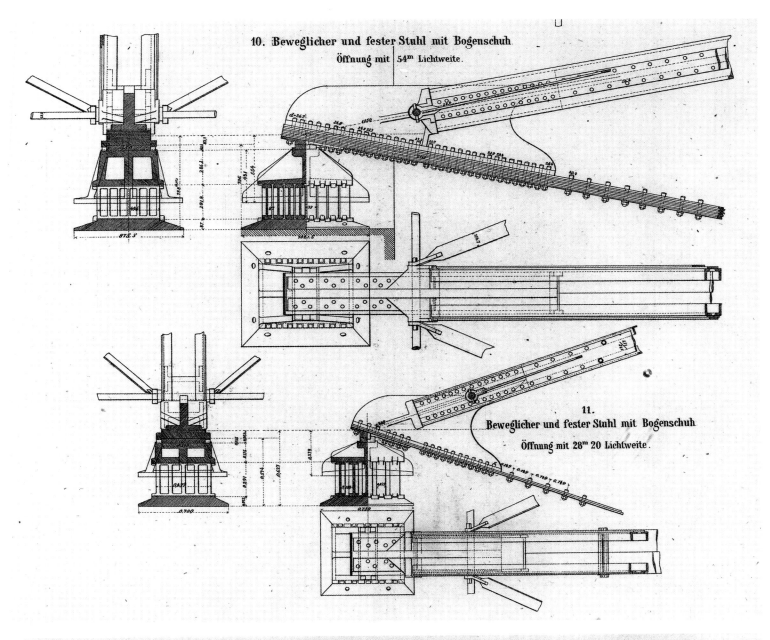

10. Beweglicher und fester Stuhl mit Bogenschuh.

Öffnung mit 54ᵐ Lichtweite.

11.

Beweglicher und fester Stuhl mit Bogenschuh.

Öffnung mit 28ᵐ 20 Lichtweite.

Pont sur l'Isar, détails de structure, dessin (en haut) ; vue générale (en bas).

centrales, contre 29,80 m pour les travées latérales. Ont été utilisées ici, pour la première fois, des poutres issues du système Pauli♦, c'est-à-dire de forme lenticulaire de résistance égale. Les membrures courbes se rejoignent au niveau des points d'appui et sont reliées entre elles par des barres verticales et des contrefiches entrecroisées, pour former ainsi une sorte de treillis. Leur courbure est choisie de manière à ce que la section des membrures demeure constante sur toute leur longueur. La membrure supérieure de compression a la forme d'un profilé caisson formé de cornières, alors que la membrure inférieure de traction se compose de 8 couches de fers plats. Les poutres reposent sur des appuis oscillants tangentiels. Les assemblages sont réalisés presque exclusivement par des vis.

Le montage de la construction en fer soudé pendant l'année 1857 ne durera que quatre mois. Tous les fers plats sollicités en traction seront contrôlés avant le montage sur une machine fabriquée par Werder, qui leur impose un allongement sous une charge de 1 140 kg/cm^2 et les frappe à coups de marteau. En ce qui concerne aussi bien la statique que la construction, la poutre Pauli apporte un réel progrès par rapport aux poutres-treillis généralement utilisées à cette époque.

Les poutres Pauli du pont de Großhesselohe ont été remplacées en 1909 par des poutres *bow-string* tournées vers le bas. **C. S.**

Isler (Heinz)

Zollikon, canton de Zurich, Suisse, 1926.

En 1950, Heinz Isler sort diplômé de l'École polytechnique de Zurich, où il a fait ses études. Il devient ensuite l'assistant du professeur Pierre Lardy, dont l'intérêt pour les essais sur maquettes et l'aspect des structures va l'influencer. En 1954, Isler s'installe à son compte à Burgdorf, concevant de fines coques de béton pour toitures. Il commence à travailler sur des coques pneumatiques, puis sur des lanterneaux en forme de dôme, en plastique, de 5 m de diamètre, dont il vend l'idée en 1956 ; cette vente va lui permettre de fonder son propre laboratoire de modèle structurel. Il travaille également en collaboration avec l'entreprise Bösiger, dont il forme le personnel à ses méthodes pour des constructions précises. Au premier congrès de l'Association internationale pour les structures en coques, qui se tient à Madrid, Isler présente notamment sa méthode consistant à

Isler (Heinz). Wyss Garden Center, vue d'intérieur (en haut) ;
Détermination de la forme d'une coque par la méthode de suspension (en bas).

suspendre des membranes pour obtenir des formes de coques satisfaisantes. Au début des années soixante, influencé par l'extrême finesse des coques en béton de Felix Candela♦, Isler entreprend une série de réalisations qui font de lui, à la fin des années soixante-dix, le leader mondial des concepteurs de structures de toit en béton à coque mince.

En 1958, il conçoit pour l'usine de la Cie Eschmann à Thun une couverture, dont il obtient la forme en recourant à une méthode fondée sur le gonflage d'éléments pneumatiques. Il réalisera ensuite de nombreux ouvrages avec des coques en forme d'oreiller et des poutres d'appui horizontales précontraintes – ce qui va devenir une part essentielle de son activité. En 1961, il conçoit le toit du Garden Center de Wyss♦, une forme géométrique à double courbure appuyée sur quatre points, avec des coques d'extrémité en encorbellement, ouvrage d'une grande finesse. En 1968, il construit à Deitingen des coquilles pour des stations d'essence, en utilisant la méthode de la suspension ; les deux couvertures obtenues selon cette méthode n'ont que trois points d'appui et ne comportent ni poutre d'extrémité ni nervure de quelque sorte que ce soit.

C'est en 1969 qu'Isler crée l'un des chefs-d'œuvre de ce siècle, le toit du bâtiment de la Sicli♦ Company à Genève, une couverture complexe, sans forme géométrique, qui repose sur sept points d'appui. Il construit ensuite le Garden Center de Bürgi (1971) à Camorino en recourant à une autre méthode de recherche de la forme, fondée sur le procédé d'extrusion. Les pièces d'extrémité fines du Garden Center n'ont pas nécessité de renforcement, étant en légère tension, et la forme du bâtiment exprime une légèreté et une délicatesse qui met en valeur les matériaux en béton. Avec le centre de tennis couvert édifié à Heimberg (1979), il pousse la méthode de la suspension encore plus loin : la coque couvre un plan rectangulaire sans comporter aucune nervure de renfort. Étant donné que ces toits sont pratiquement en compression pure, ils n'ont en outre pas nécessité d'imperméabilisation, même sous le rude climat de la Suisse.

Isler considère ses ouvrages comme un tout : sa recherche de nouvelles formes à partir d'expériences minutieusement réalisées l'a conduit à élaborer des techniques de construction élégantes, permettant de maintenir les coûts à un niveau compétitif. Il compte à l'évidence comme l'un des plus grands artistes de l'art des structures du XXᵉ siècle ; ses travaux ont fait l'objet de nombreuses expositions, dont beaucoup se sont tenues dans des musées d'art, aussi bien aux États-Unis qu'en Europe et au Japon. **D. P. B.**

Ivry (pont d')

Ivry, Val-de-Marne, France, 1903.

Événement constructif relativement confidentiel, cet ouvrage éphémère en béton armé signe une avancée dans le champ de l'innovation, tout autant peut-être qu'il illustre en ce domaine la montée en puissance du rôle des ingénieurs.

Ce pont en *bow-string*, exécuté en 1903 sur un terrain vague d'Ivry, est un objet expérimental. Ses 20 m de portée correspondent à 1/3 de la poutre centrale d'un pont projeté à Plougastel par Armand Considère♦, inspecteur général des Ponts et Chaussées qui conçoit le pont d'Ivry ; il confiera son exécution à la maison Fougerolle Frères.

Les épreuves à outrance qui y sont réalisées marquent l'aboutissement des recherches menées par l'ingénieur, qui élabore son propre système de construction en béton fretté, « matière » qu'il situe – l'argument publicitaire n'est pas loin – entre la construction métallique et le béton armé. L'essai d'Ivry constitue la première incursion hors du laboratoire, et dans des conditions proches de celles d'un chantier ordinaire, de ce procédé qui consiste à augmenter la résistance à l'écrasement du béton en frettant ce dernier au moyen de spires hélicoïdales en métal. Considère confirme ici, en présence des membres de la commission du ciment armé dont il est l'un des animateurs, la valeur du dispositif qu'il cherche à introduire. Si l'ère des perfectionnements succède à celle de l'invention et de la mise au point des premiers systèmes de construction en béton armé, la méthode employée par l'ingénieur, rompant avec la pratique des entrepreneurs, est bien l'indice de ce changement. **G. D.**

John Hancock Center.

J

awerth (David)

Jakobstad, Finlande, 1920.

L'ingénieur suédois David Jawerth met au point en 1955 un principe de fermes en câbles prétendus pour couvrir, avec une grande facilité de montage, des espaces nécessitant de vastes portées comme des halles de sport, des entrepôts, etc.

Les éléments de la structure de type Jawerth sont des fermes, ayant chacune leur propre stabilité statique, composées de deux câbles de courbures inverses, rendus solidaires l'un de l'autre et mis en prétension par des barres diagonales de liaison. Les barres ou haubans sont liés aux câbles par l'intermédiaire d'étriers filetés, fixés à des attaches en métal léger solidaires du câble. Le câble supérieur est destiné à absorber les charges de neige, par exemple ; le câble inférieur doit, pour sa part, résister aux efforts de soulèvement dus au vent. Ce système triangulé, dans lequel tous les éléments sont tendus, est d'un poids très réduit ; il permet un montage rapide et une mise en tension précise à l'aide de tendeurs diagonaux. De plus, l'ensemble présente une remarquable inertie vis-à-vis des charges asymétriques ou des charges dynamiques dues aux intempéries. Les fermes ainsi constituées sont montées parallèlement, à une distance de 2 à 3 m les unes des autres.

À la patinoire de Stockholm (Paul Hedqvist, architecte, 1962), la charpente est composée de poutres-câbles Jawerth d'une portée de 83 m. Le supermarché d'Athis-Mons (Jean Heckly, Claude Marty, Michel Fourtané, Claude Parent, architectes), réalisé en 1960, est la première application en France du système Jawerth. **C. M.**

Jenney (William Le Baron)

Fairhaven, Massachusetts, États-Unis, 1832 –
Los Angeles, Californie, 1907.

Fils d'un armateur, William Le Baron Jenney fait ses études à Andover, à Harvard, puis à l'École centrale à Paris, de 1853 à 1856. Il participe à des travaux de construction ferroviaire aux États-Unis et au Mexique, puis retourne à Paris en qualité d'agent du Bureau of American Securities, qui propose alors des investissements pour les travaux en question. Pendant la guerre de Sécession (1861-1865), il sert en tant qu'ingénieur de l'armée.

En 1869, Jenney s'installe à Chicago, s'associe avec les ingénieurs et dessinateurs John Bogart et Louis Schermerhorn, pour finalement s'installer comme architecte à son propre compte en 1872. Ses partenaires, d'anciens universitaires de la côte Est, rejoignent un petit groupe qui constitue l'élite de l'époque, dont font notamment partie Horace William Shaler Cleveland (futur urbaniste de Minneapolis), l'ingénieur et architecte Peter B. Wight, et le journaliste et ingénieur William French, fondateur du Chicago Art Institute (1878).

Après la guerre de Sécession, Chicago s'impose comme la capitale économique du centre du continent américain. De 30 000 habitants en 1850, sa population passe à 500 000 en 1880, puis à 2 000 000 en 1900. Le centre de l'agglomération est cependant limité par les eaux sur trois de ses côtés et par des chemins de fer sur le quatrième. La pression économique considérable qu'entraîne cette configuration se traduit par la recherche du maximum de surface rentable dans les espaces constructibles. La première construction à atteindre le niveau de dix étages est, en 1881, le Montauk Building (Burnham & Root, architectes), qui prévoit un ascenseur pour les usagers ; c'est le premier bâtiment auquel on donne le nom de *skyscraper* (gratte-ciel). Les structures métalliques utilisées à l'époque permettent de construire rapidement des bâtiments réalisant un gain d'espace au sol appréciable, mais il convient de les protéger du feu par un revêtement en briquettes. À l'origine, ces grands immeubles de rapport ressemblent à une gigantesque boîte dont le squelette en fer permet de loger de grandes fenêtres – ainsi du First♦ Leiter Building de Jenney, construit en 1879. L'étape suivante consistera, en toute logique, à repousser le squelette de métal vers l'extérieur, de façon à ouvrir la façade comme une simple paroi de verre ; si nombre d'architectes de Chicago proposent cette option dès le début des années 1880, Jenney est le premier à la mener à terme en construisant, en 1884 et 1885, pour son ami Alfred Ducat, le Home♦ Insurance Building (Peter B. Wight est responsable de l'ignifugation). Toute une série de bâtiments de ce type voient alors le jour : le Manhattan Building de Jenney (1889-1891) ainsi que le deuxième Leiter Building (1889-1891), le Ludington Building (1891-1892), le Fair Store (1891-1892), et d'autres, construits par ses contemporains Burham & Root, Holabird & Roche, ou encore Adler & Sullivan.

La contribution de Jenney s'inscrit dans une vaste entreprise de dynamisation économique.

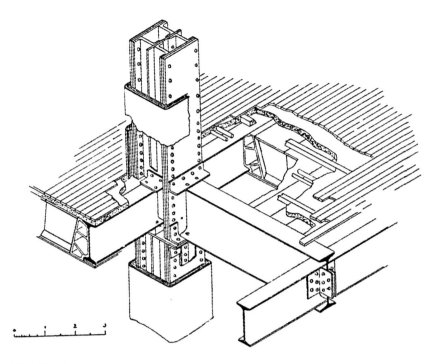

Son ami le général Ducat occupe alors une position stratégique : ingénieur, chef de la police (pour protéger les biens pendant les émeutes ouvrières de 1877), commandant des pompiers (notamment lors de l'incendie de 1871), promoteur immobilier (il publiera à partir de 1869 *The Landowner*), et directeur des investissements de la New York Home Insurance Company de Chicago. Jenney lui-même fait ses débuts en tant qu'ingénieur du West Park System (pendant du South Parks System de Cleveland), quartiers résidentiels en expansion autour de Chicago dont *The Landowner* fait la promotion et dont la conception sera développée dans le *Landscape Architecture as Applied to the Wants of the West* de Cleveland (1873). Jenney œuvre pour sa profession et pour son public. Il tire fierté d'enseigner et d'apporter son soutien à ses collaborateurs, parmi lesquels se trouvent Louis Sullivan, Daniel Burnham, William Holabird, Martin Roche, Howard Van Doren Shaw et Gamble Rogers. Il publie un livre, *The Principles and Practice of Architecture* (1869), puis dirige un programme d'architecture à l'université du Michigan (1875-1876). Il participe à la création de la Western Society of Architects, est vice-président de l'American Institute of Architects et membre de la Société centrale des Architectes. Au début de sa carrière, il est l'assistant de Frederick Law Olmsted pour la conception d'une banlieue modèle, Riverside, où il construit sa propre maison. Au milieu des années soixante-dix, il organise avec Peter B. Wight des expositions annuelles d'art et artisanat dans le cadre de l'Inter-State Industrial Exposition. Il réalise également la conception et l'aménagement intérieur des demeures des plus riches habitants de la ville – qu'il rencontre à l'Union League Club, cercle dont il est lui-même l'architecte. **D. V. Z.**

Jenney (William Le Baron). The Fair Building, détail de l'assemblage, axonométrie (en haut) ; vue générale (en bas).

John Hancock Center, construction de la rampe de parking (ci-dessus) ; trois étapes de la construction (page de droite).

John Hancock Center

Chicago, Illinois, États-Unis, 1970.

Qualifié par Fazlur Rahman Khan♦, ingénieur
en chef chargé des structures, de « tube optimal
à treillis diagonal et colonnes », le John
Hancock Center, haut de 344 m, doit la forme
en obélisque de ses 100 étages à des analyses
sur ordinateur et des simulations de soufflerie
réalisées sur une maquette à l'échelle 1/300.
Plus grand bâtiment multifonctionnel (résidentiel et bureaux) au monde, cette tour effilée
à profil linéaire (48,80 × 79,20 m à sa base et
30,50 × 48,80 m au niveau du toit) offre sur ses
43 étages inférieurs des espaces à portée libre,
dégagés de tout pilier et destinés à des
parkings, des bureaux et des commerces ; les
niveaux supérieurs ont en revanche une vocation résidentielle, avec des profondeurs qui ne
dépassent jamais 40 m. La façade est composée
de colonnes extérieures régulièrement espacées, reliées entre elles par des éléments diagonaux et des contreventements horizontaux. Le
caractère absolument unique de la structure
réside dans le fait qu'un nombre réduit de
diagonales, placées dans le plan des colonnes
extérieures, suffit à créer un caisson rigide.
Diagonales, colonnes et poutres de rive (qui
servent également d'entraits), en se coupant sur
leurs lignes médianes, éliminent presque en
totalité les moments générés par l'excentricité
et la fixité de ces éléments. En raison de la présence de poutres massives à l'endroit où les diagonales rejoignent les colonnes d'angle, les
éléments diagonaux participent également à la
transmission des charges de gravité, en agissant
comme des colonnes inclinées. Comme la résistance structurelle et latérale est apportée par
l'extérieur, les solives des planchers ont été
conçues sous forme de simples poutres mixtes
portées, coopérant avec l'ossature des dalles en
béton servant de planchers.

Pour ériger les murs effilés vers l'intérieur, on a
eu recours à des échafaudages mobiles en
porte-à-faux (technique normalement réservée
à la construction des ponts), montés sur chacune des quatre faces de la tour, des treuils
électriques tirant les grues vers le haut jusqu'à
la position suivante pour amener les nouvelles
charges d'acier. Les assemblages à gousset au
niveau des intersections des colonnes et des
diagonales ont été soudés, les autres nœuds des
diagonales, entre leurs extrémités, étant, eux,
boulonnés en place. Pour simplifier la fabrication et le montage des diagonales et des
colonnes, des profilés mixtes à trois membrures en H ont été conçus pour l'ensemble du
projet. Réalisé en collaboration avec la société
American Bridge, fournisseur de l'acier, l'ouvrage a pu être édifié à raison de 3 étages par
semaine, grâce à la grande simplicité des
détails. **B. S. C.**

Junkers (Hugo)

Rheydt, auj. en Rhénanie du Nord-Westphalie,
Allemagne, 1859 – Gauting, Bavière, 1935.

La renommée de Hugo Junkers comme
constructeur est en premier lieu fondée sur ses
inventions dans le domaine du transfert thermique, des moteurs et de la construction
d'avions. Entre 1897 et 1912, il travaille comme
professeur de thermodynamique et de génie
mécanique à l'université d'Aix-la-Chapelle.

Toute l'œuvre de Junkers est le fruit de
recherches intensives menées sur la tôle d'acier
et de duralumin, appliquées d'abord à la
construction d'avions, puis – ce seront ses derniers travaux – à celle de toits en lamelles et de
maisons métalliques, ainsi qu'à des projets de
tours d'habitation. La construction en lamelles
d'acier est un assemblage réticulé qui peut
absorber des forces perpendiculaires à son
plan. Cette structure géodésique est composée
de trois éléments standard : les nervures principales, les entretoises et les nœuds d'assemblage. En 1924, il développe et utilise pour la
première fois cette construction, qui autorise
une épaisseur de parois extrêmement faible.
Junkers exporte dans le monde entier ses
constructions légères à usages multiples.

Parallèlement au développement de la
construction en lamelles, Junkers élabore
des concepts architecturaux qui permettent, à
partir de quelques éléments produits en série,
de construire de très nombreuses variétés
d'habitations. **C. W.**

Terminal de l'aéroport du Kansai, vue des poutres principales du hall.

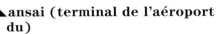

K

ansai (terminal de l'aéroport du)

Kansai, Japon, 1994.

La construction de l'aéroport international du Kansai, en plein milieu de la baie d'Ôsaka, à 5 km de la côte et sur des fonds se situant à 18 m sous le niveau de la mer, s'est achevée en 1994 après sept années de travaux. L'île artificielle de 4,4 × 1,3 km, soit environ 510 ha, qui a accueilli l'aéroport, a été construite sur la mer, par comblement, sur une hauteur totale de 30 m. L'immense bâtiment central de l'aéroport, destiné au terminal passager, est équipé de 41 points d'arrivée pour les avions gros-porteurs et mesure 1,7 km de longueur ; la surface de la toiture est de 90 000 m² et la surface utile de 300 000 m². Si l'on plaçait ce bâtiment dans

Terminal de l'aéroport du Kansai, vue aérienne (en haut) ; vue générale (en bas).

Paris, sa toiture couvrirait un espace continu sans cloison, correspondant à une vaste perspective qui irait de la Cour carrée du Louvre au pont de la place de la Concorde.

Le projet des architectes Renzo Piano Building Workshop (Renzo Piano, Noriaki Okabe) et des ingénieurs Ove♦ Arup & Partners International (Peter Rice, Tom Barker) a été sélectionné à l'issue d'un concours international. Tel un objet de 1,7 km de long posé sur le socle que constitue l'île artificielle, le terminal a été conçu sur le thème d'un immense planeur en vol. Cette forme fait aussi référence à l'image de la courbe que dessinerait un renflement de la surface de la Terre. Le toit, d'une surface courbe de 90 000 m², est recouvert de 82 600 panneaux identiques de 1,80 × 0,60 m en acier inoxydable antiréfléchissant. La forme courbe de l'aile peut être considérée comme celle d'un tore calculé mathématiquement, dont la courbure longitudinale est un arc de cercle de 16,4 km de rayon. Le principe géométrique retenu pour la composition de l'ensemble du bâtiment s'est accompagné de l'idée d'aller « de la peau vers la structure ». Ainsi, la position des panneaux de couverture a été calculée mathématiquement dans un premier temps, puis, sur ce principe, la position de la structure a été définie. La structure de la gigantesque aile qui couvre les salles d'embarquement est faite d'une coque à treillis en tubes d'acier. La partie de la structure visible depuis l'espace intérieur est composée de tubes de 300 à 400 mm de section placés à intervalles de 7,20 m, ce qui crée un espace au rythme biomorphique engendré par le tore depuis le point central jusqu'à chaque extrémité. Au centre du bâtiment, la partie du terminal principal est composée de quatre étages et d'un sous-sol qui accueillent des fonctions telles que la douane, le contrôle des passeports, la zone d'enregistrement. Sous la grande toiture, au dernier étage, se trouve la zone d'enregistrement pour les lignes internationales. Cette partie de la toiture est prolongée par une structure comportant des arches de 82,40 m de portée. Les formes originales des arches et de la surface du toit entraînent une macrocirculation et une régulation de l'air dans ce grand espace. 19 éléments couverts de Téflon nommés « conduits d'air ouverts » sont suspendus au plafond et servent à la fois de guide pour la circulation de l'air et de surface réfléchissante pour la lumière de l'éclairage indirect. Le plafond se trouve ainsi dégagé de toute gaine de circulation d'air et de tout appareil de ventilation ou d'éclairage. L'effet combiné de l'éclairage indirect, réfléchi par la surface blanche, et de la forme de la structure aboutit à créer, malgré l'immensité des lieux, une atmosphère chaleureuse. Les grandes poutres qui composent les arches font corps, du côté des pistes, avec la structure en coque à treillis de l'aile. Les membrures inférieures des arches sont dans le prolongement des nervures de l'aile et dessinent des lignes courbes ondulantes de 150 m. Le bâtiment central multifonctionnel à plusieurs étages et l'aile se succèdent et s'unissent structurellement et spatialement. L'espace sous la grande portée est fermé à chaque extrémité de l'aile par une façade en verre nommée *end wall*. Les meneaux verticaux en forme de ferme à treillis ont un diamètre limité à 35 mm, ce qui précise la hiérarchie des dimensions entre ces meneaux et les éléments principaux de la structure, tout en mettant l'accent sur l'image architecturale du toit flottant. Un mécanisme spécifique a été mis au point, entre le *end wall* et la grande poutre, afin d'absorber les grands mouvements dus aux tremblements de terre et aux typhons. Des joints de dilatation de 700 mm de largeur sont installés tous les 150 m et servent aussi à parer aux déformations causées par les séismes. Lors du grand tremblement de terre de Kôbe, en janvier 1995, le bâtiment n'a subi aucun dommage, bien qu'il se soit trouvé à 30 km de l'épicentre et qu'il ait été soumis à de violentes secousses. La légèreté et la forme du toit ont sans doute permis que les dégâts soient minimes. Les dispositions à prendre contre les affaissements différentiels de terrain dans le cas d'une île artificielle sont importantes. Près de 900 poteaux du terminal sont réglés par vérins hydrauliques qui accueillent des cales en forme de plaques afin de régler la hauteur désirée en fonction des affaissements de terrain.

Le projet final a été réalisé en collaboration entre Renzo Piano Building Workshop Japon, Arup International, Aéroports de Paris (Paul Andreu), Nikken Sekkei Japon, et Japan Airport Consultant. **N. O.**

Karlsruhe (Schwarzwaldhalle, halle de la Forêt-Noire de)

Karlsruhe, auj. dans le Bade-Wurtemberg, Allemagne, 1953.

La Schwarzwaldhalle est une salle polyvalente destinée à différentes manifestations publiques. Quelque 4 500 spectateurs peuvent y prendre place, et la scène est assez vaste pour accueillir 1 500 acteurs et figurants. Les deux axes principaux, qui délimitent son contour ovale, mesurent 73,50 m et 48,60 m. La salle est équipée d'un plafond suspendu en béton armé précontraint, premier exemple d'une construction de ce type en Allemagne. Sa forme a été définie dans le cadre du projet primé que l'architecte Erich Schelling avait présenté pour le concours. L'ingénieur Ulrich Finsterwalder♦, chargé de la réalisation, a imaginé un système de structure statique, que l'on pourrait ranger dans la catégorie des grils porteurs. 36 piliers élancés en béton armé, montés avec une légère inclinaison, portent une membrure de compression ovale qui suit la courbure du toit. La coque, épaisse de 6 cm, est suspendue dans la direction longitudinale entre deux plaques d'appui situées dans la surface du toit. Dans la direction transversale, elle est rigidifiée par des éléments

Halle de la Forêt-Noire de Karlsruhe.

présentant une légère contre-courbure. La réalisation du toit fait appel au procédé de béton armé *Dywidag*. Les tirants en acier sont espacés d'environ 0,40 m dans la direction longitudinale, et sont disposés tous les 5 m dans la direction transversale, par groupes réunis pour former des membrures de rigidité sur le dessous de la coque. Une armature précontrainte est également prévue au niveau des supports d'extrémité. L'application du béton sur la toiture s'est effectuée sur un coffrage continu en bois. L'extérieur de la halle est vitré, à l'exception de cinq zones, ce qui lui confère un aspect caractéristique de transparence et de légèreté.

La forme de la coque étant imposée en grande partie par le concept architectural, il en résulte certaines contraintes pour la réalisation du gril. La forme de l'anneau de compression, notamment, s'est révélée peu avantageuse pour le toit suspendu en forme de selle – comme l'écrit Frei Otto♦ en 1954, qui précise : « Pourtant, cet édifice représente une performance technique absolument remarquable et a permis de valider la théorie des toitures massives suspendues. » **C. S.**

Kawaguchi (Mamoru)

Fukui, préfecture de Fukui, Japon, 1932.

Tout au long de sa carrière, Mamoru Kawaguchi a su développer un travail de recherche scientifique et une collaboration fructueuse avec le milieu industriel. Il est incontestablement l'un des ingénieurs les plus en vue de sa génération. Après une formation d'ingénieur, suivie d'une thèse soutenue à l'université de Tôkyô, il est depuis plus de vingt-cinq ans professeur au département architecture de l'université Hosei. Auteur de nombreuses publications théoriques portant sur les systèmes suspendus, les membranes et les structures spatiales métalliques, il joue un rôle important dans les organismes chargés de proposer les bases de conception des structures innovantes, comme l'International Association for Shells and Spatial Structures, dont il est vice-président. Il collabore par ailleurs à la conception et au calcul d'un nombre considérable de projets, en association avec, principalement, des architectes japonais comme Kenzô Tange, Yutaka Murata♦, Masamitsu Nagashima et Kazuyuki Matsushita. Les aéroports de Viru Viru en Bolivie (1979) et de Bagdad (1975), les stades de Dubaï (1975) et de Singapour (1973), le Damascus Sports Arena (arène de sports de Damas, 1975) et

le FRAPS (frames built with prestressed connections) 72 (ossatures construites avec des assemblages précontraints), l'Industrialized Building System for Housing (système de construction industrialisée pour l'habitat, 1972) sont ses projets les plus remarquables.

Son aptitude à aborder tous les systèmes structuraux – béton armé, béton préfabriqué, structures spatiales à barres, systèmes prétendus en câbles et membranes, structures bois – lui vaut une reconnaissance internationale, attestée par les distinctions dont il a fait l'objet ces dernières années. Spécialiste des couvertures de grandes dimensions, il conçoit des principes structuraux originaux : *Hanging Roof System* Kasuten (système de couverture suspendue), *Metal Membrane Pneumatic System* (système à membrane métallique gonflable), *Metal Membrane Tent System* (système de tente en membrane métallique), *Kneed Reticulated Dome System* Pantadome (système de dôme réticulé-articulé). Ce dernier système a été utilisé avec succès à de nombreuses reprises pour des couvertures d'enceintes sportives, comme le palais des sports Sant Jordi de Barcelone (de 128×106 m), construit pour les Jeux olympiques de 1992. Son principe repose sur l'introduction de mécanismes dans la conception du système spatial à barres ; ces mécanismes sont destinés à assurer une variabilité de la géométrie utilisée lors de la construction de la structure. Une fois l'ensemble déployé en position finale, l'addition d'éléments stabilisateurs assure l'équilibre de l'ouvrage. **R. M.**

Kelly & Jones (atelier des machines de)

Greensburg, Pennsylvanie, États-Unis, 1904.

C'est en 1903-1904 que la société de Ransome & Smith réalise un atelier des machines en béton armé pour la société Kelly & Jones, qui fabrique des soupapes à Greensburg. Le bâtiment, d'une hauteur de 4 étages et de 18×91 m, est le premier sur lequel est appliquée la nouvelle technique, brevetée par Ernest Leslie Ransome♦, qui consiste à faire dépasser les dalles de sol en console sur des piliers extérieurs. Ce système de mur-rideau remplace celui des murs conventionnels en béton massif et permet d'inclure des fenêtres de grandes dimensions. Un retour vertical, prévu sous le bord extérieur de chaque dalle de sol, forme le mur au-dessus des fenêtres de l'étage inférieur. Les avantages de l'innovation imaginée par Ransome résident surtout

dans l'économie réalisée et dans la rapidité de sa mise en œuvre, puisque ce système permet de ne couler les murs qu'avec quelques coffrages, puis de les retirer pour les réutiliser après un délai de vingt-quatre à quarante-huit heures. Par son aspect extérieur, le bâtiment, qui sera acheté en 1926 par la Walworth Valve Company puis transformé ultérieurement, présente le style austère des nombreux bâtiments industriels à « lumière naturelle » construits au tournant du siècle. Il ne cache rien de ses poutres et de ses piliers en béton, une décoration minimale étant juste apportée par le cordon de ceinture formé par les tranches des dalles de sol. Ransome appliquera la même technique et la même conception globale à nombre de ses réalisations ultérieures, notamment au bâtiment de machines de United Shoe à Beverly, dans le Massachusetts (1903-1906). **A. S.**

Kew (palmeraie de)

Londres, Grande-Bretagne, 1848.

Réalisée de 1844 à 1848, la palmeraie de Kew est le plus remarquable de tous les bâtiments horticoles en fer et en verre du XIXe siècle. Elle aura valeur de modèle pour la construction de nombreux bâtiments similaires en Grande-Bretagne et dans d'autres pays, ainsi que pour l'utilisation du fer forgé dans des ouvrages de toute sorte. Sa conception inaugure aussi un changement important dans les relations entre architectes et ingénieurs.

Le projet de palmeraie suivra un cheminement complexe et sujet à des rebondissements spectaculaires. La nécessité de créer des installations spécifiques pour les plantes tropicales des Jardins botaniques royaux est chose admise depuis les années 1820. C'est ainsi qu'en 1843 le directeur des Jardins visite la grande serre de Chatsworth♦, achevée depuis peu, pensant qu'elle pourrait servir de modèle. Inquiet de la tournure des événements, l'ingénieur irlandais Richard Turner♦, fort d'une solide expérience dans le domaine des serres, propose un contre-projet. Cette étude est transmise à l'architecte Decimus Burton, qui a précédemment examiné le projet de Joseph Paxton♦ pour Chatsworth. L'aspect gothique de la proposition de Turner déplaît à Burton, qui présente alors son propre projet. Un échange nourri d'idées et d'études s'ensuit alors. Finalement, Turner obtient le contrat pour la construction de la palmeraie, selon une conception en grande partie imaginée par Burton.

Le plus difficile reste cependant à venir. En effet, Turner modifie fondamentalement la conception en remplaçant la fonte de la structure par du fer forgé. En raison de sa plus grande résistance à la traction, le fer forgé permet d'obtenir des nervures et des supports de vitrage plus fins, augmentant ainsi la luminosité à l'intérieur du bâtiment. Ces nervures sont constituées de poutres profilées en I, de 3,80 m de long (comme celles que l'on utilise dans la construction navale), soudées l'une à l'autre pour constituer les 12 m de longueur de chaque demi-arche. On fait également appel au fer forgé pour fabriquer les tirants qui confèrent à la structure sa stabilité longitudinale.

L'utilisation du fer forgé comme support des panneaux de verre bombés crée un effet de luminosité totalement original, aussi bien de l'extérieur qu'à l'intérieur. La palmeraie est essentiellement constituée d'une section centrale surélevée, de 20 m de haut, entourée d'une nef latérale continue, flanquée de deux longues ailes. Tous les toits sont incurvés, et dans chaque partie du bâtiment ils s'élèvent vers une lanterne basse, en continu. Turner réalise une autre innovation importante dans le système qu'il imagine pour le chauffage du bâti-

ment, que l'on peut résumer par la pose, sous le plancher et sous les étagères des plantes, de conduites d'eau chaude. Les chaudières sont situées au sous-sol, et la cheminée à quelque distance du bâtiment.

La structure de l'ouvrage tel qu'il se présente aujourd'hui n'a pas été fondamentalement modifiée ; seuls les supports en fer forgé du vitrage ont été remplacés par des supports en acier poli de même profil, au cours d'importants travaux de restauration effectués entre 1985 et 1988. **R. T.**

Khan (Fazlur Rahman)

Dacca, auj. au Bangladesh, 1929 – Djeddah, Arabie Saoudite, 1982.

Fazlur Rahman Khan est à l'origine, en matière d'immeubles de grande hauteur, de nombreux concepts qui innovent radicalement. Inventeur d'au moins six systèmes structurels ayant valeur de types pour les tours en acier, les tours en béton et les tours mixtes, il s'est attaché en même temps à réduire sensiblement les coûts de construction. Diplômé du Bengal Engineering College en 1950 et de l'université de l'Illinois en 1955 (où il obtient son Master of

Science et son doctorat en mécanique théorique et appliquée et en ingénierie des structures), il enseigne à l'université de Dacca (1950-1952) avant d'entamer une carrière de vingt-quatre années chez Skidmore♦, Owings & Merrill (SOM), à Chicago, comme associé chargé des études de structures. Ses brillants travaux pratiques et théoriques sont aussi le fruit d'une collaboration professionnelle intense, notamment avec Bruce Graham et Srinivasa Hal Iyengar, ses partenaires chez SOM, avec Myron Goldsmith♦, David Sharpe et des étudiants diplômés de l'Illinois Institute of Technology, et avec des collègues du secteur du bâtiment, comme Mark Fintel de la Portland Cement Association.

Khan cosigne en 1964 avec John A. Sbarounis un article décisif sur l'interaction entre mur de contreventement et ossature. Utilisant une procédure de convergence forcée, programmée sur l'un des premiers ordinateurs, ils démontrent qu'il est possible d'augmenter considérablement la rigidité des bâtiments traditionnels à ossature plane (sans augmentation de coût) en leur incorporant des murs de contreventement ou des treillis verticaux. Appliquant une solution mathématique simple aux forces d'interaction, ils obtiennent alors la représentation graphique d'un ensemble de valeurs du rapport de rigidité entre ossature et murs de contreventement. Les prescriptions qu'ils en déduisent font encore partie des outils de base des ingénieurs.

Les idées de Khan trouvent leur première concrétisation dans un immeuble de 43 étages en béton armé, la résidence Chestnut-DeWitt♦ (Chicago, 1965), qui se fonde sur le concept de « tube en charpente » ou « tube ajouré ». Des colonnes tubulaires réparties sur le pourtour à faible distance les unes des autres, et reliées entre elles par des poutres-cloisons servant d'allèges (entre lesquelles sont montées les fenêtres), confèrent à la structure sa principale résistance aux efforts latéraux, tout en servant de contreventement et en supportant les charges verticales. Fonctionnant comme une console verticale, la configuration tubulaire supprime pratiquement toute déformation par cisaillement.

Khan affine en 1965 les principes de l'interaction armature/mur de contreventement pour développer le concept du « tube-dans-le-tube », qu'il applique aux 52 étages du One Shell Plaza Building de Houston, la plus haute structure légère en béton au monde. Combinant son précédent concept de tube à armature à une

Palmeraie de Kew, vue aérienne (page de gauche, en haut) ;
deux vues de la construction (ci-dessus et page de gauche, en bas).

seconde ossature constituée de murs de contreventement, il conçoit pour cela un système structurel fondé sur des colonnes extérieures peu espacées (tube périphérique), agissant en commun avec un noyau central rigide abritant les divers services et formant un mur de contreventement (tube intérieur).

Khan développe alors trois autres variantes du concept tubulaire pour les structures en acier. La première débouche sur le système en tube à ossature diagonale, employé pour les 100 étages du John♦ Hancock Center de Chicago (1970). En reliant les colonnes extérieures par des contreventements diagonaux situés sur les quatre faces de la tour, alors que la largeur de celle-ci diminue vers le haut, il peut augmenter sensiblement l'efficacité de la structure et éliminer presque complètement tous les coûts externes liés à la résistance au vent. Les éléments diagonaux concrétisent le concept tubulaire en répartissant les charges vers les colonnes périphériques, tout en supportant leur part des charges dues au poids.

La deuxième innovation apportée par Kahn est le concept de « treillis-ceinture » (1968) appliqué à des bâtiments à structure acier de 40 à 60 étages. L'ajout de treillis formant une ceinture extérieure à approximativement mi-hauteur et en haut du bâtiment, reliés par des treillis en bascule à une armature verticale intérieure servant de contreventement, permet d'éliminer le surcoût lié à la résistance au vent, comme dans l'immeuble BHP à Melbourne, ou dans celui de la First Wisconsin Bank, à Milwaukee, dans le Wisconsin.

Enfin, Khan met au point en 1971 son troisième concept de « faisceau de tubes », dans lequel plusieurs tubes structurels sont reliés les uns aux autres pour former une tour rigide, en arrêtant les divers tubes à différents niveaux du bâtiment pour créer ainsi une forme asymétrique, non orthogonale. Il applique ce concept en 1974 à la Sears♦ Tower, à Chicago, qui servira ensuite de prototype pour d'autres tours de très grande hauteur au profil irrégulier.

Khan réalise également des expériences sur des structures tendues de faible hauteur. Pour le bâtiment de la cafétéria des Baxter Laboratories, à Dearfield, dans l'Illinois, il conçoit une toiture flottante suspendue à des câbles rayonnant depuis des colonnes et, pour le terminal Haj de l'aéroport international de Djeddah♦, en Arabie Saoudite, des tentes en fibres de verre haute résistance tissées et suspendues par des câbles à des piédroits.

D'après ses derniers croquis réalisés peu avant sa mort, Khan travaillait alors à des expériences novatrices visant à fusionner les concepts de treillis et de tube. **B. S. C.**

Kill van Kull (pont de)
voir **Bayonne (pont de)**

Kimura (Toshihiko)
Kagawa, préfecture de Kagawa, Japon, 1926.

S'appuyant sur ses compétences en mathématiques, Toshihiko Kimura traduit en systèmes constructifs particulièrement ingénieux les diverses propositions qui lui sont soumises par de nombreux architectes. Il est le seul, dans le Japon contemporain, à être reconnu dans un domaine hautement technique en y ayant accédé par la pratique et non pas en tant que chercheur. Il a commencé à travailler chez Kunio Maekawa, disciple de Le Corbusier, avec Fugaku Yokoyama, qui est chargé d'élaborer les structures imaginées par Maekawa. Kimura participe ainsi à la réalisation du Centre culturel de Tôkyô (1961). La première œuvre importante qu'il conçoit en son nom propre est le Centre de conférences internationales de Kyôto (Yukio Ôtani, architecte, 1965) : il y résout de manière extrêmement systématique le problème posé par les formes en trapèze et trapèze inversé en proposant une structure métallique. Pour la

bibliothèque centrale de la préfecture de Chiba (Masato Ôtaka, architecte, 1968), il réalise un espace rythmé par une grille de poutres préfabriquées en béton précontraint ; pour le vaste auditorium du Centre culturel de la même préfecture (Masato Ôtaka, architecte, 1967), il conçoit une coque en paraboloïde hyperbolique comprenant de légères poutres-treillis avec câbles extérieurs. Avec Fumihiko Maki, il réalise des structures à grande portée pour le gymnase de Tôkyô (1990), ainsi que pour le Centre japonais des conventions de Makuhari-Messe (1989) et pour le Centre culturel et sportif Akibadai à Fujisawa (1984). Pour le gymnase de Tôkyô, compte tenu des contraintes importantes imposées par la hauteur du bâtiment et par le terrain, il propose d'en couvrir l'arène de 100 m de portée par une série d'arches. La structure du plafond est mise en évidence par des motifs apparents en forme de feuilles, qui confèrent de l'élégance à cet espace gigantesque. Avec Arata Isozaki, il collabore au projet de musée des Arts de Mito (1990), pour lequel il construit une tour à structure tridimensionnelle de 100 m de haut, s'inspirant de la colonne sans fin de Brancusi. Pour le musée municipal de Yatsushiro dessiné par Itô, il crée un rythme de surfaces courbes grâce à un toit fait de plusieurs voûtes, composées de barres plates assemblées en triangle. Le projet de Sky Building dans le quartier d'Umeda à Ôsaka (Hiroshi Hara, architecte, 1993) donne à Kimura

Kimura (Toshihiko). Bâtiment Skybuilding dans le quartier d'Humeda à Ôsaka.

l'occasion de concrétiser son idée d'immeubles de très grande hauteur, espacés de 54 m, et connectés entre eux au 39ᵉ étage. Les déformations sont réduites au minimum du fait que les deux bâtiments n'en forment qu'un pour contrer la force du vent et l'effet du moment fléchissant au sommet. Cette réalisation s'est également révélée efficace en cas de tremblement de terre, ainsi lors du séisme de Kôbe en 1995. Pour le bâtiment commémoratif du centenaire de l'université de technologie de Tôkyô (Kazuo Shinohara, architecte, 1987), qui comporte un demi-cylindre placé en biais et traversant le cœur de l'édifice, Kimura a réalisé une structure qui n'est pas sans évoquer la construction navale. Dans l'immeuble Spiral à Tôkyô (Fumihiko Maki, architecte, 1985), la rampe circulaire, qui n'est fixée qu'en trois points, est due à Kimura.

Compte tenu de la grande variété des solutions apportées par Kimura, il est difficile de mettre en évidence un type précis de structure auquel il aurait plus volontiers recours. Parmi ses travaux récents, une œuvre se dégage cependant, qui exprime pleinement sa sensibilité en matière de structure : la salle panoramique de repos destinée aux visiteurs du parc marin de Kasai à Tôkyô, d'une architecture moderne et élégante, pour laquelle Kimura a collaboré avec Yoshio Taniguchi. Ils y ont adopté une solution audacieuse qui unifie le métal de la structure principale avec celui des châssis qui soutiennent le verre des parois. Les châssis, c'est-à-dire les éléments de la structure, sont de fines barres d'acier de 50 × 120 mm, sans protection ignifugée ni peinture antifeu.

Kimura s'est très tôt attaché aux possibilités qu'offre l'analyse mathématique. Dans une certaine mesure, il a devancé ce que permet aujourd'hui le développement des ordinateurs. Ses méthodes se fondent sur l'analyse volumique tridimensionnelle à l'aide de matrices, comme pour le pavillon Sumitomo de l'Exposition universelle d'Osaka en 1970, ainsi que sur la théorie des vibrations des matériaux élastoplastiques. Parmi ses importantes qualités, la moindre n'est pas la clairvoyance dont il fait preuve en matière d'hyperstaticité des formes structurelles et de ductilité des matériaux. Kimura n'a appartenu à aucune académie ; il a formé de nombreux et éminents spécialistes de structures tels que Kunio Watanabe – qui s'est occupé de la structure du bâtiment du Forum de Tôkyô –, Mutsurô Sasaki et Masato Araya. **N. O.**

Koechlin (Maurice)

Buhl, auj. dans le Haut-Rhin, France, 1856 – Veytaux, canton de Vaud, Suisse, 1946.

Maurice Koechlin est surtout connu pour être l'ingénieur qui conçut le schéma original du pylône de 300 m de haut, lequel allait devenir célèbre sous le nom de tour Eiffel♦.

Issu d'une famille d'industriels alsaciens, Koechlin est l'étudiant de Karl Culmann (1821-1881) à la future École polytechnique de Zurich. En 1879, à l'âge de vingt-trois ans, il est embauché par l'entreprise de construction dirigée par Gustave Eiffel♦. Il y occupera le poste de chef du bureau d'études et restera dans l'entreprise d'Eiffel pendant toute sa carrière, pour en devenir plus tard le président.

La première responsabilité que Koechlin doit assumer auprès d'Eiffel est de préparer les calculs pour les structures du viaduc de Garabit♦, construit entre 1880 et 1884. En mai et juin 1884, après des discussions avec son collègue ingénieur et expert en construction Émile Nouguier (1840-1900), Koechlin établit le projet préliminaire et les calculs d'une structure qui ressemble – à bien plus grande échelle – aux pylônes employés pour les ponts ferroviaires de longue portée. La tour, qui devait être le point de mire de l'Exposition universelle de Paris en 1889, n'est pas le seul projet d'Eiffel auquel participe Koechlin : il collaborera notamment à la conception de la structure interne de la statue de la Liberté. Son ouvrage *Statique graphique*, publié en 1889, expose les méthodes graphiques d'analyse des structures et comprend un chapitre détaillé sur les constructions en acier. **G. K. D.**

Koenen (Matthias)

Bedburg, auj. en Rhénanie-du-Nord-Westphalie, Allemagne, 1849 – Berlin, 1924.

Matthias Koenen, formé à la Bauakademie de Berlin et ingénieur en chef des travaux publics, dirige à partir de 1884 les travaux d'étude pour la construction du Reichstag de Berlin. C'est à lui que s'adresse l'entrepreneur Gustav Adolf Wayss (1851-1917), qui vient d'acquérir pour l'Allemagne du Nord les droits sur le mode de construction Monier, et qui cherche des applications possibles. Koenen se montre intéressé, bien qu'il ait des doutes – partagés, du reste, par beaucoup à l'époque – sur la combinaison constructive des deux matériaux fer et béton. Il décide de procéder à des essais, qui sont effectués en 1886 par les entreprises G.A. Wayss & Co. et Freytag & Heidschuch (qui possède la licence Monier pour l'Allemagne du Sud), sous sa direction scientifique. Les résultats sont encourageants et font donc l'objet d'une publication, en 1887, dans la brochure Monier (*Le système Monier [...] et son application à la construction*). Publié par Wayss, mais rédigé pour l'essentiel par Koenen, le texte contient

Koenen (Matthias). Passerelle de l'exposition industrielle de Brême, Allemagne, 1890.

également l'énoncé de la première théorie statique, que celui-ci vient de développer. Koenen place le fer dans la zone de traction – et non pas au milieu de la section –, et justifie le calcul par la théorie de la flexion de Claude Navier♦, en négligeant la résistance à la traction du béton. Le progrès réalisé est considérable et va permettre de fonder sur des principes scientifiques l'application pratique de ce nouveau mode de construction, qui repose sur un effet conjoint du fer et du béton.

Koenen devient en 1888 directeur de l'entreprise de Wayss et, après le retrait de ce dernier, en 1892, directeur général de l'entreprise, transformée entre-temps en une société par actions, qui consacre son activité à l'exploitation du système Monier. **C. S.**

Kresge (auditorium de)

Massachusetts Institute of Technology (MIT),
Cambridge, Massachusetts, États-Unis, 1955.

L'auditorium de Kresge de l'Institut de technologie du Massachusetts, conçu par Eero Saarinen♦ & Associates, architectes, et Ammann♦ & Whitney, ingénieurs, est la première grande structure à coque mince en béton réalisée aux États-Unis ; elle répond à une volonté délibérée d'Eero Saarinen de « développer l'architecture au-delà du b.a-ba ». Rompant avec le fonctionnalisme qui veut que les auditoriums aient la forme d'un éventail, Saarinen suggère audacieusement une forme plus pure, obtenue grâce aux dernières avancées de la technologie, qui clarifie la complexité du programme du MIT en le simplifiant. Ce programme consiste en une installation à fonctions multiples, répondant à des capacités d'audience variables et à des activités de diverses natures. Afin de créer un intérieur sans colonne, la portée libre de 49 m entre les butées des 3 angles correspond à 1/8 de sphère (sur la base d'un rayon de 34 m) avec un plan en forme de triangle équilatéral dont les côtés seraient incurvés vers l'extérieur. Les parois extérieures épousent le tracé des côtés, ce qui donne des murs de verre courbés atteignant 8 m de haut et des arches apparentes qui, en fait, sont des nervures épaisses qui stabilisent la coque le long de ses bords discontinus. La coupole de la structure en béton a 9 cm d'épaisseur sur environ 80 % de sa surface ; l'épaisseur augmente aux angles pour former une sorte de bordure atteignant 46 cm ; l'épaisseur moyenne est de 12 cm, ce qui est propor-

Auditorium de Kresge, construction de la coupole
(en haut) ; détail d'un point d'appui (au milieu) ;
vue générale (en bas).

tionnellement plus mince qu'une coquille d'œuf. La coupole se termine en pointe par des pivots en acier de 20 cm² aux angles, reposant sur des coussinets en acier qui permettent à la coupole de se déplacer par rapport au sol quand elle se dilate ou se contracte. Les trois butées de support sont indépendantes les unes des autres. Structurellement, la coque du toit flotte librement par rapport au reste de l'auditorium, construit à partir du sol sous la forme d'un dôme inversé.

L'intérieur comprend une salle de 1 238 places au niveau supérieur et, au niveau inférieur, un petit théâtre de 200 places, ainsi que les différents espaces réservés aux services. Les murs intérieurs et les parois de verre extérieures sont indépendants du dôme, ce qui lui permet de « respirer » sans affecter la structure intérieure ni membrane qui la recouvre. Des joints de caoutchouc à l'intérieur et des coins en acier fendus au niveau des fenêtres permettent la dilatation et la contraction. Les installations propres à l'acoustique, l'éclairage, le chauffage mécanique et la ventilation sont indépendantes de la coupole, dont la forme doit rester libre, car elle constitue le plafond de l'intérieur de l'auditorium. Des panneaux en suspension libre, que Saarinen appelle des « nuages », sont placés de façon à fournir les caractéristiques de réverbération voulues ; ils incluent une partie de l'éclairage direct et indirect ainsi que les conduites, isolées phoniquement. **P. C. P.**

Krk (ponts de)

Îles de Krk et Sveti Marko, auj. en Croatie, 1980.

Les ponts de Krk ont été édifiés entre 1976 et 1980 afin de relier les îles de Krk et de Sveti Marko à ce qui était alors la côte yougoslave. Poursuivant la voie ouverte par Nicolas Esquillan♦ au pont de Saint-Clair et par Eugène Freyssinet♦ aux ponts de Caracas, Ilija Stojadinovic, chef du bureau d'études de l'entreprise Mostogradnja, a, le premier, construit des arcs en béton armé par encorbellements

successifs, comme on le faisait un siècle plus tôt pour les ponts en fer ; les travaux ont été dirigés par Stanko Sram, directeur des travaux de la même entreprise.

Avec 390 m de portée, le pont de Krk détient les records du monde des ponts en arc et des ponts en béton ; le deuxième pont reliant les deux îles est un peu moins long – 244 m. Ils ont été édifiés en même temps (1976-1980). Chacun des arcs consiste en un caisson évidé, constitué de dalles et de parois préfabriquées en éléments de 5 m. Les arcs ont été mis en place au moyen d'un cintre en treillis métallique haubané, élément par élément, d'abord la dalle inférieure, puis les parois, enfin la dalle supérieure. Une fois les éléments posés et réglés, les armatures ont été passées, et les câbles provisoires mis en tension. Les haubans du cintre ont été ensuite retendus, et les câbles provisoires détendus pour la mise en place d'un nouvel élément de 5 m. Le grand arc a été ainsi assemblé en moins de treize mois, celui de 244 m en un peu plus de cinq.

Le caisson du grand arc mesure 6,50 × 6,50 m et s'élève à 67 m au-dessus de la mer. Pour porter sa largeur à 13 m, on lui a ajouté des parois latérales de chaque côté en procédant en trois étapes : d'abord la partie inférieure préfabriquée, puis (après mise en charge des vérins à la clé) la partie supérieure préfabriquée, enfin la partie médiane coulée en place. Tous ces éléments ont été ensuite solidarisés par précontrainte transversale et longitudinale. **B. M.**

Ponts de Krk, vue de la construction d'un arc en béton (en haut) ; vue gènérale (en bas).

Laboratoires d'essais. Tests de résistance au vent sur une maquette d'hélice à huit pales dans les laboratoires de recherche de la NASA.

Laboratoires d'essais

Les laboratoires d'essais ont un rôle particulièrement important dans l'étude des structures et en matière de bâtiment. Les impératifs de cohésion, les dimensions et le coût de nombreux prototypes structurels nécessitent d'en vérifier le comportement avant construction, habituellement en testant les composants en laboratoire dans des conditions contrôlées. Afin de pouvoir se fier à l'analyse structurelle et théorique, souvent à l'aide de programmes informatiques très puissants, il a également fallu confirmer la validité des modèles par des expériences. De nouveaux matériaux à hautes performances trouvent des applications toujours plus nombreuses dans la réalisation des structures et nécessitent des essais de durabilité et de résistance. Le respect des normes et le contrôle de la qualité appliqué à la construction passent également par des essais, destinés à établir la

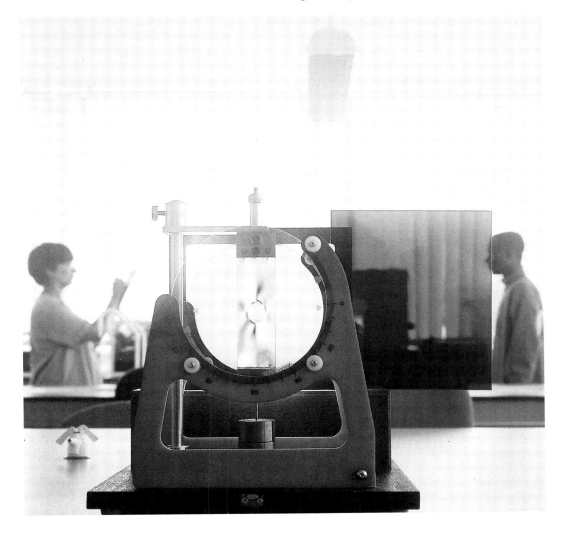

Laboratoires d'essais. Tests de résistance photoélastique.

conformité aux spécifications. La définition des charges dues au vent, aux chutes de neige, à l'action des vagues, aux tremblements de terre et aux effets de la température a également créé un besoin de laboratoires d'essais spécialisés. À quoi s'ajoutent des problèmes de nature géotechnique comme l'évaluation des propriétés des sols et des roches, et l'utilisation de géotextiles dans les décharges d'enfouissement et les fondations.

C'est ainsi qu'est apparue une large variété de laboratoires et de procédures d'essais spécialisés dans différents aspects de la construction. Ces laboratoires dépendent habituellement de l'industrie, d'établissements universitaires ou de centres gouvernementaux d'études sur le bâtiment. Un facteur important de leur efficacité réside dans leur ouverture sur le secteur des études et sur l'industrie du bâtiment.

Essais sur les matériaux

Un grand nombre de laboratoires d'essais se consacre aux matériaux utilisés dans le bâtiment – les plus couramment employés étant l'acier et le béton, le bois et l'aluminium suivant de près. D'autres métaux et alliages apparaissent également dans des applications bien particulières, comme le cuivre pour les conducteurs électriques, le titane et le magnésium dans des structures légères spéciales comme les cellules d'aéronefs, et le zinc dans les revêtements protecteurs anticorrosion. Maçonnerie, verre et pierre sont très largement utilisés également pour la construction des façades et des enveloppes des bâtiments. Les fibres de carbone et de verre et d'autres fibres à haute résistance sont de plus en plus employées pour renforcer les structures en béton et en tissu. Ces matériaux, tout comme d'autres plastiques spéciaux comme le Kevlar, qui présentent un rapport résistance/poids élevé, possèdent un fort potentiel de renforcement et de remise à niveau des structures, ainsi que des applications telles que les tirants dans les tours haubanées de grande hauteur.

Au-delà de cette présentation sommaire, il existe des classifications plus détaillées des matériaux. L'acier et ses alliages peuvent présenter une gamme très large de propriétés, de l'acier doux utilisé dans le bâtiment jusqu'aux aciers à haute résistance employés pour les câbles, et aux aciers inoxydables destinés aux applications en milieu corrosif. De façon similaire, l'ajout d'additifs pendant la fabrication permet de disposer de plusieurs classes de

résistance du béton – qui peuvent atteindre jusqu'à 100 MPa en compression.

Pour garantir leur utilisation dans des structures, il convient de tester tous ces matériaux en laboratoire à différents stades – en production et en fabrication, tout autant qu'au moment de l'installation – afin d'assurer que leurs performances in situ seront conformes aux spécifications. Des propriétés physiques multiples doivent ainsi être examinées, notamment : les caractéristiques de contrainte-déformation telles que l'élasticité, l'inélasticité, la plasticité et la ductilité, ainsi que des propriétés de résistance statique en traction, compression, cisaillement et torsion. Outre les propriétés relevant de l'application de charges uniques, il est également nécessaire de définir une résistance à la fatigue sous une charge cyclique. D'autres propriétés telles que la résistance à des températures extrêmes sont également importantes. Cela inclut notamment des cycles de gel et de dégel, des mesures de la fragilité, le comportement en fatigue, ainsi que des propriétés de résistance telles que la soudabilité, la durabilité et la résistance à la corrosion.

Étude du comportement dynamique

Pour résoudre les problèmes de vibration des structures, de nouveaux matériaux sont apparus, qui présentent des propriétés de viscoélasticité capables d'absorber de l'énergie lorsqu'ils

vibrent. Des équipements de laboratoire spéciaux sont nécessaires pour mesurer la capacité d'absorption d'énergie, ou l'hystérésis, et développer ces applications.

Équipements d'essais

Pour réaliser ces essais, il faut disposer d'équipements très variés, capables de travailler sur de petits échantillons de matière, jusqu'à des machines beaucoup plus imposantes, d'une capacité pouvant atteindre cinq millions de newton, pour tester la résistance de structures de grande taille. Ces machines doivent pouvoir opérer en charge contrôlée ou en déformation contrôlée. Les équipements d'essais en fatigue sont très importants, notamment parce qu'ils doivent être capables de fonctionner dans des conditions environnementales très diverses – froid ou chaleur extrêmes, substance corrosive, etc. Dans le bâtiment, les essais d'ignifugation sont également extrêmement importants ; ils doivent être pratiqués sous charge sur des échantillons de taille réelle afin de simuler les conditions de service réelles.

Si les essais de résistance doivent normalement être menés jusqu'au point de rupture, de nombreuses situations font également appel à des essais non destructifs. Les essais de classification du bois d'œuvre se font de manière tout à fait routinière en mesurant la déformation d'échantillons exposés à une charge connue, et en se fiant à la forte corrélation qui existe entre

Étude au moyen de tests de soufflerie de l'acoustique du Stade de France dans les laboratoires du CSTB de Nantes.

résistance et rigidité, pour en tirer une indication sur les propriétés de résistance. Le contrôle de la qualité d'un matériau en termes de résistance fait également appel à des essais non destructifs.

Historiquement, le développement de l'ingénierie des structures s'est appuyé sur la détermination et la confirmation des propriétés des matériaux. Autrefois, la fonte pouvait contenir des vides de soufflage, qui risquaient d'échapper à toute détection jusqu'à l'apparition des premières méthodes de détection des fissures. La résistance du fer et de l'acier était mesurée sur des éprouvettes prélevées dans chaque lot, qui étaient mises au rebut si elles ne répondaient pas aux exigences standard. Les essais réalisés sur le fil employé dans la construction du pont de Brooklyn♦ permirent de détecter la réutilisation frauduleuse d'un matériau défectueux. On compensa le manque en ajoutant des fils supplémentaires dans les câbles de suspente principaux.

L'existence de laboratoires d'essais spéciaux travaillant sur site apporte une aide inestimable pour vérifier la capacité des structures sous charge. Dans le cas des ponts, par exemple, des camions spéciaux, chargés de gros blocs de béton d'un poids donné, peuvent servir à mesurer la déformation du pont et à estimer sa capacité à supporter des charges. La connaissance de ces caractéristiques peut permettre de prolonger sensiblement la durée d'utilisation des ponts anciens. Par souci de sécurité, ces camions sont équipés pour être commandés à distance.

Laboratoires d'essais pour les charges du vent et des vagues

L'augmentation de la taille et de la légèreté des ponts de longue portée, des bâtiments de grande hauteur et des tours a conduit à devoir améliorer la définition de la charge du vent. Au cours des trente dernières années, on a assisté à une augmentation généralisée du nombre des laboratoires d'essais en soufflerie consacrés à ces questions. Ces souffleries sont qualifiées de souffleries « à couche limite », parce qu'elles disposent de sections d'essai de grande longueur qui permettent de générer des écoulements à couche limite turbulente, similaires au vent qui règne dans les quelque 500 premiers mètres de l'atmosphère. Elles diffèrent donc des souffleries aéronautiques apparues au milieu du XIXᵉ siècle, dans lesquelles l'écoulement est uniforme et toute turbulence supprimée.

Les souffleries à couche limite sont mises à profit en liaison avec des maquettes pour essais de pression, équipées de plusieurs centaines de sondes de pression destinées à mesurer les pressions instantanées à la surface de la structure. On les utilise également avec des maquettes pour essais aéroélastiques, qui présentent des propriétés dynamiques similaires à celles du prototype grandeur nature. On peut ainsi étudier la réponse de la structure à divers types de sollicitations dynamiques. Ces études ont revêtu une importance capitale dans la conception des ponts de longue portée et des bâtiments de grande hauteur.

L'action des vagues sur les structures marines a également fait l'objet de nombreuses études dans des laboratoires équipés de bassins à vagues et de générateurs de vagues. Dans quelques cas, ces laboratoires ont été couplés à des installations de type soufflerie, qui permettent d'étudier les effets conjoints du vent et des vagues sur les structures.

Les efforts dynamiques qui s'exercent sur une structure tiennent également une place cruciale dans l'étude des charges sismiques. Deux principaux types d'installation d'essai ont été développés : les tables vibrantes sur lesquelles sont installées des maquettes de la structure, et qui peuvent simuler les mouvements du sol d'un tremblement de terre. En variante, la simulation des forces d'inertie peut se faire également en utilisant des cadres et des murs de réaction d'une grande solidité, et des systèmes de vérins qui agissent sur les maquettes. Les forces exercées par les vérins peuvent être contrôlées par des boucles de rétroaction, déterminées à partir de la différence entre les valeurs de consigne et les valeurs réelles des déformations du bâtiment. Ces deux méthodes sont toutes deux en mesure de déterminer la réaction de la structure dans le domaine élastique non linéaire.

Essais géotechniques

Dans le domaine géotechnique, des essais sont nécessaires pour identifier les propriétés physiques et chimiques des échantillons de sol. L'application des géotextiles prend par exemple une importance croissante dans le domaine de la protection de la nappe phréatique contre une contamination en provenance de sites d'enfouissement de déchets. Parmi les équipements d'essais les plus importants figure ici le séparateur centrifuge. Il permet également d'observer le comportement des roches et des sols sur des échantillons d'approximativement un mètre cube, et soumis à des charges de gravité très élevées.

Tendances actuelles

Les tendances que l'on observe actuellement en matière de bâtiment suggèrent qu'il faudra faire face, à l'avenir, à de nouveaux défis concernant l'entretien des infrastructures existantes – bâtiments, routes, ponts, systèmes d'alimentation en eau et autres équipements publics. Les très nombreux ouvrages et édifices construits au cours des années cinquante, soixante et soixante-dix présenteront des signes d'endommagement et de vieillissement de plus en plus visibles. Les nouvelles méthodes d'essai et d'évaluation de l'état des structures existantes prendront donc une importance croissante. **A. G. D.**

VOIR AUSSI **Expérimentation** ; **Maquette** ; **Vent**.

Lafayette (pont)

Paris, France, 1928.

Entre 1900 et 1925, le développement de la banlieue parisienne a multiplié par trois le nombre des voyageurs. À la gare de l'Est♦, le nombre des voies a été portée de seize à trente, ce qui a nécessité l'élargissement de la tranchée. Le pont Lafayette, pont routier sur les voies, cumule les difficultés : il est biais, et sa portée, passant à 149 m, doit être doublée, alors que l'on ne peut modifier l'emplacement de la seule pile et que les travaux doivent être effectués sans interruption du trafic.

Le projet est accepté au conseil général des Ponts et Chaussées à la majorité simple seulement, grâce à la notoriété de son concepteur, Albert Caquot♦ ; la solution qu'il préconise est en effet exceptionnelle. Il y est venu pour des raisons esthétiques : la pile centrale, inamovible, divise les bords extérieurs du tablier en quatre longueurs inégales. Quatre arcs biais et inégaux, par-dessous ou par-dessus, auraient été disgracieux, d'où l'option de poutres-treillis, dont l'aspect sera très soigné : on utilise le treillage céramique Francer pour la construction du voile et comme support de la décoration des piles. Le béton est bouchardé, et le dessin des grilles du parapet bien venu.

Les deux poutres, de 10 m de hauteur, espacées de 20 m, supportent le tablier au moyen de 60 entretoises en treillis de béton armé de 2,50 m de hauteur. Les armatures étant délicates à placer, on s'est servi de vibrateurs pneumatiques

pour bien répandre et homogénéiser le béton.
Le pont a été en partie construit sur un plancher
suspendu à l'ancien tablier, préalablement hissé
de 5 m. Les travaux ont été exécutés de juillet
1927 à septembre 1928 par l'entreprise Monod.
En 1961, pour l'électrification du réseau, on
relèvera l'ouvrage de 70 cm, ce qui sera effectué
avec une force de 10 000 t par l'entreprise
Boussiron♦, sous la direction de Nicolas
Esquillan♦, en cinq journées de huit
heures. **B. M.**

Laffaille (Bernard)

Reims, Marne, France, 1900 – Paris, 1955.
La principale contribution de Bernard Laffaille
à l'architecture de ce siècle réside dans ses travaux sur les voiles minces « à courbures », tant
en béton armé qu'en métal.
Dès les années vingt, l'ingénieur centralien s'intéresse aux propriétés constructives des « surfaces gauches » en coque de béton armé, qui, en
raison de leur double courbure inverse, présentent des qualités de rigidité incomparables.
Entre 1925 et 1928 il réalise, sous forme de
sheds, les premiers conoïdes ; puis il construit,
en 1933, les premiers paraboloïdes hyperboliques pour un auvent d'essai, en vue de valider
expérimentalement sa théorie générale des
surfaces gauches, publiée en 1935. L'ingénieur
emploiera conoïdes et paraboloïdes hyperboliques dans de nombreux projets en les
combinant pour former de nouveaux types de
couvertures.
Appliquant à la construction en tôle mince les
idées développées pour les coques de béton
armé, Laffaille fait également figure de pionnier
dans le domaine des couvertures métalliques. Il
exécute, entre 1933 et 1935, plusieurs prototypes conçus comme des éléments de couverture pour hangars et entrepôts. Extrêmement
légers et économiques, ces prototypes explo-
rent les propriétés du matériau tôle sous forme
de structures, à simple ou double courbure,
autoportantes ou suspendues, qui font l'objet
de plusieurs projets types dont un seul pourra
être réalisé (en trois exemplaires : hangars de
Cazaux et de Dijon, 1935-1936).
Poussant plus avant ses recherches, Laffaille
inaugure alors le concept des couvertures « prétendues ». Pour la toiture du pavillon de la
France à la foire de Zagreb♦, il réalise, en tôle,
un cône tronqué et renversé, prétendu sous le
poids d'un lanterneau. En 1951, pour couvrir les
32 000 m² du Centre des industries mécaniques,

Pont Lafayette, détail des armatures d'un croisillon des
poutres maîtresses (en haut) ; vue générale (en bas).

il invente la « selle de cheval » conçue comme un paraboloïde hyperbolique suspendu à deux arcs de rives dissymétriques en béton armé, atteignant une portée de plus de 200 m. Deux solutions sont élaborées pour sa mise en œuvre : tout d'abord une résille de câbles orthogonaux, solution abandonnée au profit d'une surface en tôle de 4 mm, prétendue à l'aide de câbles transversaux accrochés en sous-face de la couverture.

Enfin, en 1954, le projet du centre émetteur de la radio Europe N° 1 prévoit la réalisation d'une selle de cheval en voile de béton armé dans laquelle est prétendue une nappe de câbles longitudinaux. Six câbles transversaux sont d'autre part placés sous la couverture pour assurer sa stabilité. Malheureusement, lors du chantier, la mise en tension des câbles longitudinaux provoque la fissuration du voile de béton. Sans qu'il puisse vraiment se défendre, Laffaille est alors évincé par Eugène Freyssinet♦, qui achève l'édifice. Le projet de Laffaille n'en représente pas moins une date importante de l'histoire de la construction, car il marque la naissance des couvertures en résilles de câbles prétendus, dont le pavillon de la France à l'Exposition universelle de Bruxelles♦ constitue la première application.

La préfabrication lourde compose le deuxième volet majeur de l'œuvre de l'ingénieur avec, notamment, l'invention du « V Laffaille » : en 1934, pour les façades de ses hangars, il conçoit des trumeaux en voile de béton armé, présentant une section en V. Ces structures, par leur forme même, ont l'avantage d'offrir une grande résistance au flambement pour un faible volume de matières employées. Préfabriqués au sol, ils sont rapidement dressés par engin de levage, induisant ainsi de substantielles économies de mise en œuvre. L'ingénieur les emploiera pour de nombreuses réalisations, que ce soient des bâtiments industriels (les rotondes SNCF, dont celle d'Avignon♦) ou des édifices monumentaux (Notre-Dame♦ de Royan).

Après la Seconde Guerre mondiale, Laffaille peut appliquer ses structures profondément novatrices hors du champ de l'architecture industrielle en collaborant avec de nombreux architectes et constructeurs (Robert Camelot, Guillaume Gillet, Guy Lagneau, Le Corbusier, Jean Le Couteur, Jean Prouvé♦, Maurice Novarina…). Ses conceptions exerceront ainsi une influence considérable sur l'architecture française des années cinquante et soixante. **N. N.**

Lamellé-collé
voir **Bois lamellé-collé**

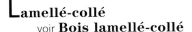

Laves (Georg Ludwig Friedrich)

Uslar, Basse-Saxe, Allemagne, 1788 – Hanovre, 1864.

Georg Laves fait ses études de 1804 à 1806 au sein du département de génie civil de la Bauakademie de Kassel. Directeur des travaux publics de la cour pendant un demi-siècle, il transformera la ville de Hanovre en une métropole fortement imprégnée de classicisme. En tant que constructeur, il est surtout connu pour son invention de la « poutre Laves » (1834), appelée plus tard « poutre lenticulaire » ou, suite à une invention ultérieure, « poutre Pauli ». Laves y réunit le principe du pont en arche à celui du pont suspendu, par l'astucieuse combinaison d'une membrure supérieure incurvée, placée sous compression, et d'une membrure inférieure de courbure inverse, mise sous traction. Il obtient ainsi une poutre à appuis libres qui n'exerce sur ses appuis ni poussée vers l'extérieur, ni traction vers l'intérieur.

Laves n'est pas le premier inventeur de ce système de poutre, mais il a contribué largement à son succès dans la pratique. Après son premier pont en bois de chêne (Stadtgrabenbrücke de Hanovre en 1835, d'une portée de 29,90 m), il construira de nombreux autres ponts et toitures en bois et en fer qui lui permettront d'améliorer continuellement son système. **R. G.**

Leipzig (grande halle du marché de)

Leipzig, auj. dans la Saxe, Allemagne, 1929.

Pour couvrir la surface au sol de cette grande halle avec une structure ne présentant aucun pilier, l'option retenue est une coupole en béton armé. Le projet conçu par l'ingénieur Franz Dischinger♦ (en collaboration avec Hubert Rüsch) et l'architecte Hubert Ritter prévoit d'abriter une surface de 238×76 m grâce à trois imposantes coupoles en coque, chacune d'une taille supérieure à celle de la halle du centenaire de Breslau♦. On commence par n'en construire que deux – la troisième est prévue à titre d'extension ultérieure, mais ne sera finalement jamais édifiée.

La halle se voit adjoindre sur son pourtour extérieur une ceinture de bureaux de deux étages. Au-dessus d'elle s'étend le bandeau de fenêtres, d'une hauteur de 3 m, qui éclaire l'espace intérieur avec les claires-voies prévues au sommet des coupoles, ainsi qu'une autre claire-voie horizontale située entre elles.

Grande halle du marché de Leipzig.

La couverture d'une surface de contour carré par une coupole circulaire pose de grosses difficultés de construction et, à cette époque, la coque de translation n'est pas encore suffisamment éprouvée, bien qu'elle convienne beaucoup mieux à l'objectif visé. Dischinger opte donc pour une coupole composée de coques cylindriques à courbure simple. Les quatre coques cylindriques, en se coupant, donnent naissance à une coupole octogonale. Entre les segments elliptiques de la coupole, d'une épaisseur de 10 cm, sont prévues des membrures qui assurent la rigidité des coques et supportent la plus grande part des charges propres, du poids de la neige, et des charges dues au vent. Pour la résistance au flambement, Dischinger fait réaliser des essais sur une maquette en tôle à l'échelle 1/60. Les résultats l'incitent à ajouter des membrures de rigidité supplémentaires sur la face intérieure des coupoles, au milieu de chaque segment.

La coupole repose sur une substructure composée de piliers inclinés (dans le prolongement des membrures principales), joints entre eux par des arcs porteurs. La poussée de la coupole est captée dans deux plans : la plus petite partie dans le plafond horizontal à la base de la coupole, par l'intermédiaire d'un anneau de traction large de 5,60 m, et la plus grande partie au niveau des pieds des piliers, par le plafond du sous-sol, dans lequel sont insérés des tirants supplémentaires. Les coupoles ont une hauteur libre de 29,90 m. Leur portée atteint 65,80 m à la base (70,40 m entre les membrures), et s'élargit jusqu'à 75 m au niveau du sol, au pied des piliers inclinés (environ 80 m entre les piliers). L'isolation thermique est assurée par des plaques de liège de 5 cm d'épaisseur posées sur mortier à l'extérieur de la coupole. L'enveloppe du toit est constituée d'éléments Eternit posés sur un coffrage en bois.

Dischinger écrira que les coupoles de Leipzig sont les coupoles massives les plus larges au moment de leur achèvement. Et ce n'est pas sans fierté, certes justifiée, qu'il attire l'attention sur les hautes performances des coques en béton armé par rapport aux anciens modes de construction. Il compare, par exemple, les poids : la coupole de Saint-Pierre de Rome pèse environ 10 000 t, et celle de la halle du centenaire à Breslau 6 340 t ; quant aux coupoles de la grande halle du marché, elles ne pèsent plus que 2 160 t, pour une surface couverte pourtant plus importante. Et l'on peut effectivement être surpris de constater à quels sommets la construction de coques en béton armé s'est his-sée en l'espace de cinq ans à peine (la première coque *Zeiss-Dywidag* a été édifiée en 1923). Édifice remarquable, la grande halle du marché de Leipzig existe encore. **C. S.**

LeMessurier (William James)

Pontiac, Michigan, États-Unis, 1926.

« Ce qui sous-tend ma recherche de l'idéal, c'est la quête de l'élégance. Pour qui est-ce que je conçois, en fin de compte ? Pour mon âme. » William LeMessurier étudie l'architecture à l'uni-versité Harvard et la conception des structures au MIT (Massachusetts Institute of Technology), où il obtient un Master of Science en 1953. Il est le concepteur et l'inventeur de systèmes structu-rels novateurs destinés aux bâtiments de grande hauteur en béton armé et en acier. Il sera le pre-mier, aux États-Unis, à employer les systèmes TMD (amortissement par masse d'équilibrage) destinés à amortir le mouvement des immeubles de grande hauteur sous l'effet du vent ; il les uti-lise pour le Citicorp Center de New York et le John Hancock Building de Boston.

Depuis 1950, il enseigne presque sans interrup-tion à la Harvard Graduate School of Design ou au département de génie civil du MIT. Il a reçu plusieurs distinctions et récompenses, notam-ment le George Winter Award de l'ASCE (American Society of Civil Engineers) en 1993. L'engagement de LeMessurier en faveur d'une collaboration productive entre architectes et ingénieurs s'incarne à merveille dans une œuvre qui illustre les possibilités expressives d'une relation directe entre techniques de construction et formes architecturales. On le connaît mieux pour les innovations qu'il a pro-posées dans le domaine des systèmes structu-rels, comme pour la Federal Reserve Bank à Boston, le Inter First Plaza du Dallas Main Center, le Treasury Building à Singapour, des projets pour la Bank of the Southwest à Houston et le Erewhon Center et – ce qui est peut-être sa réalisation la plus célèbre – le Citicorp Center, conçu en collaboration avec l'architecte Hugh Stubbins et achevé en 1977. La structure du Citicorp Center comporte 6 modules de 8 étages chacun, empilés les uns sur les autres, chaque module étant enveloppé dans des chevrons diagonaux qui évacuent les charges de gravité et les efforts du vent le long de colonnes situées au centre des façades, en direction de 4 supercolonnes qui portent la tour à 35 m au-dessus du sol. **E. C. E.**

Leonhardt (Fritz)

Stuttgart, auj. dans le Bade-Wurtemberg, Allemagne, 1909.

Fritz Leonhardt fait des études d'ingénieur en bâtiment de 1927 à 1931 à la Technische Hochschule de Stuttgart ; en 1932-1933, il est le premier à participer à un échange d'étudiants ingénieurs avec les États-Unis. Il occupe à partir de 1934 un poste de spécia-liste de la construction des ponts au sein de la direction supérieure de l'équipement autoroutier.

L'étroite collaboration qu'il entretient avec les architectes Paul Bonatz et Friedrich Tamms pour la conception des ponts autoroutiers constituera une expérience décisive, à l'origine de son désir permanent de réconcilier struc-ture et forme. De 1938 à 1941, il construit le pont suspendu de Cologne-Rodenkirchen, qui, avec 378 m de portée, devient le plus long pont suspendu jamais construit en Europe à l'époque. Après la guerre, il participe à de nom-breux titres à la reconstruction de l'Allemagne, en proposant notamment de nouveaux procé-dés dans le domaine du logement et des struc-tures légères appliquées à des ponts et à divers édifices.

De 1956 à 1973, il enseigne à l'université technique de Stuttgart, et ses publications sont traduites dans de nombreuses langues. Les expériences, améliorations pratiques et tra-vaux de recherches qu'on lui doit donneront naissance à de très nombreuses innovations et évolutions, comme le lancement cadencé des tabliers pour l'édification des ponts, les structures composites, les poutres de ponts à stabilité aérodynamique, ainsi que de nom-breux détails de structure qui comptent aujourd'hui parmi les outils courants de tous les constructeurs.

Leonhardt fera progresser la technique du béton précontraint par l'introduction de ses propres procédés. Il a ainsi conçu et réalisé les édifices les plus divers en acier et en béton, même si l'essentiel de son travail de concep-teur et de bâtisseur porte sur les ponts et sur les tours. Le pont suspendu de Cologne-Rodenkirchen peut être considéré comme exemplaire des développements qui inter-viendront ultérieurement. Le pont est doté d'une poutre de rigidité très effilée, de seule-ment 3,30 m de hauteur, qui passe sans rac-cord au niveau de chaque pylône, ce qui constitue une innovation. La chaussée est for-mée d'une dalle en béton armé de faible épais-seur, pour laquelle on a réalisé, pour la pre-mière fois, une liaison sans glissement avec les poutres longitudinales en acier. La grande qualité de la réalisation se retrouve dans tous les détails, à commencer par la disposition des rivets.

Parmi les nombreux ponts construits depuis la guerre par le bureau Leonhardt Andrä & Partner en Allemagne et à l'étranger, on retiendra tout particulièrement le pont à poutre de Cologne-Deutz (1946-1948), d'une portée libre de 184 m enjambée par une poutre-caisson d'une grande finesse de forme, en structure composite béton-tôle d'acier. Depuis 1952, Leonhardt a collaboré étroi-tement avec l'architecte Friedrich Tamms et participé de façon déterminante à la concep-tion et à la réalisation des trois célèbres ponts haubanés de Düsseldorf♦. Le développement du pont à haubans moderne trouve ici son origine. Une autre évolution porteuse d'avenir est la technique du pont suspendu monocâble (brevet de 1953, projets non réalisés de 1959 et 1961).

Bon nombre de ponts en béton, par leur appa-rence élégante et élancée, portent la signature de Leonhardt. Le premier grand pont en béton précontraint est construit en 1950 au-dessus du canal du Neckar à Heilbronn-Böckingen, et couvre une portée de 96 m. Un exemple tardif particulièrement impressionnant est donné par le pont sur la Kochertal à Geislingen, avec ses poutres en béton armé de 138 m de portée soutenues par de minces piles s'élevant jus-qu'à 190 m de hauteur.

Leonhardt a également construit les premières tours de grande hauteur en béton. Avec la tour de télévision de Stuttgart♦, érigée en 1954-1955 sous forme d'un tube en béton à paroi mince de 160 m de haut, il réalise une percée décisive sur la voie d'un nouveau type de tour de radiodiffusion. De nombreuses tours ulté-rieures suivront. Dans son principe, le mode de construction introduit par Leonhardt constitue aujourd'hui encore une véritable référence internationale.

En matière de structures de toit, outre les coques et les couvertures suspendues en béton, le pavillon de la RFA à l'Exposition universelle de Montréal♦ et le toit des instal-lations des Jeux olympiques de Munich♦, pour lesquelles Leonhardt assurera la responsa-bilité d'ingénieur, occupent une place tout à fait particulière. **R. G.**

Le Ricolais (Robert)

La-Roche-sur-Yon, Vendée, France, 1894 –
Paris, 1977.

Robert Le Ricolais étudie et travaille en France
de 1912 à 1951 ; il enseignera à l'université de
Pennsylvanie de 1954 à 1975.

La guerre de 1914-1918 l'empêche de mener à
bien ses études universitaires de mathématiques et de physique. Grièvement blessé à trois
reprises, il reçoit la médaille militaire et la croix
de guerre avec double citation.

De 1918 à 1943, il travaille comme ingénieur
hydraulicien, expose ses peintures constructivistes à l'aérographe, publie des poèmes, et
écrit deux articles traitant de sa recherche des
configurations structurelles « d'un poids nul et
d'une portée infinie ».

Son article de 1935, « Les tôles composées et
leurs applications aux constructions métalliques légères », introduit dans le bâtiment le
concept d'enveloppes tendues ondulées. Ces
travaux lui valent la médaille de la Société française des ingénieurs civils.

L'étude qu'il publie en 1940, *Essai sur des systèmes tridimensionnels*, initie de nombreux
architectes au concept d'ossature spatiale. Cet
article, ainsi que d'autres recherches et de nombreux brevets sur les structures spatiales, lui
valent en 1962 le grand prix du Cercle d'études
architecturales de France. André Malraux,
ministre de la Culture de l'époque, lui remet la
distinction avec ces mots : « L'État français
aurait besoin de votre audace et de votre
vision », et le journal *Le Monde* qualifie alors
Le Ricolais de « père des structures spatiales ».
À partir de 1928, après des études d'arts plastiques à l'académie de la Grande-Chaumière, à
Paris, l'intérêt de Le Ricolais pour le constructivisme se traduit par des peintures à l'aérographe. Outre diverses expositions en France,
ses œuvres sont présentées dans des collections
privées et au musée des Beaux-Arts de Nantes.

Il continue aussi à écrire des poèmes, ce qu'il
fera sa vie durant – sans pour autant en publier
beaucoup.

Après la guerre de 1939-1945, qui l'empêche de
développer ses activités de conseiller et d'entrepreneur, il collabore entre 1947 et 1958 à
plusieurs projets de construction : une école,
une colonie de vacances, un hangar pour
avions, un marché couvert, une usine, deux
pavillons d'exposition, un observatoire doublé
d'une station météorologique, des logements
expérimentaux et une église.

En 1951, à l'âge de cinquante-sept ans,
Le Ricolais quitte la France pour poursuivre ses
recherches aux États-Unis, où il organise des
« ateliers expérimentaux sur les structures » à
l'université d'Illinois à Urbana, et dans celles de
Caroline du Nord, de Harvard, de Pennsylvanie
et du Michigan.

L'influence qu'a eue Le Ricolais s'est exercée
non seulement par ses publications sur ses
structures expérimentales, mais aussi par le
mode de pensée qui l'a animé pendant vingt
années de recherches à l'université de
Pennsylvanie.

Persuadé « qu'il n'y a pas de meilleure discipline, devant cet imprévisible problème de la
forme, que l'observation des prodiges créés par
la Nature », il étudie également les pellicules de
savon et les radiolaires. Notant que « la Nature
est un immense réservoir de formes inexploi-
tées, de mathématiques et de ses symboles », il
définit une typologie toute particulière. Opposé
« aux gens qui se nourrissent de symboles à
longueur de journée » et convaincu que « le
contact avec les choses est riche d'enseignements », il insiste sur la nécessité pour tous les
concepts de construire et de vérifier des

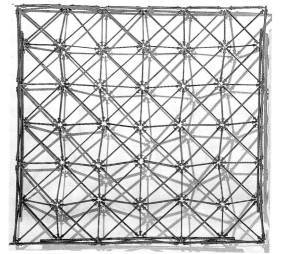

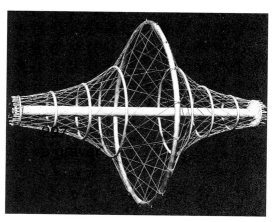

modèles physiques. Son usage de la logique du
paradoxe lui fait dire que dans ses structures
« la logique de la destruction suit celle de la
construction » ; il amène également à postuler
dans ses études sur l'aménagement de l'espace
urbain que « l'objectif visé n'est pas d'agencer
des bâtiments, mais des circulations ».

Pour Le Ricolais, « le secret, c'est d'être
curieux ». Sa curiosité est appréciée par
l'American Institute of Architects, qui l'accepte
parmi ses membres en 1973 pour son enseignement, et lui attribue sa *Research Medal* en 1976
pour ses travaux de recherche. Il est nommé en
1974 à la chaire d'architecture Paul-Philippe
Cret de l'université de Pennsylvanie. **P. McC.**

Lime Street (gare de)

Liverpool, Merseyside, Grande-Bretagne,
1849.

Les fermes courbes du toit de la deuxième gare
de Lime Street à Liverpool sont remarquables
en raison de leur portée et de leur finesse, sans
précédent à l'époque. Le London & North-
Western Railway commande au maître de
forges dublinois Richard Turner♦, réputé pour
ses serres, un toit de 114 m de long pour mettre
à l'abri les tenders ; ce toit devait comporter
deux courtes travées supportées par des
colonnes. Turner propose cependant l'idée d'un
toit à travée unique de quelque 47 m de portée,
parce que plus flexible et donc moins susceptible de se rompre et de causer des accidents.

Ces fermes, placées à intervalles réguliers tous
les 5 à 6 m, sont formées de poutrelles de fer
forgé pour navires, présentant une section en I
de 225 mm de hauteur ; elles sont dotées de
tirants jumeaux de 50 mm de diamètre ; elles
reposent, d'une part, sur les bâtiments de la
gare, dus à l'architecte William Tite et, d'autre
part, sur une rangée de hautes colonnes de
fonte munies de galets permettant de compenser jusqu'à 75 mm des déplacements dus aux
variations de température. Le revêtement du
toit est constitué de tôle ondulée galvanisée et
de verre, sans aucun élément en bois.

Le projet de Turner est vérifié, puis approuvé,
par William Fairbairn♦ ; James Kennedy soumet
les fermes à un test de résistance, comme le
demande John Locke, l'ingénieur des chemins
de fer. Les ateliers de Turner érigent alors trois
fermes dépourvues de revêtement ; la ferme
centrale est soumise avec succès à des pressions exercées en tous sens, y compris latéralement, équivalentes à 2 kN/m².

Le Ricolais (Robert).
Nappe plane, maquette (en haut) ; système funiculaire
de révolution, maquette, 1960-1962 (en bas).

Les extensions prévues pour le toit de Turner sont successivement abandonnées au cours des années 1860 et 1870. Le toit actuel, qui comporte deux baies supportées par des travées de plus de 65 m, a perdu la légèreté et l'inventivité inédite de la structure imaginée par Turner. **R. J. M. S.**

Limousin (Claude)

Andrézieux-Bouthéon, Loire, France, 1880 – Sainte-Maxime, Var, 1953.

Après des études à Saint-Étienne, Claude Limousin suit les cours de l'École des ponts et chaussées, et en sort diplômé en 1905. En 1907, il fonde à Lyon son entreprise, dont il transfère le siège à Paris en 1919. Entretemps, il rencontre Eugène Freyssinet♦ et lui offre la direction technique de l'entreprise,

qui prend le nom de « Entreprise Limousin. Procédés Freyssinet ». Ensemble, ils réalisent les chefs-d'œuvre conçus par Freyssinet, jusqu'à leur séparation, causée par le scepticisme dont Limousin fait preuve envers la précontrainte.

L'entreprise continue cependant à construire des ouvrages remarquables, tels la gare aérienne de Lyon-Bron♦, sur une idée d'Albert Caquot♦, ou, pendant l'Occupation, le viaduc de Longeray, sur le Rhône. Limousin prend sa retraite en 1939, cédant la direction de son affaire à Gaston Le Marec, qui en dirigeait jusqu'alors le bureau d'études. À la mort de Le Marec en 1947, la direction est assurée par Henry de Lauriston et René Breffeil, lequel réalisera encore le très beau pont de Kerisper en 1958. L'entreprise sera absorbée par l'entreprise Fougerolle en 1966. **B. M.**

Loleit (Artur)

Orel, Russie, 1868 – Moscou, 1933.

Artur Loleit a été qualifié de « plus grand spécialiste russe du béton armé ». Il est responsable des premières applications du béton armé à l'architecture russe – demeurées parmi les plus élégantes jusqu'à aujourd'hui –, et son apport a été décisif sur un plan aussi bien théorique que pratique.

Après son diplôme de fin d'études, obtenu en 1891 à l'université de Moscou, il travaille pour l'entreprise de construction moscovite Iouli Guk & Co., où il est chargé de l'étude et de la construction de plusieurs structures en béton armé qui prendront une importance à la fois historique et esthétique : en 1892-1893, la fine passerelle pour piétons, à faible courbure d'arc, qui relie les galeries commerciales supérieures de

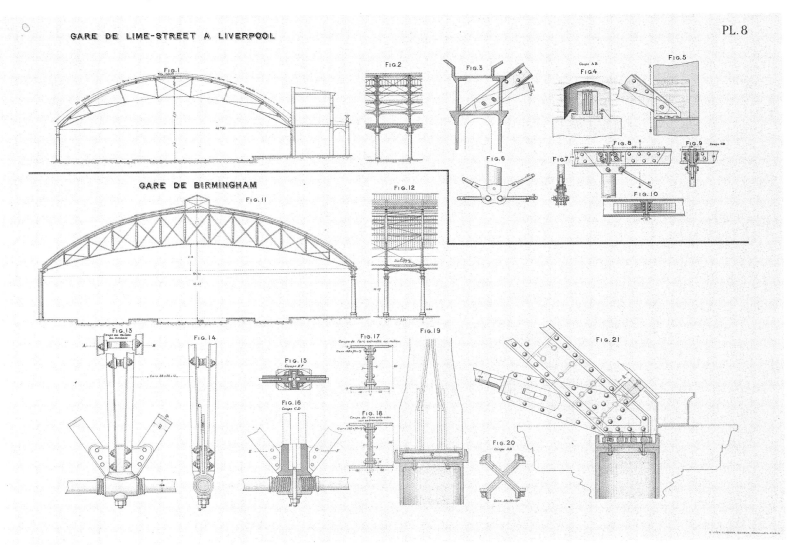

la place Rouge, à Moscou (devenues depuis le grand magasin Goum) ; en 1886, le pont pour l'exposition de Nijni-Novgorod ; en 1903, une coque à double courbure pour une église de Moscou ; en 1907, les voûtes en éventail dépourvues de membrure de l'usine Bogorodskaïa ; en 1908-1910, les premières dalles bidirectionnelles (à chapiteaux élargis) construites en Russie, pour le dépôt des tramways de Zolotorojskii à Moscou, pour l'usine de papier Egorevskaia et pour un entrepôt de produits laitiers de quatre étages situé à Moscou ; et enfin les voûtes du musée des Beaux-Arts de Moscou (rebaptisé ultérieurement musée Pouchkine), achevé en 1912.

Jusqu'à la révolution de 1917, Loleit enseigne la construction à la prestigieuse École de peinture, de sculpture et d'architecture de Moscou. Nombre de ses élèves formeront la future avant-garde de l'architecture soviétique.

Après la révolution, il enseigne au Collège supérieur technique de Moscou, qui sera plus tard dédié à Bauman, et à l'Académie d'ingénierie militaire, rebaptisée ultérieurement académie Kouïbychev. Le titre de professeur lui est décerné en 1923. Il fait partie, la même année, des membres fondateurs de l'ASNOVA (Association des nouveaux architectes), au sein de laquelle il travaille avec les architectes rationalistes Nicolaï Ladovski et Konstantin Melnikov. Il rejoindra ensuite l'OSA (Union des architectes contemporains), dirigée par les architectes constructivistes Alexander et Viktor Vesnin et Moïseï Ginzburg.

Les contributions de Loleit à la théorie et à la pratique du béton armé comportent notamment le système de dalle bidirectionnelle qu'il conçoit en 1905 (et qui sera réalisé quelques années plus tard). Il participe aussi activement aux progrès de la théorie en proposant, en 1931, de passer de l'approche élastique à la méthode de la résistance ultime dans l'analyse du béton armé. **E. C. E.**

Londres (projet de Telford pour le pont de)

1800.

Le projet porte à l'origine les noms de Thomas Telford♦ et de James Douglass ; seul celui de Telford sera finalement retenu.

En raison de l'étroitesse des arches de l'ancien pont de Londres, qui fait obstacle au passage des navires qui gagnent la mer, la congestion du trafic fluvial en aval du pont atteint dans les années 1790 des proportions intolérables. Le Parlement décide donc en 1799 la construction de docks en aval du pont ; il étudie également différents projets de construction d'un nouveau pont qui permettrait le passage des navires, ainsi qu'une proposition de rétrécissement du fleuve en amont, jusqu'à une largeur de 200 m, assorti de l'édification de nouvelles berges. Le succès remporté par le pont de Sunderland♦ (1796), d'une grande hauteur et de 72 m de portée, incite Telford à employer la fonte. Il est en outre le seul à proposer d'enjamber la rivière en une seule travée.

Le projet de Telford prévoit une arche formée de 13 arcs, de 183 m de portée et de 19,80 m de

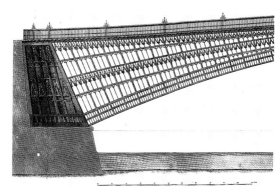

Pont de Londres, projet de T. Telford, détail d'ancrage de l'arc (en haut) ; vue générale (en bas).

hauteur sous clef, d'une largeur qui passe de 27,40 m aux extrémités à 13,70 m au milieu, pour une épaisseur variant de 4 à 2,75 m. Les éléments en fonte destinés aux arcs présentent une longueur de 3 m, les arcs eux-mêmes étant entretoisés latéralement au niveau de chaque jonction entre éléments, et renforcés par des jambes de force diagonales disposées dans le même plan. L'ossature de tympan au-dessus de chaque nervure, destinée à porter la chaussée, est formée par des X s'étendant verticalement. Les élévations montrent d'élégants treillages gothiques, et des profils correspondants sont prévus sur les mains courantes latérales.

Le projet de Telford éclipse tous les autres, mais la commission parlementaire le considère cependant avec circonspection. Vingt-et-une questions sont adressées par Telford à sept scientifiques, six ingénieurs et trois maîtres forgerons. En dépit du fait qu'aucun ne juge le pont impossible à construire et malgré les résultats favorables des études théoriques, les problèmes du coût de l'ouvrage et de sa faisabilité font obstacle. La commission ne prend aucune décision et le projet tombe alors dans l'oubli.

Des études récentes ont montré que les contraintes à l'intérieur du métal auraient été plus élevées que dans d'autres ponts, mais peut-être encore admissibles ; en revanche, un tassement serait sans doute apparu au niveau des culées ; par ailleurs, les longues rampes d'accès au pont auraient été très coûteuses et auraient nécessité le remaniement du plan des rues de la ville.

Ce projet n'est que le deuxième grand projet de pont en fonte proposé par un ingénieur reconnu ; bien qu'il soit apparemment réalisable, personne n'a jamais construit depuis un arche en fonte d'une telle portée ; il a suscité un vif intérêt de la part du Parlement, du roi et de la cour, mais aussi du public. En matière de construction des ponts, il marque également un irrévocable transfert de responsabilité des architectes aux ingénieurs.

La plus longue portée jamais couverte par un arc en fonte est alors de 73 m. Le projet de Telford, s'il n'a jamais vu le jour, n'en introduit pas moins la combinaison nouvelle d'éléments en fonte qui inspirera ensuite de nombreux autres projets. **T. R.**

Lossier (Henry)

Genève, Suisse, 1878 – ?, 1962.

Les parents de Henry Lossier sont peintres. Élève de l'École polytechnique de Zurich, il sort major de sa promotion. Il est professeur à l'École deux ans plus tard. Armand Considère♦ l'associe à sa société, à laquelle il collabore trois ans. Lossier s'établit ensuite à son compte comme ingénieur-conseil. Engagé en 1914, il est blessé en 1916.

Il travaille souvent, mais non exclusivement, avec les Éts Fourré & Rhodes, construisant notamment avec eux le pont Lucien-Saint, qui, avec 92 m, détient en 1927 le record du monde de portée pour les *bow-strings*. La liste de ses réalisations est considérable : ponts, hangars, chalands (plus d'une centaine), silos à blé et à ciment, centrales thermiques et divers barrages. Celle de ses publications ne l'est pas moins : elles portent sur le calcul des ponts suspendus par la méthode du travail virtuel, sur les coupoles et voiles minces (utilisés notamment pour le hangar de Montebourg), les barrages en enrochements, la précontrainte intégrale et les ciments expansifs (appliqués au pont de chemin de fer de Laroche), sur la pathologie et la thérapeutique du béton armé, etc.

Le premier, il met au point ce qu'il nomme la « postcontrainte réglable », technique très proche de ce qu'on appellera plus tard la précontrainte extérieure ; le deuxième pont de Villeneuve-Saint-Georges, réalisé en 1948-1950, en est l'application.

Appelé comme consultant sur des projets, aussi bien que sur des ouvrages accidentés, il conseille aussi de nombreux groupes industriels. Il est également musicien, astronome et collectionneur d'objets d'art. **B. M.**

Luzancy (pont de)

Luzancy, Seine-et-Marne, France, 1946.

C'est en 1941 qu'Eugène Freyssinet♦ entreprend la construction du pont de Luzancy, sur la Marne, non loin de Paris. Les travaux, paralysés cette même année par les Allemands, reprennent et s'achèvent en 1946. Le pont de Luzancy est l'expression la plus réussie et la plus pure d'une technique riche et complexe : le béton précontraint. Il représente l'une des rares formes du génie civil du XXᵉ siècle qui frappe par son incontestable authenticité.

Eduardo Torroja♦, qui le visite en 1947, écrit alors : « Parmi tous les ouvrages que l'esprit hors du commun de Freyssinet a conçus, tels des pierres milliaires jalonnant l'histoire de la technique du béton armé, aucun autre n'a l'originalité ni la hardiesse du nouveau pont de Luzancy. »

Celui-ci a 8 m de largeur, 55 m de portée et seulement 1,22 m de hauteur à la clé. Le tablier est formé de 3 poutres-caissons à profil creux rectangulaire avec une légère variation dans l'épaisseur, atteignant 1,75 m au niveau des naissances, où les efforts sont canalisés vers les appuis grâce à des cellules triangulaires d'une grande simplicité.

Luzancy est en outre un ouvrage fondamental dans l'histoire de la préfabrication. L'ensemble a d'abord été coulé par petits éléments, que l'on a ensuite parfaitement ajustés en phases successives, pour former finalement une seule structure précontrainte dans les trois directions

Pont de Luzancy, vue générale.

orthogonales. Chaque poutre-caisson est constituée de 22 voussoirs préfabriqués, groupés par 3. Tous les éléments du pont, au nombre de 1 016, sont préfabriqués, à l'exception des cellules d'appui – que Freyssinet préfabriquera pour la construction de cinq ponts similaires sur la Marne, en 1951. Les liaisons entre ces éléments sont toutes assurées par une précontrainte très simple, qui permet de corriger les mouvements élastiques et de relever le pont à mesure que l'on ajoute de nouveaux éléments. Ainsi, en 1949, Freyssinet peut-il dire à cinq cents ingénieurs venus du monde entier pour admirer ses ponts : « Vous verrez demain sur la Marne des ouvrages construits sans cintre ni coffrages, sans retard pour le durcissement des joints, avec des éléments préfabriqués en atelier […]. La rupture sans préavis d'un élément précontraint est impossible. » Pour Freyssinet, la préfabrication est un vieux compagnon de travail, une technique de construction qu'il a déjà utilisée dans les années vingt pour les ponts de Laon et de Saint-Pierre-de-Vauvray, et dans les années trente pour la fabrication industrielle de poutres, de pylônes, de canalisations et de traverses. Mais c'est à Luzancy que Freyssinet élève la préfabrication au premier rang des techniques de construction de ponts, rang qu'elle occupe encore actuellement.

À Luzancy, Freyssinet ne lutte plus contre la matière avec l'acharnement dont il a fait preuve pendant sa jeunesse. Ici, il la domine, la pétrit avec élégance, la relève, triomphant des lois de la pesanteur, et accomplit l'exploit de construire un arc plat. Il utilise la précontrainte dans les trois sens, pour former ce qu'il considère comme une structure parfaite : une structure élastique, noble, de premier rang, où la traction du béton n'apparaît nulle part. Grâce à la précontrainte, les épaisseurs s'amincissent, les hauteurs diminuent, toute la structure est allégée, s'envole, la pesanteur n'existant point.

Avant Luzancy, personne n'était parvenu à construire un ouvrage aux formes aussi sveltes. Et pourtant, il n'est le résultat d'aucun tour de force, d'aucun effort surhumain ; mais il exprime l'émotion pure et contenue d'une œuvre d'art, le mystère de l'apesanteur, de l'inconnu enfin révélé.

Freyssinet a soixante-sept ans lorsqu'il achève le pont. C'est seulement alors qu'il se permet d'affirmer à propos du béton précontraint : « J'ai la certitude que mon œuvre est vivante et me survivra. » **J. A. F. O.**

Lyon-Bron (hangar d'aviation de)

Lyon, France, 1932.

Le hangar de l'ancien aéroport de Lyon, à Bron (aujourd'hui détruit), a été construit selon les directives du directeur général des services techniques du ministère de l'Air qui, alors, n'était autre qu'Albert Caquot♦.

La construction traditionnelle des hangars présentait en effet plusieurs inconvénients, dont l'existence, sous la voûte, d'un grand volume inutilisable au-dessus des entraits, et celui d'être vulnérable, car les piliers portant la couverture étant situés à la périphérie, ils étaient ainsi exposés aux chocs. Caquot a donc conçu un type nouveau, dit « à auvents », que l'entreprise Limousin a construit en 1931 et 1932.

Le hangar se composait essentiellement d'une poutre-caisson posée sur une série de portiques, et supportant, de part et d'autre, de grands auvents en porte-à-faux ; l'extrémité des auvents était aménagée de façon à assurer le guidage supérieur des portes roulantes qui fermaient les hangars. Cette disposition avait l'avantage de réduire la hauteur des bâtiments et de placer les organes porteurs au centre, ce qui les rendait moins vulnérables.

La largeur totale du hangar de Lyon-Bron, de 50 m, était répartie en deux auvents de 20 m et un caisson central de 10 m. La longueur était de 40 m, la hauteur libre à l'extrémité des auvents de 8,30 m. Pour remédier aux effets de la dilatation, les auvents étaient constitués d'une série de voûtes – de 5 cm d'épaisseur, de 6,60 m de portée et de 63 cm de flèche – dont les poussées étaient absorbées par des tirants. Les auvents étaient tenus à la poutre-caisson par trois suspentes en béton armé disposées en éventail. **B. M.**

Pont de Luzancy, mise en place de la poutre centrale (page de gauche, en haut) ; détail de la culée (page de gauche, en bas).

Hangar d'aviation de Lyon-Bron (ci-contre).

Matériaux composites. Couche de cuivre prise en sandwich entre deux couches de métaux différents, coupe.

M

Mackinac (pont du détroit de)

Michigan, États-Unis, 1957.

Le pont suspendu du détroit de Mackinac, à l'extrême nord du Michigan, constitue une étape importante dans l'évolution des grandes portées, après l'accident survenu en 1940 au pont de Tacoma – dont le tablier était supporté, sans rigidité de torsion, par deux poutres à âme pleine qui offraient une importante surface de résistance au vent. Cette catastrophe a permis de mieux cerner le comportement aéroélastique des ponts à câbles, de démontrer l'insuffisance des calculs statiques analysant leur stabilité, et d'augmenter progressivement leur élancement longitudinal et transversal.

Après consultation auprès de concepteurs de renom comme Othmar H. Ammann♦, la commission chargée de la construction désigne en 1953 David B. Steinman comme ingénieur en chef. Celui-ci lance des études très détaillées sur le comportement aérodynamique, avec essais de maquettes en soufflerie. La solution constructive retenue pour supporter le tablier consiste en deux poutres-treillis hautes de 11,60 m, dont la rigidité transversale est assurée par des membrures supérieures et inférieures entretoisées. Cette option permet de pallier l'effet de flottement, dû au couplage des oscillations de flexion et de torsion sous l'action du vent. En 1957, l'ouvrage, largement dimensionné, atteint 1 158 m de portée centrale. Son

Pont du détroit de Mackinac, construction des caissons de fondations des pylônes.

Pont du détroit de Mackinac, vue prise au travers d'une tête d'ancrage avant la mise en place des câbles (en haut) ; installation d'un chemin de câbles avant lancement du faisceau (au milieu) ; vue générale de la portée centrale (en bas).

élancement longitudinal (rapport de la portée centrale à la hauteur du tablier) a pourtant chuté à 100, alors qu'il atteignait 168 pour le pont du Golden♦ Gate (1937) et 355 pour celui de Tacoma.

La solution d'un treillis opposant une structure rigide aux effets du vent deviendra la caractéristique principale de l'école américaine, tandis que les ingénieurs européens, comme Fritz Leonhardt♦ (projet du pont sur le Tage, 1959) ou Freeman♦ Fox & Partners (pont sur la Severn♦, 1966), la remplacent déjà par celle du tablier à caisson profilé, qui allie faible prise au vent et rigidité de torsion suffisante. **R. R.**

Maçonnerie

Aujourd'hui bien délaissée par les ingénieurs, la maçonnerie a longtemps représenté une technique essentielle. Durant des siècles, son histoire se confond presque en effet avec celle de l'architecture monumentale et celle des ouvrages d'art.

Qu'ils soient en pierre naturelle ou artificielle, les éléments de la maçonnerie sont assemblés avec du mortier ou bien « à joints vifs ». Le mortier remplit les joints (espaces entre les éléments). Quand les éléments sont grands et de forme précise, le volume relatif du mortier est faible, ce volume grandissant au fur et à mesure que la taille et la précision des éléments diminuent. On passe ainsi insensiblement de la maçonnerie d'éléments au béton.

Le constituant actif du mortier est le liant qui lie les grains de sable entre eux et rend le mortier dur et résistant, semblable à une pierre. Selon que le liant acquiert de la résistance rapidement et sans le contact de l'air, ou lentement et au contact de l'air, on l'appelle liant hydraulique ou aéraulique.

L'organisation spatiale des éléments de maçonnerie s'appelle « appareil ». La surface sur laquelle on pose un rang d'éléments est le « lit ». Le grand principe de l'appareil est celui du chevauchement. Chaque élément doit chevaucher au moins deux éléments du lit sous-jacent afin que les joints perpendiculaires au lit soient disposés en quinconce.

Les constructions en maçonnerie sont caractérisées par leur incapacité à résister à l'état de tension. Tandis qu'on peut les comprimer fortement, elles se fissurent en présence de tensions relativement peu élevées. De cela découle une exigence très sévère : toutes les forces agissant sur une partie quelconque de l'ouvrage, consi-

dérée isolément, doivent impérativement se rencontrer en un seul point ; sinon il y a impossibilité d'équilibre, et donc ruine de la construction maçonnée.

Par ailleurs, la force agissant sur le joint doit être perpendiculaire à son plan, faute de quoi il y a risque de glissement. Le franchissement des espaces exige en conséquence des formes courbes (arcs, voûtes, coupoles), et les joints de l'appareil doivent être perpendiculaires aux courbures. Les éléments de maçonnerie demandent à être soutenus, jusqu'à obtention de la forme définitive et pendant tout le temps de durcissement du mortier, par des cintres temporaires et coûteux – on peut cependant les éviter si on utilise des éléments de maçonnerie plats et légers (les briques par exemple) avec des mortiers à prise rapide (tel le plâtre) dans les constructions surfaciques, et notamment celles à double courbure (coupoles).

On dispose de plusieurs moyens pour assurer la stabilité des constructions maçonnées : épaississement de certaines parties, rajout de charges à des emplacements judicieusement choisis, juxtaposition d'éléments susceptibles de s'équilibrer mutuellement. La construction romaine antique joue principalement sur l'épaisseur et le poids, tandis que la construction gothique fait appel à des équilibres plus complexes.

Depuis toujours, on essaie d'échapper à ces contraintes en introduisant dans les ouvrages en maçonnerie des éléments en bois ou métal, capables de résister à la tension. Ces éléments sont ou bien placés à l'extérieur des parties maçonnées (les tirants reliant les naissances opposées d'arcs ou de voûtes), ou bien noyés à

Maçonnerie. Maçons, gravure italienne de 1578.

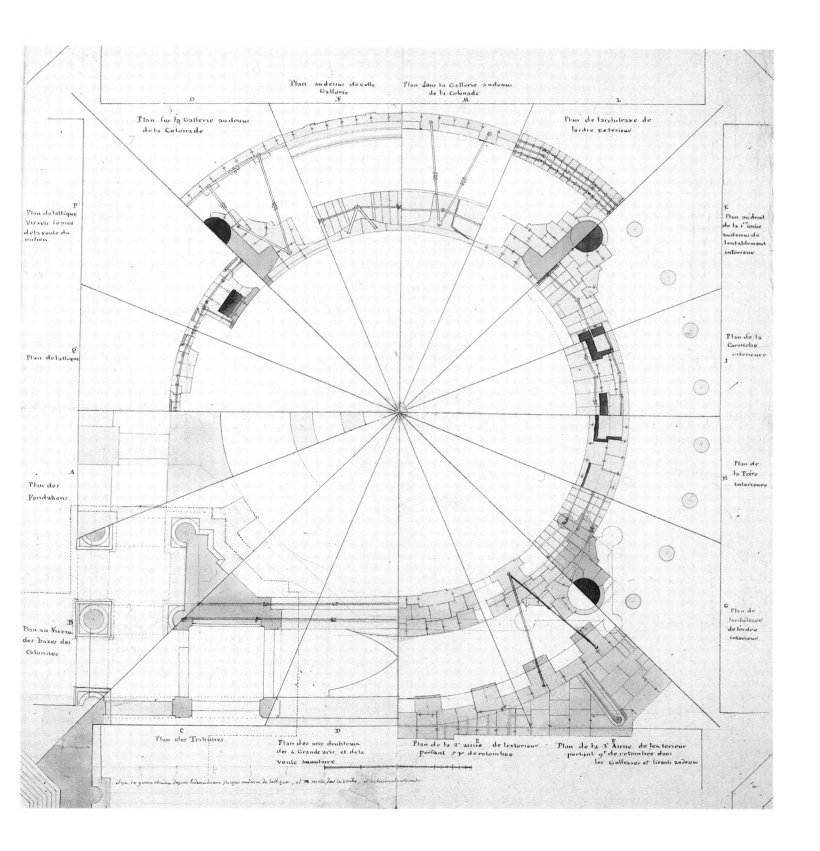

Plan au-dessus de celle
Galerie
N

Plan dans la Gallerie au-dessus
de la Colonade
M

O

L

Plan sur la Gallerie au-dessus
de la Colonade

Plan de l'architrave de
l'ordre exterieur

P
Plan de l'attique
Vis-a-vis le pied
de la voute du
milieu

K
Plan au-droit
de la 1re assise
au-dessus de
l'entablement
interieur

Q
Plan de l'attique

Plan de la
Corniche
interieure
J

A
Plan des
Fondations

Plan de
la Frize
interieure
H

B
Plan au Niveau
des bazes des
Colonnes

G Plan de
l'architrave
de l'ordre
interieur

C
Plan des Tribunes

D

Plan des arcs doubleaux
des 4 Grands arcs, et de la
voute annulaire

E
Plan de la 2e assise de l'exterieur
portant 5e pr. de retombee

F
Plan de la 3e Assise de l'exterieur
portant 9e de retombee dans
les Galleries et tirants au-dessus

Schéma de fixation des armatures en fer, à seize niveaux de construction, du dôme de Sainte-Geneviève.

l'intérieur de la maçonnerie. Quand la quantité de ces éléments intérieurs est importante, on parle de maçonnerie armée.

Une des premières conclusions des recherches sur la maçonnerie effectuées aux XVIIe et XVIIIe siècles par des ingénieurs, mais aussi par des mathématiciens, a été la formulation du principe de la chaînette, selon lequel un arc en maçonnerie qui épouse la forme que prendrait une chaîne sous l'effet d'un ensemble de poids sera stable sous l'effet des mêmes poids. La conséquence en est que les formes de construction en cercle, quoique les plus fréquentes, ne sont pas toujours les plus efficaces. La recherche de voûtes plates (pour imiter les constructions grecques antiques) et de planchers résistants au feu a contribué au développement des maçonneries armées (le Panthéon à Paris) et à l'adoption des voûtes catalanes, montées sans cintre (le ministère des Affaires étrangères, aujourd'hui bibliothèque de Versailles). La sveltesse, la précision et la minutieuse exécution des ponts de maçonnerie de l'époque émerveillent, malgré leurs modestes portées. Jean-Rodolphe Perronet♦, qui en était l'initiateur, a néanmoins affirmé qu'il serait possible de construire des ponts maçonnés de 160 m !

Tout cela évolue encore au siècle suivant. La maçonnerie de brique armée, développée en France à la fin du XIXe siècle par l'architecte Anatole de Baudot et par l'ingénieur Paul Cottancin♦, se répand dans la plupart des zones sismiques du globe, car elle résiste mieux aux secousses. Également employée à Turin par Alessandro Antonelli♦ dans sa gigantesque

Mole, elle y concurrence les grandes constructions en fer. En Amérique latine, l'ingénieur Eladio Dieste♦ démontre aujourd'hui les merveilleuses possibilités de la maçonnerie de brique armée.

Les méthodes catalanes migrent à la fin du XIXe siècle vers les États-Unis, avec Rafael Guastavino, dont l'entreprise monte plusieurs voûtes importantes (à New York, l'église Saint John the Divine, le Carnegie Hall). C'est en Catalogne encore qu'Antoni Gaudí élabore, en se fondant sur la tradition locale et sur le principe de la chaînette, des structures d'une étonnante originalité.

À Chester (Grande-Bretagne), Thomas Harrison et l'ingénieur John Rennie♦ construisent un pont de 60 m – record pendant quelques décennies. Quatre-vingt-dix années plus tard (1916) dans *Les Grandes Voûtes*, ouvrage dû à l'ingénieur Paul Séjourné♦, on trouve des dizaines de ponts en maçonnerie de portées bien supérieures, la plus grande portée en maçonnerie se situant aujourd'hui en Chine – 120 m pour le pont de Wuchao, ouvert en 1990.

La modélisation des maçonneries progresse durant le XIXe siècle avec celle d'autres structures ; elle se heurte cependant à des difficultés, dues au manque d'homogénéité et de résistance à la tension de la maçonnerie. Depuis 1950, à l'aide des ordinateurs, les recherches effectuées en modélisant et en expérimentant contribuent à l'élaboration de méthodes de calcul de divers murs de faible épaisseur, et orientent la restauration d'ouvrages anciens.   **D. B.**

VOIR AUSSI **Pierre naturelle** ; **Pierres artificielles** ; **Ponts en maçonnerie**.

Maillart (Robert)

Berne, Suisse, 1872 – Genève, 1940.

Né à Berne d'une mère suisse allemande et d'un père belge, Robert Maillart entre en 1890 à l'École polytechnique de Zurich, où il étudie sous la direction du professeur Wilhelm Ritter. Diplômé en 1894, il travaille d'abord pour une entreprise privée, puis il réalise pour la ville de Zurich son premier pont important, le Stauffacher (1899) ; ensuite, collaborateur d'un concepteur-constructeur, il parachève en 1901 le pont de Zuoz, première structure à caisson creux construite en béton, qui constitue de ce fait la première grande innovation de Maillart.

En février 1902, Maillart fonde sa propre entreprise de conception et de construction. Très vite, il crée une série d'ouvrages remarquables : en 1902, le plus grand réservoir d'eau en béton du monde ; en 1905, à Tavanasa, la première arche aux tympans évidés, à trois articulations, et à caisson creux, ainsi que les premières structures à dalle plate construites en Europe, grâce à son brevet, déposé en 1909, et à l'entrepôt de Zurich, édifié en 1910. Dès 1912, ayant obtenu la commande de trois importantes structures par voie de concours, il devient le leader des concepteurs de ponts en Suisse. Cette année-là, il étend les activités de son entreprise à l'Espagne et à la Russie, et dès 1914, il est un homme fortuné. À partir de 1911, il donne des cours sur les structures en béton à l'université dont il est issu – et ce, jusqu'en 1914, année pendant laquelle il part avec sa famille à Riga, pour l'été.

Immobilisé en Russie par la guerre et par la

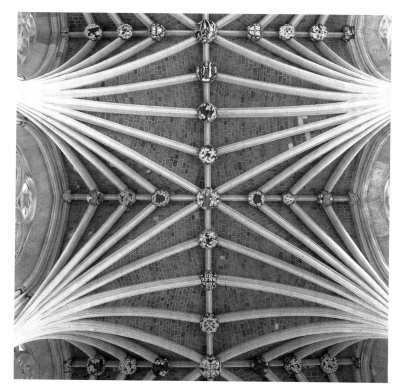

Maçonnerie.
Cathédrale d'Exeter, détail de la voûte gothique, XIIe siècle (à gauche).
Voûtes de l'usine agro-alimentaire Massaro, Eladio Dieste, ing. (à droite).

révolution, Maillart s'évade de justesse à la fin de l'année 1918 et revient, ruiné, à Genève, où il commence une nouvelle carrière en tant que concepteur et ingénieur-conseil. Au début des années vingt, ayant peu d'activités, il écrit une série d'articles techniques qui révèlent une maîtrise remarquable des idées neuves. Dans l'un de ses articles, Maillart introduit le concept de « centre de cisaillement » qui est, dans le domaine de la mécanique, sa principale découverte théorique.

En 1924, il conçoit de nouveau des structures uniques en leur genre – entre autres, l'aqueduc de Châtelard, un caisson creux partiellement supporté par des béquilles, le hangar des Magazzini Generali de Chiasso♦, et le pont de Valtschielbach, son premier pont majeur, dont l'arche se trouve rigidifiée par le tablier. Ce pont en arche témoigne d'une brillante approche, et de l'analyse structurale, et de la conception esthétique. Évitant la complexité mathématique, Maillart fournit une méthode rigoureuse mais simple, permettant de déterminer les efforts tout en produisant une arche d'une étonnante finesse.

En 1927, une avalanche détruit le pont de Tavanasa, et Maillart se lance dans de nouvelles études afin d'obtenir la commande de la conception – en vain. Ces études lui servent toutefois à poser les bases de sa participation, en tant que concepteur, au concours pour le pont de Salginatobel♦, concours qu'il remporte en 1928. Achevé en 1930, ce pont spectaculaire, aujourd'hui l'œuvre la plus célèbre de Maillart, accède, en 1991 seulement, au rang de treizième monument marquant de l'histoire de l'ingénierie civile internationale.

Au cours des dix dernières années de sa vie, Maillart crée des ouvrages qui sont, après le pont de Salginatobel, les plus aboutis de sa carrière : ponts en arche raidie par le tablier, à Klosters (1930), à Spital (1930-1931), sur le Töss (1933) et, enfin, sur le Schwandbach♦ (1933) ; il réalise également des arches à trois articulations à Rossgraben (1932), à Felsegg (1933), et à Vessy (1936). Vers la fin de sa vie, il conçoit un toit à coque en béton remarquablement mince pour l'exposition nationale de Zurich de 1939 ; celui-ci a été démonté après avoir subi des essais de charge bien conduits. Ses derniers ponts, ses conceptions à trois articulations et à caissons creux de Garstatt et de Lachen, sont plus angulaires et plus biaisés que les premiers. Dans les années trente, Maillart entreprend de coucher sur le papier ses réflexions sur la

conception des structures, ce qui aboutit à une série d'articles publiés par son fidèle ami Carl Jehger, dans le *Swiss Building Journal*. Ses idées, centrées sur le potentiel esthétique des formes, viennent de l'ingénierie. Il n'a jamais travaillé avec des architectes pour réaliser ses principales œuvres. Cependant, l'historien de l'architecture Siegfried Giedion et l'artiste et architecte Max Bill, reconnaissant en Maillart un artiste, ont écrit des contributions originales sur son œuvre.

Mirko Ros, son ami dévoué, professeur de génie civil à Zurich, a laissé un dossier technique pratiquement exhaustif des œuvres majeures de Maillart, sous forme d'une série de rapports détaillant les essais de charge grandeur nature effectués sur les ponts et les bâtiments. Ces essais confirment la manière dont Maillart aborde la conception d'un ouvrage et montrent combien ses structures sont peu coûteuses et fines, bien que construites pour durer. Aucune de ses structures ne s'est effondrée, mais certaines ont dû être renforcées à la suite de problèmes de fondations (Klosters et Lachen), et bon nombre d'entre elles ont été restaurées après plus d'un demi-siècle de service ininterrompu – ce qui vaut pour la plupart des structures en béton.

Aucun ingénieur du génie civil n'a fait l'objet d'autant de publications, d'articles, et d'expositions dans des musées que Robert Maillart. Plus qu'aucun autre concepteur de structures en béton, il a su combiner la légèreté et l'économie de la construction en un style personnel, ce qui le situe parmi les grands artistes en matière d'ouvrages d'art. **D. P. B.**

Maison du peuple

Clichy, auj. dans les Hauts-de-Seine, France, 1939.

C'est en 1935, avec la construction de l'aéroclub Roland-Garros à Buc (Yvelines), que débute une collaboration fructueuse entre Jean Prouvé♦ et les architectes associés Eugène Beaudouin et Marcel Lods. Prouvé avait déjà réalisé pour eux, un an auparavant, la menuiserie métallique des tours de la cité de la Muette, à Drancy. Mais l'aéroclub de Buc lui donne l'occasion de mettre au point, pour la première fois, un bâtiment entièrement préfabriqué dans ses ateliers de Nancy. Y sont exploités les principes qu'il avait imaginés en 1933 pour le compte de la firme Citroën dans un projet, non réalisé, de gare routière à La Villette.

Pour cet aéroclub qui sera étudié, préfabriqué et installé en un an, il conçoit une ossature en tôle pliée, des panneaux de remplissage double face en tôle d'acier contenant des matériaux d'isolation thermique, des cloisons amovibles, des éléments de plafond dans lequel est inclus le système de chauffage, etc.

Ce résultat particulièrement probant incite Marcel Lods, en 1936, à demander une nouvelle fois aux ateliers Jean Prouvé de collaborer au projet, plus ambitieux, de la Maison du peuple de Clichy. Le programme est complexe. Dans un même édifice, doivent être rassemblés : au rez-de-chaussée, un marché couvert ; à l'étage, une salle polyvalente et des locaux de service. La salle polyvalente doit être transformable et éventuellement présenter un ciel découvert. À la demande, elle doit pouvoir aussi bien offrir un

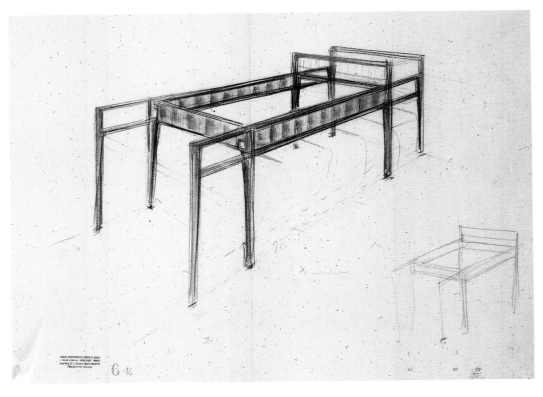

Maison du peuple à Clichy, structure porteuse du bâtiment, dessin sur calque.

vaste espace d'environ 1 000 m², permettant d'abriter un meeting politique ou un bal populaire, que – une fois réduite et insonorisée – se convertir en salle de théâtre ou de cinéma. D'où l'importance accordée aux principes de mobilité. Autour de la salle de spectacle, est installé un système de cloisons coulissantes suspendues à un rail fixé au plafond. Il permet, très rapidement, de clore ou inversement d'ouvrir cet espace pour le restituer à la grande salle : la cabine de projection est intégrée dans le plafond. Les éléments de plancher, supportant des sièges pliables, sont également amovibles et peuvent être rangés sous la scène. Le toit devant être ouvrant, l'étude de cette partie délicate est confiée à l'ingénieur Vladimir Bodiansky♦.

À l'ossature intégralement en tôle pliée que propose Prouvé est alors préférée une structure en profilés d'acier laminé standard, dont la réalisation est assurée par l'entreprise Schwartz-Haumont. C'est donc pour la conception et la fabrication des éléments extérieurs qu'interviennent les ateliers Jean Prouvé. Mais les solutions proposées sont tellement pertinentes qu'elles font date dans l'histoire de l'industrialisation du bâtiment. Les façades métalliques, aux éléments modulaires de 1 × 4 m, préfigurés dans l'étude de la gare routière de La Villette et dans l'aéroclub de Buc – suspendus à la structure –, sont aujourd'hui reconnues comme le premier exemple de réalisation concrète de murs-rideaux. Les panneaux sont composés de deux tôles d'acier, mises en tension par des ressorts de matelas qui donnent à chaque élément une forme lenticulaire. À l'intérieur des panneaux, de la laine de verre assure l'isolation thermique du bâtiment.

La liaison entre panneaux permet un jeu en cas de dilatation et de déformation, sans incidences sur la structure de l'édifice.

Pour les grandes façades vitrées, Prouvé met au point le principe du raidisseur vertical extérieur qui, fixé à la structure, maintient le vitrage par serrage. Pour la Maison du peuple, le raidisseur est en tôle d'acier pliée. Plus tard, et en particulier pour l'aérogare d'Orly, il sera en aluminium extrudé. **R. Gu.**

Makowski (Zygmunt Stanislaw)

Varsovie, Pologne, 1922.

Le développement des structures spatiales dans la deuxième moitié de ce siècle doit beaucoup aux travaux de Zygmunt Stanislaw Makowski. Il

Maison du peuple à Clichy, montage du mur-rideau (en haut) ;
vue de la toiture coulissante (au milieu) ; vue générale (en bas).

entreprend des études d'ingénieur dans son pays et les poursuit à Rome, avant de les conclure par une thèse soutenue à l'Imperial College à Londres. Il occupe de nombreuses fonctions universitaires dans cet établissement, puis à l'université de Guildford dans le Surrey, dont il devient le doyen à l'issue de sa carrière en 1987. Son activité de recherche le conduit à créer à Guildford, en 1963, le Centre de recherche sur les structures spatiales, qui devient rapidement le lieu de rencontre de tous ceux qui portent un intérêt aux structures spatiales : chercheurs, ingénieurs, architectes et entrepreneurs de tous pays fréquentent alors son laboratoire et assistent aux conférences internationales dont il est l'instigateur dès 1966. Quatre conférences internationales sont ainsi organisées à Guildford, et les actes publiés à cette occasion constituent autant de références pour les spécialistes.

En tant qu'ingénieur-conseil, il est associé à l'analyse mécanique de nombreux ouvrages, dômes, voûtes, grilles à double nappe en acier, en aluminium. Il est certainement l'un des premiers à maîtriser simultanément la théorie du calcul des structures spatiales formées de barres et sa mise en œuvre informatique, sans pour autant négliger les enseignements de l'expérimentation, sur modèles ou en vraie grandeur.

Parmi les projets pour lesquels il est consulté, on peut citer en particulier l'Astrodome de Houston et la couverture en réseau de câbles prétendu du stade de Farahabad, entre bon nombre d'autres structures spatiales. Les deux réalisations marquantes auxquelles son nom est associé sont d'une part, le dôme construit pour les IXe Jeux asiatiques à New Delhi en 1982 (150 m de portée libre) et d'autre part, le hangar des Boeing 747 de l'aéroport d'Heathrow♦, achevé en 1970, qui ménage un accès de 138 × 23 m nécessaire au passage des Jumbo jets. Ses travaux font l'objet de nombreuses distinctions honorifiques, tant au Royaume-Uni que dans le monde entier.

Il est l'auteur de 140 publications scientifiques. Son livre *Structures spatiales en acier* est édité en cinq langues. Il est également l'éditeur et le coauteur de trois ouvrages importants sur l'analyse, la conception et la construction des grilles à double nappe, des coupoles et des voûtes. Il a créé en 1984 une revue internationale consacrée aux structures spatiales, l'*International Journal of Space Structures*.

Le professeur Makowski a toujours insisté sur la nécessaire collaboration entre ingénieurs, architectes et entrepreneurs. Il a également été, et il est encore, un inlassable conférencier, attaché à transmettre à ses pairs et aux jeunes générations le message de son acquis dans le domaine des structures spatiales. **R. M.**

Maquette

L'effondrement de la voûte de la cathédrale de Beauvais en 1284 fut riche d'enseignements pour la compréhension de la stabilité des structures. Les catastrophes de ce genre, provoquées par la naïveté ou l'audace inconsidérée des constructeurs, permettent de révéler un phénomène, de faire affleurer une question technique. Mais les enseignements qu'elles livrent sont par nature trop sporadiques et d'un coût exorbitant. Les techniques expérimentales ont été développées à partir du siècle dernier dans le souci de raccourcir et de maîtriser cet apprentissage, en s'appuyant sur une méthodologie et des outils appropriés.

La maquette est l'outil de l'expérimentation structurelle. Il ne s'agit pas de la réplique exacte de la structure étudiée, mais d'une transposition, d'une modélisation économique et interprétable de cette structure.

MAQUETTES EXPÉRIMENTALES. Une maquette expérimentale est destinée à la simulation précise et à la vérification du fonctionnement de la structure. Cette dernière est miniaturisée, par souci d'économie, bien sûr, mais aussi pour que l'on

Maquette.
La Bibliothèque de France (à gauche).
Le pont de Bayonne (à droite).

puisse la manipuler et la solliciter plus aisément. La maquette est en quelque sorte le cobaye de la structure future, à qui l'on fait subir par anticipation les épreuves les plus extrêmes – souvent jusqu'à la ruine.

Pour être valide et utile, l'essai sur maquette doit à la fois être représentatif de la situation réelle malgré les distorsions d'échelle, et être suffisamment simplifié pour permettre une interprétation des résultats.

Les lois qui rendent compte de l'équivalence entre deux échelles ne sont pas simples, car les paramètres qui conditionnent une structure n'évoluent pas proportionnellement. Ceci en raison, d'une part, du rapport variable entre surface et volume (ce qui explique que les os d'éléphant présentent des proportions très différentes des os de gazelle), d'autre part, de la taille critique au-delà de laquelle un phénomène physique sollicitant la structure se met à agir différemment (par exemple l'interaction entre l'écoulement turbulent du vent et la forme ou la rugosité des surfaces exposées). Pour qu'une maquette expérimentale à échelle réduite simule correctement le phénomène en vraie grandeur, il faut donc distordre quelques paramètres (élasticité, densité, viscosité, vitesse, etc.).

D'autre part, pour que la maquette soit interprétable, il faut que l'objet qu'elle modélise soit dépouillé des éléments parasites ou secondaires qui en brouilleraient la lecture. Il faut aussi pouvoir faire des mesures, ce qui oblige à barder la maquette de sondes et de capteurs, comme un corps malade, au point de la rendre méconnaissable. Il est clair que ces instruments de mesure peuvent modifier, par leur action ou

leur encombrement, l'exactitude de la mesure. Ces modifications, ces distorsions, qui découlent des effets d'échelle et des nécessités de l'interprétation, font de l'expérimentation structurelle sur maquette une opération très délicate. C'est pourquoi ces techniques ont été depuis quelques années très largement supplantées par le calcul informatique, qui permet de tester des structures dans l'espace virtuel, sans distorsion d'échelle, sans instruments de mesure, et sans la moindre casse ! Seuls les essais aérodynamiques continuent d'être effectués sur maquette en soufflerie, en raison de la grande difficulté à modéliser par le calcul les turbulences du vent.

MAQUETTES ANALOGIQUES. Certaines maquettes peuvent tirer parti des analogies existant entre le phénomène étudié et d'autres phénomènes relevant de domaines différents. Ce type de maquettes est utile en phase de conception, notamment pour la génération de formes structurelles (bulles de savon de Frei Otto♦ pour la recherche de membranes « minimales »).

MAQUETTES DIDACTIQUES. Enfin, pour concevoir ou démêler un ensemble complexe, le meilleur moyen est souvent d'en isoler un seul paramètre afin de comprendre son principe de fonctionnement ou sa régularité. Le propre de ces maquettes est d'être parlantes, et elles peuvent ainsi avoir une portée didactique très efficace. Nous pensons à l'exemple fameux de la pile de livres tenue à l'horizontale par « précontrainte », dont se servait Eugène Freyssinet♦ pour illustrer son procédé de béton précontraint. **B. V. et M. K.**

VOIR AUSSI **Expérimentation** ; **Laboratoire d'essais**.

Maracaibo (pont de)

Maracaibo, Venezuela, 1962.

Jeté au-dessus du vaste marécage de Maracaibo, le pont relie la ville au reste du Venezuela et à la route panaméricaine, l'importante artère qui traverse l'ensemble du continent sud-américain. Ce projet, conçu par Riccardo Morandi♦ avec la collaboration des ingénieurs Claudio Cherubini, Enrico Hofacher, Ettore Gabrielli, Sergio Scalesse et Vittorio Scalesse, est lauréat du concours international lancé par le gouvernement vénézuélien en 1957. L'ouvrage sera inauguré cinq ans plus tard, le 24 août 1962. D'une longueur de 8,7 km, le pont est une structure haubanée en béton précontraint des plus remarquables. En combinant, en effet, les possibilités offertes par la précontrainte et l'emploi d'éléments déjà éprouvés, Morandi parvient à obtenir des portées considérables dégageant la voie navigable ; il démontre ainsi que, même sous des ponts non-métalliques, les navires peuvent passer.

À partir de l'extrémité de Punta Piedras, près de la ville de Maracaibo, le pont, qui s'élève à 50 m au-dessus du niveau moyen de la lagune et dont la largeur d'assise est de 17,40 m, se divise en 135 travées et se termine, sur l'autre rive, par un terre-plein de 406 m de long. La partie statique se compose de quatre sections distinctes, comprenant respectivement 20 éléments d'une portée de 36,60 m, 79 de 46,60 m, 26 de 85 m et, enfin, 2 de 235 m.

Les deux premières sections sont constituées par des piles à axe vertical, composées chacune de 4 lames en béton armé, associées au sommet par une poutre-coussin sur laquelle reposent les

Maquette.
ELFINI (Rafale). Outil modulaire d'analyse et d'optimisation des structures par éléments finis, couplé avec CATIA (à gauche).
Bureau d'études de Dassault à Saint-Cloud (à droite).

travées. Elles sont encastrées à leur base dans un bloc rigide, lui-même relié aux têtes des pieux de fondation. Les structures correspondant aux portées de 85 m sont en revanche constituées par un chevalet spécial en forme de H, couronné par une poutre en béton précontraint qui se projette en saillie, et à l'extrémité de laquelle s'appuient les travées. La base est composée d'une double plaque en béton armé au-dessus des pieux de fondation.

Enfin, les cinq grandes travées, spectaculaires, ont été réalisées avec des structures haubanées de grandes dimensions et d'une qualité architecturale remarquable. Sur la plaque de soubassement, ancrée aux pieux de fondation, repose un pylône en forme de double A, indépendant de tout le reste. Au sommet de ce pylône passent deux tirants d'acier pré-étirés, aux extrémités desquels sont disposés des éléments transversaux qui relient et soutiennent les bords de la travée. Cette dernière, d'une longueur totale de 190 m, est composée d'une structure creuse en caisson, de forte rigidité transversale, qui s'appuie sur un chevalet en double X placé à la base des pylônes. Chaque travée est reliée à la contiguë par autant de poutres, appuyées sur des consoles Gerber, chacune d'une portée de 46,60 m.

La diversité des terres fermes et des profondeurs de la lagune a nécessité l'étude de différentes solutions pour les fondations. Dans la zone de moindre profondeur de la lagune, des pieux normaux préfabriqués de type Herena ont été utilisés. Pour la voie navigable, un type de pieu particulier, de grand diamètre et d'une portance unitaire élevée, a été mis au point. **M. T.**

Matériaux composites

Ainsi que leur nom l'indique, les matériaux composites sont constitués par intégration d'éléments appartenant à des matériaux aux propriétés différentes. Leur intégration peut se faire de diverses manières. L'une des plus communes consiste à associer une matrice – généralement des résines thermodurcissables comme les polyesters ou les époxydes – à un renfort fibreux, comme le verre, le bore ou le carbone. Mais on peut aussi procéder suivant le principe du sandwich, en insérant une couche de matériau léger entre deux peaux, ou encore s'inspirer des structures organiques en distinguant cette fois une ossature, une chair et une peau. Un dernier type de

Pont de Maracaibo, vue générale (en haut) ;
vue de la construction des piles (en bas).

fabrication permet d'obtenir des films, des plaques ou des profilés formés par extrusion. Ces différents procédés doivent bien sûr être conçus de manière à ce que les qualités des différents composants s'additionnent au lieu de se neutraliser mutuellement.

Si les matériaux composites les plus performants et les plus coûteux concernent plutôt des secteurs comme la recherche spatiale ou l'aéronautique, d'autres ont envahi des domaines plus traditionnels – de la couche de fibre de verre imprégnée de résine de polyester dont on fait les coques de bateaux, au sandwich de verre et de plastique dont sont constitués les pare-brise d'automobile. Le génie civil et la construction n'échappent pas à la règle. La plupart des membranes utilisées aujourd'hui par les ingénieurs pour des projets comme le terminal Haj de Djeddah◆ sont des composites. Nombre de nouveaux bétons ou de vitrages dotés de propriétés chromogéniques sont aussi des composites, au même titre que la plupart des matériaux qualifiés d'« intelligents ». Systèmes complexes plus que matières au sens traditionnel du terme, les matériaux composites témoignent en définitive de l'effacement progressif de la frontière qui séparait autrefois la structure du matériau. Par-delà les possibilités qu'ils offrent d'ores et déjà, cet effacement pourrait bien conduire à un renouvellement profond de l'ingénierie des structures. **A. P.**
VOIR AUSSI **Structure**.

Matériaux et ouvrages (résistance et stabilité des)

Les matériaux font partie du vocabulaire fondamental des constructeurs : à l'architecte la mission de savoir les faire chanter, à l'ingénieur celle d'attester leur résistance. Qu'il s'agisse des branchages tressés par les tribus zoulous en Afrique du Sud, des pierres plates ingénieusement agencées dans les « bories » provençales ou encore des bétons à haute performance utilisés pour la construction de la Grande Arche de la Défense, l'interrogation première demeure la résistance des matériaux. Ce n'est somme toute que récemment, au regard de la longue histoire de la construction, que les études sur la résistance des matériaux se sont développées.

Une des premières difficultés de cette science réside dans la nécessité de distinguer clairement ce qui, dans le comportement d'un ouvrage, dans son aptitude à subir des actions

Matériaux composites.
Nappage drapage des composites à l'usine Dassault de Biarritz (en haut).
Fibre de carbone imprégnée par une résine polymère (en bas).

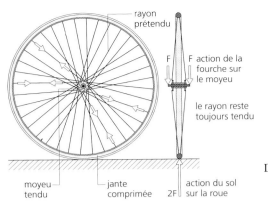

Fig. 1. Roue de bicyclette, principe structural.

sans dommages, résulte à proprement parler de la résistance du ou des matériaux constitutifs, de ce qui incombe à d'autres paramètres, comme, par exemple, la forme géométrique des éléments de l'ouvrage ou leur mode d'assemblage. Il est ainsi tout à fait patent que la « résistance » d'une roue de bicyclette, son aptitude à remplir la fonction qui lui est impartie, est le fait de forces préalables appliquées aux rayons qui sont « prétendus » entre le moyeu et la jante (fig. 1). La résistance ne dépend pas dans tous les cas de la quantité de matériau utilisée, mais de son utilisation judicieuse. Pour isoler parfaitement ce qui incombe au matériau lui-même, il a fallu éliminer tous les facteurs extérieurs pour accéder quasiment au cœur de la matière. Un progrès essentiel a été réalisé dans ce domaine grâce à la définition de deux concepts associés : celui de contrainte et celui de déformation. Schématiquement, on peut dire que le premier rend compte des actions appliquées au matériau, alors que le second traduit en quelque sorte la réponse du matériau. Il en est des matériaux comme des hommes, certains sont fragiles, d'autres cassants, d'autres plus souples. Du point de vue du vocabulaire, la confusion initiale, qui traduisait la méconnaissance de ce qui était à attribuer aux matériaux eux-mêmes ou bien à d'autres facteurs tels que la forme, est demeurée. Dans le vocabulaire des constructeurs et même dans celui des théoriciens, la « résistance des matériaux » concerne aussi la résistance des ouvrages, leur conception, leur calcul : en témoignent tous les écrits portant ce titre et qui traitent, par exemple, de la théorie

des poutres droites, qui ne constituent pourtant qu'un des éléments constitutifs des ouvrages.

Résistance des matériaux

DÉPLACEMENTS ET DÉFORMATIONS. Les matériaux à l'état solide sont caractérisés par l'existence de liaisons interatomiques. Lorsqu'un matériau est soumis à une action, à une force, on peut décrire schématiquement son comportement comme une modification des positions relatives de ses atomes constitutifs, sans disparition des liaisons : à l'échelle microscopique, les déplacements de deux atomes liés ne sont toutefois pas identiques, et leur distance est modifiée. Dans les cas les plus simples, ces distances augmentent ou diminuent selon la direction d'application de la force. Ces variations de distance sont accessibles à l'expérimentation et mesurables dans la plupart des cas. Elles ne sont parfois pas visibles par un observateur, par exemple dans le cas de pièces comprimées ; les variations de distance des pièces tendues sont plus importantes, donc visibles. Pour mesurer ces variations, on repère avant application de l'action deux points A et B et leur distance l_0 ; on mesure à nouveau cette distance après application de l'action, soit l la valeur trouvée (fig. 2). La différence $l - l_0$ est appelée déformation absolue et notée Δl. Sa valeur, pour un matériau donné, de section droite déterminée, dépend de l'action appliquée et de l_0. Pour s'affranchir de ce lien avec la longueur initiale et avoir un résultat plus général, on exprime la déformation, non par sa valeur absolue Δl, mais par sa valeur relative $\Delta l / l_0$, que l'on note ε. Cette grandeur, sans unité, porte le nom de déformation relative.

À titre d'exemple, on admet des valeurs maximales de ε égales à 3,5‰ dans le cas du béton comprimé, et à 10‰ dans le cas des aciers utilisés pour le béton armé.

CARACTÉRISATION DES ACTIONS : CONTRAINTES. Envisageons le cas simple d'un barreau d'acier soumis à une action de traction (fig. 3). On peut mesurer avec un dynamomètre l'intensité de la force de traction, qui s'applique sur la totalité de l'aire (représentée en grisé). Dans un cas semblable, toutes les particules de matière sont

également sollicitées. On peut aussi imaginer que le barreau est constitué d'un ensemble de n solides identiques de forme cylindrique (fibres constitutives) dont l'aire s est très petite : elles auront toutes le même allongement relatif, chacune équilibrant une partie de l'action F proportionnelle à l'aire de sa section droite s : l'action élémentaire que chaque fibre équilibre est égale à $f = F/n$. Si le nombre n de fibres est très grand, la valeur du rapport f/s est appelée contrainte ; elle est généralement notée σ lorsque la force F appliquée exerce une traction ou une compression. Cette notion est généralisée aux cas où toutes les fibres ne subissent pas la même déformation : c'est par exemple celui d'une poutre fléchie, dont certaines fibres s'allongent alors que d'autres se raccourcissent (fig. 4).

RÉSISTANCE DES MATÉRIAUX ET LOI DE COMPORTEMENT. La résistance d'un matériau peut être considérée comme son aptitude à garder sa cohésion interne en cas de modifications des distances interatomiques ; lorsque les liaisons ne sont plus assurées, il y a rupture ; la valeur de la seule contrainte de rupture n'est pas suffisante pour l'ingénieur, et il y a nécessité de connaître l'évolution des déformations relatives ε lorsque les contraintes σ augmentent. Une telle évolution est connue sous le nom de loi de comportement du matériau. On lui associe la nature de l'action qui lui est appliquée, dans la plupart des cas une action de traction ou de compression.

Il est ainsi possible de suivre le comportement de tous les matériaux en les soumettant à des essais élémentaires : ces essais sont conduits depuis l'état de repos jusqu'à rupture. La contrainte à rupture, et l'action associée, ont été pendant de nombreuses années la seule information disponible.

Certains matériaux atteignent leur contrainte de rupture sans subir pratiquement aucune déformation : ils sont alors qualifiés de fragiles ou de cassants.

Même si les lois de comportement sont très différentes les unes des autres, des caractéristiques communes peuvent être mises en évidence. L'élasticité correspond ainsi à une réversibilité totale des déformations lorsque les actions qui

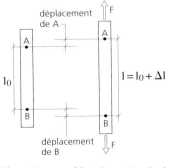

Fig. 2. Déformation relative d'un barreau d'acier.

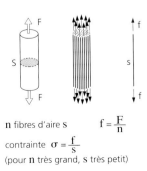

n fibres d'aire s $f = \dfrac{F}{n}$

contrainte $\sigma = \dfrac{f}{s}$

(pour n très grand, s très petit)

Fig. 3. Contrainte.

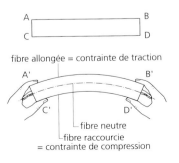

Fig. 4. Contrainte pour une poutre fléchie.

les ont provoquées sont supprimées. Les zones de comportement plastique sont associées à des déformations irréversibles, connues sous le nom de déformations rémanentes (fig. 5).

L'écrouissage est le résultat d'une déformation opérant un réarrangement de la matière qui lui confère de nouvelles propriétés.

LE MODULE DE DÉFORMATION LONGITUDINALE OU « MODULE DE YOUNG ». On observe pour de nombreux matériaux un comportement initial caractérisé simultanément par l'élasticité et par la linéarité. La linéarité correspond à une proportionnalité entre contrainte et déformation relative. Le coefficient de proportionnalité, noté E, est appelé module de déformation longitudinale ou encore module de Young, en hommage à ce chercheur. La fin de ce comportement linéaire élastique est marquée, en terme de contrainte, par la limite d'élasticité σ_e et, en terme de déformation longitudinale, par la déformation élastique ε_e. Cette partie de la loi de comportement porte le nom de loi de Hooke ; elle est traduite (fig. 6) par l'équation :

$$\sigma = E \cdot \frac{\Delta l}{l_0} = E.\varepsilon$$

Si l'on suppose que la déformation est égale à l'unité (ce qui revient à considérer une modification absolue Δl comme égale à la longueur initiale), on voit que la contrainte correspondante est alors égale à E, dont les valeurs sont très élevées (210 000 MPa pour l'acier, le MPa étant l'unité de contrainte). Il est évident que cette contrainte dépasse largement la limite élastique des matériaux de construction (de l'ordre de 200 à 300 MPa pour l'acier).

LES DÉFORMATIONS TRANSVERSALES ; LE MODULE DE POISSON. Toute déformation longitudinale (de compression ou de traction) s'accompagne d'une déformation transversale, dans le plan perpendiculaire à la direction de la déformation longitudinale (fig. 7) . Cette déformation transversale est définie par le rapport $\frac{\Delta t}{t_0}$. Les deux déformations, longitudinale et transversale, sont proportionnelles ; le coefficient de propor-

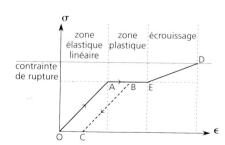

OA = comportement élastique linéaire.
AE = écoulement plastique.
Si on supprime l'action au point B, le retour se fait selon BC.
OC est la déformation rémanente.

Fig. 5. Exemple de loi de comportement.

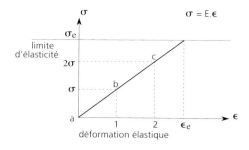

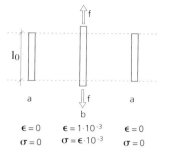

Fig. 6. Élasticité linéaire. Module de déformation longitudinale ε.

tionnalité porte le nom de coefficient de Poisson ; il est noté ν. Les deux déformations sont de signes contraires et l'on peut écrire :

$$\frac{\Delta t}{t_0} = -\nu \cdot \frac{\Delta l}{l_0}$$

Si la déformation ne modifie pas le volume occupé par la matière, on peut démontrer que le coefficient ν est sensiblement égal à 0,5.

LE CAS DU CISAILLEMENT. Si l'on peut considérer que les déformations de la trame idéalisée d'un matériau se développent selon les directions de liaisons des atomes, il est nécessaire de prendre en compte un autre type de déformation, connu sous le nom de cisaillement. De façon élémentaire, cette déformation est celle d'un maillage, initialement orthogonal, qui subit un gauchissement caractérisé par la variation angulaire des directions (fig. 8).

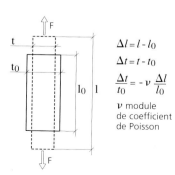

Fig. 7. Déformation transversale. Module de Poisson.

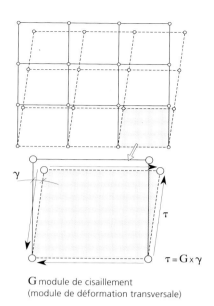

G module de cisaillement
(module de déformation transversale)

Fig. 8. Module de cisaillement.

On peut lui associer un module de déformation appelé module de déformation transversale et noté G.

Dans le cas de matériaux homogènes et isotropes, les trois coefficients E, G et ν sont reliés par la relation :

$$G = \frac{E}{2 \cdot (1 + \nu)}$$

QUELQUES ESSAIS NORMALISÉS. Les essais sous sollicitation simple (traction, compression, cisaillement) ne sont pas les seuls auxquels se livrent les expérimentateurs ; d'autres caractéristiques sont examinées, comme par exemple la dureté, la résistance aux chocs, l'affaiblissement des caractéristiques mécaniques dû à des phénomènes de fatigue résultant d'actions répétitives, ou encore les phénomènes de fluage et de relaxation, fondamentaux dans la conception du béton précontraint.

D'AUTRES LOIS DE COMPORTEMENT. Même si, pendant de nombreuses années, les ingénieurs s'en sont tenus à une utilisation des matériaux dans un domaine élastique et, la plupart du temps,

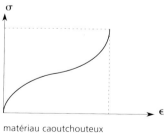

matériau caoutchouteux

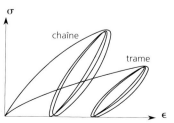

chargement cyclique d'un textile technique

Fig. 9. D'autres lois de comportement.

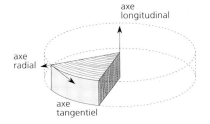

Fig. 10. Le bois, matériau anisotrope.

linéaire, la réalité du comportement des matériaux est plus complexe. On peut, à titre d'exemple, donner l'allure des lois de comportement de tissus enduits à renfort de fibres polyester et de matériaux caoutchouteux (fig. 9).

ISOTROPIE ET ANISOTROPIE. La constitution interne d'un matériau, l'arrangement de sa matière constitutive, peut être orientée selon un ou plusieurs axes préférentiels. Il en est ainsi par exemple du bois, pour lequel trois axes peuvent être distingués : le premier correspond à l'axe de la tige ; le deuxième se situe dans un plan perpendiculaire à cet axe et rayonnant autour de lui ; le troisième est perpendiculaire aux deux premiers (fig. 10). Les résultats d'expérimentations menées selon ces trois axes ne sont pas identiques : le matériau est anisotrope. Cette anisotropie dérive directement du processus de croissance de ce matériau vivant.

Dans le cas des tissus à renfort textile obtenus par tissage de fibres résistantes comme les fibres polyester, les propriétés mécaniques ne sont pas identiques, selon que la direction considérée est celle de la trame ou de la chaîne : les tissus techniques sont anisotropes – on les qualifie d'orthotropes en référence aux deux directions perpendiculaires privilégiées (fig. 11). Le métal, en revanche, a un comportement mécanique isotrope : les résultats des essais sont identiques quelle que soit la direction d'application des actions.

HOMOGÉNÉITÉ ET HÉTÉROGÉNÉITÉ. Un matériau est dit homogène quand sa composition est identique quel que soit le point considéré. Cette qualification dépend de l'échelle d'observation : le béton, constitué d'un mélange de granulats, de sable, d'eau et de ciment, est en toute rigueur hétérogène. Un examen à l'œil sépare facilement la pâte ciment + sable des granulats. Néanmoins, le béton est considéré en première approximation comme un matériau homogène. Le bois peut contenir localement des inclusions, voire des tissus de nature distincte – on peut mettre en évidence la présence d'un bois

dit de compression et d'un bois dit de tension. Il est, lui aussi, considéré comme homogène.

LES MATÉRIAUX COMPOSITES. Les matériaux composites présentent entre autres particularités celle d'être conçus par l'ingénieur, désireux d'obtenir un matériau présentant des caractéristiques spécifiques, propres à une utilisation précise. Ils sont à la fois hétérogènes et anisotropes. Ils sont composés de fibres continues ou non, de forte résistance, qui constituent le renfort. Celui-ci est noyé dans un matériau de résistance mécanique plus faible, qui porte le nom de matrice. Les textiles techniques sont un exemple de matériau composite dont le renfort est un tissage de fibres (de verre ou de polyester généralement) noyé dans une matrice (de téflon ou de polyfluorure de vinyle).

GÉNÉRALISATION : TENSEUR DES CONTRAINTES ET DES DÉFORMATIONS ; INSUFFISANCE DE LA LOI DE COMPORTEMENT UNI-AXIALE ; LOI CONSTITUTIVE. Si les notions de contrainte et de déformation ont été présentées dans des cas simples, ces concepts peuvent être étendus au cas général. Soit un point P pris au sein d'un matériau. Toutes les contraintes agissant sur le solide en ce point sont rassemblées dans un tableau qui porte le nom de tenseur des contraintes ; les déformations associées sont rassemblées dans un tableau appelé tenseur des déformations. De la même façon qu'une contrainte unidirectionnelle est associée à la déformation longitudinale correspondante par le module E, les deux tenseurs précédemment définis sont liés par des relations, qui, dans le cas le plus général et pour la phase élastique, font intervenir 81 coefficients. Cette relation porte le nom de loi constitutive ; le tableau qui rassemble les coefficients est appelé matrice constitutive.

Les simplifications que l'on peut opérer, en raison par exemple des symétries, de l'isotropie et de l'homogénéité, facilitent le travail de l'ingénieur, qui n'utilise alors qu'un nombre réduit de coefficients pour ses calculs ; certains ne prennent d'ailleurs en compte que deux coefficients, voire un seul dans de nombreux cas !

MODÉLISATION DU COMPORTEMENT DES MATÉRIAUX. L'ingénieur ne peut pas prendre en compte dans ses calculs toutes les particularités que l'expérimentateur peut mettre en évidence par ses essais. Il n'utilise pas les matériaux dans toute l'étendue de leur comportement. Cela le conduit à modéliser la loi de comportement en associant parties linéaires et courbes simples – comme des arcs de parabole –, et à ne considérer qu'une partie du comportement : c'est

ainsi que, jusqu'à très récemment, on considérait que la plupart des matériaux avaient un comportement linéaire élastique. Le calcul utilisant l'aptitude à la plasticité des matériaux n'a été introduit dans les règlements internationaux, et plus particulièrement européens, que depuis moins d'une vingtaine d'années (fig. 12).

L'ÉNERGIE DE DÉFORMATION ET LA MÉCANIQUE DE LA RUPTURE. La détermination de la contrainte de rupture peut être faite par un calcul théorique fondé sur l'énergie de déformation. L'énergie de déformation W d'un solide a pour valeur :

$$W = \frac{1}{2} \cdot \sigma \cdot \varepsilon$$

σ représentant une grandeur associée aux contraintes et ε une grandeur associée aux déformations relatives.

A. Griffith a supposé que l'énergie nécessaire pour séparer deux couches d'atomes distantes d'une quantité a et rompre les liaisons interatomiques doit être égale à deux fois l'énergie de surface de la section transversale, notée γ. Cette énergie de surface correspond à la notion de tension superficielle existant dans les matériaux, tension apparente dans le cas des films de savon. On peut ainsi déterminer théoriquement la contrainte maximale de rupture d'un matériau σ_{max} :

$$\sigma_{max} = \sqrt{\frac{\gamma \cdot E}{a}}$$

Les écarts constatés entre les valeurs expérimentales et cette valeur théorique sont en fait dus à des défauts internes de la matière, qui provoquent des concentrations de contrainte. Les travaux de Griffith ont mis en évidence que l'importance de la dimension des fissures conditionne leur propagation : ce faisant, il a ouvert

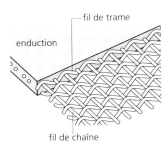

Fig. 11. Matériau orthotrope. Textile technique à renfort de fibres polyester tissées.

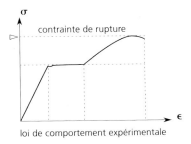

loi de comportement expérimentale

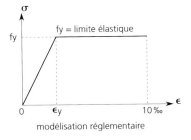

modélisation réglementaire

Fig. 12. Exemple de modélisation d'une loi de comportement. Cas d'un acier pour béton armé.

une voie nouvelle dans l'étude des matériaux, connue sous le nom de mécanique de la rupture.

Stabilité des ouvrages

Objectifs. Depuis qu'il construit des ouvrages, l'homme s'attache à satisfaire des objectifs de stabilité. Le plus simple est celui de l'équilibre des ouvrages, auquel le mot stabilité est quelquefois restreint. Selon la nature des actions dont il peut être l'objet, il s'agit d'équilibre statique ou dynamique ; l'étude dynamique rend compte des vibrations des ouvrages. Sauf dans des cas spécifiques, il est également nécessaire de s'assurer de la stabilité de la forme des ouvrages, qui subissent des déformations que le constructeur cherche à limiter. Il doit aussi veiller à éviter des changements brusques de forme, résultant par exemple des phénomènes de flambement. Il doit s'assurer que la résistance des matériaux qu'il utilise n'est pas mise en défaut. C'est donc autour de la stabilité d'équilibre, de forme et de résistance, que l'ingénieur articule sa démarche.

Matériau, structure et forme. La racine latine du mot « structure », *struere*, rend compte de l'acte de construction, de l'assemblage de solides élémentaires. C'est dans ce sens que Vitruve emploie ce mot dans son *Traité d'architecture*, où il désigne une maçonnerie en briques ou en moellons noyés dans un mortier. Il traduit aujourd'hui un concept qui ne fait pas l'objet de controverses de la part des ingénieurs et des architectes, qui l'utilisent souvent en lieu et place des mots « ouvrage » ou « construction » pour en désigner la partie résistante.

Un essai de définition du concept de structure conduit très rapidement à envisager simultanément celui de forme ; ces deux concepts sont en fait très liés et leur histoire montre qu'ils ont suivi des évolutions inverses. L'un et l'autre ont été employés dans un sens restreint pour caractériser l'existence spatiale d'un objet. Aujourd'hui le concept de forme est plutôt utilisé dans ce sens alors que celui de structure comporte les notions d'assemblage et de liaison, faisant ainsi écho au concept de structure développé dans la théorie des systèmes, dont les objets

Fig. 13. Les paramètres de conception.

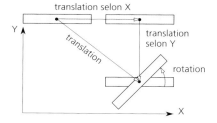

Fig. 14. Les déplacements du solide plan.

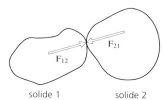

F$_{12}$ action du solide 1 sur le solide 2
F$_{21}$ action du solide 2 sur le solide 1
Ces deux actions sont égales et opposées.

Fig. 15. Action mutuelle de deux solides.

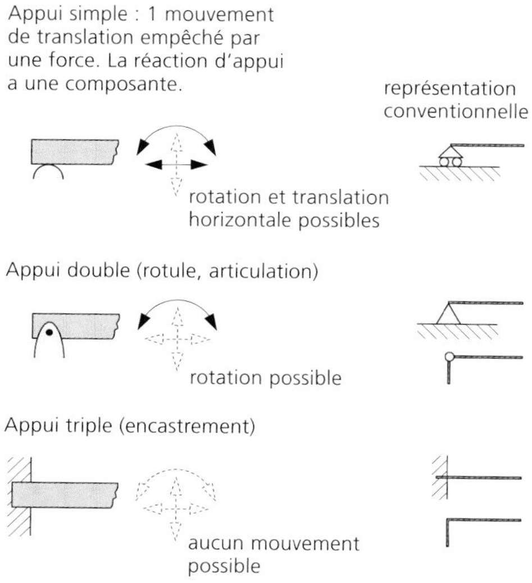

d'application dépassent largement le domaine de la construction.

Le concepteur d'ouvrages dispose en fait de trois familles de paramètres dont les termes génériques sont ceux de matériau, forme et structure. Il doit bien sûr s'assurer du respect des impératifs technologiques d'exécution, qui influent de façon notable sur le coût. On peut schématiser cet ensemble de paramètres et noter qu'au-delà de la maîtrise de chacun d'eux, le concepteur doit être à même de comprendre et d'utiliser au mieux les interrelations entre deux, voire trois familles (fig. 13). L'ouvrage, résultat de la conception, doit assurer les fonctions de stabilité lorsqu'il est soumis aux actions de son environnement.

Structure : le problème des liaisons. L'état solide de la matière correspond à l'existence de liaisons interatomiques. Lorsqu'on conçoit des assemblages de solides, ceux-ci sont supposés indéformables dans un premier temps, cet assemblage reposant précisément sur la réalisation de liaisons dont l'objectif est d'empêcher le déplacement des solides. Dans le cas de solides plans, tout déplacement résulte de la combinaison d'un mouvement de rotation et d'un mouvement de translation (que l'on décompose selon deux directions perpendiculaires).

Soit l'exemple d'une poutre soumise à des actions susceptibles de la déplacer (fig. 14). Pour la stabiliser, plusieurs solutions s'offrent à l'ingénieur ; mais il doit en tout état de cause avoir envisagé tous les cas possibles d'actions. Les solides utilisés pour stabiliser la poutre portent le nom d'appuis.

Le troisième principe de Newton établit l'égalité des actions mutuelles de deux solides (fig. 15). Les actions exercées par les appuis sur la poutre portent le nom de réactions. Les appuis

Appui simple : 1 mouvement de translation empêché par une force. La réaction d'appui a une composante.

représentation conventionnelle

rotation et translation horizontale possibles

Appui double (rotule, articulation)

rotation possible

Appui triple (encastrement)

aucun mouvement possible

Fig. 16. Les trois types d'appui plan.

Système hypostatique
poutre avec deux appuis simples

nombre de liaisons (2) insuffisant :
le système peut être mis
en mouvement sous l'effet des actions

Système isostatique
nombre de liaisons (3) juste suffisant

poutre encastrée (appui triple)

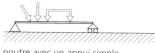

poutre avec un appui simple
et un appui double

Système hyperstatique
nombre de liaisons (>3) surabondant,
plusieurs solutions possibles

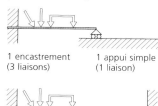

1 encastrement   1 appui simple
(3 liaisons)   (1 liaison)

2 encastrements (6 liaisons)

Fig. 17. Hypostaticité, isostaticité et hyperstaticité.
Cas d'une poutre.

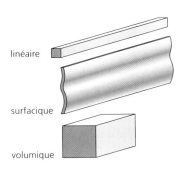

Fig. 18. Typologie des éléments.

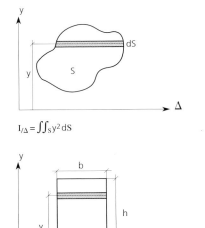

$$I_{/\Delta} = \iint_S y^2\, dS$$

inertie d'un rectangle par rapport à une base

$$I_{/\Delta} = \iint_S y^2\, dS = \frac{bh^3}{3}$$

Fig. 20. Inertie d'une section droite par rapport
à un axe Δ.

sont classés selon les actions qu'ils exercent sur la poutre pour empêcher son déplacement (fig. 16) comme suit :

— appui simple pour un mouvement de translation ;

— appui double (articulation, rotule) pour deux mouvements de translation ;

— appui triple (ou encastrement) pour deux mouvements de translation et un mouvement de rotation.

Si le nombre de liaisons de la poutre avec d'autres solides est juste suffisant pour assurer la stabilité, le système est dit isostatique. S'il est supérieur, le système est dit hyperstatique. S'il est insuffisant, le système est hypostatique ; la poutre peut alors se déplacer – elle présente un mécanisme (fig. 17).

Le choix entre systèmes iso et hyperstatiques conditionne la déformation du solide sous actions et la distribution des efforts internes.

Forme et rigidité des éléments constructifs. D'un point de vue géométrique, les éléments constructifs peuvent être classés en fonction des valeurs relatives de leurs trois dimensions. On distingue les éléments linéaires, surfaciques et volumiques (fig. 18).

La géométrie d'un élément linéaire repose sur la définition d'une courbe, la fibre moyenne, et sur celle d'une figure plane perpendiculaire à celle-ci, appelée section droite ; cette figure est à priori de forme quelconque, et son centre de gravité se situe sur la fibre moyenne (fig. 19). La

section droite peut être de forme constante ou variable. Les éléments linéaires courants ont une fibre moyenne rectiligne et une section constante ; ils constituent l'exemple classique d'étude de stabilité des ouvrages, à tel point que certains ingénieurs ont des difficultés à prendre de la distance par rapport aux résultats de ce que l'on appelle la théorie des poutres.

La rigidité des éléments constructifs dépend à la fois de leur matériau constitutif et de leur géométrie (géométrie de la section droite et géométrie de la fibre moyenne). Qualitativement parlant, la rigidité représente l'aptitude de l'élément à résister à des sollicitations avec un minimum de déformation. La consommation de matière est proportionnelle à l'aire des sections droites ; mais pour une aire donnée, la rigidité dépend de la forme des sections droites dans tous les cas de sollicitations, hormis la traction simple.

L'inertie, ou moment d'inertie par rapport à un axe passant par le centre de gravité d'une sec-

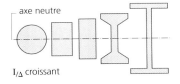

Pour une même consommation de matière caractérisée par l'aire S, on recherche la plus grande inertie par rapport à l'axe neutre (cas de la flexion simple)

Fig. 21. Différentes sections droites.

tion droite, est une quantité géométrique importante dans l'évaluation de la rigidité d'un élément. Elle caractérise la distribution de la matière par rapport à l'axe choisi et est définie par l'intégrale :

$$I_{/\Delta} = \iint_S y^2 \cdot dS$$

où y représente la distance du centre de gravité P d'un élément de surface à l'axe Δ (fig. 20).

Le but de l'ingénieur est d'économiser la matière en la plaçant aux endroits où les sollicitations créent les déformations relatives et les contraintes les plus importantes.

Dans le cas d'une sollicitation de flexion simple, ce sont les fibres extrêmes qui subissent ces déformations : la forme des sections droites est conçue en fonction de cette exigence. Dans un tel cas, la fibre moyenne est en même temps la fibre neutre, celle où les déformations et les contraintes sont nulles : il n'est pas nécessaire que la matière y soit abondante (fig. 21).

Les actions et leur modélisation. Les actions supportées par les ouvrages ont des origines et des caractéristiques différentes, mais elles concourent toutes à leur déformation, générant des contraintes qui doivent être acceptables par les matériaux. On distingue trois classes d'actions :

— Les actions à « distance »

Les ouvrages comme les hommes n'échappent pas à l'attraction terrestre et l'effet de la pesanteur figure au premier rang des actions. Ainsi est-il indispensable de prendre en compte le poids propre des éléments de l'ouvrage, qu'il s'agisse des éléments résistants ou des matériaux de second œuvre (fig. 22).

— Les actions de « contact » ou pressions

Elles s'exercent par exemple sur le parement des digues de retenues d'eau ou sur celui des murs de soutènement de terres. Leur intensité est variable en fonction de la profondeur considérée. Contrairement aux pressions exercées par les liquides ou les gaz, les actions des terres sur un mur ne lui sont pas perpendiculaires.

Le vent exerce également une action de pression : elle est très difficile à évaluer en raison de son caractère aléatoire ; les ingénieurs ont recours à des essais en soufflerie pour mieux connaître cette action (fig. 23).

— Les déformations imposées

Elles ont une incidence importante, même si certaines d'entre elles sont restées longtemps méconnues. Elles peuvent résulter par exemple

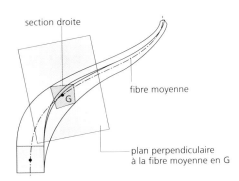

Fig. 19. Définition d'un élément linéaire à section variable et fibre moyenne gauche.

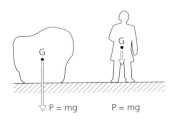

Fig. 22. Actions à « distance » (effet de la gravitation).

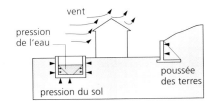

Fig. 23. Actions de « contact » (pression).

de la fabrication de l'ouvrage : il en est ainsi du phénomène de retrait qui accompagne la prise du béton. Les déformations dues à des variations de température peuvent causer des désordres importants, si l'ingénieur ne prévoit pas des dispositifs permettant de les absorber. C'est bien sûr le rôle dévolu aux joints de dilatation (fig. 24).

Des tassements de sol différents pour les appuis d'une poutre à plusieurs travées peuvent générer des variations de moment fléchissant de l'ordre de 50 %. Il est quelquefois nécessaire de prévoir des joints dits de rupture afin de désolidariser des sous-ensembles d'ouvrages (fig. 25) .

Il est intéressant de noter qu'il est parfois judicieux de créer des forces ou des déformations préalables à la mise en service d'un ouvrage afin d'en assurer la permanence. C'est le principe même de la précontrainte, dont l'explicitation est due à l'ingénieur Eugène Freyssinet♦. Cette méthode était d'ailleurs à l'époque utilisée dans d'autres domaines, comme la tonnellerie par exemple.

Les caractéristiques des actions. Les actions dites statiques sont celles dont l'intensité ne varie pas dans le temps. Elles peuvent avoir une

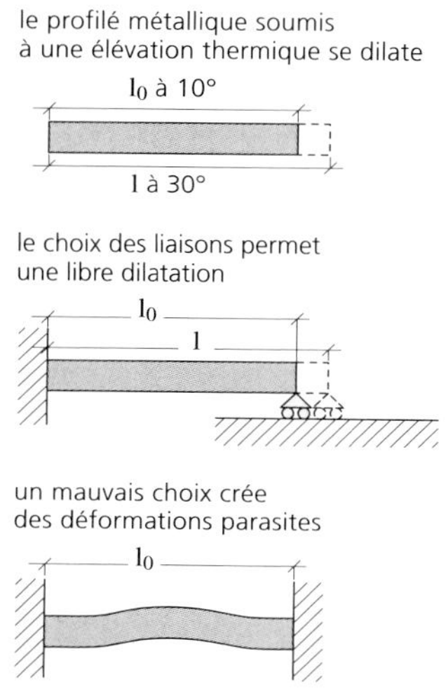

le profilé métallique soumis
à une élévation thermique se dilate

le choix des liaisons permet
une libre dilatation

un mauvais choix crée
des déformations parasites

Fig. 24. Dilatation thermique.

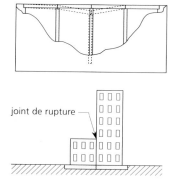

joint de rupture

Fig. 25. Tassements différentiels.

position fixe (c'est par exemple le cas d'un poteau qui vient prendre appui sur une poutre), ou variable. Tous les véhicules exercent des actions mobiles, leur position variant en fonction de leur déplacement ; il en est de même pour les ponts roulants dans les usines (leur position est variable, mais leur intensité est constante).

L'intensité des actions dites dynamiques est fonction du temps. Les séismes appartiennent à cette classe, tout comme le vent. L'attention doit aussi se porter sur toutes les machines installées dans les ouvrages et qui créent des vibrations, au même titre que toutes les actions dynamiques. Les calculs dynamiques sont plus complexes que les calculs statiques ; on les assimile souvent à ces derniers, dont les effets sont majorés pour tenir compte de l'aspect dynamique. Néanmoins, certaines actions dynamiques peuvent se révéler dévastatrices, tel le sinistre du pont de Tacoma, resté dans les mémoires : le phénomène de résonance entre les fréquences de l'action dynamique et les fréquences propres des ouvrages s'est ici traduit par des déplacements d'amplitude théoriquement infinie, c'est-à-dire par la destruction de l'ouvrage.

D'un point de vue réglementaire, on distingue les actions permanentes, les actions variables et les actions accidentelles, en fonction de leur durée d'application. Les premières existent pendant toute la durée de vie de l'ouvrage ; le poids propre des éléments constitutifs appartient à cette classe. Les deuxièmes sont temporaires. Elles comprennent en particulier les effets des dilatations de température et des actions climatiques (neige et vent) ; elles rassemblent aussi les charges d'exploitation des ouvrages comme le mobilier, les occupants d'un logis ou les utilisateurs des lieux publics. La valeur de leur intensité est réglementée par des normes. Parmi les actions temporaires, figurent celles qui sont occasionnées par la présence de matériaux, de matériels ou de véhicules nécessaires à la construction de l'ouvrage ; les phases les plus dangereuses ne surviennent pas toujours pendant la vie de l'ouvrage, elles peuvent exister lors de la construction. Les actions accidentelles ont, elles, une durée d'application très brève, mais généralement une intensité importante : les chocs, les explosions, les tremblements de terre, etc. appartiennent à cette catégorie.

La notion de sécurité. La concept de sécurité est difficile à cerner. La sécurité absolue n'existe

pas et l'énoncé que l'on peut faire de l'ensemble des causes d'insécurité est impressionnant, qu'elles résultent des incertitudes concernant les matériaux, les modélisations ou encore la réalisation elle-même. La réglementation actuelle a établi la notion d'état limite, qui distingue deux états fondamentaux : l'état limite ultime, au-delà duquel l'ouvrage est considéré comme totalement ruiné, et l'état limite de service, au-delà duquel certaines fonctions ne sont plus assurées – ainsi un réservoir fissuré n'assure plus la fonction d'étanchéité, mais il n'en est pas pour autant ruiné.

Le mythe d'un ouvrage qui résisterait à une multiplicité d'actions agissant simultanément a laissé la place à la notion de combinaison d'actions : il faut, par exemple, étudier le comportement d'un ouvrage sous l'effet combiné des actions permanentes et d'une action variable (d'exploitation ou climatique), chacune d'elles étant pondérée en fonction de l'état limite envisagé. Les caractéristiques des matériaux (en termes de contrainte ou de déformation relative) sont, elles aussi, affectées de coefficients minorateurs. C'est pourquoi la sécurité résulte d'un ensemble complexe de facteurs, fixés réglementairement pour couvrir les incertitudes.

L'équilibre. Dans le cas où les actions ont un caractère statique, l'analyse de l'équilibre qu'effectue l'ingénieur consiste à s'assurer que sous l'ensemble des actions appliquées à un solide (y compris les actions d'appui), celui-ci ne se déplace pas. Ce calcul donne accès à la valeur des actions de liaison, qui dépendent généralement du matériau utilisé pour les systèmes hyperstatiques alors qu'elles en sont indépendantes pour les systèmes isostatiques.

Lorsque les actions sont dynamiques, l'analyse de l'équilibre prend en compte les paramètres de masse et d'amortissement des systèmes. Les fréquences des vibrations et leur forme résultent de ce type de calcul.

Les sollicitations. La notion de sollicitation permet de connaître dans toutes les sections droites la nature de l'effet d'une combinaison d'actions. Une sollicitation peut être complexe, mais on peut la définir approximativement comme la superposition des sollicitations élémentaires : traction (tension), compression, cisaillement, flexion, torsion. Quatre grandeurs sont associées à ces sollicitations ; elles portent respectivement le nom d'effort normal (N), d'effort tranchant (V), de moment fléchissant (M) et de moment de torsion (M_t). L'étude des sollicitations permet de tracer des diagrammes qui donnent la valeur des sollicitations pour toutes les sections droites des éléments considérés (fig. 26).

— Traction et compression simples

Lorsque l'effet des actions se réduit à une seule force, perpendiculaire à la section en son centre de gravité, l'élément est soumis, selon le sens de la force, soit à une compression simple, soit à une traction simple. L'effort normal est générateur de contraintes dites normales, c'est-à-dire perpendiculaires aux sections droites. Ces deux sollicitations sont les plus économiques, car toutes les fibres de matière sont le siège de contraintes identiques. Elles sont particulièrement recherchées, mais un parallèle complet ne peut être établi entre ces deux cas, en raison du phénomène dit de flambement. Un élément linéaire peut changer brutalement de forme, peut « flamber », sous des actions inférieures à celles qui occasionnent la rupture en compression simple du matériau constitutif.

C'est à Léonard Euler que l'on doit la formulation théorique donnant accès à la valeur de l'action critique Fc :

$$F_c = k \cdot \frac{\pi^2 \cdot E \cdot I}{l^2}$$

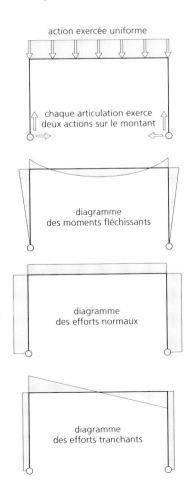

action exercée uniforme

chaque articulation exerce deux actions sur le montant

diagramme des moments fléchissants

diagramme des efforts normaux

diagramme des efforts tranchants

Fig. 26. Diagramme des sollicitations. Cas d'un portique à 2 articulations.

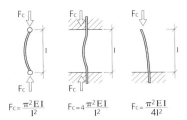

$$F_c = \frac{\pi^2 E I}{l^2} \qquad F_c = 4\frac{\pi^2 E I}{l^2} \qquad F_c = \frac{\pi^2 E I}{4 l^2}$$

Fig. 27. Le flambement.

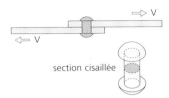

section cisaillée

Fig. 28. Cisaillement simple.

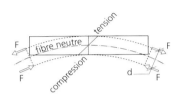

fibre neutre
tension
compression
d

Fig. 29. Flexion simple.

Dans cette formule, l est la longueur de l'élément comprimé, E le module de déformation longitudinale et k un coefficient qui dépend des liaisons des extrémités (fig. 27). Le coefficient k augmente si la rigidité des liaisons augmente, ce qui permet d'avoir une action critique de valeur plus élevée. I est l'inertie la plus faible de la section droite. Ceci explique que les sections de forme tubulaire soient les plus adaptées : leur inertie est identique quel que soit l'axe considéré, et elle est directement fonction de leur rayon moyen. Celui-ci est toutefois limité par des impératifs de dimension extérieure, et surtout par d'autres phénomènes d'instabilité de la paroi du tube, liés à son épaisseur qui ne peut être diminuée sans risques.

— Sollicitation de cisaillement simple

L'exemple le plus classique du cisaillement est celui d'un boulon ou d'un rivet assurant la jonction de deux pièces tendues. Dans ce cas, la sollicitation est caractérisée par l'effort tranchant V, situé dans le plan de la section droite et donnant naissance à des contraintes de cisaillement située dans ce plan (fig. 28).

— Sollicitation de flexion simple

Une pièce est fléchie lorsqu'elle est soumise, à chacune de ses extrémités, à l'action d'un couple qui provoque une rotation des sections droites. Le moment M de ce couple génère des contraintes normales de valeur variable. Dans le cas de la figure 29, la fibre supérieure est soumise à la contrainte de tension maximale, la fibre inférieure à la contrainte de compression maximale. La valeur du moment du couple pour cet exemple simple est égale à F.d (fig. 29).

— Sollicitation de torsion

On peut induire une sollicitation de torsion en exerçant par exemple aux deux extrémités d'un tube une action de rotation inverse (caractérisée par son moment M_t). Cette sollicitation de torsion génère des contraintes de cisaillement sur la surface du tube, qui sont mises en évidence par les plis qui s'y forment (fig. 30).

LE CALCUL DES CONTRAINTES. Si les diagrammes de sollicitations constituent une information pour les ingénieurs, celle-ci est insuffisante. Il faut en effet avoir une connaissance précise des contraintes en tout point. Elles sont calculées à l'aide des sollicitations, avec un passage intermédiaire par le calcul des déformations relatives. L'ensemble des valeurs constitue ce qu'il est convenu d'appeler un « champ de contraintes ». Les calculs effectués pour des ouvrages complexes sont réalisés avec des méthodes transcriptibles en informatique, comme la méthode des éléments finis.

LE CALCUL DES DÉFORMÉES. Tous les ouvrages se déforment sous les actions qu'ils subissent. La détermination des géométries déformées des ouvrages est l'un des éléments d'appréciation de la solution proposée ; la limitation des déformations à des valeurs prescrites conditionne le dimensionnement géométrique des éléments, en particulier dans le cas de systèmes « souples », comme les charpentes métalliques (fig. 31).

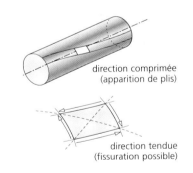

direction comprimée (apparition de plis)

direction tendue (fissuration possible)

Fig. 30. Torsion.

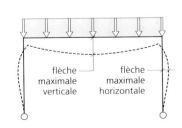

flèche maximale verticale

flèche maximale horizontale

Fig. 31. Déformées. Cas du portique biarticulé.

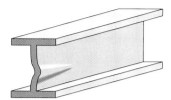

Voilement d'une âme de profilé

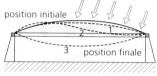

position initiale
position finale
Flambement d'une coupole soumise
à des actions dissymétriques

Fig. 32. Instabilités de forme.

STABILITÉ DE FORME. Outre la déformation normale et continue, des phénomènes brutaux peuvent mettre en péril tout ou partie d'un ouvrage. Il s'agit par exemple de phénomènes tels que le voilement, le cloquage, ou encore le flambement, qu'il s'agisse du flambement d'un élément isolé ou de celui de l'ensemble de l'ouvrage (fig. 32).

SCHÉMA D'UNE ÉTUDE DE STABILITÉ D'OUVRAGE; DIMENSIONNEMENT, VÉRIFICATION. On peut, à titre indicatif tant les situations sont variables, donner un schéma de l'étude de la stabilité d'un ouvrage. Le cas d'un portique illustre le propos. La conception structurale à proprement parler s'exerce pendant les phases 1 et 2. La phase suivante fixe les situations et les conditions du calcul. Au-delà, le dimensionnement de la géométrie est opéré en fonction d'un des critères de stabilité 4, 6 ou 7. Le choix du critère déterminant n'est pas toujours évident : c'est la phase de dimensionnement. Il est de toute façon nécessaire de vérifier que ces trois critères sont satisfaits, une fois que toutes les dimensions sont connues : c'est la phase de vérification.

On peut imaginer l'ampleur de la tâche de l'ingénieur pour les phases du dimensionnement et de la vérification, si l'on se souvient que ces études doivent être effectuées pour tous les éléments de l'ouvrage, pour les deux états limites et pour l'ensemble des combinaisons d'actions réglementaires. Les ingénieurs ont vu avec satisfaction l'avènement de l'informatique et, simultanément, celui des logiciels de calcul, qui réduisent la part de temps consacrée à ces phases, libérant ainsi celle qui peut être dévolue à la conception.

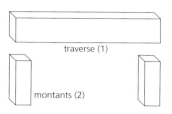

traverse (1)

montants (2)

1
Définition de la géométrie des éléments et de leur matériau constitutif.

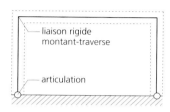

liaison rigide montant-traverse

articulation

2
Choix des liaisons avec les solides associés.

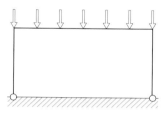

3
Détermination des actions directement appliquées. Choix des combinaisons d'actions.

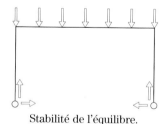

4
Calcul des actions de liaison par considération de l'équilibre statique.

5
Calcul des sollicitations en toute section.

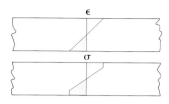

Stabilité du matériau.

6
Détermination des déformations relatives maximales et des contraintes maximales.

Stabilité de la forme.

7
Détermination de la déformée. Vérification vis-à-vis des phénomènes de flambement.

R. M.

VOIR AUSSI **Résistance des matériaux (histoire de la)** ; **Sciences de l'ingénieur** ; **Structure** ; **Structures (calcul des)**.

Matériaux intelligents

Le rêve de créer des matériaux et structures « intelligents » – des structures qui se rigidifient ou se renforcent lorsqu'on leur applique des charges, ou des fissures qui se referment d'elles-mêmes et réparent les dommages subis – relève encore largement du futur. Mais les principes qui sous-tendent de telles idées sont bien connus : ils sont fondés sur les notions de feed-back et de contrôle. La sortie d'un système d'ingénierie délivre un signal (une information), qui est renvoyé à l'entrée et modifie l'état du système dans son ensemble. Un tel retour sert déjà depuis trois siècles à contrôler les machines et se retrouve dans la plupart des circuits électroniques. Ainsi, les matériaux et structures qualifiés d'« intelligents » témoignent davantage de l'intelligence des ingénieurs qui les ont conçus que de celle des artefacts qu'ils ont engendrés.

La clé d'une structure ou d'un matériau intelligent, ce sont les activateurs, ou les « muscles », qui peuvent provoquer un mouvement lorsqu'on leur envoie une stimulation appropriée. On peut citer l'exemple des cristaux piézoélectriques, qui convertissent une énergie électrique en énergie élastique (et donc en mouvement) ou vice

Matériaux intelligents. Alliages à mémoire de forme, J.-M. Philippe (page de droite, en haut) ; alliage à mémoire de forme, société Bonatre, Courcelles-Gisors (page de droite, en bas).

versa, et qui ont permis le développement des premiers gramophones. On trouve également, depuis peu, les alliages métalliques à mémoire de forme. Il s'agit d'alliages auxquels on peut imposer une forme qui reste stable au-dessous d'une certaine température. Si un stimulus conduit la température à dépasser cette valeur, par exemple l'action d'un courant électrique, l'alliage restitue l'énergie qu'il avait emmagasinée et revient à la forme qui était la sienne avant la déformation initiale. En principe, le changement de forme peut servir à générer une compression à l'intérieur d'un matériau, et donc à refermer une fissure qui aurait pu s'y former, l'empêchant ainsi de se propager. La deuxième composante d'un matériau ou d'une structure intelligent, c'est un capteur destiné à délivrer le signal afin d'établir le feed-back. N'importe quelle jauge de déformation en est capable – par exemple celles qui induisent des fluctuations d'écoulement de l'électricité (dans des fils) ou de la lumière (dans des fibres optiques).

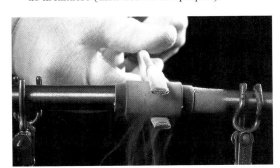

L'utilisation la plus féconde des structures intelligentes concernera des applications aéronautiques – ailes ou pales d'hélice dont la forme peut changer pour s'adapter à la vitesse de l'air –, car le poids et les performances y sont plus déterminants que le prix.

En matière de construction, les mêmes principes de feed-back et de contrôle, faisant appel à des techniques plus anciennes et moins coûteuses, sont capables de surveiller et d'ajuster la réaction des bâtiments de grande hauteur, ou des ponts, à des charges dynamiques telles que celles survenant en cas de tremblement de terre ou de vent violent. Le simple fait de déplacer un poids réduit au sein de la structure, en décalage de phase avec la sollicitation dynamique, permet de diminuer sensiblement le mouvement de toute la structure. Il est alors possible de limiter les vibrations des bâtiments à des dimensions tolérables, tout en utilisant moins de matière – idée intégrée dans la Tour♦ sans fins proposée pour la Défense, à Paris.

Un autre exemple est l'utilisation expérimentale des fibres dans le béton renforcé par fibre de verre, le but étant de produire, en cas de surcharge, un signal destiné à mettre en action un deuxième système de renforcement. Actuellement, ces idées et d'autres similaires restent toutefois encore largement plus coûteuses que la construction d'une structure plus résistante par des moyens essentiellement conventionnels. **B. A.**

Mathivat (Jacques)

Neuilly-sur-Seine, auj. dans les Hauts-de-Seine, France, 1932.

Jacques Mathivat reçoit une double formation d'ingénieur à l'École supérieure des travaux publics de Paris (section travaux publics) et à l'École nationale supérieure du pétrole et des moteurs (section forage et production). Engagé par l'entreprise Campenon-Bernard♦ en 1961, il va collaborer notamment à la construction du pont de Choisy♦, aux côtés de Jean Muller♦. Il dirige ensuite les études de nombreux ouvrages en béton précontraint, tels les ponts amont et aval du boulevard périphérique à Paris (1968), le viaduc de la Seudre, le pont de Givors sur le Rhône. En 1974-1977, il assure la direction technique de la construction du pont de Brotonne♦, qui franchit la Seine à Caudebec-en-Caux. D'une portée centrale de 320 m, cet ouvrage est l'un des grands ponts à haubans multiples répartis, réalisé en béton précontraint avec préfabrication partielle du tablier. Mathivat est également le concepteur du pont de Saint-Cloud (1973) et du pont de Gennevilliers (1977), qui comporte des travées de 172 m de portée construites en encorbellement par voussoirs coulés en place.

En 1978, il fonde son propre bureau d'études, la Société d'études et de calculs en ouvrages d'art (SECOA), dont il est le gérant. Il y conçoit, entre autres, les ponts de Bellegarde et du Tacon sur l'autoroute Lyon-Genève, les viaducs

du Piou et du Rioulong à Marvejol. En 1986, il participe, avec le SETRA – alors dirigé par Michel Virlogeux◆ –, aux travaux de conception du pont Chateaubriand sur la Rance, constitué d'un arc à tablier supérieur, dont la portée centrale dépasse 260 m. Le concours pour le viaduc de Millau est l'un des derniers ouvrages dont il a dirigé la conception pour la SECOA, proposant, avec Jean-Vincent Berlottier, la solution d'un tablier à épaisseur variable reposant sur des piliers en Y.

Jacques Mathivat est l'auteur de plusieurs ouvrages, et enseigne à l'École des ponts et chaussées, pour laquelle il a rédigé les *Procédés généraux de construction*. **R. R.**

Matsui (Gengo)

Sado, préfecture de Nügata, Japon, 1920 – Tôkyô, 1996.

L'un des principaux centres d'intérêt de Gengo Matsui, enseignant-chercheur à l'université de Waseda et concepteur de structures, a porté sur les expériences de photoélasticité. Il a utilisé la photoélasticité, qui aide à visualiser clairement les forces, comme outil de dialogue avec les architectes.

Les projets de structure dans lesquels les résultats du travail de Matsui apparaissent le plus clairement sont ceux qu'il a réalisés avec l'architecte Kiyonori Kikutake. Pour le bâtiment administratif du sanctuaire d'Izumo (préfecture de Shimane, 1963), il a conçu la grande poutre précontrainte de 40 m de long et les paraboloïdes hyperboliques des cages d'escalier, en recherchant une harmonie avec les formes traditionnelles japonaises.

Le bâtiment le plus avant-gardiste des années soixante au Japon est sans doute le Centre civique de Miyakonojô (préfecture de Miyazaki, 1966). La toiture, à charpente et panneaux métalliques disposés en éventail, et dont la forme dynamique évoque celle d'un porc-épic, se démarque nettement des propositions formelles de l'architecture moderne, et offre au regard un volume gigantesque au-dessus de la plate-forme en béton de l'auditorium. Le Centre civique de Hagi (préfecture de Yamaguchi, 1968), construit à la même époque, a été réalisé comme un dôme à effort axial avec une toiture légère et monolithique, qui a donné lieu à des tests sur la couverture. Le bel ensemble constitué par les éléments fins et légers de la charpente métallique s'étale comme une toile d'araignée à la surface du plafond.

En utilisant la méthode de construction à dalles glissantes préfabriquées, Matsui a eu l'occasion de collaborer avec l'architecte Kishô Kurokawa pour le Centre civique de Sakura (préfecture de Chiba, 1971) et pour l'immeuble-tour à capsules de Nakagin à Tôkyô (1972). Il a également travaillé avec Toyô Itô pour la conception de la toiture en arches de la maison personnelle de l'architecte (Silver Hut, à Tôkyô, 1984) et a conçu la structure de la Tour des vents à Yokohama (1986). **N. O.**

Matsushita (Fujio)

Tôkyô, Japon, 1926.

C'est après la Seconde Guerre mondiale que le professeur Fujio Matsushita met au point la théorie des structures spatiales et développe des méthodes qui seront utilisées pour de nombreuses constructions dans le domaine des structures métalliques en forme de coques.

Dans les années cinquante, il existe une forte demande de structures de ce type ; cependant les méthodes de calcul adaptées à des structures complexes n'ont pas encore cours à l'époque. Matsushita en conçoit et expérimente une, fondée sur l'analogie avec une coque continue. Le premier bâtiment ainsi conçu au Japon, un gymnase à coque sphérique de 33 m de portée, est construit en 1960.

Matsushita applique alors sa méthode pour relever les nombreux défis que posent les grandes constructions ; il réalise notamment en 1960 une coupole à double nappe tridirectionnelle pour le toit de l'entrepôt de charbon d'une centrale thermique, qui connaît un grand succès et qui obtiendra le prix annuel d'architecture.

Il a profondément influencé, au Japon, le domaine des structures spatiales et la réalisation de coques métalliques, développant en 1964 une technique de coque à une nappe en aluminium pour le temple de Daichi – récompensée par le prix d'architecture de l'Association japonaise des fabricants de métaux légers. Il a créé également un système préfabriqué de nœuds articulés pour treillis métallique. Ce principe de nœuds de raccordement permet de réaliser de grandes surfaces courbes. Ce système, d'une grande fiabilité, est produit en chaîne entièrement automatisée. Différentes formes de couverture, différents systèmes de réticulation et de nœuds ont été depuis développés. Matsushita a participé à ce jour à la conception de plus de 3 000 réalisations, et obtenu de nombreux prix et récompenses. **K. I.**

Mécanique des sols

La mécanique des sols de toute nature, qu'ils soient sableux, argileux ou rocheux, est une branche importante des géosciences. Alors que la géologie a pour but l'étude des constituants de la terre, leur genèse, leur nature et leur évolution, il s'agit ici, principalement, d'en déterminer les propriétés mécaniques afin de répondre aux interrogations des bâtisseurs de grandes ou petites superstructures et infrastructures.

La mécanique des sols se borne, à ses débuts, au calcul des murs de soutènement : Vauban et Charles-Augustin Coulomb, qui, tous deux, ont eu à construire des places fortifiées au cours des XVIIᵉ et XVIIIᵉ siècles, sont les pionniers de cette discipline, ce qui permet au second de mettre en lumière le rôle important du frottement, et même d'apercevoir un deuxième paramètre : la cohésion. Au siècle suivant, les études se limiteront encore aux milieux pulvérulents, et il faudra attendre la fin du XIXᵉ siècle pour que George Darwin et Joseph Boussinesq montrent que l'angle de frottement est une caractéristique interne dont la valeur ne coïncide pas nécessairement avec l'inclinaison du talus naturel. Presque seul, Alexandre Collin portera attention aux milieux argileux, et, à propos de glissements survenus dans des versants argileux trop raides, creusés en bordure de canaux, montrera que leur rupture est subordonnée à la cohésion ; il proposera même un moyen de la mesurer.

On ignore alors encore le rôle majeur que joue l'eau dans les sols argileux ; à l'inverse, dans les milieux sableux, à propos de captages, Henri Darcy énoncera les lois de perméabilité auxquelles on se réfère encore aujourd'hui.

L'ère industrielle se développe, et cependant on ne dispose pas encore de critères scientifiques permettant de déterminer aussi bien la portance des sols que l'inclinaison des talus de tranchées. Ainsi, Eiffel◆, s'apercevant que l'un des piliers de sa tour va reposer sur un vieux lit de la Seine comblé d'ordures, descend dans une cloche à air comprimé de son invention et, pour reconnaître l'argile du sparnacien sous-jacente et en apprécier la portance, y enfonce une tige d'acier : il a vu juste – à l'inverse de Ferdinand de Lesseps, qui, à partir de deux échantillons non représentatifs venus de Panama, prédira à tort que les talus de sa tranchée seront taillés presque à la verticale, alors que, en certains points, ils seront plus près de l'horizontale que de la verticale. Une erreur qui coûtera cher à

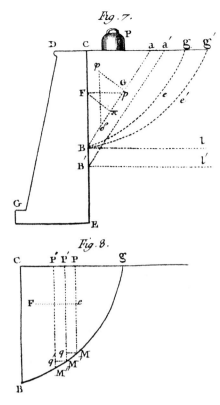

Fig. 7.

Fig. 8.

Mécanique des sols. Charles-Auguste Coulomb,
principes de la poussée des terres contre un mur de
soutènement, dessin.

l'épargne française. Par ailleurs, à la fin du siècle dernier, la sous-pression de l'eau sera la cause de la rupture brutale de barrages en maçonnerie.

La mécanique des sols accuse donc un retard sur le développement des grandes architectures ; celui-ci ne sera comblé qu'au début du XXᵉ siècle par Karl Terzaghi, qui, dans son *Erdbaumechanik*, va définir les règles d'une méthode expérimentale. On apprendra alors à déterminer en laboratoire les paramètres primordiaux que sont le frottement et la cohésion ; de plus, pour les milieux argileux saturés d'eau, on arrivera à savoir suivant quel rythme se dissipe la pression induite dans ces milieux sous l'influence d'efforts externes. On devra cependant reconnaître que, du fait de leur genèse, les sols homogènes sont rarissimes et ne peuvent

répondre à des normes précises comme des produits manufacturés : généralement, compressibilité et perméabilité verticales et horizontales sont différentes. Enfin, on s'aperçoit que l'échantillon sur lequel repose l'expérimentation en laboratoire est imparfaitement représentatif du sol, en raison des altérations apportées lors de la prise de cet échantillon au fond d'un sondage. De sorte que, parallèlement aux essais de laboratoire, vont se développer toute une série d'essais in situ, plus perfectionnés que la tige d'acier d'Eiffel. Citons, à titre d'exemple, le pénétromètre et le pressiomètre : on opère alors à l'abri d'un sondage en mesurant l'effort de pénétration d'un cône calibré poussé par une tige, ou, dans le second cas, en dilatant une enveloppe cylindrique. Les deux approches – in situ et en laboratoire – permettent toute une série de corrélations qui sont à la base des diagnostics des ingénieurs de mécanique des sols. Et, pour affermir le diagnostic, on procède, quand il le faut, à des essais en grandeur nature. La mécanique des sols est ainsi devenue une discipline empirique, non pas dans le mauvais sens du terme, mais une science d'observation et de réflexion, à partir de corrélations portant sur des sols dont la géologie a été parfaitement étudiée. En dépit de la complexité de certains sols, on peut ainsi donner une réponse aux problèmes afférents à l'appui de superstructures de plus en plus lourdes, ou au creusement de cavités de grandes dimensions sous un tissu urbain très dense.

Et comme les terrains de bonne qualité sont toujours plus rares au sein d'une urbanisation galopante, la réponse consiste, dans bien des cas, à améliorer des sols réputés non constructibles. S'il s'agit d'en améliorer la portance, on

va les drainer, les compacter, etc. ; s'il s'agit de creuser d'importantes cavités sous l'eau, on réduira la perméabilité et la déformabilité en leur injectant des produits appropriés ; s'il s'agit d'améliorer la stabilité de pentes, on les clouera, etc. – chaque décennie apportant son lot de procédés nouveaux.

Enfin, la vulnérabilité des immeubles construits dans des zones sismiques, aussi bien que la nécessité d'y implanter de grands immeubles ont conduit les ingénieurs des sols à créer un département de dynamique des sols, afin d'étudier les efforts apportés par les ondes sismiques sur les fondations des immeubles.

D'autres développements concernent le stockage d'hydrocarbures, de gaz ou de produits irradiés, ou encore la réutilisation de déchets urbains.

Les horizons de la discipline deviennent donc de plus en plus variés, les responsabilités encourues nécessitant l'intervention d'ingénieurs très qualifiés. **J. K.**

VOIR AUSSI **Fondation** ; **Tunnel**.

M enai (pont sur le détroit de)

Pays de Galles, Grande-Bretagne, 1826.

Le pont sur le détroit de Menai, qui enjambe le détroit séparant l'île d'Anglesey de la côte du pays de Galles, sur la route de Londres à Holyhead, marque une étape dans l'évolution des ponts suspendus. Conçu et construit de 1818 à 1826 sous la direction de Thomas Telford◆, il fait appel aux plus récentes technologies de l'époque. Pendant près d'une décennie, ce sera le plus long pont routier suspendu du monde.

La longueur de la chaussée portée par le pont et son accès du côté de l'île d'Anglesey est de 436 m ; sa portée suspendue est de 177 m, avec une hauteur sous tablier de 30 m pour la navigation. Les pylônes de maçonnerie à goujons de fer du pont, qui s'élèvent au-dessus de la chaussée, représentent la part la plus importante du coût de l'ouvrage (environ 178 000 livres sterling). Ils sont remarquables par leur capacité à supporter les efforts, tant horizontaux que verticaux, exercés par les chaînes.

À l'origine, le tablier était soutenu par 16 chaînes principales de 521 m de long, entre les ancrages rocheux massifs, constituées de plus de 30 000 barres percées à leurs extrémités et de maillons de liaison. Les barres percées à leurs extrémités avaient une longueur d'environ 2,90 m, et comportaient 5 barres parallèles de

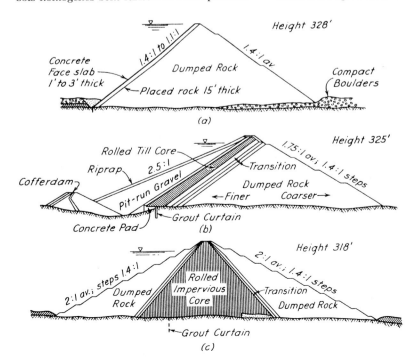

Mécanique des sols. Karl Terzaghi, Ralph B. Peck, coupe sur différents types
de barrages en remblais, barrage de Salt Springs, Californie.

Pont sur le détroit de Menai, vue du tablier et des câbles de suspension (en haut) ;
élévation et coupe du pylône central, dessin (en bas, à gauche) ;
vue générale (en bas, à droite).

25 × 83 mm, boulonnées transversalement à chaque extrémité. Ce qui caractérise l'attention portée par Telford aux détails, c'est que chaque barre et chaque tôle utilisée pour l'ensemble du pont a été essayée sous une charge de 35,5 t, soit près du double de la charge de calcul. Cette structure métallique a été remplacée en 1940 par la superstructure actuelle, afin de répondre aux exigences de la circulation moderne. Les nouvelles chaînes en acier à haute résistance ont conservé la même courbure, de manière à respecter pour l'essentiel la forme classique conçue par Telford. **R. A. P.**

Mengeringhausen (Max)

Brunswick, auj. dans la Basse-Saxe, Allemagne, 1903 – Würzburg, 1988.

Max Mengeringhausen étudie la construction mécanique jusqu'en 1926, et obtient en 1928 un doctorat en sciences économiques de la Technische Hochschule de Munich. C'est à Berlin qu'il fonde, deux ans plus tard, un bureau d'études spécialisé dans les équipements et les techniques du bâtiment.

L'essentiel de la démarche de Mengeringhausen, en tant qu'inventeur et constructeur, a consisté à rationaliser et à industrialiser le processus de construction afin d'améliorer à la fois la qualité et la quantité des logements tout en conservant des prix de revient réduits. Il a conçu un système modulaire allant de la structure porteuse jusqu'à l'aménagement intérieur, y compris des unités d'installation préfabriquées.

Son projet le plus connu est celui d'une structure porteuse, destinée à une fabrication industrielle, obtenue à partir d'un nombre limité d'éléments combinables par un système de barres et de tubes, et avec un seul type de nœud, selon des proportions géométriques permettant d'obtenir des formes bi et tridimensionnelles quelconques. L'idée de base repose sur la juxtaposition de solides platoniciens, dont les arêtes ont toutes la même longueur de barre et peuvent donc être combinées les unes aux autres. À la fin des années cinquante, le système tubulaire de Mengeringhausen (*Mero*) trouve enfin des débouchés et fait l'objet d'une fabrication en série et d'applications dans de nombreux domaines : en 1957, une halle pour l'exposition « Interbau » à Berlin, de nombreux bâtiments de foire et d'exposition, ainsi que des tribunes temporaires. Des toitures de stades d'une portée plus importante seront réa-

lisées selon le système *Mero*, tant à Split que pour le stade olympique de Berlin ou la Globe Arena de Stockholm, qui mesure 110 m de diamètre et 85 m de hauteur. **B. B.**

Mengoni (Giuseppe)

Fontana Elice, près de Bologne, Emilie-Romagne, Italie, 1829 – Milan, Lombardie, 1877.

Giuseppe Mengoni obtient son diplôme d'ingénieur de génie civil à Bologne. Ses études terminées, il entreprend un grand tour d'Europe, au cours duquel il a l'occasion de voir les premiers édifices réalisés en fer et en verre, architecture dont il sera par la suite un remarquable interprète.

L'histoire complexe de la construction de la galerie Vittorio Emanuele II à Milan, qui commence en 1861 par la publication des bans du concours, marquera profondément sa vie professionnelle. Faute de lauréats dans un premier temps, la municipalité décide de faire sienne la proposition de Mengoni de construire une galerie. L'ensemble du projet d'origine d'aménagement architectural et urbain du quartier prévoyait en effet plusieurs réalisations : la loge royale, le palais de l'Indépendance, le traitement monumental de la place, deux théâtres situés de part et d'autre de l'entrée de la galerie et l'ouverture d'une nouvelle place derrière l'abside de la cathédrale. De cet ambitieux projet, seule verra le jour, réalisée entre 1865 et 1877, une galerie couverte, qui s'ouvre sur la place de la cathédrale par un monumental arc de triomphe.

Construite par la société anglaise City of Milan Improvements Company Ltd, la galerie présente un plan cruciforme ; ses ailes sont couvertes par des voûtes en berceau en fer et verre. À leur croisement, s'ouvre un espace octogonal surmonté d'une coupole rythmée par 16 nervures en fer. Le mariage des styles et des techniques est obtenu par simple juxtaposition : le mur de support de la structure métallique fait l'objet d'une interprétation du vocabulaire architectural de la Renaissance lombarde, conjuguée avec une riche décoration en stuc et avec les dorures voyantes des candélabres des piliers. Sans être une nouveauté, compte tenu des précédents qu'offrent les célèbres passages parisiens, la galerie Vittorio Emanuele II représente un exploit aussi bien en termes de structure que de configuration spatiale. Elle atteste en outre la maturation d'un type de construc-

tion appartenant jusqu'alors au seul domaine expérimental, et qui aura valeur de modèle pour toutes les galeries réalisées ultérieurement en Italie.

Giuseppe Mengoni meurt en tombant d'un échafaudage, quelques jours avant l'achèvement de la galerie, son œuvre la plus célèbre.

Au cours du long périple qui l'a conduit à la réalisation milanaise, Mengoni a su également mener à terme d'autres projets, parmi lesquels le palais Poggi (1863) et le palais néo-renaissance de la Caisse d'épargne (1868-1876), tous les deux à Bologne, ainsi que l'hôtel de ville de Malalbergo (1863-1867) et de nombreuses structures pour des marchés couverts à Florence et à Rimini (1870 et années suivantes). **M. C.**

Menier (moulin)

Noisiel, Seine-et-Marne, France, 1872.

Aujourd'hui siège de Nestlé-France, le moulin Menier, situé à Noisiel, à 20 km à l'est de Paris, est cité dans toutes les histoires de l'architecture. Il doit peut-être sa célébrité à une circonstance fortuite : il subsistait quatre piles de l'ancien moulin sur lesquelles il fallait construire, d'où l'idée d'asseoir le nouveau sur quatre grandes poutres en fer et, partant, de le réaliser entièrement en fer…

Quoi qu'il en soit, le maître d'ouvrage du moulin, Émile-Justin Menier, entreprend en 1864 la rénovation de son usine, avec l'aide de l'architecte Jules Saulnier et de l'ingénieur Jules Logre. Pour la première fois en France, et probablement au monde, le plan des bâtiments reflète le mode de fabrication qui, à partir des fèves de cacao et du sucre, aboutit à des tablettes de chocolat enveloppées et empaquetées. La construction du moulin, qui doit abriter la partie la plus importante de cette fabrication, est mise en œuvre après la rénovation, le contrat de démolition de l'ancien moulin étant signé le 4 juillet 1870, quinze jours avant la déclaration de guerre à la Prusse. De ce fait, la première poutre n'est posée que le 12 avril 1871 ; le bâtiment est monté en deux fois pour ne pas arrêter la fabrication. La première turbine fonctionne à la fin de l'année 1871, le moulin étant achevé l'année suivante.

Selon Saulnier, Menier accepte sa proposition de le construire comme un pont en fer, et, ne « reculant pas devant la dépense, [résout] de le décorer avec un luxe rarement usité dans les constructions industrielles ». La nouveauté

Le moulin Menier, vue de la structure métallique (en haut) ; élévation (en bas, à gauche) ;
détail de maçonnerie polychrome (en bas, à droite).

constructive vient de ce que la structure métallique, étudiée et fournie par l'entreprise Moisant, est en elle-même stable, sans le secours d'aucun mur ou pilier en pierre.

Les façades, montées sur le cadre métallique posé sur les piles, sont composées d'un treillis en diagonale de fers à double T de 14 cm, à ailes inégales, l'aile la plus large étant dans l'intérieur du mur, l'aile la plus étroite, apparente, à l'extérieur, formant rainure pour les briques posées à plat et elles aussi apparentes. Les treillis en façade sont contreventés par les planchers composés de solives en fer à double T supportant des voûtains en briques creuses et enduits en plâtre dessous, parquetés en chêne dessus. Ces plateaux, de 12 × 40 m, sont supportés par deux lignes de poteaux en fonte, celui du troisième étant suspendu aux fermes du comble pour libérer le deuxième étage de tout poteau et placer les moulins à l'endroit voulu.

La surface des murs étant entièrement plane, la décoration ne peut être rendue que par la couleur. Pour éviter l'émaillage de toutes les briques, trop coûteux, Saulnier utilise leur couleur naturelle ; les briques sont agrémentées de mascarons représentant des branches de cacaoyers et les « M » de Menier.

Les fèves de cacao et le sucre, acheminés dans des wagonnets, sont montés par un ascenseur hydraulique au troisième étage ; là, les fèves sont versées dans des trémies qui les conduisent dans les moulins au deuxième étage ; puis elles passent le premier étage réservé aux transmissions et tombent, au rez-de-chaussée, dans les broyeuses et raffineuses – toutes ces machines étant actionnées par des turbines partiellement immergées dans la Marne. **B. M.**

Menn (Christian)

Zillis, canton des Grisons, Suisse, 1927.

Christian Menn, originaire de Zillis, est né à Meiringen dans l'Oberland bernois. En 1950, il sort diplômé de l'École polytechnique de Zurich. Soigné pour une tuberculose, il devient après sa guérison, en 1953, l'assistant du professeur Pierre Lardy. Il passe avec succès son doctorat en 1956, puis, en tant qu'ingénieur de la société Dumez, il participe aux travaux du bâtiment de l'Unesco de Pier Luigi Nervi♦ à Paris. En 1957, il ouvre son propre bureau d'études de construction de ponts à Coire, chef-lieu du canton des Grisons.

Ses premiers ponts, édifiés en 1960 à Letziwald et à Cröt, dans ce même canton, sont manifes-

tement inspirés des innovations de Robert Maillart♦, à savoir le caisson creux à trois articulations, et les arches rigidifiées par le tablier. Dès 1964, alors qu'il construit le pont de Reichenau sur le Rhin (d'une portée de 100 m), Menn met au point un style très personnel – arche polygonale fine, voiles élancés très espacés, poutre de renforcement à caisson creux précontraint partiellement, avec large tablier en surplomb. Cette forme donne naissance à des arches rigidifiées par le tablier, d'une grande portée, que Menn utilise pour plusieurs ponts à arches, notamment le pont de la Viamala et les ponts de Nanin et de Cascella sur la rivière Moesa en Suisse italienne, réalisés entre 1965 et 1967.

En 1970, Menn remporte, en collaboration avec le bureau d'ingénieurs Emch et Berger de Berne, un concours pour la construction d'un pont au-dessus de la vallée de l'Aar, à Berne, avec une étude d'un grand viaduc à six voies, d'une longueur de 1 100 m. Cette fois, il conçoit un pont en encorbellement, avec deux grandes portées centrales de 156 m à monocaisson creux, en béton précontraint. Achevé en 1974, cet ouvrage est l'un des plus longs ponts de Suisse. Le caisson à âmes inclinées et de hauteur variable est courbé dans sa partie horizontale, et confère au pont une esthétique étonnante. Son coût compétitif et son apparence de légèreté en font un exemple remarquable de l'art de la structure en béton précontraint.

En 1972, Menn devient professeur principal de construction à l'École polytechnique de Zurich. Il étudie alors, avec différents bureaux d'études, la conception de ponts exceptionnels. En 1980, Menn voit s'achever son pont du Ganter♦, unique en son genre, sur la route du col du Simplon, et quelques années plus tard, le viaduc de la Biaschina, également fruit d'un concours en collaboration avec le bureau Guzzi à Bellinzona. Avec ses hautes piles et sa structure en cantilever, ce dernier pont, réalisé dans la vallée du Tessin, témoigne d'un sens très sûr des formes. Vers la fin des années quatre-vingt, Menn conçoit en collaboration avec le bureau KBM de Sion le pont à haubans sur le Rhône à Sion. Pour cet ouvrage, il utilise une poutre à caisson en béton qui constitue le tablier, mais il l'ouvre en se servant de treillis inclinés pour réaliser les parois latérales.

Menn a étudié les arches, les caissons, et les formes de ponts à haubans ; il a pris dans chaque type de pont de nouvelles idées pour en

tirer des formes concrètes. Ses travaux sont caractérisés par la subtile proportion des divers éléments, tels que les goussets et les encorbellements de Felsenau, et par le souci de légèreté esthétique et d'intégration des formes. Menn, qui a reçu plusieurs prix et distinctions, est docteur *honoris causa* de l'université de Stuttgart. Ses travaux ont été exposés dans des musées d'art à travers les États-Unis, et comptent parmi les plus belles constructions en béton du dernier tiers du XXᵉ siècle. **D. P. B.**

Métaux ferreux (assemblage des)

L'assemblage des métaux consiste à réunir, de manière temporaire ou définitive, différentes pièces pour former un seul corps d'ouvrage.

En matière d'assemblages permanents, on distingue les constructions assemblées par soudage, emmanchement forcé, frettage, rivetage, agrafage, et collage.

Deux modes de soudage sont traditionnellement utilisés. Pour l'un, on parle de soudage hétérogène ou indirect, pour l'autre, de soudure autogène.

Dans le premier cas, les métaux à souder peuvent être de même nature, ou différents. Ils sont réunis par l'interposition d'un autre métal, dont le point de fusion est inférieur à celui des métaux à assembler. On parle alors également de brasage. Ce type de soudure était employé avant l'âge du fer. Au troisième millénaire avant J.-C., on utilisait en Égypte un métal à souder à base d'or et d'argent, et sept siècles avant J.-C., les Romains pratiquaient la soudure au plomb et à l'étain pour réaliser des tuyauteries en plomb. Selon que les températures de fusion du métal de liaison sont basses ou élevées, on parle de brasage tendre (température de fusion inférieure à 450 °C) – qui fait intervenir, en général, des alliages d'étain et de plomb et que l'on utilise pour assembler des métaux tels que le cuivre, les laitons, les bronzes, le fer blanc, le fer galvanisé, le plomb, le zinc – ou de brasage fort (température de fusion supérieure à 450 °C), nécessitant une source de chaleur importante, les métaux d'assemblage étant en général des laitons. C'est ce type de brasage que l'on utilise pour unir des métaux ferreux ou cuivreux. Lorsque la température de fusion du métal d'apport est supérieure à 800 °C, on parle de soudobrasage.

Lorsque les pièces à réunir sont faites d'un même métal et que l'on opère sans métal d'apport, par simple fusion des bords en contact ou avec un métal d'apport de même nature que celle des pièces à souder, on entre dans le domaine de la soudure autogène. Le procédé le plus ancien employé pour le fer est celui de la soudure à la forge. Les pièces à assembler, une fois portées au « blanc soudant », sont réunies par martelage. Lent et peu compatible avec les pratiques industrielles, ce mode de soudage autogène a été remplacé à la fin du XIXe siècle par la soudure au chalumeau, puis, à partir des années 1910, par la soudure électrique.

Pour la soudure au chalumeau, la chaleur nécessaire à la fusion du métal est fournie par la combustion d'un mélange gazeux à la sortie d'un brûleur d'un type particulier. Inventé en 1801 par le chimiste américain Robert Hare, ses possibilités d'utilisation ont été développées entre 1850 et 1870 par Henri Saint-Claire

Deville, dans le cadre de ses expériences sur la fusion du platine. Dans un premier temps, l'hydrogène et l'oxygène ont d'abord été utilisés pour une soudure dite oxyhydrique, mais la température obtenue n'étant que de 2 300 °C, c'est la soudure oxyacétylénique, plus économique et permettant d'atteindre 4 000 °C qui, à partir des travaux d'Henri Le Chatelier et de Charles Picard, s'est imposée au début du XXe siècle. Le soudage au chalumeau s'applique aux assemblages de dimensions réduites, qui ne donnent lieu à aucun problème métallurgique spécifique.

Pour ces raisons, la soudure au chalumeau, lorsque l'on passera au mode industriel, va céder la place à la soudure électrique. Dans ce cas, la chaleur est fournie par le courant électrique agissant par production d'un arc ou par l'intermédiaire d'une résistance.

Entre la mise en évidence, en 1811, de l'arc électrique par sir Humphrey Davy et son application à la soudure vers 1910, de nombreuses recherches ont dû être poursuivies. En 1855, Nicolas de Bernados obtient un arc électrique entre une électrode de charbon et une pièce métallique. De là va naître la soudure à l'arc, qui ne deviendra opérationnelle que lorsque le Russe Salvianoff aura l'idée, en 1890, de remplacer l'électrode de charbon par une tige de métal de même nature que les pièces à assembler. Pour obtenir la stabilité de l'arc, il faudra en outre enrober l'électrode métallique d'une matière réfractaire permettant également, sous forme de scorie fusible, d'éliminer l'oxyde de fer.

L'avantage de la soudure à l'arc – qui met en jeu des températures de l'ordre de 5 500 °C dans la colonne de plasma – tient au fait qu'il n'y a qu'un échauffement local des parties à souder, ce qui évite le phénomène de retrait. En outre, l'énergie dépensée ne dépend pas de la masse des pièces à souder mais seulement du volume de métal fondu. Aussi la soudure à l'arc a-t-elle pu être avantageusement utilisée dans l'assemblage des éléments de constructions métalliques en acier doux.

De ce point de vue, un grand pas est accompli, lorsqu'en 1924, le physicien américain Irving Langmuir découvre le procédé de soudure à l'hydrogène atomique, consistant à dissocier à haute température (celle de l'arc) les atomes des molécules d'hydrogène. Cet hydrogène atomique, stable seulement à haute température, redevient moléculaire en arrivant sur la pièce où il dégage la chaleur empruntée à l'arc. Ce procédé permet d'obtenir de très hautes températures et de souder des métaux réputés difficilement soudables. En dérivera le moderne procédé TIG (Tungsten Inert Gas) où l'énergie calorifique est dégagée par un arc électrique éclatant entre une électrode non consommable en tungstène et les pièces à assembler.

Pour souder à l'arc – que ce soit les aciers au carbone dont la teneur en carbone est supérieure à 0,4 %, ou les aciers spéciaux –, il est nécessaire d'opérer en isolant le métal en fusion de l'atmosphère. C'est ce que permet déjà, dans une faible mesure, l'enrobage des électrodes dont la fusion produit un rideau isolant. Lorsque le soudage à l'arc est automatisé, le métal d'apport est distribué à partir d'une bobine. L'enrobage, cassant, doit être alors remplacé par le soudage sous flux en poudre. L'arc non visible jaillit dans une masse de flux

Métaux ferreux (assemblage des).
Pont George Washington, O. H. Ammann, ing.

pulvérulent déversé en continu. Ce procédé, essentiellement employé pour le soudage horizontal de tôles de forte épaisseur, a permis des progrès considérables dans le domaine de la mécanosoudure.

On peut aussi opérer sous protection gazeuse. C'est ce que réalisent les procédés TIG, MAG (Metal Activ Gas) et MIG (Metal Inert Gas), ce dernier étant rendu opérationnel par les travaux d'Alexander au début des années quarante.

Les années cinquante ont vu naître le soudage par faisceau d'électrons et, depuis, des techniques particulièrement sophistiquées comme le soudage au plasma thermique avec une température mise en jeu de l'ordre de 20 000 °C.

Parallèlement aux procédés de soudage à l'arc, se sont développés ceux de soudure par résistance. En 1855, James Prescott Joule établit les lois qui régissent le dégagement de chaleur occasionné dans un conducteur par le passage du courant électrique. En 1877, l'ingénieur américain Elihu Thomson imagine le procédé de soudage par résistance. Son principe repose sur le fait que, si les éléments à souder sont mis en contact par une surface limitée, le passage d'un courant électrique très intense libère, par effet Joule, une température capable de fondre le métal. Si l'on exerce alors une forte pression sur les surfaces à réunir, il y a soudure. À partir de cette invention, ont été développées plusieurs techniques, dont la plupart font intervenir le chauffage par résistance pure et concernent des tôles d'acier de faibles épaisseurs en recouvrement. Deux électrodes compriment ponctuellement les pièces à réunir et conduisent le courant, dont l'intensité permet la fusion du métal à l'endroit de la plus forte pression. On peut effectuer de cette manière des soudages par point, à la molette ou par bossage. Le chauffage par résistance pure permet également d'effectuer des soudures en bout. Les deux pièces étant serrées dans des mâchoires et mises en contact, la machine assure leur rapprochement au moment de la fusion. Une variante de cette technique concerne le chauffage par étincelage.

Parmi les autres procédés de soudage, il convient de citer le soudage aluminothermique, déjà mis au point en Allemagne en 1900 par Hans Goldschmidt, technique permettant en particulier le soudage des rails bout à bout. L'énergie calorifique y est fournie par une réaction chimique exothermique, occasionnée par la combustion d'une cartouche de magnésium dans un mélange de poudre d'aluminium et

d'oxyde de fer. On citera également les méthodes, beaucoup plus récentes, de soudage par ultrasons, au laser, ou par bombardement électronique (l'impact d'un faisceau d'électrons accélérés y fait fondre le métal).

Toutes ces techniques d'assemblage permanent font intervenir la fusion partielle du métal. Il en est d'autres qui jouent sur son aptitude à la dilatation ou à la rétraction, sous l'effet d'une élévation ou d'une diminution de température. On parle alors d'assemblage par frettage.

Un autre type d'assemblage, dont l'usage au XIXe siècle et dans la première moitié du XXe était intimement lié à l'emploi des produits demi-finis obtenus par laminage, est le rivetage.

L'assemblage des divers éléments (tôles ou profilés, dans le cas de l'acier) est assuré par des pièces en métal très malléable (acier doux). Ces pièces de jonction sont constituées d'une tige cylindrique, portant à l'une de ses extrémités une tête dont la forme varie suivant les applications. Après mise en place du rivet dans des trous pratiqués dans les pièces à assembler, son extrémité libre est écrasée, à froid ou à chaud, à l'aide d'une bouterolle de forme appropriée. On peut parler d'assemblage semi-permanent car, pour libérer les pièces – qui n'ont été l'objet d'aucune altération par fusion locale –, il suffit

de cisailler les rivets. Sans cette intervention destructrice, les liaisons peuvent être considérées comme définitives.

Dans les dernières décennies, un nouveau type d'assemblage est apparu, faisant usage de rivets à expansion (rivets POP et rivets LGC) pour lier des pièces dont une seule face est accessible. De tels rivets ne permettent pas de réunir des pièces de forte épaisseur, ni des pièces soumises à d'importants efforts mécaniques. Ils sont principalement utilisés pour fixer des tôles d'habillage (dans le domaine de l'aéronautique par exemple).

Un autre type d'assemblage permanent est celui qui fait intervenir des colles. On utilise aujourd'hui les qualités adhésives de certains matériaux de synthèse. Parmi ceux qui permettent de coller les aciers (avec éventuellement d'autres matériaux), on peut citer le méthane méthacrylate, le cyanoacrylate, le méthacrylate de méthyle, les époxydes, et les silicones. L'avantage que présentent les constructions collées sur les constructions soudées tient essentiellement à ce que des matériaux différents peuvent être assemblés, et que leurs caractéristiques initiales restent inchangées. Le procédé est généralement rapide et les liaisons sont étanches.

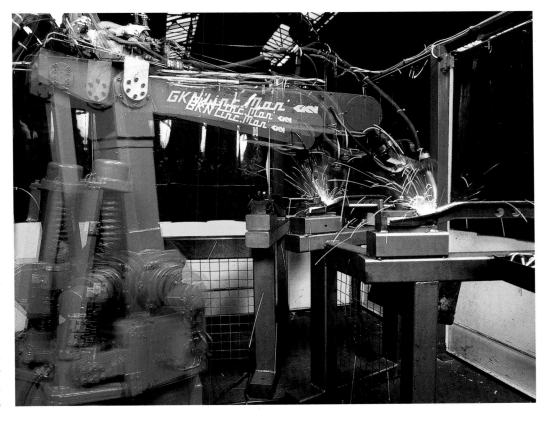

Robot de soudure à l'arc.

Si l'on envisage de réaliser un assemblage fixe, mais temporaire, d'éléments de construction en métaux ferreux, c'est l'assemblage par vissage qui s'impose. De la vis, les Grecs avaient fait, aux côtés du treuil, du levier, de la poulie et du coin, la cinquième machine simple ; et si Vitruve accorde à Archytas de Tarente la paternité de sa découverte 400 ans avant J.-C., on prête à Apollonios de Perga, 200 ans plus tard, le mérite d'avoir établi les bases de son fonctionnement, soit qu'il s'agisse de soulever des poids, soit qu'il s'agisse de presser ou de fixer des objets. Mécaniquement parlant, la vis est la « machine » qui permet de transformer le mouvement de rotation autour d'un axe en un mouvement de translation par rapport à cet axe.

Pratiquement, la vis se compose d'une tige cylindrique sur laquelle on a exécuté une rainure hélicoïdale (filetage) et d'une tête, manœuvrée par une clef spéciale, dont la forme varie suivant les utilisations (la plus courante, en matière d'assemblage d'éléments de construction, étant la tête hexagonale). Pour être active, la vis doit pénétrer dans un trou, lui-même porteur d'une rainure hélicoïdale (taraudage) qui reproduit, en négatif, celle de la vis. Ce taraudage peut être effectué dans l'une des pièces à assembler ou dans une pièce complémentaire de la vis, l'écrou. L'ensemble vis-écrou constitue un boulon.

On nomme « pas » la distance qui sépare deux filets contigus. Dans un souci de standardisation, la définition au niveau international d'un système définissant les valeurs possibles de ce pas a été précisé lors d'un congrès qui s'est tenu à Zurich en 1898. En est ressortie l'adoption d'un système international (SI) décrivant le profil du filetage. Depuis, il a été remplacé par le profil métrique ISO (International Standards Organization). On a tendance à abandonner parfois la forme hexagonale des têtes de vis pour adopter des formes cylindriques ou coniques, leur manœuvre étant assurée par l'intermédiaire d'un six pans creux, mais également d'une empreinte cruciforme ou à six lobes. Sont apparues aussi les vis autotaraudeuses, destinées surtout à fixer des tôles.

Le blocage des écrous a également suggéré des solutions qui ont évolué avec le temps, depuis la goupille traversant l'écrou et la vis, l'utilisation de rondelles élastiques, d'écrous autofreinés, jusqu'à celle de colles (Loctite Freinfilet, Araldite, etc.). **R. Gu.**

VOIR AUSSI **Construction métallique** ; **Fer, fonte, acier**.

Métaux ferreux (protection des).
Rouleaux d'acier inoxydable (ci-contre).
Ouvrier peignant la coque d'un paquebot
(page de droite).

Métaux ferreux (protection des)

La corrosion des métaux est un phénomène complexe, faisant entrer en jeu de nombreux facteurs, dont l'hétérogénéité est l'un des plus importants. Elle intervient à la fois au niveau structurel (finesse du grain) et au niveau chimique (la présence d'impuretés favorise l'attaque du métal). Cette attaque chimique peut d'ailleurs être consécutive à l'existence de tensions internes dans le métal – celles que produit l'écrouissage, par exemple. La corrosion peut être superficielle (uniforme ou ponctuelle), mais on peut aussi observer son développement le long des plans de joint des cristaux. Dans ce cas, l'attaque a lieu en profondeur et devient beaucoup plus difficilement détectable. Il va de soi que l'importance des attaques est directement liée à la nature du milieu, à la concentration des éléments actifs, et à une température ambiante qui peut favoriser le développement de certaines réactions chimiques.

L'air contient ordinairement, en plus de l'oxygène, de la vapeur d'eau, mais également des acides sous forme de vapeur (hydrogène sulfuré, anhydride carbonique, anhydride sulfureux, etc.). C'est, en principe, la présence de ces acides qui provoque le phénomène d'oxydation à l'air libre. Mais un autre phénomène intervient également, qui s'exprime même en l'absence de tout acide ; il est d'ordre électro-

chimique. Si le milieu ambiant constitue un électrolyte (il suffit pour cela que l'atmosphère soit humide), les couples électriques, induits par les différences de propriétés physiques ou chimiques entre les différentes parties de la pièce, provoquent la corrosion qui, dans le cas des métaux ferreux, produit la rouille, mélange d'hydroxyde ferrique et de carbonate. On parle alors d'oxydation.

En résumé, on peut dire que la corrosion se produit lorsqu'il y a dissymétrie à l'intérieur du métal ou dans le milieu avec lequel il est en contact, le phénomène étant le plus souvent d'ordre électrochimique. Les assemblages sont ainsi fréquemment à l'origine de la corrosion : si des pièces de même nature sont assemblées par soudure autogène ou par rivets, les légères différences qui existent entre les métaux en contact produisent des effets de pile favorables à la corrosion ; à plus forte raison, si les pièces assemblées sont faites de métaux différents, dans le couple bimétallique, le métal le plus électropositif devient l'anode de la pile, et c'est lui qui est attaqué.

Pour résister à la corrosion, on peut créer des alliages résistant dans des conditions particulières d'utilisation, ou bien isoler le métal du milieu extérieur en le recouvrant d'une couche protectrice. Les aciers inoxydables qui ont été mis au point sont des alliages (aciers au chrome, au nickel-chrome, au cuivre). Certains aciers dits réfractaires, qui résistent à l'oxy-

dation à haute température, contiennent du chrome et du nickel, mais aussi, en faible quantité, du molybdène et du tungstène.

Pour protéger les aciers ordinaires (aciers au carbone), on peut recouvrir les pièces d'un métal protecteur. La métallisation peut se faire par voie électrolytique. Dans un bain d'électrolyse où sont immergés la pièce à métalliser et le métal à déposer, la première fait office d'anode et le second (cuivre, chrome, nickel, cadmium, zinc…) celui de cathode ; il y a transport du métal de la cathode vers celui de l'anode, qu'il recouvre progressivement. Le plus souvent, la couche protectrice est déposée sur une sous-couche qui permet une meilleure adhérence. Ainsi, pour nickeler une pièce, on procède d'abord à un dépôt primaire de cuivre.

Le dépôt de métal protecteur peut aussi s'effectuer au trempé dans un bain de métal dont la température de fusion est basse. L'étamage et la galvanisation de l'acier sont obtenus de cette manière. On peut également projeter, à l'aide d'un chalumeau oxyacétylique, un métal en fusion qui se solidifie en arrivant sur la pièce. Cette opération, qui met en jeu des métaux comme le zinc et l'aluminium, est appelée *schoopage*.

Le placage par laminage à chaud d'une fine plaque de métal protecteur (nickel, cuivre…) sur une tôle d'acier est également possible.

Une autre manière de protéger la fonte ou l'acier par un autre métal consiste à produire sur la pièce un alliage de surface. Ainsi une pièce enduite d'un mélange d'aluminium et d'alumine se recouvre d'une couche protectrice lorsqu'elle est portée à une température de 900 °C. De même lorsque l'on opère avec de la poudre de zinc, mélangée à une matière réductrice à une température d'environ 400 °C. On peut aussi modifier chimiquement la surface du métal. L'attaque d'un acier par du phosphate acide de zinc ou de manganèse conduit à la formation d'un dépôt résistant de phosphate de fer. On parle alors de phosphatation, de parkérisation, de bondérisation. Par voie d'oxydation chimique, on peut aussi protéger les aciers, c'est ce en quoi consiste l'opération dite de bleuissage.

Reste aussi la possibilité de protéger les métaux ferreux à l'aide de peintures ou de vernis. C'est évidemment ce qui convient aux grosses structures (bâtiments et ouvrages d'art par exemple). Le traitement des pièces consiste à déposer sur leur surface une pellicule protec-

trice destinée à les isoler des agents de corrosion habituels (air, eau, carburants, etc.). Cette pellicule doit être couvrante, adhérente et souple pour s'adapter aux déformations éventuelles de la pièce, dure pour résister à l'abrasion et aux chocs, imperméable et inaltérable. La plupart du temps, on procède dans un premier temps à la dépose d'une sous-couche qui sert d'intermédiaire entre le métal et la couche protectrice (du minium par exemple, obtenu par oxydation du plomb fondu mélangé à de l'huile de lin).

Dans les peintures et vernis, deux composants entrent en jeu au moment de l'enduction. Les uns vont disparaître par évaporation au moment du « séchage » : ce sont les solvants ; les autres, non volatils, constituent après séchage un film protecteur. Celui-ci a longtemps été constitué par de l'huile de lin – éventuellement mélangée à des gommes (gomme-laque, gomme-gutte) et autres résines naturelles (colophane) – additionnée de pigments colorés (minéraux ou organiques) et de charges. Sont venues ensuite les laques cellulosiques avec dépôt d'une pellicule plastique d'un éther cellulosique (nitrocellulose ou acétate de cellulose) – additionné de plastifiants tels les éthers phtaliques ou

phosphoriques, le crésol, le phénol, etc. –, les copals synthétiques, les résines glycérophtaliques et de nombreuses autres résines synthétiques. Le « séchage » ne se fait plus toujours par simple évaporation, et peut mettre en jeu des réactions chimiques (polymérisation) irréversibles qui se produisent à froid ou à chaud. Les diluants et les solvants qui donnent aux peintures la fluidité suffisante pour une application à la brosse, au rouleau ou au pistolet, ne doivent laisser aucune trace après séchage. Pour les peintures à l'huile, on utilise traditionnellement de l'essence de térébenthine, fréquemment remplacée par le *white spirit*, moins coûteux. Lorsque l'on a affaire à des laques cellulosiques, ce sont des alcools, des éthers, des cétones, etc. qui servent de diluant.

Nous citerons enfin comme type de protection des métaux ferreux par revêtement non métallique l'émaillage, qui met en jeu des verres, borosilicates de calcium ou de plomb, fondus sur le métal à une température voisine de 1 000 °C. Leur coefficient de dilatation doit être égal à celui du métal protégé. Compte tenu de la fragilité de l'émail, les pièces doivent être absolument indéformables. **R. Gu.**

VOIR AUSSI **Construction métallique** ; **Fer, fonte, acier**.

Métropolitain

Au cours de la seconde moitié du XIXᵉ siècle, toute une série de grandes villes se sont dotées de chemins de fer métropolitains. En 1863, Londres inaugure une première ligne ; son exemple est suivi quatre ans plus tard par New York ; puis c'est au tour de Chicago, de Budapest et de Boston d'ouvrir des tronçons de leur métropolitain. À Paris, la première ligne reliant la porte de Vincennes à la porte Maillot est enfin ouverte à l'occasion de l'Exposition universelle de 1900. Partie après d'autres, la capitale française va toutefois rattraper assez vite son retard. Entre 1900 et 1920, le nombre de kilomètres exploités passe de 13,3 à 94,2 ; s'établissant à quelque 18 millions de voyageurs par an au début de la période, le trafic atteint 688 millions en 1920.

En même temps qu'il témoigne de l'emprise croissante des ingénieurs sur la ville, le développement du métropolitain s'opère au croisement de multiples innovations. Un premier ensemble d'innovations tient aux progrès du génie civil et de la construction. La mise au point de matériaux comme le béton armé,

le perfectionnement des techniques de tunnelage, d'étanchéité et de construction métallique jouent un rôle essentiel. Ces matériaux et ces techniques sont toutefois mobilisés à des degrés divers. C'est ainsi que le métro parisien, dont les tunnels sont situés à faible profondeur, contrairement à celui de Londres, continue à faire usage de techniques de galeries boisées relativement traditionnelles, même si l'on utilise un caisson préfabriqué beaucoup plus novateur pour la traversée de la Seine à Saint-Michel. Comme le tramway, le métropolitain bénéficie également des progrès de l'électricité, que ce soit pour la traction des rames ou l'éclairage des stations. Son organisation d'ensemble, variable selon les villes, est enfin l'héritière des réflexions et des modèles, accumulés depuis le début du XIXᵉ siècle, concernant le fonctionnement des réseaux. Car le métropolitain constitue avant tout un réseau, soumis aux logiques de flux et de régulation. C'est dans cette perspective que vont se distinguer des ingénieurs comme Fulgence Bienvenüe (1852-1936), le « père » du métro parisien, qui joue à la fois le rôle d'architecte d'un système technique complexe et celui de constructeur d'ouvrages d'art. C'est à lui que l'on doit notamment une conception des flux de voyageurs s'inspirant de l'hydraulique et de l'assainissement. Cette conception conduit à proscrire les grands espaces d'appa-

rat, à la différence de métropolitains comme ceux de Moscou et Leningrad, et à privilégier autant que faire se peut la séparation des circulations.

Avec le métropolitain, apparaissent enfin toute une série de problèmes que l'on retrouve aujourd'hui encore dans le domaine des transports urbains, problèmes de densité de desserte et d'interconnexion, par exemple. Certaines villes vont porter très longtemps l'empreinte des choix effectués au moment de la genèse de leur métropolitain. Tel est le cas de Paris, où se sont affrontées deux conceptions rivales du réseau. Tandis que l'État s'est fait à l'origine l'avocat d'une logique de liaison des grandes gares entre elles et d'interconnexion avec le chemin de fer, permettant de mieux articuler Paris à sa banlieue naissante, les élus municipaux ont défendu le principe d'un réseau beaucoup plus dense, limité à Paris intra muros. La victoire des élus allait influer durablement sur le fonctionnement de l'agglomération parisienne. Rappelons que le déficit des liaisons Paris-banlieue n'a commencé à être résorbé qu'avec le lancement des travaux du Réseau express régional (RER), au début des années soixante. Les problèmes d'interconnexion entre métropolitain et chemin de fer attendent encore, quant à eux, une solution définitive. **A. P.**

VOIR AUSSI **Réseaux** ; **Tunnel**.

Métro de Paris, v. 1900, intérieur d'un caisson sous la Seine (ci-dessus).

Le métro de Budapest, ligne construite pour le millénaire de la Hongrie, 1896 (page de droite, en haut).

Station de métro Arbatskaja, Moscou (page de droite, en bas).

Metropolitan Boston Arts Center

Boston, Massachusetts, États-Unis, 1959.

À la fin de années quarante, Paul Weidlinger♦ imagine un toit lenticulaire gonflable destiné à être réalisé dans une matière mince – de la tôle métallique par exemple – et soutenu par les murs ou les poteaux d'un bâtiment.

C'est en 1959 que lui est donnée l'occasion de l'expérimenter. En effet, l'architecte Carl Koch décide de concevoir un théâtre d'été démontable, qui ne soit affligé ni du poteau central d'un chapiteau, ni de l'acoustique médiocre ou de la sensibilité aux effets du vent de ce dernier. Grâce au recours à un tissu léger en Nylon enduit de vinyle, fabriqué hors site pendant que l'on érige l'ossature porteuse en acier – des poteaux de 12 m de hauteur et un anneau de 44 m de diamètre – l'achèvement des travaux se fera dans le délai de six mois dont dispose l'architecte. Le toit gonflable est constitué de deux couches de tissu, assemblées sur leur bord par une fermeture extérieure à glissière. La membrane supérieure agit comme un dôme prétendu, tandis que la membrane inférieure contient l'air. Un câble aéronautique à gaine plastique, disposé autour du périmètre, joint les membranes en 18 points de fixation enchaînés à l'anneau en acier. Des câbles partent des points de fixation et passent sur des poulies pour rejoindre ensuite des treuils permettant de lever et d'abaisser la toiture.

Pour maintenir l'air sous pression, deux souffleries sont montées et dissimulées derrière la scène et reliées à la toiture par un conduit en tissu de 600 mm de diamètre. Il n'y aura à déplorer ni fuites ni crevaisons accidentelles le long des joints ; d'ailleurs un dégonflage complet aurait simplement conduit l'enveloppe Nylon à pendre librement depuis l'anneau en acier.

Malheureusement, à la fin de la saison estivale, pendant que l'on procédait au dégonflage, des vents aussi violents que soudains ont déchiré profondément la membrane, rendant le théâtre inutilisable. **M. L.**

Mihailescu (Mircea)

Brasov, Roumanie, 1920.

Mircea Mihailescu reçoit une formation d'ingénieur civil à la faculté de construction de l'École polytechnique de Bucarest, dont il sort diplômé en 1944.

En tant que chercheur, il a occupé des responsabilités au sein de divers instituts de mécanique et de construction, tant à Bucarest qu'à Cluj, où il a dirigé de très nombreuses thèses. Ses recherches portent sur deux domaines spécifiques : la géométrie des surfaces à double courbure et l'analyse mécanique du comportement des voûtes.

Coupé du monde occidental pendant de très nombreuses années, il élabore une œuvre originale et novatrice dans le domaine des couvertures en forme de coques à double courbure. Ses réalisations et projets (plus de 170) tirent le meilleur parti des techniques du béton armé et du béton précontraint, qu'il utilise avec le souci d'une mise en œuvre économique, reposant soit sur la préfabrication d'éléments modulaires, soit sur des techniques de coffrages glissants. Les formes géométriques de ses projets résultent la plupart du temps de définitions analytiques des surfaces.

Metropolitan Boston Arts Center, levage de la toile (en haut) ; détail d'accroche de la toile (au milieu) ; vue générale (en bas).

Mihailescu (Mircea).
Décanteurs d'eau industrielle (ci-dessus).

Mimram (Marc). Passerelle de Solférino, Paris, projet.

Parmi ses réalisations, il faut noter le dépôt de locomotives de la gare de Brasov♦ construit en 1947, une usine textile à Bucarest (1958), une salle de sports à Onesti (1960) et la gare de Predeal (1963).

Simultanément soucieux de l'élégance des formes et d'une analyse mécanique rigoureuse, Mircea Mihailescu a toujours apporté un soin particulier à la présence de la lumière naturelle dans ses constructions, soulignant ainsi leur légèreté. **R. M.**

Mimram (Marc)

Paris, France, 1955.

La synthèse réussie entre le métier d'ingénieur et le métier d'architecte est aujourd'hui trop peu fréquente pour ne pas mériter d'être saluée. Marc Mimram est à la fois ingénieur diplômé de l'École nationale des ponts et chaussées et architecte DPLG, après avoir reçu une formation initiale en mathématiques. Dans le cadre de son propre bureau d'études, il a travaillé à de nombreux projets d'équipements publics en tant qu'ingénieur structures – tel que le ministère des Finances à Paris –, en association avec des architectes qui apprécient toujours sa double compétence. Il a également assuré des missions d'ingénieur et d'économiste dans de nombreux projets de logements, en cherchant toujours, à travers une compréhension intime du projet architectural, à soutenir la démarche des concepteurs.

Il s'est parallèlement essayé avec succès au dessin d'ouvrages d'art, très souvent en acier, matériau qui lui a permis d'exercer davantage ses talents – notamment la passerelle PS0 de 70 m sur la rocade est à Toulouse (1989), le mât Palmer, un pylône d'éclairage de 49 m de hauteur à La Courneuve, une tribune pour le stade de Montreuil (1993) ou la remarquable gare de péage des Éprunes sur l'autoroute A5 (1994). Il travaille actuellement à différents projets d'ouvrages d'art, tels que la construction d'un nouveau type de pylônes pour EDF, le franchissement du Rhône à Donzère par la ligne du TGV sud-est et, surtout, la reconstruction de la passerelle Solférino à Paris, très bel ouvrage dont l'arche, composée de voussoirs en acier, devrait franchir la Seine d'un seul bond.

La finesse de ses interventions, sa recherche de solutions qui tirent parti de toutes les ressources actuelles de la technologie, tantôt en réactualisant des principes anciens, comme les pièces en acier moulé, tantôt en cherchant à plier le métal dans des formes à la fois rationnelles et expressives – profils découpés à inertie variable, tôles galbées… –, son souci de replacer la technique dans une perspective véritablement architecturale et non de l'utiliser comme une fin en soi, le désignent comme un véritable concepteur de formes toujours singulières.

Il a enseigné à l'École des ponts et chaussées et est actuellement professeur à l'école d'architecture de Paris-la Défense. **B. L.**

Mining and Metallurgy Building

Université de Birmingham, Grande-Bretagne, 1966.

Le bâtiment des Mines et de la Métallurgie date d'une époque marquée par une forte croissance des universités britanniques, et par le « boom » que connaît, dans les années soixante, la construction d'immeubles de bureaux. La plupart d'entre eux sont richement dotés d'équipements de toute sorte, encore peu familiers aux ingénieurs et aux architectes. Des efforts de développement et d'étude considérables se révèlent nécessaires pour intégrer l'air conditionné et les autres équipements, sans nuire pour autant à la souplesse d'utilisation de l'espace au sol, élément essentiel de l'usage de ces bâtiments.

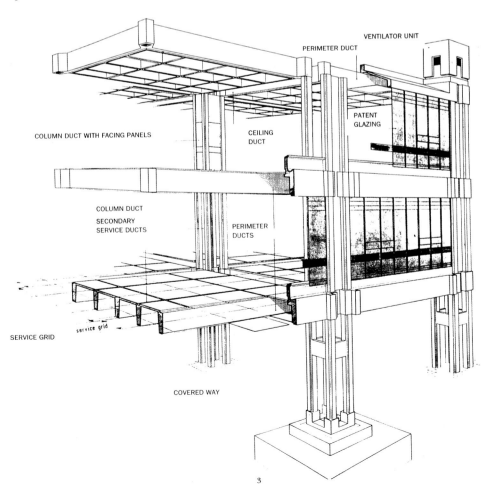

Mining and Metallurgy Building, vue intérieure (à gauche) ;
analyse de la structure (à droite).

La plupart des innovations introduites à cette époque, en termes de conception globale et de méthodes d'intégration des équipements à la structure, est réalisée à l'occasion de la construction du nouveau bâtiment du département des Mines et de la Métallurgie de l'université de Birmingham. Celui-ci est conçu par plusieurs ingénieurs et par l'architecte Philip Dowson qui travaillent au sein du groupe construction chez Ove♦ Arup & Partners. Ils ont imaginé en commun diverses stratégies d'équipement pour toute une série de constructions industrielles, expériences qu'ils mettent à profit pour le nouveau bâtiment. Ils fondent même au cours du projet, en 1963, le bureau d'études indépendant Arup Associates, qui concrétisera à la perfection la philosophie de *total design* prônée par Ove Arup. C'est également l'un des premiers bureaux d'études « pluridisciplinaires », employant non seulement des ingénieurs structures et des architectes, mais aussi des ingénieurs en équipements et des architectes d'intérieur. Leur principale force est certainement d'avoir eu l'idée de préparer, pour l'ensemble du bâtiment, des « grilles de conception » décrivant la structure, les services, l'aménagement des bureaux et le plan directeur. Une fois superposées, ces grilles forment un motif qui rappelle les tissus écossais, ce qui leur vaut la désignation de « grille tartan » (*tartan grid*, également appelée « grille de conception à

vecteurs supplémentaires » en français). Pour les concepteurs, elles constituent un moyen rigoureux de gérer à la fois la complexité des décisions et des études et leurs étroites interconnexions, tout en développant leurs idées de manière simultanée et cohérente.

Ce bâtiment est le premier d'une longue série à l'actif de Arup Associates, qui évoluera progressivement vers une intégration toujours plus étroite de tous les aspects de la conception d'un bâtiment, et en premier lieu, peut-être, vers l'utilisation de la structure comme moyen de contrôle des performances thermiques, pour parvenir, avec quelque vingt ans d'avance, à ce que l'on appelle maintenant l'architecture « verte ». **B. A.**

Mobilité

Si le savoir de l'ingénieur a pour témoin la stabilité d'un édifice, il existe une ingénierie du mouvement, mise en œuvre dès la conduite d'un chantier et perceptible dans les édifices eux-mêmes. Le mouvement s'inscrit aussi dans un imaginaire déraisonnable, mais auquel le réel redonne sa validité, et que les architectes ont tenté de s'approprier et de promouvoir. Le développement actuel de l'ingénierie du mouvement est lié à la construction de grandes couvertures mobiles, auxquelles sont dévolues des fonctions climatiques.

L'ingénieur était spécialiste du mouvement, de l'eau, des projectiles, ou des matériaux qu'il s'agissait d'élever au-dessus des échafaudages. Dans l'ingénierie moderne, les dérouleurs de fils des ponts suspendus, les excavatrices, comme le développement des plus récents tunneliers participent de ce savoir sur les « engins ». Dans ce dernier exemple, l'apparence de l'ouvrage disparaît derrière la machine qui le produit. Chaque levage d'une travée de pont au XIXe siècle (pont de Saltash♦, Victoria Tubular Bridge), ou chaque poussage pour la période présente, est un moment clef du chantier, tout comme les déplacements des coffrages ou des cintres – ainsi des hangars d'Orly♦ et du pont de Plougastel♦, dont il existe des enregistrements filmés. Du pont de Humber, plus que la portée, c'est l'ascension d'un caisson qui est émouvante. Le décintrement des ponts par vérin, le levage des toitures (Nicolas Esquillan♦ à Marignane, Mamoru Kawaguchi♦ pour le Festival Plaza à Ôsaka♦ ou le stade couvert de Barcelone), le déplacement des plates-formes offshore, leur redressement, le remorquage des ponts ou piles de barrages marins, les docks flottants qui consistent à mettre au sec un navire – en mer, en le faisant porter par un autre plus grand, qui en vidant ses ballasts lui sert de cale sèche – définissent une esthétique du mouvement, qu'on pourrait comparer à celle du record de portée, de la

Mobilité. Exposition universelle, 1900, le train électrique, le trottoir roulant au carrefour de l'École militaire (page de gauche).

Garage vertical, Denver, Colorado (ci-dessus, à gauche).

Plate-forme pétrolière N'Kossa, société ELF, tractée depuis Fos-sur-Mer jusqu'au large du Congo (ci-dessus, à droite).

Mobilité. Archigram, projet « Living-Pod, in Urban Renewal » (L'habitat gousse, dans une rénovation urbaine), 1966.

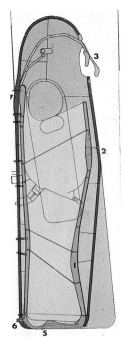

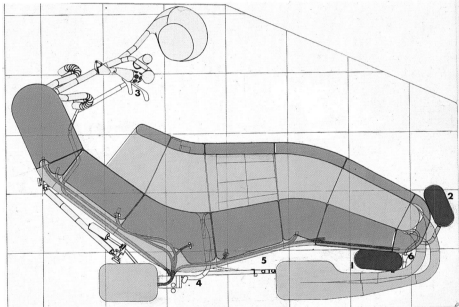

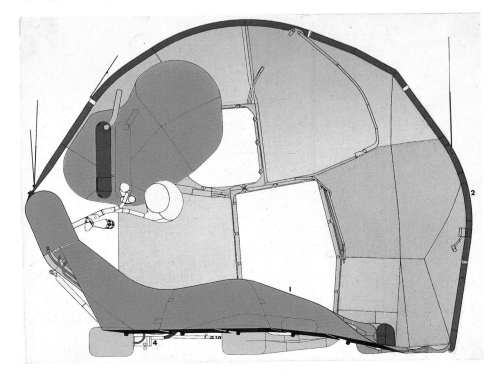

prouesse qui entoure (et encombre aussi) la profession d'ingénieur.

Les ascenseurs, tapis roulants, escalateurs ont transformé l'architecture par une mécanisation des déplacements permettant leur allongement ; ils ont introduit simultanément des contraintes inhabituelles pour les édifices : la répétition, la précision et la fiabilité du mouvement, la maintenance. Les ascenseurs à bateaux, énormes édifices-machines dont on peut imaginer l'effet dans un dispositif architectural, sont apparus en 1875. Un autre hybride contemporain, intermédiaire entre la machine et l'espace, est le parking élévateur – gratte-ciel à voitures en quelque sorte – rencontré aux États-Unis dans les années trente, de nos jours dans les grandes villes japonaises ou installé en sous-sol en Europe. La séduction qu'exerce l'ascenseur n'est en rien épuisée – que l'on pense par exemple à la maison que conçoit aujourd'hui Rem Koolhaas dans le Bordelais, quand bien même l'image moderniste y serait particulièrement reléguée à la seconde place. Les grandes roues (Vienne♦, Londres, Paris, 1890-1900) sont les figures génériques d'un ensemble d'engins utilisés dans les expositions universelles, les foires et parcs d'attraction, tels les tapis roulants de l'Exposition de 1900 à Paris et du pavillon General Motors (New York, 1939). La machine à mouvoir les corps est une attraction, du transport automatique au saut en parachute (New York, 1939).

Le pont transbordeur – dont la carrière ne durera que les quarante ans qui séparent le pont d'Arnodin à Portugalete (1893) du Skyway de David Steinman à l'exposition « A Century of Progress » (Chicago, 1933) – et le téléphérique (voir Torres♦ Quevedo) ont des fonctions semblables. Le Skyway fonctionnait à la fois comme tour d'observation (à partir de l'un des pylônes) et comme métro aérien suspendu, les voitures prenant la forme de *rocketcars* – un projet similaire sera développé par Richard Rogers (*London as it could be*). La lenteur, la faible capacité, la rupture de charge comparable à celle d'un bac ont eu raison de ce métro pour une utilisation quotidienne.

La technologie des ponts mobiles, qui mettent en œuvre des principes de mouvement très différents – basculant, tournant, s'élevant parallèlement au sol, glissant –, a été développée à partir des années 1850. (Joseph Strauss♦ [1870-1938], constructeur du Golden♦ Gate, était avant tout un constructeur de ponts tournants et basculants.) Les ponts tournants des

Archigram, The Cushicle, habitacle replié (en haut) ;
état intermédiaire de l'habitacle (au milieu) ;
habitacle déployé (en bas), 1966.

rotondes de locomotives ont connu un développement parallèle. Le mouvement n'a pas, jusqu'à récemment, été employé dans l'architecture des architectes. Les édifices eux-mêmes présentaient des exigences de mobilité réduites. Le hangar à dirigeables de Biesdorf (Berlin, 1910) répondait à cette obligation, puisque le bâtiment entier tournait sur un axe central et s'orientait dans le sens du vent pour que le dirigeable y pénètre plus aisément, évitant ainsi les efforts latéraux dus au vent. La manœuvre des portes d'écluse se rapprochait de celle des hangars de dirigeables et d'avions. Une première solution de remplacement de la porte à battants était ici trouvée, par des portes coulissantes de forme semi-circulaire qui permettaient leur mobilité malgré un vent de face (Dresde, 1913). Les hangars utiliseront ensuite une porte coulissante plane, mais divisée en panneaux, ces derniers offrant moins de pression au vent. Les radiotélescopes, comme celui de Nancay (1960), seront des édifices en mouvement, le miroir de 200×40 m s'inclinant selon un axe transversal.

La féerie urbaine (mélange de ponts supendus, de métros aériens, d'avions et d'automobiles) et les images fictionnelles qui l'illustrent – fictions populaires, donc plutôt plus « réalistes » que celles des architectes –, particulièrement présentes à la fin du XIXᵉ siècle à Paris, puis à New York dans la première décennie du XXᵉ siècle et à Moscou sous forme de cartes postales (vers 1914), construiront ce que sera le futurisme. Tout ce qui bouge contre l'immobilité de l'édifice, tout habitacle en mouvement. Si quelques brillants ingénieurs en aéronautique, comme Vladimir Bodiansky♦, ou Hugo Junkers♦ auquel on doit, outre des avions, une voûte en lamelle (1924) singulièrement novatrice et des structures d'immeubles de grande hauteur en acier (vers 1930, poutres-treillis et planchers suspendus), et, à sa manière, Jean Prouvé♦, ont appliqué à la construction des technologies issues des objets volants, le mouvement a peu dérangé l'immobilité des édifices, malgré les tentatives nombreuses des architectes depuis les années vingt. Le monument à la 3ᵉ Internationale (Tatline, 1920), le gratte-ciel grue de Mart Stamm (1925, pour lequel El Lissitzky s'est inspiré d'une immense grue de l'époque), le théâtre total (Walter Gropius, 1927) n'ont pas connu la réalisation. Les apparitions du futurisme seront plus que modestes (quelques cloisons mobiles dans la maison de verre de Pierre Chareau). Richard Buckminster Fuller♦, qui a mis nombre

de ses propositions sous la bannière du dynamisme, s'imaginait déposant à l'aide d'un dirigeable des bâtiments sur les pôles. Le Zeppelin, l'avion le plus proche des bâtiments, plus léger que l'air et plus volumineux que la plupart des édifices (300 m de long), fascinait aussi bien Leonidov que Fuller et Archigram. Hôtel volant avec salle à manger, cuisine, cabines, son ossature intérieure en fait une structure. Un autre exemple, également presque parfait, sera pour les générations suivantes le hall d'assemblage des fusées de Cap Kennedy. Archigram a dénombré ces habitacles : dirigeables, hélicoptères, stations spatiales, satellites, bâtiments préfabriqués transportables, caravanes et autres mobile homes, ponts démontables, machines de chantier, antennes radio. Les membres d'Archigram proposeront en retour leur Walking City (1964) ou Drive-in Housing (1963-1966), Control and Choice (1967), Instant City (1968). Edouard Albert illustre en 1967 dans le même esprit une île flottante s'inspirant des images de plates-formes pétrolières. Héritier d'Archigram, le projet du parc de La Villette (1982) de Jean Nouvel emprunte aux ponts roulants des halles industrielles.

Le mouvement s'est développé dans l'industrie avec les chaînes de production ou les machines d'extraction (chevalements de mine, élévateurs de matériaux, tapis roulants) puis, récemment, avec les magasins de stockage automatisés, à la fois machines et édifices. Après avoir connu une éphémère traduction à l'Exposition d'Ôsaka en 1970, l'édifice transformable d'Archigram n'a pas trouvé preneur. Le mouvement est resté cantonné dans quelque restaurant tournant, au sommet d'une tour de radio, à un gratte-ciel de Portman ou à un château d'eau. Faute de nécessité réelle, le mouvement s'est arrêté, ainsi pour les miroirs de la Cité des Sciences de La Villette. La réalisation d'ouvrages en mouvement est venue des lieux de spectacles ou de loisirs collectifs, où les investissements ont rencontré une justification d'usage et, sans doute, à nouveau suscité une attraction. Le mouvement des toitures autorise désormais un allongement de la durée d'utilisation des lieux ouverts tels que piscines et terrains de sport, découverts l'été, fermés l'hiver. Le mouvement des toitures est la transposition féerique d'une nécessité de domination du climat. L'architecture bonifie la nature.

Le projet de la Maison♦ du peuple (1937-1939, Marcel Lods, architecte ; Jean Prouvé, Vladimir Bodiansky, ingénieurs), paradigme du genre,

résume le mouvement : du sol qui se range derrière la scène, des murs qui coulissent et s'effacent, du toit qui laisse place au ciel. (Le toit ouvrant sera peu utilisé par les architectes ; récemment par l'agence CLMBBDO de Jean Nouvel, 1994.) Dans les années soixante, Frei Otto♦, puis Stéphane Du♦ Chateau et Roger Taillibert développent des toitures dépliables en toile (piscines à Cannes et à Paris, stade de Montréal). Le projet – refusé – de Jean Nouvel pour le stade de football de la Plaine Saint-Denis (1995) n'est pas sans rapport avec les réalisations sportives les plus significatives récemment édifiées au Japon (plus de 200) et aux États-Unis.

La technologie employée pour le mouvement est directement issue de celle des grues. La piscine de l'école de Mukogawa a été recouverte en 1991 afin d'accroître la durée d'utilisation des bassins. La couverture est composée de 6 faisceaux formant un quart de cercle de 46 m de rayon. De part et d'autre de la diagonale, les faisceaux se replient sur les côtés en glissant les uns sous les autres. Les deux tiers de la piscine sont ainsi éclairés par la lumière naturelle directe. Une autre technologie a été utilisée pour la salle des sports Sato Kogyo à Toyama (1991). Le toit (30 m de diamètre) s'ouvre une première fois par une rotation axiale, puis une seconde fois par un glissement latéral qui donne l'ouverture totale. Les deux parties du toit possèdent des « bogies » articulées qui roulent sur des rails. 4 aiguillages permettent aux bogies de passer de la rotation à la translation. (La durée totale du mouvement est de 11 minutes et demie.) Les toits comportent une double membrane dans laquelle de l'air chaud est mis en circulation, qui fait fondre la neige dès qu'elle tombe. L'édifice perd ici toute relation avec l'immeuble pour atteindre un autre registre, celui des objets techniques de grande dimension. L'Océan couvert de Miyazaki-Nichinan est une plage artificielle – un parc aquatique – de 300 m de long. Sa toiture est composée de 4 arches coulissantes de 100 m de portée. Ces toitures amovibles appelées à couvrir les grands stades (le Skydome de Toronto, 1989, ou les arènes de Nîmes♦) doivent aussi leur existence, leur coût excessif et parfois leur échec au procédé de couverture-ouverture qui évite les tensions ou les déchirures.

La tentation du mouvement a traversé les travaux des architectes et des ingénieurs, pour rebondir in extremis avec les toits ouvrants, ou dans des utilisations à des fins de divertissement, d'agrément et de confort. La rencontre de l'architecture et du mouvement vient d'avoir lieu, mais l'imaginaire du mouvement s'est, comme celui de la vitesse, retiré de nous. Le contrôle du climat – qui prend toutes les formes, y compris celles de façades à fentes ou à diaphragmes comme à l'Institut du monde arabe, ou leurs équivalents électroniques – s'y est substitué. **A. G.**

Modélisation

La question du modèle, de la modélisation, est au cœur même de l'épistémologie. Toute science consiste en effet à se représenter les phénomènes étudiés en construisant des modèles. Le modèle recherche l'adéquation maximale avec le phénomène physique, et néanmoins, du fait même de son abstraction, reste entaché par l'irréductible coupure qui l'en sépare. C'est là la contradiction avec laquelle travaillent et se débattent les scientifiques.

Le modèle revêt la même importance et présente les mêmes difficultés pour l'ingénieur, dès lors que celui-ci ne se cantonne pas au rôle de spécificateur, simple dispensateur d'un savoir-faire, mais qu'il s'attache à inventer des objets ou des structures. Néanmoins, le modèle que construit l'ingénieur-inventeur se distingue de celui du scientifique sur un point important : au lieu de contribuer à éclaircir un phénomène certes confus, mais observable, il sert au contraire à préfigurer une structure qui n'existe pas encore, mais qui sera constituée et fabriquée à l'image du modèle. D'un côté, le modèle tente de reproduire un phénomène préexistant ; de l'autre, la structure réalisée est une réplique à posteriori du modèle.

Trois types de modélisation

Cette réplique restera cependant imparfaite, car la structure est plus qu'une épure, elle a une épaisseur matérielle. En se matérialisant, elle prend son autonomie, elle devient à son tour phénomène observable, et se démarque à un certain degré du ou des modèles qui l'ont engendrée. Ce décalage complexifie notablement la tâche, et oblige à approcher une même structure par le biais de plusieurs types de modélisation. Nous tâchons d'en rendre compte ici en nous référant aux trois principales significations que le dictionnaire attribue au terme de « modèle » :

— Le modèle en tant qu'étalon ou archétype. Le modèle est ici le principe générateur auquel

devra se conformer la structure future. Il la simplifie, la condense dans un schéma, un tracé, une épure. Ce qui importe alors, c'est la clarté et la cohérence du modèle. Les cathédrales gothiques n'ont certes pas pu être calculées par les maîtres d'œuvre de l'époque, faute de moyens mathématiques adéquats, mais ceux-ci ont néanmoins établi de véritables modèles structurels qui ont servi de guide à la construction, en assurant ainsi la cohérence.

— Le modèle au sens des scientifiques, c'est-à-dire représentation simplifiée, théorisation d'un phénomène. Une fois définie, une structure devient phénomène observable, caractérisé par un comportement mécanique particulier. Par le biais de modèles simplifiés, on cherche à déceler, décrire, s'expliquer les traits saillants de ce comportement mécanique. Ce type de modèle se distingue du précédent par sa forme même ; pour être efficace et explicatif, pour pouvoir faire apparaître un aspect parfois occulte de la structure, le modèle doit rester partiel et se focaliser sur l'aspect qu'il veut mettre en évidence. C'est pourquoi il est généralement utile de combiner plusieurs modélisations, chacune d'elles apportant un éclairage ciblé sur une facette du comportement structurel.

— Le modèle en tant que « maquette ». Le modèle est ici une préfiguration aussi exacte que possible de la structure. Contrairement aux types précédents, la valeur d'un tel modèle

réside dans le niveau de détail avec lequel sont représentés la structure et les phénomènes qui la solliciteront dans la réalité. Cette modélisation, nécessairement plus lourde, a l'avantage de synthétiser le comportement de la structure, mais, en contrepartie, elle en donne une image moins compréhensible, du fait même de sa complexité.

Modélisations informatiques

Les nouveaux outils informatiques, en donnant accès à cette complexité, favorisent cette dernière approche, celle du modèle/maquette. La modélisation, de plus en plus fouillée, devient une véritable expérience virtuelle, mais parfois aux dépens de la clarté du schéma structurel et de la reconnaissance des idiosyncrasies de la structure.

Le propre d'un modèle structurel est d'être une représentation abstraite de la structure, à défaut de quoi on ne peut la penser ou la concevoir en tant que telle. Jusqu'à l'apparition de l'ordinateur, une approche abstraite s'imposait par le mode de calcul même. L'économie du calcul « à la main » impliquait que la structure soit schématisée, que l'analyse fasse l'objet de raccourcis et d'interprétations. En démultipliant tout à coup les capacités de calcul, l'ordinateur bouleverse cette économie et dispense de ce détour obligé par l'abstraction. Les « maquettes » informatiques ne sont plus

Modélisation. Étude de l'écrasement d'une structure de remorque TGV-DUPLEX.

tout à fait des modèles, mais s'assimilent plutôt à des prototypes, construits dans l'espace virtuel avant de l'être dans l'espace réel.

Cette nouvelle approche, qui relève de l'empirisme, ne suffit pas à analyser une structure, dès lors que celle-ci est envisagée non comme simple conglomérat de matière, mais comme un ensemble d'éléments articulés et interagissant. C'est pourquoi, en corollaire de la puissance des outils informatiques, on doit entretenir une exigence d'abstraction. Celle-ci passe par la combinaison, pour une même structure, des trois types de modèles présentés plus haut : les modèles/schémas qui rendent compte de la cohérence de la structure ; les modèles explicatifs qui permettent de la comprendre ; les modèles/maquettes qui en synthétisent le comportement.

Modélisations mathématiques

À aucun moment jusqu'ici, nous n'avons lié le processus de modélisation à l'emploi des mathématiques. Un modèle peut en effet utiliser d'autres médiums comme le graphique ou l'informatique. L'apport des mathématiques reste néanmoins déterminant pour analyser et recomposer un ensemble complexe, et pour permettre une approche quantitative de son comportement.

Le modèle mathématique d'une structure nécessite d'abord que sa géométrie soit définie, par le biais d'équations de courbes ou de surfaces, ou bien par la position dans l'espace de points caractéristiques (les « nœuds »). Puis, doivent être précisées les propriétés mécaniques des éléments structurels, les conditions aux appuis, et enfin les charges appliquées (vent, pesanteur, etc.). L'analyse du modèle consiste alors à repérer parmi toutes ces données les grands paramètres sous-jacents qui conditionnent le comportement de la structure. La qualité du modèle ne dépend pas seulement de sa représentativité, de son « fit » dans le jargon scientifique, mais aussi du nombre de ces paramètres. Moins il y en a, plus le modèle est simple et plus il est porteur d'enseignements. C'est pourquoi, dans l'acte essentiel de modélisation, l'ingénieur est astreint, autant que le scientifique, à rechercher le difficile équilibre entre la précision requise pour garantir la stabilité de la structure, et la simplicité des modèles qui, seule, permet de garder une vue d'ensemble. **B. V.**

VOIR AUSSI **CAO** ; **Invention** ; **Maquette** ; **Nature** ; **Pensée technique**.

Modernité et tradition

Il est beaucoup plus difficile d'innover et de rompre avec les traditions dans le domaine du génie civil que dans celui de l'art. Le poids des précédents et des exemples, et les routes tracées par une tradition séculaire imposent un grand respect du substrat social. Aucune invention n'est acceptée socialement si elle ne s'accorde pas avec son époque. Ainsi, au Iᵉʳ siècle après J.-C., Héron d'Alexandrie invente la première machine à vapeur, l'éolipyle, qui passera inaperçue et ne sera utilisée que comme un simple jouet. Eugène Freyssinet♦ invente la précontrainte en 1907, mais celle-ci n'entrera dans les mœurs qu'en 1934, quand son époque est prête à l'accepter et la consacrer.

En matière de génie civil, les ruptures avec la tradition constituent des exceptions. En règle générale, les œuvres nouvelles s'inspirent des anciennes, les ingénieurs apprenant continuellement de leurs prédécesseurs : tout se transmet, sauf quelques rares créations géniales, comme l'arc ou la précontrainte. Presque rien n'est inventé.

« *Nihil per saltus facit natura* » (Rien dans la nature ne procède par bonds). Cette conviction d'Horace pourrait s'appliquer au génie civil. À l'instar de la nature, l'ingénierie ne progresse pas par bonds. Seules quelques exceptions échappent à cette règle tout au long de l'histoire – le XXᵉ siècle inclus –, mais elles sont alors déterminantes. Le progrès suit un long cheminement, échelonné, et procède par étapes à peine perceptibles.

Il suffit de comparer la rapidité avec laquelle se transforment, au XXᵉ siècle, les objets de génie industriel (téléviseurs, téléphones, avions…) et les ouvrages de génie civil, pour constater que ces derniers changent peu malgré des progrès techniques constants. Un pont ressemble plus à un marteau qu'à une fusée spatiale – dont la forme est davantage liée à la mode, comme le dessin industriel – ou à une robe, dont la durée de vie habituelle se limite à une saison. La forme d'un pont, comme celle d'un marteau, change rarement et n'est habituellement sujette qu'à de légères inflexions : il s'agit d'un objet dont la durée de vie formelle est longue (George Kubler). Cependant, le génie civil se trouve soumis à une contrainte nouvelle et très puissante qui a bouleversé le concept conventionnel de projet tel que le concevait la tradition : son rapport à la nature, la réaction de rejet que suscitent les grandes œuvres, contrai-

rement à ce qui se produisait dans les siècles passés.

S'il est vrai que la recherche du moindre coût a été essentielle dans le développement technologique, l'histoire des ouvrages d'art témoigne aussi d'une tendance constante à couvrir de plus grands espaces avec moins de matériau. Les années trente, peut-être les plus fécondes du siècle grâce aux réalisations majeures d'Eugène Freyssinet, d'Othmar H. Ammann♦, d'Eduardo Torroja♦, de Pier Luigi Nervi♦ et de Robert Maillart♦, ont vu l'introduction d'une dimension poétique dans le génie civil, qui s'oppose à la dureté de l'esprit strictement fonctionnel et à la brutalité de l'intérêt purement économique. Dans ces années-là, apparaissent de véritables innovations conceptuelles telles que la précontrainte et les coques de béton armé, qui représentent un renversement technique radical par rapport à la tradition antérieure grâce à l'invention d'un nouveau matériau, de nouvelles formes et de nouveaux procédés, aux conséquences industrielles et esthétiques considérables. Dans les structures en voiles minces, la liberté formelle est très grande et n'est plus limitée comme dans les structures fonctionnalistes. Le caractère courbe et doux des lignes et des surfaces s'oppose aux formes fonctionnalistes géométriques élémentaires et à l'aridité des dièdres.

L'aspect économique, primordial aux yeux des fonctionnalistes depuis Carlo Lodoli, n'est pas essentiel pour les ingénieurs les plus créatifs. Il devient secondaire. Ce qui est décisif, c'est la valeur, et non le prix, de la structure et de son procédé de construction. Les extraordinaires voûtes des hangars d'Orly♦ créées par Freyssinet en sont la plus belle preuve. Cet ouvrage peut être considéré comme l'équivalent en ce siècle de la coupole de Sainte-Marie-des-Fleurs de Filippo Brunelleschi, par la formidable innovation qu'il a représentée sur le plan de la structure et de la construction, et par le record de portée de l'époque, obtenu avec beaucoup moins de matériaux définitifs et auxiliaires pendant l'édification de l'ouvrage. Rappelons aussi que les voûtes d'Orly, comme la coupole de Sainte-Marie-des-Fleurs, sont toutes deux le résultat d'un concours.

Il est difficile de trouver, dans les deux cents dernières années, des réalisations de génie civil originales, autrement dit des formes structurelles types, surgies à partir d'idées inédites, qui n'avaient pas cours les siècles précédents. Certains ouvrages en sont cependant très proches : c'est le cas des poutres-caissons du pont Britannia♦ de Robert Stephenson♦, du pont ferroviaire et routier sur le Niagara♦ de John A. Roebling♦, des voûtes d'Orly déjà mentionnées, de la voûte des Recoletos♦ de Torroja ou du pont de Luzancy♦ de Freyssinet. On peut difficilement expliquer leur originalité propre à partir de précédents. Pourquoi ces ouvrages apparaissent à un moment donné demeure un mystère. Mais quelle que soit la liste que l'on dresse, la quantité d'ouvrages originaux est étonnamment restreinte. Ces innovations géniales deviennent la source d'inspiration d'une série de réalisations qui ont elles-mêmes des conséquences formelles importantes, et qui offrent matière à une relecture critique des éléments de la tradition.

Ce que nous connaissons aujourd'hui sous le nom d'art contemporain du XXe siècle résulte d'un changement brusque, instantané, dans le contenu et dans la forme, sans lien avec les systèmes précédents. On ne peut pas en dire autant du génie civil de ce siècle. Dans le domaine de l'art, peu importait si la majorité des gens ne comprenaient rien à ce qui se passait, et, de fait, le public a mis longtemps avant de reconnaître les œuvres. En revanche, en génie civil, le précepte selon lequel on doit répéter le passé l'a toujours emporté sur le désir de s'en éloigner. On n'a jamais tenté non plus de créer de nouveaux langages, comme l'a fait l'art du XXe siècle avec l'expressionnisme abstrait, en marge du figuratif, ou la musique atonale, en marge des intervalles fixes. Il n'y a pas eu de Picasso du génie civil au XXe siècle. Personne n'a, comme lui, tout embrassé en matière de typologies, de matériaux, d'inventions, de procédés de construction, etc. Dans le génie civil, une équipe est pour cela nécessaire. Tout au long de notre siècle, le génie civil a été marqué à la fois par la survivance d'anciennes traditions et par l'apparition de nouvelles techniques, par des formes anciennes coexistant avec des formes révolutionnaires. Dans les années soixante, les Chinois construisent sous Mao-Tsé-toung des voûtes en pierre de 100 m de portée, tout comme le fait Paul Séjourné♦ ; à la même époque, Freyssinet crée ex nihilo ses ponts précontraints – alors que la plupart des ingénieurs continuent dans le monde entier de travailler traditionnellement le béton et l'acier. Dans l'architecture de la fin du XXe siècle, où la structure est passée au second plan et est subordonnée à la forme, l'axiome « projetons d'abord, on exécutera ensuite » peut sembler logique.

Mais en génie civil, cette conception est erronée : pour les vrais ingénieurs, si modestes soient-ils, le tracé des formes suppose la connaissance préalable des moyens d'exécution. C'est pourquoi recourir aujourd'hui à des typologies et à des détails structurels du XIXe siècle, dans l'ignorance de leur origine et de leur signification, et sans viser d'autre objectif que la forme, relève d'un procédé purement commercial et artificiel. Cela aboutit à transformer en camelote technique ce qui, un siècle auparavant, était une œuvre splendide.

En matière de génie civil, le XIXe siècle a réalisé son rêve en construisant une tour de 1 000 pieds de hauteur. Le XXe siècle s'achève sans avoir réalisé le sien : couvrir Manhattan avec la coupole visionnaire de Richard Buckminster Fuller♦, de 3 km de diamètre. S'il est vrai que, sans projet utopique, l'innovation et l'imagination créatrice ne sont pas possibles, il n'est pas moins vrai qu'en génie civil l'idéalisme gaspille ses forces quand il ne reconnaît pas la réalité des choses. **J. A. F. O.**

Monier (Joseph)

Saint-Quentin-la-Poterie, France, 1823 – Paris ?, 1906 ?.

Par l'impulsion qu'il a su donner à son procédé de construction en fer rond et ciment, Joseph Monier fait, au tournant du siècle, figure d'inventeur du béton armé. Mais il est aussi celui par qui se fissure l'édifice bâti autour de l'exploitation commerciale des systèmes brevetés, lorsque, immanquablement, le jeu de la concurrence se déplace du chantier aux tribunaux, et que la notion d'antériorité attachée à son invention anticipe la chute dans le domaine public des systèmes les plus en usage. Un très anecdotique « système de caisses-bassins mobiles en fer et ciment applicable à l'horticulture » constitue l'objet de son premier brevet déposé en 1867. Jusqu'en 1891, le jardinier inventeur multiplie les certificats d'addition afin d'étendre l'usage de son procédé aux tuyaux et bassins

fixes (1868), aux ponts et passerelles (1873), à la construction d'escaliers (1875), de traverses de chemin de fer (1877), de poutres droites et cintrées pour planchers et terrasses (1878). Ces perfectionnements sont suivis d'applications parfois importantes, comme les deux réservoirs de 1 000 m³ qu'il construit en 1872 pour la Ville de Paris à Sèvres-aux-Bruyères, ou le pont de 16,50 m réalisé en 1875 à Chazelet. C'est surtout en Allemagne, en Autriche et en Hollande, où Monier cède dans les années 1880 ses brevets à de puissantes entreprises de construction, que se propage l'emploi de son procédé.

Ce dernier continuera cependant d'être exploité en France (par la Société des travaux en ciment notamment) ; répandu sous sa forme « primitive et ordinaire », pas un cimentier, vers 1890, n'en ignore l'usage. C'est peut-être le pire obstacle auquel les Coignet♦, Hennebique♦ ou Cottancin♦ devront faire face pour s'implanter. **G. D.**

Montréal (pavillon de la RFA à l'Exposition universelle de)

Montréal, Canada, 1967.

La République fédérale d'Allemagne lance en 1964 un concours d'architecture sur le thème « L'homme et le monde », en vue de la réalisation du pavillon allemand pour l'Exposition universelle de Montréal, au Canada. Le premier prix, et donc la commande, sont attribués aux architectes Rolf Gutbrod et Frei Otto♦, qui proposent de recouvrir par une toiture légère d'environ 8 000 m² un terrain bordant une lagune du fleuve Saint-Laurent, fragment entier du paysage. Pour ce projet, les architectes collaboreront étroitement avec les ingénieurs Leonhardt♦ & Andrä.

Le pavillon lui-même, en raison de son contour et de sa structure tridimensionnelle, est une tente aux formes libres dont la construction souligne le caractère temporaire d'une exposition limitée à un été. La structure se compose de réseaux de câbles précontraints à courbures

Pavillon de la RFA à l'Exposition universelle de Montréal.

inverses, qui sont tendus sur 8 mâts de hauteurs variables et sont ancrés en 34 points dans le sol par des haubans. Les réseaux ont une largeur de maille relativement constante de 50×50 cm, le diamètre des torons de câbles est de 12 mm, les haubans périphériques et de tension mesurent environ 50 mm. Les réseaux sont enchâssés dans les câbles périphériques ou les câbles de crête et d'œil. Ceux-ci mènent aux sommets des mâts et aux points d'ancrage intérieurs. Les haubans périphériques, en revanche, partent toujours en direction des points d'ancrage situés à l'extérieur. Les chevalets d'ancrage en béton armé sont maintenus dans le sol par des ancres de roche précontraintes. Les mâts sont constitués de tubes en acier effilés en haut et en bas. L'enveloppe transparente de la toiture, en fibre de polyester recouverte de PVC, qui ne remplit qu'une fonction protectrice de confinement de l'espace, est suspendue de l'intérieur aux réseaux de câbles en acier.

Le concept structurel s'appuie sur les principes des structures textiles tendues, élaborés depuis les années cinquante par Frei Otto selon le principe des surfaces minimales tendues. Les surfaces formées peuvent être comparées physiquement aux enveloppes liquides et à leurs tensions de surface. Dans un cadre de forme quelconque se constitue une surface dans laquelle la tension et les rayons de courbure principaux sont égaux en tout point, et l'aire totale est minimale. On atteint de la sorte un état de précontrainte très proche de l'optimum physique d'un film liquide, ainsi qu'un dimensionnement en permanence égal des réseaux et des membranes. De telles structures sont également qualifiées de structures minimales. Ces surfaces minimales peuvent être réalisées à partir de réseaux orthogonaux, ce qui permet une préfabrication complète.

Le pavillon a été conçu et préfabriqué en Allemagne, puis monté au Canada, le tout

en quatorze mois. Comme le principe de structure – celui d'un réseau de câbles précontraints à mailles égales comportant des sommets et des creux – n'avait jamais été réalisé dans de telles dimensions, le maître d'ouvrage a fait construire un prototype d'essai, sous la forme d'un réseau de câbles couvrant une surface de 300 m² et porté par un mât avec une boucle en câble. Ce prototype a été aménagé en 1968 pour accueillir l'institut et l'atelier d'expérimentation de Frei Otto à l'université de Stuttgart. **B. B.**

Montréal (pavillon des États-Unis à l'Exposition universelle de)

Montréal, Canada, 1967.

C'est par l'entremise de l'United States Information Agency que Richard Buckminster Fuller♦ et son collaborateur, l'architecte Shoji Sadao, se voient confier en 1964 la conception du pavillon américain pour l'Exposition universelle de Montréal qui doit se tenir trois ans plus tard.

La première idée de Fuller est de proposer une vaste structure spatiale en treillis, de forme rectangulaire, soutenue par quatre pylônes. Le treillis lui-même est une variante considérablement agrandie d'un système de plancher, conçu auparavant pour une usine de transformation automatique du coton en Caroline du Nord, système d'ailleurs breveté en 1961 sous le nom d'*octet truss*. Fuller imagine sous ce vaste toit un espace d'exposition qui ne contiendrait qu'une seule pièce : une énorme Carte du monde Dymaxion♦ animée, destinée à représenter les conséquences économiques et environnementales de l'activité humaine sur la Terre.

Alors qu'un travail de conception considérable a déjà été effectué sur cette proposition, l'Information Agency décide de modifier le contenu de l'exposition, et l'idée du gigantesque treillis spatial est alors abandonnée au profit d'un dôme plus réduit. Un projet très similaire au rectangle original de Fuller réapparaît toutefois trois ans plus tard, pour le pavillon central de l'Exposition de 1970 à Ôsaka.

Le deuxième projet que Fuller réalise pour l'Exposition de Montréal est donc un dôme autotendu, composé de la répétition de treillis en acier autotendus, en forme d'étoile, agencés pour former 7/10 d'une sphère de 76 m de diamètre. Les treillis autotendus employés pour fabriquer le dôme reposent sur le même

Pavillon de la RFA à l'Exposition universelle de Montréal, levage de la toile (en haut) ; vue intérieure (en bas).

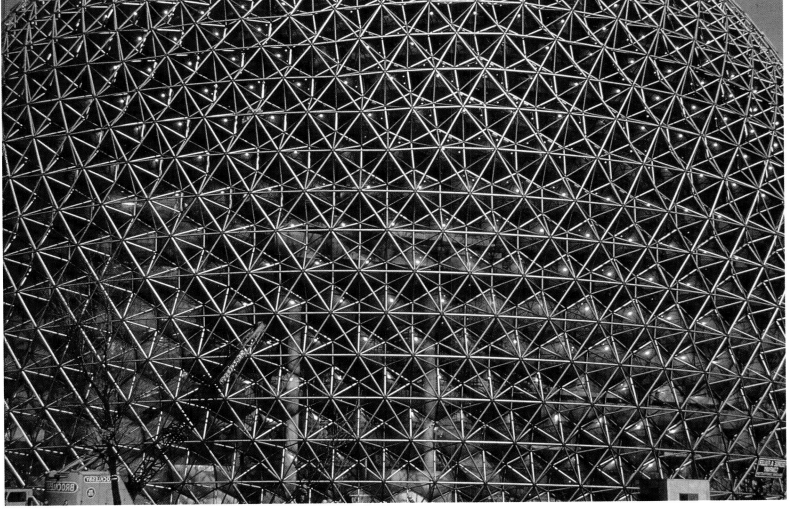

Pavillon des États-Unis à l'Exposition universelle de Montréal, pose d'une lentille acrylique (en haut) ; détail du treillis en acier (en bas).

principe qu'une coupole à traction continue et à compression discontinue, construite en 1959 à l'université de l'Oregon. Ce système sera breveté par Fuller en 1962, puis de nouveau en 1980. Ce mode de construction autotendu se fonde sur des ossatures qui servent à délimiter l'espace, dans lesquelles les éléments de tension sont maximisés et les éléments de compression minimisés, ce qui permet de réduire considérablement le poids de la structure.

À Montréal, la structure du dôme comporte de nombreux éléments de compression discontinue en acier, triangulés par des éléments de traction. La matrice qui en résulte est alors recouverte de milliers de lentilles icosaédriques en acrylique, dont la plupart sont équipées d'iris à ouverture et fermeture commandées par un ordinateur. Ces lentilles sont programmées pour réagir automatiquement à la trajectoire du soleil, par activation de filtres destinés à maintenir des conditions constantes de confort sous le dôme.

Au moment de son achèvement, le dôme de Montréal est la plus grande structure géodésique au monde, et il est aussitôt consacré symbole de l'Exposition universelle de 1967. La pureté de la structure géométrique de Fuller symbolise en effet pour les États-Unis leur force et leur clarté, ainsi que leur excellence technologique au sein du monde moderne.

Le dôme de l'Exposition de 1967 sert ensuite d'élément central au parc des expositions de Montréal. Il est sévèrement endommagé, en 1976, par un incendie survenu au cours de travaux de rénovation, mais son squelette a survécu. **M. E. P.**

Morale constructive

Sous ce titre, la rubrique sent bon son catéchisme. Elle est pourtant l'occasion, comme nous allons le voir, de démonter quelques idées reçues à propos de la signification technique de la fonction constructive. Si le besoin de « moraliser » la construction n'est pas vraiment d'actualité – le débat remonte au milieu du XIXᵉ siècle –, il n'en reste pas moins vrai que l'acte de bâtir, à l'instar de nombreuses disciplines, connaît parfois des crises, autres qu'économiques, que leur nature idéologique apparente à de véritables cas de conscience. Certes, la construction n'est pas (encore) traversée par cette inquiétude qui gagne déjà de nombreux champs de l'activité scientifique ou sociologique, et qui touche à l'éthique. Si l'on peut parler de bioéthique, en revanche on ne sait pas encore ce qu'est l'éthique de la construction. Le Bien ou le Mal ne constituent pas de repères significatifs dans la discipline et, malgré les nombreuses malversations dont l'implication socio-économique de la construction peut faire l'objet – l'échelle des coûts engagés et le ressort politique de la décision favorisent la concussion –, le travail des ingénieurs, des architectes et des entrepreneurs reste circonscrit dans des limites coutumières relativement étanches aux examens de vertu. On recense bien sûr, et depuis toujours, de graves préjudices dans le domaine – le secteur est aujourd'hui miné par d'innombrables contentieux –, qui composeraient déjà un catalogue nourri d'exemples à ne pas suivre. Mais c'est moins la construction en tant qu'objet qui serait à remettre en cause – elle apparaît d'ailleurs plutôt comme victime – que la réglementation professionnelle ou le système des responsabilités. Notre propos ne portera donc pas sur la dimension de la faute et sur les instruments qui la contraignent. On s'intéressera ici aux modalités selon lesquelles la construction a pu, depuis son ordre propre, configurer une sorte d'excellence, se constituer comme qualité exemplaire susceptible de faire modèle, et donc de se dépasser comme physique vers une instance proprement métaphysique de son être.

Que signifie passer de la physique à la métaphysique ? Commodité de langage, sans doute, pour signifier cette chimie particulière où l'ouvrage advient à ce stade qualitatif qui le fait être pleinement adéquat à son objet, pleinement juste, pleinement vrai, attendu, comblant, parfait. Serait éminemment morale toute construction qui générerait l'idée de justesse, l'idée de conformité entre le pourquoi de son existence et le comment de son être. Idéalisme ? Littérature ? Pas seulement. Cet idéal d'auto-adéquation où l'événement constructif célébrerait sa nécessité à la fois utilitaire et

Pavillon des États-Unis à l'Exposition universelle de Montréal, détail d'un nœud (en haut) ; vue générale de la structure en montage (en bas).

constitutive a traversé de nombreux esprits constructeurs, et a fourni l'argument de plus d'un texte traitant de construction. Sans exagérer, on peut même dire que le *Cours de construction* s'édifie sur ce préalable d'une suffisance matérielle essentielle que la pédagogie du manuel précisément tendrait à introduire. Un corps de règles, leur explication ayant valeur de démonstration, des exemples d'application : le livre joue effectivement ce rôle de guide et de bréviaire dans les mains du constructeur. Mais ce cours existe-t-il ? Rien n'est moins sûr. Quant à l'objet construit, de quelle vertu doit-il témoigner pour exprimer cet idéal d'auto-adéquation et gagner ainsi ce privilège de l'exemplarité ? Serait-ce cette notion de vérité autrefois débattue et dont on trouve parfois exprimée telle ou telle prérogative ?

Rappel des faits. En 1849, John Ruskin publie *Les Sept Lampes de l'architecture*, dont la deuxième, la « lampe de vérité », développe quelque chose comme une morale du « vrai » en architecture. Il part en guerre contre l'imitation décorative des matériaux. Il vitupère violemment contre la « barbarie de l'ornementation en fer moulé ». Plus subtilement, il va chercher dans l'architecture gothique à son apogée les signes d'une décadence, perceptible dans le dessin de la moulure qui, sous l'habileté « capricieuse » des architectes, va « perdre son essence comme structure de pierre ». Le ton est alors donné pour une croisade vertueuse qui mobilisera de nombreux militants jusqu'à la période du Mouvement moderne. Côté français, c'est Viollet-le-Duc qui donne du clairon. Sa célèbre formule des *Entretiens sur l'architecture* (1863), si souvent reproduite, est scandée comme un verset religieux : « En architecture, il y a deux façons nécessaires d'être vrai. Il faut être vrai selon le programme, vrai selon les procédés de construction. Être vrai selon le programme, c'est remplir exactement, scrupuleusement, les conditions imposées par un besoin. Être vrai selon les procédés de construction, c'est employer les matériaux suivant leurs qualités et leurs propriétés. » Forte de ces deux voix, la morale architecturale prend pignon sur rue. Ce qui frappe peut-être le plus alors, c'est l'idée que cet appel à la « vérité » transite essentiellement par le matériau. Qu'il soit géré par le décor (Ruskin) ou par la structure (Viollet-le-Duc), le matériau apparaît désormais comme le référent premier du « véridique » en architecture. Autrement dit, la substance même du constructif, travaillée

selon ses « lois » propres, confère désormais à l'architecture sa vertu première, inaliénable.

La construction serait le substrat moral de l'architecture ; le matériau, le terrain privilégié où s'exerceraient les vertus du vrai. Sur ces bases nouvelles, l'architecture devait enfin trouver le cadre de sa renaissance, que toute la profession appelait de ses vœux. Cela est vite dit, mais cela a souvent été répété, par les protagonistes du Mouvement moderne comme par les historiens : la conjonction de cette sorte de pulsion morale et de l'apparition de nouveaux matériaux comme le fer et le béton armé aura conduit à la transformation radicale du paysage constructif. Siegfried Giedion insistait encore en 1941 : « Il faut une morale en architecture. » Dans le même livre, il écrivait : « La construction est le subconscient de l'architecture. » Même si le mécanisme de la « purification » en architecture (le terme est employé par Le Corbusier dans *La Loi du Ripolin*) traverse toutes sortes de strates (chez Walter Gropius par exemple, comme l'a montré Daniel Guibert, les concepts de « pureté » et de « vérité » sont sous la dépendance de la notion de « lumière »), c'est bien la construction qui, en dernière instance, commande tout le dispositif. Le terme passe, certes, par un tamis sémantique assez lâche. Ses occurrences innombrables dans les textes doctrinaires de la première moitié du siècle, comparables d'ailleurs à celles du terme « ingénieur », témoignent de la ferveur dans laquelle est tenue la notion. La construction assure le fondement moral de l'architecture, elle est sa caution à la fois objective (pas de sujet, donc pas d'affect, pas de pathos dans le constructif) et universelle (les lois de la mécanique régissent l'univers du bâti). Jusque dans les années cinquante, le signifiant « construction » constitue ainsi une sorte d'élément attractif puissant, chargé de tout un potentiel libérateur, prometteur de qualité, de santé, d'égalité même : bref, au sens propre comme au sens figuré, la construction, c'est une bonne œuvre.

À présent, que signifie « construction » ? Quelle estime nouvelle la notion recouvre-t-elle aujourd'hui ? L'ingénieur déjà n'est plus ce héros au regard lucide et au pas alerte, homme de la situation, confiant dans sa règle à calcul et dans ses ouvriers. En réalité, le métier comme la notion ont changé. S'il fallait réactualiser cette dimension méritoire du constructif, jusqu'à la projeter dans le champ des valeurs dignes et exemplaires, ce ne serait plus

au niveau de la prospection qu'il faudrait se placer, mais au niveau de l'introspection. Pourquoi ? À travers ses œuvres, le constructeur moderne, s'il continue de courir après la performance, opère en effet une sorte de conversion dans sa recherche de l'optimum. Les modalités du bien construire ont elles-mêmes modifié leur système d'étalonnage. Déjà, la performance constructive ne se confond plus avec la quête du record. Plus haut, plus loin, ou « portée infinie, poids nul » (Robert Le♦ Ricolais) sont des objectifs dépassés, pour ainsi dire. La construction cherche sa voie (sa vérité ?) non dans celle du défi ou du dépassement, mais dans la compréhension de son propre processus. C'est une tendance, observable à plusieurs niveaux et dans de multiples secteurs. En France, les appels d'offre du Plan construction, dits « performantiels », sont de cette nature : l'enjeu du marché n'est plus le produit, mais la méthode. C'est ce que l'on entend par « introspection » : désormais, la recherche se penche sur le substrat de complexité que recouvre le concept, apparemment transparent, de « construction ». Loin de l'exploit sain et vivifiant que l'on y percevait, loin de la souche des beaux objets techniques dont il agrémentait la lignée, on découvre désormais une fonction complexe, difficilement modélisable, nouant toute une collection de paramètres, mue par des moteurs différents, instables. Cette exigence nouvelle touche bien d'autres secteurs que celui de la construction. La culture est ainsi traversée par une onde de désaffection à l'égard des monuments de savoir, des « grands récits », signe d'une inquiétude qui se traduit par une attention nouvelle portée aux actions, aux comportements, aux façons d'être (d'où le retour de l'éthique). L'énonciation a pris le pas sur l'énoncé. La construction participe au mouvement, elle (re)découvre les valeurs du faire. Les « ressources » ne sont plus seulement techniques ou naturelles, elles redeviennent « humaines ». Le chantier fait retour : moins comme performance organisationnelle, moins comme prouesse technique, mais plutôt comme un segment de la longue chaîne du travail, dont les modalités opératoires tentent d'accorder la prescription technique et la convivialité du métier. Vision encore trop généreuse certainement, compte tenu des conditions de travail en chantier, toujours parmi les plus pénibles. Pourtant, le chantier de construction, plus que l'atelier ou l'usine, constitue un fort potentiel d'innovation qualitative au niveau d'une possible revalorisation du travail. C'est sans doute là le bénéfice de son « archaïsme » technologique : la main et l'outil y sont encore très présents, les modalités de la prescription sont encore très formelles – le plan (d'ingénieur, d'architecte) configurant effectivement et très directement le processus du travail à travers l'interprétation visuelle et constructive de l'ouvrage à réaliser.

Est-ce le chemin d'une nouvelle morale ? « Dis-moi comment tu construis » et non plus « dis-moi ce que tu construis ». Une reconquête du sens rendue enfin possible à travers une nouvelle « excellence » du constructif, qui se traduirait en premier lieu par une réinterprétation radicale de son objet, la performance touchant désormais l'intelligence du processus autant que la qualité utilitaire de l'ouvrage. Ainsi, la construction ne devrait plus être perçue comme un objet, mais comme un événement. Un fait, marqué par un faire. Une telle marque constitue déjà un symptôme pour le chercheur ou l'historien qui s'engage dans une belle opération de décryptage lorsqu'il cherche à restituer l'aventure d'un chantier sous la masse pesante du monument. Mais pourquoi « aventure » ? L'ouvrage bâti, construit, est la trace nécessaire des modalités qui l'ont fait être. Le projet constructif, même aveuglé par sa « pure » efficacité techno-économique, procède également par une sorte de mise en signes des opérations, voire des gestes qui contribueront à sa matérialisation. Si, pour finir, la notion d'éthique a un sens dans le domaine de la construction – l'éthique : une forme engagée de la morale –, ce sera dans la forme du projet qu'elle devra alors se manifester. Non pour légitimer l'esthétique du produit (Saint Augustin : « le beau est la splendeur du vrai »), mais pour le faire enfin advenir à cette qualité de modèle ; un modèle de « réenchantement » du monde, pour reprendre la formule de Max Weber, ou, plus modestement, de reconquête du sens par le travail. Voilà ainsi qualifiée l'idée de « métaphysique » que nous évoquions : un projet constructif qui anticipe sur ce pour quoi il existe en tant que projet, qui anticipe sur sa faculté prescriptive au point de la dissoudre dans l'acte du travail dont il symbolise pourtant le déroulement sous forme de plans. C'est la vertu paradoxale du projet. La métaphysique n'est-elle pas justement, comme le disait Bergson, « la science qui prétend se passer de symboles » ? **C. Si.**

VOIR AUSSI **Rationalisme**.

Morandi (Riccardo)

Rome, Italie, 1902 – *id.*, 1989.

Ingénieur, créateur et expérimentateur de structures en béton armé précontraint, Riccardo Morandi sort diplômé de la Scuola di Applicazione per Ingegneri en 1927. Pendant les trois années qui suivent, il travaille en Calabre, dans les zones sinistrées par les tremblements de terre, où il parachève son apprentissage professionnel en construisant des églises dotées de structures à ossature hyperstatique en béton armé. Il revient à Rome en 1931, fonde le Studio Morandi et commence son activité en travaillant en collaboration étroite avec d'importantes entreprises du bâtiment, parmi lesquelles celle du constructeur G. I. Magrini, qui l'initie à la pratique du chantier et à la technologie du béton. Ses premiers projets portent sur l'étude des structures à ossature en béton armé pour des immeubles de logement. Il réalise, dans la foulée, les projets plus complexes des salles de cinéma Augustus (1933-1934) et Giulio Cesare (1935-1939) à Rome.

Avec l'église de Santa Barbara (1934-1936) et la cimenterie de Colleferro, près de Rome (1935), commence sa collaboration avec la société Bombrini-Parodi-Delfino (BPD), qui se poursuivra de manière intense et privilégiée pendant près de quarante ans. En 1936, la BPD lui confie l'étude du plan régulateur du nouvel établissement industriel de Colleferro et, entre 1936 et 1945, la plupart des projets d'édifices publics et de logements sociaux de la petite ville : la mairie, les maisons en bande et les logements ouvriers, l'école primaire, la salle de cinéma et les casernes.

La deuxième moitié des années trente correspond également aux premières recherches de Morandi sur les structures en béton armé précontraint, qui lui permettront de mettre au point le premier des brevets du *Sistema Morandi* (1949). Six autres suivront. Les deux derniers seront élaborés au Centro per lo Studio e le Applicazioni del Precompresso (Cesap) que Morandi fonde en 1954. La même année, il publie l'ouvrage *Strutture di calcestruzzo armato e di calcestruzzo precompresso* (Structures en béton armé et structures en béton précontraint), dans lequel sont présentés ses études et ses projets les plus intéressants.

Les projets de certains ponts en arc datent de l'immédiat après-guerre. Parmi eux, il faut mentionner, en raison de la technique particulière employée lors du chantier, la passerelle pour piétons sur le torrent Lussia à Vagli (1952-1954) et le pont sur la Storms River, près d'Elizabethville en Afrique du Sud (1953-1954). En effet, tous deux ont été réalisés sans échafaudages cintrés, par rotation des demi-arcs formant l'arcade principale autour de la charnière de l'imposte.

À la même époque, Morandi commence à réfléchir sur les membrures rectilignes et les structures à ossature. Comme pour les ponts, il emploie la structure précontrainte dans le Centro metallurgico BDP de Colleferro (1953) et dans le cinéma-théâtre Maestoso à Rome (1954-1957). Dans les années soixante, alors qu'il se consacre presque entièrement à la réalisation de ponts et de viaducs, Morandi adopte le système de poutres isostatiques et précontraintes, qui représente une étape importante dans son parcours d'expérimentation technologique. C'est de là, en effet, que tirent leur origine la structure en poutre d'équilibre qui lui a

Morphologie structurale. Squelette de radiolaire.

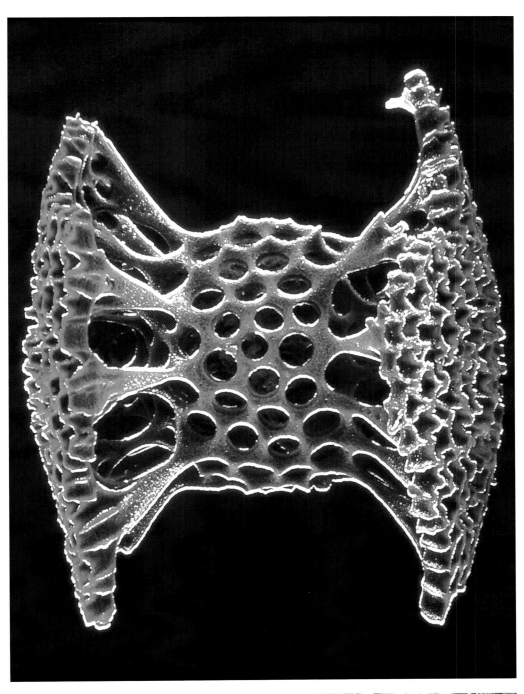

succédé (enjambement de la via Olimpica à Rome, 1958-1980, pavillon souterrain pour le salon de l'Automobile de Turin, 1958-1959, pont sur le torrent Vella à Sulmona, 1961-1962) et la structure en poutre haubanée.

Cette dernière – la structure haubanée en béton précontraint – sera, bien davantage que les autres solutions, associée au nom de Morandi, qui l'emploiera dans certains de ses ouvrages les plus spectaculaires. Il l'expérimente pour la première fois sur le pont de Maracaibo♦ (1957-1962) et l'utilise ensuite pour les aménagements du réseau ferroviaire et de divers ouvrages publics. Parmi les plus connus, le viaduc de Polcevera♦ à Gênes (1961-1964), les hangars d'aviation et les ateliers d'Alitalia à Fiumicino (1961-1964), et le pont sur le Wadi al-Kuff, près de Al Bayda en Libye (1965-1971).

Morandi a été professeur de formes et structures de ponts à la faculté d'architecture de Florence (1959-1969) et de construction des ponts à la faculté d'ingénieurs de Rome (1969-1972). **M. T.**

Morphologie structurale

Dans les processus de conception qui constituent l'exercice de l'art de construire, les propriétés des matériaux utilisés et les procédés technologiques disponibles sont les deux paramètres fondamentaux auxquels l'ingénieur est astreint ; deux autres paramètres de la conception lui offrent la possibilité de faire fructifier son imagination créatrice : ceux de forme et de structure.

Ces deux concepts sont symétriques. La racine latine du mot « structure », *struere*, signifie « contruire » ; c'est dans ce sens que Vitruve emploie ce terme dans son *Traité d'architecture*. La structure peut être définie comme « un ensemble organique de formes », qui, selon certains psychologues, serait perçu d'emblée avant que chaque détail soit isolé, alors que la théorie de la forme se fonde sur « la perception d'ensemble de structures organisées avant la perception des détails ; elle affirme dans tous les domaines l'influence du tout sur les parties qui le composent ». Ces deux concepts ont subi historiquement des évolutions inverses ; on utilise plutôt aujourd'hui celui de forme dans un sens restreint, pour rendre compte de l'existence spatiale des objets.

La démarche de l'ingénieur consiste en une structuration de la matière qui lui donne sa forme et, au-delà, son architecture. La relation

Morphologie structurale.
Squelette de radiolaire (en haut).
Rayon de ruche d'abeilles, détail (en bas).

entre forme et structure, au centre de la conception, fait l'objet d'études regroupées sous l'appellation de morphologie structurale. La morphologie aborde la génération de la forme et son évolution. Les études de morphologie structurale portent aussi bien sur la géométrie que sur la bionique. Celle-ci permet d'étudier la relation forme-structure dans les systèmes naturels animés ou inanimés, non pour les copier, mais pour en comprendre les principes et nourrir l'imagination des concepteurs. Au début de ce siècle, D'Arcy Wentworth Thompson écrit un ouvrage intitulé *On Growth of Form*, qui fait encore référence dans le domaine de la morphologie structurale. Parmi les nombreuses études présentées par cet auteur, figurent en particulier l'analogie entre la constitution osseuse d'une tête de fémur et le fonctionnement des consoles courtes (Julius Wolff et Carl Culmann), ainsi que l'analyse morphologique des ruches d'abeilles. Les ingénieurs et les architectes ont toujours prêté une attention particulière à la relation forme-structure : Robert Le♦ Ricolais et Frei Otto♦ ont fondé certaines de leurs propositions sur les résultats de leurs observations de systèmes naturels tels que les radiolaires ou les films de savon.

Le regain d'intérêt pour la morphologie structurale ces dernières années se manifeste par des échanges scientifiques sur le plan international et par une augmentation des publications qui y sont consacrées. Thème fédérateur, la morphologie structurale rassemble aussi bien des spécialistes de la géométrie polyédrique ou de la géométrie des surfaces que des plasticiens, des naturalistes, des ingénieurs ou des architectes. **R. M.**

VOIR AUSSI **Biomécanique** ; **Structure**.

Mörsch (Emil)

Reutlingen, Allemagne, 1872 – Stuttgart, 1950.

Après des études à la Technische Hochschule de Stuttgart de 1890 à 1894, et des activités au sein des services techniques de l'État de Wurtemberg, Emil Mörsch entre en 1901 dans l'entreprise Wayss♦ & Freytag AG. À l'exception des années 1904-1908, au cours desquelles il enseigne la statique et la construction de ponts et d'édifices en fer à l'École polytechnique de Zurich, il est, jusqu'en 1916, directeur du bureau d'études et, dès 1908, membre du directoire de l'entreprise. Sa nomination en

1916 à la chaire de statique des structures en béton armé et des ponts en arc à la Technische Hochscule de Stuttgart ne l'empêche pas de rester lié à l'entreprise (notamment au sein du conseil de surveillance).

Son ouvrage paru en 1902, *Der Betoneisenbau, seine Anwendung und seine Theorie* (le béton armé, ses applications et sa théorie), constitue l'un des textes fondamentaux sur les structures en béton armé au début du XXᵉ siècle. Il sera du reste régulièrement actualisé, et complété dès 1906 sous le titre *Der Eisenbetonbau, seine Theorie und Anwendung* (le béton armé, théorie et application).

Emil Mörsch a réalisé des ponts en arc à chaussée en surélévation sur l'Isar, près de Grünwald, en 1903-1904 (deux arcs de 70 m), et sur la Sitter, près de Teufen (pont de Gmündertobel, 1908, arc de 79 m). Il sera l'un des principaux rédacteurs des « Directives provisoires pour la conception et la réalisation de constructions en béton armé en Prusse », établies en 1904 par la Commission allemande du béton armé. **C. S.**

Moscou (tour d'émission radio de Chabolovka à)

Moscou, auj. en Russie, 1922.

À l'occasion de la réalisation de cette station émettrice du Komintern, l'ingénieur Vladimir Choukhov♦ commence par présenter, en 1919, un projet et des calculs pour une tour de 350 m de haut. La pénurie de matériaux va cependant le contraindre à réduire la hauteur totale à 150 m.

La construction dérive des tours hyperboloïdes en treillis réalisées auparavant par Choukhov, et se compose de sections de forme correspondante. Les hyperboloïdes superposés forment ensuite une structure de tour effilée particulièrement élancée – conception qui permet de recourir à un nouveau procédé de montage (le procédé télescopique) : dans la partie inférieure de la tour, les segments successifs sont assemblés au sol ; on les hisse ensuite au sommet provisoire de la tour à l'aide de 5 grues en bois traditionnelles.

Les barres formant les segments hyperboliques de la tour se composent de deux profilés en U. Les solutions adoptées pour les détails de la complexe armature tridimensionnelle en treillis sont d'une admirable simplicité. Cette tour filigrane d'une incroyable légèreté, et d'une forme tout aussi originale, est une brillante réalisation et un chef-d'œuvre de construction. Lorsque

l'on se tient au pied de cet immense tube qui s'élance vers le ciel, on imagine l'édifice exceptionnel dont Moscou aurait pu s'enorgueillir si le projet initial de 350 m avait vu le jour. Malheureusement, l'esthétique de la tour radio de Chabolovka est aujourd'hui dégradée par une lourde montée d'escaliers de construction ultérieure, ainsi que par des anneaux de renforcement rapportés en 1973 dans la troisième section. **R. G.**

Mouchel & Partners

Ingénieur des mines, Louis-Gustave Mouchel (1852-1908) est dès 1897 l'un des pionniers des structures en béton armé au Royaume-Uni. Il travaille au pays de Galles, lorsqu'il est choisi comme agent pour représenter en Angleterre le système breveté par François Hennebique♦,

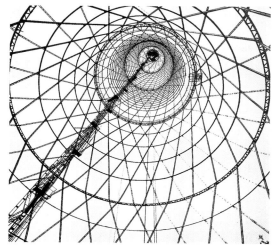

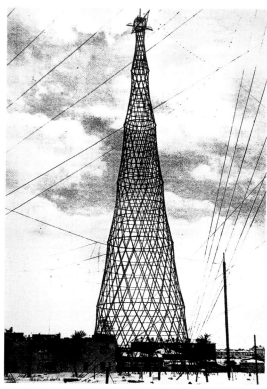

Tour d'émission radio de Chabolovka à Moscou, détail de structure (en haut) ; vue générale (en bas).

qui devient bientôt célèbre en Grande-Bretagne sous le nom de « système Mouchel-Hennebique », et que Mouchel appelle plus simplement *ferro-concrete* (ferrobéton). Par ses efforts constants, et malgré le scepticisme et les réserves de certains architectes et ingénieurs, il parvient rapidement à imposer l'utilisation du béton armé en Grande-Bretagne pour la construction d'immeubles, de ponts, de châteaux d'eau, de silos et de structures maritimes. Les premiers projets britanniques sont conçus par Hennebique, et la première grande réalisation est celle de l'usine Weaver, à Swansea (1897, démolie en 1984), pour laquelle les matériaux et la main-d'œuvre sont importés de France.

Mouchel conçoit bientôt les structures, et les entrepreneurs britanniques sont autorisés à employer le système Mouchel-Hennebique contre paiement d'un droit. En 1907, peu avant son décès prématuré, Mouchel fonde la société L.G. Mouchel & Partners Ltd – dont il est l'associé principal –, spécialisée dans le ferrobéton. En 1911, on dénombre 1 073 structures de type Mouchel-Hennebique au Royaume-Uni, parmi lesquelles le plus haut bâtiment en béton armé d'Europe, le Pierhead Royal Liver Building, à Liverpool (1908-1909), d'une hauteur totale de 94 m pour 15 étages.

L.G. Mouchel & Partners est encore en activité et compte parmi les plus importants et les plus anciens cabinets de conseil en ingénierie. **M. N. B.**

Mouton (William)

La Nouvelle-Orléans, Louisiane, États-Unis, 1931.

William Mouton est professeur d'architecture et de conception des structures à l'université Tulane de La Nouvelle-Orléans. Il détient plusieurs brevets dans le domaine du design appliqué à la construction, notamment celui de ce que l'on a baptisé *Delta Truss* – procédé employé pour concevoir le Cajun Dome de Lafayette, en Louisiane. Ce dôme en treillis, achevé en 1985, est composé de 48 pièces triangulaires dont la forme rappelle celle d'une portion de tarte, qui sont assemblées au sol puis montées au niveau souhaité. Ces *Delta Trusses* sont composés de deux couches, reliées entre elles par des pièces disposées en diagonale. La courbure globale de ces éléments correspond à la courbe funiculaire générée par la superposition de leur poids propre et des charges qui leur

sont appliquées. Dans cette configuration, les couches supérieures et inférieures sont soumises à des efforts, tandis que les éléments disposés en diagonale ne le sont pas. **M. M.**

Muller (Jean)

Levallois-Perret, France, 1925.

Diplômé de l'École centrale en 1947, Jean Muller entre chez Campenon-Bernard♦, qui le met à la disposition de la STUP (Société technique pour l'utilisation de la précontrainte), dirigée par Eugène Freyssinet♦. Il y participe à l'étude de plusieurs projets, dont celui des trois ponts de l'autoroute de Caracas à La Gueira. En 1951, il part à New York comme ingénieur en chef de la société de Freyssinet ; il y réalise plusieurs ouvrages, dont le premier au monde à être construit par voussoirs préfabriqués à joints conjugués.

Rappelé en 1955 chez Campenon comme ingénieur en chef des études, il y devient directeur technique et participe à de nombreux projets, parmi lesquels ceux qui concernent le développement des ponts à voussoirs préfabriqués à joints conjugués (Choisy♦ en 1965, Oléron♦ en 1966, Rio-Niterói, au Brésil, en 1974…). En 1976, il est directeur scientifique du groupe Campenon-Bernard et conseiller technique d'Europe-Étude, perfectionnant la fabrication des voussoirs et les poutres de lancement pour leur mise en place.

Tout en continuant à diriger les études chez Campenon (pont de Brotonne♦ en 1977), il fonde en 1978 Figg & Muller Engineers Inc., dont il est président du conseil et directeur technique. Il construit alors en Floride les ponts des Clés (Keys) avec des joints conjugués secs ; la pose s'effectue par travée entière (40 m) et les voussoirs sont rainurés, ce qui permet la circulation sans chape d'étanchéité ni revêtement : 440 travées, soit 205 000 m² de tablier sont ainsi mis en place en trois ans. Suivent de nombreux ouvrages, parmi lesquels le pont du Sunshine Skyway, sur la baie de Tampa en Floride (1986), qui présente la plus longue travée haubanée en béton avec voussoirs préfabriqués jamais réalisée (366 m).

Revenu en France en 1986, il fonde Jean Muller International et dirige de 1986 à 1993 le département ouvrages d'art de Scetauroute. Il conçoit notamment le pont de l'autoroute A49 sur l'Isère (avec un tablier de 300 m suspendu à un seul pylône, en 1991), le pont mixte de la Roize, alliant une dalle en béton à haute résistance et une ossature métallique en treillis

(1990), et, à Bangkok, 55 km de viaducs (soit 700 000 m² de tablier à voussoirs préfabriqués).

Il a reçu de nombreux prix et distinctions, tant en France qu'à l'étranger : prix Albert Caquot et Gueritt Medal en 1980, Fellow's Award of Honour en 1981, Eiffel d'Or en 1988, etc.

Il travaille aujourd'hui sur le projet d'un pont haubané de 860 m de portée libre pour le franchissement de la vallée de l'Ebron, au sud de Grenoble, et achève le pont reliant l'île du Prince-Édouard au continent canadien : 13 km de longueur avec des portées moyennes de 250 m, sur des piles atteignant 50 m au-dessus du niveau de l'eau (40 au-dessous), entièrement préfabriqué et construit en moins de quatre ans, malgré les glaces qui bloquent le détroit cinq mois par an.

Freyssinet, qui n'était pas prodigue de compliments, écrivait en juin 1957 : « J'ai beaucoup d'amitié pour Jean Muller. Il me plaît par l'élégante netteté de son esprit, son intransigeante probité, son ardeur à servir, qualités qui en font un bon modèle de ces ingénieurs que la précontrainte attire par le surcroît de devoirs, de travail et de responsabilités qu'elle leur impose et qui ne lui demandent qu'une augmentation de leur efficacité et de l'estime qu'ils ont d'eux-mêmes. » **B. M.**

Müller-Breslau (Heinrich)

Breslau, auj. Wroclaw, Pologne, 1851 – Berlin, Allemagne, 1925.

Après des études à la Gewerbeakademie de Berlin, Heinrich Müller-Breslau ouvre en 1875 un bureau d'ingénieurs ; en 1883, il est nommé professeur à la Technische Hochschule de Hanovre et, en 1888, à celle de Berlin (où il occupe la chaire de statique et de construction des ponts). Enseignant, praticien et scientifique, Müller-Breslau exercera une profonde influence sur les techniques de construction – notamment celle des structures en acier – et sur le développement des méthodes statiques. Il a publié : *Neuere Methoden der Festigkeitslehre und Statik der Baukonstruktionen* (méthodes récentes de résistance des matériaux et de statique des édifices), en 1886, et *Die graphische Statik der Baukonstruktionen* (la statique graphique des édifices), en 1887. Parmi ses principales réalisations, on retiendra le pont sur l'Ihne à Hanovre (1887), la coupole du dôme de Berlin (1888), et la passerelle piétonne suspendue sur la Spree (dite « Kaisersteg ») à Berlin-Niederschöneweide (1897-1898). **C. S.**

Munich (toit des installations des Jeux olympiques de)

Munich, Allemagne, 1972.

C'est en octobre 1967 que les architectes Behnisch & Partner remportent le concours portant sur les installations des Jeux olympiques qui doivent se tenir à Munich en 1972. Ils imaginent comme cadre des Jeux, placés sous le signe de l'allégresse, un paysage de tentes légères.

La réalisation technique des couvertures, grandes structures en réseaux de câbles, inspirées de celle du pavillon de la RFA à l'Exposition universelle de Montréal♦, est confiée au bureau Leonhardt♦ & Andrä et à Frei Otto♦. Les couvertures du stade, du gymnase et de la piscine, d'une surface totale de 74 000 m², constituent des structures indépendantes les unes des autres. Chacune est formée de surfaces à double courbure inverse, réalisées avec des réseaux de câbles bidirectionnels. Ceux-ci sont liés à des câbles de ralingue, des cerces et des mâts tubulaires en acier, dont la hauteur atteint jusqu'à 80 m pour la piscine. Toutes les couvertures reçoivent un bardage transparent en panneaux acryliques. La détermination de la forme et l'étude mécanique des réseaux sont établies à l'aide de maquettes construites à l'échelle 1/125, qui sont également soumises à des essais de chargement. Dès 1969-1970, cependant, on réussit par des méthodes numériques (de type éléments finis) à effectuer les calculs de dimensionnement sur des ordinateurs puissants, et à déterminer les formes de réseaux par des procédés photogrammétriques, même sans modèle de mesure (John Argyris et Klaus Linkwitz, université de Stuttgart).

L'importance architecturale et constructive de ces édifices se trouve donc renforcée par les grands progrès qu'ils ont suscités au niveau des méthodes de conception et de calcul des voiles prétendus légers de grande portée. **B. B.**

Mur-rideau

Un mur-rideau est une paroi extérieure qui ne participe pas à la structure d'un bâtiment. Dans les premiers bâtiments de grande hauteur, aux États-Unis, les murs extérieurs en maçonnerie, épais et lourds, conservent leur fonction structurelle mais font place, à partir de 1880, à une ossature de profils laminés beaucoup plus compacte. Ces bâtiments requièrent des façades qui ne surchargent pas la structure et ne consomment pas de plancher. Les façades des gratte-ciel de Chicago sont le véritable ancêtre du mur-rideau, avec leurs larges baies vitrées à peine interrompues par leurs montants et organisées en un élément central fixe, flanqué de deux parties ouvrantes surmontant des panneaux opaques qui masquent la structure, servent d'allège et s'opposent à la propagation des incendies.

Parallèlement, en Europe, le fer et le verre – employés dès 1820 pour des couvertures et des façades de grande ampleur, mais limités à quelques programmes comme les serres, les gares, et les bâtiments industriels – acquièrent une véritable légitimité architecturale à partir de 1900.

La mise au point est lente. La période 1910-1940 voit ainsi l'augmentation progressive des formats des vitrages, l'adoption de matériaux nouveaux, l'expérimentation de techniques de transformation inédites et l'intégration de

Toit des installations des Jeux olympiques de Munich, détail du bardage transparent en panneaux acryliques (page de gauche) ; vue générale (ci-dessus).

l'entretien à la conception. La possibilité de dématérialiser les parois du bâtiment donne naissance vers 1920 aux projets d'hypothétiques gratte-ciel de Mies van der Rohe, dont le minimalisme servira longtemps d'inspiration à de nombreuses réalisations, tant est grande leur avance sur la technologie.

La Seconde Guerre mondiale précipite les innovations, parmi lesquelles les alliages légers et les élastomères, disponibles dès la fin des hostilités aux États-Unis. Les ensembles constitués d'éléments linéaires – sources d'infiltrations et longs à monter – tendent à être remplacés par les systèmes de panneaux – plus tolérants aux variations dimensionnelles, posés sans échafaudages et faciles à contrôler. Par ailleurs, le scellement hermétique des façades est abandonné au profit du joint drainant, plus fiable. La coïncidence de l'arrivée à maturité technique de ce procédé avec son acceptation en tant qu'icône de la modernité se traduit par sa diffusion universelle à partir de 1955.

Cependant, seul le conditionnement de l'air pallie, à grands frais, les gains solaires colossaux de ces vastes pans de verre, lorsqu'ils sont orientés au sud ou à l'ouest. Le brise-soleil est une solution, mais son industrialisation est difficile ; sa forte présence architecturale et surtout son épaisseur s'opposent à sa généralisation. C'est donc dans la constitution du verre même que se poursuivent les innovations : les verres teintés ou réfléchissants réduisent les gains solaires, les vitrages doubles ou à basse émissivité les pertes d'énergie.

À partir de 1975, les progrès des élastomères permettent d'éliminer les cadres d'étanchéité épais et continus, et même de maintenir par collage les vitrages sur une ossature réduite. L'amélioration simultanée des connaissances et des propriétés mécaniques du verre, notamment par sa trempe, autorisent des façades où le verre joue un rôle structurel primordial et où l'ossature métallique n'apparaît quasiment plus. L'aboutissement de cette dématérialisation complète de l'enveloppe est cependant tempéré par un relatif constat d'échec, imputable à son manque d'adaptabilité aux variations des conditions extérieures. Ainsi apparaît la demande, selon une expression de Mike Davies, architecte associé à Richard Rogers, d'un « vitrage à performances multiples qui régulerait dynamiquement les flux d'énergie de l'intérieur vers l'extérieur et vice versa », demande sur laquelle porte désormais l'essentiel des recherches en matière de mur-rideau. **J. F. B.**

Murata (Yutaka)

Niigata, Japon, 1917 – Tôkyô, 1988.

Architecte mondialement reconnu, Yutaka Murata a laissé des œuvres originales dans le domaine des structures à membranes, dont il a profondément influencé l'esthétique.

Il a notamment réalisé la structure en boudins pneumatiques du pavillon Fuji et du théâtre sur l'eau de l'Exposition universelle d'Ôsaka♦ en 1970, sachant tirer profit des caractéristiques propres aux systèmes textiles gonflables avec beaucoup d'originalité. Il a ensuite conçu le dôme FRP (pavillon du groupe Fuyo) pour le musée océanographique d'Okinawa en 1975. Il a travaillé sur des dômes gonflables, réalisés par association de membranes renforcées par des réseaux analogues à des filets de pêche (port de Kôbe, 1981, et Exposition internationale des Pays-Bas, 1987). Il est considéré comme le pionnier d'un domaine auquel il a par la suite grandement contribué. **K. I.**

Muséum (serres du)

Paris, France, 1836.

Les serres et les jardins d'hiver qui se multiplient dans les années 1840 accompagnent le rêve microcosmique, propre au XIXe siècle, d'une symbiose entre la technique et la nature, parfaitement exprimée par les effets de transparence et de légèreté qu'autorisent le fer et le verre. Le Jardin des Plantes se devait d'accueillir de grandes serres pour acclimater à des fins ludiques et scientifiques les plantes rapportées des tropiques. L'architecte du Muséum, Charles Rohault♦ de Fleury, visite l'Angleterre en 1833, d'où il ramène nombre d'observations techniques sur les serres, en particulier sur leur mode de chauffage. Il conçoit à son retour un projet comportant deux ailes au profil courbe, s'étendant sur une longueur de 17 m, adossées à un mur en maçonnerie et appuyées sur deux pavillons rectangulaires entièrement construits en fer et en verre. Rohault a non seulement étudié les proportions d'ensemble, mais aussi veillé à la finesse et à l'élégance des détails : ainsi les pilastres en fonte de 11 m de hauteur des pavillons centraux sont ornés de têtes de lion rappelant les caractéristiques tropicales de la serre. Faute de crédits, l'aile est ne sera pas réalisée ; elle fait l'objet d'un nouveau projet en 1846, qui s'achève par une belle façade en loggia, puis d'un autre, plus ambitieux, en 1855, comportant un grand vaisseau voûté porté par des fermes annelées.

Bombardées en 1871 lors du siège de Paris, les serres sont réparées en 1874, puis complétées par la construction, en 1882-1889, de l'aile est sur les plans d'Édouard André, assez proches de ceux dressés par Rohault. Les serres de Rohault seront reconstruites à l'identique quelques années plus tard, en 1907, par Victor Blavette, le nouvel architecte du Muséum. Cette réalisation sera à ce point fidèle qu'on la tiendra longtemps pour le bâtiment d'origine, dont en réalité ne seront conservés que les fondations et le mur du fond. Les serres d'André seront remplacées en 1934 par un nouvel édifice, dont la lourdeur contraste avec l'élégance de celles de Blavette. **B. L.**

Mur-rideau. Tour Roussel-Hoechst, Paris-la Défense, 1967 (page de gauche).

Vue des serres chaudes du Muséum d'histoire naturelle, galerie de minéralogie, gravure du XIXe siècle (ci-dessus).

N

Natterer (Julius)

Haggn, Bavière, Allemagne, 1938.

Après des études d'ingénieur à l'université technique de Munich, Julius Natterer est nommé en 1978 professeur à la chaire de construction en bois de l'École polytechnique fédérale de Lausanne. Il fonde des cabinets d'études en Allemagne (Munich, 1970 et 1980), en Suisse (Étoy, 1983) et en France (dans les Landes, 1987) ; en 1993 il crée le Centre international d'études sur les constructions en bois, à Wiesenfeld, en Bavière.

Natterer est l'un des principaux pionniers des techniques modernes de construction en bois. Les nouvelles possibilités offertes par le collage, en combinaison avec les systèmes de construction, les formes et les techniques d'assemblage les plus diverses, ainsi qu'avec d'autres matériaux et structures, font l'objet de recherches systématiques de sa part, ainsi que de nombreux essais pratiques. Il s'attache principalement à simplifier le montage par le recours à des composants standard préfabriqués.

Les évolutions qu'il a sucitées vont contribuer considérablement à une nouvelle utilisation du bois dans les constructions modernes – parallèlement à l'acier et au béton –, et très souvent même à l'amélioration de l'exploitation des propriétés mécaniques du matériau.

Depuis le milieu des années soixante-dix, Natterer participe en tant qu'ingénieur structures à la construction d'un grand nombre de bâtiments d'habitation, édifices publics, halles et ponts. Parmi ses réalisations les plus spectaculaires, citons notamment l'usine de recyclage de Vienne (L. M. Lang, architecte, 1981), édifice circulaire de 170 m de diamètre coiffant un volume de 580 000 m³. 48 poutres radiales suspendues en bois, chacune de 101 m de long, relient une tour centrale en béton armé à des appuis en béton situés sur le pourtour extérieur. Ces poutres radiales sont complétées par 11 pannes annulaires concentriques formant un réseau complet. Sous l'effet de son seul poids, cette toiture se trouve en régime de pure traction, mais les éventuelles charges non uniformément réparties (neige, vent) génèrent des contraintes de flexion. La toiture, considérée globalement, forme donc une coque à membrures suspendue. **R. G.**

Nature

Les constructions immobiles du génie civil ne représentent qu'une branche marginale de l'arbre de la culture technologique, et leur auteur se situerait plutôt en marge de la famille des ingénieurs. Car tout de même plus bâtisseur que machiniste, il ne s'est jamais tellement éloigné de son art nourricier, l'architecture, et il reste toujours atteint par le virus de l'esthétique. Du fait même de cette particularité, l'étude de la science plus récente de la construction exige – *sub specie naturae* – un regard en arrière sur la vaste famille des ingénieurs d'avant les grands partages historiques.

Une fois franchi le cap de l'anonymat préhistorique, l'Antiquité connut déjà certaines

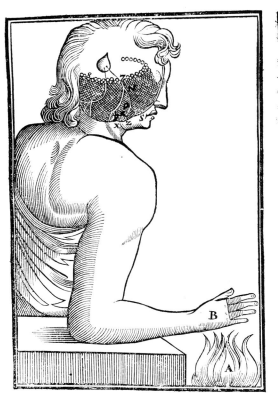

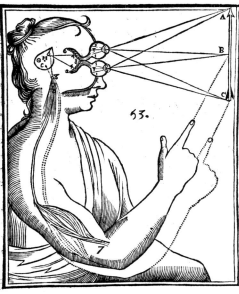

Nature. René Descartes, *De Homino*, principe des mouvements involontaires (à gauche) ; principe de la vision (à droite).

intelligences spécifiques qui purent passer pour les inventeurs d'une profession technique : le divin Héphaïstos, le mythique Dédale, des constructeurs historiques comme Archytas (vers 400 av. J.-C.), Ctésibios et Philon (vers 300 av. J.-C.). Avec Archimède (vers 250 av. J.-C.) apparut le premier technologue des « sciences appliquées », avec Héron (vers 100 av. J.-C.) le premier joueur obsessionnel ; en Filippo Brunelleschi, Francesco di Giorgio et Léonard de Vinci, nous voyons les derniers généralistes. Le traité de Taccola des techniques de la Renaissance se divisait vers 1450 en deux livres : *De machinis* et *De ingeneis*. Devenues trop larges pour le constructeur universel, les voies du machiniste et celles du bâtisseur se séparaient une première fois ; au XVIIIᵉ siècle, le génie civil devait ensuite s'allier aux sciences exactes, abandonnant aux architectes les traditions du « bâtir ».

Les philosophes antiques (et, de nouveau, nos contemporains) recommandaient à l'ingénieur de prendre la Nature comme source d'inspiration et d'imitation (la thèse platonicienne de la contrefaçon fut transmise aux bâtisseurs par Vitruve). Les théories de l'innovation se disputent depuis sur des questions d'imitation et de création nouvelle, sur la prétendue proximité à la Nature ou sur l'éloignement des artefacts vis-à-vis de cette même Nature. Pourtant, l'*Homo technicus* a toujours opéré selon la règle qui consiste à « maîtriser la Nature en se soumettant à ses lois » (Francis Bacon). Ce n'est qu'avec son exploitation scientifique et systématique depuis le XVIIᵉ siècle – avec l'application pratique des « lois de la Nature » – que l'ingénieur empirique s'est muté en ingénieur du calcul : les règles abstraites de la Nature sont devenues les instruments de sa transformation. Dorénavant, la chimie des matériaux et la physique de leur résistance intéresseront davantage le constructeur que l'aspect extérieur des paysages et des végétations, qui prenaient possession de ses œuvres. Légitimés par les principes fonctionnalistes du réalisme, l'économie et le rendement résumaient son credo, qu'il projette de conquérir l'espace ou d'explorer les tréfonds du corps humain ; d'ailleurs ses succès semblèrent lui donner raison : l'espérance de vie, le confort et la sécurité des pays industrialisés augmentaient, et avec eux l'espoir d'une plus grande *Liberté, Égalité, Fraternité*.

Il fallut attendre les dramatiques désillusions du XXᵉ siècle pour que le regard de l'ingénieur se porte sur les valeurs propres et la fragilité d'une Nature qui, jusqu'alors, lui était restée pleinement étrangère ; une deuxième *Aufklärung*, qui a déjà assigné de nouvelles priorités aux sciences, l'attend encore.

Les trois étapes du rapprochement

Anticipant sur ses conclusions, ce qui suit se divise en trois parties. Car si chaque science écrivait elle-même l'histoire de ses rencontres avec la Nature, une convergence se ferait jour entre plusieurs modèles comparables de ses phases successives. En quelques mots, celles-ci passent, en philosophie : de l'animisme au déterminisme, puis à l'évolutionnisme ; en physique : d'un univers préstabilisé à l'équilibre dynamique, puis à l'entropie ; dans notre vision du monde : de l'idéalisme au positivisme, puis au fatalisme ; et enfin, en technique : de l'imitation de la Nature à sa transformation, puis à sa simulation.

Le premier rapprochement : imitation et assimilation

Le premier lien mythique à la Nature sera pour nous la pensée animiste de l'artisanat préhistorique et les attributs totémistiques de ses artefacts. À plus grande distance des divinités de la Nature, Aristote suggéra pourtant une représentation de la Nature par des catégories technomorphes, là où la technique opte plutôt pour le biomorphe : *techne* assimile *physis*. Que la roue et la scie, la charrue et l'épée, le cadran solaire et la pompe hydraulique n'admettent pas d'équivalent naturel ne s'oppose en rien à l'idée d'imitation : les modèles de préstabilisation de Platon n'appartenaient-ils pas à un monde d'idées célestes bien au-dessus de l'incomplétude de la Nature terrestre ?

La référence à la Nature de l'édifice antique n'était donc pas constructiviste, mais métaphorique : narrative dans les colonnes et chapiteaux végétaux, philosophiquement mathématisée dans les proportions. Anthropomorphisme et cosmogonie s'unissaient en une géométrie symbolique, et non en un constructivisme pratique (ce qui vaut également pour le chef-d'œuvre technique de l'Antiquité, le Panthéon d'Hadrien). Les bâtisseurs gothiques ne renvoyaient pas plus à des exemples concrets ; c'est l'imagination de quelques historiens du XVIIIᵉ siècle qui a inventé la métaphore, aujourd'hui en vogue, de la croissance de la cathédrale, laquelle apparaissait alors pour la première fois dans une perspective constructiviste.

Plus nous nous rapprochons du présent, plus les analogies imagées avec la Nature deviennent nombreuses (leur succès correspondant visiblement aux vagues successives de l'engouement d'une époque pour la Nature). Pour n'en citer que quelques-unes : le surréalisme de l'« architecture parlante » de Jean-Jacques Lequeu, les ponts végétaux de Georg Friedrich Laves, les sculptures musculaires de Rudolf Steiner et Henry Van de Velde, les végétations luxuriantes d'Antoni Gaudí et Victor Horta, les champignons de Frank Lloyd Wright, les ailes d'Eero Saarinen♦, les couvertures nuageuses de Jørn Utzon, les peaux de poisson de Frank Gehry et les sauriens patauds de Santiago Calatrava♦.

Si les architectes dominent finalement le champ de la métaphore, ils le doivent à une distinction fondamentale : biomorphisme mimétique, esthétique de l'imitation ou comparatisme bon marché ne peuvent être confondus avec la curiosité instrumentale de l'ingénieur, qui scrute la Nature non pour sa forme, mais pour ses méthodes et ses moyens.

Le deuxième rapprochement : abstraction et transformation

Que l'on choisisse de désigner le prérationaliste Roger Bacon ou le prétouristique Pétrarque comme premier rebelle anti-aristotélicien, il n'en reste pas moins que la Renaissance a porté sur la Nature un regard moins révérencieux et plus distancé.

L'homme quitta la « maison Nature » (Schiller) pour l'observer de l'extérieur. La Nature devint d'abord l'objet et le vis-à-vis de l'observation, puis de la dissection et des radioscopies. Les sciences naturelles ne devaient plus, dorénavant, se consacrer qu'à un monde qui se prête à la modélisation expérimentale et à la mise en équation. Par ses lois, la Nature se formulait elle-même, et la science était là pour en décoder le message ; le dieu créateur s'éloignait toujours plus d'un monde qui prenait de la transparence.

Les déterminations cartésiennes complétèrent finalement l'image de la Nature comme automate mécanique (dans lequel l'homme fonctionnait lui aussi selon un modèle).

Un tel opportunisme physique se révéla au plus haut point praticable : les opinions de Francis Bacon – « le savoir, c'est le pouvoir » et « les lois de la Nature forment les règles de la fabrication » – non seulement encouragèrent à la course en avant, mais apportèrent également

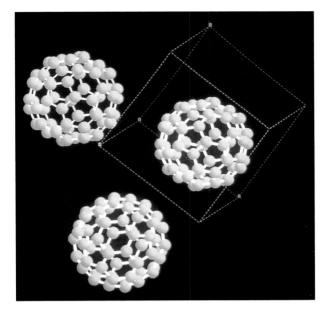

les premiers arguments humanitaires justificateurs d'une mécanisation à marche forcée : la misère provoquée par les rationalisations (dans les mines et les manufactures textiles du XVIIᵉ siècle) devait être atténuée par des biens, eux-mêmes rationalisés : première rencontre avec le dilemme selon lequel les désastres de la technicisation ne sauraient être réparés que par un surcroît de technique. Redevable à toutes les révolutions sociales, politiques ou d'opinion, dénominateur commun à toutes les idéologies, l'industrialisation formait un homme des temps nouveaux, un individu technophile confiant dans les vertus du Progrès.

Notre constructeur profita lui aussi de l'ouverture des frontières entre les sciences appliquées : depuis Galilée (« Il faut mesurer ce qui est mesurable, et rendre mesurable ce qui ne l'est pas »), même ses réalisations les plus communes étaient devenues plus prévisibles, c'est-à-dire plus assurées.

Légitimé par le commandement biblique de la domestication, et comme dopé par l'ordre de colonisation tous azimuts, il se lança dans la construction de routes et de ponts prédateurs d'espace, dans l'édification de digues et de centrales électriques, dans la mécanisation de l'agriculture, dans la densification des villes dans le sens de la hauteur et l'industrialisation de leurs espaces transitoires. On peut se dispenser du récit de son succès : l'histoire des mégatechniques est née d'un espoir de salut humanitaire et s'est terminée en paradigme tragique de la destruction involontaire. Nous contemplons derrière nous les deux cents dernières années des sciences naturelles appliquées, semblables à un champ de ruines abandonné à une productivité débridée. Ce qu'on a pris dans l'intérieur même de la Nature a servi aux dépens de son extérieur. Ce qui servait d'abord à la survie (la consommation des ressources minières, l'agriculture chimique, la production de masse, la dissuasion atomique) s'est retourné en risque suicidaire : la surpopulation, les catastrophes climatiques et le péril radioactif.

Le troisième rapprochement :
simulation et intégration

« Tout animal est plus ou moins homme, tout minéral plus ou moins plante, toute plante plus ou moins animal. » Diderot fut le premier à douter de la validité d'un modèle mécanique du monde qui échouait à expliquer les mécanismes du vivant.

Nature.
Molécules de carbone rappelant les dômes géodésiques
de Buckminster Fuller (en haut).
Antonio Gaudí, Sagrada Familia, Barcelone (en bas).

Accordant même à la matière une sensibilité générale, il anticipa sur une vision vitaliste et complexe de la Nature, qui ne devait s'imposer qu'à la suite des découvertes de la chimie, de la biologie et de la médecine.

Si le goût de Rousseau pour la vie à la campagne tenait encore principalement à une critique de la ville fortement marquée d'aversion pour la civilisation, l'attaque posthume de Goethe contre Newton, ce « violeur de la Nature », s'inscrivait dans le même mouvement d'ensemble contre la physique qu'entretenait déjà une « philosophie de la Nature » (de Hume à Kant et de Hegel à Bergson). La revendication de la physique à savoir constituer le seul mode de représentation dut céder devant la reconnaissance, par la science, de lois naturelles qu'elle avait sous-estimées jusque-là : Lavoisier et Mendeleïev les offrirent à la chimie, Linné et Mendel à la biologie, Haller à la physiologie, Lyell à la géologie. Promptes à rechercher des applications, les nouvelles sciences du vivant enregistrèrent aussi des succès humanitaires : en pharmacie et en santé publique (Pasteur), dans les engrais et les agents de conservation (Liebig).

Sous le titre programmatique de *Dialogue avec la Nature*, Ilya Prigogine (lui-même prix Nobel d'une physico-chimie du vivant) énonça de nouveau en 1980 les étapes décisives qui inaugurent la troisième tentative de rapprochement : renoncement aux modèles idéalistes et déterministes du monde ; dépassement de la physique gravitationnelle par la thermodynamique ; reconnaissance des processus irréversibles dans la finitude d'une entropie universelle ; intronisation du hasard créateur et des déséquilibres inhérents aux processus.

Posons de nouveau la question : les caractéristiques de cette représentation vitalisée du monde ont-elles eu des conséquences sur une technologie postindustrielle, pour notre bâtisseur de l'immobile en particulier ? C'est avec un retard considérable (et sous le choc de la récente angoisse de la catastrophe) qu'il semble avoir réellement pris conscience des nouvelles tendances à l'organique et au dynamique. Un traumatisme de la corrosion le poursuit depuis longtemps déjà. Nimbé de l'optimisme de la perfection technique, il en avait en effet oublié le temps (et son effet désastreux sur les édifices) ; il lui fallut reconnaître que l'acier et le béton dépérissent plus vite encore que les pierres des pyramides. Le nouveau constructeur, sorte de *kybernetes* des processus, Héron de la biophysico-chimie, Dédale de la synthèse de la matière, prendra en charge les matériaux et apprendra à en contrôler la mort et la résurrection, simulant ainsi le concept naturel du recyclage.

Les constructions
du désenchantement

Pour Sigmund Freud, trois « maladies » dramatiques, séquelles de sa soif de connaissance, affectent l'homme dans sa folie des grandeurs : le rejet copernicien hors du centre du monde, la déchéance darwiniste au rang d'animal, et la dépréciation freudienne du moi en ça. On pourrait également les rebaptiser en guise d'étapes d'une émancipation anti-autoritaire, sorte d'initiales à un rabaissement de soi-même face une Nature perçue comme évolutionniste.

Adaptation et survie ont toujours poussé l'homme à construire ; sa deuxième nature était artificielle et le restera. La nouveauté de ce siècle, c'est que l'efficacité jusqu'à présent régionale du projet technique et la responsabilité marginale de son auteur ont connu un mouvement d'extension qui en a fait les principes moraux absolus de la technique *in toto*. Et celle-ci a révélé pour la première fois son caractère suicidaire, par sa démesure autant que par les guerres ; la Nature nous a alarmés – par la vision d'arbres et de poissons moribonds – sur les effets secondaires de la voracité constructive. Toute technologie future sera donc tenue de se limiter à une part du rationnement. Déjà les angoisses de pénurie ont accéléré la course à l'électronisation et à la miniaturisation, à la diète de matériaux et d'énergie, au contrôle des naissances, au désarmement et à la décentralisation. Les discours de rigueur et les impératifs de rationnement transforment l'ancien programme de maximisation en son contraire : au lieu du grand, c'est l'invisible qu'il faut construire, au lieu de l'immobile, l'élastique, au lieu du durable, le transitoire.

De nouveau va se vérifier le paradoxe de Francis Bacon : les dommages infligés par la technique ne sont réparables que par une métatechnique ; notre prochain dialogue avec la Nature devra donc avoir un caractère supraconstructiviste. Il suffisait d'une fleur bleue au romantique, d'une promenade en forêt au naturaliste utopique pour se réconcilier avec les monstruosités de l'industrialisation ; mais nous, terrorisés par la démesure, savons en revanche qu'on ne peut tirer de conséquence qualitative que par un repli quantitatif.

Comme si se manifestait en elle la mauvaise conscience de la corporation des ingénieurs, la phase ultime du gigantisme a vu apparaître la bionique, sorte de réflexion conjointe entre biologistes et techniciens. Si le terme ne remonte qu'à 1957, la démarche existait en réalité depuis plus longtemps. Son but : tirer des enseignements des schémas constructifs de la Nature. Un peu héritière de la mission d'imitation (analogique plutôt que figurative), un peu soumise encore au ratio des sciences naturelles appliquées (analysante, abstractrice, mathématisante, transformatrice), déjà un peu utopie concrète d'un futur moins violent (apesanteur, minimalisme, écologie), elle a incarné les prémisses de la mutation constructive.

Les « régimes d'amaigrissement » s'étaient déjà traduits par le squelette verre et acier et par les matériaux synthétiques du modernisme : mais aujourd'hui – face aux impératifs écologiques et énergétiques –, une nouvelle génération d'ingénieurs commence à se tourner vers la microstructure de leur objet. Le staticien du gros œuvre se fait énergéticien des aménagements, l'ingénieur du matériel se convertit en technologue d'ambiance.

On continuera bien sûr à construire des salles, des tours et des ponts, mais tout geste constructiviste prend aujourd'hui déjà des allures d'épigone.

Dès lors que les macrostructures sont toutes devenues calculables et constructibles, l'innovation se porte sur les microprocessus, les rendements climatiques et physiologiques, les effets photoniques, sonores, olfactifs et tactiles. La construction « organique », autrefois métaphore fonctionnaliste ou allégorique, devient pour la première fois réalité : dans l'activité respiratoire de la façade intelligente, dans le recours à des matériaux recyclables, dans les techniques de régénération et d'autarcie urbaine. Une révolution biochimique de l'art de bâtir s'annonce ; dans les plantations de la synthèse moléculaire, des végétaux inconnus attendent leur utilisation future. On a déjà baptisé « fullerènes » des micro-édifices moléculaires qui ressemblent aux coupoles géodésiques de Richard Buckminster Fuller♦. L'esprit d'invention s'est donné un nouveau stratagème : la Nature imite ses constructions !

Ce que Paul Klee recommandait tant à l'artiste – « Ne pas créer *d'après* la Nature, mais *comme* la Nature » –, les généticiens et autres nanotechniciens en sont aujourd'hui capables. La relation entre forme et matière pourrait bien changer de sens : la construction s'émancipe du diktat de la matière, et toute forme verra son matériau progresser à sa rencontre. Les questions de l'authenticité de l'« autre » Nature ne se posent plus : après des époques d'imitation et de transformation, voici venue l'ère de sa simulation. **G. A.**

VOIR AUSSI **Biomécanique** ; **Morphologie structurale** ; **Structure** ; **Technologie et paysage au Japon** ; **Utopie**.

Navier (Henri)

Dijon, Côte-d'Or, France, 1780 – Paris, 1836.

Ingénieur des Ponts et Chaussées, Henri Navier fait partie de ces figures situées à l'articulation du monde des sciences et de celui des techniques. D'un point de vue scientifique, il compte parmi les pionniers de la théorie mathématique de l'élasticité et de l'hydraulique. Professeur à l'École des ponts et chaussées puis à l'École polytechnique, il renouvelle profondément l'enseignement de la mécanique dispensé aux ingénieurs. Son intérêt pour les applications des théories scientifiques dont il traite trouve son expression la plus frappante dans ses cours, dans le premier volume de son *Résumé des leçons données à l'École des ponts et chaussées sur l'application de la mécanique* de 1826 en particulier, où il est l'un des premiers à traiter rigoureusement de problèmes comme la flexion des poutres ou le calcul des structures hyperstatiques.

Quoique assombrie par la ruine, survenue en 1826, de son projet de pont suspendu monumental en face des Invalides à Paris, la carrière d'ingénieur de Navier se révèle tout aussi remarquable. Auteur de plusieurs ponts aux environs de Paris, il joue un rôle décisif dans les débats routiers et ferroviaires des premières années de la monarchie de Juillet, qu'il s'agisse de problèmes purement techniques ou de questions tarifaires. Membre de l'Académie des sciences en 1824, il incarne plus que tout autre les nouvelles relations qui commencent à se tisser entre sciences et techniques à l'aube de l'ère industrielle. **A. P.**

Nervi (Pier Luigi)

Sondrio, Lombardie, Italie, 1891 – Rome, 1979.

Ingénieur, architecte, constructeur, Pier Luigi Nervi naît le 21 juin 1891 d'Antonio et Luisa Bartoli. Vers les années 1910, sa famille s'installe à Bologne, où le jeune Nervi entre à la faculté d'ingénierie et y obtient, le 28 juin 1913, le diplôme de génie civil. La même année, il intègre le bureau technique de la Società per Costruzioni Cementizie di Bologna, l'une des plus reconnues en Italie dans le domaine du béton armé. À l'exception des années de guerre (1915-1918) durant lesquelles il sera mobilisé comme officier dans le II⁰ régiment du Génie, il y travaillera jusqu'en 1923, d'abord à Bologne, puis, après la guerre, au siège de Florence où il est appelé en qualité de projeteur et directeur de travaux.

Après avoir achevé ce long cycle d'apprentissage hautement formateur, Nervi s'établit à Rome et se consacre entièrement à l'exercice de sa profession. Il fonde sa société qui, pendant cinquante ans, sera à la fois un bureau de projets et une entreprise de construction (1923-1932 : Soc. Ingegneri Nervi e Nebbiosi ; 1932-1978 : Soc. Ingegneri Nervi e Bartoli ; à partir de 1955, ses fils Antonio, Mario et Vittorio entrent comme associés dans la société). De 1946 à 1962, Nervi est professeur de technique des constructions et de technologie des matériaux à la faculté d'architecture de l'université de Rome.

L'œuvre de Nervi s'inscrit, à la suite des recherches sur les structures d'Eugène Freyssinet◆ et de Robert Maillart◆, dans le sillage de la grande tradition des ingénieurs, née avec la découverte de nouveaux matériaux.

Dès le début des années vingt, Nervi se consacre en effet à l'étude du béton armé et à la mise au point de nouveaux procédés de construction, en particulier dans le domaine de la préfabrication des structures. Il fait l'essai d'un nouveau type de béton, auquel il donne le nom de *ferro-cemento* (ferrociment) et le met en œuvre dans plusieurs de ses réalisations. C'est un matériau mince, souple, élastique et très résistant, composé de plusieurs couches de fine maille d'acier (fils de fer doux de 0,5 à 1,5 mm de diamètre, espacés de 1 mm) saupoudrées de mortier de ciment. Entre les couches alternées de mortier et de grille d'acier, des barres de renfort sont fréquemment introduites, ce qui permet d'obtenir un matériau encore plus résistant. Les avantages du ferrociment sont nombreux : il permet de supporter des efforts considérables et s'emploie en plaques et semelles extrêmement fines ; en outre, le mortier de ciment peut être appliqué directement sur l'armature métallique préformée, ce qui

représente une économie importante dans les coûts généraux.

Cependant, outre le caractère novateur des réponses apportées aux problèmes de structure, les concepts théoriques sur lesquels son œuvre s'est toujours fondée sont d'un grand intérêt. Nervi les a développés dans ses ouvrages *Scienza o arte del costruire ?* (1945) et *Costruire correttamente* (1955). Dans ces écrits, il récuse toute opposition entre science et art, pour souligner au contraire la parfaite identité des processus de création artistique et d'invention des structures. L'intuition de la forme et sa matérialité ne constituent pas pour lui des moments distincts, relevant d'une conception dualiste conflictuelle, mais bien des moments – en relation constante – d'un processus créatif qui se résout dans la synthèse architecturale. Sur le plan technique, la structure la plus réussie ne résulte donc pas du calcul mathématique mais d'une intuition de la forme, conjuguée à la « sensibilité statique » du concepteur, et qui sera affinée ultérieurement en laboratoire par des essais sur maquette.

L'œuvre qui, la première, révèle au grand public les qualités d'élégance et d'invention de Nervi est le stade Giovanni Berta (qui devient ensuite stade municipal), réalisé à Florence entre 1930 et 1932. Reproduit dans toutes les revues d'architecture d'avant-garde de l'époque, ce stade est l'un des exemples les plus réussis de l'architecture moderne italienne, non seulement pour la qualité des solutions techniques adoptées (la structure des tribunes centrales, les tribunes de liaison en quart de cercle qui terminent la ligne droite des 200 m, et les escaliers d'accès hélicoïdaux), mais encore pour l'emploi original du béton brut dont Nervi exalte ici la puissance d'expression.

Dans ses projets postérieurs de hangars d'aviation – deux de structure géodésique à Orvieto◆ (1935-1936) et six constitués d'éléments préfabriqués à Orvieto, Orbetello et Torre del Lago (1939-1941) –, Nervi résout le problème de l'allègement des structures avec des résultats exceptionnels sur les plans technique et esthétique. Dans les années 1942-1948, il se consacre avec passion à l'étude de l'emploi du ferrociment dans la construction navale (ketch de croisière *Nennele*, 1948).

La couverture d'espaces de grande portée est un thème récurrent dans presque toute son œuvre. Nervi s'y confronte en partant des schémas fondamentaux de l'architecture classique, le hangar et la coupole, soit une représentation en perspective horizontale et une autre en perspective centrale. Le salon B du palais des Expositions de Turin♦ (1947-1949) et le petit palais des Sports de Rome♦ (avec Annibale Vitellozzi, 1956-1957) comptent parmi les exemples les plus significatifs de cette recherche. Même si, comme le note Giulio Carlo Argan, le salon est couvert par une immense voûte ondulée tandis que la coupole du petit palais tend « à s'aplatir et à s'amincir jusqu'au point de rupture ».

Le stade Flaminio (avec Antonio Nervi, 1957-1959), le viaduc Corso Francia (avec Antonio Nervi, 1957-1959) et le palais des Sports (avec Mario Piacentini) sont les autres infrastructures que Nervi réalise à Rome pour les XVIIᵉ Jeux olympiques. Dans ces mêmes années, il met au point les études de structure du palais de l'Unesco (avec Marcel Breuer et Bernard Zehrfuss, 1953-1958) et du gratte-ciel Pirelli (avec Gio Ponti et d'autres, 1955-1959). Dans ces deux réalisations, bien qu'il se soit adapté à chaque fois aux choix formels des architectes, ses associés, on reconnaît sa griffe dans l'incomparable clarté des structures.

Le palais du Travail de l'exposition internationale de Turin (avec Antonio Nervi, 1960-1961) est sans doute l'œuvre de Nervi à la fois la plus célèbre et la plus discutée des années soixante. Non seulement pour sa gigantesque structure, composée de 16 énormes piliers en béton armé,

chacun surmonté d'une plaque de couverture « en champignon » à éléments métalliques, mais également pour la monumentalité très marquée de l'espace intérieur, considérée par bien des critiques comme l'expression de la rhétorique officielle.

Le succès professionnel de Nervi est, dans ces années-là, à son apogée, comme en témoignent les nombreux projets qu'il réalise à l'étranger. Parmi les plus connus, la gare d'autobus à l'une des extrémités du pont George♦ Washington à New York (1960-1962), la cathédrale Saint Mary à San Francisco (avec Pietro Belluschi, 1966-1971) et le Bureau international du travail à Genève (avec Eugène Beaudouin et A. Camenzid, 1966-1978). Dans les années 1966-1971, à la demande du pape Paul VI, Nervi construit, sur un vaste terrain au sud de la basilique vaticane, la salle des audiences pontificales ; ce sera la dernière de ses grandes œuvres. **M. T.**

Neuilly (pont de)

Neuilly, auj. dans les Hauts-de-Seine, France, 1774.

Situé dans le prolongement de l'axe des Champs-Élysées, le pont de Neuilly, l'une des réalisations les plus remarquables de Jean-Rodolphe Perronet♦, sera celle qui le fait connaître en dehors du cercle des spécialistes.

Son décintrement, le 22 septembre 1772, s'opère en présence du roi et donne lieu à de grandes réjouissances.

Bâti avec la collaboration des ingénieurs Antoine Chézy et Pierre-Antoine Demoustier, l'ouvrage franchit la Seine par 5 arches égales, de 39 m d'ouverture, surbaissées au quart. Comme pour la plupart des ponts du XVIIIᵉ siècle, les arches prennent la forme d'« anses de panier » obtenues par raccordement de 11 arcs de cercle de rayon différent, ce qui leur donne un tracé sensiblement elliptique.

D'une grande sobriété de lignes, le pont de Neuilly constitue une bonne illustration de l'audace constructive dont fait preuve Perronet. Tandis que l'on donnait généralement aux piles une épaisseur comprise entre le quart et le sixième de l'ouverture, cette proportion est fixée à moins d'un neuvième à Neuilly. Cette extrême minceur provoque de nombreuses polémiques pendant la construction de l'ouvrage, et elle implique le décintrement simultané de toutes les arches afin que les piles ne soient pas déséquilibrées. La cérémonie à laquelle donne lieu l'opération s'explique aussi par sa réelle difficulté technique. Celle-ci trouve sa contrepartie dans l'attention portée par Perronet aux différentes phases du chantier. Le pont restera en service jusqu'à la fin des années trente, où il sera remplacé par l'un des premiers ouvrages métalliques français à être entièrement soudés. **A. P.**

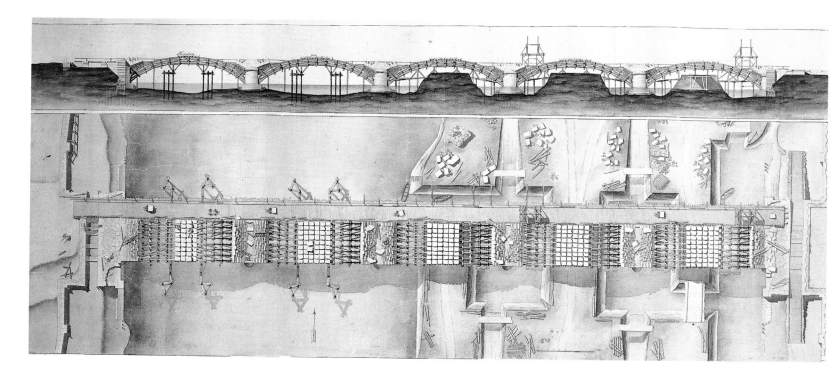

Pont de Neuilly, plan et profil des cintres.

Neville (Alfred Henry)

? – Turin, Piémont, Italie, 1861.

Ingénieur et entrepreneur, Alfred Henry Neville dépose plusieurs brevets pour un pont à fermes en fonte et fer forgé constitué de triangles isocèles, généralement à quatre membrures parallèles. Ce type de construction est devenu réalisable avec les progrès obtenus en matière de faisabilité et de fiabilité du fer, ce qui a permis la production d'assemblages présentant une rigidité suffisante. Le pont de Neville est fort intéressant en tant que l'un des premiers systèmes de pont en fer, qui servira de base aux systèmes brevetés en 1848 par James Warren (1802-1870).

La vie de Neville reste par ailleurs un mystère ; ce que l'on en sait a été rapporté par l'historien John G. James. Neville était britannique et construisit au moins cinq ponts : en France, en Belgique, en Autriche, en Angleterre et en Italie. Il est presque certain qu'il a mis au point son système en 1837, en Italie, et a ensuite déposé des brevets en France et en Angleterre. Il a remporté une médaille d'or à l'Exposition de Paris en 1844.

Les essais réalisés sur les ponts de Neville dans plusieurs pays, parmi lesquels la France, la Belgique et l'Autriche, ont constitué une étape importante de l'histoire des ponts en fer. Pourtant, dans les années 1850, à en croire James, le « système de Neville était franchement démodé », à la fois à cause de ses matériaux et de ses détails d'assemblage. **G. K. D.**

New Orleans Superdome

La Nouvelle-Orléans, Louisiane, États-Unis, 1975.

Le Superdome – Curtis & Davis, architectes et ingénieurs – détient le record mondial du plus grand volume intérieur pour une construction en acier. Achevé dix ans après le Harris County Covered Stadium (l'Astrodome) de Houston, il a été explicitement conçu pour rivaliser avec son voisin de l'Ouest. Les supporters de La Nouvelle-Orléans se plaisent à dire que leur Superdome, avec sa surface au sol d'environ 5 ha et sa coupole de 210 m de diamètre, pourrait abriter l'Astrodome de Houston tout entier. Le toit du Superdome a la même configuration que celui de l'Astrodome : c'est un treillis formé par des triangles qui s'entrecroisent en rayonnant à partir d'un anneau central – ce type de structure pour salles de sports avait déjà été utilisé par

Superdome de La Nouvelle-Orléans (en haut).

Pont de Neuilly, coupe, plan, élévation (en bas).

Pier Luigi Nervi♦ pour son petit palais des Sports de Rome♦, en béton armé, de 1957. Si la plupart des superstades sont en partie enterrés pour diminuer leur hauteur, cette solution s'est révélée impraticable à La Nouvelle-Orléans, à cause de son niveau hydrostatique particulier ; c'est pourquoi le point culminant du Superdome atteint une hauteur équivalente à 27 étages. Malgré ces dimensions gigantesques, l'esthétique de l'ouvrage et son intégration dans le site n'ont pas été négligées ; son pourtour extérieur est ceint par un talus surélevé et l'ensemble du bâtiment est recouvert d'une enveloppe en aluminium anodisé. Les contraintes imposées par le site et la quantité considérable d'acier utilisé ont porté la facture définitive du Superdome à environ 175 millions de dollars ; les toits de la plupart des superstades américains construits depuis ont été fabriqués en textile renforcé de différentes sortes, matériau beaucoup plus économique. **S. W. K.**

New River Gorge (pont de)

Virginie-Occidentale, États-Unis, 1977.

Dans le projet de franchissement des gorges de New River par l'autoroute des Appalaches, le défi était double : il fallait concevoir un pont sur lequel le trafic s'effectuerait à 267 m au-dessus de la vallée, et organiser un chantier dans un relief accidenté, au cœur d'un parc naturel.

Les premières études, remontant à 1967, conduisent à plusieurs solutions, dont celle d'un pont suspendu de 730 m de portée. La proposition d'un pont en arc, en acier Corten, est finalement adoptée. Le bureau d'ingénieurs Michael Baker, principal concepteur, désigne Clarence V. Knudsen comme ingénieur en chef. L'ouvrage, comprenant une portée centrale de 518 m, sur une longueur totale de 924 m, constituerait un record mondial, jusqu'alors détenu par le pont de Bayonne♦, avec 495 m.

Dès 1974, la première phase du chantier consiste à ériger un dispositif de circulation aérienne des pièces métalliques préfabriquées au-dessus de la rivière : 4 câbles sont tendus par hélicoptère entre 2 doubles tours hautes de 100 m. La deuxième phase voit s'élever sur les deux rives les piles métalliques reposant sur des plots en béton, destinées à supporter le tablier en treillis. En juillet 1975, on entreprend le montage de l'arc principal en suspendant progressivement en porte-à-faux, aux éléments du tablier déjà en place, les deux parties de l'arc en treillis ; les palées sont ensuite assemblées sur

Pont de New River Gorge, détail de structure (en haut) ; vue générale (en bas).

l'extrados de l'arc pour recevoir la partie centrale du tablier. L'ouverture à la circulation a lieu en octobre 1977. **R. R.**

Newby (Frank)

Barnsley, Yorkshire, Grande-Bretagne, 1926.

Frank Newby suit des études d'ingénieur à l'université de Cambridge de 1944 à 1947. Il rejoint en 1949 l'éminent ingénieur Felix Samuely◆, spécialiste des structures, avec lequel il travaillera sur de nombreux projets novateurs de l'après-guerre, notamment des structures en acier soudé et en béton précontraint préfabriqué.

Newby assimile ainsi, de 1949 à 1959, plusieurs concepts structurels qu'il mettra ensuite en œuvre dans toute sa carrière professionnelle. L'obélisque Skylon◆, réalisé pour le festival de Grande-Bretagne en 1951, lui donne l'occasion de travailler sur les réseaux de câbles précontendus. Pour les deux pavillons britanniques de l'Exposition de Bruxelles, en 1958, Samuely et Newby poursuivent le développement des réseaux de haubans précontraints et de systèmes à enveloppes tendues et à panneaux pliés. Ces deux projets seront précurseurs de la Snowdon◆ Aviary, volière du zoo de Londres, que Newby conçoit en collaboration avec Cedric Price et Lord Snowdon.

Plusieurs concepts exposés par Samuely dans une conférence qu'il donne en 1952 (dont le texte est rédigé en collaboration avec Newby) constitueront la base des théories structurelles de Newby. Le concept de poutre « en étoile » à portée multidirectionnelle trouve ainsi en 1973 une superbe application dans la Clifton Cathedral de Bristol; et ses projets feront désormais appel à une visualisation des structures spatiale plutôt que plane, alliée à la recherche de configurations occupant un volume minimal.

Une bourse lui permet en 1952 d'étudier les méthodes de construction en vigueur aux États-Unis, où il travaille comme conseiller et collaborateur auprès de plusieurs architectes et ingénieurs de renom : Charles Eames, avec qui il réalise un film sur la nature des ordinateurs ; Richard Buckminster Fuller◆ pour les systèmes autotendants ; Eero Saarinen◆, avec qui il met au point un concept de construction ; Fred N. Severud◆ pour la conception des structures ; et Konrad Wachsmann◆ pour l'assemblage des matériaux.

Revenu chez Samuely, Newby devient en 1956 son associé, puis, à sa mort en 1959, partenaire principal de l'entreprise. De 1959 à 1961, il développe sa propre philosophie de la conception, continuant à approfondir ses connaissances sur les thèmes structurels de l'acier précontraint, des panneaux pliés, et des poutres en étoile. Son intérêt pour les nouveaux matériaux et systèmes structurels le conduit alors à mener des études et à rédiger des rapports sur les structures gonflables, ainsi qu'à construire des systèmes en réseau prétendu d'un haut degré de complexité (comme pour la volière du zoo de Londres). Sa recherche de pureté des structures minimales évolue d'autant plus que Newby estime nécessaire une collaboration entre architecte et ingénieur pour donner à la structure toute sa place. La réserve qu'il manifeste dès lors vis-à-vis des structures trop apparentes va déboucher sur une collaboration fructueuse avec plusieurs architectes d'importance : Cedric Price, Eero Saarinen, James Stirling, Colin St. John Wilson, Yorke, Rosenberg & Mardall, notamment.

Pour encourager cette collaboration, il tient des conférences et écrit des ouvrages ; il a un rôle actif au sein de l'Architectural Association de Londres, ainsi que dans d'autres écoles d'architecture. Il obtiendra en 1979 le titre de membre honoraire du Royal Institute of British Architects.

Mettant à profit son expérience des déformations des bâtiments et ses études sur l'histoire des techniques de génie civil et des structures, Newby a élaboré un concept structurel qu'il a baptisé « les routes de la rigidité ». L'Institution of Structural Engineers lui a décerné sa médaille d'or en 1985. **P. McC.**

Niagara (pont sur le)

État de New York, États-Unis, 1855.

Conçu et construit par John Augustus Roebling◆ entre 1851 et 1855, cet ouvrage est le seul pont suspendu jamais construit pour porter une voie ferrée principale ; il franchit les gorges du Niagara à quelque 3 km en aval des chutes, pour relier les réseaux des États-Unis et

Pont sur le Niagara, vue de la construction.

du Canada. La largeur des gorges – 245 m au sommet – et leur profondeur – près de 76 m – exigent un pont d'une seule volée de 260 m, totalement autoporteur pendant la construction. À une époque bien antérieure à l'existence des profilés métalliques structuraux, un pont suspendu est la seule option possible.

Au moment de sa première proposition, en 1847, Roebling s'est déjà acquis une grande réputation de constructeur de ponts suspendus ; toutefois, le projet dépasse de loin tout ce qu'il a réalisé jusque-là. Il sait bien que le principal problème pour faire porter une voie ferrée par une structure intrinsèquement souple, comme l'est un pont suspendu, consiste

à empêcher le poids de la locomotive de provoquer une flèche locale excessive. Sa solution consiste à réaliser la structure suspendue sous forme d'une poutre-treillis raidisseuse, en bois et fer, de grande épaisseur (5,50 m) – ce qui permet de prévoir une chaussée routière séparée, sous le tablier ferroviaire. Des haubans rayonnant depuis le sommet des pylônes contribuent à la rigidité de l'ensemble.

Le tout est supporté par 4 câbles de 26 cm constitués chacun de 3 640 fils de fer posés sur place, portés par un couple de pylônes de pierre néo-égyptiens sur chaque rive. Le pont restera en service jusqu'à son remplacement, en 1896-1897, par l'arche d'acier actuelle. **R. M. V.**

Nijni-Novgorod (rotonde de l'exposition panrusse à)

Nijni-Novgorod, Russie, 1896.

Cette rotonde fait partie des 4 halles d'exposition que Vladimir Choukhov♦ a recouvertes avec ses nouvelles toitures suspendues, conçues pour la première fois en voiles autoporteurs.

La couverture de la rotonde (68,30 m de diamètre, 15 m de hauteur) se compose de 2 structures de toit suspendues. Entre un anneau rigide porté par 16 piliers et un anneau similaire de compression, situé sur le mur extérieur, est tendu un réseau constitué de 640 fers plats rivetés les uns aux autres (51 × 5 mm, portée du treillis 21,50 m). Ce réseau suspendu est recouvert de tôles métalliques traversées d'ouvertures de fenêtres de formes hexagonales et carrées. À l'anneau intérieur de 25 m de diamètre est suspendue une membrane en tôle rivetée de la forme d'une calotte plate (hauteur sous faîte 1,50 m) – encore une structure de toit tout à fait inédite. Les eaux de pluie sont évacuées par deux conduits placés sous la surface de la tôle. La contrainte de traction imposée à l'anneau porteur par le treillis extérieur suspendu est en partie absorbée par la membrane en tôle suspendue à l'intérieur.

Alors que, pour le toit suspendu en treillis, les fers plats sont mis en place manuellement les uns après les autres avant d'être rivetés, le montage de la couverture en tôle nécessite un coffrage en bois. Sa construction a pu être inspirée par les réservoirs à planchers suspendus qui équipent les châteaux d'eau, dans lesquels les fonds sont des coques en tôle mises sous traction. Le fond du réservoir est alors fabriqué dans une tôle d'au moins 8 mm d'épaisseur, afin de résister à des contraintes de traction intenses. La calotte légère imaginée par Choukhov est fabriquée en tôle de 1,5 mm seulement, et doit, avec la poussée du vent, assurer un effet de portance analogue à celui d'une coupole, autrement dit supporter des contraintes de compression. On ne sait pas encore avec précision comment Choukhov a réussi à éviter un gondolement de la surface sans installer de renfort supplémentaire.

Il faudra attendre 1937 pour qu'une toiture suspendue comparable soit construite – par Bernard Laffaille♦ – sous la forme d'un cône plat en tôle (portée 30 m, épaisseur de tôle 2 mm). Sa résistance au vent est due à la charge appliquée par une lanterne centrale. **R. G.**

Pont sur le Niagara, vue générale (en haut) ; l'entrée du pont (en bas).

Rotonde de l'exposition panrusse à Nijni-Novgorod.

Nîmes (couverture des arènes de)

Nîmes, Gard, France, 1988.

Due aux architectes Finn Geipel et Nicolas Michelin (LABFAC), et aux ingénieurs Schlaich♦, Bergermann & Partner avec Werner Sobek, la couverture des arènes de Nîmes a été prévue pour permettre l'organisation de diverses manifestations en dehors de la belle saison.

Le projet place concepteurs et constructeurs devant une tâche extrêmement difficile et périlleuse. Les règlements concernant les monuments historiques n'autorisent en effet qu'une couverture provisoire, installée à l'automne et retirée au printemps. Cette couverture ne doit pas être visible de l'extérieur, et aucune intervention n'est permise sur le monument antique lui-même.

S'ajoutent à cela les exigences du maître d'ouvrage : un éclairage naturel suffisant dans l'espace intérieur, l'intégration visuelle des gradins, l'absence de tout pilier sur une surface au sol de forme elliptique de 60 × 90 m, et enfin la possibilité d'installer un chauffage.

La structure porteuse se compose d'un anneau elliptique en acier auquel est suspendu un coussin en membrane. L'anneau en acier, d'une longueur d'environ 250 m, est stabilisé par la compression exercée sur lui par la membrane, laquelle est sollicitée exclusivement en traction. L'anneau et le coussin forment un système fermé qui repose sur 30 montants en acier étroits, hauts de 10 m et montés sur des appuis articulés.

La membrane supérieure du coussin est constituée d'un tissu en polyester enduit de PVC. Elle couvre une surface de 60 × 90 m et mesure seulement 1 mm d'épaisseur. Sa flèche est de 8,20 m. La membrane inférieure se compose, quant à elle, d'un tissu un peu plus léger. Elle est également renforcée par un réseau de câbles, auxquels peuvent ensuite être suspendus les divers accessoires et équipements scénographiques nécessaires à la manifestation organisée dans l'arène.

Entre l'anneau d'acier et la construction qui enserre les gradins s'étend, sur 7 m, une façade inclinée composée d'environ 430 poutres-caissons creuses en polycarbonate transparent. Les éléments de la façade présentent une section rhombique. Ainsi, une rotation autour de l'axe longitudinal permet d'ouvrir la façade pour faciliter l'aération naturelle – exactement à la manière d'un store vénitien.

Lors du montage, les montants en acier se vissent dans des platines ancrées durablement dans l'arène. Des dispositifs hydrauliques placés au niveau des têtes des montants assurent le levage de l'anneau. Le coussin en membrane est monté avec les mêmes dispositifs de levage, à l'aide de poutres en console. L'édifice se monte ainsi de lui-même. **R. G.**

Nordling (Wilhelm)

Stuttgart, dans le Bade-Wurtemberg, Allemagne, 1821 – Paris, France, 1908.

Ingénieur, Wilhelm Nordling a participé à la conception et à la construction de plusieurs ponts à fermes de longue portée parmi les plus importants qui aient été édifiés au cours du XIXe siècle.

Il étudie en tant qu'auditeur externe à l'École polytechnique et à l'École des ponts et chaussées au début des années 1840. Après avoir travaillé sur de nombreuses lignes de chemins de fer en France, il devient, en 1863, ingénieur en chef des Chemins de fer d'Orléans. Dans les années 1860, il assure la conception – ou y contribue – d'au moins huit ponts, notamment le viaduc de Grandfey (1857-1862), construit par l'entreprise Schneider sur la Sarine à Fribourg, en Suisse. Nordling sera également chargé de la conception et de la réalisation de 4 viaducs sur la ligne Commentry-Gannat, exploitée par les Chemins de fer d'Orléans. Dans le cadre de ce projet, il charge Gustave Eiffel♦ de la construction des viaducs destinés à franchir la rivière Sioule et la vallée de Neuvial, en 1868 et 1869. Hormis la période comprise entre 1870 et 1879, au cours de laquelle il travaille en Autriche-Hongrie et occupe le poste de directeur des Chemins de fer autrichiens, Nordling réalise la plus grande partie de sa carrière en France. Nommé grand officier de la Légion d'honneur, il se voit accorder la citoyenneté française en 1870 par un décret de Napoléon III. Ses articles sur la conception des ponts ont été publiés dans les *Annales des Ponts et Chaussées*. **G. K. D.**

Normandie (pont de)

Estuaire de la Seine, entre Le Havre et Honfleur, France, 1995.

Dans son principe, le pont de Normandie n'apporte rien de nouveau par rapport au pont de Brotonne♦, dont il dérive. Toutefois, le fait de passer de 400 m (record mondial établi avec un ouvrage métallique par le viaduc de Saint-Nazaire en 1975) à 856 m a posé un certain nombre de problèmes qui ont fait l'objet d'autant d'innovations.

Le projet sera dressé par un groupe de bureaux d'études piloté par le SETRA (Service d'études techniques des routes et autoroutes) sous la direction de Michel Virlogeux♦, avec la participation de l'architecte Charles Lavigne, et le pont construit par un groupe d'entreprises constitué en GIE, piloté par Bouygues♦ et Campenon-Bernard♦. Pour limiter les risques, notamment financiers, la Chambre de commerce, la mission du pont de Normandie dirigée par Bertrand Deroubaix, le SETRA et le ministère des Transports décident de confier la responsabilité du projet à l'équipe de conception, qui le réexaminera en collaboration avec les entreprises de façon à en réduire

Pont de Normandie, détail des haubans (en haut, à gauche) ; levage d'un voussoir métallique (en bas, à gauche) ;
vues de la construction (à droite).

le coût, ce qui constitue autant de procédures inhabituelles.

L'ouvrage consiste en une structure unique de 2 140 m avec une travée centrale de 856 m. Le tablier – en béton tout au long des viaducs d'accès et sur 116 m en porte-à-faux dans la travée centrale, les 624 m restants étant en acier – est relié à des pylônes de 200 m de hauteur, en forme d'Y renversé, formant avec eux une sorte de portique. Ce tablier a été dessiné de manière à réduire la force des vents, qui peuvent atteindre 180 km/h, et à lui donner une grande résistance à la torsion. Il est supporté par deux fois 23 paires de haubans dont la longueur varie entre 100 m et 440 m ; constitués de 30 à 50 torons de 150 mm² de section, les haubans ont fait l'objet d'une étude aérodynamique poussée, car ils représentent 60 % de la surface au vent.

La première « pierre » a été posée le 22 mars 1988, et l'inauguration a eu lieu le 22 janvier 1995. Le pont de Normandie détient le record mondial des ponts à haubans. **B. M.**

Notre-Dame de Royan

Royan, Charente-Maritime, France, 1958.

L'édification de l'église Notre-Dame de Royan s'est déroulée dans le cadre général de la reconstruction de la ville, détruite lors de la Seconde Guerre mondiale. Privée de son ancienne église, anéantie par les bombardements, la municipalité charge en 1953 l'architecte Guillaume Gillet du projet de réédification du sanctuaire, que le nouveau plan d'urbanisme place au flanc de la colline du Foncillon.

En collaboration avec Bernard Laffaille♦, Gillet conçoit un projet que l'on peut décrire comme une composition monumentale réalisant la synthèse architecturale de deux structures élaborées par l'ingénieur, le « V Laffaille » et la couverture en « selle de cheval », structures que Laffaille emploiera par ailleurs dans deux autres projets d'églises : Notre-Dame-de-France à Bizerte (Jean Le Couteur, architecte) et Notre-Dame-de-la-Paix à Villeparisis (Maurice Novarina, architecte).

Le trumeau en V est un voile plissé de béton armé présentant une section en V qui lui confère une très grande résistance au flambement, pour un faible volume de matières employées. De même, la selle de cheval en voile mince de béton armé constitue une couverture autoportante extrêmement rigide en raison de sa double courbure inverse. Elle peut ainsi franchir de vastes portées, alors que le voile ne présente qu'une épaisseur de quelques centimètres, d'où son extrême légèreté.

Dès septembre 1954, la configuration générale de l'église est définitivement fixée. En juin 1955, sa mise en œuvre est confiée à l'entreprise Delau. Le parti architectural adopté est alors le suivant : les V monumentaux, qui ceinturent la nef en mandorle, soutiennent la selle de cheval suspendue à deux arcs paraboliques symétriques. Les V, coupés en sifflet à leur base au niveau de la crypte, accueillent le déambulatoire et une galerie haute qui jouent le rôle de raidisseurs de la structure plissée. À l'extrémité orientale de l'église, trois V émergent pour former le clocher. Leur configuration a fait l'objet d'une attention particulière des concepteurs, qui les ont modelés « afin de leur conférer le caractère monumental et sacré ».

Leur plastique n'a cependant rien de gratuit. Elle souligne au contraire leur dimension structurelle en exprimant le scénario des forces en jeu dans le voile de béton armé : deux nervures raidissent le nez des V sur toute leur hauteur, et leurs ailes se replient à l'extérieur de l'édifice

afin d'accroître leur résistance aux flambements secondaires et encadrer les hautes verrières qui, placées entre chaque trumeau, assurent la clôture du sanctuaire.

L'étude du projet est malheureusement marquée, le 24 juin 1955, par la disparition de Laffaille, au moment même où l'entreprise Delau remporte l'adjudication et que s'ouvre le chantier. Gillet sollicite donc la collaboration de l'ingénieur René Sarger◆, l'assistant de Laffaille. Le projet connaît par la suite ses ultimes évolutions : afin de mieux relier les volumes de la crypte et du déambulatoire à celui de la nef, les concepteurs les couvrent de bas-côtés obliques. Les V sont alors conçus comme des mâts autostables de 4,50 m de largeur, ne présentant qu'une épaisseur de 10 à 12 cm. Ils élèvent la voûte gauche jusqu'à 36 m du sol, tandis que le clocher culmine à 60 m de hauteur.

La selle de cheval suspendue, constituée d'un voile de 8 cm d'épaisseur, couvre d'une seule volée l'impressionnante nef, longue de 45 m et large de 22,50 m. Sa réalisation, particulièrement délicate, se déroule en mai 1958. Elle est effectuée par décintrement du voile mince en une seule opération, tandis que, simultanément, un tirant ancré aux deux points bas des rives est mis en tension.

La consécration de l'église a lieu deux mois plus tard, en juillet 1958. La prouesse technique que représente la mise en œuvre des structures novatrices qui composent l'édifice est alors largement soulignée. Mais c'est surtout sur sa signification historique qu'il convient de mettre l'accent. Notre-Dame de Royan s'inscrit en effet au cœur de la modernité architecturale des années cinquante, car l'architecte y renouvelle le thème traditionnel de l'architecture sacrée, lui donne une expression résolument moderne en utilisant les formes techniques nouvelles issues de l'imagination constructive de l'ingénieur. **N. N.**

Église Notre-Dame de Royan, point de jonction de la double courbure et du clocher (page de gauche, à gauche) ;
construction des parois (page de gauche, en haut, à droite) ;
vue en contre-plongée de la toiture à double courbure
(page de gauche, en bas, à droite) ;
vue générale (ci-contre).

Oléron (viaduc d')

Près de Rochefort, Charente-Maritime, France, 1966.

Le viaduc d'Oléron relie l'île d'Oléron au continent, à 30 km au sud de Rochefort. Construit par l'entreprise Campenon-Bernard♦, il est l'œuvre des ingénieurs Jean Muller♦ et Jacques Mathivat♦, et l'aboutissement des recherches entreprises au pont de Choisy♦. Adjugé sur concours en 1963, sa réalisation s'est effectuée entre août 1964 et juin 1966 à la cadence moyenne de 8 m de pont par jour, alors que celle des ponts coulés en place se fait à raison de 1 m par jour au plus. Il mesure 2 862 m, avec des travées de rive de 40 m et 4 travées centrales de 80 m reposant sur 45 piles. La largeur hors-tout du tablier est de 11 m, le tirant d'air de 15 m (18 m sous les travées centrales).

Les piles ont été fondées sur semelles ou sur pieux, selon le terrain. Le tablier a été entièrement préfabriqué à proximité du site en 860 éléments de 3,30 m de longueur, la hauteur variant de 2,50 m à la clé à 4,50 m au voisinage des piles, et le poids de 42 à 73 t. Ces éléments ont été mis en place à l'aide d'un portique de lancement automoteur de 100 m de longueur reposant sur deux pieds, l'un à l'arrière, l'autre sensiblement au centre, et un étançon articulé à l'avant. Le procédé est le suivant : les voussoirs sont amenés sous le portique, pris par le chariot qui lui est suspendu, et portés en place ; une fois la travée terminée, le portique est roulé sur des bogies jusqu'à l'extrémité de la travée achevée, l'étançon avant prend appui sur une charpente provisoire qui permet de placer le premier voussoir sur la pile ; et la pose se poursuit ainsi, chaque voussoir étant précontraint au fur et à mesure de l'avancement. **B. M.**

Orchidées (pavillon des)

Mukôgaoka, banlieue de Tôkyô, Japon, 1987.

Ce bâtiment, réalisé pour l'exposition internationale des orchidées, est dû à l'architecte Yutaka Murata♦ et à l'ingénieur Mamoru Kawaguchi♦. Murata n'a cessé de poursuivre des recherches sur l'architecture pneumatique, concevant de grands espaces à l'aide de structures gonflables. En collaboration avec Kawaguchi, il a développé pour ce type de structures des méthodes de construction avec des membranes réticulées.

Deux dômes gonflables ont ainsi été construits dans un parc d'attractions situé dans la banlieue

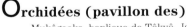

Hangars d'Orly (page de gauche).

Le viaduc d'Oléron (ci-dessus).

de Tôkyô. Le premier est une portion de sphère de 75 m de diamètre, 19,50 m de hauteur, et couvrant une surface de 4 700 m². Le second est également en forme de sphère, de largeur variant entre 20 et 40 m pour une surface de 3 600 m². Sur une membrane de PVC de 0,1 mm d'épaisseur, est posé un filet de polyester d'un maillage de 10 × 10 cm, recouvert par un réseau de câbles disposés sur une trame carrée de 5 m de côté, l'ensemble étant tendu par la pression de l'air à l'intérieur du volume. Le filet de polyester, la membrane de PVC et le réseau de câbles étant indépendants, il ne s'agit pas ici d'une structure tridimensionnelle. Lorsque l'on met l'air sous pression, la membrane, extrêmement fine, se gonfle et porte le réseau. Le film et le réseau glissent l'un sur l'autre et atteignent l'équilibre ; simultanément, les losanges qui composent le filet changent de forme en fonction de la tension.

Ce système, que l'on peut appeler aussi coque tramée pour structures gonflables, n'a nullement la complexité des structures tridimensionnelles ; il est simple, léger et peu coûteux. Fabriqué avec un minimum de matériaux, il peut être mis en œuvre facilement. Étant donné que le filet et le réseau reçoivent les tensions, la fonction principale de la membrane consiste donc à conserver la pressurisation – cette membrane peut donc être très fine. Les structures gonflables à membrane sans filet présentent l'inconvénient de se détériorer d'un seul coup, lorsqu'une partie de la couverture subit un dommage ; en revanche, dans le cas d'une membrane réticulée, le trou ne s'agrandit pas et peut être réparé sans difficulté. La rupture éventuelle d'une maille du filet se résout également aisément, puisque la modification qu'elle entraîne est compensée automatiquement. Murata a donné à ce type de structure le nom de « structure du laisser-faire » ou de « l'automatisme », sans doute pour rendre compte de la liberté de répartition des forces et des formes qu'autorisent les membranes gonflables. **N. O.**

Ordish (Rowland Mason)

Melbourne, Derbyshire, Grande-Bretagne, 1824 – Londres, 1886.

Rowland Mason Ordish, au même titre que de nombreux ingénieurs anglais de sa génération, acquiert son expérience professionnelle en travaillant pour un entrepreneur. Il suit d'abord les traces de son père en tant que géomètre, puis, vers la fin des années 1840, entre dans l'entreprise d'ingénierie Fox Henderson. Il y effectue la plupart des plans d'exécution du Crystal◆ Palace ; une fois le bâtiment déplacé à Sydenham, il contribue largement au nouveau projet et à la reconstruction de l'ouvrage. C'est dans cette même entreprise qu'il participe à la conception du toit de la gare de New Street, à Birmingham (1851-1854), qui atteint des portées de 65 m.

Lorsque Fox Henderson cesse ses activités, Ordish travaille deux ans pour le gouvernement avant de s'établir à son compte comme ingénieur-conseil. Il est alors consulté dans le domaine de l'ingénierie pour la construction de nombreux bâtiments remarquables, comme le toit du Royal Albert Hall, à Kensington (1867-1871), par exemple. Il collabore au projet du toit (73 m de portée) de la gare Saint-Pancras◆

de William Henry Barlow ; il concevra aussi des toits de gare à son propre compte – comme celui de la gare de Dutch-Rhenish à Amsterdam (1863).

Mais Ordish est davantage connu pour le système de pont suspendu qu'il fait breveter en 1858, et qui comporte une chaussée suspendue par des chaînes rigides inclinées (première étape dans la conception du pont à haubans). Il appliquera ce principe à la construction d'un pont à Prague, puis à celle du pont Albert, à Chelsea (1871-1873), qui, après avoir subi quelques modifications, est toujours en service. **R. T.**

Orly (hangars d')

Orly, Val-de-Marne, France, 1923.

Construits entre 1921 et 1923 par Eugène Freyssinet◆, ces hangars auront autant d'importance pour les constructeurs en béton armé que la Galerie◆ des machines en aura eu trente ans auparavant pour les constructeurs en métal. Seul Le Corbusier, qui publie dans *L'Esprit nouveau* deux photographies des hangars d'Orly en construction, et en fait un panégyrique débordant d'exaltation machiniste, a su apprécier en son temps l'extraordinaire qualité plastique et architectonique de ces hangars, considérés aujourd'hui comme l'un des chefs-d'œuvre incontestés de l'architecture du XXᵉ siècle.

La structure est une grande voûte formée par un voile plié, constitué de 40 ondes, de 7,50 m de largeur et de 86 m de portée pour chaque hangar. La directrice de chaque onde est parabolique, et la hauteur de la section varie entre

Hangars d'Orly, base de l'échafaudage hydraulique mobile (page de droite).

3 m à la clé et 5,40 m à la base. L'épaisseur des âmes n'est que de 9 mm. Les ondes sont entretoisées par des tirants en béton d'une section de 0,14 × 0,14 m ; elles sont placées entre les axes, tous les 10 m. Les ondes s'appuient sur une dalle en béton de 1 m d'épaisseur, située à 2 m au-dessous du niveau du dallage du hangar. Les moyens d'exécution ont été déterminants dans le choix des formes. Cet intérêt pour les systèmes de construction – qui culminera dans le pont Albert-Louppe♦, pour lequel Freyssinet tentera de réaliser une parfaite adéquation entre les moyens disponibles et la conception des formes – est caractéristique de toute son œuvre. Comme il l'écrit lorsqu'il achève la construction des hangars : « La nouveauté du programme d'Orly est la conséquence de la volonté de placer l'étude des moyens d'exécution tout à fait au premier plan de nos préoccupations et, en fait, les formes des hangars ont été déduites des moyens d'exécution choisis, dont la recherche a constitué l'objectif principal des études. »

Étant donné l'infime épaisseur des éléments, il a fallu obtenir un béton assez compact pour parvenir à une étanchéité réelle, très fluide pour pouvoir remplir l'espace entre des moules très rapprochés, et d'un durcissement assez rapide pour pouvoir réutiliser ces moules plusieurs fois. Ceux-ci sont constitués de planches de sapin de 35 mm d'épaisseur, montées sur des cadres espacés de 0,80 m.

La construction de chaque onde ou anneau parabolique s'est faite en cinq étapes. Sur des piédroits de 2 m de hauteur, on a construit des éléments en encorbellement de 17 m de hauteur. Sur ces encorbellements, on a exécuté avec 150 m³ de béton une voûte de 75 m de portée, 144 m de développement et 7,50 m de largeur, en utilisant un cintre réglable en bois constitué d'une seule pièce.

L'arc du cintre fonctionnait comme un arc articulé, mais, dès le début du bétonnage, il a été encastré sur ses appuis, formés par une structure mixte de bois-béton et entretoisés par deux faisceaux de câbles pourvus de dispositifs de réglage en longueur.

Le cintre, dont le poids total était de 130 t, se déplaçait horizontalement de 7,50 m sur des rails, s'abaissant de 11 m pour libérer l'onde bétonnée, puis se fixait à sa nouvelle place. Tous les éléments en bois ont été assemblés par des clous, comme le faisait toujours Freyssinet. C'est ainsi qu'il a revivifié l'emploi du bois « qui possède, à égalité de poids, une résistance à la traction ou à la compression plus que double par rapport à celle de l'acier, moins de problèmes de courbure, un coût diminué de moitié et une facilité d'emploi incomparablement plus grande ». Freyssinet a fait de cette technique un véritable art, grâce à l'étude soigneuse des assemblages, toujours réalisés avec des clous.

On décintrait une onde le lundi matin. Dans l'après-midi, les moules étaient déjà propres et mis en place pour bétonner l'onde suivante. Le mardi, on plaçait l'armature, puis les coffrages, et on commençait le bétonnage, qui durait jusqu'au jeudi. Pendant la prise, on descendait le moule extérieur, on le nettoyait et on plaçait les cadres pour l'éclairage, et le cycle était bouclé chaque lundi matin.

Comme pour de nombreuses constructions de Robert Maillart♦, de Pier Luigi Nervi♦ et d'Eduardo Torroja♦, l'adjudication de l'ouvrage s'est faite à l'issue d'un concours entre plusieurs entreprises de construction. Le budget et les délais proposés ont été déterminants dans le choix adopté.

D'une conception structurelle avant-gardiste qui étonne encore aujourd'hui, les hangars d'Orly ont établi un nouveau record mondial en raison de leurs dimensions, du faible volume de béton employé par volume utile de construction, de la main-d'œuvre très réduite qu'ils ont requise et de leur grande rapidité d'exécution, alors inhabituelle dans la construction d'ouvrages en béton armé. Ils ont été également les premiers exemples de structure mixte bois-béton, de réaction contre la systématisation des dosages, d'utilisation rationnelle des ciments à prise rapide et de recours à une technique industrielle de coffrage et de décoffrage.

« Qui ne se souvient d'avoir perdu le souffle en entrant sous les hangars d'Orly ? » se demandait Urbain Cassan. Quant aux rapports entre le fonctionnel et l'esthétique, rappelons ce que Freyssinet aimait à répéter : « C'est aux hangars d'Orly que le contraste entre l'absence d'intention artistique et la puissance des effets obtenus est le plus saisissant. »

Les deux hangars d'Orly ont été détruits par l'aviation américaine en 1944. **J. A. F. O.**

Orvieto (hangars d')

Orvieto, Ombrie, Italie, 1936 et 1941.

C'est en 1935 que Pier Luigi Nervi♦ conçoit les deux premiers hangars d'aviation d'Orvieto, dont les dimensions (110,50 × 44,80 m) dégagent une surface libre considérable. Celle-ci est recouverte d'une structure porteuse composée d'une double rangée d'arcs se coupant à angle droit, et formant un angle de 45° avec l'axe longitudinal du bâtiment. En plan, cette structure

Hangars d'Orly, vue de la construction.

prend l'aspect d'un réseau à mailles carrées de 4,50 m de côté. Le poids est réparti sur une série de piliers périphériques disposés à égale distance en rangées, à raison de 21 sur le grand côté et de 7 sur chacun des petits côtés. Le quatrième côté, ouvert pour permettre l'accès des avions, ne comporte en revanche qu'un seul grand pilier profilé, situé au milieu, et une paire de piliers à chaque extrémité.

L'architecture du bâtiment est donc celle d'une immense voûte en pavillon, d'un effet plastique extraordinaire, surtout lorsqu'elle est vue depuis la façade principale, dont elle couvre toute la partie longitudinale, soutenue par le seul pilier central. Les deux grandes ouvertures ainsi créées, chacune d'une portée de 50 m et d'une hauteur au sol minimale de 8 m, disposent d'un système de fermeture coulissant équipé de 8 grands portails qui se rangent en volets, 4 de chaque côté, sans nuire à la ligne générale du bâtiment. Tout au long du côté ouvert, court une grosse poutre-treillis de section triangulaire qui résiste non seulement aux efforts horizontaux et à l'action du vent, mais fait également office d'architrave et soutient les guides des portails. Sur la structure en béton de la voûte repose un manteau de dallettes en terre cuite, avec armature, de type Perret et d'une épaisseur de 5 cm, sur lesquelles est fixé un revêtement de plaques d'Eternit ondulé.

Entre 1939 et 1941 l'entreprise des ingénieurs Nervi et Giovanni Bartoli édifiera six autres hangars d'aviation du même type : deux à la base d'hydravions de la lagune d'Orbetello (Grosseto), deux à Torre del Lago Puccini (Lucques), et les deux derniers enfin, de nouveau à l'aéroport d'Orvieto, à côté des hangars existants.

En mettant au point le projet, Nervi n'a rien changé à la forme architecturale d'origine, mais introduit certaines modifications importantes, d'ordre technique et constructif. Le système statique a été considérablement simplifié. Le nombre de piliers périphériques a en effet été ramené de 38 à 6, disposés symétriquement : 2 au milieu des grands côtés et 4 aux angles, ces derniers étant inclinés à 45° par rapport à l'axe longitudinal. La structure géodésique de la couverture a également été simplifiée, et allégée par la préfabrication in situ des poutrelles réticulaires en béton armé. Le manteau de dallettes a en outre été éliminé, les plaques d'Eternit constituant le seul matériau de recouvrement.

Les huit hangars ont été détruits par les troupes allemandes en 1944. **M. T.**

Hangars d'Orvieto, vue de la construction (en haut) ; structure de la voûte (au milieu).

Hangar d'aviation d'Orbetello, Pier Luigi Nervi, ing., 1940 (en bas).

Ôsaka (pavillon des États-Unis à l'Exposition universelle d')

Ôsaka, Japon, 1970.

L'Exposition universelle de 1970 à Ôsaka a été le théâtre de la présentation de nombreuses structures gonflables, dont la plus grande et la plus aboutie techniquement est sans nul doute le pavillon des États-Unis. L'équipe réunie pour sa conception, formée de Lewis Davis, Sam Brody, Serge Chermayeff, Geismar et Harak, et de l'ingénieur David Geiger♦, a résolument porté cette nouvelle forme de technologie au-delà de ses limites antérieures.

La pavillon complet consiste en une toiture gonflable de forme ovale, retenue par des câbles, d'une longueur de 142 m et d'une largeur de 83,50 m. Conçue pour résister aux typhons et aux tremblements de terre, elle constitue le moyen le plus économique de recouvrir en une seule portée une surface de près de 10 000 m². Une arène en renfoncement a été formée en creusant le sol pour obtenir un talus périphérique, sur le haut duquel a été coulée une poutre annulaire en béton. La membrane du toit est constituée d'un tissu en fibre de verre enduit de vinyle, retenu par un réseau de câbles disposés en losange et ancrés dans cette poutre annulaire. Le poids de cette toiture, câbles compris, ne s'élève qu'à 1,2 kg par m² de surface au sol couverte. De l'air froid délivré par 4 immenses souffleries garantit à la fois des conditions climatiques satisfaisantes à l'intérieur de l'édifice, et une pressurisation suffisante (20 mm de colonne d'eau) pour soutenir la membrane. Des souffleries de rechange et des groupes électro-

gènes ont également été prévus pour parer à toute éventualité, notamment à une panne de l'équipement ou de l'alimentation électrique. Trois entrées, qui évoquent celles de cavernes, équipées de portes à tambour jouant le rôle de sas, attirent le visiteur dans ce pavillon encaissé. Cet édifice audacieux, qui illustre tout ce que l'on peut réaliser avec des membranes gonflables pour les constructions de longue portée, servira de prototype à plusieurs grandes installations sportives et culturelles construites aux États-Unis au début des années soixante-dix. **R. N. D.**

Ôsaka (pavillon Fuji à l'Exposition universelle d')

Ôsaka, Japon, 1970.

Conçu par l'architecte Yutaka Murata♦ et par l'ingénieur Mamoru Kawaguchi♦, le pavillon Fuji est à ce jour le plus grand bâtiment doté d'une structure en boudins pneumatiques. Il constitue une parfaite réussite de ce type d'architecture, témoignant de toute la richesse de ses potentialités. Inauguré à l'Exposition universelle d'Ôsaka, il a remporté un grand succès. La structure couvre une superficie de 3 369 m², avec une hauteur maximale de 31,60 m. Elle comprend 16 boudins cintrés, d'un diamètre de 4 m et de 72 m de long, résistant à une pression maximale de 0,25 bars, et dont la membrane est réalisée avec deux épaisseurs de Vinylon collées avec du Néoprène. La surface interne de la membrane est enrobée de PVC pour garantir son étanchéité. Son épaisseur est de 4 mm, son poids propre de 5 kgf/m², sa résistance aux tensions de 200 kgf/cm². Les boudins présentent 12 coutures longitudinales et 14 coutures circulaires, effectuées à 1 m d'intervalle.

Cette structure est consolidée par des barres d'acier de 19 mm qui enserrent les deux extrémités de la membrane de chaque boudin. Ces barres sont fixées par des boulons placés tous les 20 cm, et sont reliées entre elles par une bande latérale.

Les fondations de l'édifice ont été effectuées en béton ; elles ont reçu des tambours en acier de 4 m de diamètre, sur lesquels sont fixés les boudins.

La conception d'une telle construction a requis nombre d'études et d'essais préalables, faute d'exemples pouvant servir de modèle. Ces analyses ont porté notamment sur le matériau de la membrane, les caractéristiques de la structure, le mode de régulation de la pression intérieure,

Pavillon des États-Unis à l'Exposition universelle d'Ôsaka.

les réponses à fournir en cas d'anomalies, les mécanismes de sûreté et les problèmes posés par la concentration de contraintes sur la membrane. Le choix d'une architecture de ce type sur un lieu d'exposition a constitué un réel défi, et les concepteurs ont dû faire face à de nombreuses critiques dénonçant les risques inhérents à la construction d'un tel ouvrage. **K. I.**

Ôsaka (toiture du Festival Plaza à l'Exposition universelle d')

Ôsaka, Japon, 1970.

Le Festival Plaza, lieu central de l'Exposition universelle d'Ôsaka en 1970, est un espace conçu pour accueillir toutes sortes de manifestations (danse, théâtre, spectacles, cérémonies), et qui comporte des dispositifs tels que sièges mobiles et robots de mise en scène. Il est recouvert par un grand toit de 291,60 × 108 m – conçu par les ingénieurs Yoshikatsu Tsuboi◆ et Mamoru Kawaguchi◆ et par l'architecte Kenzô Tange ; ce toit est également destiné à abriter un espace d'exposition en plein air. Suspendu à 30 m au-dessus de la place, c'est une structure tridimensionnelle (de type structure à résilles superposées) de trame carrée de 10,80 m de côté, et dont les membrures sont reliées par des éléments de 10,80 m de longueur, disposés en pyramide. Les éléments de cette structure sont reliés par 639 joints sphériques évidés, de 800 mm de diamètre, réalisés en acier moulé. Le principal problème a consisté à mettre au point le détail des joints, afin qu'ils permettent de résorber les imprécisions dans les assemblages aux nœuds,

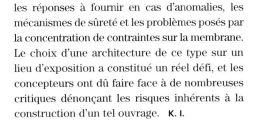

au lieu de les accumuler. Le poids net de la structure est de 4 100 t, et le poids total en charge de 4 500 t. Cette toiture a été assemblée au sol, soulevée et posée sur les 6 poteaux à l'aide de 12 vérins pneumatiques. Elle est couverte à chaque carré de la trame de 10,80 m de côté par des éléments en forme de coussins, à double membrane remplie d'air. Les deux membranes ont été réalisées en film de polyester transparent ; sur la membrane supérieure a été placé en outre un film protecteur, réalisé à l'aide d'aluminium collé sous vide, afin d'améliorer le contrôle de l'ensoleillement direct. Le recours à des joints en acier moulé a donné toute satisfaction et a inspiré la mise au point des « gerberettes » de la structure du Centre◆ Georges Pompidou. **N. O.**

O
ssature

Depuis le début du XXe siècle, « ossature » est devenu l'un des mots clés de la modernisation constructive et de la modernité architecturale. Emprunté aux traités d'anatomie comparative du siècle précédent, ce terme pénètre le champ de l'architecture à la faveur des travaux de Prosper Mérimée sur les monuments de la France gothique. Mais c'est surtout avec le *Dictionnaire raisonné* de Viollet-le-Duc que la métaphore anatomique – incluant les termes de « squelette », « chair », « peau » du bâtiment – s'inscrit durablement dans le discours architectural. D'ailleurs, si la pensée de l'ossature marque la réflexion de l'ingénieur, elle ne prendra sa véritable ampleur que dans le langage de l'architecte, chez qui la dimension discursive

Pavillon Fuji à l'Exposition universelle d'Ôsaka : gonflage des boudins, levage des boudins, vue de la nef intérieure, vue extérieure (de haut en bas).

Toiture du Festival Plaza à l'Exposition universelle d'Ôsaka (ci-dessus).

deviendra partie constituante de la pratique constructive.

L'usage du terme se répand à la faveur du développement de la construction métallique. L'ossature se comprend alors comme un assemblage d'éléments – piliers et poutres en treillis ; arcs, fermes et rotules – constituant des systèmes fondés sur la flexibilité et la discontinuité de la structure. L'idée d'ossature indépendante prend toute son importance avec les réalisations de l'école de Chicago, où ingénieurs et architectes (William Le Baron Jenney♦, Louis Sullivan) travaillent à la conception des premiers immeubles en hauteur. Dès la fin du XIXᵉ siècle, on utilise la notion d'ossature dans le domaine de la construction en béton armé. Elle se décline alors sous forme de systèmes brevetés (Hennebique♦, Coignet♦, Considère♦) ou de leurs variantes, qui découlent de la confection des éléments de base – poteaux, poutres, dalles – et de leur mode de liaison. La réalité des systèmes composites cède graduellement la place à l'idée du béton armé comme matériau « coulé », dont la mise en œuvre donne naissance à l'ossature monolithique et continue. Qu'elle soit de métal ou de béton armé, l'ossature transforme la nature et la fonction du mur. Le mur porteur devient paroi, encourageant le développement d'un langage de l'enveloppe qui joue à la fois sur les registres de remplissage, de revêtement et de support de l'ornement.

Au début du XXᵉ siècle, l'ossature en béton armé est présentée en France comme l'élément clé du renouveau de l'architecture. C'est ainsi que la maison Dom-ino de Le Corbusier, véritable archétype de la structure en béton armé, devient rapidement une icône de la modernité architecturale. Mais si l'idée d'ossature est désormais à ce point liée à celle d'architecture moderne, ce n'est pas tant par son rôle structural – comme le soulignait Colin Rowe – que par la garantie d'authenticité qu'elle paraît offrir. Cette authenticité, les modernes la retrouveront dans les structures industrielles, fruit de la logique et du calcul de l'ingénieur. Van de Velde, Gropius, Le Corbusier célébreront ainsi l'esthétique « inconsciente » de l'ingénieur, entretenant le mythe de la vérité constructive.

L'idée d'ossature ne peut toutefois se concevoir en dehors d'une problématique de la représentation. Qu'elle soit le fait de l'architecte ou de l'ingénieur, l'ossature n'est jamais transparente à elle-même. Où donc pourrait se loger la vérité de la structure : dans l'expression du comportement mécanique, de la mise en œuvre, du

Ossature. Carcasse rigide du ballon zeppelin, 1900.

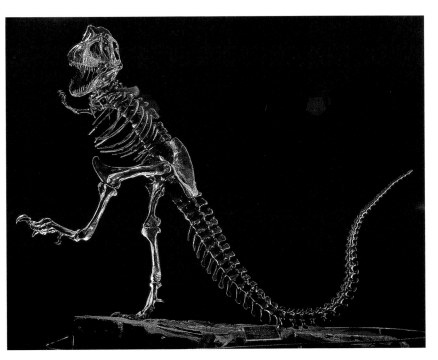

Ossature.
Squelette de tyrannosaure (en haut).
Caisse d'allocations familiales, Paris, v. 1960, Lopez et Reby, arch. (en bas).

matériau « apparent » ? Déjà, à la fin du XIXᵉ siècle, certains soulignaient le « mensonge » des constructions en béton armé qui cachent aux regards l'armature métallique. Plus tard, Auguste Perret oubliera l'âme métallique du béton armé, situant la vérité constructive dans l'expression de la nature lithique du matériau. Confronté à la technique de la construction métallique au XXᵉ siècle, Mies van der Rohe jouera également avec les termes de l'équation structure-matériau en figurant l'ossature sur la façade de la plupart de ses édifices américains. Malgré ce qu'en ont dit les architectes modernes, il faut souligner ici l'importance des déterminations esthétiques dans le travail des ingénieurs (Robert Maillart♦, Pier Luigi Nervi♦, Riccardo Morandi♦). Depuis la réalisation du Centre♦ Georges Pompidou (Renzo Piano et Richard Rogers, architectes) – éclatante démonstration de l'expressivité tectonique –, l'interaction entre les registres de la technique et de l'esthétique a été remise en valeur par nombre d'architectes-ingénieurs. Plus récemment, les fabuleux squelettes de métal et de béton de l'ingénieur Santiago Calatrava♦ renouent littéralement avec la métaphore organique qui fonde la notion d'ossature. Si, selon Siegfried Giedion, la construction a agi au XIXᵉ siècle comme l'inconscient de l'architecture, au XXᵉ siècle l'idéal de l'ossature en aura été comme le rêve éveillé. **R. L.**

VOIR AUSSI **Structure**.

Otis (Elisha Graves)

Halifax, Vermont, USA, 1811 – New York, USA, 1861.

Fils d'un fermier du Vermont (Nouvelle Angleterre), Elisha Graves Otis a dix-neuf ans quand il se rend à Troy (état de New York) où, pendant cinq ans, il travaillera dans le secteur de la construction. De 1838 à 1845, de retour dans le Vermont, il est employé dans une usine qui fabrique des chariots et des attelages. Il occupe par la suite un poste important dans la société de Bergen Height (New Jersey) qui fabrique des lits en bois. Après son installation à Yonkers (état de New York), la société est rebaptisée la Yonkers Bed Stead Manufacturing Company ; elle confie à Otis la construction des nouveaux bâtiments qu'il équipe de monte-charge. C'est à cette occasion qu'il met au point, en 1852, un système évitant aux plates-formes de tomber, en cas de rupture de câbles. Il en fait à de nombreuses reprises la démonstration au Crystal Palace de la foire internationale de New York en 1853.

Construire des ascenseurs destinés à des personnes est désormais possible. En 1856, l'Otis Steam Elevator Company en équipe un magasin new-yorkais de cinq étages, le E.V. Haughwout and Co., à Broadway. Par la suite, les ascenseurs Otis vont être installés dans de nombreux hôtels et grands magasins.

Otis innove également dans d'autres domaines, comme en témoignent ses recherches sur les machines et mécanismes (un tour à bois automatique, un four rotatif pour cuire industriellement le pain). Peu de temps avant sa mort, il apporte à l'ascenseur une amélioration décisive en le dotant d'un moteur à vapeur individuel, ce qui cesse de le rendre tributaire d'une source d'énergie générale. Ce système est capable d'élever ou d'abaisser une cabine à très grande vitesse.

À la mort d'Elisha Graves, l'affaire est reprise par ses deux fils, Charles Rollin et Norton Prentiss ; la société s'intitule désormais la N.P.Otis and Bro. Son rôle sera primordial dans la naissance des grands buildings américains, ceux de l'école de Chicago par exemple. Si l'on s'en tient au seul XIXe siècle, de nombreuses améliorations techniques seront apportées aux systèmes développés par Otis, à commencer par la motorisation, et avec elle le passage de la vapeur à l'électricité. En 1889, c'est un ascenseur Otis qui, grâce à un système hydraulique articulé, permet de résoudre le problème posé par le changement de pente des arbalétriers qui relient le sol au second étage de la tour Eiffel. **R. Gu.**

Otto (Frei)

Siegmar, Saxe, Allemagne, 1925.

Une première formation de tailleur de pierres auprès de son père donne à Frei Otto, bien avant ses études d'architecture, l'occasion de bénéficier d'un premier contact avec la forme et la construction, les structures légères et la réduction de la masse. En 1950, il obtient une bourse, et suit les traces des « modernes » en se rendant aux États-Unis. Lorsque, plus de dix ans plus tard, Walter Gropius lui rendra visite dans son atelier berlinois, il se remémorera l'époque du Bauhaus, des ateliers de réflexion et d'expérimentation qu'il a connue trente ans plus tôt.

En 1954 paraît le premier ouvrage d'Otto, sa thèse de doctorat, consacrée au toit suspendu. Il y traite des toitures suspendues, des réseaux et des structures tendues.

Otto s'installe en 1957 comme architecte indépendant et ouvre son propre bureau d'études, le

Entwicklungsstätte für den Leichtbau (centre de développement des structures légères) de Berlin-Zehlendorf. Les relations qu'il entretient avec le fabricant de tentes de Constance, Peter Stromeyer, sont à l'origine de la réalisation de toute une série de structures tendues, destinées notamment à des expositions botaniques. Avec cette collaboration entre le praticien Stromeyer et l'inventeur, architecte et ingénieur Otto, c'est une nouvelle ère des structures tendues et des structures légères qui commence – on pourrait presque parler de révolution.

Otto définit la structure tendue, qu'elle soit en textile ou en réseau, par le concept de nappe autoporteuse dans laquelle forme et structure sont adaptées l'une à l'autre. Le modèle physique qu'il emploie dans ses expériences – menées sur des textiles ou des films liquides, notamment parce que leurs tensions de surface se répartissent toujours uniformément – ouvre la voie à la conception de formes dites « autoformantes », avec une construction minimale et un usage tout aussi parcimonieux de la masse et de l'énergie. Cette idée ne se limite pas aux structures en membrane, et Otto recherche des processus d'autoformation applicables aux coques, aux voûtes, aux appuis et aux poutres, autrement dit à tous les systèmes structurels. Désireux de comparer la complexité des structures les plus diverses – architecturales ou non – au monde naturel – vivant ou non –, Otto développe un procédé mettant en relation charge, portée et poids propre. Cette méthode constitue une part essentielle de sa théorie des structures légères.

En 1964, il obtient un poste à la Technische Hochschule de Stuttgart, à l'instigation de l'ingénieur Fritz Leonhardt♦ et de l'architecte Rolf Gutbrod, avec lesquels il réalisera peu après la spectaculaire toiture tendue du pavillon de l'Allemagne à l'Exposition universelle de Montréal♦, en 1967. Le pavillon, première grande structure en réseau de câbles à mailles régulières, qui couvre un espace de 8 000 m², a été entièrement préfabriqué en Allemagne, après quatorze mois d'études et de préparation seulement. Ce bâtiment ne mérite pas seulement l'attention en tant qu'œuvre architecturale : il a également ouvert la voie à la réalisation de nombreux autres édifices en réseau et, plus qu'aucun autre système de construction auparavant, a suscité des recherches nouvelles dans le domaine du calcul structurel, de la détermination de la forme et de l'optimisation des matériaux. De 1968 à 1972 sont réalisées les toitures du site

olympique de Munich♦, d'après un projet des architectes Behnisch & Partner, de Stuttgart, auxquels Otto et Leonhardt ont apporté un concours précieux. La toiture sans doute la plus légère, au point de sembler planer de façon irréelle, est construite pour le zoo de Munich. Il s'agit d'une volière en fin treillis d'acier qui couvre une surface au sol de 4 600 m², conçue par l'architecte Jörg Gribl avec la participation d'Edmund Happold♦ en tant qu'ingénieur structures.

Parallèlement, l'Institut für leichte Flächentragwerke, IL (institut sur les voiles légers autoporteurs) mène des travaux de recherche et de développement sur les coques légères, les toitures variables en membrane et les structures ramifiées, allant jusqu'à concevoir des halles de grande portée à appuis pneumatiques. Parmi les projets réalisés par l'atelier fondé en 1965 par Frei Otto près de Stuttgart, citons la toiture modulable construite au-dessus du théâtre de plein air de Bad Hersfeld (1967) et la halle polyvalente de Mannheim, la coque à armature en bois sans doute la plus légère jamais réalisée, revêtue de textile sur une portée de 80 m, conçue par les architectes Mutschler & Partner de Mannheim et les ingénieurs Happold et Ove♦ Arup.

Les structures légères ne sont en rien un style. Presque tous les types de réalisations peuvent bénéficier des procédés et des principes de réduction de la masse et de l'énergie, même lorsque la destination du bâtiment exige à priori une masse relativement importante. Projets et prototypes de barrages, silos, réservoirs, voies pour trains rapides, dirigeables, sont des illustrations parmi d'autres de toute la palette d'idées et de la richesse de l'imagination fonctionnelle et technologique d'Otto.

Envisager les mécanismes de formation et de croissance du point de vue scientifique est l'un de ses autres domaines de prédilection. Les analogies de formes, et quelquefois de structures, des réseaux, membranes ou coques avec des objets du monde vivant n'ont pour autant jamais conduit Otto à imiter ou à reproduire la nature. C'est en particulier avec le biologiste berlinois Johann Gerhard Helmcke, et plus largement avec le groupe de chercheurs Biologie und Bauen (Biologie et Construction), qui comprend des scientifiques renommés dans les domaines de la biologie, de la sociologie et de la physique, qu'Otto s'intéresse aux mécanismes de formation des formes et des structures dans le monde naturel, vivant ou non, pour les examiner et les comprendre – avec, pour thème central, les mécanismes de formation pneumatique et hydraulique : c'est là que réside, pour tout le groupe qui entoure Otto, le fondement même du monde des formes rencontrées dans la nature.

Il serait injuste de ne voir en Frei Otto que le constructeur ou le scientifique. Ce serait nier la vision globale qu'il a toujours eue, en tant qu'architecte, qu'urbaniste, ou qu'artiste plasticien. Ses travaux théoriques et sa pratique d'architecte, ses prises de position sur l'évolution du paysage urbain, sa recherche d'un habitat adapté à un environnement qu'il est soucieux d'aménager tout en le préservant, il les mène à l'institut de l'université ou dans la villa avec atelier qu'il a construite en 1964 près de Stuttgart, modèle d'habitation adaptable et écologique. **B. B.**

Ove Arup & Partners

Au cours de ses cinquante années d'existence, Ove Arup & Partners est passé d'une petite entreprise londonienne, spécialisée dans les structures de bâtiments, à une organisation pluridisciplinaire avec des bureaux dans plus de quarante pays. Elle se distingue non seulement par sa taille et par son caractère international, mais aussi par l'éthique à laquelle elle s'est toujours efforcée de rester fidèle au cours de son évolution. Rares sont les cabinets d'ingénierie à être à ce point conscients du rôle crucial que joue la conception – pour ne pas dire aucun.

L'agence est fondée en 1946 par l'ingénieur danois Ove Arup (1895-1988), qui passe ses années d'apprentissage à travailler pour l'entreprise Christiana & Nielsen, à Hambourg d'abord, puis à Londres. Il tire de cette expérience une solide connaissance de la construction en béton armé et des contraintes inhérentes à la pratique de la construction. Il acquiert alors la conviction que tous les acteurs impliqués dans la conception et la construction doivent collaborer plus étroitement, et que cette collaboration devrait contribuer à améliorer la société dans son ensemble. Ces opinions concordent avec les idéaux sociaux des architectes du Mouvement moderne des années trente, parmi lesquels Arup se fait de nombreux amis.

Les premiers succès d'Ove Arup & Partners sont dus en partie au fait qu'Arup est bien connu de la plupart des architectes influents de l'époque. Mais ils s'expliquent surtout par la compétence que détient l'entreprise dans le domaine de la construction en béton armé, à

une époque où, en raison de la pénurie d'acier, le béton est devenu le principal matériau de construction. Le nom de l'entreprise est alors associé à quelques-unes des réalisations britanniques les plus saisissantes en matière de construction de coques en béton et de béton précontraint ; c'est le cas par exemple des toits à coque de l'usine de caoutchouc Brynmawr au pays de Galles (1946-1951) et des toits à coque combinés aux arches en béton précontraint de l'imprimerie de la Banque d'Angleterre à Debden (1952-1954). L'entreprise Arup contribue également à mettre au point des techniques d'utilisation du béton préfabriqué qui seront largement utilisées dans les grands programmes sociaux des années cinquante et soixante, pour la construction de logements, d'écoles et d'hôpitaux. À l'époque, ces projets apparaissent comme la traduction concrète de l'idéal dominant, qui prône le recours à la conception intégrée pour répondre aux besoins sociaux urgents.

L'entreprise Arup prospère dans le climat euphorique d'innovation technique que connaît la période de l'après-guerre. L'entreprise se développe alors dans deux directions importantes. Tout d'abord, l'idée d'une pratique pluridisciplinaire se traduit logiquement, en 1963, par la création d'Arup Associates, organisation distincte rassemblant des architectes, des ingénieurs et des métreurs, qui se fait connaître en construisant des bâtiments universitaires et des immeubles de bureaux. Ensuite, des cabinets sont créés à l'étranger, d'abord à Dublin, puis outre-mer, en Afrique, au Moyen-Orient et en Australie. Dans la plupart des cas, ces implantations outre-mer sont liées à des projets dont les architectes sollicitent l'intervention d'Arup ; c'est le cas, par exemple, de Maxwell Fry pour l'université d'Ibadan au Nigeria, et de Trevor Dannatt à Riyad, en Arabie Saoudite pour un hôtel et un centre de conférences. L'opéra de Sydney♦ (1957-1973), de loin le plus célèbre de ces premiers projets, est ainsi une œuvre à laquelle Arup s'est consacré jusqu'au stade final de son implantation, tout au long d'une période émaillée de conflits politiques et personnels. L'opéra est surtout connu pour ses toitures, bien qu'il intègre de nombreuses autres innovations, en particulier son système de vitrage.

Arup continue à jouer un rôle primordial dans l'entreprise jusque dans les années soixante-dix, bien qu'il passe alors de plus en plus de temps à se consacrer à la philosophie et à la réflexion, laissant à d'autres le soin de la

gestion. L'entreprise a toujours extrêmement bien réussi à attirer des ingénieurs talentueux, à commencer par Ronald Jenkins, le maître à penser de la construction à coque, et Peter Dunican, figure majeure dans le domaine des constructions du secteur public, sans oublier sir Jack Zunz, Povl Ahm, John Martin, Peter Rice♦ et bien d'autres. Depuis l'époque d'Arup, les dirigeants de l'entreprise ont élargi son idée de conception intégrée à la prise en compte des changements fondamentaux intervenus depuis au niveau mondial en matière de construction et d'environnement bâti.

L'ingénierie des structures est restée le noyau central de l'activité de l'entreprise ; elle répond en particulier avec succès aux attentes d'architectes dont les études se fondent sur une esthétique explicite de l'ingénierie. La nouvelle génération de projets d'Arup est d'emblée symbolisée par le Centre♦ Georges Pompidou (1971-1977), avec ses célèbres composants en acier moulé et ses services exposés aux regards ; il sera suivi d'innombrables autres bâtiments, parmi lesquels la Lloyds à Londres (1978-1986), le siège de la banque de Hong-Kong et Shanghai à Hong-Kong (1980-1986), et l'aéroport international du Kansai♦ au Japon (1988-1994). Dans le même temps, l'entreprise met au point une gamme de plus en plus large de spécialités d'ingénierie. Elle offre notamment des services en matière de génie civil et de construction – émanations directes de son activité principale – mais également dans les domaines de l'acoustique, de l'ingénierie anti-incendie, de la géotechnique et de la planification économique. L'implication d'Arup & Partners dans la section britannique, longuement attendue, de la liaison ferroviaire du tunnel sous la Manche, est un exemple parfait de pratique dans laquelle l'ingénieur assume un rôle d'entrepreneur pour trouver une solution d'aménagement idéale.

Arup est l'une des premières entreprises d'ingénierie à avoir investi dans la technologie informatique, surtout à l'occasion de la conception de l'opéra de Sydney. Les ordinateurs et la technologie électronique n'ont pas seulement constitué une stimulation et une aide à la conception ; ils ont également permis à l'entreprise de conserver une identité de groupe en dépit de sa diversification globale. Les communications internationales permettent aujourd'hui à l'entreprise d'atteindre un degré d'intégration qui dépasse ce qu'Ove Arup lui-même aurait jamais pu imaginer. **R. T.**

Paddington (gare de)

Londres, Grande-Bretagne, 1854.

Isambard Kingdom Brunel♦ a conçu toutes ses gares en allant jusqu'à prévoir la disposition des voies ; aux plus grandes d'entre elles, il a donné un style architectural de type Tudor, comme à Bristol et à Bath. Pour Paddington, il adopte la technique verre et fer employée pour le Crystal♦ Palace, ouvrage dont il a présidé le comité de construction. Le bâtiment de la gare de Paddington, d'une longueur de 213 m, est formé de trois ailes : l'aile centrale, de 31,20 m de largeur et 10,30 m de hauteur, est flanquée de deux ailes latérales, larges de 20,70 m et 21,30 m. Deux transepts intermédiaires larges de 15,20 m créent un vaste espace de circulation transversale et améliorent encore les qualités spatiales de l'ensemble. La structure est constituée d'arcs elliptiques continus en fer forgé, espacés de 3 m et portés par des poutres longitudinales en treillis qui couvrent une portée de 9,15 m, entre des colonnes en fonte creuses arrimées à de massives fondations en béton. Ces colonnes servent à la fois à apporter la rigidité latérale nécessaire et à recevoir les descentes d'eau de pluie. Les arcs sont recouverts de toitures inclinées conçues selon le système de vitrage à filet et sillon développé par Joseph Paxton. Fox Henderson est le principal entrepreneur.

Brunel tient à faire de Paddington un joyau architectural, et il invite l'architecte Digby Wyatt à l'assister dans la conception du revêtement décoratif en fer, des chapiteaux des colonnes et des perforations géométriques des arcs, ainsi que pour l'aménagement intérieur de la gare. Le résultat final est un bâtiment remarquable par l'élégance de ses proportions, avec une impressionnante façade intérieure tournée vers Bristol et, au-delà, New York. **F. N.**

Gare de Paddington.

Pont du Golden Gate
(page de gauche).

Panoramas (passage des)

Paris, France, 1800.

Près de trois cents passages sont construits en Europe au XIXe siècle, dont une cinquantaine à Paris. Contemporain des premiers magasins de nouveautés, ancêtre des grands magasins, le passage couvert – appelé aussi galerie – est une forme nouvelle d'organisation urbaine et commerciale inventée au XIXe siècle, dans le contexte de l'industrialisation naissante. L'originalité profonde des passages n'est pas seulement de grouper, le long d'un cheminement abrité par une verrière, une série de boutiques à l'architecture identique, dotées de vitrines chatoyantes, comme le long d'une rue bordée d'arcades. C'est aussi d'offrir un espace de représentation à une classe nouvelle, séduite par l'attrait des marchandises offertes aux regards sous la troublante lumière zénithale.

Premier passage construit en France avec le passage du Caire, le passage des Panoramas est édifié en 1800 sur le boulevard Montmartre entre les rotondes des panoramas, ces fameux tableaux cylindriques à grande échelle qui soulèvent une immense curiosité. Il déploie sa galerie unique à travers les jardins et les bâtiments de l'ancien hôtel de Montmorency, dont subsistent encore aujourd'hui quelques fragments, en

Passage des Panoramas.

direction du Palais-Royal, autre haut lieu de la vie parisienne à l'époque. L'architecture du passage est très simple, avec un ordonnancement de pilastres montant jusqu'en haut de l'unique étage, et un simple toit en bois percé de lucarnes, qui prodigue un éclairage zénithal. C'est dans le passage qu'auront lieu, en 1817, en France, les premiers essais d'éclairage public par le gaz.

Grâce à sa position stratégique sur le boule-

vard, le passage reste très animé tout au long du XIXe siècle ; c'est un lieu à la mode, doté de commerces renommés, lieu de rencontres de jour comme de nuit, encombré à toute heure. Il survivra à la destruction, en 1831, des panoramas dont l'attrait a faibli. À la suite du prolongement, en 1834, de la rue Vivienne jusqu'au boulevard, il est considérablement embelli et doté de nouvelles galeries, et connaît alors une seconde jeunesse, qui s'étire jusqu'à la fin du siècle avant de connaître la désaffection commune à tant d'autres passages. Il reste aujourd'hui quelques boutiques qui témoignent de sa splendeur passée, dont celle de l'ancien chocolatier Marquis.

Il faudra attendre les années 1970-1980 pour que soit rendu droit de cité aux passages couverts, malgré les visions prémonitoires des surréalistes, sensibles à la poésie particulière qui émane de ces lieux, et malgré la lucidité du philosophe Walter Benjamin, qui a vu en eux, dès les années trente, des lieux fondateurs de la modernité. **B. L.**

Paquebot

Objet fétiche des architectes et des ingénieurs du début du XXe siècle comme le sont l'automobile ou l'avion, le paquebot renvoie toutefois à une thématique quelque peu différente. La célèbre série de photographies montrant Isambard Kingdom Brunel◆ prenant la pose devant le *Great Eastern* en construction est susceptible d'égarer, au même titre que l'exaltation du design dynamique des navires que l'on peut lire sous la plume de certains théoriciens du Mouvement moderne. Certes, les allers et retours entre ingénierie des structures et construction navale n'ont point manqué, de Brunel qui dessine le *Great Eastern* en s'inspirant des caissons du pont Britannia◆ de Robert Stephenson◆, à Richard Buckminster Fuller◆ qui s'associe avec un architecte naval pour concevoir et produire sa voiture Dymaxion◆. Avec ses lignes profilées, le paquebot semble d'autre part jouer un rôle très similaire à celui de l'automobile ou de l'avion dans les planches de *Vers une architecture* de Le Corbusier. C'est oublier toutefois qu'il s'assimile avant tout à une habitation collective, voire à une « ville flottante ». Cette dernière expression se retrouve d'ailleurs sous la plume de Le Corbusier, après avoir servi de titre à l'un des ouvrages de Jules Verne.

De manière significative, ce rapport à

Paquebot. Le *Great Eastern* à quai.

Paquebot.
Le *Massilia* par Standy Hook (page de droite, en haut).
Cabine de première classe d'un paquebot par René Herbst. Modèle exposé lors du IXe Salon nautique international, Paris, 1935 (page de droite, en bas).

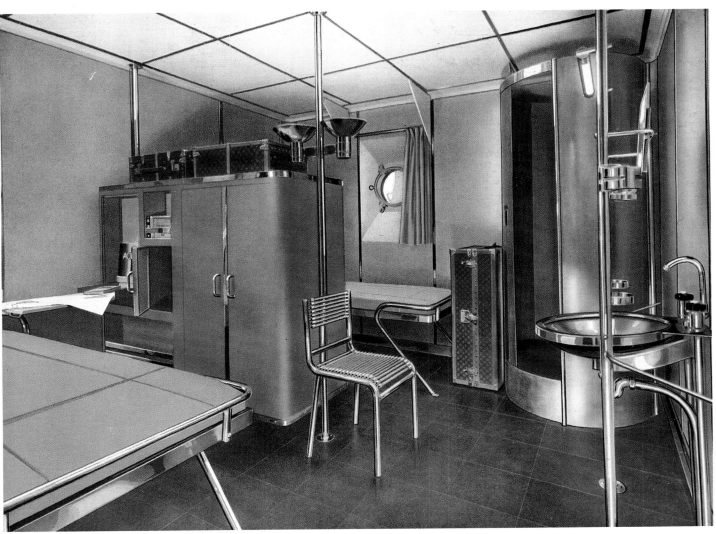

Parasismique (génie). Masse mobile,
au sommet d'un immeuble, destinée à contrebalancer
les mouvements provoqués par les séismes.

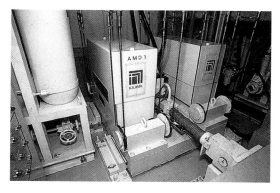

l'habitation collective et à la ville figure déjà dans la *Description du phalanstère* publiée en 1848 par l'ingénieur fouriériste Victor Considérant. « Était-il donc plus facile de loger dix-huit cents hommes au beau milieu de l'océan, à six cents lieues de toute côte, que de loger dans une construction unitaire dix-huit cents bons paysans en pleine Champagne ou bien en terre de Beauce ? » écrit notamment ce dernier à l'appui de sa critique des villes existantes, auxquelles le mouvement fouriériste se propose de substituer des phalanstères. Dès cette époque, le paquebot cristallise l'utopie d'un monde d'établissements humains rationnels, vastes machines capables de rendre compatible l'existence de règles collectives contraignantes avec l'exercice des libertés individuelles.

Au cours de la première moitié du XXe siècle, cette conciliation semble revêtir un caractère d'urgence au regard des deux perspectives qui menacent la société industrielle, d'un côté le totalitarisme, de l'autre l'émiettement des comportements individuels, avec son cortège de gaspillages et de désordres. Pour les ingénieurs, la figure du paquebot semble en outre renouer avec le caractère de célébration collective qu'avaient revêtu au cours du siècle précédent certains grands ouvrages, qu'ils aient été conçus à l'occasion d'expositions universelles, comme le Crystal♦ Palace ou la tour Eiffel♦, ou comme des symboles du génie inventif d'une nation, à l'instar du pont de Brooklyn♦. Restauration d'un sens de la communauté distinct de l'asservissement à des fins politiques ou techniques comme de cette forme primitive de régulation sociale que constitue la loi du plus fort, célébration où la technique prend des allures de destin collectif : ces deux dimensions ne peuvent que fasciner les héritiers de Joseph Paxton♦, Gustave Eiffel♦ et John A. Roebling♦. À cela s'ajoute une réponse à la fois minimale et profondément satisfaisante aux besoins quotidiens de l'homme. La cabine de paquebot fascinera durablement les ingénieurs – la salle de bains Dymaxion de Buckminster Fuller lui doit probablement quelque chose, au même titre que les blocs cuisine-salle de bains des maisons conçues par Jean Prouvé♦ pour l'abbé Pierre.

Triomphe du machinisme, le paquebot possède enfin le pouvoir de procurer à ses passagers un contact direct avec les éléments naturels, avec la mer et ses embruns, avec l'air chargé de sel et le soleil. On retrouvera cette ambition de conjuguer sophistication technique et vie simple et naturelle dans les projets de méga-structures des années cinquante et soixante. Avec son système d'escalators proposant une promenade aérienne, le Centre♦ Georges Pompidou porte encore la marque d'un tel dessein, au même titre que des réalisations plus contemporaines comme le terminal Haj de Djeddah♦. Si les paquebots font moins rêver à présent que les avions ou les stations spatiales, certains des thèmes dont ils étaient porteurs demeurent intacts : celui d'un art des structures à la fois collectif et propice à l'expression individuelle, celui d'une technique qui ne détruirait plus la nature mais la révélerait. **A. P.**

Parasismique (génie)

La croissance démographique et l'urbanisation ont accru les risques liés aux tremblements de terre, ainsi qu'en témoignent nombre de catastrophes récentes, comme celles de Los Angeles aux États-Unis ou de Kôbe au Japon. En liaison étroite avec l'étude scientifique des séismes, un génie parasismique s'est du même coup développé, qui étudie les effets des tremblements de terre sur les constructions et les ouvrages d'art en vue d'en tirer des règles de conception et de réalisation conduisant à une meilleure sécurité. Les tremblements de terre se caractérisent par des mouvements vibratoires du sol, de forte amplitude et de nature aléatoire, qui induisent des forces d'inertie importantes dans les édifices. Quelques principes de base peuvent permettre à ces derniers de résister à de telles sollicitations. Un soin particulier doit tout d'abord être apporté aux fondations. Les ouvrages fondés trop superficiellement ou sur des sols déformables résistent moins bien que ceux qui sont assis sur des couches plus profondes ou sur des sols rocheux. Dans le cas d'immeubles suffisamment rigides, on peut prévoir des isolateurs permettant à l'immeuble de se déplacer d'un seul bloc au-dessus des fondations. La structure doit être d'autre part en mesure de dissiper une partie de l'énergie qui lui est communiquée sans se disloquer. En d'autres termes, il lui faut être suffisamment ductile, c'est-à-dire capable de se déformer au-delà de sa limite d'élasticité.

La nature des matériaux employés joue un grand rôle, au même titre que le type de solidarisation entre les éléments structurels. Résistant à la traction et ductile, le métal constitue un excellent matériau. Quoique moins ductile que l'acier, le béton répond également de manière satisfaisante aux exigences du génie parasismique, à condition de veiller à la parfaite continuité constructive entre les différentes séquences de bétonnage et de renforcer les zones les plus sensibles, comme le voisinage des nœuds d'ossature. Consistant en l'association d'une charpente métallique avec une protection en béton armé, le ferrobéton japonais tire parti des qualités respectives des deux matériaux. La maçonnerie résistant enfin beaucoup moins bien aux séismes, elle doit être généralement renforcée au moyen d'éléments en béton armé.

D'autres principes portent sur la forme des constructions. Il est par exemple recommandé de limiter les différences de hauteur entre les parties d'un même bâtiment et, plus généralement, d'avoir recours à un parti architectural aussi simple et homogène que possible, des dissymétries importantes pouvant engendrer des oscillations et des sollicitations parasites.

L'élaboration de systèmes de protection plus dynamiques compte parmi les directions de développement actuelles du génie parasismique. Testée avec succès en 1989 par l'entreprise japonaise Kajima, l'une des techniques les plus prometteuses consiste à disposer des masses mobiles au sommet des immeubles. Commandées par ordinateur, ces masses doivent permettre de contrebalancer les mouvements provoqués par les séismes.

Les difficultés auxquelles se heurtent tant la modélisation des séismes que celle des effets qu'ils induisent sur les structures constituent toutefois l'une des limites du génie parasismique. Dans le domaine post-élastique, les problèmes ne sont plus linéaires et leur résolution ne peut être qu'approchée. Une autre limite tient au surcoût entraîné par le respect des prescriptions parasismiques. À l'exception des installations à hauts risques comme les centrales nucléaires ou les barrages, des arbitrages entre exigences de sécurité et logiques économiques s'avèrent presque toujours nécessaires. **A. P.**

VOIR AUSSI **Sécurité**.

Parc des Princes (stade du)

Paris, France, 1972.

L'idée du stade du Parc des Princes est née fortuitement en 1966. Le tracé du boulevard périphérique oblige en effet à écorner l'ancien Vélodrome, ce qui suppose la rénovation de ce dernier, en vertu de la loi Borotra énonçant le remplacement à l'identique des équipements sportifs supprimés ou démolis de Paris. Souhaitant doter la capitale d'un stade international, le conseil de Paris confie en 1967 ce projet à l'architecte Roger Taillibert et, en 1968, à l'entreprise Bouygues♦.

La construction a été celle d'un prototype : inauguré en 1972, c'est alors le premier stade au monde réalisé en béton précontraint.

Tracé sur plan elliptique, le stade se compose d'un anneau de gradins couverts comportant 50 000 places assises, disposés sur 50 portiques de tailles inégales, en porte-à-faux et reliés entre eux par un bandeau horizontal. L'ensemble portique-bandeau est constitué de voussoirs différents. Préfabriqués industriellement dans des moules à géométrie variable, ces voussoirs sont assemblés « à l'avancement » : successivement posés, collés avec une résine époxy puis rendus monolithiques par précontrainte.

Ce procédé, extrapolation de celui que l'on utilise pour la construction des ponts, a été imaginé par l'ingénieur Pierre Richard♦, directeur scientifique chez Bouygues. Il permet aux spectateurs d'avoir une visibilité totale et d'être protégés par une couverture à double courbure en acier. En nocturne, leur visibilité est améliorée par un système d'éclairage alors inédit en Europe, intégré à la structure, dans le bandeau. **S. G. C.**

Pauli (Friedrich August von)

Osthofen, Rhénanie-Palatinat, Allemagne, 1802 – Munich, 1883.

Avec près de cinquante années d'activité officielle, Friedrich August von Pauli a exercé une influence décisive sur l'histoire des techniques en Bavière, notamment dans le domaine des ouvrages ferroviaires. Après des études de mathématiques à Göttingen (1822-1823), il entre dans les services publics, puis obtient en 1833 sa nomination au poste de professeur de mécanique à l'université de Munich, fonction qu'il n'exercera cependant pas, pour des raisons de surcharge de travail.

De 1841 à 1860, il est directeur technique de la commission à la construction des chemins de fer royaux, et, de 1856 à 1872, président de l'autorité supérieure chargée des travaux publics au sein de l'État bavarois. Le nom de Pauli est connu des spécialistes pour ses poutres lenticulaires, pour lesquelles il obtient un brevet en 1856. Il avait déjà employé en 1853 une forme primitive du même principe pour construire le pont sur la Günz, à Günzburg, mais n'avait rencontré qu'un très mince succès, puisque la membrure supérieure avait rapidement cédé et que la structure avait dû être consolidée.

La poutre désormais améliorée et brevetée, à « membrures supérieure et inférieure incurvées », présente des contraintes maximales égales dans les deux membrures et fait suite à la poutre lenticulaire développée par Georg Ludwig Friedrich Laves♦ dans les années 1830. La première application de la poutre Pauli intervient avec la construction du pont sur l'Isar♦, près de Großhesselohe, en 1857. Heinrich Gerber♦ jouera un rôle prépondérant dans son calcul, sa réalisation technique et sa diffusion. Le système a trouvé de multiples applications en Bavière. Dans d'autres régions, cependant, les ingénieurs ont souvent préféré la poutre *bow-string*, plus simple, et qui offre les mêmes avantages. **C. S.**

Paxton (Joseph)

Milton-Bryant, Bedfordshire, Grande-Bretagne, 1803 – Sydenham, Londres, 1865.

Joseph Paxton, architecte, horticulteur et homme d'affaires, est surtout connu pour avoir conçu le Crystal♦ Palace en 1851. La proposition qu'il fait pour cet édifice – une structure préfabriquée en bois, en verre et en fer – se fonde sur son expérience des bâtiments pour jardins, acquise à Chatsworth, dans le Derbyshire, alors qu'il travaille pour le compte du sixième duc du Devonshire, qui le nomme jardinier en chef en 1826. Parmi ses réalisations pour jardins, les plus importantes sont la grande serre (1836-1840) et la Lily House (1849-1850) de Chatsworth♦, ainsi que d'importants systèmes hydrauliques et des aménagements d'espaces verts.

Vers 1850, il a acquis une solide réputation de concepteur de jardins, ayant dessiné et réalisé des parcs urbains comme le Princes Park de Liverpool et le parc de Birkenhead. Il est alors aussi directeur de deux compagnies de chemin de fer. Le succès que connaîtra la conception du Crystal Palace est dû aussi bien à sa gestion avisée qu'à son talent de concepteur. Après la Grande Exposition de 1851, Paxton jouera un rôle prépondérant dans le transfert du bâtiment à Sydenham, et dans sa reconstruction selon un plan amélioré et plus ambitieux.

Les ouvrages d'architecture de Paxton reflètent le courant historiciste qui prévaut à l'époque. Outre les bâtiments qu'il a construits pour le duc du Devonshire, on lui doit également deux maisons pour la famille Rothschild. Son palais de cristal à Saint-Cloud, près de Paris (vers 1861), aurait été aussi audacieux que le Crystal Palace, mais n'a malheureusement jamais vu le jour. **R. T.**

Pensée technique

La construction représente un pourcentage important du produit intérieur brut de bien des pays et constitue donc un élément important de notre civilisation. Elle est importante aussi pour notre culture et elle est régie par un mode de pensée particulier.

Les scientifiques comme les humanistes s'efforcent de mieux connaître la nature pour en tirer des enseignements. Les artistes créent des objets qui répondent à des besoins immatériels et s'intéressent aux réactions qu'ils suscitent. Les concepteurs, constructeurs et technologues fabriquent des objets à l'usage de l'humanité. La pensée technique employée par cette catégorie de personnes est une forme hybride qui combine la forme « matricielle » ou contextuelle du mode de pensée intuitif des artistes et la pensée analytique scientifique. Comme les artistes, les constructeurs sont des « créateurs » ; ils utilisent une forme de technologie globalisante ou « douce » pour réaliser des objets, et non pour procéder à leur analyse mathématique. La technologie « douce » dépasse les frontières entre l'idéal et le pragmatique ; elle réalise un équilibre entre les théories de la forme et de la perception, les méthodes des sciences et des mathématiques, et les pratiques en jeu dans les relations qu'ont les humains entre eux ou avec les choses matérielles.

La pensée analytique porte sur des abstractions, c'est-à-dire des concepts, des hypothèses et des théories, alors que les créateurs s'intéressent aux objets. Les chercheurs scientifiques ont une démarche analytique ; leur pensée s'inscrit dans le cadre d'un système hiérarchisé, celui de la méthode scientifique. Les créateurs le font aussi, mais ils font plus. Les procédés de construction comme les processus de réalisation sont tributaires de la conception ; les constructeurs font appel à des valeurs personnelles et culturelles pour combiner les éléments d'un projet et les inscrire dans leur contexte. Contrairement à la méthode scientifique, une méthode technique ne vaut que si l'objet fonctionne, et non la logique de l'objet. C'est pourquoi les constructeurs ne se préoccupent pas d'épistémologie. C'est aussi la raison pour laquelle des inventeurs autodidactes continuent d'essayer de trouver le mouvement perpétuel, bien que l'impossibilité en ait été démontrée.

La méthode scientifique reste à l'intérieur de limites clairement définies ; elle est indépendante du système de valeurs personnelles du penseur. Elle utilise des procédés que chacun peut appliquer pour obtenir des réponses dénuées d'ambiguïté à certaines questions. Les constructeurs recourent à cette forme de pensée pour analyser la conception des bâtiments et pour en contrôler le processus de synthèse. Au cours de l'édification en 1756 du phare d'Eddystone♦, au large de la côte méridionale de l'Angleterre, John Smeaton♦ introduisit la méthode scientifique dans ses études de conception pour comprendre et analyser les propriétés chimiques du ciment hydraulique. Mais son objectif était plus technologique que scientifique ; il cherchait à améliorer son ouvrage et non pas simplement à approfondir la connaissance qu'il avait du ciment. Soixante-dix ans plus tard, Henri Navier♦ recourut explicitement à la méthode scientifique dans la construction, en mettant au point des modèles d'analyse structurale indépendants de l'échelle et du matériau. La manière dont il définit les sollicitations auxquelles se trouve soumis un pont, par exemple, en partant d'une charge unitaire de 200 kg/m² au lieu de les déterminer en fonction du site, a permis aux ingénieurs de comparer de manière objective différentes conditions de portée et de charge et d'en déduire des caractéristiques quantifiables, applicables à toute une gamme de cas particuliers. La pensée scientifique permet ainsi aux constructeurs de comprendre le comportement technologique des matériaux ; elle ne les aide pas pour autant dans la conception. C'est un outil utile pour analyser et optimiser la conception d'un projet ou une réalisation déjà effectuée, mais pas pour la créer. Les constructeurs font appel à la pensée associative, le versant de la pensée technologique servant à créer structures et processus. Seuls ceux qui pratiquent ce mode de pensée hybride savent que l'*homo sapiens* rencontre l'*homo faber* dans la technologie. Tous les autres n'y voient qu'un danger de « pollution » de leur forme exclusive de pensée. La pensée technologique est plus souple que chacune de ses deux composantes. Poursuivant des objectifs différents, la science et la conception entretiennent dans la technologie des relations peu aisées, de type dialectique, formant un équilibre intellectuel instable qui permet de créer des solutions utiles.

Échelle et concept de système

L'une des différences majeures entre les tenants de la pensée technique réside dans leur conception de l'échelle. Cette différence se traduit même dans le langage utilisé par les chercheurs et par les concepteurs. Un « détail », pour un chercheur, est une « partie hiérarchiquement mineure et subordonnée » d'un système, alors que, pour un concepteur, c'est un « problème à petite échelle ». Les joints défectueux sur la navette *Challenger* en 1986, par exemple, constituaient un problème vital posé sur une petite échelle et non un élément mineur. Sculpteurs et architectes savent intuitivement qu'un changement d'échelle modifie toutes les proportions et toutes les relations entre les parties ; depuis Galilée, les ingénieurs ont toujours élaboré des « lois de modélisation » qui définissent ce type de relation. Louis-Joseph Vicat♦, pionnier du béton, a franchi par inadvertance, en 1831, la limite de ce que l'analyse scientifique peut apporter à la construction, parce qu'il a négligé la question essentielle de l'échelle. Quoique ingénieur, il ne s'est pas attaché, lorsqu'il a étudié les propriétés antirouille du ciment, à réaliser un objet qui fonctionne comme l'aurait fait un technicien. Vicat noya des fils métalliques dans du mortier et constata, lors d'essais réalisés en laboratoire, que ce dernier inhibait la rouille. Il prescrit donc de couler du mortier liquide dans les fondations des câbles des ponts suspendus. Mais les gros câbles vibrent et tendent à se dégager de leurs ancrages, finissant par rouiller et céder. Vicat avait négligé de réaliser son essai de laboratoire en grandeur et dans les conditions réelles. On retrouve cette distinction entre expérimentation et pratique dans ce qui a motivé la création, en 1829, de l'École centrale des arts et manufactures de Paris, dont l'orientation pratique s'est inscrite en réaction contre l'École polytechnique, tenante de la pensée scientifique abstraite. C'est un diplômé de l'École centrale, Gustave Eiffel♦, qui appliquera avec succès son système d'assemblage de composants à ses ponts et à sa tour – deux conceptions dont l'échelle est le pivot. Un autre centralien, William Le Baron Jenney♦, apportera une contribution importante à l'élaboration des méthodes de construction des immeubles de grande hauteur.

Le mot « système » revêt des sens différents pour le scientifique et pour le bâtisseur. Pour chacun d'eux, il signifie le principe qui gouverne les relations entre les parties et le tout ; mais le scientifique le comprend comme le principe organisateur hiérarchisé qui distingue l'essentiel du secondaire, alors que le concepteur-constructeur le comprend comme un jeu d'éléments non hiérarchisés. Même les constructeurs des tout premiers ponts de fer du XIXᵉ siècle n'ont pas procédé de manière hiérarchique en allant du tout à la partie, mais ils ont élaboré des ensembles d'éléments et de liaisons normalisés, tout en concevant la forme globale. Ils ont utilisé une démarche dialectique, réalisant un équilibre entre les différentes échelles dans leur processus de conception, ce qui rendait le détail aussi important à leurs yeux que le tout. De ce fait, ces constructeurs ont commencé à comprendre la conception, la fabrication et l'assemblage comme des processus. Cette forme de pensée systémique a normalisé les relations entre les éléments et donné naissance à la fabrication économique et répétitive de composants ; elle a également introduit des concepts comme le comportement structural monolithique ou la redondance structurale. Le système mis en œuvre par Eiffel, une matrice de conception constituée de constantes et de variables structurales, a amené l'idée de système de construction à maturité vers la fin du XIXᵉ siècle. Son catalogue, simple et pourtant sophistiqué, de pièces de fer forgé et de règles de liaison pour le viaduc de Garabit♦ (1884) et pour sa tour (1889) a ouvert la voie à la construction des ponts en acier et des immeubles de grande hauteur modernes.

Une pensée procédurale

Les constructeurs ont besoin de faire appel à des stratégies intellectuelles pour étayer la conception systémique. La qualité associative de la pensée matricielle les conduit à transformer ou à traduire l'information d'un format dans un autre. La transformation remodèle l'information dans le cadre d'un domaine déterminé, alors que la traduction traverse les frontières et transpose l'information d'un domaine dans un autre. On trouve de nombreux exemples de ces deux processus dans le bâtiment. Lorsqu'il construisit la fonderie Sayn (1830-1845) à Bendorf, près de Coblence, le fondeur de fonte prussien Karl Ludwig Althans transforma de gigantesques ressorts de wagon en acier en membrures de poutres-treillis *fish-belly*, et des boulets de canon en roulements à billes pour ses grues pivotantes à portée variable. L'ingénieur Marc I. Brunel♦ observa comment le mollusque *Terredo Navalis* perforait les pièces de bois des bateaux ; il en traduisit le processus pour réaliser le premier tunnelier mécanique pour le tunnel sous la Tamise (1824-1843). De tels processus de trans-

formation ou de traduction sont caractéristiques de l'aspect associatif ou « matriciel » de la pensée technologique. À l'évidence, le franchissement de frontières culturelles favorise aussi le processus de traduction. Lors des travaux du pont Victoria de Robert Stephenson♦ sur le Saint-Laurent à Montréal (1854-1859), les mécaniciens britanniques qui avaient émigré en Amérique du Nord semblaient capables de construire des machines plus performantes que ceux qui étaient restés au pays.

Une autre stratégie répandue dans la pensée technique consiste à décomposer les problèmes présentant des données conflictuelles en leurs éléments constituants pour résoudre ces éléments les uns après les autres, puis à réunir les résultats successivement obtenus pour aboutir à une solution globale. La structure rigide de Richard Turner♦ pour la palmeraie de Kew♦ (1848) était susceptible de se dilater et de se contracter avec les changements de température. Il sépara les pannes reliant les profilés de structure, celles qui portaient les vitres et celles qui stabilisaient les meneaux ; puis il assembla ces pannes entre elles par des joints souples. Lorsqu'un goulot d'étranglement survenu dans la chaîne des opérations menaça d'interrompre le montage du Crystal♦ Palace de Londres, en 1850, l'entrepreneur Charles Fox accéléra le processus en dissociant la séquence linéaire d'édification de la géométrie structurale modulaire. Lors de la construction des ponts Britannia♦ et Conway (1846-1850), Robert Stephenson et William Fairbairn♦ ont gagné du temps en recourant audacieusement à la méthode du chemin critique, afin de coordonner en parallèle les phases d'expérimentation, de conception et d'édification. Les notions stratégiques et tactiques dérivées de la pensée militaire fournirent aux constructeurs d'autres outils, qui leur permirent notamment de résoudre des problèmes présentant des paramètres interdépendants et fluctuants sans cesse, et de faire face à des aléas, comme ceux qui ont caractérisé la construction du canal de Panama (1884-1914).

Différences entre pensée architecturale et pensée technique

Architectes et ingénieurs manient différemment la pensée technique. Ce qui les distingue surtout, c'est que les ingénieurs font généralement appel, pour élaborer leurs études de conception, au langage abstrait et à la notation mathématique, alors que les architectes

emploient un langage visuel et un système de représentation graphique. Ce clivage a été renforcé par l'introduction de la statique analytique, par Henri Navier notamment, au début du XIXᵉ siècle.

Ingénieurs et architectes sont habitués à voir des choses différentes dans le même objet. L'ingénieur traduit instinctivement ce qu'il voit en un modèle abstrait et il en ignore souvent l'aspect visuel, alors que l'architecte cherche à mettre en évidence une logique ou une structure formelle, en éliminant tous les concepts non-visuels. Le nœud d'une structure en treillis est, pour l'ingénieur, la convergence de forces en un point abstrait alors qu'il constitue, pour l'architecte, un élément géométrique structural. L'ingénieur voit une « poutre simple » dans une poutre-treillis *bow-string*, parce que celle-ci n'exerce que des efforts verticaux et aucune poussée sur ses supports, alors qu'il s'agit visuellement pour l'architecte d'une arche avec un entrait. Ces différentes façons de voir le même objet varient aussi dans le temps. Il y a un siècle, les constructeurs considéraient l'arc à tirant comme un procédé d'édification. Ils l'appelaient « pont suspendu » parce que l'élément principal, le tablier, est suspendu à l'arc par des tiges. Les mots « poutre », « arche » et « système de suspension » donnent tous des interprétations correctes de cet objet. Chaque point de vue dépend entièrement de ce que le constructeur considère comme étant le plus important, et du degré de brassage des modes de pensée analytique, créatif et procédural qui prévaut dans la branche de la profession au moment où l'on parle.

Architectes et ingénieurs poursuivent aussi des objectifs professionnels différents. Traditionnellement, les architectes s'intéressent davantage au produit fini qu'à sa fabrication. Cela s'explique par le fait que l'origine de leur profession est antérieure à la révolution industrielle et à son produit conceptuel, l'approche « systémique ». C'est pourquoi les revues d'architecture décrivent généralement les bâtiments à l'état neuf, sans trace d'utilisation ou d'utilisateur. Cette façon de voir est en train de changer, mais lentement. La science de l'ingénieur, profession moderne née de la révolution industrielle, s'intéresse davantage aux processus. L'ingénieur se préoccupe en premier lieu d'agencer ou d'analyser des systèmes ; il est ensuite sollicité par l'organisation d'opérations comme le financement, la planification, le calcul, la fabrication, l'édification, la maintenance, la modification, le réaménagement, la gestion des accidents et la démolition. C'est pourquoi les photos des revues techniques d'ingénieur exposent à la fois les procédés de construction et de démolition. Une étude de faisabilité architecturale est également différente d'une étude de faisabilité technique. La première décrit ce qu'il est possible de réaliser en fonction d'un site déterminé, la seconde est une étude orientée sur les procédés à mettre en œuvre pour réaliser un objectif déterminé.

La pensée technique se caractérise par sa nature hybride, dialectique et fluctuante. Elle emprunte librement et de façon créative à d'autres formes de pensée des méthodes et des stratégies qu'elle interprète « à contre-sens ». Son inventivité et sa souplesse lui permettent de s'adapter à de nombreuses situations, et d'exercer en retour une influence sur d'autres modes de pensée contemporains. Scientifiques, artistes, économistes, hommes d'affaires et même humanistes ont adopté certains aspects de la pensée technique, qui est ainsi devenue la forme de pensée prédominante de notre époque, intimement liée à la création et à l'élaboration de nouveaux concepts. **T. F. P.**

VOIR AUSSI **Architectes et ingénieurs** ;
Invention ; **Sciences de l'ingénieur** ;
Structures (calcul des).

Pérez Piñero (Emilio)

Valence, Espagne, 1935 – Calasparra,
province de Murcie, Espagne, 1972.

Admis à l'École supérieure d'architecture de Madrid, Emilio Pérez Piñero obtient son diplôme en 1962. Il consacrera toute son activité professionnelle aux systèmes de structures faciles à monter, à enlever et à transporter : essentiellement des structures rigides pliables et démontables.

En 1961, alors qu'il est encore étudiant en quatrième année d'architecture, l'UIA (Union internationale des architectes) ouvre à Londres son 6ᵉ congrès en organisant un concours international pour étudiants en architecture, sur le thème du théâtre ambulant. Le projet de Pérez Piñero est sélectionné pour représenter l'école de Madrid ; une fois à Londres, il remporte le premier prix avec mention spéciale du jury, qui qualifie l'invention de l'étudiant espagnol de « contribution technique de premier ordre révolutionnant le monde des structures spatiales ». Parmi les membres du jury se trouvent Richard

Buckminster Fuller♦ et Felix Candela♦. La même année, Pérez Piñero reçoit la médaille d'or de la biennale de théâtre de São Paulo (Brésil).

Une exposition de ses œuvres est organisée en février 1962 à Munich, tandis qu'il donne une série de conférences dans des écoles allemandes d'ingénieurs et d'architecture. Au mois d'avril, il reçoit la médaille d'or avec les félicitations du jury du Salon des brevets de Bruxelles. Au mois d'août, a lieu une exposition de maquettes et de modèles de ses structures à Tôkyô (Japon).

Il se consacre entièrement l'année suivante à l'étude et à l'amélioration de ses structures, tout en développant de nouveaux systèmes, qu'il applique à la réalisation, en 1964, de sa première œuvre véritable. Il s'agit d'un pavillon d'exposition transportable, constitué d'une structure pliable en alliage d'aluminium de 8 000 m², dont la durée totale de la conception, de la fabrication et du montage aura duré trois mois.

Il approfondit alors ses recherches, en construisant plusieurs modèles à échelle réduite. Il commence à s'intéresser aux coupoles géodésiques, pour lesquelles il conçoit une méthode très simplifiée de montage et de démontage, en utilisant des éléments préfabriqués composés de 12 barres, évitant ainsi le montage barre par barre.

En 1966, il est nommé membre du comité organisateur de la conférence internationale sur les structures spatiales, qui se tient au Royaume-Uni.

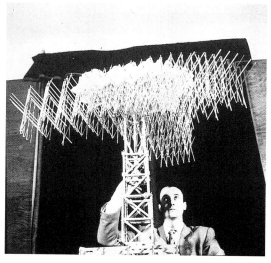

Pérez Piñero (Emilio). Structure réticulaire déployable.

Il construit, au moyen de deux coupoles géodésiques démontables, un théâtre ambulant pouvant accueillir 2 400 spectateurs, puis une coupole réticulaire démontable qui abrite une salle de projection pouvant contenir 1 500 spectateurs. Le montage, comme le démontage, de ces coupoles est réalisable en trois ou quatre jours.

De 1968 à 1969, il est associé avec Felix Candela. Il donne plusieurs conférences dans des universités aux États-Unis. La NASA lui propose de construire une serre sur la Lune. Pérez Piñero répond vingt jours plus tard en présentant un projet de coupole réticulaire qui se déplie automatiquement et qui, logée dans le module spatial, se met en place sur la Lune sans l'intervention de l'homme. La Marine américaine s'intéresse également à ses structures, dans le but de construire des abris dans l'Antarctique. Malgré une réponse rapide de l'architecte, aucun de ces deux projets n'a été réalisé.

En 1971, il réalise les couvertures des gisements archéologiques de Tarragone, et il construit la coupole du musée Dalí à Figueras. Le prix Auguste Perret de l'UIA lui est attribué en 1972, année où il connaît la mort dans un accident de voiture, à trente-six ans.

La fondation Emilio Pérez Piñero, dont le siège se trouve à Calasparra, se consacre aujourd'hui à la diffusion de l'œuvre de l'architecte. **E. P. B.**

Performance

Une performance, de quelque nature qu'elle soit, est inséparable de son époque ; un ouvrage ne peut donc être jugé et évalué que par rapport aux connaissances et aux techniques de son temps. C'est ainsi que l'art de la construction des ponts a évolué au cours des siècles, essentiellement grâce aux progrès des matériaux.

Les matériaux naturels ont été employés sous leur forme brute pour construire des passerelles primitives épousant toutes les formes structurelles : une dalle de pierre sur deux appuis, un simple tronc d'arbre en travers d'un ruisseau fonctionnent comme une poutre ; les passerelles de lianes préfigurent les ponts suspendus. La conception et la construction des ponts ont ensuite été rationalisées, en Chine et dans l'Empire romain, sous des formes qui ont persisté jusqu'à la fin du XIXe siècle. Le bois était le plus fréquemment utilisé ; il permettait une grande variété de structures : ponts à poutres et palées que les armées romaines savaient construire en quelques jours, ponts en arc

comme celui de la colonne Trajane, chefs-d'œuvre de l'ingénierie comme certains ponts suisses du XVIIIe siècle, jusqu'aux échafaudages gigantesques édifiés pour les chemins de fer américains. Mais la durée de vie de ces ouvrages en bois était assez courte, si bien que l'image des arches de pierre s'est imposée comme celle du pont par excellence.

Les grands ponts de pierre étaient des œuvres majeures, symboles de la puissance et de la richesse des pays et des princes qui les construisaient ; ils étaient quelquefois décorés, notamment dans les villes ; mais le plus souvent, leur architecture résultait des exigences et des détails inhérents à leur construction. Les progrès sont venus au cours de trois grandes époques : la Renaissance italienne, la France du XVIIIe siècle, avec la création du corps des Ponts et Chaussées et de son école, et l'époque des dernières grandes voûtes, construites à la fin du siècle dernier pour les chemins de fer.

Mais c'est certainement la construction métallique qui constitue l'exemple le plus significatif de l'évolution permise par les progrès des matériaux. La fonte des origines ne permettait en effet de construire que des arcs, puisqu'elle ne résiste pas à la traction ; elle a été remplacée par le fer, avec lequel on a pu construire des ouvrages de tous types – arcs, poutres et ponts suspendus –, puis par l'acier, dont les caractéristiques n'ont pas cessé de s'améliorer depuis le milieu du XIXe siècle. Dans le même temps, les modes d'assemblage devenaient de plus en plus efficaces : boulonnage, rivetage et enfin, à partir de la dernière guerre, soudage, lorsque les progrès de la métallurgie l'ont permis.

Toute l'évolution de la construction métallique découle de ces progrès, mais aussi des bouleversements économiques : le coût des matériaux s'est effondré, tandis que celui de la main-d'œuvre n'a cessé d'augmenter depuis la Première Guerre mondiale. Au XIXe siècle, l'art de l'ingénieur consistait à économiser une matière qui coûtait cher, à la découper en de nombreux éléments pour en réduire le poids, ce au prix d'une main-d'œuvre considérable mais bon marché. C'est la recherche d'une grande économie, d'une grande efficacité qui a sous-tendu la conception des ouvrages en treillis de Gustave Eiffel♦, qu'il s'agisse de sa tour, du viaduc de Garabit♦ ou de ses autres ouvrages. Toute son œuvre est le fruit d'une grande rigueur scientifique – comme dans ses analyses des effets du vent, un domaine où il a été un précurseur reconnu – et d'un souci rationnel et

permanent de l'économie ; c'est cette double démarche qui explique la modernité de ses constructions.

Aujourd'hui, c'est la main-d'œuvre qu'il faut limiter, et donc les longueurs de soudure ; le même esprit d'efficacité et de performance conduit donc, à l'inverse, à concentrer la matière en tôles épaisses, avec un nombre d'éléments structurels et un raidissage aussi réduits que possible pour limiter le nombre des soudures. Le développement de l'informatique et de la robotisation autorise aujourd'hui une véritable conception-fabrication assistée par ordinateur : l'ingénieur définit les formes et les dimensions sur une console, l'ordinateur prépare les commandes de tôles et organise leur découpage ; des machines à commandes numériques marquent, tracent, percent et découpent ; d'autres machines de manutention et de soudage automatique permettent de réaliser les éléments de charpente avec un minimum de main-d'œuvre.

Le béton précontraint est beaucoup plus récent que l'acier. Les liants hydrauliques ont été découverts par les Romains, qui ont développé une construction d'arcs en maçonnerie en reprenant les formes de la pierre ; mais ce n'est qu'au XIXe siècle que le béton a véritablement pris son essor, avec la fabrication des ciments artificiels et l'invention du béton armé. Comme à chaque fois qu'un nouveau matériau est utilisé, les ouvrages réalisés reprenaient des formes classiques ; on a donc construit d'abord des arcs massifs, inspirés de la maçonnerie, et des treillis à l'imitation de la construction métallique ; ce n'est qu'ensuite que le béton armé a pris ses formes propres de poutres et de dalles, toujours sous l'influence des coûts respectifs de la main-d'œuvre et de la matière. L'invention du béton précontraint par Eugène Freyssinet♦ a été une révolution, car la précontrainte a permis, petit à petit, de construire des ouvrages de plus en plus audacieux, venant, malgré leur poids, concurrencer la construction métallique pour atteindre des portées de l'ordre de 500 m.

De façon générale, la construction s'est largement industrialisée depuis le milieu des années soixante ; après avoir permis, avec des moyens limités, la reconstruction des ouvrages détruits pendant la guerre, elle a créé les réseaux de transport et de communication modernes. La puissance et la capacité de l'industrie de la construction sont aujourd'hui telles qu'elles modifient la géographie du monde : les îles du Japon sont désormais reliées entre elles par des ponts et des tunnels, tandis que l'île de Copenhague, jadis isolée entre le Jutland, l'Allemagne et la Suède, est en passe de devenir un nœud de communications terrestres grâce aux ouvrages en cours de construction à l'ouest, à l'est et, bientôt, au sud.

Cependant, les progrès considérables accomplis par la science et par la technologie ont dans le même temps radicalement modifié nos habitudes et notre mode de vie ; ce qui n'était qu'un rêve il y a vingt ans est quelquefois devenu réalité quotidienne. Le développement spectaculaire de l'informatique sous toutes ses formes ouvre d'immenses possibilités de création et de production. Dans ce contexte de bouleversement explosif de nos connaissances et de nos moyens, les secteurs traditionnels ont perdu de leur éclat, et ce qui était hier considéré comme un exploit technique est aujourd'hui tenu pour banal et sans intérêt. C'est le cas notamment des constructions de génie civil.

La rapidité avec laquelle ces changements se produisent est en elle-même une source d'inquiétude et de doute pour ceux, de plus en plus nombreux, qui se sentent dépassés par ces progrès – sans compter les incidences parfois négatives qu'ils ont sur la vie quotidienne et sur l'avenir de notre société. Mais alors que les plus graves problèmes de notre civilisation sont ceux que posent le développement urbain et la médiocrité habituelle de l'habitat populaire, ce sont les structures de transport (autoroutes, voies ferrées, aéroports) qui suscitent les plus vives réactions de rejet. Leur qualité a pourtant toujours fait l'objet de soins beaucoup plus attentifs que la planification urbaine et la construction des barres d'immeubles dans les banlieues, et leur intégration optimale dans l'environnement est aujourd'hui le but d'études extrêmement approfondies.

L'une des réactions les plus caractéristiques d'une civilisation déstabilisée par une évolution qui la dépasse est un goût marqué pour l'irrationnel, bien souvent accompagné d'un retour vers le passé.

Prétendant que les structures ne posent plus de problèmes de calcul, du fait de la puissance des ordinateurs modernes, certains s'imaginent aujourd'hui qu'on peut construire n'importe quoi et proposent des ouvrages structurellement absurdes, ridicules aux yeux de ceux qui sont sensibles au cheminement réel des efforts. Tout d'abord, ils assimilent, à tort, le travail de l'ingénieur au calcul, alors que le véritable rôle de l'ingénieur est d'organiser la matière, pour

acheminer de la façon la plus simple, la plus naturelle et la plus efficace les efforts du point d'application des charges aux fondations ; un véritable concepteur sent, d'une façon presque intuitive, comment canaliser les forces et comment disposer la matière pour les équilibrer ; le calcul n'est pour lui qu'un moyen subalterne, permettant de contrôler les choix de la conception et de faire des analyses détaillées des pièces complexes. Et ensuite, ils s'écartent – par provocation, ou à cause d'une recherche excessive de l'originalité – de l'éthique même de la conception, qui est de tendre à la plus grande efficacité structurelle… sans parler de l'éthique des travaux publics, au sens fort des travaux faits pour la collectivité, quand leur fantaisie conduit à des dépenses exagérées.

Le retour vers le passé, et plus précisément vers certaines structures métalliques du XIXᵉ siècle, procède quant à lui – consciemment ou non – d'un refus de la véritable modernité, et d'une ignorance des multiples possibilités structurelles aujourd'hui permises aux ingénieurs par l'évolution des matériaux et des techniques. Ce retour vers le passé va également à l'encontre de la démarche des grands constructeurs dont il prétend pourtant s'inspirer, car la reproduction de formes anciennes est incompatible avec les principes d'économie et de performance qui les guidaient et qui conduisent aujourd'hui vers d'autres solutions, d'autres structures et d'autres formes.

Une recherche excessive de l'originalité incite enfin trop souvent à vouloir bannir à tout prix la banalité pour un ouvrage modeste, pour en faire un « signal », au moyen de formes biscornues ou d'une décoration plaquée sans raison sur une structure ordinaire.

Dans la conception d'un pont, la véritable performance ne peut être atteinte que dans la rigueur et dans l'honnêteté des formes ; elle est inséparable de l'efficacité et de l'économie, même s'il est clair que le plus faible coût n'est pas le meilleur objectif.

Il faut en revenir aux principes les plus forts de l'éthique de la construction, déjà énoncés par Vitruve il y a vingt siècles : *utilitas*, c'est-à-dire à la fois l'utilité – au sens fort de l'utilité publique – et la fonctionnalité, l'adaptation aux besoins réels ; *firmitas*, c'est-à-dire la solidité, la résistance sous tous ses aspects, mais aussi la durabilité, l'aptitude à traverser les siècles avec l'aide d'un entretien sérieux et adapté ; et *venustas*, qui répond aujourd'hui à deux objectifs, l'inscription dans le site et l'élégance.

L'« utilité » mérite quelques commentaires. L'ouvrage doit d'abord être nécessaire et s'inscrire dans un projet cohérent et justifié. Mais le jeu de la démocratie permet l'existence de groupes de pression de plus en plus nombreux et dont les objectifs sont contradictoires, ce qui peut souvent conduire à perdre de vue l'intérêt public et la finalité même de l'ouvrage. Il ne serait pas difficile de démontrer comment le jeu des influences et le poids des relations ont conduit et conduisent encore à des choix désastreux pour la collectivité, par exemple dans le tracé de certaines autoroutes. Et ceux qui participent aux choix, qu'il s'agisse des techniciens qui les préparent par leurs études ou des autorités qui prennent les décisions finales, ne devraient jamais perdre de vue qu'ils utilisent les ressources de la collectivité dont ils sont comptables. Il ne s'agit pas de ne fonder les choix que sur le coût – pour la conception des ouvrages par exemple – mais d'éviter les dépenses exagérées, moralement injustifiables à une époque où une partie de la population est entrée dans la précarité ; et surtout, il ne faut pas que les choix faits sous la pression conduisent à un ouvrage inadapté, dont l'utilisation générera des coûts supplémentaires pour les usagers ou pour son exploitation.

Il n'est pas utile de s'étendre sur le second principe de Vitruve : personne ne doute que les ponts doivent être solides ! Mais il faut insister sur la nécessaire efficacité structurelle : plus le cheminement des efforts est direct dans l'ouvrage – autrement dit, plus efficace est la conception structurelle –, plus les calculs qui la justifient sont simples et clairs, et plus la structure est saine et sûre. La solidité d'un ouvrage ne vient pas d'une accumulation d'éléments structurels destinés à résister à des efforts complexes produits par des formes inadaptées, ni d'un engraissement des pièces pour équilibrer les forces qui s'y concentrent quand on ne s'y attend pas, mais bel et bien de la pureté du schéma statique choisi, de l'élimination des efforts parasites permise par la rigueur du dessin et par une transmission parfaite et directe des efforts.

Pour ce qui est de l'élégance, la première qualité d'un pont est de s'inscrire parfaitement dans son site. La démarche normale du concepteur est d'analyser le site, de s'en pénétrer, pour être en mesure de définir la nature de l'ouvrage qu'il veut construire ; et, en parallèle, de recenser l'ensemble des solutions techniquement adaptées aux contraintes fonctionnelles, au sol de fondation et à toutes les données du franchissement, pour trouver celles qui correspondent le mieux à l'esprit du site et du paysage. C'est ainsi qu'on construit des ouvrages réguliers, bien proportionnés mais simples, dans un site dont on souhaite marquer le calme, comme dans la vallée de la Loire ; qu'on choisit au contraire des structures puissantes – des ponts en arc ou à béquilles par exemple – dans des vallées encaissées, lorsque le rocher permet un appui naturel et sûr comme celui des rias bretonnes. C'est ainsi qu'on essaie de redonner une unité, par la régularité des travées et la simplicité de l'ouvrage à construire, à des sites découpés par de multiples obstacles ; qu'on évite d'implanter des appuis dans les rivières étroites, pour ne pas couper le plan d'eau ; qu'on tire parti des particularités du site pour y adapter l'ouvrage.

Tout est affaire de sensibilité, de perception de la nature du site, de volonté de la part du projeteur de marquer plus ou moins fortement le franchissement. Dans les débats portant sur la défense – légitime – de l'environnement, on entend souvent demander que l'ouvrage soit discret, qu'il passe inaperçu. C'est bien souvent une erreur, car un ouvrage, quel qu'il soit, ne peut pas disparaître du site ; le site sera transformé de toute façon par le pont qui va s'y inscrire ; et vouloir le rendre « discret » risque de conduire à un ouvrage banal qui va dégrader le paysage par sa médiocrité. Un site fort demande un ouvrage de qualité : il ne faut plus alors raisonner en fonction du seul paysage, mais de l'ensemble que constitueront l'ouvrage et son site. Plus personne aujourd'hui ne pense à la vallée de la Truyère sans le viaduc de Garabit, ni aux gorges du Gard sans leur aqueduc ; ces sites sont devenus les écrins des ouvrages qui y ont été construits.

Bien entendu, rares sont les ouvrages qui atteignent un tel niveau de réussite, mais la construction des grands ponts modernes – comme, en France, le pont de Brotonne♦ et le pont de Normandie♦ – montre bien que c'est dans cette voie qu'il faut aller, celle d'ouvrages forts et marquants, et non vers une « discrétion » qui ne peut se traduire que par la banalité.

Indépendamment de son adaptation au site, un ouvrage doit être élégant par lui-même. Les proportions doivent être bonnes, même s'il est vrai que les exigences en la matière varient avec le temps et avec les possibilités techniques de l'époque considérée : le public le moins averti

La Tour de 1000 pieds, Exposition universelle de Philadelphie, 1876.

sent bien le ridicule qu'il y aurait à construire aujourd'hui des ouvrages qui ne tireraient pas parti des performances des matériaux modernes : ils apparaîtraient lourds, notre œil s'étant habitué à des formes élancées. Par ses formes aussi, l'ouvrage doit donner une impression d'équilibre, de stabilité et de sécurité. Le jeu des ombres et des lumières doit être pensé de manière à exprimer les volumes, alléger les lignes de la structure, gommer les défauts inévitables de la construction. Les couleurs peuvent jouer un rôle important, dans le cas des ponts métalliques notamment. Les détails et les formes générales doivent former un tout cohérent ; le choix des détails doit contribuer à exprimer le cheminement des efforts, à mettre en évidence le fonctionnement structurel et à le rendre lisible pour le profane ; les détails doivent participer à l'harmonie de l'ensemble.

La rigueur, enfin, doit constamment régir le projet. L'ingénieur ne doit pas se laisser dominer par les contingences et les aléas des études : au cours des multiples analyses qu'il lui faut effectuer, il est amené à découvrir des difficultés innombrables, des efforts secondaires auxquels il n'avait pas pensé, des effets inattendus de son idée conceptuelle. Il faut qu'il ait le courage et la rigueur de revenir à chaque fois sur sa conception – quitte à la remettre complètement en question si cela se révèle nécessaire – pour permettre à ces difficultés d'être traitées, à ces efforts secondaires et à ces effets d'être équilibrés ou supprimés sans perturber l'image générale de l'ouvrage, en cohérence avec la conception d'ensemble : et non en ajoutant de-ci de-là une pièce spécifique qui apparaîtrait comme une hernie, ou encore en engraissant et dévoyant les formes. L'ingénieur doit rechercher la perfection dans la plus grande simplicité structurelle.

C'est cette capacité à dominer la matière, à résoudre l'ensemble des problèmes techniques et structurels par une conception simple, cohérente et harmonieuse, qui distingue de la masse des constructeurs ceux qu'on appelle les grands ingénieurs. Et si leurs ouvrages apparaissent comme des jaillissements d'une grande pureté, ce n'est pas le résultat d'un génie supposé, mais au contraire le fruit d'une énorme exigence et d'une incessante remise en question dans la recherche de la perfection.

Concluons par l'évocation des progrès remarquables qu'a faits la construction depuis une quinzaine d'années. Le record de portée des grands ponts, qui n'était plus amélioré que

de façon modeste depuis les années trente, est en train d'être pulvérisé. Cela est bien sûr dû à l'amélioration des matériaux, au développement spectaculaire des moyens de construction et à la puissance des calculs informatiques ; mais la raison principale tient à la maîtrise que les ingénieurs ont acquise des actions exercées sur les structures. Le développement de nos connaissances scientifiques permet aujourd'hui d'évaluer les effets des actions aléatoires, et, notamment, d'estimer les efforts produits par des séismes d'une intensité donnée, et par le vent lors des tempêtes ou des cyclones tropicaux. Les ingénieurs peuvent ainsi dimensionner efficacement leurs structures et dépasser largement des limites jusqu'alors imposées par l'état des connaissances scientifiques.

Mais les records ne sont pas des fins en eux-mêmes. Nous avons beaucoup critiqué les tendances architecturales qui conduisent à des ouvrages structurellement absurdes, à des décorations inutiles ou à un injustifiable retour au passé ; il faut aussi dénoncer les travers de certains ingénieurs qui veulent de toute particularité d'une structure faire un record. Battre le record de portée de telle sous-catégorie de pont, par exemple, signifie bien souvent qu'une structure a été employée au-delà de son domaine d'application, en contradiction donc avec les objectifs d'une bonne conception. Eduardo Torroja♦ avait déjà fustigé ces tenants du record à tout prix, il y a cinquante ans, estimant que ce genre de record présentait autant d'intérêt que la recherche du plus grand nain ou du plus petit géant du monde.

La véritable performance ne se justifie que par l'utilité et la nécessité. **M. V.**

Perronet (Jean-Rodolphe)

Suresnes, auj. dans les Hauts-de-Seine,
France, 1708 – Paris, 1794.

Créateur de l'École des ponts et chaussées, Jean-Rodolphe Perronet est aussi le plus grand constructeur d'ouvages d'art français du XVIIIᵉ siècle. Il apparaît comme l'une des figures clés de la profession d'ingénieur au siècle des Lumières, une profession qu'il a contribué à faire évoluer dans le sens d'une plus grande autonomie par rapport à l'architecture.

Perronet n'en débute pas moins en entrant au service du premier architecte de la Ville de Paris. Ayant rejoint en 1735 le corps des Ponts et Chaussées, il s'y fait rapidement remarquer

par ses qualités de technicien et d'organisateur. Celles-ci lui valent d'être nommé en 1747 directeur du bureau des dessinateurs de Paris, un organisme de contrôle technique employant des jeunes gens parmi lesquels on souhaite recruter les futurs ingénieurs des Ponts. Cette nomination représente un tournant pour Perronet, qui transforme progressivement le bureau en une véritable école, au moyen d'une pédagogie originale.

À partir de 1763, Perronet prend également la tête du corps des Ponts. Fréquentant le milieu des encyclopédistes – à commencer par Diderot –, membre de plusieurs académies françaises et étrangères, il incarne les points forts et les faiblesses des ingénieurs d'État français des Lumières. Doté d'un sens exigeant de l'intérêt public, homme de l'art plus qu'homme de science, il réussit grâce à un mélange de pragmatisme et d'audace qui s'accorde parfaitement avec l'empirisme de son époque.

Son œuvre de constructeur d'ouvrages d'art reflète, à sa façon, ce mélange. On lui doit certains des ponts les plus célèbres du XVIIIᵉ siècle, comme le pont de Neuilly♦, le pont de Pont-Sainte-Maxence, réalisé de 1772 à 1786, le pont Louis XVI, et enfin l'actuel pont de la Concorde à Paris, exécuté de 1787 à 1791.

Pragmatique, Perronet ne cherche pas à transformer radicalement les techniques de construction des ouvrages en pierre, qui reposent sur des dispositifs de fondation et d'appareillage éprouvés. Mais il pousse simultanément à leurs limites les possibilités de la pierre, comme pour souligner les limites des savoirs traditionnels de l'ingénieur. Dans les perfectionnements qu'il apporte à certaines phases de mise en œuvre, s'ébauche par ailleurs une approche de la construction comme un processus présentant quelque analogie avec la production manufacturière – approche que l'on retrouvera chez certains grands ingénieurs de l'ère industrielle. Son audace soulève à l'époque des polémiques. Elle correspond à un accent nouveau mis sur la performance structurelle, au détriment de tout ce qui rattachait la construction des ponts à l'architecture. Dans une note rédigée vers la fin de sa vie, Perronet se targuera même d'être le premier à avoir osé donner aux ouvrages d'art « une forme qui tire de l'économie de matière un moyen de décoration ». Cette déclaration orgueilleuse résume l'orientation générale d'une vie et d'une œuvre tout entières vouées à la promotion de la figure de l'ingénieur. **A. P.**

Pierre naturelle

L'extraction et la taille des pierres est l'une des plus anciennes techniques de construction. Nos puissants moyens de transport et de transformation n'en ont pas modifié les données essentielles : les roches les plus résistantes et les plus durables sont généralement les plus difficiles à transformer et donc les plus chères, et les formes complexes sont plus onéreuses que les simples parallélépipèdes. Les pierres taillées volumineuses sont moins coûteuses, du fait de la surface de sciage réduite qu'elles présentent par rapport à leur volume ; mais elles sont plus lourdes à manutentionner, et il faut les poser sur cales avant de ficher le mortier, faute de quoi elles l'écraseraient avant qu'il ne durcisse. Aujourd'hui, dans les pays industrialisés, les éléments de pierre naturelle trouvent deux emplois principaux : revêtement de finition en plaques de 10 à 40 mm d'épaisseur et remplacement des pierres endommagées dans la restauration d'anciens ouvrages. On cherche ainsi à améliorer les méthodes de transformation (au laser par exemple), et les moyens de collage et d'accrochage des plaques de revêtement. On cherche aussi à approfondir la connaissance qu'on a des maladies de la pierre (aggravées par les pollutions industrielles et automobiles) et à trouver des moyens de cure et de protection durables.

La pierre naturelle restera-t-elle confinée au rôle de revêtement ? En France, où la grande quantité et la variété des pierres calcaires ont fortement marqué l'architecture, nombreuses sont les anciennes carrières de pierre tendre, facile à travailler, qui restent sans débouchés depuis vingt ans. Découvrir des méthodes de fabrication et de construction en pierre massive porteuse, plus efficaces et moins coûteuses, représente un autre défi, lancé depuis peu. **D. B.**

VOIR AUSSI **Maçonnerie** ; **Ponts en maçonnerie**.

Pierres artificielles

La brique, crue à ses débuts, puis cuite pour atteindre davantage de résistance et de couleur, est la première des pierres artificielles. Matériau argileux, léger et manuportable, il existe depuis l'Antiquité sous deux formes, l'une plate et assez large, ressemblant à une tuile, l'autre plus compacte. Petite, la brique est adaptée à la construction de surfaces courbes, montées sans cintre.

Les briques étaient autrefois moulées séparément, séchées, puis empilées sous forme d'un grand tas cubique, mélangées avec du bois. On allumait un grand feu et, une semaine plus tard, le tout ayant refroidi, on démontait le tas. Cette méthode lente et dispendieuse en combustible produisait des briques de qualité inégale et beaucoup de déchets. La création au XVIIIᵉ siècle de fours permanents voûtés, groupés et accolés, a permis d'économiser de l'énergie, d'assurer des conditions de cuisson plus homogènes et d'obtenir une production continue. L'invention, au milieu du XIXᵉ siècle, du grand four annulaire Hoffman où l'enfournement, la cuisson et le défournement « tournent » en permanence dans le même espace, ainsi que l'adoption du filage du mélange argileux en grandes longueurs, ont fait de la brique le matériau de la révolution industrielle, au même titre que le fer. On produit par filage les briques à alvéoles, légères, grandes et isolantes – nos briques « creuses ».

Avec l'utilisation du bois comme combustible,

Pierre naturelle. Exploitation du granit dans le Sidobre, région d'Albi, Tarn (ci-dessus).

Pierres artificielles. Parpaings imitation pierre (en haut) ; parpaings de briques creuses (en bas).

Plate-forme offshore en mer d'Irlande.

puis du charbon et du gaz, on a cherché à économiser de l'énergie et à combattre les fumées nocives, notamment en recourant à certains fours dits « inversés », qui en limitaient les effets en les évacuant par leur fond. Aujourd'hui, les briques crues sont acheminées sur des chariots dans un long tunnel, et traversent des zones à températures variables, bien contrôlées. On n'a pas pour autant abandonné tous les fours anciens, car ils donnent aux briques un aspect plus riche, rappelant les productions anciennes.

Dans les pays industrialisés, la brique n'est utilisée aujourd'hui que comme matériau de parement, souvent dans des murs à deux parois séparées par une lame d'air, ce qui permet de réduire la paroi extérieure de brique, coûteuse, à 100 mm. Pour les maçonneries courantes, on utilise d'autres pierres artificielles, développées avec les nouveaux liants hydrauliques, et dont l'apparition est liée à l'histoire du béton. Il en existe trois variétés principales : les éléments en béton courant ou léger, les éléments silico-calcaires, et les éléments en plâtre. Certains sont pleins, d'autres alvéolés. Ils peuvent être enduits ou destinés à rester apparents, en parement. Certains ressemblent par leurs dimensions à la brique, d'autres, les blocs, sont plus grands et lourds.

On cherche aujourd'hui en France à développer des éléments de maçonnerie de façade plus isolants, des éléments de dimensions très précises permettant d'assembler les maçonneries avec des mortiers-colles à joints minces, et de nouveaux éléments, destinés à rester apparents. D'autres recherches favorisent la renaissance de la construction en terre crue, surtout dans les pays en voie de développement. **D. B.**
VOIR AUSSI **Maçonnerie**.

Plates-formes offshore

Les plates-formes fixes installées en mer (offshore) remplissent des fonctions variées : forage de production, traitement des effluents (séparation du gaz, de l'huile, de l'eau), utilités (fourniture d'énergie électrique, par exemple), injection d'eau, de gaz, compression de gaz, torchères, quartiers d'habitation. Ainsi peut-on trouver sur un champ pétrolifère, selon sa taille et sa profondeur d'eau, une plate-forme par fonction, ou plusieurs fonctions regroupées sur une seule plate-forme.

La nature des fondations induit deux grandes catégories de plates-formes : les supports gravi-

taires et les supports en treillis acier tubulaires. Les supports gravitaires sont constitués de plusieurs compartiments en pied de plate-forme qui, remplis de ballast, assurent ainsi la stabilité après la mise en place. Ce principe a fait le succès des plates-formes gravitaires en béton. Parmi les 15 000 à 20 000 plates-formes existant aujourd'hui dans le monde, une petite trentaine seulement sont en béton, situées principalement dans la partie norvégienne de la mer du Nord. Le record actuel est détenu par la plate-forme de Troll, avec un poids de 680 000 t sur 302 m de fond.

Autre type de fondations des plates-formes : les supports en treillis acier tubulaires. Le système originel des superstructures supportées par de simples piles sans contreventement est historiquement limité à de faibles profondeurs d'eau et à des zones calmes. Les piles sont en effet soumises, d'une part, à des sollicitations verticales dues au poids des équipements installés sur les ponts de la plate-forme de travail, et, d'autre part, aux efforts horizontaux dus à la houle et au courant : elles se trouvent donc exposées au risque de flambement dès que leur élancement devient grand. Aussi est-il devenu impératif, avec l'accroissement des profondeurs d'eau et l'augmentation des charges, de diminuer la longueur libre des piles, en d'autres termes de les contreventer. La mise en place sous l'eau d'un tel contreventement étant très difficile, voire impossible, on a conçu une entité séparée, nommée *jacket*. Fabriqué et installé en un seul morceau, le jacket comporte des tubes d'angle (les « jambes ») dans lesquels les piles sont enfi-

lées. Mais ce jacket offre des écrans souvent importants à la houle, au courant, au vent ; il devient nécessaire de reprendre le moment de renversement au niveau du fond par l'encastrement des piles, qui reprennent les efforts verticaux et horizontaux. Les quantités d'acier mises en jeu sont importantes. Bull Winkle, dans le golfe du Mexique, pèse 45 000 t (7 fois le poids de la tour Eiffel♦) pour une hauteur de 416 m. La classification des plates-formes fixes métalliques va ensuite s'établir en fonction des conditions d'environnement : des mers chaudes (golfe Persique) aux zones froides (mer du Nord), ou encore en fonction de la profondeur de l'eau, voire du nombre ou du type de jambes.

La réalisation de tels ouvrages est obtenue grâce à l'intervention simultanée de six disciplines :
— l'océanographie, pour la détermination des valeurs d'environnement marin ;
— la géotechnique, pour la préconisation des caractéristiques du sol en surface et en profondeur, ainsi que pour la sélection des marteaux de battage ;
— la résistance des matériaux, pour les calculs en statique ou en dynamique de la structure ;
— la métallurgie, pour le choix des nuances et des qualités d'acier ;
— l'architecture navale, pour les vérifications de flottabilité et de stabilité lors du remorquage, du lancement et de l'installation ;
— les opérations marines, pour la sélection des barges de transport, de lancement et/ou des engins de levage. **A. Q.**

Pliage

C'est au double titre de technique de transformation et de principe de résistance par la forme que le pliage intéresse d'abord le concepteur, à l'exemple des façons dont ce processus universel de morphogenèse régit certaines structures naturelles, tant par nécessité d'adaptation, besoin d'évolution que par raison d'économie.

C'est déjà parce que la mise en pli d'un objet, plutôt expéditive, ne requiert qu'un transfert minime de son matériau constitutif, donc peu consommateur d'énergie, que le pliage est une technique de fabrication avantageuse. À l'état de singularité que vient constituer le pli s'adjoignent aussitôt divers effets structurants, d'autant plus intéressants qu'ils s'exercent sur des supports minces, par essence vulnérables. Le caractère linéaire du pli, à la charnière de parois qu'il dirige pour qu'elles soient mieux sollicitées au long d'elles-mêmes tandis qu'elles s'épaulent mutuellement, l'amène à participer, de manière composite, à la fois des performances du travail de surface et de celles propres aux réseaux d'ossature : faculté d'un substrat bidimensionnel d'opérer en toutes directions de son étendue, où se surimpriment de discrètes arêtes nervurantes, au caractère radicalement anisotrope. Cette conjonction de continu et de discontinu, que caractérise localement l'état saillant/rentrant, ouvert/fermé, rectiligne/curviligne du pli, convoque ainsi les pouvoirs reconnus de l'orientation, de l'inertie, de la courbure, cependant que, globalement, leurs incidences, fréquences, et autres particularités de distribution générale font opérer les vertus de l'ordre, de la connexité et, par jeux quasi fractals de macro et de microplis, agencent divers niveaux et échelles de structuration. Cependant, au respect de tout état de contrainte susceptible de le solliciter, chaque système plissé doit recueillir dans ses dièdres la propension du comprimé, néfaste, par instabilité, aux formes élancées, à évoluer vers une hyperspatialité raffermissante ; au contraire le tendu, stable malgré la ténuité, s'avère propice à l'hypospatialité par simple déploiement de l'étendue.

Or, plis et matériaux se doivent naturellement obéissance réciproque, et si, judicieusement pliée, telle feuille de métal réalise quelque intersection de surface résistante, une intersection de surfaces similaire, quoique produite par moulage de parois en béton, pourra aussi, toutes proportions gardées, jouir d'effets consolideurs analogues. Il n'est donc guère de substances que le pliage ne sache directement ou indirectement impliquer, qu'il se fasse procédé artisanal rudimentaire ou bien technique industrielle sophistiquée, confectionnant sur le tas du « sur mesure » ou réalisant des séries préfabriquées sous forme d'objets finis ou de semi-produits. Des gammes variées de composants, que maintes stratégies de structuration sculptent en organes de résistance spécifiques, trouvent à accomplir l'intégralité des rôles constructifs, tandis que, du voile mince au treillis réticulé, la majorité des systèmes structuraux, au respect de leurs rationalités de composition intrinsèques, puisent dans le pli un surcroît d'efficacité et de légèreté.

Mais ce joint si particulier que constitue le pli peut aussi se faire l'articulation d'un

Pliage.
Nervuration plissée d'une membrane textile tendue
par Frei Otto (en haut).
Palais de l'UNESCO, auditorium, v. 1960 (en bas).

mécanisme de plaques ou de barres, pour animer toute modalité de déplacement par conjugaison de rotations. Avec le degré de liberté qu'exige la diversité des positions requises, cette transmission de motricité se conduit alors entre des états particulièrement utiles de compacité extrême par déploiement total ou repli intégral. Corollaires dynamiques d'une telle cinématique, s'acheminent conjointement les forces motrices, au besoin démultipliées, lignes de plis rejoignant à nouveau lignes de force.

Déjà si multiple par ses seuls emplois et exploits constructifs dans les registres du fixe ou de l'amovible, le pli abrite encore dans ses anatomies protéiformes toute une polyvalence d'adéquations fonctionnelles premières, alors que sa modénature, empreinte de contrastes plastiques prégnants, explicite d'évidentes vérités. Authentique écriture de l'espace et de la matière qui scande la rime entre structure et sculpture, le pliage a su inspirer maints bâtisseurs illustres, ici orfèvres de la culture technique.

Procédé élémentaire de toujours, le pliage s'annonce encore comme ressource technique d'avenir, car, pour une époque d'expansion et de mouvement où l'économie voudra s'imposer, il n'est guère de principe constructif capable d'autant avec si peu. **J. M. D.**

VOIR AUSSI **Morphologie structurale**.

Plougastel (pont de)
voir **Albert-Louppe (pont)**

Polcevera (viaduc de)
Ligurie, Italie, 1964.

Conçu par l'ingénieur Riccardo Morandi♦, le viaduc de Polcevera constitue un tronçon de l'autoroute Gênes-Savone. Situé dans une zone d'aménagement dense (deux grands dépôts ferroviaires, le torrent Polcevera, des routes et des établissements divers), il est considéré comme l'un des plus intéressants exemples d'intégration de grands ouvrages de génie civil dans une agglomération urbaine et industrielle.

Le viaduc est long de 1 100 m, avec un nivellement horizontal à 56,20 m et un soubassement à double chaussée, chacune d'une largeur de 7,50 m. Hormis les espacements des deux extrémités, il est constitué par 3 grandes travées de 202,50 m, 207,90 m et 142,65 m, et par 6 autres travées ayant des espacements théoriques de 73,20 m.

Le système structurel adopté par Morandi reprend celui qu'il a précédemment expérimenté pour le pont de Maracaibo♦. Sur une grande plaque posée sur des poteaux triangulés de grand diamètre, divergent deux systèmes statiques indépendants : d'une part, un pylône en forme de double A, au sommet duquel passent les tirants en acier prétendus qui, rattachés à une robuste traverse, relient et soutiennent la travée au niveau de ses extrémités ; d'autre part, un chevalet spécial en béton armé en forme de V, composé de 4 éléments parallèles, qui fait fonction d'appui et de raidisseur de la travée. Celle-ci est constituée par un système continu de 3 sections (sur 4 appuis élastiques) et est reliée à la contiguë par une poutre de

36 m de portée. À la différence des câbles du pont de Maracaibo, tout le haubanage est englobé dans une gaine en béton armé.

La structure des 6 travées mineures est composée d'une série de piles spéciales en V, qui supportent des travées d'une longueur de 20 m, reliées entre elles par des poutres en appui, identiques à celles des grandes portées. **M. T.**

Polonceau (Antoine Rémy)
Reims, Marne, France, 1778 – Roche, 1847.

Antoine Rémy Polonceau fait partie de ces ingénieurs inventifs, dont le parcours oscille entre une carrière bien remplie d'ingénieur des Ponts et Chaussées, et une activité d'ingénieur indépendant, étudiant des projets de canaux puis de chemins de fer, et allant jusqu'à construire en tant que concessionnaire un pont métallique tout à fait original. Après son passage à l'École des ponts et chaussées, il est d'abord affecté aux travaux de la route du Simplon, puis au département du Pas-de-Calais. Il dirige ensuite les travaux de la route de Grenoble en Italie par Briançon, et, après avoir été nommé ingénieur en chef du département du Mont-Blanc en 1812, il ouvre le premier tunnel percé en France, aux Échelles. Il s'intéresse avec beaucoup d'éclectisme à diverses inventions techniques. Il préconise ainsi l'emploi du béton dans les constructions hydrauliques (1829), perfectionne le procédé Mac-Adam par l'introduction du rouleau compresseur (1834), s'intéresse à l'agriculture et participe à la fondation de la ferme-école de Grignon.

Sa grande affaire sera la construction du pont

Viaduc de Polcevera, montage d'un pylône (à gauche) ; vue générale (à droite).

du Carrousel♦ en 1834. Il propose d'abord en 1829 la construction d'un pont métallique avec une arche de suspension devant la rue de Bellechasse, étudie diverses techniques de franchissement, prend en 1831 un brevet de pont en fer ; il se lance dans la construction du pont du Carrousel en tant que concessionnaire de l'ouvrage, et donc en partie à ses frais, après avoir été mis à la retraite de son poste d'inspecteur divisionnaire en 1839, tout en conservant un demi-traitement. L'ouvrage sera une réussite et rendra de bons et loyaux services pendant près d'un siècle. **B. L.**

Polonceau (Barthélemy Camille)

Chambéry, Savoie, France, 1813 – Viry-Châtillon, Essonne, 1859.

Fils d'Antoine Rémy Polonceau, Barthélemy Camille est ingénieur de l'École centrale des arts et manufactures. Devenu ingénieur des chemins de fer, il construit la ligne de Paris à Versailles, dont il devient le directeur d'exploitation. Il rejoint ensuite les Chemins de fer d'Alsace et, après 1848, le service de la traction de la Compagnie des chemins de fer d'Orléans. Il conçoit un nouveau type de locomotives qui concurrence les Crampton. Il réalise les premières rotondes pour locomotives et, s'intéressant particulièrement aux problèmes posés par la couverture des grandes surfaces, il conçoit un système de combles de grande portée, sans point d'appui intermédiaire. On a donné son nom à la ferme qu'il a inventée à cet effet. **R. Gu.**

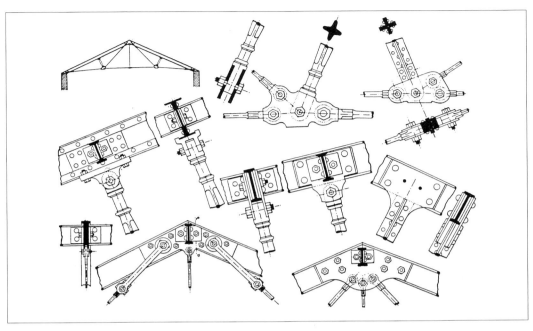

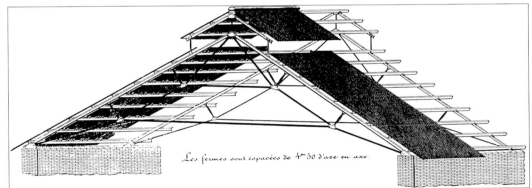

Polonceau (ferme)

1836.

En 1836, Barthélemy Camille Polonceau♦, pour couvrir un hangar de la ligne de chemin de fer reliant Paris à Versailles-Rive gauche, le dote d'une ferme simple et économique dont il est l'inventeur. Son principe dérive de celui de la poutre sous-tendue, mais son originalité réside en ce que, dans un ensemble composite, sont mises en commun les propriétés spécifiques et complémentaires des matériaux constitutifs. Les arbalétriers, qui peuvent être de très grande longueur, utilisent dans un premier temps l'aptitude à la flexibilité du bois (par la suite, on emploiera des profilés de fer laminé en I ou de fines poutrelles métalliques en treillis). Les tirants, qui remplacent les entraits des fermes en bois traditionnelles, sont en fer puddlé, afin de résister aux efforts de traction communiqués

Polonceau (ferme). Différents modes d'assemblage des pièces d'une ferme Polonceau (en haut) ; couverture en zinc ondulé, portée par une charpente en fer, v. 1880 (au milieu) ; la gare d'Austerlitz par Colland (en bas).

par les extrémités des arbalétriers reposant sur des murs ou sur des colonnes. Les contrefiches en forme de bielle, transmettant aux tirants les efforts de flexion subis par les arbalétriers, sont en fonte de fer, qui résiste à la compression.

L'usage de la ferme Polonceau s'est rapidement répandu pour la couverture d'espaces rectangulaires de grandes dimensions, dont les portées sont comprises entre 15 et 40 m : marchés couverts, entrepôts, halls de gare, etc. Les fermes des gares parisiennes (Saint-Lazare♦, Nord, Lyon, Austerlitz) sont du type Polonceau à 2 ou 6 contrefiches.

En raison du travail d'exécution délicat qu'elle suppose (en particulier en ce qui concerne les attaches en fer forgé), la ferme Polonceau sera finalement abandonnée à la fin du XIXᵉ siècle, au bénéfice de systèmes plus massifs, en tôle et profilés de fer laminé. **R. Gu.**

Polonyi (Stefan)

Gyula, Hongrie, 1930.

Stefan Polonyi fait ses études à Budapest, en Hongrie, avant de s'installer en Allemagne, à Cologne, où il ouvre un bureau d'études en 1957. À ses débuts, il s'intéresse aux structures en voiles minces de béton, qu'il contribue notamment à développer à l'occasion de la construction d'églises, par exemple l'église Saint-Joseph à Neuss-Weckhofen en 1967. Il applique également cette technique à la réalisation, en 1971, d'un pavillon d'exposition à Cologne, le Keramion, avec l'architecte Peter Neufert. Elle permet en effet de recouvrir de grands espaces en limitant les points porteurs. Malgré ses performances, ce type de structure va être abandonné en raison notamment du coût de la main-d'œuvre nécessaire à la réalisation des coffrages complexes qu'elle réclame. À la fin des années soixante-dix, Polonyi développe des structures d'assemblage à la demande des architectes. Il étudie alors les systèmes tridimensionnels, à l'occasion par exemple de la construction de la salle de sports de Kiel en 1977, avec l'architecte Walter Kuhn. Ce sont ensuite les techniques mixtes bois-métal qui vont retenir son attention. Ses structures intègrent également de plus en plus de réseaux pour l'éclairage, le chauffage et la climatisation. La galerie de la foire de Francfort, réalisée en 1983 avec l'architecte Oswald Mathias Ungers, constitue un exemple de cette nouvelle démarche.

Polonyi enseigne à l'université de Dortmund,

qu'il a contribué à créer. Il estime que la collaboration avec les architectes doit se faire dès le stade de l'avant-projet. Sa méthode privilégie une approche sensible des problèmes de construction. L'innovation structurelle ne se justifie selon lui que si elle accompagne l'innovation architecturale. Ses derniers projets de pont illustrent parfaitement sa démarche anti-conformiste. Pour lui, un ouvrage d'art peut tout à fait être porté par une structure que l'on peut qualifier de calligraphique. Dans une passerelle qu'il a réalisée récemment à Dortmund, la ligne parfaitement plane de la chaussée rencontre ainsi une structure folle qui s'élance en boucle du sol vers le ciel. **V. P. L.**

Pontcysyllte (aqueduc de)

Près de Ruabon, Shropshire, Grande-Bretagne, 1805.

Le remarquable aqueduc de fonte de Pontcysyllte, l'un des plus beaux ouvrages de la révolution industrielle, fait passer la branche de Llangollen du canal Ellesmere (Shropshire Union) à presque 40 m au-dessus de la rivière Dee, 4 km environ à l'ouest de Ruabon. Il sert toujours à la navigation. Cette création hardie, particulièrement novatrice à une époque où les aqueducs étaient généralement en maçonnerie

lourde, a été érigée de 1795 à 1805 ; Walter Scott la considérait comme le plus grand ouvrage d'art qu'il ait jamais vu. Il est l'œuvre de Thomas Telford♦, qui en a assuré l'étude de conception et l'exécution avec l'aide d'une équipe hors pair et avec le soutien de William Jessop.

L'aqueduc de Pontcysyllte mesure 305 m de long ; il est constitué d'éléments de fonte de 3,60 m de large × 1,50 m de haut, boulonnés sur 19 arches de fonte segmentées de 13,50 m de portée, soutenues par d'étroits piliers de pierre rattrapant le dénivelé de 22,80 m des levées d'accès. Les flancs du chenal sont formés de plaques d'une épaisseur de 25 mm à brides rayonnantes, assemblées par boulons. Le chemin de halage, placé au-dessus du niveau de l'eau, laisse un passage suffisant pour des bateaux de plus de 2 m de largeur. Les piliers, en pierres de taille massives, atteignent une hauteur de 21,90 m et sont creux au-dessus ; on retrouve cette caractéristique dans de nombreux ponts de Telford. **R. A. P.**

Pontiac Silverdome

Pontiac, Michigan, États-Unis, 1975.

Le Michigan Metropolitan Stadium, ou Pontiac Silverdome – conçu par O'Dell Hewleet &

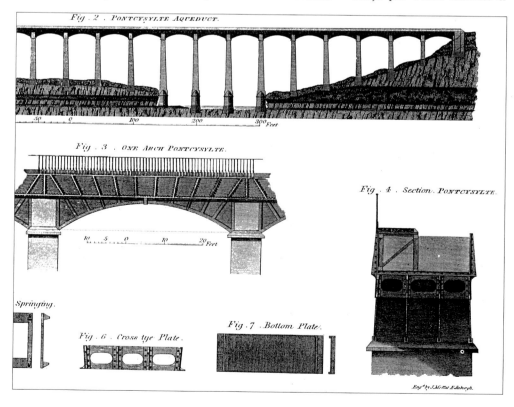

Aqueduc de Pontcysyllte, détails de structure, coupes et élévation.

Pontiac Silverdome, vue générale (en haut) ;
vue intérieure (au milieu).

Luckenbach, architectes, et David Geiger♦, ingénieur –, « repaire » de l'équipe de football américain des Detroit Lions, est la plus grande structure pneumatique maintenue par câbles du monde. Sa surface au sol est de 216×162 m ; sa capacité est de 80 000 à 90 000 spectateurs assis. David Geiger avait été le premier à réaliser un toit pneumatique maintenu par des câbles pour le pavillon des États-Unis de l'Exposition universelle d'Ôsaka♦ en 1970. La conception du toit de Pontiac est semblable à celle du toit d'Ôsaka, à la différence que Geiger utilise pour la première fois une couverture de fibre de verre enrobée de Téflon, matériau composite dont il détient le brevet, qui est auto-nettoyant, supporte mieux les contraintes en tension que l'acier et présente en outre l'avantage de mieux résister au feu que la fibre de verre qu'il a utilisée à Ôsaka. Quoique le stade de Pontiac ait une surface quadruple de celle du pavillon d'Ôsaka, le concept de base demeure le même : une surface ellipsoïdale est recouverte par une structure de câbles enchevêtrés suspendue près du sol, sur laquelle sont fixés des panneaux en fibre de verre. Les tribunes sont formées d'une coque de béton, coulée sur place, et dont les gradins étaient prêts à poser. À la suite d'erreurs commises lors de contrôles effectués sur le chauffage du bâtiment et sur la structure pneumatique, le toit du stade de Pontiac s'est écroulé sous le poids de la neige en mars 1985, ce qui a entraîné environ 10 millions de dollars de dégâts ; 100 panneaux de tissu ont alors dû être remplacés. **S. W. K.**

Ponts en charpente

Les ponts en bois comptent parmi les édifices les plus anciens. L'examen de leur structure permet d'évaluer assez précisément le degré d'évolution des techniques de construction en bois. Les ponts en bois sont des structures porteuses dont les formes résultent de multiples combinaisons et variantes de poutres, de systèmes à colombages (fermes à contrefiches et structures suspendues) ou d'arcs. Le XIXe siècle voit s'opérer le passage de la construction artisanale à l'édifice d'ingénieur. L'extension rapide des réseaux routiers et ferroviaires s'accompagne alors d'immenses besoins en ponts, que la construction classique en bois permet de couvrir plus rapidement et à meilleur coût que celle des ponts en maçonnerie massive. Au cours du XIXe siècle, les ponts métalliques introduisent une concurrence nouvelle ; puis l'introduction du béton armé vers 1900 conduit à l'abandon pratiquement total de la construction des ponts en charpente, principalement en

Ponts en charpente. Pont ferroviaire à Nashville, États-Unis, construit pendant la guerre civile.

raison de leur durée de vie limitée et du risque d'incendie qu'ils comportent.

Dans la seconde moitié du XVIIIe siècle, la construction de ponts en bois, qui requiert tout l'art du charpentier, atteint un sommet avec Johann Ulrich Grubenmann♦. Celui-ci édifie de nombreux ponts en Suisse, notamment le pont sur la Limmat, près de Wettingen, d'une portée de 61 m. Recourant à une construction constituée de plusieurs polygones superposés, solidement encastrés et vissés les uns aux autres, Grubenmann parvient à couvrir de longues portées au moyen d'une structure porteuse complexe en arc renforcé. Les ponts sont alors souvent recouverts d'une toiture, destinée à protéger moins les utilisateurs que l'ouvrage lui-même.

De nombreux systèmes de ponts vont ensuite apparaître en Europe, dans lesquels on reconnaît l'influence croissante des progrès de la statique, de la meilleure caractérisation des matériaux et des nouveaux types d'assemblage. Expérience artisanale, calculs, mais aussi essais sur maquettes vont alors se conjuguer. En Allemagne, Carl Friedrich Wiebeking et Heinrich Freiherr von Pechmann, parmi d'autres, développent et construisent des ponts en arc de diverses tailles. Les ponts de Wiebeking, dont la portée peut atteindre 62 m, sont d'abord préparés en arc à partir de poutres droites, qui sont ensuite chevillées avec des cales de bois dur. Mais, dès 1809, Wiebeking procède également à des essais sur le collage des poutres cintrées.

Dans toutes les structures en arc, la masse des appuis supportant les charges se révèle disgracieuse. Pour y remédier, Hermann Zimmermann, notamment, propose vers 1825 de sous-tendre les arcs au moyen de câbles. D'autres formes de construction, des poutres lenticulaires en particulier, sont adoptées par l'ingénieur anglais Robert Stephenson♦ en 1822 en vue d'améliorer la répartition des charges, avant que le Français Henri Navier♦, pionnier de la statique moderne, en publie diverses variantes en 1826. Georg Laves♦ en Allemagne, Prosper Débia en France, construisent en bois des ponts à poutres de ce type ; mais le fer est préféré lorsqu'il s'agit de couvrir des portées importantes. La poutre sous-tendue d'une structure mixte bois-fer est présentée pour la première fois en 1819 par Friedrich Arnold.

Dans les ponts suspendus, comme dans celui que construit Marc Seguin♦ en 1823 près de Saint-Vallier, on a rajouté des poutres de renforcement en bois, à la manière d'une armature. L'Europe entière connaît des évolutions semblables, soumises à influences réciproques, en matière de structure en arc et de treillis d'armature – de la Norvège à l'Italie et de l'Angleterre à la Russie, où Ivan Kulibin conçoit dès 1776 un pont à arches en treillis d'une portée de 298 m.

Du fait des immenses besoins en ponts et de l'abondance des ressources en bois, la construction d'ouvrages en bois prend un essor particulier en Amérique du Nord, où elle détient une place de leader au niveau mondial.

Les ponts en charpente de Louis Wernwag (1770-1843) se situent, en Amérique, à la frontière entre réalisation artisanale et travail d'in-

génieur ; son ouvrage le plus connu est le pont Colossus (104 m), construit en 1812 près de Philadelphie : c'est une poutre en arc cintré à multicouches, munie de membrures en treillis. Les systèmes imaginés par Ithiel Town♦, Stephen Harriman Long et William Howe♦, dont les treillis à tension parallèles influenceront également l'Europe, méritent aussi l'attention. C'est à l'aide d'une poutre Howe qu'on dit que Carl Culmann a développé sa théorie statique des charpentes. Entre 1805 et 1885, près de 12 000 ponts couverts en bois seront construits en Amérique.

La construction de ponts en charpente se poursuit certes de nos jours, avec des portées relativement importantes, principalement pour des passerelles destinées aux piétons. Les structures anciennes, notamment celles qui sont issues d'expériences menées au XIXe siècle, sont souvent optimisées avec beaucoup d'imagination et suscitent un regain d'intérêt : on envisage de les reprendre, de les réinterpréter et d'en poursuivre le développement. À titre d'exemples, on citera le pont à bandeau de tension de Dietrich sur le canal Rhin-Main-Danube (1987), le pont en charpente tridimensionnelle vitrée sur le Neckar, près de Stuttgart, par Dieter Sengler (1988), ou le pont en charpente, également vitrée, sur la Simme, en Suisse, par Julius Natterer♦ (1989). **B. B.**

Ponts en maçonnerie

Comptant parmi les plus anciennes techniques de l'ingénieur, la conception des ponts en maçonnerie demeure longtemps soumise à des principes stables. La plupart de ces principes sont connus des Romains, dont les ouvrages conservent toute leur actualité jusqu'au plein âge classique. Si l'on excepte des ponts d'une audace exceptionnelle, comme l'arche médiévale, de plus de 40 m d'ouverture, qui enjambe le Tech à Céret, dans les Pyrénées-Orientales, les portées demeurent ordinairement modestes ; les piles sont épaisses, les arches le plus souvent en plein-cintre. En France, il faut attendre les dernières décennies du XVIIe siècle pour que l'on assiste à la transformation graduelle de ce cadre de référence. Cette transformation est d'ailleurs contemporaine du développement de la profession d'ingénieur chargé des constructions civiles, et de la création des premières commissions d'ingénieur des Ponts et Chaussées en particulier.

Construit à Paris de 1685 à 1687 par Jules

Ponts en charpente. Pont couvert, Old Sturbridge Village, Massachusetts.

Pont de Mantes par Perronet, élévation, plan et coupe transversale.

Hardouin-Mansart et le frère Romain, le pont Royal présente toute une série de caractéristiques nouvelles : piles minces, arches surbaissées prenant la forme d'« anses de panier » obtenues par raccordement d'arcs de cercle de rayons différents – ce qui leur donne une apparence sensiblement elliptique –, dos d'âne de la chaussée moins prononcé qu'autrefois. Ces caractéristiques vont s'affirmer dans les grands ponts français du XVIIIᵉ siècle, comme le pont de Blois réalisé de 1716 à 1724 par Jacques V Gabriel et Pitrou, le pont de Moulins construit par Gabriel de 1756 à 1764, ou encore le pont de Tours, commencé en 1755 par Mathieu Bayeux et terminé en 1762. La minceur des piles, l'ouverture croissante des arches, de 20 à 30 m en moyenne, et la ligne de plus en plus tendue des ouvrages correspondent à une nouvelle conception de la solidité des ponts. Au lieu de résister par leur masse au choc de l'eau, les ponts des Lumières tentent d'offrir le plus grand débouché possible au fleuve ou à la rivière. Cette mutation, qui atteint sa pleine expression dans l'œuvre de constructeur d'un Jean-Rodolphe Perronet♦, s'accompagne d'une recherche assez systématique de la performance structurelle. Elle constitue la toile de fond sur laquelle va s'opérer la remise en cause des savoirs traditionnels de l'ingénieur, qui ne permettent pas de rendre compte des progrès réalisés en matière d'ouvrages d'art.

Moins spectaculaire que la transformation des principes de conception français, l'évolution anglaise va néanmoins dans le même sens, celle d'une audace grandissante, dont témoignent aussi bien le pont de Westminster♦ que celui de Blackfriars, réalisé par Robert Mylne de 1760 à 1769. En France comme en Angleterre, les procédés de réalisation se perfectionnent, parallèlement à des inventions comme les fondations par caissons. Plus généralement, le XVIIIᵉ siècle marque une sorte d'apogée de la construction d'ouvrages d'art en maçonnerie. En France, cette apogée est aussi caractérisée par l'apparition d'écoles provinciales originales, comme les écoles bourguignonnes et languedociennes, auxquelles on doit ces chefs-d'œuvre que constituent les ponts de Navilly sur le Doubs, de Saint-Roch sur l'Argout à Lavaur, ou encore de Gignac sur l'Hérault.

Concurrencée par les ponts suspendus et les ponts métalliques, la construction en maçonnerie conserve néanmoins une grande importance tout au long du XIXᵉ siècle. Comme bien d'autres domaines, elle porte la marque du changement d'échelle qui affecte les travaux publics. Construit entre 1812 et 1822 par l'ingénieur Claude Deschamps, le pont de pierre de Bordeaux témoigne de ce changement d'échelle avec ses quelque 500 m de longueur, tout comme les grands viaducs de Meudon, de Chaumont ou de Morlaix qui accompagnent par la suite le développement du chemin de fer. Dans les dernières décennies du siècle, une technique nouvelle s'inspirant de la construction métallique fait son apparition : la voûte en maçonnerie articulée. Permettant de mieux canaliser la courbe de pression à l'intérieur des voûtes, des articulations roulantes sont utilisées pour la première fois par l'ingénieur allemand ⋅Köpcke, vers 1880. Le principe en sera formalisé par Paul Séjourné♦ dans ses écrits théoriques.

À la charnière des XIXᵉ et XXᵉ siècles, les ouvrages de Séjourné, comme le pont Adolphe à Luxembourg ou le viaduc de chemin de fer de Fontpédrouse sur la ligne de Villefranche à Bourg-Madame, dans les Pyrénées-Orientales, font un peu figure de chant du cygne de la construction en maçonnerie, avec leurs grandes portées et leur esthétique raffinée. Certes, l'on continuera à réaliser des ouvrages en pierre jusque dans les années cinquante, pour les chemins de fer en particulier. La concurrence du béton armé va toutefois provoquer la quasi-disparition des techniques millénaires de construction des ponts en maçonnerie. **A. P.**
VOIR AUSSI **Maçonnerie**.

Ponts haubanés

La différence structurelle est très nette entre les ponts suspendus et les ponts à haubans. Dans un pont suspendu classique, les câbles porteurs passent en tête des deux pylônes et sont ancrés, sur chacune des deux rives, dans un massif d'ancrage ou directement dans le rocher ; le tablier est suspendu aux câbles porteurs par une série de suspentes, en général verticales. Le pont suspendu exerce ainsi des réactions essentiellement verticales sur les pylônes, mais les réactions ont une forte composante horizontale sur les massifs d'ancrage. Dans un pont haubané, au contraire, le tablier est directement suspendu par une série de câbles déviés ou ancrés en tête des pylônes ; dans un pont à haubans correctement conçu, chaque pylône est en équilibre sous l'action des haubans qui soutiennent la travée centrale d'une part, et des haubans arrière d'autre part, haubans de soutien des travées de rive ou haubans de retenue ancrés au niveau de la culée ou des pilettes intermédiaires, lorsqu'il y en a. L'action des haubans produit un effort de compression dans le tablier, effort maximal au droit des pylônes ; l'ouvrage est en équilibre interne, et, sous charges permanentes, il n'exerce en général que des réactions verticales sur ses appuis.

Quelques « inventeurs » ont imaginé des structures haubanées aux XVIIᵉ et XVIIIᵉ siècles, mais les premières constructions datent du XIXᵉ, le plus souvent en associant le haubanage et la suspension. Ces premiers ouvrages n'ont pas eu beaucoup de succès : la passerelle de Dryburgh Abbey sur la Tweed s'écroule en 1818, six mois après sa construction ; de même le pont sur la Saale à Nienburg, en 1825, un an après sa construction.

Les systèmes mixtes – haubanage et suspension – sont efficacement développés par John A. Roebling♦ aux États-Unis (pont sur les chutes du Niagara♦ en 1855, pont sur l'Ohio à Cincinnati en 1867, et surtout pont de Brooklyn♦ en 1883), puis par les ingénieurs français (Ferdinand Arnodin, Albert Gisclard et Gaston Leinekugel le Cocq), sous des formes quelquefois originales.

Il faut attendre les années vingt pour que soit construit, par Eduardo Torroja♦, un véritable pont à haubans (l'aqueduc de Tampul, qui est un ouvrage en béton), et les articles de Franz Dischinger♦, en 1938 et 1949, pour que soient définies des solutions modernes et rationnelles. Toutefois, le pont en béton de Donzère-Mondragon♦, réalisé par Albert Caquot♦ sur le canal du même nom (81 m de portée en 1952), précède le pont en acier du Stromsund (150 m en 1955), construit en Suède sur les conseils de Dischinger.

C'est en Allemagne, dans les années cinquante et soixante, que les ponts à haubans vont trouver leur plein développement, sous l'influence de Fritz Leonhardt♦ et de Hellmut Homberg♦ : le pont du Nord de Düsseldorf♦ (260 m en 1957), le pont Séverin à Cologne (302 m en 1959, avec un seul pylône en V renversé), le Kniebrücke de Düsseldorf♦ (320 m en 1969, avec un seul pylône à deux fûts verticaux) et le pont de Duisbourg (350 m en 1970).

Il faut évoquer les ouvrages en béton extrêmement originaux de Riccardo Morandi♦, avec des haubans très concentrés et des pylônes ayant une structure triangulée particulièrement rigide, d'apparence massive et puissante. En allant vers les structures souples et les haubans

Pont Nord sur le Rhin, Düsseldorf, premier pont à haubans en Allemagne, F. Leonhardt, ing.

répartis, plus efficaces, plus économiques et plus élégants par leur minceur, l'histoire a donné tort à Morandi.

Les années soixante-dix sont fastes pour les ingénieurs français : le pont à haubans de Brotonne♦, conçu par Jean Muller♦ et Jacques Mathivat♦ (Campenon-Bernard♦), devient alors le plus grand pont en béton du monde (320 m en 1977), tandis que le pont de Saint-Nazaire, avec son tablier métallique en caisson orthotrope conçu par Jean-Claude Foucriat, s'approprie le record de portée des ponts à haubans (404 m en 1975).

S'ensuit une période de quasi-stagnation ; il faut attendre ces dernières années pour que l'évolution s'accélère, bien que les ponts allemands à pylône unique (le Düsseldorf Flehe, avec une portée de 368 m en 1979, s'ajoutant aux deux déjà cités) aient déjà prouvé depuis longtemps qu'il était possible de construire des ponts à haubans de 600 à 700 m de portée. Les grandes possibilités des ponts à haubans sont également démontrées par la compétition pour le record – malgré des poids très différents – entre les ponts en béton précontraint (pont de Barrios de Luna en Espagne, de Javier Manterola, 440 m en 1983 ; pont de Skarnsund en Norvège, inspiré par René Walther, 530 m en 1991), les ponts à tablier en ossature mixte acier-béton (pont de l'île d'Anacis au Canada, de Peter Taylor, 465 m en 1986 ; pont de Yangpu à Shanghai, de Lin Yuanpei, 602 m en 1993) et les ponts à tablier en acier, en caisson orthotrope (pont d'Ikuchi au Japon, 490 m en 1991 ; et, bien sûr, pont de Normandie♦, par Michel Virlogeux♦, qui détient aujourd'hui le record, 856 m en 1995).

Le projet du pont de Normandie a été extrêmement important : comme dans l'histoire de la construction des ponts suspendus, il constitue un bond en avant, et il est le premier pont à haubans à entrer dans le domaine des très grandes portées, jusque-là réservé aux ponts suspendus. Sa conception s'inspire d'ailleurs largement autant de celle des ponts suspendus anglais, avec son tablier profilé, que des ponts à haubans construits jusqu'alors.

On considère aujourd'hui que l'on peut construire économiquement des ponts à haubans en béton jusqu'à des portées de 500 à 600 m, et des ponts à haubans à tablier en ossature mixte jusqu'à des portées de 700 à 800 m. La limite n'est pas encore définie pour les ponts haubanés en acier : 1 200 ou 1 500 m comme l'annonçait déjà Fritz Leonhardt il y a vingt ans ? Ou plus encore ?

Mais l'évolution des ponts à haubans ne se limite pas à une augmentation de leur portée ; leur conception et leur domaine d'emploi se diversifient.

Sous l'influence de René Walther, on construit aujourd'hui des ponts à haubans à tablier très mince, une simple dalle en béton pour les ponts dont la portée ne dépasse pas 200 m environ : le pont de Dieppoldsau (97 m en 1985, par René Walther) et le pont d'Evripos, en Grèce (215 m en 1993, par Jörg Schlaich♦). En France, deux ouvrages s'inspirent de ces idées : le pont de Bourgogne à Chalon-sur-Saône, et la passerelle du Grand Tressan, sur le périphérique de Bordeaux.

Ces dernières années voient aussi l'émergence d'une nouvelle solution structurelle : les ponts à haubans à travées multiples. Une succession de plusieurs travées haubanées soulève des difficultés structurelles non négligeables ; elles ont été résolues dans le projet – malheureusement abandonné – du pont sur la rade de Genève, établi par Jean-François Klein, et dans l'avant-projet établi au SETRA par Michel Virlogeux entre 1990 et 1993 pour le grand viaduc de Millau. Ce sera certainement l'un des domaines de développement des ponts à haubans dans les années qui viennent. **M. V.**

Ponts métalliques

Si l'on excepte les ponts suspendus, le premier pont métallique est un pont en arc, type pratiquement abandonné aujourd'hui. Certes, le matériau de ce premier pont, édifié en 1779 à Coalbrookdale♦, sur la Severn, est la fonte, laquelle supporte bien la compression mais n'a pas de résistance élastique, alors que, depuis près d'un siècle, on utilise l'acier, qui a les qualités inverses.

À Paris, le pont des Arts♦ (1803), construit dans ce même matériau, n'est en fait qu'une passerelle. Il faut attendre 1834 pour voir la réalisation d'un vrai chef-d'œuvre en fonte, le pont du Carrousel♦, qui franchit la Seine en trois arches de 48 m. Ces dernières étaient constituées de « voussoirs » cylindriques en fonte, à l'intérieur desquels l'ingénieur du pont, Antoine Rémy Polonceau♦, avait fait placer neuf planches de pin et couler à chaud du bitume pour lier le matériau flexible au matériau résistant, ce qui sera plus tard la caractéristique du béton armé. Le pont d'Arcole (1854), à Paris, construit par Nicolas Cadiat, atteint 80 m de portée, celui de Saint Louis – ou Eads♦ Bridge –, sur le Missouri

(James Buchanan Eads, ingénieur, 1874), comporte une arche de 158,50 m comprise entre 2 arches de 153 m, ainsi que des tubes creux, assemblés cette fois en triangle ; il supporte deux tabliers superposés, celui du chemin de fer étant situé sous celui des voitures. Les fondations, à 35 m sous le lit du fleuve, ont été effectuées à l'air comprimé, technique alors encore mal maîtrisée : il y eut 14 accidents mortels. Théophile Seyrig construit ensuite un arc de 150 m pour les Éts Eiffel à Porto, et son successeur, Maurice Koechlin♦, un arc de 165 m à Garabit♦. Une mention spéciale doit être faite pour le pont Alexandre III♦, à Paris, construit par Jean Résal♦ pour l'Exposition universelle de 1900, qui n'a « que » 109 m de portée, mais sur des arcs extrêmement plats, puisque la clef n'est qu'à 6 m au-dessus des naissances.

L'arc n'est apparemment pas la forme qui convient le mieux à l'acier. On a, certes, construit des arcs de plus en plus grands, notamment au Japon et aux États-Unis (où le pont édifié sur la New River Gorge♦, en Virginie, atteint 518 m), mais en utilisant des poutres-treillis de plus en plus épaisses. Il en a été de même pour les ponts dont le tablier est suspendu à l'arc : pont du Hell Gate à New York, conçu par Gustav Lindenthal (310 m, en 1917) ; pont du port de Sydney, conçu par J. C. Breadfield (510 m, en 1932). Sur des portées moindres, mais quand même respectables, les ingénieurs allemands réaliseront quelques beaux ouvrages, notamment le pont Kaiserlei (Hellmut Homberg♦, ingénieur, 1964), qui franchit le Main sur 220 m, accroché à deux arcs, constitués chacun de deux tubes de 2 m reliés par une tôle de 1 m, ou, plus aérien encore, le pont de Straubing sur le Danube, d'une portée comparable.

Cependant, il faudra attendre plus d'un demi-siècle pour que les ingénieurs osent lancer une poutre droite. On est d'autant plus stupéfait de l'audace de Robert Stephenson♦, qui conçoit en 1850 un pont franchissant le détroit de Menai par un tube de section rectangulaire, à l'intérieur duquel passe le chemin de fer ; chacune des deux travées centrales du Britannia♦ mesure en effet 140 m. Avec 490 m de longueur totale, il a détenu le record mondial pendant cinq ans.

On abandonne bientôt la tôle pleine pour le treillis, transposition au métal des brevets américains de ponts en bois pris par Ithiel Town♦, en 1820, et par William Howe♦, en 1840. C'est le cas du pont de Kehl (1861) sur le Rhin, ouvrage

Ponts métalliques. Pont sur l'Elbe à Hambourg en 1901.

franco-badois long de 235 m, où, pour la pre-mière fois, la base des piles est fondée par des caissons à air comprimé.

Mais les poutres-treillis sont alors surtout uti-lisées pour les viaducs de chemin de fer ; Charles Liddell construit le premier viaduc métallique à Crumlin, à l'ouest de Birmingham, en 1857 ; long de 509 m, il repose sur 8 piles. Le tablier est composé de longrines entretoisées en fer, tandis que les piles sont constituées de colonnettes en fonte. À ce viaduc, fera suite celui de Fribourg (1857-1862), en Suisse, étudié par une commis-sion internationale. Pour la construction, dirigée par Ferdinand Mathieu, ingénieur au Creusot, la méthode utilisée consiste à assembler le tablier sur l'une des rives à hauteur de la voie, puis à le pousser jusqu'à l'aplomb de l'emplacement de la première pile, où il sert alors d'engin de levage pour les pièces de la pile. La jonction une fois faite, une nouvelle partie du tablier est assem-blée, puis poussée, etc., ce jusqu'à l'achèvement du viaduc. La quasi-totalité des viaducs métal-liques à poutre droite sera ensuite construite selon cette méthode.

Nouveau record en 1890 : le viaduc du Forth♦ en Écosse, de 2 250 m, avec deux travées cen-trales de 520 m, en partie contrebalancées par deux travées de rive de 210 m. Ses concepteurs, John Fowler et Benjamin Baker, utilisent le principe du contrepoids accroché à des piles de 100 m. Sur un principe équivalent, Paul Bodin♦ réalisera dix ans plus tard un ouvrage plus modeste mais d'une grande légèreté, le viaduc du Viaur♦ (220 m d'ouverture).

La substitution de la soudure au rivetage pour réunir les pièces entre elles bouleverse la conception des ouvrages et remettra les caissons à l'honneur. Dès 1938, A. Sarlay, R. Riedl et l'architecte Friedrich Tamms édi-fient un pont à Linz, qui franchit le Danube grâce à une poutre de 250 m (75 + 100 + 75) posée sur deux piles. Les portées seront de plus en plus grandes, atteignant, en 1961, 205 m au pont de Schierstein sur le Rhin, et, en 1972, 210 m au viaduc de Caronte, à la sortie de l'étang de Berre – viaduc soulagé, il est vrai, par deux béquilles qui laissent une ouverture de 135 m au sommet –, réalisé par la Compagnie française d'entreprises métalliques (CFEM). Le record est vraisemblablement toujours détenu par le viaduc de Weitingen qui franchit, depuis 1975, la vallée du Neckar à 125 m de hauteur, en cinq travées dont la plus longue atteint 263 m ; c'est en outre un très bel ouvrage qui fait hon-neur à son concepteur, Fritz Leonhardt♦.

La concurrence du béton, armé puis précon-traint, a entamé, puis détrôné la suprématie du métal, si l'on excepte les ponts suspendus et les ponts haubanés. Le métal va toutefois trouver une seconde jeunesse en s'alliant à son rival pour alléger le tablier, ce qui donne naissance à un nouveau type de ponts, les ponts mixtes. Ainsi le pont de Cheviré, près de Nantes, est-il édifié entièrement en béton précontraint, à l'ex-ception de la travée centrale, longue de 240 m, qui franchit la Loire à 52 m de hauteur : sur 2 consoles en béton, qui s'avancent de 40 m depuis chaque rive, on a posé un caisson métal-lique de 160 m de longueur, 5,20 m de hauteur et 25 m de largeur (conception : SETRA, Service d'études techniques des routes et autoroutes, 1991).

On construit également des ponts à tablier mixte, dans lesquels la dalle en béton pré-contraint est reliée et solidarisée par des connecteurs aux poutres métalliques qui la supportent, comme au viaduc de la Chiers, près de Longwy (conception : SOFRESID et SECOA, 1987). Au pont de la Roize – 3 travées de 36 à 40 m –, le tablier est constitué d'un tube qui surmonte deux triangulations de type Warren portant les pièces de pont, le tout en acier et supportant la dalle en béton (conception : Jean Muller♦, 1990). On retrouve enfin l'al-liance du béton et du métal dans les ponts à ossature mixte : le viaduc de Maupré (concep-tion : SETRA et Campenon-Bernard♦, 1988) contourne Charolles en 7 travées de 41 à 53 m ; il comporte ainsi un tablier formé d'une poutre en V, dont la pointe est un tube de 60 cm de dia-mètre en acier rempli de béton, et les deux âmes des tôles plissées de 8 mm d'épaisseur, l'ensemble soutenant une dalle en béton de 20 cm, précontrainte transversalement. Le poids est de 11 t/m contre 20 t pour un tablier classique. **B. M.**

VOIR AUSSI **Construction métallique** ; **Poutre-treillis**.

Ponts mobiles

Les ponts mobiles les plus anciens étaient, semble-t-il, roulants, le tablier étant tracté par un treuil ; ils défendaient les fortifications, de même que les ponts-levis, qui, selon Viollet-le-Duc, ne sont apparus qu'au XIVᵉ siècle. Ils pré-sentaient toutefois l'inconvénient de se dresser, en position fermée, comme un mur ; après les guerres féodales, on leur préférera les ponts tournants. Nicolas Bourgeois construit ainsi en

1716 un pont tournant à l'entrée du palais des Tuileries – sur l'actuelle place de la Concorde –, pont qui fait l'admiration de Pierre-le-Grand, et dont la portée ne dépasse pas 10 m.

Cependant, ce sont les Hollandais qui ont été les « rois » des ponts à bascule à deux volées, dont ils exportent, vers 1830, un modèle en Camargue, immortalisé par Vincent Van Gogh. Mais ces ouvrages sont modestes. En 1856, Alphonse Oudry conçoit à Brest un pont dont les deux moitiés pivotent sur chacune des piles implantées en bordure de la Penfeld : 117 m de portée. Construit par les Éts Schneider, il est inauguré par Napoléon III en 1858. Les ponts tournants ont gagné, mais ils sont plus fré-quemment à une seule volée : édifié à Marseille en 1889, le pont d'Arenc a une volée de 95 m pour une portée utile de 60 m. Le chef-d'œuvre – et record – de ce type de pont sera le pont de Caronte (1915), qui pivote sur une pile centrale : les deux volées sont équilibrées et ont chacune 57 m de longueur.

À la fin du XIXᵉ siècle, toutefois, William Scherzer réalise à Chicago un pont dont le basculement est accompagné d'un mouvement de translation sur l'arc de circonférence de la crémaillère. Moins encombrant et plus sûr, il est rapidement adopté un peu partout dans le monde.

Le problème de la mobilité des ponts a excité l'imagination des ingénieurs et, outre ces principaux types, il a existé aussi des ponts levants dont le tablier monte et descend d'un seul bloc (rue de Crimée, à Paris, 1888, South Halsted Street à Chicago, dont le tablier de 40 m de longueur monte à 48 m en une minute, 1894). Il y a eu aussi, bien sûr, les ponts transbordeurs. **B. M.**

Ponts suspendus

Les ponts suspendus ont des origines aussi anciennes que tout autre type de pont. Les premiers d'entre eux ont probablement été réalisés avec des sarments de vigne ou des câbles de bambous tressés, dans les régions montagneuses de Chine et d'Amérique du Sud. Les premiers récits de voyageurs occidentaux font état de ponts simples ou doubles en cordages, avec main courante mobile en corde ou en tissu tressé (pleine ou évidée), d'une portée pouvant atteindre 245 m. La présence de chaînes de fer est mentionnée pour la pre-mière fois dans un pont à Liuba, province de Shanxi, Chine, de 206 avant J.-C. Différents

Ponts mobiles.
T. F. Crane, pont sur la rivière Honsatonic, États-Unis, 1873 (page de gauche, en haut).
Port militaire, Brest, sortie du cuirassé *le Hoche* (page de gauche, en bas).

comptes rendus chinois rapportent diverses variantes, comme le pont suspendu en barreaux à œil, haubané par chaînes, de Jihong, sur la rivière Lan-Cang à Yong-Chang (1586), qui ressemble à une illustration de Faustus Verantius de 1615. Les ponts haubanés se sont répandus en Allemagne après la Seconde Guerre mondiale pour les portées modérées. Les plus anciens ponts suspendus à chaînes existants ont été vus au XVᵉ siècle au Bhûtân et au Tibet ; ils sont tous attribués à un bodhisattva tibétain du nom de Thang-Stong Rgyal-Po (1385-1464).

Les ponts-levis se sont développés localement dans l'Europe médiévale, ainsi que les ponts provisoires militaires ; les ponts chinois ont été connus en Europe grâce aux récits des Jésuites au XVIIᵉ siècle. Mais en Occident, le premier véritable pont suspendu à chaînes est le pont Winch, sur la Tees, construit près de Durham, en Grande-Bretagne, en 1741.

La structure moderne en forme de chaînette avec un tablier rigide suspendu sous les chaînes est utilisée pour la première fois par James Finley♦, sur la Jacob's Creek, en Pennsylvanie, en 1801. Des nombreux ponts construits selon le brevet de Finley, seul subsiste le pont Merrimac de Newburyport, dans le Massachusetts, qui date de 1810, et

n'atteint que 75 m de longueur ; il a été entièrement modifié en 1912.

La Chine connaît très tôt le chaînon en barreau à œil ; on le trouve en Angleterre en 1817-1819. Samuel Brown (1776-1852) construit en 1820 sur la Tweed, entre l'Écosse et l'Angleterre, le pont de l'Union, pont en barreaux à œil sans structure raidisseuse ; Marc Brunel♦ en construit deux pour les îles françaises de La Réunion en 1823, en utilisant, pour les raidir, des contrechaînes sous le tablier au lieu de contrefiches ; le pont sur le détroit de Menai♦, de 177 m de long, construit par Thomas Telford♦ au pays de Galles en 1826, bat le record mondial de portée de l'époque. Depuis lors, à l'exception de deux ponts construits en 1890 et 1916, tous les records de portée mondiaux ont été établis par des ponts suspendus. Des ponts à chaînes ont été construits jusqu'en 1939 – le plus grand est le pont de Florianopolis, au Brésil (340 m, 1926), construit par David Steinman (1886-1960). Le pont à câbles métalliques parallèles sera ensuite le type de pont dominant.

Construit sur le modèle du pont suspendu à câbles métalliques d'Erskine Hazard et Josiah White sur la rivière Schuylkill à Philadelphie (124 m, 1816), et de ceux de Richard Lees à Galashiels (34 m, 1816) et de Napier à Thirstane Castle (38 m, 1817), tous deux en Écosse, le

petit pont suspendu à câbles de Marc Seguin♦ à Annonay, en France (18 m, 1822), inspire Guillaume-Henri Dufour♦ pour la construction du pont Saint-Antoine, premier pont suspendu permanent du continent européen, qui franchit les remparts de la cité de Genève (27 et 34 m, 1823). L'entreprise de Seguin construira ensuite plusieurs centaines de ponts en France, avec des câbles préfabriqués au sol, ce qui en limite la portée. Le plus long de ce type est le Grand Pont de Joseph Chaley sur la Sarine, à Fribourg, en Suisse (273 m, 1834), qui détiendra après le pont sur le détroit de Menai le record du plus long pont du monde. Après l'effondrement de l'un de ces ponts en 1850, celui de la Basse-Chaîne à Angers (1839), le gouvernement français interdit la construction de ponts suspendus pendant vingt ans.

À la même époque, le constructeur américain d'origine allemande John A. Roebling♦ redécouvre et mécanise une méthode de fabrication sur place des câbles inventée par Joseph Chaley, de sorte qu'on peut réaliser les câbles métalliques fil par fil. En 1883, le pont de Brooklyn♦, à New York, construit par Roebling, est avec 487 m le plus long du monde ; pour la première fois, les câbles sont en acier. Jusque dans les années quatre-vingt, les plus longs ponts suspendus à câbles métalliques ont été construits

Ponts suspendus. Pont Seto Ohashi, Japon.

aux États-Unis. Les plus célèbres sont le pont George♦ Washington à New York (1 067 m, 1931), de l'Américain d'origine suisse Othmar H. Ammann♦, le Golden♦ Gate (1 280 m, 1937), de Joseph Strauss♦ et Clifford Paine à San Francisco, et le pont du détroit de Verrazano♦ d'Ammann, également à New York (1 298 m, 1964). En 1962, un tablier inférieur est ajouté au pont George Washington : il porte depuis la plus forte charge automobile du monde, avec 14 voies de circulation sur deux tabliers. L'effondrement, en 1940, du pont de Tacoma de Leon Moiseiff sous une charge de vent modérée impulse la recherche sur le comportement dynamique des structures suspendues, recherche qui se traduit par l'élaboration de trois types de raidissement pour les tabliers des ponts suspendus. Le premier type conserve le système de treillis de Finley, le deuxième est celui de la poutre-caisson, mise au point par Ammann pour le Verrazano (2 tabliers et 12 voies de circulation) ; le troisième est le tablier aérodynamique de Freeman♦ Fox & Partners, profilé comme une aile d'avion, qui sera utilisé pour la première fois en 1966 pour le pont sur la Severn♦ en Angleterre (988 m) et, plus récemment, pour l'actuel détenteur du record du monde de portée, le pont Humber, à deux voies de circulation, réalisé à Hull, en Angleterre (1 410 m, 1981).

Aujourd'hui le nouveau record du monde de portée reviendra bientôt au Japon (1997), avec le pont du détroit d'Akashi♦, d'une portée de 1 990 m. Des portées encore plus grandes ont été envisagées pour le détroit de Messine, en Italie, et pour le détroit de Gibraltar♦. Si ces ouvrages sont un jour construits, des câbles en fibre de carbone remplaceront les câbles en acier. **T. F. P.**

Ponts transbordeurs

L'idée de ce type de pont est née en même temps dans l'esprit d'Alberto Palacio, architecte espagnol (1859-1939), et dans celui de Ferdinand Arnodin. Dans les années 1890, le port de Bilbao, situé sur le Nervion à une quinzaine de kilomètres de l'océan, entreprend de grands travaux de modernisation ; les responsables ne veulent plus du bac qui relie les deux rives du fleuve, près de l'embouchure, à Portugalete. Palacio imagine un pont transbordeur, qui n'est autre qu'un bac, suspendu par des câbles à un chariot roulant sur deux poutres posées à environ 50 m de hauteur sur deux pylônes ; il le fait breveter en 1888.

N'ayant pas une grande connaissance en matière de câbles, il vient en France, et il est conduit vers Arnodin, alors seul spécialiste en

ce domaine. Il ignore qu'Arnodin a déposé une demande de brevet semblable, mais plus précise, un an plus tôt, en 1887. Ensemble, ils réalisent l'ouvrage, qui est livré à la circulation le 24 juillet 1893. Les poutres horizontales, reposant sur des pylônes de 62 m de hauteur, traversent le Nervion sur 164 m, à 45 m de hauteur. Elles supportent une nacelle, de 50 m² environ, pesant 40 t.

À une époque où le transport sur terre s'effectue par voiture à cheval, le contournement des ports est long. Arnodin construit des ponts transbordeurs à Bizerte et à Rochefort (1898), à Rouen (1899), à Newport et à Nantes (1903), à Marseille (1905), qu'il exploite tous lui-même, sauf ceux de Portugalete et de Nantes, construits pour des compagnies concessionnaires. Celui de Bordeaux, commencé peu avant la guerre de 1914, restera inachevé.

Les Britanniques construiront eux-mêmes trois ponts transbordeurs, à Widnes (1905), à Middlesbrough (1911) et à Warrington (1916) ; de même les Allemands, à Kiel (1909), à Osten (1909), et à Rendsburgh (1913). En Amérique, il en est construit un à Duluth (1905) et un à Rio de Janeiro (1915). Tous ces ponts ont été démolis, à l'exception de celui de Portugalete, toujours en service, et de celui de Rochefort, restauré en 1990. **B. M.**

Ponts transbordeurs. Le pont transbordeur et le vieux port, Marseille, 1930.

Poutre-treillis

La poutre-treillis est une poutre porteuse ayant la configuration structurelle d'une ossature contreventée.

Sous sa forme la plus primitive, la poutre était formée d'un solide tronc d'arbre soutenu en appui simple à ses deux extrémités. Plus tard, la section cylindrique du tronc non équarri a été remplacée par une section carrée, découpée ou sciée. Cette section rectangulaire s'est progressivement développée en une section formée par la combinaison de trois parties différentes : une bride supérieure en compression, une âme pleine intermédiaire et une bride inférieure en traction.

Dans une poutre-treillis, l'âme n'est plus un élément plein mais un treillis, formé par l'entrecroisement de deux groupes d'éléments d'ossature disposés dans deux directions : un groupe d'éléments de compression rigides, appelés « contrefiches », et un groupe d'éléments de traction, appelés « tirants ».

Que ce soit dans les membrures ou dans l'âme, les éléments ne transmettent que des forces de translation le long de leur axe, et aucune force de rotation ou de translation transversalement à leur axe.

Le vocabulaire des poutres-treillis a au moins trois sources : les poutres en acier avec leurs membrures et leurs âmes ; les structures des bâtiments à voile avec leurs bouts-dehors et leur gréement ; et la fabrication des cordages et des textiles avec leurs cordes et leur tissu.

La ferme d'une charpente est tissée avec trois fibres : une membrure ou corde supérieure, une membrure inférieure et une partie intermédiaire de liaison, ou âme, en lattis ou en treillis. Une poutre-treillis est donc une poutre réalisée au moyen d'un treillis.

Toute classification des différents types de poutres-treillis passe par la comparaison, entre autres variables, de l'efficacité de la géométrie respective des motifs entrecroisés qui forment les éléments constitutifs de l'âme.

Après la description par Andrea Palladio (1570) de trois inventions portant sur quatre systèmes de fermes, le plus vaste inventaire de types de treillis se trouve dans des brevets américains du XIXᵉ siècle consacrés à la construction des ponts.

Les premiers brevets de Timothy Palmer (1797), Theodore Burr (1806, 1817), Thomas Pope (1807) et Lewis Wernwag (1812, 1829) concernent des structures en treillis, formes hybrides de poutres et d'arches triangulées en bois.

Le type de treillis introduit par Ithiel Town♦ (1820) est constitué d'un étroit maillage de diagonales entrecroisées formant une âme en treillis rigide. Il est connu sous le nom de « treillis Town ».

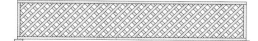

Le premier brevet accordé à Stephen H. Long (1830) propose une âme formée de montants de traction verticaux et d'une croix de saint André résultant d'éléments de compression diagonaux servant de contrefiche à l'intérieur de chaque panneau. Son deuxième brevet (1839) inverse le schéma de répartition des forces dans l'âme et place les verticales en compression et les contrefiches diagonales en traction.

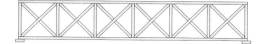

Le brevet de William Howe♦ (1840) est similaire au type d'âme proposé par Long en 1830, à la différence que les diagonales s'étendent sur deux panneaux à la fois. D'autres constructeurs de ponts ont modifié le brevet de Howe pour revenir au système proposé par Long, celui de diagonales en compression disposées chacune dans un seul panneau.

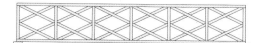

Thomas et Caleb Pratt♦ déposent en 1844 un brevet sur un motif similaire à celui introduit par Long en 1839.

Le brevet de Squire Whipple♦ (1841) diffère du brevet Long de 1839 au niveau de la membrure supérieure, dont le profil, au lieu d'être horizontal, prend une forme polygonale « arquée ». On parle ici d'une poutre en arc à tirants, ou poutre *bow-string*. Whipple analyse en 1847 une version particulière de la solution de Long de 1839 (parfois appelée « poutre-treillis Pratt »), en proposant un dis-positif similaire, qui comprend des membrures parallèles, des éléments de compression verticaux et des diagonales de traction entrecroisées s'étendant sur deux panneaux à la fois.

Le brevet accordé en 1848 à deux ingénieurs britanniques, James Warren et Willoughby Monzani, ne possède pas de montant vertical : l'âme fait appel à une alternance de diagonales de traction et de compression de même longueur, inclinées dans des directions opposées. D'autres versions prévoient l'ajout de montants verticaux ou d'un deuxième groupe de diagonales entrecroisées.

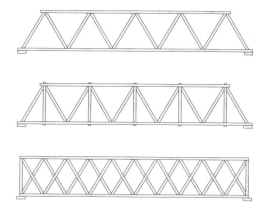

Le brevet de Néville, en Belgique, est antérieur à la poutre Warren, alors que celui de Whipple, aux États-Unis, lui fait suite, mais tous deux ont recours à des dispositifs similaires à celui de Warren.

La poutre Warren est parfois connue sous le nom de « poutre-treillis en V », et la poutre Pratt sous celui de « poutre-treillis en N ». Il existe également une poutre à treillis en K. Ces lettres, qui évoquent la forme géométrique du treillis, ne sont que des aides mnémotechniques.

D'autres brevets intéressants aux États-Unis sont ceux d'August Canfield (1833), Earl Trumbull (1841), Frederick Harbach (1846), Francis Lowthorp (1857), S. S. Post (1865), Baltimore-Petit (1871), Pennsylvania-Petit (1875) et W. E. Stearns (1892).

La plus simple de toutes les fermes, la ferme simple ou ferme à poinçon et contrefiches, a été le germe de plusieurs systèmes connus. Dans sa version pour pont, la membrure supérieure de la poutre, qui se trouve en compression, est étayée à mi-longueur par une jambe de force dont la base est reliée aux deux extrémités des membrures par deux tirants.

Le brevet d'Albert Fink (1851) développe un système de fermes simples secondaires et tertiaires à l'intérieur d'une ferme principale ; chaque ferme simple successive change alors le mode de rupture de la membrure supérieure.

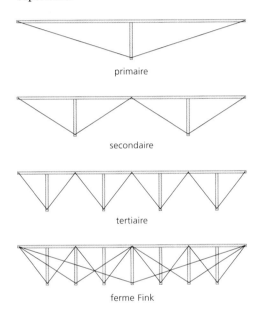

primaire

secondaire

tertiaire

ferme Fink

Robert Le◆Ricolais propose en 1968 une ferme à faux-poinçon automorphe.

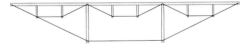

Le brevet de Wendell Bollman (1850) se fonde sur la poutre-treillis de Long (1839) ou de Pratt, renforcée par une superposition de fermes à poinçons asymétriques, et obtenue en fixant, par l'intermédiaire de tirants, la base de chaque montant vertical à chaque extrémité de la membrure supérieure.

Poutre-treillis Long ou Pratt

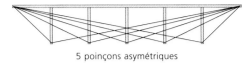

5 poinçons asymétriques

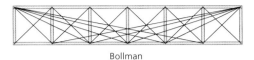

Bollman

Dans une large mesure, l'évolution historique des fermes a été marquée par la quête empirique de l'âme qui produirait une ferme présentant le plus petit volume de matière pour un système donné de forces appliquées. En 1890, James Clerk Maxwell présente un résultat théorique en proposant une expression du volume minimal de matière nécessaire à une ossature contreventée, en termes de contraintes admissibles, de longueurs des éléments et d'efforts présents dans les éléments de traction et de compression.

En 1904, A.G.M. Michell démontre ensuite qu'une ossature contreventée qui satisfait à la formule du volume minimal de Maxwell peut s'obtenir à partir de deux classes générales de courbes orthogonales : premièrement, des systèmes de tangentes et de développantes obtenues à partir de quelques courbes développées ; deuxièmement, des systèmes orthogonaux de spirales équiangulaires, avec des systèmes de cercles concentriques et leurs rayons, avec comme cas particulier des réseaux rectangulaires de droites. Tous les motifs de membrures et de treillis peuvent être ramenés à des courbes orthogonales de Michell.

Dans une ferme conventionnelle en bois, acier, béton armé ou béton précontraint, les membrures supérieure et inférieure sont souvent horizontales et parallèles. Pourtant, de nombreuses poutres-treillis ne possèdent pas de membrures parallèles.

Une classification des poutres-treillis compare, outre la géométrie de l'âme, celle des profils respectifs des paires de membrures. Il existe cinq profils de membrure structurellement stables :

1. Membrure supérieure – compression horizontale
   Membrure inférieure – traction horizontale
   (souvent appelée « poutre à membrures parallèles »)

2. Membrure supérieure – compression horizontale
   Membrure inférieure – traction polygonale, convexe vers le bas
   (souvent appelée « ferme de pont »)

3. Membrure supérieure – compression polygonale, convexe vers le haut
   Membrure inférieure – traction horizontale
   (souvent appelée « ferme de toiture »)

4. Membrure supérieure – compression polygonale, convexe vers le haut
   Membrure inférieure – traction polygonale, convexe vers le bas
   (souvent appelée « ferme lenticulaire »)

5. Membrure supérieure – compression polygonale, convexe vers le haut
   Membrure inférieure – traction polygonale, concave vers le bas
   (récemment baptisée « ferme en banane »)

Les différents profils de membrure forment des courbes limites sur lesquelles sont assemblés les treillis intermédiaires.

Les membrures d'une poutre-treillis se composent de segments linéaires, ou éléments d'ossature, qui définissent la géométrie des bords supérieurs et inférieurs, ou faces, de la ferme. On peut avoir un nombre quelconque de segments de membrure depuis un seul segment dans une poutre à membrures parallèles jusqu'à un nombre infini de segments dans la membrure curviligne ou *bow-string*.

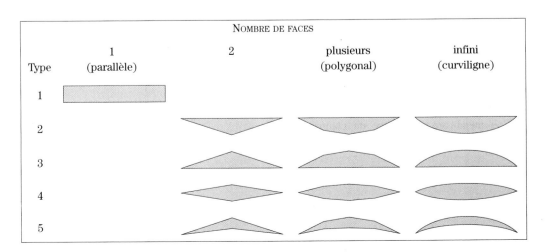

	NOMBRE DE FACES			
Type	1 (parallèle)	2	plusieurs (polygonal)	infini (curviligne)
1				
2				
3				
4				
5				

Il est également possible de combiner un nombre quelconque d'éléments de membrure supérieure à un nombre quelconque d'éléments de membrure inférieure dans les poutres des types 4 et 5.

Un exemple particulier du type 5 est donné par la ferme introduite en France par Barthélemy Camille Polonceau◆ (1837). Elle possède deux segments de membrure supérieure et trois segments de membrure inférieure.

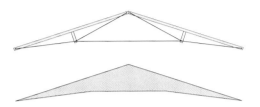

D'autres exemples de type 5 sont :

Quelques exemples de type 4 comprennent :

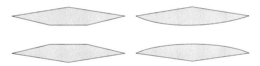

La ferme de toit, autrement dit le type 3, trouve son origine dans les charpentes en bois des fermes. Sous sa forme la plus ancienne, il s'agit d'un système composé de deux arbalétriers inclinés, liés entre eux par un entrait horizontal ; une « ferme à pendant » serait un nom plus approprié. L'ajout d'un poinçon central lui a donné son nom de ferme à poinçon. Ses membrures lui confèrent le profil d'un pignon.

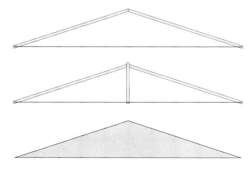

Une membrure supérieure de compression composée de trois arbalétriers forme un profil en comble brisé (ou comble à la Mansart) ou un profil de croupe.

Une membrure supérieure de compression à segments ou facettes multiples forme une ferme polygonale ou une poutre à hauteur variable.

C. H. Parker fait breveter vers 1871 une ferme Pratt à redans, à laquelle sont ajoutées des jambes de force ou des entraits secondaires pour former le système Pennsylvania-Petit (1871).

Une membrure de compression supérieure curviligne alliée à un entrait inférieur de traction rectiligne forme une poutre *bow-string* ou *bow-chord*.

Whipple dépose en 1841 un brevet sur une poutre *bow-string* selon le modèle de Pratt ou de Long, qui possède des membrures supérieure et inférieure en fonte et une âme composée d'éléments verticaux et diagonaux en fer forgé.

Parmi les raisons qui peuvent pousser à adopter des facettes multiples pour la membrure supérieure, citons notamment : l'utilisation d'éléments structurels existants d'une longueur inférieure à la portée totale ; la réduction de la longueur de flambage des arbalétriers en compression ; et la réalisation d'une surface convexe vers le haut, afin d'évacuer la pluie et la neige.

Plusieurs fermes de pont (type 2) dérivent d'une ferme à poinçon de base inversée ou d'une ferme à faux-poinçon. Plus on ajoute de montants verticaux au système, afin de réduire la longueur de flambage de la membrure de compression, plus le système tend à se rapprocher d'une poutre *bow-string*.

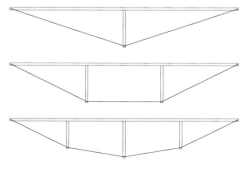

Parmi les brevets déposés sur des poutres lenticulaires ou paraboliques (type 4), on trouve ceux d'Edwin Stanley (1851) et de William O. Douglas (1878). De telles poutres lenticulaires sont construites par Isambard Kingdom Brunel◆ (1859) au-dessus de la rivière Saltash en Angleterre, et par Gustav Lindenthal (1884) à Pittsburgh, aux États-Unis.

En 1904, Michell montre que, pour des conditions de chargement identiques, les poutres de type 4 (lenticulaires) utilisent moins de matière que celles de type 2 (pont), de type 3 (ferme de toit) ou de type 5 (ferme de toit). En termes géométriques, cela signifie qu'une poutre qui s'étend au-dessus et au-dessous de la ligne d'appui est plus efficace qu'une poutre limitée à un seul côté de cette ligne. Partant de l'analyse de Michell, on peut montrer que les poutres à membrures curvilignes demandent un volume de matière moindre par rapport à des membrures polygonales. Notons que l'obtention d'ossatures contreventées de volume minimal a suscité de très nombreuses recherches.

Avant Maxwell et Michell, les méthodes les plus courantes pour l'analyse structurelle des poutres-treillis étaient principalement : la méthode des sections, la méthode des nœuds, et la statique graphique. Parmi les analystes les plus renommés figurent Emiland Gauthey, Thomas Pope, Thomas Tredgold, Henri Navier◆, Squire Whipple, D. J. Jourawski, Hermann Haupt, Carl Culmann, Luigi Cremona, J. P. Williot, Otto Mohr, Wilhelm Ritter et Benjamin Mayor. Les récents progrès de l'infographie laissent présager un retour à la statique graphique, voire à l'hyperstatique graphique dans le cas des structures tridimensionnelles. Ces progrès doivent s'accompagner de nouvelles avancées dans le domaine des ossatures à volume minimal.

Comme une poutre-treillis comporte à la fois des éléments en traction et d'autres en compression, ce sont les matériaux résistant à ces deux modes de chargement qui ont été le plus fréquemment employés. L'assemblage de différents matériaux n'a jamais été une tâche aisée, notamment lorsqu'on traite avec des entreprises souvent spécialisées dans un seul matériau, et dans les équipements et outils mis au point pour le manufacturer, le façonner et l'assembler. Ainsi les poutres-treillis les plus anciennes ont-elles été construites en bois, alors que l'acier est aujourd'hui le matériau dominant. Lors du passage du bois à l'acier, des éléments de compression en fonte et des éléments de traction en fer forgé ont progressivement remplacé leurs équivalents en bois. À la suite de l'introduction de nouveaux procédés sidérurgiques moins coûteux, ces éléments en fer et en fonte ont ensuite été remplacés par de l'acier doux laminé. Aujourd'hui, la structure est généralement fabriquée en acier haute résistance laminé, ou à partir de sections laminées pour les éléments de compression, et de barres, fils ou câbles pour les éléments de traction.

Les poutres-treillis peuvent également comprendre deux matériaux présentant des contraintes admissibles différentes : du bois en compression et des cordes de chanvre en traction, ou du béton en compression et des câbles d'acier en traction, par exemple. Les poutres-treillis en bois ou acier ont des sections approximativement symétriques, cependant celles qui sont fabriquées dans plusieurs matériaux présentent généralement des sections asymétriques.

Le lemme de Maxwell montre que, pour une poutre-treillis montée sur des appuis simples et chargée le long de sa ligne d'appui, le rapport des volumes des matériaux de compression et de traction est inversement proportionnel au rapport de leurs contraintes admissibles. Ainsi, l'introduction de nouveaux matériaux instaurera de nouvelles relations de proportionnalité entre les trois composants de la poutre-treillis, que ce soit en coupe ou en élévation ; et quand la logique des ossatures à volume minimal de Michell gagnera en accessibilité, une nouvelle catégorie de poutres-treillis pourra bien faire son apparition.

Pourtant, l'évolution historique des poutres-treillis a découlé plus de la pratique de la construction que d'une quelconque théorie des structures. Les ossatures contreventées les plus complexes ont été utilisées pour les échafaudages, et les plus intéressantes d'entre elles ont servi de cintres. On dispose naturellement de très peu de traces de ces ouvrages d'étaiement temporaires. Si nous n'appliquons pas les théories de Maxwell, de Michell et des autres, il nous sera peut-être donné de découvrir dans les étaiements et les échafaudages temporaires d'aujourd'hui le véritable ouvrage permanent de demain.

Loin de se limiter aux seules poutres, le principe du treillissage d'une ossature contreventée s'applique à toutes les configurations structurelles. Pilier, arc, plaque, mur, voûte, dôme, coque et membrane peuvent être construits en

treillis en entrelaçant des réseaux d'éléments de traction et de compression, afin de minimiser l'énergie potentielle des charges. À l'origine du concept de treillis se trouve l'entrecroisement tridimensionnel et, comme pour la fabrication des cordes et des câbles, l'influence des types de rupture ou des vibrations est fondamentale. **P. McC.**

VOIR AUSSI **Construction métallique** ; **Ponts métalliques**.

Pratt (Thomas Willis)

Boston, Massachusetts, États-Unis, 1812 – *id.*, 1875.

Thomas Willis Pratt fait partie de la première génération d'ingénieurs américains ayant une formation technique aussi complète que possible dans une jeune nation comme l'étaient alors les États-Unis. Il fait ses études dans le plus célèbre établissement américain de formation technique – à l'exception de West Point –, la Rensselaer Academy, qui deviendra ensuite Rensselaer Polytechnic, à Troy, dans l'État de New York. Fils de Caleb Pratt, architecte à Boston, le jeune Thomas va baigner dans l'atmosphère de travail du bureau de son père, et être en contact direct avec les projets qu'on y étudie. Admis à Rensselaer à l'âge de quatorze ans, il étudie l'architecture, le bâtiment, les mathématiques et les sciences naturelles, et se voit proposer un poste d'instructeur avant même d'avoir passé son examen, à vingt ans. Pratt s'est fait surtout connaître par son invention d'un système de treillis pour pont exacte-

ment opposé à celui du système de William Howe♦ – les verticales sont en compression et les diagonales en tension – que son père et lui font breveter en 1844. Comme ce procédé utilise davantage de fer que celui de Howe, il ne sera vraiment adopté qu'après la diminution du prix de ce matériau. Le système de Pratt, particulièrement approprié aux ponts en fer, statiquement parfait avec des liaisons simples, a été utilisé pendant une bonne partie du XIXᵉ siècle, parallèlement au treillis de James Warren. **E. N. D.**

Précontrainte

L'idée de précontrainte est née à la fin du XIXᵉ siècle, dès que les ingénieurs ont compris le fonctionnement du béton armé, pour empêcher la fissuration des zones tendues : puisque le béton ne résiste pas à la traction, il faut le comprimer au moment de la construction en introduisant des forces judicieusement réparties, de façon à ce qu'il ne subisse pas de traction sous les effets combinés des charges qu'il doit supporter – y compris son propre poids – et de cette « précontrainte ».

Le véritable inventeur de la précontrainte est Eugène Freyssinet♦, qui en dépose les brevets en 1928. Il choisit d'utiliser des câbles formés de fils d'acier de très haute résistance (fils de 5 mm de diamètre, d'une résistance de l'ordre de 1 500 MPa, soit environ 150 kg/mm²), fortement tendus, de façon à conserver une tension significative malgré les pertes engendrées par les déformations différées du béton et de

Précontrainte. Pont de Luzancy, 1941-1946, E. Freyssinet, ing., vue des poutres précontraintes avant lancement.

l'acier : le béton se raccourcit dans le temps, sous l'action de son retrait, mais aussi de la compression qu'il subit (cette déformation différée s'appelle le fluage), tandis que l'acier de précontrainte perd avec le temps une partie de sa tension initiale (c'est la relaxation).

Freyssinet a pris ainsi une avance notable sur les autres précurseurs de la précontrainte, et en particulier sur l'Allemand Franz Dischinger◆, qui a développé un système de précontrainte au moyen de barres en acier de résistance moyenne (550 MPa) : le raccourcissement différé du béton et la relaxation de l'acier réduisent à peu de chose la tension initiale des barres de précontrainte.

L'évolution technologique a été essentielle dans l'essor de la précontrainte : les barres de précontrainte ont ainsi vu leur emploi se limiter à des applications spécifiques (les câbles courts), mais l'acier utilisé pour leur fabrication atteint aujourd'hui une résistance élevée (de l'ordre de 1 100 à 1 200 MPa) qui leur donne l'efficacité nécessaire ; les progrès de la métallurgie ont permis d'augmenter le diamètre des fils destinés à constituer les câbles, qui est passé de 5 mm à 6, puis 7, et finalement 8 mm, en compensant les pertes de résistance produites par l'augmentation du diamètre ; la résistance des fils de 8 est aujourd'hui de 1 770 MPa. Mais

surtout, les fournisseurs ont développé l'emploi de torons. Le toron le plus utilisé est formé de 7 fils d'environ 6 mm de diamètre ; sa résistance est de 1 860 MPa, ce qui permet de constituer des câbles allant de 12 à 19, voire 37 torons de 15 mm, câbles dont la puissance autorise la construction de structures de très grandes dimensions.

Le système le plus classique pour précontraindre une structure en béton consiste à placer des gaines dans les coffrages avant le coulage du béton, gaines qui sont solidement liées aux cages d'armature pour qu'elles ne bougent pas sous la poussée du béton frais. Lorsque le béton atteint la résistance désirée, on enfile les câbles de précontrainte dans les gaines, puis on les tend. On parle alors de précontrainte par post-tension (les câbles sont tendus après la construction de la structure en béton) et de câbles intérieurs au béton. Un coulis de ciment est injecté dans les gaines après la tension des câbles afin d'assurer l'adhérence entre l'acier et le béton, et, surtout, dans le but de protéger l'acier de précontrainte contre la corrosion.

Les câbles de précontrainte peuvent aussi être placés à l'extérieur du béton, suivant les idées développées par Franz Dischinger et le Belge Gustave Magnel dans les années trente et qua-

rante ; ces idées, mal adaptées à la technologie de l'époque, ont été reprises par les ingénieurs français à partir de 1980, lorsque la puissance des câbles de précontrainte modernes a commencé de les rendre très efficaces. Dans ce système, les câbles s'appuient sur le béton à leurs ancrages, et sont déviés par des entretoises ou d'autres pièces spécifiques destinées à leur donner le tracé souhaité.

Une autre forme de précontrainte consiste à tendre des fils ou des torons de précontrainte sur un long banc destiné à la préfabrication d'une série de poutres ; on coule ensuite le béton dans les moules, et il vient noyer les fils ou les torons prétendus, d'où le nom de précontrainte par prétension. Une fois que le béton a atteint une résistance suffisante, on coupe les fils et les torons aux abouts des différentes poutres ; l'ancrage des fils, ou des torons, se fait par adhérence aux abouts des poutres, sur une distance appelée la longueur d'ancrage, dans une zone qui est armée pour résister aux efforts d'éclatement produits par cet ancrage.

La précontrainte par post-tension se répand largement à partir des années cinquante, sous l'impulsion d'un certain nombre de pionniers. La construction des ponts en béton y gagne progressivement en efficacité, la post-tension permettant d'éviter le recours aux cintres et

Ancrage de câble de précontrainte (à gauche).

Précontrainte extérieure appliquée sur le viaduc de Carrière (autoroute A 14) (à droite).

aux échafaudages, jusqu'alors indispensables : ponts à poutres préfabriquées lancées, ponts construits par encorbellements successifs au moyen de voussoirs coulés en place ou préfabriqués, ponts poussés, ponts à haubans, etc. Dans certains pays, notamment aux États-Unis, la prétension a été appliquée à la construction de nombreux ponts à poutres préfabriquées de moyenne portée. En France, on préfère dans ce domaine utiliser la post-tension, qui autorise une plus grande liberté de formes. **M. V.**
VOIR AUSSI **Béton armé.**

Préfabrication

Le terme évoquait l'espoir avant-guerre, il signifiait prospective après-guerre, il appartient à l'histoire aujourd'hui. Malgré tout, le bâtiment entretient avec l'idée de préfabrication une relation encore teintée d'ambiguïté. Les planificateurs y croient encore un peu, les architectes plus du tout. Et les ingénieurs ? Leur compétence les prédisposerait plutôt aux performances calculées et ouvrées, performances singulières dont ce terme garantit la faisabilité en fonction de paramètres toujours différents. Appliquer des lois générales (élasticité, statique, mécanique) à des cas particuliers, telle est sa vocation. Aussi, le projet qui sous-tend la préfabrication n'est-il pas tout à fait en phase avec son mode de pensée dominant.

Qu'est-ce que la préfabrication ? C'est un mode de construction reposant sur l'idée d'effectuer en atelier le maximum de composants de l'ouvrage, de façon à diminuer les coûts de production. Ce déplacement des tâches du chantier à l'usine implique d'assez nombreuses modifications, au niveau tant de la conception que de la mise en œuvre. Parmi ces modifications, celle qui touche à la segmentation de l'ouvrage est sans doute la plus sensible, celle qui suscite le plus de difficultés, notamment auprès des concepteurs, qui ont toujours eu du mal à assimiler une exigence syntaxique bridant leur liberté imaginative.

Cette situation n'est pas dénuée de paradoxes. En elle-même, l'idée de préfabrication paraît d'une évidente fécondité. À petite échelle, le bâtiment en est d'ailleurs traversé : la brique, la poutrelle métallique, la porte, la fenêtre sont des éléments « préfabriqués ». Mais, à l'échelle de sa fabrication proprement dite, l'édifice n'est plus qu'une manufacture, où le produit se réalise « en place », sur le chantier, comme depuis toujours. Or l'architecture, au seuil de sa

Préfabrication.
Police Administration Building, Philadelphie,
vue de la construction (en haut).
Reconstruction d'Amiens après la Deuxième Guerre
mondiale, maisons préfabriquées (en bas).

« modernité », de Walter Gropius à Konrad Wachsmann◆, de Le Corbusier à Marcel Lods, n'a cessé de réclamer son alignement sur les méthodes industrielles. La Seconde Guerre mondiale comblait ce désir, suscitant un programme de reconstruction inégalé où l'exercice de la préfabrication (et de l'industrialisation) trouvait son laboratoire idéal. Dans les années cinquante et soixante, de nombreux procédés ont ainsi vu le jour, en France particulièrement, où les pouvoirs publics ont largement contribué à la promotion de systèmes de préfabrication lourde (procédés Camus, Pacal, Coignet, Coproba, etc.).

De la maison à l'immeuble d'habitation, de l'usine à l'hôtel, le secteur a subi la préfabrication comme une tempête. Les cloisons, les dalles, les murs, les fermes de charpente, les salles de bain, l'ossature, tout sortait de l'atelier où l'on travaillait au chaud, abrité, à son poste, comme à l'usine. Dans les agences d'architecture, de belles utopies voyaient le jour avec Archigram, Team Ten. Des concepteurs réellement inspirés (Konrad Wachsmann, Jean Prouvé◆) radicalisaient leur démarche, renouvelant le vocabulaire constructif, inventant des techniques d'assemblage, et même de transport et de stockage. Pourtant, malgré les meilleures volontés, le « préfabriqué » n'a pas pris. Synonyme de « bon marché », de « déglingué », assimilée, un peu vite, à l'architecture sans qualité des promoteurs immobiliers, à l'architecture du « chemin de grue », la préfabrication est entrée dans une phase de sommeil profond. **C. Si.**

VOIR AUSSI **Industrialisation** ; **Standardisation**.

Profession d'ingénieur

Les premiers ingénieurs de la Renaissance ne forment pas une profession au sens moderne du terme. Leurs compétences sont à la fois vastes et mal définies. S'étendant ordinairement de l'architecture à la conception des machines en passant par les techniques d'hydraulique et de fortification, elles englobent souvent des activités comme la sculpture ou la peinture qui semblent aujourd'hui bien éloignées de l'ingénierie. Par-dessus tout, ces ingénieurs font figure d'individus isolés, d'artistes se mettant au service de princes ou de communautés, en marge de l'organisation corporative qui régit le monde des métiers un peu partout en Europe. Leur situation n'est pas sans rappeler à cet égard celle des *muhandisun*, ces spécialistes de géométrie, d'hydraulique et d'irrigation que l'on trouve depuis le Moyen Âge dans certains pays musulmans. Ramenés toutefois progressivement au rang de simples techniciens au cours de la période ottomane, les *muhandisun* ne connaîtront pas la même postérité que leurs homologues européens.

S'ils ne constituent pas une profession, les ingénieurs de la Renaissance n'en présentent pas moins un certain nombre de traits communs. Ce sont presque tous des hommes de projet, des concepteurs s'appuyant sur un savoir géométrique et mécanique hérité de l'Antiquité et du Moyen Âge, savoir au nom duquel ils prétendent prendre les décisions essentielles en amont du chantier. Cet accent mis sur le projet, au détriment d'une pratique de la conception indissociable des logiques d'exécution, à l'instar de celle des bâtisseurs de l'époque médiévale, achève de les distinguer du monde des métiers. Se pose du même coup la question de leur statut, un statut nécessairement intermédiaire entre celui du savant humaniste et celui de l'homme de l'art détenteur d'un savoir-faire non livresque. Chez les plus brillants d'entre eux, comme Francesco di Giorgio ou Léonard de Vinci, s'esquisse une ambition universaliste visant précisément à concilier la connaissance livresque et le savoir-faire des métiers, la culture humaniste et les minutes de l'invention mécanique. Dès ses origines, la figure de l'ingénieur est ainsi inséparable d'une ambition intellectuelle, de la recherche d'un genre de connaissance nouveau où la spéculation et l'action se mêleraient indissociablement.

Dans de nombreux royaumes européens, un début de professionalisation s'opère à la charnière des XVIᵉ et XVIIᵉ siècles avec l'apparition d'ingénieurs plus spécialement chargés des fortifications pour le compte de l'État. En France, ce mouvement débouche sur la création en 1691 d'un corps d'ingénieurs du roi, placé sous la direction du maréchal de Vauban. Hiérarchisé, faisant appel à un corpus de connaissances unifié, le corps des ingénieurs du roi, ou corps du Génie, va servir par la suite de modèle aux autres administrations techniques de la monarchie française.

À côté de la fortification, avec laquelle elle entretient d'ailleurs de nombreux liens, l'hydraulique tend à devenir un autre domaine privilégié d'exercice des compétences d'ingénieur. Évident dans le cas de la Hollande, dont les canaux et les polders provoquent l'admiration de l'Europe classique, cet accent mis sur l'hydraulique caractérise également les scènes techniques anglaise ou française. En Angleterre, une entreprise comme le drainage de la région des Fens par l'ingénieur d'origine hollandaise Cornelius Vermuyden, dans les années 1620-1630, revêt par exemple un caractère exemplaire ; on retrouve ce caractère d'exemplarité avec la construction du canal du Midi par Pierre-Paul Riquet à partir de 1666.

Point de fortification ni d'hydraulique sans un repérage cartographique préalable, permettant de penser les liens entre projet et territoire. Dans la plupart des pays européens, la cartographie constitue un dernier domaine réservé aux ingénieurs. Fortification, hydraulique et cartographie se rapportent tous trois à l'aménagement de l'espace. Délaissant la conception des machines, dans laquelle s'étaient illustrés nombre de leur devanciers de la Renaissance, les ingénieurs tendent à se concentrer sur les problèmes territoriaux et urbains, sur le génie civil et la construction. Cette spécialisation se révèle particulièrement nette dans le cas français, où l'on distingue les ingénieurs proprement dit des « mécaniciens » s'occupant de la conception des machines dans un cadre le plus souvent artisanal. Qu'ils soient chargés de fortification, d'hydraulique ou de cartographie, les ingénieurs français demeurent en revanche proches parents des architectes, avec lesquels ils partagent une culture commune, fondée sur la méditation des principes vitruviens ainsi que sur l'usage intensif de la géométrie.

Dans l'histoire de la profession d'ingénieur, le XVIIIᵉ siècle représente une étape essentielle. Les Lumières correspondent tout d'abord à une prise de conscience de l'importance sociale et culturelle des techniques. Liée à l'émergence de la notion moderne de progrès, cette prise de conscience se traduit par la création de toute une série d'institutions, par rapport auxquelles vont se définir par la suite les ingénieurs. Sur le modèle du génie militaire, la France se dote par exemple de nouveaux corps d'ingénieurs de l'État, comme le corps des Ponts et Chaussées, fondé en 1716, ou le corps des Mines, progressivement organisé à partir de 1751. Des écoles préparant à ces fonctions d'ingénieur de l'État voient également le jour, l'École des ponts et chaussées en 1747, l'École des mines en 1783. Ce mouvement d'institutionnalisation et de scolarisation des élites techniques est à vrai dire européen. Au sein de ce mouvement, la France occupe toutefois une position particulière, en raison du monopole dont jouissent les ingénieurs d'État dans de nombreux secteurs, monopole qui va de pair avec une formation scientifique beaucoup plus poussée que dans d'autres pays. C'est en France que se fait jour l'idéal d'un ingénieur qui serait à la fois un savant et un technicien. La création de l'École polytechnique en 1794 vient parachever une organisation de la profession d'ingénieur qui fera bientôt figure de modèle.

Face à ce modèle de l'ingénieur d'État français, qui va s'exporter par la suite dans des pays comme la Russie, émerge un autre modèle, anglais cette fois, dans lequel l'ingénieur se définit avant tout comme un technicien chevronné, travaillant dans le secteur privé et maîtrisant aussi bien les problèmes de conception que les logiques de rentabilité économique. À la figure de l'ingénieur d'État français répond celle de l'ingénieur civil anglais qui continue à se former au moyen de l'apprentissage. Moins assurée dans un premier temps que celle de son homologue français, l'identité de l'ingénieur civil anglais va s'affirmer au travers d'associations professionnelles comme la Society of Civil Engineers, fondée en 1771, ou l'Institution of Civil Engineers, qui voit le jour en 1818.

Par-delà leurs différences, ces deux modèles, entre lesquels se déterminent la plupart des nations en voie d'industrialisation au cours de la première moitié du XIXᵉ siècle, n'en présentent pas moins un certain nombre de traits communs. Tous deux tendent d'abord à faire de l'ingénieur l'un des acteurs privilégiés d'un progrès global de la société. Ce faisant, ils se réfèrent à des valeurs comme l'utilité publique, qui s'étaient forgées au cours du XVIIIᵉ siècle. Homme de progrès, l'ingénieur, qu'il travaille pour l'État ou dans le secteur privé, se définit désormais en référence à la collectivité au lieu de se penser comme le serviteur d'un prince ou d'une communauté particulière. La constitution de nouvelles sciences de l'ingénieur mathématisées échappant aux cadres de pensée vitruviens – comme la résistance des matériaux ou l'hydraulique appliquée – joue un rôle dans ce processus de différenciation. Mais il faut également tenir compte de l'émergence de notions comme celles de flux et de réseau, par rapport auxquelles vont se redéfinir les tâches d'aménagement des ingénieurs. Plus généralement, la première révolution industrielle fait éclater les liens traditionnels qui unissaient les sciences et les techniques aux arts. La profession d'ingénieur en sort dans un premier temps renforcée dans son identité.

De nombreux défis vont toutefois venir ébranler les certitudes de la nouvelle profession. Avec l'accélération du progrès technique, celle-ci se trouve tout d'abord confrontée à une extension sans précédent de ses domaines d'activité. À côté de l'aménagement, du génie civil et de la construction, se développent des secteurs comme la construction des machines à vapeur, ou comme la chimie lourde ou l'électricité, qui font appel à d'autres savoirs et à d'autres types de compétences. Au cours de la seconde moitié du XIXᵉ siècle, les génies mécanique, chimique et électrique vont progressivement se structurer de manière autonome. La diversification des fonctions d'encadrement technique qui s'opère du même coup va être souvent perçue comme une atteinte à l'identité de la profession d'ingénieur. L'exemple de l'Angleterre est à cet égard frappant. En Angleterre, où les ingénieurs civils ne s'étaient jamais vraiment différenciés des constructeurs de machines, comme avaient pu le faire leurs homologues français, la création en 1847 d'une Institution of Mechanical Engineers à côté de l'Institution of Civil Engineers prend des allures de scission. Plus généralement, dans la plupart des pays où les ingénieurs se définissent par leur compétence professionnelle plutôt que par la formation initiale qu'ils ont reçue, toute diversification supplémentaire vient brouiller une image dont on déplore déjà la complexité.

À cette première source de tension s'ajoute bientôt dans ces pays la question de savoir si l'ingénieur est susceptible de se définir, comme les vieilles professions de la médecine ou du droit, au croisement d'un savoir, d'une compétence et d'une éthique professionnelle, ou s'il échappe à ce cadre éprouvé. Tout au long du XIXᵉ siècle, en Angleterre comme aux États-Unis, les grandes associations professionnelles se trouvent confrontées aux épineux problèmes que ne manque pas de soulever toute tentative de comparaison avec les juristes ou les médecins. Est-ce véritablement le savoir, sous sa forme livresque du moins, qui fonde la compétence de l'ingénieur, à l'instar du rôle qu'il joue en droit ou en médecine, ou ne serait-ce pas plutôt l'exercice de responsabilités au sein du monde de la production ? Par-delà les discours généraux sur le progrès et l'utilité publique, comment asseoir, d'autre part, une éthique professionnelle sur des principes intangibles, alors que l'ingénieur se trouve fréquemment en situation d'employé soumis à la volonté de son patron, une volonté susceptible d'entrer en

conflit avec l'intérêt général ? Apparaissant comme l'un des principaux bénéficiaires de l'industrialisation, les ingénieurs n'en sont pas moins menacés dans leur identité par la multiplication des compétences et des types d'engagement professionnel qu'elle entraîne.

Avec l'industrialisation, la situation des ingénieurs d'État à la française n'est guère plus confortable, même s'ils profitent comme les autres des opportunités de carrière qu'elle fait surgir. Confrontés, à l'instar de leurs homologues anglo-saxons, à la diversification des compétences de l'ingénieur, il leur faut en outre prendre parti sur toute une série de problèmes, liés à leur caractère d'agents de la puissance publique ainsi qu'à la nature de la formation qu'ils reçoivent. L'alliance étroite entre sciences et techniques qu'ils postulent assez généralement ne laisse pas de soulever des auxquelles il est bien difficile de répondre. Les vieilles écoles françaises d'ingénieur de l'État, à commencer par l'École polytechnique, se débattent tout au long du XIXᵉ siècle entre la tentation d'un cursus scientifique généraliste et la reconnaissance de tout ce que la pratique suppose de résultats empiriques et de savoir-faire étrangers à ce genre de cursus. Voués au service de la collectivité, porteurs d'ambitieux projets d'infrastructures et de réseaux, souvent tentés de privilégier la pure performance technique sur les impératifs de rentabilité, les ingénieurs d'État sont confrontés à des logiques économiques auxquelles leur formation ne les prépare qu'imparfaitement. De l'échec du plan Becquey d'achèvement de la navigation intérieure de la France, lancé sous la Restauration, au relatif insuccès du Concorde, la liste est longue des déconvenues entraînées par la sous-estimation des contraintes du marché. Se situant fréquemment à la charnière du politique et du technique, les ingénieurs d'État se voient enfin offrir des postes d'administrateur et de gestionnaire qui n'ont plus grand-chose à voir avec les fonctions d'encadrement technique. « Chez l'ingénieur, l'administrateur a débordé l'homme technique. Cette tendance s'accentue de jour en jour », fait ainsi observer en 1881 un Félix Cantagrel à propos du corps des Ponts et Chaussées.

Ingénieur d'État scolarisé à la française ou ingénieur civil à l'anglaise se formant par apprentissage, cette alternative – très présente dans la première moitié du XIXᵉ siècle – perd progressivement de sa pertinence pour décrire une profession dont le rythme de développement n'a guère d'équivalent au sein des élites des pays touchés par l'industrialisation. Entre 1880 et 1914, l'effectif des membres des associations professionnelles anglaises passe par exemple d'un peu plus de 8 000 à près de 40 000 ; cette croissance est encore plus forte en Allemagne ou aux États-Unis. Les modèles anglais et français n'auront, qui plus est, subsisté dans toute leur pureté que durant une brève période. Dès les années 1820-1830 apparaissent en France des ingénieurs civils. Même s'ils se forment généralement de manière scolaire, dans des établissements comme les écoles d'arts et métiers ou l'École centrale des arts et manufactures, ces ingénieurs civils doivent beaucoup au modèle anglais. À l'inverse, le Royaume-Uni commence à se doter assez tôt de départements et d'écoles d'ingénieurs. Loin de s'exclure, ces deux modèles sont parfois importés simultanément, comme aux États-Unis où ils donnent naissance à un système hybride d'ingénieurs militaires formés à la française, et d'ingénieurs civils proches de leurs homologues anglais. Par-dessus tout, d'autres modèles, d'autres références font à leur tour leur apparition à la charnière des XIXᵉ et XXᵉ siècles : ingénieurs allemands ou suisses, formés souvent en contact étroit avec la recherche, ingénieurs italiens, russes et bientôt japonais.

Si l'on excepte des pays comme la France, où le moule scolaire possède une rigidité telle qu'il semble garantir à tous les ingénieurs une identité commune, fondée sur l'apprentissage d'un certain type de connaissances mathématiques et physiques ainsi que sur les réflexes intellectuels qu'elles entraînent, on ne peut qu'être frappé par la diversité des savoirs, des compétences, des fonctions et des situations professionnelles que l'on regroupe aujourd'hui sous le terme générique d'ingénieur. Du génie civil à l'électronique, de la mécanique aux télécommunications, tout un univers technologique foisonnant s'est développé depuis la première révolution industrielle, un univers dans lequel les savoirs les plus divers trouvent à s'employer. Dans cet univers, l'ingénieur peut exercer des fonctions d'administrateur ou de gestionnaire, à côté de missions plus traditionnelles de concepteur d'objets et de systèmes ou de chef de production. Il peut être chercheur en laboratoire, mais aussi vendeur de services et de produits. Du fonctionnaire à l'employé d'une grande entreprise en passant par le consultant établi à son compte, les situations professionnelles se révèlent enfin extrêmement dissemblables. À s'en tenir à ce constat d'hétérogénéité, il semblerait que le terme ingénieur désigne désormais davantage un genre qu'une espèce, une certaine gamme d'emplois possibles qu'une profession bien déterminée.

D'où vient alors la persistance de cet amalgame que recouvre la dénomination d'« ingénieur » ? Plusieurs réponses ont été et sont encore apportées aujourd'hui dans des sens à vrai dire divergents. Dans l'esprit du grand public, la figure de l'ingénieur se confond souvent avec celle du cadre, détenteur d'une compétence scientifique et technique supérieure à celle de la plupart des autres acteurs de la production, compétence qui lui permet d'exercer sur ces derniers une certaine autorité. Cette définition, où la part de la position hiérarchique est en réalité au moins égale à celle de la compétence proprement dite, a été souvent reprise par certains sociologues. Mettant l'accent sur l'écart qui sépare l'ingénieur des détenteurs de la légitimité politique ou du capital d'un côté, des autres exécutants, cadres subalternes et ouvriers de l'autre, une telle caractérisation se heurte toutefois à l'existence de nombreuses situations qui concordent mal avec elle. Où placer par exemple dans un tel schéma le consultant indépendant ? D'autre part, n'est-ce point appauvrir les figures de l'ingénieur concepteur ou chercheur que les qualifier uniquement du point de vue de leurs situations hiérarchiques respectives ?

Depuis le XIXᵉ siècle au moins, de nombreux ingénieurs ont tenté de se définir comme les metteurs en œuvre d'un projet global d'application des résultats de la science aux réalités sociales et productives. Mais une telle mise en œuvre peut difficilement s'assimiler à un simple processus de traduction. Renouant avec l'ambition, qui s'exprimait déjà à la Renaissance, d'un genre de connaissance autonome mêlant spéculation et action, des ingénieurs se sont assez régulièrement proposé d'esquisser les contours d'une science de la conception qui leur serait spécifique. Semblable perspective imprègne par exemple les nombreux écrits du siècle dernier consacrés à l'édification d'une « technologie » ou d'une « science industrielle », distinctes de la science pure comme des savoir-faire routiniers de la production. On la retrouve en parcourant le livre récent de Walter G. Vicenti, *What Engineers Know and how They Know it*. Mais à quelque échelle qu'elle s'applique, une telle science de la conception peut-elle faire l'économie d'une réflexion sur la société et son organisation ? Bien avant qu'un auteur comme Michel Callon entreprenne de démontrer, sur quelques exemples choisis, que les ingénieurs sont toujours des sociologues en puissance, nombre d'entre eux rêvaient déjà d'organiser la société au nom des mêmes valeurs de rationalité et d'efficacité qu'ils croyaient déceler au sein des phénomènes physiques comme dans les machines les mettant à profit. Tel est par exemple le sens profond que revêtait l'organisation scientifique du travail aux yeux de son principal promoteur, Frederick Winslow Taylor, à la charnière des XIXᵉ et XXᵉ siècles. Ses successeurs, qui entendent aujourd'hui réformer la société dans le sens d'une plus grande convivialité, au moyen de réseaux comme l'Internet, pourraient bien sacrifier à la même orientation démiurgique. L'une des définitions possibles de l'ingénieur réside peut-être dans le désir d'humaniser le monde physique en l'appropriant sans cesse davantage aux besoins de l'homme en société et, simultanément, de naturaliser en quelque sorte la société en la réorganisant, conformément aux principes d'efficacité qu'il croit apercevoir à l'œuvre au sein de la nature.

Depuis Taylor au moins, les fonctions d'ingénieur recoupent fréquemment des tâches d'organisation et de gestion, qui vont de la bonne marche des ateliers à l'animation des directions d'entreprises. Mais la banalité de ces tâches ne doit pas faire oublier le terreau utopique qui a permis aux ingénieurs de les revendiquer, par-delà les fonctions purement techniques dans lesquelles ils s'étaient vu longtemps cantonnés. L'ingénieur doit être « social », répétaient inlassablement certains représentants de la profession au début de ce siècle, tandis que d'autres en faisaient un « philosophe de l'action ». Même si l'économie et le respect des contraintes quotidiennes de gestion l'ont souvent emporté en pratique sur ces vastes perspectives, l'ingénieur contemporain est aussi l'héritier de ce genre d'ambition, par l'intermédiaire de mouvements comme Technocracy en Amérique ou X-Crise en France.

On ne saurait toutefois réduire la figure de l'ingénieur à cet idéal de l'organisateur universel qu'ont tenté d'accréditer tant le mouvement technocratique américain que les membres d'X-Crise au cours de l'entre-deux-guerres. Car l'ingénieur d'aujourd'hui, pour peu que ses fonctions l'aient éloigné de la conception et de l'exercice de responsabilités directes dans la production, se montre souvent nostalgique de ces activités. On comprendrait mal, sans cela, le prestige dont continuent à jouir les bâtisseurs de ponts dans un monde de technologies de plus en plus immatérielles.

Ce prestige s'explique aussi par l'identité claire des grands concepteurs et constructeurs de structure, qui tranche sur les ambiguïtés de nombreuses fonctions d'ingénieur contemporaines. Omniprésent en même temps qu'incertain quant à sa nature profonde, l'ingénieur est un peu l'« homme sans qualités » du monde technologique moderne. Robert Musil, faut-il le rappeler, avait fait des études d'ingénieur dans l'Allemagne de l'entre-deux-guerres. **A. P.**

VOIR AUSSI **Associations d'ingénieurs** ; **Bureaux d'études** ; **Entreprises** ; **Formation des ingénieurs** ; **Ingénieur (définition)**.

P_{rouvé} (Jean)

Paris, France, 1901 – Nancy, Meurthe-et-Moselle, 1984.

Ni architecte ni ingénieur, mais les deux, « réunis en un seul homme », c'est ainsi que Le Corbusier définissait Jean Prouvé. Lui se disait constructeur. De fait, c'est en autodidacte qu'il sera amené à s'intéresser à la préfabrication du bâtiment.

Fils de Victor Prouvé, l'un des fondateurs de l'école de Nancy (et son président en 1904, à la mort d'Émile Gallé), Jean est mis en apprentissage de 1917 à 1919 à Enghien, dans l'atelier du maître ferronnier Émile Robert. En 1924, il ouvre son premier atelier, rue du Général-Custine à Nancy, et l'équipe d'un matériel de soudure électrique. Tout en exerçant son métier de ferronnier, en manipulant de lourdes barres de fer, il découvre les nombreuses possibilités offertes par la mise en œuvre de la tôle d'acier de faible épaisseur. Il l'utilise pour ses premiers prototypes de meubles, dont les structures deviennent ainsi des corps creux d'une extrême légèreté. Leurs formes d'égale résistance répondent, de manière implicite, aux impératifs de la résistance des matériaux. Appliquées de façon systématique, les techniques élémentaires de découpage, pliage, et soudure de la tôle vont permettre à Prouvé d'investir, de manière inhabituelle, le domaine du bâtiment.

En 1929, à la demande de Robert Mallet-Stevens, il est l'un des membres fondateurs de l'Union des artistes modernes (UAM). Il y noue, avec Le Corbusier, Charlotte Perriand, René Herbst et Marcel Gascoin, des amitiés durables.

Prouvé (Jean). Imprimerie Mame, Tours, assemblage d'un shed préfabriqué.

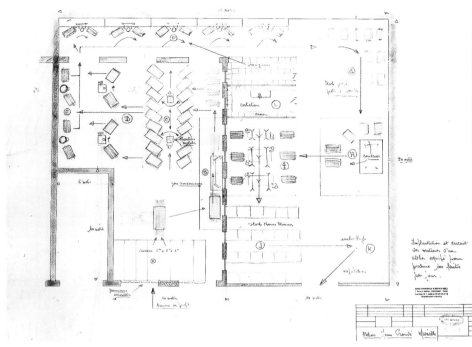

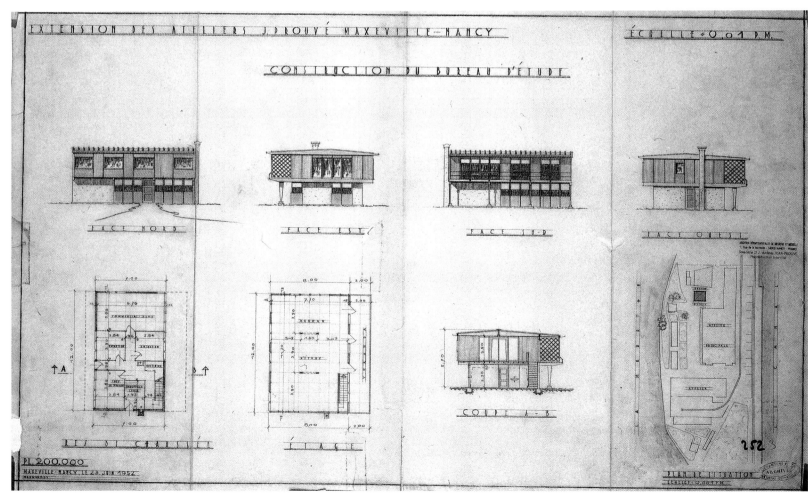

Ateliers Jean Prouvé à Maxéville, extension des ateliers, 1952 (en haut).
Implantation et circuit des matières dans un atelier équipé pour produire cent fenêtres par jour, 1953 (en bas).

En 1931, les ateliers Jean Prouvé s'agrandissent et s'installent rue des Jardiniers, à Nancy. Commence alors, avec de grands chantiers, l'expérience de la production de série. Prouvé dépose et exploite des brevets concernant des portes montées sur pivots, des fenêtres à guillotine, un système de cloisons mobiles. Il produit également en série de nombreux meubles destinés à des collectivités – aménagements de bureaux, d'hôpitaux, d'écoles, d'universités (cité universitaire de Nancy, 1933). Ses études et ses réalisations de cabines d'ascenseur, de kiosques, de façades-vitrines le familiarisent avec les problèmes posés par l'espace habité. Le projet de la gare routière Citroën pour La Villette (1933) lui permet de développer des principes de standardisation d'éléments de construction entièrement préfabriqués et pouvant, au besoin, intégrer plusieurs fonctions constructives.

Il concrétise alors ces recherches en collaborant avec les architectes Eugène Beaudouin et Marcel Lods : construction, en 1935, de l'aéro-club Roland-Garros à Buc (chauffage par les éléments de plafond, panneaux double face en tôle d'acier contenant des matériaux isolants, etc.) ; construction, en 1937, de la Maison♦ du peuple de Clichy (éléments de façade suspendus, raidisseurs en tôle pliée de la façade vitrée, etc.). Pour Beaudouin et Lods, il étudie et construit également, dans le même temps, la Maison de vacances démontable BLPS, présentée au Salon de l'habitation en 1939. Cette année-là, il met au point des systèmes constructifs permettant le montage rapide d'habitats d'urgence. Il met ces systèmes en pratique en 1939 pour réaliser 300 baraques démontables destinées à des unités de combat, à la demande du ministère des Armées, et les 15 bâtiments du chantier SCAL à Issoire (dont l'architecte est Pierre Jeanneret, avec qui il réalise en 1942 les maisons BCC de Saint-Auban, où le bois se substitue à l'acier manquant). En 1945 il utilise l'un des systèmes étudiés avant la Seconde Guerre mondiale, appliquant le principe du portique intérieur pour la préfabrication de 450 baraquements destinés aux sinistrés de Lorraine.

Installée en 1947 dans une usine à Maxéville, l'entreprise de Prouvé peut désormais faire face à des commandes importantes, qui concernent aussi bien la fabrication de meubles que la préfabrication de bâtiments. Pour Prouvé, il n'y a d'ailleurs « pas de différence de principe entre la construction d'un meuble et celle d'une maison ».

En 1950, de jeunes architectes (Joseph Belmont, Maurice Silvy, Henri Nardin, Pierre Oudot, Tarik Carim), en rupture avec l'enseignement officiel de l'architecture, viennent rejoindre Prouvé à Maxéville. Avec eux, il se laisse gagner à cette idée que, dans un bâtiment, une part importante peut être réservée au métal, mais une autre au béton armé – ce qui permet en particulier de construire économiquement des « noyaux porteurs » d'édifices d'un type nouveau. C'est dans cet esprit que sont étudiés les projets d'un bâtiment de 20 étages pour la cité universitaire de Nancy, d'un immeuble en bande de 4 étages, d'une tour pour la future université européenne de Nancy – projets qui, s'ils n'aboutissent pas à des réalisations immédiates, préfigurent structurellement la tour Nobel de la Défense, terminée en 1968.

Avec Maurice Silvy, il étudie le principe d'une maison individuelle, également à noyau porteur, la maison Alba (aluminium/béton armé), qui annonce la Maison des jours meilleurs préfabriquée, en 1956, dans le cadre de l'œuvre de l'abbé Pierre.

À Maxéville, Prouvé met au point d'autres systèmes constructifs à base de coques et sheds autoporteurs, pour lesquels la tôle d'aluminium devient le matériau de base. En 1954, il construit le pavillon du Centenaire de l'aluminium.

Il développe également le principe de la béquille, utilisé en version double en 1947 pour l'Institut de recherche de la sidérurgie (IRSID) ; il imagine, en version simple, son application à la construction d'écoles. C'est ce procédé qui est adopté pour la structure de la buvette de la source Cachat à Évian♦ en 1956, et pour l'école de Villejuif en 1957. Entre-temps, Prouvé a quitté les ateliers de Maxéville (1953). Il fonde à Paris, en 1956, la société Les Constructions Jean Prouvé.

En 1957, Les Constructions Jean Prouvé fusionnent avec la CIMT (Compagnie industrielle de matériel de transport) où Prouvé, devenu responsable du département bâtiment, développe le principe du mur-rideau auquel l'industrialisation trouve des applications magistrales : les façades de la tour Nobel à la Défense, par exemple. C'est également en 1957 que Prouvé devient enseignant au Conservatoire national des arts et métiers à Paris ; son influence s'élargit alors, en France comme à l'étranger, touchant une nouvelle génération d'architectes parmi lesquels Renzo Piano, co-architecte du Centre Georges Pompidou, dont Jean Prouvé préside, en 1971, le jury de concours. **R. Gu.**

Purdy (Corydon Tyler)

Grand Rapids, auj. Wisconsin Rapids, Wisconsin, États-Unis, 1859 – New York, 1944.

Corydon Tyler Purdy est l'un des pionniers dans le domaine des charpentes de gratte-ciel. Il devient ingénieur de la ville d'Eau Claire, dans le Wisconsin, avant même de sortir diplômé de l'université de Wisconsin Madison en 1885. En 1887, il est nommé inspecteur des matériaux et concepteur de la Keystone Bridge Company à Pittsburgh – société qui a contribué de manière importante à préparer les ingénieurs aux chantiers des grands travaux qui s'ouvrent alors à Chicago. En 1889, Purdy monte à Chicago un cabinet d'ingénieur-conseil en matière de ponts, puis d'immeubles de bureaux, en partenariat avec Lightner Henderson. Il met au point le portique du second Monadnock Block de Holabird & Roche (1893), et de l'Old Colony Building (1894), premier système de charpente réellement rigide permettant une libre configuration du plan. En 1894, l'entreprise déménage pour s'établir à New York et, deux ans plus tard, commence à travailler avec l'entrepreneur George Fuller. Des bureaux sont ensuite créés dans de nombreuses villes américaines et canadiennes et à La Havane. Purdy reçoit le prix Telford de l'Institution of Civil Engineers, à Londres. Il conçoit la présentation, très remarquée, de la technologie de construction américaine pour l'Exposition universelle de Paris, en 1900.

Parmi ses principales réalisations figurent le Waldorf-Astoria, l'immeuble du Times, le Flatiron Building et le Municipal Building (siège de la municipalité), ainsi que le hall de la gare de Pennsylvania à New York. Membre de l'Institution of Civil Engineers, Purdy a également fait partie de nombreuses sociétés professionnelles américaines, et administré la National Child Welfare Association. **T. F. P.**

Radiotélescope. IRAM, plateau de Bure.

Rabut (Charles)

Paris, France, 1852 – *id.*, 1925.

Diplômé de l'École polytechnique et de l'École des ponts et chaussées, Charles Rabut est affecté en Normandie. En 1884, il entre à la Compagnie des chemins de fer de l'Ouest. Dans les années qui suivent, il met au point un appareil de mesure de l'élongation des pièces de pont, et un appareil enregistreur du mouvement des pièces par translation ou rotation. Ne se bornant pas à constater les faits, il analyse le cheminement des efforts dans les ouvrages en l'observant sur des modèles réduits. Cette « auscultation » permet de déterminer le ou les points de fatigue de centaines d'ouvrages à priori condamnés, et de les sauver.

En 1896, professeur adjoint du cours de mécanique appliquée à l'École des ponts, il inaugure le premier cours sur le béton armé, matériau inventé par des « amateurs » et tenu jusqu'alors pour suspect par le corps ; ce cours restera d'ailleurs unique au monde plusieurs années. En 1900, Rabut est nommé membre de la Commission du ciment armé. En 1897, il commence les premières constructions en porte-à-faux en béton armé sur le chemin de fer de ceinture de Paris, boulevards Lannes, Flandrin et Pereire ; en 1910, il réalise celles de la rue♦ de Rome, en débord de 7,50 m sur les voies de la gare Saint-Lazare♦.

On lui doit également les premiers bétons légers (mâchefer, pierre ponce…), le tubage du béton pour les fondations, et des propositions ingénieuses pour sauvegarder les ponts suspendus en les rigidifiant.

Nommé inspecteur général des Ponts et Chaussées en 1912, l'année de sa retraite, il devient administrateur de l'entreprise Christiani♦ et Nielsen en 1921. **B. M.**

Radiotélescope

Le radiotélescope est un instrument d'observation des rayonnements électromagnétiques du cosmos, sur radiofréquences. Les flux reçus sont très faibles, et requièrent donc des surfaces collectrices géantes et des récepteurs à très faible bruit. On utilise souvent comme antenne un réflecteur parabolique pointable dans toutes les directions. L'emploi d'ordinateurs et la sophistication des liaisons électroniques permettent l'usage simultané de plusieurs antennes, qui forment alors un interféromètre. Ce mariage de l'informatique et de

Radiotélescope. IRAM, plateau de Bure.

l'électronique avec la mécanique est caractéristique des radiotélescopes modernes.

Les réflecteurs paraboliques doivent être réalisés avec une erreur de surface très inférieure à la longueur d'onde observée. Les structures porteuses sont donc très élaborées : en effet, plus petite est la longueur d'onde d'observation, plus les déformations dues au vent, à la gravité ou à la température interviennent (ces télescopes sont difficiles à abriter compte tenu de leur taille). Aux longueurs d'onde assez grandes, on peut employer des surfaces grillagées ou perforées, chaque perforation restant assez petite. Mais cela devient impossible du cm au mm de longueur d'onde, où une surface métallique continue est nécessaire. Son épaisseur pourrait rester infime vu l'effet de peau, mais la structure porteuse doit alors être d'une précision extrême.

Un grand radiotélescope (antenne unique) comporte une monture alt-azimutale, pilotée par ordinateur, sur laquelle la structure porteuse des réflecteurs se déplace en élévation. Autour du trou central du réflecteur primaire sont fixés 3 ou 4 pieds portant un réflecteur secondaire plus petit, qui concentre l'énergie vers le récepteur (montage Cassegrain).

La monture est mécanosoudée, de géométrie variable : tubes en acier (radiotélescope de 100 m de diamètre, Effelsberg, Allemagne : du dm au cm de longueur d'onde), caissons d'acier (interféromètre à antennes de 15 m de diamètre, plateau de Bure, 2 500 m d'altitude, France : de 1 à 3 mm de longueur d'onde). Cette monture doit donner les positions d'axes de pointage et de visée en toutes conditions, pour la précision de pointage demandée. Les raideurs d'interface avec le réflecteur sont calculées à l'aide de codes de calculs par éléments♦ finis : elles entrent dans les corrections gérées par l'ordinateur de pointage.

Le réflecteur est moins classique : le primaire a une surface formée de panneaux indépendants (alliage léger, ou sandwich avec peaux en fibre de carbone de dilatation très faible, métallisées en surface), que 3 ou 4 supports (5 augmentent le vent tolérable en observation) fixent à une structure porteuse, avec les degrés de liberté nécessaires. Le réflecteur secondaire est constitué des mêmes matériaux. Avec les pieds qui le supportent, la structure porteuse forme un treillis de tubes ou de poutres, chargé en certains nœuds par les réflecteurs : ses déformations sous gravité, vent, température sont prévisibles en calcul des structures♦. Sur des

tubes d'acier, une ventilation asservie minimise les déformations thermiques (radiotélescope de 30 m de diamètre, Pico Veleta, 2 800 m d'altitude, Espagne : de 1 à 3 mm de longueur d'onde), ce que des tubes en fibre de carbone réalisent passivement.

L'homologie est un concept récent, destiné à contourner les effets de la gravité, importants sur des structures en acier : la structure support du réflecteur se déforme, mais est calculée pour rester quasi parabolique à toute élévation, passivement sous l'effet de son poids (focale et position dans la monture changent, on conserve la mise au point par télécommande de la position du secondaire). Les erreurs de surface résiduelles peuvent n'être que de 1 ou 2 % des déformations initiales : l'ingénieur soumet itérativement au calcul ses projets de structure, jusqu'à obtention d'une erreur de surface satisfaisante en toutes conditions d'observation.

La construction sur le site est de règle. Après assemblage de la structure porteuse du primaire, les supports des panneaux sont préréglés par visée de points matérialisés sur chaque panneau avec un théodolite, depuis un point central du réflecteur primaire. On ajuste le panneau pour avoir un angle prédéterminé de

cette visée avec l'axe du réflecteur (la distance est suffisamment déterminée par la structure, on atteint 0,1 mm de précision de surface sur 15 m de diamètre). Des vérifications plus fines sont ensuite effectuées sur le radiotélescope complet ; elles peuvent être répétées à volonté tout au long de son existence : elles consistent en une holographie radio aux longueurs d'onde de travail. Un plan d'onde issu d'une source ponctuelle donne la référence de mesure – qui est aussi celle des écarts de phase – matérialisée par le signal d'une antenne annexe de référence, tandis que l'antenne à contrôler balaie la source. Avec un signal assez fort (source radio sélectionnée, ou, mieux, balise hyperfréquence sur satellite artificiel), une carte des erreurs de surface est obtenue en quelques heures de mesure et dépouillement informatisés. On corrige en conséquence les supports de panneaux. **J. D.**

Radômes

Immédiatement après la Seconde Guerre mondiale, les États-Unis commencent à développer d'immenses antennes radar, destinées à protéger leurs frontières septentrionales contre une éventuelle invasion. Une couverture est néces-

Radômes. Station de télécommunications spatiales de Pleumeur-Bodou, l'antenne cornet du radôme.

saire, qui doit apporter une protection à ces antennes délicates et soumises au rude climat de contrées reculées – tout en gênant le moins possible la transmission radar. Le Cornell Aeronautical Laboratory, dirigé par Walter Bird♦, se voit confier la mission de déterminer la faisabilité de sa proposition, à savoir l'utilisation d'une structure gonflable. Au cours des années qui suivent la conception, la fabrication, l'installation et les essais d'un premier prototype, plus d'une centaine de ces radômes gonflables seront construits. La réussite de l'ensemble du programme repose essentiellement sur les essais en soufflerie, qui ont permis d'analyser les contraintes induites dans les membranes par une forte exposition au vent, ainsi que sur les recherches engagées parallèlement pour développer, en ce qui concerne la membrane, des matériaux capables de résister à des conditions difficiles. Des tissus à base de fibres synthétiques, comme le Nylon ou le térylène, enduits d'un revêtement synthétique de vinyle, de Néoprène ou d'Hypalon, donnent satisfaction. La stabilité structurelle de ces radômes de 15 m de diamètre est assurée contre des vents allant jusqu'à 240 km/h, pour une différence de pression de seulement 70 mm de colonne d'eau. Le succès des performances présentées par ces structures dans des conditions extrêmes conduit bientôt à les adopter pour d'autres applications. Vingt ans plus tard, des radômes gonflables seront ainsi choisis comme couvertures pour certaines grandes antennes radar, intégrées dans les systèmes planétaires de communication à l'aide de satellites orbitaux. Ces structures sont cependant d'une taille largement supérieure, et d'un diamètre qui peut atteindre 60 m. **R. N. D.**

Raleigh (arènes de)

Raleigh, Caroline du Nord, États-Unis, 1953.
Les arènes couvertes de Raleigh, l'un des premiers bâtiments à offrir une couverture suspendue, ont été imaginées par Matthew Nowicki, jeune architecte mort dans un accident d'avion en 1950, et réalisées en 1953 d'après ses croquis et études, par William H. Deitrick, architecte, et Fred N. Severud♦, ingénieur. La conception consistait à faire supporter un toit par deux voûtes paraboliques reliées par des câbles métalliques tendus, formant le système de couverture d'un espace au sol de 92 × 97 m.
La structure se compose de deux éléments distincts :

Radômes. Station de télécommunications spatiales de Pleumeur-Bodou : pose de la toile plastique du radôme, mise en place (en haut) ; vue aérienne des travaux de construction, radôme, bâtiment d'énergie et bâtiment principal (au milieu) ; gros plan du radôme (en bas).

— deux arcs de rive paraboliques inclinés, en béton armé, se croisent en deux points ; ils sont portés par une structure verticale, constituée d'une série de poteaux de hauteur variable, ayant également pour fonction d'encadrer les baies. Le rôle de ces deux arcs, qui forment anneau de compression, est de neutraliser et de transmettre au sol les efforts du système de support de la couverture travaillant en tension ;

— le système supportant la couverture est constitué par une nappe de câbles croisés. Les points de croisement sont attachés, de manière à éviter tout soulèvement. Pour résister aux efforts alternés du vent, la surface doit présen-

ter une double courbure inverse. La surface ainsi obtenue a la forme d'une selle de cheval. La nappe de câbles supporte des tôles métalliques rivées et reçoit une étanchéité classique. Les câbles, comme les arcs de béton, peuvent être ajustés.

En raison de sa simplicité, ce système de toiture sera adopté dans de nombreuses réalisations, comme la patinoire de hockey sur glace David♦ S. Ingalls de New Haven, aux États-Unis, construite par Eero Saarinen♦ (1959), la toiture du pavillon français à l'Exposition universelle de Bruxelles♦ (1958). **C. M.**

Ransome (Ernest Leslie)

?, Grande-Bretagne, 1844 – ?, États-Unis, 1917.

Ernest Ransome est souvent cité par les historiens comme l'une des figures marquantes dans le domaine du béton armé aux États-Unis. Fils de Frederick Ransome – qui a contribué à l'essor de l'industrie du béton en Grande-Bretagne –, le jeune Ransome voit dans ce matériau une alternative moins coûteuse que le fer pour la fabrication des éléments de structure. Parmi ses premières réalisations, les plus importantes sont incontestablement l'Académie des sciences de Californie et le muséum de l'université de Stanford. Ransome fait breveter en 1884 une barre torsadée d'un type nouveau, très peu coûteuse à fabriquer, mais extrêmement efficace comme armature. Dans les décennies 1880 et 1890, il se consacre à la création de planchers qui ne nécessitent ni poutres porteuses en fer ou en acier, ni montants porteurs ; ils reposent seulement sur des combinaisons de poutres et de dalles en béton, et font appel à des procédés de nervurage du béton. Ransome vend ses services comme consultant et concessionnaire de licences en techniques de renforcement, diffusant ainsi ses propres compétences, ce qui incite les bureaux d'ingénierie concurrents à innover. Au début du siècle, les entreprises qui bénéficient de l'avance de Ransome produisent des systèmes de construction en béton armé reposant sur

Arènes de Raleigh, montage de la structure verticale (en haut, à gauche) ; vue de la nappe de câbles croisés (en bas, à gauche) ; détail de la construction des arcs de rive paraboliques (en haut, à droite) ; vue générale (en bas, à droite).

divers dispositifs de barres métalliques pour l'armature des poutres, sur des grillages ou des toiles métalliques pour les murs, les planchers ou les dalles de toiture, sur des frettes en hélice pour les poteaux. Ransome lui-même a décrit son travail des années 1890 comme marquant une transition dans la conception des bâtiments industriels, « entre ceux qui sont construits en imitant plus ou moins les bâtiments en brique ou en pierre, avec des fenêtres relativement petites enchâssées dans les murs », et des usines et des entrepôts d'un type nouveau, qui exploitent les capacités de portance des ossatures en béton pour obtenir de vastes surfaces vitrées. Parmi les usines « lumière du jour » les plus connues construites par Ransome, citons l'usine de borax de Pacific Coast à Bayonne, dans le New Jersey (1897-1898), et l'atelier des machines de la société Kelly♦ & Jones à Greensburg, en Pennsylvanie (1904). **A. S.**

Rationalisme

Le rationalisme est à distinguer du fonctionnalisme, avec lequel il est souvent confondu. Ainsi Fritz Hundertwasser, dans son *Manifeste de la moisissure contre le rationalisme en architecture* (1958), s'en prend-il exclusivement à l'architecture fonctionnelle, n'utilisant plus une seule fois le terme « rationalisme » dans le corps du manifeste.

Si l'on s'en tient à l'étymologie, ce terme peut convenir à tout système philosophique fondé sur la raison, ce qui, certes, ne permet pas de faire un grand pas, tant il semble aujourd'hui difficile qu'il en soit autrement. Mais il n'en a pas été toujours ainsi ; cette définition s'opposerait donc à la vérité révélée ; et sans doute faut-il reconnaître à René Descartes d'avoir « inventé » le rationalisme, lui qui « employa toute sa vie à cultiver sa raison ».

Dans le domaine de la construction, le rationalisme affleure au XVIIIᵉ siècle sans être vraiment théorisé, ni surtout mis en pratique. Il n'apparaît véritablement qu'au début du XIXᵉ siècle.

La coutume en attribue la paternité à Jean Nicolas Louis Durand (1760-1834), sans doute parce qu'il a enseigné l'architecture à l'École polytechnique de 1795 à 1833. Dans la pratique, les quelques bâtiments qu'il a construits relèvent du courant néoclassique, dominant à l'époque. Dans son cours s'adressant à de futurs ingénieurs, il se fait l'apôtre de la convenance et de l'économie. Si l'économie, au sens large, est effectivement une caractéristique du rationa-

lisme, la convenance relève plutôt du fonctionnalisme, et c'est peut-être la source, à tout le moins historique, de la confusion.

Il reviendra à son successeur, François-Léonce Reynaud♦, d'approcher au plus près du rationalisme. Sans présenter sa biographie, il est néanmoins intéressant de rappeler que, admis à l'École polytechnique en 1820, il en est licencié peu après pour ses idées politiques, et qu'il entre alors à l'École des beaux-arts. Après la révolution de Juillet 1830, il est engagé, avec ses camarades licenciés, dans les services publics, en fonction du classement de première année ; le sien lui ouvre l'École des ponts et chaussées. Reynaud doit donc à des circonstances politiques une double formation d'ingénieur et d'architecte. Affecté au conseil général des Ponts, il est chargé de la construction du phare de Bréhat en 1834 ; la chaire d'architecture de l'École polytechnique lui est attribuée en 1837. Son frère cadet de trois ans, polytechnicien et adepte de l'école saint-simonienne, se lance avec Pierre Leroux, à partir de 1834, dans la publication de *L'Encyclopédie nouvelle*, dite aussi *Encyclopédie pittoresque à deux sous*. François-Léonce y rédige la longue notice consacrée à l'architecture, qui, pour la première fois, fait intervenir des critères rationnels. Établissant que « l'architecture est un art sur lequel la science et l'industrie exercent immédiatement une grande influence, puisqu'il leur doit ses moyens d'existence et une grande partie de son expression », il s'ensuit, « puisque notre science est essentiellement variable et progressive, qu'aucun des systèmes du passé ne peut être considéré comme ayant une valeur absolue ; et que dès lors, aucun d'eux, quelle qu'ait été d'ailleurs sa perfection sous le rapport de l'art, ne peut plus être un modèle définitif et ne doit nous imposer ses lois ».

C'est très clairement le rejet de tous les modèles, y compris bien sûr du modèle antique. Reynaud va cependant plus loin en constatant que, la science ne pouvant agir que sur les matériaux, son action vise à « obtenir le résultat cherché avec le moins d'efforts possible. De sorte qu'un système de construction sera en progrès toutes les fois que, pour couvrir un espace donné, le nombre ou le volume des supports y sera diminué, ou qu'il pourra s'exécuter avec des matériaux d'une extraction, d'un transport et d'un emploi plus faciles. Ce qui peut s'exprimer ainsi : il y aura progrès toutes les fois que les supports et les parties supportées seront disposés de manière à ce que le rap-

port du plein au vide soit diminué, ou à ce qu'on puisse employer de plus petits matériaux ».

À la lumière de cette constatation, Reynaud retrace ensuite l'histoire de tous les systèmes constructifs depuis les Celtes et les Égyptiens, montrant comment le principe d'imitation édicté à la Renaissance a supprimé peu à peu « toute connexion entre l'utilité et la beauté », ce qui a conduit à « revêtir de la forme des temples antiques nos églises, nos bourses, nos théâtres, nos barrières et jusqu'à nos corps de garde ». Et c'est ainsi que s'amorce la coupure, du moins en France, entre les architectes et les ingénieurs. Alors que les premiers consacrent de longues années à l'étude des monuments antiques, les seconds se consacrent à celle des sciences et des matériaux nouveaux offerts par l'industrie, notamment la fonte et le fer.

Cette coupure est bien sûr schématique. Il y a eu des architectes qui ont passé au moins une partie de leur séjour à Rome à étudier le système constructif des Romains, comme Henri Labrouste, même s'il a payé cher cette incartade : à son retour, l'Institut l'écartera constamment des commandes importantes et le cantonnera, pour le plus grand plaisir de nombreuses générations de lecteurs il est vrai, dans les bibliothèques (Sainte-Geneviève et Bibliothèque nationale).

Il y a eu aussi des ingénieurs fascinés par l'Antiquité, tel Frantz de Montricher, qui a voulu refaire un pont du Gard à Roquefavour pour conduire les eaux de la Durance à Marseille ; mais les proportions n'y sont pas. Pour franchir une vallée de 375 m, le coût du pont atteindra presque le double de celui de Cubzac, qui franchit la Dordogne sur 550 m et qui sera construit trois fois plus vite, au cours des mêmes années 1830-1840. Il aurait d'ailleurs sans doute été encore plus avantageux d'enfouir un siphon en fonte…, mais, comme l'écrit un thuriféraire de l'époque, l'occasion de réaliser un monument qui est « de ceux qui font le plus honneur à la France et à l'éminent ingénieur qui l'a fait élever » aurait été manquée. Il est des honneurs dont les contribuables se passeraient bien. Et ce n'est sans doute pas un hasard si, à quelques exceptions près, les architectes et ingénieurs rationalistes exerceront principalement leurs talents à construire des équipements publics, ponts, routes, hôpitaux, écoles… Il s'agit de ne pas gaspiller l'argent de la collectivité.

Mais le chantre du rationalisme a certainement été, pour l'Europe entière, Eugène Viollet-le-Duc (1814-1879). L'être raisonnable qu'est l'homme ayant un comportement le plus souvent irrationnel, on ne s'étonnera pas que la base de sa démonstration soit fausse. Plus personne ne pense aujourd'hui que « l'arc brisé, ou ogive, a été le point de départ de tout un système de construction », comme il l'écrit dans son *Dictionnaire* au chapitre « Ogive ». Mais la cohérence de sa démonstration a eu force de loi jusque vers 1930. Comme l'a noté Pol Abraham dans *Viollet-le-Duc et le rationalisme médiéval* : « Il est véritablement remarquable qu'il n'y ait pour ainsi dire pas, dans cette œuvre qui exalte la logique constructive, de notions correctes de mécanique appliquée à retenir. C'est à peu près d'un bout à l'autre de la *mécanique romancée*. »

L'admirable est qu'en rattachant « par une pure construction de l'esprit, paradoxale mais prophétique », le rationalisme du XIXᵉ siècle aux prestigieuses cathédrales, il lui ait donné ses lettres de noblesse. Servi par un merveilleux don d'écrivain et un beau talent de dessinateur, il a élaboré une synthèse qui reste un monument de la pensée.

De ce monument sont sortis l'Art nouveau et son successeur, l'art moderne. Car, si le rationalisme ne descend pas en ligne directe du Moyen Âge, il n'en est pas pour autant une erreur : les difficultés qu'éprouvent ceux que l'on a appelés les postmodernes à proposer une doctrine cohérente apporteraient plutôt de l'eau au moulin de ceux qui pensent qu'il est ardu de construire en s'appuyant sur autre chose que la raison.

Car construire, c'est toujours effectuer des transferts de forces, d'une poutre sur un poteau ou d'une voûte sur un pilier, et, plus direct est ce transfert, plus économique est la construction et, accessoirement, plus elle a de chance de durer : on ne promène pas des forces impunément.

Le rationalisme, dont l'image était au zénith à la fin du XIXᵉ siècle (la Galerie♦ des machines, la tour Eiffel♦), a perdu de sa vigueur, en partie du fait de la confusion, plus ou moins malignement entretenue, avec un fonctionnalisme mal compris, en partie parce que ses protagonistes n'ont pas toujours échappé au péché « originel » de Viollet-le-Duc : se servir de son caractère indiscutable pour faire passer des idées… discutables.

Le Corbusier, autre merveilleux écrivain, a également été un maître dans cet art de passe-passe. S'il a séduit, cela a été à la manière de Viollet-le-Duc, parce qu'il a allié à un simplisme réducteur une dialectique subtile et un sens du verbe étonnant : la « machine à habiter », la « ville-corridors », la « cité radieuse », l'« unité d'habitation de grandeur conforme » (conforme à quoi ?) sont des locutions qui valent par leur pouvoir évocateur, mais qui ne veulent à proprement parler rien dire. Cependant, à la différence de Viollet-le-Duc, dont l'imagination créatrice est pauvre, Le Corbusier est un véritable inventeur de formes…, souvent très éloignées de ses écrits théoriques : on a beaucoup de mal à comprendre l'apologie de l'angle droit quand on se trouve dans la chapelle de Ronchamp ! Mais que Le Corbusier ne soit pas aussi rationaliste qu'il le laisse entendre ne retire rien à la valeur de son œuvre ni à la pertinence du rationalisme.

Pour rester cohérent, on préférera donc une définition donnée par un constructeur qui a été véritablement rationaliste dans sa démarche constructive, celle que livre Nicolas Esquillan♦ lors de sa conférence à l'université de Stuttgart pour sa nomination au grade de docteur *honoris causa*, en 1965 : « Dans ma conception des ouvrages, ma première recherche, essentielle, a toujours été de déterminer les points d'appui les plus judicieux, soit verticaux, soit horizontaux, et d'organiser la structure pour y conduire les forces de la façon la plus rationnelle possible et en tout cas la plus économique. »

Si cette « première recherche » relève en partie de l'intuition, elle est surtout guidée par le « respect simultané des exigences de l'esthétique, de la technique et de l'économie ». On rapprochera cette constatation de celle (reprise dans *Un amour sans limite*) que fait Eugène Freyssinet♦, dont on connaît la méfiance à l'égard des mathématiques : « Il n'existe pour moi que deux sources d'information : la perception directe des faits et l'intuition en laquelle je vois l'expression et le résumé de toutes les

Rationalisme. Eugène Viollet-le-Duc, système de couverture dans *Entretiens sur l'architecture*, 1863-1872.

expériences accumulées par la vie dans le subconscient des êtres depuis la première cellule. » Dans la préface qu'il donne à un numéro de *L'Architecture d'aujourd'hui* (novembre 1936) consacré à l'architecture industrielle, il note que les visiteurs de son hangar à dirigeables d'Orly♦ sont tous impressionnés, et il ajoute : « Cette impression n'est pas due uniquement aux dimensions inaccoutumées de l'édifice ; c'est avant tout une sensation d'équilibre, d'harmonie et d'ordre. »

On terminera cette petite anthologie par ce qui me paraît la plus belle définition du rationalisme, qui nous ramène près de ses origines cartésiennes, puisqu'elle fut émise par François Fénelon dans son discours de réception à l'Académie française, en 1693. Après une analyse rigoureuse de la langue moderne (c'est-à-dire, pour nous, classique), il déclare : « On a reconnu que les beautés du discours ressemblent à celles de l'architecture. Les ouvrages les plus hardis et les plus façonnés du gothique ne sont pas les meilleurs. Il ne faut admettre dans un édifice aucune partie destinée au seul ornement ; mais visant toujours aux belles proportions, on doit tourner en ornement toutes les parties nécessaires à soutenir un édifice. » **B. M.**

VOIR AUSSI **Morale constructive** ; **Ossature**.

Recoletos (voûte des)

Madrid, Espagne, 1935.

La première utilisation du béton armé, appliqué à la construction de coques et de voiles, a démontré les avantages de ce nouveau matériau : facile à mouler, monolithe et résistant par sa forme.

Les couvertures en voile mince d'Eduardo Torroja♦ rompent avec la conception traditionnelle de la couverture en tant qu'ensemble de deux matériaux, l'un structurel et l'autre d'enveloppe. Les voiles minces remplacent les deux matériaux par un seul, le béton armé, qui remplit les deux fonctions en créant de nouveaux espaces architectoniques diaphanes, où la continuité n'est pas obtenue par de faux plafonds ou par des plafonds cintrés, mais par la structure même, couvrant l'espace interne « comme un voile enveloppant et continu, d'une infime épaisseur qui, en même temps qu'il ferme, enveloppe et abrite cet espace, se soutient lui-même », selon les termes de Torroja, créateur de la couverture du fronton (salle de pelote basque) des Recoletos de Madrid.

C'est en 1935 que Torroja, en collaboration avec l'architecte Secundino Zuazo, achève la construction de cette voûte. C'est l'une des œuvres les plus originales, les plus audacieuses et les plus belles de la grande époque des couvertures en voile mince. Elle sera malheureusement démolie à la suite des dégâts irréversibles causés par les bombardements de la guerre civile de 1936-1939.

La pelote basque requiert un vaste espace rectangulaire doté d'une couverture très haute, et dont le mur le plus haut, le fronton, est délimité par deux murs d'enceinte parallèles.

La réponse apportée par Torroja sera la construction, sur un espace de 55 × 32,50 m, d'un voile très léger à section tubulaire de 8 cm d'épaisseur seulement, dont la directrice dissymétrique est composée de deux sections de secteurs circulaires, respectivement de 12,20 m et 6,40 m de rayon, qui se coupent orthogonalement le long d'une directrice, en formant un

profil en « aile de mouette », comme l'appelait Torroja. L'éclairage naturel est assuré par deux grands vitrages longitudinaux ouverts dans chacune des deux sections circulaires, et qui se matérialisent par un assemblage en treillis de triangles équilatéraux de 1,40 m de côté.

Bien qu'elle rappelle par sa forme les voûtes en berceau traditionnelles, qui transmettent des efforts aux murs latéraux, la couverture a un comportement structurel semblable à celui d'une poutre droite de même profil que la directrice et de 55 m de portée, appuyée sur les murs parallèles de fermeture du fronton. Elle ne transmet pratiquement aucun effort aux murs latéraux, auxquels elle n'est unie que par deux points et par un système de bielles qui permettent son déplacement longitudinal. Le calcul du voile est effectué en suivant la méthode de Franz Dischinger♦ et d'Ulrich Finsterwalder♦, qui l'ont essayée pour les couvertures de Francfort et de Budapest. Cependant, ces calculs longs et compliqués n'obtiennent pas l'entière adhésion des projeteurs, qui décident d'expérimenter la couverture sur un modèle réduit. Ils y mesurent les déformations du voile, qu'ils comparent aux valeurs théoriques de calcul, et trouvent alors une coïncidence acceptable.

Pendant le chantier, pour obtenir le monolithisme exigé et un bon comportement structurel de la couverture, on a bétonné presque sans relâche, en utilisant des ciments à prise rapide. Ainsi, trois mois et demi après avoir commencé les fondations de l'édifice, qui compte 5 étages, toute la couverture était décintrée.

L'innovation formelle et structurelle de la couverture, record mondial dans sa catégorie, fait du fronton des Recoletos une œuvre emblématique

Voûte des Recoletos, vue de la construction (à gauche) ; vue intérieure (à droite).

de la modernité architectonique. La beauté de cet ouvrage, qui cache et dissimule des efforts et des calculs complexes sous une apparence de simplicité, s'inscrit dans la grande tradition du baroque espagnol. **J. A. F. O.**

Rennie (John)

Phantassie, Écosse, Grande-Bretagne, 1761 – Londres, 1821.

Avec Thomas Telford♦, John Rennie domine le génie civil britannique du début du XIXᵉ siècle. Il fait ses études à l'université d'Édimbourg, puis poursuit sa formation en travaillant pour Andrew Meikle, fabricant de moulins. Plus tard, il assiste James Watt pour l'installation de machines à vapeur, notamment dans les Albion Mills de Londres, de 1784 à 1788. Ce sera d'ailleurs juste à côté qu'il installera ses propres ateliers.

Dès 1789, il se charge de multiples travaux de canalisation et de drainage, mais sa notoriété est principalement due à ses ouvrages de génie civil. À l'apogée de sa carrière, il construit des ponts pour enjamber la Tamise – celui de Waterloo et de Southwark, puis celui de Londres, qui sera finalement achevé par ses fils. Le pont de Southwark est alors de tous les ponts en fonte celui qui a la plus grande portée (environ 75 m).

La conception du pont de Waterloo s'inspire de celle du pont de Kelso (1799). L'aqueduc Lune, sur le canal Lancaster (1793), et l'aqueduc Dundas (1805), sur la Kennet et l'Avon, sont d'autres exemples de sa maîtrise des travaux de maçonnerie.

Dès 1796, il participe à la construction des docks de Londres. On admire alors beaucoup l'utilisation qu'il a faite du fer pour la fabrication des entrepôts des docks. Il conjugue l'emploi de la fonte et du fer forgé pour réaliser les cintres des docks de Dublin. Il réalise également des installations destinées à desservir les docks, ainsi que certains des bâtiments des chantiers navals de Sheerness et de Chatham, puis la digue de Plymouth ; cette dernière réalisation demeure l'un des plus grands ouvrages de génie civil construits au cours de cette période. **M. C.**

Résal (Jean)

Besançon, Doubs, France, 1854 – Paris, 1919.

Fils du mathématicien Henry Résal, petit-fils d'architecte, Jean Résal sort de l'École polytechnique. Il est major de sa promotion de l'École des ponts et chaussées en 1875. Affecté à Nantes, après un an de secrétariat au conseil général des Ponts, il y construit le pont sur la Loire, où il remplace les habituels tympans rigides par une liaison du tablier aux arcs réalisée au moyen de montants verticaux. Il construit ensuite le pont Barbin sur l'Erdre, bel arc de 85 m de portée, et 1 000 m de ponts divers.

Nommé ingénieur en chef de la navigation de la Seine en 1889, il construit le pont Mirabeau en 1896 et le pont Alexandre III♦ en 1900 ; pour la première fois, il y utilise des voussoirs en acier moulé.

Professeur à l'École des ponts et chaussées, il est chargé du cours des ponts en 1893, de celui de mécanique appliquée en 1896 ; c'est aussi un scientifique, connu notamment pour sa théorie du coefficient économique des ouvrages, celles des poutres de type cantilever et des poutres à membrures indépendantes ; on lui doit également l'étude des arcs encastrés et des poutres triangulées. Il publie une dizaine de traités et de nombreux articles. Il met volontiers ses connaissances au service des autres : conseil de nombreux chantiers en province et à l'étranger, il étudie à Paris le passage du métro sous la Seine au moyen de caissons à air comprimé. Rationaliste, il juge que « toute mesure qui facilite la claire intelligence d'un ouvrage est bonne ; toute mesure prise à l'encontre de ce but est mauvaise. Il faut s'interdire de façon absolue le camouflage et le maquillage ». **B. M.**

Réseaux

La notion de réseau joue un rôle central dans l'ingénierie contemporaine. De la construction et de l'urbanisme aux nouvelles technologies de la communication, la plupart des ingénieurs conçoivent en effet des objets, des dispositifs ou des procédures destinés à s'insérer dans des réseaux ou à en assurer le bon fonctionnement. La notion de réseau se révèle toutefois récente. En France, elle ne s'esquisse guère avant le XVIIIᵉ siècle, et il faut attendre les années 1820-1830 pour qu'elle s'impose véritablement dans la pensée et la pratique des ingénieurs. En France toujours, l'exemple des voies de communication permet de mesurer les difficultés auxquelles se heurte l'adoption d'une telle notion.

À l'âge classique, les ingénieurs chargés de la construction des infrastructures de transport raisonnaient encore en termes d'ouvrage à chaque fois singulier, isolé dans l'espace et dans le temps. Les ponts étaient par exemple conçus comme des points de passage souvent sans lien direct avec l'infrastructure routière, une infrastructure il est vrai peu développée. Ce n'est qu'à l'aube du XVIIIᵉ siècle que se fait jour une pensée plus globale de l'aménagement territorial. Cette pensée s'inspire pour partie des préoccupations de contrôle politique de l'État, pour partie du souci de libre circulation des hommes et des marchandises qui s'exprime au travers de la pensée économique naissante.

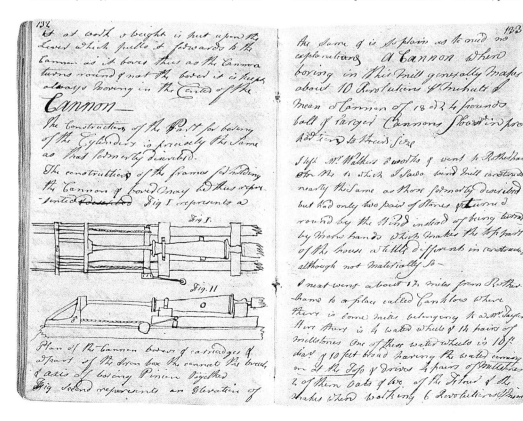

John Rennie, *Carnet de voyages en Écosse et Angleterre*, 1784, pp. 132-133.

C'est au carrefour de ces deux ordres de préoccupations qu'intervient la création du corps des Ponts et Chaussées en 1716. De la pensée économique naissante, les ingénieurs des Ponts vont retenir deux composantes essentielles : celle d'une utilité des travaux publics destinée à se substituer à l'ancien objectif de magnificence auquel sacrifiaient les architectes et les ingénieurs de l'âge classique, et celle d'un idéal circulatoire qui va progressivement s'appuyer sur tout un arsenal de nouveaux concepts, comme celui de régulation. L'utilitarisme et la volonté de régulation vont caractériser par la suite la pensée des réseaux.

Cette pensée va également de pair avec une représentation maillée ou arborescente des infrastructures – le mot réseau désigne d'ailleurs à l'origine un petit filet. Or, force est de constater que l'idée de maillage demeure étrangère à la plupart des ingénieurs des Lumières. Si ces derniers ne raisonnent plus en termes d'ouvrages isolés, ils privilégient désormais des logiques de liaison entre des points remarquables du territoire pris deux à deux, au lieu d'envisager la constitution d'une véritable armature territoriale. L'idée de maillage s'esquisse cependant dans un autre domaine : celui de la fortification. Afin de répondre à leurs détracteurs qui mettent en cause l'utilité des places fortes, les ingénieurs du génie les présentent volontiers comme les nœuds d'un système destiné non seulement à défendre, mais aussi à organiser le territoire.

Dans la longue genèse de la notion moderne de réseau, la première moitié du XIXe siècle représente une étape décisive. En multipliant les infrastructures, qu'elles soient routières ou fluviales, la « révolution des transports » qui précède immédiatement la révolution industrielle, en Angleterre comme en France, impose progressivement l'idée d'un maillage régulier du territoire. Avant le chemin de fer, les routes et les canaux anglais sont clairement perçus comme destinés à former une armature globale, à base de nœuds et de liaisons. La même représentation s'applique progressivement à leurs équivalents français. Employé à propos des chemins de fer, le terme « réseau » apparaît sous la plume du saint-simonien Michel Chevalier dans son *Système de la Méditerranée*, publié en 1832. Apôtres du développement industriel, les ingénieurs saint-simoniens vont jouer par la suite un rôle décisif dans le développement de la composante française de la pensée des réseaux.

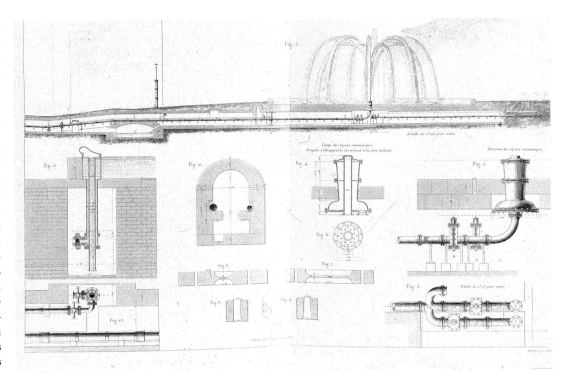

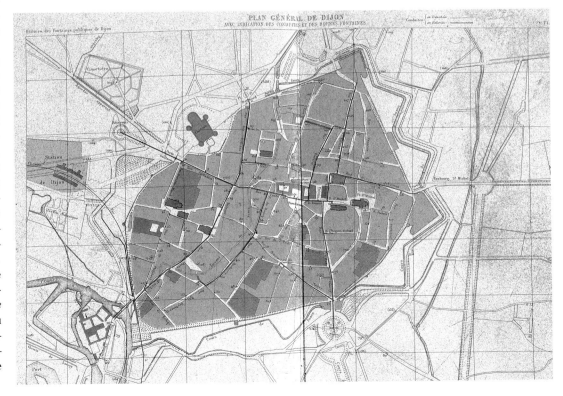

Réseaux. Darcy, *Histoire des fontaines publiques de Dijon*, édition de 1856 : gerbe de la porte Saint-Pierre (en haut) ; plan général de Dijon avec indication des conduites et des bornes fontaines (en bas).

Entre 1830 et 1850, cette pensée connaît de nouvelles applications avec le développement de l'adduction d'eau et de l'assainissement dans les villes. C'est un réseau complet d'adduction et d'assainissement que met par exemple en place l'ingénieur des Ponts et Chaussées Henri Darcy à Dijon, de 1834 à 1843. Son œuvre va constituer l'une des sources d'inspiration des techniciens chargés de la modernisation de Paris sous le Second Empire. Fondé sur un idéal de régulation des circulations de tous ordres qui l'animent, le Paris d'Haussmann est clairement une ville de réseaux, même s'il ne possède pas le caractère radical de l'extension de Barcelone projetée vers la même époque par Ildefonso Cerda. Nœud de liaisons routières et ferroviaires, la capitale apparaît aussi comme le résultat de la superposition de plusieurs réseaux internes : réseau de la voirie rationalisé au moyen de percées, réseaux d'eau et d'assainissement conçus par l'ingénieur Eugène Belgrand, réseau enfin des parcs et des promenades, que réalise son collègue Jean-Charles Alphand en transposant les leçons du transport et de l'assainissement aux plantations et aux jardins. À ces réseaux dont disposent bientôt la plupart des grandes villes européennes et américaines, s'adjoignent par la suite de nouveaux systèmes de transport urbains, tramway et métropolitain, qui vont influer directement sur l'urbanisation. De la « Cité linéaire » décrite en 1882 par Arturo Soria y Mata à la ville « branchée » qu'imagine le groupe anglais Archigram au milieu des années soixante, en passant par les propositions de la charte d'Athènes, l'ambition de repenser la ville à partir des réseaux sans cesse plus nombreux qui en assurent le bon fonctionnement va constituer l'un des fils conducteurs de la modernité urbanistique et architecturale.

En même temps qu'elle s'applique à la ville, la notion de réseau s'étend au domaine des télécommunications, avec l'apparition des réseaux télégraphiques, puis téléphoniques. Dans les premières décennies du XXe siècle, le transport de l'énergie électrique à longue distance prend la relève de ce mouvement d'expansion, peu avant que l'on ne commence à parler de réseaux de diffusion radiophonique. S'ils se conforment aux logiques de maillage et de régulation qui caractérisaient leurs devanciers, ces nouveaux réseaux n'en marquent pas moins une inflexion dans la définition de la notion. Les flux physiques qu'ils assurent, courants et impulsions électriques, ondes électro-

magnétiques, ne possèdent pas en effet la matérialité immédiate des véhicules qui circulent sur les routes, ou de l'eau qui s'écoule dans les canalisations. À la charnière des XIXe et XXe siècles, l'élargissement de la notion de réseau emprunte aussi une autre voie avec le développement des premières multinationales américaines, anglaises ou allemandes, comme la General Electric, British Petroleum ou Siemens. Le système de leurs filiales va très vite s'assimiler à un réseau mettant en circulation des capitaux et des informations.

Tout au long du XXe siècle, d'autres réseaux font à leur tour leur apparition. Certains d'entre eux, comme les autoroutes ou les chemins de fer à grande vitesse, se situent dans le prolongement des réseaux de transports traditionnels ; d'autres, comme l'Internet, semblent se parer d'une nouveauté autrement plus radicale. Certains demeurent fidèles au modèle de la maille ou de l'arborescence, tandis que d'autres recourent à des enchevêtrements plus difficiles à se représenter. L'extrême diversité des réseaux paraît réduire leur commun dénominateur à peu de chose : des points et des lignes, une circulation régulée, quelle qu'en soit la nature, des problèmes de coordination des opérations bien différents de ceux que soulève la gestion d'une infrastructure isolée.

À ces traits génériques s'ajoute toutefois l'étonnante capacité d'interconnexion dont font preuve les réseaux. Ces interconnexions représentent souvent un facteur de croissance. S'il naît dans les années 1820-1830, le chemin de fer ne se développe par exemple à grande échelle que grâce à l'invention du télégraphe au milieu des années 1840, télégraphe qui permet de coordonner efficacement la circulation des convois. En retour, les compagnies de chemin de fer contribuent à la diffusion du nouveau moyen de communication. De façon similaire, notre actuel téléphone entretient des liens étroits avec de nombreux types de réseaux. À contempler ces multiples couplages, il semblerait parfois que le monde des réseaux puisse s'assimiler à une sorte de paysage peuplé d'infrastructures à la fois hétérogènes et intimement imbriquées les unes dans les autres.

L'impression d'hétérogénéité s'estompe pour peu que l'on s'avise des parentés structurelles que présentent des réseaux parfois très différents. Ces parentés peuvent être volontaires ; c'est ainsi que le schéma radioconcentrique des chemins de fer français, élaboré à la fin des années 1830 s'inspire de celui, beaucoup plus

ancien, des routes nationales, avant de servir à son tour de modèle pour les premiers plans autoroutiers de la France des trente glorieuses. Volontaires ou involontaires, de telles parentés semblent renvoyer à une morphologie générale des réseaux fondée sur un ensemble limité d'images et de modèles pris tantôt dans la nature – que l'on songe à la fascination exercée de longue date par le système sanguin –, tantôt dans le monde des objets et des dispositifs techniques. En circulant d'un domaine à un autre, ces images et ces modèles confèrent à la notion de réseau une cohérence supplémentaire.

Les modalités d'apparition et de croissance des réseaux paraissent également obéir à des scénarios en nombre fini. D'une morphologie, on peut être tenté de passer à une morphogenèse mêlant déterminations techniques, économiques, sociales et politiques. De nombreux réseaux voient par exemple le jour par fragments, souvent aux franges du territoire qu'ils vont par la suite recouvrir, sans qu'aucun plan d'ensemble vienne coordonner les différentes initiatives en présence. Les chemins de fer ou le réseau électrique français obéissent à ce schéma de croissance initiale par fragments, des fragments concentrés autour de Paris et dans certaines régions périphériques du territoire, le Nord-Est, les Alpes et les Pyrénées, dans le cas du réseau électrique. À cette première étape succède ensuite une phase de réorganisation profonde, phase au cours de laquelle commence à se dessiner l'architecture définitive du réseau. Le volume des investissements nécessaires s'accroît alors, et l'on assiste à un phénomène de concentration des opérateurs de réseau. Dans le cas du chemin de fer, ces regroupements interviennent dans les premières années du Second Empire, sous l'égide de l'État et des grandes banques. Un autre type de scénario a été mis en évidence par l'historien Thomas Hughes dans une étude comparative désormais classique de l'électrification aux États-Unis, en Angleterre et en Allemagne. Dans le schéma d'évolution proposé par Hughes, un réseau innovant est rendu possible par des pionniers, à la fois inventeurs et entrepreneurs, qui conçoivent le substrat technique du réseau et en proposent une première réalisation, en résolvant au passage de nombreuses questions de contrôle et de régulation. En matière d'éclairage urbain, Thomas Alva Edison appartient clairement à ce type d'inventeur-entrepreneur. Vient ensuite une phase de croissance accélérée, au cours de laquelle émergent de nouveaux

Carte des routes royales de France, 1824.

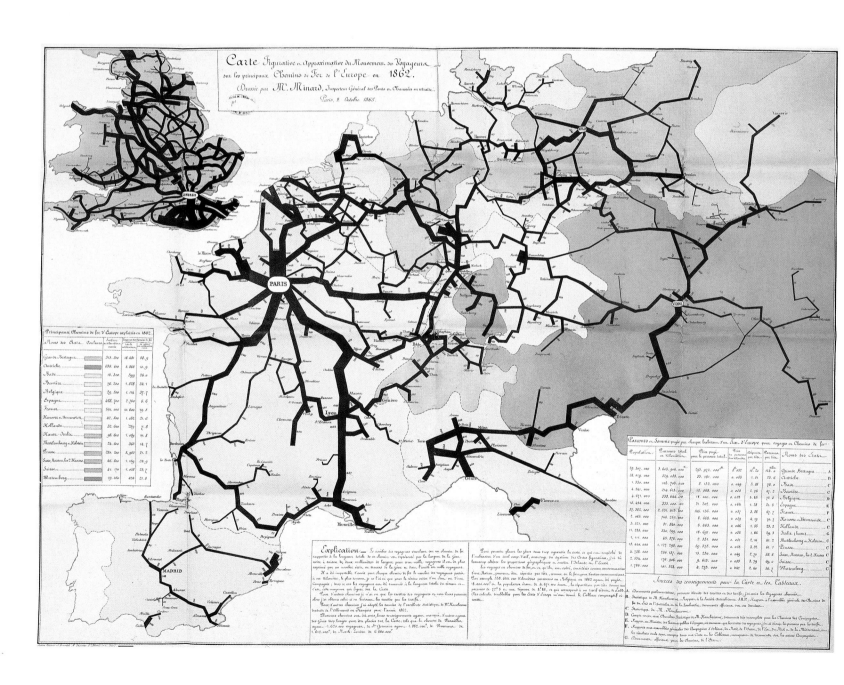

Carte figurative et approximative du mouvement des voyageurs sur les principaux chemins de fer de l'Europe en 1862, par Minard, oct. 1865

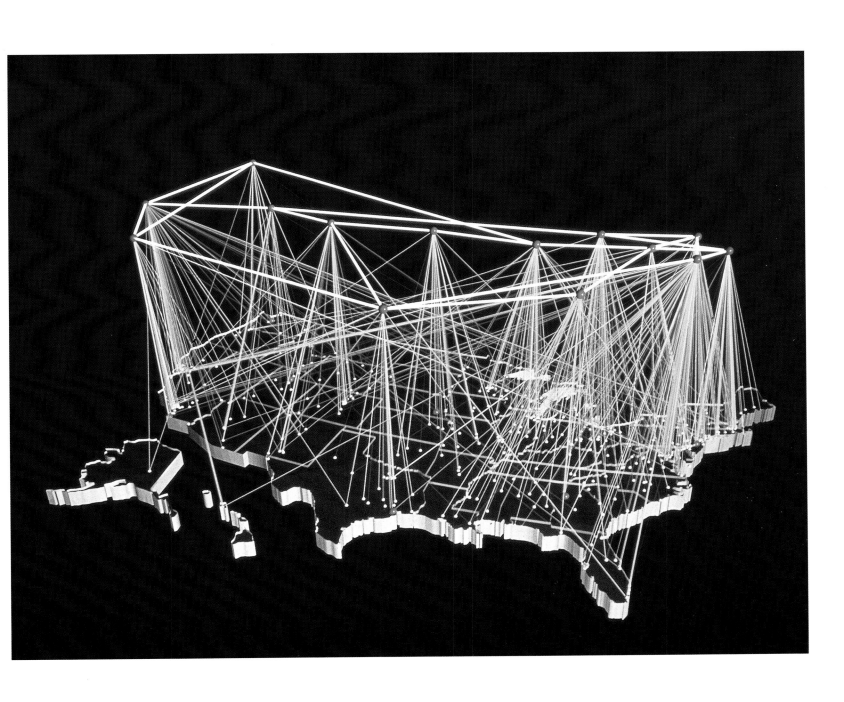

Graphique de la circulation des données informatiques sur un réseau américain.
L'image montre le volume des transferts de données sur un mois sur le NSFNET, de zéro (rouge) à 100 billions de bytes (blanc).

impératifs de rentabilité, impératifs induisant souvent une réorganisation profonde des modalités de gestion du réseau. À la figure de l'inventeur-entrepreneur tend à se substituer celle du manager. La diffusion du nouveau type de réseau donne enfin naissance à des variantes nationales, variantes que Hughes rapporte à des « styles technologiques » différents d'un pays à l'autre. Les scénarios que l'on vient d'évoquer ont bien sûr leurs limites. Aux côtés des images et des modèles qui guident l'action des concepteurs et des opérateurs, ils n'en suggèrent pas moins toute une série de rapprochements féconds entre des situations et des infrastructures n'entretenant a priori que peu de rapports les unes avec les autres.

Un autre motif de rapprochement entre les divers types de réseaux tient au déplacement global dont ils portent l'empreinte, d'une volonté de contrôle de l'espace à un souci de maîtrise du temps. Ce processus touche jusqu'aux infrastructures les plus traditionnelles ; c'est ainsi que la recherche d'une gestion en « temps réel » concerne aussi bien les réseaux d'assainissement hérités du XIXe siècle que les nouvelles « autoroutes » de l'information. Il semble s'accompagner d'une dématérialisation croissante des flux d'échange. Devenue sensible avec l'apparition des premiers réseaux de télécommunication modernes, on l'a dit, une telle dématérialisation paraît franchir une nouvelle étape aujourd'hui avec la généralisation du concept d'information et la banalisation de ses supports. Tout est devenu information, et cette information est supposée fondamentalement distincte du substrat matériel qui sert à la véhiculer. Souvent présentés comme le point de départ d'une postmodernité qui s'affranchirait des dernières pesanteurs de l'ère industrielle, les mondes virtuels que l'on nous promet pour bientôt ne représentent jamais que la conséquence ultime de ce dernier postulat.

Les nouveaux réseaux informatiques et télématiques marquent-ils véritablement une rupture par rapport à des infrastructures plus anciennes comme les chemins de fer ? La dimension du service leur est en tout cas commune. Elle constitue un dernier motif de rapprochement entre les divers types de réseaux, du chemin de fer au téléphone, de l'adduction d'eau à la télématique. Cette dimension fondamentale de la pensée des réseaux permet de mieux appréhender les raisons profondes du déplacement que l'on observe du contrôle de l'espace à la maîtrise du temps. Dès le départ, l'accent mis sur le service implique en effet une forte composante temporelle, puisqu'il s'agit d'assurer à l'éventuel client une prestation localisée non seulement dans l'espace, mais encore dans le temps. C'est dans cette perspective que les historiens font généralement observer que l'impact des chemins de fer n'est pas seulement spatial mais aussi temporel, car il implique la coordination de l'heure à l'échelle du territoire tout entier. On s'explique mieux dans cette perspective le caractère emblématique des horloges au fronton des gares du XIXe siècle.

Est-ce à dire que, par-delà le degré variable d'intensité des contraintes temporelles qui s'exercent sur eux, rien ne différencie véritablement les réseaux du passé de ceux qui voient le jour ou dont les principes de fonctionnement se reformulent sous nos yeux ? La réponse est loin d'être simple, car le temps des réseaux semble changer progressivement de nature sous l'effet des nouvelles technologies de l'information, grâce aux multiples renseignements qu'elles apportent sur l'état des systèmes techniques et aux effets de *feed-back* qu'elles permettent. Comme le souligne Paul Virilio, nous assistons au triomphe du direct, du « temps réel », sur le temps différé qui caractérisait de nombreuses infrastructures plus anciennes. Ce temps réel est peuplé d'événements de plus en plus nombreux, contrôles, transferts d'informations, incidents, pannes. Parallèlement à cette densification du présent, l'avenir proche ou lointain s'organise en fonction de scénarios d'évolution de plus en plus complexes, élaborés par les ordinateurs. Entre le temps réel et le temps anticipé de la simulation, temps tous deux rebelles aux représentations traditionnelles de l'efficacité technicienne, les réseaux semblent parfois échapper à leurs opérateurs, comme s'ils fonctionnaient et se développaient suivant leur logique propre. Il est à cet égard révélateur qu'ait vu le jour ces dernières années toute une littérature dénonçant les méfaits des réseaux. Aux cauchemars peuplés de machines rebelles et de robots maléfiques, semblent succéder de mauvais rêves d'un genre nouveau où des câbles et des connecteurs prolifèrent de manière étouffante.

En retrait de ces terreurs nocturnes, les réseaux posent aujourd'hui de multiples problèmes, que ce soit en raison de leur taille de plus en plus difficile à gérer, de l'état de délabrement de certains d'entre eux, parmi les plus anciens, de la crise enfin que traversent les services publics dans la plupart des pays industriels. Les dysfonctionnements que connaissent de nombreux réseaux d'eau et d'assainissement constituent une bonne illustration de cette situation de crise technique, économique et politique.

Une telle crise complique encore la tâche des ingénieurs constructeurs, qu'ils s'occupent de génie civil ou de bâtiment. Les incertitudes actuelles et les hésitations programmatiques dont elles s'accompagnent viennent en effet se surimposer à un antagonisme beaucoup plus ancien entre le désir de faire œuvre marquante, de cristalliser tout un ensemble de défis et de significations au moyen d'un objet singulier, et la raison délocalisée, circulatoire, indifférente aux objets, qui s'exprime au travers des réseaux. Certes, les réseaux ont souvent besoin de traiter spatialement certains de leurs points remarquables ; des gares du XIXe siècle aux terminaux aéroportuaires d'aujourd'hui, des ponts aux centrales nucléaires, les points de réseaux ont toujours offert des occasions stimulantes aux ingénieurs bâtisseurs. Portant sur le processus de construction au moins autant que sur l'objet à réaliser, la pensée de ces derniers présente, qui plus est, des analogies frappantes avec la pensée des réseaux. La réduction de l'œuvre d'ingénierie à un pur service, généralement éphémère, se révèle en revanche plus problématique. Au XXe siècle, Richard Buckminster Fuller◆ est sans doute l'un des rares concepteurs de structures à avoir réellement intégré la dimension du service à sa démarche, au travers de son concept d'*ephemeralization*.

Si les bâtiments et les ouvrages d'art contemporains participent souvent d'une logique de la prestation de services, que ce soit par l'intermédiaire de la domotique ou en raison d'une conception qui intègre de manière plus fine qu'autrefois les contraintes d'usage, on peut néanmoins parier sur le maintien d'une certaine tension entre œuvre bâtie et pensée des réseaux. Il reste à espérer que cette tension continue à donner naissance à des réalisations remarquables. **A. P.**

VOIR AUSSI **Assainissement** ; **Autoroute** ; **Canaux** ; **Chemins de fer** ; **Métropolitain**.

Résistance des matériaux (histoire de la)

Si l'on se fie à la subtile distinction entre « fait brut » et « fait scientifique », introduite par Henri Poincaré dans *La Valeur de la science* (1905), on doit reconnaître que le phénomène de résistance à la rupture des matériaux de construction, bien qu'il soit connu depuis des temps immémoriaux, ne devient un fait scientifique et un objet d'étude pour la physique et la mathématique qu'à l'époque moderne, avec le dernier grand traité de Galilée, publié à Leiden en 1638 : *Discorsi e dimostrazioni matematiche intorno a due nuove scienze (Discours et démonstrations mathématiques concernant deux sciences nouvelles).*

On peut sans doute trouver dans l'histoire de la construction antique et médiévale quelques traces significatives, bien que rares et vagues, d'une certaine conscience du fait que les matériaux résistent différemment aux sollicitations auxquelles ils sont soumis, et que les structures destinées à supporter des efforts majeurs doivent être opportunément renforcées pour assurer la stabilité de l'édifice (la *firmitas* vitruvienne). On a ainsi conservé, aux archives du dôme de Milan, un document dans lequel est relaté un âpre débat entre l'architecte français Jean Mignot, appelé comme consultant, et les maîtres lombards. Mignot jugeait les contreforts extérieurs trop minces et souhaitait qu'ils soient trois fois plus épais que les piliers intérieurs ; mais les maîtres n'étaient pas de cet avis, et lui opposèrent des arguments caractéristiques de la future science de la résistance des matériaux.

À travers cet exemple, auquel nous pourrions en ajouter d'autres, ne transparaît guère l'existence d'une doctrine sous-jacente, même

embryonnaire, assujettissant en quelque manière les phénomènes relatifs à la résistance des matériaux au domaine de la mécanique. Jusqu'au tournant galiléen, la rencontre entre mécanique et architecture ne concernait que les machines utilisées dans les chantiers de construction par les ouvriers, pour vaincre la gravité et hisser à une grande hauteur les blocs de pierre, préalablement taillés selon les critères de la stéréotomie, qui était alors la seule science vraiment maîtrisée. Mais la lutte contre la gravité s'arrêtait une fois le travail accompli, et, au bout du compte, la *firmitas* de la construction dépendait de la perfection des proportions géométriques et de la disposition savante des joints entre les pierres.

Dans cette culture technique, le concept même de résistance avait plutôt le sens de « durabilité » : la capacité de demeurer dans le temps sans subir l'action perturbatrice des « imperfections de la matière ». Cette condition assurée, c'est la géométrie – et non la mécanique – qui apparaissait comme la vraie gardienne de la stabilité.

Le grand « changement de paradigme »

Grâce à la nouvelle ligne de pensée inaugurée par Galilée, la *firmitas* des structures, quittant le champ de la géométrie, passa résolument sous la coupe de la mécanique. Si l'on excepte un bref commentaire de Giovanni Battista

Benedetti dans son *De Mechanicis* (1595), la première référence au concept mécanique de résistance, pour expliquer le comportement d'une structure, se trouve bien dans l'ouvrage de Galilée mentionné plus haut. Après avoir défini la résistance (absolue) d'un solide, avec une rigueur typiquement moderne, en indiquant qu'elle se mesure dans la charge de rupture à la traction, Galilée s'intéressera plus particulièrement à la résistance (relative) offerte par ce même solide (une poutre-console) quand on le charge transversalement. C'est ici qu'intervient la découverte fondamentale – ou, plus exactement, la décision épistémologique déterminante – qui donna naissance à la « nouvelle science » de la résistance des solides et, plus généralement, à la mécanique des structures. Galilée s'aperçut que la poutre-console pouvait être considérée comme un levier coudé avec le point d'appui en B, avec le bras BC sur lequel est appliquée la charge (à savoir le poids E) et, correspondant à la section d'encastrement, avec le bras BA sur lequel s'exerce la résistance induite par la contrainte. De telle sorte qu'il était permis d'appliquer la loi statique du levier, déjà connue depuis l'Antiquité, pour calculer la charge de rupture dans l'hypothèse (malheureusement erronée, mais soutenue avec force par Galilée, en dépit des objections formulées par son disciple génois Giovanni Battista Baliani) où, au moment de céder, la section d'encastrement de la poutre manifesterait sa résistance (absolue), comme si elle était soumise à une traction uniforme.

Grâce à cette solution admirable, quoique imparfaite, il se produisit un véritable « changement de paradigme » dans les sciences de la construction. Progressivement, avec l'apport des cercles scientifiques ouverts à l'innovation galiléenne et, par la suite, grâce à la contribution massive des savants, rassemblés dans les grandes académies européennes, chaque élément de la construction fut reconnu comme le siège d'une machine élémentaire idéale opérant en son sein. Non seulement les contraintes géométriques auxquelles étaient soumises poutres et poutraisons furent statiquement résolues en actions de forces réactives, mais le comportement de l'arc fut également assimilé par Philippe de La Hire à celui d'un voussoir poussant sur les piédroits, lesquels, à leur tour, furent interprétés comme des leviers coudés. Et c'est à la loi du levier que Bernard Forest de Bélidor rapporta le mur de soutènement (*La Science des ingénieurs*, 1729) ; en revanche,

Résistance des matériaux (histoire de la).
G. Galilée, étude de la rupture d'une poutre encastrée à une extrémité dans *Discorsi e dimostrazioni matematiche*, Bologne, 1655.

pour évaluer la poussée des terres, on recourut à la loi d'équilibre d'un poids sur un plan incliné. Sans parler des systèmes funiculaires qui inspirèrent la « nouvelle mécanique » de Pierre Varignon (*Projet d'une nouvelle mécanique*, 1687 ; *Nouvelle méchanique*, 1725) et qui pénétrèrent dans les entrelacs des structures les plus variées pour conférer une visibilité idéale à l'équilibre des forces et des efforts en jeu. En somme, le champ de la construction sembla se transformer en un chantier virtuel figé, où interagissent à jamais puissances et résistances, actions et réactions, forces et efforts, représentation immobile de cette « lutte entre le poids et la résistance » qu'au XIXe siècle, le philosophe Arthur Schopenhauer érigera en unique thème esthétique de l'art en architecture, dans *Die Welt als Wille und Vorstellung (le Monde comme volonté et comme représentation)*, 1819.

Les *Discours* de Galilée et leur suite

Les *Discours* de Galilée eurent un retentissement immédiat en Europe – et particulièrement en France, grâce au père Marin Mersenne, qui en fit, dès 1639, une (libre) traduction française. Même la puissante école jésuite du XVIIe siècle considéra avec sympathie le dernier traité du mathématicien pisan, déjà condamné, en 1633, par le Saint-Office, et s'employa à le diffuser parmi les cercles culturels scientifiques de l'époque. En Italie, les *Discours* galiléens recueillirent un succès considérable auprès des disciples directs et indirects. Malheureusement, la discussion n'aborda pratiquement qu'un seul des problèmes auxquels se confrontait le maître, celui des solides d'égale résistance.

Les développements les plus significatifs de la doctrine relative à la résistance des solides se réalisèrent sur les deux fronts ouverts, respectivement, par le premier chapitre (ou première « Journée »), consacré à la recherche des causes physiques qui permettent d'expliquer pourquoi un corps est en état de résister à la « rupture », et le deuxième chapitre (ou deuxième « Journée »), dans lequel l'attention est focalisée sur la résolution mathématique d'un problème particulier, le « problème de Galilée » précisément, pour démontrer comment une résistance absolue donnée peut engendrer des résistances relatives diverses, selon la forme du corps et les charges appliquées.

LES DÉVELOPPEMENTS DE LA PREMIÈRE « JOURNÉE » : VERS LA « MÉCHANIQUE PHYSIQUE ». Sur l'autre front, la thèse soutenue par Galilée était implici-

tement atomiste. Il pensait que la résistance des matériaux résultait de la force du vide, inhérente aux pores minuscules présents entre chacune des particules d'un corps. Cependant, dès 1644, son disciple Evangelista Torricelli avait démontré l'inexistence d'une telle force du vide (l'expérience du baromètre), et l'on dut procéder à une reformulation globale de la question, comme le fit remarquer, avec promptitude, le père Mersenne dans ses *Reflectiones physicomathematicae* (1647). Pourtant, à l'exception de René Descartes, dont les thèses philosophiques, exposées dans ses *Principia philosophiae* (1644), étaient d'un avis contraire, l'hypothèse d'une explication atomiste des phénomènes de résistance (et d'élasticité) suivit son cours. Le chanoine livournais, Donato Rossetti, la présenta à nouveau dans son remarquable essai sur la *Composizione e passioni de'vetri* (composition et passions des verres, 1671), en introduisant l'important concept selon lequel chaque atome possède des pôles d'où émanent des forces d'attraction (ou de répulsion) décroissantes avec la distance. Un concept analogue fut proposé plus tard, et avec plus de succès, par Isaac Newton dans la deuxième édition de son *Optics* (1717). Il y développait l'idée selon laquelle les particules les plus secrètes d'un corps sont dotées d'une « *vis interna attrahens* », responsable, entre autres choses, de l'élasticité et de la résistance.

Dans le droit fil de la pensée newtonienne se situe la recherche du père Giuseppe Ruggiero Boscovich, exposée de manière exhaustive dans sa *Theoria philosophiae naturalis [...]* (1758), et dont les jalons étaient déjà posés par divers opuscules édités à Rome à partir de 1745. Pour le savant dalmate, la matière en tant que telle est constituée de « points inétendus » qui se posent comme les centres d'un champ de forces attractives et répulsives, réparties dans l'espace entier et obéissant à une *lex virium* universelle capable de rendre compte de chacun des aspects de la matière. C'est au cours du XIXe siècle que la théorie de Boscovich put donner ses plus beaux fruits. En s'y rapportant de manière implicite, Henri Navier♦ offrit la première formulation générale de la théorie mathématique de l'élasticité en termes moléculaires, dans un remarquable mémoire présenté en 1821 à l'Académie des sciences. C'est vers elle que se tourna Augustin Louis Cauchy dans ses grands écrits sur l'élasticité moléculaire, consignés dans le troisième volume des *Exercices de mathéma-*

tiques (1828). C'est sur elle que Siméon-Denis Poisson fonda son ambitieux et fécond programme de recherche pour la création d'une mécanique physique qui puisse contrebalancer la mécanique analytique de Louis Lagrange, en prenant comme seul principe la loi des actions intermoléculaires (*Mémoires de l'Institut national*, 1829 ; *Journal de l'École polytechnique*, 1830). Cependant, la référence au « système du père Boscovich » sera évoquée de manière explicite par l'un des plus grands théoriciens français de l'élasticité, Adhémar J. C. Barré de Saint-Venant, dans sa défense irréductible de la théorie moléculaire de l'élasticité, contre la théorie des milieux continus, suscitée par Cauchy et qui connut un large succès, surtout en terre britannique, grâce à George Green et William Thomson, sous la forme de « théorie du potentiel ».

LES DÉVELOPPEMENTS DE LA DEUXIÈME « JOURNÉE » : LE PROBLÈME DE LA POUTRE. Dans la deuxième « Journée » des *Discours* galiléens, le problème essentiel sur lequel portèrent les études des continuateurs concernait la détermination de la résistance offerte par le matériau dans la section d'encastrement de la console. Comme l'a clairement mis en évidence Vincenzo Viviani dans son *Trattato delle resistenze* (traité des résistances), Galilée pensait pouvoir faire abstraction de la déformation des corps pour œuvrer en faveur de la sécurité, et affirmer ainsi, en dernier ressort, qu'au moment de rupture l'ensemble des fibres de la poutre sont tendues d'égale manière à la limite de leur capacité. Cette hypothèse, sans doute séduisante par sa simplicité, s'opposait à l'intuition qui voulait qu'à l'intrados de la console fléchissante les fibres soient comprimées. Elle ne fut remise en question que lorsqu'on fut en mesure de se représenter mathématiquement le comportement élastique du matériau, grâce à une loi de proportionnalité entre la force et l'élongation. Cela se produisit au cours du XVIIe siècle, à la suite de contributions diverses, au premier rang desquelles figurent les *Lectures de potentia restitutiva* (1678) de Robert Hooke avec la célèbre proposition « *sic (ex-)tensio ut vis* » qui prendra, grâce à un mémoire de Jacob Bernoulli (1705), la forme d'une relation de comportement entre la contrainte et la déformation.

Avec l'application de l'élasticité au « problème de Galilée », nombreuses furent les équivoques et les incertitudes. Elles étaient dues, pour une part, au fait que les formules obtenues dans le champ de l'élasticité ne concernaient pas le phénomène de rupture visé par le traité galiléen, bien qu'elles fussent interprétées dans ce sens. L'auteur qui fut le premier à introduire l'élasticité dans l'étude *De Resistentia solidorum* fut un physicien de Dijon, Edmé Mariotte, dans son *Traité du mouvement des eaux* (édité à titre posthume en 1686). Invoquant un argument captieux, qui sera pourtant repris durant des décennies par des générations de savants, il considérait que l'on pouvait assimiler le comportement d'une console au sens strict à celui d'une poutre idéale, où la tension est nulle à l'intrados et varie de manière linéaire avec la hauteur. Il put ainsi mettre au point une formule qui fut considérée comme une solution alternative de l'hypothèse de Galilée (qui n'avait pas recours au formalisme algébrique et se limitait au langage géométrique des proportions). Dans la direction ouverte par Mariotte s'inscrit le mémoire fondamental de Gottfried Wilhelm Leibniz, *Demonstrationes novae de resistentia solidorum*, publié dans les *Acta Eruditorum* de Leipzig en 1684. Dans cet ouvrage, le grand philosophe et mathématicien montre qu'il a compris, pour la première fois, le sens profond de l'action locale exprimée par la contrainte et sa relation avec le moment fléchissant de réaction qui en résulte.

Une comparaison entre la solution de Galilée et celle de Mariotte fut établie, non sans élégance, par Pierre Varignon (1702) avec cette hypothèse qu'elles seraient toutes les deux également plausibles. Cette idée eut la chance de persister au cours du XVIIIe siècle. On la retrouve dans la *Science des ingénieurs* de Bélidor (1729). Sur cette base, se développe l'intense pratique expérimentale de Pieter Musschenbroek, scrutateur courageux des phénomènes relatifs à la résistance des matériaux, mais plutôt sceptique quant aux possibilités de la mathématique à les représenter. Elle sera reprise dans le *Trattato delle resistenze* (traité des résistances) de Giovanni Battista Borra (1748) et figure dans les *Principi di architettura civile* (principes d'architecture civile) de Francesco Milizia (1781). Et pourtant, la réponse à cette question, avec la détermination correcte et complète de l'état de contrainte pour les cas de flexion simple, dans le champ de l'élasticité, avait déjà été trouvée, en 1713, par Antoine Parent dans ses *Recherches de mathématiques et de physique*. Mais une telle solution ne sera reconnue par la culture technique des ingénieurs que bien plus tard, d'abord grâce au célèbre *Essai* de Charles Augustin Coulomb (1773) dont nous parlerons plus loin et, ensuite, à travers la synthèse décisive opérée par Navier.

Courbes flexibles et élastiques. La contribution de Leonhard Euler

L'analyse de la résistance d'une poutre élastiquement déformable posait, de manière évidente, la question de la nature de la courbe élastique prise par la ligne d'axe. Cette question apparut vers la fin du XVIIe siècle dans le bouillonnant contexte scientifique animé par la très récente découverte des nouvelles méthodes de calcul différentiel (dans ses deux formulations antagonistes mais équipollentes, dues à Leibniz et à Newton). Déjà en 1690, Christiaan Huygens et les pionniers du nouveau calcul, ce même Leibniz et Johann Bernoulli (le frère cadet de Jacob) s'étaient mesurés dans une noble confrontation pour déterminer la forme de la *catenaria* (*Acta Eruditorum*, 1691). Et dans les années 1697-1698, Jacob Bernoulli, le père fondateur de la grande dynastie scientifique des Bernoulli, avait établi dans leur forme différentielle les équations générales d'équilibre de la corde. C'est à lui que revint également l'enviable privilège d'avoir résolu le problème de la courbe élastique dans le mémoire « *Curvatura laminae elasticae* » publié dans les *Acta Eruditorum* de 1694. Sa réflexion fut redéfinie par le jeune Euler avec, également, une référence au problème des vibrations des tiges et des anneaux élastiques. Et, sur ce thème, se développa, lors d'un long séjour à Saint-Pétersbourg dans les années 1730, une intense collaboration scientifique entre Euler et Daniel Bernoulli, le fils de Johann (premières avancées de la théorie linéarisée de la courbe élastique par Euler, en 1735, et par Daniel, en 1741). Quant à l'équilibre et au mouvement de la poutre élastique rectiligne ou courbe, Euler y reviendra plus tard à travers deux grands mémoires fondamentaux (1771 et 1776). Il y formulera les équations indéfinies pour l'effort normal, l'effort tranchant et le moment fléchissant, qui feront partie des instruments de calcul usuels dans la résistance des matériaux des ingénieurs du XIXe siècle.

On doit encore à Euler d'avoir trouvé la solution physique et mathématique au problème de l'instabilité de la poutre sous chargement axial. Le fléchissement avant rupture, qui survient si la poutre est mince, avait déjà été observé par Léonard de Vinci. Ce même phénomène avait attiré l'attention du père Mersenne, lequel déclara que celui qui serait capable de l'expliquer mériterait plus de gloire que celui

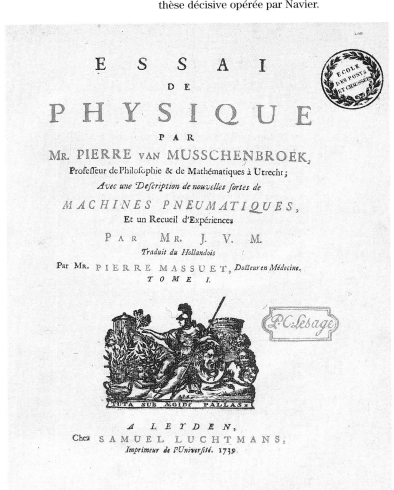

Essai de physique par Pierre Musschenbroek.

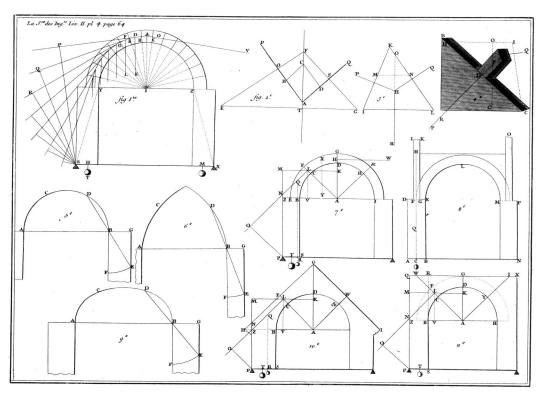

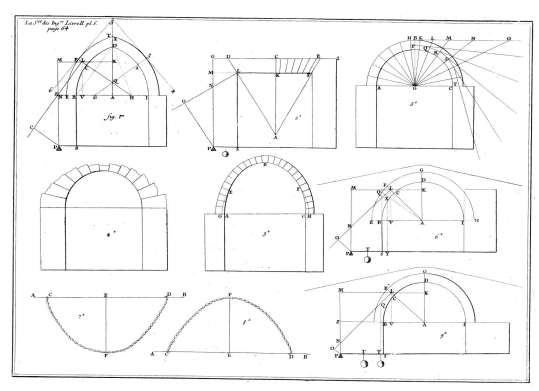

qui trouverait la solution de la quadrature du cercle. Quinze ans avant Euler, Musschenbroek avait fait connaître ses expériences sur la question en énonçant la formule, correcte pour l'essentiel, de la charge critique (à la rupture). Cependant, Euler avait saisi la nature véritable de l'inflexion latérale, qu'il dissocia de l'éventuelle rupture qui devait s'ensuivre. Cette découverte prenait place dans un champ de recherches mathématiques plus vaste et témoignant d'autres préoccupations, comme le calcul des variations, qui en était alors à ses débuts et dont les grandes lignes figurent dans le traité fondamental *Methodus inveniendi lineas curvas maximi minimive proprietate gaudentes* (1744). Dans une lettre de 1742, Daniel Bernoulli avait suggéré à Euler l'hypothèse selon laquelle les courbes élastiques pouvaient correspondre au minimum d'une fonction expressive de l'énergie élastique potentielle. Euler y travailla aussitôt et en démontra la validité en général, à travers huit cas d'espèce possibles de courbes (configuration rectiligne se rapportant à une charge axiale simple). En se penchant sur le premier cas d'espèce, il remarqua, pour une valeur particulière de la charge (charge critique), que divers états d'équilibre pouvaient apparaître au voisinage immédiat de l'état indéformé (rectiligne). Euler n'eut aucun doute sur l'importance pratique de sa découverte. S'y rapportant constamment, il put, par la suite, établir la théorie linéaire de la stabilité élastique, qui est encore aujourd'hui enseignée dans les cours élémentaires de résistance des matériaux.

Malgré la qualité des contributions théoriques et techniques apportées par la théorie eulérienne, celle-ci mit du temps à pénétrer dans la culture des ingénieurs. D'autres formules semi-empiriques et de sens ambigu (rupture et/ou instabilité) furent proposées par divers savants et ingénieurs du XIXe siècle : Jean-Baptiste Rondelet, par exemple, dans son célèbre traité de 1802 ou Émiland-Marie Gauthey, dans son *Traité de la construction des ponts*, édité à titre posthume en 1809-1813, avec quantité de notes de son neveu Navier, ou Navier lui-même dans son commentaire de la *Science des ingénieurs* de Bélidor ou encore, chez les anglo-saxons, par Thomas Tredgold (1824), E. Hodgkinson (1840), Augustus Edward Hough Love (1852), William John Macquorn Rankine (1861). L'essor considérable de la construction métallique obligera, dès la moitié du XIXe siècle (à la suite du débat sur les ponts Conway et Britannia◆), la science des ingénieurs à approfondir la nature physique et mathématique du problème, sur la base des études d'Euler, et à définir peu à peu une discipline spécifique dans le corpus de la mécanique des structures : la théorie de la stabilité de l'équilibre élastique et anélastique.

Arcs, voûtes et dômes

Comme on l'a laissé entendre, les théories historiques relatives aux arcs, voûtes et dômes (en maçonnerie) apparurent et se développèrent à l'époque des Lumières. Outre les premières contributions de de la Hire déjà citées, il faut également évoquer le débat passionné que souleva la relation entre « la forme meilleure » de l'arc simplement comprimé et la figure de la *catenaria*. David Gregory (1697) s'y risqua le premier, avec qui Leibniz et Johann Bernoulli engagèrent aussitôt une vive polémique (1698, 1699, 1700). La solution correcte fut découverte par Jacob Bernoulli en 1704 (mais publiée à titre posthume, en 1744). Par un autre chemin, James Stirling arriva aux mêmes conclusions, qu'il exposa dans son court traité (*Lineae tertii ordinis Newtonianae*, 1717), qui militait en faveur des positions newtoniennes dans la polémique sur le nouveau calcul.

L'Académie royale de Paris joua un rôle important dans le développement des études sur la construction des voûtes. Ses *Mémoires* retranscrivent les principales contributions qui ouvrirent la voie au calcul à la rupture des voûtes (de la Hire, 1712 ; Claude-Antoine Couplet, 1729 et 1730) et à l'analyse statique des voûtes en dôme (Pierre Bouguer, 1734). Sur le plan technique, des variantes significatives à la méthode de de la Hire furent introduites par Bélidor dans sa *Science des ingénieurs*, et les expériences réalisées par A.A.H. Danyzy (1732), A.F. Frézier (1739) et quelques autres démontrèrent qu'un mécanisme de rupture de l'arc en quatre parties était d'une fiabilité supérieure à celui en trois parties envisagé par de la Hire. Les fissures apparues dans la coupole de Saint-Pierre et le débat qui s'ensuivit sur les remèdes à apporter furent une aubaine pour le développement théorique et expérimental. Outre *L'Opinion des trois mathématiciens* (1742), convoqués à ce propos par Benoît XIV (Thomas le Seur, François Jacquier et Boscovich), il faut mentionner le remarquable travail de diagnostic réalisé par Giovanni Poleni, *Memorie istoriche della gran cupola del tempio vaticano* (mémoires historiques de la grande coupole du Vatican, 1748).

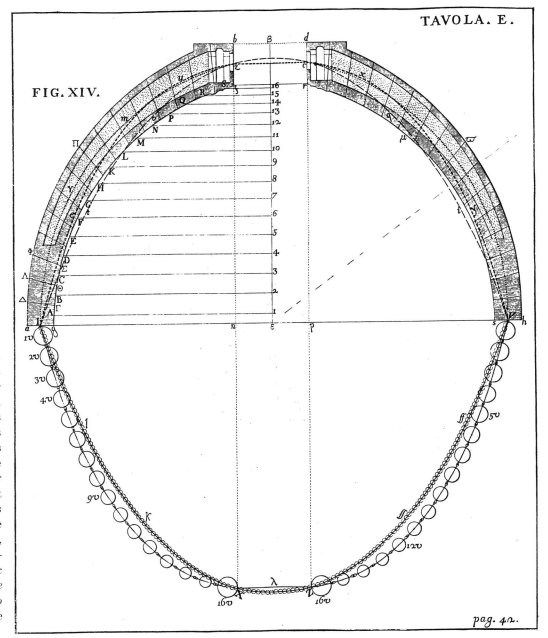

Poleni, modélisation de la coupole de Saint-Pierre de Rome.

Durant la seconde moitié du XVIIIᵉ siècle, les problèmes techniques de la construction architectonique firent l'objet d'une production considérable d'études mathématiques, dans l'esprit de la rationalité des Lumières : on pense à la statique des voûtes et au problème de la poussée des terres dans le calcul des murs de soutènement (pour lequel Pierre Bullet avait déjà suggéré [1691] le modèle mécanique de l'empilement de sphères, repris plus tard par Couplet [1726-1728], Bélidor [1729] et d'autres auteurs). De nombreux savants italiens se consacrèrent à l'étude des voûtes en maçonnerie comme Giordano Riccati (1780), Mariano Fontana, qui obtint des avancées notables dans le domaine des « courbes d'équilibre » et de l'arc élastique, ou encore Lorenzo Mascheroni, dont le traité les *Nouvelles recherches sur l'équilibre des voûtes* (1785) est réputé le meilleur, en raison de son caractère exhaustif et de sa rigueur.

Dans la même période, la France fournit deux contributions fondamentales : l'une représentant la conclusion idéale du passé, l'autre l'ouverture sur l'avenir. La première, une théorie générale et unitaire fort écoutée, et qui exerça une influence considérable sur les écrits des auteurs italiens précités, est due à Charles Bossut (1770), et participe du débat qui accompagna et suivit la construction de l'église Sainte-Geneviève de Soufflot. La seconde a pour auteur Charles Augustin Coulomb et elle a été écrite du temps où il exerçait à la Martinique la fonction d'Ingénieur du Roy. Il s'agit de l'*Essai sur une application des règles de maximis et minimis à quelques problèmes de statique relatifs à l'architecture*, que Coulomb présenta à l'Académie de Paris en 1773, et qui sera publié en 1776. L'essai est une référence fondamentale de l'histoire de la résistance des matériaux. Ses chapitres courts, mais denses, revisitent les théories antérieures sur la flexion des poutres, sur les murs de soutènement sujets à la poussée des terres et sur les voûtes en maçonnerie. Il y introduit, pour la première fois, le concept de contrainte de cisaillement, en suggérant un critère de rupture approprié et en fixant les lois du frottement dans leur forme mathématique. De plus, grâce à l'application générale des règles de *maximis* et *minimis* au calcul à la rupture de l'arc pourvu de cohésion et de frottement, l'auteur put parvenir à une solution efficace et élégante, sur laquelle reposeront, tout au long du XIXᵉ siècle, les études les plus significatives en la matière. Quant au problème de la poussée des terres, les écrits de Coulomb, traduits par

R. Prony en formules simples et en diagrammes utiles (1802), donneront lieu à des calculs graphiques et des approfondissements (Jean-Victor Poncelet, 1840 ; Carl Culmann, 1866 ; Weingarten, 1870 ; Weyrauch, 1878 ; etc.) qui ont, aujourd'hui encore, valeur d'alternative à la solution apportée par Rankine en 1856, et développée depuis par de nombreux auteurs avec les instruments analytiques de la mécanique des milieux continus.

L'aboutissement de la résistance des matériaux et ses prolongements

Les thèmes et problèmes abordés jusqu'ici, depuis leur origine jusqu'à leur période de maturation, se sont constitués en discipline scientifique et didactique cohérente dans les premières décennies du XIXᵉ siècle, notamment grâce à la grande réforme des études techniques, qui débuta en France autour de la Révolution (fondation de l'École polytechnique) pour se propager ensuite rapidement, sous des formes diverses, dans toute l'Europe. C'est ainsi que la résistance des matériaux vit le jour, dont la première expression organique se trouve dans le texte de Navier, *Résumé des leçons données à l'École des ponts et chaussées, sur l'application de la mécanique à l'établissement des constructions et des machines* (1826).

Savant ouvrage de synthèse et de divulgation des théories élaborées par les académiciens du XVIIIᵉ siècle, et en même temps parfaitement à jour sur les recherches théoriques et expérimentales contemporaines, le *Résumé* devint le modèle incontesté des innombrables écrits sur la résistance des matériaux qui s'accumulèrent au cours du siècle dernier et jusqu'à nos jours, partout dans le monde. Force est de reconnaître que l'évolution de la nouvelle discipline ainsi établie par Navier se réalisera principalement hors de ses frontières, dans des champs disciplinaires apparus à sa suite, étayés par des méthodes de recherche, des langages et des références culturelles qui, tout en s'attaquant à des thèmes et des problèmes voisins, ont donné lieu à des domaines scientifiques indépendants et différents. Cependant, et sans qu'on puisse véritablement en démêler l'écheveau, d'autres histoires étaient en œuvre, qui finirent par se rejoindre dans le riche contexte de la mécanique des solides, des matériaux et des structures, elle-même subdivisée en secteurs, approches méthodologiques et axes de recherche très éloignés les uns des

autres : des fondements rationnels d'une mécanique des milieux continus, érigée désormais en système axiomatique, aux stimulantes « contaminations » de la mécanique classique issues de la physique de l'état solide et d'une science générale (ou ingénierie) des matériaux ; des disciplines qui se sont développées en liaison avec un type particulier de structure – treillis, plaques, membranes, coques, structures tendues, etc. – à leur homologation dans le contexte du calcul automatique. Historiquement, trois voies ont permis à la résistance des matériaux de sortir de son confinement pour constituer les prémisses d'une synthèse plus vaste, à un savoir disséminé de se mettre à l'enseigne d'un système cohérent, et à un ensemble de données empiriques et de procédés intuitifs de devenir les théorèmes ou les applications d'une théorie générale. Les trois voies ainsi inaugurées au cours du XIXᵉ siècle ont été : la théorie mathématique de l'élasticité, la statique graphique et la théorie des systèmes élastiques. À vrai dire, elles ne se sont pas divisées en chapitres ou en domaines différenciés *ex parte objecti*, mais ont plutôt cherché à reformuler le tout, chacune selon ses concepts et ses outils linguistiques.

Établie dans ses principes fondateurs par Navier, Poisson et surtout par Cauchy entre 1823 et 1829, la théorie mathématique de l'élasticité a successivement bénéficié de l'apport des plus grands savants travaillant en France, en Allemagne, en Grande-Bretagne et en Italie ; elle s'est très vite ouverte à un vaste champ d'applications, offrant une cohérence et une rigueur de résultats obtenus cas par cas par la résistance des matériaux, et permettant d'aborder des problèmes nouveaux, jusqu'alors inconnus de la recherche mathématique. La poutre sujette au fléchissement, au cisaillement et à la torsion devint l'objet du problème sans doute le plus important de la théorie de l'élasticité, le problème de Saint-Venant (1855-1856) ; la plaque mise en charge sur son propre plan fut peut-être l'exemple le plus élégant de solution du problème élastique (Alfred Clebsch, 1862) ; la plaque fléchie fit l'objet d'une palpitante compétition à laquelle participèrent Sophie Germain (1821), Cauchy (1828), Poisson (1829) et Gustav Kirchhof (1850). Avec l'étude des surfaces élastiques courbes et l'introduction de problèmes toujours plus complexes, qui sont aujourd'hui à mettre au crédit d'auteurs comme Gabriel Lamé, Maurice Lévy, Resal, William Thomson Kelvin, Joseph Boussinesq, Valentino

Cerruti, Horace Lamb, Michell, Heinroch-Rudolf Hertz, Love, etc., la théorie de l'élasticité s'érigea en modèle unique, y compris dans ses prolongements vers une mécanique des solides intégrant le comportement anélastique des corps (viscoélasticité, plasticité, thermo-élasticité, « rhéologie », et plus récemment, matériaux non résistants à la traction, matériaux composites, matériaux « intelligents »).

Quant à la statique graphique, que Carl Culmann mit au point à partir des applications pratiques précédentes (en particulier de Poncelet) et éleva au rang de science autonome (1864-1865), marquée par la nouvelle *Geometrie der Lage* de Georg Staudt (1847), elle représenta une révolution linguistique considérable, capable de rédéfinir l'ordre des concepts et des méthodes de calcul, au moyen d'un lexique figuratif et d'une syntaxe adaptée à l'intuition de l'ingénieur et ennoblie par ses références aux principes purs de la géométrie projective.

Finalement, la théorie des systèmes élastiques (qu'il faut distinguer, malgré des liens évidents, de la théorie de l'élasticité), connut une évolution très particulière, se confrontant au problème des systèmes statiquement indéterminés et à l'épineuse question (aujourd'hui encore non entièrement résolue) de l'état de contrainte dans le corps rigide. Cette affaire commença par un mémoire d'Euler, aussi parfait qu'ambigu, et se poursuivit pendant un siècle, entraînant dans son sillage des auteurs de grand renom et des savants de moindre importance issus de toute l'Europe (de d'Alembert à Fourier, de Navier à Augustin Cournot, de Gabrio Piola à Luigi Federico Menabrea, d'Émile Clapeyron à Clebsch, de James Clerk Maxwell à James Henry Cotteril). Le débat s'acheva précisément avec l'établissement, presque en même temps, de deux théories des systèmes élastiques, dues à Alberto Castigliano (1873-1879) et Otto Mohr (1874 et années suivantes) : la première, centrée sur le concept de travail de déformation (ou énergie potentielle élastique) ; la seconde, fondée sur le principe des travaux virtuels. C'est à cette double formulation que l'actuelle mécanique des structures doit son essor, avec ses méthodes générales et puissantes que la dernière révolution linguistique, suscitée et imposée par l'ordinateur, a permis d'étendre à l'étude de l'ensemble des structures bi- et tridimensionnelles (méthode des éléments finis).

Quant à l'avenir, il n'est guère facile de risquer des prévisions. Une tendance se dessine pourtant. Elle peut être aussi bien le symptôme inquiétant d'une crise que la prometteuse préfiguration d'une nouvelle organisation des connaissances polytechniques. Il y a encore quelques années, les disciplines héritières de la résistance des matériaux s'ingéniaient à posséder des instruments scientifiques et des algorithmes mathématiques étrangers, par tradition, à la culture des ingénieurs, pour répondre à des problèmes internes de la mécanique des constructions (par exemple actions dynamiques déterminées ou occasionnelles, phénomènes d'instabilité à l'échelle du matériau ou de la structure, non-linéarité géométrique ou résultant de la loi du comportement, etc.). Aujourd'hui, on assiste à une sorte de mouvement inverse, selon lequel les recherches les plus intéressantes et les plus novatrices dans ce domaine aspirent plutôt à présenter la mécanique des solides, des matériaux et des structures comme un répertoire de problèmes concrets et vitaux, à même d'expliquer les projets scientifiques extérieurs à chaque discipline et transversaux par rapport à leur subdivision habituelle (processus irréversibles, désordre, chaos, hasard, complexité, « nouvelle géométrie de la nature », fractals, etc.). Exode inexorable du cœur de la discipline ou, au contraire, présage d'une nouvelle culture post-polytechnique ? Au temps d'en décider. **E. B.**

VOIR AUSSI **Matériaux et ouvrages (résistance et stabilité des)** ; **Statique graphique** ; **Structures (calcul des)**.

Responsabilité de l'ingénieur

L'organisation de la responsabilité administrative et légale de l'ingénieur dépend de la nature des constructions et des traditions nationales.

Dans les pays anglo-saxons, dont le système tend à se généraliser, avec le développement des échanges internationaux et sous le poids de l'influence américaine, mais aussi par le biais des règles de la concurrence européenne, la responsabilité principale – la responsabilité de conception – revient au bureau d'études pour les structures de génie civil, comme elle revient à l'architecte dans la plupart des bâtiments ; dans les domaines particuliers où il n'a pas la compétence suffisante, le bureau d'études doit s'entourer d'experts et de spécialistes. Les entreprises, qu'elles soient principales ou sous-traitantes, n'ont alors que des responsabilités d'exécution : leur mission est de construire avec la qualité requise par l'« ingénieur » ; elles ne sont pas tenues à une obligation de résultats. Dans ce contexte, l'Administration n'a qu'un rôle de maître d'ouvrage, pratiquement limité au choix du concepteur et de la solution, au suivi du financement de l'opération et aux relations avec les différents partenaires sociaux.

Le principal inconvénient de ce système, c'est qu'il fait supporter la responsabilité financière des incidents et des accidents potentiels par un acteur dont le chiffre d'affaires ne représente qu'une faible fraction du coût de la construction. Ceci oblige les bureaux d'études à contracter des assurances à un taux qui devient d'autant plus élevé que les entreprises cherchent souvent à reporter sur eux tous les risques de la construction. Les bureaux d'études ont donc tendance à se couvrir en établissant des projets trop largement dimensionnés et en évitant les solutions audacieuses.

Les limites de ce système, mais aussi l'épuisement des ressources publiques et la multiplication des très grands projets dans le monde, ont alors conduit à une autre organisation : le maître d'ouvrage lance un appel d'offres de conception-construction auprès d'entreprises, voire un appel d'offres de concession prévoyant la conception, la construction et l'exploitation de l'ouvrage ou de la série d'ouvrages ; les entreprises retenues interviennent alors en association avec des banques. Le second franchissement de la Severn, le second franchissement du Tage à Lisbonne, le pont de l'île du prince Édouard au Canada, le franchissement de l'Oresund et le pont de Rion donnent des exemples récents de ce schéma. S'il ne résout pas les problèmes de responsabilité entre les entreprises et les bureaux d'études, il les reporte au sein du groupement constructeur ou concessionnaire ; le maître d'ouvrage se contente d'organiser un contrôle technique du projet, plus ou moins détaillé selon la nature des engagements qui ont été pris. Cette forme d'appel d'offres permet souvent le développement de techniques de construction spectaculairement efficaces, mais autorise rarement la conception d'ouvrages d'une grande qualité architecturale.

Les entreprises françaises sont particulièrement bien placées dans ces grands appels d'offres de conception-construction, car le système en vigueur en France les a conduites à maintenir des structures d'études techniques. En France, en effet – comme dans un certain nombre de pays, y compris certains États des États-Unis –, les responsabilités essentielles sont partagées entre l'Administration et les entreprises.

Le maître d'ouvrage – l'État, la SNCF, l'EDF, certaines collectivités locales – joue en même temps le rôle de maître d'œuvre par l'intermédiaire de ses services constructeurs ; avec la spécialisation croissante et la réduction du rôle technique des administrations, le rôle de maître d'œuvre est devenu distinct de celui de concepteur, assuré par un service technique de l'Administration ou par un bureau d'études privé ou parapublic, quelquefois avec la collaboration d'un architecte. Le rôle de ce concepteur est cependant resté beaucoup moins important que dans les pays anglo-saxons. En outre, les appels d'offres ne sont pas lancés sur la base de projets d'exécution mais seulement d'avant-projets, et ce sont les entreprises qui ont la responsabilité d'établir le projet d'exécution, sous le contrôle du maître d'œuvre par l'intermédiaire d'un bureau d'études qui travaille pour son compte, généralement celui qui a été chargé de la conception et de l'avant-projet. Cela donne aux entreprises la possibilité d'adapter le projet à leurs moyens de construction, et d'assurer une bonne cohérence entre la conception et les méthodes de construction ; dans certains cas, les entreprises ont même la possibilité de présenter des variantes du projet.

Il y a une quinzaine d'années, les entreprises françaises bénéficiaient de puissants bureaux d'études intégrés, capables d'établir ces variantes et de mener les études d'exécution. Sous la pression de la concurrence économique, elles ont été conduites à réduire considérablement leurs moyens d'études, si bien que les plans et les calculs d'exécution sont maintenant fréquemment établis par des bureaux spécialisés qui travaillent pour leur compte. Les entreprises gardent cependant une grande maîtrise des méthodes et de leur interaction avec la conception.

Dans le même temps, le rôle des administrations évolue progressivement vers le pilotage des opérations, et une part croissante des études est désormais confiée à des bureaux d'études spécialisés, privés ou semi-publics ; ces bureaux n'ont cependant pas toujours les responsabilités qui devraient aller de pair avec ces tâches, et le désengagement de plus en plus marqué des administrations devrait les conduire à confier aussi à des bureaux extérieurs le rôle de maître d'œuvre dans de nombreuses opérations.

Dans ce système administratif et légal évolutif et complexe, la responsabilité personnelle prend un relief tout particulier. Les ouvrages de génie civil, et en particulier les grands ponts, relèvent de la responsabilité d'un homme ; un homme certes entouré d'une équipe, aujourd'hui largement pluridisciplinaire, mais qui porte seul la responsabilité de la conception et de la sécurité. C'est John Roebling♦ qui a construit le pont de Brooklyn♦, Gustave Eiffel♦ qui a construit la tour, le viaduc de Garabit♦ et le pont Maria Pia, quelle que soit la part de ses associés et des ingénieurs locaux, Othmar H. Ammann♦ qui a construit le pont George♦ Washington et les autres grands ouvrages du port de New York, Joseph Strauss♦ qui a bâti le pont du Golden♦ Gate.

Cela est si vrai que les grands ingénieurs qui subissent un échec majeur n'y survivent pas : sir Thomas Bouch est mort quelques mois après l'effondrement du pont sur la Tay, le 28 décembre 1879 ; Leon Moiseiff n'a pas surmonté plus longtemps l'épreuve que fut pour lui la ruine du pont de Tacoma, le 7 novembre 1940. **M. V.**

VOIR AUSSI **Bureaux d'études** ; **Entreprises**.

Reynaud (François-Léonce)

Lyon, Rhône, France, 1803 – Paris, 1880.

Que ce soit comme enseignant à l'École polytechnique, puis à l'École des ponts et chaussées, ou comme chef du Service général des phares, la carrière de François-Léonce Reynaud porte l'empreinte de sa double compétence d'architecte et d'ingénieur. Admis à l'École polytechnique en 1820, il en est exclu peu après à cause de ses sympathies carbonaristes. À la différence de son frère Jean, qui compte parmi les adeptes du saint-simonisme, il demeure ensuite à l'écart de tout mouvement politique. Nommé professeur d'architecture à l'École polytechnique en 1837, puis à l'École des ponts et chaussées en 1842, il tente de concilier dans son enseignement les apports les plus récents des sciences et des techniques avec la connaissance des styles du passé. On retrouve le même mélange de rationalisme et d'éclectisme dans son œuvre de constructeur de phares. Véritable prouesse technique, le phare des Héaux de Bréhat, qu'il achève en 1839, le fait connaître plus sûrement qu'une réalisation comme celle de la première gare du Nord, terminée en 1846, qui ne manque pourtant pas d'originalité avec son usage conjugué de la fonte et du bois. Devenu chef du Service des phares en 1846, Reynaud construit ou supervise la construction de plus d'une cinquantaine de ces ouvrages. Certains, comme le phare de Walde, achevé en 1859, font usage du métal avec une rare franchise, tandis que d'autres adoptent des formes et des matériaux plus conventionnels. Théoricien influent de l'architecture et constructeur reconnu, initiateur de la remarquable série d'ouvrages *Les Travaux publics de la France*, Reynaud sera également directeur de l'École des ponts et chaussées de 1869 à 1873. **A. P.**

Rice (Peter)

Dublin, Irlande, 1935 – Londres, Grande-Bretagne, 1992.

Peter Rice a hérité des attitudes d'Ove♦ Arup à l'égard de l'architecture : développer la création poétique des architectes ; prendre en compte l'exécution d'un bâtiment dès la phase de la conception, lier dessin et logique de la construction ; pénétrer la nature des matériaux et pousser toujours plus loin leurs possibilités dynamiques. Rice a fait siennes ces attitudes dans toutes sortes de projets.

À partir de 1960, et pendant sept années, à l'occasion de la réalisation de l'opéra de Sydney♦, il témoigne, en tant qu'ingénieur, de la volonté nécessaire pour faire aboutir le projet. Lorsque celui du Centre Georges Pompidou est lancé (Renzo Piano et Richard Rogers, architectes), il participe au concours et, de 1973 à 1977, se consacre, en qualité d'ingénieur en chef, à cet événement architectural au cœur de Paris. Pour ce projet, il adapte le système Gerber. Il connecte les poutres et les superpose, ce qui libère des niveaux d'espaces flexibles de 150 × 48 m de surface sans poteau. Rice propose d'utiliser l'acier moulé comme matériau pour la structure, et supervise la réalisation. La forme organique de l'acier moulé confère à cette architecture géante une dimension humaine. Quant à la « gerberette », pièce qui relie le poteau en compression, la partie en tension et la poutre principale, Rice la traite avec une sensibilité et une attention particulières.

Tout en conservant des responsabilités chez Arup, il fonde ensuite Piano & Rice Associates, avec Renzo Piano et quelques architectes qui ont travaillé sur le projet du Centre Pompidou. Pendant trois années il participe à des projets expérimentaux. Le développement d'un concept de voiture pour Fiat constitue l'essentiel de son activité durant cette période ; il critique les méthodes de conception des monocoques actuels et propose un nouveau type de carrosserie, composée d'un châssis à structure métallique et de panneaux de remplissage en plastique. Pour le pavillon itinérant destiné à IBM (Renzo Piano Building Workshop, architecte, 1984), il adopte les matériaux en plastique et les techniques de collage qu'il a maîtrisées au moment du développement du projet Fiat. Il réalise un espace mobile d'exposition, transparent et accueillant, réalisé en bois lamellé-collé, aluminium et polycarbonates. La beauté de la structure conçue par Rice réside dans le dessin délicat et dans l'assemblage des pièces de raccord et d'amortissement, nommées *finger*, qui relient le polycarbonate et le lamellé-collé.

Le ferrociment, inventé par Pier Luigi Nervi♦ et apprécié par Piano et Rice, a été retenu pour la toiture du musée des collections de Ménil à Houston (Piano et Fitzgerald, architectes, 1986), toiture qui laisse passer la lumière naturelle, et dont la structure est composée d'éléments courbés réfléchissants en ferrociment et en fonte ductile.

En 1981, Rice fonde à Paris la société RFR et se lance dans la conception des serres du musée des Sciences et des Techniques du parc de La Villette – le verre était l'un de ses principaux sujets de recherche. L'assemblage du verre, comme matériau de structure transparent, et de l'acier engendre un espace architectural nouveau et enrichit le vocabulaire de l'architecture contemporaine. Rice a résumé le développement de ce système dans un ouvrage intitulé *le Verre structurel*.

Au nombre de ses travaux, on peut compter la rénovation des usines Schlumberger (Atelier Piano, architecte, 1984), le Nuage de la Grande♦ Arche de la Défense (1990), l'exposition Christophe Colomb (Gênes, Renzo Piano Building Workshop, architecte, 1992), etc. Pour la construction du siège de la Lloyds, à Londres, dont la conception architecturale a été assurée par Richard Rogers & Partners (1986), Rice est parvenu à un dessin mécaniste et avant-gardiste en utilisant les détails précieux du béton préfabriqué. À l'occasion de la réalisation du pavillon de l'avenir à l'exposition de Séville (MAM, architecte, 1992), Rice a effectué une expérience originale consistant à recourir à la pierre comme matériau de structure, tout en utilisant des techniques modernes de mise en œuvre. Dans l'un de ses derniers projets, le terminal de l'aéroport international du Kansai♦, après le concept géométrique établi par les architectes, il a tout d'abord organisé la disposition des

Rice (Peter).
Pavillon de l'avenir à l'Exposition universelle de Séville, 1992 (en haut).
Pavillon itinérant IBM (en bas)

panneaux et les éléments de verre de la paroi extérieure, puis subordonné à cette géométrie la manière d'agencer et d'assembler les éléments de la structure, ainsi que la décision concernant la forme de l'arche du toit et la circulation de l'air dans le volume intérieur.

L'ouverture d'esprit dont témoigne Rice à l'égard de l'architecture en général a rendu possible une conception qui, au-delà de l'intérêt porté à la structure, privilégie le souci du détail et le contrôle de l'environnement : une forme et un espace organiques ont pu ainsi être créés.

Parmi les autres travaux de Rice, on citera notamment le théâtre de Pleine Lune près de Montpellier, qui a donné lieu à la conception de plusieurs sortes de miroirs réfléchissants qui éclairent la scène avec la lumière de la lune, ainsi qu'à des recherches inspirées par la structure des toiles d'araignée.

Pendant la dernière année de sa vie, il a rédigé un ouvrage intitulé *An Engineer Imagines*. Ce livre pose la question du sens de l'architecture et des sciences de l'ingénieur qui, de nos jours, ont perdu de vue ce que doit être leur orientation face au danger que représente une logique de production fondée sur la puissance des industries géantes, et face à la perte du pouvoir créateur de chaque être humain qui s'ensuit. **N. O.**

R*ichard* (Pierre)

Villeurbanne, Rhône, France, 1927.

Diplômé de l'École supérieure des arts et industries de Strasbourg, Pierre Richard choisit les Travaux publics. Il travaille dès 1951 pour le bureau Jean Clet, ingénieur, à Lyon ; puis, de 1962 à 1965, dans l'administration de la Seine, il est chargé des études et dirige les travaux d'aménagement de la ville de Bagnolet. Son entrée, en 1967, chez Bouygues♦, où il occupe depuis le poste de directeur scientifique, lui permet de révéler ses talents de chercheur et d'innovateur. Jusqu'en 1981, il concentre ses recherches sur les engins et les méthodes de construction. On lui doit ainsi l'invention des poutres métalliques de lancement et celle des structures triangulées précontraintes, appliquées en 1981 au pont de Bubiyan au Koweit. À partir de 1982, il travaille sur les bétons haute performance (BHP), études qui aboutissent à leur utilisation industrielle en 1986. Les BHP ont ainsi servi à la réalisation du pont de l'île de Ré (1988), de la Grande Arche de la Défense (1989) et de la Bibliothèque de France (1995).

En 1990, il invente le béton de poudres réactives (BPR), breveté internationalement en 1994. Plus homogène, compact, ductile, dix fois plus résistant en compression et en traction que les BHP, le BPR rend possible l'exécution de structures précontraintes sans armatures traditionnelles. On peut ainsi désormais réaliser des structures très légères. Sa passion pour le béton, sa capacité à remettre en question ce que bien d'autres considèrent comme définitivement acquis, sa rigueur ont permis à Pierre Richard d'entrer dans la grande lignée des ingénieurs-concepteurs. **S. G. C.**

R*isorgimento* (pont du)

Rome, Italie, 1911.

Cet ouvrage, fleuron de la production Hennebique♦, s'inscrit dans la ligne des prouesses et des records. Livré en 1911 à la municipalité de Rome, le pont du Risorgimento franchit le Tibre d'une seule arche de 100 m de portée surbaissée au 1/10, la plus grande exécutée alors en béton armé. La hardiesse de cette structure, fruit d'une étroite collaboration entre François Hennebique et l'ingénieur Giovanni Antonio Porcheddu, son principal représentant en Italie, réside en outre dans sa constitution monolithique. Sa construction sur un terrain particulièrement peu exploitable nécessite par ailleurs la mise en œuvre d'un procédé de compression mécanique du sol dont Hennebique exploite le brevet.

« Les culées deviennent ici le prolongement des arches et le sol lui-même devient culée », résume-t-on chez le constructeur, pour souligner le caractère novateur de l'ouvrage. Or, si ce dernier prend logiquement sa place au sein du dispositif publicitaire de la firme, alors à son apogée, c'est en définitive pour défendre le bien-fondé des principes auxquels Hennebique est toujours resté attaché. Les modes de calcul propres à son système ou bien sa théorie du « monolithisme fibreux » sont en effet mis à mal par l'application des prescriptions officielles qui se répandent en Europe, ainsi que par les tenants de l'articulation ou de la rotule, honnie. Ce gigantesque monolithique cellulaire que n'affectent ni les efforts dus au retrait, ni ceux produits par le redoutable passage de la troupe au pas cadencé, pourrait bien, au fond, faire figure de dinosaure. **G. D.**

R*oberts* & Schaefer Company

La Roberts & Schaefer Company, créée à Chicago en 1905, a joué un rôle prépondérant dans l'histoire de l'évolution des structures de coques et voiles minces en béton aux États-Unis. À l'origine, c'est une entreprise d'ingénierie qui exerce l'essentiel de son activité dans le domaine des structures industrielles, en particulier celles utilisées pour le traitement du charbon.

En 1930, elle est l'une des toutes premières entreprises à se spécialiser dans les structures de coques et voiles minces, lorsqu'Anton Tedesko♦ entre à son service. Tedesko, qui vient de quitter l'Allemagne, peut en effet la faire bénéficier de son expérience en matière de conception de ces structures, en lui faisant connaître les systèmes *Zeiss-Dywidag*.

Pont du Risorgimento, vue de la construction.

L'entreprise contribue au succès des coques de béton en réalisant des projets comme le palais des sports de Hershey◆, en Pennsylvanie – qui lui vaut, en 1936, le record de la plus vaste structure de coque mince des États-Unis. Parmi les nombreux projets exécutés par la Roberts & Schaefer Company, on retiendra la célèbre structure en forme de paraboloïde hyperbolique réalisée pour les grands magasins May-D & F de Denver (Colorado). Cette structure, conçue en 1958 selon les plans d'Anton Tedesko, couvre un espace dépourvu de tout pilier, de 40 × 32 m. **M. M**

Robertson (Leslie Earl)

Los Angeles, Californie, États-Unis, 1928.

Leslie Earl Robertson, diplômé de l'université de Berkeley en 1952, a construit un grand nombre de remarquables structures de faible hauteur et de ponts. Il doit en grande partie sa renommée à sa collaboration avec des architectes pour la conception de solutions structurales et formelles originales, destinées aux immeubles de grande hauteur. Dirigeant de la Skilling Helle Christiansen Robertson, il conçoit et fait breveter le système d'amortissement du revêtement viscoélastique des deux tours du World◆ Trade Center à New York. À Pittsburgh, il applique le brevet à l'USX Building et à la Pittsburgh Plate Glass Tower. L'entreprise LERA (Leslie E. Robertson & Associates), qu'il dirige ensuite, construit plus de trente immeubles remarquables, en particulier la Federal Reserve Bank à Minneapolis, l'immeuble AT&T à New York, le Rock'n'Roll Hall of Fame à Cleveland, l'immeuble de la Bank◆ of China à Hong-Kong et bien d'autres aux États-Unis, au Portugal, en Espagne, en Indonésie, en Chine, au Japon, au Venezuela et à Hong-Kong. Robertson a fait les études et réalisé les travaux de réparation du World Trade Center après l'attentat à la bombe de 1993. Ingénieur confirmé aux États-Unis et au Japon, il est membre de sociétés américaines et internationales et de la National Academy of Sciences. Détenteur de nombreuses récompenses internationales et du titre de docteur honoraire, il est l'auteur de plus de 70 rapports et articles de recherche. Il possède aujourd'hui les brevets suivants : amortisseurs pour câbles d'ascenseur, système structural de mur d'appui pour colonnes de plusieurs étages, ascenseur oblique et système japonais de structure pour longue portée. **T. F. P.**

Roches Douvres (phare des)

Côtes-d'Armor, France, 1868.

Construit sur les plans de François-Léonce Reynaud◆ par les ingénieurs Allard et Rigolet, sur un écueil situé à mi-distance de l'île de Bréhat et de l'île de Guernesey, le phare des Roches Douvres participe de l'entreprise systématique d'éclairage et de balisage des côtes de France menée au cours de la seconde moitié du XIXᵉ siècle. Il offre un remarquable exemple d'application de la construction métallique à un type d'ouvrage longtemps voué à la maçonnerie. Sur un massif de fondation de 16 m de diamètre et de 4 m de hauteur, il comporte en effet une tour en métal d'un galbe élégant de 11 m de diamètre à la base et de 4 m au sommet. Haute de 48 m, la tour est surmontée par une lanterne abritant un feu scintillant de grande portée. Afin d'éviter de faire reposer l'édifice sur une enveloppe exposée à l'oxydation, et par conséquent peu durable, Reynaud le fait supporter par une charpente intérieure. Reliée à la charpente par des entretoises, l'enveloppe de tôles rivetées n'a plus alors qu'une fonction de protection contre les embruns et les pluies. Après avoir connu un grand succès dans les dernières décennies du XIXᵉ siècle, la construction de phares en métal déclinera progressivement, au profit du béton. **A. P.**

Roebling (John Augustus)

Mühlhausen, auj. en Thuringe, Allemagne, 1806 – Brooklyn, New York, États-Unis, 1869.

Ingénieur civil et entrepreneur américain, John Augustus Roebling est un pionnier de la conception et de la construction des ponts suspendus et de la fabrication de câbles métalliques. Il fait ses études au Gewerbeinstitut de Berlin, où il obtient, en 1826, son diplôme d'ingénieur.

Attiré par les possibilités qu'offre le Nouveau Monde, Roebling prend, en 1831, la tête d'un groupe d'émigrants en partance pour l'Amérique, et s'établit dans l'ouest de la Pennsylvanie, où il crée le hameau de Saxonburg. En dépit de sa formation et de ses goûts, il entend devenir fermier, mais le peu d'intérêt qu'il trouve dans cette activité l'amène à accepter un poste d'ingénieur dans l'administration de l'État de Pennsylvanie. À partir de 1837, à une époque où l'Ouest est en pleine expansion, il réalise l'étude topographique du tracé des canaux et des routes, dont il supervise ensuite la construction.

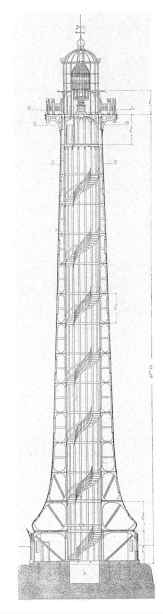

Phare des Roches Douvres, coupe (en haut) ;
vue générale (en bas).

Au cours des ces travaux, il a l'occasion d'observer les inconvénients des lourdes cordes de chanvre utilisées pour haler les bateaux sur les canaux et tirer les wagons de chemin de fer lorsqu'il faut monter les pentes, ce qui le conduit à faire des expériences de fabrication de câbles à base de fils de fer. Vers 1841, il crée une modeste fabrique de câbles à Saxonburg, qui connaît rapidement le succès. Il développe alors son exploitation et promeut l'utilisation des câbles métalliques dans un large éventail d'industries.

À partir de 1848, le marché dépasse largement la capacité de l'usine de Saxonburg. Roebling déménage alors famille et usine vers l'est, jusqu'à Trenton, dans le New Jersey, plus proche des marchés industriels, des sources de main-d'œuvre et du tracé des grandes routes et voies ferrées ; l'usine de câbles et de cordes devient finalement une énorme entreprise.

La carrière d'ingénieur de Roebling commence véritablement lorsque, en 1844-1845, il conçoit et construit un aqueduc suspendu pour faire franchir au canal de Pennsylvanie l'Allegheny River, à Pittsburgh. Il s'agit d'un grand canal en bois d'œuvre, en 7 travées de 50 m, suspendues à deux câbles continus de 17,8 cm, en fils de fer. Roebling trouve là l'occasion de recourir pour la première fois aux techniques fondamentales qu'il utilisera dans toutes ses structures ultérieures : les câbles, très résistants, sont formés de nombreux fils parallèles ; la pose par couples, in situ, est effectuée par une roue mobile ; les câbles sont étroitement entourés d'une couche de fil de fer pour maintenir leur section circulaire et pour les protéger des intempéries ; ils sont ancrés dans des plaques de fonte massives, noyées dans la maçonnerie des ancrages.

La réputation de Roebling s'accroît encore lorsque, en 1846, il reconstruit le pont de Smithfield Street à Pittsburgh, sur la Monongahela River, ouvrage constitué de 8 travées de 58 m suspendues à 2 câbles de 11,5 cm. Puis, de 1847 à 1849, il réalise un groupe de quatre aqueducs suspendus, sur le Delaware & Hudson Canal, en Pennsylvanie, et dans l'État de New York. De ces premiers ouvrages de Roebling, seul survit l'aqueduc sur la Delaware River, converti en pont routier en 1898 lorsque le canal a été fermé.

Roebling consacre ensuite son énergie, apparemment surhumaine – il continue à diriger son usine de câbles et de cordes –, à produire une quantité considérable de projets de ponts, dont

quatre seront réalisés. En 1855, il achève son célèbre pont sur les gorges du Niagara♦, seul grand pont suspendu à supporter une voie ferrée, puis un pont d'une énorme portée sur l'Ohio, à Cincinnati, commencé en 1856. Les travaux sont interrompus par la guerre de Sécession et ne s'achèvent qu'en 1867. La travée centrale, de 322 m, est alors la plus longue du monde, jusqu'à la construction du pont de Brooklyn♦, seize ans plus tard. Le pont est toujours en service, le tablier ayant été renforcé pour supporter le poids des tramways dans les années 1890.

Entre 1857 et 1860, Roebling édifie sa troisième structure à Pittsburgh, un très beau pont à 4 travées sur l'Allegheny, au niveau de la sixième rue. C'est sur ce projet que son fils aîné, Washington Augustus (1837-1926), travaille pour la première fois avec lui comme assistant, rôle qu'il continuera de jouer par la suite.

Le couronnement de l'œuvre de Roebling est le pont de Brooklyn. Depuis longtemps il a en tête l'idée du franchissement de l'East River entre les agglomérations de New York et de Brooklyn, lorsque, en 1867, grâce à sa formidable réputation, il bénéficie d'un contrat pour édifier l'ouvrage qui va devenir le plus grand et le plus imposant pont du monde. Tragiquement, ce pont sera aussi la cause de sa mort. En effet, au cours des études préliminaires, le grand constructeur a le pied broyé entre les pieux d'un débarcadère ; il meurt du tétanos avant la pose de la première pierre. **R. M. V.**

Rohault de Fleury (Charles)

Paris, France, 1801 – *id.*, 1875.

Bien que passé par l'École polytechnique, Charles Rohault de Fleury est avant tout un architecte, fils de l'architecte Hubert Rohault de Fleury – constructeur du remarquable passage du Saumon à Paris –, avec qui il travaillera à divers projets, dont la caserne Mouffetard à Paris. Architecte du Muséum♦, il y réalise les grandes serres chaudes, le palais des singes et une galerie de minéralogie.

Sa production est parisienne et éclectique, comprenant la Chambre des notaires au Châtelet, des immeubles sur le pourtour de la place de l'Étoile avec Jacques Hittorff, l'Hippodrome, la restauration des théâtres des Variétés et des Délassements-Comiques, les hôtels Soltikoff et Casimir-Périer, et divers travaux pour l'Assistance publique. **B. L.**

Roissy (module d'échanges de)

Aéroport Charles-de-Gaulle, gare d'interconnexion TGV-RER, Roissy-en-France, Val-d'Oise, France, 1994.

Imbriquer des voies de circulation destinées aux voitures, aux taxis et aux bus, une gare TGV, un terminus RER, des stations de métro internes, le tout au milieu d'un aéroport, tenait de la gageure. Le projet du module d'échanges de Roissy, en région parisienne, aurait pu engendrer un monstrueux entrecroisement de réseaux : un non-lieu périurbain. Par-delà les clivages antagonistes ancestraux entre les institutions de transport, une association se crée, réunissant en une même équipe de travail la SNCF – le train – et les Aéroports de Paris – l'avion. À la tête de cette aventure, les architectes en chef Jean-Marie Duthilleul (société ferroviaire) et Paul Andreu (société aéroportuaire) font appel à l'ingénieur Peter Rice♦ et à son bureau d'études RFR afin de parvenir à l'intermodalité souhaitée : créer un cœur qui régulerait les flux de voyageurs. La recherche de cet objectif conduit Peter Rice à développer un logiciel de CAO qui modélise cette structure filaire hautement hyperstatique.

Le module d'échanges est constitué de deux bâtiments convexes nord et sud, longs de 350 m chacun, qui reprennent la sinuosité concave des aérogares 2 et 3 entre lesquelles ils s'immiscent. La gare traverse perpendiculairement, sous forme d'une tranchée de 490 m de long, ces bâtiments. Recouverte d'une verrière monumentale d'une surface vitrée de 27 500 m² – la plus grande d'Europe –, elle est surmontée en son milieu d'un bâtiment transversal en forme de fuseau : l'hôtel Sheraton. Cet ensemble occupe une surface totale de 100 000 m² qui se divise et s'organise en 4 niveaux, correspondant chacun à une fonction majeure de l'édifice. Niveau 1 : les voies ferrées TGV et RER ; niveau 2 : l'exploitation de la SNCF et, en mezzanine, le métro interne ; niveau 3 : l'espace piétonnier équipé de tapis roulant ; niveau 4 : le viaduc et la terrasse permettant l'accès à tous les véhicules automobiles.

La verrière est à la fois soutenue et rythmée par une structure tubulaire de « poutres croissants » métalliques en porte-à-faux, contraintes par des tirants. Une grande légèreté visuelle a été ainsi conférée au toit en réalisant une liaison matérielle minimale entre les poutres croissants et les dalles de verres sérigraphiées, qui filtrent la lumière naturelle

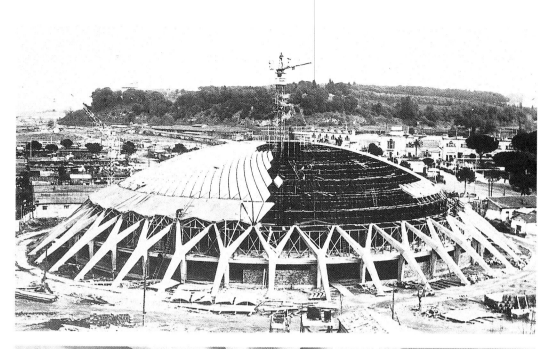

et en modèrent l'effet thermique. Le module d'échanges de Roissy est un ouvrage novateur, moins en raison des techniques et des matériaux employés que de l'ampleur et de la rapidité de leur mise en œuvre (quatre ans). La monumentalité ne procède pas d'un grand geste théâtral : elle s'exprime dans un lieu de circulation fonctionnel et confortable, qui fait aujourd'hui référence en matière d'espace de transports. **L. B.**

Rome (petit palais des Sports de)

Rome, Italie, 1957.

Conçu par Pier Luigi Nervi◆ et Annibale Vitellozzi, cet édifice, de plan circulaire, est constitué par une coupole à calotte sphérique, soutenue par une couronne de 36 chevalets en Y, disposés en rayon et inclinés selon la tangente à la courbe du plan d'imposte. La calotte de couverture est composée de 1 620 éléments préfabriqués en béton armé, d'une épaisseur de 2,5 cm ; elle est reliée aux extrémités supérieures des chevalets par un « éventail structurel » de liaison, qui reprend 1/36 de la poussée totale de la coupole. D'un éventail à l'autre, le bord de la calotte est formé par de petites voûtes, composées de trois panneaux triangulaires préfabriqués. La coupole a été calculée comme une membrane. Les chevalets périphériques transmettent le poids propre et la charge de la couverture, sans être sollicités par les efforts de flexion, directement sur un anneau de fondation en béton armé précontraint de 2,50 m d'épaisseur et de 81,50 m de diamètre.

La nouveauté architecturale réside entièrement dans la forme nettement surbaissée de la coupole (la hauteur est inférieure à 1/3 de la largeur) et dans sa bordure ondulée. Avec cette réponse plastique, Nervi et Vitellozzi ont conféré à la vaste calotte en béton un effet inédit de légèreté. Elle semble sans poids, telle une voile portée par le vent, au point que les chevalets d'appui paraissent davantage la retenir que la soutenir. À l'intérieur, cette même sensation d'absence de poids persiste : la coupole, dont le diamètre atteint 60 m au niveau de l'imposte, repose visuellement sur un anneau de verre en couronnement des gradins. Par le vaste vitrage pénètre une lumière rasante qui vient illuminer l'espace intérieur et accentue encore la légèreté de la couverture. Derrière, transparaissent l'extrémité des pointes des chevalets et les élégantes solutions de raccord.

Petit palais des Sports de Rome, construction de la toiture (en haut) ; détail des nervures de la coupole (en bas).

L'intrados de la coupole est finement dessiné par des nervures qui supportent et maintiennent entre eux les éléments préfabriqués. Au droit de la clef de voûte, une seconde calotte en lucarne relie entre elles l'ensemble des courbes et reçoit une batterie d'appareils fonctionnels tels que les projecteurs réglables, les aspirateurs et les haut-parleurs. Pendant la journée, la lucarne éclaire de manière naturelle la salle de sport ; la nuit, elle s'illumine artificiellement et ressemble à un immense plafonnier central.

Les gradins suivent l'ovale de la salle de sport, située en contrebas, à 3 m du sol naturel. L'ensemble des services (vestiaires, infirmerie, magasins, logement du gardien, bar, etc.) sont installés sous les gradins, tout au long du périmètre de l'édifice.

Le petit palais des Sports, situé sur la via Flaminia, a été édifié à l'occasion des XVIIᵉ Jeux olympiques, qui se sont déroulés à Rome en 1960. Étudié pour accueillir diverses activités sportives, il a une capacité de 4 000 spectateurs pour les rencontres de basket, tennis, escrime ou encore les concours de gymnastique, portée à 5 000 lorsqu'ont lieu des combats de boxe ou de lutte. **M. T.**

Roselend (barrage de)

Près d'Albertville, Savoie, France, 1961.

Situé à une trentaine de kilomètres à l'est d'Albertville, le barrage de Roselend fait partie d'un ensemble de captation et de retenue reliée à l'usine de La Bathie (528 000 kVA). Il est construit de 1956 à 1961 pour Électricité de France par le groupement GEBRO, à partir des plans du bureau Coyne & Bellier et de l'architecte Henri Marty.

La capacité de la retenue est de 387 000 000 m³. La longueur en crête du barrage est de 800 m à 150 m au-dessus du talweg pour la partie la plus profonde.

La gorge de Roselend est étroite à la base, mais, alors que la paroi reste abrupte sur la rive droite, elle s'incurve en pente douce sur la rive gauche à la cote 1500, soit 57 m au-dessous du niveau du plan d'eau désiré.

Après plusieurs projets, le parti proposé par J. Génin, ingénieur du bureau Coyne, s'avère le plus adéquat. Il comprend un ouvrage à contreforts sur la pente douce de la rive gauche et, sur

Barrage de Roselend, vue de la construction.

la gorge, par suite du refus de la paroi de la rive droite bien au-dessous de la cote de retenue, un mur appuyé sur une grande voûte plongeante.

Le béton sera préparé dans trois tours Fourray d'une capacité de 90 m³/h, acheminé par deux blondins de 10 t, et versé par des grues Weitz circulant juste à l'aval du barrage.

Sur le plan architectural, toute la matière nécessaire aux têtes des éléments du barrage à contreforts est rejetée en amont, ce qui ôte à cette paroi toute raideur lorsqu'elle se trouve hors de l'eau. La paroi aval, en revanche, monte d'un seul jet jusqu'au parapet de la route. Dans la gorge, le mur est distinct de la voûte, dont le rampant, dégagé sur toute sa ligne, affirme clairement la fonction. **B. M.**

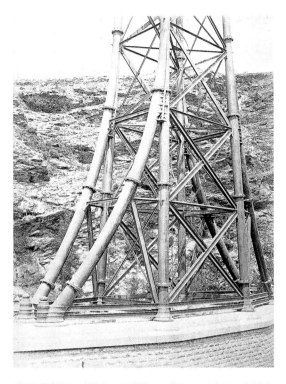

Rouzat (viaduc de)

Près de Vichy, Allier, France, 1869.

Le viaduc de Rouzat est un viaduc ferroviaire franchissant la Sioule, et situé à 25 km à l'ouest de Vichy, sur la ligne Commentry-Gannat.

Le maître d'œuvre de cette ligne courte – 52 km – mais accidentée est Wilhelm Nördling♦, ingénieur en chef de la Compagnie du Grand Central, alors financée par les frères Pereire. Il avait déjà réalisé, en 1864, le premier viaduc ferroviaire français en fer à Busseau ; il

cherche ici à renforcer la stabilité de ce type d'ouvrage face aux vents transversaux, très forts dans ces vallées encaissées.

Les quatre viaducs de la ligne sont étudiés avec Félix Moreaux, directeur technique des Éts Cail, qui reçoivent la commande des deux plus importants, la toute jeune entreprise Eiffel♦ obtenant celle des deux autres le 28 septembre 1867.

Ces viaducs sont construits par lançage, le tablier étant monté sur un terre-plein en arrière de sa position définitive, puis poussé en porte-à-faux jusqu'à l'aplomb de la première pile, dont les éléments sont approvisionnés par le tablier, qui fait alors office de grue. Une fois la pile calée sous le tablier, celui-ci est poussé jusqu'à la pile suivante. Les 180 m du Rouzat sont ainsi mis en place sur 2 piles en six mois, de mars à août 1869.

Nördling avait dessiné les jambes de force permettant d'accroître l'empattement au sol sans incidence sur la sveltesse des piles. Mais les Éts Eiffel – peut-être à l'initiative de Théophile Seyrig, qui en est alors le directeur technique depuis octobre 1868 – ont proposé d'insérer des goussets en fer dans les colonnes en fonte pour permettre leur rivetage, ainsi qu'un châssis à bascule de leur invention pour faciliter le glissement du tablier pendant le poussage. **B. M.**

Royal Albert (pont)

Saltash, Devon, Grande-Bretagne, 1859.

Le plus grand problème auquel se heurtent les premiers ingénieurs ferroviaires est de faire franchir fleuves et rivières à leurs locomotives, lourdes et fortement génératrices de vibrations. Isambard Kingdom Brunel♦ édifie son premier pont de longue portée à Chepstow en 1852, projet pour lequel il a dû concevoir des poutres-treillis de 90 m, avec une membrure supérieure tubulaire de 2,70 m de diamètre constituée de plaques en fer forgé rivetées les unes aux autres, selon une technique empruntée à la construction navale.

À Saltash, il envisage tout d'abord de franchir la Tamar en une seule travée de 335 m, mais, après étude du lit de la rivière, il préfère se limiter à la moitié. Il construit donc une pile centrale et deux treillis de 177 m, chacun d'une hauteur maximale de 17 m, et constitué d'arcs tubulaires et de chaînes de suspension, la poussée de l'arc étant équilibrée par la tension des chaînes. Des tirants verticaux transmettent les

Viaduc de Rouzat, détail de structure d'une pile (en haut) ; vue générale (en bas).

charges dues à la chaussée, et un système de jambes de force permet de répartir les charges ponctuelles, qui sont intenses.

Les tubes de Saltash sont elliptiques, d'une largeur de 5,10 m et d'une profondeur de 3,75 m. Cette forme limite au minimum leur résistance à l'air, tout en leur conférant une rigidité maximale pour supporter les efforts imposés au pont par le vent ; cela permet également aux chaînes de suspension de pendre verticalement des deux côtés. Fabriqués à partir de plaques de 1,58 cm et 1,30 mm, les tubes sont munis de renforts intérieurs longitudinaux et latéraux, avec de solides diaphragmes aux extrémités, là où se raccordent les chaînes de suspension. Il s'agit de 2 couches de barres de jonction (29 au total) de 2,50 mm d'épaisseur et 17,80 cm de profondeur ; leur assemblage par de grosses chevilles sur des plaques multicouches situées aux extrémités des tubes illustre l'ingéniosité et l'élégance dont Brunel fait preuve pour résoudre les problèmes pratiques.

La construction de la pile centrale en maçonnerie massive, d'un diamètre de 10,70 m, ancrée à près de 30 m sous le niveau maximal de l'eau, a posé un véritable défi à l'ingénieur. Plus de 175 sondages ont été pratiqués dans la roche au-dessus de l'emplacement de la pile, et un caisson circulaire en fer forgé a été construit à terre, son bord tranchant inférieur épousant la forme de la roche. Dans son projet, Brunel prévoyait que le creusement de la vase et de la roche se ferait à l'air comprimé – deuxième exemple d'une application à grande échelle de cette nouvelle technique. Il a fallu trois ans et demi pour construire la pile et les quatre colonnes octogonales en fonte, larges de 3 m, situées au-dessus. Brunel a toujours opté pour des solutions techniques économiques ; la partie supérieure du caisson sera ainsi réutilisée pour la construction du tablier. La fabrication et l'assemblage de chaque travée se sont d'abord effectués à terre, où tous les éléments ont été mis à l'épreuve avec une charge répartie de plus de 1 000 t, avant d'être transportés jusqu'à la pile et lentement levés jusqu'à leur position finale.

Le pont Royal Albert est l'édifice le plus réussi de Brunel, le symbole éclatant de sa créativité et le premier de toute une génération moderne de ponts ferroviaires. Il est encore en service, même si sa structure en treillis a été renforcée depuis pour supporter les lourdes locomotives modernes. **F. N.**

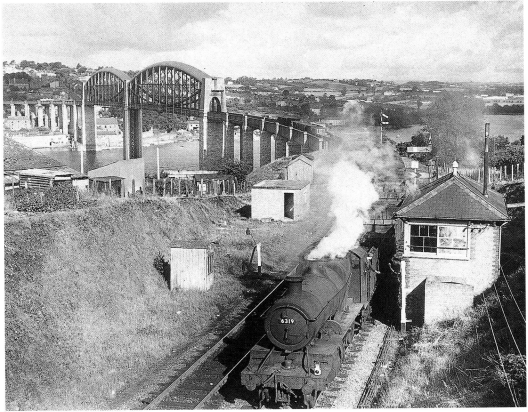

Pont Royal Albert, vue de la construction (en haut) ; vue de l'ouvrage achevé (en bas).

Royan (marché couvert de)

Royan, Charente-Maritime, France, 1956.

Pour symboliser la renaissance de la ville détruite lors de la Seconde Guerre mondiale, les architectes Louis Simon et André Morisseau conçoivent un projet qui évoque la forme d'un coquillage. Adressée à Bernard Laffaille◆ en 1954, l'étude technique est reprise et menée à bien par René Sarger◆ après la mort de l'ingénieur.

Le marché couvre un polygone inscrit dans un cercle de 52,40 m de diamètre. C'est une calotte constituée de 13 ondes rayonnantes, formant des surfaces à double courbure, de même sens et à génératrices paraboliques. Elles sont réalisées sous la forme d'une unique coque en béton armé, de 8 à 12 cm d'épaisseur. Les 13 points bas des ondes constituent les seuls appuis de la coque. Ils reposent, en périphérie, sur des têtes de pieux reliés par un tirant enterré ceinturant l'édifice.

Hautes de 6 m en façade, les ondes se réduisent fortement pour atteindre 40 cm au niveau de la couronne centrale qui les contrebute. Elles accueillent, au sommet de l'édifice, haut de 10,50 m, des dalles de verre assurant l'éclairage zénithal du volume intérieur. **N. N**

Royan (Notre-Dame de)
voir **Notre-Dame de Royan**

Rue Danton (immeuble du n° 1 de la)

Paris, France, 1900.

Entièrement réalisé en béton armé, cet immeuble matérialise la puissance industrielle et productive de la firme Hennebique◆. Sa façade, au cœur de Paris, cristallise les indéterminations que ne manque pas de susciter, au tournant du siècle, la question du rapport entre forme et matière, et qu'aucun code constructif ne saurait alors régler.

Le bâtiment, conçu par l'architecte et ingénieur Édouard Arnaud, est achevé fin 1900. François Hennebique y installe son siège central et ses bureaux d'études, où s'activent déjà près d'une cinquantaine d'ingénieurs et de dessinateurs. À charge pour l'architecte d'exprimer toutes les ressources constructives du matériau que promeut son commanditaire et de favoriser, en quelque sorte, l'essor du système Hennebique, qui se montre pour la première fois comme

Marché couvert de Royan, détail d'une onde rayonnante en construction (en haut) ; vue générale (au milieu) ; vue intérieure (en bas).

élément unique de décoration en façade. L'épaisseur réduite des murs en béton armé (0,18 m) lui permet de tirer parti d'une parcelle trop exiguë pour être exploitée en maçonnerie ordinaire. Outre le gain de surface et l'économie qui en résulte, la hardiesse de la structure, un « bloc monolithe indéformable » encastré sur 11 niveaux dans ses mitoyens réglementaires en meulière, est largement saluée, y compris par les concurrents du constructeur. Le chantier – occasion de démonstration – est prétexte à faire valoir la simplicité des moyens mis en œuvre et des matériaux utilisés, tous d'emploi courant et pouvant être livrés sans difficulté, à la demande, et sans délai. Arnaud, confronté à la « maigreur » de la construction en béton, conserve dans son bâtiment les motifs généraux des façades parisiennes en pierre. La sienne, entièrement coulée en place dans des moules de bois et de plâtre, est d'une déroutante légèreté, à mi-chemin entre le fer et la pierre. « On peut tout demander au béton armé, il peut tout reproduire », affirme Hennebique ; une telle liberté est assurément déconcertante. **G. D.**

Rue de Rome (encorbellement de la)

Paris, France, 1908.

Cet ouvrage, construit sous la direction de Charles Rabut♦ (Rangeard et Levaux, entrepreneurs), a acquis par sa hardiesse une durable renommée. Souvent cité en exemple, il exprime toute la capacité de résistance et toute la puissance structurelle du béton armé, matériau apte à se plier aux aménagements urbains les plus complexes. L'élargissement de la tranchée des Batignolles, au débouché de la gare Saint-Lazare♦, impose en effet la réalisation d'encorbellements qui supportent et suspendent une portion de la rue de Rome et du square des Batignolles. Les consoles étudiées par l'éminent ingénieur des Ponts et Chaussées surplombent ainsi les voies ferrées et atteignent, côté rue de Rome, 6 à 7 m de portée ; il s'agit d'un spectaculaire porte-à-faux, dont l'audace est à la mesure de l'invisible dispositif d'ancrage et de solidarisation des pièces avec les murs de soutènement. **G. D.**

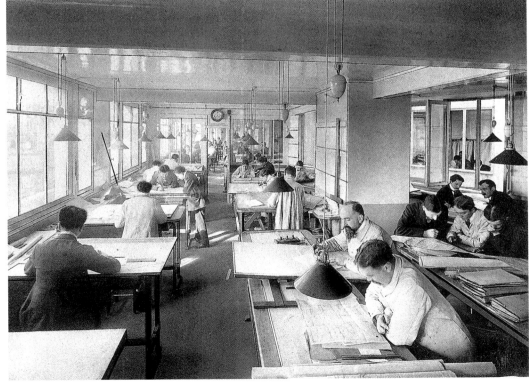

Immeuble du n° 1 de la rue Danton, construction de la façade (en haut) ; vue intérieure du siège du bureau d'études Hennebique (en bas).

Stade de Bari, Italie. Vue des gradins supérieurs et de la toiture.

Saarinen (Eero)

Kirkkonummi, Finlande, 1910 – Detroit, Michigan, États-Unis, 1961.

Eero Saarinen naît le jour de l'anniversaire de son père, le célèbre architecte Eliel Saarinen. Leurs carrières se mêleront étroitement, jusqu'à la mort du père, en 1950. La formation professionnelle de Eero débute dans l'atelier familial Hvitträsk, et se poursuit aux États-Unis, dans le « Cranbrook » – association d'établissements artistiques et pédagogiques créée par George Booth, l'éditeur du journal de Detroit – où il passe ses années de lycée. En 1929, il se rend à Paris, où il étudie la sculpture à l'académie de la Grande Chaumière, sous la direction d'Aristide Maillol. Au milieu des années trente, de retour aux États-Unis, il conçoit du mobilier, puis entre à l'université de Yale, où il étudie l'architecture de 1931 à 1934 ; il commence à être connu grâce aux prix qu'il obtient de l'institut de design des Beaux-Arts. Par ailleurs, Saarinen se voit décerner une bourse d'études et passe deux années à voyager et à travailler en Europe, dont il découvre le design.

À son retour aux États-Unis, Saarinen s'établit avec son père ; il enseigne à l'Académie des arts de Cranbrook, et rencontre un certain nombre de jeunes concepteurs résolument engagés dans le style moderne, parmi lesquels Charles Eames. Sa sensibilité se manifeste non seulement à l'occasion de quatre concours nationaux, présentés pendant la période 1938-1941 – il obtient par exemple un premier prix au concours de la galerie d'art Smithsonian en 1939 –, mais également lors du concours de mobilier Organic Design de 1941 pour le musée d'Art moderne, qu'il remporte, en collaboration avec Eames. Ces réalisations et différents projets mis en œuvre au cours de la Seconde Guerre mondiale témoignent des affinités de Saarinen pour l'industrialisation, les nouveaux matériaux et les techniques.

C'est sans doute le projet qu'il fait en 1948 pour le Jefferson National Expansion Memorial, à Saint Louis, dans le Missouri, qui en donne la preuve la plus manifeste, avec son « arche portique » dont la courbe est en forme de caténaire inversée. Ce symbole abstrait est peut-être alors le seul monument véritablement moderne, dont la réalisation fait appel aux techniques les plus avancées en termes de calcul structurel, de fabrication et de montage.

Avec le centre technique de la General Motors à Warren, dans le Michigan (1951-1957), Saarinen

Eero Saarinen présentant la maquette de l'ambassade des États-Unis à Londres, à Grovesnor Square.

s'affirme dans la voie de la production moderne industrialisée, par l'interprétation qu'il y donne de l'œuvre de Mies van der Rohe. Il pousse l'esthétique du mur-rideau aux limites de la neutralité et de la répétitivité, comme pour les modules systématiques de l'usine de production d'IBM à Rochester, dans le Minnesota (1956-1959) ; ou encore, il la remodèle en fonction du contexte et des exigences du programme, comme pour le centre de recherches Watson d'IBM à Yorktown Heights, dans l'État de New York (1959-1961), doté d'une courbe convexe afin d'épouser l'arête de la colline.

Techniques novatrices et imagerie évocatrice sont souvent mêlées dans l'œuvre de Saarinen. À l'Institut de technologie du Massachusetts à Cambridge, la technologie avancée mise en œuvre dans la coupole à coque mince du dôme de l'auditorium de Kresge♦ (1950-1955) contraste ainsi fortement avec le style primitif du cylindre de briques de la chapelle (1953-1955). Le travail de conception de Saarinen n'est pas guidé par des contraintes de structure ni de construction ; il utilise au contraire ces contraintes pour servir ses recherches formelles. Il en est ainsi de la structure tendue de la patinoire de hockey sur glace David♦ S. Ingalls (1956-1959), ou encore des murs en béton, formés par injection, des collèges de Stiles et de Morse (1958-1962) de l'université de Yale. Sa sensibilité est plus proche de celle d'un sculpteur que d'un concepteur industriel, ou encore, plus proche de celle d'un architecte que d'un ingénieur. Par la suite, cette sensibilité trouvera son expression dans des meubles, tels que la Womb Chair de 1948 ou le meuble en « piédestal » du milieu des années cinquante. Adoptant de manière lyrique la thématique du vol aérien, certaines conceptions structurales déboucheront sur des images architecturales fortes – c'est le cas notamment du centre d'aviation de la TWA♦, à New York (1956-1962), et de l'aéroport de Dulles, à Chantilly, en Virginie (1958-1962). Il innovera en introduisant des matériaux qui seront largement utilisés au cours des décennies suivantes, tels que les joints en néoprène de la General Motors, les miroirs réfléchissants des laboratoires Bell Telephone, à Holmdell, dans le New Jersey (1957-1962), ou encore l'ossature apparente en acier, prenant des teintes de rouille, de John Deere & Company, à Moline, dans l'Illinois (1957-1963).

Ainsi que le fait alors observer le critique Peter Carter, « Saarinen était au fait de la technologie

Saarinen (Eero). Aéroport de Dulles, Chantilly, Virginie. Vue d'une pile d'angle supportant la toiture.

Église Saint-Jean-de-Montmartre,
vue de la nef en construction (ci-contre) ;
vue de la construction des voûtes (ci-dessous).

d'aujourd'hui dans son sens le plus large, et il se servait de ce potentiel pour parvenir à une expression architecturale à multiples facettes, tout en restant dans la tradition des maîtres modernes ». **P. C. P.**

Saint-Jean-de-Montmartre (église)

Paris, France, 1904.

L'édification de cette église consacre l'association d'un système constructif et d'une théorie architecturale. Aboutissement de l'un et de l'autre, elle marque le point d'orgue d'une collaboration entre l'ingénieur Paul Cottancin♦ et l'architecte Anatole de Baudot, chef de file du mouvement rationaliste.

L'histoire de ce bâtiment débute par une compétition entre les systèmes Hennebique♦ et Cottancin ; le déroulement du chantier (entre 1896 et 1904) est ponctué de procès, d'interruptions de travaux, de menaces de démolition et autres assauts d'une Administration rendue méfiante par la maigreur des structures qui s'érigent. Les dispositions générales de la construction, place des Abbesses, sont imposées par la configuration du terrain, exigu et en forte déclivité. L'église, bâtie sur une crypte, se compose d'une large nef qu'épaulent deux bas-côtés stabilisés par une galerie et des chapelles en décrochement, montant de fond. Elle est couverte par trois voûtes, chacune d'elles formant un assemblage de voiles courbes, raidis par un réseau de nervures qui se croisent sur un plan diagonal, et repris par de minces piles en briques armées. Ce dispositif d'arcs entrecroisés, répété, décliné par l'architecte à travers tout l'édifice (balustrades, meneaux, épines-contreforts…) constitue le générateur graphique du projet. Les parois verticales sont en briques armées. L'emploi

exclusif du système Cottancin, fondé sur l'usage d'éléments de mince épaisseur, les combinaisons constructives et les solutions architectoniques qu'il autorise, offrent à de Baudot le moyen de concrétiser la notion d'« unité de structure » – toutes les fonctions de l'édifice étant subordonnées à l'usage d'un principe constructif unique : le ciment armé. **G. D.**

Saint-Lazare (gare)

Paris, France, 1889.

L'histoire de la gare Saint-Lazare à Paris – édifiée de 1841 à 1889 – témoigne, notamment à travers le personnage d'Eugène Flachat♦, de l'importance qu'ont eue les débuts des chemins de fer dans l'évolution de la profession d'ingénieur en France. Fondateur de la Société des

ingénieurs civils en France, Flachat est, selon l'un de ses biographes, « formé au métier d'ingénieur en Angleterre auprès d'Isambard Kingdom Brunel♦ et de George Stephenson ». La gare de la rue Saint-Lazare est à l'origine la tête de la ligne Paris-Saint-Germain, « l'école où venaient se former la plupart des ingénieurs au service des lignes nouvelles ». Conçue, dans un élan saint-simonien, comme la vitrine des possibilités du nouveau moyen de transport, la ligne est projetée par cet ingénieur autodidacte, qui devient en 1857 directeur de la Compagnie de l'Ouest, dont la tête de réseaux est la gare Saint-Lazare. L. Malo dira de Flachat qu'il « a laissé la trace de son imagination puissante sur toutes les branches de l'industrie des chemins de fer ; mais celle où son empreinte personnelle est restée le plus profondément gravée, ce sont les constructions métalliques ». C'est pourquoi la série de halles qu'il fait ériger gare Saint-Lazare au fur et à mesure des adjonctions de lignes nouvelles (Versailles, Rouen, Auteuil…) constitue encore aujourd'hui un véritable cours d'histoire des combles métalliques à grande portée. En particulier, on peut noter « la ferme en fers spéciaux jetée en 1853 […], la plus vaste qu'on eût encore atteinte en France », et que Claude Monet a si remarquablement célébrée dans sa série de tableaux de 1877. **K. B.**

Saint Louis (pont de)
voir **Eads Bridge**

Salle des pas perdus de la gare Saint-Lazare.

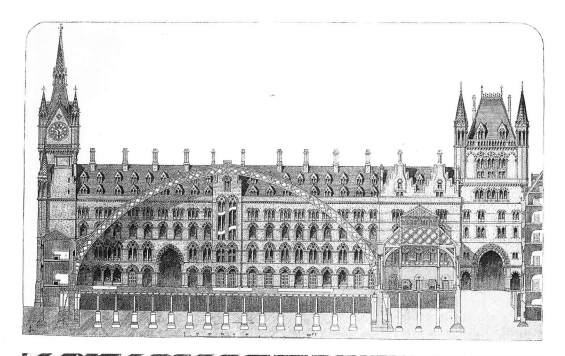

Saint-Pancras (gare)

Londres, Grande-Bretagne, 1869.

La portée du toit de la gare Saint-Pancras, construite pour le Midland Railway, établit un record qui ne sera nulle part égalé avant les années 1890. 24 arches en fer forgé, placées tous les 8 ou 9 m, enjambent une distance de 73 m et permettent d'obtenir une surface totale, dépourvue de colonnes, de plus de 17 000 m². Ce toit est dû à l'ingénieur William Henry Barlow♦, et aux conseils avisés que lui prodigue Rowland Mason Ordish♦, l'un des plus grands ingénieurs de ce siècle, aujourd'hui tombé dans l'oubli.

Le parti général consiste à construire, 4 à 5 m au-dessus du niveau des routes, une plate-forme reposant sur des colonnes en fonte aptes à supporter les voies, reliant les arches entre elles et créant un vaste espace de plain-pied en dessous, d'où l'on rejoindra les voies en empruntant des ascenseurs hydrauliques. Cette disposition permet aux trains de passer par-dessus le Regent's Canal plutôt que d'emprunter un tunnel, comme dans la station voisine de King's Cross. Les frères Waring sont chargés de la construction de l'infrastructure et la compagnie Butterley de celle du toit, pour le montage duquel elle met en œuvre un immense pont roulant en bois, sur lequel les arches sont assemblées par paires. Le contrat prévoit une mise en charge expérimentale qui ne sera finalement pas demandée.

L'ancien Grand Hôtel Midland, extravagante et magnifique construction gothique qui jouxte et cache en partie le dépôt des machines, est conçu à la demande du Railway par sir Gilbert Scott ; il est réalisé entre 1868 et 1873. La gare comme l'hôtel ont supporté les outrages du temps sans connaître trop de modifications ; la gare est toujours en service, mais l'hôtel est aujourd'hui désaffecté. **R. J. M. S.**

Gare Saint-Pancras : vue en coupe à travers le toit avec l'hôtel Gilbert Scott en arrière-plan (extrait de *The Engineer*, 1867, reproduit dans *St Pancras Station* de Jack Simmons, 1968) (en haut) ; vue intérieure (en bas, à gauche) ; vue de la construction (en bas, à droite).

Saint-Vincent-de-Paul (chapelle de)

Coyoacán, Mexico D.F., Mexique, 1959.

Cachée dans un jardin perdu au milieu du laby-rinthe inextricable des rues du centre de Mexico, tel un joyau jalousement gardé par les religieuses, la chapelle Saint-Vincent-de-Paul – réalisée par Felix Candela♦ en collaboration avec Enrique de la Mora, architecte – n'a pas changé depuis qu'elle a été construite.

Elle répond parfaitement aux exigences d'un lieu réservé au culte. Son espace est délimité par trois coques en paraboloïde hyperbolique (« Hypar ») qui s'élèvent vers le centre, sépa-rées par des ouvertures triangulaires garnies de vitraux multicolores.

C'est un espace central et ascendant, uni-quement délimité par sa couverture, qui se dégage du sol en donnant une grande impres-sion de légèreté et d'élévation. « Dans cette église, seuls quatre centimètres nous séparent de la divinité », fera remarquer Richard Neutra. Cet ouvrage montre clairement la manière de travailler de Candela. Il a d'abord imaginé une forme géométrique pure, qui réponde à la desti-nation de l'édifice et qui soit la plus symbolique possible. Les coques en Hypar s'y prêtent parti-

culièrement, dans la mesure où elles peuvent être construites avec les moyens dont dispose Candela et où elles sont calculables – en l'oc-currence, grâce à la généralisation préalable des équations d'effort de membrane de l'Hypar (axe Z non vertical). Enfin, il a complété le projet en traitant les entrées de lumière comme des parties intégrantes de la structure. C'est peut-être en cela que réside l'originalité de cet ouvrage. Les arêtes supérieures se libèrent de contraintes tangentielles s'exerçant sur les membrures inférieures de la charpente métal-lique, extrêmement légère. Celle-ci matérialise les directions spatiales dans lesquelles se pro-duisent les efforts obliques sur ces membrures, ce qui permet à Candela de réaliser des coques d'une extrême minceur et d'ancrer les trois encorbellements. Les poutres des membrures inférieures ont pour fonction de résister aux compressions ; les meneaux métalliques de la verrière périmétrale contribuent à supporter le poids propre de ces poutres.

Dans cette église, Candela a créé un espace intérieur intéressant, formé par une structure dont il a soigneusement étudié le compor-tement, magistralement reflété dans les détails formels de la construction. **M. S. B.**

Sainte-Marguerite du Vésinet (église)

Le Vésinet, France, 1855.

L'église Sainte-Marguerite du Vésinet, achevée en 1855, est remarquable à deux titres au moins. Pour une fois, ni le style (néogothique) ni l'ar-chitecte – Louis-Auguste Boileau – ne sont en cause. Son matériau est original : l'édifice est en effet constitué d'une ossature métallique enchâssée dans une enveloppe en béton agglo-

méré, « inventé » et mis en œuvre par François Coignet♦. Le procédé, un béton de cendre de houille vigoureusement pilonné, est inspiré de la construction banchée en terre, décrite par François Cointereaux. Second point : c'est le premier grand échec « artistique » du béton, début du long calvaire de son habilitation esthé-tique. De nombreuses taches sont en effet appa-rues sur les parois après quelques semaines, discréditant le béton aggloméré pour quelques décennies. **C. S.**

Saitô (Masao)

Gunma, Japon, 1938.

Masao Saitô, chercheur et enseignant, travaille dans le domaine des structures en câbles et des structures hybrides. Il a conçu pour le pavillon Suntory de l'exposition de Tsukuba (Keizô Sataka et IIE, architectes, 1985) une forme organique réalisée à l'aide de la méthode dite à « chaînette inversée ». Une coque avec poutres-treillis en bois, envisagée à l'origine, est aban-donnée en raison des risques d'incendie. Saitô invente alors un arc en chaînette à corde ten-due. Le dôme d'Amagi (Fumitaka Hashimoto, architecte, 1991) est l'un des plus remarquables dômes en câbles existants. C'est une arène de 48,50 m de diamètre, ceinte d'un mur de béton, dont la couverture est un dôme en câbles. Les entretoises en bois lamellé-collé, dessinées finement, et les câbles donnent un rythme à la couverture blanche en Téflon. Cette expression de la structure évoque une toile d'araignée qui flotte dans le ciel. Ce type de dôme à entre-toises tendues comprend des parties centrales et des parties extérieures distinctes, contrai-rement au dôme en câbles de David Geiger♦. Les éléments en tension sont également indé-pendants des membrures des fermes. Les pièces métalliques glissantes, représentant un moment délicat dans le montage du dôme Geiger, sont ici supprimées. Compte tenu de son extrême légèreté, le dôme a pu être érigé d'une pièce après assemblage préalable.

À l'expérience du dôme d'Amagi succède, en 1992, celle du dôme à grande couverture du stade d'Izumo, en collaboration avec Shigeru Ban♦. Outre des structures à membranes, Saitô a réalisé des toitures légères à flèche basse, à l'aide d'assemblages de fermes en porte-à-faux et de poutres-treillis, comme pour le gymnase commémoratif de la rencontre nationale d'athlétisme, dessiné par l'architecte Yoshio Taniguchi dans la ville de Sakata. **N. O.**

Chapelle de Saint-Vincent-de-Paul, vue de la coque en paraboloïde hyperbolique.

Pont de Salginatobel, montage du cintre (en haut, à gauche et au milieu) ; vue du cintre supportant l'arc et le tablier en construction (en haut, à droite) ;
vue générale de l'ouvrage achevé (en bas, à gauche) ; détail de structure (en bas, à droite).

Salginatobel (pont de)

Schiers, vallée de la Salgina, canton des
Grisons, Suisse, 1930.

Robert Maillart♦ présente le projet de pont de
Salginatobel en août 1928, à l'occasion d'un
concours – projet qu'il signe avec le constructeur Florian Prader. La proposition de Maillart
et Prader est la moins coûteuse des dix-
neuf études en compétition. La construction
commence au cours du deuxième semestre de
l'année 1929. Richard Corey conçoit l'échafaudage, et le pont est achevé durant l'été 1930.
Sa localisation dans une région éloignée, celle
du canton suisse des Grisons, n'empêche pas
le pont de devenir rapidement célèbre dans le
monde de l'art, principalement grâce aux écrits
de l'historien en architecture Siegfried Giedion
et de l'architecte et plasticien Max Bill.

En 1991, alors que la Suisse célèbre le 700e anniversaire de sa Confédération, l'American
Society of Civil Engineers classe le pont de
Salginatobel 13e monument marquant de l'histoire de l'ingénierie civile internationale ; c'est
le premier pont en béton à recevoir cet honneur, distinction que mérite sa conception, celle
d'une grande œuvre exemplaire de l'art des
structures : fonctionnel et, bien que léger, néanmoins sujet à de faibles contraintes ; économique, car, d'une construction peu onéreuse, il
n'en rend pas moins les services qu'on attendait
de lui ; de plus, son originalité et son élégance
en font une œuvre d'art moderne, comme le
soulignent maintes de ses descriptions.

Le caractère fonctionnel du pont repose sur la
première grande innovation de Maillart, le caisson en béton, qu'il inaugure à Zuoz en 1901.
Maillart crée une structure creuse légère sur la
moitié centrale de la portée, en utilisant les
parois du caisson pour relier l'arche au tablier.
Sur les deux quarts extérieurs de la portée, ces
parois se détachent du tablier pour venir s'appuyer sur des supports articulés – selon l'idée
qu'il avait déjà eue en 1905 pour le pont
de Tavanasa. De ce fait, le pont a un profil
inhabituel qui correspond au diagramme des
moments de flexion pour des charges mobiles
(du type de celles que génère un camion),
charges dont l'effet tend à se concentrer vers le
quart de la portée totale.

La paroi inférieure du caisson déborde du plan
vertical formé par les parois latérales et s'élargit
à proximité des culées, fournissant ainsi une
résistance latérale supplémentaire, ce qui donne,
ainsi que l'a écrit Maillart, le sentiment d'un équilibre harmonieux pour une portée aussi longue
et aussi étroite. Maillart a fait ressortir l'articulation centrale en épaississant les parois au niveau
de l'articulation, et en créant une indentation
verticale au niveau de la clé de voûte. Le solide
parapet du tablier surplombe les murs de soutien
verticaux, créant une ligne d'ombre qui allège
encore l'aspect du pont. La structure du viaduc
d'approche de la portée centrale présente la
même apparence ; cela confère à l'ouvrage tout
entier un aspect parfaitement homogène. Pour
rendre le tablier plus dynamiquement solidaire
des murs de soutien transversaux, Maillart a utilisé des goussets légers, mais cependant bien
visibles, le long des poutres directrices de
l'ouvrage. Ces murs ont été épaissis sur les bords
de manière à correspondre à ces poutres.

La portée de 90 m, la plus longue de toutes
celles que Maillart a réalisées, est particulièrement spectaculaire lorsqu'on la regarde de la
montagne qui lui fait face, ou depuis la vallée
de la Salgina – d'où le pont semble se jeter au-
dessus du ravin (Tobel). La flèche est de 13 m,
ce qui donne au pont un rapport de la portée à la
flèche de 6,9 ; c'est le plus faible rapport rencontré parmi les onze arches à trois articulations que Maillart a construites au long de sa
carrière. Ainsi le pont a-t-il un aspect moins plat
que d'autres ouvrages bien connus, tel le pont de
Vessy, qui a un rapport de 11,7. Salginatobel
détient la flèche la plus élevée, en raison des
possibilités d'appui offertes par les flancs
rocheux des montagnes, situées nettement en
contrebas de la chaussée. La plupart de ses
autres arches soutiennent des chaussées enjambant des rivières encaissées. Du point de vue
esthétique, la forme du pont de Vessy n'est pas
moins spectaculaire que celle de Salginatobel
mais, compte tenu de son implantation, ce dernier demeure pratiquement unique dans toute
l'histoire des ponts modernes.   **D. P. B.**

Saltash (pont de)
voir **Royal Albert (pont)**

Samuely (Felix James)

Vienne, Autriche, 1902 – Londres, Grande-
Bretagne, 1959.

Felix James Samuely fait des études d'ingénieur
à Berlin, où il travaille d'abord pour un consultant et pour des entrepreneurs qui le forment à
la technique récente des structures soudées. Il
s'installe en 1929 dans cette même ville en partenariat indépendant avec Stephen E. Berger.
Quelques jeunes architectes, parmi lesquels
Erich Mendelsohn et Arthur Korn, seront leurs
premiers clients. En 1931, Samuely se rend en
Russie pour y travailler ; il y poursuivra de nouvelles recherches sur les structures en acier
soudé.

Arrivé à Londres en 1933, il trouve du travail
chez J.-J. Kier & Co., dont le directeur et ingénieur en chef est Ove♦ Arup. Samuely fait la
preuve de ses dons exceptionnels pour les

Samuely (Felix James). Usine Malago, Bristol.

mathématiques à l'occasion de la conception de la structure des rampes du bassin des pingouins du zoo de Londres, conçu par l'architecte Berthold Lubetkin. L'année suivante, après un accord de partenariat avec Cyril Helsby et Conrad Hamann, il est ingénieur-conseil pour le pavillon de Bexhill, premier bâtiment public en acier soudé construit en Grande-Bretagne, sur un projet de Serge Chermayeff et Erich Mendelsohn. La réputation de Samuely grandit rapidement ; il commence à travailler avec d'autres architectes du Mouvement moderne : Well Coates, A.V. Pilchovski, Denys Lasdun, Connel Ward Lucas et Frederick Gibberd, notamment. Ses structures novatrices ne font pas seulement appel à des ossatures en acier soudé, mais également à des tôles métalliques, au béton armé, au bois et à la brique. En 1937, il est chargé du cours d'ingénierie des structures à l'Architectural Association, enseignement qu'il dispensera jusqu'à sa mort. Son entreprise fait faillite à cause de la guerre ; il reprend alors des études et passe avec succès ses diplômes professionnels britanniques. Il est un membre actif du groupe Mars et, dans ce cadre, coéditeur en 1947 du schéma directeur de Londres.

Après la guerre, confronté à la pénurie d'acier et de bois en cette époque de reconstruction, Samuely se livre à des recherches sur le béton manufacturé précontraint, ainsi que sur les modes de construction composites qu'imposent alors les difficultés économiques. Il développe ainsi l'emploi de panneaux extérieurs préfabriqués servant de supports de charge, comme pour l'ambassade des États-Unis à Londres

(Eero Saarinen♦, architecte). Pour la construction de toitures de grande portée, Samuely abandonne rapidement les coques courbes en béton au profit des plaques cintrées, constructions composites qui font appel au béton, à un treillis d'acier et au bois. Il utilisera ces deux derniers éléments pour les pavillons de l'industrie et du gouvernement de l'Exposition universelle de Bruxelles, en 1958. Pourtant, on se souviendra plutôt de lui comme du concepteur du Skylon♦ pour le festival de Grande-Bretagne en 1951 – notamment grâce à l'idée qu'il a eue de mettre en prétension les câbles, pour maîtriser les vibrations dues au vent et donner une plus grande élégance à l'édifice.

Samuely a mis son don unique pour imaginer des formes structurelles au service de l'intégration de la structure à l'architecture. **F. N.**

Sapiac (pont de)

Montauban, Tarn-et-Garonne, France, 1912.

Le pont routier de Sapiac, sur le Tarn, a été construit en 1911-1912 par Simon Boussiron♦, afin de relier le quartier de Sapiac, situé sur la rive droite de la rivière, à la gare. « Il se compose de deux arches de 53 et 56 m d'ouverture surbaissées au sixième, dont les tympans ont été aussi évidés que possible, tant au-dessus de la pile qu'au-dessus des voûtes, pour livrer passage aux redoutables crues du Tarn. » À juste raison d'ailleurs, car, malgré sa finesse, il sera l'un des rares ponts à résister à la terrible crue du 3 mars 1930.

La traversée du Tarn fait l'objet d'un concours

en 1910, sur un programme imposant un pont en béton armé ; le jury, présidé par Charles Rabut♦, retient le projet de Boussiron, qui propose trois arches semblables, dont une qui passe par-dessus l'île et franchit le canal de Lissac ; le jury demande la suppression de cette arche inutile, et que soient prévus un simple remblai sur l'île de Sapiac et un *bow-string* sur le canal.

Augustin Mesnager, membre lui aussi du jury, souhaitait des tympans pleins avec des ouvertures agrandies sur les piles, mais Boussiron, arguant de la difficulté de cette réalisation, impose son choix de tympans évidés. Ceux-ci sont tenus par des files de poteaux très espacés, les voûtes étant articulées, ce qui permet d'en réduire l'épaisseur moyenne à 75 cm ; comme dans les autres ouvrages de Boussiron, elles sont articulées en trois points : à la clé, et à 6 m environ au-dessus des naissances, « de sorte que sur cette longueur chaque retombée forme une console ancrée sur la pile ou sur la culée ». La largeur des vides est de 12 m au-dessus de la pile centrale et de 5 m entre deux files de poteaux, mais de 3 m pour les vides franchissant les articulations, de façon à réduire le porte-à-faux du platelage, coupé lui-même au-dessus desdites articulations, dont elles accusent ainsi franchement le parti. **B. M.**

Sarger (René)

Paris, France, 1917 – Villejuif, Val-de-Marne, 1988.

Architecte (diplômé de l'École supérieure d'architecture en 1938) et ingénieur autodidacte, René Sarger est le disciple de Bernard Laffaille♦, dont il a poursuivi et développé l'œuvre novatrice. Il représente de ce fait l'un des artisans de cette architecture moderne des années 1950 à 1970 qui a puisé son renouvellement formel dans les ressources plastiques des techniques nouvelles.

Assistant de Laffaille de 1946 à 1954, il s'initie aux techniques des coques gauches et des premières couvertures suspendues et prétendues, puis fonde en 1954 son propre bureau d'études, le CETAC. Après le décès de Laffaille en 1955, il hérite des derniers projets du maître, notamment de Notre-Dame♦ de Royan et du marché couvert de Royan♦.

Peu après la réalisation de l'église de Royan, il conçoit en coques de béton armé le réservoir-marché couvert de Caen-La Guérinière (Guillaume Gillet, architecte) et la basilique d'Alger (Paul Herbé et Jean Le Couteur, archi-

Pont de Sapiac.

tectes), composition architecturale tirant parti des structures gauches en hyperboloïde de révolution et paraboloïde hyperbolique.

Mais sa principale contribution à l'art de bâtir réside dans la mise au point de la technique des couvertures en résille de câbles prétendus, dont le pavillon de la France à l'Exposition universelle de Bruxelles♦ (G. Gillet, architecte) représente l'œuvre fondatrice. C'est la même technique qu'il met en œuvre pour le stade de Saint-Ouen (Anatole Kopp, architecte, réalisé de 1968 à 1971) ou pour le pavillon Marie Thumas (Baucher, Blondel et Filippone, architectes), qui, également réalisé pour l'Exposition de Bruxelles, se présente sous la forme d'une tente, constituée d'une combinaison de surfaces gauches en câbles et fermettes prétendus que soutiennent 8 pylônes intérieurs.

Explorant les possibilités structurelles et formelles offertes par la nouvelle technique, Sarger développe par ailleurs, dans les années soixante, des structures prétendues tridimensionnelles, des résilles amovibles ou des voiles de textile plastique, ainsi qu'un étonnant projet de « périphérique express » (1969) pour Paris, qu'il conçoit comme un gigantesque pont suspendu, aux piles espacées de 600 m, et dans lequel il installe une ville verticale, rejoignant ainsi les utopies urbaines des Friedmann, Maymont et autres Tange. **N. N.**

Sasaki (Mutsurô)

Aïchi-ken, Japon, 1946.

Mutsurô Sasaki, qui a longtemps été le bras droit de Toshihiko Kimura♦, fait partie de ces ingénieurs structures qui travaillent en étroite collaboration avec de jeunes architectes japonais pour obtenir une architecture aérienne, transparente, légère.

Parmi ses propres contributions, on retiendra tout d'abord la médiathèque de Sendai, conçue avec l'architecte Toyo Ito, actuellement en cours de réalisation. Ce bâtiment est composé d'un plancher extrêmement fin, dû à l'emploi d'une structure en nid d'abeille en acier, et d'une structure porteuse constituée de grands cylindres, réalisés avec des tubes de petit diamètre, qui rappellent les travaux de Vladimir Choukhov♦, et en particulier la tour de Chabolovka à Moscou♦. Ces tubes, assemblés selon le principe du paraboloïde hyperbolique, délimitent un volume habitable laissant pénétrer la lumière et destiné à la circulation des usagers. L'ensemble n'est pas sans évoquer une

Sarger (René). Le stade de Saint-Ouen, mise en place du câblage pour la couverture (en haut) ; vue intérieure (en bas).

croissance organique – des tiges de bambous – ou encore une version contemporaine de la maison Domino de Le Corbusier.

Dans l'atelier multimédia que Sasaki vient de terminer avec l'architecte Kazuyo Sejima, le toit fin et ondulant est formé de plaques d'acier rigidifié par pliage, comme s'il s'agissait d'une étoffe. Pour obtenir les formes courbes et géométriques des coques de béton du bâtiment, on a eu recours, selon une technique empruntée à la construction navale, à une analyse structurale qui a généré cette architecture d'apparence irréelle et éphémère. **N. O.**

Schlaich (Jörg)

Stetten im Remstal, Bade-Wurtemberg, Allemagne, 1934.

Jörg Schlaich étudie l'architecture et le génie civil de 1953 à 1955 à la Technische Hochschule de Stuttgart ; il poursuit sa formation de 1955 à 1959 à la Technische Universität de Berlin, puis, en 1960, au Case Institute of Technology de Cleveland, aux États-Unis. Collaborateur et associé de Fritz Leonhardt◆ & Andrä à partir de 1974, professeur de structures en béton à la Technische Universität de Stuttgart et directeur de l'institut d'études structurelles, où il conduit des recherches sur le béton armé, le béton précontraint et les constructions en câbles, il crée en 1980 son propre bureau d'études, Schlaich, Bergermann & Partner.

En sa qualité de collaborateur de Fritz Leonhardt, il participe notamment à la construction de tours de télévision en béton, et à la couverture en treillis de câbles des installations olympiques de Munich◆. Parmi les autres constructions en treillis de câbles, on retiendra la patinoire de Munich (Ackermann & Partner, architecte, 1985), dont la toiture en réseau est supportée dans le sens de la longueur par des armatures en voûte, ainsi que l'imposant paraboloïde de révolution de la tour de refroidissement de Schmehausen◆ (1974).

Schlaich conçoit des toitures extrêmement légères sous forme de coques en treillis de câbles tendus recouverts de verre, reprenant ainsi, en la modifiant, l'idée proposée par Frei Otto◆ pour la coque en treillis de la Multihalle de Mannheim. Parmi ces édifices, la toiture de la cour du Museum für Geschichte de Hambourg (1989) représente une fusion réussie entre architecture « historique » et voiles porteurs modernes.

Outre diverses autres structures légères, Schlaich fait appel également au principe des membranes, par exemple pour la couverture des stades de Saragosse, Stuttgart, Hambourg, Oldenbourg, ou pour les arènes de Nîmes◆.

L'une de ses principales activités est la construction de ponts. Parmi l'immense diversité de ses réalisations dans ce domaine, les nombreuses passerelles pour piétons, pour lesquelles il exploite à merveille les techniques de construction les plus diverses, sont particulièrement remarquables. Des solutions exemplaires ont ainsi été trouvées pour des ponts en câbles à courbure tridimensionnelle. Le grand projet du pont Calcutta Hooghy (1978-1993), dont l'ensemble de la construction et tous les détails ont été conçus pour que des entreprises locales, malgré leur maîtrise technique très moyenne, puissent assurer la majeure partie des travaux, constitue un cas particulier.

Schlaich développe également des techniques d'exploitation des énergies renouvelables, comme des miroirs paraboliques pour installations solaires. Il travaille aussi au développement de générateurs électriques à courant d'air ascensionnel, constitués de tours de 1 000 m de haut, qui exploitent l'ascendance de l'air réchauffé par le soleil au niveau du sol pour produire de l'électricité (un prototype d'une hauteur de 200 m a été construit en Espagne en 1980-1981). **R. G.**

Schlumberger Cambridge Research (bâtiments)

Cambridge, Grande-Bretagne, 1985 et 1992.

Ces deux bâtiments, dus à l'architecte Michael Hopkins, ont fait appel au travail de trois bureaux d'études les plus connus de Grande-Bretagne : Ove◆ Arup & Partners, Anthony Hunt◆ Associates et Buro Happold◆. Le bâtiment d'origine, une membrane textile (réalisée par Arup) portée par une ossature en acier (construite par Hunt), est l'une des premières structures tendues entièrement fermées. La membrane, en fibre de verre revêtue de Téflon, est mise en tension par des câbles d'acier et des contrefiches ; elle recouvre le laboratoire d'essais et le restaurant du personnel et, en raison de son caractère translucide, fournit à tout l'espace un éclairage naturel dépourvu d'ombre. La structure intègre des dispositifs de sûreté, et tous les éléments critiques sont doublés, de sorte qu'en cas de rupture d'un câble ou d'une partie de la membrane, le reste de la couverture ne subit aucun dommage. Ce bâtiment a pratiquement servi de prototype à de

Bâtiments Schlumberger Cambridge Research, vue générale.

nombreuses structures tendues ultérieures, notamment le nouveau Inland Revenue Centre (Centre des contributions) de Nottingham, conçu par Hopkins en collaboration avec Arup. Le deuxième bâtiment (réalisé par Buro Happold) est un immeuble de bureaux et de laboratoires à deux étages, qui fait appel à de nombreuses innovations structurelles. La structure du premier étage est créée par un coffrage permanent en ferrociment (matériau développé par Pier Luigi Nervi♦ dans les années quarante), qui confère une haute qualité de finition au béton et permet à la forme de refléter le cheminement des efforts à travers la structure. Un espace en forme d'atrium est couvert de coussins pneumatiques en ETFE (éthyltétrafluoréthylène) transparent, montés dans des

armatures en aluminium extrudé. L'éclairage est ainsi entièrement fourni par la lumière du jour, et l'isolation thermique obtenue équivaut à celle d'un triple vitrage. L'étage supérieur est réalisé avec des structures apparentes en acier assemblées par des éléments en fonte ductile – matériau relativement nouveau, qui connaît un succès croissant. Cette solution n'a été rendue possible que par l'utilisation de méthodes de conception qui déterminent la charge d'incendie d'une structure, et peuvent ainsi anticiper son comportement en cas de sinistre. **W. A.**

Schmehausen (tour de la centrale nucléaire de)

Schmehausen, Westphalie, Allemagne, 1974.
Conçue par Jörg Schlaich♦ et Günter Mayr, en collaboration avec l'entreprise Balcke-Dürr de Ratingen, cette première tour de refroidissement à sec à enveloppe en réseau de câbles a été édifiée pour une centrale nucléaire de 300 MW. L'enveloppe en réseau de câbles a été préférée à une enveloppe conventionnelle en béton armé, compte tenu des dimensions des tours de refroidissement à sec, largement supérieures à celles des tours de refroidissement humides de même capacité.

La partie porteuse de l'enveloppe est constituée d'un réseau de câbles précontraints en forme de paraboloïde de révolution. Le réseau se compose de 3 faisceaux de câbles : 2 faisceaux diagonaux de même longueur, inclinés dans des directions opposées, et 1 faisceau de câbles méridiens. Il en résulte une maille triangulaire et, de ce fait, la portance d'une coque en membrane exempte de flexion, dans laquelle, si la précontrainte est suffisante, seules des contraintes de traction sont présentes. Le réseau de câbles est placé sous précontrainte entre une fondation annulaire en béton armé de 141 m de diamètre et, à une hauteur de 146 m, un anneau en acier sous compression de 91 m de diamètre. Cet anneau supérieur est suspendu par 36 câbles, à la manière de rayons, à la tête du mât central en béton armé de 180 m de haut (diamètre 6,60 m). En son point le plus étroit, le diamètre de l'enveloppe en réseau est de 82,50 m. Le réseau de câbles est renforcé à 68 m et 112 m de hauteur par deux roues à rayons à câbles radiaux.

Pour des raisons à la fois techniques et esthétiques, l'habillage en tôle d'aluminium est placé sur la face intérieure du treillis : ainsi, la gracile

Bâtiments Schlumberger Cambridge Research, détail de l'ossature d'acier supportant la toile (en haut) ; vue intérieure (en bas).

Tour de la centrale nucléaire de Schmehausen, réseau de câbles à terre (en haut) ; levage du réseau (au milieu) ; vue générale, le réseau de câbles est habillé de tôles d'aluminium (en bas).

structure porteuse reste visible, et la rugosité de surface du réseau réduit la prise au vent sur les flancs. Le réseau est laissé libre de tout habillage au niveau du sol, jusqu'à une hauteur de 19 m, pour permettre l'entrée de l'air.

Pendant le montage, le réseau de câbles fixé à l'anneau supérieur en compression a d'abord été fabriqué au sol, puis levé avec l'anneau. Les câbles, composés chacun de deux torons parallèles, sont attachés par une vis aux points d'intersection.

Malheureusement, la construction de la centrale a finalement été abandonnée, et cette élégante construction a été démolie en 1991, malgré de nombreuses protestations. **R. G.**

Schnirch (Friedrich)

Patek nad Oharkov, auj. en République tchèque, 1791 – Vienne, Autriche, 1868.

Après des études à la Technische Hochschule de Vienne de 1817 à 1820, Friedrich Schnirch travaille en qualité d'ingénieur à Stráznice (Moravie), de commissaire de l'État chargé de la voirie à Cesky Brod, et d'ingénieur en chef à Prague. En 1842, il devient ingénieur en chef des chemins de fer de l'État, puis est nommé conseiller de l'empereur et élevé au rang de chevalier.

Ses réalisations les plus importantes se situent dans le domaine des ponts et des toitures. Il conçoit et édifie à Stráznice en 1823-1824 le premier pont suspendu à chaînes du continent européen (28 m de portée).

Dans les années 1826-1853, il construit sept autres ponts suspendus, dont un à Prague, d'une portée maximale de 133,50 m. Seul celui qui a été édifié à Podolsko (1848, 91 m de portée) a été conservé ; il a été déplacé en 1975 près de Stadlec. En 1832, Schnirch publie à Prague *Beitrag für den Kettenbrückenbau, enthaltend die Theorie der Schwankungen* (contribution à la construction des ponts en chaîne, incluant la théorie des fluctuations).

En 1858, il dépose un brevet pour un nouveau mode de construction des ponts suspendus : les flexions imposées par les charges du trafic et les oscillations sont atténuées par des chaînes de suspension renforcées à la manière d'ossatures. C'est selon ce principe qu'il construit à Vienne, en 1860, un pont ferroviaire suspendu à deux voies, d'une portée de 83,50 m (le premier pont ferroviaire à chaînes jamais réalisé), puis, en 1864, un pont routier d'une portée de 62,50 m.

Schnirch va ensuite reprendre le principe de la suspension des ponts pour l'appliquer aux structures de toiture, devenant ainsi l'inventeur des toitures suspendues modernes. Il publie d'ailleurs en 1824 le projet d'un théâtre à toiture métallique suspendue, dans lequel les chevrons sont remplacés par des chaînes plus légères, tendues entre une chaîne faîtière et les murs extérieurs. La nouvelle toiture suspendue est brevetée en 1826. Les années suivantes, Schnirch construit en Slovaquie les premières toitures suspendues métalliques au monde. L'une d'entre elles a été conservée à Banská Bystrica. Le toit couvre une surface de 12,30 × 25,40 m. Depuis le faîte en maçonnerie, 26 chaînes en éléments de fer plats descendent des deux côtés en direction des murs extérieurs, où elles sont immobilisées par de lourds fers plats. **R. G.**

Schwandbach (pont de)

Hinterfultigen, canton de Berne, Suisse, 1933.

Parmi les ponts du style que Robert Maillart♦ inaugure en 1923 avec le pont de Flienglibach (aujourd'hui démoli), suivi en 1925 de celui de Valtschielbach – soit le pont à arche rigidifiée par le tablier –, le pont de Schwandbach constitue sans doute l'œuvre la plus aboutie. C'est en reprenant et en transformant, huit années plus tard, la brillante idée technique qu'il a mise en œuvre pour le Valtschielbach que Maillart réussit ce chef-d'œuvre de l'art des structures. Il imagine en effet de doter le tablier d'une légère courbure horizontale au-dessus de la fine voûte en berceau, et de relier l'un et l'autre au moyen de montants transversaux de forme trapézoïdale. À l'intérieur du virage, l'arche épouse le bord de la chaussée, tandis que, du côté extérieur, le berceau s'élargit à proximité des appuis, de façon à donner à la structure un caractère de stabilité visuelle.

Maillart est le premier à utiliser l'idée d'un raidissement par le tablier pour les ponts en arche en béton. Ayant auparavant construit un pont dont le tablier s'était fissuré, et se souvenant des enseignements de son professeur Wilhelm Ritter, Maillart met alors au point une forme dans laquelle la voûte en berceau doit être aussi fine que les exigences de la construction le permettront, tandis que le tablier doit résister aux efforts de flexion. L'arche du pont de Schwandbach, d'une portée de 37,40 m, a une flèche de 6 m et n'a que

20 cm d'épaisseur, alors que les rebords du tablier ont 90 cm de profondeur et supportent plus de 94 % du moment de flexion dû aux surcharges. Robert Maillart a ainsi créé une forme fonctionnelle, choisie en raison de son économie, et que les artistes et architectes s'entendent à reconnaître comme une grande œuvre d'art. **D. P. B.**

Schwarzwaldhalle

voir **Karlsruhe (Schwarzwald-halle, halle de la Forêt-Noire de)**

Schwedler (Johann Wilhelm)

Berlin, Allemagne, 1823 – *id.*, 1894.

Johann Wilhelm Schwedler commence sa carrière professionnelle par une formation d'arpenteur, de 1842 à 1844. Après un séjour d'un an à la Allgemeine Bauschule (Bauakademie) de Berlin, il passe en 1847 le premier examen d'État d'inspecteur des travaux agricoles et hydrauliques, puis le deuxième, en 1852, après plusieurs années d'expérience sur le terrain. Il est nommé en 1858 au poste de maître d'œuvre pour les travaux d'aménagement ferroviaire et est rattaché au service ferroviaire du ministère du Commerce, de l'Artisanat et des Travaux publics, dont il dirigera le bureau d'études à partir de 1865.

Jusqu'à son départ en 1891, Schwedler exercera, en tant qu'ingénieur des Ponts et Chaussées et agent de l'État, une influence profonde et durable sur les ouvrages d'art construits par les Chemins de fer prussiens. Il est l'un des premiers à développer des systèmes de construction adaptés au fer et exploitant pleinement toutes les possibilités de ce matériau. Parmi les procédés qui ont ouvert de nouvelles voies en matière de construction de ponts et de bâtiments, on lui doit la poutre Schwedler et la coupole Schwedler.

Toujours préoccupé de réduire au maximum la consommation de matière, il préfère le *bow-string* à la poutre à membrures parallèles. Il développe un système dans lequel les membrures présentent des contraintes constantes sur toute leur longueur, tandis que les contre-fiches ne sont sollicitées qu'en traction, même en cas de charge fluctuante. La poutre Schwedler, économe en matériau, est souvent employée : la première fois pour le pont sur la Weser, près de Corvey (1864), puis, par

Schwedler lui-même, pour le pont ferroviaire sur l'Elbe, près de Hämerten (1868).

Avec sa coupole dépourvue de tout tirant intérieur, Schwedler se rapproche davantage des ossatures tridimensionnelles. Tous les éléments de la construction, chevrons radiaux de forme courbe, anneaux horizontaux et haubanages en croisillon s'inscrivent dans la surface sphérique de la coupole. Cette construction légère trouvera des applications très nombreuses (expliquées par Schwedler en 1863 et 1874-1876 à propos de gazomètres, et en 1863 à propos de la synagogue de Berlin).

Parmi les principaux articles de Schwedler dans le domaine de la statique, on retiendra : *Theorie der Brückenbalkensysteme* (théorie des systèmes de poutres pour les ponts, 1851), première méthode de calcul destinée aux constructions en treillis de fer, et *Zur Theorie der Kuppelgewölbe* (théorie de la voûte en coupole, 1863 et 1866).

Schwedler sera l'un des premiers, vers le milieu des années 1860, à introduire dans les constructions en poutres maîtresses l'arc à trois articulations déterminé par la statique, tout d'abord dans le bâtiment des cornues de l'Imperial Continental Gas Association, à Berlin, puis en 1865 dans un hangar à marteau-pilon du Bochumer Verein, et en 1866-1867 dans l'ancienne gare de l'Est à Berlin. **C. S.**

Sciences de l'ingénieur

Les liens entre science et ingénierie paraissent aujourd'hui aller de soi. Ils s'enracinent dans une longue tradition de curiosité mutuelle, que l'on peut faire remonter jusqu'à l'Antiquité avec des figures comme Archimède ou Héron d'Alexandrie, qui tiennent à la fois du savant et de l'ingénieur. Souvent considéré comme le fondateur de la science moderne, Galilée s'inscrit d'ailleurs dans cette tradition, par sa fréquentation assidue de l'œuvre d'Archimède comme par l'intérêt dont il témoigne pour les techniques de son temps.

Mais en dépit de cette tradition pluriséculaire, la science et l'art de l'ingénieur n'ont longtemps entretenu que des relations somme toute superficielles. Dans l'Europe renaissante et classique, cette distance entre science et ingénierie s'explique dans une large mesure par la formation essentiellement pratique des ingénieurs. Elle renvoie toutefois à des causes plus profondes, à commencer par la différence entre le monde du scientifique et celui de l'ingénieur. Tandis que la science n'a ordinairement affaire qu'à des phénomènes triés sur le volet – phénomènes généralement reproduits avec soin en laboratoire, à l'écart de la vie quotidienne –, les ingénieurs se trouvent directement confrontés à la complexité de la réalité, à la difficulté de la faire entrer dans quelque cadre conceptuel que ce soit. Certes, cette différence entre monde de la science et monde de la pratique technicienne varie selon les disciplines scientifiques. Elle s'est en outre considérablement atténuée depuis l'époque où les sciences n'abordaient guère que la question du mouvement des astres. L'univers des ingénieurs n'en demeure pas moins plus complexe et plus hétérogène que celui des scientifiques. Peuplé de seuils et de discontinuités, il oblige à multiplier les équations et à se contenter le plus souvent de solutions grossièrement approchées. On comprend mieux, du même coup, que les premières représentations modernes du système solaire précèdent de loin l'étude de phénomènes comme le frottement, ou que la mécanique rationnelle ait vu le jour bien avant celle de ce milieu, hétérogène entre tous, que constitue le sol sur lequel on bâtit.

Hommes de projet, les ingénieurs ont été constamment confrontés au problème de l'adaptation à des situations particulières. Cette adaptation fait appel à des savoir-faire qui n'obéissent pas forcément à des règles invariables. La conscience aiguë de l'écart entre théorie et pratique fait naître sous la plume de l'ingénieur et architecte français du XVIIe siècle François Blondel cette mise en garde, qui conserve aujourd'hui encore toute son actualité : « en un mot, on ne peut pas assurer qu'en tous les arts, la simple connaissance des préceptes suffise à leur perfection. Il faut les savoir appliquer au sujet, et c'est dans cette application que l'on trouve toujours la résistance et l'opiniâtreté de la matière, qui fait naître mille obstacles et mille empêchements que l'on ne connaît et que l'on n'apprend à vaincre que par la pratique et l'expérience. » Mathématicien en même temps qu'ingénieur et architecte, Blondel se montre pourtant bien plus que d'autres esprits de son époque convaincu de l'utilité des sciences pour concevoir et exécuter de grands ouvrages.

Sur un plan plus fondamental encore, les visées de la science et celles de l'ingénierie diffèrent. L'une se présente comme un projet de connaissance, l'autre comme une volonté de transformer le monde. Ce clivage est bien sûr plus idéologique que réel dans de nombreux cas. La quête de la vérité, ou plutôt de résultats plus vrais que ceux qui ont été obtenus auparavant, n'en demeure pas moins irréductible à la recherche de l'efficacité qui caractérise les ingénieurs – une efficacité qu'il faut entendre au double sens de ce qui permet aux projets de se

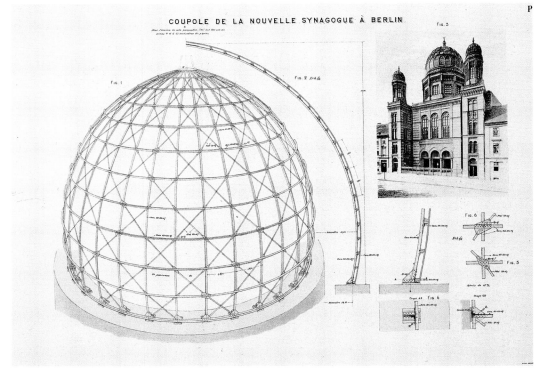

COUPOLE DE LA NOUVELLE SYNAGOGUE À BERLIN

Schwedler (Johann Wilhelm). Coupole de la nouvelle synagogue à Berlin, dessin.

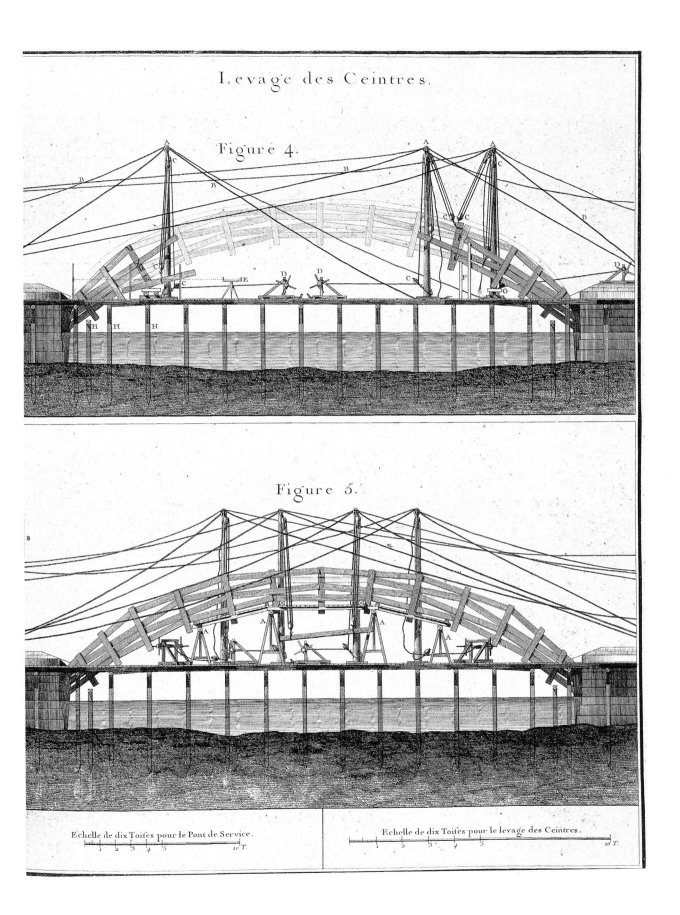

Levage des Ceintres.

Figure 4.

Figure 5.

Echelle de dix Toifes pour le Pont de Service.

Echelle de dix Toifes pour le levage des Ceintres.

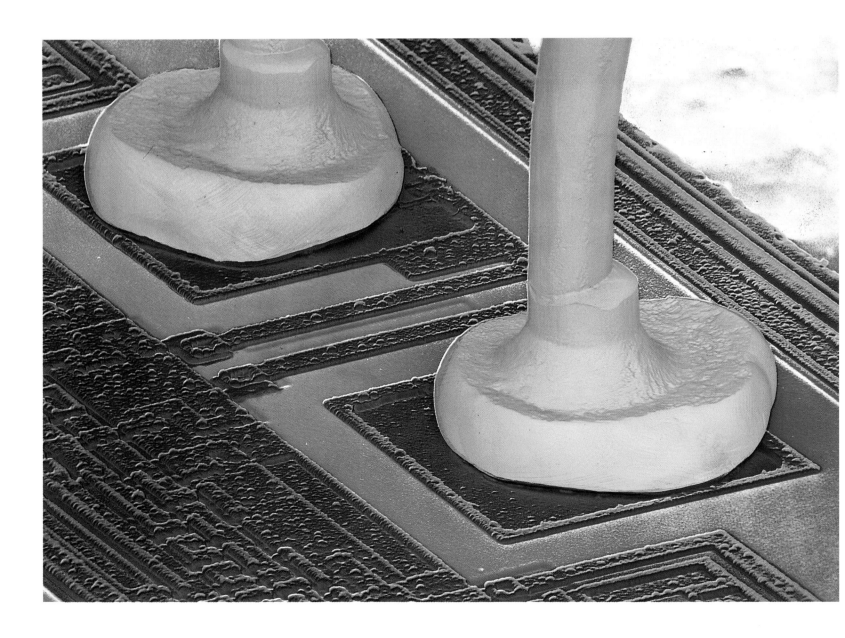

Vue au microscope électronique de deux fils de connexion à un circuit imprimé.

réaliser et de ce qui assure à ce processus de réalisation une économie optimale de moyens. Une telle divergence permet de mieux comprendre le goût des ingénieurs pour les formules et les abaques plutôt que pour les principes, ainsi que leur capacité à se contenter de cadres théoriques vieillis, voire contredits par les résultats scientifiques les plus récents, pourvu que leurs implications pratiques continuent à les satisfaire. Un ingénieur du XVIIIe siècle comme Bernard Forest de Bélidor illustre à merveille le goût de la formule de ses pairs lorsqu'il reproche à Antoine Parent, l'un des premiers physiciens à s'être penché sérieusement sur le problème du frottement, de s'être contenté de « calculs algébriques à perte de vue », au lieu d'en avoir « déduit des conséquences en forme de maximes », que l'on aurait suivies « avec la confiance que l'on a ordinairement pour tout ce que l'on sait être établi sur des principes de mathématiques, quoique l'on ignore la voie par laquelle on y est arrivé ». La faveur dont jouissent encore vers 1830 les tables de dimensionnement des ponts en maçonnerie de Jean-Rodolphe Perronet♦ témoigne quant à elle de l'attachement des ingénieurs à des données pratiques qui ont fait leurs preuves, même si les hypothèses théoriques sur lesquelles elles reposent ne sont plus d'actualité. Les tables de Perronet avaient été en effet établies suivant la théorie de la rupture des voûtes exposée par Philippe de La Hire en 1712, une théorie définitivement abandonnée par le XIXe siècle à la suite des travaux de Charles-Augustin Coulomb, Henri Navier♦ et Jean-Victor Poncelet.

En dépit de leurs différences, la science et l'ingénierie se rejoignent toutefois sur deux points essentiels. L'une et l'autre interprètent le monde physique, contribuant à sa transformation en une nature partiellement appropriable par l'homme. Science et ingénierie se présentent d'autre part comme des activités manipulatoires ; elles font appel à des instruments et à des machines qu'elles échangent parfois, des lunettes des XVIIe et XVIIIe siècles, utilisées à la fois en astronomie et pour les levers cartographiques, aux réacteurs atomiques d'aujourd'hui. L'histoire des résultats tenus pour vrais par la science aux différentes époques de son développement n'est pas sans liens avec celle des conceptions de l'efficacité entretenues par les ingénieurs, même si des décalages importants s'introduisent parfois entre ces deux registres. Ces deux histoires ne sont jamais en

effet que des composantes d'une seule et même série historique, celle des représentations et des pratiques successives de la nature, auxquelles concourent à la fois la science et l'ingénierie.

Cette appartenance commune prend un tour plus frappant si l'on s'intéresse au sort de notions comme l'automatisme, cette formule du « spontané général qui anime l'univers », ainsi que la définissait Pierre Naville, qui relève à la fois du domaine de l'investigation scientifique et de celui de la manipulation à des fins techniciennes. On observe en effet un certain parallélisme entre les représentations de la nature d'origine scientifique et les formes d'automatisme machinique produites par les techniciens. C'est ainsi que la nature cinématique de la science classique semble se refléter dans les horloges et les automates, qui lui sont contemporains, que la nature, progressivement recentrée autour du concept d'énergie du siècle dernier, correspond à l'âge de la machine à vapeur, et que notre nature contemporaine, placée presque toute entière sous l'égide de la notion d'information, se déploie au rythme des progrès de l'ordinateur.

En aval de ces points de rencontre et de ces effets de parallélisme, l'histoire des relations entre science et ingénierie semble finalement placée sous l'égide d'un double mouvement : celui d'un rapprochement et d'une imbrication progressive des pratiques scientifiques et techniques d'une part, et d'autre part, celui de la constitution, à égale distance de leurs pôles respectifs – une science que l'on appelle encore fréquemment « pure » et une technique uniquement préoccupée de réalisations concrètes –, d'une couche de savoirs intermédiaires, tour à tour qualifiée de « sciences de » ou « pour l'ingénieur », de « sciences appliquées », de « génie mécanique », « électrique » ou « chimique ».

La faveur dont continue à bénéficier l'expression « science pure », par opposition à l'impureté dont serait inévitablement entaché tout ce qui se rapporte à la transformation du monde plutôt qu'à sa contemplation, en dit long sur la persistance de certains schémas culturels hérités du passé. Dans le droit fil de la supériorité prêtée à la quête désintéressée de la vérité sur la recherche de l'efficacité, on a longtemps présenté la marche en avant des techniques et l'émergence des sciences de l'ingénieur comme une conséquence du progrès scientifique, en oubliant que ce progrès n'était pas indépendant de ses conditions concrètes de réalisation, à commencer par les instruments et les machines

disponibles. En fait, progrès scientifique et progrès technique entretiennent des liens plus équilibrés qu'il y paraît.

L'histoire du rapprochement entre science et ingénierie, et celle de la constitution progressive de sciences de l'ingénieur, situées le long de leurs frontières communes, fait apparaître quelques grandes étapes. De la Renaissance à la fin du XVIIe siècle, les ingénieurs apparaissent et commencent à employer systématiquement les mathématiques et la mécanique dans des domaines déjà hautement formalisés, comme la fortification. Mais la distance demeure grande entre le monde de la science et celui des techniques, même si des figures comme Léonard de Vinci au XVIe siècle ou François Blondel au XVIIe semblent aussi à l'aise dans l'un que dans l'autre. Outre les facteurs qu'on a déjà mentionné, l'une des raisons de cet éloignement pourrait bien résider dans l'attachement des ingénieurs à une nature architectonique de type vitruvien, fondée sur les notions d'ordre et de proportion, alors que la science post-galiléenne commence déjà à se déployer dans d'autres directions. Jusqu'au XVIIIe siècle, les ingénieurs seront généralement plus proches des architectes que les « géomètres » et les « philosophes naturels » qui peuplent les premières académies des sciences.

De 1750 à 1850 environ, la situation commence à changer, avec la mise sur pied de formations d'ingénieur fondées sur l'apprentissage des sciences exactes, mathématiques et mécanique en tête. Cette période voit la naissance des premières sciences de l'ingénieur moderne, la résistance des matériaux, l'hydraulique appliquée et la science des machines notamment. La première révolution industrielle qui lui est contemporaine n'est pourtant pas une révolution fondée sur la science, du moins sur ses résultats les plus récents. C'est la machine à vapeur qui entraîne la naissance de la thermodynamique, et non l'inverse. Les représentations de la nature entretenues respectivement par la science et par l'ingénierie n'en convergent pas moins. Cette convergence, qui s'est maintenue et approfondie jusqu'à aujourd'hui, constitue peut-être l'un des traits caractéristiques de nos sociétés contemporaines.

La seconde révolution industrielle procède clairement, quant à elle, des résultats de la recherche scientifique la plus récente. Dans des secteurs comme la chimie, l'électricité, les télécommunications, apparaissent même les premiers laboratoires industriels associant scientifiques et ingénieurs. C'est en particulier le cas en Allemagne et aux États-Unis. Dans ce dernier pays, les laboratoires de Du Pont emploient déjà plus de 1 200 personnes vers 1925, tandis que les laboratoires Bell comptent au même moment plus de 3 600 personnes. En nombre encore limité au cours de la première moitié du XIXe siècle, les sciences de l'ingénieur explosent, donnant naissance à de multiples disciplines et sous-disciplines dont la frontière avec la science pure devient souvent difficile à tracer.

Cette imbrication croissante entre recherche scientifique et ingénierie a toutefois ses limites. Un certain nombre de scientifiques, et non des moindres, comme Albert Einstein ou Louis de Broglie, continuent à se penser comme des savants en quête d'une vérité désintéressée, des savants finalement plus proches des philosophes ou des artistes que de ces rouages de la société industrielle que constituent les ingénieurs. À l'inverse, des inventeurs plus ou moins autodidactes, se réclamant moins de la science que d'une forme d'ingéniosité toute empirique, continuent à prospérer. La transformation définitive du savant d'autrefois en scientifique, ainsi que la disparition presque totale des inventeurs dans les domaines de pointe ne se produiront vraiment que vers le milieu de ce siècle.

La Seconde Guerre mondiale joue à cet égard un rôle déterminant. Encore plus technologique que le conflit qui la précède, elle se traduit par toute une série de grands projets technologiques associant étroitement scientifiques et ingénieurs, des premiers calculateurs électroniques au radar et à la bombe. Si l'apport des scientifiques mobilisés à cette occasion, d'Alan Turing à Albert Einstein, éclipse largement la contribution des ingénieurs, en sorte que la science apparaît comme le principal protagoniste de l'affaire, la pratique scientifique n'en sort pas moins changée, au point de ressembler dans de nombreux cas à l'ingénierie. En multipliant les instruments lourds et coûteux, souvent élaborés et utilisés grâce aux soutien des États, la *big science* contemporaine prend un tour de plus en plus manipulatoire qui l'apparente beaucoup à l'ingénierie. Le terme « technoscience » que l'on emploie aussi pour la désigner révèle bien toute la portée de l'alliance entre science et ingénierie. Dans de nombreux domaines, on se trouve désormais en présence d'un continuum de pratiques dans lesquelles ce qui se rapporte à la quête du vrai et ce qui tient à la recherche de l'efficacité sont bien difficiles à démêler.

Une telle situation fait bien sûr des nostalgiques. Un René Thom en fait partie, avec son souci de renouer avec une science qui se voudrait plus explicative que prédictive. En assignant à la prédictibilité de certains systèmes physiques des limites infranchissables, le développement de la théorie du chaos déterministe a pu donner à certains l'impression que l'épisode de la technoscience allait peut-être se clore. Du côté des ingénieurs, les revendications d'autonomie ne manquent pas non plus. Quoique jouant un rôle de plus en plus fondamental dans les entreprises technoscientifiques d'aujourd'hui, l'informatique semble venir à l'appui des prophètes d'un nouvel âge de la technique qui verrait les problèmes de conception et de gestion des systèmes complexes s'autonomiser, pour donner naissance à ce qu'un Herbert Simon appelait autrefois une « science de l'artificiel », une science plus proche à vrai dire d'un art de l'ingénieur que des savoirs scientifiques existant.

La science et l'ingénierie ont-elles définitivement partie liée ? Sans entreprendre de répondre à cette question pour le moins vaste et embrouillée, on ne peut qu'être frappé par l'écho qu'elle rencontre aujourd'hui. La fascination qu'exerce l'art des ingénieurs-constructeurs, l'un des derniers domaines de l'ingénierie où semble régner une invention rebelle aux combinaisons scientifiques, n'en serait-elle pas l'un des signes ? **A. P.**

VOIR AUSSI **CAO** ; **Ingénieur (définition)** ; **Matériaux et ouvrages (résistance et stabilité des)** ; **Mécanique des sols** ; **Pensée technique** ; **Profession d'ingénieur** ; **Résistance des matériaux (histoire de la)** ; **Théorie et pratique**.

Sears Tower

Chicago, Illinois, États-Unis, 1974.

C'est la collaboration, au sein de la société SOM, entre Bruce Graham (conception), Fazlur Rahman Khan♦ (ingénieur structures) et Srinivasa Hal Iyengar (chef de projet et partenaire associé), qui a présidé à la naissance de la Sears Tower – à l'époque le plus haut bâtiment et le plus grand immeuble de bureaux au monde : 362 000 m², 109 étages, et 443 m de hauteur. Conçue symboliquement pour être le siège du plus grand distributeur du monde, la société Sears Roebuck & Co., cette mégastructure fait appel à un concept structurel novateur, fondé sur la formation d'un « tube modulaire » ou « tube à ossature en faisceau » : 9 tubes carrés de 22,85 m de longueur, de hauteurs variables, et correspondant chacun à une zone mégamodulaire, sont juxtaposés pour créer un tube carré de 68,60 m de côté, agissant en console verticale. Deux tubes adjacents ont ainsi un jeu de piliers et de poutres en commun ; la paroi ouverte de chaque tube est composée de montants espacés de 4,60 m de centre à centre, complétés par des poutres-cloisons au niveau des étages. En coopérant à la manière d'un « tube ajouré », poutres et montants, qui sont entièrement soudés les uns aux autres, offrent une résistance maximale au flambement et résistent admirablement aux effets du vent. La taille du tube modulaire est calculée pour obtenir un effet de console maximal de l'ensemble du système, et pour une efficacité optimale du système d'ossature des planchers à l'intérieur de chaque tube. Au lieu d'une dalle en béton massif, un système de couverture métallique a été utilisé, la liaison mécanique positive entre la dalle, les éléments de planchers et les poutres de l'ossature tridimensionnelle développant un effet de raidissement au niveau des planchers. Ce raidissement lie tous les tubes modulaires de manière rigide, grâce à la bonne répartition du cisaillement plan sur les diverses ossatures du tube en faisceau.

Aux 50e, 66e et 90e étages, le nombre de tubes est progressivement réduit, ce qui donne lieu à des reculs par rapport à la façade qui confèrent à la tour son profil non-prismatique caractéristique. Il ne reste plus au sommet que deux tubes pour porter la tour, alors que des piliers en acier évacuent vers le bas les charges de gravité et le cisaillement dû au vent, en direction des caissons formant l'assise rocheuse. Cette structure a été adoptée à la suite de vérifications analytiques et expérimentales du comportement statique et dynamique du bâtiment, comprenant notamment des études en soufflerie, utilisant des informations météorologiques statistiques sur la force du vent et s'appuyant sur des modélisations aéroélastiques sur ordinateur.

Le squelette de la tour est construit en acier structurel ignifuge ; il a été préfabriqué et préassemblé en usine pour former des éléments modulaires de la hauteur de deux étages et de la largeur d'une baie, qui ont été ensuite boulonnés les uns aux autres sur le chantier. Les seules soudures opérées sur site ont concerné les brides des montants. L'enveloppe légère en aluminium noir et le verre teinté bronze servent d'isolation et permettent de maintenir une température relativement constante, qui minimise la dilatation et le retrait de l'édifice. **B. S. C.**

Sécurité

Les considérations de sécurité exercent une grande influence sur la conception des structures. Une structure est réussie si elle réalise un juste équilibre entre des caractéristiques – fonctionnelles, économiques, esthétiques et de sécurité – contradictoires. Le terme de sécurité revêt alors une signification particulière, puisqu'il s'agit d'éviter une défaillance. En ingénierie, on parle de défaillance d'une structure lorsqu'une pièce ou un ensemble de pièces ne résiste pas de manière adéquate aux forces auxquelles elle ou il est exposé(e). La rupture est le type de défaillance le plus catastrophique, mais tout dommage subi par les matériaux et susceptible de compromettre les performances de la structure doit également être considéré comme une défaillance.

Les ingénieurs responsables des structures cherchent à éviter les défaillances en anticipant sur les forces auxquelles les éléments devront résister. Il s'agit avant tout des forces de gravité. Mais d'autres efforts se manifestent aussi, comme les vibrations et la pression latérale due au vent. Il convient également d'exclure tout risque de défaillance de la structure en cours de construction. Des ruptures catastrophiques se sont déjà produites pendant les travaux, entraînant parfois mort d'homme.

À l'évidence, la sécurité dépend de la prévision par les ingénieurs des forces auxquelles devra résister une structure, de leur quantification et de la définition des critères de performance. Malgré ce que l'on pourrait croire, la meilleure façon d'éviter les défaillances ne consiste pas à rendre les structures les plus résistantes possibles. Les mesures de sécurité augmentent toujours le coût d'un projet. Quand les structures sont « surdimensionnées », elles grèvent lourdement le budget d'une entreprise, au détriment d'autres domaines. Le principal enjeu consiste donc à construire des structures présentant une résistance ni plus ni moins que suffisante.

La définition des matériaux et des assemblages qui suffiront pour un projet donné passe par l'étude des constructions existantes et par des essais effectués sur les matériaux. Pour en tirer des conclusions, les ingénieurs partent de l'hypothèse que les matériaux réels se comporteront de la même manière que les échantillons soumis à des essais normalisés. Néanmoins, il est impossible de prévoir entièrement la manière dont une structure sera utilisée et

Sears Tower, achèvement du montage des panneaux de façade (en haut) ; vue de la construction (en bas).

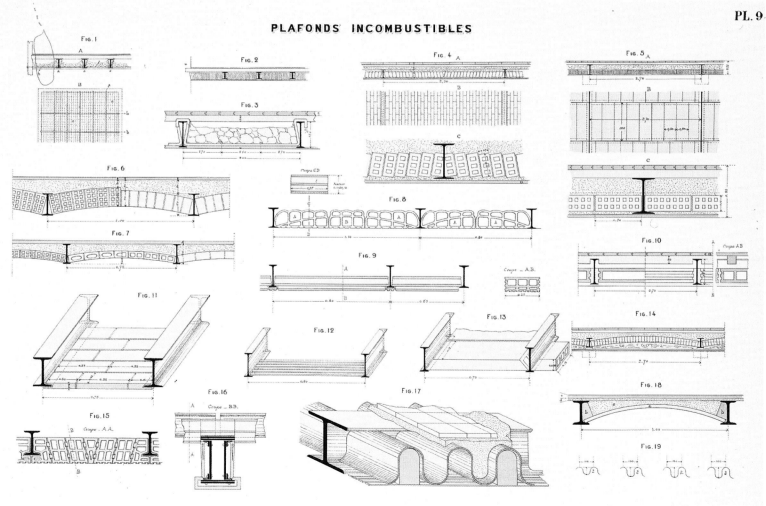

Défaillance d'une colonne en acier d'un bâtiment au cours d'un incendie, 1904 (en haut).
Dessins de plafonds incombustibles dans *La Construction architecturale en fer, fonte et acier* de Vierendeel (en bas).

entretenue après sa construction ; et comme assemblages et matériaux ne sont jamais parfaits, on construit souvent les structures un peu plus solidement que ce qui serait théoriquement nécessaire. Cette marge est appelée le « coefficient de sécurité ».

Des textes réglementaires comme les codes de la construction ou des usages en vigueur dans la plupart des pays rappellent les règles de la conception, précisément dans le but d'éviter les défaillances. Si les lois naturelles dont dépendent les performances des structures ont sans aucun doute une valeur universelle, les lois juridiques qui régissent ces matériaux diffèrent d'un pays à un autre. En Europe, le programme Eurocode tente aujourd'hui de normaliser les règles applicables aux ouvrages de bâtiment et de génie civil dans les divers États membres. Aux États-Unis, une certaine uniformité a été instaurée depuis que de nombreuses villes ont adopté un nombre limité de codes de la construction, qui ont valeur de modèles ; les pratiques recommandées, dont les lois ne font pas état, sont imposées en cas de problème par le recours à la responsabilité légale.

Les préoccupations de sécurité peuvent avoir pour corollaire un certain conservatisme, qui se traduit par des solutions assez ternes ; elles peuvent néanmoins susciter de nombreuses innovations. En effet, comme il est dit plus haut, les mesures de sécurité augmentent invariablement le coût d'une structure, et la perspective de réaliser des économies a toujours été un puissant facteur d'innovation.

La pesanteur n'est pas le seul ennemi des structures. Les matériaux peuvent être détruits pour d'autres raisons, comme l'humidité, les températures extrêmes, les produits chimiques corrosifs, ou le feu. Dans une structure sûre, les matériaux doivent non seulement être suffisamment robustes, mais être garantis contre ces risques et bien d'autres encore. Dans le cas de la préservation ou de la réhabilitation de bâtiments anciens, l'évaluation de l'intégrité des matériaux pose un problème tout particulier.

L'ironie en matière de sécurité veut que la structure d'un bâtiment soit généralement considérée comme allant de soi lorsqu'elle est réussie, et qu'on ne la remarque que si elle pose problème. Comme l'observait amèrement Charles L. Bigelow, ingénieur américain du siècle dernier, après l'effondrement d'une usine qu'il avait construite : « Tel est le destin des ingénieurs (et il diffère en cela de celui d'autres professions) [...] : rester dans l'ombre et dans l'oubli tant que

Le pont de Normandie. 80 camions pesant au total 1 300 tonnes sont restés 27 heures sur le pont pour en tester la capacité de charge.

leurs réalisations tiennent debout » (lettre au *New York Times*, 7 février 1860). C'est bien malgré lui que cet ingénieur connut une célébrité passagère. **S. E. W.**

VOIR AUSSI **Catastrophes** ; **Constructions ignifugées** ; **Parasismique**.

Seguin (Marc)

Annonay, Ardèche, France, 1786 – *id.*, 1875.

Marc Seguin naît dans une famille de négociants drapiers d'Annonay, ville connue pour ses papeteries. Il appartient à la célèbre famille Montgolfier : Joseph, l'inventeur des aérostats, est son grand-oncle ; le jeune Marc le rencontre dans la mouvance du Conservatoire des arts et métiers, au moment de ses études secondaires à Paris.

Bien vite, les affaires familiales le rappellent. Il complète alors son apprentissage du négoce et des métiers de la draperie par un vaste programme d'autoformation scientifique et une participation à la mécanisation papetière. Il crée un laboratoire de chimie, puis devient un spécialiste régional de l'hydraulique pour l'équipement des usines.

En 1815, la famille Seguin (Marc, ses quatre jeunes frères et leur père) se lance dans la fabrication drapière, les feutres de papeterie notamment, et dans la construction des machines nécessaires à cette activité. Dans les années 1820, l'entreprise envisage plusieurs diversifications industrielles, tournées vers l'innovation technique. Le projet qu'ils proposent pour un premier pont suspendu en France – le pont de Tournon♦ – rend les frères Seguin célèbres.

Convaincus de l'intérêt considérable qu'il y aurait à améliorer la situation des transports en France, particulièrement en région lyonnaise, les frères Seguin fondent en 1825 dans ce but deux entreprises d'envergure. La première concerne la navigation sur le Rhône, par le touage, un remorquage sur points fixes utilisant la force de la vapeur haute pression. Face aux nombreux courants, les machines anglaises se révèlent insuffisantes et peu fiables. Malgré de réels efforts d'amélioration, et la première remontée du fleuve à la vapeur, en 1828, la société ne se révèle pas assez rentable et est dissoute. Marc Seguin développe alors une recherche approfondie sur la génération de vapeur. Il construit la première chaudière à nombreux tubes de fumée et tirage forcé, utilisable industriellement (brevets de 1828 et 1830).

La seconde grande société constituée par les Seguin est celle du chemin de fer de Saint-Étienne à Lyon, dont ils obtiennent la concession en 1826. Utilisant d'une manière critique les enseignements des premières lignes publiques anglaises, Marc définit un tracé ambitieux, à longues pentes constantes et grands rayons de courbure, prévu à priori pour un usage continu des machines locomotives. Sa réalisation implique des travaux de génie civil importants dans une région montagneuse : 4 km de tunnels pour 60 km de ligne. Ouverte partiellement en 1830, elle est achevée en 1833, permettant le désenclavement houiller de Saint-Étienne à un tarif exceptionnellement bas pour l'époque. Pour l'équiper, Marc Seguin réalise l'adaptation de la chaudière tubulaire sur une mécanique de George et Robert Stephenson♦ (1828) ; puis il développe, à Lyon, le premier atelier de locomotives en Europe continentale. Entrepreneur et ingénieur civil, Seguin est aussi l'un des précurseurs de l'équivalence entre chaleur et travail, qu'il propose d'utiliser comme « principe » scientifique du calcul des moteurs à vapeur (1839). **M. C.**

Séjourné (Paul)

Orléans, Loiret, France, 1851 – Paris, 1939.

Fils d'un professeur de mathématiques, Paul Séjourné sort de l'École polytechnique dans le corps des Ponts et Chaussées. Nommé à Mende, puis à Toulouse, il est chargé de la construction de plusieurs lignes de chemin de fer, et réalise notamment les trois voûtes du Castelet, de Lavaur et du pont Antoinette♦ (1884). De 1890 à 1893, Fives-Lille lui confie la construction d'une partie de la ligne de Linarès à Almeria, en Andalousie. Après un bref retour dans la fonction publique, il est engagé par la Compagnie du PLM en 1896. Sa réputation grandit ; le grand-duché du Luxembourg lui demande d'étudier la construction du pont Adolphe à Luxembourg (1901), puis Toulouse celle du pont des Amidonniers (1910) : « Le pont doit être adapté, non seulement aux lieux, mais au climat, aux monuments voisins, à la lumière, à la couleur locale : il doit sentir le terroir, avoir poussé naturellement sur le sol, n'avoir pas l'air importé, transplanté ; il faut à Toulouse un pont toulousain. »

Entre-temps, il a été nommé professeur à l'École des ponts et chaussées en 1901, puis chef du service de construction du PLM en 1909, réalisant de nombreux ouvrages, et quelques chefs-

d'œuvre : viaducs de Fontpédrouse (1909), Scarassoui (1922) et La Recoumène (1926). En 1916, il est appelé par le général Lyautey au Maroc ; il y projette la construction d'un certain nombre de lignes de chemin de fer, dont certaines ont pu être réalisées.

Historien érudit, il publie de 1913 à 1916 six gros volumes intitulés *Grandes Voûtes*. Il y précise : « Un pont est fait pour qu'on passe dessus ; c'est une œuvre d'utilité, et qui doit durer. Il doit être et paraître ajusté à son objet, solide, clair, simple, bien exécuté, sans vains ornements. » Élu membre de l'Académie des sciences en 1924, il est nommé grand officier de la Légion d'honneur en 1926. **B. M.**

Serres

La serre est un programme stimulant du point de vue constructif en ce qu'elle combine deux axes de recherche : la grande portée et la transparence. Parallèlement au problème structurel consistant à créer un système de support de la couverture vitrée le plus fin possible, elle soulève des questions de contrôle de l'ambiance intérieure (lumière, chaleur, humidité), autrement dit d'« environnement bien tempéré ». En cela, elle s'inscrit dans une problématique écologique au sens large bien contemporaine, et met en œuvre une ingénierie thermique potentiellement exemplaire pour tout bâtiment.

Si les premiers jardins d'hiver et orangeries d'Europe, qui cherchaient à créer des conditions artificielles de chaleur et de lumière solaire pour la culture des végétaux, remontent au XVIIe siècle, l'essor des serres date sans conteste du XIXe siècle. Il est lié à un engouement pour la botanique et, surtout, aux progrès réalisés dans la production et la mise en œuvre de deux matériaux : le fer et le verre. Il est à cet égard significatif que la grande période de construction de serres – le milieu du XIXe siècle – voie l'affrontement de plusieurs corps professionnels qui revendiquent chacun un rôle prioritaire dans la réalisation de ce programme : les horticulteurs, les ingénieurs, les architectes et les entrepreneurs spécialisés.

Ainsi, le pionnier des serres modernes est, au début du XIXe siècle, l'horticulteur anglais John Claudius Loudon, auteur d'une trentaine d'ouvrages de jardinage et de construction des « *Hothouses* ». Grand zélateur du fer, il met au point, en 1816, un procédé pour courber les profilés de fer forgé qui permettra la conception d'édifices aux formes curvilignes, à la fois

Serres de La Villette, vue en contre-plongée.

stimulantes esthétiquement et performantes dans la captation des rayons solaires. Son œuvre majeure est le fruit d'une longue collaboration avec les entrepreneurs en serrurerie William et Donald Bailey : la serre de Bretton Hall, réalisée en 1827 pour Mme Beaumont dans sa résidence du Yorkshire, est coiffée d'un dôme vitré de près de 30 m de diamètre pour 20 m de hauteur.

Malgré les problèmes de corrosion qu'il pose dans des milieux souvent fort humides, le métal domine dans les réalisations importantes de la première moitié du XIXᵉ siècle : ainsi dans la serre du Muséum♦ à Paris, conçue en 1834 par l'architecte Charles Rohault♦ de Fleury, et dans celles de Belfast (par C. Lanyon et l'entrepreneur irlandais Richard Turner♦), de Chiswick (une galerie voûtée de 55 m de longueur par Donald et E. Bailey), et de Dublin (W. Clancy et Turner, 1842-1845). Deux édifices majeurs de cette veine, tous deux dédiés à la conservation des palmiers, marquent également cette période : la Palm House de Bicton, réalisée en 1843 par Donald et E. Bailey, dans laquelle Peter Rice♦ voyait l'une des premières utilisations structurelles du verre, la couverture courbe contreventée par les petits modules de verre formant une coque, à la manière de la carapace d'un animal ; et la palmeraie des Jardins botaniques royaux de Kew♦, réalisée en 1844-1848 par Turner sur un projet de l'architecte Decimus Burton, magnifique témoignage,

récemment restauré, de modernité structurelle et spatiale.

Mais le métal – fer et fonte – ne règne pas encore sans partage. Ainsi le grand spécialiste des serres Joseph Paxton♦ n'abandonne-t-il jamais le bois, que ce soit dans la grande serre qu'il réalise à Chatsworth♦ entre 1836 et 1840 ou dans son fameux Crystal♦ Palace, conçu pour accueillir l'Exposition universelle de Londres en 1851.

Dans la seconde moitié du XIXᵉ siècle, le vocabulaire esthétique – sinon structurel – des serres se complexifie et s'alourdit : c'est que d'utilitaire, le programme est souvent devenu récréatif, avec les promenades urbaines couvertes en forme de jardins d'hiver et les sortes de salons d'agrément implantés dans les parcs des grandes agglomérations ou des villes d'eau, ou, à une échelle plus domestique, les excroissances vitrées des riches demeures privées.

Le XXᵉ siècle voit un retour à un programme essentiellement fonctionnel, horticole et industriel. La rationalisation économique de ses outils de production conduit à une grande simplicité formelle et technique, avec le recours à de nouvelles matières et mises en œuvre comme les plastiques, les alliages légers et les structures gonflables.

Il est curieux de noter qu'à la fin de ce même siècle, c'est dans le contexte d'un équipement à nouveau récréatif – les serres bioclimatiques de la Cité des sciences et de l'industrie à Paris –

que le bureau RFR met au point un système de façade innovant, utilisé depuis dans de tout autres programmes : le « verre structurel ». Les façades de 32×32 m sont composées à partir de modules de verre trempé de 2×2 m, suspendus et maintenus par un type inédit de fixations à boulons articulés dans le plan même du vitrage. Ainsi, aucune menuiserie ne vient enserrer le verre et rompre la transparence de l'ensemble, qui présente un nu extérieur parfaitement lisse, comme dématérialisé. **G. M. J.**

VOIR AUSSI **Construction métallique**.

Severn (pont sur la)

Près de Newport, pays de Galles, Grande-Bretagne, 1966.

La conception et la construction du pont suspendu sur la Severn (1959-1966, avec une travée centrale de 988 m) marque un net changement dans la forme des ponts suspendus au cours de la deuxième moitié du XXᵉ siècle. Son achèvement suit de peu celui du premier grand pont routier européen sur le Forth (1957-1964), doté d'un tablier en treillis classique, configuration jugée indispensable à la suite de l'effondrement dramatique du pont de Tacoma (États-Unis) sous l'effet du vent. Mais ces structures sont alors coûteuses, exigent des techniques de fabrication et de montage spéciales, et ne peuvent pas bénéficier des nouveaux progrès de l'industrie.

Les ingénieurs-conseils qui travaillent conjointement à ces deux projets sont Mott Hay & Anderson et Freeman Fox & Partners, ces derniers élaborant les principes généraux et la conception détaillée de la superstructure et des systèmes de câbles. Gilbert Roberts est le responsable de l'entreprise, et William Brown ingénieur-concepteur principal.

Comme pour le pont routier sur le Forth, une étude préliminaire est réalisée en treillis de faible épaisseur, et des essais en soufflerie sont entrepris pour prouver sa stabilité. Mais, à peine les essais ont-ils commencé, qu'au début de 1959 les amarrages du modèle cèdent, entraînant sa destruction. Il se trouve que Brown a exploré l'utilisation de gros caissons rigides en torsion et a démontré qu'un caisson de faible épaisseur, entièrement soudé, serait non seulement plus léger, plus efficace et plus pratique, mais également mieux adapté aux pratiques contemporaines. Le facteur inconnu reste sa stabilité aérodynamique.

L'attribution de temps d'essais dans le

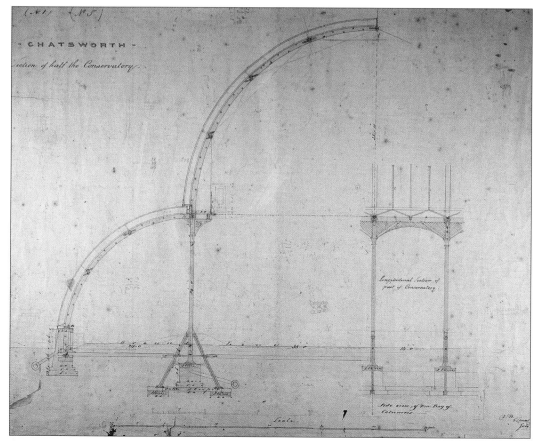

Grande serre de Chatsworth, dessin de D. Burton.

Laboratoire national de physique est très difficile à obtenir, mais une occasion va, par chance, se présenter.

Brown propose très vite plusieurs dispositions géométriques pour le « profil » du tablier de faible épaisseur, toutes réunies rapidement pour constituer des modèles simples, destinés aux essais. L'un deux, qui présente un nez pointu asymétrique, se révèle stable. Toutefois, le laboratoire soulève la question de l'influence de l'effet d'échelle sur ce genre de profil aérodynamique. Pour dissiper ces craintes, un essai à grande vitesse en soufflerie à air comprimé est également réalisé.

Bien que la stabilité fondamentale du profil ait été reconnue, le laboratoire fait état d'un risque de mouvement minime dans une bande étroite à basse vitesse. Normalement, celui-ci doit être amorti par la structure elle-même, mais comme elle est entièrement soudée et la première de ce type, on estime qu'un amortissement complémentaire est nécessaire. Cela conduit à effectuer des recherches sur l'hystérésis dans les câbles et à prévoir une inclinaison limitée (65 °) pour les suspentes.

Depuis l'ouverture du pont, bien des concepteurs se sont largement inspirés de sa forme, inédite à l'époque, mais désormais considérée comme classique.

L'avantage du profil aérodynamique, avec sa faible résistance au vent, se reflète également dans la conception des pylônes, qui sont en caisson simple, avec des joints internes propres et une surface extérieure lisse, facile à entretenir et mettant en œuvre les techniques de soudage les plus modernes.

En réduisant la traînée induite par le vent et les forces de torsion s'exerçant sur le « tablier de type pont sur la Severn », on résout de manière efficace le problème aérodynamique pour les travées de 1 500 à 2 000 m de longueur maximale, sans toutefois pouvoir les éliminer entièrement. Pour construire de façon économique les travées encore plus longues actuellement envisagées, par exemple sur le détroit de Messine (3 300 m de portée), des études s'appuyant sur les mêmes principes se sont révélées encourageantes. Il n'en reste pas moins que le pont sur la Severn a constitué l'étape décisive. **W. C. B.**

Severud (Fred N.)

Bergen, Norvège, 1899 – Miami, Floride, États-Unis, 1990.

Fred N. Severud est l'un des ingénieurs américains du génie civil les plus éminents de son époque. Initialement destiné à une carrière militaire, il obtient en 1923 son diplôme d'ingénieur à l'Institut de technologie de Trondheim, en Norvège, et émigre aussitôt aux États-Unis. À la demande du gouvernement, il conçoit un projet de logements qui lui vaut, dans les années trente, une réputation d'expert en bâtiments présentant des problèmes de structure. Son savoir-faire passera de la maçonnerie dans les années trente à la construction de tours dans les années quarante, puis aux longues portées dans les années cinquante.

Severud s'attaquera à bien des problèmes difficiles. Les solutions qu'il apporte allient souvent ingéniosité et intuition. Il tire de nombreux enseignements de la nature, qui lui inspire un article intitulé « *Turtles and Walnuts, Morning Glories and Grass* » (tortues et noix, belles-de-jour et herbes), publié en 1945 dans *The Architectural Forum*. Il y décrit les structures fondamentales qu'il observe dans les formes de la nature, suggérant d'en adopter les principes pour les appliquer à des constructions, et proposant divers matériaux pour les mettre en œuvre. Ses travaux, réalisés dans le cadre de projets spectaculaires en collaboration avec des architectes célèbres, font appel à une large gamme de techniques, de technologies de fabrication, de problèmes analytiques et d'applications à l'ingénierie.

Severud est l'un des premiers à perfectionner le principe du béton densifié, moyen qui permet d'opposer une résistance aux forces de tension pour éviter les craquements de surface, grâce à des compressions induites dans le béton, égales ou supérieures aux tensions causées par la résistance aux frictions internes survenant au cours des premières heures qui suivent le coulage, et se manifestant au début de la prise. Les panneaux préfabriqués peuvent ainsi être coulés horizontalement et « densifiés » au sol, empilés les uns sur les autres, et, après avoir séché pendant dix jours, être hissés en haut des colonnes pour être mis en place. C'est pour le nouveau campus de Trinity College à San Antonio, au Texas (O'Neil Ford et William W. Wurster, architectes), que Severud réalise en 1950 l'application la plus frappante de ce procédé. Par ailleurs, il a également recours à des méthodes traditionnelles, comme, en 1967, pour le consulat des

Pont sur la Severn, deux vues de la construction.

États-Unis à Tabriz, en Iran, dû à l'architecte Edward Larrabee Barnes. Le principe de ce bâtiment repose sur l'utilisation « contextuelle » des matériaux et des méthodes de construction locaux, tout en faisant appel pour la structure à des formes plus élaborées : arches à ruban, voûtes en berceau, dômes à coque mince, et arcs-boutants extérieurs de la construction en maçonnerie.

Dans les années cinquante, le savoir-faire de Severud s'étend au domaine des structures à câbles porteurs, dont les arènes de Raleigh♦ fournissent, en 1950, l'exemple le plus étonnant. Leur concept, proposé par l'architecte Matthew Nowicki peu avant sa mort, comprend deux arches transversales obliques en compression supportées par des colonnes, avec un toit à caténaire élingué par des câbles entre les arches. Un réseau de câbles secondaires à angle droit forme une grille à deux voies, haubanée aux poteaux aux points d'intersection pour arrimer le toit et éliminer le *flutter* (problème naturel dû à la succion du vent traversant la surface concave), les poteaux étant en outre stabilisés par le poids mort perpendiculaire du matériau de la toiture.

La proposition structurelle de Severud la plus remarquable pour un concept architectural est la mise en œuvre du projet d'Eero Saarinen♦

pour l'Arche de Saint Louis. Ce monument, conçu en 1946 pour symboliser la porte de l'Ouest, prend la forme d'une « chaînette lestée » (une courbe résultant d'un poids plus élevé à sa base) ; sa hauteur est égale à sa largeur et il a un profil transversal en forme de triangle équilatéral, dont la structure est constituée par une paroi orthotrope contrainte, avec une mécanique d'arche utilisant la capacité de charge de la paroi. Ainsi que le note alors Severud, « un simple brin d'herbe [...] est un exemple brillant de la stabilité que l'on peut obtenir en pliant un matériau auquel on donne un pli triangulaire. L'Arche est peut-être le seul véritable monument moderne, et elle a été construite pour durer mille ans ».

L'American Institute of Architects nomme Severud membre honoraire associé en 1958 et lui décerne une médaille d'or. Il reçoit également de nombreuses autres récompenses avant d'être élu membre de la National Academy of Engineering en 1968. À partir de 1973, date à laquelle il quitte l'entreprise qu'il a créée des années auparavant, il perd tout contact avec l'ingénierie et le milieu professionnel.

Severud, qui était devenu membre des témoins de Jéhovah en 1935, passe le reste de sa longue vie retiré du monde, se consacrant désormais aux activités de cette secte religieuse. **P. C. P.**

Séville (pont de)
voir **Alamillo (pont d')**

Sheerness (bâtiment de l'arsenal de)

Sheerness, Kent, Grande-Bretagne, 1860.

Le bâtiment de l'arsenal, construit par Godfrey Greene en 1858-1860 pour l'établissement de la British Navy à Sheerness, représente l'aboutissement de plusieurs décennies d'études en matière de bâtiments couverts destinés à la construction et au mouillage des navires. Il mérite sa place dans l'histoire des techniques comme le plus ancien bâtiment à ossature métallique encore existant, qui tire sa résistance aux charges appliquées par le vent (stabilité latérale) de l'action de portiques, ou action Vierendeel, plutôt que d'une résistance au cisaillement apportée par des murs en maçonnerie. C'est sans doute également le premier bâtiment à plusieurs étages à être doté de piliers à section en H. À ce double titre, et compte tenu également de son aspect général, il s'inscrit clairement comme un véritable prototype dans l'architecture moderne.

Les premières cales sèches couvertes sont construites en bois autour de 1800 ; très sujettes aux incendies, elles obligent en outre, en raison de leur grande taille, à prévoir d'énormes éléments de bois pour résister aux efforts générés par le vent. Au milieu des années 1840, l'entreprise Fox & Henderson construit deux nouveaux bâtiments de lancement, entièrement en fonte et en fer forgé – expérience qui lui permettra de passer ensuite à la réalisation de toitures en fer pour les gares de Birmingham New Street (1854) et de Paddington♦ (1849-1854), et surtout d'édifier le Crystal♦ Palace en 1850. L'aspect le plus remarquable de la deuxième cale construite par Fox & Henderson à Chatham (1847), qui présente une première travée de 26 m et deux travées latérales de 8 m, est que les poutres de toiture en fonte partant vers les travées latérales sont fixées aux colonnes principales, servant ainsi à rigidifier toute la structure par un effet de type portique. C'est probablement le premier exemple de ce concept à une telle échelle.

Godfrey Greene rejoint le chantier naval en 1850 en tant que membre des Royal Engineers ; son premier ouvrage important sera la construction d'une autre toiture pour cale sèche, à Chatham, en 1852. Réalisée elle aussi en fer, elle a

Severud (Fred). L'Arche de Saint Louis, vue générale (page de gauche) ; vue de la construction (ci-dessus).

manifestement subi l'influence des cales de Fox & Henderson, ainsi que du système adopté pour le Crystal Palace, à propos duquel Fox a même avancé qu'une construction n'utilisant que des assemblages rigides permettrait quand même d'obtenir un contreventement satisfaisant. Mais la prudence a prévalu pour le bâtiment de la Grande Exposition, et des renforts transversaux diagonaux ont été ajoutés en plus des assemblages rigides. La cale sèche construite par Greene à Chatham utilise des piles à section en H (peut-être pour la première fois) et des poutres-treillis jointes à elles par des assemblages rigides ; Greene n'emploiera aucun entretoisement transversal, choix qui indique clairement la voie qu'il s'est fixée pour aboutir à la construction, à partir de 1858, d'un autre bâtiment plus massif, bien que plus petit.

Le bâtiment de Sheerness est conçu sous la forme de deux ossatures rigides de 14 m de large, placées de chaque côté d'un vide de 14 m, les trois parties étant couvertes par des toitures similaires. Les piliers sont en fonte à section en H, les poutres principales à section en I, fabriquées en fer forgé par rivetage de cornières et de fers plats. Les poutres de plus petite taille sont en fonte ; cependant, comme elles sont maintenues fixement aux piliers par des boulons pour former un assemblage capable de supporter une flexion positive ou négative, elles présentent une section en I symétrique (au lieu de la section en fonte, plus courante, avec une membrure inférieure beaucoup plus large, pour supporter les contraintes de traction).

Quoique très en avance sur son temps, le bâtiment de l'arsenal de Sheerness n'en est pas moins resté assez peu connu ; il ne semble pas avoir eu d'influence déterminante sur les bâtiments conçus ultérieurement. Une innovation évidente avait pourtant consisté à combiner le principe de l'ossature rigide de Sheerness avec le traditionnel plancher en voûtains de briques, caractéristique de tant de constructions ignifugées. Cette solution sera cependant reprise par Hippolyte Fontaine pour les six étages de l'entrepôt qu'il construira, en 1864-1865, sur les docks de Saint-Ouen, au nord de Paris – édifice qui, au demeurant, ne présente guère de mérite architectural. **W. A.**

Sicli Company (bâtiment de la)

Genève, Suisse, 1969.

Heinz Isler[♦] a mis au point, avec un raffinement évident, une procédure de recherche de la

Bâtiment de l'arsenal de Sheerness,
vue intérieure (en haut) ; détail de structure (au milieu) ;
vue générale (en bas).

forme qu'il appelle la méthode de la membrane inversée en suspension. Il tend une toile en plusieurs points et la recouvre d'une matière plastique humide, obtenant ainsi une forme suspendue en tension pure sous la gravité. Une fois la forme solidifiée, il la retourne et obtient une forme de coque en compression pure. Il mesure ensuite avec précision des points sur la surface pour définir la forme, qui est ensuite construite à l'échelle 1 sur le chantier.

L'exemple le plus sophistiqué d'utilisation de cette membrane est le toit du bâtiment de la Sicli Company à Genève. Le toit de la Sicli couvre un bâtiment de bureaux à 2 étages et un local d'usine à un seul étage, le tout avec une seule coque mince reposant sur 7 supports, et aux extrémités libres. La portée totale est de 33×54 m, la coque n'a que 9 cm d'épaisseur, et des attaches précontraintes fixées au-dessous du sol relient les supports. La coque comporte même, sur l'un des côtés, une ouverture ovale pour recevoir un jardin d'hiver. D'un point de vue esthétique, la finesse est pleinement exprimée ; de plus, la coque étant en compression, elle ne requiert ni couverture ni imperméabilisation. Cette coque est l'une des plus grandes réussites de l'art des structures en béton armé. **D. P. B.**

Skidmore, Owings & Merrill (SOM)

L'agence Skidmore, Owings & Merrill (SOM) a développé, au cours des cinquante dernières années, une méthode de travail destinée à mettre au premier plan la relation ingénieur-architecte. Fondé en 1936 par deux architectes, Louis Skidmore (1897-1962) et Nathaniel A. Owings (1903-1984), auxquels l'ingénieur John O. Merrill (1896-1975) s'est joint en 1939, le partenariat a d'emblée développé l'idée de rassembler au sein d'une même équipe des compétences diverses et complémentaires, permettant de travailler à des projets d'une grande complexité.

Reconnue pour mener à bien des commandes prestigieuses pour le compte d'institutions ou de grandes compagnies, l'agence SOM s'est souvent vu reprocher son vocabulaire architectural, considéré comme bien conventionnel. On peut néanmoins discerner, au fil des projets, la mise en place d'une culture d'entreprise cherchant à conjuguer clarté du système constructif, fluidité des espaces intérieurs, usinage parfait des éléments de construction. C'est indubitablement à l'occasion de réalisations emblématiques comme la Lever House à New York (1952), le siège d'Inland Steel à Chicago (1958), le John Hancock Center de Chicago (1970) ou encore le projet du pont Ruck-a-Chucky en Californie (1978), que cette pensée du projet a été la plus éloquente, et que se sont retrouvées des personnalités aussi marquantes que les architectes Gordon Bunshaft, Bruce Graham, Myron Goldsmith♦, ou les ingénieurs Fazlur R. Khan♦ ou T. Y. Lin. **R. R.**

Sky City 1 000 (projet d'immeuble de grande hauteur)

Japon, en cours d'étude.

L'entreprise de construction japonaise Takenaka, associée à l'architecte Shizuo Harada, a proposé le projet d'une tour habitable de 1 000 m de hauteur. Intitulé Sky City 1 000, ce projet consiste à empiler 14 plateaux en forme d'« assiettes » creuses, dont les diamètres décroissent de 400 à 160 m. L'ensemble, supporté par 10 gigantesques piles incurvées, en forme de Y inversé, s'apparente à une structure conique et permet une égale répartition des charges. La base élargie confère au système porteur une grande inertie et présente donc une très bonne résistance aux poussées du vent et aux mouvements sismiques.

Bâtiment de la Sicli Company, vue de la construction de la coque (en haut) ; vue intérieure de la coque décoffrée (en bas).

Skidmore, Owings & Merrill (SOM).
Bâtiment de la Chase Manhattan Bank, en cours de construction (ci-contre).

Chaque « assiette » abrite une unité d'habitations autonome. Elle comprend, en périphérie, des blocs de planchers hauts de 56 m qui, encastrés entre chaque pile, établissent une liaison structurelle et délimitent un vaste atrium central, occupé par des jardins. La logique de superposition dégage entre chaque unité une hauteur libre de 20 m, offrant au jardin suspendu ventilation et éclairage naturels.

Cinq types de circulation différents doivent permettre aux 135 000 utilisateurs potentiels de se déplacer : des ascenseurs effectuant, par unité, les liaisons verticales locales, côtoient des trains, en giration perpétuelle dans chaque atrium ; des ascenseurs intégrés aux piles assurent les dessertes rapides des personnes et des marchandises ; enfin, un système de monorail, s'enroulant en spirale sur la structure conique, permet une ascension panoramique.

Reprenant le schéma statique imaginé par Gustave Eiffel◆ pour sa tour, le projet de Takenaka poursuit les recherches sur les mégastructures lancées dans les années soixante, par les métabolistes japonais notamment. Mais, bien que présenté comme une alternative aux problèmes de congestion urbaine, ce projet de ville verticale ne doit pas occulter l'opportunité foncière qui est la condition même de son existence : une emprise au sol de 80 ha. **R. R.**

Skylon

Festival de Grande-Bretagne, Londres, 1951.

Le concours lancé pour la conception d'un signal de grande hauteur pour le festival de Grande-Bretagne est remporté par de jeunes architectes, Philip Powell et Hidalgo Moya. Ils imaginent une structure en forme de cigare, destinée à attirer le regard, d'une hauteur de 76 m, étincelante de jour et éclairée de l'intérieur la nuit, et suspendue à 12 m au-dessus du sol par trois pylônes inclinés, longs de 21 m. Par la suite, ce signal prendra valeur de symbole de l'Exposition ; il est resté dans les mémoires sous le nom de Skylon.

Felix Samuely◆ est nommé ingénieur structures. Son principal problème est d'éviter les efforts dynamiques excessifs et un mouvement trop important de la structure sous l'effet du vent. Il y parvient en mettant en prétension tout le système de câbles, pour éviter que l'un d'eux ne prenne du mou. Ce signal à 12 faces, qui atteint une largeur de 4 m, est assemblé à partir d'éléments en treillis d'acier boulonnés les uns aux autres, alors que les pylônes, de section triangulaire, sont constitués de plaques d'acier soudées.

La précontrainte, introduite pendant l'élévation des pylônes, a également permis d'éviter de recourir à des contrefiches latérales autour de chaque pylône, comme le proposaient les architectes, de sorte que la ligne de l'édifice s'en est trouvée encore affinée. Les ancrages des extrémités des câbles, plutôt disgracieux, ont été dissimulés par des câbles continus, partant du sol pour passer ensuite sur les extrémités des pylônes et sous la base du signal, avant de rejoindre à nouveau le sol par le chemin inverse. Les câbles ont alors été fixés en ces divers points avant d'être mis en précontrainte. Ce projet ne représente pas seulement une prouesse en matière d'ingénierie et d'innovations, il offre aussi un exemple exceptionnel de collaboration réussie entre architecte et ingénieur. **F. N.**

Smeaton (John)

Austhorpe Lodge, Whitkirk, près de Leeds, Grande-Bretagne, 1724 – *id.*, 1792.

Après s'être formé en autodidacte, John Smeaton s'installe en 1748 à Londres comme fabricant d'instruments scientifiques. À partir de 1752 environ, il fait preuve d'un intérêt croissant pour la mécanique et entreprend des recherches classiques sur les énergies hydraulique et éolienne. Il réalise ses premiers (petits) travaux d'ingénieur entre 1753 et 1755, puis, au cours de l'année suivante, passe cinq semaines à faire des études hydrauliques dans les Low Countries. Sur recommandation du président de la Royal Society (dont Smeaton est membre), il est chargé en tant qu'ingénieur de la reconstruction du phare d'Eddystone◆. Cette mission, terminée en 1759, marque le début d'une remarquable carrière d'ingénieur-conseil ; il trouvera cependant le temps de poursuivre des recherches personnelles sur la nature des chaux hydrauliques, l'expérimentation de la force mécanique, ainsi que sur le débit de l'eau dans les canalisations ou les barrages.

Ses principaux travaux sont le phare d'Eddystone, première structure « moderne » de ce genre (1756-1759) ; un projet visant à rendre la rivière Calder navigable (1760-1765), comportant 26 écluses sur une longueur de près de 40 km ; le superbe pont à 5 arches de Coldstream (1762-1767) ; le pont de Perth (1766-1771), premier pont à être construit sur des tympans creux ; les roues à eau et les pompes du pont de Londres (1767-1768, qui produisent alors jusqu'à 50 CV) ; le canal reliant la Clyde au Forth (1768-1777, long de 45 km, avec 20 écluses et, à son point culminant, un

Projet Sky City 1 000, photographie de la maquette.

Le Skylon, vue intérieure du « cigare » (en haut, à gauche) ; montage des trois pylônes inclinés (en bas, à gauche) ; vue générale (à droite).

réservoir retenu par une digue en terre de plus de 8 m de haut) ; la pompe à vapeur de la mine de Chasewater (1774-1775, qui produit 70 CV, ce qui fait d'elle la plus puissante de l'époque avant que James Watt n'entre en scène) ; le port d'Aberdeen (1775-1780) ; l'amélioration du drainage de 17 000 acres de terres à Hatfield Chase (1776-1783) ; un grand bassin de retenue au port de Ramsgate (1776-1783) ; le pont d'Hexham (1777-1780, majestueuse structure composée de 9 arches, qui sera détruite par une énorme crue de la Tyne en 1782) ; et l'extrémité de la jetée du port de Ramsgate (1788-1792, construite en pleine mer, après creusement des fondations à l'aide d'une cloche de plongée).

Les chantiers de tous ces travaux sont contrôlés par un *resident engineer* (terme inventé par Smeaton en 1768), avec lequel il entretient une correspondance régulière, quand il n'effectue pas des visites sur le site si les circonstances l'imposent. Vingt-cinq des rapports qu'il établit sont immédiatement publiés ; la quasi-totalité (environ 200) de ces rapports font l'objet d'une publication en 1812. Son in-folio sur Eddystone paraît en 1791 ; trois de ses articles consacrés à la mécanique, déjà publiés dans *Phil. Trans. Roy. Soc.*, sont réunis en un ouvrage paru en 1794 (traduit en français en 1810). Ces deux livres seront réédités deux ou trois fois. En 1771, Smeaton et quelques-uns de ses collègues fondent la Society of Civil Engineers, qui deviendra plus tard la Smeatonian Society – club qui réunit encore aujourd'hui d'éminents représentants de la profession d'ingénieur civil. **A. W. S.**

Snowdon Aviary (volière du zoo de Londres)

Londres, Grande-Bretagne, 1965.

La volière de promenade du zoo de Londres – conçue par lord Snowdon, Cedric Price, architectes, et Frank Newby♦, ingénieur – est formée par un réseau de câbles d'une portée de 45,70 m, recouvert d'un grillage soudé en aluminium, et porté à chaque extrémité par un contrefort en treillis constitué de tubes d'aluminium et de câbles d'acier. Sa conception novatrice est due à Frank Newby, qui a repris le principe des structures tendues de Richard Buckminster Fuller♦ pour la construction de l'ossature d'extrémité. Comme la force du vent sur le grillage s'exerce faiblement par rapport à une surface pleine, les câbles principaux n'ont nécessité qu'un dispositif antiflottement à mi-distance, ce qui a donné à l'ensemble une forme très aérienne.

Malgré une maquette confirmant la viabilité du projet, il s'est révélé nécessaire de mettre deux câbles sous prétension au niveau de chaque ossature d'extrémité, afin de supporter la compression. Les essais en soufflerie pratiqués sur des maquettes, simulant un grillage plein et un grillage recouvert de glace, ont donné des résultats satisfaisants. Le grillage soudé de 15,3 × 2,9 cm a été fabriqué en fil de 10 g pour former des panneaux de 3,70 × 1,20 m, qui ont été ensuite anodisés en noir. Ces panneaux ont été joints par des assemblages sertis et fixés aux câbles par l'intermédiaire de raidisseurs d'angle. Les tétraèdres ont été construits dans des tubes d'aluminium de 30,50 cm de diamètre, assemblés par boulonnage sur des pièces d'angle moulées en aluminium. Les bigues à trois montants, d'un diamètre de 61 cm, ont été fabriquées à partir d'éléments en aluminium extrudé soudés entre eux.

Avec son parcours en zigzag, la promenade intérieure en béton précontraint présente deux sections de 12 m montées en console au-delà du mur de soutènement ; elles sont retenues à leurs autres extrémités par d'autres consoles, solidaires des blocs de fondation extrêmes. Avec ses oiseaux, la volière a connu un succès qui ne s'est pas démenti. **F. N.**

La volière du zoo de Londres, ancrage des mâts (à gauche) ; vue générale (à droite).

Stade français (couverture de la piscine du)

Boulogne-Billancourt, auj. dans les Hauts-de-Seine, France, 1962.

La couverture de la piscine du stade français à Boulogne (1961-1962) a la forme d'un parallélépipède de 50 × 50 m de base et de 2,30 m d'épaisseur. La conception de la charpente métallique reprend le principe de la « tridirectionnelle » conçue par Stéphane Du♦ Chateau. Cette grille à double nappe comporte 2 réseaux plans parallèles, maillés selon une trame hexagonale (triangles de 3,90 m de côté), avec des nœuds en acier moulé, recevant 6 barres dans un plan et laissant la possibilité de régler les dimensions. Les 2 nappes superposées sont reliées par des barres d'entretoisement : une première famille est constituée d'éléments verticaux reliant 2 nœuds, une deuxième famille comprend 6 barres, dont l'une des extrémités est un nœud de nappe inférieure, et l'autre le milieu des 6 éléments rayonnant autour du nœud correspondant de la nappe supérieure. L'ensemble est ceinturé par une poutre-treillis en X. La couverture en dalle céramique armée est portée par des fers en T, espacés d'un demi-module. Tous les éléments, dont le diamètre extérieur varie de 60 à 90 mm, sont galvanisés préalablement à la soudure, et tous les assemblages soudés sont galvanisés par reconditionnement à froid. Cette structure, calculée selon une analogie de plaque, a un poids de 29 kg/m². Le montage a été réalisé par ripage de poutres partielles ayant une contre-flèche maximale de 0,70 m. L'ensemble de la résille a été complété par adjonction de barres, conformément à la définition géométrique initiale. **R. M.**

Stades

Le stade est un type de construction apparu dans la Grèce antique : son nom provient d'une unité de mesure, le stade, d'environ 600 pieds (200 m), soit la distance classique couverte lors d'une course à pied olympique. Si l'on a souvent construit des stades dans les sociétés grecque et romaine, on a pratiquement cessé de le faire entre la Renaissance et le début de l'ère moderne, les événements sportifs publics s'étant alors faits rares. C'est à la réinstitution des Jeux olympiques à Athènes en 1896 que l'on doit le retour des grands stades dans le paysage urbain ; tout au long du XXᵉ siècle, le stade sera un banc d'essai privilégié pour de nouvelles techniques de construction.

Couverture de la piscine du stade français, détail d'un nœud en acier moulé (en haut) ; détail de la grille à double nappe (au milieu) ; vue intérieure du bassin et de la charpente métallique (en bas).

Les principaux problèmes à résoudre lors de la conception d'un stade au XXᵉ siècle sont les suivants : sa forme, qui dépend du type de sport auquel il est destiné, football, football américain, base-ball par exemple, ou bien – comme c'est le cas de la plupart des grands stades contemporains – la combinaison de plusieurs sports ; les angles de vue, compte tenu du fait que le profil idéal du stade doit comporter une forte pente, supportée par des piliers intérieurs, de telle sorte que les spectateurs des derniers gradins aient une vue dégagée, tout en étant relativement proches du terrain ; la protection des intempéries, réalisée pour les seuls spectateurs ou pour les joueurs et les spectateurs ; et, enfin, la dimension, sachant que certains équipements peuvent accueillir jusqu'à 200 000 personnes assises.

Les stades du début du XXᵉ siècle sont surtout construits en béton armé coulé sur place, tout comme le seront entre les deux guerres les stades olympiques de Stockholm en Suède (1912), de Colombes en France (1924), d'Amsterdam aux Pays-Bas (1927) et de Berlin en Allemagne (1936). Le stade de football Maracaña de Rio de Janeiro est achevé en 1950 ; c'est l'un des plus grands et des plus célèbres stades en béton armé au monde. Accueillant jusqu'à 200 000 spectateurs assis ou debout, il est aussi l'exemple même des problèmes que l'on rencontre quand l'on construit à une telle échelle sans innover techniquement : la pente de ses gradins est très faible et, par conséquent, la visibilité y est médiocre.

Vers le milieu du XXᵉ siècle, deux architectes, Eduardo Torroja♦ et Pier Luigi Nervi♦, apportent quelques innovations à la conception des stades. Avec le souci de protéger les spectateurs des intempéries, Torroja réalise deux des stades les plus importants du XXᵉ siècle d'un point de vue architectural, l'un en acier et l'autre avec un voile mince de béton. Pour réaliser son stade de football Las Corts, à Barcelone, en 1943, Torroja ajoute des gradins à une structure préexistante, qu'il recouvre d'un toit métallique, incurvé de 25 m pour protéger les spectateurs. Dans cet ouvrage, le niveau intermédiaire est construit en porte-à-faux avec le toit en console. Pour l'hippodrome de la Zarzuela♦, réalisé à Madrid en 1935, Torroja conçoit un toit en forme de vague, fait d'un voile mince de béton de 12 m de portée, de 5 cm d'épaisseur aux extrémités, et maintenu par un contrepoids extérieur de 6 m.

Au cours des années qui suivent la Seconde

Stade de Florence, Italie, Pier Luigi Nervi, ing. Vue d'ensemble avec, à gauche, la tribune d'honneur en porte-à-faux (en haut).

Stade de Denver, 1952, Anton Tedesko, ing. Vue générale (en bas).

Guerre mondiale, la plupart des innovations techniques dans le domaine des stades concernent des espaces couverts, polyvalents, dépourvus de supports internes. Parmi les projets les plus importants, citons le petit palais des Sports de Rome♦ de Pier Luigi Nervi (avec la collaboration d'Annibale Vitellozzi, 1956-1957), construit à l'occasion des Jeux olympiques de 1960 pour abriter la boxe, le basketball, l'escrime et la gymnastique. Le petit palais est de taille relativement modeste, sa capacité est de 4 000 à 5 000 spectateurs pour une enceinte de 58 m de diamètre, mais, dans le domaine de l'ingénierie architecturale, c'est un modèle d'élégance. Le dôme de Nervi est constitué de caissons en ciment armé préformés comportant des renforcements métalliques qui, assemblés, forment un treillis ne dépassant pas 7,5 cm d'épaisseur. D'immenses chevalets en forme de Y et finissant en pointe renvoient les forces que doit subir cette structure à un anneau précontraint enterré, d'un diamètre de 83 m. À cette époque, d'autres salles importantes, quoique plus petites, exploitent aussi le potentiel du béton armé : il s'agit du Great Livestock Pavilion, ou arènes de Raleigh♦, en Caroline du Nord, de Matthew Nowicki (1953) et de la patinoire David♦ S. Ingalls d'Eero Saarinen♦ (1956-1959) à New Haven, dans le Connecticut – dans laquelle une arche, colonne vertébrale de l'ouvrage, sert de ligne d'ancrage à une armature de câbles de suspension en acier.

À partir du milieu des années soixante, les recherches de couverture d'enceintes sportives de longues portées aboutissent, directement ou indirectement, au « superstadium », qui offre les conditions idéales pour des retransmissions télévisées et peut abriter jusqu'à 50 000 spectateurs par tous les temps. Le premier superstade entièrement couvert est le Harris County Covered (l'Astrodome) de Houston, construit en 1965 (140 m de diamètre ; coût : 48,9 millions de dollars ; 65 000 places assises), qui reprend cinq ans plus tard le concept de dôme en lamelles de Nervi, réalisé cette fois en acier et appliqué à une plus grande surface. L'inefficacité structurelle et le coût astronomique de la couverture métallique de telles surfaces – procédé néanmoins repris dix ans plus tard pour la réalisation du New♦ Orleans Superdome (180 m de diamètre ; coût : 173 millions de dollars ; 100 000 places assises) – contraignent alors les ingénieurs à chercher d'autres solutions. Dans ce but, l'ingénieur américain David Geiger♦ crée deux types différents de toits en matériau

Stade de Bari, Italie, 1990, Renzo Piano, arch. (en haut).

Stade de Rio de Janeiro, Brésil, le plus grand stade de football au monde (en bas).

textile, très légers. Le premier type est constitué de boudins pneumatiques maintenus par des câbles : c'est la formule adoptée pour le pavillon des États-Unis à l'Exposition universelle d'Ôsaka◆ en 1970. Le pavillon de gymnastique conçu pour les Jeux olympiques de Séoul en Corée (1988) illustre le deuxième type : son toit en fibre de verre enrobé de Téflon est maintenu par un système complexe de câbles de tension et d'entretoises en compression. Geiger a mis au point cette structure autoportante en réinterprétant et en simplifiant les théories de la « tenségrité » de Richard Buckminster Fuller◆.

Cette tendance à privilégier les stades couverts est cependant contrecarrée par l'exemple du nouveau stade de football de Bari en Italie (Renzo Piano Building Workshop, architecte, Ove◆ Arup & Partners, ingénieur), construit à l'occasion de la Coupe du monde, qui se tient en Italie en 1980. Piano a donné au profil de son bâtiment une forte pente dont la courbe se retrouve, inversée, dans la forme du toit en console, ce qui permet de procurer à 60 000 spectateurs un excellent angle de vision tout en les abritant du soleil ou de la pluie. Pour réaliser les gradins, il a utilisé des poutrelles de béton préfabriquées en forme de croissant, reposant sur des paires de colonnes du même matériau. Pour le toit, il s'est servi, tout comme Geiger, de fibre de verre enrobée de Téflon.

La toute dernière tendance, de loin la plus onéreuse, consiste à couvrir les stades de toits amovibles, que l'on ouvre si le temps est beau et que l'on ferme si nécessaire ; le plus bel exemple de ce principe est le Toronto Bluejays Stadium (le Skydome, 1989), dessiné par l'architecte Robie Sane et mis en œuvre par Adjeleian Allen Rubeli. C'est une structure complexe, relativement petite si on la compare aux superstades (elle n'accueille que 53 000 spectateurs assis), mais dont le coût a cependant atteint 400 millions de dollars canadiens. Les nouveaux défis qui attendent la conception des stades dans les futures décennies concernent la diminution des prix de revient, et l'amélioration de l'efficacité des toits amovibles. **S. W. K.**

Stadelhofen (gare de)

Zurich, Suisse, 1990.

Remporté par Santiago Calatrava◆ au terme d'un concours organisé en 1982, la gare de Stadelhofen à Zurich est sans doute l'un des projets qui a le plus contribué à faire connaître internationalement l'architecte ingénieur espagnol. La situation de l'ouvrage et le programme présentaient de nombreuses difficultés. Il s'agissait de s'implanter à la périphérie de la vieille ville de Zurich, non loin de l'opéra, et d'imaginer une gare entièrement nouvelle sur un site de pied de colline courbe et étroit, une gare résolument moderne, destinée à être vue sous de nombreux angles, tout en s'intégrant au bâti existant.

Équipement linéaire de près de 270 m de long, la gare a été conçue par Calatrava suivant une logique de coupe transversale. Elle comprend deux voies à l'air libre, ainsi qu'une voie couverte passant derrière un portique formé de piliers d'acier supportant des caissons en béton. À côté de ce portique, surmonté par une promenade urbaine d'où l'on découvre la gare, l'élément le plus saillant de la composition est constitué par une grande marquise à supports articulés, destinée à protéger les voyageurs des intempéries. Trois ponts enjambent cet ensemble pour relier les quartiers situés en hauteur à la ville basse. S'ajoutent enfin un hall et un ensemble de circulations en sous-sol reliant les différents quais. Plus que par sa virtuosité constructive, la gare de Stadelhofen frappe par la résolution heureuse des contraintes qu'impliquaient le site et le programme, et par son esthétique aux résonances organicistes. **A. P.**

Standardisation

La standardisation consiste à créer des composants et des procédés de transformation uniformes ou identiques. En matière de bâtiment, elle détermine les éléments structurels et décoratifs, ainsi que les espaces, les proportions, les mesures et les méthodes de fabrication et d'assemblage. Elle se trouve ainsi au cœur même d'un débat sur la nature artisanale ou industrielle de la construction. Elle touche également à des questions sociales et philosophiques fondamentales. Accusée de détruire l'artisanat, de limiter les choix créatifs et de produire un environnement monotone, la standardisation peut néanmoins permettre une plus grande fiabilité et une plus grande précision, tout comme elle peut être source de liberté et d'ingéniosité.

On ne peut retracer ici que quelques moments de l'histoire de la standardisation. La brique est l'élément de construction le plus ancien, sorte de symbole de l'efficacité et des possibilités créatives offertes par des éléments standardisés. Vers 1556, l'ingénieur et architecte Philibert de l'Orme développe un système de construction de dômes et de voûtes à partir de pièces de bois relativement petites ; il déclare que ces pièces seront plus faciles à produire, à transporter, à manier, à assembler et à entretenir – arguments qui seront aussi ceux de la standardisation.

Au début du XIXe siècle, l'attention du monde entier est attirée par le pont en treillis d'Ithiel Town◆, breveté initialement en 1820, qui recourt à des planches et des chevilles de bois uniformes. Dans ce système, des éléments en bois, découpés à des dimensions standard, sont assemblés à terre pour former une armature. Cette armature – élément préfabriqué – est alors placée au-dessus d'une rivière.

Les pièces standardisées vont rapidement jouer un rôle essentiel dans la production en série, système qui comprend également des machines-outils dévolues à des opérations précises, un ensemble soigneusement étudié de machines, et un travail à la chaîne où les ouvriers eux-mêmes deviennent les éléments d'une plus grande machine, l'usine. Au début du XXe siècle, des ingénieurs des méthodes comme Frank B. Gilbreth tenteront de standardiser la main-d'œuvre sur le site d'édification, en imaginant toute une chorégraphie de la construction pour les maçons.

Au XIXe siècle, la nécessité d'accroître la rapidité de la construction conduit à développer de plus en plus la production de pièces standardisées. Les chemins de fer, par exemple, ont besoin de structures de différents types : ils doivent non seulement être construits rapidement, mais aussi pouvoir être réparés ou remplacés au plus vite, car la fermeture d'une ligne entraînerait des pertes financières importantes ou de graves inconvénients du point de vue militaire. Colonisateurs, colons, soldats et prospecteurs sont également demandeurs de structures utilisables dans les plus brefs délais, alors qu'ils ne disposent le plus souvent ni des compétences ni du temps nécessaires pour préparer les matériaux de construction. Au milieu du siècle, des kits d'habitation constitués d'éléments uniformes ou interchangeables apparaissent sur le marché. L'historien Charles E. Peterson rapporte que les chasseurs de fortune participant à la grande ruée vers l'or en Californie vivaient dans des habitations en bois ou en fer qui avaient été expédiées depuis « les États-Unis, l'Angleterre, la France, l'Allemagne, la Belgique, voire la Chine, la Nouvelle-Zélande et la Tasmanie ». Au cours de la même période, le

gouvernement américain croit si fermement à l'intérêt que présentent les éléments interchangeables pour les armes à feu qu'il se montre prêt à payer un prix élevé pour cette uniformité. Il faudra plus de quarante ans pour y parvenir. La standardisation a occupé une place importante dans les débats esthétiques et moraux. Les architectes des beaux-arts et les rationalistes classiques, comme Jean-Nicolas-Louis Durand, de l'École polytechnique, ont tenté de standardiser les espaces et les éléments des constructions. Des critiques du XIXᵉ siècle comme John Ruskin étaient convaincus que les produits fabriqués en série dans des matériaux comme la fonte et la tôle portaient tort aux arts et à l'artisanat. L'argument sera repris plus tard pour discréditer les matières plastiques. Pour sa part, Auguste Perret utilisait des éléments en béton standardisés – mais ils étaient coulés sur place et les moules jetés après utilisation.

La standardisation porte la marque du capitalisme industriel, comme l'a décrit l'historien David F. Noble. Pour la production en grande série, les entreprises exigent des pièces standardisées et des dimensions standard, qui leur permettent de préserver leurs investissements en moyens de production. Par ailleurs, la standardisation a permis aux entreprises de disposer d'un pouvoir à la fois légal, moral et scientifique. Outre les produits eux-mêmes, la standardisation industrielle a investi bien des domaines : comptabilité, distribution, opérations, machines, personnel et consommation. Et la standardisation en est venue à éradiquer complètement la « concurrence superflue ». En 1928, aux États-Unis, on avait ramené le nombre de briques disponibles de 44 sortes différentes à une seule, le nombre de tôles de 1819 à 261, et le nombre de barres d'armature de 40 à 11. **G. K. D.**

VOIR AUSSI **Industrialisation** ; **Préfabrication**.

Stations spatiales

Les premières missions spatiales habitées, qu'elles soient américaines (*Mercury*, *Gemini*, *Apollo*) ou soviétiques (*Vostok*, *Voskhod*, *Soyouz*), ont été accomplies à bord de vaisseaux spatiaux satellisés. L'exiguïté des espaces mis alors à la disposition des cosmonautes ne permettait pas de déployer une grande activité et rendait impossible un séjour de longue durée. On a pu néanmoins étudier les problèmes d'ordre physiologique posés par la vie dans l'espace et, sur un plan technique, réaliser les premiers rendez-vous spatiaux : du vol couplé des *Vostok 3* et *4* en 1962, ou du rendez-vous des *Gemini 5* et *6* en 1965, jusqu'à la mission *ASTP* (*Apollo-Soyouz Test Project*) de 1975, où *Apollo 5* a été amarré à *Soyouz 19*. Les Soviétiques, considérant que la station orbitale constituait une plate-forme indispensable à la conquête de l'espace, ont été les premiers à placer, en 1971, *Saliout 1* en orbite.

Une station spatiale est un véhicule non récupérable, équipé pour la recherche scientifique, que l'on satellise autour de la Terre. L'espace vital y étant relativement confortable, elle héberge des astronautes pour des séjours de longue durée. À ces stations peuvent venir s'amarrer des vaisseaux spatiaux pilotés manuellement ou automatiquement, ce qui permet en particulier d'assurer le ravitaillement ou le renouvellement des équipes. Ainsi, *Saliout 1*, constitué d'un assemblage de cylindres de plusieurs diamètres, le tout atteignant 16 m de long, était-il muni à l'avant d'un poste d'amarrage pour recevoir le vaisseau *Soyouz*

Laboratoire européen de recherches spatiales pour la station spatiale internationale, lancement prévu en 2002 (page de gauche).

La station spatiale russe *Mir* en orbite au-dessus de l'océan Pacifique (ci-dessus).

qui pouvait véhiculer, à l'aller comme au retour, deux cosmonautes et leur équipement. En 1977, *Saliout 6* sera doté de deux postes d'amarrage, l'un à l'avant, l'autre à l'arrière. De leur côté, les Américains ont lancé en 1973, à l'aide de la fusée *Saturne 5*, la station *Skylab*, capable de recevoir trois astronautes. Trois équipages venus à bord de vaisseaux *Apollo* s'y succèderont en 1973 et 1974. Le dernier y séjournera pendant 84 jours. Par la suite, les Américains délaisseront les programmes concernant les stations spatiales pour se consacrer, de 1975 à 1985, à la mise au point des navettes. Forts de leur expérience, les Soviétiques, loin de renoncer au développement des stations spatiales, mettent en orbite, en février 1986, le premier élément de la station *Mir*. C'est un vaisseau dérivé des laboratoires *Saliout*, d'un poids de 21 t et d'une longueur de 15 m. Sur lui vont venir se greffer successivement : en 1987, le module *Kvant 1*, laboratoire astronomique ; en 1987, le module atelier *Kvant 2* ; en 1990, le module *Kvant 3* (*Kristall*), laboratoire de recherche et de fabrication de matériaux (certains d'entre eux, fabriqués en impesanteur, acquièrent des caractéristiques très supérieures à celles qu'ils auraient sur Terre) ; enfin, en 1996, les centres de télédétection *Spectre* et *Priroda*. L'ensemble de la station, qui pèse 130 t, offre un volume habitable de 300 m³. La station *Mir* a été occupée par plusieurs équipages. À son bord, les séjours ont duré des semaines, voire des mois. Le record est détenu par les cosmonautes de la mission *Soyouz TM4*, Mousso Manarov et Vladimir Titor, qui ont vécu dans la station pendant une année (entre 1987 et 1988). Dans le cadre de coopérations internationales, plusieurs cosmonautes non soviétiques ont également séjourné sur *Saliout* et sur *Mir*. Parmi eux, le Français Jean-Loup Chrétien a effectué deux missions, l'une en 1982, l'autre en 1988.

Le coût d'une station spatiale s'étant révélé prohibitif, il est devenu obligatoire, pour un futur lancement de station, d'associer plusieurs pays. Aussi, en 1988, tandis que les Soviétiques projettent *Mir 2*, les Américains initient le projet *Freedom* (en préparation depuis 1984), en collaboration avec l'Europe, le Japon, le Canada. En 1993, abandonnant son propre projet, la Russie se joint à eux. On parle alors de la station spatiale internationale *R-Alpha*, et aujourd'hui de l'*ISS* (*International Space Station*). Elle doit être assemblée progressivement à partir de 1997, année où doit être lancé le premier module américano-russe, destiné à fournir la puissance électrique et à servir de centrale de navigation au futur ensemble. Un module de service atelier et espace d'habitation dérivant de *Mir 1* sera lancé en 1998. Un laboratoire américain sera greffé à la fin de 1998, suivi de deux modules japonais en 2000. Le laboratoire européen *COF* (*Columbus Orbital Facility*) s'ajoutera à l'ensemble en 2003. L'assemblage des divers éléments doit être assuré par un bras manipulateur canadien, opérant sur une poutre de 90 m de long qui porte également les panneaux solaires. Cette station spatiale aura une longueur totale de 74 m pour un envergure de 108 m ; sa masse sera de 420 t. Elle est prévue pour héberger en permance six cosmonautes, et doit permettre la poursuite en microgravité d'expériences technologiques et scientifiques (recherche sur les matériaux, sur les comportements physiologiques et psychologiques, etc.) ; mais elle doit également devenir un atelier de réparation pour des satellites, ainsi qu'un lieu d'assemblage pour de grandes structures orbitales. On prévoit aussi qu'elle puisse être une base de lancement de satellites géostationnaires et une base dirigée vers les espaces interplanétaires. **R. G.**

Statique graphique

Tout au long du siècle dernier, le calcul différentiel et intégral occupe une place grandissante dans l'enseignement dispensé dans les écoles d'ingénieurs comme dans l'activité quotidienne des praticiens. Armé de cet outil puissant, l'ingénieur moderne ne renonce pas pour autant à l'usage de la règle et du compas. Des auteurs de la stature de Jean Victor Poncelet (1788-1867), d'Émile Clapeyron (1799-1864) n'hésitent pas, en effet, à faire appel à des méthodes graphiques pour traiter une série de problèmes pratiques, tels que la poussée des terres et l'analyse des arcs, par exemple.

Mais il faut attendre les années 1860 pour assister à la constitution d'une méthode originale de calcul graphique, aussitôt nommée statique graphique, qui va, en l'espace de quelques années, permettre à l'ingénieur de répondre, sans passer par l'analyse, à la quasi-totalité des questions ayant trait à l'art des constructions. La date n'est pas fortuite. L'essor des chemins de fer durant la seconde moitié du XIXᵉ siècle s'accompagne d'une multiplication de structures métalliques (ponts, halles de gare, etc.), composées d'éléments nombreux dont le dimensionnement à l'aide de méthodes analytiques devient vite une opération fastidieuse. En 1866, Carl Culmann (1821-1881), à l'époque professeur à l'École polytechnique de Zurich, publie ses cours sous le titre de *Die graphische Statik*, et dote ainsi la science dont il est fondateur de son manifeste. En recourant à une représentation des forces par deux lignes distinctes – l'une donnant la position ou ligne d'action de chaque force, l'autre en donnant la grandeur et le sens –, et en faisant un emploi systématique du polygone de forces (formé de vecteurs représentant les forces d'un système en équilibre) et du polygone funiculaire, dont les principes remontent à la *Nouvelle mécanique* (1687) de Pierre Varignon (1654-1722), Culmann propose dans ce livre une série de procédés permettant de déterminer à l'aide d'épures les divers efforts qui se développent dans les ouvrages.

De Suisse, la statique graphique se répand en Italie et trouve en la personne de Luigi Cremona (1830-1903), professeur à l'Institut technique de Milan, un promoteur de tout premier plan ; elle gagne en même temps la Russie, l'Autriche, l'Allemagne, la Hongrie, les États-Unis… Plusieurs concepteurs, dans leur majorité allemands, parmi lesquels on trouve Otto Mohr (1835-1918) et Wilhelm Ritter (1847-1906), emboîtent le pas à Culmann et Cremona et élargissent le champ d'application de la nouvelle science. La France, pays qui s'enorgueillit à juste titre d'être le berceau de plusieurs ingénieurs qui se sont illustrés dans le développement de méthodes géométriques, prend d'abord ses distances – malgré les efforts de Maurice Levy (1838-1910) qui écrit, en 1874, le premier traité français de statique graphique –, avant de rejoindre, à partir de 1885, le mouvement général d'engouement pour la statique graphique.

Capable de traiter de questions aussi diverses que le calcul des centres de gravité et des moments d'inertie, le dimensionnement des poutres, des arcs et des systèmes articulés, l'étude de la poussée des terres et de la stabilité des murs, l'équilibre des voûtes, etc., la statique graphique, quelques années après sa naissance, présente un champ d'applications presque aussi étendu que celui de l'analyse.

Moins précise dans ses résultats que le calcul analytique, mais beaucoup plus rapide dans sa démarche – la construction d'une poutre reposant sur plusieurs appuis requiert par le calcul au moins trois fois plus de temps –, la statique graphique fournit des solutions avec un degré d'approximation suffisant pour les besoins de la pratique. S'ils sont élégants et rapides, les procédés graphiques rassurent également les praticiens : les nombreuses vérifications auxquelles doivent être soumises les solutions obtenues graphiquement permettent en effet d'éviter l'accumulation d'erreurs que peuvent facilement présenter les calculs purement numériques. Forte de ces avantages, la statique graphique sera massivement utilisée durant le dernier tiers du siècle dernier ; elle figure encore, dans les années soixante, dans le cursus d'enseignement des écoles d'ingénieurs. L'apparition des calculatrices électroniques et la banalisation progressive des ordinateurs sonnent cependant le glas des méthodes graphiques, et le retour en force du calcul algébrique. La statique graphique est aujourd'hui définitivement entrée dans le musée des outils au passé prestigieux. **K. C.**

VOIR AUSSI **Résistance des matériaux (histoire de la)**.

Stephenson (Robert)

Willington Quay, Newcastle, Tyne and Wear, Grande-Bretagne, 1803 – Londres, 1859.

Robert Stephenson est le fils unique de George Stephenson, le « père des chemins de fer ». Il fait son apprentissage aux houillières de Killingworth puis, en 1822, passe six mois à l'université d'Édimbourg, où il étudie les sciences et les mathématiques. Il a à peine vingt ans quand il prend la direction de l'usine de locomotives de son père ; il s'investit profondément dans le travail de conception des locomotives ; on lui doit pour une grande part le succès de la « Rocket » au concours de Rainhill en 1829.

Il a trente ans en 1833, quand une occasion privilégiée se présente à lui : il obtient en effet le poste d'ingénieur en chef du London and Birmingham Railway, la première ligne de chemin de fer (180 km) à relier Londres. Le projet, élaboré en association avec cinq cabinets d'in-

génieurs locaux, donne lieu à trente contrats (dix d'entre eux finiront d'ailleurs en banqueroute). L'organisation représente déjà un travail considérable, à quoi s'ajoutent des problèmes de génie civil importants, notamment ceux que posent le tunnel de Kilsby et la tranchée de Blisworth. La ligne est cependant inaugurée en 1838, moyennant un coût nettement supérieur aux estimations. La réputation de Stephenson est dès lors établie.

Cette réalisation sera suivie par presque vingt années de travaux consacrés au chemin de fer, à la supervision de lignes entières reliant Newcastle à Berwick, Chester à Holyhead, et à divers travaux de raccordement de lignes en Angleterre, dans toute l'Europe, puis dans des pays aussi lointains que le Canada, l'Égypte ou l'Inde. Stephenson est surtout célèbre pour ses réalisations de grands ponts, tels le Newcastle High Level ou le Royal Border de Berwick, et pour la conception novatrice des ponts tubulaires Britannia♦ et Conway. Le seul échec

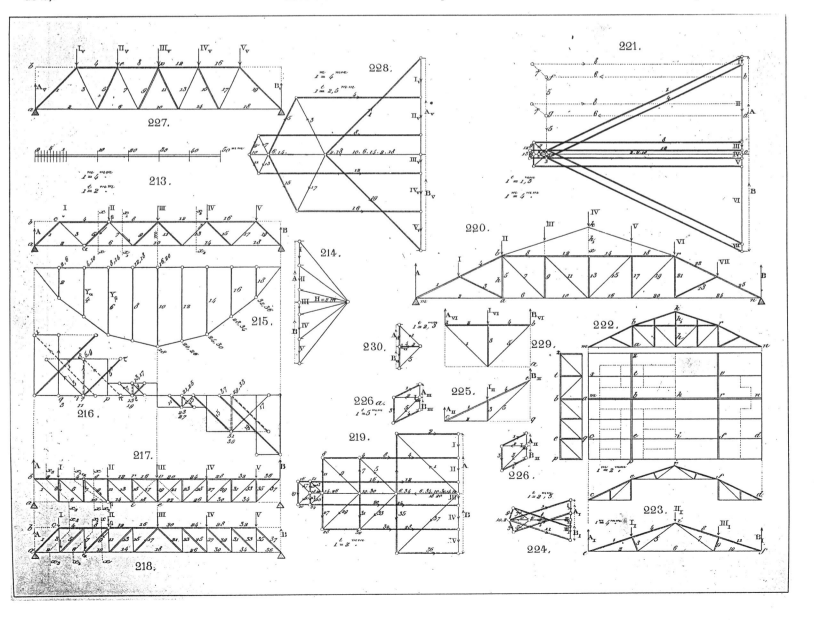

que connaîtra sa carrière professionnelle est l'effondrement du pont de Dee en 1847, qui l'affecte beaucoup ; il survient au moment où Stephenson consacre simultanément le plus de temps possible au pont Britannia et à celui de Newcastle.

Les succès lui procurent alors gloire et fortune. Il reçoit des récompenses honorifiques de France, de Belgique et de Norvège ; il est élu F.R.S. (Fellow of the Royal Society) en 1849, devient membre du parlement de Whitby en 1847, et le restera jusqu'à sa mort. Il épouse Frances Sanderson en 1829, qui meurt en 1842 sans lui avoir donné d'enfant. En 1859, la santé de Stephenson décline (elle n'a jamais été bien robuste) ; il s'éteint à l'âge de cinquante-six ans. Il est enterré aux côtés de Thomas Telford♦ à l'abbaye de Westminster. **R. J. M. S.**

Strauss (Joseph Baermann)

Cincinnati, Ohio, États-Unis, 1870 –
Los Angeles, Californie, 1938.

Joseph Baermann Strauss, diplômé de l'université de Cincinnati en 1892, travaille pour Ralph Modjeski à Chicago, avant de fonder en 1902 son entreprise, qui devient en 1904 la Strauss Engineering Corp., avec des bureaux à Chicago et à San Francisco. Strauss met au point quatre types de ponts basculants et levants, qu'il appliquera à plusieurs centaines de ponts aux États-Unis, en Norvège, en Russie, au Japon, à Cuba et dans la zone du canal de Panama. Il est surtout connu pour être le constructeur du pont du Golden♦ Gate de San Francisco (1937), dont il a également organisé et assuré la promotion. Strauss écrit *Modern Bascule Bridges* en 1904 et fait breveter des portes basculantes, des projecteurs mobiles, une barrière élastique (qui sera ensuite utilisée par la marine de guerre américaine) et un système de transit rapide. **T. F. P.**

Structure

En se généralisant, le terme de « structure » s'est banalisé pour prendre le sens courant d'ordre sous-jacent, cohérent et hiérarchisé. Cette définition, trop générale, ne rend cependant pas compte de la spécificité des structures concrètes qui nous intéressent ici, notamment celles dont s'occupent les ingénieurs.

Ces dernières sont à la fois forme géométrique, matière et artefact. Elles se définissent à la croisée de ces trois « existences », sans jamais cependant se confondre tout à fait avec l'une ou l'autre d'entre elles.

— Forme : l'ordre structurel se manifeste dans l'espace par la géométrie. Mais l'épure géométrique n'est qu'une idéalisation, qui se trouve brouillée par le fait de l'épaisseur de la forme, de ses incertitudes et, aussi, de l'impossibilité à départager complètement le squelette de l'enveloppe.

— Matière : la structure, en tant qu'assemblage de matériaux, est elle-même un morceau de matière et elle est soumise aux lois physiques qui la régissent.

— Artefact : une structure artificielle est un assemblage de composants. En dépit d'efforts constants pour les parfaire et les contrôler, ces structures se caractérisent fondamentalement par leur absence d'homogénéité, qui découle de l'imperfection des composants et de la coupure que constitue chaque assemblage. Cette discontinuité, dont l'effet est difficilement prévisible, perturbe le système structurel ; l'assemblage se révèle d'ailleurs souvent comme le maillon faible de la structure.

On le voit, ainsi écartelée, la notion de structure est difficile à saisir et ses contours sont flous.

C'est pourquoi les définitions qui en ont été données apparaissent si fluctuantes. Ce sont plutôt des points de vue, des visions quasi idéologiques, qui tentent de situer et de délimiter la notion de structure en mettant l'accent sur l'un ou l'autre de ses aspects. Ces tentatives de définition, dont nous allons donner un aperçu, ne sont pas de pures spéculations intellectuelles – elles génèrent chacune un genre de structure, une attitude, et des méthodes particulières pour les concevoir et les construire.

Une approche physicienne

Des physiciens comme James Edward Gordon, mais aussi, à un certain degré, certains ingénieurs « pragmatiques », proposent tout d'abord une définition strictement physique et très neutre de la structure, à savoir un assemblage de matériaux capable de résister à des charges. Cette définition, qui peut englober indifféremment la tour Eiffel♦, un tas de cailloux ou une toile d'araignée, envisage la structure en tant qu'aggloméré plus ou moins ordonné de matière, dont le critère est la résistance ou la solidité.

Suivant cette approche, l'étude des structures ne représente qu'un prolongement de l'étude des matériaux. La structure est une sorte de chambre d'échos qui répercute et amplifie le comportement mécanique des matériaux qui la composent.

On comprend bien, pourtant, que cette approche purement physique, qui pourrait considérer avec la même neutralité la structure d'un édifice et les décombres du même édifice en ruine, n'éclaire pas le processus par lequel une masse matérielle indifférenciée est transformée en équilibre, en structure.

Une approche spéculative

C'est précisément de la différence entre l'édifice et ses décombres que Viollet-le-Duc, représentant d'une approche plus spéculative, a voulu rendre compte, en distinguant la « structure équilibrée » de la « structure passive, inerte » (*Douzième Entretien sur l'architecture*). Selon lui, une structure est un « organisme » qui se caractérise moins par sa solidité que par sa « sensibilité » et sa « fragilité ».

« De ce que vous pourrez enlever un pilier à une construction concrète des Romains sans faire tomber l'édifice, et de ce que vous ne sauriez enlever un claveau à l'arc-boutant d'un vaisseau gothique sans le ruiner, il ne s'ensuit pas que, dans l'ordre de la structure, le monument gothique ne soit pas en progrès sur le monument romain. Cela prouverait plutôt que, dans ce dernier édifice, tous les organes sont nécessaires, indispensables, partant que la structure est plus parfaite. »

Ainsi Viollet-le-Duc situe la notion de structure au point où, comme dans un jeu de mikado, le tas inerte devient équilibre, et qu'à force d'élégir et d'égrener les éléments redondants, la ruine menace. La structure efficace est certes solide, mais sans surplus de solidité.

Le risque de l'instabilité exclut l'improvisation et l'approximation, et exige que la structure soit anticipée en totalité, sans impasse. Plus la structure est osée et tendue, plus cette anticipation doit être précise.

Cette prise de distance avec la matière, ce détour préalable par l'abstraction, est, selon nous, l'un des traits majeurs qui caractérisent la conception d'une structure. Cette dernière est ainsi d'abord échafaudée dans un plan intellectuel pour permettre d'en prédire – par une tension réitérée de l'esprit, et non seulement par la répétition d'un savoir – la stabilité.

Cette démarche spéculative se distingue de la démarche scientifique, car la structure n'est pas ici un phénomène physique préexistant, qu'il s'agirait de déchiffrer. Le schéma structurel devance et guide la construction au moyen de plans, de tracés, de calculs ; et la construction, en retour, devient après coup le miroir matériel de ce schéma structurel.

Ceci ne garantit pas pour autant que la structure réelle se comportera absolument en conformité avec les prévisions et qu'elle apportera la preuve de la justesse du schéma initial. Dans son ouvrage *Architecture gothique et pensée scolastique*, Erwin Panofsky met en relief ce décalage, en notant que les premières ogives des voûtes gothiques, encore peu efficaces, « ont commencé par dire quelque chose avant d'être capables de le faire ».

Analysons ce qui régit l'élaboration et la construction des « structures équilibrées ».

— L'ÉQUILIBRE. Depuis Galilée, nous ne concevons plus l'équilibre comme un état d'amorphie (tel que pourrait le suggérer, par exemple, un empilement de pierres), mais nous en avons une compréhension dynamique : l'équilibre est une coïncidence de forces contraires qui annulent mutuellement leurs effets.

Pour nuancer le côté improbable de cette définition, notons que tout matériau sollicité se déforme et, ce faisant, emmagasine une énergie qui permet de contrebalancer avec exactitude la sollicitation (loi de Hooke).

— LE SYSTÈME. La construction de l'équilibre implique que les éléments qui composent la structure soient ordonnancés en un système qui obéit aux règles de composition topologiques usuelles : délimitation précise de la structure ; subdivision en éléments, qui reçoivent des affectations structurelles spécifiques ; hiérarchisation et articulation de ces éléments.

La stabilité du système structurel requiert un minimum d'éléments et de liaisons (les « degrés de liberté », selon la terminologie des ingénieurs). Le système minimum, dit isostatique, présente cette particularité mathématique que les efforts peuvent être déterminés dans chaque élément sans se préoccuper du matériau. C'est ce qui pourrait expliquer l'engouement, pour ce type de structure, d'un courant quasiment scolastique d'ingénieurs puristes et dédaigneux du matériau (ce sont par exemple les ingénieurs « parisiens », auxquels Eugène Freyssinet◆ s'est tant opposé).

À l'inverse, les structures hyperstatiques conjuguent plusieurs systèmes enchevêtrés, ce qui instille l'ambiguïté et impose de prendre en considération le comportement physique du matériau.

— L'ORDRE GÉOMÉTRIQUE. Les forces sont canalisées dans la structure par la matière. Pour atteindre l'équilibre, c'est-à-dire la neutralisation des forces contraires, la structure doit se conformer à une géométrie précise. Les déviations géométriques peuvent entraîner l'instabilité, qu'elles soient dues aux imperfections de la forme ou qu'elles soient consécutives à la déformation de la structure sous charges.

À noter que de tels principes peuvent s'appliquer à toute structure spatiale, en tout point de l'univers newtonien. Toutefois, nos structures terrestres ont une particularité : c'est en s'enracinant dans le sol de notre planète qu'elles offrent une résistance ultime aux actions qui les sollicitent – vent, neige, usagers, séismes, et, bien sûr, la pesanteur. La prééminence de cette dernière et la nécessité d'acheminer les efforts jusqu'au sol déterminent grandement les formes structurelles possibles, qui peuvent être classifiées et regroupées sous la bannière d'un nombre limité de structures cardinales (comme par exemple l'arc, la chaînette, la poutre).

Une approche naturaliste

Au cours du XXᵉ siècle, s'est développé, selon une approche naturaliste, un tout autre concept de structures, inspiré par les recherches (notamment celles de d'Arcy Thompson et de Robert Le◆ Ricolais) menées sur les structures d'organismes biologiques tels que les coquillages, les radiolaires, les feuilles de nénuphar, etc. D'Arcy Thompson a montré que, loin d'être fortuites, ces formes naturelles, sophistiquées et complexes, résultent mathématiquement des contraintes mécaniques qui les sollicitent et de leurs règles de croissance. De telles structures se caractérisent par leur continuité, par leur moindre articulation, et par une plus grande stabilité. Cette organisation plus stable et moins systématisée (et donc plus difficile à décrire) s'explique par le fait que la forme est la traduction parfaite et optimale des lois qui la sous-tendent.

Quelques ingénieurs ont d'abord utilisé ces structures biologiques comme modèles géométriques à imiter. Puis, à l'instigation de Frei Otto◆ notamment, le processus de déduction des formes à partir de lois mathématiques ou physiques a lui-même été développé, en particulier pour les structures surfaciques en coque ou en membrane. Ces développements ont nécessité de nouvelles méthodes : l'expérimentation sur maquette, le calcul de recherche de forme, l'analyse géométrique.

Dans chaque registre, les structures canoniques ont déjà bien été explorées, et l'on peut supposer que les futures avancées seront moins spectaculaires que celles des XIXᵉ et XXᵉ siècles. Néanmoins, les nouveaux matériaux qui commencent à poindre (tels que les composites, les bétons et métaux à très haute résistance) auront certainement un effet important sur le développement structurel. Mais nous pensons que ce développement passera aussi par l'invention de structures « hybrides », plus complexes, moins simplistes, en combinant les démarches et les genres de structures exposés plus haut. Freyssinet, prenant le contre-pied des intégristes de la pureté isostatique, fait d'ailleurs valoir que la complexité et l'ambiguïté du fonctionnement structurel ne sont pas antinomiques d'une structure bien pensée. Cette hétérodoxie oblige bien sûr à composer aussi les méthodes d'investigation propre à chaque approche : la modélisation, l'expérimentation, la recherche de forme par le calcul.

Nous voudrions ajouter, pour conclure, qu'une structure ne résulte pas seulement d'une démarche constructive positive, qu'elle soit « physicienne », « spéculative » ou « naturaliste ». La structure peut aussi être vue comme un détournement de matière, d'énergie, de forces, détournement opéré par une forme de ruse, car elle tire sa fragile cohésion des raisons mêmes qui la menacent de ruine. Dans une lettre à Wilhelmine von Zenge (18 novembre 1800), Heinrich von Kleist relève ce paradoxe en observant l'arche de pierre d'un portail. « Pourquoi, pensai-je, la voûte ne s'éboule-t-elle pas, alors qu'elle n'est pas soutenue ; elle se tient, me répondis-je, par le fait que les pierres veulent toutes choir dans un même mouvement. J'ai tiré de cette pensée un réconfort indicible, et je la tiens à mes côtés jusqu'au moment décisif, dans l'espoir que je saurai moi aussi me maintenir, quand tout en moi voudrait sombrer. » **B. V.**

VOIR AUSSI **Matériaux composites** ; **Morphologie structurale** ; **Ossature** ; **Rationalisme**.

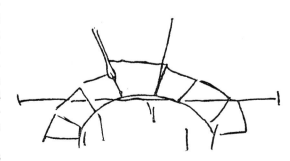

Structure. Arche de pierre d'un portail dessinée par Heinrich von Kleist dans sa lettre à Wilhelmine von Zenge.

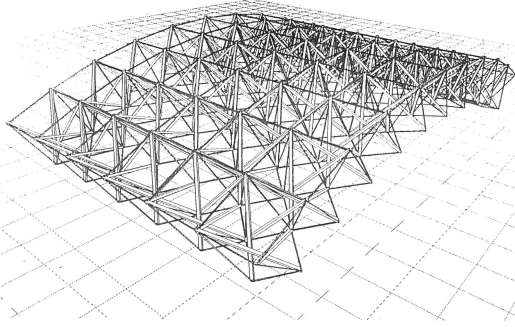

Structures autotendantes

Les structures autotendantes sont des réseaux à précontrainte interne, autoporteurs, articulés, dans lesquels les câbles (ou aciers) de précontrainte sont en tension sur les barres (ou contrefiches) du système.

Les aciers de précontrainte ne peuvent supporter que des efforts de traction. Ils forment un réseau continu, alors que le système des contrefiches est discontinu. Le mot *tensegrity*, qui sert à désigner ce type de structure en anglais, a été introduit par Richard Buckminster Fuller♦ par contraction de *tensile integrity*, c'est-à-dire « intégrité en tension ».

Fuller l'a décrit en 1951 de la façon suivante : « On a un système autotendant lorsqu'un ensemble de composants discontinus travaillant en compression interagit avec un système d'éléments continus travaillant en traction, pour définir un volume stable dans l'espace. » Il semble que ce type de système ait été utilisé pour la première fois par le sculpteur Kenneth Snelson.

L'unité autotendante de base est constituée de 3 barres et de 9 câbles formant un prisme triangulaire. Les premiers assemblages de ces unités ont été réalisés pour des tours.

Devant l'intérêt grandissant manifesté par les architectes pour les potentialités de ce système, des résilles autotendantes à deux couches ont été élaborées. La bibliographie sur le sujet grossit rapidement, en raison du nombre croissant d'auteurs qui y consacrent des recherches, parmi lesquels O. Vilnay, Ariel Hanaor, S. Pellegrino, Anthony Pugh, David Georges Emmerich♦ et René Motro.

Ce dernier chercheur a produit diverses études extrêmement originales, dont l'une présente de manière exhaustive tous les travaux réalisés jusqu'à présent sur les structures autotendantes. Il est recommandé au lecteur de consulter ses ouvrages. Motro a également conçu et élaboré des résilles à deux couches autotendantes.

Des tentatives intéressantes ont été faites par Ariel Hanaor pour utiliser les résilles autotendantes à deux couches comme des structures déployables.

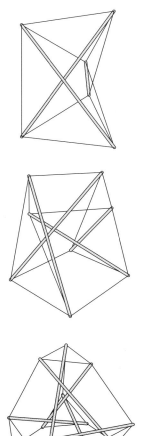

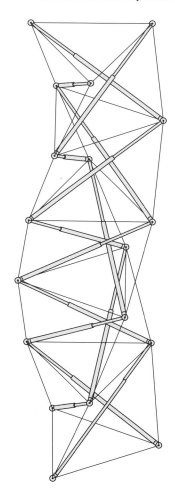

Différents types de modules autotendants.

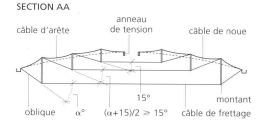

SECTION AA

câble d'arête — anneau de tension — câble de noue

oblique — α° — (α+15)/2 ≥ 15° — 15° — montant — câble de frettage

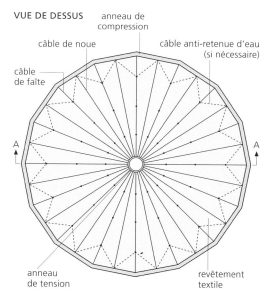

VUE DE DESSUS

câble de noue — anneau de compression — câble anti-retenue d'eau (si nécessaire)

câble de faîte

anneau de tension — revêtement textile

Dôme à câbles autotendants de D. Geiger.

Fuller s'est d'abord intéressé aux possibilités offertes par les dômes à câbles autotendants. S'inspirant, en le modifiant, de son principe original de dôme autotendant, David Geiger♦ a conçu des systèmes de dômes extrêmement économiques ; au cours de la dernière décennie, ils ont été utilisés pour couvrir de très grands stades, le terrain de gymnastique (120 m de diamètre) et la salle d'escrime (90 m de diamètre) des Jeux olympiques de Séoul, ainsi que la Redbird Arena de l'université de l'Illinois aux États-Unis, construite selon un plan elliptique (92 et 77 m de diamètre). Le plus grand toit autotendant hyperbolique jamais construit est celui d'Atlanta, en Géorgie.

Au cours de ces dernières années, des recherches fondamentales et expérimentales sur le comportement des structures autotendantes ont été réalisées aux États-Unis, au Japon, en France et en Grande-Bretagne ; elles mettent en évidence la nécessité d'analyser ces structures à l'état non-linéaire. L'exceptionnelle légèreté des structures autotendantes est aussi l'une de leurs faiblesses. On ne comprend pas encore parfaitement le mécanisme de leur rupture sous une surcharge, ni leur comportement après la rupture de plusieurs joints. D'où l'importance que revêtent les joints, qui doivent garantir à l'ensemble sa stabilité, y compris quand certains d'entre eux, ou des éléments de structure, se rompent. Plusieurs instituts de recherche mènent aujourd'hui des études très complètes sur les structures autotendantes. **Z. S. M.**

VOIR AUSSI **Dômes**.

Structures (calcul des)

Dans les *Entretiens sur l'architecture* (« Douzième entretien »), Viollet-le-Duc expose les formes et structures nouvelles qu'aurait pu permettre le fer, si les constructeurs d'alors avaient été moins imbus de vieux préjugés souvent dispendieux, inefficaces, parfois même dangereux. « Il ne s'agit plus alors d'élever des bâtisses assises sur des bases inertes et inébranlables, mais de tenir compte de l'élasticité de l'équilibre. Il faut substituer le calcul à une agglomération de forces passives. » La nouvelle idée de structure ébauchée ici par Viollet-le-Duc se caractérise par le rôle central attribué au calcul : une structure diffère d'un simple amoncellement de matière précisément en cela qu'elle fait l'objet d'un calcul.

Viollet-le-Duc donne au terme le sens le plus large. Le calcul ne se réduit pas à un ensemble de procédures algébriques, il désigne l'acte intellectuel volontaire qui, par anticipation, imagine, combine, agence la structure, et s'assure de sa cohérence. Ce calcul est prise de distance avec la matière, et c'est pour cette raison qu'il permet de dépasser la simple expérience, de lever les tabous, d'élargir le champ de l'imagination.

Comment cette anticipation intellectuelle se développe-t-elle et prend-elle corps ? L'élaboration d'une structure ne se résume pas à un simple algorithme qui, de rien, nous mènerait directement au résultat. C'est plutôt une démarche faite de détours, d'allers-retours, de remises en cause. Une structure fait coexister un système spatial formel et une réalité matérielle, et cette coexistence n'est pas exempte de tensions. De façon analogue, le calcul est un travail dialectique, qui confronte la construction d'une logique structurelle avec la déconstruction analytique, cette dernière consistant à passer la logique structurelle au crible des phénomènes physiques.

CONSTRUCTION D'UNE LOGIQUE STRUCTURELLE. Une forme, un système structurel, s'échafaudent d'abord à partir de l'intuition, de l'expérience passée, de la connaissance de structures antérieures. Mais parallèlement, de la forme et des matériaux envisagés, il faut faire émerger une logique qui ordonnance la structure et constitue ainsi le premier gage de sa stabilité future. Au cours de ce travail, on détermine entre autres la position et la nature des appuis, les joints et discontinuités, la hiérarchie des éléments structurels, les dispositifs de contreventement, etc. Il reste ensuite à confronter la structure ainsi définie, sans ambiguïté mais dans l'abstraction, aux lois de la mécanique et de la physique.

DÉCONSTRUCTION ANALYTIQUE. Par l'analyse du comportement physique de la structure, on cherche à étudier et à prédire la solidité de la structure imaginée. Cette prédiction pourrait bien sûr passer par l'expérimentation, à l'aide de maquettes ou de prototypes. Mais outre qu'elle est souvent onéreuse et parfois matériellement impossible, l'expérimentation à elle seule ne révèle rien sur la « structure » de la structure. L'analyse mathématique a au contraire l'avantage de n'être pas seulement prédictive ; elle dissèque, elle relève les failles inhérentes au système structurel en le poussant à ses limites.

En pratique, ces deux « phases » du calcul – construction d'une logique et déconstruction analytique – s'entremêlent en un va-et-vient constant, et accompagnent ainsi, pas à pas, la concrétisation progressive de la structure. Alors que l'analyse devient toujours plus fine pour tenir compte du comportement des matériaux et de la nature des assemblages, la logique au contraire s'abîme, se complexifie, devient ambiguë.

Lorsqu'enfin la construction commence, le calcul se fige. Ce n'est plus dès lors qu'un guide qu'il convient de suivre scrupuleusement, mais qui est incapable de décrire tout à fait la réalité de la structure. Cette dernière, une fois construite, reste d'ailleurs muette quant à la validité du calcul. Seules quelques informations éparses peuvent être soutirées, au prix d'enquêtes minutieuses (tels les travaux de Mario Salvadori), dans les cas d'effondrement, de dégradation ou de déformation prononcée.

C'est là un trait caractéristique : le calcul des structures a beau s'appuyer sur un socle bien balisé de connaissances scientifiques et techniques, il n'en demeure pas moins une spéculation sans retour.

Nous faisons ci-dessous l'état des lieux de ce qui constitue ce socle de connaissances.

La modélisation
des phénomènes physiques

Le comportement mécanique d'une structure est complexe, et une méthode de calcul unique ne suffit pas à rendre compte des divers phénomènes qui peuvent l'affecter. Nous décrivons ci-dessous très succinctement les principales méthodes, apparues successivement depuis le début du XIXe siècle pour modéliser chacune un phénomène mécanique d'abord négligé, mais qu'il devint nécessaire de considérer dès lors que les structures s'affinèrent ou s'allongèrent.

Deux approches sont possibles pour étudier la mécanique d'une structure : l'une, « optimiste », envisage la structure sous l'angle de sa solidité et vise à démontrer que les charges attendues (le poids, le vent, la neige, etc.) peuvent être supportées ; l'autre, « pessimiste », examine systématiquement les situations catastrophiques, pousse la structure à bout afin d'en connaître les points faibles.

Ces deux approches complémentaires devraient être menées de pair. Mais il faut avouer que l'on se contente souvent de méthodes « optimistes », qui se limitent à constater la manière dont réagit la structure à des charges données, et qui, de ce fait, exigent moins d'investigations.

ÉQUILIBRE STATIQUE. Le premier acte consiste à vérifier que les conditions de l'équilibre sont remplies pour les charges appliquées. Il s'agit là avant tout de topologie et de géométrie. Si l'on se limite à des structures isostatiques, on peut en outre, par un simple calcul algébrique, déterminer les efforts subis par chaque élément structurel, sans pour autant que le matériau en soit connu. Cette facilité de calcul, formalisée par Louis de Lagrange dans sa *Mécanique analytique* (1788), conduisit longtemps les ingénieurs à préférer les structures isostatiques, par défiance à l'égard des aléas de la matière, ou bien aussi par paresse.

CONTRAINTES ET DÉFORMATIONS EN ÉLASTICITÉ LINÉAIRE. En 1671, Robert Hooke mit en évidence qu'un corps quelconque se déforme quand il est soumis à un effort, et que c'est grâce à l'énergie emmagasinée au cours de cette déformation que le corps peut résister et s'opposer à l'effort appliqué. Ce constat ne fut formalisé mathématiquement que vers la fin du XIXᵉ siècle par ce qu'on nomme le calcul élastique, et permit ainsi l'essor considérable du matériau élastique et homogène par excellence, l'acier. Le calcul élastique prend pour hypothèses, d'une part, que le matériau se déforme très peu, d'autre part, que sa déformation est réversible et proportionnelle à l'effort. Ces hypothèses simplificatrices se révèlent acceptables pour un grand nombre de structures d'usage courant, auxquelles on demande justement d'être peu déformables.

Par ce calcul, qui tient compte des caractéristiques mécaniques des matériaux, les efforts et les déformations peuvent être théoriquement déterminés pour tout élément de la structure, qu'elle soit isostatique ou hyperstatique. Il faut cependant souligner que cette méthode, qui semble au premier abord résoudre l'indétermination propre aux structures hyperstatiques, demeure assez théorique, car elle néglige des facteurs qui peuvent bouleverser les résultats, tels que les jeux dans les assemblages ou les tassements des fondations.

NON-LINÉARITÉS GÉOMÉTRIQUES. Le calcul élastique classique est impuissant à rendre compte des structures très déformables, ou de celles, appelées « mécanismes », qui doivent se déformer pour trouver l'équilibre.

Les calculs non linéaires, relativement récents, pallient ce manque et prennent en compte la contribution des efforts à la rigidité de la structure. Outre qu'ils permettent d'étudier des membranes, des réseaux de câbles (par exemple le Nuage de la Grande◆ Arche de la Défense) ou des ponts suspendus, ces calculs dits du « deuxième ordre » ouvrent des perspectives pour une modélisation plus fine de structures classiques.

NON-LINÉARITÉS RHÉOLOGIQUES. Le comportement réel des matériaux (leur rhéologie) est beaucoup plus complexe que ne le laisse supposer la théorie de l'élasticité. Par exemple, au-delà de certaines sollicitations, les déformations des métaux deviennent irréversibles (c'est le phénomène de la plasticité) ; ou bien la présence inévitable de fissures dans le béton armé se traduit par un comportement différent en traction et en compression ; ou encore, le comportement de la plupart des matériaux varie en fonction de la durée d'application des charges (c'est le phénomène du fluage, dont l'importance a été soulignée par Eugène Freyssinet◆ pour les grands ouvrages en béton). La prise en compte de ces phénomènes complique énormément le calcul, mais elle se révèle parfois nécessaire, spécialement en cas d'hyperstaticité de la structure.

La deuxième catégorie de méthodes, les méthodes « pessimistes », est souvent négligée, comme nous l'avons remarqué plus haut. C'est un tort, car seules ces méthodes permettent une connaissance intrinsèque de la structure et de ses limites, en mettant en évidence ses modes de ruine.

INSTABILITÉ. De petits déplacements autour de la position d'équilibre sous charge peuvent rompre cet équilibre, et par suite entraîner la ruine. L'exemple le plus simple en est le flambement d'un poteau. Le calcul de stabilité recherche systématiquement, parmi l'ensemble des perturbations géométriques de la structure, celles pour lesquelles on ne peut pas attendre de retour spontané vers l'équilibre.

RUPTURE ET FATIGUE. Le calcul de la rupture remet en cause l'hypothèse de l'homogénéité des matériaux, et prend en considération leurs défauts ou leurs fissures. Ceux-ci peuvent en effet s'aggraver sous l'action de charges statiques ou répétées (c'est le phénomène de la fatigue), et ils deviennent instables au-delà d'une taille critique, provoquant alors une rupture catastrophique. Ces défauts étant inconnus à priori, on est tenu à un calcul statistique dont le résultat s'exprime en termes de probabilité de rupture, en fonction du chargement. Ce type de calcul, de par son caractère statistique, est le seul à prendre en compte les effets d'échelle (effets qui expliquent la plus grande fragilité de paquebots comme le *Titanic*, comparés à des navires techniquement similaires, mais plus petits).

CALCULS DYNAMIQUES. Les structures possèdent des modes privilégiés de vibration, appelés modes et fréquences propres. Lorsque ces modes sont excités par des charges fluctuantes comme vent ou séisme, les déformations de la structure s'amplifient, et peuvent devenir catastrophiques si l'on s'approche des fréquences propres (c'est le phénomène de la résonance, à l'origine de l'écroulement du pont de Tacoma). Les calculs dynamiques consistent à déterminer dans un premier temps les fréquences propres fondamentales de la structure, puis à simuler la réponse de cette dernière à des charges oscillant autour de ces fréquences.

Les méthodes mathématiques

Les méthodes mathématiques qui permettent l'analyse des phénomènes physiques que nous venons de passer en revue ne se réinventent pas à l'occasion de chaque structure. Elles doivent être aussi universelles que possible, en s'adaptant à la configuration particulière de la structure étudiée.

Pourtant, elles n'y parviennent qu'à un certain degré. En effet, les mathématiques mises en jeu dans le calcul reflètent et orientent la conception même de la structure. L'innovation structurelle n'est pas seulement liée à l'avènement de nouveaux matériaux ou procédés de construction, mais aussi au développement de nouvelles approches mathématiques.

Voici un aperçu des principales méthodes mathématiques utilisées jusqu'à présent :

— L'abaque : c'est le degré zéro du calcul mathématique. La structure est découpée en éléments autonomes déjà bien explorés par l'expérience ou par le calcul, et qui peuvent être dimensionnés à l'aide d'abaques. Une telle structure ainsi « calculée » est nécessairement simpliste, réduite à un empilement d'éléments dont l'interaction est limitée. C'est une méthode qui fut très usitée pour les constructions courantes jusqu'à la généralisation de l'ordinateur.

— La statique graphique : ce mode de calcul ancien, mais systématisé par Luigi Cremona au XIXᵉ siècle, permet la détermination des efforts par une simple résolution graphique, en établissant une équivalence entre les « barres » de la structure et les « vecteurs forces ». Mais, par définition, le champ d'application de cette méthode est limité aux structures isostatiques.

— Le calcul analytique : les équations de l'équilibre sont ici résolues explicitement en fonction d'une géométrie donnée. Cette résolution analytique, applicable à cette géométrie unique, est généralement ardue, mais reste néanmoins souvent approximative, obligeant à recourir à des coefficients correcteurs pour reproduire les résultats expérimentaux. Avant le développement du calcul informatique, cette méthode constituait le seul moyen d'analyser des structures un tant soit peu complexes, les structures surfaciques notamment (comme les coques du Cnit♦ ou celles qu'a créées Felix Candela♦). Pour faciliter la conception de structures, des répertoires furent constitués, dont les plus fameux restent ceux de Stephen Timoshenko ou de Raymond Roark et Warren Young, où chaque problème type est résolu sous la forme d'une formule. Les formes structurelles qui découlent de ces équations sont par essence régulières et ne présentent pas de discontinuités.

— La résolution de systèmes algébriques : la structure est décomposée en un système d'éléments (c'est ce qu'on appelle la discrétisation). Plutôt que d'être figuré par une équation globale comme précédemment, le phénomène étudié (par exemple l'équilibre) est modélisé en chaque "nœud" du système. Ceci se traduit par un nombre fini d'équations, dont les inconnues sont les déplacements aux « nœuds » de la structure. Cette méthode convient particulièrement aux structures réticulées (les charpentes en acier notamment, comme celles du Centre♦ Georges Pompidou ou de la tour Eiffel♦).

À la main, la résolution d'un tel système devient très vite fastidieuse. Mais cette méthode, qui a l'avantage d'être systématique, est tout à fait adaptée au calcul informatique – ce qui en a généralisé l'exploitation à des domaines très divers, par l'utilisation poussée de la discrétisation.

— Le calcul d'optimisation : la géométrie de la structure n'est pas ici fixée à priori, mais elle résulte d'un processus dynamique d'optimisation en fonction d'un critère donné (par exemple, masse ou contraintes minimales). La méthode est nécessairement itérative, et requiert des capacités de calcul que seul l'ordinateur peut offrir. C'est pourquoi, jusqu'à la conception de la toiture du stade olympique de Munich par Frei Otto♦, les rares ingénieurs ou architectes qui se sont intéressés à la recherche de forme (*formfinding*) ont eu recours principalement à l'expérimentation.

Épistémologie du calcul

On le voit, l'ordinateur bouleverse depuis quelques années les façons de calculer, entraînant la désuétude de certaines méthodes, permettant en contrepartie le développement de nombreuses autres. L'accroissement fulgurant des capacités numériques des ordinateurs modifie sensiblement le rôle du calcul dans le processus de conception des structures.

D'une part, tout – ou presque – semble calculable, ce qui libère la possibilité de créer des formes stables tout à fait nouvelles, inimaginables auparavant. D'autre part, le calcul, en devenant "convivial", ne forme plus un écran abstrait et abscons entre le concepteur et l'objet projeté. Le réalisme et l'extrême finesse des modèles informatiques le font s'apparenter de plus en plus à une expérience virtuelle, au point de concurrencer directement l'expérience de laboratoire. L'approche des ingénieurs devient ainsi plus expérimentale, se rapprochant de celle de créateurs comme Frei Otto ou Antoni Gaudí. Mais cette facilité nouvelle n'est pas sans risques, car elle renforce à un degré extrême l'illusion que le calcul peut présager sans ambiguïté la réalité de la structure à venir.

Quand seule la règle à calcul épaulait l'ingénieur, Eugène Freyssinet mettait en doute la capacité du calcul à se substituer à l'intuition ou à l'expérience, en s'affrontant à l'académie très parisienne d'ingénieurs trop fascinés, selon lui, par les techniques numériques : « Il faut bien entendu que l'intuition soit contrôlée par l'expérience. Mais quand elle se trouve en contradiction avec le résultat d'un calcul, je fais refaire le calcul, et mes collaborateurs assurent que, en fin de compte, c'est toujours le calcul qui a tort. »

Cette réflexion, certes polémique, ne prône pas néanmoins l'abandon pur et simple du calcul. Freyssinet calculait, mais plus pour s'expliquer la structure, pour confirmer (ou infirmer) son intuition, que pour en tirer une prédiction. Plus exactement, les deux composantes du calcul, prédire et expliquer, doivent être indissolublement liées. La difficulté de l'exercice provient de ce que, malgré leur complémentarité indispensable, ces deux composantes commandent des types de modélisation et des méthodologies parfois contradictoires, qu'il faut mener en parallèle.

Prédire

C'est la fonction première et la justification économique du calcul des structures. La modélisation mathématique se conçoit comme un substitut à la vérification expérimentale. De ce point de vue, plus le modèle calculé sera détaillé, plus l'expérience virtuelle sera exacte. C'est ce que rend possible et encourage l'ordinateur. Mais, une telle approche, visant à prédire sans nécessairement comprendre, n'est pas suffisante.

Expliquer

En tant qu'homme de "science", l'ingénieur doit porter un point de vue critique sur les hypothèses et les résultats du calcul. Les erreurs qu'il commet lui permettent d'affiner sa compréhension de la structure.

Pour mener à bien ce travail d'investigation et de dissection, il est important que la modélisation reste épurée. Le regard porté par le biais de ce calcul doit être orienté, partial, simplifié, afin que le résultat puisse être comparé à ce que l'on anticipait. C'est seulement ainsi que la logique qui fonde la structure peut être confrontée et transformée. Ce type de calcul « explicatif » a aussi une vertu pédagogique, au-delà même de l'éclairage qu'il donne sur la structure étudiée, et il permet à l'ingénieur un apprentissage plus complet que par les méthodes axées sur la simple transmission d'un savoir-faire.

Cette réflexion d'ordre épistémologique s'avère particulièrement nécessaire aujourd'hui, par suite du profond bouleversement des conditions de calcul. Le calcul s'est en effet généralisé et démultiplié de façon extraordinaire, puisque l'univers virtuel que nous ouvre l'informatique est d'abord un univers calculé. Mais dans le même temps, le calcul numérique s'est fait engloutir par la « boîte noire » de l'ordinateur, et son processus est devenu opaque. Le calcul ne se présente plus d'emblée comme un cheminement intellectuel, comme c'est le cas d'un calcul manuel, mené pas à pas. C'est à l'ingénieur de tracer lui-même son chemin à travers la profusion de modèles et de méthodes désormais possibles. Il s'agit là d'une exigence nouvelle, qui est la contrepartie de l'augmentation considérable des capacités de calcul. **B. V.**

VOIR AUSSI **CAO** ; **Éléments finis** ; **Invention** ; **Matériaux et ouvrages (résistance et stabilité des)** ; **Modélisation** ; **Pensée technique** ; **Résistance des matériaux (histoire)** ; **Statique graphique**.

Structures gonflables

Comme pour de nombreuses autres formes structurelles, les constructions gonflables tirent leurs origines du règne animal et du règne végétal. Dans nombre de structures naturelles, en effet, des fluides et des gaz sous pression sont confinés à l'intérieur de membranes souples. Ainsi les bulles de savon fournissent sans aucun doute le meilleur exemple de précédent en matière de structures gonflables.

Les ballons sont les premières structures fabriquées par l'homme, et réellement apparentées aux structures gonflables. Depuis les frères Montgolfier au XVIIIᵉ siècle, les aérostats, suivis des dirigeables, ont constitué les premiers moyens de transport aérien, jusqu'à l'avènement de l'aéroplane au début du XXᵉ siècle. Le développement initial des structures gonflables doit beaucoup aux techniques développées auparavant pour les ballons et les dirigeables.

Le premier à avoir eu l'idée d'appliquer le principe du ballon à des structures liées au sol est l'ingénieur anglais Frederick William Lanchester. Dans un brevet pour un hôpital de campagne, qui date de 1917, il énonce les principes de base de toute construction gonflable. Il y décrit une tente dans laquelle une matière à faible perméabilité à l'air est maintenue à l'état déployé par la pression de l'air, et dans laquelle entrée et sortie sont assurées par des sas d'air ; la pression est entretenue par des ventilateurs, et la membrane est ancrée au sol. Pourtant, la récession économique de l'entre-deux-guerres n'offrira pas un contexte propice à la concrétisation des idées novatrices de Lanchester.

Le déclenchement de la Seconde Guerre mondiale s'accompagne d'efforts significatifs portant sur les structures gonflables, en vue de diverses applications telles que des équipements de survie gonflables. Gilets de sauvetage et canots pneumatiques peuvent désormais se gonfler en quelques secondes, en dépit de leur très faible encombrement. Dans une structure gonflable pneumatique, l'air est contenu dans une membrane pour former des éléments structurels gonflés, comme des colonnes, des poutres, des cloisons et des voûtes, qui résistent aux charges extérieures d'une manière tout à fait analogue aux éléments constitutifs de structures plus conventionnelles.

Finalement, les idées de Lanchester trouvent leur concrétisation immédiatement après la Seconde Guerre mondiale, lorsque le Cornell Aeronautical Laboratory, dirigé par Walter Bird♦, se lance dans la conception et la fabrication d'édifices gonflables pour le radôme des premières antennes radar de surveillance.

Devant le succès de ces radômes, Walter Bird fonde en 1955 sa propre société, Birdair, et recherche des applications commerciales à ce nouveau type de construction. Cela marque le début d'une intense activité aux États-Unis, puis en Europe. Fabricants de tissus, de tentes et de parachutes se mettent à fabriquer des bâtiments gonflables de formes simples, principalement semi-cylindriques ou hémisphériques. Cependant, le Metropolitan♦ Boston Arts Center, en 1959, et le pavillon d'exposition portable de l'USAEC♦, en 1960, démontrent à quel point la technique des structures gonflables peut aussi se prêter à des formes plus innovantes.

Les structures gonflables jouissent d'une faveur certaine jusqu'au début des années soixante-dix, et il ne fait aucun doute qu'elles le doivent en grande partie à leur nouveauté. Mais, de l'avis de certains, elles ne peuvent convenir qu'à des édifices provisoires – point de vue qui fera certainement obstacle à leur développement. Leur plus grande qualité est leur portabilité, qu'aucun autre type de structure ne pourra jamais égaler : il devient possible de dresser, puis de démonter très rapidement des structures de grande portée, mais qui se compriment pour occuper un volume très réduit pendant le transport. De plus, on peut se procurer tous ces éléments à un coût largement inférieur à celui des structures plus traditionnelles. L'utilisation des structures gonflables s'étend à de très nombreux domaines, celui des applications militaires notamment, mais aussi des locaux de stockage et de fabrication, des bâtiments, des abris agricoles et horticoles, des bureaux et des installations sportives ou de détente. Pourtant, les réalisations architecturales les plus marquantes ont tendance à se limiter aux structures d'exposition. Les expositions universelles, en particulier, ont offert un excellent tremplin promotionnel à de nouvelles formes de structure : celle de Bruxelles, en 1958, a vu ainsi la première présentation d'une structure gonflable, le pavillon de la Pan American Airways. Plusieurs pavillons gonflables ont également été construits pour l'Exposition universelle de New York, en 1963-1964. Mais c'est sans conteste à l'Exposition universelle de 1970 d'Ôsaka♦, au Japon, que les structures gonflables ont atteint le sommet de leur popularité.

Elles y étaient en effet très nombreuses, comptant parmi elles le pavillon des États-Unis. Après l'Exposition de 1970, quelques stades de sport gonflables ont encore été construits aux États-Unis, et ont contribué au développement des techniques inaugurées par le pavillon américain. Hormis ces réalisations, l'exploitation des structures gonflables a perdu de son élan, et leur utilisation décline. Au bout du compte, la dépendance dans laquelle elles se trouvent vis-à-vis de moyens mécaniques assurant un maintien dynamique de leur stabilité structurelle, à l'inverse des structures traditionnelles, a probablement été à l'origine de leur disparition. **R. N. D.**

VOIR AUSSI **Dirigeables** ; **Dômes**.

Structures légères

Toute conception structurelle, pour peu qu'elle soit intelligente et qu'elle se veuille responsable, a pour objectif de construire « le plus léger possible ». L'objectif n'est-il pas de supporter des « charges utiles » ? Les charges propres du bâtiment ne sont, quant à elles, qu'un mal inévitable. On qualifiera donc d'autant plus volontiers une structure de « légère » que le rapport de son poids propre aux charges utiles qu'elle supporte sera faible.

On peut percevoir immédiatement qu'un pont suspendu fait de cordes nouées est plus léger qu'une complexe ossature de pont en barres soudées, et que celle-ci est moins lourde qu'un pont à poutres droites coulées dans le béton. On peut alors se demander pourquoi, dans ces conditions, on ne construit pas que des ponts suspendus – alors qu'il en existe en réalité assez peu, et seulement pour de longues portées. On en vient ainsi à comprendre intuitivement que l'exigence de légèreté n'est visiblement pas le seul critère en jeu dans la conception d'une structure.

En effet, les structures légères ont des ennemis jurés, les « charges naturelles », en raison de leur tendance, alors qu'elles se jouent des pires tremblements de terre, à subir des déformations importantes et dangereuses en cas de neige ou de variation de la température, et en raison de leur sensibilité vis-à-vis des vibrations dues au vent, qui risquent de les faire céder (véritable syndrome de Tacoma des constructeurs – rappelons que le pont suspendu de Tacoma, dans l'État de Washington, s'est rompu le 7 novembre 1940 sous l'effet d'oscillations provoquées par un vent violent). Mais nos lourdes charges salariales et notre insouciance désinvolte vis-à-vis des ressources naturelles opposent aux structures légères des adversaires tout aussi véhéments : elles incitent au mastoc et désespèrent du filigrane.

Avant de voir comment on conçoit des structures légères, il convient de s'interroger pour savoir si, de nos jours, ce type de construction a encore une quelconque valeur en soi, et s'il vaut encore la peine de déployer maints efforts pour le promouvoir et le faire évoluer.

La réponse est oui. Jamais les structures légères n'ont été plus actuelles et nécessaires, qu'aujourd'hui, et ce pour des raisons à la fois écologiques, sociologiques et culturelles.

Du point de vue écologique : les structures légères sont économes de matière, car elles s'efforcent d'exploiter au maximum les propriétés de résistance offertes par les matériaux, évitant ainsi de gaspiller de précieuses ressources. En général, une construction légère peut se démonter, et ses composants sont recyclables. Les structures légères freinent l'accroissement de l'entropie et répondent mieux que d'autres modes de construction à des exigences de développement durable.

Du point de vue sociologique : les structures légères sont créatrices d'emplois, car les subtils éléments qui les composent, s'ils supposent un gros travail de conception, nécessitent surtout beaucoup de soin dans l'exécution de leurs nombreux détails. L'effort mental a remplacé l'effort physique, le temps et le savoir-faire ont congédié l'extrudeuse – et le mastoc a remplacé le plaisir de construire. Tant que, dans notre système économique, le temps de travail sera toujours ramené à un coût, tant que nous ne paierons les matières premières qu'au prix de leur extraction sans tenir compte de toutes les charges externes, les structures légères reviendront plus cher que des bâtiments lourdauds remplissant les mêmes fonctions. C'est pourquoi les structures légères peuvent sembler élitistes. D'ailleurs, seules les banques et les compagnies d'assurance, à l'occasion certains musées, peuvent encore en bénéficier, certainement pas la construction de logements ni les bâtiments industriels courants. Mais les ingénieurs et architectes apprécient ce parfum d'élite (pourtant radicalement opposé à l'esprit même des pionniers des structures légères : Richard Buckminster Fuller◆, Vladimir Choukhov◆, Frei Otto◆) ; ils s'obstinent donc dans leur exhibitionnisme constructif, sans considération pour les 98 % des édifices

construits qui mériteraient une plus grande attention de leur part, de sorte que leur pratique adopte des voies profondément antisociales – l'auteur sait de quoi il parle et retourne volontiers l'accusation contre lui.

Du point de vue culturel : les structures légères, alliées à une approche empreinte de responsabilité et de discipline, peuvent contribuer de manière significative à l'enrichissement de la création architecturale. Le léger, le filigrane et le doux éveillent des perceptions plus agréables que le lourd, le mastoc et le dur. Une structure légère typique rend lisible l'écoulement des forces, et l'homme instruit veut comprendre ce qu'il voit. Ainsi l'esthétique rationnelle des structures légères peut-elle susciter des sympathies pour la technique, le bâtiment et les ingénieurs. Elles peuvent nous sortir de la monotonie et du manque d'imagination dont témoignent toutes ces réalisations d'ingénieur que l'on voit désormais partout, et leur rendre leur place, qui fait partie intégrante de la culture architecturale.

Comment fonctionnent les structures légères ? Leur conception doit répondre à trois principes :
— premièrement, nous ne devons jamais perdre de vue une propriété particulièrement défavorable des charges propres : l'épaisseur d'une poutre sollicitée en flexion, qui ne doit supporter que son propre poids, n'augmente pas de manière proportionnelle à sa portée (comme une mauvaise habitude nous le fait souvent croire), mais au carré de celle-ci. Si elle doit, par exemple, avoir 0,20 m d'épaisseur pour une portée de 10 m, pour une portée de 100 m, elle ne devra pas être seulement 10 fois, mais 10×10 fois plus épaisse, autrement dit avoir 20 m d'épaisseur, et son poids propre aura donc augmenté d'un facteur 1 000.

Ce rôle décisif de l'échelle était déjà connu de Galilée lui-même. Il l'illustre par la comparaison d'un os d'oiseau, mince et frêle, avec celui d'un dinosaure (figure 1). La première leçon qu'on peut en tirer, c'est que les constructions

sont d'autant plus lourdes que leurs portées sont importantes, de sorte qu'il est toujours préférable d'éviter les portées inutilement longues.

Avec un peu d'astuce, on peut cependant contourner cette loi de la nature que constitue l'échelle, à la condition de :
— deuxièmement, éviter les éléments chargés en flexion au profit de barres soumises à des régimes de traction ou de compression pure, autrement dit décomposer la poutre. En principe, c'est toujours possible, comme nous le rappellent les poutres-treillis. Dans les barres, la section entière est exploitée uniformément et tout le superflu est supprimé ; dans une poutre de flexion, en revanche, seules les fibres extérieures sont pleinement sollicitées, le matériau passif situé au milieu devant être porté avec le reste.

Précisons que les régimes de traction sont préférables à ceux de compression. Dans le premier cas, en effet, la barre se rompt lorsque son matériau cède, alors que des éléments étroits placés sous compression cèdent plutôt par flambement, c'est-à-dire par une déformation latérale soudaine. C'est d'ailleurs facile à vérifier à l'aide d'un morceau de bambou : impossible de le casser à la main ; mais lorsque nous cherchons à prendre appui sur lui, il se brise tout de suite ;
— troisièmement, ces éléments sollicités de préférence en traction sont d'autant plus efficaces que leur résistance à la rupture en traction β est grande et que leur densité apparente γ est faible, donc que leur longueur de rupture β/γ est grande. Il est facile de se représenter cette dernière grandeur, puisqu'elle désigne la longueur que peut atteindre un fil suspendu verticalement avant de se rompre (figure 2). Par rapport à l'acier, le bois est étonnamment résistant, sans parler des fibres naturelles ou synthétiques.

Ces trois principes de base des structures légères nous ouvrent déjà toute la variété des

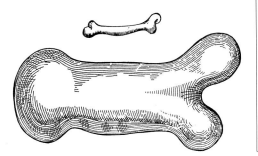

Matériau	ß [N/mm²]	γ [g/cm³]	β/γ [km]
Béton	< 4	2,5	0,16
Acier de construction A52	520	7,8	6,5
Bois de pin	100	0,5	19,6
Fil d'acier	1800	7,8	22,5
Fibres de verre	2400	2,5	94,2
Fibres aramides	2700	1,42	188,5

Fig. 1. Comparaison d'un os d'oiseau avec celui d'un dinosaure.

Fig. 2. Résistance à la rupture de différents matériaux.

Flexion

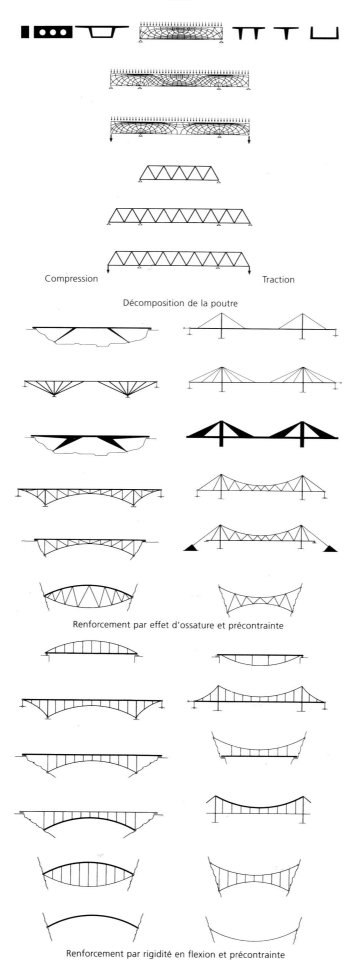

Compression   Traction

Décomposition de la poutre

Renforcement par effet d'ossature et précontrainte

Renforcement par rigidité en flexion et précontrainte

Fig. 3.

formes envisageables pour les ponts. On reconnaît (figure 3, de haut en bas) la décomposition de la poutre en un treillis, puis (à gauche) les structures en arc, qui supportent les charges principalement par des efforts de compression, et leur inverse (à droite), à savoir les structures suspendues, qui ont recours à des efforts de traction, plus avantageux. En bas de la figure, sont représentées les structures minimales, à savoir l'arc pur ou la corde suspendue entre deux parois rocheuses – structures inexploitables car elles se déformeraient trop une fois mises en charge. Au centre de la figure, se trouvent les solutions les plus diverses : renforcement des arcs et des câbles suspendus par accouplement avec la chaussée, et tous les types de précontrainte, d'arcs en treillis, de contrefiches (à gauche), et de ponts haubanés, ponts suspendus, etc. (à droite). Plus on se déplace vers le bas de la figure 3, plus la structure devient légère, mais également sensible aux effets du vent, ce qui reflète bien tout l'attrait et la difficulté qu'il y a à construire des ponts.

L'observateur attentif de ponts récents aura constaté que l'on construit, très pragmatiquement, « le plus lourd qui tienne ». Jusqu'à 100 m de portée environ, on opte pour des poutres, jusqu'à 250 m environ pour des arcs ou des treillis. On s'autorise jusqu'à de telles portées des charges propres qui correspondent à au moins 5 fois la charge utile de la structure. Mais au-delà de 300 m de portée, le poids propre entre tellement en jeu que des structures légères tendues s'imposent : ponts à contrefiches et ponts suspendus à auto-ancrage jusqu'à environ 1 000 m, ponts à ancrage arrière au-delà.

Le plus grand pont haubané est le pont de Normandie♦, d'une portée de 856 m ; le plus long pont suspendu, de 1 990 m, est aujourd'hui en cours de construction au Japon. Un projet de pont suspendu d'une portée de 3 500 m, destiné à franchir le détroit de Messine, prévoit 4 câbles porteurs de 1,70 m de diamètre chacun. Leur capacité de chargement sert pour moitié à se porter eux-mêmes, et pour moitié au pont lui-même et à sa charge utile. Cette dernière est du reste infiniment faible par rapport au poids propre du câble et du tablier du pont. Par définition, le terme de structure légère ne peut absolument plus s'appliquer à un cas semblable, quoiqu'on ne puisse aujourd'hui aller plus loin dans la légèreté, compte tenu des matériaux actuels – la limite du constructible est atteinte ; à moins qu'on ne réussisse un jour à remplacer les câbles en acier par des câbles

Fig. 5.

Structures légères
479

en plastique, dotés d'un rapport β/γ beaucoup plus élevé (figure 2).

Mais venons-en à une découverte particulièrement ingénieuse, qui permet précisément d'augmenter la légèreté, à savoir :

— quatrièmement, la précontrainte, qui permet de transformer une contrainte de compression, peu souhaitable, en une contrainte de traction (figure 4). Dans cet exemple, qui représente un rectangle formé de barres et entrecroisé de câbles, le câble diagonal sous compression participe à la stabilité de l'ensemble, parce qu'il a été placé sous précontrainte. On lui a d'abord imposé une contrainte de traction, de sorte que lorsqu'on le comprime, il ne ressent pas une compression, mais une réduction de traction, ce qui revient au même du point de vue statique. On peut construire de la sorte des tirants ou des réseaux de câbles d'une grande légèreté, agissant à la manière de structures idéales formées de barres qui résisteraient à la fois à la traction et à la compression.

Les principes des structures légères présentés ci-dessus pour les ponts peuvent naturellement s'appliquer également à la construction de bâtiments ou à la couverture de salles de sport,

palais des expositions ou entrepôts industriels de grandes dimensions (figure 5). Ces édifices prennent alors un caractère propre et une dimension plus humaine. Comme les surfaces présentes entre ces tirants doivent encore être sur-tendues par des poutrelles, générant alors des toitures semi-légères ou semi-lourdes, la dernière étape s'impose d'elle-même, à savoir :

— cinquièmement, les structures spatiales légères, nappes à double courbure sous sollicitation purement axiale, présentant un état de contraintes dit « en diaphragme » (figure 6). Ces structures sont non seulement extrêmement légères, mais elles ouvrent aussi à l'architecte un monde entièrement nouveau, dont l'inégalable variété de formes est encore loin d'être épuisée. Comme les ponts, elles supportent leurs charges principalement par des efforts de compression (figure 6, à gauche) – ce sont les coques ou coupoles –, ou de traction (à droite), et on parle alors de réseaux de câbles et de structures en membrane. Entre les deux, on trouve les nappes planes, les dalles et les treillis tridimensionnels.

Malgré l'épaisseur extrêmement réduite des coques et des coupoles en treillis, leur forme

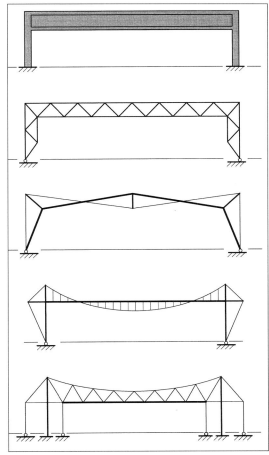

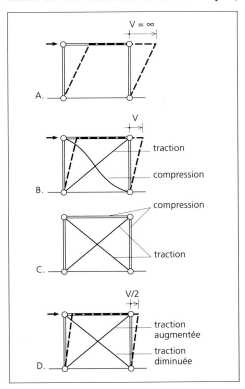

Fig. 4.

A. Non contreventé : instable.
B. Câble diagonal non précontraint : la diagonale de compression se détend et la diagonale de traction agit.
C. Câble diagonal précontraint : précontrainte établie sans charge.
D. Câble diagonal précontraint : état sous charge, déplacement V/2 au lieu de V sans précontrainte.

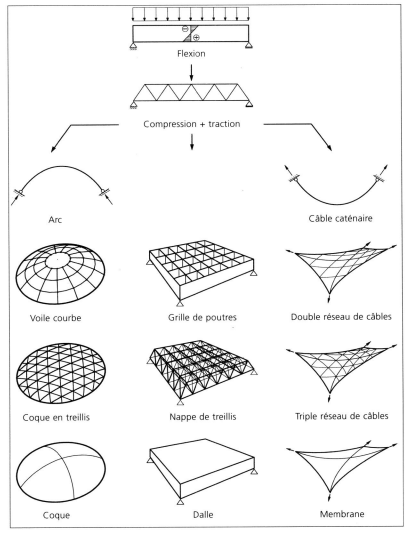

Fig. 6.

courbe permet de les stabiliser contre un flambement très redouté (appelé ici gauchissement ou jarret), de même que l'introduction de précontraintes permet de protéger les réseaux et membranes, extrêmement légers, contre les déplacements dus au vent. Pour cela, on applique une tension dans les deux directions principales du réseau ou de la membrane, dans un sens opposé pour chacune, ce qui leur donne leur forme typique en selle à courbure inversée ; ou bien on établit une surpression ou une sous-pression d'air par des moyens pneumatiques, et la courbure conserve alors la même direction. Avec les moyens de calcul informatisé dont on dispose aujourd'hui, tout cela peut être parfaitement maîtrisé. En revanche, la réalisation technique de ces nappes légères se heurte bien plus à un problème de coût. Ces surfaces courbes sont en effet difficiles à fabriquer et nécessitent des coffrages coûteux ou des découpes complexes (figure 7). Les détails des réseaux et membranes tendus sont généralement longs à réaliser et requièrent une très grande précision de fabrication.

Ces derniers temps, les édifices recouverts de membranes textiles semblent s'imposer, ce dont on ne peut que se réjouir, leur principal atout résidant dans la possibilité de les replier pour réaliser des bâtiments modulables. Cela pourrait bien marquer le début d'une nouvelle ère de la construction, qui modifierait fondamentalement les conditions de vie sous notre climat variable. Le futur vient tout juste de commencer !

Il est difficile de construire léger, car cela implique d'explorer toutes les limites : limites théoriques de la statique et de la dynamique, limites technologiques des matériaux les plus élaborés, et limites techniques de la fabrication de structures tridimensionnelles complexes.

Pour l'ingénieur engagé, les structures légères représentent un défi stimulant en ce qu'elles sollicitent – d'une manière exemplaire – en même temps et dans la même mesure ses connaissances, son savoir-faire et son expérience d'une part, son imagination et son intuition d'autre part. Avec les structures légères, il est à même de conférer une expression formelle adéquate à une construction astucieuse et efficace, contribuant ainsi à l'enrichissement de la culture architecturale. **J. S.**

VOIR AUSSI **Dômes** ; **Ponts haubanés** ; **Précontrainte** ; **Structures autotendantes** ; **Structures gonflables** ; **Structures spatiales** ; **Structures tendues**.

Structures spatiales

Les structures spatiales peuvent être définies comme des ensembles tridimensionnels d'éléments structuraux, résistant à des charges susceptibles d'être appliquées en un point quelconque de leur surface, selon un angle quelconque et dans n'importe quel sens.

Les charpentes tridimensionnelles constituées de barres articulées sont souvent appelées « treillis tridimensionnels », alors que le terme d'« ossature tridimensionnelle » s'applique à des structures spatiales à joints rigides. Le manque de main-d'œuvre qualifiée et son coût croissant favorisent aujourd'hui l'adoption de formes de construction préfabriquées et industrialisées. Les structures spatiales peuvent être construites à partir d'éléments préfabriqués simples, souvent de taille et de forme normalisées.

Les progrès de la technologie et l'apparition de nouvelles techniques de construction et de nouveaux matériaux, sous l'influence de la recherche de formes nouvelles en architecture, se traduisent par une tendance notable à utiliser les structures spatiales.

Ce type de système exerce une influence évidente sur l'architecture moderne et permet une grande diversité de formes nouvelles.

Les structures spatiales peuvent être réalisées dans n'importe quel matériau. Cependant, la plupart d'entre elles sont construites en acier, en aluminium ou en bois d'œuvre.

L'efficacité des techniques informatisées d'analyse des structures entre pour beaucoup dans la faveur extraordinaire dont jouissent aujourd'hui les structures spatiales.

Les ordinateurs modernes, très puissants,

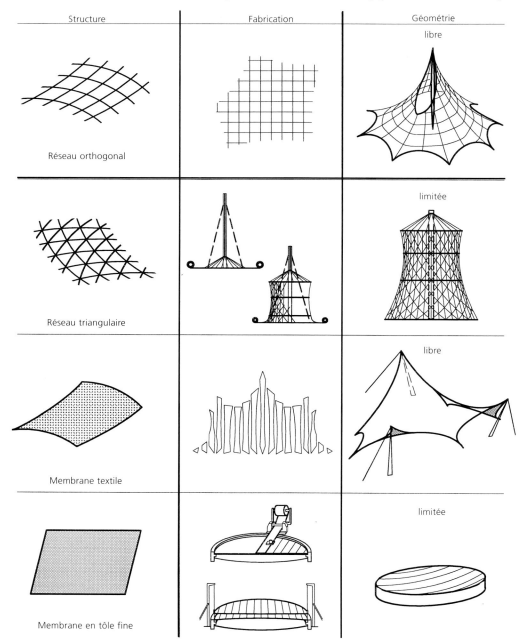

Structure	Fabrication	Géométrie
Réseau orthogonal		libre
Réseau triangulaire		limitée
Membrane textile		libre
Membrane en tôle fine		limitée

Fig. 7.

Structures spatiales. Nœuds SDC en acier moulé, brevetés par Stéphane Du Chateau.

permettent d'analyser des structures très complexes, avec une très grande précision et en réalisant une diminution remarquable du temps nécessaire. L'élaboration des données pour l'analyse informatisée, qui constituait un problème il y a seulement quelques années, est désormais résolue par la mise au point récente de l'algèbre Formex. De nombreux concepteurs tiennent cela pour un progrès majeur dans la production des données et graphiques pour l'analyse et la conception assistées par ordinateur des structures spatiales.

August Foeppl♦, Johann Wilhelm Schwedler♦, Alexander Graham Bell♦, Max Mengering-hausen♦, Robert Le♦ Ricolais, Richard Buckminster Fuller♦ et Yoshikatsu Tsuboi♦ ont été les premiers à élaborer des structures spatiales. Leurs travaux seront notamment développés par des concepteurs comme Stéphane Du♦ Chateau, Fujio Matsushita♦, Don Richter, Francisco Castaño, René Motro, Mamoru Kawaguchi♦, Horst Berger♦, Stefan J. Medwadowski, Witold Gutkowski, Tien T. Lan, Mick Eekhout et Martin Pillow.

Les pièces d'assemblage des charpentes d'ossature tridimensionnelles représentent la partie la plus importante de tout système préfabriqué ; son succès commercial dépend donc de leur efficacité et de leur simplicité.

Des constructeurs comme MERO, Space Deck, Unibat, Spherobat, Triodetic, Diamond Truss, NS Truss, etc. ont conçu des pièces d'assemblage efficaces. La dernière décennie a fait l'objet de progrès notables dans trois domaines : les résilles, les voûtes en treillis et les dômes en treillis.

Des avancées considérables ont en effet été réalisées dans la construction des résilles à deux couches, structure d'ossature composée d'un nombre important d'éléments rectilignes, liés les uns aux autres par des nœuds. Les résilles à deux couches sont constituées de deux résilles planes, formant des couches supérieure et inférieure parallèles et reliées par des éléments verticaux et/ou obliques.

Il existe aujourd'hui dans le monde près de cent entreprises commerciales spécialisées dans la fabrication des résilles à deux couches, matériau largement utilisé par les architectes pour couvrir immeubles industriels, salles de sport, pavillons d'exposition, églises, piscines, centres commerciaux, etc.

Ces résilles sont souvent utilisées pour des portées très importantes, pour les toits, mais aussi pour les planchers et les murs d'immeubles de grande hauteur, comme le Javits Convention Center de New York (53 000 m² de superficie au sol). On les emploie souvent pour les halls d'exposition ; ainsi le National Exhibition Center de Birmingham en Grande-Bretagne, vaste complexe de bâtiments couvrant une superficie de 100 000 m², est-il réalisé avec le système de résille à deux couches Nodus ; pour le centre d'exposition de Düsseldorf, qui couvre une superficie de 156 000 m², on a utilisé les systèmes MERO et Oktaplatte.

Une attention particulière est accordée par les concepteurs aux structures spatiales tubulaires. Les structures MERO utilisées pour le palais omnisports de Bercy, à Paris, sont de ce type.

Au cours des deux dernières décennies, de nombreux grands hangars ont été couverts à l'aide de résilles à deux couches : l'aéroport de Heathrow à Londres, les aéroports internationaux de

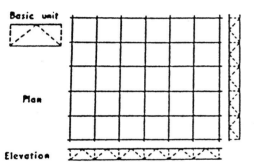 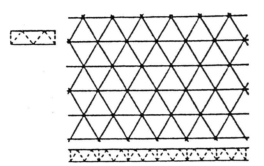

Lattice grids

 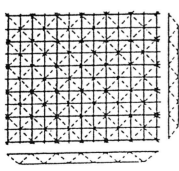 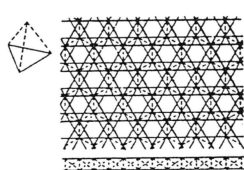

Space grids

 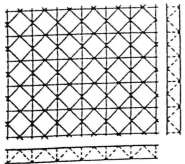 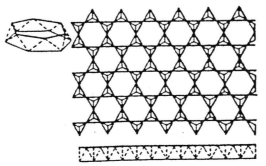

Principaux types de résille à double couche.

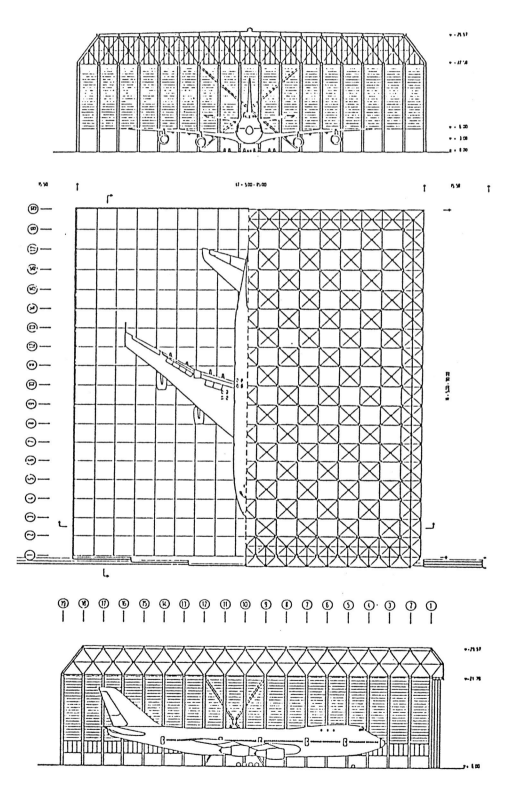

Résilles à trois couches du hangar d'aviation de Téhéran-Mehrabad.

Narita et d'Ôsaka au Japon, et l'aéroport Changi à Singapour, par exemple.

Les voûtes en berceau à ossature contreventée remplacent désormais progressivement les voiles minces de béton, autrefois répandus. Ces structures sont particulièrement utilisées pour les piscines ou les courts de tennis (États-Unis, Canada, Japon, Grande-Bretagne, France, Allemagne, etc.). Fujio Matsushita a ainsi produit au Japon de nombreuses belles voûtes en berceau.

Dans l'ex-Tchécoslovaquie, les voûtes conçues par Joseph Zeman sont remarquables, notamment en raison du caractère très économique de leur structure.

Des voûtes en berceau en aluminium très intéressantes ont été construites ces dernières années, en Afrique du Sud, par ABBA Space Structures de Johannesburg.

Les dômes en treillis représentent la forme architecturale la plus ancienne; ils permettent d'enclore le maximum d'espace avec le minimum de surface, pour un coût modeste. De nombreux types de contreventement sont utilisés pour ces dômes, aujourd'hui construits en acier ou en aluminium tubulaire – notamment par des entreprises américaines, japonaises, hollandaises, françaises et allemandes. Il existe plusieurs très grands dômes, dont certains atteignent plus de 200 m de portée sans support intermédiaire, comme le New♦Orleans Superdome (210 m de portée) ou l'Astrodome de Houston, au Texas (200 m de portée). Les dômes géodésiques en aluminium de Don Richter et les dômes de Fujio Matsushita sont déjà bien connus.

Les dômes de Francisco Castaño, en acier ou en aluminium tubulaire, que vient de réaliser son entreprise Geometrica Inc., sont utilisés dans le monde entier pour des magasins de ciment, de chaux, d'argile, de charbon en vrac et des laiteries, en raison de leur caractère remarquablement économique et de leur exceptionnelle rapidité de montage. Au Mexique, on trouve ce type de construction pour les silos à grains.

Certains de ces dômes ont une portée sans support intermédiaire de 100 m, et réalisent une économie de 50 % par rapport à une charpente classique.

La couverture de grandes cours intérieures ou de petites places au moyen de systèmes tridimensionnels légers qui assurent un éclairage naturel, grâce à l'utilisation de verre pour le toit et les murs, est sans conteste une tendance de l'architecture actuelle. **Z. S. M.**

VOIR AUSSI **Dômes.**

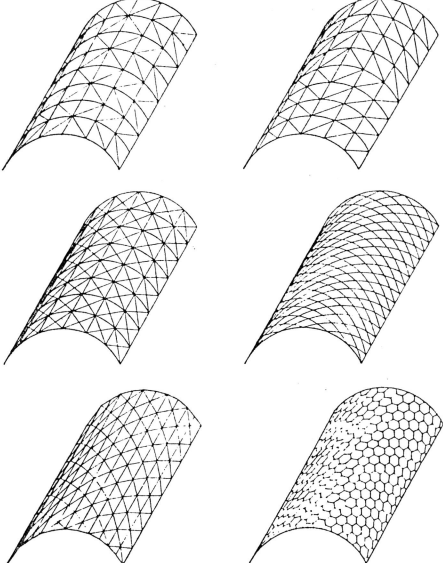

Résille à double couche de la couverture du hangar d'aviation d'Heathrow (en haut).

Principaux types de voûtes en treillis (en bas).

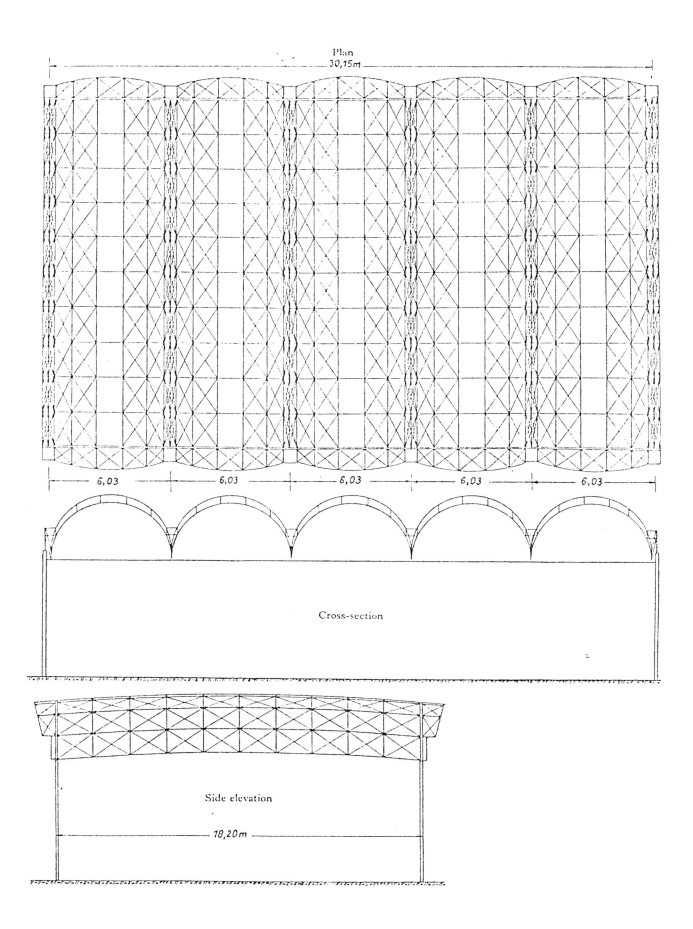

Voûtes en treillis du gymnase de Carpentras.

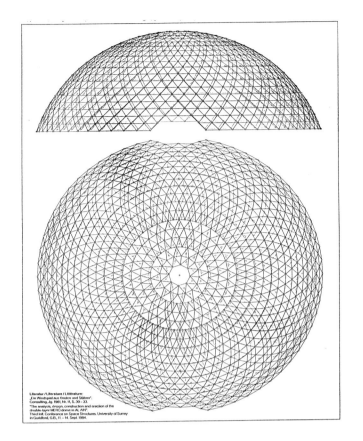

Literatur / Literature / Littérature:
„Ein Windspiel aus Knoten und Stäben".
Consulting, Jg. 1981, Nr. 11, S. 30 - 33.
"The analysis, design, construction and erection of the
double-layer MERO dome in Al Ain".
Third Intl. Conference on Space Structures, University of Surrey
in Guildford, G.B., 11. - 14. Sept. 1984.

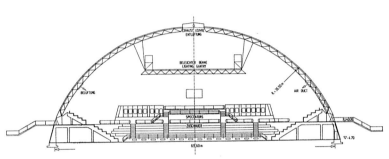

Dôme en treillis, système MERO, à Al Ain.

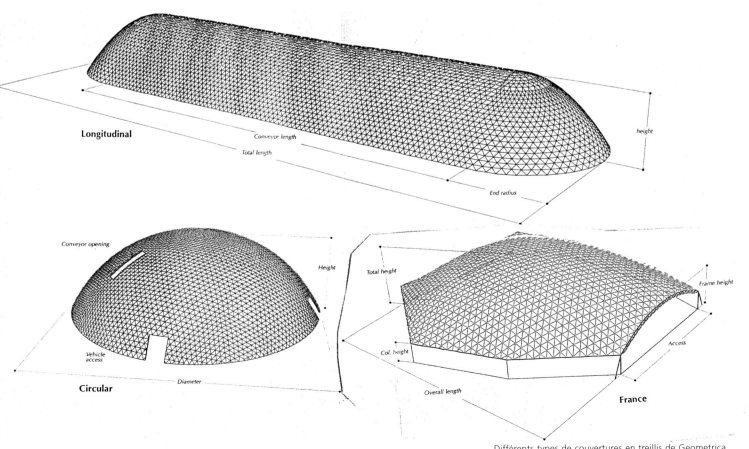

Différents types de couvertures en treillis de Geometrica.

Structures tendues

C'est en 1895 que l'éminent ingénieur russe Vladimir Choukhov◆ dépose un brevet pour un nouveau mode de construction de couvertures. Il y décrit un réseau préfabriqué en bandes métalliques plates, rivetées les unes aux autres à leurs points d'intersection pour former une surface continue, susceptible d'être ensuite suspendue entre des anneaux concentriques. La surface représentée dans ce brevet est un hyperboloïde, c'est-à-dire une surface de révolution présentant deux courbures principales opposées. En proposant comme structure une mince surface tridimensionnelle, Choukhov vient d'accomplir une avancée fondamentale par rapport au concept, essentiellement bidimensionnel, du pont suspendu, qui a si fortement bridé l'imagination des concepteurs du XIXe siècle. Il a compris que, grâce au régime de traction pure auquel les éléments du réseau sont soumis, ce type de construction permet de réaliser d'importantes économies de poids et de matière par rapport à une toiture entretoisée traditionnelle, et qu'en outre cette surface mince peut résister à de très fortes charges concentrées.

Choukhov imagine et fait construire en 1896 quatre grands bâtiments pour l'exposition pan-russe d'art et d'industrie à Nijni-Novgorod◆. Le pavillon des techniques de structures mesure 68 m de diamètre, avec un anneau central de 25 m de diamètre, soutenu par des piliers intérieurs. Deux halls rectangulaires de 70 m de longueur et 35 m de largeur chacun, et un bâtiment ovale de 98 m de longueur et 51 m de largeur sont construits selon les mêmes principes. Avec cet ensemble de bâtiments, Choukhov fait la démonstration de sa parfaite maîtrise des caractéristiques et des principes de conception des surfaces tendues. On peut en proposer la liste suivante :

— une certaine rigidité structurelle est nécessaire pour transmettre les efforts à la fois vers le haut et vers le bas, car lorsque l'on réduit la masse de la structure, celle-ci devient sensible aux charges dynamiques. Dans une structure tendue, cette rigidité, due à l'utilisation d'une géométrie à deux courbures opposées, est encore augmentée par la prétension (on ne sait pas à quel point Choukhov se fiait aux précontraintes) ;

— la forme de la surface est déterminée par des « conditions limites » – à savoir une géométrie spatiale variable selon les supports. Pour ces halls de forme circulaire ou ovale, les conditions limites étaient des anneaux concentriques et superposés ;

— la force de traction à laquelle est soumise la surface doit réagir à un élément présent à sa périphérie : soit une série de solides points d'ancrage fixes, soit un « système fermé », tel que les anneaux de Choukhov ;

— compte tenu de l'importance des déplacements géométriques de ces structures, l'enveloppe de confinement doit être souple. On pense que Choukhov utilisa une série de tôles métalliques se chevauchant les unes les autres de manière à pouvoir compenser les mouvements éventuels de la structure.

Le travail de Choukhov, pour décisive qu'ait été son importance, est toutefois resté longtemps ignoré ; de façon assez surprenante, son existence n'a été révélée qu'en 1962 par Igor Liudkovsky.

La construction des arènes de Raleigh◆, en Caroline du Nord (1953), représente un autre jalon majeur de l'histoire des couvertures tendues. Conçue en 1950 par l'architecte Matthew Nowicki et l'ingénieur Fred N. Severud◆, cette structure est constituée de deux voûtes paraboliques opposées l'une à l'autre et formant une inclinaison de 30° par rapport à l'horizontale. Elles sont constituées d'un réseau de câbles en forme de selle, qui forme une surface continue de 92×97 m, recouverte par une couverture traditionnelle en tôle ondulée. Le réseau de câbles a été placé sous une légère précontrainte, et les courbures principales ont été étudiées pour supporter le poids d'une épaisse couche de neige. La surface, quasiment plane au niveau du sommet des arches, a nécessité en tant que telle des attaches supplémentaires, pour limiter les mouvements induits par la pression variable du vent. Ce bâtiment revêt une importance toute particulière. Comme les œuvres de Choukhov, cette réalisation témoigne d'une compréhension profonde des caractéristiques essentielles des structures tendues ; mais surtout, elle a été réalisée à une échelle littéralement héroïque, si l'on considère que les ingénieurs ont travaillé sans l'aide des ordinateurs dont nous disposons aujourd'hui. Il n'est donc pas surprenant qu'elle se soit imposée comme modèle pour un grand nombre de couvertures en câbles construites ultérieurement dans toute l'Europe, l'Union soviétique, la Chine et l'Amérique du Nord. Les arènes de Raleigh ont eu en outre un effet de catalyseur sur l'imagination d'ingénieurs et architectes désireux d'explorer les potentialités des structures spatiales.

Les foires et les expositions universelles seront autant d'occasions d'expérimenter et de développer des structures nouvelles – dès l'année qui suit l'achèvement des arènes de Raleigh, les ingénieurs Alberto Borges et Ricardo Costas Aliana édifient ainsi le merveilleux pavillon du Rio Grande do Sul à São Paulo. Il s'agit d'un réseau de câbles en forme de selle de cheval, doté d'une courbure prononcée, d'une longueur de 100 m pour une largeur de 60 m, mis en tension entre une paire d'arches verticales semi-circulaires stabilisées par des ancrages inclinés. L'Exposition universelle de Bruxelles, en 1958, présentera également deux intéressantes structures tendues, conçues par René Sarger◆. Le pavillon de la France exprime superbement la vitalité de ce pays par un espace de 12 000 m² exempt de tout pilier ou montant, et couvert par deux réseaux de câbles en forme de selles, chacun d'une taille similaire à celle de Raleigh, et mis en tension à l'intérieur d'une ossature de poutres-treillis en acier.

Le deuxième pavillon français, le pavillon Marie Thumas, quoique de dimensions plus modestes (53×57 m), est bien plus intéressant du fait que la traditionnelle distinction entre toiture et murs y est abolie, la structure et son enveloppe ne formant plus qu'une seule surface continue. Une série de câbles de fléchissement et de voûtements s'entrecroise avec une série de plans cintrés, définis par des pannes conçues pour être très légères. Le tout est supporté par 8 mâts inclinés, reposant au sol sur 4 points d'appui seulement. Le mode de construction et de précontrainte adopté est tout à fait novateur, faisant appel à l'articulation de nœuds et au raccourcissement pré-calculé des éléments. Des vérifications in situ ont été pratiquées à l'aide de procédés acoustiques pour mesurer les efforts dans les éléments principaux.

En 1950, alors qu'il est encore étudiant, Frei Otto◆ est vivement impressionné lorsqu'il a l'occasion de consulter, dans l'agence de Severud, les plans des arènes de Raleigh : un moment décisif dans le choix qu'il fait de se consacrer à l'étude des surfaces légères tendues. Il s'attache alors surtout à trouver des parallèles avec les formes présentes dans la nature, ainsi qu'à obtenir les plus grandes portées pour le plus faible poids. Dans le courant de cette décennie, Otto entreprend une fructueuse collaboration avec Peter Stromeyer, le fabricant de tentes. De 1955 à 1965, ils conce-

vront et réaliseront de nombreuses tentes à
double courbure et aux formes libres pour les
Floralies fédérales allemandes et pour des
expositions nationales, telles que celle de
Lausanne en 1964. Chaque nouvel édifice est
pour Otto l'occasion d'introduire de nouvelles
idées en matière de forme, d'édification, de
techniques de mise en tension, et d'expérimenter différents textiles et modes d'assemblage. Dans le même temps, il étudie avec ses
collaborateurs un immense éventail de formes
possibles ; il s'aide pour cela de modèles physiques basés sur le comportement des bulles de
savon – l'intérêt de celles-ci réside dans le fait
que ce sont des surfaces d'énergie minimale.
Ces travaux démontreront l'influence considérable que le choix et le type des conditions
limites exercent sur la forme de la surface. Son
travail d'architecte tire naturellement profit de
ces expériences, et son premier grand projet
sera la toiture du pavillon de la RFA à
l'Exposition universelle de Montréal◆, en 1967.
Du point de vue à la fois architectural et structurel, cet édifice marque un départ radicalement nouveau. Il adopte en effet une forme
très libre qui serpente autour d'un plan d'eau, et
la distinction habituelle entre bâtiment et paysage disparaît de fait : le toit lui-même devient
paysage. Compte tenu de l'irrégularité du terrain, le réseau de câbles est suspendu à des
mâts de hauteurs et d'inclinaisons variables, la
concentration des forces en haut des mâts étant
intelligemment captée et détournée par des
câbles en boucle situés dans la surface du
réseau ; 10 000 m² de tissu polyester revêtu de
PVC sont suspendus au réseau de câbles et mis
en tension pour former l'enveloppe limite. La
démarche conceptuelle d'Otto est avant tout de
nature exploratoire et passe par toute une série
de modèles physiques. Comme le comportement des structures de surface est largement
conditionné par leur géométrie, cette approche
lui permet de combiner ses ambitions architecturales à une logique structurelle et à un mode
de construction adaptés. Le procédé exige un
soin méticuleux et un temps considérable pour
établir les modèles définitifs avec une précision
suffisante, permettant leur dimensionnement
en vue d'une analyse structurelle et du tracé des
plans.

La conception technique du pavillon est dirigée
par Fritz Leonhardt◆, qui poursuivra sa collaboration avec Otto pour réaliser les étonnantes
couvertures en réseau de câbles des Jeux olympiques de Munich◆, en 1972. Par son échelle et

Structures tendues. Restaurant Marie Thumas, Exposition universelle de Bruxelles, 1958, R. Sarger, ing.

son importance, ce projet marquera le passage du modèle physique à la simulation informatique pour le contrôle du comportement et des capacités de la structure. Les ingénieurs seront désormais capables de reproduire numériquement le comportement de bulles de savon pour calculer la géométrie des surfaces tendues. Inévitablement, les programmes de calcul non linéaire auront aussi des incidences sur le choix et l'optimisation des géométries, et leur découpage en éléments de formes et de dimensions adaptées à la fabrication augmente ainsi les chances des surfaces tendues d'être commercialisées à bien plus grande échelle.

Le développement des méthodes informatiques donnera également aux ingénieurs la faculté de développer des structures à nervures de compression amincies : les modèles physiques ont en effet montré depuis longtemps qu'il est possible de prévenir le flambement par des contreventements tendus, sous la forme d'éventails radiaux ou de réseaux de câbles. Cet aspect apparaît très clairement dans deux structures construites par Peter Rice♦ : la pyramide du Louvre, à Paris, et la gare d'interconnexion de Coire, en Suisse. Au Park Aviary de Hong-Kong, construit par Ove♦ Arup, une arche de 62 m de portée est contreventée dans son plan par des réseaux de câbles prétendus, qui servent également à porter une enveloppe en fin maillage d'acier inoxydable couvrant une surface de 5 250 m². Pour sa part, David Geiger♦ déploiera beaucoup d'énergie à développer ce qu'il a appelé le *câble-dôme*. Cette structure consiste en une série de treillis haubanés à panneaux simples, posés les uns sur les autres et s'élevant ainsi en direction du centre de la toiture, les pieds des montants étant reliés entre eux par des câbles de frettage formant la circonférence de la structure. Au lieu que la structure du toit s'abaisse vers son centre et empiète ainsi sur l'espace intérieur, le dessous des anneaux s'élève vers le centre. Les montants les plus bas sont contigus à un anneau périphérique mis en compression, et les efforts des câbles sont les plus intenses au niveau du périmètre. Cette technique marquera une habile rupture avec l'orthodoxie établie.

Le Suncoast♦ Dome de Saint Petersburg, en Floride, achevé en 1989, possède quant à lui 4 anneaux pour un diamètre de 209 m.

Au moment où les méthodes numériques se mettent en place, au début des années soixante-dix, un nouveau matériau pour membrane est en cours de développement aux États-Unis, où

la société Du Pont étudie une résine PTFE contenant de microscopiques billes de verre, appliquée avec succès sur un tissu en fibre de verre dont les fils sont réalisés à partir de filaments de 3 microns de diamètre, fabriqués par Owens Corning. Walter Bird♦ construira en 1973 la première membrane de ce type pour le collège de La Verne, en Californie. Ce matériau, qui présente une grande stabilité d'aspect à long terme et résiste très bien à la combustion, a servi depuis à la construction de nombreuses toitures en membrane tendue de grandes dimensions, pour des magasins, des aérogares et des installations sportives.

Le terminal Haj de l'aéroport de Djeddah♦, en Arabie saoudite, protège du soleil 400 000 m² de surface au sol. Dessiné par Fazlur R. Khan♦, et conçu à une échelle adaptée aux besoins, il est constitué d'unités coniques en membranes de fibre de verre PTFE, suspendues à de hauts pylônes d'acier. De la même manière, dans de nombreux édifices de dimensions importantes, le matériau joue désormais un grand rôle, à la fois comme structure et comme enveloppe. Citons par exemple l'Akita♦ Sky Dome au Japon, le Inland Revenue Centre (Centre des contributions) en Grande-Bretagne, et le Georgia♦ Dome aux États-Unis. Ce qui est frappant, dans la plupart de ces structures, c'est le rôle de plus en plus primordial tenu par la membrane textile, alors qu'on délaisse plutôt les réseaux de câbles. René Sarger avait sans doute déjà prévu cette évolution lorsqu'il a conçu le pavillon Marie Thumas, mais il a été limité par le manque de temps et par l'absence, à l'époque, d'un matériau approprié. **B. F.**
VOIR AUSSI **Dômes**.

Stuttgart (tour de télévision de)

Stuttgart, Bade-Wurtemberg, Allemagne, 1955.

Le commanditaire de cet ouvrage, la Süddeutscher Rundfunk, prévoit initialement la construction d'un pylône en treillis d'acier. L'ingénieur Fritz Leonhardt♦ propose, pour sa part, une solution d'un type nouveau : une mince tour en béton dotée d'un restaurant panoramique et d'une plate-forme d'observation.

Des considérations aussi bien techniques qu'économiques conduisent donc à construire cette structure en béton, matériau moins coûteux et d'une plus grande rigidité – ce qui permet de limiter les déformations de flexion dues au vent et de mieux amortir les oscillations

Tour de télévision de Stuttgart.

éventuelles. Pour abaisser encore la prise au vent, on adopte pour le corps et la tête de la tour une section transversale circulaire. Le corps de la tour, d'une hauteur de 161 m environ, est en fait un tube en béton armé effilé, son diamètre extérieur passant de 10,80 m au pied (épaisseur de la paroi : 60 cm, 30 cm à 10 m de hauteur) à 5,04 m en haut (épaisseur de la paroi : 19 cm). La paroi de ce tube est renforcée tous les 10 m par des cadres transversaux. La fondation est une coque conique redressée à anneau inférieur précontraint, à l'intérieur de laquelle est insérée une autre coque conique inversée – qui constitue le pied de la tour proprement dit. Cette structure porteuse de 27 m de largeur et 8 m de profondeur présente une extrême rigidité et assure ainsi la résistance de la tour au basculement.

La tête de la tour s'encastre sur le corps en béton à une hauteur de 135,80 m ; elle comprend 4 étages. Elle présente un diamètre extérieur de 12,10 m, et de 14,85 m en haut. La dalle de plancher en console de la tête de tour est soutenue par une coque tronconique inversée. Au sommet, à une hauteur de 150 m, se trouve une plate-forme d'observation panoramique. La tête est surmontée d'un mât de 51 m de haut portant les antennes, ancré dans le corps en béton.

Au-delà de l'audace constructive et de la simplicité de la réalisation, cette tour surprend également par le soin de sa conception : surface claire du béton apparent, amorce parabolique du profil de la tour au niveau du pied et position inversée de la tête qui s'élargit vers le haut. La tour de télévision de Stuttgart est la première de toute une série de tours en béton, construites par la suite dans le monde entier. **R. G.**

Suncoast Dome

Saint Petersburg, Floride, États-Unis, 1989.

Le dôme du Florida Suncoast – conçu par Hellmut, Obata & Kassabaum Sports Facility Group, architectes, et David Geiger♦/KKBNA, ingénieurs – est en 1989 le plus grand toit textile autoportant du monde réalisé selon les principes de « tenségrité » (depuis 1992, le Georgia♦ Dome d'Atlanta occupe cette première place). Les principes de tenségrité en longue portée ont été inventés par Richard Buckminster Fuller♦. Au cours des années cinquante, Fuller et son disciple Kenneth Snelson ont développé des projets de structures dans lesquelles un système continu de câbles en tension est maintenu en place par des barres de compression discontinues. Trop complexes pour être appliqués à des constructions de grandes dimensions, ces principes sont alors envisagés pour la conception de structures extrêmement légères, totalement autoporteuses sur de longues portées. En 1988, après l'écroulement, dû non seulement à des erreurs, mais à de très mauvaises conditions météorologiques, de deux de ses toits à structure pneumatique – le Silverdome de Pontiac♦, dans le Michigan, et le Metrodome de Minneapolis –, David Geiger reprend les recherches de Fuller. Il les simplifie suffisamment pour pouvoir réaliser des toits autoportants en tenségrité ; le premier est destiné à la salle olympique d'escrime et de gymnastique de Séoul, en Corée. Le dôme de Saint Petersburg, réalisé juste après, d'un diamètre de 209 m et d'un poids d'environ 10 kg/m², est nettement plus grand et plus léger que celui de Séoul. **S. W. K. et A. C. W.**

Sunderland (pont de)

Sunderland, Tyne and Wear, Grande-Bretagne, 1796.

Le pont de Sunderland fournit l'éclatante démonstration d'un arc en fonte atteignant une portée beaucoup plus longue que les classiques voûtes en maçonnerie, et ce, pour un coût inférieur. Sa construction à partir d'éléments en fonte a permis, d'une part, l'édification de l'ouvrage à distance de la fonderie et, d'autre part, le passage des plus hauts navires pendant les travaux.

Thomas Paine faisait déjà état de ces avantages, qu'il démontre en construisant en 1790 un pont en fer forgé à Londres, qui est une réussite. Le pont de Sunderland, lui, a recours à des ossatures d'arc différentes, et il est construit en fonte. Son concepteur, Rowland Burdon, est député du comté de Durham.

Pont de Sunderland, vue de la construction, gravure.

Burdon fait appel aux aciéries Walkers de
Rotherham, là où Paine a édifié son premier
pont ; il emploie Thomas Wilson, ancien
professeur de mathématiques, comme « ingénieur » du chantier. Après avoir pris conseil
auprès d'architectes et d'ingénieurs renommés,
il adopte comme principe « l'antique construction des ponts par subdivision des parties de la
voûte à la manière de voussoirs ». D'autres projets de ponts métalliques, publiés à Paris par
Montpetit (1779) et Racle (vers 1789), avaient
déjà adopté ce principe.

L'équipe dirigée par Burdon conçoit une arche
composée de 6 arcs, constitué chacun de
105 voussoirs. Chaque voussoir forme un cadre
de 3 barres concentriques, reliées entre elles
par 2 barres radiales. Des segments plats en fer
forgé, dont certains ont déjà été employés dans
le pont de démonstration de Paine, sont insérés
dans des rainures ménagées à l'intérieur des
barres concentriques, puis boulonnés pour
assurer la continuité de l'arc. Des tubes en
fonte à bords tombés sont boulonnés aux arcs
pour établir des jonctions latérales.

L'ensemble de la voûte est érigé en dix jours
au cours du mois de septembre 1795 ; elle
s'appuie sur deux immenses tréteaux en
bois, ce qui évite d'interrompre le trafic fluvial. Des cerceaux en fonte sont ensuite boulonnés sur le dessus des arcs, puis reliés par
des tubes, avant de recevoir un tablier en bois
et une chaussée en gravier. Le poids total
de l'ouvrage dépasse 900 t, mais l'arche seule
ne pèse que 260 t, pour une portée de 72 m,
une hauteur sous clé de 7,30 m et une largeur
de 9,75 m. (La première grande arche
métallique, celle de Coalbrookdale♦ [1779],
pèse 379 t pour une portée d'environ 30 m.)
La pente de la route est de 8 %. Le pont a
coûté à peine plus de 30 000 £ ; il est inauguré
le 9 août 1796.

Mais l'arche de Sunderland présente assez vite
une inquiétante flèche latérale. Vers 1804, elle
s'est déjà déplacée de 50 cm et, des tubes latéraux, un sur cinq est tombé. John Grimshaw,
un industriel local, répare personnellement le
pont en lui rajoutant des contreventements
diagonaux réglables, destinés à ramener les
arcs dans leur alignement initial. Il réussit ainsi
à augmenter durablement la rigidité de la
structure.

Après des transformations majeures en 1858, le
pont survit jusqu'en 1929, date à laquelle il est
remplacé par un arc en acier, édifié sur les
mêmes culées. **T. R.**

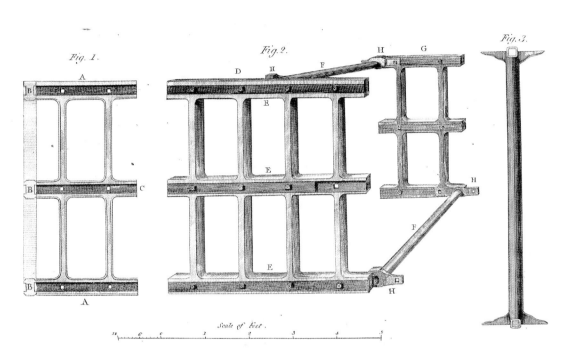

Pont de Sunderland, cadres en fonte servant de voussoirs (en haut) ; vue générale, gravure (en bas).

Sydney (opéra de)

Sydney, Australie, 1966 et 1973.

En 1955 est lancé en Australie l'un des premiers grands concours internationaux de l'après-guerre. Sydney veut en effet se doter d'un complexe musical qui rassemblerait un auditorium polyvalent de 3 500 places (opéra-orchestre symphonique), une salle de 1 200 sièges (récitals-musique de chambre), un restaurant et divers équipements annexes. Un site spectaculaire est retenu pour le futur bâtiment : la pointe de Bennelong, qui s'avance depuis le centre de la ville sur sa célèbre baie.

En janvier 1957, le jury examine les 233 projets rendus. Le vainqueur est un architecte danois de trente-huit ans, presque inconnu : Jørn Utzon. Il a déployé sur une plate-forme minérale massive des jeux de coques blanches qui couvrent comme des voiles les auditoriums installés côte à côte. Sur les 80 m de sa largeur, leur parvis est plié vers le quai en un escalier d'accès monumental. Inspiré des temples précolombiens, le socle reconstruit le promontoire rocheux pour y loger l'ensemble des fonctions requises, tandis que la toiture, indépendante des volumes qu'elle abrite, devient une « cinquième façade » sculpturale, et visible de tous côtés, conformément aux exigences du site.

Compte tenu des difficultés inédites que pose la réalisation, Utzon suit les recommandations de son client, conseillé par Leslie Martin et Eero Saarinen♦ (tous deux membres du jury), et désigne Ove♦ Arup comme ingénieur structures. Le spécialiste des coques en béton de l'agence Arup, Ronald Jenkins, est chargé du projet. Études et chantier, divisés en trois phases (construction du socle, érection des toitures, second œuvre), commencent dans la hâte.

Le socle-plateforme est une construction en béton armé traditionnelle, sur laquelle s'impriment les gradins des auditoriums. La conception par Arup de gigantesques poutres creuses en béton précontraint, pour soutenir d'un seul jet le grand escalier qui y mène est le tour de force de cette première phase. Leur section varie d'une extrémité à l'autre, prenant la forme d'un T ou celle d'un T inversé en fonction des moments agissants. Utzon fait laisser brut leur profil ondoyant, qui satisfait son goût pour les éléments architectoniques dont les qualités plastiques résultent de l'expression constructive.

La résolution structurelle des toitures va demander près de cinq ans. Les nombreuses

Opéra de Sydney,
pose des panneaux de toiture (en haut) ;
vue intérieure des voûtes en construction (en bas).

versions étudiées par les équipes d'Arup jusqu'en 1961 (coques paraboliques puis elliptiques, béton projeté, nervuré, monté sur ossature métallique, en simple ou double peau) se révèlent successivement impraticables. Utzon propose alors que les différentes surfaces incurvées qui les composent soient toutes engendrées par une même sphère théorique de 75 m de rayon. Il convertit ainsi ses « voiles » en portions de coupoles pliées, délaissant l'utopie des coques pour la faisabilité des voûtes. En quelques mois, les ingénieurs – conduits par Jack Zunz, qui remplace Jenkins – mettent au point sur cette base une méthode de construction rationnelle et économique. Les voûtes sont constituées par l'assemblage jointif de nervures répétitives en béton précontraint, dont les segments sont préfabriqués en série sur le chantier, collés en place, puis revêtus des gammes correspondantes de panneaux carrelés. Leur montage sera entièrement terminé en 1967.

Les propositions d'Utzon pour les intérieurs – l'enveloppe suspendue des auditoriums, et les verrières-rideaux qui doivent fermer les gueules des voûtes – s'inscrivent dans le prolongement de ses idées sur la combinatoire de modules suivant des géométries essentielles. L'unique matériau utilisé est cette fois le contreplaqué. Malheureusement, rien de cette troisième phase ne sera réalisé selon ses desseins. En 1966, les difficultés que rencontre Utzon à la suite d'un changement de gouvernement le forcent à démissionner. Une équipe d'architectes locaux achèvera le bâtiment en 1973 selon un programme modifié.

Utzon a esquissé avec ce projet son idéal d'artisanat industriel. L'usage du calcul par ordinateur excepté, les technologies employées n'ont pas représenté d'avancées significatives : Utzon a développé des possibilités encore inexplorées de procédés mettant en œuvre des matériaux déjà éprouvés. En renonçant aux formes libres de son parti initial pour retourner vers la logique et l'harmonie organique des systèmes, il a abandonné l'exploit structurel en soi au profit d'une poétique de la construction. Plus qu'un splendide ouvrage d'art, l'opéra d'Utzon est une véritable œuvre d'architecture. **F. F.**

Opéra de Sydney, construction du socle (premier plan) (page de gauche) ; vue générale (ci-dessus).

Terminal TWA, vue générale.

Taiyo Kogyo (société)

Tôkyô, Japon.

La Taiyo Kogyo, créée en 1922, est l'un des leaders mondiaux dans le domaine des structures à membrane. Avec un effectif de 1 035 personnes et 23 succursales, c'est aujourd'hui la plus importante société d'ingénierie au monde dans ce secteur. Dotée d'un centre de recherches, elle est encadrée par un groupe d'experts chargés de la conception, du développement, de la recherche et de la construction.

La société a établi son succès en assurant la conception et la réalisation de la plupart des grands pavillons à structure à membrane de l'Exposition universelle de 1970 à Ôsaka♦. Sous la direction du plus grand fabricant américain dans ce secteur, Birdair, elle connaît alors un développement mondial, aux États-Unis, mais aussi en Asie et au Moyen-Orient. Elle participe à la construction du Sky Dome d'Akita♦, du Tôkyô♦ Dome, ainsi que du terminal de l'aéroport international de Denver. Outre le domaine de la construction, cette société travaille sur l'utilisation des membranes dans les domaines spatial et maritime. **K. I.**

Tancarville (pont de)

Sur l'estuaire de la Seine, Seine-Maritime, France, 1959.

La construction du pont de Tancarville est le grand œuvre des ingénieurs français de l'après-guerre : avec sa travée centrale de 608 m de portée, il est alors le plus grand du monde, à l'exception de huit ponts aux États-Unis – qui le dépassent de beaucoup, il est vrai.

Dès la fin du XIXᵉ siècle, le franchissement de la Seine est envisagé, d'abord par un pont transbordeur ou par une voie ferrée sur un bac à vapeur, puis au moyen d'un tunnel à voie unique. Un premier projet de pont routier, établi en 1934, prévoit de passer au Hode ; toutefois, le directeur des Ports interdit l'implantation d'appuis dans le lit majeur de la Seine pour garantir la navigation jusqu'à Rouen, et le choix se porte sur Tancarville, qui offre un site particulièrement favorable. En 1935, le service central d'études techniques dresse, sous la direction de Louis Grelot, un projet qui servira de base à la construction du pont vingt ans plus tard ; ce projet est approuvé en 1937. Des travaux de terrassement sont engagés pendant la guerre, en grande partie pour éviter la déportation en Allemagne de nombreux jeunes sans emploi.

Pont de Tancarville, vue générale.

Dès 1933, la chambre de commerce et d'industrie du Havre propose de prendre l'ouvrage en concession ; l'autorisation ne lui est accordée qu'en 1951, à une époque où l'État doit faire face à d'immenses travaux de reconstruction.

Un concours international de conception-construction est donc lancé en novembre 1951 ; vingt-trois groupements d'entreprises sont admis à concourir ; les plis sont ouverts en août 1952. Certains des projets proposés sont très en avance pour l'époque, comme la solution à haubans d'Albert Caquot♦ et le tablier profilé de Fritz Leonhardt♦. Le 12 décembre 1953, la commission de concours décide de retenir un groupement de douze entreprises françaises dont le projet est très proche de celui de 1935. Le projet définitif est établi au début de l'année 1954 sous l'autorité du service central d'études techniques – et plus précisément de son directeur Frédéric (James Ramsay) Robinson – par les bureaux d'études des entreprises retenues : Baudin Châteauneuf, Boussiron♦, Campenon-Bernard♦, Compagnie française d'entreprises, Compagnie industrielle de travaux, Daydé♦, Entreprises de grands travaux hydrauliques, Fougerolle, Régie générale des chemins de fer et travaux publics, Société des forges et ateliers du Creusot, Société Fives-Lille Cail, Société française d'entreprises de dragages et travaux publics.

Mais le véritable maître d'œuvre du projet est Marcel Huet, l'ingénieur du service local des Ponts et Chaussées.

Le pont de Tancarville est constitué de deux parties bien distinctes : d'une part, un viaduc d'accès au sud, formé d'une série de 8 travées indépendantes de 50 m de portée, chacune constituée de 5 poutres préfabriquées en béton précontraint, réunies par le hourdis supérieur selon une technique qui commence à être largement développée à l'époque ; d'autre part, un pont principal suspendu, à 3 travées de 176, 608 et 176 m de portée.

Ce pont suspendu est conçu dans le climat de doute qu'a provoqué le désastre de Tacoma en 1940. Les études de stabilité aérodynamique sont menées par le professeur Yves Rocard et par Chadenson, avec un essai en soufflerie. Les limites des connaissances et des moyens de calcul et d'essai de l'époque conduisent cependant à prendre des précautions considérables pour rendre l'ouvrage aussi rigide que possible, en torsion notamment :

— le tablier est un treillis métallique de grandes dimensions, constitué de 2 poutres triangulées sous chaussée (avec un entraxe de 16 m et une hauteur de 6 m), d'un solide contreventement inférieur et d'une dalle de roulement de type Robinson (tôle d'acier recouverte de béton armé). Il est continu au droit des pylônes et bloqué sur le massif d'ancrage en rive gauche, si bien qu'il n'est besoin que d'un seul joint de chaussée, en rive droite, à l'arrivée sur la falaise ;

— les deux câbles porteurs sont bloqués sur le tablier à mi-portée dans la travée centrale, chacun sur la poutre principale correspondante, par un nœud central.

Finalement, ce n'est pas le vent mais la corrosion qui posera aux ingénieurs chargés de l'exploitation et de l'entretien de l'ouvrage des problèmes difficiles : les câbles porteurs sont constitués de torons (56 par câble dans la travée centrale, 60 dans les travées de rive), eux mêmes formés de fils clairs (non galvanisés) torsadés en hélices à pas alternés. De mauvaises dispositions au droit des colliers d'attache des suspentes produiront la rupture de nombreux fils entre 1968 et 1970 ; après la remise en ordre qui s'imposait, l'ouvrage a vieilli d'une façon satisfaisante jusqu'à ce qu'un toron du câble amont se rompe, en juillet 1995. Le remplacement de la totalité de la suspension est alors devenu indispensable, et ces travaux sont aujourd'hui en cours.

La construction du pont de Tancarville a mobilisé les plus grands ingénieurs français de l'époque ; la performance technique qu'il représente, la majesté de ses formes classiques et de ses proportions en ont fait l'ouvrage de référence jusqu'à la construction du pont de Normandie♦, suivie bientôt de celle du grand viaduc de Millau. **M. V.**

Technologie et paysage au Japon

De nombreuses chaînes de montagnes couvrent l'étroit territoire japonais, obligeant les villes à se concentrer dans les quelques plaines. Les quatre provinces se sont développées autour des détroits maritimes. Les villes, d'une forte densité de population, subissent régulièrement des tremblements de terre d'une grande intensité ; à quoi s'ajoutent les incendies. Les pluies et la végétation sont abondantes. Ces conditions géographiques et climatiques ont influencé la culture et la vie quotidienne au Japon, et ont donné naissance à une civilisation originale.

L'apparition des techniques de construction européennes au Japon date de la seconde moitié du XIXe siècle. Les pagodes à cinq niveaux, les ponts, les temples et les citadelles, construites en bois, donnaient jusqu'alors une empreinte particulière au paysage japonais. Une esthétique originale, élaborée au sein d'un microcosme pur où les relations avec l'extérieur étaient inexistantes, imprégnait ces constructions, réalisées avec une grande maîtrise du détail.

Le Japon s'ouvre alors au monde extérieur pour accueillir les techniques de construction européennes – quoiqu'il ne s'agisse pas, jusqu'à la moitié du XXe siècle, de techniques à proprement parler. Ces apports sont assimilés, faisant l'objet d'expérimentations ou d'imitations. Cette période d'intégration des apports extérieurs annonce le XXe siècle.

Pendant les premières décennies de notre siècle, l'aménagement des paysages japonais – et en particulier des paysages urbains – s'occidentalise, dans un double souci : lutter contre le sous-développement et s'affranchir des particularismes japonais, ressentis comme gênants. Les villes qui sont construites durant cette période seront en grande partie détruites pendant la Seconde Guerre mondiale.

Après guerre, les études qui sont menées pour créer un nouveau paysage urbain, qui réaliserait un compromis entre traditions japonaises et techniques occidentales, n'aboutissent pas. On privilégie alors en effet l'amélioration des conditions de vie, favorisant l'essor de nouvelles techniques – lesquelles ont métamorphosé les modes de vie, les paysages et l'ensemble du pays.

Les constructions d'après-guerre se caractérisent notamment par l'importance de leurs dimensions, tant en largeur qu'en hauteur. La couverture de ces grands espaces est d'abord réalisée avec des coques de béton. Il n'existe pas de tradition de dôme sphérique au Japon. L'espace est jusqu'alors structuré par des piliers et des colonnes en bois, et la toiture ne présente pas de surfaces courbes, si ce n'est un galbe léger. En dépit du fait que les dômes semblaient promis à ne s'intégrer que difficilement dans le paysage japonais, ils sont devenus le symbole de la nouveauté, et ont fait depuis l'objet de nombreuses réalisations.

Des immeubles aux propriétés antisismiques ont été construits, s'inspirant de la structure souple des pagodes. Si l'histoire des immeubles japonais est marquée par la recherche de structures propres à résister aux tremblements de

Temple Kofukuji se reflétant dans l'étang de Sarusawa, Nara, Japon, nov.-déc. 1926 (page de droite).

terre, le paysage urbain au Japon s'est toutefois modifié alors au même titre que celui des villes du monde occidental.

L'époque contemporaine connaît une floraison de technologies dans divers domaines. Elles se heurtent à une résistance croissante de la société japonaise ; elles trouvent aussi leurs limites dans celles de l'homme aux prises avec les phénomènes naturels. Coïncidant avec la mise en œuvre de la rénovation de l'archipel japonais, le prix des terrains s'est envolé, et les premiers débats sur la protection de l'environnement ont fait échouer nombre de projets. Les centrales nucléaires ont ainsi été combattues pour des raisons de sécurité, et des chantiers annulés.

En 1995, Kôbe est frappée par un tremblement de terre d'une intensité sans précédent au Japon, causant plus de 5 000 victimes. À la suite de ce séisme, les normes de construction se sont révélées caduques et la technologie

antisismique a dû être corrigée. La destruction des vieux quartiers est envisagée, la sécurité dans les villes l'emportant désormais sur l'esthétique.

La technologie japonaise fait fréquemment l'objet d'une critique : elle manque d'originalité et reproduit des choses déjà connues. Elle fait néanmoins preuve d'un savoir-faire spécifique, qui est de combiner des techniques importées, de les optimiser et de les affiner, grâce à un sens pratique, et à un souci du détail qui est sans doute le reflet des paysages japonais eux-mêmes.

Pour le reste du monde, la technologie japonaise a conservé des aspects traditionnels ; l'aventure en est toujours exclue. On retrouve cela dans les jardins japonais, pensés pour qu'il en émane une douceur excluant toute opposition violente à la nature. Le tempérament japonais, nourri de ces paysages, s'exprime aujourd'hui à travers une technologie méti-

culeuse, qui se fonde toujours sur une certaine idée de la beauté.

L'apparition de techniques nouvelles a suscité un besoin et une demande de confort accrus de la part des Japonais. Il y a cependant un préalable nécessaire à toute amélioration des conditions de vie au Japon : trouver la complémentarité entre avancées technologiques et protection de l'environnement.

Le territoire japonais est parcouru par un réseau de lignes de chemin de fer à grande vitesse et par un réseau autoroutier ; chacune de ses îles est reliée par les ponts suspendus aujourd'hui les plus hauts du monde. Les villes japonaises se transforment radicalement.

L'environnement fait l'objet de débats. Face à des techniques susceptibles de le modifier si rapidement, la nécessité de trouver d'autres techniques pour les contrôler s'impose.

L'ancienne capitale, Kyôto, est caractéristique du conflit actuel entre tradition et modernité.

Ville historique, elle compte aussi 1 400 000 habitants ; d'où la nécessité de développer une politique urbaine, telle que la prévention des incendies et la sécurité, dans des quartiers faits de ruelles bordées de maisons en bois, d'un accès difficile pour les pompiers.

Alors qu'aucune solution n'est apportée au problème des villes anciennes dont le site doit être préservé, le développement urbain se poursuit, et le progrès technologique s'emballe en perdant de vue ses objectifs. Utilisée de manière incontrôlée, la technologie détruit l'environnement urbain – alors qu'elle devrait être au service d'une ville humaine, d'une conception nouvelle, et contribuer à la conservation des sites.

On peut dire rétrospectivement que la science a transformé l'environnement, et qu'en retour ces changements ont eu des incidences sur les technologies elles-mêmes. Quand la technologie est intégrée à un contexte culturel au service duquel elle se met, elle ne va jamais à l'encontre de la dimension humaine.

Des méthodes d'analyse scientifique de l'environnement font aujourd'hui l'objet de recherches qui concourent à cet objectif ; par ailleurs, d'autres disciplines voient le jour, qui visent à éviter les dérives.

Le paysage urbain, témoin des progrès techniques de notre époque, se transforme et transforme nos valeurs. Un nouveau paysage est aujourd'hui nécessaire, qui sache faire la part du passé sans nostalgie, et c'est là le champ d'action de la technologie, dont toute utilisation incontrôlée est inacceptable. L'époque de l'attachement à un paysage typiquement japonais est révolue ; un nouvel environnement, plus humain, se dessine grâce à la découverte de nouvelles techniques et de nouvelles sciences. **K. I.**

VOIR AUSSI **Nature** ; **Traditions nationales**.

Tédesco (Napoléon de)

Paris, France, 1848 – *id.* ?, 1922.

Acteur engagé dans la compétition que se livrent, au tournant du siècle, les promoteurs de la construction en béton armé, Napoléon de Tédesco instaure dans le même temps les conditions d'un échange technique et scientifique capable de générer les forces motrices propices à l'essor de ce nouveau mode de bâtir. L'activité de cet ingénieur sorti de Centrale en 1872 est, de fait, étroitement associée à celle d'Edmond Coignet◆, dont il dirige le bureau d'études à partir de 1890. Première formulation théorique concernant le béton armé, la communication présentée en 1894 à la Société des ingénieurs civils sur le « Calcul des ouvrages en ciment avec ossature métallique » consacre leur collaboration, et la réputation de Coignet dans ce domaine.

Les fabricants de ciment Portland, soucieux de

Technologie et paysage au Japon.
Miyakonojo Civic Center, Tôkyô, 1966 (page de gauche).
Tôkyô, vue aérienne (ci-dessus).

rallier l'activité naissante des constructeurs à leur industrie, confient en 1896 à Tédesco la rédaction de leur organe, *Le Ciment*. Née dans un contexte de lutte commerciale assez rude, la revue s'impose comme un réel outil de cohésion. L'ingénieur y développe en effet une culture technique spécifique où s'articulent et s'interpénètrent savoirs théorique et pratique. À partir de 1908, il dirige la nouvelle revue *Le Ciment armé*, exclusivement consacrée à ce nouveau matériau ; il va ainsi organiser et animer le débat technique jusqu'à la Première Guerre mondiale, donnant par là même existence à un milieu désormais identifiable, celui de la construction en béton armé. **G. D.**

Tedesko (Anton)

?, Allemagne, 1903 – Seattle, État de Washington, États-Unis, 1994.

Anton Tedesko grandit dans les villes de Graz et de Vienne. Il obtient en 1926 son diplôme de génie civil, délivré par l'université technique de Vienne ; il travaille quelques mois en Autriche, puis, en 1927, part pour les États-Unis, où il restera deux ans et demi. Après une brève collaboration avec le professeur Ernst Melan à Vienne, il passe deux ans (1930-1932) chez Dyckerhoff♦ & Widmann, à Wiesbaden, en Allemagne, où il travaille avec Franz Dischinger♦, Ulrich Finsterwalder♦, Hubert Rüsch et Wilhem Flügge.

En 1932, la société décide, en partie en raison de l'expérience qu'il a des États-Unis, d'envoyer à Chicago ce jeune ingénieur prometteur, pour faire la promotion des coques minces en béton sur le continent américain, en collaboration avec l'entreprise Roberts♦ & Schaefer. Tedesko entre dans cette firme en 1934 ; il y restera jusqu'en 1967. Pendant cette période, il sera le principal représentant des couvertures en coque mince de béton armé pour l'ensemble des États-Unis.

Il est rare de pouvoir affirmer qu'une seule personne est à l'origine de l'introduction d'une nouvelle idée technique diffusée à l'échelle d'une nation : c'est pourtant le cas d'Anton Tedesko.

Les premières coques qu'il réalise sont celles du planétarium Hayden de New York, et du Brook Hill Farm Dairy Building (bâtiment des produits laitiers de Brook Hill), construit pour la Century of Progress World Fair (l'Exposition universelle du siècle du progrès) de Chicago, en 1933. Il conçoit et réalise en 1936 la pre-

Tedesko (Anton). Aéroport Lambert, Saint Louis, Missouri : vue intérieure (en haut) ; vue extérieure (en bas).

mière grande structure de ce type aux États-Unis : le palais des sports de Hershey◆, en Pennsylvanie, commandée par la Hershey Chocolate Company. On lui doit aussi de nombreux entrepôts, usines et hangars et plusieurs bâtiments de grandes dimensions tels le hangar de San Diego, destiné à la U.S. Navy (1941), ceux de la U.S. Air Force de Limestone, dans le Maine, et de Rapids City, dans le Dakota du Sud (1947) – ces deux derniers atteignent des portées d'environ 100 m, un record dans leur genre pour l'époque. En 1954, il est responsable de la conception du terminal de l'aérogare Lambert Fields de Saint Louis, dont la voûte est formée de trois coques qu'il fera supporter par des arches incurvées, contre l'avis de l'architecte Minoni Yamasaki. C'est en bonne partie grâce au discernement de Tedesko que ces trois coques ont bien résisté au temps, et que l'on a pu ultérieurement leur en adjoindre une autre. Les premières coques en forme de berceau dépourvues d'arches de support – aboutissement d'un projet sur lequel Tedesko travaillait déjà à la fin des années quarante – apparaissent aux États-Unis en 1958 ; cette même année, est réalisé à Denver un toit en forme de parabole hyperbolique, conçu par Tedesko en collaboration avec Ieoh Ming Pei.

À la fin des années cinquante, Tedesko est impliqué dans le programme spatial américain, pour lequel il réalise, entre autres travaux, le célèbre atelier de montage des véhicules – le plus grand bâtiment du monde, qui représente la pièce maîtresse du projet d'envoi de cosmonautes sur la Lune *Complex 39*. Cette réalisation lui vaudra en 1966 le Civil Engineering Achievement Award, décerné par l'American Society of Civil Engineers. Il a aussi collaboré à la conception de nombreuses coques minces, de ponts et de bâtiments précontraints et à des systèmes de structure de tout type. Ces travaux seront récompensés par de très nombreux prix. En 1967, Anton Tedesko est élu membre de la National Academy of Engineering. **D. P. B.**

Telford (Thomas)

Eskdale, près de Westerkirk, Dumfriesshire, Écosse, Grande-Bretagne, 1757 – Londres, 1834.

Thomas Telford, l'un des plus grands ingénieurs civils de tous les temps, est le fils d'un berger écossais. Après sa scolarité à l'école paroissiale de Westerkirk, il fait son apprentissage de tailleur de pierre et exerce ce métier dans cette

petite ville. En 1780, Telford travaille sur des bâtiments de la « ville nouvelle » d'Édimbourg, puis à la construction de Somerset House, à Londres. De 1784 à 1786, il acquiert une expérience d'architecte et de gestionnaire en dirigeant la construction d'une maison pour le Porthsmouth Dockyard Commissioner, puis il restaure le château de Shewsbury à la demande du député William Pulteney, qui en fera sa résidence. Grâce à son talent et à l'influence de Pulteney, Telford devient bientôt un architecte reconnu dans le comté de Shropshire ; en 1787, il obtient le poste de géomètre expert du comté. Ses premières réalisations en tant qu'architecte comprennent l'entière révision de la conception du Shewsbury Gaol, grand pont sur la Severn à Montford (1792), et la construction de nouvelles églises à Madeley, Bridgnorth et Malinslee.

La carrière d'ingénieur civil de Telford prend de l'ampleur à partir de 1793, date à laquelle il est nommé agent général, géomètre et ingénieur pour le canal Ellesmere qui rejoint les rivières Mersey, Dee et Severn en Angleterre. Soutenu par William Jessop, son travail comporte la conception et l'exécution des aqueducs de Chirk et de Pontcysyllte◆, très novateurs pour l'époque. En Écosse, à la suite de l'accueil favorable reçu en 1803 par les rapports qu'il adresse au gouvernement sur l'état de l'infrastructure des communications dans les Highlands, Telford est nommé ingénieur du canal Caledonian, dans un premier temps en collaboration avec Jessop. Ce canal de 94 km, avec ses écluses de 55 m de long, 12 m de large et 6 m de profondeur, représente une échelle sans précédent. Grâce au succès de cet ouvrage, Telford est nommé par le roi de Suède ingénieur-conseil pour l'extension orientale, sur 192 km, du canal Gotha reliant le lac Wettern à la Baltique, de 1808 à 1822. Il travaille également au projet ou à la réalisation de nombreux autres canaux, parmi lesquels le tunnel Harecastle, de 2 674 m, et le canal Birmingham-Liverpool (1825-1834), qui comporte de nombreux tronçons en tranchée profonde.

En 1803, Telford devient aussi l'ingénieur des Highland Roads Commissioners, organisme responsable des routes dans les Highlands ; au cours des trois décennies qui suivront, il dirigera la construction de plus de 1 000 ponts, 1 920 km de routes, et celle de nombreux ports et églises d'Écosse. De 1814 à 1825, il construit la route de Glasgow à Carlisle et, plus au sud,

celle de Londres à Holyhead, qui comporte plusieurs grands ponts suspendus, d'une échelle sans précédent, sur le détroit de Menai et la rivière Conway. En tant qu'ingénieur principal du Parlement, Telford est le rapporteur ou le responsable de la construction de nombreuses routes stratégiques dans la quasi-totalité des comtés de Grande-Bretagne ; il étudie également, pour le ministère des Finances, des demandes de prêt concernant de nombreux projets de canaux, de ports et de chemins de fer. À l'étranger, il conseille le gouvernement russe pour la construction de la route de 160 km qui relie Brest-Litovsk à Varsovie.

À partir des années 1810-1830, en lieu et place d'ouvrages de maçonnerie, inadéquats ou trop coûteux, Telford crée une nouvelle génération de ponts à arche. Réalisés à partir d'éléments normalisés, ces ponts sont en treillis de losanges de fonte préfabriqués, légers mais très robustes, avec des portées de 32 m à 52 m. Dix arches de ce type au moins sont édifiées en Écosse entre Bonar Bridge et Tewkesbury, au sud. En 1800, Telford propose de remplacer le vieux pont de Londres◆ par une arche d'une seule volée de 183 m, d'une audace très caractéristique, et qui, bien que jamais construite, est restée à l'ordre du jour pendant deux décennies.

Les centaines de projets de port sur lesquels Telford est consulté à partir de 1790 comprennent Aberdeen, les docks Sainte-Catherine à Londres, le complexe portuaire d'Ellesmere et le port de Douvres. Il a également apporté une contribution importante à l'assainissement des marais, à l'amélioration de la navigation fluviale et à l'alimentation en eau de Liverpool, Glasgow, Édimbourg et Londres. Les autres grandes réalisations de ses dernières années comprennent le pont Dean à Édimbourg et le pont Broomielaw à Glasgow. Tous deux constituent, quoique dans des styles différents, des exemples remarquables de ponts en maçonnerie.

Les efforts que Telford a consacrés, de 1820 à 1834, à l'Institution of Civil Engineers – dont il était le premier président – ont largement contribué à doter la profession d'ingénieur civil d'un statut. Il était aussi membre des Sociétés royales de Londres et d'Édimbourg et chevalier de l'ordre suédois de Vasa. Outre ses nombreux rapports, Telford a publié une autobiographie et d'importants articles dans l'*Edinburgh Encyclopaedia*. Il a été inhumé à l'abbaye de Westminster. **R. A. P.**

Enlèvement du mât de tenségrité de Buckminster Fuller de son lieu de fabrication, en vue de son installation au MoMA, New York, 1959.

Tenségrité (mât de)

C'est au nom de Richard Buckminster Fuller♦ qu'est associé le système structural connu sous l'appellation de « système de tenségrité ». Cet ingénieur et architecte, qui était aussi philosophe et poète, s'est attaché à réaliser des systèmes dans lesquels la matière comprimée apparaîtrait comme un îlot au milieu d'un océan de matière tendue. À la fin des années quarante, il invente le mot *tensegrity* (tenségrité), contraction de *tensile integrity*. Est-il pour autant l'inventeur du système structural ? Le doute subsiste. Un de ses collaborateurs, le sculpteur Kenneth Snelson, revendique lui aussi cette paternité. En tout cas, tous deux proposent ensemble, en 1949, le principe d'un mât de tenségrité. Il s'agit d'un système de forme linéaire, constitué de cellules élémentaires cubiques dont les 12 arêtes sont réalisées avec des câbles. 2 éléments comprimés en forme de V, situés dans 2 plans perpendiculaires diagonaux du cube, sont reliés par leur sommet, positionné au centre du cube, les 4 autres extrémités étant fixées sur 4 des sommets du cube. La cellule est complétée par 3 câbles, situés sur 3 des faces du cube. Un tel ensemble élémentaire n'est pas stable en lui-même ; c'est l'association de plusieurs cellules identiques mises bout à bout qui permet d'assurer l'équilibre de chacun des nœuds. Les deux extrémités du mât sont traitées de façon particulière : elles reprennent une part de la cellule de base et constituent un assemblage à 6 nœuds. **R. M.**

Théorie et pratique

Si les théories scientifiques ont joué un rôle essentiel dans la définition du profil de l'ingénieur moderne, de grands ingénieurs comme John A. Roebling♦ ou Eugène Freyssinet♦ ont cependant construit leurs plus beaux ouvrages en se laissant guider par leur intuition et leur génie plutôt que par des arguments théoriques, qu'ils considéraient parfois avec méfiance, précisément en raison de leur caractère théorique. Quels ont été les rapports entre théorie et pratique dans l'histoire du génie civil ? Pour répondre à cette question, il faut analyser les écrits des ingénieurs, leurs déclarations, et les comparer avec ce qu'ils ont réalisé. C'est important d'abord parce qu'il s'agit d'un exercice spéculatif, ensuite parce qu'il a une dimension éthique. Dans l'œuvre, la théorie perd son

caractère idéal pour s'enraciner dans le réel. Cet enracinement dans la vie a valeur immédiate d'engagement. Et s'engager signifie passer des idées aux faits. C'est de ce point de vue éthique que l'on peut et que l'on doit analyser le génie civil du XXᵉ siècle, appréhender ce qui est vrai et le distinguer de ce qui est faux.

En ce sens, on ne peut qu'admirer l'honnêteté avec laquelle Freyssinet a abandonné les théories conventionnelles pour les remplacer par de nouvelles, faisant preuve également d'une liberté et d'un courage remarquables. Chez lui, la théorie et la pratique allaient toujours de pair. Notons que les critiques et l'incompréhension dont il a été l'objet sont le lot habituel des créateurs de génie, de ceux qui s'écartent dangereusement des sentiers battus ou qui s'engagent dans l'inconnu.

Si, pour la science, il n'y a qu'une explication possible d'un phénomène naturel, la technique du génie civil – les savoirs constructifs – ne détient pas de solution unique pour résoudre un problème pratique : « l'arbitraire s'oppose au nécessaire », écrivait Paul Valéry. Le savoir-faire constructif, dans la mesure où il implique un choix – et tout choix suppose un dilemme éthique –, présente une dimension morale.

Pour Aristote, le sens des actes techniques ne réside pas dans leur finalité, mais dans le chemin parcouru pour y parvenir. « Dans la brillante métaphore aristotélicienne, la flèche de l'archer n'est pas le point qui circule dans un espace vide et neutre, jusqu'à toucher une lointaine cible. La flèche, c'est la vie. Le parcours de la flèche décrit aussi le sens d'une trajectoire. Son objectif n'est pas exclusivement de faire mouche, mais de parcourir avec justesse l'espace qui l'en sépare. Le *telos* n'est pas la partie fondamentale de ce parcours, mais un simple élément de celui-ci » (Emilio Lledó). De même, le sens d'un ouvrage de génie civil ne réside pas seulement dans sa finalité, mais aussi dans le chemin parcouru pour atteindre le but : c'est-à-dire le processus de construction. Les grands ingénieurs ont aussi été de grands constructeurs : pour Filippo Brunelleschi, Gustave Eiffel♦ ou Freyssinet, l'essentiel était aussi le « parcours de la flèche ».

En cette fin de siècle, il est difficile de trouver une activité matérielle de la société qui ne résulte pas de connaissances issues de la recherche scientifique. Parallèlement, le savoir théorique, s'il veut atteindre son objectif, qui est de permettre la conception de machines répon-

dant aux besoins des citoyens d'un pays, doit se soumettre à des contraintes. La frontière entre la science et la technique se dilue désormais dans ce qu'on appelle « recherche et développement », nouveau concept qui les réunit dans un objectif commun. **J. A. F. O. et J. R. N. V.**
VOIR AUSSI **Sciences de l'ingénieur**.

Tôkyô (centre de commerce international de)

Tôkyô, Japon, 1959.

Conçu par l'ingénieur Yoshikatsu Tsuboi♦ et l'architecte Masachika Murata, ce bâtiment est principalement utilisé pour les foires internationales, mais accueille aussi des salons de l'automobile, des manifestations sportives et des spectacles.

Afin d'obtenir un grand espace flexible et sans poteau, la forme d'une portion de sphère (un dôme de 120 m de diamètre) a été retenue. Tsuboi a calculé cette surface sphérique comme une coque ; il l'a composée en recourant à des éléments de charpente métallique répétitifs. Il a adopté une méthode différente de celle utilisée par Richard Buckminster Fuller♦ pour ses dômes, dans lesquels la surface sphérique est traitée comme un polyèdre. Il a également cherché à obtenir, avec une charpente métallique, une coque sphérique aux sections asymétriques, mais comme il était impossible, pour des raisons de budget et de délais, de modifier la taille de l'ensemble des éléments, les unités de l'ossature ont été réparties en 6 blocs. Les éléments principaux, de taille standard, sont de petites dimensions : $65 \times 65 \times 6$ mm. Le choix de goussets de forme circulaire donne à la surface du plafond une texture douce. La toiture à charpente métallique, qui dégage un espace de 120 m de diamètre et de 31 m de hauteur, pèse 912 t. Cette œuvre est le résultat de nombreuses analyses et d'expérimentations menées à l'aide de maquettes, à une époque où les grosses unités de calcul informatique n'existaient pas encore. **N. O.**

Tôkyô (centre olympique de)

Tôkyô, Japon, 1964.

Construit pour les Jeux olympiques de 1964, le centre olympique de Tôkyô comprend une piscine, un stade couvert et diverses installations attenantes.

La superficie du bâtiment principal est de 32 370 m², et sa hauteur au faîte de 40 m.

Le point fort de la conception de Kenzô Tange et du Centre de recherches et de conception architecturales, architectes du projet, est l'organisation remarquable de l'espace, qui a su allier fonctionnalité et dynamisme.

Les structures en suspension – étudiées par le cabinet Tsuboi♦, Mamoru Kawaguchi♦ et Shigenari Kawamata – font appel aux techniques récentes de tension de l'acier, définissant une orientation architecturale résolument contemporaine. Les paramètres de rentabilité, de ventilation et d'acoustique ont été pris en compte pour une utilisation rationnelle de l'espace.

Pour réaliser les courbures extrêmes du toit, on a eu recours à une structure métallique plutôt qu'à des câbles. **K. I.**

Tôkyô Dome

Tôkyô, Japon, 1988.

Conçu par Nikken Sekkei et Takenata Komuten, le Tôkyô Dome – aussi appelé « Big Egg » – est le premier stade en forme de dôme construit au Japon ; il est surtout destiné au base-ball et offre une capacité de 56 000 places,

Le centre olympique de Tôkyô, vue intérieure (en haut) ; vue générale (en bas).

pour une superficie de 46 755 m². Il présente une structure identique aux constructions du même type aux États-Unis : son toit allie une structure en câbles à une membrane en fibre de verre enduite de Téflon. Cependant, l'intérieur du Tôkyô Dome est ventilé pour augmenter la pression et soutenir le toit. Une technologie radicalement nouvelle a dû être mise en œuvre pour équilibrer le rapport entre la pression intérieure et la pression et les charges externes. Le Tôkyô Dome offre donc un nouveau type de structure de stade couvert, combinant plusieurs techniques de contrôle de l'espace intérieur.

Le toit comprend une membrane extérieure et une membrane intérieure, d'une superficie de 28 592 m². Ces deux membranes ont un taux de perméabilité à la lumière d'environ 5 %. Par temps ensoleillé, la luminosité est supérieure à 2 000 lx ; par temps couvert, elle est supérieure à 500 lx. La pression intérieure normale est de 30 mmAq. Elle atteint 35 mmAq quand il neige ; on projette alors entre les deux membranes de l'air à 45 °C pour faire fondre la neige.

Un système de climatisation permet une tempé-rature intérieure constante, de 28 °C en été et de 18 °C en hiver. Le temps de réverbération est d'environ 3 secondes à 500 Hz quand le stade est plein, et de 5,6 s quand il est vide.

Si cette structure est à la fois très économique et d'une grande qualité de construction, il n'en demeure pas moins que le niveau de sa maintenance reste essentiel : ainsi la ventilation et l'accès des spectateurs à l'édifice (portes tournantes) continuent de poser problème.

Premier stade multifonctionnel au Japon, il est largement connu du public, notamment grâce à l'essor des manifestations sportives. Le Japon connaît aujourd'hui une construction crois-sante de bâtiments de ce type. **K. I.**

Toronto (tour émettrice de)

Toronto, Canada, 1976.

Conçue par John Andrews International, avec Roger du Toit et Webb Zerafa Menkes Housden Partnership, puis construite par Canadian National Railways, c'est aujourd'hui la plus haute structure autoporteuse du monde : avec ses 553 m, elle est presque deux fois plus haute que la tour Eiffel♦. Si la tour de Cana-dian National est principalement destinée aux télécommunications, ses constructeurs sont partis du principe que sa rentabilité serait assurée par les seuls gains du tourisme. Ils ont donc prévu un espace panoramique, des attractions, des ascenseurs vitrés, et le niveau de distinction architecturale propre à un édi-fice de cette classe. La tour, une structure en béton postcontraint coulé en coffrage glissant, se compose d'un noyau tubulaire hexagonal contreventé par 3 ailes radiales effilées, qui convergent à une hauteur d'environ 335 m.

Au-dessus, son *skypod*, volume circulaire de 7 étages, abrite 2 plates-formes d'observation, un restaurant panoramique tournant, une ins-tallation hyperfréquence et toute une série d'équipements de diffusion radio et télévision. Une troisième plate-forme d'installation, le *space deck*, est située encore plus haut, à 457 m. Un mât de transmission en acier, fabri-qué à partir de 42 sections d'acier faiblement allié et haute résistance, compose les 100 der-niers mètres de la tour. Ses fondations, en forme de coque de navire, s'étendent à plus de 15 m sous le sol et pénètrent sur 6 m dans le schiste de Dundas, pour garantir une résis-tance suffisante au renversement. Sa tige post-tendue est extrêmement rigide et toutes ses parois sont constamment sous compres-sion, même sur sa face exposée au vent domi-nant, qui subit les charges latérales les plus sévères. La tour de Canadian National domine l'horizon de Toronto de sa silhouette élancée, affirmant sa présence au-dessus de la masse indisciplinée des gratte-ciel proches. Projet urbain de grande ambition, elle incarne l'essor de Toronto, sa puissance économique et sa vitalité. **G. F.**

Tôkyô Dome, pose de la structure en câbles (en haut) ; vue générale de la membrane en fibres de verre (en bas).

Tour émettrice de Toronto, construction du mât.

Torres Quevedo (Leonardo)

Près de Santander, Cantabrie, Espagne, 1852
– Madrid, 1936.

Leonardo Torres Quevedo obtient en 1876 son diplôme d'ingénieur des Caminos, Canales y Puertos (ponts et chaussées) à Madrid. En 1901, il entre à l'Académie des sciences, dont il deviendra plus tard le président. Il appartient à la génération scientifique espagnole de 1898 dont font partie de grands noms de la science comme le prix Nobel de médecine Santiago Ramón y Cajal, le mathématicien, ingénieur et prix Nobel de littérature José Echegaray, et Marcelino Menéndez Pelayo, notamment.

En tant que chercheur et inventeur, Torres Quevedo est le précurseur de l'« automatique », terme qu'il a introduit dans la langue, grâce à ses écrits et à ses prototypes de machines à calculer. En tant que scientifique, il commence à acquérir une notoriété mondiale en 1900, lorsqu'il présente son mémoire sur le calcul automatique à l'Académie des sciences de Paris ; il y accède définitivement en 1914, avec la parution de *L'Automatique. Sa définition, et l'importance théorique de ses applications.*

Parmi ses travaux d'ingénieur, notons le développement de systèmes qui ont tous pour but de vaincre les lois de la pesanteur – que ce soit d'une manière autonome, comme pour les dirigeables, ou à l'aide d'un câble, comme pour les téléphériques.

En matière d'ouvrages de génie civil, Torres Quevedo est surtout connu pour ses deux téléphériques : l'un, de 280 m de long, sur le mont Ulía, à Saint Sébastien (1907), l'autre, le plus célèbre, avec un parcours de 580 m, sur la rive canadienne des chutes du Niagara (inauguré en 1916). Ce téléphérique, qui fonctionne sans interruption depuis quatre-vingts ans, présentait à l'époque des innovations techniques qui ont sensiblement amélioré la sécurité des passagers, par rapport aux systèmes conventionnels qui avaient cours jusqu'alors. **J. A. F. O. et J. R. N. V.**

Torroja (Eduardo)

Madrid, Espagne, 1899 – *id.*, 1961.

Eduardo Torroja fait ses études à l'Escuela de Ingenieros de Caminos, Canales y Puertos, fondée par Augustin de Bétancourt en 1799 sur le modèle de l'École des ponts et chaussées. Il obtient son diplôme en 1923.

Avec Eugène Freyssinet♦, Robert Maillart♦ et Pier Luigi Nervi♦, il a contribué d'une manière décisive à populariser mondialement le béton armé, qui, encore peu accepté au début du siècle sur les plans technique et esthétique, acquiert à la fin des années vingt une reconnaissance universelle, désormais considéré comme un matériau aussi noble que la pierre ou le fer. Parmi toutes les grandes figures du génie civil européen, Torroja se distingue par sa vision esthétique du principe de la contrainte, qu'il a exprimée non seulement dans ses ouvrages, mais aussi développée dans un texte, qui représente sans aucun doute la contribution théorique la plus importante du XXᵉ siècle à la création de formes techniques.

« Maître des constructions originales », comme l'appelle Freyssinet, Torroja vient d'une famille de tradition scientifique et technique, ce qui aura une influence certaine sur son œuvre. Son père, Eduardo Torroja Caballé, architecte et professeur de géométrie, a introduit en Espagne les courbes gauches et les surfaces développables. Fasciné par ces formes, Torroja projettera et construira à partir de ces principes géométriques de minces coques de béton armé qui deviendront le symbole du rationalisme architectonique.

Torroja connaît dans sa carrière deux périodes très distinctes : la première, depuis la fin de ses études jusqu'à la guerre civile, en tant que projeteur, la deuxième en qualité d'enseignant à l'Escuela de Ingenieros de Caminos et de chercheur à l'Instituto Técnico de la Construcción y Edificación, institut dont il est le fondateur (il devait y trouver la mort, assis à son bureau).

C'est pendant la première période, qui dure à peine une douzaine d'années, qu'il est le plus fécond et qu'il crée le plus de formes nouvelles. Ses plus beaux ouvrages sont construits entre 1933 et 1935 : le marché d'Algesiras (1933), la voûte des Recoletos♦ (1935), et les tribunes de l'hippodrome de la Zarzuela♦ (1935), tous recouverts de coques de béton armé d'une épaisseur variant entre 5 et 9 cm, et atteignant des portées de 47,80 m, comme c'est le cas pour la coupole laminaire du marché d'Algesiras. Après la guerre civile, il effectue un travail remarquable pour la reconstruction du pays, à la demande du service des Ponts du ministère de l'Équipement. Notons en particulier la construction du viaduc Martín Gil (1939), ouvrage resté inachevé depuis le début de la guerre, pour lequel il projette et construit une grande voûte en béton de 209 m de portée. Martín Gil détiendra pendant des années le record mondial de ce type d'ouvrage, devant le pont Albert-Louppe♦ de Plougastel et celui de Trannenberg.

Pendant la période où il exerce le métier de projeteur et de constructeur, Torroja fait preuve de ses talents de chercheur sur les propriétés des matériaux et sur les méthodes de calcul complexes qu'exigent ses audacieuses structures. Il étudie alors en outre leur comportement en l'expérimentant sur modèle réduit. Mais c'est pendant la deuxième étape de sa carrière qu'il se consacre presque exclusivement à l'étude des propriétés du béton armé au Laboratorio Central de Materiales de la Escuela de Caminos et à l'Instituto de la Construcción y del Cemento, qui, sous sa direction, jouit d'une renommée mondiale, et porte aujourd'hui son nom. Il y développe une théorie sur le comportement anélastique du béton armé qui le conduit à une nouvelle méthode de calcul de sections de béton soumises à la flexion. En reconnaissance de ses mérites, la Real Academia de Ciencias Exactas, Físicas y Matemáticas lui ouvrira ses portes en 1944, comme elle l'a fait pour son père et deux de ses frères.

En 1957, il publie *Razón y Ser de los tipos estructurales* (traduit en français sous le titre *Les Structures architecturales. Leur conception, leur réalisation*), où il expose les principes fondamentaux de sa pensée en matière de structures. C'est précisément en cette fin de siècle, alors que le génie civil se trouve dans une situation déconcertante du point de vue de la création de formes, que les écrits de Torroja, ingénieur passionné par la forme, peuvent nous apporter la sérénité et la lucidité nécessaires pour réfléchir sur les rapports entre la forme et la structure, entre le fonctionnel et l'esthétique. Pour Torroja, la beauté des constructions se fonde sur l'authenticité, la rationalité de la structure, l'élégante simplicité et la justification conceptuelle du projet. Mais, en dernier ressort, comme il le dit lui-même, l'idée créatrice restera toujours unique et, étant donné le caractère aléatoire des actions humaines, elle ne pourra résulter que d'une mystérieuse alchimie dans les limites de la matière et de l'esprit. Selon Frank Lloyd Wright, Torroja est l'ingénieur qui a le mieux exprimé les principes de l'organicité de la construction. En effet, il a atteint avec le béton armé un objectif ambitieux : celui d'exprimer le « phénomène résistant », au croisement des déterminations imposées par les contraintes et des exigences esthétiques (« la meilleure évaluation de la fonction de résistance dans l'expression esthétique »), sans recourir à des ornements (« la simplicité est une vertu »), car la beauté se fonde sur la rationalité de la structure.

Aucune œuvre ne passera à la postérité pour la perfection de ses calculs. « Seule la forme continuera d'impressionner », disait Torroja, qui savait sans aucun doute, grâce à sa formation en sciences humaines, que le problème le plus singulier et le plus caractéristique de l'esthétique est celui de la beauté de la forme. **J. A. F. O. et J. R. N. V.**

Tour

La construction des tours prend au XIXᵉ siècle des allures de compétition et de quête scientifique, l'objectif étant alors surtout d'évaluer les limites des nouvelles techniques de construction en fer et de faire progresser l'art des structures. Dès les années 1830, ingénieurs et architectes aspirent à construire une tour de 300 m de haut ; parmi les premières propositions de tours en fer, figurent ainsi celle de Richard Trevithick (1832) et celle de Clark Reeves & Company (1876). La célèbre tour de Gustave Eiffel♦, haute de 300 m, sera la grande attraction de l'Exposition universelle de 1889. Elle symbolise et dépasse à la fois cette quête de tout un siècle.

Eiffel conçoit sa tour en fer selon le principe d'une console verticale géante, ancrée à une extrémité, mais libre de bouger latéralement à l'autre. Pour résister au puissant moment de renversement produit par l'action du vent sur la tour, il propose de construire 4 piliers constitués de poutres-treillis, entretoisés à deux niveaux par des poutres transversales, et évasés à la base pour augmenter la stabilité de l'édifice. Eiffel a déjà eu recours à de tels pylônes évasés pour les piles qui supportent ses ponts en fer, notamment les viaducs de Bellon (1868-1871) et de Garabit♦ (1880-1884). Ils dérivent du même principe scientifique que la base « en tronc d'arbre » des dalles emboîtées du phare d'Eddystone♦, près de Plymouth (1757-1759), et, plus tard, du phare à contreventement diagonal des Roches♦ Douvres (1868). Mais surtout, le profil de la tour Eiffel suit la courbe décroissante des efforts latéraux qui s'exercent sur elle.

Même s'il faut attendre les années soixante pour qu'elle soit appliquée à l'analyse structurale et à la conception des gratte-ciel, grâce à la mise au point du « tube creux » par Fazlur R. Khan♦ et d'autres ingénieurs, l'idée d'Eiffel de concevoir une structure de grande hauteur sous la forme d'une console verticale constitue cependant un précédent de première importance pour la construction de nombreuses tours de transmission au XXᵉ siècle. En réalité, la tour Eiffel ne servira de relais de transmission qu'à partir de 1915, lorsque sera établie la première liaison radio transatlantique avec Arlington, en Virginie. Les tours construites ultérieurement dans ce seul but, par exemple la tour radio de Berlin en 1926, seront conçues à l'image de la tour Eiffel et feront souvent appel à l'acier, sous forme d'armatures en poutres-treillis, contreventées pour assurer la stabilité et garantir la précision des communications vocales.

Dans les années cinquante, la conception des tours de transmission connaît une période de grande expérimentation, le béton s'attirant la faveur des concepteurs pour des raisons d'esthétique, mais aussi de résistance, donc de durée de vie, et d'entretien. La première tour de transmission construite en béton est la tour de télévision de Stuttgart♦ (1954-1955) ; Auguste Perret avait toutefois déjà employé ce matériau, en faisant preuve d'une grande inventivité, dans ses tours d'église, notamment Notre-Dame du Raincy (1922-1924), ou pour une tour d'orientation de 100 m de haut à Grenoble (1925). Pourtant, la forme de la tour de Stuttgart, comme celle de la tour Eiffel, est le produit d'une solution technique rationnelle, et donc à l'image des efforts latéraux qui s'exercent sur elle. De section circulaire, son profil s'incurve vers le haut à la manière d'une parabole partant d'une base évasée, soutenue par une fondation annulaire au lieu du plateau massif habituel, ce qui accroît sa résistance aux oscillations et au moment de renversement.

La tour de télécommunications de Stuttgart influencera la conception de nombreuses tours de transmission ultérieurement construites en béton, parmi lesquelles la tour de transmission de Hambourg (1962) et la tour olympique de Munich (1968). La plus spectaculaire est la tour Ostankino, à Moscou (Nikolai Nikitin, architecte, 1959-1967). Terminée juste à temps pour le cinquantenaire de l'Union soviétique en 1967, elle était encore récemment, avec ses 536 m, le plus haut édifice au monde. Sa base est formée d'un cône tronqué à ouvertures triangulaires ; elle est surmontée d'une tige effilée, qui porte des plates-formes cylindriques accueillant des

Tour. La tour d'orientation du parc Paul-Mistral, Grenoble, Isère, 1925, Perret frères, arch.

Tour. La tour radio de Berlin, 1926.

équipements de communication et un restaurant. La tour de Moscou ne sera dépassée que par la tour de Canadian National, à Toronto♦ (1973-1976), aujourd'hui la plus haute structure au monde, avec 553 m. D'un point de vue structurel, c'est une console en béton postcontraint, composée d'un noyau hexagonal contreventé par trois ailes radiales de forme effilée. Bien que ces ailes captent le vent et appliquent sur la tour des efforts trois fois supérieurs à ceux des tours en béton existantes, elles présentent du point de vue esthétique l'avantage d'offrir des contours aigus, qui donnent une forte impression d'envolée. Parmi les tours de transmission les plus sobres et les plus élégantes, il convient de citer également la tour de télédiffusion d'Emley Moor, dans le Yorkshire, en Angleterre, de 330 m, aujourd'hui la plus haute structure de Grande-Bretagne (Ove♦ Arup & Partners, ingénieurs, 1969-1971).

La tour de télécommunications de Barcelone♦ (Norman Foster & Partners, architectes, Ove Arup & Partners, ingénieurs, 1988-1992) marque un nouveau départ dans la conception des tours de transmission. Son noyau est en béton, mais elle est rigidifiée par 3 treillis radiaux en acier. Ceux-ci contreventent également ses 13 plates-formes préfabriquées en acier, qui sont suspendues par groupes au moyen de câbles d'acier tendus depuis le noyau. Dans la tour de Barcelone, la place allouée aux équipements de communication est plus importante que dans les tours antérieurement construites, choix qui reflète la place centrale des communications urbaines en cette époque d'information planétaire. **G. F.**

VOIR AUSSI **Gratte-ciel**.

Tour sans fins (projet de)

Paris-la Défense, France, 1992.

Projet lauréat d'un concours organisé en 1989, la proposition de Jean Nouvel et Jean-Marc Ibos consiste à occuper le site du Triangle de la Folie par une tour quasi cylindrique, placée en contrepoint du Cnit♦ et de la Grande Arche, à l'extrémité ouest de la Défense.

Outre la question du contexte urbain et l'idée d'un marquage fort du paysage parisien, l'enjeu de la Tour sans fins est de trouver une adéquation entre un principe constructif et une utilisation optimale et variée des espaces intérieurs.

En collaboration avec l'ingénieur Tony Fitzpatrick de l'agence londonienne Ove♦ Arup & Partners, les architectes ont mené plusieurs phases d'études, qui ont conduit au choix d'une ossature mixte : un « tube percé » continu, dont l'épaisseur diminue avec la hauteur, associé à de grandes croix de contreventement, diamétralement opposées. En rejetant les éléments porteurs en périphérie, il s'agit de répartir au maximum les charges vers l'extérieur, afin d'augmenter l'inertie et de garantir la rigidité de l'édifice. L'ensemble, en béton hautes performances, surmonté d'un cylindre métallique, culmine à 426 m de hauteur.

Avec un élancement proche de 1/10, et au-delà de 40 étages, une structure est mise en vibration par les rafales du vent. Les recherches portent donc simultanément sur la résistance statique et sur le contrôle des oscillations. La compréhension du comportement dynamique de la structure conduit à intégrer un dispositif de balancier au sommet de la tour sous forme d'une masse suspendue, glissant dans un liquide visqueux. Ce système d'amortissement par masse accordée (*Tuned Mass Damper*), utilisé notamment pour le siège de la Citicorp à New York (The Stubbins Associates, architectes, William James LeMessurier♦, ingénieur, 1977), diminue les accélérations d'oscillation que l'ossature pourrait subir, évitant ainsi aux usagers des sensations désagréables. Avec une masse représentant 2 % du poids total de l'édifice, les niveaux d'accélération peuvent être atténués de moitié.

Dans la logique du « tube », 4 noyaux périphériques de circulation par ascenseurs ont été substitués au noyau central traditionnel, chaque plateau circulaire, de 43 m de diamètre, bénéficiant alors d'une grande liberté d'aménagement. La disposition retenue consiste donc à empiler 3 tours séparées par des doubles étages techniques et équipées, pour les 2 plus hautes, d'étages de transfert à partir desquels sont distribuées les dessertes locales. Malgré la profondeur du plan, l'éclairement des zones centrales s'effectue par des atriums vitrés qui traversent une douzaine d'étages, laissent pénétrer la lumière naturelle et permettent d'avoir une vue sur le panorama urbain depuis le cœur des plateaux.

Si la conquête de la plus grande hauteur entre pour une part non négligeable dans ce projet, sa dimension poétique est également remarquable : au fur et à mesure des étages, les matériaux de l'enveloppe s'éclaircissent jusqu'à devenir transparents, évoquant ainsi une « mutation de la matière ». Cette Tour sans fins apparaît comme l'aboutissement des

Tour sans fins, photomontage.

Tournon (pont de).
Marc Seguin, étude du passage des câbles pour un
pont suspendu. Croquis, s. d.

recherches menées depuis les années cinquante sur l'ossature du gratte-ciel et sur son habitabilité ; sa disposition réactualise le type de l'immeuble de grande hauteur, articulant logique constructive et spatialité. **R. R.**

Tournon (pont de)

Tournon-sur-Rhône, Ardèche, France, 1825.

En 1822, les frères Seguin déposent un projet de pont suspendu sur le Rhône, à Tournon, qui se distingue nettement des premières réalisations américaines ou anglaises. Ils proposent de remplacer les chaînes de fer forgé, trop complexes à fabriquer en France, et trop chères, par un faisceau de nombreux fils de fer fins, disposés parallèlement. C'est l'idée, très novatrice, du câble, qu'ils essaient immédiatement dans une passerelle sur la Cance, à Annonay. Une discussion technique s'engage entre les entrepreneurs et l'Administration, celle-ci réclamant des preuves scientifiques de la sécurité de ce nouveau dispositif.

Marc Seguin♦ effectue une série d'expériences sur la résistance en traction des fils de fer, dont il présente les résultats, très positifs, devant l'Académie des sciences, en 1823, puis dans son livre *Des ponts en fil de fer*. La démarche expérimentale méthodique vient étayer un choix technique et commercial préalable. Les essais montrent que le fil de fer a une résistance presque deux fois supérieure à celle du fer

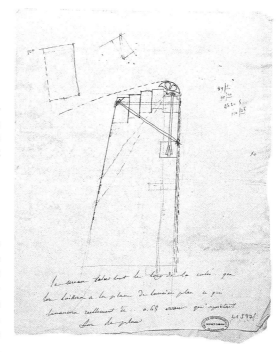

forgé (60 à 80 kg/mm² contre 40), car le passage dans la filière du maître de forge effectue un traitement de surface. Les fils de fer de l'époque atteignent un maximum de résistance pour le diamètre commercial, proche de 3 mm.

Les Seguin obtiennent la concession de l'ouvrage de Tournon-Tain au début de 1824, « à leurs risques et périls », c'est-à-dire à leurs frais et sous leur seule responsabilité technique. En contrepartie, ils ont le droit de percevoir un péage, qui se révélera rémunérateur une fois le succès de la construction acquis.

Le chantier débute au cours de l'été, rassemblant une série d'approches techniques novatrices, parfois déjà présentes en partie dans le

savoir-faire des ouvriers rhodaniens, parfois franchement nouvelles. Leur regroupement dans un ouvrage d'art homogène et précurseur illustre les capacités d'innovation et d'organisation des ingénieurs civils du type de Seguin pour résoudre un problème comme le passage du Rhône, fleuve particulièrement turbulent. Pour les fondations, un coffrage en bois construit dans le fleuve, puis dragué, permet de couler une semelle de béton hydraulique directement dans l'eau, grâce aux qualités remarquables des chaux du Teil, qui se trouvent à proximité. L'examen des journaux du chantier montre l'usage précurseur qui est fait ici du « béton armé » dans les maçonneries, ou encore la recherche précoce de rigidité, obtenue par la structure du tablier, et non par la masse comme le préconise à la même époque la modélisation analytique d'Henri Navier♦.

Un nouveau standard de construction des ouvrages d'art se dégage à partir de la réalisation de Tournon : le pont suspendu léger, utilisant des câbles en fil de fer fin et permettant d'emblée des portées d'une centaine de mètres. Il est beaucoup plus rapide à construire que les ponts classiques, et les coûts sont diminués de manière spectaculaire. En Europe continentale, il supplante rapidement les ouvrages suspendus par chaîne, et connaît une diffusion remarquable dans le deuxième quart du XIXe siècle. **M. C.**

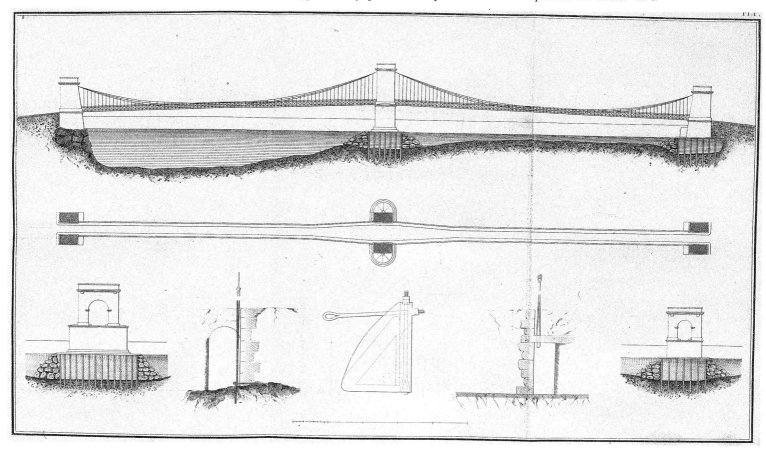

Town (Ithiel)

Thompson, Connecticut, États-Unis, 1784 – New Haven, Connecticut, 1844.

Ithiel Town est l'inventeur du pont en treillis, l'un des premiers systèmes de pont industrialisé à être internationalement reconnu, et qui marquera une étape décisive dans le développement des structures et des méthodes de construction modernes.

Entrepreneur et ingénieur, Ithiel Town est également l'un des plus importants architectes du *Greek Revival* (Renouveau grec) aux États-Unis, au début du XIXᵉ siècle. Il effectue un voyage en Europe avec Samuel Morse et fait également partie des membres fondateurs de l'Academy of Design.

Le pont de Town, breveté aux États-Unis le 28 janvier 1820 et le 3 avril 1835, est constitué d'une ossature rectangulaire, composée de multiples planches qui s'entrecroisent en diagonale, et sont assemblées par des chevilles de bois placées à leurs points d'intersection. Ce système de construction, à savoir l'utilisation d'éléments de même dimension, assemblés pour former une armature destinée à être lancée au-dessus du vide, permet de construire rapidement des milliers de ponts.

Dans le monde entier, un tel système deviendra le prototype des structures modernes connues sous les noms de ponts à poutres-treillis et de ponts à fermes. Des théoriciens comme Herman Haupt et Carl Culmann développeront des méthodes d'analyse de ces ponts, destinées à en faciliter la conception et à en augmenter la sécurité. Des milliers de ponts en treillis seront construits en bois et en métal pour répondre aux besoins, dus à l'expansion, que connaissent au XIXᵉ siècle les réseaux routiers et ferroviaires des États-Unis et d'Europe. **G. K. D.**

Traditions nationales

En ingénierie, les traditions nationales sont perceptibles dans trois domaines : l'organisation et le fonctionnement des milieux et des institutions concernés, les recherches et les connaissances techniques employées, et le caractère particulier des techniques et des méthodes de conception. Dans les trois cas, la question des traditions nationales s'inscrit dans celle, plus large, de la manière dont l'environnement et la société influencent le monde de la technologie et ses réalisations. La pratique de l'ingénieur – créer et diffuser un savoir technologique, des artefacts, des systèmes, des structures – implique toujours d'effectuer des choix et de hiérarchiser des objectifs. La nature elle-même limite ses objectifs ; mais dans le cadre de ces limites, un espace de libre choix demeure encore et, comme à chaque fois qu'il y a choix, il est possible que des facteurs sociaux, culturels, économiques, politiques et autres l'influencent également. En ingénierie, les traditions nationales reflètent la façon dont l'environnement d'un pays, ses institutions, ses lois, sa culture, ainsi que la perception de ses besoins et de ses intérêts, modèlent les choix des institutions et les orientations des études techniques, des recherches et des connaissances, tout comme ils façonnent l'identité culturelle des ingénieurs.

Trois types de données compliquent cependant l'analyse des traditions nationales. En premier lieu, technologie et ingénierie ne relèvent pas seulement des traditions nationales ; elles sont influencées par d'autres facteurs, qu'il s'agisse de systèmes « supranationaux » (comme le capitalisme), des traditions régionales ou locales, voire des profils psychologiques des ingénieurs eux-mêmes. En bref, les traditions nationales n'existent pas isolément, elles coexistent avec d'autres facteurs opérant à de multiples niveaux. Artefacts technologiques, structures et systèmes incarnent simultanément les effets de ces nombreuses composantes. À lui seul, le concept de traditions nationales ne peut donc rendre compte en totalité des choix techniques d'un pays ; de même, ces choix ne peuvent être compris de façon satisfaisante sans la prise en compte de l'influence des traditions nationales.

L'évaluation des traditions nationales est rendue plus complexe en raison de l'internationalisation des techniques et de l'ingénierie. Par les échanges, la concurrence, les migrations, les voyages ou bien la diffusion des connaissances, les idées et les solutions techniques franchissent quotidiennement les frontières. Les ponts suspendus, leurs matériaux et leurs techniques de construction sont désormais connus des pays du monde entier, de sorte qu'on ne peut attribuer ni le concept de pont suspendu, ni la plupart des constituants d'un tel pont à une quelconque tradition nationale. Néanmoins, certains types particuliers de ponts suspendus, ou bien encore la quantité de ponts de ce type construits dans un pays donné, peuvent être significatifs d'une tradition nationale.

Enfin, l'analyse des traditions nationales est compliquée par les transformations apparues au cours du temps. Au fur et à mesure de l'évolution d'un pays, de nouvelles traditions apparaissent, tandis que d'autres tombent dans l'oubli ou se modifient au point de devenir méconnaissables. Il serait ridicule de supposer une parfaite continuité dans l'évolution des traditions techniques en France entre le XVIIᵉ et le XXᵉ siècle, ou aux États-Unis entre 1796 et 1996.

Tournon (pont de).
Seguin Aîné, *Des ponts en fil de fer*, éd. 1826. Planche n° 1 (page de gauche).
Second pont suspendu de Tournon réutilisant les bases de la pile et des culées de l'ouvrage original de 1825 (ci-dessus).

Par ailleurs, si certaines traditions constituent une part importante de l'identité culturelle nationale, elles peuvent présenter une certaine persistance, même lorsque les circonstances se modifient sensiblement. La tradition d'architecture monumentale, qui a profondément marqué les ingénieurs français à l'époque de la monarchie, a ainsi persisté jusqu'à aujourd'hui, même si son objet de référence est passé de la royauté à l'État-nation.

Les causes qui sous-tendent le phénomène des traditions nationales peuvent se classer en deux grandes catégories : les caractéristiques physiques de l'environnement et les forces sociétales – quoique ces deux catégories ne soient pas parfaitement distinctes. Les caractéristiques physiques de l'environnement d'un pays, ce sont sa géographie, son climat, son écologie, et ses ressources naturelles. Chacun de ces facteurs influence incontestablement les traditions nationales. Ainsi, les pays exclusivement continentaux développent nécessairement des traditions techniques différentes de celles des pays entourés par les eaux. Les traditions hollandaises en matière de construction de ponts et d'hydrologie sont naturellement liées à la faible altitude du pays et à sa proximité de la mer. Si la période 1780-1830 a été un « âge du bois » pour le génie civil aux États-Unis, elle a été un « âge du fer » pour les ingénieurs britanniques. Cette différence reflète la disparité des ressources économiques de l'époque : le bois était plus abondant et meilleur marché aux États-Unis qu'en Grande-Bretagne. La géographie et les ressources naturelles ont aussi façonné les traditions britanniques et américaines en matière de construction de locomotives et de chemins de fer. Les États-Unis, présentant une faible densité de population et de grandes distances à couvrir, ont dessiné leurs lignes ferroviaires avec le souci d'en minimiser les coûts de construction au kilomètre. C'est ainsi que les voies ferrées américaines ont des pentes plus marquées et des courbes plus serrées, et présentent moins de portions planes qu'en Grande-Bretagne ; les locomotives américaines ont été étudiées et conçues pour répondre à ces exigences spécifiques. Ainsi, les traditions ferroviaires – voies et matériels roulants – ont-elles évolué dans des directions différentes en Grande-Bretagne et aux États-Unis.

Les forces sociétales regroupent la démographie, les lois, les institutions, les facteurs économiques intervenant au niveau national, la

culture, les structures sociales et politiques – en bref, tous les facteurs produits par une société humaine et son mode d'organisation et agissant à l'échelle d'un pays. Compte tenu de l'interdépendance de ces facteurs, il est essentiel d'analyser le système social d'un pays dans sa globalité, et non de le considérer comme un assemblage de forces indépendantes (juridiques, politiques, économiques ou culturelles, etc.). L'une des plus brillantes analyses holistiques de ce type est exposée dans *De la démocratie en Amérique*, ouvrage écrit par Alexis de Tocqueville, après son voyage aux États-Unis en 1831. Si son analyse ne porte pas explicitement sur les traditions techniques, elle les mentionne néanmoins. Tocqueville suggère que si le système d'égalité sociale et politique de l'Amérique tend à favoriser la production en grande série de marchandises médiocres, destinées à un usage courant, il a également encouragé la construction d'édifices publics de grande ampleur, « entreprises prodigieuses dont s'étonnerait le génie des grandes nations de l'Europe ». Selon lui, le système social dont se sont dotés les Américains les a détournés de la spéculation théorique, les incitant plutôt à développer des savoirs empiriques, directement en prise avec une pratique.

Il manque cependant une analyse intermédiaire à celle de Tocqueville, qui permette de comprendre les traditions techniques nationales. Il ne prend pas en considération, en effet, la manière dont des milieux et des institutions techniques organisés établissent un lien entre la société et l'individu. Les milieux et les institutions techniques ont une fonction particulièrement importante à cet égard, par le rôle de filtres mais aussi de miroirs des structures et des valeurs sociales d'un pays qu'ils exercent. En bref, si milieux et institutions découlent des traditions nationales, ils jouent également un rôle de médiateur entre un système social donné et le caractère spécifique d'une production technique nationale : ils façonnent les traditions techniques. L'importance des milieux et des institutions techniques apparaît clairement lorsque l'on compare les traditions de l'Angleterre et de la France au début du XIXᵉ siècle. Les deux pays possédaient en effet un système social hiérarchisé, mais le caractère de leur production technique différait pourtant notablement. L'analyse intermédiaire des milieux techniques et des institutions associées permet de dégager les origines d'une telle divergence.

La France du début du XIXᵉ siècle présentait un haut degré de stratification sociale et une administration fortement centralisée. Le système d'enseignement technique reproduisait ces caractéristiques. En effet, les écoles d'ingénieurs françaises étaient organisées selon des statuts hiérarchisés ; elles étaient également étroitement liées à un système de contrôle centralisé, confié au corps des Ponts et Chaussées. Les écoles du plus haut rang (les grandes écoles), qui recrutaient au sein des couches sociales supérieures, formaient les futurs ingénieurs de ce corps. Les écoles de rang moindre (notamment les écoles des arts et métiers), qui recrutaient parmi les couches populaires, formaient des assistants techniques et administratifs pour les ingénieurs du corps, de même que des ingénieurs destinés au secteur privé. Ce système a profondément marqué les traditions françaises en matière de recherches et d'études techniques, par un processus de stratification du savoir et de la recherche technologique. Chaque catégorie d'école encourageait une forme différente de savoir. Les grandes écoles rejetaient ainsi les traditions ancrées dans une culture artisanale, comme la pratique consistant à utiliser et à tester des maquettes en tant qu'aide à la conception ; elles ont forgé en revanche la tradition d'une conception fondée sur des théories mathématiques. Le prestige des grandes écoles a octroyé à cette approche un statut préférentiel en France. La célébrité qu'ont conférée aux ingénieurs français leurs contributions à la statique, à la mécanique théorique, à la théorie des structures et à d'autres domaines de la théorie est la conséquence d'une valorisation globale de la théorie. En revanche, elle a nui à l'essor d'une tradition plus empirique, en recherche appliquée comme dans le domaine des essais, et elle a freiné l'établissement d'interactions fructueuses entre les diverses formes de connaissance et d'expérimentation.

La société britannique de l'époque était, elle aussi, fortement stratifiée, mais l'organisation du pays était beaucoup moins centralisée qu'en France, et le secteur du génie civil ne dépendait pas d'un corps national d'ingénieurs. C'est en partie pour cette raison que les méthodes de recherche et la formation sont restées largement artisanales en Angleterre au cours de la première moitié du XIXᵉ siècle, ce qui a façonné en retour les traditions britanniques en matière de conception et de recherche. Pendant la première moitié du XIXᵉ siècle, les ingénieurs

Traités d'ingénieurs. B. Castelli, *Della misura dell'acque correnti*, éd. 1660. Frontispice.

Traités d'ingénieurs
513

britanniques qui s'intéressaient à la technique des ponts suspendus, par exemple, se sont surtout consacrés à la conception des câbles, réalisant des expériences multiples sur la résistance du fer ; ils se sont en revanche peu préoccupés de développer une véritable théorie mathématique des ponts suspendus ; ils ne se servaient d'ailleurs pas d'une telle théorie comme aide à la conception. Par opposition, les ingénieurs français formés dans les grandes écoles ont accordé une plus grande importance au développement et à l'utilisation des théories mathématiques et ont souvent eu recours à elles pour concevoir leurs projets.

En ingénierie, les traditions nationales sont plus riches et plus complexes que ce dont peuvent témoigner quelques exemples. En dégager une analyse plus complète nécessiterait des recherches comparatives détaillées et systématiques traitant d'une manière globale de l'ensemble du système social de chaque pays. Un tel travail devrait également comprendre une analyse au niveau intermédiaire, pour être en mesure d'expliquer réellement comment les milieux et les institutions concernés établissent un lien entre une société et ses choix technologiques. Et il lui faudrait, par ailleurs, prendre en considération les effets de l'internationalisation et de l'évolution dans le temps, ainsi que le rôle des forces qui interviennent à différents niveaux dans un pays. Malgré cette complexité, comprendre les traditions technologiques nationales constitue un préalable essentiel à une maîtrise de la technologie, à la formulation de politiques efficaces sur un plan national et, plus indirectement, à toute analyse des aspects dynamiques de la croissance économique. **E. K.**

VOIR AUSSI **Formation des ingénieurs** ; **Profession d'ingénieur** ; **Technologie et paysage au Japon**.

Traités d'ingénieurs

Au cours du XVIᵉ siècle, les livres qui concernent spécifiquement l'ingénierie traitent surtout de questions militaires ou de procédés mécaniques. Nombre d'ouvrages, illustrés avec un grand souci du détail, sont ainsi consacrés à des machines – ceux d'Agostino Ramelli par exemple. Ce n'est qu'avec les premières applications concrètes des découvertes faites par de grands physiciens que le génie civil se constitue en discipline à part entière, dotée de sa littérature propre.

On trouve les premiers exemples de ce type de textes notamment en Italie ; ils concernent en particulier l'ingénierie hydraulique, qui se heurte au problème du contrôle du débit des rivières. On peut distinguer, parmi les ouvrages les plus importants, le *Della misura dell'acque correnti*, de Benedetto Castelli, élève et ami de Galilée, paru en 1628, et le *Della natura dei fiumi*, de Dominico Guglielmini, paru en 1697 – mis à jour régulièrement, ils seront diffusés dans toute l'Europe. On sait que John Grundy, l'un des premiers ingénieurs hydrauliciens anglais, en était détenteur, et que Charles Vallancey s'y est beaucoup référé pour rédiger son ouvrage *A Treatise on Inland Navigation* (traité de navigation fluviale), paru en 1763.

Dans l'Europe du XVIIIᵉ siècle, la profession d'ingénieur est strictement organisée en divers corps de métiers, tel que celui des Ponts et Chaussées, fondé en France en 1716 ; les théories comme les techniques de conception et de construction modernes circulent, véhiculées par des traités généraux. Les premiers sont le *Traité des ponts* et le *Traité des chemins*, de Hubert Gautier, publiés en 1715 et 1716, qui feront référence tout au long du XVIIIᵉ siècle. Le *Traité des ponts* servira notamment à Jacob Leupold à mettre au point le plus important traité sur la construction des ponts allemands : le *Theatrum Pontificale*, paru en 1726. Cependant, l'ouvrage qui connaît à l'époque le plus de notoriété est *L'Architecture hydraulique*, de Bernard Forest de Bélidor, œuvre parfaitement illustrée (1737-1753), qui traite de l'irrigation, de la navigation fluviale, du génie maritime et de la construction des ponts ; il reflète de façon exhaustive l'état des connaissances de l'époque. Il a été traduit en italien, en allemand ; la plupart des principaux ingénieurs anglais en ont eu connaissance.

Dans l'Angleterre du XVIIᵉ au XIXᵉ siècle inclus, le métier d'ingénieur est moins défini ; la profession s'attache alors surtout à rechercher des fonds privés, pour l'obtention desquels une publication technique se révèle nécessaire. Ces documents, en général conçus par un ingénieur pour un projet précis, pont, canal, route ou port, doivent exposer les travaux projetés et en étudier la faisabilité. Il peut s'agir de simples relevés, ou de textes plus fondamentaux, la plupart du temps accompagnés de plans détaillés. Le premier dont on ait connaissance est *A Discourse Touching the Drayning the Great Fennes* (traité concernant le drainage des Great Fennes), de Cornelius Vermuyden, en 1642 ; les meilleurs de ces ouvrages sont probablement ceux qui ont été rédigés par John Smeaton♦.

En France comme en Angleterre, un projet est parfois estimé assez important pour justifier une publication en folio d'un texte accompagné par de magnifiques illustrations. C'est le cas pour la *Description des projets*, de Jean-Rodolphe Perronet♦ (1782-1783), et pour *The Conway and Britannia Tubular Bridges* (Les ponts tubulaires Conway et Britannia♦), d'Edwin Clark (1850), ouvrages faisant tous deux état de découvertes essentielles dans le domaine de la conception des ponts. Outre ce type de publications traitant de réalisations spécifiques, on peut se procurer à l'époque d'autres livres remarquables, qui décrivent et donnent les principes théoriques d'innovations concernant l'utilisation et la mise en œuvre de nouveaux matériaux par l'ingénieur responsable des travaux, tels que le *Traité analytique de la résistance des solides*, de Pierre-Simon Girard (1798), ou le *Résumé des connaissances positives actuelles sur les qualités [...] des matériaux propres à la fabrication des mortiers [...]*, de Louis-Joseph Vicat (1828) – ce dernier traduit en anglais –, et qui ont connu une grande diffusion.

Au cours du XIXᵉ siècle, à cause de la propagation accélérée de nouvelles idées concernant la construction de chemins de fer et d'ouvrages métalliques, et du fait que, très vite, la profession se complexifie, la diffusion de l'information emprunte de nouveaux canaux. De plus en plus, les ingénieurs en viennent à publier les résultats de leurs recherches dans de nouvelles revues à usage professionnel, telles que les *Annales des Ponts et Chaussées* (1834), ou

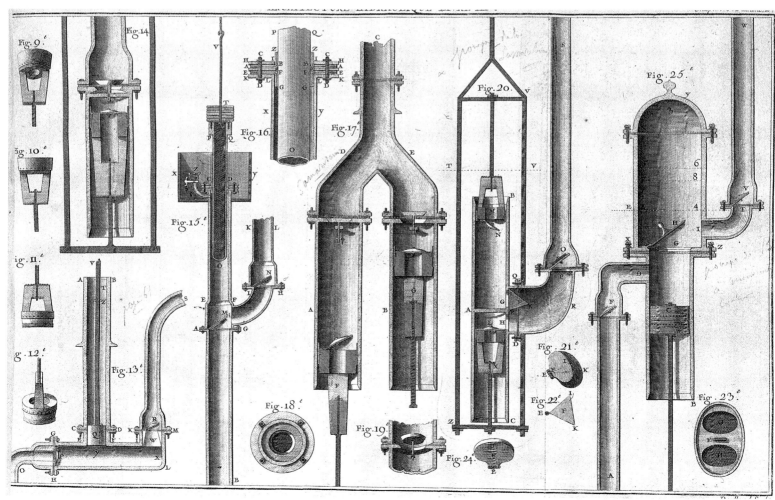

Bernard Forest de Bélidor, *Architecture hydraulique*, éd. 1735. Frontispice (en haut) ; planche (en bas).

les *Transactions of the Institution of Civil Engineers* (annales de la profession des ingénieurs civils, 1836) ; le manuel devient le véhicule le plus courant de cette communication. Jusque vers 1860, des écrivains tels Thomas Tredgold, Henri Navier♦ ou William John Macquorn Rankine publient des textes faisant état de leurs propres travaux, ou de ceux de leurs collègues et amis ; ces textes prennent ensuite progressivement la forme d'ouvrages de compilation d'écrits existants.

Au XXe siècle, les traités d'ingénieurs qui présentent un matériau nouveau se font rares. Il existe cependant trois ouvrages notables dans ce domaine : *Der Eisenbetonbau*, d'Emil Mörsch, en 1902 (le béton armé), *Erdbaumechanik*, de Karl Terzaghi, en 1925 (la mécanique des sols), et le livre d'Eugène Freyssinet♦, de 1936, *Une révolution dans les techniques du béton* (sur le béton précontraint). Tous trois sont des références essentielles pour comprendre les nouvelles techniques qui ont façonné l'évolution de l'ingénierie au XXe siècle. **J. E.**

VOIR AUSSI **Résistance des matériaux (histoire)** ; **Sciences de l'ingénieur**.

Traitteur (Wilhelm von / Guillaume de)

Mannheim, auj. dans le Bade-Wurtemberg, Allemagne, 1788 – *id.*, 1859.

Originaire de l'ancien État de Bade, en Allemagne rhénane, Wilhelm von Traitteur est ingénieur, architecte et dessinateur. De 1814 à 1831, il sert dans le corps des ingénieurs des voies de communication de Russie à Saint-Pétersbourg, et enfin comme major général (1829). Auteur des premiers ponts en chaîne de Saint-Pétersbourg, il est aussi dans ce pays l'un des fondateurs de la lithographie et un pionnier de l'architecture métallique.

De 1807 à 1810, il acquiert en autodidacte dans le Kurpfalz (État de Bade), puis en Suisse et en France une formation pratique, complétée par un séjour de dix-huit mois à Paris. En novembre 1813, il reçoit une invitation personnelle de l'empereur Alexandre Ier pour entrer au service de la Russie. Il fait ses débuts en tant qu'architecte dans l'équipe d'Augustin de Bétancourt, le directeur de l'Institut des ingénieurs des voies de communication de Russie. Parmi ses premières missions, citons le projet et la construc-

tion de la fabrique de papier de l'État sur les berges de la Fontanka (1816-1818), la construction du pont de bateaux de Saint-Isaac sur la Neva (1819-1821, d'après un projet de de Bétancourt de 1816), le projet et la construction de l'École de conducteurs du département des voies de communication (1820-1826).

Le premier projet sur lequel Traitteur travaille de manière autonome est la conception des ponts de bois de la chaussée Pétersbourg-Moscou, ponts qu'il réalisera sur la section allant jusqu'à Novgorod (1820-1822). Une partie de ces projets est publiée en 1823 dans un album, *Collection de plans et vues perspectives des nouveaux ponts projetés et construits sur la nouvelle chaussée de Moscou [...]*. En 1823-1824, Traitteur construit ses édifices les plus connus : la première partie des ponts en chaînes métalliques de Saint-Pétersbourg, comprenant le pont routier de Panteleimon, sur la Fontanka, et le pont piétonnier de la Poste, sur la Moïka. Il publie parallèlement en 1825 l'album *Plans, profils, vues perspectives et détails des ponts en chaînes exécutés à Saint-Pétersbourg [...]* et l'ouvrage *Description des ponts en chaînes exécutés à Saint-Pétersbourg*, dans lequel il

Traitteur (Wilhelm von/Guillaume de). Vue perspective du pont en chaînes de Panteleimon, Saint-Pétersbourg.

expose en particulier sa conception propre de la structure architecturale des nouvelles constructions métalliques. En 1825-1826, il réalise une seconde série de ponts en chaînes : un pont routier – le pont d'Égypte – sur la Fontanka, et deux ponts piétonniers – le pont des Lions et le pont des Griffons (actuel pont de la Banque) – sur le canal Catherine. En 1828-1830, il construit à l'embouchure de ce canal le pont des Petites-Écuries et le pont du Théâtre, l'un des meilleurs ensembles du Pétersbourg classique (d'après le projet modifié de l'ingénieur Harald Adam). En 1830, il commence la publication de l'*Annuaire du corps des ingénieurs des voies de communication*. La même année, il donne brusquement sa démission en invoquant des raisons familiales ; il quitte la Russie en avril 1832 pour se rendre dans l'État de Bade en tant que « correspondant étranger du département des voies de communication de Russie », fonction qu'il remplit jusqu'à la fin de l'année 1834. Il s'établit ensuite à Mannheim, où il essaie en vain de trouver sa place parmi les ingénieurs du Nordbaden. À la fin des années 1830, il abandonne complètement ses activités d'ingénieur, pour s'occuper de publications traitant de thèmes socio-politiques et d'agriculture. **S. F.**

Tsuboi (Yoshikatsu)

Tôkyô, Japon, 1907 – *id.*, 1990.

Yoshikatsu Tsuboi est à la fois chercheur, concepteur de structures et enseignant. Dès les années trente, il entreprend à l'université de Tôkyô, dont il est diplômé, des recherches dans le domaine de la mécanique des plaques et des coques. On lui doit la formulation d'équations de base et plusieurs propositions utilisant les développements en séries de Fourier, le calcul tensoriel, puis les différences finies. Ces résultats théoriques ont fait l'objet de nombreuses expérimentations sur maquettes, propres à rendre compte des comportements élastoplastiques et à évaluer les charges de ruine. Si l'essentiel des travaux de Tsuboi a porté sur des coques en béton armé, il s'est aussi intéressé aux systèmes spatiaux à barres et aux systèmes caténaires avec câbles suspendus.

Ne se limitant pas à ses travaux de recherche, Tsuboi a réalisé nombre d'ouvrages innovants avec des architectes de réputation internationale. Avec la construction du dôme du centre de commerce international de Tôkyô•, réalisé en collaboration avec l'architecte Masachika

Murata, Tsuboi prouve l'intérêt qu'il porte aux structures métalliques, reprenant pour ce dôme des méthodes de calcul dérivées de celles qu'il a utilisées pour les coques. Son nom est généralement associé à celui de Kenzô Tange. Le début de leur collaboration date de 1953, avec la construction de l'Hiroshima Children's Library (bibliothèque pour enfants d'Hiroshima). Il faut également mentionner une coque surbaissée en béton armé de 50 m de diamètre (Ehime Prefectural Hall), les paraboloïdes hyperboliques du Shizuoka Sumpu Kaïkan Hall, et de la cathédrale Sainte-Mary à Tôkyô. Les deux stades olympiques de Tôkyô, à Yoyogi, conçus par Tsuboi et Tange, utilisent le principe des systèmes suspendus, selon des études réalisées avec le concours de Mamoru Kawaguchi•, autre ingénieur japonais célèbre. La même équipe conçoit pour l'Exposition universelle d'Ôsaka• une couverture en grille à double nappe, la toiture du Festival Plaza : reposant sur 6 colonnes, cette grille de 108 × 292 m, constituée de plus de 2 200 barres et de plus de 600 nœuds d'assemblage, a été mise en place selon une technique originale de levage, prenant appui sur les colonnes au fur et à mesure de leur érection.

C'est avec l'architecte Yamasaki que Tsuboi a conçu sa dernière œuvre importante, le Shiga Sacred Garden, construction fondée sur le principe des surfaces caténaires.

Grand admirateur d'Eduardo Torroja•, Tsuboi a été pendant de nombreuses années l'une des figures de proue de l'IASS, International Association of Spatial Structures (association internationale pour les coques et les structures spatiales), dont l'ingénieur espagnol est le fondateur. Il y a été très actif, faisant preuve d'une élégance d'esprit – qualité majeure de cet ingénieur de talent, reconnue par tous ceux qui l'ont côtoyé – qui transparaît dans ses œuvres. **R. M.**

Tulla (Johann Gottfried)

Karlsruhe, auj. dans le Bade-Wurtemberg, Allemagne, 1770 – Paris, France, 1828.

Johann Gottfried Tulla fait des études de mathématiques, de statique et de mécanique et s'intéresse de très près à la construction des machines mécaniques, des équipements hydrauliques et des ponts. Il a donc une excellente formation lorsqu'il se voit confier en 1804 la direction de l'ensemble du système routier et fluvial de l'État de Bade. Il est principalement chargé de la régulation et de l'aménagement des

lacs et cours d'eau, notamment du cours supérieur du Rhin. Il considère que ces travaux de protection des terres et des habitants contre les crues et les maladies constituent une véritable mission culturelle. Directeur de la construction des ponts et chaussées de l'État de Bade à partir de 1817, il réalise en moins de huit ans près de 300 km de routes et de nombreux ponts en pierre. Il fonde en 1807 une école d'ingénieurs, qui fusionne en 1825 avec l'école d'architecture de Weinbrenner pour donner naissance à l'actuelle université technique de Karlsruhe. **B. B.**

Tunnel

Bien que des galeries souterraines aient été construites depuis l'Antiquité, notamment pour acheminer l'eau, le mot « tunnel » n'apparaît en français qu'en 1825, par emprunt à la langue anglaise. Cette année-là débutent à Londres les travaux, entrepris par le Français Marc Isambard Brunel•, de creusement d'un tunnel sous la Tamise. La galerie de ce premier tunnel construit sous un cours d'eau est creusée à partir d'un puits de 19 m de profondeur, établi sur l'une des rives. Il sera achevé dans les années 1840. Pour le creusement, Brunel met au point une machine qui peut être considérée comme l'ancêtre des tunneliers. C'est l'observation de la nature, et plus particulièrement de l'activité des tarets, qui lui en inspire la conception. Il remarque en effet que ces mollusques, qui creusent des trous dans le bois immergé, se servent de leur coquille pour soutenir les parois des galeries. Il imagine alors un énorme bouclier rectangulaire en fer, qui est poussé dans le sol mou au moyen de vérins à vis. À l'intérieur, les terrassiers creusent par des ouvertures mobiles ménagées à l'avant. Des maçons suivent, qui consolident au moyen de briques les parois de la galerie au fur et à mesure de sa progression. En 1865, l'Anglais Peter Barlow fait breveter un bouclier cylindrique d'un diamètre inférieur, et la fonte remplace les briques pour le soutènement. À l'occasion des travaux de construction du métro de Londres, James Greathead améliore encore la technique de creusement, en injectant de l'air comprimé dans le tunnel pour résister à la pression de l'eau.

La construction de tunnels, expérimentée au début du XIXᵉ siècle avec le creusement de canaux, connaît un développement considérable avec l'avènement des chemins de fer – qui requièrent aussi des rampes de faible pente. La série des grands tunnels mondiaux est

Tunnel sous la Manche, vue intérieure (en haut) ; puits de Sangatte, départ des trois galeries (en bas).

inaugurée en 1857 par le percement du Mont-Cenis, entre la France et l'Italie. Ce chantier représente des progrès importants dans la construction des tunnels de montagne. Commencé des deux côtés de la frontière avec de simples pics, le creusement est poursuivi au moyen de perforatrices à air comprimé munies d'un dispositif de refroidissement par eau, construites par Germain Sommeiller. Qu'on ne s'y trompe pas : les foreuses ne servent pas à creuser directement le tunnel, mais simplement des trous, dans lesquels sont introduits les explosifs. Autres innovations : les déblais rocheux sont évacués par train, et l'air comprimé sert également à aérer la galerie

durant le chantier. Lors du percement du tunnel du Saint-Gothard, inauguré en 1881, le recours à des boucliers métalliques s'est imposée, des voûtes en maçonnerie s'étant écroulées à la suite d'infiltrations, écrasant sous elles les boisages de l'étayage et les ouvriers du chantier. La galerie d'avancement est aménagée dans la partie supérieure du futur souterrain, dont elle épouse le profil ; elle est ensuite élargie pour donner au tunnel sa section définitive. Pour le tunnel du Simplon, mis en service en 1905, on n'a pas cherché, comme c'était le cas jusqu'alors, à diminuer l'épaisseur du massif montagneux à traverser en amenant la voie d'accès le plus haut possible avant son entrée

dans le souterrain. Le résultat est un tunnel long de près de 20 km. Une solution nouvelle a été adoptée pour la circonstance, consistant à creuser deux galeries parallèles à simple voie. Trop coûteuse, elle ne sera pas reprise.

Pour les souterrains urbains, les méthodes de creusement sont de deux types : le cheminement avec bouclier ou la technique, plus ancienne, des galeries boisées. C'est cette seconde méthode qui est utilisée pour réaliser la quasi-totalité du souterrain métropolitain de Paris, à partir de 1900. Elle consiste à foncer des puits depuis la surface jusqu'au niveau de la naissance de la voûte du futur tunnel ; à partir de ces puits, on procède au percement de la galerie d'avancement qui est soutenue, au fur et à mesure de la progression de l'excavation, par des cadres en charpentes. On dégage ensuite, autour de la galerie provisoire, l'espace correspondant à la section définitive du souterrain. Enfin, la voûte est maçonnée, puis reprise sur les côtés par la construction de piédroits. Un radier en béton complète, dans la plupart des cas, l'ensemble. C'est pour la ligne n° 4 que le procédé de congélation du sol imaginé par l'Allemand Poetsch a été utilisé pour la première fois dans la construction d'un tunnel. Les tronçons de souterrain qui passent sous la Seine ont été réalisés à l'intérieur de caissons métalliques immergés.

Avec le développement, au XXe siècle, du trafic automobile, la construction de tunnels connaît un nouvel essor. Les ouvrages se caractérisent alors par leur grande section, nécessaire à l'installation de plusieurs voies de circulation. Dès que leur longueur devient importante, ces tunnels exigent en outre la mise en place de dispositifs de ventilation et d'éclairage adaptés. Une meilleure connaissance du comportement des sols et la méthode, mise au point en 1946 par Karl Terzaghi, pour le dimensionnement des tunnels permettent de faire progresser les techniques. Aujourd'hui, les soutènements sont réalisés au moyen d'anneaux de voussoirs préfabriqués en fonte ou en béton, de cintres métalliques ou de béton projeté. Pour les travaux urbains, c'est dans le domaine des engins de forage que l'on enregistre les innovations les plus importantes, avec l'apparition des microtunneliers japonais, dirigés depuis la surface et guidés par laser. Toujours au Japon, mentionnons la mise en service, en 1988, du tunnel de Seikan, qui relie les îles d'Hokkaidô et de Honshu et dépasse en longueur le tunnel sous la Manche. Ce projet d'une liaison fixe entre la

Percement du tunnel du Mont-Cenis (en haut).

Construction du tunnel du Saint-Gothard (en bas).

France et l'Angleterre est aujourd'hui devenu une réalité, au terme d'une histoire tumultueuse, longue de près de deux siècles, et grâce à de nouvelles prouesses techniques. **N. M.**

VOIR AUSSI **Mécanique des sols** ; **Métropolitain**.

Turin (palais des Expositions de)

Turin, Italie, 1950.

En 1947, la Società Torino-Esposizioni confie à Pier Luigi Nervi♦ l'étude du salon principal (salon B) du nouveau palais des Expositions, en lui imposant toutefois le respect du plan général qu'elle a défini.

Nervi conçoit pour ce projet une grande salle rectangulaire (95,10 × 80,50 m), terminée par une abside de 60 m de diamètre. La salle est surmontée d'une mince voûte ondulée, réalisée à partir d'éléments préfabriqués en ferrociment. Chacun des éléments composant cette ondulation mesure 4,50 m de longueur, 1,50 m de hauteur et 2,50 m de largeur, et comporte deux grandes ouvertures laissant passer la lumière. La solidarité entre les éléments préfabriqués est

assurée par des nervures en béton armé pratiquées dans les parties concave et convexe des ondulations. Une structure de liaison en éventail transmet le poids de la voûte sur des piliers situés tous les 7,50 m, et inclinés selon la résultante des forces. La salle comporte deux tribunes longitudinales, auxquelles on accède par des escaliers. La couverture de l'abside, d'un diamètre de 40 m, se compose, elle aussi, d'éléments préfabriqués. Les sollicitations dissymétriques, auxquelles elle est soumise en raison de sa forme (un quart de sphère), sont absorbées par la couverture plane de la galerie périphérique (10 m de portée) qui entoure la demi-coupole.

En 1949, on demandera à Nervi d'ajouter au salon B un deuxième salon. De dimensions plus modestes, ce salon C est une salle rectangulaire, recouverte par une voûte en pavillon dont la charge est reprise par quatre grands arcs en béton armé, inclinés selon la résultante des efforts transmis par la poussée de la voûte et le poids du plancher. Aux quatre coins, là où convergent les arcs, se dressent quatre piliers

porteurs de grande dimension. La voûte est constituée d'un réseau de nervures qui se croisent en formant des losanges. Le premier faisceau de nervures est ajouré sur tout le pourtour de la salle pour laisser pénétrer la lumière. **M. T.**

Turner (Richard)

Dublin, Irlande, 1798 – *id.*, 1881.

La carrière de l'Irlandais Richard Turner, ingénieur et entrepreneur de construction en fer, débute lorsqu'il hérite de l'entreprise de ferronnerie de son oncle. En 1833, il fonde au sud de Dublin une usine sidérurgique dont les serres, parmi d'autres bâtiments pour jardin, feront la célébrité. Turner réussit en effet à réaliser des armatures en fer forgé les plus fines possibles, de manière à prodiguer aux plantes le maximum de lumière. Il construit ainsi les serres des jardins botaniques de Belfast et de Dublin, et celles de nombreuses maisons de campagne.

Turner est l'auteur de deux ouvrages d'importance majeure : *The Palm House at the Royal Botanic Gardens Kew* (la palmeraie des Jardins botaniques royaux de Kew♦, 1844-1848) et *Lime Street Station* (la gare de Lime♦ Street à Liverpool, 1849-1850, détruite depuis). Au cours de sa construction, la palmeraie de Kew a fait l'objet de modifications par Turner, à la suite du long conflit qui l'a opposé à l'architecte Decimus Burton. Turner a utilisé pour cet ouvrage des nervures de fer forgé constituées de profilés de poutres en I ainsi qu'une armature en fer forgé qui confèrent au bâtiment une étonnante luminosité. Il recourt à la même technique pour construire les fermes, d'une portée unique de 47 m, de la gare de Liverpool – alors que les gares construites jusqu'alors présentaient des portées doubles, si ce n'est triples.

Turner était un ingénieur de génie – bien qu'il se soit refusé, jusqu'en 1859, à en porter le titre. Sa plus grande déception a été que son étude pour le bâtiment de la Grande Exposition de 1851 n'ait pas été retenue. **R. T.**

TWA (terminal)

Auj. aéroport Kennedy, New York, États-Unis, 1962.

L'un des bâtiments les plus surprenants de la période des *middle years* de l'architecture moderne, comme l'a appelée le critique John Jacobus, est sans doute le terminal de la TWA, conçu par Eero Saarinen♦ & Associates,

Palais des Expositions de Turin, vue intérieure de la voûte.

architectes, et Ammann & Whitney, ingénieurs, pour l'aéroport John Fitzgerald Kennedy de New York.

La conception d'Eero Saarinen rompt avec ses œuvres les plus récentes, telles que le centre technique de la General Motors, alors presque achevé, qui se présente comme un raffinement formel de l'architecture précise, industrialisée, en parois de verre de Mies van der Rohe. Le projet TWA explore de nouvelles voies, comme la métaphore du vol, incarnée par un oiseau aux formes très travaillées ; il ranime l'esprit de l'expressionnisme, et même celui du futurisme, depuis longtemps éclipsés par le Style international. Les historiens continuent à s'interroger sur ce qui aurait pu influencer Saarinen, cherchant des précédents dans les œuvres d'Erich Mendelsohn, d'Hermann Finsterling, ou encore de contemporains de Saarinen comme Jørn Utzon ou Felix Candela♦.

Les 4 voûtes du toit en béton, en forme de parapluie, représentent environ les 4/5 du volume du bâtiment, et couvrent plus de 5 000 m² ; elles s'élèvent jusqu'à une hauteur de 15 m, s'étendant sur 96 m dans l'axe de la longueur et sur 67 m dans l'axe le plus court ; elles sont en porte-à-faux de plus de 24 m et pèsent 5 400 t.

Séparées par des bandes de lucarnes, les voûtes en porte-à-faux qui se rencontrent s'élancent avec grâce au-dessus des formes dynamiques des contreforts, et donnent un sentiment d'espace aérien et de légèreté. Toutes les formes ont des origines paraboliques, leur géométrie réglée ayant servi de base à l'étude, à la description des travaux et à la construction.

Les contreforts en forme de Y fournissent deux points d'appui à chaque coque ; une dalle centrale, le seul lien structurel, unit les voûtes et les stabilise près du centre du toit. Le coffrage de chaque contrefort vertical a été élaboré d'après une grille précise pour quelque 400 panneaux, couvrant chacun une surface d'environ 2 m². Les formes en bois des panneaux ont été fabriquées hors chantier, en utilisant des nervures horizontales de 5 × 30 cm soutenues par des moises de 5 × 15 cm, gainées dans un coffre en épicéa d'environ 2 cm d'épaisseur, et ont été acheminées par camion sur le chantier, puis érigées sur place au moyen d'une grue. En ce qui concerne le toit lui-même, près de 5 500 poutraisons d'échafaudage standard et très résistantes ont été placées à des distances variables les unes des autres, fournissant au cintre en béton 1 800 points d'appui, en tenant compte de

l'épaisseur de la coque (qui varie de 15 à 91 cm), afin que chaque cadre supporte le maximum de charge possible avec un minimum d'appui. En outre, pour maintenir les élévations dans la limite des 6 mm de tolérance spécifiée, on a utilisé un ordinateur pour calculer 400 point clés d'élévation. Les positions verticales ont été établies en des points précis avec des brides en U réglables, installées environ tous les 4 supports ; celles-ci alignent les longerons selon le bon angle, par insertion de 2 clavettes prédécoupées. Quelque 2 700 clavettes ont été numérotées selon 26 formes différentes. On a placé en ces points des longerons de 7,6 × 30,5 cm, prédécoupés selon l'un des 9 modèles différents, pour obtenir une portée continue entre les appuis, avec une longueur maximale de 5,50 m. Dans la direction opposée, à 1 m de la bordure des voûtes, on a placé des nervures courbes de 7,6 × 30,5 cm, sur lesquelles on a cloué une gaine de protection en bois ordinaire de 3,2 cm, pour compléter le coffrage de la coque de la voûte. L'erreur, au niveau de la dalle centrale où tous les coffrages de coques se rejoignent, n'a été que de 0,15 cm – et c'est peut-être le plus remarquable, quand on sait que la main-d'œuvre était constituée de charpentiers engagés directement par le bureau d'embauche du syndicat.

Le bureau de Saarinen a réalisé le projet de construction en utilisant la technique des cartes de courbes de niveau, décrivant les courbes complexes sur une grille présentant des intervalles réguliers ; celles-ci ont été traduites par plus de 200 plans d'atelier, à partir desquels les coffrages ont été construits. Les premières maquettes de l'étude de définition ont été façonnées en fil de fer et en carton. Comme l'a dit Saarinen, « nous fûmes alors en mesure de réaliser les dessins de ce que nous avions obtenu dans la réalité ». **P. C. P.**

Terminal TWA, détail d'une pile supportant la toiture (page de gauche, en haut) ; vue intérieure du hall principal (page de gauche, en bas) ; construction des coques (ci-dessus).

Utopie. Réunion saint-simonienne d'après une lithographie du XIXᵉ siècle dans *Les Saint-Simoniens* (1930), d'Henri-René d'Allemagne.

Union Bridge

Berwick, Écosse, Grande-Bretagne, 1820.

L'Union Bridge, construit entre 1819 et 1820, est le plus ancien pont suspendu de Grande-Bretagne encore ouvert à la circulation automobile. La conception novatrice de ce pont permanent, le premier de ce type dans ce pays, est due au capitaine Samuel Brown et à John Rennie♦. Brown fut chargé de la partie métallique de l'ouvrage, et Rennie de la maçonnerie. Le montage de ce pont, couronné de succès, permit à Brown d'entreprendre la construction d'autres ponts suspendus ou de jetées, retenus par des chaînes constituées principalement de longues barres, percées à leurs extrémités, et de courtes manilles d'assemblage. Par la suite, ce système sera adopté par d'autres ingénieurs britanniques.

L'Union Bridge est asymétrique ; les chaînes de retenue entre les supports ont une longueur de 133,20 m, alors que le tablier, à cause de la présence du pylône situé juste en face de son extrémité sud, ne mesure que 110 m de long. Il est suspendu par 3 jeux de chaînes de chaque côté. Chacun de ces jeux est constitué d'une paire de barres percées à leurs extrémités, de 4,60 m de long et de 57 mm de diamètre, reliées longitudinalement entre elles au moyen d'anneaux et de goupilles. Les assemblages entre les chaînes sont décalés, de telle sorte que la charge à laquelle est soumis le pont est supportée par des tiges verticales distantes de 1,50 m. Brown, s'il s'est permis, à l'époque, de faire subir au fer forgé des contraintes qui seraient

Union Bridge, élévation et perspective d'une pile, dessin.

Union Tank Car Company, vue aérienne du dôme géodésique.

aujourd'hui jugées inacceptables, a su concevoir une structure fine et élégante ; l'Union Bridge demeure un témoin de son savoir-faire et une preuve de la solidité des ouvrages réalisés en fer. **T. D.**

Union Tank Car Company (dômes de l')

Baton Rouge, Louisiane, États-Unis, 1958, et Wood River, Illinois, 1959.

Le plus important client commercial des dômes géodésiques, au moment de leur apparition aux États-Unis, est l'Union Tank Car Company, un constructeur de matériel ferroviaire installé en Louisiane. Encouragée par le succès du dôme léger de 28 m en *octet truss* dont Richard Buckminster Fuller♦ a couvert, en 1953, la cour intérieure du siège social de la Ford Motor Company à River Rouge, dans le Michigan, l'Union Tank Car commande un dôme géodésique entièrement en acier près de quatre fois plus grand, destiné à coiffer son principal atelier de réparation à Baton Rouge. Achevé en 1958, ce dôme de 118 m est suivi, un an plus tard, d'une autre version de taille légèrement réduite (108 m), construite à Wood River, dans l'Illinois. Alors que le premier dôme de l'Union Tank Car a été édifié à l'aide de grues, le deuxième est assemblé au sol, en partant du centre, à l'aide d'un nouveau système de vérins pneumatiques formant une sorte de coussin de levage. Au fur et à mesure de l'avancement des travaux, les vérins sont placés sur la circonférence du dôme, de manière à permettre l'assemblage au sol des panneaux hexagonaux en acier profilé de la rangée suivante. Structures simples, destinées à couvrir des ateliers éclairés par une lumière artificielle et ne disposant pas d'équipements perfectionnés ou de climatisation, ces deux dômes sont alors les deux plus grandes couvertures à portée libre dans le monde. Le seul dôme géodésique d'une taille supérieure construit depuis est la coupole Spruce Goose, de 135 m, édifiée en 1981 à Long Beach, en Californie. **M. P.**

USAEC (pavillon d'exposition portable de l')

États-Unis, 1960.

Destiné à l'United States Atomic Energy Commission, l'agence de l'énergie atomique des États-Unis, ce hall d'exposition portable compte parmi les premières structures

Union Tank Car Company, montage du dôme à l'aide de grues.

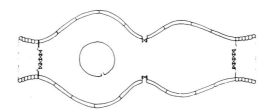

0   25   50   75'

gonflables ; c'est aussi une incontestable réussite architecturale. Il a été conçu par l'architecte Victor Lundy, assisté de l'ingénieur Fred Severud♦, et fabriqué par Birdair Structures Incorporated. La structure gonflable à double enveloppe atteint une longueur de 90 m, pour une largeur maximale de 38 m et une hauteur de 15 m ; elle se présente sous l'aspect de deux dômes, reliés par une jonction en forme de selle et dotés de larges entrées à leurs deux extrémités. Les membranes enduites de vinyle sont séparées par un vide de 1,20 m divisé en 8 compartiments, de sorte qu'un endommagement accidentel de l'une ou l'autre partie ne menace pas la stabilité globale de l'édifice. Les membranes intérieure et extérieure sont portées par une différence de pression respectivement de 49 mm et 38 mm de colonne d'eau, et sont conçues pour résister à des vents atteignant jusqu'à 150 km/h. Ce matelas d'air fournit une isolation adéquate qui évite d'avoir recours à des équipements de réfrigération, même sous les climats chauds auxquels le bâtiment peut être soumis. L'entrée se fait à ses deux extrémités par des portes à tambour dotées d'une ossature rigide. La structure peut être érigée en trois à quatre jours par une équipe de douze ouvriers placée sous la surveillance d'un ingénieur compétent, sans qu'aucun équipement spécial soit nécessaire. Le poids total de l'édifice, tous équipements compris, notamment les ventilateurs de pressurisation, reste inférieur à 30 t, et son volume ne dépasse pas 150 m³, une

fois replié pour être transporté jusqu'au site suivant. L'extrême portabilité de cet édifice de grande taille, et son faible coût, seront les principaux atouts de son succès. Sa forme extérieure attire le regard, alors que l'intérieur de la structure fournit un arrière-plan neutre aux nombreux éclairages de l'exposition. **R. N. D.**

Utopie

L'adhésion massive des ingénieurs sortis des grandes écoles françaises, et en particulier de Polytechnique, à l'idéal saint-simonien dans la première moitié du XIXᵉ siècle tient prioritairement au rôle politique que l'État leur destine, celui d'administrer la société aux côtés des banquiers et des chefs d'entreprise. Inventer, financer, exécuter, l'ingénieur est appelé à jouer un rôle séminal dans le gouvernement de l'avenir. Le génie se substitue à la naissance, le mérite ou le talent aux privilèges, le travail à l'oisiveté : les ingénieurs sont les élus d'une nouvelle aristocratie de « producteurs » ; utopie donc, élaborée à partir de la philosophie de l'Europe des

Lumières et son idéal circulatoire entre les peuples, et qu'Henri de Saint-Simon avait cru voir se réaliser dans l'Amérique qu'il découvrait en 1780.

La politique de l'ingénieur

L'ingénieur engagé dans les grands mouvements réformateurs du début du XIXᵉ siècle n'est pas un créateur de discours utopique (il est donné par d'autres, Saint-Simon lui-même, écrivains, philosophes ou architectes qui excellent en ce domaine), mais le réalisateur mettant à l'épreuve sa propre compétence à produire. Avant de perfectionner l'outil technique de l'utopie – le chemin de fer, à la fois symbole de l'union universelle et instrument nécessaire à l'industrialisation –, il lui faut en promouvoir le développement et en assurer la mise en œuvre : lever les fonds, convaincre les banquiers ou inventer des systèmes de financement originaux, soutenir les techniques de pointe, les créations des autres (en concevant les expositions universelles), persuader le prince ou préparer l'opinion publique, s'investir personnellement dans l'entreprise. Faisant suite à la *Parabole* (1810), où Saint-Simon déclare la nécessité de substituer les industriels aux nobles et nantis en charge de la politique – les « gouvernants routiniers » –, un de ses premiers disciples, le polytechnicien Michel Chevalier, proposera dans le *Système de la Méditerranée* (1832) de financer la construction d'un réseau complet de communication entre l'Orient et l'Occident par les

Pavillon d'exposition portable de l'USAEC, plan et coupe (en haut) ; vue générale (en bas).

fonds consacrés à l'entretien d'une armée. Projets et chiffres à l'appui, persuadé que le bien-être général des hommes et la paix iront croissant avec l'extension et la connexion des différents moyens d'union, Michel Chevalier établit sur le long terme l'image d'un dirigeant idéal, économe en dépenses humaines comme en matériaux et en énergie. Convaincu de sa légitimité, l'ingénieur s'imagine aux plus hautes commandes de l'État, de la nature et du monde – et, parfois, s'y installe.

Cette politique de l'ingénieur se transmet au siècle suivant. Alors qu'Eugène Freyssinet◆ rapprochera les tâches de l'ingénieur et de l'État sans toutefois les confondre – « L'action et la responsabilité du constructeur rejoignent donc celles des chefs qui dirigent les activités éthiques, politiques ou guerrières des sociétés humaines » (1947) –, Richard Buckminster Fuller◆, qui n'était pas ingénieur, les associera dans une figure portée à sa limite. À partir de chacune de ses inventions, il propose une perspective pacifiste et résolument apolitique (et, en définitive, opposée à la position saint-simonienne fondée sur l'action politique). La reconversion des industries de guerre, le trans-fert de leurs technologies dans l'habitation (les alliages légers par exemple), les opérations de transport et d'ancrage d'édifices, le principe même de « Dymaxion »◆ s'inscrivent dans le programme d'une mise en commun du territoire mondial et de ses ressources partagées entre tous les habitants du globe, projet d'une répar-tition et d'une occupation transcontinentale des sols et sous-sol, des océans aux déserts (*Air Ocean World Town Plan*, 1927). Ce futur est possible à la condition d'envoyer tous les politiciens sur orbite et de garder sur terre les ingénieurs, s'exclamera Fuller. Le dôme géodé-sique contre la bombe atomique – *Utopie ou Apocalypse* – sera son dernier livre (1969).

L'abandon de l'action politique pour une fiction apolitique trouvant son origine dans la technique appartient à une pensée utopique qui n'a plus grand-chose à voir avec celle qu'expriment les écrits des ingénieurs saint-simoniens. Alors que l'installation du chemin de fer au début du XIXᵉ siècle, en Europe comme en Amérique, permet la réalisation d'un idéal (industriel, civili-sateur, circulatoire, pacifiste, unificateur, éman-cipateur), une utopie largement partagée, c'est, à l'inverse, l'invention extraordinairement res-treinte d'une technique qui deviendra le point de départ d'un futur utopique. L'invention se confond avec l'utopie, qui lui est comme consé-quente. Cet ingénieur attend de la société la reconnaissance de la portée universelle de ses idées et de leur application. Selon Konrad Wachsmann◆, « le projeteur universel pourra devenir le constructeur du futur ». Buckminster Fuller, Frei Otto◆ et Jean Prouvé◆ ont de ce point de vue des démarches proches qui consis-tent à proposer une solution technique – dôme géodésique, membrane tendue de « surface mini-male », fine tôle d'acier pliée – comme mode de construction généralisable et comme outil de construction sociale. Cette propension à refaire le monde à partir de la technique annule la complexité de nos sociétés et isole l'ingénieur dans l'imagination d'un temps futur décrit au cœur ou en marge de ses projets. « On peut vrai-ment imaginer une humanité de demain, servie et guidée par une technique… » rêvera encore Pier Luigi Nervi◆ en 1965. L'utopie techniciste habitera dorénavant des ingénieurs – ils n'en ont souvent pas le titre – que l'on pourrait considérer comme marginaux au sein d'une profession où la prise de parole n'est pas nécessaire.

Ingénieur qui se pense à même de créer une société future fondée sur la libération de l'homme à travers la maîtrise de la nature, John A. Roebling◆ est une autre figure atypique : il quitte l'Allemagne pour l'Amérique en 1829, après avoir rédigé avec l'ingénieur John Etzler un pamphlet incitant au départ. Le tract pré-sentait les thèmes majeurs d'une utopie d'ingénierie promise à un bel avenir, qu'Etzler développera dans un livre : *Le Paradis à la*

RELIGION SAINT-SIMONIENNE.

POLITIQUE INDUSTRIELLE.

SYSTÈME

DE

LA MÉDITERRANÉE,

PAR MICHEL CHEVALIER.

La paix est aujourd'hui la condition
de l'émancipation des peuples.

ARTICLES EXTRAITS DU *GLOBE*.

PARIS.

AUX BUREAUX DU GLOBE, RUE MONSIGNY, Nᵒ. 6.

MARS 1832.

Utopie. Michel Chevalier, *Politique industrielle. Système de la Méditerranée*, Paris, 1832 (en haut).
Frei Otto, « Imagination et Architecture. Essai d'une vision d'avenir », in *Architecture d'aujourd'hui*,
nᵒ 102, juin-juil. 1962, p. 92, 15ᵉ illustration (en bas).

portée de tous les hommes, sans travail, par la puissance de la Nature et de la Machine (1833). L'utilisation des énergies renouvelables – vent, marées, soleil – actionne des machines perpétuellement en mouvement, et conduit vers une société « où tout ce qui est désirable pour la vie humaine pourrait être fourni à chaque homme en surabondance, sans travail, sans paie ». La promesse est celle d'une « régénération de l'humanité pour un type d'êtres largement supérieurs, avec des divertissements, des connaissances et des pouvoirs supérieurs ». Plutôt que de se quereller entre nations, ajoutera Roebling, il faut « se rendre maître des forces prodigieuses de la Nature » qui permettront l'irrigation et la culture des terres les plus ingrates (le Sahara, le sud de l'Europe, l'Amérique une fois débarrassée des alligators, des Indiens et des ours) et provoqueront une transformation du climat et des saisons. Roebling proposait une utopie agraire moderne, qui actualisait l'idéal jeffersonien.

L'ingénieur se fera fermier. Le futur constructeur du pont de Brooklyn♦ fonde en 1831 une ferme communautaire près de Pittsburg ; mais constatant que sa vie de fermier-pionnier n'offre qu'une liberté restreinte, celle de sa propre subsistance, il transformera six ans plus tard la ferme en manufacture, mettant au point et produisant des câbles qui lui permettront de réaliser les ponts que l'on sait. Le câble résistant fait du pont suspendu une « vérité universelle », et pour le moins une « nécessité américaine » (pour franchir des fleuves et deltas d'une largeur inconnue en Europe). Avec la prospérité de l'entreprise privée, Roebling transformait son utopie initiale en un idéal circulatoire pour l'Amérique, où les liens mécaniques, des ponts au télégraphe, sont donnés comme la condition nécessaire et suffisante au progrès social, culturel et moral des « masses ».

Technotopies

Les structures légères à même de franchir ou de couvrir de vastes espaces, tels que le XIXᵉ siècle en a déjà produit (serres, halles), sont imaginées à partir des années cinquante pour une application urbaine ou territoriale et dans une visée prospective et préventive. En 1956, Fuller envisage d'industrialiser le dôme géodésique à grande échelle ; conçu comme une « gaze légère », il formerait une arche invisible et protectrice au-dessus des bâtiments et de la nature (sur Manhattan dans le projet de 1962). Au même moment, Wachsmann croira générer « le

panorama futur du monde civilisé » à partir de joints universels, manipulés par la main de l'homme. Suivront les toiles tendues par des câbles de 750 m de portée d'Otto (Cité du futur, 1963), les trames planes de Robert Le♦ Ricolais visant à réduire le nombre d'intersections et de supports, et son Skyrail System (1964) – « ramification aérienne ponctuant la cité future » – ou la « ville-pont » avec câbles prétendus de René Sarger♦ (1973). Les systèmes constructifs « brevetés » jouent le même rôle dans l'imaginaire technotopique des ingénieurs structures que les robots et autres machines des visions des technologues de la traction, de la locomotion ou de l'électricité depuis le XIXᵉ siècle. Ils sont l'espoir de l'humanité, sauvée par le Progrès dont l'ingénieur est l'incarnation et la représentation même : chacun de ses exploits le confirme, en donne une preuve tangible.

Fondées sur une rationalité technique, tendues vers un idéal de légèreté, ces recherches vont connaître un développement sur le plan de l'idéologie : les structures « libérées » de la compression libèrent l'homme lui-même. Le recul de la place de la compression dans la conception des structures serait aux ingénieurs ce que le retrait du poteau d'angle fut pour les architectes modernistes : un horizon découvert de formes et de sensations. Ils passent, non sans prétention ni magie, d'une notion de résistance des matériaux à des considérations sur le devenir humain, parfois inscrites dans une cosmogonie aux intonations mystiques (se rapprocher de « la sagesse divine de la création » par des « formes immuables » chez Nervi, et de la structure du cosmos avec le principe de la tenségrité chez Fuller).

Écologie

L'émancipation de l'homme s'exprime dans un rapport économique global avec la nature. L'ingénieur a tôt réalisé qu'après avoir domes-

tiqué et exploité la nature pour le repos de l'homme, l'enjeu était de l'économiser et de la protéger. Il fallait s'en servir le moins possible : 1. Épargner ses matériaux, pour ne pas risquer la pénurie, passer des matériaux à l'énergie, et avec Otto au début des années soixante, remplacer l'économie de matière par l'économie d'énergie qui permettra de changer les propriétés physiques et chimiques de l'air : alors, « le jour viendra où nous saurons nous passer de matériaux de construction ». Le rêve d'un ingénieur aujourd'hui, tel Jörg Schlaich♦, sera de passer d'une énergie à l'autre, de construire dans toute région désertique des tours de 1 000 m pour centrales thermiques à énergie solaire remplaçant progressivement l'énergie nucléaire.

2. Ne pas encombrer le territoire de constructions et de villes impérissables mais l'occuper de structures à la fois mobiles, légères (le nomadisme sous tente prôné par Otto), destructibles (« l'urbanisme dynamique » de Prouvé), imperceptibles (l'invisibilité des structures s'accroît avec leur gigantisme) et d'un contact au sol le plus limité avec pieds, mâts et autres aides au porte-à-faux et à l'enjambement des reliefs ou des villes existantes.

3. Démultiplier les sites d'établissements humains et décongestionner ou supprimer les villes, non plus en cherchant à modifier la nature des sols et des climats les plus hostiles, mais en occupant par des environnements protecteurs adaptés les pôles, la mer, l'espace intersidéral : les « nuages préfabriqués » de Fuller emportent l'humanité dans des sphères plus légères que l'air.

Les technotopies des années soixante, qui furent un moment de convergence de vues entre architectes et ingénieurs, ont dans leur délire détruit beaucoup de la légitimité des ingénieurs à penser le monde. Il n'y a plus de solution universelle, de matériau unique, d'homogénéité, d'approche globale, de construction

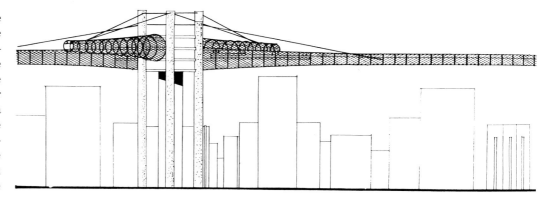

Le Ricolais, projet Skyrail System, paru dans *Architecture d'aujourd'hui*, n° 113-114, avril-mai 1964.

claire, et en même temps de visée didactique, d'ambition sociale, d'enjeu idéologique, d'utopie – ce qui serait plutôt perçu comme une perte et un manque. Dans une déroute doctrinale recoupant celle du discours architectural, l'ingénieur propose la « mixité », comme si le mélange des techniques et des matériaux allait de pair avec la pondération des idéaux, le réalisme d'une situation, la complexité d'un bâtiment. L'utopie du progrès n'habite plus l'ingénieur. Le monde dématérialisé, projeté à l'excès dans les années soixante, résulte d'une préoccupation écologique, précoce chez Fuller, qui ne se confond pas avec les visions des architectes expressionnistes du début du siècle, fondées sur une mystique du verre. L'intérêt porté aux énergies et aux ressources naturelles indique que l'on est passé de l'aménagement à la sauvegarde du territoire.

Responsabilité

Ove• Arup, philosophe de formation, prônera dans un discours sur le « rôle de l'ingénieur » (1970) le nécessaire travail en équipe, une équipe qui regrouperait idéalement aussi bien les différents intervenants du projet à réaliser, comme un tout (« l'idéal d'une "Architecture Totale" »), que des ingénieurs à des stades différents de leur carrière (à cette fin, Arup aura

fait fonctionner sa compagnie elle-même dans l'esprit d'une communauté : humaine malgré sa grandeur et son efficacité, elle distribue les profits entre les membres selon leur degré d'implication et de responsabilité dans le projet, et n'appartient à aucun d'entre eux). Avec le retour de l'ingénieur dans la communauté, Arup l'éloigne de son image héroïque, celle de l'inventeur génial et incompris, et retrouve l'engagement collectif des saint-simoniens. Réaffirmant la responsabilité politique et sociale de l'ingénieur, « citoyen du monde », il demandera que celui-ci obtienne un pouvoir décisionnel à la hauteur de l'impact de ses projets dans l'aménagement technique et visuel de l'environnement : « La bataille de l'homme avec la Nature a été gagnée. Qu'on le veuille ou non, nous sommes maintenant chargés de l'administration du territoire conquis. Les réserves naturelles, les paysages naturels et urbains : ils seront tous détruits sans motif, jusqu'à la ruine ultime de l'homme, ou devront être délibérément planifiés pour servir ses besoins […]. Tout ce qui est fait par l'homme pour l'usage de l'homme doit être dessiné » ; et de conclure en 1983 : « La décision sur la manière d'utiliser [notre technologie sophistiquée] n'est généralement pas prise par les ingénieurs. » **D. R.**
VOIR AUSSI **Nature**.

Buckminster Fuller, la Tetrahedronal City flottant dans la baie de San Francisco.

Verre. Intérieur du pavillon de Saint-Gobain en 1937 (mobilier, briques et pavés en verre).

Vanne (pont aqueduc de la)

À l'est de Paris, France, 1874.

L'aqueduc conduit les eaux de la Vanne depuis sa source, près de Troyes, jusqu'à Paris.

L'histoire retient davantage les travaux prestigieux – et coûteux – que les économies souterraines. Eugène Belgrand est le premier à s'étonner qu'on ait dépensé des sommes si faramineuses depuis les Romains pour porter seulement des conduites d'eau. Afin de compléter l'approvisionnement en eau de Paris, il fait décréter à la fin de 1866, après cinq ans d'études, la dérivation de la Vanne : 173 km, dont 93 en tranchée, 21 en siphons, 42 en souterrain, et 17 sur arcades. Huit ans plus tard, l'eau de la Vanne arrivera à Paris, malgré une interruption due à la guerre de 1870.

Par mesure d'économie, les travaux ont été effectués avec des matériaux locaux ; mais la forêt de Fontainebleau pousse sur du sable, si bien que, pour sa traversée et le franchissement du Loing et de l'Yonne, Belgrand décide, avec une belle audace, d'utiliser le béton aggloméré de Coignet♦. Le pont aqueduc de la vallée de l'Yonne, long de 1 493 m, repose sur des voûtelettes de 6 à 12 m, sauf à l'endroit du passage de

Pont aqueduc de la Vanne.

l'Yonne, où trois arches de 30 m et une de 40 seront nécessaires.

On ne réussit pas toujours du premier coup : la grande arche devra être refaite trois fois. Sans doute a-t-on minimisé les difficultés : un pont biais à 70°, des piles mal fondées, un béton immergé sur du gravier mal dragué, une arche calée entre deux arches inégales, un béton peut-être mal mélangé et pilonné par couches horizontales – il s'agit bien sûr d'un béton non armé –, enfin, et peut-être surtout, une voûte en ellipse surbaissée au cinquième avec une épaisseur de 110 cm seulement à la clé…

Mais la troisième fois sera la bonne : la grande arche est en service depuis plus de cent vingt ans. **B. M.**

Vent

Le *wind engineering* (technologie des vents) décrit les applications de l'aérodynamique, de la météorologie et d'autres domaines scientifiques et techniques à la résolution des problèmes causés aux ingénieurs par le vent : il peut s'agir de phénomènes de pollution, de l'utilisation du vent comme source d'énergie, ou des forces qu'il exerce sur les structures. Ces forces constituent un élément clé de l'évolution de la construction des immeubles, des ponts et des tours – elles en déterminent non seulement les formes, mais aussi la structure, l'efficacité, et la sécurité. Des pionniers tel Gustave Eiffel♦ ont commencé à explorer ce domaine il y a plus d'un siècle, mais les recherches n'ont pris réellement de l'ampleur qu'au cours des cinquante dernières années. Le premier congrès international sur la technologie des vents (on disait à l'époque « résistance au vent » et « aérodynamique industrielle ») s'est tenu, en 1963, au National Physical Laboratory du Royaume-Uni. Depuis lors se tiennent tous les quatre ans des congrès qui rendent compte des progrès constants réalisés dans ce domaine.

Au début, on s'intéressait surtout à l'évaluation de la force des vents constants, aux pressions qu'ils pouvaient engendrer, et on se fiait pour ces recherches aux tunnels de vents réguliers qu'utilisait l'aéronautique. On combinait ainsi les coefficients aérodynamiques de portance et de traînée avec les vitesses de vent maximales fournies par des stations météorologiques pour évaluer la pression du vent.

La tendance récente qui privilégie la fabrication de structures de plus en plus flexibles et légères a entraîné un intérêt accru pour les effets dyna-

Vent. Appareil pour mesurer la pression du vent sur les différentes parties de l'Empire State Building en maquette dans un tunnel spécial à Washington, DC.

miques des vents. Ces effets sont en grande partie dus au caractère fondamentalement turbulent du vent, qui exerce des poussées oscillatoires très fortes sur les structures. En outre, à l'arrière des structures prismatiques, le sillage retient des tourbillons qui s'écoulent selon un modèle constant – le *vortex shedding*, écoulement tourbillonnaire – que Léonard de Vinci a été le premier à remarquer. Ces tourbillons peuvent entrer puissamment en résonance avec la fréquence naturelle propre aux structures, si la vitesse du vent atteint un point critique. Toutes les structures verticales engendrent ce genre de courants fluctuants. Les structures hautes et élancées telles que les cheminées sont particulièrement sujettes à ce type de sollicitation, pour peu que des conditions particulières – vitesse du vent, fréquence de vibrations, diamètre – soient réunies. Les structures ouvertes en treillis sont sujettes à des remous moins violents.

Il y a une troisième cause possible d'oscillation : il s'agit des forces engendrées par l'oscillation de la structure même. Ces forces peuvent créer ce que l'on appelle un amortissement aérodynamique, et être positives ou négatives. Si elles sont positives, elles auront tendance à réduire les vibrations (tout comme des amortisseurs de voiture) ; si elles sont négatives, elles induiront l'effet inverse, à savoir le report de l'énergie du vent sur la structure, selon des amplitudes susceptibles de croître au point d'atteindre des seuils dangereux. Dans ce dernier cas, on parlera d'instabilité aérodynamique. Un certain nombre de ponts de longue portée ont connu de graves oscillations dues à ce phénomène, notamment le pont de Tacoma (1940) – qui s'est effondré – ou le pont du Golden♦ Gate. L'évolution de la conception de la géométrie des tabliers des ponts de longue portée se fait aujourd'hui dans le sens d'une utilisation de sections profilées, aérodynamiquement stables (de façon à réduire la prise au vent). Le pont sur la Severn♦ au Royaume-Uni, le pont de Normandie♦ en France et le pont du Grand♦ Belt au Danemark en constituent de parfaits exemples. Les progrès que connaît la technologie des vents est souvent en relation avec la construction de structures marquantes – ainsi du World♦ Trade Center, de la Sears♦ Tower, de la CN (Canadian National Railways) Tower, et de ponts de longue portée. À la fin du XIXe siècle, en Écosse, l'effondrement lors d'une tempête d'un pont sur la Tay, au moment où passait un train bondé de voyageurs, a donné lieu à la constitution d'une commission d'enquête qui a révélé un certain nombre de défauts dans la conception du pont. Entre autres, on avait envisagé une pression des vents de l'ordre de 0,5 kg/m2 (0,5 Pa), pression relativement faible. Cette estimation avait été préconisée par l'*Astronomer Royal*, qui jugeait que la surface considérable du tablier limiterait les effets locaux des coups de vent. Un an plus tard, l'ingénieur Benjamin Baker, pour concevoir le pont de Firth of Forth situé dans les environs, prendra en compte des pressions six fois supérieures en utilisant des longerons, mieux profilés. Presque à la même époque, Gustave Eiffel♦ prévoit des pressions similaires pour réaliser sa tour. Dans tous ces exemples, les pressions sont envisagées pour s'exercer de façon statique.

L'étude des réactions des structures aux vents a fait des progrès importants depuis l'invention des tunnels ou souffleries aérodynamiques. On a d'abord utilisé des tunnels aérodynamiques empruntés à l'aéronautique, auxquels on a préféré ultérieurement des *boundary layer wind tunnels*, ainsi dénommés parce qu'ils reproduisent l'accroissement de la vitesse et de la turbulence des vents, leur vitesse et leurs tourbillons, tels qu'on peut les observer entre la surface terrestre et une altitude d'environ 500 m. Des modèles destinés à mesurer des pressions affectées de variations brutales ainsi que le mouvement oscillatoire fournissent toutes les informations nécessaires à la conception des ouvrages. À ces mesures procurées par les tunnels aérodynamiques s'ajoute une analyse climatique détaillée des vents.

On recourt largement à l'informatique pour traiter les données obtenues à l'aide des souffleries aérodynamiques. Elle permet d'élargir le champ des méthodes expérimentales – de comprendre les courants à l'œuvre dans les tornades, par exemple, analyse jusque-là très problématique. Grâce aux progrès accomplis aujourd'hui dans l'intelligence artificielle, on peut simuler l'apparition et le déroulement d'une tempête ; ces simulations complètent les résultats établis au moyen de la soufflerie.

En dépit de l'amélioration constante de notre compréhension des forces des vents, les dégâts provoqués par les tempêtes de toutes sortes, les dépressions à grande échelle, les cyclones tropicaux (ouragans, typhons, orages ou tornades) continuent d'être observés dans le monde entier ; ils constituent aujourd'hui la cause principale des catastrophes naturelles, qui affectent en priorité l'habitat. Si les pays en voie de développement sont souvent les premiers touchés, les ravages provoqués par l'ouragan Andrew à Miami, en Floride – qui a entraîné la destruction de plus de 175 000 habitations –, montrent que les pays développés sont loin d'être à l'abri. **A. G. D.**

VOIR AUSSI **Laboratoires d'essais**.

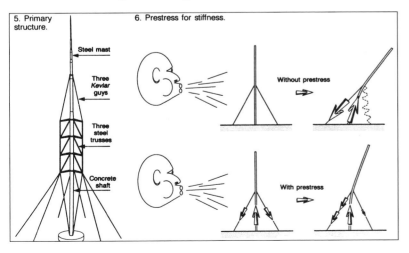

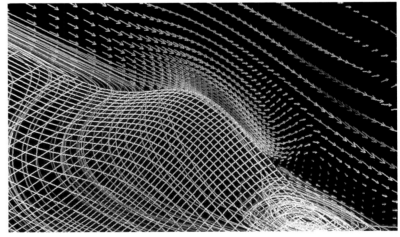

Vent. Tour de Barcelone, dessin montrant la pression du vent sur la structure de la tour (à gauche). Étude 3D du vent sur une colline, réalisée dans les laboratoires du CSTB à Nantes (à droite).

Verrazano (pont du détroit de)

Port de New York, États-Unis, 1964.

Ce pont suspendu d'une portée libre de 1,6 km est la dernière grande structure d'Othmar H. Ammann◆. Monumentale porte d'entrée dans le port de New York, il possède un tablier double reliant les autoroutes de Staten Island et de Brooklyn. C'est le plus long pont suspendu du continent américain.

Par son économie et par la beauté de ses lignes, il réalise l'idéal esthétique d'Ammann, dont l'idée de départ est « un objet gigantesque, dessiné aussi légèrement que possible ». Il est de fait gigantesque ; et c'est le plus long pont de ce type au monde lorsqu'il est inauguré en 1964. Du fait de sa grande longueur, la courbure terrestre a dû être prise en compte pour construire les deux pylônes en tôle d'acier, d'une hauteur équivalente à 70 étages. Bien que les deux pylônes soient perpendiculaires au sol, l'écart entre leurs sommets est supérieur à l'écart entre leurs bases.

Au départ, nombreux sont les New-Yorkais qui considèrent le projet comme une abomination, parce qu'il suppose d'entailler profondément les quartiers résidentiels. Pour obtenir le permis de construire, les services publics ont à vaincre un mouvement d'opposition collective bien structuré, auquel s'ajoutent des pressions orchestrées par une partie de l'intelligentsia. L'association « Save Bay Ridge », regroupant 8 000 personnes, est celle qui manifestera avec le plus de vigueur contre l'implantation du pont. Celui-ci sera surnommé, en raison notamment de ses 12 voies d'accès, le « *Colossus of Roads* » – jeu de mots avec *Colossus of Rhodes*. Malgré cette opposition, le premier coup de pioche sera donné en septembre 1959. **D. R.**

Verre

La place accordée au verre – comme au fer – dans la construction aux XIXᵉ et XXᵉ siècles est révélatrice des progrès que connaît l'industrie dans ses modes de production : rationalisation, abaissement du prix de revient, recherches menées sur les procédés.

Le Crystal◆ Palace est l'exemple le plus frappant d'une utilisation à grande échelle de la

Pont de Verrazano, filage des câbles de suspension (en haut) ; vue depuis un pylône (en bas).

Verre.
Vue du bout de la ligne *float* de Chantereine,
1973-1974 (page de droite, en haut).
La « danse des soldats » à Pise, en 1920
(page de droite, en bas).

structure métallique et de celle du verre comme matériau de remplissage. Les visiteurs de la Grande Exposition de 1851 à Londres ont éprouvé avec émerveillement une sensation nouvelle de légèreté et de démultiplication de l'espace. Le verre utilisé pour le vitrage et la couverture de ce bâtiment est un verre soufflé ordinaire, dont la dimension a servi de gabarit pour le module des nervures de la toiture. Ce produit semi-artisanal contraste avec l'ingéniosité technique et la sophistication de l'armature métallique, constituée d'éléments préfabriqués, assemblés et montés en un temps record grâce à de petites machines-outils, brevetées par Joseph Paxton♦ et par les entrepreneurs Fox et Henderson.

Jusqu'au milieu du XIXᵉ siècle, le verre à vitre est encore fabriqué de manière très traditionnelle, voire artisanale. Un souffleur cueille dans le four une petite quantité de verre, qu'il souffle en un long cylindre, décalotté aux extrémités, fendu sur la longueur, puis aplani par un nouveau passage au four. La feuille de verre a une dimension limitée en fonction du souffle et de la dextérité de l'homme ; en outre, elle présente souvent des défauts de surface et de planéité, inhérents à la fabrication, qui rendent la transparence imparfaite.

L'essor du vitrage dans les nouveaux monuments urbains – gares, halles, passages couverts, marquises, galeries – est certes lié à la rationalisation de la production de verre, mais aussi à l'apparition de nouveaux produits verriers, dans le but de suppléer aux limites techniques du soufflage. Les progrès du chauffage industriel – four à gazogène, four à bassin –, en permettant de grosses économies de combustible et une production plus continue, contribuent à l'abaissement du prix de revient du verre à vitre dès 1880. Enfin, brevetés avant la Première Guerre mondiale, et mis en œuvre dans les années vingt, les procédés mécaniques d'étirage du verre à vitre sonnent définitivement le glas des souffleurs de verre et annoncent les concentrations industrielles.

D'autres produits en verre coulé ou moulé tentent d'apporter une solution aux limites du verre soufflé : ce sont les dalles, les verres de toiture, les verres prismatiques, les briques et les pavés de verre. Plus épais, plus résistants, ils offrent des possibilités nouvelles d'utilisation structurelle du verre en laissant passer la lumière, mais pas le regard. Les dalles et les pavés de verre maintenus dans des cornières métalliques (ou pris dans du béton à partir du début de notre siècle) transforment l'aménagement intérieur des bâtiments, laissant passer le jour dans les sous-sols ; la salle des coffres du Crédit lyonnais, à Paris, en est la première illustration. Les briques de verre permettent la construction de véritables murs translucides. Le pavillon de verre de Bruno Taut à l'exposition de Cologne en 1914 est le premier exemple remarquable d'utilisation structurelle du verre. Au même moment, les murs-rideaux voient le jour aux États-Unis (Hallidie Building à San Francisco, 1918).

En 1952, le procédé *float glass* mis au point par la société anglaise Pilkington métamorphose radicalement les industries du verre plat. Jusqu'à cette date, en effet, il existait deux produits obtenus selon deux filières bien distinctes, le verre à vitre et la glace, cette dernière synonyme de qualité et de prix élevé, peu utilisée comme vitrage. La distinction entre les deux modes de production devient obsolète avec ce nouveau procédé : la feuille de verre flotté, c'est-à-dire déversée à sa sortie du four de fusion sur un bain d'étain sous atmosphère contrôlée, prend naturellement une planéité et un poli parfaits.

Le verre peut aujourd'hui remplir une multitude de fonctions : protection thermique, phonique (double vitrage, verre à dépôt de couche mince), verres de sécurité (verre trempé, feuilleté, armé, verre coupe-feu, pare-flamme).

Le verre est également utilisé, une fois soumis à différents traitements chimiques ou mécaniques, à des fins décoratives (verre sérigraphié, émaillé, coloré, sablé, gravé, imprimé…) ou pour obtenir des jeux de diffraction et de couleur (verre dichroïque, prismatique).

Aboutissement de plusieurs décennies de recherche, les structures des bâtiments contemporains sont allégées de manière à produire un effet de transparence totale : profilés minces, joints de silicone, systèmes de verre suspendu, contreventements, voire poutres et poteaux en verre structurel. Les serres de La Villette de Rice Francis Ritchie (1986) sont emblématiques de cette recherche : il s'agit en effet de la première mise en œuvre, sans menuiserie de support, de surfaces vitrées de grande dimension, visant à une transparence maximale, objectif répété pour la pyramide du Louvre.

Aujourd'hui, c'est moins la transparence que l'adaptabilité qui est recherchée. Pour réaliser une interface sensible entre l'intérieur et l'extérieur, l'on met au point des verres « intelligents », photosensibles, électrochromes, à cristaux liquides, qui peuvent moduler la transparence et la charge solaire. Outre ses fonctions premières, le verre permet désormais d'obtenir une qualité et une « intelligence » de la lumière. **A. L. C.**

VOIR AUSSI **Construction métallique** ; **Matériaux composites** ; **Matériaux intelligents** ; **Serres**.

Viaur (viaduc du)

Près de Carmaux, Tarn, France, 1902.

Le viaduc ferroviaire du Viaur a été construit à 20 km au nord de Carmaux, sur le Viaur, pour relier Rodez à Albi et apporter des engrais phosphatés aux terres déshéritées de l'Aveyron. Candidats au concours ouvert en 1887, les Éts Eiffel◆, Daydé◆ et la Société des ponts et travaux en fer proposent des ponts à poutre droite. Paul Bodin◆, alors directeur de la Société de construction des Batignolles, présente un projet de pont en console, plus économique, et l'emporte.

L'ouvrage se compose d'une travée centrale de 220 m, équilibrée par deux demi-arches latérales de 70 m ; l'extrémité arrière de ces deux demi-arches est reliée aux culées en maçonnerie par une poutre droite en treillis métallique de 25 m, ceci afin d'annuler les influences de la température. Les deux travées latérales, avec 95 m d'ouverture, restent ainsi plus légères que la travée centrale, ce qui maintient une poussée centripète à la clé de 153 à 420 t selon les surcharges. Le montage, commencé par la rive sud, est entrepris ensuite sur la rive nord, puis les deux demi-arcs de la travée centrale sont montés en porte-à-faux, avec des haubans pour soulager le poids de l'échafaudage mobile en bout des arcs. Les deux moitiés se réunissent avec un décalage inférieur à 2 mm. La première pierre est posée le 9 mai 1895, et l'inauguration a lieu le 5 octobre 1902. Le viaduc a une longueur totale de 410 m, non compris les viaducs d'accès en maçonnerie, et ne pèse que 3 700 t. **B. M.**

Vicat (Louis-Joseph)

Nevers, Nièvre, France, 1786 – Grenoble, 1861.

Vicat fait partie de cette génération d'ingénieurs qui ont contribué à ensemencer le terrain de la révolution industrielle. Sa découverte intéressera en premier lieu le génie civil, mais ses applications, inquantifiables, toucheront l'ensemble de l'infrastructure industrielle à travers l'usage du ciment, et plus généralement du béton, puis du béton armé. Sa découverte est celle de la synthèse de la chaux hydraulique (« synthèse », le mot est de Vicat) permettant d'obtenir une même qualité de mortier (ou de béton) quelle que soit la qualité du calcaire utilisé. En reconnaissant le rôle joué par la silice, en établissant une méthode de dosage des matières argileuses et calcaires, en préconisant

Grande roue du Prater de Vienne.

une méthode de cuisson particulière, il jette les bases de ce qui va devenir plus tard une des industries majeures du siècle : la cimenterie.

Sa vie est aussi édifiante que son œuvre. Pour être l'inventeur du ciment, il faut avoir, plus que de l'intuition, le sens de l'observation et la patience de la notation. Sa formation (polytechnicien, ingénieur des Ponts et Chaussées) et sa modeste ambition (soulignée par ses biographes) façonneront ce profil idéal du chercheur persévérant, méthodique et opiniâtre. C'est donc un jeune ingénieur – il a vingt-six ans – qui est envoyé en 1812 à Souillac pour y construire son premier pont. Les crues subites de la Dordogne en cet endroit réclament alors un ouvrage résistant. Comme les crédits sont rares, les loisirs sont longs. Le problème de la prise des mortiers sous l'eau constitue un sujet de préoccupation partagé par quelques savants, auquel Lavoisier lui-même s'est intéressé quelques décennies auparavant. À partir de son chantier de Souillac, Vicat a tout le temps d'analyser et de comparer diverses compositions de calcaire, découvrant bientôt qu'une certaine proportion d'argile et de chaux, recuite, donne une qualité énergétique susceptible « d'égaler ou de surpasser à volonté les meilleures chaux naturelles ». Il redécouvre en réalité ce que John Smeaton♦ a déjà expérimenté en 1756 pour la construction du phare d'Eddystone♦. Mais Vicat inscrit l'observation dans un appareil comparatif et explicatif qui lui donne sa pertinence scientifique. Non seulement il invente le ciment, mais il explique la cause du durcissement.

Relatée en 1818 dans ses *Recherches expérimentales sur les chaux de construction, les bétons et les mortiers ordinaires*, sa découverte va initier une transformation notable du paysage productif en matière d'infrastructure et de travaux publics. La demande est considérable. Des fabriques de chaux hydrauliques se développent, bientôt relayées par des cimenteries (dont celle de son propre fils, près de Grenoble), qui produisent la matière par milliers de tonnes à partir de 1850. Mais Vicat est un ingénieur, pas un entrepreneur. Ses missions successives (à Périgueux, à Souillac, en Bretagne, en Nivernais, enfin à Grenoble, à partir de 1827) ne l'incitent pas à commercer. Il inventorie les carrières de France, dresse d'innombrables tableaux comparatifs, fabrique des appareils de mesure, publie des mémoires, reçoit quelques prix et médailles, mais se tient en deçà des grandes offensives industrielles que sa découverte aura pourtant contribué à promouvoir. **C. S.**

Vienne (grande roue du Prater de)

Vienne, Autriche, 1897.

La première « roue à escarpolette », comme on l'appelle à l'époque, est construite par l'ingénieur britannique G.W.G. Ferris pour l'Exposition universelle de Chicago en 1893. Il aura beaucoup de mal à convaincre les organisateurs de la validité du projet, car personne ne croit que des rayons de vélocipède pourront porter le poids d'une « jante » de 76 m de diamètre, et que la roue pourra tourner.

En fait, le plus délicat sera le montage : il faudra d'abord construire deux échafaudages de 70 m de chaque côté de la roue, puis monter sur les plates-formes des grues dotées d'un bras de 17 m. L'axe de la roue, qui ne pèse pas moins de 70 t, est hissé à 42 m de hauteur. Une fois la roue montée, on accroche les 36 wagons destinés aux visiteurs, et, le 21 juin 1893, sans vibrations ni secousses, les passagers « [auront] presque l'illusion d'une ascension en ballon ».

Blackpool et Londres ont bientôt leur grande roue, puis Vienne en 1897, seule ville à l'avoir gardée, enfin, en 1898, Paris, où elle demeure jusqu'en 1921. Celle de Vienne, due aux ingénieurs Walter B. Basset et Harry Hitchins, est financée par un propriétaire d'attractions, Gabor Steiner, qui obtient non sans mal l'accord de la municipalité. Malgré l'expérience, les constructeurs britanniques rencontreront les mêmes difficultés pour mettre l'axe en place. Ils réussissent cependant à monter la roue, de 61 m de diamètre, et les wagons en un peu plus de six mois (poids total : 430 t). Le 25 juin 1897, jour de l'inauguration, c'est la ruée ; il faudra limiter les entrées à 16 000 visiteurs par jour. **B. M.**

Virlogeux (Michel)

La Flèche, Sarthe, France, 1946.

Diplômé de l'École polytechnique et ingénieur des Ponts et Chaussées en 1970, la vocation d'ingénieur en génie civil de Michel Virlogeux naît à l'École des ponts, grâce à ses professeurs dans cette matière. Tout d'abord intéressé par l'aménagement urbain, il s'en détourne sous l'influence de ses camarades. Michel Virlogeux part à la fin de ses études en Tunisie pour participer, au titre de la coopération civile, à la construction du réseau routier. De retour en France, il est immédiatement engagé au SETRA (Service d'études techniques des routes et auto-routes du ministère de l'Équipement), où il reste vingt ans, avant d'ouvrir en 1994 son propre bureau de conseil. Cette longue période est émaillée par la réalisation d'ouvrages d'art conçus avec son équipe au sein de l'administration de l'Équipement. Refusant tout autre poste, il se consacre à l'élaboration d'ouvrages importants, comme le pont de La Flèche, le pont de Bourgogne à Châlon-sur-Saône, le pont de la Roche-Bernard sur la Vilaine, ou grandioses, comme le pont de l'île de Ré ou encore le célèbre pont de Normandie♦.

Virlogeux porte une attention soutenue aux caractéristiques techniques des ouvrages. La beauté doit avoir un caractère d'évidence. Il s'agit de répondre au mieux aux contraintes, en innovant si nécessaire du point de vue technique. Son travail a d'ailleurs contribué au développement de la précontrainte extérieure au béton, des ponts à haubans et des ponts à ossature mixte acier-béton. Il s'inscrit dans une vision progressiste de la conception des structures. Selon lui, il faut avant tout avoir une bonne vision du site afin de déterminer l'échelle de l'ouvrage, sa forme et ses caractéristiques techniques. Ce n'est sans doute pas un hasard si ses ponts ont gagné des prix récompensant notamment leurs qualités d'insertion, comme ceux de Seyssel (1988) ou de Cheviré (1991), par exemple. Il ne s'inscrit pas pour autant dans une tradition de l'ouvrage d'art comme monument. Il récuse toute influence de la construction romaine, qu'il a pourtant admirée en Tunisie – ce qui ne l'empêche pas de souligner le caractère subjectif du dessin, qui sera ensuite vérifié par le calcul.

Sa méthode de travail consiste à envisager plusieurs dizaines de solutions, avant d'en sélectionner quelques-unes sur lesquelles on « pousse » les calculs. Le coût constitue le critère de choix final du ou des projets qui seront enfin présentés au commanditaire. Cependant, cette rationalité économique à l'œuvre ne méconnaît pas le caractère culturel, et donc variable selon les pays, des contraintes prises en compte. L'essentiel consiste cependant à organiser la matière d'une manière efficace, et il stigmatise ceux qui la martyrisent ou qui la mettent sans raison autre qu'esthétique en porte-à-faux. Cette morale, comme une recherche de la vérité constructive, ne se conçoit pas comme portée par un créateur isolé ; c'est au contraire une pensée collective qui anime une équipe, dont il souligne avec force l'importance. **V. P. L.**

Voiles de béton
voir **Coques et voiles minces**

Volière du zoo de Londres
voir **Snowdown Aviary**

World Trade Center, achèvement de la pose des revêtements de façade, vue aérienne.

Wachsmann (Konrad)

Francfort-sur-l'Oder, auj. dans le Brandebourg, Allemagne, 1901 – Los Angeles, Californie, États-Unis, 1980.

Après une première formation d'ébéniste et de charpentier, Konrad Wachsmann étudie l'architecture à Dresde auprès de Heinrich Tessenow, ainsi qu'à la Kunstakademie de Berlin, où il est l'élève de Hans Poelzig.

Dès les années vingt, il est architecte en chef de la grande usine à bois européenne Christoph und Unmack, à Niesky, où il étudie les possibilités de fabrication en série des différents éléments d'une construction. Il bouleverse le marché des habitations préfabriquées, en proposant à la fois plusieurs modèles de villas types, et des éléments modulaires permettant de concevoir individuellement chaque habitation. C'est de cette époque que date la villa qu'il réalise pour Albert Einstein à Caputh, près de Potsdam (1929), construite entièrement à partir d'éléments préfabriqués. Il qualifie cette évolution de « tournant dans la construction », formule qui servira également de titre à son principal ouvrage, paru en 1959.

Wachsmann est, de sa génération, l'architecte qui s'est le plus, dans une optique d'industrialisation de la production, intéressé aux techniques et aux procédés de fabrication – dans le but de construire des espaces « libérés de l'arbitraire de la projection subjective ».

Au début des années trente, il est contraint, à cause de ses origines juives, de quitter l'Allemagne. Il émigre aux États-Unis avec l'aide de Walter Gropius, avec qui il prend la direction d'un bureau d'études. Leur premier projet est le Package House System – à nouveau une maison préfabriquée – qui intègre tous les éléments nécessaires aux équipements sanitaires et de

Wachsmann (Konrad). Esquisse pour hangar d'aviation.

chauffage, et présente des procédés de transport et de montage optimisés. Les travaux de recherche portent ensuite sur des systèmes de grande portée. Dans les années 1944-1945 naît ainsi un système de construction de halles préfabriquées pour l'Atlas Aircraft Corporation : cette Mobilar Structure est une structure spatiale autoporteuse, capable de s'ouvrir avec une grande flexibilité dans toutes les directions.

En 1951, l'armée de l'air américaine commande à Wachsmann l'étude d'un système de hangar pour avions. Il s'agit, là encore, de concevoir un système fondé sur des éléments standardisés et permettant n'importe quelle combinaison de structures, de systèmes géométriques, de types d'édifices et de portées – en somme, un mode de construction indifférencié parfaitement modulable.

De 1949 à 1964, Wachsmann est professeur à l'Illinois Institute of Technology de Chicago, puis à l'University of South California, à Los Angeles. Dans le cadre de ses activités d'enseignement et de recherche, il concentre tous ses efforts sur le développement d'un « élément structurel unique et universel » susceptible d'avoir toutes sortes d'applications en matière de construction. Ses travaux portent également sur les techniques de construction, la dématérialisation et les méthodes de fabrication. Wachsmann était convaincu de l'influence de la technique et de la science sur l'architecture. **B. B.**

Ward's House

Port Chester, État de New York, États-Unis, 1876.

C'est William E. Ward, ingénieur-mécanicien prospère et dirigeant d'une fabrique d'outils, qui est le premier à construire un édifice entièrement en béton armé. Il s'agit d'une villa de 1 200 m², dont Ward fera sa résidence familiale – robuste, ignifugée et facile à chauffer. Hormis les deux tours, dessinées par l'architecte Robert Mook, c'est Ward qui a conçu toutes les caractéristiques essentielles du bâtiment. Il a fondé son étude sur le fait que les poutres en béton, si on les renforce en plaçant dans leur partie inférieure des poutres de fer forgé en I, présentent une grande résistance à la traction – alors que le béton, situé au-dessus du fer d'armature, confère à la poutre sa résistance à la compression. Ward a également imaginé un système de planchers de grande portance. Il a pour cela placé de minces dalles de béton sur des

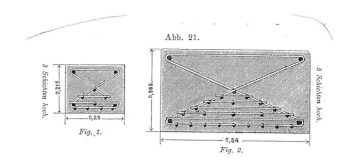

Wayss & Freytag AG. Disposition des armatures dans le béton d'après la brochure Monier ; essai de structure pour un pont d'après le système Monier, Vienne, v. 1887 ; essai de charge sur un pont, 1887 ; pont sur l'Isar à Grünwald (de haut en bas).

poutres porteuses, recouvert les dalles de barres de fer de 8 mm, disposées à la manière d'une grille, versé du béton humide autour des grilles, et complété la surface par une couche finale de ciment et de sable marin. Le plancher une fois terminé a supporté avec succès une charge expérimentale de 26 t. Plusieurs éléments de la villa, notamment ses murs légers, creux, et ses montants renforcés par frettage, anticipent déjà sur des techniques qui deviendront des pratiques tout à fait courantes dans le domaine du béton armé. Ward interviendra ensuite comme conseiller sur de grands projets de travaux publics ; sa maison sera sa seule expérience personnelle de construction en béton armé. **A. S.**

Wayss & Freytag AG

L'entreprise Wayss & Freytag existe depuis 1893. Elle est issue des sociétés Freytag & Heidschuch, de Neustadt-an-der-Weinstraße (fondée en 1875), et de G.A. Wayss & Co., de Berlin (fondée en 1885). L'histoire de sa création est liée à l'origine à l'exploitation du brevet Monier, et donc à l'introduction du béton armé en Allemagne. Conrad Freytag (1846-1921), dont l'entreprise, vouée à ses débuts au commerce des matériaux, se consacre bientôt à la fabrication d'éléments de petit format en béton, achète en 1884 à Joseph Monier♦ une licence d'exploitation pour le Sud de l'Allemagne (à l'exception de la région de Francfort, concédée à l'entreprise Martenstein & Josseaux, d'Offenbach), et s'assure le droit de préemption pour le Nord de l'Allemagne. Il cède ce droit en 1885 à l'entrepreneur de Francfort Gustav Adolf Wayss (1851-1917), qui achète la licence et s'établit ensuite à Berlin. Avec le soutien de Freytag, Wayss procède alors à des essais systématiques, sous le contrôle et la garantie de l'Administration. La direction scientifique est assurée par l'ingénieur en chef des travaux publics Matthias Koenen♦, et les résultats sont publiés en 1887 dans la brochure Monier·(*Le système Monier – membrures de fer à enrobage en ciment – et son application à la construction*). Ainsi sont levés les doutes qui subsistaient encore quant à l'efficacité du système, et la voie est libre pour une application plus large. L'entreprise Wayss & Freytag (société anonyme à compter de 1900 ; Wayss se retirera en 1903) s'engage alors sur cette voie avec une grande détermination et un succès croissant.

Son développement et le mode de construction des débuts portent l'empreinte des travaux théoriques et pratiques d'Emil Mörsch♦. Celui-ci, hormis une courte interruption, due à sa nomination à un poste de professeur à l'École polytechnique de Zurich, dirige le bureau d'études de la société de 1901 à 1916, pour devenir en 1908 membre du directoire, puis du conseil de surveillance. En 1902 paraît l'ouvrage qu'il a rédigé pour le compte de l'entreprise, *Der Betoneisenbau, seine Anwendung und Theorie* (le béton armé, ses applications et sa théorie). Ce texte prend immédiatement valeur de référence pour la nouvelle technique.

L'activité de l'entreprise se déploie dans tous les secteurs de la construction, non seulement en Allemagne, mais également à l'étranger. En matière de bâtiment, elle a recours de plus en plus souvent à une ossature en béton armé de plusieurs étages (entrepôt à Strasbourg en 1899 ; magasin Leonhardt Tietz à Mayence en 1907 ; hôtel Astoria à Saint-Pétersbourg en 1912 ; immeuble de 100 m de haut à Buenos Aires en 1921). Les ouvrages de génie civil qu'elle réalise sont des écluses, des ports, des fondations à air comprimé, et des installations d'épuration. Son premier pont d'importance est le pont sur l'Isar, près de Grünwald (Mörsch, ingénieur, 1903-1904). Wayss & Freytag AG achète en 1935 une licence d'exploitation pour l'Allemagne du procédé de béton précontraint d'Eugène Freyssinet♦. À la suite d'essais approfondis sur des poutres précontraintes, le premier pont en béton précontraint est construit en 1938, près d'Oelde. Après la Seconde Guerre mondiale, la société jouera un rôle majeur dans la consécration du béton précontraint. Pour les ponts, elle reprend la technique du montage en porte-à-faux, en adoptant toutefois une variante consistant à haubaner le fléau par l'intermédiaire de pylônes, et à utiliser des cintres de lancement. **C. S.**

Weidlinger (Paul)

Budapest, Hongrie, 1914.

Paul Weidlinger fait ses études à l'Institut de technologie de Brno, en Tchécoslovaquie, et à l'École polytechnique de Zurich, où il les termine en 1937. Après son diplôme, il perfectionne sa formation auprès de László Moholy-Nagy et de Le Corbusier, puis quitte l'Europe en 1939 pour travailler et enseigner à La Paz, en Bolivie. Il part en 1943 pour les États-Unis, où il occupe divers postes avant de s'établir à son compte cinq ans plus tard.

Ingénieur reconnu pour son talent novateur, il attire l'attention de nombreux grands architectes du XXe siècle : Antonin Raymond, avec lequel il conçoit l'immeuble du Reader's Digest à Tôkyô, doté d'une structure antisismique unique ; Gordon Bunshaft, avec qui il établit une association durable et réalise des édifices comme la banque Lambert à Bruxelles – à la façade en béton préfabriqué assemblée par des articulations en acier inoxydable – la tour du One Liberty Street à New York, qui affiche sa structure en acier nu ; Marcel Breuer, avec lequel il conçoit les façades hyperboliques de l'église Saint-François-de-Sales, à Muskegon dans le Michigan ; José Lluis Sert, en compagnie duquel il construit plusieurs structures selon le principe du Modulor de Le Corbusier.

Weidlinger réalisera également de grandes sculptures environnementales en collaboration avec des artistes comme Pablo Picasso, Jean Dubuffet et Isamu Noguchi.

Son intérêt pour l'ingénierie le conduit à développer des structures d'avant-garde et à travailler à de nombreux projets, dont voici quelques exemples : pour couvrir une raffinerie de pétrole, une structure textile gonflable d'une portée de 2 km ; pour un aéroport offshore, un ensemble de cylindres en béton préfabriqué, immergés et immobilisés en tension, supportant des éléments de plate-forme, fabriqués en cale sèche puis transportés en mer ; pour une antenne radio en treillis d'acier de 120 m de diamètre, un système de compensation des déformations à base de câbles, destiné à permettre à la surface de conserver sa forme en dépit des mouvements complexes auxquels est soumise l'antenne ; pour le Grand Belt, au Danemark, un pont suspendu en béton précontraint tubulaire autoporteur, qui permet d'abriter des intempéries les utilisateurs.

Son intérêt pour les réactions dynamiques des structures conduira Weidlinger à imaginer des méthodes d'analyse et des procédures de conception visant à protéger les structures contre les effets des explosions – ce qui l'amènera à tenir un rôle de conseil auprès du Département d'État américain pour la conception des ambassades.

Ces dernières années, la plus grande partie de son travail de recherche a porté sur les applications de l'analyse sismique et des explosions, ainsi que sur le développement de structures capables de résister à la puissance des explosifs traditionnels. Il affirme qu'« en étudiant le comportement non linéaire du béton armé sous des pressions de très forte intensité, il est possible de développer des techniques analytiques et des détails de renforcement qui permettront de concevoir des éléments structurels capables de résister en toute fiabilité à des charges plusieurs fois supérieures à ce qui est aujourd'hui réalisable ». Sa récente proposition d'un béton « super-résistant » donnera sans aucun doute naissance à des structures en béton dont on n'oserait même pas rêver aujourd'hui. À une époque où la plupart de ses contemporains se sont déjà retirés depuis longtemps, Weidlinger continue d'explorer les frontières de l'ingénierie. **M. L.**

Westminster (pont de)

Londres, Grande-Bretagne, 1750.

Construit par l'ingénieur suisse d'origine française Charles Labelye, le pont de Westminster est l'un des ponts en maçonnerie anglais les plus remarquables du XVIIIe siècle. Très différent des ouvrages d'art français contemporains par sa fidélité à la forme du plein-cintre pour les arches et par son ornementation d'inspiration palladienne, il va exercer une grande influence sur la conception des ponts en pierre outre-Manche.

Rythmé par des pilastres surmontés par des guérites au droit des piles, l'ouvrage se compose de 15 arches d'une ouverture variant entre 7,60 et 22 m. Celles-ci sont supportées par des piles relativement épaisses, de 3,60 à 5,20 m. La largeur de la Tamise et la nature sablonneuse de son sol rendant pratiquement impossible l'utilisation de batardeaux pour fonder les piles, Labelye a l'idée de construire leurs premières assises à l'intérieur de caissons en bois dont les parois sont ensuite démontées, sitôt la maçonnerie parvenue à une hauteur suffisante. S'inspirant d'un procédé hollandais, cette technique sera décrite en détail dans l'édition de 1752 de l'*Architecture hydraulique* de Bernard Forest de Bélidor, avant d'être utilisée en France lors de la construction du pont de Saumur par les ingénieurs Jean de Voglie et Louis-Alexandre de Cessart♦, de 1753 à 1764. La scie à recéper les pieux sous l'eau, que conçoit l'horloger James Valoué pour le chantier, se révèle non moins remarquable. Une machine fonctionnant sur le même principe sera également utilisée sur le chantier du pont de Saumur. **A. P.**

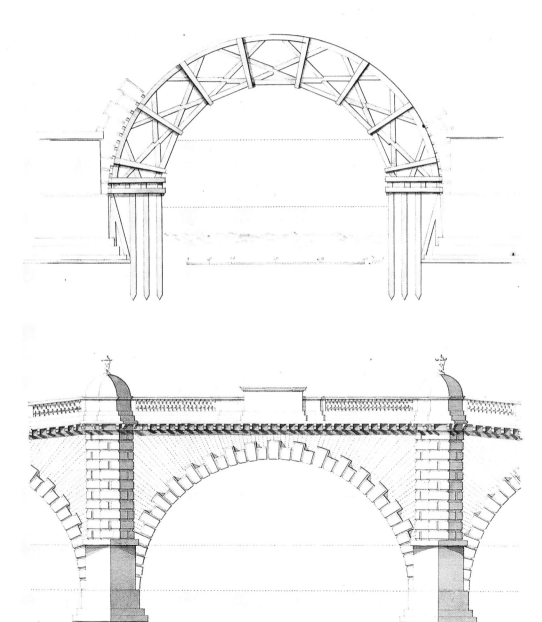

Pont de Westminster, élévation d'un cintre (en haut) ; élévation d'une arche en maçonnerie (en bas).

Whipple (Squire)

Hardwick, Massachusetts, États-Unis, 1804 – Albany, État de New York, 1888.

Whipple appartient, comme William Howe♦ et Thomas Willis Pratt♦, à la première génération d'ingénieurs formés en Amérique. Son père est fermier et manufacturier. Sa formation est d'abord celle d'un autodidacte – il travaille à la ferme et dans l'atelier de machines de la fabrique de coton de son père –, complétée par des études classiques dans les écoles et académies locales. Sa formation secondaire est si solide qu'il est admis d'office en dernière année de l'Union College de Schenectady, dans l'État de New York, dont il sort diplômé un an plus tard. Il travaille alors comme géomètre à la Baltimore & Ohio Railroad, puis sur le canal Erie. Toutefois, comme les aléas du financement des travaux publics dans l'Amérique du début du XIXᵉ siècle ne lui garantissent pas un travail régulier, Whipple occupe ses loisirs forcés de façon inventive, accumule des brevets pour des ponts, une bascule à peser les bateaux sur un canal, et construit des instruments de géomètre. Son premier brevet de pont en arc à tirant (1841) trouve un large débouché sur le canal Erie. Quant à son treillis « trapézoïdal », il devient, aux États-Unis, le standard pour les ponts en treillis à membrures parallèles.

Whipple publie en 1847 *A Work upon Bridge Building, Consisting of Two Essays, the One Elementary and General, the Other Giving Original Plans and Practical Details for Iron and Wood Bridges*. Il s'agit du premier ouvrage américain exliquant clairement les forces qui s'exercent dans les éléments d'un treillis, et peut-être le premier au monde à exposer l'analyse d'un treillis. Ce traité est reconnu comme la plus grande contribution de l'Amérique à la mécanique des structures. **E. D.**

Williams (sir Owen)

Londres, Grande-Bretagne, 1890 – *id.*, 1969.

Owen Williams entame sa carrière de praticien en 1919 comme ingénieur-conseil spécialiste du béton armé, mettant ainsi à profit la précieuse expérience qu'il a acquise d'une part, au sein de la Trussed Concrete Steel Company et d'autre part, en construisant des navires en béton pendant la guerre de 1914-1918. Il est anobli en 1924 pour ses travaux lors de l'exposition de Wembley. Il commence alors à concevoir en Écosse de nombreux et remarquables ponts en béton, dotés des structures les plus variées. Il est admis en 1930 au sein de l'Ordre des architectes ; le premier bâtiment pour lequel il assume la responsabilité de l'ensemble de la conception est l'immeuble Wets de l'usine

Boots à Nottingham – une structure formée de dalles plates qu'il ferme simplement par des murs-rideaux. L'édifice a beaucoup d'allure et suscite l'admiration des architectes du Mouvement moderne. Williams s'intéresse ensuite à des structures réellement novatrices destinées à l'industrie de la presse, dont les bâtiments nécessitent de longues portées supportant de lourdes charges. Sa maîtrise du matériau y est manifeste. En 1934, il conçoit à Wembley l'Empire Pool, édifice fondé sur un portique à triple articulation d'une portée de 72 m, dont la structure en béton brut annonce une nouvelle tendance de l'architecture.

Après la guerre, il est chargé de la construction de la première autoroute britannique, la M1. Il ne croit pas au béton précontraint, et le style de ses viaducs est exempt de toute nouveauté. En revanche, pour le hangar de maintenance qu'il conçoit pour l'aéroport de Londres (1955), d'une portée de 102 m, il réalise avec du béton in situ une structure complexe, sorte de réminiscence du caractère novateur de l'Empire Pool. **F. N.**

World Trade Center

New York, États-Unis, 1974.

Le World Trade Center (Minoru Yamasaki & Associates, et Emery Roth & Sons, architectes,

Williams (sir Owen). Usine Boots.

World Trade Center, vue de la construction.

Skilling Helle Christiansen Robertson, ingénieur) est constitué de 7 bâtiments occupant la surface de huit *blocks* (îlots) ; il couvre 1,2 million de m² et comprend deux tours de 110 niveaux (415 m). Il abrite 250 entreprises employant 50 000 personnes travaillant en horaires décalés, et reçoit une moyenne de 80 000 visiteurs par jour. Sa construction s'est échelonnée entre 1966 et 1974 (1980 pour l'hôtel) ; il a coûté 650 millions de dollars.

Il a été conçu pour résister à des vents de 240 km/h et à l'impact d'un Boeing 707. 6 niveaux souterrains ont été creusés sur une profondeur de 20 m en recourant à la méthode du coulis de ciment en tranchée. Ils comprennent un centre commercial, des restaurants, 2 000 places de parking, un accès au métro et le terminal PATH (Port Authority Trans-Hudson). 4 grues à tour grimpante ont levé 182 000 t d'acier et permis l'érection de 3 étages tous les dix jours. 5 668 colonnes en caissons et panneaux d'appui (9e au 109e niveaux) forment une structure porteuse en caissons creux à noyau. Les conduites et les équipements techniques sont intégrés dans les légers planchers préfabriqués. Le bâtiment comporte 104 ascenseurs et des promenoirs panoramiques au 44e et au 78e niveaux, qui font aussi office de « stations de correspondance » pour les ascenseurs. Un système de cloisons pare-feu légères a permis de réduire la masse du bâtiment, équilibrée par 10 000 amortisseurs viscoélastiques par tour afin de réduire les oscillations (7e au 107e niveaux). En 1993, un attentat a endommagé les sous-sols 1 et 2, les centrales techniques mécaniques, de communication et de contrôle,

entraînant la remise en cause des dispositifs de sécurité de tous les bâtiments de grande hauteur du monde entier. Le World Trade Center a alors fait l'objet d'études et d'une restauration par LERA (Leslie E. Robertson Associates). **T. F. P.**

W~yss~, Bürgi (Garden Centers de)

Soleure, Suisse, 1961 ; Camorino, Suisse, 1971.

Le Garden Center de Wyss a été créé à Soleure en 1961 par Heinz Isler♦. De forme géométrique, il repose sur 4 points de soutènement et dispose de raidisseurs d'extrémité en forme de coques en surplomb. Ces surplombs rencontrent la coque principale à angle aigu, de sorte qu'ils s'intègrent délicatement dans cette coque. Les couvertures ainsi renforcées présentent néanmoins de très faibles déflexions (de l'ordre de 1/3 000 de la portée) ; ainsi qu'Isler l'a souhaité, avec leurs minces coques en encorbellement, elles ressemblent à des fleurs.

Pour concevoir la forme du Garden Center de Bürgi (1971), situé à Camorino, Isler a utilisé une méthode fondée sur le procédé d'extrusion. Cette fois, la coque, supportée en 4 points, ne présente pas de renforcement d'extrémité ; les extrémités sont en légère tension pour éviter les risques de flambement. Dans chacune de ces réalisations, Isler a cherché à exprimer au moyen du béton nu la grande finesse de la coque – sans couverture ni imperméabilisation –, la légèreté des supports s'intégrant dans l'ensemble du toit. **D. P. B.**

Garden Centers de Wyss, vue de la construction (à gauche) ; détail d'un point d'appui de la coque (à droite).

Pavillon de la France à la foire de Zagreb, vue intérieure.

Xochimilco (restaurant *Los Manantiales*)

Xochimilco, Mexico D. F., Mexique, 1958.

Situé au milieu des canaux qui traversent les jardins aquatiques de Xochimilco, le restaurant *Los Manantiales*, conçu par Felix Candela♦ et l'architecte J. Alvarez Ordóñez, est sans aucun doute l'une des œuvres les plus significatives de l'architecture de Candela.

Telle une fleur de béton suspendue au bord de l'eau, ce bâtiment a été construit pour remplacer un ouvrage en bois, disparu au cours d'un incendie, et destiné au même usage.

Sa fonction et son site renforcent le caractère de cet espace centrifuge, délimité par une seule couverture, centrale et symétrique. Le problème géométrique a été résolu par une voûte croisée, formée de 4 coques en paraboloïde hyperbolique qui se coupent en leur centre et s'inscrivent, en plan, dans 2 carrés qui s'entre-croisent en formant un angle de 45° ; la principale difficulté de la construction a porté sur les détails des arêtes libres, en porte-à-faux et continues.

La grande expressivité formelle de l'œuvre est due au fait qu'elle consiste en un seul élément, fait d'un même matériau. L'essentiel de la conception a résidé dans la détermination géométrique et dimensionnelle précise de cette couverture singulière, pour résoudre l'ajustement de l'échelle fonctionnelle et visuelle du bâtiment, répondre aux exigences structurelles, et permettre son exécution avec des moyens artisanaux.

Cette œuvre a peut-être été imaginée à partir des recherches théoriques qui sont à l'origine de l'intuition de « l'arête libre » – forme que l'on savait déjà concevoir et réaliser, mais qui atteint ici la dimension d'une œuvre architecturale.

Selon Candela, « la conception n'est rien d'autre qu'un compromis entre plusieurs contraintes ». Autrement dit, ses solutions ont toujours tenu compte de conditions de départ dont la réalisation est étroitement tributaire. C'est en cela que réside son génie : avoir réalisé une œuvre si imposante, si surprenante du point de vue formel, en recourant à des méthodes qui lui sont propres, et avec un budget limité. **M. S. B.**

Restaurant Xochimilco, vue générale.

Y

Yang-Tseu-Kiang (projet de barrage sur le)

Prov. de Hubei, Chine, en cours de réalisation. Le projet du barrage des Trois Gorges n'a été adopté qu'en 1992, et sans faire l'unanimité, par l'Assemblée nationale populaire chinoise. Il fait suite à une longue série de propositions, lancées par Sun Yat-sen au début du siècle, et reprises dans les années trente par des ingénieurs chinois et soviétiques. L'objectif est de rendre possible la navigation du plus long fleuve de Chine, le Yang-Tseu-Kiang, jusqu'à Chongqinq, et de constituer une source d'énergie nécessaire au développement du centre du pays.

Ce projet pharaonique doit permettre, avec son installation hydroélectrique, de fournir l'équivalent de 50 000 000 t de charbon – principale ressource énergétique en Chine, mais cause majeure de pollution. Grâce à ce barrage, long de près de 2 km et haut de 185 m, retenant un lac de 54 000 km², la production d'électricité devrait être de l'ordre de 17 000 MW, soit 1/8 de la production nationale.

Présenté comme le plus grand chantier de contrôle des eaux jamais réalisé dans le monde, le barrage constitue un enjeu politique majeur, qui n'a pas que des partisans. En effet, outre la durée des travaux, programmés de 1993 à 2009 – ce qui ne permettra pas de produire de l'énergie avant le début du siècle prochain –, la critique porte sur deux points essentiels : l'engloutissement des plus beaux sites paysagers et archéologiques de la Chine, et la concentration de la production d'électricité en une source unique – ce qui augmente notamment les risques d'accident.

Après l'échec partiel du barrage d'Assouan, les experts internationaux ont émis les plus grandes réserves sur l'opportunité d'une telle entreprise. Certains ont prôné en particulier la construction de petites centrales qui permettraient de délivrer de l'électricité plus rapidement, de préserver le site des Trois Gorges et d'éviter le déplacement de plus d'un million de personnes. Entraînant des bouleversements sociopolitiques et territoriaux considérables, la volonté symbolique de maîtrise des eaux semble pourtant devoir l'emporter. Reste à voir si elle sera suffisante pour mener le projet à terme. **R. R.**

Barrage des Trois Gorges en Chine. Dessin du projet.

Z

Zagreb (pavillon de la France à la foire de)

Zagreb, auj. en Croatie, 1937.

Conçu par l'architecte Robert Camelot et l'ingé-nieur Bernard Laffaille♦, le pavillon est construit en 1937 pour la foire internationale qui se tient annuellement dans la capitale croate. Situé au centre du terrain de l'expo-sition, il développe un plan circulaire afin de présenter la même silhouette quel que soit l'angle de vue.

Le caractère novateur de l'édifice réside dans sa structure métallique, mise au point par Laffaille : 12 colonnes cylindriques hissent à 15 m de hauteur une poutre de rive circulaire,

Pavillon de la France à la foire de Zagreb,
mise en place de la poutre de rive circulaire (en haut) ;
vue générale (en bas).

à laquelle est suspendu un voile métallique en forme de cône tronqué et renversé, de 33 m de diamètre. Cette « peau » de 800 m² et de 2 mm d'épaisseur est mise en œuvre à l'aide d'éléments en tôle préalablement façonnés en usine et soudés sur le chantier. La structure atteint ainsi un record de légèreté (18 kg le m² couvert). Conçue pour n'absorber que des efforts de traction, la toiture est maintenue tendue sous le poids du lanterneau placé en son centre. Elle constitue à ce titre la première couverture prétendue de conception moderne. **N. N.**

Zarzuela (hippodrome de la)

Madrid, Espagne, 1935.

La couverture en voile mince de la voûte des Recoletos◆ de Madrid est la contribution la plus audacieuse et la plus intéressante d'Eduardo Torroja◆ au domaine des structures en voile mince. Depuis la destruction de ce dernier ouvrage pendant la guerre civile, les couvertures des tribunes de l'hippodrome de la Zarzuela demeurent cependant la réalisation la plus emblématique de l'œuvre de Torroja, encensée par Frank Lloyd Wright et mondialement reconnue comme un des fleurons de l'architecture rationaliste européenne de l'entre-deux-guerres.

C'est en 1935 que Torroja, en collaboration avec les architectes Carlo Arniches et M. Domínguez, remporte un concours pour la construction d'un hippodrome aux gradins protégés par un auvent.

Cet auvent possède un encorbellement de 12,60 m ; il est formé par des fragments d'hyperboloïde d'une feuille à axe horizontal, appuyés sur des piliers espacés de 5 m et entretoisés par des tirants postérieurs, ingénieusement ancrés dans la couverture de la salle inférieure (celle des paris), faisant saillie dans le sens inverse, et constituant un astucieux contrepoids à la couverture. L'épaisseur de la feuille de l'auvent est de 5 cm.

Confronté à la difficulté de réaliser des calculs rigoureux, mais plein d'intuition et de connaissances en matière de structures, Torroja dimensionna un module de couverture en grandeur réelle et le soumit à un essai de charge. Pendant la guerre civile, l'ouvrage fut victime des bombardements et perforé en plus de 25 endroits, mais il ne s'effondra pas et put être réparé.

La structure générale de l'édifice, fruit d'une réflexion tant technique qu'esthétique, fait appel à un assemblage traditionnel de pièces droites, horizontales et verticales, pour obtenir une forme finale caractérisée par des courbes douces, et par une recherche de la simplicité éliminant tout superflu – qualité qui, aux yeux de Torroja, était essentielle d'un point de vue aussi bien structurel qu'esthétique. **J. A. F. O. et J. R. N. V.**

Zeiss

voir **Iéna (planétarium Zeiss d')**

Zimmermann (Hermann)

Langensalza, auj. en Thuringe, Allemagne, 1845 – Berlin, 1935.

Hermann Zimmermann acquiert une formation d'ingénieur à l'École polytechnique de Karlsruhe ; il travaille ensuite au bureau d'études des chemins de fer impériaux à Strasbourg, puis à l'administration impériale des chemins de fer. En 1891, il prend la succession de Johann Wilhelm Schwedler◆ au service des ponts et des ouvrages d'art du ministère prussien des Travaux publics. On retiendra surtout sa contribution au treillis tridimensionnel en fer. Sur ce sujet, il publiera notamment en 1888 *Über Raumfachwerke. Neue Form der Berechnungsweise für Kuppeln und sonstige Dachbauten* (treillis tridimensionnels : un nouveau mode de calcul pour les coupoles et autres toitures) et en 1901 *Über Raumfachwerke* (treillis tridimensionnels). On lui doit aussi une coupole, dite coupole de Zimmermann, composée de zones concentriques dont l'anneau inférieur présente deux fois plus de nœuds que celui du haut. Il utilisera ce principe en 1889-1890 pour la coupole qui recouvre la salle plénière du Reichstag, à Berlin. **C. S.**

Tribunes de l'hippodrome de la Zarzuela, vue du auvent pour encorbellement.

Zollinger (Fritz Friedrich)

Wiesbaden, auj. dans la Hesse, Allemagne,
1880 – ?, Bavière, 1945.

Fritz Zollinger étudie l'architecture de 1898 à 1907 à la Technische Hochschule de Darmstadt ; il travaille ensuite dans diverses villes comme ingénieur des Travaux publics, tant au niveau gouvernemental que municipal. En 1918, il devient adjoint à l'urbanisme de la Ville de Merseburg, où il fait preuve d'une créativité peu commune en parvenant à remédier à une grave crise du logement : il développe à cet effet le procédé *Zollbau*, qui permet de construire en grand nombre des logements bon marché, tout en promouvant l'aménagement de quartiers grâce à une technique d'« auto-construction ». Ce procédé rend en effet possible la construction d'habitations simples et standardisées par une main-d'œuvre ne disposant pas nécessairement de compétences spécialisées. Murs et planchers sont fabriqués en béton banché, à l'aide de panneaux en bois imbriqués les uns dans les autres et très faciles à monter et à démonter. Les toitures sont construites selon le nouveau procédé lamellaire *Zollbau* – solution à la fois simple et élégante.

C'est à partir de 1904 que Zollinger développe et teste ce type de construction, en s'inspirant d'une invention qui date du milieu du XVI⁰ siècle : la toiture en arc de l'architecte français Philibert de l'Orme. La ferme imaginée par de l'Orme était composée de courts segments de poutre posés sur la tranche, juxtaposés et assemblés en deux ou trois couches à joints décalés. Jouant sur l'écartement des courts segments de poutre et sur leurs liaisons, Zollinger conçoit un système spatial en forme de nappe. Des lamelles de bois d'égales dimensions sont disposées en angle, de telle manière qu'au milieu de chaque lamelle viennent se placer 2 autres lamelles. Les éléments en bois ne sont coupés en arrondi que sur le bord extérieur, conformément à la forme de la toiture, et

assemblés en fausse équerre aux extrémités. 3 lamelles sont assemblées par des chevilles au niveau de chaque nœud, de sorte que les éléments de bois, de longueur toujours identique, constituent un voile autoporteur léger de type treillis, à maille rhombique et à courbure en arc de cercle. Les principaux avantages de ce système sont sa fabrication, extrêmement simple et bon marché, et l'économie considérable réalisée sur le matériau (50 à 60 % de la quantité de bois habituellement nécessaire). La construction en lamelles trouvera immédiatement de nombreuses applications, d'abord dans la construction d'habitations puis, pour des portées croissantes, dans des églises et les bâtiments utilitaires les plus divers. La portée sans doute la plus importante sera atteinte en 1948-1949 pour la halle du Münsterland à Münster (37 m de portée, 80 m de longueur et 8 m de hauteur au faîte). Le procédé lamellaire de Zollinger sera encore employé jusque dans les années soixante. **R. G.**

Züblin (Eduard)

Naples, Italie, 1850 – Zurich, Suisse, 1916.

Eduard Züblin a contribué de manière décisive à imposer le béton armé en Allemagne. Il y réalise les premières fondations sur pilotis ou en palplanches, et les premiers silos et bassins de natation en béton armé. Après les véritables pionniers de la nouvelle technique, il s'inscrit dans la génération de ceux qui la mettent en œuvre. On lui doit aussi de nombreuses innovations dans le domaine de la construction.

Après une formation en construction mécanique, et nanti d'une expérience professionnelle véritablement internationale, Züblin fonde en 1885 un bureau d'architectes. À compter de 1898, il devient représentant général de Hennebique♦ pour l'Allemagne du Sud, et crée à Strasbourg le bureau d'études et de construction en béton Eduard Züblin. L'entreprise enregistre une forte croissance les années sui-

vantes. Après la guerre, son démantèlement conduira à la formation de plusieurs établissements qui prospéreront dans différents pays.

Züblin réalise ses premiers ouvrages en béton armé en Italie à partir de 1895 – notamment le remarquable château d'eau qu'il édifie selon la technique Hennebique pour l'usine textile de Scafati (1897), ouvrage dans lequel est déjà perceptible son désir de trouver une forme constructive qui soit également satisfaisante du point de vue esthétique. L'année 1899 marque le début de nouveaux modes de construction des planchers. Dans le même temps, Züblin construit ses premiers silos à grain en béton armé pour le port de Strasbourg, sur le Rhin. Les murs et la trémie posent un problème statique difficile, qui sera résolu avec beaucoup d'intuition.

1900 est l'année du premier bassin de natation au monde construit en béton armé (piscine couverte de Guebwiller, en Alsace) ; Züblin y résout le risque de fissuration, lié à des fluctuations de la température ou au retrait du béton, en posant un bassin à paroi mince sur des appuis pendulaires mobiles, et en ne le reliant au plancher adjacent que d'un seul côté.

Les nouvelles fondations inventées par Züblin, constituées de piliers et de palplanches en béton armé enfoncés dans le sol, trouvent dès lors de nombreuses applications, tout comme les nouveaux équipements mécaniques qu'il a mis au point pour les silos.

Parmi les ponts qui portent sa signature, on retiendra notamment le pont sur la Moselle, près de Novéant (27 m de portée maximale), avec ses arches contraintes qui portent le tablier par l'intermédiaire d'appuis minces déformables, ainsi que le pont ferroviaire en béton armé le plus long de son temps (1912-1914), à savoir le viaduc de la ligne Coire-Arosa, près de Langwies, en Suisse, d'une portée de 100 m, dans lequel une structure éclatée formée d'arches tendues est reliée d'un seul bloc à la chaussée.

La reconstruction des fondations des tours de la cathédrale de Strasbourg (1914-1918) sera la dernière réalisation de Züblin. **R. G.**

Zurich (gare de)
voir **Stadelhofen (gare de)**

Zollinger (Fritz Friedrich). Église du Christ-Roi à Stuttgart, vue intérieure de la nappe (système Zollinger).

Bibliographie

Généralités, sciences et techniques, art, histoire, philosophie

AIMONE (L.), OLMO (C. M.), *Le Esposizioni universali, 1851-1900 : il progresso in scena,* Turin, U. Allemandi, 1990.

ARENDT (H.), *Condition de l'homme moderne,* 1958, trad. fr. Paris, Calmann-Lévy, 1988.

ASHTON (T. S.), *The Industrial Revolution 1760-1830,* Oxford, Oxford University Press, 1955.

AUGÉ (M.), *Non-Lieux. Introduction à une anthropologie de la surmodernité,* Paris, Le Seuil, 1992.

BELTRAN (A.), CARRÉ (P.-A.), *La Fée et la servante. La société française face à l'électricité XIXᵉ-XXᵉ siècle,* Paris, Belin, 1991.

BERQUE (A.), *Les Raisons du paysage, de la Chine antique aux environnements de synthèse,* Paris, Hazan, 1995.

BIJKER (W. E.), HUGHES (T. P.), PINCH (T.) (dir.), *The Social Construction of Technological Systems,* Cambridge, Massachusetts, 1987, new edition Cambridge, Massachusetts, The MIT Press, 1990.

BIJKER (W. E.), LAW (L.) (dir.), *Shaping Technology/Building Society. Studies in Socio-Technical Change,* Cambridge, Massachusetts, The MIT Press, 1992.

CARDOT (F.), CARON (F.) (dir.), *Histoire de l'électricité en France,* Paris, Fayard, 1991.

CARON (F.), *Histoire de l'exploitation d'un grand réseau. La Compagnie du chemin de fer du Nord 1846-1937,* Paris, Mouton, 1973.

CHANDLER (A. D.), *La Main visible des managers. Une analyse historique,* Cambridge, Massachusetts, 1977, trad. fr. Paris, Economica, 1988.

DESPORTES (M.), PICON (A.), *De l'espace au territoire. L'aménagement en France XVIᵉ-XXᵉ siècle,* Paris, Presses de l'École nationale des ponts et chaussées, 1997.

DUPUY (G.), *L'Urbanisme des réseaux. Théories et méthodes,* Paris, Armand Colin, 1991.

DUPUY (G.) (dir.), *Réseaux territoriaux,* Caen, Paradigme, 1988.

DUPUY (G.), KNAEBEL (G.), *Assainir la ville hier et aujourd'hui,* Paris, Dunod, 1982.

ELLUL (J.), *Le Système technicien,* Paris, Calmann-Lévy, 1977.

GILLE (B.) (dir.), *Histoire des techniques,* Paris, Gallimard, 1978.

GUILLERME (J.), SEBESTIK (J.), « Les commencements de la technologie », in *Thalès,* n° XII, 1968, pp. 1-72.

HOUNSHELL (D. A.), *From the American System to Mass Production 1800-1932. The Development of Manufacturing Technology in the United States,* Baltimore, John Hopkins University Press, 1984.

HUGHES (T. P.), *Networks of Power. Electrification in Western Society 1880-1930,* Baltimore, John Hopkins University Press, 1983.

JONES (C. A.), *The Machine in the Studio. Constructing the Postwar American Artist,* Chicago, University of Chicago Press, 1996.

KUHN (T. S.), *La Structure des révolutions scientifiques,* Chicago, 1962, trad. fr. Paris, Flammarion, 1983.

LANDES (D.-S.), *L'Europe technicienne ou le Prométhée libéré. Révolution technique et libre essor industriel en Europe occidentale de 1750 à nos jours,* Londres, 1969, trad. fr. Paris, Gallimard, 1975.

LEPETIT (D.), *Les Villes dans la France moderne (1740-1840),* Paris, Albin Michel, 1988.

Le Livre des expositions universelles 1851-1989, Paris, Éditions des Arts décoratifs, Herscher, 1983.

MANTOUX (P.), *La Révolution industrielle au XVIIIᵉ siècle. Essai sur les commencements de la grande industrie moderne en Angleterre,* Paris, 1906, rééd. Paris, Génin, 1973.

MARX (L.), *The Machine in the Garden ; Technology and the Pastoral Ideal in America,* New York, The Oxford University Press, 1964.

MITCHELL (W. J.), *City of Bits. Space, Place and the Infobahn,* Cambridge, Massachusetts, The MIT Press, 1995.

MUMFORD (L.), *Technique et civilisation,* 1934, trad. fr. Paris, Le Seuil, 1950.

NYE (D. E.), *Electrifying America. Social Meanings of a New Technology,* Cambridge, Massachusetts, 1990.

— *American Technological Sublime,* Cambridge, Massachusetts, The MIT Press, 1994.

O'BRIEN (P.), QUINAULT (R.), *The Industrial Revolution and British Society,* Cambridge, Cambridge University Press, 1993.

PECKER (J.-C.), *Astronomie,* Paris, Flammarion, 1985.

PICON (A.), « Gestes ouvriers, opérations et processus techniques. La vision du travail des encyclopédistes », in *Recherches sur Diderot et sur l'*Encyclopédie, n° 13, 1992, pp. 131-147.

— « Les rapports entre sciences et techniques dans l'organisation du savoir milieu XVIIIᵉ-milieu XIXᵉ siècle », in *Revue de synthèse,* t. CXV, 1994, pp. 103-120.

— « Towards a history of technological thought », in FOX (R.) (dir.), *Technological Change Methods and Themes in the History of Technology,* London, Harwood Academic Publishers, 1996, pp. 37-49.

PILGRIM (D. H.), TASHJIAN (D.), WILSON (R. G.), *The Machine Age in America, 1918-1941,* New York, Brooklyn Museum, Abrams, 1986.

RIBEILL (G.), *La Révolution ferroviaire. La formation des compagnies de chemin de fer en France (1823-1870),* Paris, Belin, 1992.

SCHIVELBUSCH (W.), *Histoire des voyages en train,* Munich, 1977, trad. fr. Paris, Le Promeneur/Quai Voltaire, 1990.

— *La Nuit désenchantée. À propos de l'histoire de l'éclairage électrique au XIXᵉ siècle,* Munich, 1983, trad. fr. Paris, Le Promeneur/Quai Voltaire, 1993.

SIMONDON (G.), *L'Individuation psychique et collective, à la lumière des notions des forme, information, potentiel et métastabilité,* Paris, Aubier, 1989.

— *Du mode d'existence des objets techniques,* Paris, Aubier, 1969.

VELTZ (P.), *Mondialisation, villes et territoires,* Paris, PUF, 1996.

WHITE (J. C.), *American Locomotives : an Engineering History,* Baltimore, John Hopkins University Press, 1968.

WORONOFF (D.), *Histoire de l'industrie en France du XVIᵉ siècle à nos jours,* Paris, Le Seuil, 1994.

Profession d'ingénieur, formation des ingénieurs

BARJOT (D.), *La Grande Entreprise française de travaux publics (1883-1974). Contraintes et stratégies,* thèse de doctorat dactylographiée, Paris, université de Paris IV, 1989.

BARJOT (D.) (dir.), « Entreprise et entrepreneurs du bâtiment et des travaux publics (XVIIIᵉ-XXᵉ siècle) », in *Histoire, Économie et Société,* n° 2, 1995.

BELHOSTE (B.), PICON (A.) (dir.), *L'École d'application de l'artillerie et du génie de Metz (1802-1870). Enseignement et recherches,* Paris, Musée des plans-reliefs, 1996.

BELHOSTE (B.), PICON (A.), SAKAROVITCH (J.), « Les exercices dans les écoles d'ingénieurs sous l'Ancien Régime et la Révolution », in *Histoire de l'éducation,* n° 46, 1990, pp. 53-109.

BELHOSTE (B.), DAHAN-DALMÉDICO (A.), PICON (A.) (dir.), *La Formation polytechnicienne 1794-1994,* Paris, Dunod, 1994.

BLANCHARD (A.), *Les Ingénieurs du « Roy » de Louis XIV à Louis XVI. Étude du corps des fortifications,* Montpellier, Université Paul-Valéry, 1979.

BUCHANAN (R. A.), *The Engineers. A History of the Engineering Profession in Britain 1750-1914,* Londres, Jessica Kingsley, 1989.

DAY (C. R.), *Education for the Industrial World. The École d'arts et métiers and the Rise of French Industrial Engineering,* Cambridge, Massachusetts, The MIT Press, 1987.

DHOMBRES (J.), « Structures mathématiques et formes de pensée chez les ingénieurs », in *Culture technique,* n° 12, 1984, pp. 185-195.

DISCO (C.), *Made in Delft : Professional Engineering in the Netherlands 1880-1940,* thèse de doctorat dactylographiée, Amsterdam, université d'Amsterdam, 1990.

FERGUSON (E. S.), *Engineering and the Mind's Eye,* Cambridge, Massachusetts, The MIT Press, 1992.

FONTANON (C.), LE MOËL (M.), SAINT-PAUL (R.) (dir.), *1794-1994. Le Conservatoire national des arts et métiers au cœur de Paris,* Paris, Délégation à l'action artistique de la Ville de Paris, 1994.

FOX (R.), GUAGNINI (A.) (dir.), *Education, Technology and Industrial Performance in Europe, 1850-1939,* Cambridge, Paris, Cambridge University Press, Éditions de la Maison des sciences de l'homme, 1993.

GISPEN (K.), *New Profession, Old Order. Engineers and German Society 1815-1914,* Cambridge, Cambridge University Press, 1989.

GRELON (A.), LUNDGREEN (P.), *Ingenieure in Deutschland, 1770-1990,* Francfort, New York, Campus, 1994.

GRELON (A.), STÜCK (H.) (dir.), *Ingenieure in Frankreich, 1747-1990,* Francfort, New York, Campus, 1994.

HARPER (B. C. S.), « Civil engineering : a new profession for gentlemen in nineteenth century Britain ? », in *22nd International Symposium of the International Committee for the History of Technology,* Bath, 1994.

JACOMY (B.), « À la recherche de sa mission. La Société des ingénieurs civils », in *Culture technique,* n° 12, 1984, pp. 209-219.

KRANAKIS (E.), *Constructing a Bridge. An Exploration of Engineering Culture, Design and Research in Nineteenth Century France and America,* Cambridge, Massachusetts, The MIT Press, 1997.

LAYTON (E. T.), *The Revolt of Engineers. Social Responsibility and the American Engineering Profession,* Cleveland, 1971, rééd. Baltimore, John Hopkins University Press, 1986.

LUNDGREEN (P.), *Techniker in Preussen wahrend der fruhen Industrialisierung,* Berlin, Colloquium Verlag, 1975.

McGivern (J. G.), *First Hundred Years of Engineering Education in the United States (1807-1907),* Spokane, Washington, Gonzaga University Press, 1960.

Meritt (R. H.), *Engineering in American Society 1850-1875,* Lexington, University Press of Kentucky, 1969.

Milton (E. J.), *From* mécanicien *to* ingénieur *: Technical Education and the Machine Building Industry in Nineteenth Century France,* thèse de doctorat dactylographiée, université du Delaware, 1981.

Noble (D. F.), *America by Design. Science, Technology, and the Rise of Corporate Capitalism,* New York, Alfred A. Knopf, 1977.

Parsons (R. H.), *A History of the Institution of Mechanical Engineers 1847-1947,* Londres, The Institution of Mechanical Engineers, 1947.

Petot (J.), *Histoire de l'administration des Ponts et Chaussées 1599-1815,* Paris, M. Rivière, 1958.

Picon (A.), *Architectes et ingénieurs au siècle des Lumières,* Marseille, Parenthèses, 1988.

— « Naissance du territoire moderne : génies civil et militaire à la fin du XVIIIᵉ siècle », in *VRBI,* n° XI, 1989, pp. C-CXIV.

— *L'Invention de l'ingénieur moderne. L'École des ponts et chaussées 1747-1851,* Paris, Presses de l'École nationale des ponts et chaussées, 1992.

— *Les Polytechniciens saint-simoniens au XIXᵉ siècle,* note de la Fondation Saint-Simon, Paris, Fondation Saint-Simon, 1994.

Ricken (H.), *Der Bauingenieur. Geschichte eines Berufes,* Berlin, Verlag für Bauwesen, 1994.

Shinn (T.), *L'École polytechnique 1794-1994,* Paris, Presses de la Fondation nationale des sciences politiques, 1980.

Sinclair (B.), *A Centennial History of the American Society of Mechanical Engineers 1880-1980,* Toronto, University of Toronto Press, 1980.

Smith (C. O.), « The longest run : public engineers and planning in France », in *The American Historical Review,* vol. 95, 1990, pp. 657-692.

Thépot (A.), *Les Ingénieurs du corps des Mines au XIXᵉ siècle. Recherches sur la naissance et le développement d'une technocratie industrielle,* thèse de doctorat dactylographiée, Paris, université de Paris X, 1991.

Thépot (A.) (dir.), *L'Ingénieur dans la société française,* Paris, Les Éditions ouvrières, 1985.

Vérin (H.), « Le mot : ingénieur », in *Culture technique,* n° 12, mars 1984, pp. 19-27.

Watson (G.), *The Civils. The Story of the Institution of Civil Engineers,* Londres, Thomas Telford, 1988.

— *The Smeatonians. The Society of Civil Engineers,* Londres, Thomas Telford, 1989.

Weiss (J. H.), *The Making of Technological Man. The Social Origins of French Engineering Education,* Cambridge, Massachusetts, The MIT Press, 1982.

Whalley (P.), « Negociating the boundaries of engineering : professional managers and manual work », in *Research in the Sociology of Organizations,* vol. 8, 1991, pp. 191-215.

Wisely (W. H.), *The American Civil Engineer 1852-1974. The History, Traditions and Development of the American Society of Civil Engineers Founded 1852,* New York, American Society of Civil Engineers, 1974.

Wylie (F. E.), *MIT in perspective. A Pictorial History of the Massachusetts Institute of Technology,* Boston, Toronto, Little, Brown and Company, 1975.

Sciences de l'ingénieur, résistance des matériaux, calcul des structures

Belhoste (B.), *Augustin-Louis Cauchy. A Biography,* New York, Springer, 1991.

Belhoste (B.), Picon (A.), « Charles Augustin Coulomb ingénieur des Lumières », in Blondel (C.), Dorries (M.) (dir.), *Restaging Coulomb. Usages, controverses et réplications autour de la balance de torsion,* Biblioteca di Nuncius XV, Florence, L.-S. Olschki, 1994, pp. 31-45.

Benvenuto (E.), *La Scienza delle costruzioni e il suo sviluppo storico,* Florence, Sansoni, 1981.

— « Architetti, ingegneri et matematici », in *Casabella,* n° 542-543, 1988, pp. 16-19.

— *An Introduction to the History of Structural Mechanics,* New York, Springer, 1991.

Benvenuto (E.), Radelet-De Grave (P.) (dir.), *Entre mécanique et architecture,* Bâle, Birkhäuser, 1995.

Blay (M.), *La Naissance de la mécanique analytique. La science du mouvement au tournant des XVIIᵉ et XVIIIᵉ siècles,* Paris, PUF, 1992.

Bucciarelli (L. L.), Dworsky (N.), *Sophie Germain. An Essay in the History of the Theory of Elasticity,* Boston, Dordrecht, Londres, D. Reidel, 1980.

Charlton (T. M.), « Maxwell, Jenkin and Cotterill and the theory of statically-indeterminate structures », in *Notes and Records of the Royal Society of London,* vol. 26, 1971, pp. 233-246.

— *A History of Theory of Structures in the Nineteenth Century,* Cambridge, Cambridge University Press, 1982.

Dahan-Dalmédico (A.), *Aspects de la mathématisation au XIXᵉ siècle. Entre physique mathématique du continu et mécanique moléculaire : la voie d'A.-L. Cauchy,* thèse de doctorat dactylographiée, Nantes, université de Nantes, 1990.

Delbecq (J.-M.), « Analyse de la stabilité des voûtes en maçonnerie, de Charles Augustin Coulomb à nos jours », in *Annales des Ponts et Chaussées,* n° 19, 1981, pp. 36-43.

Dugas (R.), *A History of Mechanics,* Neuchâtel, Éditions du Griffon, 1955.

Gillmor (C. S.), *Coulomb and the Evolution of Physics and Engineering in Eighteenth Century France,* Princeton, Princeton University Press, 1971.

Grattan-Guinness (I.), *Convolutions in French Mathematics 1800-1840,* Bâle, Birkhäuser, 1990.

Heyman (J.), *Coulomb's Memoir on Statics,* Cambridge, Cambridge University Press, 1972.

Ince (S.), Rouse (H.), *History of Hydraulics,* Iowa Institute of Hydraulic Research, 1957.

Kahlow (A.), « Thomas Young und die Herausbildung des Begriffs Elastizitätsmodul », in *NTM Schriftenreihe für Geschichte der Naturwissenschaften Technik und Medizin,* n° 2, 1990, pp. 13-26.

Kerisel (J.), « Historique de la mécanique des sols en France jusqu'au XXᵉ siècle », in *Annales des Ponts et Chaussées,* juillet-août 1958, pp. 505-531.

Kuhn (T.-S.), « L'œuvre de Sadi Carnot et la tradition de la science des ingénieurs », in *Culture technique,* n° 12, 1984, pp. 163-169.

Pearson (K.), Todhunter (I.), *A History of the Theory of Elasticity,* Cambridge, Cambridge University Press, 1886-1893.

Picon (A.), « Les ingénieurs et la mathématisation. L'exemple du génie civil et de la construction »,

in *Revue d'histoire des sciences,* t. XLII-1/2, 1989, pp. 155-172.

Timoshenko (S. P.), *History of Strength of Materials,* New York, 1953, rééd. New York, Dover, 1983.

Truesdell (C. A.), *Essays in the History of Mechanics,* New York, Springer, 1968.

Vincenti (W. G.), *What Engineers Know and how They Know it. Analytical Studies from Aeronautical History,* Baltimore, John Hopkins University Press, 1990.

Génie civil, construction, généralités

Ache (J.-B.), *Éléments d'une histoire de l'art de bâtir,* Paris, Le Moniteur, 1970.

Addis (W.), *Structural Engineering. The Nature of Theory and Design,* Chichester, Ellis Horwood, 1990.

— *The Art of the Structural Engineer,* Londres, Artemis, 1994.

Banham (R.), *The Architecture of the Well-Tempered Environment,* Londres, The Architectural Press, 1969.

— « TVA : l'ingegneria dell'utopia », in *Casabella,* n° 542-543, 1988, pp. 74-81.

Beckett (D.), *Great Buildings of the World,* Londres, New York, Paul Hamlyn, 1969.

Belhoste (B.), Masson (F.), Picon (A.) (dir.), *Le Paris des polytechniciens. Des ingénieurs dans la ville,* catalogue d'exposition, Paris, Délégation à l'action artistique de la Ville de Paris, 1994.

Billington (D. P.), *The Tower and the Bridge. The New Art of Structural Engineering,* 1983, rééd. Princeton, Princeton University Press, 1985.

— *The Innovators. The Engineering Pioneers who Made America Modern,* New York, John Wiley & Sons, 1996.

Bonillo (J.-L.), Borruey (R.), Espinas (J.-D.), Picon (A.), *Marseille ville et port,* Marseille, Parenthèses, 1992.

Boutte (F.), *Matériaux pour une réflexion critique sur l'industrialisation de la construction des logements,* travail de fin d'études dactylographié, Paris, École nationale des ponts et chaussées, 1992.

Bridge Aesthetics Around the World, Washington, Transportation Research Board, 1991.

Bridging the Gap. Rethinking the Relationship of Architect and Engineer, New York, Van Nostrand Reinhold, 1991.

Bulson (P. S.), Caldwell (J. B.), Severn (R. T.), *Engineering Structures. Developments in the Twentieth Century,* Bristol, University of Bristol Press, 1983.

Campagnac (E.), Nouzille (V.), *Citizen Bouygues,* Paris, Pierre Belfond, 1988.

Caron (F.) (dir.), *Paris et ses réseaux : naissance d'un mode de vie urbain XIXᵉ-XXᵉ siècle,* Paris, Bibliothèque historique de la Ville de Paris, 1990.

Choisy (A.), *Histoire de l'architecture,* Paris, 1899, rééd. Paris, SERG, 1976.

Cohen (J.-L.), *Architecture et culture technique au XXᵉ siècle. Bilan international,* rapport de recherche dactylographié, Paris, École d'architecture de Paris-Villemin, 1990.

Condit (C. W.), *American Building,* Chicago, University of Chicago Press, 1968.

Cowan (H. J.), *Science and Building. Structural and Environmental Design in the Nineteenth and Twentieth Centuries,* New York, John Wiley & Sons, 1978.

DeLony (E.), *Landmark American Bridges,* New York, American Society of Civil Engineers, 1993.

Deswarte (S.), Lemoine (B.), *L'Architecture et les ingénieurs. Deux siècles de construction,* catalogue d'exposition du Centre Georges Pompidou, Paris, Le Moniteur, 1980.

Di Pasquale (S.), *L'Arte del costruire,* Venise, Marsilio, 1996.

Elliot (C. D.), *Technics and Architecture. The Development of Materials and Systems for Buildings,* Cambridge, Massachusetts, Londres, The MIT Press, 1992

Fernández Ordoñez (J. A.), *Spanish Bridges : Aesthetics, History and Nature,* Transportation Research Board, 1991.

Frampton (K.), *Studies in Tectonic Architecture. The Poetics of Construction in Nineteenth and Twentieth Century Architecture,* Cambridge, Massachusetts, The MIT Press, 1995.

Friedman (D.), *Historical Building Construction. Design, Materials and Technology,* Londres, New York, W.-W. Norton & Company, 1995.

Giedion (S.), *Space, Time and Architecture : the Growth of a New Tradition,* Cambridge, Londres, Oxford, Harvard University Press, H. Milford, Oxford University Press, 1941.

Gordon (J. E.), *Structures or why Things Don't Fall Down,* New York, Plenum Press, 1978.

Graefe (R.) (éd.), *Zur Geschichte des Konstruirens,* Stuttgart, Deutsche Verlags-Anstalt, 1989.

Guillerme (A.), « Les fondations dans le génie civil en France, 1800-1830 », in *Culture technique,* n° 26, 1992, pp. 13-19.

— *Bâtir la ville. Révolutions industrielles dans les matériaux de construction. France-Grande-Bretagne (1760-1840),* Paris, Champ Vallon, 1995.

Heinle (E.), Leonhardt (F.), *Towers. A Historical Survey,* New York, Rizzoli, 1989.

Heller (R.), Salvadori (M.), *Structure in Architecture,* Englewood Cliffs, New Jersey, Prentice-Hall, 1963.

Holgate (A.), *The Art in Structural Design,* Oxford, Oxford University Press, 1986.

Junghanns (K.), *Ein Haus für alle. Zur Geschichte der Vorfertigung in Deutschland,* Berlin, Ernst & Sohn, 1994.

Klotz (H.) (dir.), *Vision der Moderne. Das Prinzip Konstruktion,* Munich, Prestel Verlag, 1986.

Kruft (H.-W.), *Geschichte der Architekturtheorie. Von der Antike bis zum Gegenwart,* Munich, C.-H. Beck, 1985.

Lemoine (B.), Mimram (M.) (dir.), *Paris d'ingénieurs,* catalogue d'exposition, Paris, Les Éditions du Pavillon de l'Arsenal, Picard, 1995.

Leonhardt (F.), *Ponts. L'esthétique des ponts,* Lausanne, Presses polytechniques romandes, 1982.

Mainstone (R. J.), « Intuition and the springs of structural invention », in Bryan (J.), Sauer (R.) (dir.), *Structures Implicit and Explicit,* Philadelphie, University of Pennsylvania, 1973.

— *Developments in Structural Form,* Londres, Cambridge, Massachusetts, The MIT Press, 1975.

Marrey (B.), *Les Ponts modernes,* Paris, Picard, 1990-1995.

Mathivat (J.), *Procédés généraux de construction,* Paris, Eyrolles, 1985-1991.

Montel (N.), *Le Chantier du canal de Suez (1859-1869). Techniques et techniciens de travaux publics au milieu du XIX⁰ siècle,* thèse

de doctorat dactylographiée, Paris, École des hautes études en sciences sociales, 1995.

Newby (F.), « Lavorando con gli architetti », in *Casabella,* n° 542-543, 1988, pp. 46-49.

Peters (T. F.) (dir.), *Die Entwicklung des Grossbrückenbaus,* Zurich, 1979, rééd. Zurich, ETH, 1981.

Petroski (H.), *The Engineer is Human. The Role of Failure in Successful Design,* New York, St Martin's Press, 1985.

— *Invention by Design : how Engineers Get From Thought to Thing,* Cambridge, Massachusetts, Harvard University Press, 1996.

Picon (A.), « Histoire de l'architecture, histoire des sciences et des techniques », in *Les Cahiers de la recherche architecturale,* n° 26, 1990, pp. 12-17.

— « La notion moderne de structure », in *Les Cahiers de la recherche architecturale,* n° 29, 1992, pp. 101-110.

— « Architecture, sciences et techniques », in *Encyclopædia Universalis,* t. 2, janvier 1993, pp. 843-851.

Picon-Lefebvre (V.), Simonnet (C.), *Les Architectes et la construction. Entretiens avec Paul Chemetov, Henri Ciriani, Stanislas Fiszer, Christian Hauvette, Georges Maurios, Jean Nouvel, Gilles Perraudin, Roland Simounet,* Paris, Techniques et architecture, 1994.

Pinon (P.) (dir.), *Un Canal... des canaux...,* catalogue d'exposition, Paris, Caisse nationale des monuments historiques et des sites, Picard, 1986.

Pinon (P.), *Canaux, rivières des hommes,* Paris, Rempart-Desclée de Brouwer, 1995.

Prade (M.), *Les Ponts monuments historiques,* Poitiers, Brissaud, 1986.

— *Ponts et viaducs au XIX⁰ siècle,* Poitiers, Brissaud, 1988.

Quénelle (A.), « Les plates-formes off shore métalliques », in *Culture technique,* n° 26, 1992, pp. 81-91.

Reverdy (G.), « Petite histoire des tunnels », in *Culture technique,* n° 26, 1992, pp. 21-30.

Ribeill (G.), « Vie et mort des ouvrages d'art », in *Culture technique,* n° 26, 1992, pp. 101-112.

Rocolle (P.), *2 000 ans de fortification française,* Paris, C. Lavauzelle, 1989.

Ruddock (T.), *Arch Bridges and Their Builders 1735-1835,* Cambridge, Cambridge University Press, 1979.

Russell (B.), *Buildings Systems, Industrialization and Architecture,* Londres, New York, 1981.

Salvadori (M.), *Why Buildings Stand up : the Strength of Architecture,* New York, Norton, 1980.

Schnitter (N.), *Die Geschichte des Wasserbaus in der Schweiz,* Oberbözberg, Olynthus, 1992.

Schueller (W.), *High-Rise Building Structures,* New York, Wiley, 1977.

Smiles (S.), *Lives of the Engineers,* Londres, J. Murray, 1874-1899.

Steinhausen (A.), « Plattenbau. Eine Architekturhistorische Darstellung », in *Jahrbuch des Deutschen Architekturmuseums Frankfurt,* Munich, 1994.

Stiglat (K.), *Brücken am Weg. Frühe Brücken aus Eisen und Beton in Deutschland und Frankreich,* Berlin, Ernst & Sohn, 1996.

Straub (H.), *Die Geschichte der Bauingenieurkunst. Ein Überblick von der Antike bis in die Neuzeit,* Bâle, 1949, rééd. Bâle, Birkhäuser, 1992.

Sullivan (B. J.), *Industrialization in the Building Industry,* New York, Van Nostrand Reinhold, 1980.

Thompson (E.), *Mysteries of the Acoustics. Architectural Acoustics in America, 1800-1932,* thèse de doctorat dactylographiée, Princeton, université de Princeton, 1992.

Torroja (E.), *Les Structures architecturales. Leur conception, leur réalisation,* Burgos, Madrid, 1960, trad. fr. Paris, Eyrolles, 1971.

Viollet-le-Duc (E.), *Entretiens sur l'architecture,* Paris, A. Morel et Cⁱᵉ, 1863-1872.

Wachsmann (K.), *The Turning Point of Building. Structure and Design,* Wiesbaden, 1959, trad. angl. New York, Reinhold, 1961.

Walker (D.) (dir.), *Great Engineers,* Londres, New York, Academy Editions, St Martin's Press, 1987.

Wilson (F.), *Emerging Form in Architecture : Conversations with Lev Zetlin,* Boston, Cahners Books, 1975.

Zorgno (A. M.), *La Materia e il costruito,* Florence, Alinea, 1988.

Ingénierie ancienne

Adam (J.-P.), *La Construction romaine,* Paris, Picard, 1984.

Argan (G. C.), *Brunelleschi,* Milan, 1952, trad. fr. Paris, Macula, 1981.

Bechmann (R.), *Villard de Honnecourt. La pensée technique au XIII⁰ siècle et sa communication,* Paris, Picard, 1991.

Colombier (P. du), *Les Chantiers des cathédrales,* Paris, Picard, 1953.

Coste (A.), Picon (A.), Sidot (F.) (dir.), *Un ingénieur des Lumières. Émiland-Marie Gauthey,* Paris, Presses de l'École nationale des ponts et chaussées, 1993.

Dartein (F. de), *Études sur les ponts en pierre remarquables par leur décoration antérieurs au XIX⁰ siècle,* Paris, Béranger, 1907-1909.

— « La vie et les travaux de Jean-Rodolphe Perronet, premier ingénieur des Ponts et Chaussées, créateur de l'École des ponts et chaussées », « Le pont de la Concorde sur la Seine à Paris (1786-1791) », in *Annales des Ponts et Chaussées,* 4ᵉ trimestre 1906, pp. 5-87, 88-148.

Fitchet (J.), *Building Construction Before Mechanization,* Cambridge, Massachusetts, The MIT Press, 1986.

Galluzzi (P.), *Renaissance Engineers From Brunelleschi to Leonardo da Vinci,* catalogue d'exposition, Florence, Istituto e Museo di Storia della Scienza, 1996.

Germann (G.), *Vitruve et le vitruvianisme. Introduction à l'histoire de la théorie architecturale,* Darmstadt, 1987, trad. fr. Lausanne, Presses polytechniques et universitaires romandes, 1991.

Gille (B.), *Les Ingénieurs de la Renaissance,* Paris, Hermann, 1964, rééd. Paris, Le Seuil, 1978.

Mark (R.), *Light, Wind and Structure. The Mystery of the Master Builders,* Cambridge, Massachusetts, The MIT Press, 1990.

Martin (R.), *Manuel d'architecture grecque,* Paris, Picard, 1965.

Mesqui (J.), *Le Pont en France avant le temps des ingénieurs,* Paris, Picard, 1986.

Parsons (W. B.), *Engineers and Engineering in the Renaissance,* 1939, rééd. Cambridge, Massachusetts, The MIT Press, 1976.

PICON (A.), « Die Vorstellungskraft eines Konstrukteurs. Jean-Rodolphe Perronet und das Modell einer Brücke », in *Daidalos,* n° 18, 1985, pp. 74-87.
— Solidité et construction. Quelques aspects de la pensée constructive des Lumières », in *L'Idée constructive en architecture,* Paris, Picard, 1987, pp. 73-106.
PICON (A.), YVON (M.), *L'Ingénieur-Artiste. Dessins anciens de l'École des ponts et chaussées,* Paris, Presses de l'École nationale des ponts et chaussées, 1989.
RECHT (R.) (dir.), *Les Bâtisseurs des cathédrales gothiques,* catalogue d'exposition, Strasbourg, Musées de la Ville de Strasbourg, 1991.
ROUTLEDGE (D.), *A History of Engineering in Classical and Medieval Times,* Londres, Croom Helm, 1984.
SKEMPTON (A. W.) (dir.), *John Smeaton FRS,* Londres, Thomas Telford, 1981.
— *Civil Engineers and Engineering in Britain 1600-1830,* Aldershot, Brookfield, Variorum, 1996.
SZAMBIEN (W.), *Symétrie, goût, caractère. Théorie et terminologie de l'architecture à l'âge classique 1500-1800,* Paris, Picard, 1986.
VÉRIN (H.), « La technologie et le parc : ingénieurs et jardiniers en France au XVIIe siècle », in MOSSER (M.), TEYSSOT (G.) (dir.), *Histoire des jardins, de la Renaissance à nos jours,* Milan, 1990, trad. fr. Paris, Flammarion, 1991, pp. 131-139.
— *La Gloire des ingénieurs. L'intelligence technique du XVIe au XVIIIe siècle,* Paris, Albin Michel, 1993.
VIOLLET-LE-DUC (E.-E.), *Dictionnaire raisonné de l'architecture française du XIe au XVIe siècle,* Paris, B. Bance, A. Morel, 1854-1868.

Bois, charpente, pierre, brique, maçonnerie

BERNSTEIN (D.), CHAMPETIER (J.-P.), PEIFFER (F.), *La Maçonnerie sans fard,* Paris, Le Moniteur, 1983.
BÜREN (C. von), *Funktion und Form. Gestaltungsvielfalt im Ingenieur-Holzbau,* Bâle, Boston, Stuttgart, Birkhäuser, 1985.
CRATERRE, *Construire en terre,* Paris, L'Harmattan, 1995.
DELBECQ (J.-M.), SACCHI (G.) (dir.), *Restauration des ouvrages et des structures,* Paris, Presses de l'École nationale des ponts et chaussées, 1983.
DIESTE (E.), *Eladio Dieste : la estructura cerámica,* Bogotá, Diseno y edición, Escala, 1987.
DUMONT (M.-J.), MARREY (B.), *La Brique à Paris,* catalogue d'exposition, Paris, Les Éditions du Pavillon de l'Arsenal, Picard, 1993.
FALK (E.), TREIBER (D.), *La Brique et le projet architectural au XIXe siècle,* Paris, École nationale supérieure des beaux-arts, 1984.
GÖTZ (K. H.), HOOR (D.), MÖHLER (H.), NATTERER (J.), *Holzbau Atlas,* Munich, 1978.
GRENIER (L.), WIESER-BENEDETTI (H.) (dir.), *Châteaux de l'industrie,* Bruxelles, Archives d'architecture moderne, 1979.
GUIHEUX (A.), *L'Ordre de la brique,* Bruxelles, Liège, Mardaga, 1985.
GURCKE (K.), *Bricks and Brickmaking. A Handbook for Historical Archeology,* Moscow, University of Idaho Press, 1987.
HERZOG (T.), NATTERER (J.), VOLZ (M.), *Holzbau Atlas Zwei,* Munich, 1980.
JAMES (J. G.), « The evolution of wooden bridge trusses to 1850 », in *Journal of the Institute of Wood Science,* vol. IX, 1982, pp. 116-135, 168-193.
JEANNETTE (D.), LEFEVRE (R.-A.), PHILIPPON (J.), *La Conservation de la pierre monumentale en France,* Paris, Presses du CNRS, 1992.
NEWMAN (M.), *Design and Construction of Wood-Framed Buildings,* New York, Mac-Graw-Hill, 1995.
NOËL (P.), *Les Carrières françaises de pierre de taille,* Paris, Éditions de la Société de diffusion des techniques du BTP, 1970.
PEIRS (G.), *La Terre cuite,* Bruxelles, Liège, Mardaga, 1979.
PÉROUSE DE MONTCLOS (J.-M.), *L'Architecture à la française XVIe, XVIIe, XVIIIe siècles,* Paris, Picard, 1982.
— « La charpente à la Philibert de l'Orme. Réflexions sur la fortune des techniques en architecture », in *Les Chantiers de la Renaissance,* Paris, Picard, 1991, pp. 27-50.
Pierres de carrières et produits manufacturés, Paris, CATED, Le Moniteur.
POTIÉ (P.), *Philibert de l'Orme. Figures de la pensée constructive,* Marseille, Parenthèses, 1996.
ROCKWELL (P.), *The Art of Stone Making. A Reference Guide,* Cambridge, Cambridge University Press, 1993.
SARTRE (J.), *Châteaux « brique et pierre » en France,* Paris, Nouvelles Éditions latines, 1981.
SÉJOURNÉ (P.), *Grandes Voûtes,* Bourges, Veuve Tardy-Pigelet et fils, 1913-1916.

Construction métallique, fin XVIIIe-début XXe siècle

1848-1973 : 125 ans de progrès technique vus par la Société ICF, Paris, Société des Ingénieurs civils de France, 1973.
AMOUROUX (D.), LEMOINE (B.), « L'âge d'or des ponts suspendus en France 1823-1850 », in *Annales des Ponts et Chaussées,* n° 19, 1981, pp. 53-63.
ANTHONY (J.), *Joseph Paxton 1803-1865. An Illustrated Life of Sir Joseph Paxton,* Shire Publications, 1973.
BARJOT (D.), « Un grand entrepreneur du XIXe siècle : Ernest Goüin (1815-1885) », in *Revue d'histoire des chemins de fer,* n° 5-6, 1991-1992, pp. 65-89.
BECKETT (D.), *Telford's Britain, Newton Abbott,* David & Charles, 1987.
BLANC (A.), MAC EVOY (M.), PLANK (R.), *Architecture and Construction in Steel,* Londres, Chapmann and Hall, 1993.
BLUESTONE (D.), *Constructing Chicago,* New Haven, Yale University Press, 1991.
BOUCHER (C. T. G.), *John Rennie 1761-1821. The Life and Work of a Great Engineer,* Manchester, Manchester University Press, 1963.
BOWIE (K.) (dir.), *Les Grandes Gares parisiennes au XIXe siècle,* catalogue d'exposition, Paris, Délégation à l'action artistique de la Ville de Paris, 1987.
BRIGGS (A.), *Iron Bridge to Crystal Palace. Impact and Images of the Industrial Revolution,* Londres, Thames and Hudson, 1979.
BRUNEL (I. K.), *The Life of Isambard Kingdom Brunel, Civil Engineer,* Londres, Longmans, Green and Co., 1870.
BYLANDER (S.), « Steel frame buildings in London », in *Transactions,* vol. 5, Concrete Institute, 1913, pp. 55-125.
— « Steelwork in buildings and thirty years' progress », in *Structural Engineer,* vol. 17, 1939, pp. 158-184.
CARSON WEBSTER (J.), « The skyscraper : logical and historical considerations », in *Journal of the Society of Architectural Historians,* vol. XVIII, 1959, pp. 126-139.
CHABAT (P.), *Bâtiments de chemins de fer,* Paris, Morel, 1862-1866.
CHADWICK (G. F.), *The Works of Sir Joseph Paxton,* Londres, 1961.
COGNASSON (P.), *Gare de l'Est : porte ouverte sur l'Europe,* Paris, La Vie du Rail, 1994.
COLLINS (A. R.) (dir.), *Structural Engineering. Two Centuries of British Achievement,* Chislehurst, Tarot Print, 1983.
CONDIT (C. W.), *The Chicago School of Architecture. A History of Commercial and Public Building,* Chicago, University of Chicago Press, 1964.
— *The Rise of the Skyscraper,* Chicago, University of Chicago Press, 1952.
CONDIT (C. W.), LANDAU (S. B.), *Rise of the New York Skyscraper 1865-1913,* New Haven, Yale University Press, 1996.
COTTE (M.), « Seguin et Cie (1806-1824) : du négoce familial de drap à la construction du pont suspendu de Tournon-Tain », in *History and Technology,* vol. 6, 1988, pp. 95-144.
— « Le premier grand pont à suspensions de fil de fer construit par les frères Seguin à Tournon-Tain (1822-1825), in *La Ville et le fleuve,* actes de colloque, Paris, CTHS, 1989, pp. 177-185.
— « Le système technique des Seguin en 1824-1825 », in *History and Technology,* vol. 7/2, 1990, pp. 1-29.
COTTE (M.), FOURNIER (P.), « La catastrophe du pont suspendu d'Angers », in *La Revue. Musée des Arts et Métiers,* n° 5, 1993, pp. 4-15.
CRONON (W.), *Nature's Metropolis : Chicago and the Great West,* New York, W.-W. Norton, 1991.
DE BURES (C.), *La Tour de 300 mètres,* Lausanne, André Delcourt, 1988.
DE FUSCO (R.), *L'Architettura dell'Ottocento,* Turin, 1980.
DEMING (M.), *La Halle au blé de Paris 1762-1813,* Bruxelles, Archives d'architecture moderne, 1984.
EIFFEL (G.), *L'Architecture métallique,* recueil de textes, Paris, Maisonneuve et Larose, 1996.
FAIRBAIRN (W.), *On the Application of Cast and Wrought Iron to Building Purposes,* Londres, Weale, 1854.
FEDOROV (S.), *Der Badische Ingenieur Wilhelm von Traitteur als Architekt russischer Eisenkonstruktionen,* Karlsruhe, Institut für Baugeschichte der Universität Karlsruhe, 1992.
FUCHTMANN (E.), *Stahlbrückenbau. Bogenbrücke, Balkenbrücke, Fachwerkbrücke, Hängebrücke,* Munich, Deutsches Museum, 1983.
GAPPOEV (M.), GRAEFE (R.), PERTSCHI (O.) (dir.), *V.G. Suchov 1853-1939. Die Kunst der sparsamen Konstruktion,* Stuttgart, 1990.
GERANIOTIS (R. M.), LARSON (G. R.), « Towards a better understanding of the evolution of the iron skeleton frame in Chicago », in *Journal of the Society of Architectural Historians,* vol. XLVI, 1987, pp. 39-48.
GIBB (H. A. R.), *The Story of Telford,* Londres, A. Maclehose & Co., 1935.
GUIGUENO (V.), PICON (A.), « Entre rationalisme et éclectisme. L'enseignement d'architecture de Léonce Reynaud », in *Bulletin de la Société des amis de la bibliothèque de l'École polytechnique,* n° 16, 1996, pp. 12-19.
HITCHCOCK (H. R.), « Early cast iron facades », in *Architectural Review,* vol. 109, 1951, pp. 113-116.

HIX (J.), *The Glasshouse,* Londres, Phaidon, 1985.

JAKKULA (A. A.), *A History of Suspension Bridges in Bibliographic Form,* Washington, Federal Works Agency, Public Roads Administration, 1941.

JAMES (J. G.), « Some steps in the evolution of early iron arched bridge designs », in *Transactions of the Newcomen Society,* vol. LIX, 1987-1988, pp. 153-187.

— « Thomas Paine's iron bridge work 1785-1803 », in *Transactions of the Newcomen Society,* vol. LIX, 1987-1988, pp. 189-221.

JODICE (R.), ROISECCO (G.), (dir.), *L'architettura del ferro gli Stati Uniti,* Rome, Bulzoni, 1980-1988.

KEMP (E. L.), « Links in a chain. The Development of suspension bridges 1801-1870 », in *The Structural Engineer. The Journal of the Institution of Structural engineers,* vol. 57A, n° 8, pp. 255-263.

KOHLMAIER (G.), SARTORY (B. von), *Houses of Glass. A Nineteenth Century Building Type,* Munich, 1981, trad. angl. Cambridge, Massachusetts, The MIT Press, 1986.

LAWRENCE (J. L.), « Steel frame architecture versus the London building regulations : Selfridges, the Ritz and American technology », in *Construction History,* vol. 6, 1990, pp. 23-46.

LEMOINE (B.), *Gustave Eiffel,* Paris, Hazan, 1984.

— *L'Architecture du fer. France XIX⁰ siècle,* Seyssel, Champ Vallon, 1986.

LOYRETTE (H.), *Gustave Eiffel,* Fribourg, Office du Livre, 1986.

MALO (L.), *Notice sur Eugène Flachat,* Paris, Société des Ingénieurs civils, 1873.

McCULLOUGH (D.), *The Great Bridge. The Epic Story of the Building of the Brooklyn Bridge,* New York, 1972.

McKEAN (J.), *Crystal Palace. John Paxton and Charles Fox,* Londres, Phaidon, 1994.

MARREY (B.), *Gustave Eiffel. Une entreprise exemplaire,* Paris, Institute, 1989.

NASCÈ (V.), *Contributi alla storia della costruzione metallica,* Florence, Alinea, 1982.

PENFOLD (A.) (dir.), *Thomas Telford Engineer,* Londres, Thomas Telford, 1980.

PERDONNET (A.), *Traité élémentaire des chemins de fer,* Paris, 1855-1856, rééd. Paris, Langlois et Leclercq, 1858-1860.

PEREIRE (I.), « Discours aux obsèques de M. Eugène Flachat », in *Mémoires et comptes-rendus des travaux de la Société des ingénieurs civils,* 1873, pp. 263-268.

PETERS (T. F.), *Transitions in Engineering. Guillaume Henri Dufour and the Early 19th Century Cable Suspension Bridges,* Bâle, Boston, Birkhäuser, 1987.

PICON (A.), « Navier and the introduction of suspension bridges in France », in *Construction History,* vol. 4, 1988, pp. 21-34.

— « Apprendre à concevoir les gares : l'enseignement de Léonce Reynaud », « Les chemins de fer dans la ville », in *Revue d'histoire des chemins de fer,* n° 5-6, 1991-1992, pp. 51-63.

POLE (W.) (dir.), *The Life of William Fairbairn,* Londres, Longmans, 1877.

PUGSLEY (A.), *The Works of Isambard Kingdom Brunel,* Londres, Institution of Civil Engineers, 1976.

SEITZ (F.) (dir.), *Architecture et métal en France XIX⁰-XX⁰ siècle,* Paris, Éditions de l'École des hautes études en sciences sociales, 1994.

SKEMPTON (A. W.), « The Boat Store, Sheerness (1858-1860) and its place in structural history »,

in *Transactions of the Newcomen Society,* vol. XXXII, 1959-1960, pp. 57-78.

La Statue de la Liberté. L'Exposition du centenaire, Paris, Musée des Arts décoratifs, 1986.

STURGES (W. K.), « Cast iron in New York », *Architectural Review,* vol. 114, 1953, pp. 232-237.

STURGES (W. K.) (dir.), *T⁰⁰ Origins of Cast Iron Architecture in Am⁰ ica,* New York, Da Capo Press, 1970.

SUTHERLAND (R. J. M.), « Shipbuilding and the long-span roof », in *Transactions of the Newcomen Society,* vol. LX, 1988-1989, pp. 107-126.

TALLMADGE (T.), *Architecture in Old Chicago,* Chicago, Chicago University Press, 1941.

TELFORD (T.), *Life of Thomas Telford, Civil Engineer,* publié par J. Rickman, Londres, L.-G. Hansard and Sons, Payne and Foss, 1838.

TRAUTZ (M.), *Eiserne Brücken in Deutschland in 19. Jahrhundert,* Düsseldorf, Werner-Verlag, 1991.

TURAK (T.), *William Le Baron Jenney. A Pioneer of Modern Architecture,* Ann Arbor, University of Michigan Research Press, 1986.

VAN ZANTEN (D.), « The Nineteenth century : the projecting of Chicago as a commercial city and the rationalization of design and construction », in ZUKOWSKY (J.) (dir.), *Chicago and New York. Architectural Interactions,* 1984, pp. 30-49.

— « Sullivan to 1890 », in WIT (W. de) (dir.), *Louis Sullivan. The Function of Ornament,* New York, Chicago Historical Society, Saint Louis Art Museum, W.-W. Norton, 1986, pp. 12-63.

Béton, construction en béton

ARUP (O.), ZUNZ (J.), *Sydney Opera House,* Sydney, Sydney Opera House Trust, 1988.

Ausgewählte Monier - und Betonbauwerke, Berlin, 1894.

BANHAM (R.), *A Concrete Atlantis. US Industrial Building and European Modern Architecture,* Cambridge, Massachusetts, The MIT Press.

BILLINGTON (D. P.), *Thin Shell Concrete Structures,* New York, McGraw-Hill, 1965.

— *Robert Maillart's Bridges : the Art of Engineering,* Princeton, Princeton University Press, 1979.

— « Anton Tedesko : thin shells and aesthetics », in *Journal of the Structural Division,* American Society of Civil Engineers, vol. 106, 1982, pp. 2539-2554.

— « Felix Candela and structural art », in *Bulletin of the International Association for Shell Structures,* janvier 1986, pp. 5-10.

— *Robert Maillart and the Art of Reinforced Concrete,* Cambridge, Massachusetts, The MIT Press, 1989.

— *Robert Maillart : Builder, Designer and Artist,* New York, Cambridge University Press, 1997.

BOAGA (G.), *Riccardo Morandi,* Bologne, Zanichelli, 1984.

BOAGA (G.), BONI (B.), *Riccardo Morandi,* Milan, Edizioni di Comunità, 1962.

The Bridges of Christian Menn, catalogue d'exposition, Princeton, The Art Museum, 1978.

BROWN (J. M.), « W. B. Wilkinson (1819-1902) and his place in the history of reinforced concrete », in *Transactions of the Newcomen Society,* vol. 35, 1966-1967, pp. 129-142.

CANDELA (F.), SEGUI BUENAVENTURA (M.), *Felix Candela, arquitecto,* catalogue d'exposition, Madrid, Instituto Juan de Herrera, 1994.

Cent ans de béton armé, Paris, Éditions Science et Industrie, 1949.

« Centenaire de la mort de Vicat », in *Annales des Ponts et Chaussées,* 1962, pp. 124-174.

CHAMBERLIN (W. P.), « The cleft-ridge span : America's first concrete arch », in *Journal of the Society for Industrial Archeology,* vol. 9, n° 1, pp. 29-44.

CHUSID (J. M.), « The American discovery of reinforced concrete », in *Rassegna,* n° 49, 1992, pp. 66-73.

COLLINS (P.), *Concrete. The Vision of a New Architecture. A Study of Auguste Perret and his Precursors,* Londres, 1959, trad. fr. *Splendeur du béton. Les prédécesseurs et l'œuvre d'Auguste Perret,* Paris, Hazan, 1995.

CUSACK (P.), « François Hennebique : the specialist organization and the success of ferro-concrete 1892-1909 », in *Transactions of the Newcomen Society,* vol. LVI, 1984-1985, pp. 71-86.

DELHUMEAU (G.), « Hennebique, les architectes et la concurrence », in *Les Cahiers de la recherche architecturale,* n° 29, 1992, pp. 33-52.

— « Hennebique and building in reinforced concrete around 1900 », in *Rassegna,* n° 49, 1992, pp. 15-25.

— *Hennebique et la construction en béton armé, 1892-1914,* thèse de doctorat dactylographiée, Paris, université de Paris IV-Sorbonne, 1995.

DELHUMEAU (G.), GUBLER (J.), LEGEAULT (R.), SIMONNET (C.), *Le Béton en représentation. La mémoire photographique de l'entreprise Hennebique 1890-1930,* Paris, Hazan, 1993.

DERAMPE (P.), « Le nouveau stade du Parc des Princes », *Le Moniteur des travaux publics et du bâtiment,* 8 avril 1972, pp. 37-41.

DESIDERI (P.), NERVI (P. L.), POSITANO (G.), *Pier Luigi Nervi,* Bologne, Zanichelli, 1979.

DUMONT (M.- J.), « The philosopher's stone : Anatole de Beaudot and the French rationalists », in *Rassegna,* n° 49, 1992, pp. 36-43.

FABER (C.), *Candela, the Shell Builder,* New York, Reinhold, 1963.

FERNÁNDEZ ORDÓÑEZ (J. A.), *Eugène Freyssinet,* Barcelone, 1978, rééd. Barcelone, 2C Éditions, 1979.

— *La Modernidad en la obra de Eduardo Torroja,* Madrid, Turner, 1979.

FOERSTER (M.), *Die Eisenkonstruktionen der Ingenieur-Hauchbauten,* Leipzig, 1909.

FREYSSINET (E.), *Un amour sans limites,* recueil de textes, Paris, Éditions du Linteau, 1993.

Fünfzig Jahre Deutscher Ausschuss für Stahlbeton 1907-1957, Berlin, 1957.

GIEDION (S.), *Bauen in Frankreich, Eisen, Eisenbeton,* Leipzig, Klinkhardt & Biermann, 1928.

GUBLER (J.), « The beauty of reinforced concrete », in *Rassegna,* n° 49, 1992, pp. 84-88.

GUILLERME (A.), « From lime to cement : the industrial revolution in French civil engineering (1770-1850) », in *History and Technology,* vol. 3, 1986, pp. 25-85.

GÜNSCHEL (G.), *Große Konstrukteure 1. Freyssinet, Maillart, Dischinger, Finsterwalder,* Berlin, Francfort, Vienne, Ullstein, 1966.

« Hall d'exposition à Karlsruhe, Allemagne », in *L'Architecture d'aujourd'hui,* n° 55, 1954, pp. 16-17.

« Halle de la Forêt-Noire à Karlsruhe », in *Techniques et architecture,* n° 4, pp. 112-113.

HAMILTON (S. B.), *A Note on the History of Reinforced Concrete in Buildings,* National building studies special report n° 24, Londres, Her Majesty's Stationery Office, 1956.

Heinz Isler as Structural Artist, catalogue d'exposition, Princeton, The Art Museum, 1980.

HERBERT (G.), *Pioneers of Prefabrication. The British Contribution in the 19th Century,* Baltimore, John Hopkins University Press, 1976.

HUXTABLE (A. L.), *Pier Luigi Nervi,* New York, G. Braziller, 1960.

IMBESI (G.), MORANDI (M.), MOSCHINI (F.) (dir.), *Riccardo Morandi. Innovazione tecnologia progetto,* Rome, Gangemi, 1991.

JOEDICKE (J.), *Pier Luigi Nervi,* Milan, Edizioni di Comunità, 1957.

— *Shell Architecture,* Londres, A. Tiranti, 1963.

« Large concrete shell roof covers ice arena », in *Engineering News Record,* 8 avril 1957.

LEGAULT (R.), « L'appareil de l'architecture moderne », in *Les Cahiers de la recherche architecturale,* n° 29, 1992, pp. 53-66.

— « Material and modernity », in *Rassegna,* n° 49, 1992, pp. 58-73.

MARREY (B.), *Nicolas Esquillan. Un ingénieur d'entreprise,* Paris, Picard, 1992.

MATHIVAT (J.), *La Construction par encorbellement des ponts en béton précontraint,* Paris, Eyrolles, 1979.

MELARAGNO (M.), *An Introduction to Shell Structures. The Art and Science of Vaulting,* New York, Van Nostrand Reinhold, 1991.

MÖLL (H.), *Spannbeton, Entwicklung, Konstruktionen, Herstellungsverfahren und Anwendungsgebiete,* Stuttgart, Berliner Union, 1954.

MORANDI (R.), *Strutture di calcestruzzo armato e di calcestruzzo precompresso,* Rome, Libreria Dedalo, 1954.

MYERS (P.), « Une histoire inachevée », in *L'Architecture d'aujourd'hui,* n° 285, 1993, pp. 60-67.

NERVI (P. L.), *Scienza o arte del costruire,* Rome, Edizioni della Bussola, 1945.

— *Costruire correttamente. Caratteristiche e possibilità delle strutture cementizie armate,* Milan, Ulrico Hoepli, 1955.

— *Nuove strutture,* Milan, Edizioni di Comunità, 1963.

— *Aesthetics and Technology in Building,* Cambridge, Massachusetts, Harvard University Press, 1966.

NOGUE (N.), « Bernard Laffaille, mathématicien et constructeur », in *Techniques et architecture,* février-mars 1993, pp. 120-125.

— « La contribution de Bernard Laffaille à l'architecture religieuse des années cinquante », in *Histoire de l'art,* n° 28, 1994, pp. 77-91.

NORBERG-SCHULTZ (C.), « Jørn Utzon-Sydney Opera House », in *GA,* n° 54, 1980.

PICA (A.), *Pier Luigi Nervi,* Rome, Editalia, 1969.

RANSOME (E.), « New developments in unit work using a structural concrete frame and poured slab », in *Cement Age,* n° 12, mars 1911, p. 130.

RANSOME (E.), SAURBREY (A.), *Reinforced Concrete Buildings,* New York, McGraw-Hill Book Company, 1912.

Riccardo Morandi. Ingegnere italiano, Florence, Alinea, 1985.

SARGER (R.), « L'œuvre de Bernard Laffaille », in *L'Architecture d'aujourd'hui,* n° 64, 1959, pp. 16-19.

SELVAFOLTA (O.), « Engineers, concrete and companies in Milan at the turn of the century », in *Rassegna,* n° 49, 1992, pp. 26-35.

SIMONNET (C.), « Le béton Coignet. Stratégie commerciale et déconvenue architecturale », in *Les Cahiers de la recherche architecturale,* n° 29, 1992, pp. 15-32.

— « The origins of reinforced concrete », in *Rassegna,* n° 49, 1992, pp. 6-14.

— *Matériau et architecture. Le béton armé : origine, invention, esthétique,* thèse de doctorat dactylographiée, Paris, École des hautes études en sciences sociales, 1994.

TEDESKO (A.), « Z-D shell roof at Hershey », in *Architectural Concrete,* vol. 3, n° 1, pp. 7-11.

— « Experience. An important component in creating structures », in *Concrete International,* vol. 15, n° 2, 1993, pp. 70-74.

« Thin-shell concrete barrel roof », in *Construction Methods and Equipment,* avril 1937, pp. 44-47.

TORROJA (E.), *The Structures of Eduardo Torroja. An Autobiography of Engineering Accomplishment,* New York, F.W. Dodge, 1958.

UTZON (J.), « The Sydney Opera House », in *Zodiac,* n° 14, 1965, p. 49.

VINCA MASINI (L.), *Riccardo Morandi,* Rome, De Luca, 1974.

WARD (W. E.), « Beton in combination with iron as a building material », in *American Society of Mechanical Engineers,* n° 4, 30 mars 1888, pp. 361-365.

WITMAR (D. P.), « Sports palace for chocolate town », in *Architectural Concrete,* vol. 3, n° 1, pp. 3-6.

ZORGNO (A. M.), « Beyond the cubic prison », in *Rassegna,* n° 49, 1992, pp. 74-83.

— « Les métaphores du béton armé », in *Les Cahiers de la recherche architecturale,* n° 29, 1992, pp. 67-80.

Structures spatiales, structures tendues, autotendantes, gonflables, morphologie structurale

Architecture textile, Paris, A Tempera, 1990.

AVRAM (C.), *Space Structures,* New York, Elsevier, 1984.

BIRD (W. W.), « Teflon coated fibreglass. An outstanding new material for fabric structures », in *Proceedings of IASS Symposium,* 1978.

BORREGO (J.), *Space Grid Structures. Skeletal Frameworks and Stressed-Skin Systems,* Cambridge, Massachusetts, The MIT Press, 1968.

BRUCE (R.), *Bell and the Conquest of Solitude,* Londres, Ithaca, Cornell University Press, 1973.

BUCHHOLDT (H. A.), *An Introduction to Cable Roof Structures,* Cambridge, Cambridge University Press, 1985.

CHEN (D.), GEIGER (D.), STEFANIUK (A.), « The design and construction of two cable-domes for the Korean Olympics », in *Proceedings of IASS Symposium,* Ôsaka, 1986.

CLAYSSEN (D.), *Jean Prouvé. L'idée constructive,* Paris, Dunod, 1983.

COLEY (C.), *Jean Prouvé,* Paris, Éditions du Centre Georges Pompidou, coll. Jalons, 1993.

DAVIES (C.), *High Tech Architecture,* Londres, Thames and Hudson, 1988.

DENT (R. N.), *Principles of Pneumatic Architecture,* Londres, The Architectural Press, 1971.

EEKHOUT (M.), *Architecture in Space Structures,* Rotterdam, 010 Publishers, 1989.

EMMERICH (D. G.), *Cours de géométrie constructive, morphologie,* Paris, Grande Masse, 1967.

— *Possibilités d'application des structures autotendantes,* rapport de recherche dactylographié, Paris, École d'architecture de Paris-la Villette, 1988.

« The Era of swoops and billows », in *Progressive Architecture,* juin 1980.

FORSTER (B.), « Cable and membrane roofs. A historical survey », in *Structural Engineering Review,* vol. 6, 1994, pp. 145-174.

FRAMPTON (K.), « I technocrati della Pax Americana : Wachsmann & Fuller », in *Casabella,* n° 542-543, 1988, pp. 40-45.

FULLER (R. B.), *Nine Chains to the Moon,* New York, 1938, rééd. New York, Anchor Books, 1971.

— *Synergetics. Explorations in the Geometry of Thinking,* New York, Macmillan, 1975.

— *Operating Manual for Spaceship Earth,* New York, Dutton, 1978.

FULLER (R. B.), MARKS (R.), *The Dymaxion World of Buckminster Fuller,* Southern Illinois University Press, 1960.

GEIGER (D. H.), « A cost comparison of roof systems for sports halls », in *Bulletin of the International Association for Shell and Space Structures,* vol. XXIX, n° 96, 1988.

GILLET (G.), PROUVÉ (J.), SARGER (R.), VALLÉE (P.), « The French pavilion of the Universal Exhibition Brussels 1958 », in *Acier Stahl Steel,* n° 5, 1958.

GLAESER (L.), *The Work of Frei Otto,* New York, The Museum of Modern Art, 1972.

GRÜNING (M.), *Der Architekt Konrad Wachsmann. Erinnerungen und Selbstauskünfte,* Vienne, Löcker Verlag, 1986.

HANAOR (A.), « Double-layer tensegrity grids as deployable structures », in *International Journal of Space Structures,* vol. 8, n° 1-2, 1993.

HARTWIG (R. B.), *Fiberglass Buildings,* Los Angeles, 1970.

HERZOG (T.), *Pneumatic Structures. A Handbook for the Architect and Engineer,* Stuttgart, 1976, trad. angl. Londres, Crosby Lockwood Staples, 1977.

HUBER (B.), STEINEGGER (J.-C.) (dir.), *Une architecture par l'industrie,* Zurich, Artemis, 1971.

Jean Prouvé « constructeur », catalogue d'exposition, Paris, Éditions du Centre Georges Pompidou, 1990.

LE RICOLAIS (R.), « Charpente Aplex », in *L'Architecture d'aujourd'hui,* n° 4, 1946, pp. 40-42.

— « Propos au sujet d'une architecture spatiale », in *L'Architecture d'aujourd'hui,* n° 92, 1960, pp. 192-193.

— « Tension structures and related research », in *Building Research Institute. Division of Engineering and Industrial Research. New Building Research,* 1961-1962, pp. 58-80.

— « Recherches structurales », in *Architecture, Formes, Fonctions,* vol. 13, 1967, pp. 104-109.

— « Introduction à la notion de forme », « Structures tendues et structures comprimées », in *Architecture, Formes, Fonctions,* vol. 14, 1968, pp. 138-141, 142-143.

— *À la recherche d'une mécanique des formes,* Paris, Palais de la Découverte, 1969.

— « 1972-1973. Recherches structurales », in *Techniques et architecture,* n° 294, 1973, pp. 48-49.

McCLEARY (P.), « Some structural principles exemplified in the work of Le Ricolais », in *Zodiac,* n° 22, pp. 57-69.

MAKOWSKI (Z. S.), *Steel Space Structures,* Londres, M. Joseph, 1965.

— « Space structures and the electronic computer », « A survey of recent three-dimensional structures », in *Architectural Design,* vol. 36-1, 1966, pp. 8-9, 10-41.

MAKOWSKI (Z. S.) (dir.), *Analysis, Design and Construction of Double-Layer Grids*, Londres, New York, Applied Science Publishing, John Wiley, 1981.

— *Analysis, Design and Construction of Braced Domes*, New York, Nichols, 1984.

— *Analysis, Design and Construction of Braced Barrel Vaults*, Londres, New York, Elsevier Applied Science Publishers, 1985.

MIMRAM (M.), *Structures et formes : étude appliquée à l'œuvre de Robert Le Ricolais*, Paris, Dunod, 1983.

MORRISON (A.), « The fabric roof », in *Civil Engineering*, août 1980, pp. 60-65.

MOTRO (R.), « Tensegrity systems and geodesic domes », in *International Journal of Space Structures*, vol. 5, n° 3-4, 1990.

— « Tensegrity systems : the state of the art », *International Journal of Space Structures*, vol. 7, n° 2, 1992.

MOTRO (R.), WESTER (T.) (dir.), *Morphologie structurale*, actes de colloque dactylographiés, Montpellier, Laboratoire de mécanique et de génie civil de l'université de Montpellier II, 1992.

NEWBY (F.), « Northern aviary, London zoo », in *Architectural Design*, septembre 1965.

NOOSHIN (H.), *Formex Configuration Processing in Structural Engineering*, Londres, New York, Elsevier Applied Science Publishers, 1984.

NOOSHIN (H.) (dir.), *Third International Conference on Space Structures*, Londres, Elsevier Applied Science Publishers, 1984.

OTTO (F.), *Tensile Structures. Design, Structure and Calculation of Buildings of Cables, Nets, and Membranes*, Francfort, 1962-1966, trad. angl. Cambridge, Massachusetts, The MIT Press, 1967-1969.

— « Introduction aux principes de la construction légère », in *Techniques et architecture*, n° 291, 1973, pp. 28-39.

— « Das Zeltdach. Subjektive Anmerkungen zum Olympiadach », in *Archithese*, n° 6, 1973, pp. 30-40.

— *Schrifen und Reden 1951-1983*, textes rassemblés par B. Burkhardt, Braunschweig, F. Vieweg, 1984.

— *Architecture et bionique. Constructions naturelles*, trad. fr. Denges, Delta et Spes, 1985.

PAWLEY (M.), *Buckminster Fuller*, London, Grafton, 1992.

PIANO (R.), ROGERS (R.), *Du plateau Beaubourg au Centre Georges Pompidou*, entretien avec A. Picon, Paris, Éditions du Centre Georges Pompidou, 1987.

PORTAL (H.), *Architecture textile*, mémoire de maîtrise dactylographié, Paris, université de Paris I-Sorbonne, 1995.

PORTO (C.-E.), *L'Évolution des structures spatiales à travers l'œuvre de Stéphane Du Chateau*, thèse de doctorat dactylographiée, Paris, université de Paris I-Sorbonne, 1993.

SARGER (R.), « The Marie Thumas Pavilion », in *Acier Stahl Steel*, n° 4, 1959.

SEITZ (F.) (dir.), *Architecture et métal en France XIXᵉ-XXᵉ siècle*, Paris, Éditions de l'École des hautes études en sciences sociales, 1994.

The Tent. Soft Shell Structures at Expo'70, Tôkyô, Taiyo Kogyo Corporation, 1970.

WARD (J.), *The Artifacts of R. Buckminster Fuller. Volumes I-IV*, New York, Garland, 1985.

Sciences, techniques, ingénierie, développements récents

ACKER (P.), « Les nouveaux bétons et l'ingénieur », in *Annales des Ponts et Chaussées*, n° 71, 1994, pp. 42-47.

BECK (G.), « Les matériaux avancés : problématiques et enjeux », in *Annales des Ponts et Chaussées*, n° 71, 1994, pp. 4-12.

BERGER (H.), *Light Structures, Structures of Light. The Art and Engineering of Tensile Architecture*, Bâle, Boston, Berlin, Birkhäuser, 1996.

BERGERMANN (R.), SOBEK (W.), « Die Überdachung der antiken Arena in Nîmes », in *Bauingenieur*, n° 67, 1992, pp. 213-220.

BILLINGTON (D. P.), GOLDSMITH (M.) (dir.), *Technique and Aesthetics in the Design of Tall Buildings*, Bethlehem, Pennsylvania, Institute for the Study of High Rise Habitat, Lehigh University, 1983.

BLASER (W.) (dir.), *Santiago Calatrava, Ingenieur-Architektur*, Bâle, Boston, Birkhäuser, 1988.

BRAWNE (M.), *Arup Associates*, Londres, Lund Humphries, 1983.

CHEVALIER (J.-L.), « Commander la transparence des vitrages : de l'idée aux produits », in *Annales des Ponts et Chaussées*, n° 71, 1994, pp. 48-60.

CULSHAW (B.), *Smart Structures and Materials*, Boston, Artech House, 1996.

DILEY (P.), GUTHRIE (A.), « Kansai International Airport Building », in *The Arup Journal*, n° 1, 1995, pp. 14-23.

DOBNEY (S.) (dir.), *Arup Associates. Selected and Current Works*, Victoria, Images Publishing Group, 1994.

FRAMPTON (K.), TISCHHAUSER (A.), WEBSTER (A. C.), *Calatrava Bridges*, Zurich, 1993, rééd. Bâle, Boston, Birkhäuser, 1996.

GHANDI (M. V.), THOMSON (B. S.), *Smart Materials and Structures*, Londres, Chapman & Hall, 1992.

GOBIN (P.-F.), WEISBUCH (C.), « Les matériaux intelligents », in *Annales des Ponts et Chaussées*, n° 71, 1994, pp. 13-23.

GOLDSMITH (M.), « Struttura, scala e architettura », in *Casabella*, n° 418, 1976, pp. 35-43.

GUYON (E.), TROADEC (J.-P.), « Une visite de la matière en grains », in *Annales des Ponts et Chaussées*, n° 71, 1994, pp. 24-29.

ISHII (K.), *Membranes Structures in Japan*, SPS Publishing Compagny, 1995.

JENKINS (D.), *Schlumberger Cambridge Research Centre*, Londres, Phaidon, 1993.

KHAN (F. R.), « Il primato tecnologico », in *Casabella*, n° 418, 1976, pp. 44-53.

MALIER (Y.) (dir.), *Les Bétons à hautes performances*, Paris, Presses de l'École nationale des ponts et chaussées, 1992.

MANZINI (E.), *The Material of Invention*, Milan, 1986, trad. fr. Paris, Éditions du Centre Georges Pompidou, 1989.

MAZELET (C.), « La gare de Roissy », in *La Revue des ingénieurs*, 1992, pp. 84-89.

PICON (A.), « Les savoirs de la forme et ceux de la technique », in *Forces et tendances de la maîtrise d'œuvre*, Paris, Plan, Construction et Architecture, 1993, pp. 175-188.

— « Santiago Calatrava : tettonica o architettura ? », in *Casabella*, n° 615, 1994, pp. 24-29.

RICE (P.), *An Engineer Imagines*, Londres, Artemis, 1994.

ROBBIN (T.), *Engineering a New Architecture*, New Haven, Yale University Press, 1996.

SCHLAICH (J.), « Les structures légères », in *Annales de l'Institut technique du bâtiment et des travaux publics*, n° 479, décembre 1989, pp. 4-41.

SHARP (D.) (dir.), *Santiago Calatrava*, Londres, Academy Editions, 1996.

VIRLOGEUX (M.), « Les très grands ponts », in *Culture technique*, n° 26, 1992, pp. 282-290.

— « L'évolution des ponts à haubans », in *L'Industrie nationale*, 2ᵉ semestre 1995, pp. 3-12.

WEBSTER (A. C.), « Utility, technology and expression », in *The Architectural Review*, n° 1149, 1992, pp. 68-74.

— *Technological Advance in Japanese Building Design and Construction*, New York, ASCE Press, 1994.

LISTE DES ŒUVRES EXPOSÉES

GALERIE NORD
LE FER

TABLE 1.
Les ponts en bois
et le premier pont en fonte de fer.

Prototype de pont en arche.
Maquette de pont en charpente.
Ministère de l'Équipement et des Transports, Paris

Pont de Schaffhouse (ou de Schaffhausen), Suisse,
1757, Johannes et Hans Ulrich Grubenmann (ing.) :
– J. C. Vogler, 2 plans, 1776. Encre sur papier ;
– Anonyme, 2 plans, s. d. Encre sur papier.
Museum zu Allerheiligen Schaffhausen,
Schaffhausen, Suisse

Pont de Coalbrookdale (ou Ironbridge), Telford,
Grande-Bretagne, 1779, Abraham Darby III et John
Wilkinson (ing.), Thomas Farnolls Pritchard
(concepteur) :

– Maquette du pont, 1775.
The Trustees of the Science Museum, Londres,
Grande-Bretagne

– J. Phillips, *The Iron Bridge Cast at
Coalbrookdale*, 1782. Gravure ;
– M. Rooker, *The Cast Iron Bridge*, 1782. Gravure.
Ironbridge Gorge Museum, Telford, Grande-Bretagne

– Ph. de l'Orme, *Nouvelles inventions pour bien
bastir et à petits fraiz*, Rouen, éd. David Ferrand,
1561, livre X, chap. XII et XIV. 2 reproductions :
coupe de comble, pièces des courbes.
Collection privée

– Affiche de photographies noir et blanc.
Photomontage.
Coll. Mnam-Cci, Centre Georges Pompidou, Paris

Pont ou passerelle des Arts, Paris, 1803, Louis-
Alexandre de Cessart et Jacques Dillon (ing.).
Anonyme, *Vue partielle du projet définitif,
élévation, plan & coupe*, s. d. Dessin au lavis.
École nationale des ponts et chaussées, Paris

TABLE 2.
Ponts en maçonnerie et premiers ponts à
voussoirs en fonte de fer.

Pont de Neuilly sur la Seine, 1774, Jean-Rodolphe
Perronet (ing.) :

– Maquette d'un des cintres en charpente ayant
servi à la construction du pont.
Musée national des Techniques du CNAM, Paris.

– J.-R. Perronet, *Description des projets & de la
construction des ponts de Neuilly, de Mantes,
d'Orléans*, Paris, Imprimerie royale, 1782.
Réserve, Bibliothèque nationale de France, Paris

– J.-R. Perronet, *Mémoire sur la recherche des
moyens que l'on pourroit employer pour
construire les grandes arches de pierre*, Paris,
L'Imprimerie nationale exécutive du Louvre, 1793.
École nationale des ponts et chaussées, Paris

Pont de Sunderland sur les rivières Tyne et Wear,
Grande-Bretagne, 1795-1796, Thomas Wilson et
Rowland Burdon (ing.), d'après le dessin breveté de
Thomas Paine (1788) :

– Maquette d'un voussoir.
Coll. Mnam-Cci, Centre Georges Pompidou, Paris

– J. Raffield, *The Component Parts of the Arch*,

s. d. ; *East View of the Cast Iron Bridge*, s. d.
Lithographies ;
– Anonyme, concept de T. Paine pour un pont de
fer, s. d. Dessin.
The Trustees of the Science Museum, Londres,
Grande-Bretagne

– T. Pope, *Treatise on Bridge Architecture*, New
York, édité par l'auteur, 1811 ;
– T. Tredgold, *Practical Essay on the Strength of
Cast Iron and other Metals*, Londres, éd. J. Taylor,
1824 ;
– R. Clark, *West View of the Cast Iron Bridge*, s. d.
Gravure ;
– P. Barlow, *A Treatise on the Strength of Timber,
Cast Iron, Malleable Iron, and Other Materials*,
Londres, éd. J. Taylor, 1817.
Institution of Civil Engineers, Londres, Grande-
Bretagne

Projet de pont sur la Tamise, Londres, Grande-
Bretagne, 1801, Thomas Telford et Douglas (ing.) :
– T. Malton, perspective, 1801. Aquatinte basée sur
le système de T. Paine ;
– T. Telford, plan et élévation, s. d. Crayon sur papier ;
– T. Telford, plan d'encadrement de tablier, s. d.
Encre sur papier ;
– T. Telford, « *London Bridge and Port of
London* », ca 1801. Manuscrit illustré.
Institution of Civil Engineers, Londres, Grande-
Bretagne

Pont de Southwark, Londres, Grande-Bretagne, 1818,
John Rennie (ing.) :

– J. Rennie, *Southwark Bridge as Built*, 1811.
Encre, crayon et lavis sur papier ;
– Règle, étui et instruments de dessin de J. Rennie.
Institution of Civil Engineers, Londres, Grande-
Bretagne

– J. Rennie, lettre avec élévations, 1816 ; lettre avec
aquarelle, 1825 ;
– J. Rennie, dessin de croix Saint-André *(cross-
stays)* ; Notes de W. Yates concernant ces croix,
s. d. ;
– Anonyme, *Elevation & Plan of the Proposed
Southwark Bridge*, s. d. Gravure ;
– T. Telford, dessin de croix Saint-André adressé à J.
Rennie, 1801.
National Library of Scotland, Department of
Manuscripts, Édimbourg, Écosse, Grande-Bretagne

Pont du Carrousel sur la Seine, Paris, 1832-1834,
Antoine Rémy Polonceau (ing.) :

– A. R. Polonceau, *Notice sur le nouveau système
de pont en fonte, suivi de la construction du
pont du Carrousel*, Paris, éd. Carilian Gœry et
Veuve Dalmont, 1839.
Bibliothèque nationale de France, Paris

– Anonyme, élévation du pont, 1934. Dessin au lavis ;
– Anonyme, coupe transversale à la clef d'une arche,
1934. Dessin au lavis.
Mairie de Paris, division des ouvrages d'art, Paris

Brevet d'invention pour un nouveau système de ponts,
Antoine Rémy Polonceau (ing.), 31 mai 1830 ;
Brevet d'invention pour un nouveau système de chemin
de fer, Antoine Rémy Polonceau (ing.), 10 mai 1837.
Institut national de la propriété industrielle, Paris

Pont Antoinette, entre Montauban et Castres, Tarn,
1884, Paul Séjourné (ing.).
Maquette du pont avec cintre en charpente.
Musée national des Techniques du CNAM, Paris

TABLE 3.
Les ponts suspendus du début du XIXᵉ siècle.

Union Bridge sur la rivière Tweed, Berwickshire,
Écosse, Grande-Bretagne, 1820, Samuel Brown
(ing.), système breveté en 1816 :

– S. Brown, *Report on the Proposed Plan of the
Erecting a Patent Wrought Iron Bridge of
Suspension* (rapport), 1824.
National Archives of Scotland, Scottish Record
Office, Édimbourg, Écosse, Grande-Bretagne

– Anonyme, *Union Bridge. Patent Wrought Iron
Bar Suspension Bridge*, 1820. Gravure rehaussée à
l'aquarelle.
National Library of Scotland, Édimbourg, Écosse,
Grande-Bretagne

Projet du pont des Invalides sur la Seine, Paris, 1823,
Claude Louis Marie Henri Navier (ing.).
H. Navier, *Rapport à M. Bequey et mémoire sur
les ponts suspendus, avec Atlas*, Paris, Imprimerie
royale, 2ᵉ éd., 1830.
Bibliothèque nationale de France, Paris

Pont de Tournon sur le Rhône, Tain-L'Hermitage,
Ardèche, 1824, Marc Seguin (ing.) et frères Seguin
(ingénieurs assistants) :

– M. Seguin, *Des ponts en fil de fer*, Paris, éd.
Bachelier, 1824.
Bibliothèque nationale de France, Paris

– M. Seguin, étude du passage des câbles pour un
pont suspendu, s. d. Croquis ;
– Anonyme, plan de la base d'une pile, ca 1824 ;
– Anonyme, profil et élévation, ca 1824.
Fonds Stanislas Seguin, Archives départementales
de l'Ardèche & de l'ancien pays du Vivarais, Privas

– Maquette du deuxième pont, construit en 1847.
Mairie de Tain-l'Hermitage

– Segment de câble en fer.
Musée du Rhône, Tournon-sur-Rhône

Pont sur le Menai, pays de Galles, Grande-Bretagne,
1826, Thomas Telford (ing.) :

– Anonyme, *A Plan and View of a Chain Bridge
over the Menai at Bangor Ferry*, 1820. Gravure.
National Library of Scotland, Édimbourg, Écosse,
Grande-Bretagne

– T. Telford, lettre illustrée adressée à T. Rhodes,
concernant la construction du pont, s. d. ;
– 3 étuis et instruments.
Institution of Civil Engineers, Londres, Grande-
Bretagne

– A. Gibb, chantier de la reconstruction, ca 1938-
1940. Photographie noir et blanc ;
– Anonyme, *Method of Carrying Chains Over the
Towers of the Menai Suspension Bridge*, 1838.
Gravure ;
– G. Turnbull, *Front Elevation of the Main Pier
Pyramid*, s. d. Gravure ;
– R. Ladbrooke, *Menai Bridge and Straits*, ca
1830. Huile sur toile.
Ironbridge Gorge Museum, Telford, Grande-Bretagne

– W. Provis, *An Historical and Descriptive
Account of the Suspension Bridge Constructed
over the Menai Strait*, Londres, éd. Ibotson and
Palmer, 1828.
Sir Alexander Gibb & Partners, Reading, Grande-
Bretagne

– Pulley utilisé pendant la construction, câble avec

écrou, lieu de raccordement, plaque de jointage.
The Trustees of the Science Museum, Londres,
Grande-Bretagne

Concours pour le pont suspendu de Clifton, Bristol,
1830 :

– W. Bridges, *Two Different Sections for a Bridge*,
1793. Encre et lavis sur papier ;
– *Proposal for a New Wrought Iron Bridge*, 1843.
Gravure sur bois d'après T. Motley ;
– *Design for a Suspension Bridge*, 1830.
Lithographie d'après C. H. Capper ;
– *The Bridge Proposed*, 1830. Lithographie d'après
J. Brown ;
– *Proposed Bridge*, 1830. Lithographie d'après W.
Burge ;
– *Mr. Thomas Telford's Proposal*, 1830.
Lithographie d'après T. Telford ;
– Anonyme, 2 albumens de pont, *ca* 1880.
Bristol Museums and Art Gallery, Bristol, Grande-
Bretagne

– I. K. Brunel, *Proposition n° 1* (dite « *Giant's
Hole* »), 1830. Encre et lavis sur papier ;
– I. K. Brunel, *Proposition n° 2* (piliers crénelés*)*,
1830. Crayon, encre et lavis sur papier.
National Railway Museum, York, Grande-Bretagne

– M. I. Brunel, *General Remarks 1824-1842*. Cahier
avec croquis coté d'un projet de pont suspendu ;
– I. K. Brunel, *Sketchbook 1835*. Carnet avec
croquis de pilier de pont suspendu ;
– I. K. Brunel, *Clifton Bridge*, vol. 2, s. d. Manuscrit
avec croquis et calculs ;
Barre forgée du pont, 1836.
University Library, University of Bristol, Grande-
Bretagne

Pont de Cubzac, Dordogne, 1833, Marie Fortuné Vergès,
Jean Bayard de la Vingtrie et Quénot (ing.).
W. Stewart, *Projet d'un pont suspendu, pour
traverser la Dordogne à Cubzac*, s. d. Gravure.
Bibliothèque de Bordeaux

TABLE 4.
Le Britannia Tubular Bridge.

Britannia Tubular Bridge sur le détroit de Menai, pays
de Galles, Grande-Bretagne, 1850, Robert
Stephenson (ing.), William Fairbairn et Eaton
Hodgkinson, conseillers :

– S. Russell, *Depicting one of the Tubes of
Britannia Bridge under Construction*, 1848 ;
Proposal for Suspending the Tubes, s. d.
Lithographies rehaussées à l'aquarelle ;
– G. Hawkins, *Britannia Tubular Bridge over the
Menai Straits showing floating of the Second
Tube*, s. d. ; *Construction of the Main Tower*, s. d. ;
*Britannia Bridge under Construction showing
Over-Land Tube Towers*, s. d. ; *The Britannia
Tubular Bridge over the Menai Straits (as
completed)*, s. d. Lithographies rehaussées à
l'aquarelle ;
– Anonyme, *Double Press Platforms* (pl. IX) ;
*Platform and Construction of Tube ; Large End of
One of Large Tubes* (pl. XV) ; *The Double Press*
(pl. XXVIII) ; *Details of Wrought Iron Work*
(pl. XXI) ; *Isometric Projection of Tubes* (pl. XIII).
6 lithographies extraites de E. Clark, *Britannia and
Conway Tubular Bridges*, Londres, éd. John Weale,
1850.
Ironbridge Gorge Museum, Telford, Grande-Bretagne

– Lettre de R. Stephenson à Edwin Clark, s. d. ;

– Lettre de W. Fairbairn à R. Stephenson, 27 juillet
1847.
– E. Clark, *The Britannia and Conway Tubular
Bridges*, Londres, éd. John Weale, 1850.
Institution of Civil Engineers, Londres, Grande-
Bretagne

Autour de Robert Stephenson et du Britannia
Bridge, Grande-Bretagne :

– J. Lucas, *Conference of Engineers*, 1886. Huile
sur toile.
Institution of Civil Engineers, Londres, Grande-
Bretagne

– Partie de la base cellulaire de la poutre du tube
nord.
The Trustees of the Science Museum, Londres,
Grande-Bretagne

TABLE 5.
Le pont Victoria.

Pont de Victoria sur le Saint-Laurent, Montréal, Québec,
Canada, 1859, Robert Stephenson, Alexander
McKenzie Ross et James Hodges (ing.) :

– Anonyme, *Victoria Bridge, n° 18-n° 19. Pier,
Half of Bottom Plates*, s. d. Dessin d'exécution,
encre et lavis sur calque ;
– 7 courbes en bois, instruments employés par les
dessinateurs pour la préparation des dessins
d'exécution ;
– W. Notman, photographies noir et blanc du
chantier, s. d. Photomontage.
Musée McCord d'histoire canadienne, Montréal,
Québec, Canada

– Maquette du processus de la construction.
Musée national des sciences & de la technologie,
Ottawa, Canada

– J. Hodge, *Construction of the Great Victoria
Bridge*, London, Canada, éd. John Weale, 1860.
Institution of Civil Engineers, Londres, Grande-
Bretagne

– M. Choquette, *Le Pont Victoria, 8ᵉ merveille du
monde*, 1987. Vidéo, couleur et NB, sonore, v.o., 7'.
Office national du film du Canada/David Verrall
(prod.). Extraits.
Avec l'aimable autorisation de l'Office national du
film du Canada

TABLE 6.
Le Great Eastern.

Le *SS Great Eastern*, paquebot géant en fer propulsé
par la vapeur, 1842, Isambard Kingdom Brunel (ing.) :

– I. K. Brunel, 2 croquis des hélices, s. d. Encre sur
carton ;
– I. K. Brunel, *Sketchbook 1852-1854* (carnet).
Élévations et voilages de paquebot ;
– Anonyme, vue de l'intérieur de l'agence Brunel à
Londres avec la maquette *du SS Great Eastern*,
s. d. Fac-similé d'une aquarelle ;
– R. Stephenson, lettre à I. K. Brunel, 1858 ;
– S. Russell, *Modern System of Naval Architecture*,
Londres, Day and Son, 1865, vol. III ;
– Instruments de dessin de I. K. Brunel.
University Library, University of Bristol, Grande-Bretagne

– S. Russell, *Longitudinal Section of the Great
Eastern Boat*, 1865 ; *Plan at Coal Level*, 1865.
Lithographies rehaussées à l'aquarelle.
The Trustees of the Science Museum, Londres,
Grande-Bretagne

– R. Howlett, *The SS Great Eastern : I. K. Brunel
Inspecting Checking Drum, November 1857 ; The
SS Great Eastern, Group of Gentlemen Standing
beside Stern*, s. d. ; *The SS Great Eastern :
Elevation from Mid-Thames*, 1857 ; *Portrait of
I. K. Brunel on Slipway at Foot of Great Eastern*,
s. d. ; *Robert Stephenson Standing by Haudraulic
Press*, s. d. Albumens.
Prints, Drawings & Photographs Department,
Victoria and Albert Museum, Londres, Grande-
Bretagne

Cédérom de photographies.
Prints, Drawings & Photographs Department,
Victoria and Albert Museum, Londres, Grande-
Bretagne ; Musée McCord d'histoire canadienne,
Montréal, Québec, Canada

TABLE 7.
Les ponts en treillis.

Affiche de photographies noir et blanc des ponts
américains. Photomontage ;
Album de brevets et systèmes américains, fac-similés.
United States Patent Office, Washington, D. C.,
États-Unis ; Historic American Engineering Record,
National Park Service, Washington, D. C., États-Unis

Viaduc d'Ibicy, Brésil, après 1863, système Whipple-
Murphy, squire Whipple (concep.), Head-Wrightson
Construction Company, Angleterre (constr.).
Maquette.
The Trustees of the Science Museum, Londres,
Grande-Bretagne

Pont sur le Gaunless, West Auckland, Grande-Bretagne,
1825, George Stephenson (ing.) :

– Maquette.
The Trustees of the Science Museum, Londres,
Grande-Bretagne

– G. et R. Stephenson, *The Rocket*, reproduction de
« la fusée » (locomotive).
Science Museum, Science & Society Picture Library,
Londres ; coll. privée

Pont Royal Albert sur le Tamar, Saltash, Grande-
Bretagne, 1859, Isambard Kingdom Brunel (ing.) :

– Anonyme, *Raising the Ribs, Saltash Bridge*,
1870. Aquarelle d'après W. Humber.
Ironbridge Gorge Museum, Telford, Grande-Bretagne

– Anonyme, 9 vues stéréoscopiques de la
construction, s. d.
Institution of Civil Engineers, Londres, Grande-
Bretagne

– I. K. Brunel, « *Diary 1830-1832* », journal illustré
sur les ponts ; « *Large Sketchbook n° 19* », 1852-
1854, carnet avec texte et esquisses ; « *Small
Sketchbook n° 25* », s. d., carnet avec calculs et
notes ; « *General Calculations 1850-1858* », s. d. ;
– W. Humber, *Complete Treatise on Cast and
Wrought Iron Bridge Construction*, Londres, éd.
E. and F. N. Spon, 1870, vol. II.
University Library, University of Bristol, Grande-
Bretagne

Pont Haßfurt sur le Main, Allemagne, 1867, Heinrich
Gerber (ing.) :

– Anonyme, 2 dessins avec plan, coupe, détails et
calculs, s. d. Encre sur calque.
Technische Universität Braunschweig, Allemagne

– Affiche de tirages modernes et fac-similés des brevets allemands.
Deutsches Museum, Munich, Allemagne

Pont sur la rivière Morseebach, Allemagne, *ca* 1865, Friedrich August Pauli (concep.).
Maquette.
Deutsches Museum, Munich, Allemagne

TABLE 8.
Le système Roebling.

Pont de Niagara entre l'Ontario, le Canada, et l'État de New York, États-Unis, 1851-1857, John A. Roebling (ing.) :

– John A. Roebling, *Long and Shortspan Railway Bridges*, New York, éd. D. Van Nostrand, 1869 ; *Suspension Bridges, December 1847*, manuscrit avec dessins ; *Niagara Bridge, October 1848*, manuscrit avec esquisses ; *Lower Floor Stays*, s. d., manuscrit avec croquis ; croquis du pont suspendu, s. d. ;
– John A. Roebling, 14 dessins d'étude et texte manuscrit (câblage, fondations, calculs, treillis, portail), s. d.
Rutgers University, University Libraries, New Brunswick, New Jersey, États-Unis

– Anonyme, ancrage des câbles, s. d. ; portrait de J. A. et W. A. Roebling entourés des ingénieurs-inspecteurs, sur le pont de Niagara, s. d. Photographies noir et blanc, tirages modernes.
Roebling Collection, Institute Archives and Special Collections, Rensselaer Polytechnic Institute, Troy, New York, États-Unis

– W. Notman et anonyme, photographies noir et blanc, s d. Photomontage.
Musée McCord d'histoire canadienne, Montréal, Québec, Canada ; Hulton Getty Picture Library, Londres, Grande-Bretagne

Pont de Brooklyn (East River Bridge), entre New York City et Brooklyn, États-Unis, 1883, John A. Roebling et Washington A. Roebling (ing.), assistés d'Emily W. Roebling :

– Anonyme, *Combined Suspension Bridge Arch and Truss Girder, June 21, 1868, Brooklyn Bridge*. 2 dessins, encre sur papier.
Rutgers University, University Libraries, New Brunswick, New Jersey, États-Unis

– Anonyme, 3 paires de vues stéréoscopiques de la construction, *ca* 1874, éd. Hall Brothers.
Coll. Robert Vogel, Washington, D. C., États-Unis

– Anonyme, 2 vues stéréoscopiques du pont, s. d., éd. H. C. White Company.
Coll. Raymond Guidot, Deuil-La-Barre

– Anonyme, « Brooklyn Bridge (view along cables) », s. d.
Museum of the City of New York, Prints & Photographs Archive, New York, États-Unis

– S. A. Holmes, *Brooklyn Bridge Construction*, 21 sept. 1872 ; nov. 1872 ; sept 1873 ; 31 juil. 1876. Photographies de la construction.
Museum of the City of New York, Gift of Mr Shirley C. Burden, Prints & Photographs Archive, New York, États-Unis

– I. Underhill, *New York City : Brooklyn Bridge and Brooklyn*, 1919. Photographie noir et blanc.
Library of Congress, Prints and Photographs Division, Washington, D. C., États-Unis

– Album de dessins et brevets de J. Roebling, fac-similés.
Roebling Collection, Institute Archives and Special Collections, Rensselaer Polytechnic Institute, Troy, New York, États-Unis

– Richard Slote, *Over Troubled Waters. Saving the Bridges of New York*, 1991. Vidéo, couleur, sonore, v.o., 28'. Signet Productions/Free Media (prod.). Extraits.
Courtesy The Steel Institute of New York/Signet Production

– M. Burgot, *L'École de l'argent*, 1993. Vidéo, couleur, sonore, 24'56". (*Envoyé spécial* du 30 septembre 1993). INA (prod.). Extraits.
Avec l'aimable autorisation de l'INA

TABLE 9.
Les ponts en arc en acier.

Pont sur le Forth (Forth Bridge), près d'Édimbourg, Écosse, Grande-Bretagne, 1890, Benjamin Baker et John Fowler (ing.) :

– Maquette de présentation aux parlementaires, 1882.
The Trustees of the Science Museum, Londres, Grande-Bretagne

– F. E. Cooper, *Forth Bridge : Notes on Erection*, 1896. Manuscrit.
Institution of Civil Engineers, Londres, Grande-Bretagne

– B. Baker, *The Forth Bridge*, Londres, éd. Spottiswode and Co, 1882 ;
– R. E. Middleton, « *Forth Bridge-Triangulation and Measurements* », in *Engineer*, 1887 ;
– P. Phillips, *The Forth Bridge in its Various Stages of Construction and Compared with the Most Notable Bridges of the World*, Édimbourg, éd. R. Grant and Son, 1888 ;
– T. Kell and Son, *Forth Bridge Railway. Contract Drawings to Accompany Specifications dated September 1882*. Lithographies de dessins d'exécution ;
– « *Cantilever Diagrams, August 19th 1884* ». Calculs des ingénieurs. Encre sur papier ;
– « *Number 3 : May-November 1887* » – « *Number 4 : November 1887-February 1888* » – « *Number 9 : December 1888-September 1889* » – « *Number 41 : 20/7/87 to 18/5/89* » – (sans numéro) « *February 1887-September 1889* ». 5 cahiers d'ingénieurs avec notations, calculs, diagrammes ;
– *The Illustrated London News*, 12 octobre 1889, et *Comparative Chart and Human Model*.
National Archives of Scotland, Scottish Record Office, Édimbourg, Écosse, Grande-Bretagne

– W. Westhofen, *The Forth Bridge, 1890*, Londres, éd. Offices of Engineering, s. d. ;
– E. Carey, *Inchgarvie Main Pier, April 6, 1888* ; *Forth Bridge from South-East, May 10, 1888* ; *Main Pier from Inchgarvie, May 24, 1888*. Vues de la construction, photographies noir et blanc.
National Library of Scotland, Édimbourg, Écosse, Grande-Bretagne

– Cédérom de photographies général.
Institution of Civil Engineers, Londres ; National Archives of Scotland, Scottish Record Office, Édimbourg, Écosse ; National Library of Scotland, Édimbourg, Écosse, Grande-Bretagne ; Hulton Getty Picture Library, Londres, Grande-Bretagne

– C. Haws, *Bridging the Future*, 1993. Vidéo,

couleur, sonore, 46'. Channel 4/Ericsson (prod.). Extraits. DR.

Viaduc du Viaur, près de Carmaux, 1902, Paul Bodin (ing.).
Société de construction des Batignolles, Lille, Imprimerie L. Daniel, 1832. Livre d'entreprise.
Spie Batignolles, Cergy- Pontoise

Pont de Québec sur le Saint-Laurent, Québec, Canada, 1917, E. S. Hoare et Thomas Cooper (ing.) :
Quebec Bridge, Raising Centre Span, s. d. ;
Quebec Bridge, Centre Span in Place, s. d. ;
Quebec City, Bridge, taken from South Shore, s. d. Photographies noir et blanc, tirages modernes (Studio Notman).
Musée McCord d'histoire canadienne, Montréal, Québec, Canada

TABLE 10.
Les ponts cantilever.

Pont de Saint Louis, Mississippi, États-Unis, 1874, James Buchanan Eads (ing.) :

– C. M. Woodward, *A History of the Saint Louis Bridge*, Saint Louis, éd. G. I. Jones & Co, 1881.
Institution of Civil Engineers, Londres, Grande-Bretagne

– Anonyme, *View of the Eads Bridge across the Mississippi at Saint Louis*, 1874. Lithographie couleur.
Library of Congress, Prints and Photographs Division, Washington, D. C., États-Unis

– Album de brevets de ponts en treillis, en arche, et de fondations. Fac-similés.
United States Patent Office, Washington, D. C., États-Unis

Viaduc de Garabit sur la Truyère, 1884, Léon Boyer (avant-projet d'après Théophile Seyrig, ing.), Maurice Koechlin (ing.) et Gustave Eiffel (ing. et entr.) :

– Maquette du pont.
Ministère de l'Équipement et des Transports, Paris

– Anonyme, *Le Viaduc de Garabit : montage de l'arc en porte-à-faux*, 1884 ; *Le Viaduc de Garabit en construction : montage des palées de l'arc*, 1884. Photographies noir et blanc ;
– Terpereaux, *Le Viaduc de Garabit après son achèvement*, s. d. Photographie noir et blanc ;
– Anonyme, *Le Viaduc de Garabit : ligne de Marvejols à Neussargues, plans, élévation, coupes et comparaisons avec Notre-Dame et la colonne Vendôme*, s. d. Gravure rehaussée à l'aquarelle ;
– G. Eiffel, *Mémoire sur le viaduc de Garabit*, Paris, Librairie polytechnique, 1889.
Fonds Eiffel, Musée d'Orsay, Paris

Pont Alexandre III, Paris, 1900, Louis-Jean Victor Aimé Résal et Amédée Alby (ing.), Schneider & Cie et Fives-Lilles (entr.) :
– Affiche de photographies noir et blanc extraites d'un document anonyme, *Travaux du pont Alexandre III, 1897-1900*, s. éd. Photomontage ;
– Anonyme, *Élévation générale du pont*, s. d. Tirage sur papier ;
– Anonyme, *Tablier métallique au-dessus des arcs. Partie entre trottoirs. Repères des tôles du platelage*, 1899. Tirage rehaussé à l'aquarelle ;
– Anonyme, *Pont roulant de montage*, 1898. Tirage sur papier.
Mairie de Paris, division des ouvrages d'art, Paris

TABLE 11.

Les grands ponts américains des années trente.

Pont de Bayonne (ou Kill van Kull), entre Bayonne, New Jersey, et Port Richmond, New York, États-Unis, 1927-1931, Othmar H. Ammann et Alston Dana (ing.), Cass Gilbert (arch.) :

– Affiche de photographies du chantier. Photomontage ;
– L. S. Moisseiff, « *The Design, Materials, and Erection of the Kill Van Kull (Bayonne) Arch* », *Journal of the Franklin Institute*, May 1932, vol. 213, n° 5.
Archives O. H. Ammann, ETH Bibliothek, Zurich, Suisse

– O. H. Ammann, *The Kill van Kull Bridge, Bayonne-Port Richmond : Drawings*, the Port of New York Authority, 1928-1931.
Archives O. H. Ammann, ETH Bibliothek, Zurich, Suisse ; Historic American Engineering Record, Washington, D. C., États-Unis

– Maquette de présentation du pont.
National Museum of American History, Division of History of Technology, Smithsonian Institution, Washington, D. C., États-Unis

– Anonyme, photographie du pont, s. d. Tirage moderne.
Museum of the City of New York, États-Unis

Pont George Washington, sur la rivière Hudson, entre Port Loo, New Jersey et New York City, États-Unis, 1931, Othmar H. Ammann (ing.) :

– O. H. Ammann, *The Hudson River at New York between Fort Washington and Fort Lee*, The Connecticut Society of Civil Engineers, 1928.
Archives O.H. Ammann, ETH Bibliothek, Zurich, Suisse

– Affiche de photographies du chantier et du pont, tirages modernes. Photomontage.
Historic American Engineering Record, Washington, D. C., États-Unis ; Port Authority of New York and New Jersey, New York, États-Unis

– *The Construction of the George Washington Bridge over the Hudson River, Port Loo, New Jersey to New York City*, 1931. Vidéo, noir et blanc, muet, 11'30". The Port Authority of New York and New Jersey (réal.), Pathéscope Production (prod.). Extraits.
Courtesy The Port Authority of New York and New Jersey, New York, États-Unis. DR.

Pont du Golden Gate, San Francisco, Californie, États-Unis, 1933-1937, Joseph Baerman Strauss, Charles Elton Ellis, Clifford Emmet Paine (ing.) :

– W. Sorensen, *Colossus of the Golden Gate : Building the Bridge*, 1987. Film 35 mm et vidéo, couleur et noir et blanc, sonore et muet, 29'. KTVU (prod.). Extraits.
Courtesy Golden Gate Bridge Highway and Transportation District, San Francisco, États-Unis

– J. B. Strauss et C. E. Paine, *The Golden Gate Bridge : Report of the Chief Engineer*, San Francisco, éd. Golden Gate Bridge, Highway and Transportation District, 1937 ;
– Album de 12 dessins, fac-similés, extraits de *The Golden Gate Bridge : Report of the Chief Engineer*, San Francisco, éd. Golden Gate Bridge, Highway and Transportation District, 1937 ;
– Affiche de photographies noir et blanc du chantier. Photomontage.

Golden Gate Bridge, Highway and Transportation District, San Francisco, États-Unis

TABLE 12.

Les premiers bâtiments industriels à ossature en fonte de fer.

J. Rennie, carnet de voyage avec croquis des moulins et ponts, 1784.
National Library of Scotland, Department of Manuscripts, Édimbourg, Écosse, Grande-Bretagne

W. Fairbairn, *On the Application of Cast and Wrought Iron to Building Purposes*, Londres, éd. John Weale, 1854.
Institution of Civil Engineers, Londres, Grande-Bretagne

Cédérom de photographies des moulins et fabriques des XVIIᵉ et XIXᵉ siècles en Angleterre.
Coll. Bill Addis, Twickenham ; Alan Baxter, Michael Bussell, John Davis, Ed Diestelkamp, Malcolm Tucker, Londres, Grande-Bretagne

Havelock Mill, filature de soie et coton, Manchester, Grande-Bretagne, v. 1825 et 1844.
Segment de la structure composé de 2 paires de colonnes et de 2 poutres en fonte de fer.
University of Manchester, Institute of Structural Technology, Historic Structures Project Group, Department of Physics, Manchester, Grande-Bretagne

Halle au blé, Paris, 1813, François-Joseph Bélanger, François Brunet (ing.), Jean-Baptiste Rondelet (ing. assistant) :

– Ph. de l'Orme, *Nouvelles inventions pour bien bastir et à petits fraiz*, Rouen, éd. David Ferrand, 1561, livre X, chap. XXV. Reproduction d'une coupe de comble.
Coll. privée

– Anonyme, *Échafaudage placé dans l'intérieur de la coupole*, s. d. Encre et lavis sur papier ;
– Anonyme, *Développement de la manière dont est formée la grande échelle de fer qui sert à monter du chêneau au sommet de la coupole pour arriver à la lanterne suivant le système de Bélanger architecte*, s. d. Encre et lavis sur papier ;
– Anonyme, *Halle aux grains et farines. Plan d'étude pour la confection de la coupole*, s. d. Encre et lavis sur papier ;
– F. J. Bélanger, *Plan et élévation géométrale de la coupole*, s. d. ; *Échafaud placé dans l'intérieur de la coupole*, s. d. ; *Moyen pour attacher le cuivre sur la couverture*, s. d. Encres et lavis sur papier ;
– Anonyme, *Étude pour connaître les assemblages des rampes - Détails de l'assemblage*, s. d. Encre et lavis sur papier ;
– Anonyme, *Deuxième étude de pivot*, s. d. Encre et lavis sur papier.
Archives nationales, Paris

– Maquette avec échafaudage.
Musée national des Techniques du CNAM, Paris

– F. Brunet, *Dimensions des fers qui doivent former la coupole de la Halle aux grains de M. Bélanger*, Paris, Firmin Didot, 1809 ;
– L. Molinos et C. Pronnier, *Traité théorique et pratique de la construction métallique*, Paris, éd. A. Morel et Cie, 1857.
École nationale des ponts et chaussées, Paris

– A. Vierendeel, *La Construction architecturale en fonte, fer, et acier*, Bruxelles-Paris, Lyon-Claesen, 1893
Réserve, Bibliothèque historique de la ville de Paris

TABLE 13.

Les grandes serres du XIXᵉ siècle.

Serre du Muséum d'histoire naturelle, Paris, 1833, Charles Rohault de Fleury (ing.) :

– Anonyme, *Élévation latérale d'un pavillon & coupe sur les serres courbées*, s. d. Encre sur papier ;
– Anonyme, *Projet d'achèvement des serres chaudes*, s. d. Encre sur papier.
Archives nationales, Paris

– C. Rohault de Fleury, *Muséum d'histoire naturelle, serres chaudes, galerie de Minéralogie, etc.*, Paris, éd. par l'auteur, 1837.
Bibliothèque nationale de France, Paris

Great Stove, Chatsworth, Grande-Bretagne, 1836-1840, Joseph Paxton (ing.) :

– Anonyme, intérieur et extérieur de la serre, s. d. 4 photographies noir et blanc ;
– D. Burton, *Machine inventée par Joseph Paxton pour couper les sections du fer*, s. d. ; Coupe qui monte le système du drainage et l'attachement des sections du fer, s. d. Encres et lavis sur papier.
Devonshire Collection, The Trustees of the Chatsworth Settlement, Chatsworth, Grande-Bretagne

Palmeraie de Kew (Palm House), Surrey, Grande-Bretagne, 1848, Richard Turner (ing.), Decimus Burton (arch.) :

– Tube en fer de fonte de la serre.
The National Trust for Places of Historic Interest or Natural Beauty, Londres, Grande-Bretagne

– J. Smith, *Section through a Proposed Palm House*, 1843. Encre sur papier ;
– D. Burton, *Design for Proposed Palm House, Transverse Section showing Double Row of Columns*, s. d. Encre, crayon et lavis sur papier ;
– D. Burton, *Design for Proposed Palm House, Transverse Section, March 1844*. Encre et lavis sur papier ;
– D. Burton, *Design for Proposed Palm House, Front Elevation and Plan*, s. d. Encre sur papier ;
– D. Burton et R. Turner, *Transverse Section of Wings and Centre, Front Elevation, Plan*, 1844. Lithographie rehaussée à l'aquarelle ;
– D. Burton et R. Turner, *Working Drawing of Tower*, June 1843. Encre et lavis sur papier ;
– D. Burton et R. Turner, *Sketch of Section of Palm House* (recto) et *Study of Elevation and Plan* (verso), 1844 ; *Study Plan of a Proposed Palm House* ; *Study of Elevation and Section*, 7 mars 1844. Lettres, fac-similés ;
– R. Turner, *Study of Heating System for Palm House*, 3 juillet 1844. Lettre, fac-similé ;
– Anonyme, *Plan showing the New Pathes*, 1890. Encre et lavis sur papier ;
– Anonyme, le chantier et l'ouvrage achevé, s. d. 2 photographies noir et blanc.
Royal Botanic Gardens, Kew, Surrey, Grande-Bretagne

TABLE 14.

Le Crystal Palace

Crystal Palace, Londres, 1850-1851, Joseph Paxton (ing.), Fox, Henderson and Company (entr.) :

– Affiche de photographies noir et blanc et de gravures sur les techniques de construction, extraites de *The Illustrated London News*, vol. 18, janvier-juin 1851. Photomontage ;
– C. Burton, *Crystal Palace : Aeronautic View of*

566

the *Palace of Industry for All Nations from Kensington Gardens*, 1851. Lithographie couleur.
Guildhall Library, Londres, Grande-Bretagne

– R. P. Cuff, *Interior Perspective of the Crystal Palace*, s. d. Gravure d'après W. G. Brounger.
The British Architectural Library, Royal Institute of British Architects, Londres, Grande-Bretagne

– Anonyme, *The Crystal Palace, Hyde Park*, s. d. Peinture sur verre, vue en perspective ;
– Anonyme, *An Authentic View of the Great Industrial Exhibition Palace of 1851*.
Chromolithographie de J. R ;
– Anonyme, *Proof. Agriculture*, s. d. Chromolithographie.
Coll. Françoise Jollant-Kneebone, Paris

– J. Paxton, *Blotting Paper Sketch, Crystal Palace, Hyde Park, 1851*. Esquisse, fac-similé ;
– H. Walker, *Owen Jones' Decoration of the Transept, Crystal Palace*, s. d. Aquarelle ;
– B. B. Turner, vue de la nef, 1851. Albumen.
Prints, Drawings & Photographs Department, Victoria & Albert Museum, Londres, Grande-Bretagne

– H. Owen et C. M. Ferrier, extérieur et intérieur du Crystal Palace, 1851. 3 calotypes extraits de *Report by the Juries*, Royal Commission for the Exhibition of 1851, Londres, éd. Spicer Brothers, 1852, t. II, III, IV.
National Art Library, Victoria & Albert Museum, Londres, Grande-Bretagne

– C. Downes, *The Building Erected in Hyde Park for the Great Exhibition of the Works of Industry of All Nations, 1851*, Londres, éd. John Weale, 1852.
Imperial College of Science, Technology and Medicine, Londres, Grande-Bretagne

– Cédérom de photographies extraites de P. H. Delamotte, *Photographic Views of the Progress of the Crystal Palace, Sydenham*, Londres, éd. The Photographic Institution, 1855.
Metropolitan Archives, Greater London Record Office ; Victoria & Albert Museum, Londres, Grande-Bretagne

Old Midland Railway Station, Oxford, Grande-Bretagne, 1851, Fox, Henderson and Company (entr.).
2 poutres et 1 colonne de fer de fonte.
The Trustees of the Science Museum, Londres, Grande-Bretagne

TABLE 15.
Les grands espaces couverts.

Affiche de photographies de gares anglaises.
Photomontage.
National Railway Museum, Science Museum, Science & Society Picture Library, Londres, Grande-Bretagne

Pose de fermes de Polonceau à l'intérieur du palais de l'Exposition universelle de 1878, Émile Baudet (ing.). Maquette.
Musée national des Techniques du CNAM, Paris

Gare de l'Est, Paris, 1849, Pierre Cabanel de Sermet (ing.), François-Alexandre Duquesney et Honoré Bellanger (arch.) :
– Anonyme, *Ferme du comble de la gare de Paris*, in *Le Moniteur des Architectes*, 1855. Gravure ;
– Anonyme, coupe longitudinale de la halle, s. d. Gravure.
Cabinet des estampes, musée Carnavalet, Paris

Shed, gare de Lime Street II, Liverpool, Grande-Bretagne, 1851, Richard Turner (ing.).
R. Turner, « *Description of the Iron Roof over the Railway Station, Lime Street, Liverpool* », *Minutes of Proceedings of the Institution of Civil Engineers*, Londres, 1850.
Institution of Civil Engineers, Londres, Grande-Bretagne

Shed, gare de Paddington II, Londres, Grande-Bretagne, 1854, Isambard Kingdom Brunel (ing.), Matthew Bigby Wyatt (arch.) :

– I. K. Brunel, *Sketchbook 3 I.K.B. (Paddington)*, *ca* 1851. Carnet avec croquis des perspectives, élévations, profils des voûtes ;
– I. K. Brunel, *Great Western Railway Sketchbook 14*, 1841. Carnet avec croquis des coupes, plans, et élévations des entrepôts du Bristol Goods Shed ;
– I. K. Brunel, *Great Western Railway Sketchbook 13*, 1841. Carnet avec esquisses de la coupe du Bristol Goods Shed.
University Library, University of Bristol, Grande-Bretagne

– Anonyme, rénovation de la toiture après les bombardements de 1914-1915, s. d. 3 dessins, fac-similés.
Railtrack Great Western, Swindon, Wiltshire, Grande-Bretagne

Gare de Birmingham, Grande-Bretagne, 1854, Fox, Henderson and Company (entr.).
J. Phillips, « *Description of the Iron Roof of one Span over the Joint Railway Station, New Street, Birmingham* », in *Minutes of the Proceedings, Institution of Civil Engineers*, vol. 14, 1855.
Institution of Civil Engineers, Londres, Grande-Bretagne

Gare de Charing Cross, Grande-Bretagne, 1862, John Hawkshaw (ing.) :
– Anonyme, dessin de la toiture, s. d. Encre sur papier ;
– Anonyme, vue de l'intérieur de la gare avec locomotive, s. d. Aquarelle.
Railtrack South West, Croydon, Grande-Bretagne

Gare de Saint-Pancras, Londres, Grande-Bretagne, 1869, William Henry Barlow et Rowland Mason Ordish (ing.) :

– Maquette du shed.
The National Railway Museum, York, Grande-Bretagne

– A. Handyside & Company, *Works in Iron*, Derby et Londres, éd. Britannia Iron Works, 1868.
Institution of Civil Engineers, Londres, Grande-Bretagne

Galerie des machines, Exposition universelle de 1889, Paris, Adolphe Alphand et Victor Contamin (ing.), Ferdinand Dutert (arch.) :

– Anonyme, Perspective du grand vestibule avec une vue de la galerie de 30 mètres au fond, s. d. Dessin au lavis.
Musée de la Chartreuse, Douai

– Album de dessins, fac-similés, extraits de *Engineering*, vol. XLVII, 3 mai 1889.
Institution of Civil Engineers, Londres, Grande-Bretagne

– Affiche de photographies noir et blanc.
Photomontage.
Bernard Chevojon et Roger-Viollet, Paris

TABLE 16.
Préfabrication et industrialisation du bâtiment à l'heure américaine.

J. Bogardus, brevet « *Iron Structure* », 7 mai 1850. Fac-similé.
United States Patent Office, Washington, D. C., États-Unis

J. W. Thomson, *Cast Iron Buildings : their Construction and Advantage by James Bogardus*, éd. J. W. Harrison, New York, 1856.
The New York Historical Society, États-Unis

Harlem Fire Watch Tower, New York, États-Unis, 1851, Julius B. Kroehl, d'après James Bogardus (ing.). Anonyme, photographie de la tour, s. d. Tirage moderne.
Historic American Engineering Record, Washington, D. C., États-Unis

Watervliet Arsenal, New York, États-Unis, 1851, Daniel Badger (ing.) :

– D. Badger, *Architectural Iron Works of New York/Iron Architecture*, New York, éd. Baker & Godwin, 1865.
Library of Congress, Prints and Photographs Division, Washington, D. C., États-Unis

– Anonyme, 4 plans (axonométrie, élévation, coupe et détails) et photographies.
Historic American Engineering Record, Washington, D. C., États-Unis

Brompton Boiler Rooms, Museum of Science and Art, sur la propriété du South Kensington Museum, Londres, Grande-Bretagne, 1856, Londres, Young & Son (entr.) :
– Anonyme, photographie noir et blanc de la construction, s. d. ;
– Cédérom de phototographies.
Prints, Drawings & Photographs Department, Victoria & Albert Museum, Londres, Grande-Bretagne

Usine Menier, Noisiel-sur-Marne, 1871-1872, Jules Logre (ing.), Jules Saulnier (arch.) :
– A. Jahandier, *Structure métallique du moulin-chocolaterie Menier à Noisiel-sur-Marne*, 1871. Gravure ;
– Anonyme, 2 *esquisses d'étude pour la façade du moulin, base métallique*, *ca* 1865. Crayon sur calque rehaussé de couleurs.
Société Nestlé, Fonds Menier, Noisiel-sur-Marne

Home Insurance Building, Chicago, États-Unis, 1884-1885, William Le Baron Jenney (ing.) :
– Anonyme, *Miscellaneous Details* et *Vertical Section*, s. d. 2 coupes, tirages sur papier ;
– Anonyme, *Ninth Floor Framing Plan*, s. d. Plan, tirage sur papier.
Art Institute of Chicago, États-Unis

Fair Building, Chicago, États-Unis, 1890-1891, William Le Baron Jenney (ing.) :

– Album de plans, coupes, détails de l'ossature extraits de *The Inland Architect and News Record*, vol XVIII, n° 4, novembre 1891 et *Engineering News*, 21 décembre 1893. Fac-similés.
Art Institute of Chicago, États-Unis

– Affiches de photographies noir et blanc. Photomontage.
Chicago Historical Society ; Art Institute of Chicago, États-Unis

Old Colony Building, Chicago, États-Unis, 1893-1894, Corydon T. Purdy (ing.), William Holabird et Martin Roche (arch.) :

– Anonyme, *Structural Details*, s. d. Tirage sur papier ;
– Anonyme, *Wind Bracing Details*, s. d. Tirage sur papier ;
Art Institute of Chicago, États-Unis

– Anonyme, *Old Colony Building (Terminated)*, s. d. Photographie noir et blanc.
Chicago Historical Society ; Art Institute of Chicago, États-Unis

– Anonyme, *Reliance Building*, s. d. Photographie noir et blanc, rappel du bâtiment de Daniel H. Burnham & Company, Chicago, États-Unis, 1895.
Chicago Historical Society, États-Unis

South Addition, Monadnock Building, Chicago, États-Unis, 1893, William Holabird et Martin Roche (ing.) :

– Anonyme, *Window Details*, s. d. Plan, tirage sur papier ;
– Anonyme, *Re-revised Eighth Floor Plan*, s. d. Plan, tirage sur papier.
Art Institute of Chicago, États-Unis

– Anonyme, *View of Monadnock, North*, s. d. Photographie noir et blanc ;
– Anonyme, *Monadnock Building, South Addition*, s. d. Photographie noir et blanc.
Chicago Historical Society, États-Unis

Ascenseur à vapeur, 1854, et ascenseur hydraulique, Elisha Graves Otis (ing.) :

– Charles R. Otis, « Amélioration d'ascenseur à vapeur », et « Guides pour éviter le bruit », 1872. Brevets, fac-similés.
United States Patent Office, Washington, D. C., États-Unis

– Anonyme, *E. G. Otis. Crystal Palace, New York*, 1853. Gravure.
Archives Otis France

– J. Robbins, *Going Up : The Story of the Otis Elevator*, 1990. Vidéo, couleur, sonore, 15'.
Foundation for Teaching Economics/Pyramid Film and Video (prod.). Extraits.
Pyramid Media

TABLE 17.
La tour Eiffel.

Tour Eiffel, Paris, 1889, d'après le projet de Maurice Koechlin et d'Émile Nouguier, Stephen Sauvestre (arch.), Gustave Eiffel (entr.) :

– 2 poutrelles métalliques et un rivet provenant des travaux de rénovation.
Société nouvelle d'exploitation de la tour Eiffel, Paris

– G. Eiffel : Carnet ;
– G. Eiffel, « Décomposition du prix de la tour/Tour de 300 mètres/Mètres et devis », s. d. Manuscrit ;
– G. Eiffel, « Notes du calcul », minute de chapitre extraite de *La Tour de trois cents mètres*, Paris, éd. Société des imprimeries Lemercier, 1900 ;
– G. Eiffel, « Convention relative à la tour Eiffel », s. d. Manuscrit ;
– G. Eiffel, « Devis général de la tour », 4 août 1886 ;
– G. Eiffel, « Évaluation de la recette et de sa dépense », s. d. ;
– G. Eiffel, *Tour en fer de 300 mètres de hauteur destinée à l'Exposition de 1889*, Paris, éd. Capiomont et V. Renault, 1885 ;
– G. Eiffel, *Les Grandes Constructions métalliques*, Paris, éd. Chaix, 1888 ;
– G. Eiffel, *La Tour de trois cents mètres*, Paris, éd. Société des imprimeries Lemercier, 1900, t. II. Planches.
– Anonyme, *La Tour de 300 mètres. Projet Coté*, s. d. Gravure ;
– Anonyme, *La Construction de la tour Eiffel vue de l'une des tours du palais du Trocadéro*, 10 août 1887 au 10 avril 1889. Album dépliant de 20 photographies noir et blanc ;
– Anonyme, *Eiffel, Adolphe Salles, Claire Salles, M. Millo, Adolphe*, s. d. Albumen ;
– Neurdein Frères, *La Construction de la tour Eiffel avec la Galerie des machines*, 1888 ; *Les Culées d'une pile*, 1888. Photographies noir et blanc ;
– Durandelle, « Album sur les Travaux de Construction de la Tour Eiffel », 8 avril 1887 au 31 mars 1889. Album de photographies noir et blanc ;
– Henri Rivière, *Peintre sur une corde à nœuds le long d'une poutre verticale, au-dessous d'un assemblage de poutres*, s. d. Photographie noir et blanc ;
– Henri Rivière, *Trois ouvriers sur l'échafaudage d'une poutre en arc du « campanile »*, s. d. Photographie noir et blanc ;
– H. Manuel, *Rith et Eiffel dans la chambre d'expérience du laboratoire d'Auteuil*, ca 1905-1920. Héliogravure.
Fonds Eiffel, Musée d'Orsay, Paris

– É. Nouguier et M. Koechlin, *Pylône de 300 m de hauteur pour la Ville de Paris*, 1889. Dessin, fac-similé.
ETH Bibliothek, Zurich, Suisse

– É. Nouguier et M. Koechlin, Brevet de construction des piles et pylônes métalliques d'une hauteur pouvant dépasser 300 mètres, 1884. Fac-similé.
Institut national de la propriété industrielle, Paris

– Anonyme, mécanisme inférieur de l'ascenseur Otis, rez-de-chaussée au 2ᵉ étage, s. d. Gravures ;
– Anonyme, ascenseur Edoux, 2ᵉ au 3ᵉ étage, s. d. Gravures.
Archives Otis France

– P. Pouzenc, *La Tour intelligente*, 1996. Vidéo, couleur et noir et blanc, sonore, 26'. Science Vidéo Service (prod.). Extraits.
Science Vidéo Service

TABLE 18.
La légèreté selon Choukhov.

Affiche de photographies et de dessins de coupoles et de voûtes. Photomontage.

Voûte de la halle de Hüttenwerk, Vyksa, Russie, 1897, Vladimir G. Choukhov (ing.) :
– Carnet, s. d. Études de coupoles ;
– Esquisse de coupoles ;
– Dessin d'arc sous-tendu.
Académie des sciences de Russie, Moscou, Russie

Châteaux d'eau et réservoirs, 1896, Vladimir G. Choukhov (ing.) :
– Brevet ;
– Photographies.
Académie des sciences de Russie, Moscou, Russie

Phares, Vladimir G. Choukhov (ing.) :
– Plan, tirage bleu ;
– 2 photographies historiques.
Académie des sciences de Russie, Moscou, Russie

Tour d'émission radio Chabolovka, Moscou, Russie, 1919-1921, Vladimir G. Choukhov (ing.) :
– Plan avec notes de dimensions. Tirage bleu ;
– Anonyme, *Élévations et détails, version 150 mètres*, s. d. Tirage papier ;
– Vladimir Fiodorovitch, *Atelier de laminage ; En mémoire de l'achèvement d'une construction*, s. d. Photographies ; vue intérieure des ateliers, s. d. Photographie, stéréopositif sur verre.
Académie des sciences de Russie, Moscou, Russie

TABLE 19.
Le temps des gratte-ciel.

Woolworth Building, New York, États-Unis, 1913, Gunvald Aus (ing.), Cass Gilbert (arch.) :

– I. Underhill, *Photographic Views of the Construction of the Woolworth Building, 233 Broadway, New York City, 1911-1912*, New York, sans éd., 1912.
U. S. History, Local History and Genealogy Division, The New York Public Library, Astor, Lenox and Tilden Foundations, New York, États-Unis

– Anonyme, *Portal Braces, West Elevation*, 1911. Encre sur lin ;
– Anonyme, *Wind Bracing 29th to 50th Floors. Typical Details*, 1911. Encre sur lin.
National Museum of American History, Smithsonian Institution, Washington, D. C., États-Unis.

Empire State Building, New York, États-Unis, 1931, Homer G. Balcom (ing.), Richmond H. Shreve, William F. Lamb et Arthur Loomis Harmon (arch) :

– L. Hine, *View of the Empire State Building under Construction ; View of Workmen on Beam*, s. d. Photographies noir et blanc, tirages modernes.
Prints & Photographs Archives, Museum of the City of New York, États-Unis

– I. Underhill, *Empire State Building*, 1931. Photographie noir et blanc.
Library of Congress, Prints and Photographs Division, Washington, D. C., États-Unis

– Cédérom de photographies.
Avery Library, Columbia University, New York, États-Unis

– *The Empire Steel*, 1930. Film 16mm, noir et blanc, muet, 35'. Otis Industry (réal.), Pathéscope Production (prod.). Extraits.
Avec l'aimable autorisation d'Otis France. DR.

GALERIE SUD
LE BÉTON

TABLE 1.
« Préhistoire ».

J. L. Lambot, barque, *ca* 1849.
Musée des Travaux publics, ministère de
l'Équipement, Paris

Niche à chien, G. A. Wayss (const.), 1884, système
Monierbetau.
Deutsches Museum, Munich, Allemagne

TABLE 2.
Origines et inventions.

Pline, *Histoire du monde. Méthode pour faire la
chaux*, 1608 ;
Saint Augustin, *Civitas Dei*, 1570 ;
Vitruve, *Les Dix Livres d'architecture*, « description
du béton romain », éd. originale de la traduction de
Claude Perrault, 1681.
Bibliothèque Mazarine, Paris

M. Fleuret, *Art de composer des pierres factices aussi
dures que le caillou*, 1807.
École nationale des ponts et chaussées, Paris

L. J. Vicat, *Recherches expérimentales sur les chaux
de construction, les bétons et les mortiers
ordinaires*, Paris, éd. Goujon, 1818.
Groupe Vicat, Paris

F. Coignet, *Sur l'emploi des bétons moulés et
comprimés*, Paris, 1855.
M. A. Kleine, *Notice sur la chaux naturelle
éminemment hydraulique du Seilley*, imprimerie
Arnous de Riviers, Ville-sous-la-Ferté, 1879.
Bibliothèque de l'École nationale des ponts et
chaussées, Paris

J. Blied, J. Lecarme, *Les Chaux hydrauliques et
ciments de la société J. et A. Pavin de Lafarge*,
Valence-sur-Rhône, 1909.
Coll. particulière, Paris

Aqueduc, Jouy-en-Josas, Moselle, IIᵉ-IIIᵉ s. ap. J.-C.
Fragment de béton romain, ou « *terrazzo* ».
Canalisation de plomb entourée de mortier.
La Cour d'Or, Musées de Metz

Vénus de Milo, entreprise Coignet, 1878
Béton aggloméré ;
Aiguille Vicat, 1907 ;
Appareil d'essai, W. Michaelis, *ca* 1876.
Musée national des Techniques du CNAM, Paris

Portland Hall, Gravesend, *ca* 1850.
Fragment de béton armé.
Ove Arup & Partners, Londres, Grande-Bretagne

Appareil pour tester le ciment, type John Grand, 1860.
Deutsches Museum, Munich

Poutre métallique enrobée, *ca* 1900-1910.
Muséum de Lille

Affiche de photographies noir et blanc. Photomontage :

– Fours à ciment, environs de Neufchâtel-Hardelot,
1896.
Roger-Viollet, Paris

– Cimenterie Chiron, *ca* 1904-1912.
Galerie Eurêka, Chiron Frères, Chambéry

– Cimenterie Vicat, Pont-de-Claix, 1874.
Mairie de Claix

F. Coignet, *Technique de pilonnage ; Maison de
Vincennes*. Gravures extraites de *L'Illustration*,
31 juillet 1858.
Coll. particulière

Pont-aqueduc de la Vanne, vallée de l'Yonne, F. Coignet,
M. Humblot (ing.), 1873.
Affiche de photographies noir et blanc.
Photomontage.
Bibliothèque historique de la Ville de Paris

TABLE 3.
Brevets, développements théoriques,
valorisation, expérimentation

J. Monier, « Système de traverses et supports en ciment
et fer applicables aux voies, chemins ferrés et non
ferrés », 14 août 1878.
Archives nationales/Institut français d'architecture,
Archives d'architecture du xxᵉ siècle, Fonds
Considère, Paris

J. Monier :
– Brevet, 16 juillet 1867. Description des caisses en
fer et ciment destinées à l'horticulture ;
– Additifs au n° 77 165, du 4 juillet 1868, du
19 septembre 1868, du 2 septembre 1869, du 13
août 1873.
INPI, Paris

F. Hennebique :
– Brevet, 8 août 1892 ;
– Certificat d'addition rattaché au brevet 222 546,
18 décembre 1897. Copie ;
– *Improvments in Piles, Quays and Retaining
Walls or Structures*, s. d. Imprimé ;
– Brevet Hennebique, s. d. Imprimé ;
– Brevet « Pieux, pilotis et palplanches en béton de
ciment armé », 29 mars 1897. Copie ;
– Croquis relatifs au Brevet Hennebique, s. d.
INPI, Paris

J. L. Lambot : Brevet d'invention n° 22 120, 30 janvier
1855.
INPI, Paris

P. Brannon : Brevet Brannon n° 2703, « *Fireproof
Building* », 1871.
Archives nationales/Institut français d'architecture,
Archives d'architecture du xxᵉ siècle, Paris

P. Cottancin : Brevet n° 2703, 13 mai 1889. Procédé de
fabrication d'ossatures métalliques sans attaches et à
réseau continu.
INPI, Paris

T. Hyatt : Brevet d'invention, 22 janvier 1876.
INPI, Paris

E. L. Ransome :
– Brevet d'invention, 16 septembre 1884 ;
– Brevet d'invention du 25 juin 1889.
Library of Congress, Washington, États-Unis

*Das System Monier (Eisengrippe mit
Cementumhüllung)*, Berlin, G. A Wayss, 1887.
Deutscher Beton-Verein E. V., Wiesbaden,
Allemagne

*Du calcul des ouvrages en ciment avec ossature
métallique*, Paris, 16 mars 1894. Mémoire de la
Société des ingénieurs civils de France ;
Ch. Rabut, *Cours de construction en béton armé*,
Paris, École nationale des ponts et chaussées, 1906.
Bibliothèque de l'École nationale des ponts et
chaussées, Paris

Circulaire de 1906 ;
F. Hennebique, note de calcul, s. d.
Archives nationales/Institut français d'architecture,
Archives d'architecture du xxᵉ siècle, Paris

« *Report of the Joint Committee on Reinforced
Concrete* », in *Journal of Riba*, 1907, vol. XIV,
n° 257.
Institution of Civil Engineers, Londres, Grande-
Bretagne

*Commission du ciment armé ; Expériences, rapports
et propositions, instructions ministérielles
relatives à l'emploi du béton armé*, Paris,
éd. H. Dunod et E. Pinat, 1907.
Coll. particulière

Le Ciment, son emploi et ses applications nouvelles,
novembre 1912, n° 11 ;
Le Béton armé, sept. 1906 ;
Beton und Eisen, 1905, vol. 7.
Archives nationales/Institut français
d'architecture, Archives d'architecture du xxᵉ
siècle, Paris

Ferro concrete, Londres, The St Bridges Press Ltd,
1912, vol. III.
Archives Mouchel, Byfleet, Grande-Bretagne

Brochure Hennebique System, Baffrey-Hennebique
USA.
Coll. particulière, Paris

P. Christophe, *Le Béton armé et ses applications*,
Paris, Ch. Béranger, 1902.
Coll. particulière, Paris

C. Berger et V. Guillerme, *La Construction en ciment
armé*, 1902.
Coll. particulière, Paris

A. Merciot, *Le Ciment armé dans la construction*,
Paris, G. Fanchon, s. d. ;
N. de Tédesco et V. Forestier, *Manuel du constructeur
en ciment armé*, 1917.
Coll. particulière, Paris

E. Mörsch, *Der Betoneisenbau seine Anwendung und
Theorie*, Stuttgart, Verlag von Konrad Wittwer,
1902.
Deutscher Beton-Verein E. V., Wiesbaden,
Allemagne

M. A. Morel, *Le Ciment armé et ses applications*,
Paris, 1902.
Bibliothèque de l'École nationale des ponts et
chaussées, Paris

A. Maurel, N. de Tédesko, *Traité théorique et pratique
de la résistance des matériaux appliquée au
béton et au ciment armé*, Paris, Ch. Béranger,
1904.
Coll. particulière, Paris

TABLE 4.
Systèmes

Joseph Monier (inventeur).

Type de marches pour escalier à vis, *ca* 1900-1910.
Maquette.
Muséum de Lille

Wayss & Freytag, Verzeichniss von Fabrikaten und Arbeiten in Stampfbeton, 1895.
Wayss & Freytag, Francfort-sur-le-Main, Allemagne

Anonyme, portrait de J. Monier, s. d. Reproduction photographique noir et blanc, extraite de *Das System Monier (Eisengrippe mit Cementumhüllung)*, Berlin, 1887.
Deutscher Beton-Verein E. V., Wiesbaden, Allemagne

Affiche de photographies noir et blanc. Photomontage :

– Pont de Chazelet, J. Monier (inventeur), 1875.
Coll. particulière

– Passerelle de l'exposition industrielle, Brême, Allemagne, 1890, Aktien-Gesellschaft, Für Beton und Monierbau (const.).
Freie Hansestadt, Stadtarchiv, Brême, Allemagne

– Pont de Wildegg, Suisse, 1889-1890, Aktien-Gesellschaft, Für Beton und Monierbau (const.).
EMPA, laboratoire d'essai, Dübendorf, Allemagne

Joseph Melan (ing).

Type de voûte à armature rigide, *ca* 1900-1910.
Maquette.
Muséum de Lille

Pont de Chauderon-Montbenon sur la vallée du Flon, Lausanne, Suisse, 1904, J. Melan (ing), L. F. de Vallières et Simon (bureau d'études), A. Laverrière et Monod (arch.).
Affiche de photographies noir et blanc.
Photomontage.
Musée historique, Lausanne, Suisse

Pont des Planches sur la Grande Eau, Le Sepey, Suisse, 1913, J. Melan (ing.), L. F. de Vallières et Simon (bureau d'études).
Album de plans.
Canton de Vaux, section Ouvrages d'art, Lausanne

François Hennebique (bureau d'études).

Minoterie, Société des grands moulins de Nantes, 1984-1895, F. Hennebique (bureau d'études), Lenoir, Etève et Raoulx (arch.), E. et P. Sée (entr.).
Fragment de l'encorbellement. Maquette.
Muséum de Lille

Étriers, 1892-1893.
Coll. particulière

Minoterie Weaver, Swansea, Grande-Bretagne, 1897-1898, F. Hennebique (bureau d'études), Jenkins & Lainé (entr.).
Fragment d'armature longitudinale.
Institution of Civil Engineers, Londres, Grande-Bretagne

Banque, Bâle, Suisse, 1896, F. Hennebique (bureau d'études), S. de Mollins (ing.), R. Lidner (arch.).
Détails constructifs du système Hennebique. Dessins sur calque.
Archives nationales/Institut français d'architecture, Archives d'architecture du xxe siècle, Paris

Edmond Coignet (système Chaudy) type Coignet.

Fragment de poutre-plancher, *ca* 1900-1910.
Maquette.
Muséum de Lille

Fabrique de ciment, Niel on Rupell, Belgique, 1897, E. Coignet (entr.)
Détail des pièces de plancher. Plans.
Archives nationales/Institut français d'architecture, Archives d'architecture du xxe siècle, Paris

Brochure publicitaire de l'entreprise Coignet, *ca* 1908.
Coll. particulière

Reinforced concrete, Londres, 1897-1944.
Brochure Coignet en Angleterre.
Institution of Civil Engineers, Londres, Grande-Bretagne

Paul Cottancin (ing.).

Fragment d'une dalle, *ca* 1900-1910.
Muséum de Lille

Église Saint-Jean-de-Montmartre, Paris, 1905, P. Cottancin (ing.), A. De Baudot (arch.) :
– Détails constructifs en ciment et briques armées.
Dessin sur papier, encre de chine et aquarelle.
Bibliothèque du Patrimoine, Paris

– Affiche de photographies noir et blanc.
Photomontage.
Caisse nationale des monuments historiques et des sites, Paris ; studio Chevojon, Paris

TABLE 5
Systèmes

Ernest Leslie Ransome (ing.).

Armature torsadée, 1884.
Maquette.
Hurst, Peirce and Malcolm, Londres, Grande-Bretagne

Standford Museum, Californie, États-Unis, 1891.
Affiche de photographies noir et blanc.
Photomontage.
Standford University, Stanford, États-Unis

E. L. Ransome, *A Treatise on the History, Patents Design and Erection of the Principal Parts entering into a Modern Reinforced Concrete Building*, New York, Mc Graw-Hill Book Company, 1912.
Standford University, États-Unis

Julius Khan (ing.).

Coupe sur plancher, *ca* 1900-1910.
Maquette.
Muséum de Lille

Armature, *ca* 1910.
Institution of Civil Engineers, Londres, Grande-Bretagne

Intended Steel Bars for Reinforced Concrete Construction, 1910 ;
A Handbook of Instruction for Reinforced Concrete, Truscon, 1907.
Institution of Civil Engineers, Londres, Grande-Bretagne

Thaddeus Hyatt (ing.).

An Account of some Experiments with Portland-Ciment Concrete Combined with Iron, as a Building Material, Londres, Chiswick Press, 1877.
Institution of Civil Engineers, Londres, Grande-Bretagne

Barre crénelée, s. d.
Hurst, Peirce & Malcolm, Londres, Grande-Bretagne

Industrialisation, préfabrication

Maison moulée, 1912, Thomas Edison (ing.).
Maquette.
Edison National Historic Site, West Orange, N. J., États-Unis

Éléments de coffrage en fonte.
Moule pour une maison moulée.
Edison National Historic Site, West Orange, N. J., États-Unis

Affiche de photographies noir et blanc sur les maisons moulées, système Edison. Photomontage.
Roger-Viollet, Paris ; Edison National Historic Site, West Orange, N. J., États-Unis

Reconstruction de la cathédrale de Reims, 1925-1926, B. Laffaille (ing.), H. Deneux (arch.).
Affiche de photographies noir et blanc.
Photomontage.
Caisse nationale des monuments historiques et des sites, Paris

Fabrique, Lucerne, Suisse, *ca* 1903.
Brochure Siegwart'schen Cement-Hohlbalken.
Archives nationales/Institut français d'architecture, Archives d'architecture du xxe siècle, Paris

Système Siegwart : B. Recordon, « Un nouveau système de béton armé » in *Bulletin technique de Suisse Romande*, 1903.
Archives nationales/Institut français d'architecture, Archives d'architecture du xxe siècle, Paris

Système Visintini, « *Einige Versuche mit diesen Gitterbalken aus Eisenbeton* », Vienne, 1903.
Archives nationales/Institut français d'architecture, Archives d'architecture du xxe siècle, Paris

TABLE 6.
Fondations, soutènements.

Usine Menier, Noisiel, 1905-1906, A. Considère (ing.), S. Sauvestre (arch.), Jules Loup (entr.) :

– Pieu en béton fretté, échelle 1.
Mairie de Noisiel et Syndicat de l'agglomération nouvelle du Val Maubué, Marne-la-Vallée, Seine-et-Marne

– Mise en place des pieux, système de fondation de la « cathédrale ». Plans, tirages bleus.
Archives Nestlé, Noisiel ; Archives nationales/Institut français d'architecture, Archives d'architecture du xxe siècle, Paris

Pieu, 1908, E. Coignet (entr.).
Détail de l'armature. Maquette.
The Trustees of the Science Museum, Londres, Grande-Bretagne

Illustration publicitaire sur la fabrication du pieu fretté, s. d.
Cartes postales.
Archives nationales/Institut français d'architecture, Archives d'architecture du xxe siècle, Paris

Pont d'Aberdeen, Grande-Bretagne, *ca* 1911, A. Pelnard (ing.).
Cédérom de photographies.
Archives nationales/Institut français d'architecture, Archives d'architecture du xxᵉ siècle, Fonds Considère, Paris

Affiche de photographies noir et blanc sur les fondations et caissons de fondation. Photomontage.
Wayss & Freytag, Francfort, Allemagne

Réservoirs.

Modèle de conduite, 1908, E. Coignet (entr.).
Maquette.
The Trustees of the Science Museum, Londres, Grande-Bretagne

Élément de conduite, *ca* 1900-1910.
Système non déterminé. Maquette.
Muséum de Lille

Château d'eau Scafati, Salerno, Italie, 1897, E. Zublin (concepteur), R. Werner (constr.).
Alimentation en eau d'une filature. 4 dessins.
Archives nationales/Institut français d'architecture, Archives d'architecture du xxᵉ siècle, Fonds Hennebique, Paris

Affiche de photographies noir et blanc. Photomontage :
– Réservoirs Bully-les-Mines, parfumerie Houbigant, Seyssuel, Éts Haour, Compiègne ;
– Réservoir, Saint-Gall, Suisse, 1904, R. Maillart (ing.).
Archives nationales/Institut français d'architecture, Archives d'architecture du xxᵉ siècle, Paris ; ETH, Zurich, Suisse

Ossatures.

Halle de Breslau, auj. Wroclaw, Pologne, 1911-1913, Willi Gehler (ing.), Max Berg (arch), Dyckerhoff & Widmann (entr.) :

– Maquette en coupe au 1/50.
Deutsches Museum, Munich, Allemagne

– Affiche de photographies noir et blanc. Photomontage.
Archiwum Budowlane, Wroclaw, Pologne

Campanile de San Marco, Venise, 1903-1912, G. A. Porcheddu, système Hennebique.
Affiche de photographies noir et blanc sur la reconstruction du campanile. Photomontage.
Archivio storico del comune di Venezia, Italie

Théâtre des Champs-Élysées, 1913, A. Perret (arch.), L. Gelusseau (ing.).
Dessin de l'ossature.
Archives nationales/Institut français d'architecture, Archives d'architecture du xxᵉ siècle, Fonds Perret, Paris

Filature de coton Charles Six, Tourcoing, 1896, F. Hennebique (bureau d'études), Debosque (entr.).
Perspective de l'ossature. Dessin.
Archives nationales/Institut français d'architecture, Archives d'architecture du xxᵉ siècle, Fonds Hennebique, Paris

Entrepôt, Zurich, 1910, Robert Maillart (ing.) :
Colonnes octogonales en béton armé à travers 4 étages. Dessin.
ETH, Zurich, Suisse

TABLE 7.
Franchissements.

Pont en béton monolyte sur l'Iller, près de Kempten, Allemagne, 1906, Dyckerhoff & Widmann (entr.).
Maquette au 1/50.
Deutsches Museum, Munich, Allemagne

Pont de Mativa, Liège, Belgique, 1905, F. Hennebique (bureau d'études), Société de fondations par compression mécanique du sol (entr.).
4 dessins.
Archives nationales/Institut français d'architecture, Archives d'architecture du xxᵉ siècle, Paris

Couverture du canal Saint-Martin, Paris, 1906, Boussiron (entr.), M. Mesnager (ing.).
Réalisation d'une voûte. Projet de modification du profil des culées. Dessin sur calque jaune.
Mairie de Paris, direction de la voirie, section des canaux

Reconstruction du pont sur la Tech, Amélie-les-Bains, 1909, Boussiron (entr.) :
Détail de l'arc et des longerons ; élévation longitudinale. Plans d'ensemble.
DDE, Conseil général des Pyrénées-Orientales, Perpignan

Pont du Gmündertobel sur la Sitter, Teufen, Suisse, 1908, Emile Mörsch (ing.) :
– Maquette au 1/100 ;
– Détail de l'arche, ferraillage. Plan sur papier ;
– Coupe. Dessin ;
– Affiche de photographies. Photomontage.
Administration cantonale, Canton Appenzell, A. Rh., Hérisau, Suisse

Pont du Risorgimento, Rome, 1911, François Hennebique (bureau d'études) :
– Coupes longitudinale et transversale. Dessins.
Archives nationales/Institut français d'architecture, Archives d'architecture du xxᵉ siècle, Paris

Pont-rail sur le Rhône, Chippis, Suisse, 1907, Froté, Westermann & Co (entr.).
Élévation et armature du pont. Dessins.
AluSuisse Aluminium, Chippis, Suisse

Affiche de photographies noir et blanc. Photomontage.
Archives nationales/Institut français d'architecture, Archives d'architecture du xxᵉ siècle, Fonds Hennebique, Paris ; Alusuisse Aluminium, Chippis, Suisse

TABLE 8.
Ponts en béton armé.

Eugène Freyssinet (ing), Limousin (entr.).

Affiche de photographies noir et blanc. Photomontage :

– Pont de Villeneuve-sur-Lot, Lot-et-Garonne, 1919 DDE Agen ;

– Pont de Saint-Pierre-de-Vauvray, Louviers, 1922. Roger-Viollet, Paris ; coll. Mnam-Cci, Centre Georges Pompidou

Pont de Tonneins sur la Garonne, 1922.
Plan, coupe longitudinale ;
Pont de Villeneuve-sur-Lot, 1914-1919.
Plan, coupe longitudinale.
Direction départementale de l'Équipement, service politique routière, Agen

Pont Albert-Louppe, Plougastel, 1930.
Affiche de photographies noir et blanc.
Photomontage ;
Cédérom de photographies.
Coll. Mnam-Cci, Centre Georges Pompidou ; École nationale des ponts et chaussées, Paris ; coll. particulière ; Roger-Viollet, Paris

Robert Maillart (ing.).

Cédérom de photographies et affiche de photographies noir et blanc. Photomontage :
– Pont de Schwandbach, Suisse, 1933 ;
– Pont de Tavanasa, Suisse, 1905 ;
– Pont sur l'Arve, Vessy, 1936-1937.
ETH, Zurich, Suisse

Pont sur le Rhin, Tavanasa, Suisse, 1905, Maillart & Cie (entr.).
Coupes longitudinale et transversale. Dessin.
ETH, Zurich, Suisse

Pont de Salginatobel, Schiers, Suisse, 1929-1930, Prader & Cie A. G. (entr.) :

– Maquette au 1/100.
Museum für Gestaltung, Zurich, Suisse

– Coupes longitudinale, horizontale et transversale. Dessin.
ETH, Zurich, Suisse

Pont de Schwandbach, Schwarzenburg, Suisse, 1933, Losinger & Cie, Binggeli fr. (entr.).
Maquette au 1/20.
Museum für Gestaltung, Zurich, Suisse

Pont d'Altendorf, Lachen, Suisse, 1940, Prader & Cie (entr.).
Maquette au 1/20.
Museum für Gestaltung, Zurich, Suisse

TABLE 9.
Ponts en béton armé.

Albert Caquot.

Affiche de photographies noir et blanc. Photomontage :
– Pont de la Caille, ravin des Usses, 1928 ;
– Pont sur les chutes du Sautet, 1927-1928 ;
– Môle d'escale du Verdon, port autonome de Bordeaux, 1930. Construction des piles colonnes ;
– Pont Lafayette, Paris, 1928.
Atelier Photos, Thônes ; DDE Annecy ; Archives SNCF-Gare de l'Est ; Archives nationales/Institut français d'architecture, Archives d'architecture du xxᵉ siècle, Fonds Considère, Paris ; Port autonome de Bordeaux

Cédérom de photographies sur le pont des Usses, le pont du Sautet et le pont Lafayette.
Archives SNCF-Gare de l'Est

Nicolas Esquillan.

Pont de la Roche-Guyon, Val d'Oise, 1934, Boussiron (entr.) :

– Plaquette descriptive.
Coll. Mnam-Cci, Centre Georges Pompidou, Paris

– Maquette.
Ministère de l'Équipement, Paris

Pont de la Coudette sur le gave de Pau, Peyrehorade, Landes, 1938-1943, Boussiron (entr.) :

– Maquette.

Musée des Travaux publics, ministère de
l'Équipement, Paris

– Plaquette descriptive.
Coll. Mnam-Cci, Centre Georges Pompidou, Paris

– Plan de bétonnage du tablier.
Association des Amis de Nicolas Esquillan, Boulogne

Affiche de photographies noir et blanc. Photomontage :
Roger-Viollet, Paris ; Archives nationales/Institut
français d'architecture, Archives d'architecture du
xxᵉ siècle, Paris

Gilbert Lacombe (ing.).

Pont de Tréguier dit « Canada », 1951-1954, E. Coignet
(entr.).
Maquette du cintre.
Musée des Travaux publics, ministère de
l'Équipement, Paris

Riccardo Morandi (ing.).

Viaduc sur la Fiumarella, Cantanzaro, Italie, 1958-1962,
Sogene (constr.).
3 dessins.
Ministero per i Beni Culturali e Ambientali, Archivio
Centrale dello Stato, Rome, Italie

Affiche de photographies noir et blanc. Photomontage.
Studio Morandi, Rome, Italie

TABLE 10.
Ponts en béton précontraint.

Eugène Freyssinet (ing.).

Cône d'ancrage mâle, 1939 ;
Cône d'ancrage mâle, 1950 ;
Cône d'ancrage brillant ;
Cône d'ancrage modèle 104 ;
4 ancrages complets avec câble ;
Vérin type U1, modèle 1952, avec pompe à main type
P1, modèle 1953 ;
Pompe P3 (groupe de mise en tension pour petites
unités) ;
Vérin plat (galette de béton avec robinet) ;
Eugène Freyssinet, 3 esquisses, s. d.
Freyssinet International (STUP), Vélizy-Villacoublay

Affiche de photographies noir et blanc. Photomontage :

– Pont de Luzancy sur la Marne, 1946.
Coll. particulière, Brest ; École nationale des ponts
et chaussées, Paris ; Freyssinet International, Vélizy-
Villacoublay

– Ponts sur la Marne, Esbly, Ussy, 1947-1949.
Campenon-Bernard, Rueil Malmaison ; coll. Mnam-
Cci, Centre Georges Pompidou, Paris ; Roger-Viollet,
Paris

– Pont sur l'autoroute Caracas-La Gueira, Venezuela,
1951-1953.
Campenon-Bernard, Rueil Malmaison

Ulrich Finsterwalder (ing.).

Affiche de photographies noir et blanc. Photomontage.
Pont de Balduinstein sur la Lahn, 1950.
Werkfoto, Dyckerhoff & Widmann, Munich, Allemagne

Henri Lossier (ing.).

Pont de Villeneuve-Saint-Georges, 1950.
Affiche de photographies noir et blanc.
Photomontage.
G. Meguerditchian, Centre Georges Pompidou, Paris

Riccardo Morandi (ing.).

Pont sur la lagune de Maracaïbo, Venezuela, 1962,
Consorcio puente Maracaïbo (entr.), C. Cherubini,
E. Hofacher, E. Gabrielli, S. et V. Scalesse (coll.).
Maquette au 1/40.
Studio Morandi, Rome, Italie

Viaduc sur la Polcevera et sur le parc ferroviaire, Gênes,
Italie, 1965, C. Cherubini (coll.), SICA (const.).
2 dessins.
Ministero per i Beni Culturali e Ambientali, Archivio
Centrale dello Stato, Rome, Italie

Affiche de photographies noir et blanc. Photomontage.
Studio Morandi, Rome, Italie ; Archives de Parme,
Italie

Nicolas Esquillan (ing.), Boussiron (entr.).

Pont de la Voulte-sur-le-Rhône, Ardèche, 1955.
Affiche de photographies noir et blanc.
Photomontage.
Alain Gamond, La Voulte

Jean Courbon (ing.).

Viaduc de Savines sur la Durance, 1960, Grands
Travaux de Marseille, Dumez (entr.).
Affiche de photographies noir et blanc.
Photomontage.
Photothèque EDF, Boulogne-sur-Seine

Jean Muller (ing.).

Affiches de photographies noir et blanc. Photomontage :

– Pont de Choisy-le-Roi, Val-de-Marne, 1965,
Campenon-Bernard (entr.).
Campenon-Bernard, Rueil Malmaison ; Jean Muller,
Suresnes

– Pont d'Oléron, Charente-Maritime, 1966,
Campenon-Bernard (entr.).
Campenon-Bernard, Rueil Malmaison ; Jean Muller,
Suresnes ; Roger-Viollet, Paris

– Viaduc de Long Key, Floride, États-Unis, 1982,
Figg & Muller Engineers Inc., Michael Construction
Company (entr.).
Jean Muller, Suresnes

– Pont de Seven Miles, États-Unis, 1981, Misener
Marine (const.) ;
– Viaduc de Linn Cove, Caroline du Nord, États-Unis,
1981-1982, Jasper Construction Company (const.) ;
– Pont de Northumberland, île du Prince Edward,
Canada, 1996.
Jean Muller, Suresnes ; JMI Engineers Inc., San
Diego, États-Unis

TABLE 11.
Couvertures en voile mince (coques).

Messageries de la gare de Lyon, Paris, 1910, Simon
Boussiron (entr.)
Affiches de photographies noir et blanc.
Photomontage
Extraits de *Cent Ans de béton armé*.

Fronton de Recoletos, Madrid, Espagne, 1935, Eduardo
Torroja (ing.), Secundino Zuazo (arch.)
Maquette au 1/40.
Colegio de Ingenieros de Caminos, Canales y Puerto,
Madrid, Espagne

Hershey Sports Arena (palais des sport d'Hershey),
Pennsylvanie, États-Unis, 1936, Anton Tedesco

(ing.), Robert & Schaefer Co. (bureau d'études) :
– Affiche de photographies noir et blanc.
Photomontage ;
– 2 esquisses.
Princeton University, Princeton, États-Unis

Hangars d'aviation, Bizerte, Karouba, Tunisie, 1932,
Boussiron (entr.) :

– Affiche de photographies noir et blanc.
Photomontage.
Archives nationales/Institut français d'architecture,
Archives d'architecture du xxᵉ siècle, Paris

– Plaquette descriptive.
Coll. Mnam-Cci, Centre Georges Pompidou, Paris

Hangars de Châlons-sur-Marne, Marne, 1932, B. Laffaille
(ing.).
Affiche de photographies noir et blanc.
Photomontage.
Archives nationales/Institut français d'architecture,
Archives d'architecture du xxᵉ siècle, Paris

Halle du ciment, Exposition nationale de Zurich, Suisse,
1938-1939, Robert Maillart (ing.), H. Leuzinger
(arch.), Prader & Cie (constr.).
Affiche de photographies noir et blanc.
Photomontage.
ETH, Zurich, Suisse

Salle omnisports, Rennes, Ile-et-Vilaine, 1960-1961, T.
Jeanbloch (ing.), Y. Perrin, M. Arretche (arch.),
Brochard, Gaudichet, Peniguel (entr.)
Affiche de photographies noir et blanc.
Photomontage.
Archives de la ville de Rennes

Hangars doubles, aéroport de Marseille-Marignane,
Bouches-du-Rhône, 1949-1952, Nicolas Esquillan
(ing.), Auguste Perret (arch.), Boussiron (entr.) :

– Affiche de photographies noir et blanc.
Photomontage.
Archives nationales/Institut français d'architecture,
Archives d'architecture du xxᵉ siècle, Paris

– Tirage plan du hangar à deux nefs.
Coll. Mnam-Cci, Centre Georges Pompidou, Paris

Affiche de photographies noir et blanc. Photomontage :
– Hangars de Verdun, Meuse, 1927-1928, B. Laffaille
(ing.) ;
– Hangars de Romilly-sur-Seine, Aube, 1929, B.
Laffaille (ing.).
Archives nationales/Institut français d'architecture,
Archives d'architecture du xxᵉ siècle, Paris

Affiche de photographies noir et blanc. Photomontage :

– Usine de la Compagnie nouvelle de radiateurs,
Dammarie-les-Lys, Seine-et-Marne, 1928, E.
Freyssinet (ing.).
Coll. Mnam-Cci, Centre Georges Pompidou, Paris

– Halle des voyageurs de la gare de Reims, Marne,
1930, E. Freyssinet (ing.), E. Maigrot (arch.),
Limousin (entr.).
Direction de la SNCF, Reims

Dépôt de chemin de fer, Brasov, Roumanie, 1947,
M. Mihailescu (ing.).
Affiche de photographies noir et blanc.
Photomontage.
Coll. M. Mihailescu, Cluj, Roumanie

Table 12.
Coupoles.

Coupole Zeiss, Iéna, Allemagne, 1925, F. Dischinger
(ing.), Dycherhoff & Widmann (entr.).
– Armature d'une coupole en voile mince, système
Zeiss-Dywidag ;
– Affiche de photographies noir et blanc.
Photomontage
Werkfoto, Dyckerhoff & Widmann, Munich

U. Müther (ing.), Spezialbetonbau, Binz/Rügen,
Allemagne (entr.) :
– Fragment de structure de coupole, échelle 1.
– Calcul pour structure d'une coupole. Tirage du
plan de l'armature.
U. Müther, Rüggen, Allemagne

Marché d'Algésiras, Espagne, 1933, Eduardo Torroja
(ing.), Sanchez Arcas (arch.), M. Barredo (entr.).
Affiche de photographies noir et blanc.
Photomontage.
Colegio de Ingenieros de Caminos, Canales y Puerto,
Madrid, Espagne

Aérogare, Saint Louis, Missouri, États-Unis, 1955, Anton
Tedesco, Robert & Schaeffer (ing.), Hellmuth,
Yamasaki et Leinweber (arch.).
Affiche de photographies noir et blanc.
Photomontage.
Princeton University, Princeton, États-Unis ;
HOK Inc., Saint Louis, États-Unis

Auditorium de Kresge (MIT), Cambridge,
Massachusetts, États-Unis, 1955, Eero Saarinen et
Amman & Whitney (ing.) :

– affiche de photographies noir et blanc.
Photomontage.
Kevin Roche, John Dinkelo, Associates, Hamden,
Conn. ; Esto, Mamaroneck, N. Y., États-Unis

– album de dessins.
Kevin Roche, John Dinkelo, Associates, Hamden,
Conn., États-Unis

Terminal TWA, aéroport Kennedy, New York, États-Unis,
1962, Eero Saarinen et Amman & Whitney (ing.) :
– affiche de photographies noir et blanc.
Photomontage ;
– album de dessins.
Kevin Roche, John Dinkelo, Associates, Hamden,
Conn., États-Unis

Nicolas Esquillan (ing.).

Cnit, Paris-la Défense, 1958, Nicolas Esquillan, René
Perzeau et P. Faessel (ing.), G. Lacombe, entreprise
Coignet (entr.) :

– Affiche de photographies noir et blanc.
Photomontage.
EPAD/Jean Biaujeaud-Bleue Image ; Archives
nationales/Institut français d'architecture, Archives
d'architecture du xxᵉ siècle, Fonds Boussiron,
Paris

– Maquette en plâtre.
Société aérodynamique Eiffel

Cahier d'études.
Association des Amis de Nicolas Esquillan, Boulogne

Heinz Isler (ing.).

Station-service BP, Deitingen, Suisse, 1968
Maquette d'efforts d'essais statiques ;

Bâtiment de la compagnie Sicli, Genève, Suisse, 1969
Maquette d'architecture ;
Garden Center de Bürgi, Camorino, Suisse, 1971
Maquette ;
Dessin de report de points obtenus sur maquette ;
Maquette développement de forme carrée ;
Affiche de photographies noir et blanc. Photomontage.
Heinz Isler, Burgdorf, Suisse

Table 13.
**Voiles à double courbure (paraboloïdes
hyperboliques, dits selles de cheval).**

Bernard Laffaille (ing.).

Hangars, essai de structure, Dreux, Eure-et-Loir, 1933,
Bernard Laffaille (ing.) :
– Affiche de photographies noir et blanc.
Photomontage ;
– *Coffrage mobile pour double auvent*. Dessin ;
– *Essais de résistance, juin 1933*. Dessin ;
– *Études du cintre*. Dessin ;
– 2 esquisses ;
– Coupe AB. Dessin ;
– Motrice en béton plein armé pour mouler une
surface gauche. Dessin ;
– Mémoire sur l'étude générale des surfaces gauches
minces. Éd. Association internationale des ponts et
charpentes, École polytechnique de Zurich, 1935.
– Fernand Aimond : Étude statique des voiles minces
en paraboloïde hyperbolique travaillant sans flexion,
éd. Association internationale des ponts et charpentes,
École polytechnique fédérale de Zurich, 1936.
Archives nationales/Institut français d'architecture,
Archives d'architecture du xxᵉ siècle, Fonds Bernard
Lafaille, Paris

Halle de la Forêt-Noire (Schwarzwaldhalle), Karlsruhe,
Allemagne, 1955, Ulrich Finsterwalder (ing.).
Affiche de photographies noir et blanc.
Photomontage.
Dyckerhoff & Widmann, Zurich

Église Notre-Dame-de-Royan, 1955, Bernard Laffaille et
René Sarger (ing.) :

– Affiche de photographies noir et blanc.
Photomontage ;
– Façade. Dessin ;
– Coupe longitudinale, croquis d'étude, élévation
nord. Dessin ;
– Poutre AB. Dessin ;
– Note avec croquis sur la stabilité générale.
Archives nationales/Institut français d'architecture,
Archives d'architecture du xxᵉ siècle, Fonds Bernard
Lafaille, Paris

– Maquette.
Musée national des Techniques du CNAM, Paris

Felix Candela (ing.).

Restaurant Los Manantiales, Xochimilco, Mexique, 1958
Maquette suspendue en 3 parties ;
Chapelle Lomas, Cuernavaca, Mexique, 1959
Maquette ;
Chapelle Saint-Vincent-de-Paul, Coyoacan, Mexique,
1960
Maquette ;
Chapelle San José Obrero, Monterrey, Mexique, 1959
Maquette ;
Chapelle Na Sa de la Soledad, El Altillo, Mexique, 1955
Maquette ;
Affiche de photographies noir et blanc.
Photomontage.
École d'architecture, Madrid ; Yukata Saïto, Japon

Album de dessins.
Columbia University, New York, États-Unis ; Avery
Library, New York, États-Unis

Table 14.
Porte-à-faux, résilles, nervures, pliages.

Porte-à-faux.

Affiche de photographies noir et blanc. Photomontage :

– Halles des Messageries SERNAM, gare d'Austerlitz,
Paris, 1929, Eugène Freyssinet (ing.).
P. Tournebœuf, Paris

– Hangars à auvent, aéroport de Lyon-Bron, 1932,
Albert Caquot (ing.)
Archives SLHAHA, Bron et Musée de l'Air, Le
Bourget

Stade de Florence, Italie, 1932, Pier Luigi Nervi (ing.) :
– Perspective. Dessin sur calque, encre de Chine et
fusain ;
– Perspective. Dessin sur calque, crayon et fusain ;
– Affiche de photographies noir et blanc.
Photomontage.
Archives de Parme, Italie

Hangars de Cazaux, 1933, Bernard Laffaille (ing.).
Affiche de photographies noir et blanc.
Photomontage.
Archives nationales/Institut français d'architecture,
Archives d'architecture du xxᵉ siècle, Paris

Hippodrome de la Zarzuela, Madrid, Espagne, 1935,
Eduardo Torroja (ing.) :

– Affiche de photographies noir et blanc.
Photomontage.
Instituto Torroja, Madrid

– Maquette.
Colegio de Ingenieros de Caminos, Canales y Puerto,
Madrid, Espagne

Résilles, nervures, pliages.

Hangars à dirigeables, Orly, 1923, Eugène Freyssinet
(ing.).
Affiche de photographies noir et blanc.
Photomontage.
École nationale des ponts-et-chaussées, Paris ;
collection particulière, Brest ; Musée de l'Air,
Le Bourget ; Musée Albert Kahn, Boulogne

Cédérom de photographies.
Collection particulière, Brest

Halle sur carrés, Leipzig, Allemagne, 1929,
Franz Dischinger (ing.).
Affiche de photographies noir et blanc.
Photomontage.
Dyckerhoff & Widmann, Zurich, Allemagne

Hangars, Chartres, 1930, Bernard Laffaille (ing.).
Affiche de photographies noir et blanc.
Photomontage.
Archives nationales/Institut français d'architecture,
Archives d'architecture du xxᵉ siècle, Fonds Bernard
Lafaille, Paris

Hangars d'aviation, Metz-Frescaty, 1930, Bernard
Laffaille (ing.).
Affiche de photographies noir et blanc.
Photomontage.
Archives nationales/Institut français d'architecture,
Archives d'architecture du xxᵉ siècle, Paris

Hangars d'Orvieto, Italie, 1936 et 1940, Pier Luigi Nervi
(ing.) :

– Affiche de photographies noir et blanc.
Photomontage.
Archives de Parme, Italie ; coll. Mnam-Cci, Centre
Georges Pompidou, Paris

– Maquette.
Coll. Mnam-Cci, Centre Georges Pompidou Paris

Hangars d'Orbetello, Italie, 1940, Pier Luigi Nervi (ing.).
Affiche de photographies noir et blanc.
Photomontage.
Archives de Parme, Italie ; coll. Mnam-Cci, Centre
Georges Pompidou, Paris

Salon principal du palais des expositions (Turin, Italie),
1949, Pier Luigi Nervi (ing.) :
– Affiche de photographies noir et blanc.
Photomontage ;
– Coupe et détails des armatures des poutres à
l'extrémité de la voûte. Crayon sur calque ;
– Coupe de l'escalier d'accès à la tribune de presse.
Dessin, fac-similé, crayon sur calque.
Archives de Parme, Italie

Palazzo dello sport, Rome, 1956-1957, Pier Luigi Nervi
(ing.) :
– Affiche de photographies noir et blanc.
Photomontage ;
– Perspective avec pare-soleil. Crayon sur calque ;
– Coupe. Dessin.
Archives de Parme, Italie

Filature Gatti (Rome), 1951-1953, Pier Luigi Nervi
(ing.).
Armature des piliers. Tirage héliograhique.
Archives de Parme, Italie

Palazzetto dello sport, Rome, 1956-1957, Pier Luigi
Nervi (ing.) :

– Armature du pilier. Encre de Chine sur calque ;
– Vue intérieure. Crayon sur calque.
Archives de Parme, Italie

Album de dessins :
– Armature de la coupole. Encre de Chine sur
calque, fac-similé ;
– Vue intérieure. Crayon sur calque ;
– Élément de fermeture de l'anneau central pour la
lumière du ring et de la salle. Encre de Chine sur
calque, fac-similé ;
– Armature de la dalle-champignon et chapiteau
préfabriqué. Crayon sur calque ;
– Cédérom de photographies.
Archives de Parme, Italie ; coll. Mnam-Cci, Centre
Georges Pompidou, Paris

Rotonde de locomotives, 1946, Bernard Laffaille et
Paul Peirani (ing.) :

– Diagramme d'essais en soufflerie. Dessin ;
– Coupe. Dessin ;
– Prototype d'un module ;
– Plan perspective. Vue intérieure.
Archives nationales/Institut français d'architecture,
Archives d'architecture du XXe siècle, Fonds Bernard
Lafaille, Paris

– Affiche de photographies noir et blanc.
Photomontage.
Coll. P. Tournebœuf ; AN/IFA, Fonds Bernard
Lafaille, Paris

TABLE 15.
Barrages en voûte mince et réfrigérants.

Affiche de photographies noir et blanc. Photomontage :
– Barrage de La Roche-Qui-Boit, Vezins, 1920,
Armand Considère et Albert Caquot (ing.).
Archives EDF, Boulogne

– Barrage de la Girotte, près de Beaufort, 1948,
Albert Caquot (ing.).
J. P. Mirabel, Albertville ; Cyrille Simonnet, Paris

Affiche de photographies noir et blanc. Photomontage :
– Barrage de Coolidge, Phoenix, États-Unis, 1928 ;
– Barrage du Boulder-Dam, Hoover-Dam, États-Unis,
1934.
Library of Congress, Washington, États-Unis

Affiche de photographies noir et blanc. Photomontage :
– Barrage de Fabrèges, vallée de l'Ossau, 1948 ;
– Barrage du Bious, Laruns, vallée de l'Ossau, 1956.
Société hydro-électrique du Midi, Toulouse

Barrage de Roselend, Savoie, 1961, André Coyne (ing.) :
– Maquette.
Coyne et Bellier, Gennevilliers

– Affiche de photographies noir et blanc.
Photomontage.
Photothèque EDF, Boulogne ; Coyne et Bellier,
Gennevilliers

Barrage de Djen-Djen, Erraguéné, Algérie, 1961,
Eugène Freyssinet et Jean Muller (ing.).
Affiche de photographies noir et blanc.
Photomontage.
Campenon-Bernard, Rueil Malmaison

Barrage de Vouglans sur l'Ain, 1968, Coyne et Bellier
(ing.) :

– Affiche de photographies noir et blanc.
Photomontage.
Photothèque EDF, Boulogne ; Coyne et Bellier,
Gennevilliers

– Dessin d'étude.
Coyne et Bellier, Gennevilliers

Barrage Daniel Johnson sur la Manicouagan, Canada,
1968, Coyne et Bellier (ing.) :

– Maquette en bois ;
Coyne et Bellier, Gennevilliers

– Affiche de photographies noir et blanc.
Photomontage.
Photothèque EDF, Boulogne ; Coyne et Bellier,
Gennevilliers

Barrage de Kariba sur le Zambèze, Zimbabwe-Zambie,
1959, Coyne et Bellier (ing.).
Affiche de photographies noir et blanc.
Photomontage.
Coyne et Bellier, Gennevilliers

Centrale thermique Émile Huchet, Carling, Moselle,
1952, R. Gibrat (ing.).
Affiche de photographies noir et blanc.
Photomontage.
Houillères du Bassin de Lorraine, Metz

Centrale d'Arjuzanx, Landes, EGI (constr.).
Affiche de photographies noir et blanc.
Photomontage.
EGI, Noisiel

Centrale nucléaire de Golfech, 1988, GTM (constr.).
Affiche de photographies noir et blanc.
Photomontage.
Archives de Golfech

Maquette de coffrage grimpant pour réfrigérant.
EGI, Noisiel

Cédérom de photographies sur les réfrigérants.
EGI, Noisiel

Films (extraits).

Anthony Friedmann, *Les Tours de Golfech*, s. d. Vidéo,
couleur, sonore, 12'43". Audio 3 (prod.).
Avec l'aimable autorisation de GTM Construction

Marc Robichaud, *Northumberland Strait Bridge*, 1996.
Vidéo, couleur, sonore, 22'. Moses Media/Strait
Crossing (prod.).
Courtesy J. Muller International, Bridge Engineering
Consultants/Strait Crossing

*Le Port de Bordeaux, ses annexes, son avant-port. 1
- Le Verdon, avant-port de Bordeaux., ca 1929.*
Film 16mm, noir et blanc, muet, 21'.
Port autonome de Bordeaux, service cinématographique
(prod.).
Avec l'aimable autorisation des Archives du Port
autonome de Bordeaux

Marc Cantagrel, *Les Ponts sur la Marne*, s. d. Film
35mm, noir et blanc, sonore. Jean Mineur/Entreprise
Freyssinet (prod.) ;
Le Pont Champlain à Montréal, sans générique, s. d.
Film 35mm, couleur, muet, 30'. Entreprise
Freyssinet (prod.).
Avec l'aimable autorisation du Groupe Freyssinet

Teruo Toyoshima, *Félix Candela*, 1995. Vidéo, couleur,
sonore, version japonaise, 30'. Gallery MA (prod.).
Courtesy Gallery MA

Reconstruction du viaduc de la Voulte-sur-le-Rhône,
1952-1956. Film 35mm, noir et blanc, sonore, 30'.
service central cinématographique, SNCF/Entreprise
Boussiron (prod.).
Avec l'aimable autorisation de la SNCF et de
l'Institut français d'architecture, Fonds Boussiron

Les Hangars de Marignane, 1950. Film 35mm, noir et
blanc, muet, 28'. Entreprise Boussiron (prod.).
Avec l'aimable autorisation de l'Institut français
d'architecture, Fonds Boussiron

Jacques Pennin, *Naissance d'un palais : le palais des
expositions du CNIT à La Défense*, s. d. Film 35mm,
couleur, sonore, 17'. Entreprise Boussiron/Entreprise
Balency/Entreprise Coignet (prod.).
Avec l'aimable autorisation de l'Institut français
d'architecture, Fonds Boussiron. DR.

Aéroport d'Orly (hangars), 1922. Film 35mm, noir et
blanc, muet, 8'. Entreprise Eugène Freyssinet
(prod.) ;
Le Pont de Plougastel, 1925-1930. Film 35mm, noir et
blanc, muet, 9'30". Entreprise Eugène Freyssinet
(prod.) ;
*Lancement d'un chaland de haute mer en ciment
armé. de 1500 tonnes. Société anonyme des
Entreprises Limousin*, 1925-1930 Film 35mm, noir
et blanc, muet, 1'30". Entreprise Eugène Freyssinet
(prod.).
Collection Famille Eugène Freyssinet

FORUM HAUT
STRUCTURES LÉGÈRES

TABLE 1.
Structures légères, structures spatiales.

Cerf-volant BD 55 1 8, 1907, Alexander Graham Bell (ing.).
Cerf-volant en cellules tétraédriques en forme d'aile. Bois, tissu et soie rouge ; Photographies noir et blanc sur les cerfs volants et la Tour Tetraédrique de A. G. Bell, 1907-1923.
Alexander Graham Bell National Historic Site, Baddeck, Canada

Pavillon du Centenaire de l'aluminium, Paris, 1954, Jean Prouvé, Michel Hugonet (ing.).
Trois travées originales du Pavillon.
Coll. André Lannoy, Lille

REP D, Robert Esnault-Pelterie (ing.), 1911.
Avion biplan. Structure originale.
Musée de l'air et de l'espace, Le Bourget

– *L127 Graf Zeppelin im Bau : Hintere Motoren, Gondel, Streichen des Hülle, Post-Übernahme, Passagierfährt mit Dr. Hugo Eckener über Friedrichshafen, Ankunst von der Weltfahrt*, 1927-1928. Film 35mm, noir et blanc, muet, 229 m, 11'53". Extraits ;
– *Bilder vom Bau des Luftschiffes « L127 » (Luftschiffbau Zeppelin GmbH zeigt…)*, 1928. Film 35mm, noir et blanc, muet, 304 m, 16'. Extraits. Archives of the Luftschiffbau Zeppelin GmbH, Friedrichshafen

R. Buckminster Fuller.

Voiture Dymaxion, 1934, R. Buckminster Fuller :

– Prototype.
Harra National Automobile Museum, Reno, Nevada, États-Unis

– Cédérom de photographies noir et blanc.
Courtesy Buckminster Fuller Institute, Santa Barbara, Californie, États-Unis

Maison Dymaxion ou « Maison Wichita », Wichita, Kansas, États-Unis, 1945, R. Buckminster Fuller (ing.) :

– Maquette.
Museum of Modern Art, New York, États-Unis

– Cédérom de photographies noir et blanc.
Courtesy Buckminster Fuller Institute. Santa Barbara, Californie, États-Unis

Dôme géodésique en aluminium des usines Ford, Dearborn, Détroit, États-Unis, 1952-1953.
Photographies noir et blanc du dôme géodésique.
Courtesy Buckminster Fuller Institute, Santa Barbara, Californie, États-Unis

Radôme pour la Federal Aviation Authority, 1957.
Structure en polyester armé de fibre de verre.
Coll. Mnam-Cci, Centre Georges Pompidou, Paris

Union Tank Car Company, Baton Rouge, Louisiane, États-Unis, 1958.
Union Dome de la Graver Tank Division, Wood River, Illinois, États-Unis, 1959.
Dôme géodésique de l'American Society for Metals, Cleveland, Ohio, États-Unis, 1959.
Cédérom de photographies noir et blanc.

Courtesy Buckminster Fuller Institute, Santa Barbara, Californie, États-Unis

Palais des Sports, Porte de Versailles, Paris, 1959 (système B. Fuller).
Palais des Sports, Porte de Versailles à Paris, 1959. Film 16mm, noir et blanc, sonore, 14'. Aluminium de France (prod.). Extraits.
Avec l'aimable autorisation de Publimétal. DR.

Hangar d'aviation, 1959.
Maquette en métal.
Synergetics Inc., Raleigh, N. C., États-Unis

Climatron, Saint Louis, Missouri, États-Unis, 1960.
Cédérom de photographies noir et blanc.
Library of Congress, Washington, D. C., États-Unis

Dôme géodésique, 1960.
Maquette en carton.
Shoji Sadao, Long Island City, New York, États-Unis

Pavillon des États-Unis, Exposition universelle de Montréal, Québec, Canada, 1967, R. Buckminster Fuller/Fuller & Sadao Inc./Geometrics Inc. (arch.) :

– Nœud extérieur à 12 branches ;
– Nœud intérieur à 6 branches.
Fuller & Sadao Inc./Geometrics Inc., Long Island City, New York, États-Unis

– Cédérom de photographies couleur.
Shoji Sadao, Long Island City, New York, États-Unis

– Jean Lanzi, Raymond Girard, *Nos cousins du Québec*, 1967. Film 16mm, noir et blanc, sonore, 15'58". ORTF (prod.). Extraits.
Avec l'aimable autorisation de l'INA

Buckminster Füller. Archives historiques. Film noir et blanc et couleur, 8'. Extraits.
Courtesy Buckminster Füller Institute. Santa Barbara, Californie, États-Unis

Hangar d'aviation pour l'armée de l'air américaine, 1951 :
– Ensemble de nœuds d'assemblage, bois et métal ;
– Affiche de photographies noir et blanc. Photomontage.
Huntington Library, Courtesy Judith Wachsmann, Pasadena, Californie, États-Unis

K. Wachsmann, « Étude d'une structure à trois dimensions : un hangar d'aviation », in *Architecture d'aujourd'hui*, n° 55, septembre 1954.
Coll. Caroline Maniaque, Paris

K. Wachsmann, *The Turning Point of Building*, New York, éd. Reinhold, 1959.
Coll. David Georges Emmerich, Paris

Les systèmes de nœuds d'assemblage et barres.

Système de construction de halles préfabriquées pour l'Atlas Aircraft Corporation, 1944-1945.
Reproductions photographiques noir et blanc des dessins du projet.
Deutsches Architektur-Museum, Francfort-sur-le-Main, Allemagne

Système Mero, 1942, Max Mengeringhausen (ing.) :
– Nœuds d'assemblage et barres en métal ;
– Photographies couleur et noir et blanc sur l'emploi du système Mero ;
– *Werke, Raumstruktur (Split Stadion)*, 1991. Vidéo, couleur, sonore, 13'. MERO/Videocraft Productions (prod.). Extraits. Film sur la

construction du Stade de Split, 1979, Boris Magas (ing.), Mero-Raumstruktur (constr.). DR. Courtesy Mero-Raumstruktur, Würzburg, Allemagne

Système Triodetic, Ottawa, Canada, 1953, S. Fentiman and Sons Ltd (constr.) :
Nœud d'assemblage et barres ;
Système Space Deck, Grande-Bretagne, 1954, Space Deck (constr.) :
Module de construction en acier ;
Système Unistrut, Wayne, Michigan, États-Unis, 1955, Charles W. Attwood (ing.) :
Nœud d'assemblage et barres en acier.
Space Structures Research Centre, University of Surrey, Guildford, Grande-Bretagne

Système SDC, France, 1957, Stéphane Du Chateau (ing.) :
Nœud d'assemblage en acier ;
Système Unibat, 1968-1969, Stéphane Du Chateau (ing.) :
Module de construction.
Coll. Stéphane Du Chateau, Paris

Système Spherobat, 1979-1980, Stéphane Du Chateau (ing.), Unibat-Pechiney Bâtiment (constr.) :
Nœud d'assemblage.
Coll. Mnam-Cci, Centre Georges Pompidou, Paris

Système Pyramitec, France, 1960, Stéphane Du Chateau (ing.).
Module de 3 pyramides en métal et 6 barres.
Coll. Mnam-Cci, Centre Georges Pompidou, Paris

Système Nodus, Grande-Bretagne, 1971, British Steel Corporation (constr.) :
Nœud d'assemblage et barres ;
Space Structures Research Centre, University of Surrey, Guildford, Grande-Bretagne

Système Orona, Espagne, 1978, Orona (constr.) :

– Nœud d'assemblage et barres.
Space Structures Research Centre, University of Surrey, Guildford, Grande-Bretagne

– *Cubierta espacial. Palacio de deportes Sant Jordi, Montjuich-Barcelona*, 1992. Vidéo, couleur, sonore, 10'. Orona (prod.). Extraits. Film sur le Palais des Sports Sant Jordi, Barcelone, 1992, Mamoru Kawaguchi ing., Arata Isozaki (arch.), Orona (constr.).
Courtesy Orona/Dragados y Construcciones, S.A.

Application des systèmes.

Halle du parc des expositions, Nancy, France, 1964, Stéphane Du Chateau (ing.), Zygmunt Stanislaw Makowski (ing. struct.), C. Kruger, F. Pierron (arch.).
Maquette en métal sur socle de bois.
Coll. Mnam-Cci, Centre Georges Pompidou, Paris

Coupole de centrale électrique, Grandval, France, 1957, Stéphane Du Chateau (ing.), Henri Martin (arch.).
Maquette.
Coll. Stéphane Du Chateau, Paris

La couverture de la piscine du Stade français, Boulogne-sur-Seine, 1961-1962, Stéphane Du Chateau (ing) :

– *Piscine du stade français à Boulogne-sur-Seine. Piscine municipale de Chartres. Tennis couvert de la SNCF à Paris, ca 1958*. Film 16mm, couleur, sonore, 5'. Chambre Intersyndicale des Fabricants de Tubes en Fer et en Acier (réal.).

Aluminium de France/Cinétest (prod.). Extraits.
Avec l'aimable autorisation de la Société Tubeurop
et la Chambre syndicale des tubes soudés

– Cédérom de photographies couleur et noir et
blanc.
Coll. Stéphane Du Chateau, Paris

Aéroport d'Heathrow, Hangar pour Boeing 747, Londres,
Grande-Bretagne, 1970, Zygmunt Stanislaw
Makowski (ing.), Hoshyar Nooshin, Daniel Robak,
Ron Taylor et Frank West (ing. associés).
Cédérom de photographies noir et blanc.
Coll. Zygmunt Stanislaw Makowski, Guildford,
Grande-Bretagne

Toiture du Festival Plaza, Exposition universelle
d'Ôsaka, Japon, 1970, Yoshikatsu Tsuboi et Mamoru
Kawaguchi (ing.), Kenzô Tange (arch.), Obayashi
Corp., Takenaka Corp. et Fujita Corp. (entr.) :

– Maquette en métal sur socle de bois ;
– Nœud d'assemblage en acier moulé ;
– Détail d'un vérin pneumatique en métal.
Kawaguchi & Engineers, Tôkyô, Japon

– Affiche de photographies noir et blanc.
Photomontage.
Osamu Murai, Tokyo

Imprimés :
*Space Structures : Actes du colloque de
Guildford*, University of Surrey, Guildford, éd. R. M.
Davis, Blackwell Scientific Publication, 1967 ;
International Journal of Space Structures, éd.
Zygmunt Stanislaw Makowski, Guildford, 1984, n° 1-3.
Coll. René Motro, Montpellier

TABLE 2.
Structures gonflables.

Hôpital de campagne, 1919, Frederick William
Lanchester (ing.).
Brevet US Patent n° 1, 302, 182.
Patent Office, Washington, États-Unis

Radôme, 1947, Walter Bird, Cornell Aeronautical
Laboratories (ing.) :
– Affiche de photographies noir et blanc.
Photomontage ;
– Walter Bird, *Le radôme*, 1946. Film super 8,
couleur, muet, 2' (sans générique) ;
– *Life*, 11 nov. 1957 (couverture).
Courtesy Walter Bird, Sarasota, Floride, États-Unis

Pavillon d'exposition de l'USAEC, 1960, Severud-Elstad-
Krueger, Birdair Structures Inc. (ing.), Victor Lundy
(arch.).
Affiche de photographies noir et blanc.
Photomontage.
Courtesy Walter Bird, Sarasota, Floride, États-Unis

Metropolitan Boston Art Center, Boston, Massachusetts,
1959, Paul Weidlinger, Birdair Structures Inc. (ing.),
Carl Koch (arch.).
Affiche de photographies couleur. Photomontage.
Coll. Matthys Levy, New York, États-Unis

Piscine couverte, 1957, Birdair Co. (ing.).
Affiche de photographies noir et blanc.
Photomontage.
Coll. Walter Bird, Sarasota, Floride, États-Unis

Le radôme de Pleumeur-Bodou, 1962, Birdair
Structures Inc. (ing.).
Cédérom de photographies noir et blanc.

Courtesy Walter Bird, Sarasota, Floride, États-Unis ;
France Télécom/Cnet, Lannion

Robert Duhem/Henri Jobin : *Le radôme de Pleumeur-
Bodou*, 1996. Film 16mm, couleur, sonore, 8'.
France Télécom/CNET (prod.). Extraits.
Avec l'aimable autorisation de France
Telecom/Centre National d'Études des
Télécommunications

Brevets : US Patent n° 3, 024, 796 « Air Supported
Structures », mars 1962 ; US Patent n° 3, 247, 627
« Dual Wall Air Inflated Sructure », avril 1966.
Patent Office, Washington, D. C., États-Unis

Pneu coussin, 1959, Frei Otto (arch.).
Maquette en plâtre.
Sonderkonstruktionen und Leichtbau, Leinfelden-
Oberaichen, Allemagne

Pavillon des États-Unis, Exposition universelle d'Ôsaka,
Japon, 1970, David Geiger et Horst Berger (ing.),
Lewis Davis et Sam Brody (arch.), Obayashi Corp. et
Taiyo Kogyo Corp. (entr.) :

– Joint de raccord ;
– Pièce de toile ayant servi à la toiture.
Agence Davis Brody & Associates, New York, États-
Unis

– Maquette en plâtre ;
– Cédérom de photographies couleur.
Taiyo Kogyo Corporation, Ôsaka, Japon

– *US Pavillion, Expo'70 Osaka, Japan*, 1970. Vidéo,
noir et blanc, sonore, version américaine 20'. Agence
Davis, Brody and Associates (prod.). Extraits.
Courtesy Agence Davis, Brody and
Associates/Courtesy Taiyo Kogyo Corporation,
Ôsaka, Japon/DR

Pavillon Fuji à l'Exposition universelle d'Ôsaka, Japon,
1970, Mamoru Kawaguchi (ing.), Yutaka Murata
(arch.), Taisei Corp. et Ogawa Tents Co. Ltd (entr.) :

– Maquette, 1997 ;
– Cédérom de photographies couleur ;
– Affiche de photographies couleur. Photomontage.
Taiyo Kogyo Corporation, Ôsaka, Japon

– *An approach to a pneumatic structure : Fuji
group Pavilion, Expo'70 Osaka, Japan*, 1969-
1970. Vidéo, couleur, sonore, version anglaise, 20'.
Nigata Eigasha Move Production (prod.). Extraits.
Courtesy Mamoru Kawaguchi, Tôkyô, Japon

R. Dent, *Principles of Pneumatic Architecture,* The
Architectural Press, 1971, pp. 214-215.
Coll. Mnam-Cci, Centre Georges Pompidou, Paris

Pavillon des Orchidées, Mukôgaoka, Japon, 1987,
Mamoru Kawaguchi (ing.), Yutaka Murata (arch.),
Mitsui Construction Co Ltd, Taiyo Kogyo Corp. et
Ogawa Tents Co. Ltd (entr.) :
– Maquette de détail ;
– Maquette gonflable ;
– Cédérom de photographies couleur.
Taiyo Kogyo Corporation, Ôsaka, Japon

Tôkyô Dôme (« Big-Egg »), Tôkyô, Japon, 1988, Nikken
Sekkei, Takenaka Komuten (ing.), Takenaka Corp.,
Taiyo Kogyo Corp. et Ogawa Tents Co. Ltd (entr.) :

– Maquette de prototype ;
– *Architectural Systems for Air Supported
Structure (Tokyo Big Egg)*, s. d. Vidéo, couleur,
muet, version sous-titrée en anglais, 17' (Takenaka

Technology Series,10). Takenaka Komuten Co, Ltd
(prod.). Extraits.
Courtesy Takenaka Corporation, Tôkyô, Japon

– Cédérom de photographies couleur.
Takenaka Corporation, Tôkyô, Japon/Shinkenchiku-
sha, Tokyo

Arènes de Nîmes, 1988, Schlaich, Bergermann und
Partner, Werner Sobek (ing.), Finn Geipel et Nicolas
Michelin, LAB F AC (arch.) :

– Maquette.
Mairie de Nîmes

– *Arènes de Nîmes : 1 (L'espace conquis 2)
Démontage de la couverture des arènes*, 1990
Vidéo, couleur, sonore, 8'42" + 9'16". Acor video
(prod.). Extraits.
Avec l'aimable autorisation de la Ville de Nîmes

– Cédérom de photographies couleur.
Schlaich, Bergermann und Partner, Stuttgart ; Finn
Geipel et Nicolas Michelin, LAB F AC, Paris

The Hampshire tennis and health club, Eastleigh,
Grande-Bretagne, 1992, Buro Happold (ing.), Euan
Borland Associates (arch.), Vector Special Projects
Ltd et Foiltec GmbH (bureau d'études) :
– Coussin transparent, prototype ;
– Affiche de photographies couleur. Photomontage.
Vector Special Projects Ltd, Foiltec GmbH, Londres,
Grande-Bretagne

Imprimés :
Frei Otto, *Tensile Structures*, vol. *Pneumatic
Structures*, The MIT Press, Cambridge,
Massachusetts, États-Unis, 1967 ;
Cedric Price, Frank Newby, *Air Structures*, Londres,
Her Majesty's Stationery Office, 1971.
Coll. Mnam-Cci, Centre Georges Pompidou, Paris

TABLE 3.
Structures tendues.

Vladimir Choukhov : Brevet pour un toit en filet, 1895.
Archives de l'Académie des sciences de Russie,
Moscou, Russie

Halle d'exposition à l'exposition panrusse d'art et
d'industrie, Nijni Novgorod, Russie, 1896, Vladimir
Choukhov (ing.). :
– 2 tirages bleus ;
– Album de planches ;
– Texte dactylographié, photos et manuscrit ;
– Plan.
Archives de l'Académie des sciences de Russie,
Moscou, Russie

Voile sous-tendue en treillis, Moscou, Russie, 1896,
Vladimir Choukhov (ing.).
Esquisses, plan et coupe.
Archives de l'Académie des sciences de Russie,
Moscou, Russie

Pavillon de la foire de Zagreb, auj. en Croatie, 1937,
Bernard Laffaille (ing.), Robert Camelot (arch.).
Affiche de photographies noir et blanc.
Photomontage.
Archives nationales/Institut français d'architecture,
Archives d'architecture du XXe siècle, Paris

Parc des expositions, Paris, 1934, Vladimir Bodiansky
(ing.), Eugène Beaudouin et Marcel Lods (arch.) :
– *Un nouveau Grand Palais des expositions,*
planches du concours de l'OTUA ;

– Affiche de photographies noir et blanc.
Photomontage.
Coll. Mnam-Cci, Centre Georges Pompidou, Paris

Utica Memorial Auditorium, Utica, New York, États-Unis, 1959, Lev Zetlin (ing.), Gehron et Seltzer (arch.).
Affiche de photographies couleur. Photomontage.
Lev Zetlin Associates, New York, N. Y., États-Unis

La lentille : structure à grande portée ayant la forme d'une roue à moyeux multiples, *ca*. 1965, Robert Le Ricolais (ing.).
Maquette.
Coll. Stéphane Du Chateau, Paris

State Fair Arena, halle de Raleigh, États-Unis, 1953, Fred Severud (ing.), William Deitrick et Matthew Nowicki (arch.) :

– Maquette de structure, 1997 (atelier Artefact).
Coll. Mnam-Cci, Centre Georges Pompidou, Paris

– Cédérom de photographies noir et blanc.
University of North Carolina, Raleigh, N. C., États-Unis

Pavillon de la France à l'Exposition universelle de Bruxelles, Belgique, 1958, René Sarger (ing.), Guillaume Gillet (arch.) :

– Maquette en métal, plastique, papier et bois.
Aérodynamique Eiffel, Paris

– Cédérom de photographies noir et blanc.
Archives nationales/Institut français d'architecture, Archives d'architecture du xxᵉ siècle, Paris

Pavillon Marie Thumas à l'Exposition universelle de Bruxelles, Belgique, 1958, René Sarger (ing.), Baucher, Blondel et Filippone (arch.).
Cédérom de photographies noir et blanc.
Archives nationales/Institut français d'architecture, Archives d'architecture du xxᵉ siècle, Paris

Centre omnisports de Saint-Ouen, Saint-Ouen, Seine Saint-Denis, 1969, René Sarger (ing.), Pierre Chazanof et Anatole Kopp (arch.).
Cédérom de photographies noir et blanc.
Coll. Alain Énard, Paris

René Sarger, constructeur et enseignant, 1990. Vidéo, couleur, muet, 8'. Montage de Jean-Christophe Panchèvre et Alain Enard, produit par l'École d'architecture Paris-La Villette.
Avec l'aimable autorisation de Madame René Sarger

Patinoire David S. Ingalls, Université de Yale, New Haven, 1956-1958, Fred Severud-Elstad-Krueger Associates (ing.), Eero Saarinen (arch.).
Affiche de photographies noir et blanc.
Photomontage.
ESTO, Mamaroneck, N. Y., États-Unis

Stade olympique de Tôkyô, Japon, 1964, Yoshikatsu Tsuboi (ing.), Kenzô Tange (arch.), Shimizu Corp. et Obayashi Corp. (entr.) :

– Maquette.
Kenzô Tange Associates, Tôkyô, Japon

– *Construction record of National Stadium Tokyo*, 1963-1964. Film 16mm, couleur, sonore, version anglaise, 28'. Iwanami Productions Inc. (prod.). Extraits.
Courtesy Mamoru Kawaguchi, Tokyo, Japon

– Cédérom de photographies noir et blanc.
Osamu Murai, Tokyo, Japon

Le système Jawerth :

– Maquette de trois travées du système Jawerth, 1997 (Atelier Artefact).
Coll. Mnam-Cci, Centre Georges Pompidou, Paris

– Pavillon d'exposition, Le Bourget, 1960, David Jawerth (ing.), Michel Fourtané (arch.).
Attaches de câbles.
Coll. Michel Fourtané, Bougival

Nappe en filet, v. 1980, Frei Otto (arch.), Philip Drew (concep.).
Structure originale.
Berthold Burkhardt Technische Universität Braunschweig, Allemagne

Les structures biologiques : radiolaires, diatomées, toiles d'araignée, bulles de savon.
Cédérom de photographies noir et blanc.
Institut für Leichte Flächentragwerke, Universität Stuttgart, Allemagne

Institut für Leichte Flächentragwerke, Stuttgart, Allemagne, 1966, Leonhardt et Andrä (ing.), Frei Otto avec B. Burkhardt, F. Kugel, G. Minke, B. Rasch (arch.).
Cédérom de photographies couleur.
Institut für Leichte Flächentragwerke, Universität Stuttgart, Allemagne

Pavillon de la République fédérale d'Allemagne à l'Exposition universelle de Montréal, Québec, Canada, 1967, Leonhardt et Andrä (ing.), Rolf Gutbrod & Frei Otto (arch.) :

– Maquette d'étude en vue de déterminer des points haut et bas sur une membrane tendue, 1965. Atelier Frei Otto, Berlin, Larry Medlin.
Sonderkonstruktionen und Leichtbau GmbH, Leinfelden-Oberaichen, Allemagne

– Cédérom de photographies couleur.
Institut für Leichte Flächentragwerke, Universität Stuttgart, Allemagne ; Ove Arup & Partners, Londres, Grande-Bretagne.

– Jürgen Hennicke, Stefan Meyer-Miethke, *The Montreal Pavilion, Cable Net of the German Pavilion. World Exposition. Montreal. 1967*, 1981. Film 16mm, couleur, muet, 10'. Institut für Leichte Flächentragwerke, Universität Stuttgart (prod.). Extraits.
Courtesy Institut für Leichte Flächentragwerke, Universität Stuttgart, Allemagne

Imprimés :
IL, revue d'information de l'Institut für Leichte Flächentragwerke, Universität Stuttgart, Allemagne : n° 1, 1969 ; n° 2, 1971 ; n° 4, 1972 ; n° 6, 1973 ; n° 8, 1974 ; n° 16, 1976 ; n° 33, 1990.
Coll. Mnam-Cci, Centre Georges Pompidou, Paris

Table 4.
Structures tendues et hybrides.

Couverture du site des Jeux olympiques de Munich, Allemagne, 1972, Leonhardt & Andrä (ing.), Behnisch et associés, Buro Happold (ing.), Frei Otto (arch.).
Affiche de photographies noir et blanc.
Photomontage.
Gianni Berengo Gardin, Milan

Volière du zoo de Munich, Allemagne, 1979, Buro Happold (ing.), Jörg Gribl, Frei Otto (arch.), Stromeyer (constr.) :

– Maquette en bois, filet de tiges métalliques.
Sonderkonstruktionen und Leichtbau GmbH, Leinfelden-Oberaichen, Allemagne

– Cédérom de photographies couleur.
Courtesy Institut für Leichte Flächentragwerke, Universität Stuttgart, Allemagne

Halle polyvalente de Mannheim, Mannheim, Allemagne, 1974, Ove Arup & Partners, Ted Happold (ing.), Mutschler & Partners avec Frei Otto (arch.) :

– Cédérom de photographies couleur.
Ove Arup & Partners, Londres, Grande-Bretagne

– Jürgen Hennicke, Stefan Meyer-Miethke, *The Grid Steel of Mannheim, Multi-Purpose Hall and Restaurant. Federal Garden Exhibition, Mannheim, 1975*, ca 1975. Film 16mm, couleur, muet, 12'. Institut für Leichte Flächentragwerke, Universität Stuttgart (prod.). Extraits.
Courtesy Institut für Leichte Flächentragwerke, Universität Stuttgart

Lattice Shell Model (modèle de coque maillée avec des lattes de bois), Salzburg Summer Academy, Allemagne, 1970, Frei Otto, B. F. Romberg, E. Pietsch. et J. Koch (arch.).
Maquette en bois et métal.
Sonderkonstruktionen und Leichtbau GmbH, Leinfelden-Oberaichen, Allemagne

Aéroport de Djeddah, terminal Haj, Arabie Saoudite, 1981, Skidmore, Owings & Merrill (ing. et arch.), Horst Berger, Geiger Berger Associates (ing.-conseil), Hochtief AG, Owens-Corning et Birdair Inc. (entr.) :

– Maquette aéro-élastique.
Boundary Layer Wind Tunnel Laboratory, University of Western Ontario, Canada

– Cédérom de photographies couleur.
Horst Berger, Hastings, New York, États-Unis

Tour de refroidissement de la centrale de Schmehausen, Allemagne, 1974, Schlaich, Bergermann und Partner (ing.).
Cédérom de photographies couleur.
Schlaich, Bergermann und Partner, Stuttgart, Allemagne

Schlumberger Building, Cambridge, Grande-Bretagne, 1983-1984, Ove Arup & Partners, Anthony Hunt Associates, Buro Happold (ing.), Michael Hopkins Partners (arch.).
Cédérom de photographies couleur.
Ove Arup & Partners, Londres, Grande-Bretagne

Nuages de l'arche de la Défense, 1986-1989, Peter Rice/RFR (ing.), Paul Andreu, Johan-Otto von Spreckelsen (arch.) :

– Maquette.
Coll. Mnam-Cci, Centre Georges Pompidou, Paris

– Maquette d'une première proposition.
RFR, Paris

– Affiche de photographies couleur.
Photomontage.
Paul Maurer, Paris

Miyakonojô Civic Center, Japon, 1966, Gengo Matsui
(ing.), Kiyonori Kikutake (arch.), Kajima Corp. et
Taiyo Kogyo Corp. (const.) :
– Maquette ;
– Affiche de photographies noir et blanc.
Photomontage.
Kikutake Architects & Ass., Tôkyô, Japon

Hagi Civic Center, préfecture de Yamaguchi, Japon,
1968, Gengo Matsui (ing.), Kiyonori Kikutake
(arch.) :
– Maquette ;
– Affiche de photographies noir et blanc.
Photomontage.
Kikutake Architects & Ass., Tôkyô, Japon

TABLE 5.
Structures déployables.

Stucture déployable pour un théâtre en plein air,
Cannes, France, 1965, Frei Otto et Roger Taillibert
(arch.).
Cédérom de photographies noir et blanc.
Agence Taillibert, Paris

Piscine du Boulevard Carnot, Paris, 1966-1967, Frei
Otto et Roger Taillibert (arch.).
Cédérom de photographies noir et blanc.
Agence Taillibert, Paris

Emilio Perez Piñero (arch.).

Théâtre ambulant, 1961
Réplique de la maquette originale ;
Structure déployable à directrice courbe, 1964
Élément de la structure ;
Coupole réticulée déployable, 1968-1969
Maquette ;
Cédérom de photographies couleur sur le Pavillon de la
Paix, 1964 ;
Affiche sur les travaux d'Emilio Perez Piñero.
Photomontage ;
Las estructuras desplegables de Emilio Perez Piñero,
1992. Vidéo, noir et blanc et couleur, sonore, 12'.
Emilio Perez Belda (prod.). Extraits.
Courtesy Fondation Emilio Perez Piñero, Calasparra,
Murcie, Espagne

Triangular Pantographic Mast, Cambridge, Grande-
Bretagne, 1995, Sergio Pellegrino (ing.).
Maquette.
Sergio Pellegrino, Department of Engineering,
université de Cambridge, Grande-Bretagne

Foldable Ring Structure, Cambridge, Grande-Bretagne,
1995, Sergio Pellegrino, Simon Guest, Zhong Yon
(ing.).
Maquette.
Sergio Pellegrino, Department of Engineering,
université de Cambridge, Grande-Bretagne

Iris Dome, 1992, Chuck Hoberman (ing.).
Maquette en aluminium et acier.
Chuck Hoberman, New York, N. Y., États-Unis

Christy MacKorell, *Unfolding Structures, Projects and
Exhibition of Chuck Hoberman 1990-1995*, 1995.
Vidéo, couleur, sonore, 5'. Joe Beirne (prod.).
Extraits.
Courtesy Hoberman associates/Stable films

Dôme géodésique extensible, 1997, Chuck Hoberman
(ing.).
Maquette.
Chuck Hoberman, New York, N. Y., États-Unis

Piscine San Pablo, Séville, Espagne, 1996, J. Sànchez et
J. P. Valcàrcel (ing.), Félix Escrig (arch.).
Cédérom de photographies couleur.
Félix Escrig, Séville, Espagne

*Super Colosseum. A record of the Technological
Development of the Fukuoka Dome*, s. d. Vidéo,
couleur, muet, 29'. Takenaka Production (prod.).
Extraits.
Courtesy Takenaka Corporation, Tôkyô, Japon

*Umbrella systems (1989-1994) : New York Parson's
Exhibition*, 1995. Vidéo, couleur, muet, 12'.
SonderKonstruktionen und Leichtbau (prod.).
Extraits.
Courtesy SonderKonstruktionen und Leichtbau
GmbH, Leinfelden-Oberaichen, Allemagne

TABLE 6.
Structures autotendantes.

Kenneth Snelson, *Early X Piece*, 1948.
Sculpture en bois et nylon ;
Kenneth Snelson, *Wing 1*, 1992.
Sculpture ;
Kenneth Snelson, « *Continuous Tension
Discontinuous Compression Structures* ».
Brevet, mars 1960 (US Patent n° 3, 169, 611) ;
Affiche sur les travaux de Kenneth Snelson.
Photomontage.
Coll. Kenneth Snelson, New York, N. Y., États-Unis

Université Simon Fraser, Vancouver, Canada, 1967,
Jeffrey Lindsay & Ass. (ing.), A. Erickson (arch.-
conseil) :
– *Complex Space Frame in Self Box*.
Maquette d'étude pour un système de couverture.
Bâtonnets de bois et fil ;
– Maquette d'étude d'éléments en compression
discontinue. Bâtonnets de bois et fil ;
– Cédérom de photographies noir et blanc ;
– Affiche de photographies noir et blanc.
Photomontage.
Jasmine Lindsay Forman, Los Angeles, États-Unis

Réseaux autotendants, David Georges Emmerich (ing.
et arch.), 1960-1965 :
– Pénétration octogonale Z 7
Maquette, bâtonnets et chaînettes n° 996 01 26 ;
– Maquette Z 24
Maquette, bâtonnets et chaînettes en plastique et
maille n°996 0131 ;
– Mât pénétré 4 B hoxoïde Z 3 – 6
Maquette, bâtonnets et chaînettes ;
– Prisme hexagonal Z 2 – Z'2 – 24
Maquette, bâtonnets et chaînettes n° 996 24 21 ;
– Grand Rhombicosidodéca Z 4 – Z'4 – 14
Maquette, bâtonnets et chaînettes n° 996 14 23.
FRAC Centre, Orléans

Imprimés :

– *Architecture d'aujourd'hui* n° 141, décembre
1968- janvier 1969
Coll. Mnam-Cci, centre Georges Pompidou

– D. G. Emmerich, *Cours de géométrie
constructive*, Paris, éd. Centre de diffusion de la
grande masse, École nationale supérieure des
beaux-arts, 1967.
Coll. Caroline Maniaque, Paris

Skylon, festival de Grande-Bretagne, Londres, 1951,
Felix Samuely (ing.), Philip Powel et Hidalgo Moya
(arch.) :

– Maquette (atelier Artefact).
Coll. Mnam-Cci, Centre Georges Pompidou, Paris

– Cédérom de photographies noir et blanc.
Agence Samuely & Partners, Londres, Grande-
Bretagne

Volière du Zoo de Londres, Londres, 1965, Frank Newby
(ing.), Lord Snowdon, Cedric Price (arch.).
Cédérom de photographies couleur et noir et blanc.
Agence Samuely & Partners, Londres, Grande-
Bretagne

Porte des Nations, Bruxelles, Belgique, 1958, André
Paduart avec P. Guillensen et J. Konig (arch.).
Architecture d'aujourd'hui, Bruxelles, 1958
(couverture).
Coll. Mnam-Cci, Centre Georges Pompidou, Paris

Mât de tenségrité, 1959, R. Buckminster Fuller (ing.),
d'après une idée de Kenneth Snelson.
Edison Price et Shoji Sadao, Long Island City, États-
Unis

Florida Suncoast Dome (« Thunder Dome »), Saint
Petersburg, Floride, États-Unis, 1989, David
Geiger/KKBNA (ing.), Hellmut, Obata & Kassabaum
Sport Facility Group (arch.) :

– Maquette de soufflerie.
Rowan Williams Davies & Irwin Inc., Guelph,
Ontario, Canada

– Cédérom de photographies couleur.
Horst Berger, Hastings, New York, États-Unis

Georgia Dome, Atlanta, États-Unis, 1992, Matthys Levy,
Weidlinger Associates Inc. (ing.), Heery Inc.
(arch.) :
– Maquette d'un élément de construction en bois ;
– Maquette du concept *Tenstar* ;
– Maquette du concept *Tenstar* appliqué au Georgia
Dome ;
– Cédérom et affiche de photographies couleur.
Matthys Levy, Weidlinger Associates Inc., New York,
N. Y., États-Unis

Stade Izumo Dome, Izumo, Japon, 1992, Masao Saitoh
et Shigeru Ban (ing.), Kajima Design (arch.), Kajima
Corp. et Taiyo Kogyo Corp. (constr.) :

– Maquette.
Masao Saitoh/Kajima Design, Tôkyo, Japon

– Cédérom de photographies couleur.
Taiyo Kogyo Corporation, Ôsaka, Japon

– *Izumo Dome, Fusion of Technology and
Tradition, ca* 1995. Vidéo, couleur, sonore, version
anglaise, 13'. Kajimavision Productions (prod.).
Extraits.
Courtesy Kajima Corporation, Ôsaka, Japon

Amagi Dome, Japon, 1991, Masao Saitoh (ing.),
Fumitaka Hashimoto (arch.)
Cédérom de photographies couleur.
Taiyo Kogyo Corporation, Ôsaka, Japon

Serres du Musée des sciences et techniques de La
Villette, Paris, 1986, Peter Rice, RFR (ing.), Adrien
Fainsilber (arch.) :

– Maquette de la façade bioclimatique, verre et acier.
Coll. Mnam-Cci, Centre Georges Pompidou, Paris

– Cédérom de photographies couleur.
CSI/Denis Pasquier

– Alain Goustard, *Rêves de verre, les serres,*
extraits de *Mécanique et architecture*, 1988. Vidéo,
couleur, sonore, 17' 35". Mirage
productions/Communication C.S.I. (prod.). Extraits.
Avec l'aimable autorisation de la Cité des Sciences et
de l'Industrie

Grille de tenségrité plane à double nappe, 1992, René
Motro (ing.).
Maquette.
SLA – École d'architecture Languedoc-Roussillon,
Montpellier, France

TABLE 7.
Robert Le Ricolais.

Hangar, structure Aplex, Cameroun, 1948.
Maquette en bois ;
Nappe voûtée, 1947.
Maquette en bois ;
Maison, *ca* 1948.
Maquette en bois.
Coll. Mnam-Cci, Centre Georges Pompidou, Paris

Concave Double Network System, modèle (m) 4,
1956-1958.
Maquette d'écran de radar ;
Tube automorphique, modèle 31, 1960-1962.
Maquette, modèle IV ;
Dôme Starhex (système Trihex), modèle 118, 1967-
1968.
Maquette ;
Hyperboloïde à 3 pointes « *Monkey saddle* », 1957.
Maquette ;
Antenne Octen n° 2, modèle 50, *ca* 1967.
Maquette ;
Tube automorphique, T-12 n° 2, modèle 35, 1960-1962.
Maquette ;
Système funiculaire de révolution, lemniscatoïde B,
modèle 26, 1960-1962.
Maquette ;
Pont Aleph 1, modèle 37, 1970-1972.
Maquette ;
Système funiculaire de révolution, pseudosphère,
modèle 27, 1960-1962.
Maquette ;
Système funiculaire de révolution, dôme de tenségrité,
modèle 60, 1960-1962.
Maquette ;
Tétragrid orthogonal, parabolique, delta système,
modèle 97, v. 1960.
Maquette ;
Pont Polyten, Queen Post System. Modèle 78, 1968-
1969.
Maquette ;
Affiche de dessins, croquis et photographies de travaux
de Le Ricolais. Photomontage noir et blanc.
The Architectural Archives of the University of
Pennsylvania, Philadelphie, États-Unis

Imprimés :
R. Le Ricolais, « Les tôles composées et leurs
applications aux constructions légères », in *Bulletin
des ingénieurs civils de France*, mai-juin 1935.
— « Essai sur les systèmes réticulés à trois
dimensions », in *Annales des ponts et chaussées,*
juillet-août 1940–septembre-octobre 1941.
— « À la recherche d'une mécanique des formes »,
in *Sciences, revue française des sciences et
techniques,* n° 40, novembre-décembre 1965.
The Architectural Archives of the University of
Pennsylvania, Philadelphie, États-Unis

LES RECHERCHES CONTEMPORAINES

TABLE 1.
Les grandes portées.

• L'École américaine.

Pont de Tacoma, Washington, États-Unis, 1937, Leon
Moisseif (ing.).
The Collapse of the Tacoma Narrows Bridge,
7 novembre 1940. Film 16mm, NB, muet, 20'.
Camera Shop

Pont du détroit de Mackinac, Michigan, États-Unis,
1957, David B. Steinman (ing.) :

– Merritt-Chapman and Scott Corporation, *Miracle
Bridge over Mackinac, ca* 1958. Film 16mm,
couleur, sonore, 32'. Caravel films (prod.). Extraits ;

– Helman D. Ellis, *Mackinac Bridge Diary, ca*
1958. Film 16mm, couleur, sonore, 28'. Jam Handy
Picture/American Bridge Division/United States
Steel (prod). Mark Howell Productions, 1996
(restauration). Extraits.
Courtesy The Mackinac Bridge Authority, État du
Michigan/Steinman Boynton Gronquist and Birdsall
(Parsons Corporation), New York, N. Y., États-Unis

– Album de dessins, fac-similés.
Steinman, New York ; Mackinac Straits Bridge
Authority, Michigan, États-Unis

Pont du détroit de Verrazano, port de New York, États-
Unis, 1964, Othmar H. Ammann (ing.) :

– Vitrine de dessins, fac-similés.
Eidgenössische Technische Hoschsule, Zurich, Suisse

– Vitrine de photographies noir et blanc.
Triborough Bridge and Tunnel Authority, MTA,
New York, États-Unis

Pont du détroit d'Akashi, Japon, 1997, Honshu-Shikoku
Bridge Authority (ing.).
*Bridges and Wind. Wind-Resistant Designs for
Large Bridges*, 1994. Vidéo, couleur, sonore, version
anglaise, 20'. Bridge and Offshore Engineering
Association (prod.). Extraits.
Courtesy The Honshu-Shikoku Bridge Authority,
Tôkyô, Japon

• L'École européenne.

Pont sur la Humber, Hull, Grande-Bretagne, 1981,
Freeman, Fox & Partners (ing.) :
– Tête d'ancrage avec morceau de câble secondaire ;
– Tige filetée avec boulons (d'une tête de serrage) ;
– Morceau de câble principal de suspension.
Acer/Special Structures, Londres, Grande-Bretagne

Projets non retenus de ponts monocâbles de très
grande portée, Fritz Leonhardt (ing.) :
– Pont de Tancarville, France, 1952. Mise au point
d'un treillis à section triangulaire, dessins fac-similés ;
– Pont sur le Tage, Lisbonne, Portugal, 1959. Pont
avec tablier caisson aplati, dessins fac-similés ;
– Pont sur le Rhin, Emmerich, Allemagne, 1961.
Dessins fac-similés.
Fritz Leonhardt, Stuttgart, Allemagne

Pont sur la Severn, près de Newport, pays de Galles,
Grande-Bretagne, 1959-1966, Freeman, Fox &
Partners (ing.).
Vitrine de photographies couleur.
Brown, Beech and Associates B², Londres

Projets du détroit de Gibraltar, deux propositions de
COWI Consulting Engineers & Planners A/S avec
portée centrale de 3 550 m, 1983-1994.
Vitrine de dessins, fac-similés.
COWI Consulting Engineers & Planners A/S, Lyngby,
Danemark

Pont de Normandie, estuaire de la Seine, 1988-1995,
Service d'études techniques des routes et des
autoroutes (SETRA), Michel Virlogeux (ing. en
chef) et Bertrand Deroubaix (ing. en chef) :

– Maquette d'une moitié de pont ;
– Modèle éclaté d'une tête d'ancrage ;
– Maquette aéro-élastique du pylône ;
– Maquette aéro-élastique du tablier.
Chambre de commerce et d'industrie, Le Havre

– *Le Pont de Normandie*, 1994. Vidéo, couleur,
sonore, 43'. A. Nadaud, J.-L. Bruandet, C. Bernard-
Sugy (réal.). Nausicaa Films (prod). Extraits.
Productions Nausica Films ; Chambre de commerce
et d'industrie, Le Havre

Projet du détroit de Messine, 1992-1997, Stretto di
Messina SpA (ing.).
Vitrine de dessins, fac-similés.
Stretto di Messina SpA, Rome, Italie

Pont du Grand Belt (ou Lien fixe), Danemark, prévu
pour 1998, COWI Consulting Engineers & Planners
A/S (ing.) :

– Images informatiques.
COWI Consuling Engineers & Planners A/S, Lyngby,
Danemark

– Jan Ulrich Pedersen, *Storebaelt*, 1995-1997. Vidéo,
couleur, sonore, version originale, 15'. Danmarks
Radio for A/S Storebaelt (prod). Extraits.
Courtesy The A/S Storebaelt, Copenhague, Danemark

– Maquette de soufflerie.
A/S Storebaelt, Copenhague, Danemark

Projet d'un pont de 3 000 m de portée, Christian Menn
(ing.) :

– Maquette d'ensemble ;
- Vitrine de dessins, fac-similés.
Christian Menn, Chur, Suisse

– Cédérom de photographies sur les grandes
portées.
Donald Innes Studios, North Humberside, Grande-
Bretagne ; Steinman-Parsons Transportation Group
Company, New York, États-Unis ; Michigan
Department of Transportation, Michigan, États-
Unis ; Mackinac Straits Bridge Authority, Michigan,
États-Unis ; Triborough Bridge and Tunnel
Authority, Metropolitan Transit Authority, New York,
États-Unis ; Brown, Beech & Associates B², Londres ;
Honshu-Shikoku Bridge Authority, Tôkyô ; A/S
Storebaelt, Copenhague, Danemark ; Chambre de
commerce et d'industrie, Le Havre ; Jean Gaumy,
Magnum, Paris

TABLE 2.
Les moyennes portées.

• Passerelles.

Passerelle piétonne de Max-Eyth-See, Stuttgart,
Allemagne, 1989, Schlaich, Bergermann und Partner
(ing.).
Vitrine de dessins, fac-similés.
Schlaich, Bergermann und Partner, Stuttgart,
Allemagne

Pont Alamillo, Séville, Espagne, 1987-1992, Santiago
Calatrava (ing.).
   Maquette de soufflerie.
   Boundary Layer Wind Tunnel Laboratory, University
   of Western Ontario, London, Canada

Passerelle Solférino, Paris, 1992 (concours), Marc
Mimram (ing.) :
   – Images informatiques ;
   – Maquette d'ensemble.
   Marc Mimram, Paris

Pont du musée Miho, Shiga Raki, Japon, 1995-1997,
Leslie E. Robertson and Associates (ing.) :

   – Maquette de soufflerie.
   Boundary Layer Wind Tunnel Laboratory, University
   of Western Ontario, London, Canada

   – Élément modulaire du tablier ;
   – Vitrine de dessins, fac-similés.
   Leslie E. Robertson and Associates, New York,
   États-Unis

Cédérom de photographies sur les passerelles.
   Schlaich, Bergermann und Partner, Stuttgart,
   Allemagne

• **Arcs.**

Pont de New River Gorge, Virginie, États-Unis, 1977,
Clarence V. Knudsen, Michael Baker Jr Inc. (ing.) :

   – Vitrine de dessins, fac-similés.
   Michael Baker Corp., Pittsburgh ; West Virginia
   Department of Highway and Transportation, États-
   Unis

   – *New Records at New River*, 1975-1976. Vidéo,
   couleur, sonore, 24'. Mode-Art Pictures Production
   (prod.). Extraits.
   Courtesy Michael Baker Corp., Pittsburgh, États-
   Unis ; West Virginia Department of Highway and
   Transportation, États-Unis

Pont de Krk, Croatie, 1980, Ilija Stojadinovic et Stanko
Sram (ing.).
   Vitrine de photographies couleur.
   Stanko Sram, Zagreb, Croatie

Cédérom de photographies sur les ponts en arc.
   Stanko Sram, Zagreb, Croatie ; Michael Baker Corp.,
   Pittsburgh, États-Unis ; West Virginia Department of
   Highway and Transportation, États-Unis

• **Ponts à haubans.**

Trois ponts de Düsseldorf, Allemagne, Friedrich Tamms
(arch.) : Theodor-Heuss-Brücke (ou pont du Nord),
1956, Leonhardt, Auberlen & Grassl (ing.) ;
Kniebrücke, 1969, Fritz Leonhardt (ing.) ;
Oberkassler Rheinbrücke 1973, Fritz Leonhardt et
Erwin Beyer (ing.).
   Vitrine de dessins, fac-similés.
   Fritz Leonhardt, Stuttgart, Allemagne

Pont de Severin sur le Rhin, Cologne, Allemagne, 1959,
Stadt Köln, Amt für Brücken und Stadtbahnbau
(ing.), G. Lohmer (arch.).
   Vitrine de dessins, fac-similés.
   Stadt Köln, Amt für Brücken und Stadtbahnbau,
   Cologne, Allemagne

Pont Friedrich-Ebert sur le Rhin, Bonn, Allemagne,
1967, Hellmut Homberg (ing.).
   Vitrine de dessins, fac-similés.
   Landschaftsverband Rheinland, Cologne, Allemagne

Pont du Ganter, col du Simplon, Suisse, 1980, Christian
Menn (ing.).
   Album de dessins, facs-similés.
   H. Rigendinger, Chur, Suisse

Cédérom de photographies sur les ponts à haubans.
   Fritz Leonhardt, Stuttgart, Allemagne ; Stadt Köln,
   Amt für Brücken und Stadtbahnbau, Cologne,
   Allemagne ; Landschaftsverband Rheinland, Cologne,
   Allemagne ; H. Rigendinger, Chur, Suisse

• **Pont métallique.**

Pont Deutz sur le Rhin, Cologne, Allemagne, 1946, Fritz
Leonhardt (ing.).
   Maquette d'ensemble.
   Fritz Leonhardt, Stuttgart, Allemagne

TABLE 3.
Tours.

Travaux de Myron Goldsmith, principe de l' « effet
d'échelle », 1950-1960.
   Vitrine de dessins, fac-similés.
   Art Institute of Chicago, États-Unis

Tours de télévision en Allemagne : Stuttgart, 1957, Fritz
Leonhardt (ing.), Erwin Heinle (arch.) et Hambourg,
1965, Fritz Leonhardt (ing.) :
   – Maquette d'ensemble de la tour de Stuttgart ;
   – Vitrine de dessins des deux tours, fac-similés.
   Fritz Leonhardt, Stuttgart, Allemagne

Tour de télécommunications Ostankino, Moscou, 1967,
sous la direction de Nikolai W. Nikitin (ing.).
   Affiche de photographies couleur et noir et blanc.
   Photomontage.
   Agence Wostock, Paris

John Hancock Center, Chicago, États-Unis, 1970, Fazlur
R. Khan (ing.), Bruce Graham (arch.) pour
Skidmore, Owings and Merrill.
   Album de dessins, fac-similés.
   Skidmore, Owings and Merrill LLP, Chicago, États-Unis

Tour Sears, Chicago, Illinois, États-Unis, 1970-1974,
Fazlur R. Khan (ing.), Bruce Graham (arch.) pour
Skidmore, Owings and Merrill.
   Maquette de pression pour essais en soufflerie.
   Boundary Layer Wind Tunnel Laboratory, University
   of Western Ontario, London, Canada

World Trade Center, New York, États-Unis, 1972-1973,
Skilling Helle Christiansen Robertson (ing.), Minoru
Yamasaki & Associates et Emery Roth & Sons
(arch.) :

   – Maquette de pression pour essais en soufflerie ;
   – Amortisseur visco-élastique, élément de
   construction en acier ;
   – Vitrine de dessins de structure et détails
   constructifs, fac-similés.
   Leslie E. Robertson and Associates, New York,
   États-Unis

   – J. Pawlowski, Z. Winestine, *Building the World
   Trade Center*, 1983. Vidéo, NB, sonore, 18'. The
   Port Authority of New York & New Jersey (prod.).
   Extraits.
   Courtesy The Port Authority of New York & New
   Jersey, États-Unis

   – Nicolas Winckler, *Explication New York*, 1993.
   Vidéo, couleur, sonore, 1' 32" (Journal de 20h, A2,
   27.02.1993). A2 (prod.). Extraits.
   Avec l'aimable autorisation de l'INA

Tour émettrice (CN Tower), Toronto, Canada, 1976,
Roger Nicolet et associés (ing.), John Andrews
International (arch.) :

   – Maquette aéro-élastique pour essais en soufflerie.
   Boundary Layer Wind Tunnel Laboratory, University
   of Western Ontario, London, Canada

   – Album de dessins, fac-similés.
   Nicolet Chartrand Knoll Limitée, Montréal, Québec,
   Canada

   – Keith Harley, *To the Top* (La tour de force, Tour
   CN), 1976. Vidéo, couleur, sonore, version française,
   14'. Westminster Films (prod.). Extraits.
   Courtesy CN Tower, Toronto

   – Michel Texier, *La plus haute tour du monde à
   Toronto*, 1975. Film 16mm, couleur, muet, 1' (JT1
   20h, 7.04.1975). TF1 (prod.). Extraits.
   Avec l'aimable autorisation de l'INA.

Tour de Toronto, 1977. Vidéo, couleur, 40" (FR3
Dernière, 30.11.1977). FR3 (prod.). Extraits.
Avec l'aimable autorisation de l'INA.

Citicorp Center, New York, États-Unis, 1977, William
LeMessurier (ing.), Hugh Stubbins (arch.).
   Vitrine de dessins, fac-similés.
   LeMessurier Consultants, Cambridge,
   Massachusetts, États-Unis

Tour Miglin-Beitler, Chicago, États-Unis, 1986,
Thornton-Tomasetti (ing.), Cesar Pelli Associates
(arch.) :
   – Maquette aéro-élastique ;
   – Maquette de pression.
   Rowan Williams Davies & Irwin Inc., Guelph,
   Ontario, Canada

Tour de la Bank of China, Hong-Kong, 1988, Leslie E.
Robertson and Associates (ing.), Ieoh Ming Pei &
Partners (arch.) :

   – Maquette de pression pour essais en soufflerie ;
   – Photographies de la construction.
   Leslie E. Robertson and Associates, New York,
   États-Unis

   – Maquette aéro-élastique pour essais en soufflerie.
   Boundary Layer Wind Tunnel Laboratory, University
   of Western Ontario, London, Canada

   – Vitrine de dessins de structures et détails
   constructifs, fac-similés.
   Leslie E. Robertson and Associates, New York ; Pei
   Cobb Freed and Partners, New York

   – *The Construction of the Bank of China, Hong
   Kong, ca* 1996. Vidéo, couleur, sonore, 7'. Fuji
   Studio (prod.). Extraits.
   Courtesy The Bank of China, Hong Kong

Tour sans fins (projet), Paris-la Défense, 1989, Tony
Fitzpatrick, Ove Arup & Partners (ing.), Jean Nouvel
et Jean-Marc Ibos (arch.) :

   – Maquette de pression pour essais en soufflerie.
   Centre scientifique et technique du bâtiment,
   Nantes, France

   – 2 dessins (plan et coupe), fac-similés.
   Coll. Mnam-Cci, Centre Georges Pompidou, Paris

   – *Présentation de l'étude de dimensionnement
   au vent de la Tour sans fins : approche
   expérimentale sur maquettes en soufflerie
   atmosphérique, reproduction à échelle réduite
   du vent turbulent et de l'environnement de la*

Tour, 1994. Vidéo, couleur, sonore, 1'30". Centre scientifique et technique du bâtiment, service Aérodynamique et environnement climatique (réal. et prod.). Extraits.
Avec l'aimable autorisation du Centre scientifique et technique du bâtiment, Nantes, France

DIB-200 (Dynamic Intelligent Building), Japon, 1990, Kajima Corp. (ing. et arch.), Shigeru Ban (chef de projet) :
– Maquette d'ensemble ;
– Vitrine de dessins, fac-similés.
Kajima Corporation, Tôkyô, Japon

Tour de télécommunications, Barcelone, Espagne, 1992, Ove Arup & Partners (ing.), Sir Norman Foster and Partners (arch.) :
– Maquette partielle de structure ;
– Vitrine de dessins, fac-similés.
Sir Norman Foster and Partners, Londres, Grande-Bretagne

Tours Petronas, Kuala Lumpur, Malaisie, 1997, Thornton-Tomasetti (ing.), Cesar Pelli Associates (arch.).
Images informatiques.
Thornton/Tomasetti, New York, N. Y., États-Unis

Tour du Millenium, Obayashi Corp., Japon, 1990, Tony Fitzpatrick (Ove Arup & Partners) (ing.), Sir Norman Foster and Partners (arch.) :

– Maquette d'ensemble.
Obayashi Corp., Tôkyô, Japon

– Vitrine de dessins, fac-similés.
Sir Norman Foster and Partners, Londres, Grande-Bretagne

Sky City 1 000 (projet d'immeuble de grande hauteur), Japon, 1988, Takenaka Corp. (ing.), Takenaka Corp. et Shizuo Harada (arch.) :
– Maquette d'ensemble ;
– Vitrine de dessins, fac-similés.
Takenaka Corporation, Tôkyô, Japon

Cédérom de photographies sur les tours de télécommunications et les gratte-ciel.
Skidmore Owings and Merrill LLP, Chicago ; Timothy Hursley, Little Rock ; McShane-Fleming Studios, Chicago ; Raymond A. Worley, Morse Diesel International, Chicago ; Port Authority of New York and New Jersey, New York ; Leslie E. Robertson & Associates, New York ; Bank of China, Hong Kong [Ph. David Litz] ; The Stubbins Associates Inc., Cambridge, Massachusetts [Ph. Edward Jacoby] ; Bovis, Londres ; KLCC (Holdings), Kuala Lumpur ; Cesar Pelli Associates, New Haven, Connecticut [Ph. J. Apicella] ; Jean Gaumy, Paris ; Kajima Corporation, Tôkyô ; Fritz Leonhardt, Stuttgart ; agence Wostock, Paris ; Nicolet Chartrand Knoll Limitée, Montréal ; CN Tower, Toronto ; Ove Arup and Partners, Londres ; Sir Norman Foster and Partners, Londres

TABLE 4.
Environnement intérieur 1.

Hong-Kong and Shanghai Banking Corporation, Hong-Kong, 1979-1986, Ove Arup & Partners (ing. structure), J. Roger Preston & Partners (ing. services), Sir Norman Foster and Partners (arch.) :

– Maquette du module air conditionné-services.
Sir Norman Foster and Partners, Londres, Grande-Bretagne

– Maquette d'ensemble.
Coll. Mnam-Cci, Centre Georges Pompidou, Paris

Moucharabieh de l'Institut du monde arabe, Paris, 1981-1987, Jean Nouvel, Pierre Soria, Gilbert Lézenès et Architecture Studio (arch.) :

– Prototype en métal et verre.
Coll. Mnam-Cci (dépôt Cégélec), Centre Georges Pompidou, Paris

– Pascal Bony, *Les Diaphragmes de l'IMA*, 1989. Film 16mm, couleur, sonore, 13'. Gresh Productions/CGEE-Alsthom/Intermedia (prod.). Extraits.
Avec l'aimable autorisation de CGEE-Alsthom/Intermedia

Tour de la Commerzbank, Francfort-sur-le-Main, Allemagne, 1996, Ove Arup & Partners (ing. structure), J. Roger Preston & Partners (ing. services), Sir Norman Foster and Partners (arch.) :

– Série de 11 maquettes d'étude.
Sir Norman Foster and Partners, Londres, Grande-Bretagne

– Images informatiques.
J. Roger Preston, Maidenhead, Grande-Bretagne

Tour de RWE AG Headquarters, Essen, Allemagne, 1997, Buro Happold, HL-Technik, Schalm (ing.), Josef Gartner & Co (entreprise façade), Ingenhoven Overdiek Kahlen und Partner (arch.) :

– Maquette d'ensemble.
Ingenhoven Overdiek Kahlen und Partner, Düsseldorf ; Amalgam Modelmakers & Designers, Bristol, Grande-Bretagne

– Maquette partielle d'un panneau de façade.
Ingenhoven Overdiek Kahlen und Partner, Düsseldorf ; Josef Gartner & Co, Gundelfingen

– Vitrine de dessins. fac-similés.
Ingenhoven Overdiek Kahlen und Partner, Düsseldorf

Priva-Lite, s. d.
Panneau de vitrage à cristaux liquides.
Saint-Roch (groupe Saint-Gobain), Bruxelles, Belgique

TABLE 5.
Environnement intérieur 2.

Pavillon itinérant pour IBM, 1982-1984, Peter Rice (ing.), Renzo Piano Building Workshop (arch.) :
– Boîte itinérante ;
– Fragment de baie.
Coll. Mnam-Cci, Centre Georges Pompidou, Paris

South Bank Project, Londres, Grande-Bretagne, 1991, Ove Arup & Partners (ing.), R. Rogers Partnership (arch.).
Vitrine de dessins, fac-similés.
Richard Rogers Partnership, Londres, Grande-Bretagne

Eden Project, Cornouailles, Grande-Bretagne, 1995, Ove Arup & Partners, Anthony Hunt & Associates (ing.), Nicholas Grimshaw & Partners (arch.) :

– Maquette d'une section partielle de la serre.
Nicholas Grimshaw and Partners, Londres, Grande-Bretagne

– Images informatiques.
Anthony Hunt and Associates, Cirenster, Grande-Bretagne

Aéroport du Kansai, Japon, 1991-1996, Tom Barker, Peter Rice (Ove Arup & Partners) (ing.), Renzo Piano Building Workshop, Nori Okabe (arch.) :

– Maquette d'ensemble ;
– Maquette partielle d'une baie structurelle.
Coll. Mnam-Cci, Centre Georges Pompidou, Paris

– Maquette de structure ;
– Disquette interactive.
Renzo Piano Building Workshop, Gênes, Italie

Métafort, Aubervilliers, France, 1997, Werner Zobek (ing.), Andrew Sedgwick (Ove Arup & Partners) (ing.), Finn Geipel, Nicolas Michelin, LAB F AC (arch.) :
– Maquette d'ensemble ;
– Vitrine de dessins, fac-similés.
Finn Geipel, Nicolas Michelin ; LAB F AC, Paris

TABLE 6.
Plates-formes offshore, barrages, tunnels.

Plate-forme métallique Dunbar, mer du Nord, 1994, projet Total-Elf.
Planches graphiques.
Total, Paris-la Défense

Plate-forme N'Kossa, Golfe de Guinée, Congo, 1992-1997, Elf Congo, Chevron, Hydro-Congo, Engen Exploration Ltd (entr. d'exploitation)
Maquette d'ensemble.
Elf Aquitaine, Paris-la Défense

N'Kossa, 1996. Vidéo, couleur, sonore, version française, 16'. NBabylone (prod.). Extraits.
Avec l'aimable autorisation d'Elf Aquitaine, direction de la Communication, Paris-la Défense

Plate-forme Hibernia, au large de l'île de Newfoundland, Canada, 1990-1997, Doris Engineering (ing.).
Vitrine de dessins, fac-similés.
Doris Engineering, Paris

Cédérom de photographies sur les plates-formes offshore.
Elf Aquitaine, Paris-la Défense [Ph. Halary, Zylbermann, Davalan, Houlbreque] ; Doris Engineering, Paris ; Total, Paris-la Défense [Ph. Borowski]

Barrage de Katse, Lesotho, 1987-1996, Coyne et Bellier (ing.).
Photographies couleur.
Coyne et Bellier, Gennevilliers

Barrage d'Al Wahda, Maroc, 1990-1996, Coyne et Bellier (ing.).
Photographies couleur.
Coyne et Bellier, Gennevilliers

Barrage d'Aoulouz, Maroc, 1990, Coyne et Bellier (ing.) :

– Photographies couleur.
Coyne et Bellier, Gennevilliers

– *Barrage d'Aoulouz*. Vidéo, couleur, sonore, 20'.
Coyne et Bellier (prod.). Extraits.
Avec l'aimable autorisation de Coyne et Bellier, Gennevilliers

Tunnel sous la Manche, 1986-1993, TransManche Link (const.).
Jean-François Delassus, *La Bête sous la Manche*, 1989. Film 35mm, couleur, sonore, 43'. A2 (prod.). Extraits.
Avec l'aimable autorisation de l'INA

TABLE 7.
Nouveaux matériaux et énergie.

• Bétons de fibre.

Béton à poudre réactive (BPR), 3 éléments-prototypes, 1994-1997, Bouygues, direction scientifique, Pierre Richard :
– Section de poutre ;
– Tête d'ancrage ;
– Plaque de façade revêtue de poudre de couleur polymérisée à chaud, 1996-1997.
Bouygues, direction scientifique, Saint-Quentin-en-Yvelines

• Nouveaux produits verriers.

Échantillons.
Robert-Jan Van Santen, Lille

• Énergie.

Gossamer Albatros (avion à pédales), États-Unis, 1979, Paul B. McGready, Aerovironment Inc. (ing.). *Doing More with the Much Less*. Vidéo, couleur, sonore, 7'. Med-Tech Productions (prod). Extraits. Permission of The Aerovironment Inc., Monrovia, Californie, États-Unis

Cheminée solaire, 1980-1989, Schlaich, Bergermann und Partner (ing.).
Maquette.
Schlaich, Bergermann und Partner, Stuttgart, Allemagne

TABLE 8.
Autres cultures constructives.

• Brique.

Église, Atlandita, Uruguay, 1958, Eladio Dieste (ing.).
Album de dessins, fac-similés.
Periferia (archives Dieste), Grenade ; Vicente del Amo Hernandez, Grenade, Espagne

Hangar de stockage Julio Herrera y Obres, Montevideo, Uruguay, 1975, Eladio Dieste (ing.).
Album de dessins, fac-similés.
Periferia (archives Dieste), Grenade, et Vicente del Amo Hernandez, Grenade, Espagne

Usine agro-alimentaire Masaro, Canelones, Uruguay, 1976, Eladio Dieste (ing.).
Album de dessins, fac-similés.
Periferia (archives Dieste), Grenade, et Vicente del Amo Hernandez, Grenade, Espagne

Carolos Roxlo, *Les Constructions en brique*. Vidéo, couleur, sonore, 8'. Arch. Felicia Gilboa (prod.). Extraits.
Institut de la construction de bâtiments, faculté d'Architecture, université de la République orientale de l'Uruguay

• Acier.

Tôkyô Kasai Rinkai View Point Visitor Center, Tôkyô, Japon, 1995, Toshihiko Kimura, Masato Araya, Structural Design Office Oak Inc. (ing.), Yoshio Taniguchi (arch.), JV of Toa Corporation, Ogiura Kogyo, Nakasato Construction Co. (entreprises) :
– Maquette de détail ;
– Maquette d'un nœud d'assemblage ;
– Vitrine de dessins, fac-similés.
Toshihiko Kimura Structural Engineers, Tôkyô, Japon

Studio multimedia, Oogaki, préfecture de Gifu, Japon, 1996, Sasaki Structural Consultants (ing. structure), Kazuyo Sejima, Ryue Nishizawa (Kazuyo Sejima & Associates) (arch.), Otaki E & M Consultants et System Design Laboratory, ES Associates (ing. services) :
– Maquette ;
– Vitrine de dessins, fac-similés.
Kazuyo Sejima & Associates, Tôkyô, Japon

Aéroport de Roissy, péninsule de l'aérogare n° 3, France, 1994-1998, RFR (ing.), Paul Andreu, Aéroports de Paris (arch.).
Maquette d'ensemble.
RFR, Paris

Médiathèque, Sendai, Japon, 1995-2000, Sasaki Structural Consultants (ing.), Toyo Ito and Associates (arch.) :

– Maquette d'ensemble ;
– Croquis.
Toyo Ito, Tôkyô, Japon

– Images informatiques.
Sasaki Structural Consultants, Tôkyô, Japon

Cédérom de photographies sur la brique et l'acier.
Vicente del Amo Hernandez, Grenade ; Facultad Arquitectura, Montevideo ; Periferia, archives Dieste, Grenade ; Toshihiko Kimura Structural Engineers, Tôkyô [Ph. Shinkenchiku-Sha] ; Kazuyo Sejima & Associates, Tôkyô ; RFR, Paris

• Bois.

Hooke Park College for Wood Industry, Grande-Bretagne, 1986, Buro Happold (ing.), Edward Cullinan and Associates (arch.) :

– Maquette.
Buro Happold, Bath, Grande-Bretagne

– Vitrine de dessins, fac-similés.
Ed. Cullinan and Ass., Londres, Grande-Bretagne

École supérieure du bois, Nantes, France, 1993, Michael Flach (ing.), Logerais et Bailly (arch.) :
– Maquette de la coupole en planches superposées-croisées et clouées.
Fourniture du bois : École supérieure du bois, Nantes
Fabrication et montage : Greta-Sud Isère, Grenoble

Nagano Olympic Memorial Arena, Nagano, Japon, 1996, Kajima Corporation [Shigeru Ban] (ing.), Kume, Kajima, Okumura, Nissan, Lijima, Takagi, The Design Joint Venture Group (arch. et entreprises) :

– Maquette partielle ;
– Maquette d'ensemble.
Kajima Corporation, Tôkyô, Japon

– *Nagano Speed Skating Ice Oval, the Largest Suspended Timber Roof in the World, ca 1995.*
Vidéo, couleur, sonore, version anglaise, 18'. Kajimavision Productions/Kajima Information Processing (prod.). Extraits.
Courtesy Kajima Corporation, Tôkyô, Japon

Prototype d'un treillis bois, Buro Happold (ing.), Edward Cullinan and Associates (arch.).
Maquette.
Buro Happold, Bath, Grande-Bretagne

Cédérom de photographies sur le bois.
Kajima Corporation, Tôkyô [Ph. Katsuaki Furudate] ; Edward Cullinan & Associates, Londres, Grande-Bretagne [Ph. Mandy Reynolds]

TABLE 9.
Informatique.

• Calcul des structures ou des fluides avant l'apparition de l'ordinateur.

Ouvrages de référence sur la résistance des matériaux

J. R. Roark, *Formulas for Stress and Strain*, New York, McGraw-Hill, 1965 (4e éd.) ;
Timoschenko, *Sur la stabilité des éléments statiques* (en langue russe), Kiev, Institut polytechnique, 1910.
École polytechnique, Palaiseau

Timoschenko, *Theory of Applied Elasticity*, édition américaine, 1936.
École nationale des ponts et chaussées, Paris

Règles à calcul, tables de logarithmes, abaques, méthodes graphiques

L. Schrön, *Tables de logarithmes à sept décimales, pour les nombres depuis 1 jusqu'à 108 000*, Paris, Gauthier-Villars, 1877 ;
M. d'Ocagne, *Les Calculs usuels effectués au moyen des abaques. Essai d'une théorie générale*, Paris, Gauthier-Villars, 1891.
Bureau international des poids et des mesures, Sèvres

Cercles à calcul pour l'industrie.
Musée national des Techniques du CNAM, Paris

Arithmographe Troncet pour les quatre opérations, calculateur mécanique instantané, Paris, Librairie Larousse, *ca* 1900.
Coll. Raymond Guidot, Deuil-la-Barre

Planimètre, appareil de bureau d'études ;
Petite machine à calculer mécanique de type Curta ;
Règle à calcul.
Jean Marguin, Bourg-la-Reine

• Les objets virtuels.

The Youde Aviary, Central Hong-Kong.
Computer model used to develop and justify the author's design and also to simulate the construction method (maquette informatique).
Code de calcul : FABLON, non-linear analysis program, Terence Haslett, Ove Arup & Partners.
Auteurs : Ove Arup & Partners, Londres (Brian Forster, Amanda Gibney, Alistair Day, John White, Elena Zannaki)

Simulation multiphysique.
Plusieurs matériaux évoluent à l'intérieur d'une discrétisation purement cartésienne.
Code de calcul : CIP, développé par les auteurs.
Auteurs : Takashi Yabe & Takayuki Aoki, Tôkyô Institute of Technology, Tôkyô, Japon

Écrasement d'une Twingo contre une Laguna.
Calcul par éléments finis du crash de deux automobiles.
Code de calcul : Radioss Crash, société Mecalog.
Auteurs : société Renault SA, service étude amont et structure

Écrasement d'une Mégane contre un Premium.
Calcul par éléments finis de l'écrasement d'une automobile contre un poids lourd pourvu d'un dispositif anti-encastrement.
Code de calcul : Radioss Crash, société Mecalog.
Auteurs : Philippe Deloffre, société Renault véhicule industriel ; Serge Diet, société Mecalog

582

Verrière de 200 m de long de la future aérogare 2F,
aéroport de Roissy, Paul Andreu (arch.).
Modèle structural non-linéaire, visualisation des
efforts.
Code de calcul : FABLON, non-linear analysis
program, Ove Arup & Partners, Londres, Grande-
Bretagne.
Auteurs : société RFR, François Consigny, Paris

Modèle de la Pyramide du Louvre.
Calcul élastique linéaire de la structure, utilisé pour
calculer efforts et déplacements dans cette
structure.
Code de calcul : Hercule, société Socotec.
Auteurs : société Eiffel construction métallique,
division ouvrages spéciaux, Nanterre

Coupole, couverture vitrée de l'atrium du bâtiment
KBB, Kohn Pedersen & Fox (arch.).
Modèle structural non-linéaire, calcul d'instabilité.
Code de calcul : FABLON, non-linear analysis
program, Ove Arup & Partners, Londres, Grande-
Bretagne.
Auteurs : société RFR, Pierre Cambefort, Anne
Dutfoy, Paris

Recherches de surfaces structurales minimales.
Modèle structural non-linéaire, visualisation des efforts.
Code de calcul : FABLON, non-linear analysis
program, Ove Arup & Partners, Londres, Grande-
Bretagne.
Auteurs : société RFR, Luc Imbert, Paris

Collision d'un automoteur.
Calcul par éléments finis de l'écrasement de la
cabine de l'automoteur.
Code de calcul : Radioss Crash, société Mecalog.
Auteurs : SNCF, De Dietrich Ferroviaire

Simulation of the Built Environment.
*Computational Fluid Dynamics and Light Ray
Tracing.*
Code de calcul : STAR-CD, Radiance.
Auteurs : Ove Arup & Partners, Londres, Grande-
Bretagne.

Aero-Simulation of Sailing.
Calcul couplé fluide-structure, analyse structurelle
non-linéaire, pour simuler une structure
membranaire dans le vent, ici une voile de bateau.
Code de calcul : Reality (Peter Heppol Associates)
et Pansail développé chez Flow Solutions.
Auteurs : SNCF, De Dietrich Ferroviaire

Modèle de la cathédrale de Strasbourg.
Étude de l'influence de mouvements d'appui sur le
comportement d'une partie de l'édifice.
Code de calcul par éléments finis CESAR-LPC.
Auteurs : Bruno Godart, Pierre Humbert, Paris

Design and evolution of structural topology.
Code de calcul : CARAT (Computer Aided Research
Analysis Tool), universités de Stuttgart et de
Karlsruhe.
Auteurs : Kai-Uwe Bletzinger, université de
Karlsruhe ; Ekkehard Ramm et Kurt Maute,
université de Stuttgart

Pylône électrtique en treillis.
Modes propres de vibration, calcul dynamique
Code de calcul : ANSYS
Auteur : Centre technique industriel de la
construction métallique (CTICM), Saint-Rémy-lès-
Chevreuses

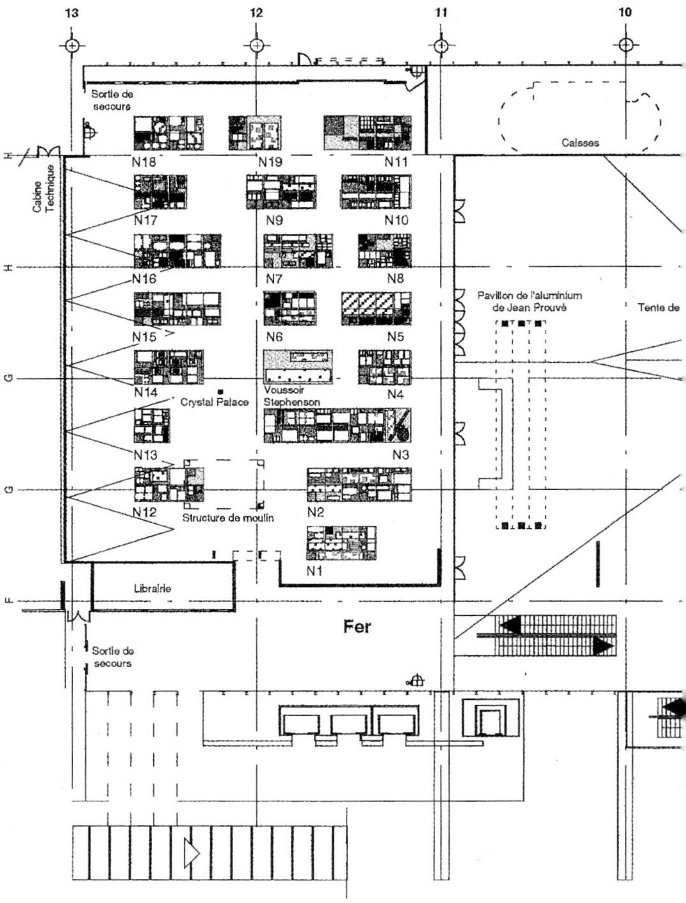

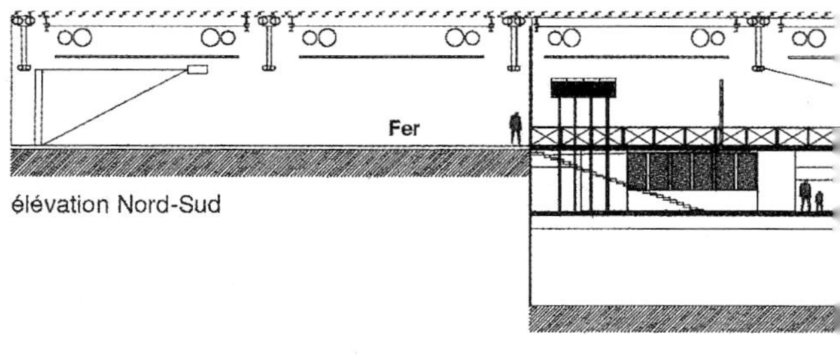

élévation Nord-Sud

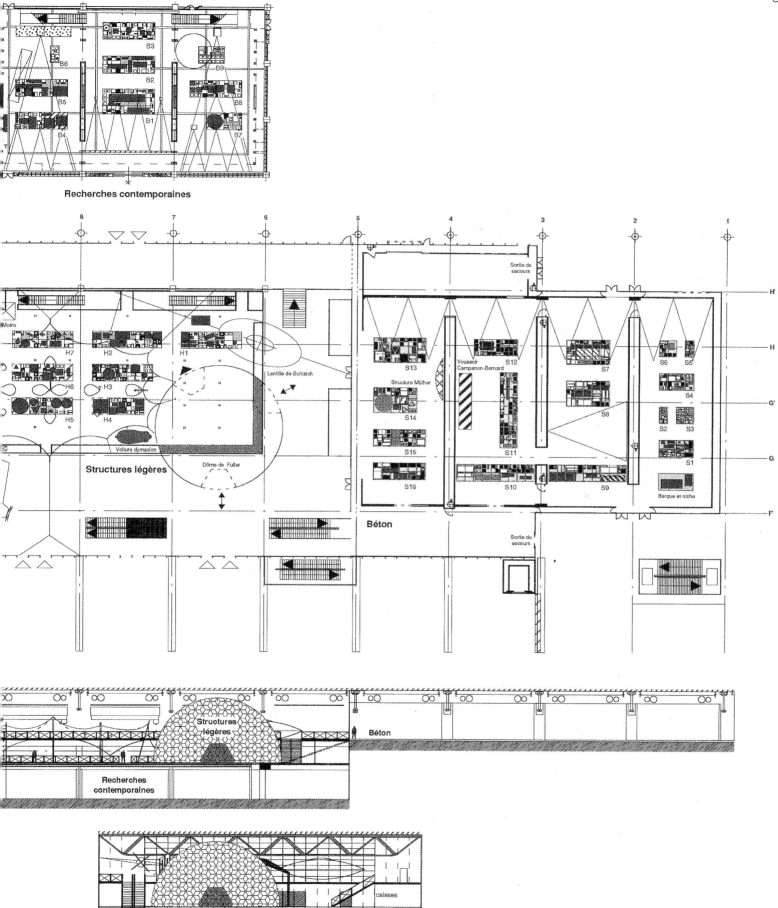

Recherches contemporaines

Structures légères

Béton

élévation Ouest-Est

Index

592

CRÉDITS PHOTOGRAPHIQUES

Honshu-Shikoku Bridge Authority, Tôkyô, p. 46
Institut für Leichte Flächentragwerke, Stuttgart, pp. 177 (h. et b.), 311, 312 (h. et b.)
Institut Juan de Herrera, Madrid, pp. 139, 433, 549
Institution of Civil Engineers, Londres, pp. 133, 266 (h. et b.), 292 (g.), 432 (h.), 489, 490 (b.), 544
Instituto de la construccion E. Torroja, Madrid, pp. 401, 552
Heinz Isler, Burgdorf, Suisse, pp. 240 (h. et b), 457 (h.g. et b.g.), 547 (d. et g.)
Kikutake Architects & Ass., Tôkyô, [Ph. Takashi Oyama] p. 498
L.E.R.A., New York, pp. 72 (g. et b. d.), 540
La Vie du Rail, p. 309
Le Figaro Magazine, [Ph. Michel Lebleux] p. 305 (d.)
Life/Cosmos, Paris, [Ph. M. Bourke-White] p. 174
LVR, Cologne, p. 197
Magnum, Paris, [Ph. Erich Lessing] p. 274 (g.) ; [Ph. Jean Gaumy] pp. 337 (h.g. et b. g.), 449 ; [1963 Bruce Davidson] p. 534
Mairie de Tain-l'Hermitage, Drôme, [Ph. Henri-Pierre Verger] p. 511
Mary Evans Picture Library/Explorer, Vanves, p. 111 (h.)
Matrix/Cosmos, Paris, [Ph. L. Psihoyos] p. 349 (h.)
Paul Maurer, pp. 200, 214 (b.g., b.d.), 322
Médiathèque ENPC, pp. 536, 537
Christian Menn, Chur, Suisse, p. 203 (h. et milieu)
METIS, Paris, [Ph. Bernard Descamps] p. 365 (g.)
Marc Mimram Ingénierie, Paris, p. 303 (h.)
Silvia Montero, Montevideo, p. 147
J. Muller International, San Diego, États-Unis, pp. 72 (h.), 122 (h.)
Osamu Murai, pp. 247 (b.), 347 (d.), 504
Musée Albert Kahn-Département des Hauts-de-Seine, Boulogne-Billancourt, [Ph. Frédéric Gadmer] pp. 340, 343, 344 ; p. 497
Museum of the City of New York, p. 206 (b.)
NASA/SPL/Cosmos, Paris, p. 256
National Railway Museum, York/Science and Society Picture Library, London, pp. 353 (d. et g.), 425, 432 (b. d. et b.g.)
Julius Natterer, Lausanne, pp. 86, 87
NCSA/SPL/Cosmos, Paris, p. 407
ND-Viollet, Paris, pp. 136, 165 (h.), 201, 304, 378 (b.)
Nestlé France S.A., p. 294 (h.)
Ove Arup and Partners, Londres, [Ph. Ben Johnson] p. 73 (h.) ; [Ph. Chris Wise] p. 73 (b.) ; [Ph. C. Y Kinumaki] p. 246 ; [Ph. Alistair Lenczner] p. 417 (h.) ; pp. 438, 439 (h.g. et b.g.), 533 (g.)
Photothèque Campenon Bernard SGE, Rueil-Malmaison, pp. 96, 97 (b.), 341
Photothèque EDF, p. 423
Popperfoto/Cosmos, Paris, p. 453
R. B. G. Kew, Richmond, Royaume-Uni, pp. 116 (h.), 250 (h. et b.), 251
J. Ramey, TIB, p. 234
RÉA, Paris, [Ph. Leynse] p. 124 (b.) ; [Ph. Damoret] p. 183 (b.) ; [Ph. Satoru] p. 247 (h.) ; [Ph. Gordon] p. 356 (h.) ; [Ph. Tavernier] p. 365 (h. d. et b.d.) ; [Ph. Benoît Decoux] p. 366
Roebling Coll., Institute Archives and special Collections, Rensselaer Polytechnic Institute, p. 333
Roger-Viollet, Paris, pp. 48 (b.), 55 (b.), 193 (b.), 381, 387 (b.), 507, 532
Felix J. Samuely and Partners, Londres, pp. 459, 460
Schlaich Bergermann und Partner, Stuttgart, p. 336
Jörg Schlaich, Stuttgart, p. 439
Severud Associates, New York, pp. 152, 454, 455
Shinkenchiku-Sha, p. 252
Jacques Six, Paris, p. 317 (b.)
Skidmore, Owings and Merrill LLP, Chicago, pp. 244 (d.), 447
SNTE, Paris, pp. 162 (h.), 163, 164 (b. g.), 165 (b.), 187

SPL/Cosmos, Paris, [Ph. Hans Namuth] p. 198 ; [Ph. Alex Bartel] p. 257 ; [Ph. Astrid & Hanns-Frieder Michler] p. 270 ; [Ph. Tim Hazael] p. 280 (b.) ; [Ph. Manfred Kage] pp. 316, 317 (h.) ; pp. 327 (h.), 444, 467
Storebaelt, Copenhague, Danemark, [Ph. Soren Madsen, Jan Kofod Winther] p. 213
Studio Morandi, Rome, p. 368 (d. et g.)
Taiyo Kogyo Corporation, Ôsaka, pp. 342, 346, 347 (h., milieu et b.g.), 505 (h.g.et b.g.)
Takenaka Corporation, Tôkyô, p. 458
The Bridgeman Art Library, Londres, [Ph. Rod Tidnam] p. 143 (b.)
The Hulton Deutsch Collection Limited, Londres, pp. 143 (g. et d.), 183 (h.)
The Hulton Getty Picture Collection Limited, Londres, pp. 94 (h.), 97 (h.), 118 (b.), 192, 334 (h. et b.), 354 (b.)
The Image Bank, Paris, [Ph. Tommy Ewasko] p. 298 ; [Ph. William J. Kennedy] p. 299 ; pp. 465 (b.), 499
The Ironbridge Gorge Museum Trust, p. 128 ; Elton Collection, pp. 92, 93, 175, 180
The Library of Congress, Washington, p. 228
The Port Authority of NY & NJ, New York, pp. 77, 95, 209 (h. et b.), p. 296
Trustees of the National Library of Scotland, avec leur aimable autorisation, Édimbourg, pp. 191, 402, 523
Université de Parme, Centro Studi e Archivio della comunicazione, Parme, p. 345 (b.)
Upi/Corbis-Bettmann/PPCM, Paris, pp. 45 (b. g.), 110 (h.), 205, 331 (h.), 429, 521, 546
H. Walter, Leipzig, p. 262 (b.)
Weidlinger Associates, Inc., New York, p. 210 (h.)
Westlight/Cosmos, Paris, [Ph. J. Zuckerman] p. 463 (b.)

DR : pp. 43 (b. g) 45 (h), 78, 79 (h.), 85, 121 (h.), 208, 217 (h.), 224, 229 (h.), 244 (h.), 254 (h.), 255 (h. et b.), 261 (h. et b.), 264 (b.), 291 (h.), 303 (g. et d.), 309, 360, 369 (h. et milieu), 386 (g.), 412, 413, 469, 471, 500 (b.), 526 (b.), 527 (b.), 528

Achevé d'imprimer
sur les presses de
l'imprimerie Mame à Tours
en juin 1997

Photogravure
APS Chromostyle, Tours